中国刑法学研究会

全国刑法学术年会文集（2019年度）
The Collected Papers of Annual Conference of China Criminal Law Society (2019)

# 新中国70年刑法的变迁与发展

The Vicissitude and Development of Criminal Law in the Past 70 Years of New China

（上卷）

学术顾问/高铭暄　储槐植
主　　编/赵秉志　贾宇　张旭
副 主 编/阴建峰　彭凤莲

中国人民公安大学出版社
群众出版社
·北京·

图书在版编目（CIP）数据

新中国 70 年刑法的变迁与发展/赵秉志，贾宇，张旭主编.—北京：中国人民公安大学出版社，2019.9
ISBN 978-7-5653-3771-0

Ⅰ.①新… Ⅱ.①赵…②贾…③张… Ⅲ.①刑法—中国—文集 Ⅳ.①D924.04-53

中国版本图书馆 CIP 数据核字（2019）第 202237 号

全国刑法学术年会文集（2019 年度）
## 新中国 70 年刑法的变迁与发展
主编 赵秉志 贾 宇 张 旭

| | |
|---|---|
| 出版发行： | 中国人民公安大学出版社 |
| 地　　址： | 北京市西城区木樨地南里 |
| 邮政编码： | 100038 |
| 经　　销： | 新华书店 |
| 印　　刷： | 北京市泰锐印刷有限责任公司 |
| 版　　次： | 2019 年 9 月第 1 版 |
| 印　　次： | 2019 年 9 月第 1 次 |
| 印　　张： | 91 |
| 开　　本： | 787 毫米×1092 毫米　1/16 |
| 字　　数： | 1992 千字 |
| 书　　号： | ISBN 978-7-5653-3771-0 |
| 定　　价： | 310.00 元（上、下卷） |
| 网　　址： | www.cppsup.com.cn　www.porclub.com.cn |
| 电子邮箱： | zbs@cppsup.com　zbs@cppsu.edu.cn |

营销中心电话：010-83903254
读者服务部电话（门市）：010-83903257
警官读者俱乐部电话（网购、邮购）：010-83903253
法律图书分社电话：010-83905745

本社图书出现印装质量问题，由本社负责退换
版权所有　侵权必究

# 全国刑法学术年会文集（2019年度）

**学术顾问** 高铭暄 储槐植
**主　　编** 赵秉志 贾宇 张旭
**副主编** 阴建峰 彭凤莲

## 编 辑 委 员 会

**编委会主任** 赵秉志
**编　　委**（按音序排列）
陈泽宪　陈忠林　郭建安　何荣功　黄　河
黄京平　贾　宇　柯良栋　黎　宏　李少平
李文胜　梁根林　林　维　刘仁文　刘宪权
刘艳红　刘志伟　卢建平　梅传强　莫洪宪
莫开勤　齐文远　曲新久　沈仲平　石经海
时延安　孙　萍　田大忠　田文昌　王　新
王政勋　王志远　奚俊坚　夏　勇　鲜铁可
徐　岱　阴建峰　于改之　于志刚　臧铁伟
张明楷　张　军　张　旭　赵秉志　周加海
朱孝清

**编辑部主任** 刘　科
**成　　员** 戴小强　李鑫源　融　昊　赵炜佳

# 编写说明

2019年全国刑法学术年会定于2019年10月在安徽省芜湖市召开。本次年会由中国刑法学研究会主办，由安徽师范大学等单位承办。研究会会长赵秉志教授全面负责此次年会的筹备、组织、运作和协调工作，并与副会长贾宇检察长、张旭教授共同主持本届年会。

本届年会秉承刑法学术年会的一贯传统，立足于当前我国刑法理论和实务方面的热点问题，议题分为理论议题和实务议题两部分。本届年会的理论议题为"新中国成立70年来刑事法治和刑法理论的变迁与反思"。今年适逢中华人民共和国成立70周年。新中国成立70年来，我国社会发生了翻天覆地的变化，刑事法治建设所取得的成就也令世人瞩目。为回顾、分析和总结70年来我国刑事法治的成就、经验和问题，进一步促进我国刑法立法、司法和理论的科学化，本届刑法学术年会确定以此为理论问题进行深入研讨。本届年会的实务议题为："生物科技暨人工智能领域发展的刑法规制问题"、"正当防卫制度的适用与完善"、"金融领域腐败犯罪的惩治与防范"。这三个方面的问题都是我国刑法领域的重大热点问题，其中生物科技暨人工智能领域发展的刑法规制是面向智能及生物科技时代，在刑法领域内寻求前瞻性解决方案，以便应对科技发展给刑法制度带来的各种挑战，从而探索并发展与之相适应的制度。正当防卫问题随着近年来热点案例的不断出现以及相关立法和司法部门的持续回应，仍吸引着刑法学界的不断关注，具有重大理论和实务意义。金融反腐作为当前我国加强反腐败工作建设和巩固我党执政公信力的重要方面，其核心是刑法的适用问题。

依照惯例，中国刑法学研究会在本届刑法学术年会会前进行了论文征集。本届年会文集仍聘请研究会名誉会长高铭暄教授和研究会顾问储槐植教授担任学术顾问，组成由研究会会长赵秉志教授担任主任，由研究会全体常务理事担任委员的编委会。本届年会文集由主持本届年会的赵秉志会长、贾宇副会长、张旭副会长担任主编，负责年会文集的编辑工作；由研究会常务副秘书长阴建峰教授、研究会理事暨安徽师范大学副校长彭凤莲教授担任副主编协助主编工作；同时设立编辑部负责具体编辑工作，编辑部由研究会副秘书长刘科副教授担任主任，成员包括北京师范大学刑事法律科学研究院博士生李鑫源、戴小强、赵炜佳、融昊。

截至2019年5月31日论文提交截止之日，共收到论文200余篇。这些论文基本上都是围绕本届年会主题展开，全面而深入地研讨了本届刑法学术年会主题所涉及的所有理论和实务问题。但也有部分论文偏离了本届年会的主题，有部分论文不符合学术规范，还有部分论文学术质量存在问题，经编选研究，最终决定收录其中的175篇，同时考虑到各个议题的论文数量、各个议题之间的关系等因素，决定将本届年会论文分为四编，并以上下两卷出版，全书定名为"新中国70年刑法的变迁与发展"。其中，上卷包括第一编至第二编，第一编是"新中国成立70年来刑事法治和刑法理论的变迁与反思"，收录论文48篇，主要涵盖中华人民共和国成立70年来刑法立法的回顾与前瞻、中华人民共和国成立70年来刑事司法的回顾与前瞻、中华人民共和国成立70年来刑法学术研究的回顾与前瞻等方面，对中华人民共和国成立70年来刑法立法、司法和理论研究的成就、经验和问题进行了全面归纳和总结。第二编是"生物科技暨人工智能领域发展的刑法规制问题"，收录论文40篇，分别研究了生物科技暨人工智能领域刑法规制的基本理论、生物科技暨人工智能领域犯罪的刑法立法规制、生物科技暨人工智能领域犯罪的刑法适用等问题。下卷包括第三编至第四编，第三编是"正当防卫制度的适用与完善"，收录论文58篇，主要研究正当防卫制度的基础理论、正当防卫制度的司法适用、正当防卫典型案例分析与正当防卫制度的立法完善等问题。第四编是"金融领域腐败犯罪的惩治与防范"，收录论文27篇，主要研究金融领域腐败犯罪的立法防治对策、金融领域腐败犯罪的司法防治对策、金融领域腐败犯罪的定罪与刑罚适用等问题。总之，本届年会文集对预定议题进行了全面、深入的研讨，不仅为本届年会的顺利召开提供了重要的研讨基础，而且具有重要而现实的理论和实践价值，有助于进一步推动相关刑法理论、刑事立法和刑事司法的进步与发展。

最后，衷心感谢中国人民公安大学出版社有关领导对本届全国刑法学术年会文集出版的鼎力支持和本书责任编辑的辛勤工作。正是他们的支持与付出，保证了本文集得以及时而精美地问世。

中国刑法学研究会<br>
2019年6月于北京

# 目 录

## 上 卷

### 第一编　新中国成立70年来刑事法治和刑法理论的变迁与反思

一

新中国刑法立法的变迁与完善
　　——庆祝中华人民共和国成立70周年 ……………… 高铭暄 （ 3 ）
新中国刑法司法70年之回顾与前瞻 …………… 赵秉志　张伟珂 （ 10 ）
迈向良法善治
　　——70年来我国刑法与刑法学的演进与省思 ………… 刘仁文 （ 21 ）
新中国成立70年来刑法学教科书的变迁与反思 ………… 王文华 （ 39 ）
新中国成立70年来刑法立法的变迁与未来走向 ……… 王鹏祥　陶旭蕾 （ 50 ）
中国当前刑法中的预防性立法：危机、症结和纠偏 … 姜　敏　张坤龙 （ 58 ）
新中国成立70年来我国刑法立法发展脉络与原则解析 ……… 邢　冰 （ 66 ）
新中国成立70年来刑法立法模式的变迁与反思 ………… 姜　瀛 （ 74 ）
新中国成立70年来刑事立法的范式变迁与技术反思 ……… 李茂久 （ 82 ）
新中国成立70年来毒品犯罪刑事立法的溯源与未来走向 … 陈巧燕 （ 91 ）
新中国成立70年来恶势力概念的变迁与反思
　　——以"为非作恶，欺压百姓"为切入点 ………… 杨新绿 （ 98 ）
新中国成立以来受贿罪刑事立法司法变迁和反思
　　——兼论违纪礼金可否累积到受贿犯罪数额问题
　　…………………………………………… 王璇子　徐留成 （107）
新中国成立70年来贪污受贿犯罪死刑适用标准立法变迁之评析
　　…………………………………………… 商浩文　王亚楠 （114）

新中国成立70年来贪污受贿罪量刑标准立法反思与未来展望
　　　　………………………………………………………… 王　刚　洪　星（122）
新中国成立70年来刑罚立法的变迁与反思：以刑罚体系为视角
　　　　………………………………………………………………… 杨百合（131）
刑法立法40年与积极主义刑法观 ………………………… 何荣功（138）
刑法任务相关问题的思考 ………………………………… 李光宇（147）
我国刑法立法的回顾与思考 ……………………………… 曾粤兴（156）
我国民生刑事法治的变迁与反思 ………………………… 张　勇（164）
行政犯立法模式的反思与革新 …………………… 马松建　孙靖珈（171）
论刑法立法谦抑主义的消减 ……………………………… 陈　璐（178）
风险社会下积极刑法立法观的确立 ……………………… 王殿宇（188）
定量因素在新中国刑法中的产生和发展 ………………… 胡同春（195）
新旧过失论之争的变迁反思与我国刑法的路径选择 …… 胡　洋（202）
假释的实质条件及其评估保障机制研究
　　——基于假释立法、修正的反思 …………………… 董邦俊（209）
改革开放40年来死缓制度的层级嬗变、动力、走向
　　　　………………………………………………… 赵　亮　杨　涵（222）
论我国刑法重罪重刑结构及其发展方向
　　——以新中国刑法的罪刑变迁为线索 ………… 马　聪　李先先（230）
对我国刑法立法的一点反思
　　——论刑讯逼供罪法条的补强 ………………… 马长生　辜志珍（238）
恐怖主义犯罪早期化介入的正当性根据 ………………… 郭　虹（244）
我国反恐刑法的立法变迁 ………………………… 李　梁　褚　雨（255）
预防性反恐刑法规范的立法研判 ………………………… 刘雪丹（262）
拒不执行判决、裁定行为刑法规制的借鉴与反思
　　——以英美法为视角 …………………………………… 范　硕（268）
论《联合国打击跨国有组织犯罪公约》的价值理念
　　　及对我国反恐刑事立法的借鉴意义 ………………… 戴小强（280）
检视与省思：新中国成立以来民营经济的刑法保护问题研究 … 赵炜佳（293）

二

从统治到善治
　　——我国刑事政策理念之70年变迁 …………… 卢建平　司冰岩（301）
新中国成立以来刑事政策发展的基本动向评介 ……… 孙万怀　崔志伟（309）

刑事政策构成要件化问题研究 ……………………………… 李卫红 （316）
我国刑事政策的精细化：变迁与反思
　　——以刑法修正案为视角 ……………………………… 朱　贺 （324）
我国刑事政策的发展与反思 ………………………………… 鲁杨莹 （335）
事实与方向：新中国刑事政策观念变迁的思考 ……… 孙本雄　曾钜中 （343）
我国刑事政策化反思
　　——以死刑为视角 ……………………………………… 冯国燚 （352）
社会转型背景下刑罚执行政策调整对恢复性司法的借鉴 …… 吴何奇 （359）
新中国成立70年来毒品犯罪刑事政策的变迁与完善
　　……………………………………………………… 胡　江　于浩洋 （367）
从"重受贿轻行贿"到"受贿行贿惩处并重"
　　——我国贿赂犯罪惩治刑事政策的应然选择 ………… 牙韩选 （375）

### 三

对我国刑事被害人救助的回顾与反思 ……………… 黄华生　伍群山 （385）
刑法司法解释扩张的乱象、危害及其反思
　　——来自律师实践的观察与思考 ……………………… 张志华 （392）
论共同犯罪认定标准的变迁与反思 ………………… 侯　磊　陈珊珊 （398）
刑民一体化视角下反思司法裁判功能的定位 ……………… 唐风玉 （406）

## 第二编　生物科技暨人工智能领域发展的刑法规制问题

### 一

主体抑或是对象：人工智能体被害性的教义学考察 … 莫洪宪　王肃之 （415）
人工智能时代的控制能力与预防型刑法应对 ………… 张远煌　刘　昊 （423）
人工智能时代刑法的挑战与应对
　　——以人工智能创作为例 …………………… 徐　岱　李方超 （441）
论人工智能的刑法属性 ……………………………… 皮　勇　陈奕屹 （449）
医疗人工智能应用对知情同意原则的影响 ………… 皮　勇　吴　勃 （457）
论机器人法律地位及其犯罪防控
　　——基于科技、伦理与刑法的预测 ………… 于世忠　王　熠 （464）
人工智能的刑法规制 ………………………………………… 彭文华 （473）
人工智能安全风险的刑事规制和防范 ……………… 傅跃建　朱剑冰 （494）
人工智能领域的刑事责任主体与综合归责路径 …… 周振杰　赖祎婧 （500）

人工智能刑事责任主体认定的反拨与正源 …………… 张　建　俞小海（507）
智能机器人的刑事责任主体地位之浅析 ……………… 毕　成　陈文露（514）
人工智能刑事归责面临的挑战及路径选择 …………… 彭新林　王天保（521）
论人工智能刑事责任的本质：科技社会防卫论 ……………… 黄云波（531）
人工智能独立人格之否定
　　——对从责任论与刑罚论倒推主体否定之商榷与行为论之提倡
　　………………………………………………… 张亚军　郎正午（542）
文化反思：对人工智能刑事主体资格的重新审视 ……………… 刘三洋（553）
论智能机器人的犯罪主体资格 …………………………………… 张　拓（560）
人工智能体刑事法律主体地位研究 ……………………………… 成云卿（565）
前提与标准：人工智能体刑法主体地位证成 …………………… 史文平（572）
人工智能对刑法的挑战及应对 …………………………………… 伊力其（580）
从机器规制向算法规制：人工智能的刑法评价进路与模式选择
　　……………………………………………………………… 于　冲（586）
人脸识别技术滥用的刑事法律风险及应对 …………… 刘春花　吴　杰（594）
人工智能时代的刑法基本价值研究 ……………………………… 曹　化（602）
强人工智能体刑事主体地位的双层次展开 ……………………… 张成东（609）
敌人刑法：抗制强人工智能犯罪的新视角 ……………………… 余　丽（616）
手术机器人医疗事故中刑事责任的三重检视 …………………… 黄陈辰（623）
大数据时代网络犯罪的刑法应对
　　——兼论人工智能犯罪的规制 ……………………… 庞云霞　张有林（630）
人工智能时代网络侵财犯罪的类型化规制研究 ……… 赵香如　潘　雨（638）
人工智能领域侵财犯罪的刑法适用问题研究 ………… 李存海　高小艳（646）
人工智能时代远程视频取证模式的构建 ……………… 张启飞　虞纯纯（652）
人工智能时代刑事法律保护企业知识产权的新挑战与新思路
　　——以公民个人信息数据的权属界定为视角 ………………… 李业青（658）
机遇与挑战：人工智能刑事量刑辅助系统的风险防控
　　…………………………………………………… 崔仕绣　张博闻（666）
自动驾驶汽车交通肇事的刑法规制 …………………… 陈京春　李　斐（673）
腐败犯罪境外追逃追赃的智能化探究 …………………………… 唐　玲（680）
"机器可以被诈骗"的认识误区及其匡正 ………………………… 郑　洋（687）
人工智能领域在刑法研究中的误区分析 ………………………… 焦　阳（696）

二

论基因编辑技术的刑法规制 …………………………… 彭凤莲　贺艳梅（703）

刑法应对生物技术发展的应然态度 ……………………… 魏汉涛　张　如 （710）
生命科技的刑法边界
　　——以基因编辑婴儿事件为切入点的思考 ……… 郭理蓉　赵丽荣 （717）
对人类基因编辑技术刑法规制的初步构想 ………………………… 曾明生 （724）
基因技术的刑法规制 …………………………………… 亓　瑞　张爱艳 （733）

# 下　卷

## 第三编　正当防卫制度的适用与完善

### 一

正当防卫若干理论问题 ……………………………………………… 林亚刚 （745）
论正当防卫的体系性地位 ……………………………… 王政勋　高　琳 （755）
论正当防卫的异化 ……………………………………… 张智辉　曾　昌 （762）
正当防卫若干问题探讨 ……………………………………………… 赵新河 （770）
正当防卫勘误 ………………………………………………………… 金翼翔 （776）
论特殊防卫的性质 …………………………………………………… 简筱昊 （784）
正当防卫适用之限制 …………………………………… 唐大森　李　婕 （791）
轻微违法案件中的正当防卫问题 …………………………………… 熊永明 （796）
我国正当防卫制度的理论和实务偏差 ……………………………… 陈志军 （803）
防卫权初探
　　——由防卫权与刑法权关系视角 ………………………………… 黄爱华 （811）
论我国犯罪构成理论与正当防卫的对抗性关系 ………… 田　旭　敦　宁 （818）
正当防卫正当化的依据的重新划定 ………………………………… 陈文培 （825）

### 二

论防卫限度的判定 ……………………………………… 徐　岱　韩卓瑞 （832）
理论和实务双重视角下的正当防卫限度条件问题研究
　　………………………………………………………… 郑丽萍　吴　静 （841）
刑法中应建立防卫过当的合理认定和宽恕机制 ………… 童德华　王一冰 （849）
正当防卫中限度条件的分析与认定 …………………… 冉　罄　王小青 （856）
特定语境下的正当防卫限度研究 ……………………… 凌萍萍　焦孟頔 （864）
对见义勇为型正当防卫案件中"必要限度"的法理分析 ……… 杨　俊 （871）

5

从"反杀型"案件看正当防卫的必要限度 …………… 贺 卫 王振华 （883）
论防卫过当的司法认定 ……………………………… 刘德法 刘德华 （891）
防卫过当的罪过形式及实践判断 ……………………………… 张亚平 （898）
无限防卫实质条件的立法审视
　　——不法侵害的范围与性质 …………………… 宋 玲 易智星 （907）
防卫过当判断标准之再认识 …………………………… 莫晓宇 韩雨江 （914）
防卫过当判断标准的刑法教义学分析 ………………………… 闫 雨 （922）
防卫过当判断的"行为限度单独标准"之构建
　　——基于刑法与刑事诉讼法的交叉解释 ……… 储陈城 胡子昕 （929）
刑民一体化视角下的防卫过当 ………………………………… 王 红 （949）

## 三

正当防卫"权利本位"司法观之形塑 ………………… 阴建峰 李娜娜 （958）
论正当防卫制度司法适用的纠偏 ……………………………… 王志祥 （970）
正当防卫适用的困境及其出路 ………………………… 王鹏祥 黄春雨 （978）
正当防卫的司法适用及其认定困境 …………………… 兰跃军 熊剑锋 （985）
正当防卫司法认定中的典型问题研究 ………………… 付小容 宗 耀 （992）
正当防卫司法认定应作价值考量 ……………………………… 雍自元 （1002）
我国司法实践中正当防卫认定逻辑形式的审视与重构 ……… 汪千力 （1009）
正当防卫的认定难题与证明责任分配 ………………………… 李会彬 （1015）
正当防卫认定之困境与解决 …………………………………… 单奕铭 （1022）
正当防卫司法适用的理性思考 ………………………………… 张鹏成 （1029）

## 四

从于欢案谈防卫的正当性 ……………………………………… 赖早兴 （1036）
中日正当防卫制度之比较
　　——以于欢案为视角 …………………………………… 陈家林 （1043）
论防卫过当的定罪问题
　　——兼评于欢防卫过当案 ……………………… 郭 洁 张若琪 （1050）
昆山"于海明案""正当防卫"的法理分析 …………… 李晓明 韩 冰 （1057）
见义勇为类型正当防卫的法理评析
　　——以"赵宇案"为切入点 …………………… 朴宗根 吕江鸿 （1065）
论正当防卫中"不法侵害尚未结束"
　　——以"于海明正当防卫案"为视角 ………… 杜发全 姚雯娜 （1074）

孙某伤害致人死亡案的刑法分析 …………………… 谢治东　杨高波　(1080)
互殴与防卫的区分
　　——以武汉"摸狗命案"为例 ……………… 杨彩霞　张立波　(1089)
正当防卫相关问题的认定思路
　　——以6起涉正当防卫案为视域 …………………… 司伟攀　(1097)

五

针对非法限制人身自由行为的正当防卫之探析 …………… 夏　勇　(1105)
防卫行为的结果伤及第三人的刑法评价 …………………… 钱叶六　(1117)
正当防卫中不法侵害之紧迫性判定的反思性审视 … 叶良芳　张　琦　(1128)
正当防卫紧迫性要件否定论 ……………………… 袁　彬　张馨文　(1139)
论防卫紧迫性要件的独立性 ……………………… 赵天红　杨建民　(1155)
对民法上合法行为的正当防卫研究初探 ………… 吕　瑶　张理恒　(1164)
论正当防卫的"先害行为" ……………………… 金泽刚　孙　鉴　(1170)
躲避义务在我国正当防卫制度中的展开
　　——以其适用情形为视角 ………………… 李　荣　宗惜惜　(1178)
互殴与正当防卫的刑事司法判定研究
　　——以轻伤害案件为视角 ………………… 王立德　龙冰沁　(1184)
正当防卫不法侵害始点问题研究 …………………………… 周光营　(1189)
正当防卫中"不法侵害"的范围探析 ……………………… 马路瑶　(1195)
家庭暴力中受虐妇女"以暴制暴"行为的正当防卫抗辩
　　——以"受虐妇女综合症"为主要视角 …… 杨　阳　刘　科　(1203)
遭受家庭暴力妇女"以暴制暴"行为的正当防卫适用分析 …… 张蓓蓓　(1212)

第四编　金融领域腐败犯罪的惩治与防范

论刑事"从业禁止"在治理金融领域腐败犯罪中的适用
　　……………………………………………… 李晓明　李文吉　(1223)
混合所有制公司、企业管理层职务犯罪研究
　　——以王某贪污、私分国有资产案为例 ……… 陈结淼　龚傲霜　(1232)
内外勾结型金融诈骗行为之定性探析 ……… 王志远　陈　昊　张笑天　(1239)
宽严相济刑事政策下金融领域腐败犯罪治理问题研究
　　…………………………………………………… 高劲松　宋　鹏　(1247)
腐败犯罪控制的经济分析 ………………………… 王利宾　付传军　(1253)

民间融资借贷、高利贷与我国刑法金融犯罪规制及其立法完善
················································· 王昌学（1261）
金融腐败犯罪的刑事法防治 ················· 郭泽强　张鑫希（1271）
论金融腐败犯罪的惩治与预防 ··························· 王晓雪（1283）
金融领域腐败犯罪的刑事立法防治对策 ······ 徐　宏　赵　越　周　晨（1290）
浅论金融领域腐败犯罪的立法防控与完善 ········ 蔡唯佳　卫　美（1298）
论惩治与防控金融领域职务犯罪的司法完善 ······ 高珊琦　贺　萍（1306）
金融领域腐败犯罪的司法防治对策研究 ······ 于　涛　汪金亚　李雄彬（1313）
金融领域腐败犯罪的司法防治对策研究 ··················· 刘丽云（1320）
金融领域腐败犯罪的司法防治对策 ················ 卢　畅　郝艳兵（1325）
银行贷款调查人员渎职行为的刑法分析 ··················· 张利峰（1332）
论金融腐败犯罪的司法完善 ····················· 刘　静　徐剑锋（1340）
论洗钱罪的完善
　　——以腐败犯罪的资金追缴为视角 ············ 郭　洁　李苗瑜（1347）
金融领域腐败资产特别没收"刑事独立后果说"之提倡 ········ 卫　磊（1355）
我国对离岸金融市场的法律监管与国际合作问题研究 ········ 杨　超（1362）
套路贷案件民刑衔接中法院裁量权的制约因素 ······ 肖　晶　朱　冬（1369）
银行信贷人员渎职犯罪中的过失认定
　　——以注意义务标准判断为视角 ············ 田向红　柴建桢（1373）
浅谈金融犯罪的演变及刑法规制调整 ············ 谭　婷　周姿璇（1379）
新型非法集资类金融犯罪的刑法认定问题研究
　　——以区块链技术的应用为切入 ····················· 融　昊（1387）
企业债券融资中腐败问题研究 ··························· 赵睿英（1397）
单位犯罪刑事治理的检视与完善
　　——以刑事合规为视角的反思 ······················· 邹玉祥（1402）
加强跨境反洗钱协作　助力反腐败追逃追赃
　　——以内地和我国香港地区反洗钱协作为视角 ··········· 范雪珂（1409）
第三方支付平台的刑事法律风险及其控制 ··· 董文辉　金　嬿　朱冠琳（1415）

# 上 卷

第一编　新中国成立 70 年来刑事法治和刑法理论的变迁与反思

第二编　生物科技暨人工智能领域发展的刑法规制问题

# 第一编 新中国成立70年来刑事法治和刑法理论的变迁与反思

第一编　新中国成立70年来刑事法治和刑法理论的变迁与反思

# 新中国刑法立法的变迁与完善
## ——庆祝中华人民共和国成立70周年

高铭暄[*]

刑法是规定犯罪、刑事责任和刑罚的法律规范的总称，是国家以宪法为根本的整个法律体系极其重要的组成部分。任何国家、任何朝代都不可能没有刑法，中国共产党领导的社会主义新中国也不例外。新中国的刑法是治国理政的重器，是国家惩罚和预防犯罪、保卫国家安全、维护经济社会秩序和保护公民权利利益的不可缺少、不可替代的强大的法律武器。

## 一、新中国刑法立法的变迁

1949年10月1日，中华人民共和国宣告成立。新中国成立之初，国家根据革命和建设的需要，就制定了一系列单行刑法，如1950年的《关于严禁鸦片烟毒的通令》，1951年的《妨害国家货币治罪暂行条例》、《惩治反革命条例》、《保守国家机密暂行条例》，1952年的《惩治贪污条例》等。[①] 这些单行刑法在同反革命和贪污、贩运毒品、伪造国家货币、泄露国家机密等犯罪作斗争中起了重要的作用。在颁布实施单行刑法的同时，我国也开始了刑法典的起草工作。

刑法典最初的起草准备工作，是由当时的中央人民政府法制委员会来进行的。自1950年至1954年9月，法制委员会写出两个稿本：一是1950年7月25日的《刑法大纲草案》（共12章157条，其中总则33条、分则124条）；二是1954年9月30日的《刑法指导原则草案（初稿）》（除序言外，共3章76条，其中第一章犯罪7条、第二章刑罚19条、第三章几类犯罪量刑的规定50条）。[②] 这两个稿本没有拿出来征求意见，也未进入立法程序。实际上，刑法典的正式起草工作应是在1954年《宪法》颁行之后，由全国人大常委会办公厅法律室于1954年10月组织起草班子开始的。这个班子于1957年6月28日写出22稿，[③] 于1963年10月9日写出33稿，[④] 随后因政治运动的冲击而未能公布。

---

[*] 北京师范大学京师首席专家，中国刑法学研究会名誉会长。

[①] 参见《中华人民共和国刑法参考资料》（第2辑），中国人民大学出版社1953年版，第3-7、242-244、480-482、488-493、505-506页。

[②] 参见高铭暄、赵秉志编：《新中国刑法立法文献资料总览》（上册），中国人民公安大学出版社1998年版，第136-188页。

[③] 参见高铭暄、赵秉志编：《新中国刑法立法文献资料总览》（上册），中国人民公安大学出版社1998年版，第252-281页。

[④] 参见高铭暄、赵秉志编：《新中国刑法立法文献资料总览》（上册），中国人民公安大学出版社1998年版，第337-365页。

1978年10月，国家组成刑法草案修订班子，对第33稿进行修订，先后写出两个稿本。① 其间，中共中央召开具有重大历史意义的十一届三中全会，明确指出要发扬人民民主，加强社会主义法制，做到有法可依、有法必依、执法必严、违法必究。十一届三中全会的精神有力地推动了刑法典的起草工作。1979年2月，全国人大常委会成立法制委员会，接手主持刑法典的起草工作，继续搞了3个稿本，② 其中第3个稿本即第38稿，作为《刑法（草案）》提交第五届全国人民代表大会第二次会议进行审议，最后于1979年7月1日的会议上获得一致通过，同年7月6日正式公布，自1980年1月1日起施行。至此，我国第一部系统的刑法典正式诞生。第一部刑事诉讼法典也于同日诞生。这标志着我国的刑事法制步入了一个新阶段。

1979年刑法典的颁布实施有着重大的意义：

其一，它使新中国刑法规范第一次得以体系化。换句话说，它奠定了我国刑法体系的基础。

其二，它使我国刑事司法办案工作做到有法可依。过去的办案主要依靠政策，只有少量犯罪可以找到法律依据，此后就不同了，基本上能做到罪刑法定。办理每个刑事案件都有罪刑规范可依。

其三，它颁行之后的刑事司法文书（包括起诉意见书、起诉书、判决书、裁定书等）都要引用法律条文，不引用法律条文的刑事司法文书一去不复返了。

其四，它带动了我国刑法学教学研究从停滞状态走向复苏乃至逐步繁荣。刑法典的颁布实施，无论对注释刑法学、比较刑法学还是沿革刑法学等，都提供了丰富的思想源泉和现实的规范依据。

1979年刑法典从整体上说是一部保护社会主义现代化建设的好法，但由于受当时历史条件和立法经验的限制，在体系结构、规范内容和立法技术上难免还存在一些缺陷。1981年至1996年期间，国家最高立法机关先后通过了25个单行刑法（如《惩治军人违反职责罪暂行条例》、《关于惩治走私罪的补充规定》、《关于惩治贪污罪贿赂罪的补充规定》、《关于惩治生产、销售伪劣商品犯罪的决定》、《关于惩治违反公司法的犯罪的决定》、《关于惩治破坏金融秩序犯罪的决定》等），③ 并在107个非刑事法律（如《海洋环境保护法》、《兵役法》、《邮政法》、《森林法》、《铁路法》等）④ 中设置了附属刑法规范，对1979年刑法典实质上作出了一系列的补充和修改，丰富和发展了刑法立法，对刑事司法实践起到了一定的指导和规范作用。但是，由于在刑法典之外存在如此众多的单行刑法和附属刑法，罪名已由1979年刑法典的130个增加到263个，缺乏一个体系上的归纳，显得有些凌乱，而且有的

---

① 参见高铭暄、赵秉志编：《新中国刑法立法文献资料总览》（上册），中国人民公安大学出版社1998年版，第365-434页。

② 参见高铭暄、赵秉志编：《新中国刑法立法文献资料总览》（上册），中国人民公安大学出版社1998年版，第435-490、496-524页。

③ 参见高铭暄、赵秉志编：《新中国刑法立法文献资料总览》（上册），中国人民公安大学出版社1998年版，第559-714页。

④ 参见高铭暄、赵秉志编：《新中国刑法立法文献资料总览》（上册），中国人民公安大学出版社1998年版，第714-818页。

# 第一编　新中国成立70年来刑事法治和刑法理论的变迁与反思

单行刑法出台以后，刑法典原有条文规定是否废除也不甚明确：1979年刑法典第155条贪污罪的条文，在1988年《关于惩治贪污罪贿赂罪的补充规定》颁行后实际上被废除了；1979年刑法典第141条拐卖人口罪的条文，在1991年《关于严惩拐卖、绑架妇女、儿童的犯罪分子的决定》颁行时是否还存在就值得质疑；等等。加之随着社会主义市场经济体制的建立，犯罪现象出现了新情况、新特点和新问题，所以确有必要对1979年刑法典做一次全面系统的修订。于是从1988年7月开始，刑法典的修订工作正式被列入全国人大常委会的立法规划。全国人大常委会法制工作委员会于1988年9月至12月草拟出3个稿本；从1996年4月下旬起，多次召开规模不同的刑法修改研讨会，并集中时间邀请一些专家学者与立法机关的同志一起认真推敲具体的修改问题。在此基础上，全国人大常委会法工委于1996年8月31日推出《刑法总则修改稿》和《刑法分则修改草案》。经进一步修改，全国人大法律委员会和全国人大常委会法工委又于1996年10月10日编印了《刑法（修订草案）》（征求意见稿），发往各地立法机关、司法机关、法律院校、科研机构等征询意见，后在北京召开大型的刑法修改座谈会，广泛征求意见。根据这些意见，于1996年12月20日形成了《刑法（修订草案）》，提交给第八届全国人大常委会审议。刑法典的全面修订工作从此进入立法审议阶段。全国人大常委会审议了两次：一次是1996年12月24日至30日召开的第八届全国人大常委会第二十三次会议，一次是1997年2月19日至23日召开的第八届全国人大常委会第二十四次会议。每次审议后都对修订草案作了一些修改。

1997年3月1日至14日，第八届全国人大第五次会议在北京召开，审议通过刑法修订草案是这次会议的最重要的议程之一。1997年3月14日，第八届全国人大第五次会议通过了《刑法（修订草案）》；同日，以国家主席令第83号予以公布，自1997年10月1日起施行。至此，一部崭新的、统一的、比较完备的、具有时代气息和多方面显著进展的《刑法》，即1997年修订的刑法典正式诞生。这也就是新中国现行的刑法典。

1997年刑法典的显著特点，笔者认为有以下几点：

第一，1997年刑法典科学地概括了刑法的基本精神，明文规定了刑法的三大基本原则，即罪刑法定原则、适用刑法人人平等原则、罪责刑相适应原则，废止类推制度。这表明我国刑法已迈上现代化法治的轨道，筑起了人权保障的法治根基。刑法的三大基本原则是刑法的纲，贯穿于全部刑法规范之中，担负着指导和制约刑事立法和司法实践的重大使命。刑法立法工作必须遵循和符合刑法三大基本原则，当刑法典有必要修改补充时，一定要以三大基本原则为准绳，使罪刑规范更加具体、明确、清晰，既有利于保护社会，又有利于保障人权。刑事司法工作要大力贯彻刑法三大基本原则，强化法治意识、平等观念和公正无私、刚直不阿的品格，使所办的案件既符合法律和政策，又能经得起历史和广大人民群众的检验。总之，刑法三大基本原则具有强大的威力，它们既有利于积极同犯罪作斗争，又有利于切实保障公民的权利和合法利益；既有利于推进法治化进程，又有利于维护法律的公正性和权威性。因此，它们必将推动新中国刑法立法的发展完善，促进新中国刑事司法的文明进步，从而更好地保障新时代中国特色社会主义事业的顺利进行。

第二，1997年刑法典具有承前启后、与时俱进的显著特色。1997年刑法典在起草修订时，将1979年刑法典及其实施以后17年内的所有单行刑法和附属刑法，经过研究、修改、整合后，编入刑法典有关部分，同时对于当时新出现的需要追究刑事责任的犯罪行为，增加到刑法典分则中去。在体系结构上做了适当调整：在总则中增加"单位犯罪"一节，将"自首"一节改为"自首和立功"。在分则中，将"反革命罪"一章修改为"危害国家安全罪"，增设"危害国防利益罪"、"贪污贿赂罪"、"军人违反职责罪"三章；将"妨害婚姻、家庭罪"一章合并到"侵犯公民人身权利、民主权利罪"一章中去；"破坏社会主义市场经济秩序罪"和"妨害社会管理秩序罪"两章，因内容繁复，分设八节和九节。1997年刑法典通过时，共有15章、452条，其中刑法总则5章、101条，分则10章、350条，附则1条。包含的罪名有412个，其中源自1979年刑法典的罪名有116个，源自单行刑法和附属刑法的罪名有132个，修订中新增的罪名有164个。可以说1997年刑法典是以往刑法规范的集大成者，它的公布实施基本实现了新中国刑法的统一性和完备性。当然，说它具有"完备性"也只是相对的。事实上，随着国家建设和改革事业的发展，根据同犯罪作斗争的需要，国家立法机关与时俱进，对1997年刑法典陆续做了一系列的修改补充。1998年12月以来，截止到目前，全国人大常委会通过1个"决定"和10个"刑法修正案"，先是对刑法典分则具体罪名，后来从《刑法修正案（八）》开始，既对分则具体罪名，也对刑法典总则某些规定做了补充和修改。据统计，1997年刑法典的条文数已由最初的452条增加到现在的490条（增加条文39条，删去第199条），罪名数已由最初的412个增加到现在的469个（含《关于惩治骗购外汇、逃汇和非法买卖外汇犯罪的决定》中规定的骗购外汇罪1个罪名）。从现有490条条文来看，属于新增设的或内容、文字上有过修改的共151条，占30.8%，未变动过的有339条，占69.2%，说明1997年刑法典是基本稳定的。

对1997年刑法典进行修正，其中比较重要的修正内容，举例说有以下一些：

1. 取消了22个死刑罪名，并提高死缓犯执行死刑的门槛：由"故意犯罪，查证属实"修改为"故意犯罪，情节恶劣"。如果故意犯罪，未执行死刑，死缓期间重新计算。

2. 增设75周岁以上老年人从宽处罚的规定。

3. 将"坦白"规定为法定从宽处罚情节。

4. 在法条中明文规定对判处管制、宣告缓刑、裁定假释的犯罪分子，依法实行社区矫正。社区矫正先是由实务部门借鉴国外经验、结合本国情况进行试点，而后写入刑法有关部分。社区矫正规定在刑法中的重大意义是：其一，从刑事立法精神上有力地回应了国际社会行刑社会化的要求；其二，确立了相辅相成的两大矫正体系；其三，进一步促进了刑罚配置结构的合理化；其四，带动社区矫正的专门立法即《社区矫正法》的尽快出台；其五，促进了行刑权的统一，即监狱矫正和社区矫正均由司法行政部门管辖执行。

5. 将有期徒刑在特定情况下（数罪并罚时、死缓减刑时）的最高刑期由20年

# 第一编 新中国成立 70 年来刑事法治和刑法理论的变迁与反思

提高为 25 年。

6. 规定了不同自由刑（包括有期徒刑、拘役、管制）之间如何并罚的原则。

7. 增设了"禁止令"和"职业禁止"这两种非刑罚的预防性措施。

8. 系统地规定了恐怖主义、极端主义的罪名。

9. 完善贪污受贿犯罪的定罪量刑标准。如果贪污受贿数额特别巨大并使国家和人民利益遭受特别重大损失而被判处死缓的，人民法院可以同时决定在其死缓二年期满依法减为无期徒刑后终身监禁，不得减刑、假释。

10. 完善信息网络犯罪的罪名体系。

11. 回应社会公众的强烈要求，将收买被拐卖妇女、儿童的行为一律入罪，将虐待被监护、看护人的行为予以入罪。

12. 为维护以审判为中心的司法程序，有力保障司法工作的顺利进行，对于以捏造的事实提起民事诉讼的虚假诉讼行为，泄露不应公开的案件信息情节严重的行为，披露、报道不应公开的案件信息情节严重的行为均予以入罪。

13. 为保护国家考试这个培养、选拔人才的主渠道的公正、公平性，将组织考试作弊的行为，非法出售、提供试题、答案的行为，代替考试的行为规定为犯罪。

通过以上的修正，使得刑法典的体系更加完善，此罪与彼罪的界限更加明确、具体，法定刑之间更加平衡，可操作性更强。

第三，1997 年刑法典开启了刑法理论研究的新局面。新中国刑法学发展进程，大体上可划分为三个阶段，即起步与草创阶段（1949 年 10 月—1957 年上半年）、萧条与停滞阶段（1957 年下半年—1976 年 10 月）、复苏与繁荣阶段（1976 年 10 月—现在）。而这种演变的规律背后，1979 年刑法典的颁行是新中国刑法学研究得以复苏的标志，1997 年刑法典的颁行是新中国刑法学研究得以繁荣的前提。刑法典的有效贯彻实施，是刑法学研究的立论基础和发展条件，也是新中国刑法学在回应立法课题和司法实践课题中不断前进的源泉和动力。所以，为了更新刑法理念，提高刑法学研究水平，提升刑法学人发现问题、分析问题和解决问题的能力，必须高度重视刑法典的有效贯彻实施。这是推进和繁荣刑法学的必由之路。

第四，1997 年刑法典奠定了中国刑法学走向世界的基础。1997 年刑法典是开展比较刑法学研究的基础性样本，也是推动刑法文化对外交往的"名片"。如果没有一部成熟的刑法典，很难展开实质性的对外交流，国际社会也难以有效地通过这一最基础而且最具含金量的通道来观察和了解新中国刑事法治事业的进步。不可否认的是，1997 年刑法典已逐步受到国际刑法学界和国外一些刑法学家的关注、重视和评论。随着新中国治国理政的成功、各项建设事业的欣欣向荣和大国地位的不断提升，新中国刑法学事业必将进一步健全地走向世界，而与时俱进的新中国刑法典仍将发挥最基础的作用。

综上所述，新中国刑法已走过 70 年的征程，刑法典也已颇具规模，深入人心，逐步走向世界。现行刑法典不仅对刑法基本原则、定罪、归责、量刑、行刑的原则和制度作出规定，而且对分则 469 个罪名（其中也涵盖 206 个单位犯罪的罪名）的罪状和法定刑也都作出比较明确的规定。这就使得新中国办理刑事案件的司法机关能够做到有法可依、有法必依、执法必严、违法必究。因此，新中国刑法立法的成就是伟大的！

## 二、新中国刑法立法的完善

回顾过去，展望未来，新中国刑法立法还需要怎样进一步完善呢？笔者认为主要有以下几点思考：

第一，坚持以"刑法修正案"修正刑法典的修法模式。新中国刑法典的修正模式经历了一个发展变化的过程。1979年刑法典颁布实施以后，由于社会经济和治安形势的发展变化，需要进行一些修正。当时修法的模式不是对刑法典本身的条文进行修改或补充，而是在刑法典之外，另行制定单行刑法或者在非刑事法律中设置附属刑法规范，以解决对刑法典实质上的补充和修改问题。如上所述，从1980年到1997年刑法典生效之前，全国人大常委会通过了25个单行刑法，并在107个非刑事法律中设置了附属刑法规范，对1979年刑法典进行了一系列实质上的补充和修改。但是，1997年修订的刑法典实施以后情况就不同了。除了制定一个单行刑法即1998年12月29日全国人大常委会通过的《关于惩治骗购外汇、逃汇和非法买卖外汇犯罪的决定》外，其他的修正都是通过"刑法修正案"的模式进行的。从1999年12月到2017年11月，约18年时间出台了10个"刑法修正案"。看来采用"刑法修正案"的模式来修正刑法典的某些规定，事实上已经被确立为新中国刑法修正方式的主流地位。这种修法模式的显著优点是：其一，不打乱刑法典的体系结构和法条的排列次序，有利于保持刑法典的统一性和完整性；其二，有利于适应犯罪态势和刑事政策变化的需要，充分实现刑法典的社会价值；其三，有利于司法工作的实际操作和掌握运用；其四，便于广大公民的学习和遵守；其五，较好地容纳各种新型犯罪的增补，合理地解决刑法的稳定性和适应性之间的关系。因此，笔者认为这种修法模式应当继续坚持下去。

第二，坚持罚金刑要有数额规定。我国现行刑法典中规定有罚金刑的罪名大概有205个（占全部罪名的43.7%）。其中有数额规定的仅占1/3，包括明示数额或倍比数额。其他2/3关于罚金的罪名只表明判处罚金，但对具体数额则没有规定。特别是单位犯罪对单位判处罚金的，只有骗购外汇罪和逃汇罪这两个罪有数额规定，其他一概没有数额规定。对罚金刑不作数额规定，严格讲是不符合罪刑法定原则的。罪要法定，刑也要法定。刑的法定不光是种类的法定，还要有内容的法定。对财产刑来说，应该有量的规定。罚金刑没有数额规定，对司法实践来讲就难以掌握，也不符合世界其他法治国家刑法中罚金刑的通例。往往造成判罚随意、各地悬殊，民众也难以预测，感到疑惑。在案例中曾出现过有的法院甚至判处被告单位50亿人民币！需要明白一点：罚金和追缴违法所得是两个概念，违法所得有多少追缴多少，罚金是刑种，按刑罚体系由轻到重的排列次序，它是附加刑中最轻的，它是针对犯罪人的犯罪情况和拥有的财产状况来判处的。在判处罚金之前，该财产是被告人的合法财产，判处罚金就是要剥夺被告人合法财产中的一部分，所以必须在数额上作出明确规定。这个数额可以是具体的人民币数额，也可以是一个比例或者倍数。比如，根据违法所得数额、销售数额、经营数额、应纳税数额等来确定一个比例或者倍数。既有下限，也有上限，可以考虑最低数额由刑法总则规定，最高数额由刑法分则根据不同具体罪名的各自状况分别规定。

第三，坚持刑法体系和立法技术的进一步科学化。比如，可否在刑法典总则第二章中将孕妇、哺乳新生儿的母亲、未成年人、老年人、精神障碍者列为特殊群体，增设"特殊群体之人犯罪的刑事责任"专节？可否增设"正当行为"专节？可否在刑法典总则第四章第八节中补充规定单位犯罪的追诉时效？在分则中可否考虑信息网络犯罪是当前世界性无国界的新型犯罪，为此单设一章？另外，中国提出建立人类命运共同体的主张，要不要与国际公约衔接，增设"危害人类和平与安全罪"专章，内容包括灭绝种族罪、危害人类罪、战争罪等，置于刑法分则最后作为第十一章？如此等等，这些问题都值得我们进一步思考和研究，逐步作出合理的选择。

# 新中国刑法司法 70 年之回顾与前瞻

赵秉志[*]　张伟珂[**]

## 一、引言

本文拟专门考察和研究新中国成立 70 年来我国刑法司法的沿革与发展问题。本文与既往相关研究在研究视角上有所不同：既往相关研究多以刑法立法或者刑法理论为研究视角，另外有些则以刑事司法为研究视角；而本文是以刑法司法为研究视角。与刑法立法、刑法理论、刑事司法的研究视角都有所不同，研究刑法司法的视角主要以刑法规范的司法适用为研究对象和范围，而刑法司法是国家司法机关依照法定职权和法定程序，根据刑法规定处理刑事案件的专门活动。毋庸讳言，相比较而言，专门从刑法视角探讨司法活动规律与特点的理论成果相对较少。有鉴于此，在新中国成立 70 周年之际，我们尝试以刑法司法为视角，回顾和梳理新中国成立以来我国刑法司法的发展脉络，总结不同历史阶段我国刑法司法的基本特点，并对我国新时期刑法司法的发展前景予以探讨，以期有助于把握我国刑法司法发展的时代脉搏，并对我国刑事法治建设有所裨益。

## 二、新中国刑法司法 70 年的发展脉络

司法，是国家司法机关运用法律处理案件的专门活动。因此，作为司法机关运用刑法规范处理案件的专门活动，刑法立法与刑法司法互相依存、相辅相成。尤其是在我们这样一个既有数千年成文法传统又有数十年法治不昌实际并正在努力走向现代社会主义法治的国家里，刑法立法对刑法司法活动的影响具有鲜明的中国特色。如果说刑法司法以刑法规范为直接法律依据，刑法立法的发展状况就决定了刑法司法的质量与效果，而刑法立法从理念到体系、从内容到技术的重大变革，并由此形成理念先进、体系完善、结构合理、内容科学的现代刑法体系，[①] 对刑事司法活动的影响是基础性、根本性的。因此，以新中国成立以来刑法立法的历史发展为线索，有助于全面透视刑法司法在历史进程中的时代脉络。

### （一）1949 年新中国成立至 1979 年刑法典颁行

新中国成立后至 1979 年刑法典通过和实施以前，我国没有颁行统一的刑法典，我国司法机关仅根据零星的单行刑法和司法文件等规范性文件甚至直接依据刑事政策惩治犯罪行为，刑法司法活动呈现出鲜明的时代色彩。

---

[*] 北京师范大学刑事法律科学研究院教授，法学博士，博士生导师，中国刑法学研究会会长。
[**] 中国人民公安大学法学院副教授，硕士生导师。
[①] 参见赵秉志：《中国刑法的百年变革》，载《政法论坛》2012 年第 1 期。

## 第一编　新中国成立 70 年来刑事法治和刑法理论的变迁与反思

从司法定位来看，这一时期我国的刑法司法活动以维护国家政权稳定为主要目的。新中国成立之初，敌我斗争尖锐、国内外颠覆势力猖獗，建立于战火之中的人民政权面临着数量庞大的土匪恶霸、特务间谍以及其他反革命分子的威胁与侵害。因此，在军事斗争以外，通过司法手段维护国家政权安全和人民民主专政的政治制度遂成为当时我国司法机关的首要任务。这一时期我国的刑法司法活动主要是针对危害国家政权稳定与公共安全的犯罪行为进行查处和制裁。具体而言，在新中国成立初期，面对国家政权遭受的安全威胁，我们党和国家沿袭革命年代运动式的刑事犯罪治理行动，针对反革命分子、贪污腐败干部和不法资本家相继开展了镇压反革命运动、"三反"运动和"五反"运动，以此维护新生的人民政权。在 1956 年顺利完成社会主义改造以后，虽然国家的主要矛盾已经转变为人民群众对于经济文化迅速发展的需要同当时经济文化不能满足人民群众现实需要的状况之间的矛盾，我国刑法司法的主要任务也应当随之改变，但随着 1957 年"反右"扩大化和 1959 年"反右倾"运动的影响，特别是 1962 年中共八届十中全会上做出关于过渡时期长期存在"社会主义和资本主义这两条道路的斗争"的判断，我国刑法司法的主要任务依然被定位于保卫无产阶级专政的社会主义制度。此后，我国刑法司法的政治属性被进一步强化，并随着 1966 年"文化大革命"的爆发而成为维护国家政治安全的主要手段，甚至完全沦为政治斗争的一种普遍方式。其突出表现就是，司法机关将社会的普通矛盾认定为阶级矛盾而扩大犯罪认定的范围，偏重于对思想犯的惩罚，并且使刑罚裁量标准失去法定性而更加随意。① 当然，虽然这一时期的刑法司法因被视为维护国家安全的重要工具而呈现出较强的随意性，但客观上对国家政权的巩固也发挥了重要作用。

从司法依据来看，该时期我国的刑事司法政策填补了刑法立法的严重不足，成为刑法司法的主要依据。新中国成立前夕，中国人民政治协商会议于 1949 年 9 月颁布了《共同纲领》。其第 17 条明确提出，"废除国民党反动政府一切压迫人民的法律、法令和司法制度，制定保护人民的法律、法令，建立人民司法制度。"因此，随着新中国新政权的建立，包括中华民国 1935 年刑法典在内的旧法统（也称"伪法统"）被统统废除。然而，面对惩治犯罪的现实需要，新中国只有少量零乱的单行刑法和附属刑法，如为适应惩治反革命犯罪的需要而由中央人民政府委员会颁行的《惩治反革命条例》（1951 年 2 月 20 日），为配合土地改革运动由各大行政区军政委员会颁行的惩治不法地主的单行条例，为配合"三反"、"五反"运动施行的《惩治贪污条例》（1952 年 4 月 18 日）和《在"五反"运动中关于工商户分类处理的标准和办法》等。② 从整体上看，当时大多数刑法规范性文件的立法层级较低，难以满足刑法司法活动的客观需求；而在"文化大革命"期间，甚至极少几部单行刑法也被彻底废弃，形成刑法立法的"真空"。于是，"镇压与宽大相结合"的刑

---

① 参见孙万怀：《刑事政策合法性的历史》，法律出版社 2016 年版，第 164—167 页。
② 参见赵秉志：《中国刑法的百年变革》，载《政法论坛》2012 年第 1 期。

事政策、"惩办与宽大相结合"的刑事政策便相继成为刑法司法活动的主要依据,①严重影响了我国刑法司法的法定性和明确性。

(二) 1979年刑法典颁行至1997年刑法典修订通过

1978年12月召开的党的十一届三中全会开启了我国新时期改革开放的伟大历史征程,我国的刑法建设也由此开始获得前所未有的发展机遇。②"对林彪、江青反革命集团的审判,是我国健全社会主义法治的重要开端。在'文化大革命'结束后,法治重新受到重视,并作为治国的基本方略"。③ 因此,从1979年刑法典生效至1997年刑法典修订,我国刑法司法也随之进入新的历史时期,并呈现出从保障政治安全的司法导向向维护社会稳定与发展转变的时代特色。

就司法目的而言,该时期刑法司法活动以稳定社会秩序、保障国家经济建设的顺利进行为重要使命。党的十一届三中全会果断否定了"无产阶级专政下继续革命"的错误观点,并提出从1979年起把全党工作重点转移到社会主义现代化建设上来的战略决策,同时确立了健全社会主义民主、加强社会主义法制的改革任务,并把"有法可依、有法必依、执法必严、违法必究"作为基本的法制原则,自此开始了持续多年的平反冤假错案工作,取得了良好的法治效果。可以说,自1979年制定刑法典伊始,国家立法机关便明确将刑法的任务确定为巩固和发展安定团结、生动活泼的政治局面,保障社会主义现代化建设的顺利进行。④ 而作为实现刑法机能、目标的主要途径,刑法司法也积极树立经济刑法观,增强服务意识,拓宽服务视野,提高服务质量,⑤ 严格按照党和国家决策部署为经济发展保驾护航。我国社会主义法制建设包括刑法建设由此进入了新的历史阶段。

然而,面对我国改革开放初期犯罪形势的急剧恶化以及对刑法司法震慑性的高度依赖,"严打"逐渐成为我国司法政策的主要导向,刑法司法呈现出从严、从重的实践特点。自20世纪80年代初开始,随着改革开放的日益深入,因历史积累与现实因素的诱发,我国的犯罪总量开始增加。对此,作为对此时犯罪增长的一种感应式反应,"严打"的刑事政策得以出台,并在相当长的时期内主导了我国的刑法司法活动。⑥ 其突出表现就是:(1)在入罪方面,司法机关降低入罪标准,扩大犯罪的处罚范围。在国家立法机关通过单行刑法等方式使犯罪圈不断扩大的背景下,司法机关通过类推解释等方式推动犯罪化,扩张不法行为之刑事惩治的范围。

---

① 参见赵秉志:《新中国60年刑事政策的演进对于刑法立法的影响》,载《中国社会科学报》2009年第3期。
② 参见赵秉志:《改革开放30年我国刑法建设的成就及展望》,载《北京师范大学学报》(社会科学版) 2009年第2期。
③ 参见《林彪、江青反革命集团案——我国健全社会主义法制的重要开端(1980-1981)》,http://www.jcrb.com/xztpd/ZT2018/fogang/fzjs/dayaoan/201812/t20181218_ 1943989.html, 最后访问时间:2019年5月25日。
④ 参见高铭暄:《中华人民共和国刑法的孕育诞生和发展完善》,北京大学出版社2012年版,第14页。
⑤ 参见赵秉志、鲍遂献:《论刑法观念的更新和变革》,载《中国法学》1994年第2期。
⑥ 参见赵秉志:《新中国60年刑事政策的演进对于刑法立法的影响》,载《中国社会科学报》2009年第3期。

# 第一编　新中国成立 70 年来刑事法治和刑法理论的变迁与反思

（2）在量刑方面，重刑化的司法倾向较为突出。随着立法机关通过单行刑法修改提高刑法中部分犯罪的法定刑，并大量增设死刑罪名，在"从严、从重"的政策导向下，司法机关在刑罚裁量中表现出明显的重刑主义倾向，其突出表现是这一时期的死刑适用大幅度增加。

就司法依据而言，司法解释在刑法司法活动中的地位日益突出，刑事政策对司法活动的影响得以弱化。1979 年刑法典的颁行为刑法司法提供了明确的裁判依据，提高了司法活动的规范性和公信力。同时，为了有效应对严峻的犯罪形势，除了立法机关增加大量的单行刑法、附属刑法以外，司法机关也积极运用司法解释权制定了数量庞大的刑法司法解释。据统计，从 1978 年到 1997 年刑法典实施前，最高人民法院单独以及与最高人民检察院联合发布的刑事司法解释共 254 个，另外还制定了大量指导刑事审判工作的规范性文件。① 虽然这些规定带有一定的应急性，但也有助于刑法司法摆脱直接依据刑事政策定罪量刑的历史窠臼。

### （三）1997 年刑法典颁行以来

改革开放在推动我国社会发展的同时，也给刑法司法活动带来了直接影响，使整个社会的司法观念得以转变，从过去注重国家安全和社会稳定转向社会保护与人权保障兼顾。因此，这一时期的司法目标不仅仅是维护国家安全与社会主义市场经济秩序的稳定发展，而且突出强调公平、合理是刑法司法的价值目标。

首先，在刑事司法政策方面，"严打"政策备受质疑并逐步被宽严相济的刑事政策代替，刑法司法活动呈现出刑罚轻缓化、人道化的趋势。"严打"政策在扭转社会治安形势、保障社会经济发展的同时，对犯罪嫌疑人盲目从严从重甚至随意从重处罚等偏重打击而轻人权保障的方式日益引起人们的警惕和反思。② 1997 年刑法典实施以后，司法机关尤其是最高司法机关积极推动犯罪惩治的司法转型，虽然"严打"刑事政策仍然在发挥一定的作用，但刑法司法中的重刑主义得到一定程度的遏制并向轻缓化的方向转变。进入 21 世纪以后，随着建设社会主义和谐社会的全面推进，宽严相济的基本刑事政策应运而生并替代了"惩办与宽大相结合"的基本刑事政策。此后，我国刑法司法工作也及时作出相应调整，不仅严格限制死刑的适用条件，减少死刑适用的数量，而且在刑罚裁量中逐渐扩大适用非监禁刑，推动社区矫正制度的实施等，顺应了刑罚轻缓化的世界潮流。

其次，从司法依据来看，除了刑法典及其修正案、单行刑法以外，司法解释、指导案例制度对司法规范化的影响日益显著。刑法司法解释是我国刑事法制建设的重要环节，也是连接刑法立法和刑法司法的桥梁。③ 自 1997 年以来，仅最高人民法院制定和参与制定的刑事司法解释或者规范性文件就有 200 余个，这对于解决刑法司法活动中的疑难问题发挥了重要作用，也积极促进了司法公正和司法公信力。与此同时，最高司法机关积极推行指导案例制度，从典型疑难案件中提炼裁判理由作

---

① 参见沈德咏：《改革开放 30 年的刑事审判工作》，载《中国审判》2009 年第 1 期。
② 参见赵秉志：《对"严打"中几个法律关系的思考》，载《人民检察》2001 年第 9 期。
③ 参见赵秉志：《我国刑事司法领域若干重大现实问题探讨》，载《南都学坛》（人文社会科学学报）2009 年第 2 期。

为司法解释之外推动刑事司法统一、完善刑法适用标准的重要补充。

最后，这一时期的刑事司法实现了从偏重秩序保护到注重人权保障的转变，同时也注意强化了民生安全的刑法保护。1997年刑法典确立罪刑法定原则是我国刑法臻于现代化的重要标志之一。从此，依法保障犯罪嫌疑人的权利也名正言顺地成为我国刑法司法活动的重要任务。在这一时期，我国司法机关通过严格限制死刑适用，平反冤假错案，强化对企业家合法权益的刑法保护等举措，积极贯彻人权保障原则。同时，司法机关开始注重对民生安全的司法保护，在危害食药安全犯罪、危害环境安全犯罪、危害交通安全犯罪、涉黑涉恶犯罪等领域开展持续性的专项治理活动，提高犯罪防控的社会效果。在刑罚适用上，针对严重犯罪行为，在严格执行限制减刑、假释的同时，合理适用终身监禁等刑罚执行措施，以实现犯罪预防的个别化和科学化。

## 三、新中国刑法司法70年的基本特点

新中国成立70年来，我国司法机关通过刑法司法活动，不仅全面维护国家政治安全和社会主义经济秩序，而且保障社会公众的合法权益，维护社会公平正义，构筑了一条具有中国特色的社会主义刑法司法的道路。我们认为，新中国刑法司法70年的道路与实践呈现出以下五个方面的显著特征：

### （一）刑法司法工作始终坚持维护国家安全与社会稳定的大局观

从刑法规范来看，1979年刑法典和1997年刑法典都把保卫国家安全、人民民主专政和社会主义制度作为刑法的首要任务。因此，无论是新中国成立初期的"镇压反革命"、"三反"与"五反"运动，还是改革开放以后频繁开展的针对特定犯罪的"严打"，无不是党和国家基于对国家安全与社会稳定形势的总体判断而对刑法司法活动做出的相应部署。面对这些部署，我国司法机关始终坚持服务党和国家工作需要，[①] 积极维护国家安全与社会稳定。虽然在这一发展过程中，我国刑法司法曾经偏离了现代法治的运行轨道，在特定时期基于犯罪防控的特殊需要而在政策导向、司法裁判等方面出现了曲折甚至倒退，但是司法机关保卫国家安全与社会主义制度的立场是坚定不移的，其对国家与社会发展所发挥的积极影响也是毋庸置疑的。时至今日，维护国家安全与社会稳定依然是司法机关的重要任务，[②] "为维护国家政治安全特别是政权安全、制度安全，人民法院始终积极参与反恐怖反分裂反邪教斗争，依法严惩危害国家安全犯罪案件、暴恐犯罪，有力地震慑了试图破坏中国发展的不法分子"。[③] 除此以外，我国近期所进行的严厉打击贪污腐败犯罪以及依法开展的扫黑除恶专项治理，也是基于维护国家和社会长治久安而做出的必然选

---

① 参见袁春湘：《改革开放40年来司法审判之变化》，载《人民法院报》2018年10月31日。
② 参见沈德咏：《改革开放30年的刑事审判工作》，载《中国审判》2009年第1期。
③ 姜佩杉、荆龙：《服务大局：保稳定谋发展促和谐》，https://mp.weixin.qq.com/s?src=11&timestamp=1560070507&ver=1657&signature=WCldCOYwp7lWo34jOUEc*PC9vOOMj*Zca5hdPlh7UX4Lb9EVU5XbAx4ttZ2BgOLWOK3eVKP2PnPMbgAnalTxbYlqzE*IOmv*I7S5eV5dU0RckoLhvUb5sDLvWauUKJWp&new=1，访问时间：2019年5月30日。

择。值得肯定的是，从新中国成立初期到今天，在保障国家安全与社会稳定这一目标毫不动摇的前提下，我国刑法司法活动的基本理念随着社会的进步发生了根本性的变化，逐步实现了从注重秩序维护、惩治犯罪向保障人权与追求司法公正的系统性转变，使国家安全与社会稳定的依法治理进入新时期。

**（二）刑法司法活动从偏重社会整体利益保护逐步转向兼顾维护秩序与保障人权**

新中国成立以后相当长的时期内，我国刑法司法表现为重秩序而轻人权，时常以公民权利被漠视乃至被践踏为代价换取社会安宁。① 党的十一届三中全会着重提出了健全社会主义民主和加强社会主义法制的任务，开辟了建设社会主义民主与法制的道路，也自此开启了我国刑法司法现代化的改革序幕，推动着刑法司法不断强化人权保障。尤其是伴随着1997年刑法典的颁行，我国刑法司法的人权保障观念开始不断增强并得以逐步主导刑法司法活动的现代化改革。首先，司法机关开始严格依法保障犯罪嫌疑人、被告人的人权。随着新刑法典的修订和通过、实施，我国司法机关积极贯彻罪刑法定原则，摒弃类推和不利于被告人的溯及既往追诉，在刑法司法活动中严格依法司法，着力保障犯罪嫌疑人、被告人的人权。其次，司法机关积极探索被害人的合法权益保障机制，努力实现人权保障全覆盖。为此，最高人民法院明确提出推进刑事被害人国家救助制度建设，对生活确有困难的被害人及其亲属要提供适当的经济资助，努力使被害人的损失减少到最低限度。一些地方法院积极开展了试点工作，取得了良好的社会效果。②

**（三）公平正义逐渐成为刑法司法活动的根本价值导向**

公平正义是刑法司法的底线，缺乏公正的司法活动将从根本上侵蚀现代法治的权威性和公信力。为此，随着中国刑法现代化的逐步推进，公平正义成为刑法司法现代化不可缺少的基本内涵。③ 考察我国刑法司法70年发展历程尤其是改革开放40年以来的司法实践，可以从以下三个方面透视我国刑法司法对公平正义的追求。首先，司法机关强化审判监督，纠正冤假错案，维护社会公平正义。不管是改革开放之初全国性的平反冤假错案，还是近年来经媒体曝光或者当事人申诉而得以昭雪的其他冤假错案，都能看到司法机关坚持有错必纠的司法理念，使社会公众不断感受到司法机关推动刑法司法实现公平正义的努力。其次，积极贯彻罪责刑相适应原则，追求司法公平公正。毋庸讳言，新中国成立70年间，中国传统文化中浓郁的重刑主义思想仍然对刑法司法活动有着相当的影响，但随着罪责刑相适应原则的确立和贯彻实施，尤其是宽严相济基本刑事政策的提出，重刑威慑的司法观念在近年来我国刑法司法活动中逐步得到一定程度的扭转，其突出表现就是在刑法司法层面严格限制死刑适用，死刑案件数量大幅度下降，同时积极带动了刑罚适用的轻缓化和人道化。最后，司法机关注意积极回应热点刑事案件的社会关切，积极营造司

---

① 参见赵秉志：《全球化时代中国刑法改革中的人权保障》，载《吉林大学社会科学学报》2006年第1期。
② 参见沈德咏：《改革开放30年的刑事审判工作》，载《中国审判》2009年第1期。
③ 参见赵秉志、田宏杰：《刑事司法正义论》，载《中国刑事法杂志》2000年第6期。

公正的良好氛围。在相当长的时期里,刑法司法过程被蒙上了神秘的外衣,司法机关对民意乃至舆论监督普遍持排斥态度,从而使我国刑法司法活动的法律效果和社会效果都受到影响。近年来,在公平正义司法理念的影响和推动下,我国刑法司法活动不仅开始积极回应舆情民意,而且注意通过典型案件引导司法民意,如在薄熙来贪污受贿案、于欢防卫过当案、张文中"诈骗"案等案件中,司法机关的刑法司法活动通过与民意的积极互动取得了良好的法律效果和社会效果,强化了司法正义的公众认同。

### (四) 刑法司法的规范化举措趋于丰富

"加强司法规范化建设,是贯彻落实依法治国基本方略,构建公正高效权威的社会主义司法制度的必然要求。"[①] 改革开放以后尤其是进入21世纪以来,随着人权保障观念的深入发展,加强司法规范化,避免司法活动的肆意妄为,提高司法公信力,成为我国司法机关的普遍共识。因此,近年来我国司法机关在改善司法理念、规范司法形象等方面加大探索与尝试,取得了良好的司法效果。就刑法司法而言,我国司法机关着重从规范自由裁量权的角度强化刑事裁判的规范化,主要表现在建立健全案例指导制度和建立并推行量刑规范化制度等方面。一方面,最高司法机关通过建立健全案例指导制度,规范司法裁判。2010年7月29日,最高人民检察院第十一届检察委员会第四十次会议通过了《关于案例指导工作的规定》,同年11月26日,最高人民法院发布了《关于案例指导工作的规定》。这些指导性案例不同于以往发布的仅作为司法机关参考的指导案例,本质是对法律法规条文或者法律规范的一种解释,甚至可能是对法律法规进行一定程度的补充。[②] 因此,其在司法解释之外成为规范司法活动的新形式。案例指导制度在刑法司法方面表现得尤为突出,最高人民法院和最高人民检察院近年来发布了数批刑法司法方面的指导性案例,对于正确适用刑法、切实提高刑事案件的司法水平起到了重要的引导和协调作用。另一方面,最高人民法院通过发布量刑指导意见提高量刑活动的规范化。为统一法律适用标准,规范裁量权,严格执行法律,准确裁量刑罚,最高司法机关在全国各级司法机关积极推动了量刑规范化的改革。自最高人民法院2010年发布《人民法院量刑指导意见(试行)》以来,最高人民法院又相继出台了《关于常见犯罪的量刑指导意见(二)(试行)》、《关于常见犯罪的量刑指导意见》等刑法司法文件。这些举措对于确保刑事案件办案质量,实现公平正义发挥了重要作用。

### (五) 刑法理论对刑法司法的影响日益突出

从新中国成立之初到改革开放之前,随着中华民国旧法统被全部废止、新中国刑法规范的缺位以及对苏联刑法理论和司法制度的全盘移植,我国刑法学研究日渐式微,刑法司法的政治性色彩过于浓重而缺少先进理论的支撑,以至于我国刑法理论对刑法司法实务的影响极其有限。即便在1979年刑法典颁布以后,由于在相当

---

① 李少平:《规范司法行为促进司法公正》,载《中国审判》2012年第11期。
② 参见胡云腾:《打造指导性案例的参照系》,载《法律适用》2018年第14期。

长一个时期刑法理论界的研究重点集中在刑法立法的发展完善方面,① 因而我国刑法司法与刑法理论的交流相对薄弱,刑法理论对刑法司法的影响极其有限。随着1997年刑法典的颁行尤其是罪刑法定原则的确立,使刑法立法的改革问题趋于稳定,如何在贯彻罪刑法定原则的前提下规范刑法适用,保持刑法规范的稳定性与灵活性,遂成为我国刑法司法的重要任务,也使得刑法解释学(教义学)有了长足发展。刑法解释学的拓展对刑法司法活动产生了重要影响。比如刑法理论界关于罪刑法定原则的探讨,对合理限定刑法中口袋罪的适用提供了理论支持;而关于死刑限制及其路径的探讨,更是为死刑的司法限制提供了充分的理论动员与指导。此外,关于刑罚功能、刑罚轻缓化等刑罚理论的研究,不仅有助于改变司法人员的重刑主义观念,而且对于扩大资格刑适用、提高罚金刑的适用比例,乃至宽严相济刑事政策的提出等,都具有重要的理论指导意义。

## 四、新时期我国刑法司法发展的总体趋势

经过70年的探索和发展,当今中国进入了建设中国特色社会主义事业的新时期,中国特色社会主义法治建设包括刑事法治建设无疑是其中重要的一环。70年来,伴随着国家和国家法治曲折前行的步伐,我国的刑法司法经历了从政治主导到追求公正的历史转变,这一情形也与现代法治发展的历史轨迹趋于吻合。展望未来,在中国特色社会主义及其法治建设的新的历史时期,我国刑法司法活动应当坚守公平正义的法治生命线,坚持保障人权与维护秩序的兼顾和统一,为我们国家和社会的改革开放事业保驾护航。为此,我们认为,未来我国的刑法司法活动应当遵循以下法治发展的基本方向:

### (一)恪守罪刑法定原则,强化人权保障的现代刑法司法理念

自现行刑法典修订以来,罪刑法定原则已经成为我国刑法司法不可僭越的一项铁律。然而,从现实司法实践来看,如何恪守罪刑法定原则,并真正落实人权保障的现代司法理念,仍然是一个需要时常警示和不断强调的问题。可以说,不断强化罪刑法定原则的实践效果应当是我国刑法司法活动的长久命题。就此我们试提出如下要点:首先,要准确理解罪刑法定原则,合理约束刑罚权。这一点在行政犯领域尤为重要。在当下中国,基于维护公共秩序的客观需要,司法层面行政犯认定的形式化倾向以及由此导致犯罪圈的急剧扩张已成必然,近年来发生的内蒙古王力军无证收购玉米案、王鹏非法出售鹦鹉案、赵春华非法持有枪支案等即是这一趋势在刑法司法中的体现。然而,这些典型案件的司法裁判无不存在着背离罪刑法定原则的隐忧。面对不断扩张的犯罪圈,通过罪刑法定原则对刑法规范进行合理解释进而使刑罚权保持适度谦抑,更能契合良法善治的社会主义法治观。其次,要合理处理罪刑法定原则与司法解释的关系。最高司法机关制定和发布的刑法司法解释是我国各级司法机关进行刑法司法活动的重要依据,也是推进司法裁判公信力的重要保障。

---

① 参见陈兴良:《中国刑法学研究40年(1978—2018年)》,载《武汉大学学报》(哲学社会科学版)2018年第2期。

然而，随着司法解释的作用越来越突出，一些突破刑法典的解释方式应当引起我们的重视，比如相关司法解释中关于交通肇事案件中共同过失犯罪的认定、危害食品安全犯罪中规范性构成要件要素的司法认定等，无不有越权解释的嫌疑。这些规范不仅会导致犯罪认定扩大化，而且从根本上有违背罪刑法定原则之嫌。最后，要强化人权保障理念，积极纠正冤假错案。在刑法司法中坚持罪刑法定原则，既包括在未决案件中严格依照刑法规定定罪量刑，也包括对于错误的已决案件及时依照刑法和刑事诉讼法的规定加以纠正。可以说，纠正冤假错案是刑法司法实现社会正义不可缺少的重要方面，也是刑法司法活动坚守罪刑法定原则的应有之义。近年来，我国司法机关积极履行审判监督职能，依法纠正了张文中诈骗案、呼格吉勒图强奸杀人案、浙江张氏叔侄强奸杀人案、赵作海故意杀人案等重大而典型的冤假错案，取得了良好的法治效果，而这也应当成为未来刑法司法的重要职能。

### （二）积极探索刑罚轻缓化路径，贯彻落实刑法司法的人道主义

刑罚轻缓化是人道主义发展与人权保障进步的结果，从世界范围来看，刑罚轻缓化已然成为一股世界潮流，甚至成为评价一国法治文明程度的重要标尺。[①] 因此，刑罚轻缓化也应当成为我国刑法司法的当然选择和发展方向。在刑法司法中实践刑罚轻缓化，贯彻人道主义的刑罚理念，应当强调以下三个方面：一是要进一步限制死刑适用，切实降低死刑案件数量。严格限制并逐步废止死刑已经成为当今世界上大多数国家的共识，我国也通过在立法层面废止死刑罪名和在司法层面严格限制死刑适用而大幅度削减了死刑案件的数量，但是从死刑适用的情况来看，不管是在适用死刑的绝对数量上还是在死刑案件的行为类型上，在司法实务中削减死刑适用乃至从司法层面在事实上废止死刑，仍然有较大的改革空间。因此，进一步限制死刑适用数量应当成为我国刑法司法改革的一个重要方向。二是要逐渐扩大非监禁性质的刑罚措施的适用。社区矫正的制度化是我国近年来推动刑罚执行措施改革的重大举措，但从长远来看，在提高社区矫正运行规范化的同时，还应当进一步探索更多类型的非监禁性质的刑罚措施。就社区矫正措施而言，应当解决当前制约社区矫正规范化的管理机制、人员配备、工作模式、物质保障等问题；就其他非监禁性质的刑罚措施来说，积极探索扩大假释制度的宽缓化运作等十分有必要。三是在推动刑罚轻缓化的同时应当遵守罪责刑相适应原则。刑罚轻缓化是当代刑法司法发展的宏观趋势，但并不意味着在每一个案件中都要优先考虑从宽情节及其对量刑的影响。个案中的量刑仍然要做到罪责刑之间的相互均衡，而一味地从宽处罚不仅可能降低刑罚的预防效果，而且背离了刑罚人道化的初衷。

### （三）提高刑法司法质量，完善司法解释和指导案例制度

刑法司法解释和刑法指导案例相互补充，共同构成了当下我国刑法司法活动中统一法律适用标准、统一司法裁判，解决法律适用疑难问题的重要机制。但是，从司法规范性的角度来看，不管是司法解释制度和指导案例制度，都有诸多需要完善的地方。因此，要提高刑法司法的质量，就必须健全、完善司法解释制度和指导案

---

[①] 参见赵秉志，金翼翔：《论刑罚轻缓化的世界背景与中国实践》，载《法律适用》2012年第6期。

# 第一编 新中国成立 70 年来刑事法治和刑法理论的变迁与反思

例制度。一方面,要合理限定司法解释性规范文件的形式和适用范围。就司法解释的形式而言,司法解释是针对法律适用中的疑难问题而做出的法律解释,应当针对的是全国范围内具有典型意义的普遍性问题,因此,对于这些问题以外的其他疑难问题尤其是个案中的难点,要适度减少甚至可以考虑废止通过批复等形式就个案做出司法解释的情形,以保持上下级法院案件审理的独立性。就适用范围来说,要合理限定司法解释的适用范围,尤其要处理好立法解释与司法解释的关系,特别注意避免司法解释立法化,从而违反罪刑法定原则。另一方面,要完善指导案例制度。入选的指导案例往往是社会广泛关注、法律规定比较原则且具有典型性、疑难复杂或者属于新类型的案例,与司法解释内容的抽象性相比,指导案例所解决的法律疑难问题往往针对性极强,对规范司法工作、促进司法公正具有重要意义。因此,应当进一步提高指导案例制度的实践效率,强化指导案例的司法强制力,并通过健全指导案例的筛选机制而扩大其入选数量,从而对刑法司法活动形成良好的示范效果。

### (四)强化刑法理论与刑法司法实践的互动,加强刑法司法的理论支撑

新中国成立 70 年来,我国刑事法治实践的发展极大地促进了刑法理论的发展,而刑法理论的日益精细、成熟也为刑法司法的改革与进步提供了必要的理论支撑。尤其是随着社会的变迁和发展,刑法司法面临的新情况新问题会不断涌现,刑法理论积极关注实践活动并与刑法司法形成良性互动关系,对于提高刑法司法的科学性和公信力具有重要意义。(1) 刑法司法要及时关注刑法理论的发展,将成熟的刑法理论作为刑法司法发展的重要依托。近年来,基因技术犯罪、网络犯罪乃至人工智能犯罪等新型犯罪不断涌现,而这些都是传统刑法司法活动极少涉及的新领域,如何客观、规范、公正地评价不法者的刑事责任,亟须合理的刑法理论予以论证。因此,刑法司法只有在接纳理论研究成果方面保持主动性,才能科学、规范地应对不断变化的犯罪形势。(2) 刑法司法活动要将刑法理论及时融入司法裁判,提高刑事裁判的说理性。裁判文书有情有理有据地说理,对于解决诉讼争议,化解矛盾纠纷,实现诉讼目的,宣传国家法制,促进社会和谐,都具有重要意义。[①] 然而,目前我国刑法司法裁判的说理性还远远不能满足司法公信力的现实需求。这其中固然有司法处理机制等客观原因,也与司法人员对刑法理论的重视程度不够有关系。因此,强化对刑法理论的研习,并将相关刑法理论适时融入司法裁判中,能够更好地实现司法裁判的社会效果。比如,在引起社会舆论高度关注的于欢防卫过当案以及北京阳光一佰生产、销售有毒、有害食品案等指导案例中,司法机关充分的裁判说理就是良好的示范。

### (五)理性处理刑法司法专业化与大众化之间的关系

回顾新中国 70 年来我国刑法司法的发展历程,可以说我国刑法司法的发展本身也是重建司法专业化的过程。尤其是改革开放 40 年来,司法专业化是无数司法职业人员的梦想及其为之努力奋斗的方向。然而,进入 21 世纪以来,虽然我国司

---

[①] 参见胡云腾:《论裁判文书的说理》,载《法律适用》2009 年第 3 期。

法改革一直朝着司法专业化的方向进行,但是也不时受到司法大众观念的冲击与质疑,两者之间的碰撞可以说构成了晚近20年来我国司法改革的一大特色。如今,司法专业化与大众化的关系仍然是我国司法改革中不可回避的重大议题,而如何处理这一问题也将是刑法司法发展必须直面的话题。在我们看来,刑法司法专业化与大众化并不矛盾,可以予以协调处理。一方面,刑法司法的专业化不应该忽略司法民意。改革开放以来,中国司法的重建之路围绕着司法机关的权力配置与运作、司法活动的具体制度两个方面展开,强调司法的存在价值,重塑司法的存在形态,走向专业司法。① 不过,这种专业性是围绕司法的中立性、程序性、法定性等展开的,无须与舆情民意做绝对切割;在保持司法中立、程序公正的前提下,倾听民意、理解民意,按照法定程序公开回应民意,并不构成对专业化的蔑视甚至侵犯。另一方面,司法大众化不能背离司法规律性,忽略司法活动的职业特点。伴随着21世纪初"司法为民"观念而提出的司法大众化日渐引起社会舆论的关注,并成为司法改革重点关注的目标之一。然而,如果说司法大众化以司法是否能够令人民满足作为评价标准的话,大众化的改革方向与专业化的改革目标是完全一致的。换言之,司法专业化改革与司法大众化理念在让人民群体切实感受到司法公正这一根本问题上是统一的。为此,我们既要避免打着司法专业化的旗帜忽视司法对民意的合理应对进而危及司法公信力,也要警惕以司法大众化的诉求否定刑法司法的专业化,进而导致唯民意至上的非理性司法从而侵蚀司法权威。基于此,在我们看来,刑法司法的发展应当充分协调司法大众化与司法专业化的关系,不能偏废其一。

---

① 参见邢鸿飞、韩轶:《司法理性与司法公信》,载《南京大学学报》(哲学·人文科学·社会科学)2016年第2期。

第一编 新中国成立 70 年来刑事法治和刑法理论的变迁与反思

# 迈向良法善治
## ——70 年来我国刑法与刑法学的演进与省思

刘仁文*

今年是新中国成立 70 周年，对 70 年来我国刑法与刑法学的发展所走过的坎坷历程进行回顾，并在现在来之不易的大好局面的基础上推陈出新，使我国的刑事法治不断迈向良法善治，应是一件有意义的事情。

## 一、刑法起草与新中国刑法学的起步（1949-1978 年）

### （一）刑法起草

1949 年新中国成立后，明令废除了国民党的"六法全书"，使依附于它的刑法学知识也遭废黜。破中有立——新中国成立初期国家先后制定了一些应急性的单行刑事法规，如 1951 年颁布的《惩治反革命条例》和《妨害国家货币治罪暂行条例》，1952 年颁布的《惩治贪污条例》。

与此同时，起草系统的刑法典的准备工作也一直在进行。从 1950 年到 1954 年，当时的中央人民政府法制委员会写出了两部刑法立法草案，一部是《中华人民共和国刑法大纲草案》，另一部是《中华人民共和国刑法指导原则草案（初稿）》。但遗憾的是，由于当时正在进行抗美援朝、土地改革、镇反以及"三反"、"五反"等运动，国家的注意力并没有集中在立法工作上，所以上述两部草案也就只是停留在法制委员会内部作为两份书面材料保存下来，它们始终没有被提上立法程序，因而这段刑法典起草工作我们只能叫它"练笔"，两部草案也只能算作立法资料。[①]

1954 年通过了新中国第一部《宪法》和《人民法院组织法》、《人民检察院组织法》等五个组织法，标志着我国法制建设进入一个新的阶段，这对刑法典的起草工作是一个很大的推动。那时，刑法典起草工作由全国人大常委会办公厅法律室负责。法律室从 1954 年 10 月开始起草，到 1956 年 11 月，已草拟出第 13 稿。党的"八大"决议明确指出："由于社会主义革命已经基本完成，国家的主要任务已经由解放生产力变为保护和发展生产力，我们必须进一步加强人民民主法制……逐步地系统地制定完备的法律。"在这种形势下，刑法典起草工作加紧进行，到 1957 年 6 月，已经写出第 22 稿。这一稿经过中共中央法律委员会、中央书记处审查修改，又经过全国人大法案委员会审议，并在第一届全国人民代表大会第四次会议上发给全体代表征求意见。这次会议还作出决议：授权人大常委会根据人大代表和其他方

---

\* 中国社会科学院法学研究所研究员，刑法研究室主任，博士生导师。
① 参见高铭暄等：《中国刑法立法之演进》，法律出版社 2007 年版，第 39-40 页。

面所提的意见，将第22稿进行修改后，作为草案公布试行。①

虽然决议作出了，征求意见的工作也做了，但是刑法草案并没有公布。其中的原因，正如有学者所分析指出："'反右派'运动以后，'左'的思想倾向急剧抬头，反映到法律工作方面，否定法律，轻视法制，认为法律可有可无，法律会束缚手脚……足足有三四年时间，刑法典起草工作停止了下来"。②

1962年3月，毛泽东指出："不仅刑法要，民法也需要，现在是无法无天。没有法律不行，刑法、民法一定要搞。"这个指示对刑法起草是个很大的鼓舞。从该年5月开始，全国人大常委会法律室在有关部门的协同下，对第22稿进行全面修改。经过多次的修改和征求意见，其中也包括中央政法小组的几次开会审查修改，到1963年10月，拟出第33稿。这一稿经过中共中央政治局常委和毛泽东审查，也想过是否要公布，但很快"四清"运动就开始了，接着又进行"文化大革命"，在这种形势下，刑法典第33稿终被束之高阁，"在文件箱里睡了十五个年头。"③

粉碎"四人帮"后，1978年2月召开的五届人大一次会议对法制工作来说是个转折点。叶剑英在《关于修改宪法的报告》中指出："我们还要依据新宪法，修改和制定各种法律、法令和各方面的工作条例、规章制度。"特别是邓小平在1978年10月的一次谈话中指出："过去'文化大革命'前，曾经搞过刑法草案，经过多次修改，准备公布。'四清'一来，事情就放下了。现在很需要搞个机构，集中些人，着手研究这方面的问题，起草有关法律。"这次谈话后不久，中央政法小组就组成刑法草案的修订班子，对第33稿进行修改工作，先后搞了两稿。④ 在此过程中，中国共产党召开了具有历史意义的十一届三中全会，会议精神对刑法典起草工作起到了极大的推动作用，为1979年刑法典的正式出台奠定了坚实的基础。

（二）该阶段刑法学研究的主要内容

一是全面介绍、学习苏联刑法理论。为此，翻译出版了一批苏联的刑法教科书和专著，⑤ 包括后来对中国犯罪构成理论产生深远影响的特拉伊宁的《犯罪构成的一般学说》（中国人民大学出版社1958年版）。

二是对一些现实问题进行了研究，如刑法溯及力问题，这是当时刑事司法实践面临的一个现实问题。旧法被彻底否定之后，新中国陆续颁布了一些单行刑事法律，其中有些明确规定了溯及力问题，但大都没有明确规定。对于没有明确规定的是否适用于其颁布以前的行为，当时有三种观点：一是认为新法具有溯及力；二是认为加重刑罚的刑事法律在任何情况下都不应适用于其颁布以前的行为；三是认为应当按照原则性和灵活性相结合的办法来解决我国刑法的溯及力问题，即原则上遵守从旧兼从轻的原则，但不排除例外。⑥

---

① 参见高铭暄：《中华人民共和国刑法的孕育和诞生》，法律出版社1981年版，第2页。
② 参见高铭暄等：《中国刑法立法之演进》，法律出版社2007年版，第40-41页。
③ 参见高铭暄：《中华人民共和国刑法的孕育和诞生》，法律出版社1981年版，第3页。
④ 参见高铭暄等：《中国刑法立法之演进》，法律出版社2007年版，第41-42页。
⑤ 参见高铭暄等主编：《新中国刑法学五十年（上）》，中国方正出版社2000年版，第5页。
⑥ 参见高铭暄等主编：《新中国刑法学五十年（上）》，中国方正出版社2000年版，第5-6页。

# 第一编　新中国成立 70 年来刑事法治和刑法理论的变迁与反思

三是结合刑法典的起草对相关问题进行研究。刑法典起草时断时续，在恢复起草时，刑法学的某些问题客观上需要研究，如死缓制度。死缓制度是在 1951 年第一次镇压反革命的高潮中产生的，当其在社会主义改造运动中发挥了积极作用之后，刑事立法中是否还应当继续保留，刑法学界对此存在争议。"今天看来，这场争论无疑为死缓制度的存在及完善奠定了坚实的理论基础，也在一定程度上推动了刑法学研究的发展。"①

四是对犯罪与两类矛盾问题进行了激烈研讨。1957 年，毛泽东发表《关于正确处理人民内部矛盾的问题》一文，刑法学界一些人在学习过程中把两类矛盾学说引入刑法领域，认为犯罪现象中存在两类不同性质的矛盾，司法工作在定罪量刑时要严格区分两类不同性质的矛盾，由此引起对该问题的长期争论。②

### （三）该阶段的刑法学研究特点

首先，带有比较浓厚的政治色彩。前述关于犯罪与两类矛盾问题的讨论就是一个明显的例子。另外，关于反革命罪有无未遂的问题也是。更为遗憾的是，反革命罪有无未遂的争论本来是一个纯法律的学术问题，但在特定的历史环境下，竟上升为一个敏感的政治问题。在 1952 年的司法改革运动中，主张反革命罪有未遂的观点开始被斥责为旧中国的六法观点，这一趋势在 1957 年下半年开始的反右斗争中达到登峰造极的地步，凡是主张反革命罪有未遂的人均被打成右倾分子。这种"用简单的政治分析替代深入的法律分析"的做法给我们留下了惨痛而深刻的教训。③

其次，有比较明显的历史虚无主义和教条主义倾向。新中国成立后，对于晚清以来至民国时期按照大陆法系的模式逐步累积起来的刑法学知识，从形式到内容彻底否定。无论是刑事古典学派，还是刑事实证学派，由于均隶属于"剥削阶级"而无一幸免地受到清算。④ 与此同时，对苏俄刑法学进行了全面的移植。

最后，刑法学研究起步不久即走向萧条。从 1949 年 10 月到 1957 年上半年，被我国刑法学界称为新中国刑法学的起步阶段，这期间出版的论著"虽然还很不成熟"，却"是新中国刑法学史上极其重要的一个时期，它为刑法学以后的发展奠定了基础"。⑤ 而从 1957 年下半年开始，随着反右斗争的展开，刑法学研究开始受到冷落，⑥ 到 1966 年"文化大革命"开始，刑法学研究进入停滞、倒退时期，这种状况一直持续到"文化大革命"结束。"连绵不断的政治运动和社会动乱，刑法学研究从其中前十年（1957-1966 年）的逐步萧条、成果很少，到后十年（1966-1976 年）的偃旗息鼓、完全停止。"⑦ 反右斗争后，法律虚无主义盛行，一些刑法

---

① 参见高铭暄等主编：《新中国刑法学五十年（上）》，中国方正出版社 2000 年版，第 7 页。
② 参见高铭暄主编：《新中国刑法学研究综述（1949—1985）》，河南人民出版社 1986 年版，第 24 页。
③ 参见高铭暄等主编：《新中国刑法学五十年（上）》，中国方正出版社 2000 年版，第 7-9 页。
④ 参见车浩：《未竟的循环——"犯罪论体系"在近现代中国的历史展开》，载《政法论坛》2006 年第 3 期。
⑤ 参见高铭暄等主编：《新中国刑法学五十年（上）》，中国方正出版社 2000 年版，第 4-5 页。
⑥ 不过，法律出版社 1957 年 9 月出版的李光灿的《论共犯》一书算是一个例外，该书被认为在该领域提高了当时的刑法学理论研究水平。
⑦ 参见高铭暄等主编：《新中国刑法学五十年（上）》，中国方正出版社 2000 年版，第 8 页。

上的重要理论，如刑法基本原则、犯罪构成等，人们不敢问津。在这种形势下，不仅"罪刑法定"这样一些贴有西方刑法学标签的刑法原理被打成"右派"的发动言论，连从苏联引进的犯罪构成理论也被打入冷宫，成为政治上的禁忌。正如有学者指出的那样，"犯罪构成"一词不能再提了，犯罪构成各个要件不能再分析了，不准讲犯罪必须是主客观的统一，等等。① 如中国人民大学法律系刑法教研室在1958年出版的《中华人民共和国刑法是无产阶级专政的工具》一书中，关于怎样认定犯罪的论述，只字不提犯罪构成。② 这种情形一直持续到1976年，如该年12月北京大学法律系刑法教研室编写的《刑事政策讲义》（讨论稿），该书在正确认定犯罪这一题目下不仅同样讳言"犯罪构成"一词，还强调在认定犯罪的时候要查明被告人的出身、成分和一贯的政治表现等，要以阶级斗争为纲，坚持党的基本路线，用阶级斗争的观点和阶级分析的方法分析问题、处理问题。③

## 二、刑法学研究的复苏与繁荣（1978-1997年）

### （一）1979年刑法的颁布与刑法学研究的复苏

从1979年开始，刑法典草案以第33稿为基础，结合新情况、新经验和新问题，征求了中央有关部门的意见，先后拟出了两稿。④ 第二稿于5月29日获得中央政治局原则通过，接着又在法制委员会全体会议和第五届全国人大常委会第八次会议上进行了审议，最后于7月1日在第五届全国人大第二次会议上获得一致通过，并规定自1980年1月1日起施行。⑤ 这是新中国成立近30年来第一次有了自己的刑法典，其过程和意义令人感慨。正如有学者所指出的："回顾新中国刑法的孕育诞生历程，不禁使人感慨万千：其道路的确是曲折的、艰辛的。一部出台时不过192个条文的刑法典（条文数在当今世界各国刑法典中可以说是最少的），从全国人大常委会法律室起草算起，先后竟然孕育了25年之久。其实工作时间只用了5年多，有19年多是处于停顿状态。第22稿拟出后停顿了4年多，第33稿拟出后居然停顿了15年！这说明'以阶级斗争为纲'的思想，法律虚无主义，一个接一个的政治运动，对中国法制建设的冲击有多么大！建国近30年，中国才有了第一部粗放型的刑法典，这不能不说是法制的严重滞后。有法才能治国，无法就要祸国，这是中国人民付出了无数血的代价之后才总结出来的一条经验教训。"⑥

刑法典的颁布直接推动了刑法学研究。据有学者统计，刑法典颁布前，主要是"文化大革命"之前的17年，发表的刑法论文仅有176篇，而刑法颁布后至1985

---

① 参见杨春洗等：《刑法总论》，北京大学出版社1981年版，第108页。
② 参见中国人民大学法律系刑法教研室：《中华人民共和国刑法是无产阶级专政的工具》，中国人民大学出版社1958年版，第20页以下。
③ 参见北京大学法律系刑法教研室：《刑事政策讲义》（讨论稿），1976年12月内部印行，第118页以下。
④ 参见高铭暄等编：《新中国刑法立法文献资料总览》（上册），中国人民公安大学出版社1998年版，第435页以下。
⑤ 参见高铭暄：《中华人民共和国刑法的孕育和诞生》，法律出版社1981年版，第4页。
⑥ 参见高铭暄等：《中国刑法立法之演进》，法律出版社2007年版，第43页。

# 第一编　新中国成立 70 年来刑事法治和刑法理论的变迁与反思

年年底的 6 年多时间里，发表的论文有近 2300 篇，约相当于过去的 13 倍。① 虽然我们对此还可以从"人治"向"法治"转变的社会大背景中寻找原因（法治的兴盛必然使法学刊物增多、发表文章的机会增多），但刑法文本的出现，以及刑法的实施所引发的大量疑难问题，无疑为刑法学研究提供了丰富的素材和巨大的内驱力。正如有刑法学者所描述的："经过了将近 20 年的寂静之后，随着我国第一部刑法的颁布，刑法学在各部门法学中一马当先……很快在法苑中立住了脚跟，恢复了大刑法昔日的自信，并睨视着其他尚在草创之中的部门法学，俨然以老大自居。"②

复苏后的刑法学研究刚开始还带有比较浓厚的"大词"色彩，将马克思列宁主义毛泽东思想对我国刑法具有指导意义的基本原理，概括为社会主义时期阶级斗争和无产阶级专政的理论、严格区分和正确处理两类不同性质的矛盾的思想等。③ 但随着国家工作重心转入经济建设，这种粗放式研究不断地被一个个现实问题推向深入：一方面，刑法典的注释和对刑法施行后司法实践中反映出来的大量问题进行解答，成为刑法学界的迫切任务；另一方面，犯罪领域的新情况和新特点促使立法机关和司法机关做出反应，而对这种反应的理论准备、理论论证和理论评析又成为学界不可回避的问题，如经济犯罪的日趋严重使得全国人大常委会相继通过了《关于严惩严重破坏经济的罪犯的决定》（1982 年）、《关于惩治走私罪的补充规定》（1988 年）、《关于惩治生产、销售伪劣商品犯罪的决定》（1993 年）等一系列打击经济犯罪的单行刑法；社会治安的恶化使得全国人大常委会于 1981 年通过了《关于死刑案件核准问题的决定》，1983 年又通过了《关于严惩严重危害社会治安的犯罪分子的决定》；腐败犯罪的加剧使得全国人大常委会于 1988 年通过了《关于惩治贪污罪贿赂罪的补充规定》；等等。据统计，自 1981 年至 1997 年刑法典通过前，全国人大常委会先后通过了 25 部单行刑法，此外，还在 107 个非刑事法律中设置了附属刑法规范。经过不断补充，刑法中的罪名由 1979 年刑法典中的 130 个增加到 263 个。④ 针对这样的刑法制度变动，囿于"大词"建构的学术话语体系不敷应付。

（二）刑法学知识的更新

20 世纪 70 年代末 80 年代初的刑法学复苏是建立在 50 年代引进的苏联刑法学知识的基础之上的。例如，1982 年出版的高等学校法学试用教材《刑法学》（高铭暄主编，法律出版社）基本沿袭了苏联刑法教科书的体系和原理，其"犯罪构成体系几乎是特拉伊宁的翻版"。⑤ 这说明当时的刑法学主流知识是苏联刑法学。

也许是意识到"历史虚无主义不利于刑法学的研究发展"，自 80 年代初，一批

---

① 参见高铭暄主编：《新中国刑法学研究综述（1949—1985）》，河南人民出版社 1986 年版，第 8—9 页。
② 陈兴良：《刑法哲学》，中国政法大学出版社 1992 年版，前言。
③ 参见高铭暄主编：《新中国刑法学研究综述（1949—1985）》，河南人民出版社 1986 年版，第 19 页以下。
④ 参见高铭暄等：《中国刑法立法之演进》，法律出版社 2007 年版，第 44—45 页。
⑤ 参见陈兴良、周光权：《刑法学的现代展开》，中国人民大学出版社 2006 年版，第 727 页。

台湾地区刑法学著作被陆续影印在大陆出版，成为当时刑法学知识的一个增长点。时至今日，两岸刑法学者的交流已趋活跃，当年版权页上写着"内部参考，批判使用"字样的前述《刑法原理》等书，已在大陆正式出版了简体字本。①

从20世纪80年代中后期开始，越来越多的外国刑法学论著经过编译和翻译传入我国，其中既有大陆法系的，也有英美法系的，它们为封闭了数十年的我国刑法学打开了一扇大门，开阔了刑法学者的眼界。早期影响较大的有：1984年和1985年分上下两册分别由北京大学出版社出版的《外国刑法学》（甘雨沛、何鹏著）。"该书内容庞杂，虽然存在文字艰涩且无注释的不足，但其丰富的资料对于处于饥渴状态的我国刑法学界不啻是一道盛宴"。② 1986年辽宁人民出版社出版了《日本刑法总论讲义》（福田平、大塚仁编，李乔等译），该书简明扼要，体系清晰，对启蒙大陆法系刑法理论有较大的参考价值。1987年北京大学出版社出版的《美国刑法》（储槐植著）为人们了解美国刑法理论提供了便利。进入90年代，大批的刑法译著和外国刑法典源源不断地汉译出版。译著的来源既有德、日等在我国有传统影响的大陆法系国家，也有法国、意大利等其他大陆法系国家，还有美、英等英美法系国家，以及俄罗斯等转型后的国家。

对于这些刑法学著述的翻译，一位外国作者将其理解为"中国对外国文化开放的表示"（耶赛克为其《德国刑法教科书》所作的中译本序言中语）。尽管翻译的质量良莠不齐，但总的来讲，它对开阔我国刑法学者的视野做出了有益的贡献。这从近些年来我国刑法学者的著述引注中也可见一斑，过去那种很少有引注或者引注来源单一的学术局面已经大大地得到改观。

### （三）注释刑法学的兴起

1979年刑法典颁行后，刑法学界在刑法注释上下了很大的工夫，为司法实务界掌握刑法做出了贡献。③

注释刑法学是20世纪80年代中国刑法学研究的主要体裁，这有其时代必然性。首先，国家的惩罚策略正在实现从运动到法制的整体性转变，在刑事领域，中共中央专门发布了"关于坚决保证刑法、刑事诉讼法切实实施的指示"。可见，当时全社会都面临一个"学会使用法律武器"的问题。④ 其次，那时公检法司队伍的业务素质整体还偏低，专业化程度远不能跟今日相比，由此决定了其适用法律的自身解释能力较弱，对法律解释有较强的依赖性。最后，刑法文本的出现，以及其后大量单行刑法和附属刑法的颁布，加上司法实践中不断反映出来的问题，迫切需要刑法学界释疑解惑。因此，当时的许多刑法学论著几乎都有共同的格式，那就是要

---

① 陈兴良在回忆自己20世纪80年代刑法论著的引注时，曾指出有1/4引自民国时期的刑法论著（另有1/4引自我国台湾地区刑法论著，1/4引自早期苏联刑法论著，1/4引自当时我国大陆学者的刑法论著）（参见陈兴良、周光权：《刑法学的现代展开》，中国人民大学出版社2006年版，第728-729页。

② 陈兴良、周光权：《刑法学的现代展开》，中国人民大学出版社2006年版，第729-730页。

③ 例如，中国社会科学院法学研究所欧阳涛、张绳祖等著的《中华人民共和国刑法注释》（北京出版社1980年版）曾先后数次再版，总印数达100多万册，成为当时司法工作人员几乎人手一册的畅销书。

④ 参见强世功：《法制与治理——国家转型中的法律》，中国政法大学出版社2003年版，第178页以下。

讨论"罪与非罪、此罪与彼罪的界限"。

**（四）该阶段刑法研究的主要内容与特点**

该阶段刑法研究的主要课题涉及刑法基本原则、犯罪概念、犯罪构成、因果关系、刑罚目的、刑事责任、法人犯罪、经济犯罪、未成年人犯罪等，① 并具有鲜明的时代特点。

1. 研究不断走向深入

如刑事责任问题，我国刑法学界从20世纪80年代后期开始对这个问题进行了着力研讨，充实了我国的刑法学体系。又如对因果关系的研究，有些探讨还是比较深入的，推动了该领域甚至整个刑法理论的发展。当然，于今回头看，在因果关系的研究中也存在一些不足，如过于纠缠名词，过于倚重哲学上的因果关系理论而无视刑法中因果关系的独特性，研究方法单一，有经院哲学的倾向。② 将"因果关系中断"这类外来学说称为"资产阶级刑法学家"的理论，也反映了当时刑法学知识还没有彻底与意识形态话语脱钩的时代印痕。今天，刑法学上的因果关系之所以再也不复当年风起云涌之势，并非是因为这方面的理论争议和困惑都已得到解决，而是因为刑法学者从"长期执迷于一种哲学框架，烘云托月般地构建因果关系的海市蜃楼"中走了出来，注意使自己的研究不脱离刑法语境，清醒自己的研究目的。③

2. 对有的问题的研究还比较粗浅

如这一时期对刑法基本原则的研究，大多只停留在基本原则范围的争论上，而对各个基本原则的具体内容缺乏深入的阐述。在1979年刑法规定了类推制度的情况下，刑法学界的通说还认为我国刑法贯穿了罪刑法定原则，④ 这在现在看来显然是不妥当的。相比之下，1997年刑法在明确规定了刑法的基本原则之后，学界对此问题的研究就要深刻得多。正如有学者指出："从对刑法基本原则问题的研究上，可以看到刑法学科和刑法学者逐渐走向成熟。"⑤

3. 出现了一些反思性思考

以犯罪构成为例，1982年出版的全国刑法统编教材将犯罪构成界定为我国刑法所规定的、决定某一具体行为的社会危害性及其程度而为该行为构成犯罪所必需的一切客观和主观要件的总和，并将苏俄刑法学中的犯罪构成四要件移植过来：(1) 犯罪客体；(2) 犯罪客观方面；(3) 犯罪主体；(4) 犯罪主观方面。⑥ 由于刑法统编教材的权威性，犯罪构成四要件理论从此定于一尊。但从1986年开始，以何秉松发表的《建立具有中国特色的犯罪构成理论新体系》一文为标志，⑦ 刑法学界开始有部分学者对苏俄的犯罪构成理论模式进行反思性思考，这种反思性思考

---

① 详见陈甦主编：《当代中国法学研究》，中国社会科学出版社2009年版，第六章。
② 参见高铭暄等主编：《新中国刑法学五十年（上）》，法律出版社2007年版，第13-14页。
③ 参见陈兴良主编：《刑法知识论研究》，清华大学出版社2009年版，第257页。
④ 参见高铭暄主编：《中国刑法学》，中国人民大学出版社1989年版，第33页。
⑤ 参见高铭暄等主编：《新中国刑法学五十年（上）》，法律出版社2007年版，第31页。
⑥ 参见高铭暄主编：《刑法学》，法律出版社1982年版，第97页以下。
⑦ 参见何秉松：《建立具有中国特色的犯罪构成理论新体系》，载《法学研究》1986年第1期。

在进入新世纪后日趋强烈，形成对传统理论的严重挑战。

4. 关注现实中的热点问题

如从 20 世纪 80 年代开始，对经济犯罪的研究逐渐成为刑法学界的一方热土，相继出版了许多这方面的著作。又如，20 世纪 70 年代末 80 年代初以来，未成年人犯罪成为一个日益突出的社会问题，从而引起我国刑法学界对此问题的关注，特别是在是否降低我国刑法中的最低刑事责任年龄这个问题上产生过激烈的争论。

## 三、刑法修改与刑法学的现代化（1997-2012 年）

### （一）刑法修改研究

1988 年，全国人大常委会将刑法典的修改列入立法规划。尽管在此之前，有些刑法学者也曾对刑法修改做过探讨，但是在立法部门这一举措之后，刑法学界才如火如荼地全面展开对刑法修改问题的研讨。1997 年颁布的新刑法典对 1979 年刑法典做了全面修改，使我国的刑法制度朝着现代化方向迈进了一大步，刑法学界的许多研究成果和建议被新刑法所采纳。试举两例：

1. 关于类推的废止与罪刑法定原则的确立

对于我国 1979 年刑法中的类推制度何去何从，在 1997 年新刑法出台前存在争议。大体的方向是刚开始多数学者认同类推制度的合理性，到后来越来越多的学者主张废除这一制度，这一历程反映了中国刑法学界观念的变革，即从过去的偏重刑法的社会保护功能逐渐转向偏重刑法的人权保障功能。经过学界的充分讨论，最后立法机关采纳了废除类推制度，在我国刑法中明文确立罪刑法定原则的建议。

2. 关于将"反革命罪"改为"危害国家安全罪"

1979 年刑法分则第一章规定了"反革命罪"，但随着社会的发展，对这一类罪名的科学性开始出现争议。早在 1981 年，就有学者发表文章，认为"反革命罪"已不适应当今形势，建议将其改为"危害国家安全罪"。[①] 后来陆续有学者提出这种主张。针对这种主张，有的刑法学者提出了反对意见，认为我国刑法中的反革命罪名应继续保留。[②] 但多数刑法学者认为，将"反革命罪"改为"危害国家安全罪"是一个更科学、合理的选择。经过广泛而深入的讨论，1997 年新刑法采纳了将"反革命罪"改为"危害国家安全罪"的主张，同时删去了此类犯罪主观上反革命目的的定义，并按照危害国家安全罪的性质对此类犯罪做了修改和调整，将该章中实际属于普通刑事犯罪性质的罪行移入其他章节。应当说，这一修改是中国刑法走向科学化、与现代刑法的国际通例衔接的一个重要举措，在国内外引起了良好的反响。

### （二）刑法理论的新发展

20 世纪 90 年代以来，刑法学界的诸多有识之士勤奋耕耘，使我国的刑法理论达到了一个新的高度，其主要表现有三：

---

① 参见徐建：《"反革命"罪名科学吗?》，载《探索与争鸣》1981 年第 1 期。
② 参见何秉松：《一个危险的抉择——对刑法上取消反革命罪之我见》，载《政法论坛》1990 年第 2 期。

第一编　新中国成立70年来刑事法治和刑法理论的变迁与反思

1. 刑法学研究中的理论品质有较大提升

在提升刑法学的理论品质方面，陈兴良于1992年出版的《刑法哲学》（中国政法大学出版社）起到了很好的带动作用。该书连同作者后来出版的《刑法的人性基础》（中国方正出版社1996年版）和《刑法的价值构造》（中国人民大学出版社1998年版）构成了其刑法哲学三部曲，带动了理论刑法学的发展。

在形而上的研究蔚然成风的形势下，注释刑法学几近贬义词。此时，张明楷发出了自己独立的声音："刑法解释学不是低层次的学问，对刑法的注释也是一种理论，刑法的适用依赖于解释。因此，没有刑法解释学就没有发达的刑法学，一个国家的刑法学如果落后，主要原因就在于没有解释好刑法，一个国家的刑法学如果发达，主要原因就在于对解释刑法下了工夫。"① 从此，注释刑法学与理论刑法学并行不悖，互相促进。回归后的注释刑法学也摆脱了当初就事论事的稚嫩，更多地上升到方法论高度来阐明问题，如刑法解释中的目的性解释、刑法教义学中的司法三段论等。正是在这个意义上，我们说注释刑法学也是一种广义上的理论刑法学。我国刑法学要增强专业性和对一些问题的解释力，必须建立起发达的刑法教义学，而不能停留于过去那种对分则中某些条文的注释几乎就是对原条文的分解和重复那种模式。

近年来，在理论刑法学和注释刑法学之外又出现了一门动态刑法学。其基本考虑是：理论刑法属于一种理念刑法，注释刑法属于一种文本刑法，两者均属静态，但刑法在运作中存在和发展，刑法的本性是动态的和实践的，于是根据刑法的本性打造一门新的学问——动态刑法，就成为刑法本身和社会的需要。②

2. 刑事一体化的影响日渐广泛

刑事一体化的命题最初由储槐植在1989年提出，当时他将其界定为：刑法内部结构合理（横向协调）与刑法运行前后制约（纵向协调）。③ 这个意义上的刑事一体化实际上是就刑事政策而言的，其基本思想与关系刑法论极为接近，④ 都是主张从刑法的内部与外部关系入手，实现刑法运行的内外协调。到1991年，他又进一步指出：研究刑法要从刑法之外研究刑法，这涉及研究的广度；在刑法之上研究刑法，这涉及深度；于刑法之中研究刑法，这是起点和归宿。在刑法之外研究刑法这个话题下，储槐植指出：刑法不会自我推动向前迈进，它总是受犯罪态势和行刑效果两头的制约和影响，即刑法之外的事物推动着刑法的发展，这是刑法的发展规律。正因为犯罪决定刑法，刑法决定刑罚执行，行刑效果又返回来影响犯罪升降，

---

① 张明楷：《刑法学》，法律出版社1997年版，导言。
② 参见储槐植等：《刑法机制》，法律出版社2004年版；刘仁文：《关注刑法运作》，载《人民检察》2007年9月（上）。
③ 参见储槐植：《建立刑事一体化思想》，载《中外法学》1989年第1期。
④ 关系刑法论是储槐植另一重要学术思想，它主张把刑法放到整个关系网络中去进行研究，具体包括：1. 社会经济与刑法；2. 政权结构与刑法；3. 意识形态与刑法；4. 犯罪与刑法；5. 行刑与刑法；6. 其他部门法与刑法。参见储槐植：《刑法存活关系中——关系刑法论纲》，载《法制与社会发展》1996年第2期。

所以刑法要接受前后两头的信息,不问两头的刑法研究不可能卓有成效。正是在这个意义上,研究刑法必须确立刑事一体化意识,刑法研究者要有健全的知识结构——具有一定的犯罪学和行刑学素养。① 至此,储槐植从刑事政策和方法论两个方面提出了刑事一体化的初步构想。

虽然储槐植对刑事一体化的阐述只是一种简约的概述,并没有长篇大论地展开,但这一命题提出后,在我国刑法学界产生了出乎意料的影响,成为许多学者推崇的一种研究方法。② 1997年,陈兴良创办连续出版物《刑事法评论》,至今已出版20余卷,其宗旨就将刑事一体化确立为一种研究模式,因而被评论者称为刑事一体化的自觉实践。③ 陈兴良本人还对储槐植的刑法之上研究刑法、刑法之外研究刑法和刑法之中研究刑法做了重新解读和扩展,认为刑法之上研究刑法是刑法的哲学研究,刑法之外研究刑法是刑法的社会学研究和经济学研究等,而刑法之中研究刑法则是刑法的规范研究。在此基础上,他提出还要增加一个研究向度:在刑法之下研究刑法,这就是刑法的判例研究。④

在刑事一体化思想的基础上,学界进一步发展出"立体刑法学"的思想,主张刑法学研究要瞻前望后、左看右盼、上下兼顾、内外结合。"瞻前望后"就是要前瞻犯罪学,后望行刑学;"左看右盼"就是要左看刑事诉讼法,右盼民法、行政法等部门法;"上下兼顾"就是要上对宪法和国际公约,下对治安管理处罚和劳动教养;"内外结合"就是对内要加强刑法的解释,对外要重视刑法的运作。⑤ 刑事一体化和立体刑法学的思想与百年前德国刑法学者李斯特提出的整体刑法学思想深有契合,其哲学基础是普遍联系的观点和系统论。系统论强调整体性原则,整体性原则又与唯物辩证法的普遍联系、相互作用原理十分接近。刑事一体化和立体刑法学的各对范畴之间存在相互联系和相互作用的关系,它们共同结合成一个系统,这个系统的功能要大于各部分的简单相加。而刑法效益则是其经济学基础。刑事一体化和立体刑法学有助于建立一个良好的刑法机制,其理念的贯彻必将节省刑法成本、提高刑法收益,增强立法、司法和研究中的协调性,减少因内耗而产生的资源浪费。

3. 犯罪构成理论的争鸣初现中国刑法学派之争

犯罪构成理论是规范刑法学的理论基石,近年来,围绕我国传统犯罪构成理论的完善和存废产生了激烈的学术论争,这首先是刑法学界贯彻"百花齐放、百家争鸣"的"双百"方针的结果,同时也是我国对外开放、比较刑法学日益兴隆的结果。它是我国刑法学走出"无声的刑法学"、形成不同学派的端倪。如前所述,我

---

① 参见储槐植:《刑法研究的思路》,载《中外法学》1991年第1期。
② 对此,陈兴良的一个解释是:这与20世纪90年代我国刑法知识经过一个时期的恢复积累以后所处的蓄势待发的特定背景有关。参见陈兴良:《"老而弥新":储槐植教授学术印象》,载陈兴良主编:《刑事法评论》(第21卷),北京大学出版社2007年版。
③ 参见付立庆:《刑事一体化:梳理、评价与展望———种学科建设意义上的现场叙事》,载陈兴良、梁根林主编:《刑事一体化与刑事政策》,法律出版社2005年版。
④ 参见陈兴良:《判例刑法学》,中国人民大学出版社2009年版,序。
⑤ 参见刘仁文:《构建我国立体刑法学的思考》,载《东方法学》2009年第5期。

第一编　新中国成立70年来刑事法治和刑法理论的变迁与反思

国新中国成立后对犯罪构成理论长期沿袭苏联的学说,缺乏必要的创新和争鸣。直到1986年何秉松发表《建立具有中国特色的犯罪构成理论新体系》一文后,该问题才开始引起我国刑法学界的反思。对此,有评论说,《法学研究》1986年第1期发表了何秉松的《建立具有中国特色的犯罪构成理论新体系》一文,涉及当时的刑法学体系中所没有的一系列刑法学重大问题,如犯罪构成理论体系、定罪的根据、刑事责任的概念、犯罪的本质特征等。[①] 到1993年,何秉松主编的《刑法教科书》问世,其中最耀眼之处在于该书创立了一个崭新的犯罪构成理论新体系,即"犯罪构成系统论"。1995年,何秉松又在此基础上出版了专著《犯罪构成系统论》,进一步巩固和完善了前述理论。"犯罪构成系统论"把犯罪构成看成是一个整体性、主体性、动态性、模糊性、多层次性和开放性的有机整体。"犯罪构成系统论的提出向人们展示了全新的理论观点和研究方法,令人耳目一新。"[②]

时至今日,我国刑法学界对完善犯罪构成理论的学术探讨已经出现了异常活跃的气氛。没有人主张一成不变地固守传统的犯罪构成理论,争论在于:是在传统的基础上进行改良还是彻底抛弃传统的犯罪构成理论模式,转而全盘引进德日的犯罪论体系。包括前述"犯罪构成系统论"在内的多种观点,主张对传统的犯罪构成理论进行改良,以建立有中国特色的犯罪构成理论。但另一种观点则主张全盘引进大陆法系的犯罪论体系,用德、日的三阶层犯罪论体系取代我国通行的犯罪构成四要件理论体系。

## 四、新时代的刑法学研究与理论自觉(2012-2019年)

### (一)近年来我国刑法学研究的重点

1. 重大理论与现实问题齐头并进

一方面,刑法学基础理论继续在借鉴域外理论的基础上得以深化;另一方面,现实中提出的新课题也不断引起刑法学界的重视,这些都大大丰富了新时代的中国刑法学。试举例说明。

(1)风险刑法理念。随着全球风险社会的到来,风险刑法理念得到越来越多的认同。总的来看,风险刑法理念在中国也是在批判声中逐渐获得展开。虽然有学者从法教义学角度批判风险刑法,认为风险刑法理论只能获得一时之观点喧嚣,而难以取得长久之学术积淀,[③] 认为风险刑法的实质是刑法威吓作用在新时期的重新泛滥,是对合法性原则的突破,信守刑事政策和法治的底线、厘清刑事政策与刑事法治的关系才是根本出路。[④] 但越来越多的学者对风险社会的刑法理念进行了务实研究,风险社会的刑法理念也逐渐明朗化。

有观点指出,应当厘清风险刑法的社会基础与现代刑法的社会基础之间所存在的原则性差异,借鉴既有的风险社会理论并认清中国风险社会的特殊性,理解中国

---

① 参见陈兴良:《刑法哲学》,中国政法大学出版社1992年版,第678页。
② 参见曲新久:《何秉松教授刑法学思想述评》,载《法律文献信息与研究》1998年第4期。
③ 参见陈兴良:《风险刑法理论的法教义学批判》,载《中外法学》2014年第1期。
④ 参见孙万怀:《风险刑法的现实风险与控制》,载《法律科学》2013年第6期。

语境下的风险刑法。① 还有学者指出，要建构中国的风险刑法，则需要把风险刑法作为正统刑法的例外，并重视抽象危险犯、过失犯罪等在控制风险中的规范意义。② 另有观点指出，1997 年刑法典全面修订以来的刑法扩张并非风险刑法理论推动的结果，而是由风险社会中出现的新问题所推动，刑法研究面临的问题是，尽管活跃的刑法立法与传统刑法理论的保守理念日趋背离，我们却迟迟没有新的理论对此提供解释和指导；风险刑法理论要求把对刑法发展的理解放在风险社会理论及其社会学知识传统中把握，考察犯罪形态的变化以及刑事政策的要求，在承继现代刑法知识传统的基础上有所创新，提出风险刑法的理论阐释及限度反思。③

传统刑法理论和风险刑法理论之争日渐成为在新问题新情况上旧理论的解释能力边界是否应予突破之争。传统刑法理论试图扩张既有概念、原则和释义学方法以增强理论的应对能力，风险刑法理论则致力于在传承中创新，结合风险类型和风险情境展开研究。应当承认，风险刑法理念有其时代场景，我们面临的不是要不要有风险刑法的问题，而是把风险刑法控制在一个什么范围的问题。

（2）网络与人工智能时代的刑法应对。随着网络时代的到来，原来的单层社会变成了现实与网络共同组成的双层社会。现实社会需要刑法规制，网络社会也同样需要刑法规制。

在网络犯罪的立法方面，有学者指出，面对网络时代的新型犯罪时，能够通过刑法解释路径予以应对的，就不需要采取刑事立法路径。在采取刑事立法路径应对网络犯罪时，没有必要也不应当制定所谓的"网络刑法"；当下应当在刑法典内分别采取增设条款或者在既有条款中增设行为方式与行为对象的立法模式规制新型犯罪。④ 也有学者认为，《刑法修正案（九）》专门规定了拒不履行信息网络安全管理义务罪、非法利用信息网络罪、帮助信息网络犯罪活动罪和编造、故意传播虚假信息罪四个纯正网络犯罪的构成要件与法定刑，这标志着我国刑法的一个专门领域即网络刑法的真正诞生。⑤

人工智能的刑事责任成为近年最具时代色彩的崭新议题。首当其冲的问题是人工智能能否成为刑事责任的主体。否定者认为，不管人工智能是依照预设程序运行还是脱逸预设程序自主运行，都不具备认定刑事责任主体的关键要素——自由意志（包括认识因素和意志因素）。⑥ 肯定者则认为，依据辨认能力和控制能力不同，可将人工智能区分为弱人工智能和强人工智能。前者是在预设程序范围内运行，充其量是犯罪工具，故无承担刑事责任可言；后者则是在预设的程序外犯罪，应肯定人工智能产品具备独立的人格和刑事责任能力。⑦ 对人工智能刑事责任的研究方兴未

---

① 参见刘仁文、焦旭鹏：《风险刑法的社会基础》，载《政法论坛》2014 年第 3 期。
② 参见姜涛：《风险刑法的理论逻辑——兼及转型中国的路径选择》，载《当代法学》2014 年第 1 期。
③ 参见焦旭鹏：《现代刑法的风险转向》，载《西南民族大学学报》（人文社会科学版）2018 年第 12 期。
④ 参见张明楷：《网络时代的刑事立法》，载《法律科学》（《西北政法大学学报》）2017 年第 3 期。
⑤ 参见梁根林：《传统犯罪网络化：归责障碍、刑法应对与教义限缩》，载《法学》2017 年第 2 期。
⑥ 时方：《人工智能刑事主体地位之否定》，载《法律科学》（《西北政法大学学报》）2018 年第 6 期。
⑦ 刘宪权：《人工智能时代的"内忧""外患"与刑事责任》，载《东方法学》2018 年第 1 期。

# 第一编　新中国成立 70 年来刑事法治和刑法理论的变迁与反思

艾，成为一个充满魅力的刑法探索新领域。

（3）对正当防卫制度的反思。最近几年，"于欢案"、"昆山反杀案"等几个广受社会关注的正当防卫案件叠加，使得"正当防卫"成为刑法研究的一个热点。大致来说，刑法学界就以下问题展开热议：

首先是正当防卫正当化根据之争。有学者主张法确证说（法秩序维护说），即通过对不法侵害的消极预防和积极预防维护法秩序的经验有效性。[1] 有学者则提倡法益悬置说，主张正当防卫的依据在于行为人违反了不得侵犯他人之义务，其法益在必要限度内被悬置，防卫人损害行为人悬置程度内的法益不成立犯罪。[2] 也有学者在批判德国个人保全原理与法确证原理相结合的二元结合论的基础上，提倡正当防卫的原理是优越的利益保护。[3]

其次是正当防卫在司法实践中的异化问题。有学者通过实证研究发现，实务中正当防卫多面临着仅以损害结果来认定防卫过当、将防卫过当普遍认定为故意犯罪、防卫过当免除处罚的适用范围较窄等问题。[4] 有学者认为，克服防卫限度判断中唯结果论的倾向，需要将考察重心转移到行为上。[5] 有学者强调，正当防卫在我国的司法异化不在于法教义学的建构不足，而在于司法裁判将自身的功能错误地定位为纠纷解决；并进而主张重新认知刑法系统的功能：在风险社会中刑法系统的功能在于维持与稳定人们的规范期待。[6]

最后是正当防卫限度判断规则的建构。有学者主张，应当将"明显超过必要限度"拆分成"必要限度"和"明显超过"分别加以理解。[7] 也有学者认为，应从正当防卫是权利保护和公力救济例外之制度目的着眼，说明作为权利行使行为之正当防卫的内在限度。对不具有可恢复性或恢复原状困难的法益，若是为保护法益所必需的行为即无须进行利益衡量；对超出必要限度造成损害，则可根据利益衡量的原理来评价是否属于防卫过当。[8]

虽然对正当防卫制度的研究还远未达成共识，但无疑问的是它成为本土案例推动理论研究的一个重要动因，也带动了整个刑法学研究的理论提升和风格转型，对于从总体上激活正当防卫权的行使、确立"法不能向不法让步"起到了积极的作用。

2. 制度改革为刑法学研究供给新的知识

随着依法治国的深入推进，中国的刑法制度不断走向完善。同时，为了适应社

---

[1] 王钢：《法秩序维护说之思辨——兼论正当防卫的正当性依据》，载《比较法研究》2018 年第 6 期。

[2] 魏超：《法确证利益说之否定与法益悬置说之提倡——正当防卫正当化依据的重新划定》，载《比较法研究》2018 年第 3 期。

[3] 张明楷：《正当防卫的原理及其运用——对二元论的批判性考察》，载《环球法律评论》2018 年第 2 期。

[4] 尹子文：《防卫过当的实务认定与反思——基于 722 份刑事判决的分析》，载《现代法学》2018 年第 1 期。

[5] 陈璇：《正当防卫、维稳优先与结果导向——以"于欢故意伤害案"为契机展开的法理思考》，载《法律科学》（《西北政法大学学报》）2018 年第 3 期。

[6] 劳东燕：《正当防卫的异化与刑法系统的功能》，载《法学家》2018 年第 5 期。

[7] 邹兵建：《正当防卫中"明显超过必要限度"的法教义学研究》，载《法学》2018 年第 11 期。

[8] 吴允锋：《正当防卫限度的判断规则》，载《政治与法律》2018 年第 6 期。

会的发展,刑法制度也在不断创新。对这些制度进行理论阐释和分析成为刑法知识重要的增长点。举例说明。

(1) 宽严相济刑事政策与减少死刑。随着宽严相济刑事政策对"严打"刑事政策的取代,"以宽济严"在刑事立法中得到体现。如2009年的《刑法修正案(七)》首次在刑法修正案中出现了"除罪"和减轻刑罚的立法内容。"以宽济严"的一个突出表现是死刑的减少。继2007年最高人民法院收回死刑核准权后,2011年全国人大常委会通过的《刑法修正案(八)》首次从立法上取消了13个非暴力犯罪的死刑,此外还增加规定:"审判的时候已满七十五周岁的人,不适用死刑,但以特别残忍手段致人死亡的除外。"2015年通过的《刑法修正案(九)》为贯彻落实三中全会"逐步减少适用死刑罪名"的要求,又进一步取消9个罪名的死刑。此外,《刑法修正案(九)》还提高了死缓执行死刑的门槛,将死刑缓期执行期间"故意犯罪,查证属实的,由最高人民法院核准,执行死刑"修改为"故意犯罪,情节恶劣的,报请最高人民法院核准后执行死刑;对于故意犯罪未执行死刑的,死刑缓期执行的期间重新计算,并报最高人民法院备案"。另外,还取消了绑架罪、贪污罪和受贿罪的绝对确定死刑,将其修改为相对确定死刑。①

关于"宽严相济"和"减少死刑",是刑法学界最近十几年的研究热点,相关著述层出不穷,诸多观点见解纷呈,并且在刑事政策、刑事立法和刑事司法中得到了积极的反响和回应。上述刑法制度的改革与完善与刑法学界的深入研究和长期耕耘是分不开的。

(2) 废除劳教与刑法结构调整。2012年11月,中共十八大强调要运用法治思维和法治方法来治理社会,为推动徘徊不前的劳教制度改革工作带来了转机。2013年11月,十八届三中全会通过的《中共中央关于全面深化改革若干重大问题的决定》明确指出,废止劳教制度,完善对违法犯罪行为的惩治和矫正法律,健全社区矫正制度。同年12月28日,全国人大常委会通过《关于废止有关劳动教养法律规定的决定》,宣布废止劳动教养制度,同时还宣布对正在被依法执行劳教的人员解除劳教,剩余期限不再执行。至此,在中国实施了近60年、广受关注和争议的劳教制度被正式废止。

劳动教养制度废除后,刑法学界加强了对其后续改革和相关配套措施的研究。② 例如,对类似劳动教养措施如强制戒毒、收容教育、收容教养以及治安拘留等如何进行司法化的改造? 我国强制医疗制度已经实现司法化,这昭示着未来这些较长时间剥夺人身自由的行政处罚措施也要朝司法化的改革方向前进。经过司法化的改造后,像治安拘留这类警察罚就可转化为轻罪的法律后果,而强制戒毒、强制医疗、收容教育、收容教养等则可成为与刑罚相并列的保安处分措施。又如,劳教制度废除后,醉驾、扒窃等轻罪行为纷纷入刑,对抢夺罪等进一步去数额化,这表明我国刑法在一定程度上正在改变重罪重刑的"小刑法"格局,走向"大刑法"格局,

---

① 参见胡云腾:《〈刑法修正案(九)〉的理论与实践创新》,载郎胜主编:《〈中华人民共和国刑法〉的理解与适用》,中国民主法制出版社2015年版,第9页。
② 例如,陈泽宪主编:《劳教制度的前世今生与后续改革》,中国民主法制出版社2014年版。

第一编　新中国成立 70 年来刑事法治和刑法理论的变迁与反思

即犯罪圈扩大、与轻罪相适应的轻刑增多。鉴于废止劳教后犯罪圈扩大这一无可回避的事实,许多学者指出,有必要探讨我国刑法中的轻罪与重罪之分类,对轻罪实行经过一定的考验期限之后即可宣告前科消灭的制度,以弥补犯罪标签化所带来的消极效应。①

(3) 强化反恐与预防性刑法。2015 年出台的《刑法修正案(九)》是反恐刑事立法的一个标志性事件,本次修正案进一步严密了反恐的刑事法网,修改了相关罪状,还增设了新的罪名,完善了刑罚配置。与此同时,2015 年还通过了专门的《反恐怖主义法》,从反恐工作的原则、机制、管辖,恐怖活动组织和人员的认定、审查,情报信息和调查程序,恐怖事件应对处置,国际合作,反恐工作保障措施,恐怖活动法律责任等方面建立起了一个较为完整的反恐工作和处罚体系。其中特别值得注意的是,《反恐怖主义法》针对恐怖主义犯罪设立了"安置教育"这一保安处分新措施。对此,正如有学者所指出的,目前我国《反恐怖主义法》对安置教育的规定仍然是初步的,规范安置教育对象、行为、程序、机制等内容的制度体系还远未完善;安置教育有突出的预防导向,安置教育的实施可能对行为人造成社会否定评价和人格谴责,因此一种基于自由导向的执行和管理具有重要意义;被安置教育的行为人应该有更多的自由会见来访者或者安排其空闲时间,以抵消限制自由可能带来的负面效应,应分阶段实行区别于自由刑服刑期间的改造手段,帮助这些人复归社会。②

反恐刑法带来学界对预防性刑法和积极刑法观的讨论。传统刑法以规制结果犯特别是实害犯为主,介入的时间比较晚,这主要是考虑到刑法的严厉后果以及对人权可能造成的危害,但现代风险社会的来临使得风险刑法观得以确立,刑法介入前置化的现象大量涌现,刑法中的危险犯特别是抽象危险犯大量增多。风险刑法一改传统刑法的报应色彩,而把预防放在首位。以恐怖主义犯罪为例,如果不打早打小,刑法不在恐怖主义组织成立、成员招募、培训等阶段及时介入,而非得等到恐怖犯罪活动实施时才去介入,那就为时已晚,不仅造成的损失巨大,而且恐怖主义组织成员一经洗脑,则普通的刑罚几乎对他没有威慑力。因此,在这些特殊领域,预防性刑法有其存在的空间。正如有学者所指出,那种批判预防性刑法的观点是从消极刑法立法观出发,其论证以古典刑法思想为支撑,未能有效回应中国当下的社会情势;在刑法观念逐步转向功能主义、刑法与政策考虑紧密关联的今天,刑法的谦抑性并不反对及时增设一定数量的新罪,刑罚早期化与转型中国社会的发展存在内在联系,意欲建设法治国家,就必须将限制、剥夺公民人身权利的处罚事项纳入刑事司法的审查范围。③

(二) 对我国刑法学研究的省思与展望

应当说,我国刑法学研究近年来在广度和深度上继续取得长足进展,这不仅是我们自己能感受到的,而且也可以从国外学者的感受中得到反映,如日本刑法学者

---

① 参见刘仁文主编:《废止劳教后的刑法结构完善》,社会科学文献出版社 2015 年版,第 607 页以下。
② 参见陈泽宪:《安置教育需要全面坚持法治原则》,载《检察日报》2016 年 10 月 28 日。
③ 参见周光权:《积极刑法立法观在中国的确立》,载《法学研究》2016 年第 4 期。

高桥则夫在回顾近年来与中国刑法学界的学术交流时就指出:"感觉中国方面的讨论水平有了很大的进步。"西原春夫对此更是以见证人的身份予以确认:中国刑法学界研究问题的领域有了很大拓展,不同观点的讨论程度也日趋热烈,可以说学术取得了突飞猛进的发展。①

然而,这只是说我们的刑法学研究有发展、有进步,并不意味着我们的刑法学研究就已经臻于完善了,相反,存在的问题及有待改进之处还不少。

首先,对我国刑法学发展所处的时代还缺乏比较准确的认知。不可否认,过去一些年来,我们的刑法学从域外特别是从德日刑法学界吸收到了许多营养,这对于深化我国刑法教义学、促进我国刑法理论的精细化无疑起到了很好的作用。但必须看到刑法基础理论是与一个时代的哲学思想紧密相联的,而一个时代的哲学思想又往往与一个时代的科技发展及其所面临的其他社会问题紧密相联。我国当前一方面在对域外刑法理论进行吸收时还停留在其过去的刑法理论上,却对其潜在的危机和最新发展缺乏足够的认识。② 另一方面,对我们国家自己法学所处的时代背景也缺乏一种自觉。张文显曾经指出,起初我们几乎全盘接受了苏式法治理论,这一套以阶级斗争和专政专制为核心的话语体系支配了我们的法律思维与法律实践,也造成了灾难性的后果;苏式法学话语体系破产之后,我们在法学恢复重建阶段几乎又不加反思地转而求助于西方的法学话语体系,成为西方法学的"搬运工"。现在,我们应朝着中国化、时代化转换,进入自主阶段,即不依赖外来理论、观念与言说方式的指引就能思考自己的问题、阐述自己的实践、构建自己的话语体系。③ 这虽然是针对我国整个法学尤其是法理学而言,但从大方向上看,也适用于我国的刑法学。中国如此之大,发展又如此之快,在许多方面有自己的特色,有些方面如互联网公司还处在世界前沿水平。相应地,我们在网络犯罪的刑事立法和刑事司法方面也就有自己的创新和特点,这既是中国刑法学研究宝贵的本土资源,也是我们可能给世界刑法学做出贡献的机会。

其次,在引入域外知识的过程中没有很好地本土化,造成用语混乱,使各种理论的准确性更加捉摸不定,给后来者的借鉴和研究起点带来困扰。如"共犯"一词,本来在我国刑法学的语境中就是"共同犯罪"的简称(包括主犯和从犯、胁从犯以及教唆犯),但现在一些论著引入德日刑法中的"共犯"一词后,也不加区分不加说明地混合使用,而德日刑法中的共犯是指教唆犯和帮助犯(与正犯相对应),所以含义不一样,如果同一篇论文或同一本书前后用词相同,含义却不同,就难免给读者造成混乱。过去我们为刑法学界大家同一个声音、缺乏学派之争而苦

---

① 参见[日]西原春夫:《我的刑法研究》,曹菲译,北京大学出版社2016年版,第236-237页。
② 例如,出于应对恐怖主义威胁的时代需求,德国立法者开始寻求将刑事可罚性前置,使刑法提前介入打击恐怖主义犯罪,2009年在刑法中新设的第89a条就是典型的例子。这种可罚性前置是否以及如何能够在传统的教义学上正当化,成为当前德国学者棘手的问题。参见王钢:《德国刑法学的新发展——侧重于违法性阶层的考察》,载《清华法律评论》编委会:《清华法律评论》(第八卷第一辑),清华大学出版社2015年版。
③ 参见张文显:《关于构建中国特色法学体系的几个问题》,载《中国大学教学》2017年第5期。

# 第一编 新中国成立70年来刑事法治和刑法理论的变迁与反思

恼,现在学术讨论活跃起来了,甚至有了不同程度的学派之争,但又造成了刑法知识的混乱,对不同概念、不同理论大家都各说各话,有的是理解不准确(如对客观归责,有的认为能限制处罚范围,有的则认为会扩大处罚范围),有的是无视我国的具体语境而盲目引进一些即使在国外也有严重争议的理论(如敌人刑法①),更多的则是只搬运而不注意与中国刑法话语的衔接与转换(其实有些完全可以转换成中国刑法学自己的话语,或者在中国刑法学的话语体系内加以改造,这样对于避免理论的混乱和减少理论的内耗可以起到事半功倍的作用)。近年来我国刑法理论界和司法实务界之所以在很多地方存在两张皮的现象,一个重要原因就是理论界在热衷于引进各种域外理论和学说的时候,没有有效地转换成我们自己的语言,或者在我们自己已经形成的话语体系内尽可能地给有关域外理论和学说找到一个相应的位置。

最后,在研究方法上有待进一步改进。一是有些研究方法过于简单甚至极端。例如,一段时间以来,刑法学界对所谓的形式解释格外青睐,而对所谓的实质解释则警惕有加。姑且不论论者在形式解释和实质解释的内涵与外延上互相交错,就以对形式解释的过分青睐而言,其实也要辩证地看,用形式解释来反对类推、推动罪刑法定原则的确立及其适用,这种旨在限制公权力的做法当然是可取的,但如果把它推至极致,则也有副作用。其实,对有些表面看来违反刑法但欠缺刑事可罚性的行为,恰恰需要运用实质解释来排除社会危害性,做除罪化处理,如内蒙古的王力军无许可证收购玉米改判无罪一案就是如此。② 类似的还有社会危害性问题,不少学者对社会危害性一词颇不以为然,甚至主张要把这个概念从我国刑法学中驱逐出去。其实,这同样只是看到问题的一面,而没有另一面,即在拥有类推制度的前提下,社会危害性可能成为扩大处罚范围的一个理由,但在确立了罪刑法定原则的情况下,欠缺社会危害性恰恰可以成为限制处罚范围的一个理由。如前述王力军无许可证收购玉米改判无罪一案,法院再审认定宣告无罪的理由就是:"其行为违反了当时的国家粮食流通管理有关规定,但尚未达到严重扰乱市场秩序的危害程度,不具备与刑法第225条规定的非法经营罪相当的社会危害性和刑事处罚的必要性,不构成非法经营罪。"③ 二是研究方法过于单一,扎根中国的接地气的成果还不够多。总的来看,当前以引进德日刑法学知识为主的刑法教义学方法占据中国刑法学研究的绝对主流,但问题是刑法学研究方法应当是多元的,尤其应当是立足中国的。在这方面,笔者个人也有一些研究心得,如本人关于立体刑法学的探索,④ 其所引起的社会反响在某种程度上甚至超出了最初的预料,究其原因,应当与它关注中国自

---

① 考虑到"敌人"在中国具有强烈的政治意味,"敌我矛盾"曾经成为"无产阶级专政下继续革命"的理论基石,不宜把即使在德国也引发巨大争议的"敌人刑法"照搬到我国的刑法学术话语体系并为其背书。参见刘仁文:《敌人刑法:一个初步的清理》,载《法律科学》2007年第6期。
② 参见阮齐林:《刑事司法应坚持罪责实质评价》,载《中国法学》2017年第4期。
③ 内蒙古自治区巴彦淖尔市中级人民法院《刑事判决书》(2017)内08刑再1号。
④ 即刑法学研究要前瞻后望(前瞻犯罪学、后望行刑学),左顾右盼(左顾刑事诉讼法、右盼民法等其他部门法),上下兼顾(上对国际公约和宪法,下接治安处罚和原来的劳动教养),内外结合(对内加强对刑法的解释,对外重视刑法的运作环境)。

己的问题有关。① 刑法终究是要解决本国实际问题的，刑法学终究是要以本国刑法文本和判例为研究支点的，为了使中国刑法学在国际上成为有声的刑法学，而不是有的学者所批评的"无声的中国刑法学"。② 我们应当有更强的主体意识和理论自觉，从中国实际出发，以切实解决中国的问题作为出发点和归宿点，建构起国际的视野、中国的视角和自己的方案三位一体的研究格局。

---

① 参见刘仁文：《立体刑法学：回顾与展望》，载《北京工业大学学报》2017 年第 5 期。
② 参见周光权：《无声的中国刑法学》，载《清华法治论衡》2005 年第 1 期。

第一编　新中国成立 70 年来刑事法治和刑法理论的变迁与反思

# 新中国成立 70 年来刑法学教科书的变迁与反思

王文华[*]

教科书是一门学科课程的核心教学材料,[①] 是按照教学大纲的要求编写的教学用书,又称教材、课本,是体现教学内容和教学方法的知识载体。刑法学教科书的编撰是法学人才培养和学科建设的基础环节和重要评价指标。"它的功能在于系统性地叙述本学科的基本原理,因而最能体现一个学者的学术水平。"[②] 法学教科书是伴随着现代大学的产生而出现的,在法律学习与运用过程中具有举足轻重的地位。

法学知识的推广有许多途径——论文、专著、案例集、教科书等。法学论文、专著学术性很强,却未必适合于初学者——论文只针对某一个问题展开论述,专著也只针对某一方面进行专门性论述,其优点是深入,其缺点是不系统、不全面,很难形成自身的专门体系从而给初学者提供该领域知识的全貌。案例集则主要侧重于法学知识的应用,而真正能够对法学教学、研究乃至司法实践起到奠基性、启蒙性作用的是教科书,其系统性、完整性、体系性是其他法学知识载体所不具备或不完全具备的。作为教育人、培养人的基本工具,连结教育者与被教育者的纽带,教科书具有相对的稳定性,其质量优劣、作用大小直接关系到法学人才培养的质量,人才培养离不开教材,许多学人都是在教科书的引领下走进学术的殿堂,[③] 一本优秀的教科书往往能影响几代人,而刑法学知识的"原始积累"主要也是依靠刑法学教科书。

## 一、新中国成立 70 年来刑法学教科书的变迁

新中国 70 年来刑法学教科书的发展与我国的法制建设、法学研究一样,经历了曲折的过程。结合我国的社会历史、法制发展进程,我国刑法学教科书 70 年的历程大体可以分为三个时期,1949 年至 1965 年是初建时期,1966 年至 1976 年为停滞时期,1977 年至今即改革开放以后的 30 余年是恢复与发展时期。

（一）初建时期（1949 年至 1965 年）

这一时期是我国社会主义刑法学的初建时期,具体又可以分为两个时期:1949 年至 1956 年是起步、初建时期,1957 年至 1965 年是衰退、萧条时期。

---

[*] 北京外国语大学法学院教授,博士生导师。
[①] 教科书是教材的主要表现形式,而教材是依据教育的目标与内容所编成的有利于教学活动的展开而有计划地编制的材料,包括教科书和其他辅助性的图书等资料。
[②] 参见陈兴良、周光权:《名师名作惠及吾辈——读李斯特〈德国刑法教科书〉》,http://www.law-lib.com/lw/lwview.asp? no=1042001-01-07。
[③] 这也正是为什么刑法学教科书在日本被称为"体系书"的原因。

## 新中国 70 年刑法的变迁与发展

1949 年 3 月 31 日，董必武同志签署了《废除国民党的六法全书及其一切反动法律》的训令，对当时国民党政府以"六法全书"为核心的法律制度予以全面的否定评价，包括刑法在内的旧法被全部废除。① 1950 年 7 月，中央人民政府法制委员会主持拟定了《刑法大纲（草案）》，标志着我国社会主义刑法立法的起步。② 1952 年开展的司法改革运动对当时的旧法观点和旧法学理论进行了彻底的批判。因此，刚刚起步的刑法学教学与研究主要是全面学习和移植苏联的刑法理论和刑法制度。苏联刑法学家 A. H. 特拉伊宁的名著《犯罪构成的一般学说》③虽不是教科书，却对我国刑法学的影响巨大。外来的刑法学教科书也以苏联刑法的译本为主，以英美刑法的译本为辅，④ 当时也有为数不多的其他国家的刑法典译本。⑤

1954 年 9 月我国第一部社会主义宪法公布实施，同年 10 月，我国刑法的起草工作正式开始，拟定了《刑法指导原则草案（初稿）》，到 1957 年 6 月，已经拟出草案的第 22 次稿，而当时的刑法学教科书无论是否公开出版，与这些草案的主要精神都是一致的。

如果说在 1954 年宪法公布前，我国的法律教育与法学研究是以学习苏联为主的话，那么在此以后，就开始逐步探索以我国社会主义革命和社会主义建设的实践经验为主而进行教学和研究了。作为这个时期刑法学的研究成果，当时出了 1 本教学大纲和 4 部教科书，⑥ 为中国刑法学特别是刑法总论的体系和内容勾勒出一个大致的轮廓。当然，由于特定历史条件的限制，意识形态的痕迹较重，内容比较单薄，有些内容仅二三十页。不过这在我国刑法学研究几乎"从零开始"的当时已经非常难得了，毕竟"万事开头难"。

自 1957 年以后，我国的刑事立法工作受到削弱，除了几个特赦令以外，没有颁布单行刑法，在颁布的非刑事法律中包含刑法规范的也很少。相应地，1957 年下半年以后，也只有一些油印的内部刑法学教材，且在内容上政策多于法律，大多配合政治运动的需要而强调政治性。

---

① 卢晓东：《高等教育的国际化与原版教材的引进与使用》，载《科技导报》2001 年第 3 期。
② 参见高铭暄主编：《新中国刑法学研究综述（1949-1985）》，河南人民出版社 1986 年版，第 4 页。
③ 中国人民大学出版社 1958 年出版中译版。
④ 当时的苏联刑法学教科书有：苏维埃司法部全苏法学研究所主编：《苏联刑法教科书》（上下册），彭仲文译，大东书局 1950 年版；[苏] 杜尔曼诺夫著：《苏联刑法概论》，杨旭译，长春东北新华书店 1949 年版，共 61 页；《苏俄刑法》，张君悌译，长春东北书店 1949 年版，共 85 页；[苏] 沙尔果罗特斯基著：《现代资产阶级的刑事立法和刑法学》，成玉译，法律出版社 1965 年版，共 97 页。英美刑法教科书有：聂昌颐编译：《英美刑法要则》，上海三民图书公司 1950 年版。
⑤ 如社科院研究所译：《保加利亚刑法典》，法律出版社 1963 年版，共 96 页。
⑥ 1 本大纲是《中华人民共和国刑法教学大纲》，是在司法部的指导下，由中国人民大学刑法教研室和北京政法学院刑法刑诉教研室于 1956 年合作制定、法律出版社 1957 年出版的。4 部教科书是：中国人民大学法律系刑法教研室 1957 年编印的《中华人民共和国刑法总则讲义（初稿）》（上、下册）；张中庸编，东北人民大学 1957 年出版的《中华人民共和国刑法》；中央政法干部学校刑法教研室编著，法律出版社 1957 年出版的《中华人民共和国刑法总则讲义》；西南政法学院刑法教研室 1957 年编印的《中华人民共和国刑法总则讲义（初稿）》。参见高铭暄主编：《新中国刑法学研究综述（1949-1985）》，河南人民出版社 1986 年版，第 5 页；高铭暄、赵秉志编著：《新中国刑法学研究历程》，中国方正出版社 1999 年版，第 7 页。

第一编　新中国成立70年来刑事法治和刑法理论的变迁与反思

**（二）停滞时期（1966年至1976年）**

1966年至1976年十年浩劫期间，我国刑法学教科书逃脱不了历史的宿命，随着司法机关被砸烂、刑事立法工作停滞、刑法教学研究被迫中断而逐步萧条直至停滞，刑法学教科书的出版也全面停滞。

**（三）恢复与发展时期（1977年至今）**

1976年10月粉碎"四人帮"以后，国家开始拨乱反正，邓小平同志复出之后，强调健全社会主义法制。① 改革开放以后，法学教育和研究与我国法制建设同步，迎来了新生，开始复苏并走上稳步发展的轨道。1979年刑法、1997年刑法这两部刑法典的出台直接将刑法学教科书的编写推向高潮。这一时期，教科书的变迁具体又可以划分为：1977年至1997年的恢复、探索时期与1997年至今的繁荣发展时期。

1. 恢复、探索时期（1977年至1997年）

1978年12月召开的中共十一届三中全会深刻反思了"文化大革命"时期全面破坏社会主义法制的惨痛历史，作出了加强社会主义民主和法制建设的重大决定。以此为开端，我国的立法工作全面展开。1979年6月召开的五届全国人大二次会议通过了《刑法》和《刑事诉讼法》等七部重要法律。国家法律从无到有，法制建设尚处于力求做到"有法可依"的时期。以1979年7月1日新中国第一部刑法典的出台为标志，我国刑法学开始复苏，刑法学教科书的编写也拉开序幕。

1980年，群众出版社先后出版了中央政法干部学校刑法刑事诉讼法教研室编著的《中华人民共和国刑法总则讲义》和《中华人民共和国刑法分则讲义》，这套讲义吸收了50年代我国刑法学的研究成果，并且结合了刑法实施以后的具体情况，具有一定的学术价值。从1980年1月1日刑法典施行至1997年10月1日现行刑法典施行这些年间，我国陆续出版了数十部刑法学教科书，对一个刚从近乎法律虚无主义背景下走出的国家的刑法学教育的意义重大。

2. 繁荣发展时期（1997年至今）

经过20多年的全面建设和发展，我国经济体制、政治、文化等方面的发展以及国际形势已经发生了很大变化，犯罪态势也有了很大变化。1997年10月1日，新刑法典开始施行，激发了教科书的新一轮编写热潮，也推动了教科书的"全面升级"，在结构体系、内容、刑法观念等方面都与以往的教科书有很大不同，也增加了不少新的内容，如持有、单位犯罪、期待可能性等。

据不完全统计，自1997年刑法典颁行后至今，我国陆续出版了近百种刑法学教科书，然而，对教科书本身的专业评价与深入研究却寥寥无几。如果从中文社会科学引文数据库自1999年至2017年间的CSSCI被引证次数、销量排行、发行量大小（包括再版次数多少）② 等因素综合考察，其中张明楷所著的《刑法学》③，高铭

---

① 参见马克昌：《刑法学70年反思》，载赵秉志、陈忠林、齐文远主编：《新中国刑法70年巡礼》，中国人民公安大学出版社2009年版，第17页。
② 然而，图书发行量的大小有时会受出版社的"码头"高低、"地方性垄断"等因素的影响。
③ 最新版为法律出版社2016年第5版。

暄、马克昌主编，赵秉志执行主编的《刑法学》① 以及陈兴良刑法学丛书套装 14 种 18 卷——刑法哲学、人性基础、价值构造、知识转型、法治论、防卫论、犯罪论、总论、规范、判例、本体、教义、口授等中的很多卷②均稳居 CSSCI 被引证次数、几大图书网站的销量排行榜前列，虽然具体数据会因为不同的统计指数而有些不同。张明楷所著的《刑法学》以刑法的法益保护目的为核心，在犯罪论方面以客观主义为立场，采取结果无价值论，对犯罪构成要件进行实质性解释；在刑罚论方面以并合主义为立场，明确相对报应刑的主张，理论精深，风格鲜明，独树一帜，自成一派。高铭暄、马克昌主编、赵秉志执行主编的《刑法学》注重体系的完整性，内容的科学性、系统性、相对稳定性和时代特色，阐述研究了我国新刑法典颁行以来刑事法治的新进展和刑法理论研究的新成果，具有较高的学术水平和应用价值，已重印数十次，年销量均在 5 万册以上，并于 2002 年荣获教育部全国普通高等学校优秀教科书一等奖。陈兴良所著的教科书系列开辟了从规范、事实、价值等不同视角对刑法进行系统研究的教科书的新境界。当然，还有相当数量的其他优秀刑法学教科书，限于篇幅，容不具体列出。

## 二、新中国成立 70 年来刑法学教科书变迁的主要特点

新中国成立 70 年来，法制建设、法学流变的风雨沧桑可以从刑法学教科书中管窥一二。纵观其 70 年的变化，我们不难发现其一些比较显著的特点——从形式上看，撰写方式多样化，编写人员多元化；从内容上看，主要呈现出两大特点：一是紧随立法，及时修订；二是在体系、内容上不断完善，理论性增强，实用性提高。

总论中最重要的是犯罪构成体系，绝大多数教科书采用"四要件说"，也有的采用"三要件说"，即大陆法系的三段论的犯罪构成理论体系，还有的如陈兴良所著的《规范刑法学》③ 就按罪体、罪责和罪量三个要件建构了犯罪构成体系。

分论或各论部分一般先是"概述"，然后对应刑法典分则的 10 章按照条文顺序排列。这种注释体系或解释体系已经被长期、广泛地应用。也有的分论部分按照犯罪所侵害法益进行归类排序。

刑法学教科书在技术上日趋完备，严谨、规范。之所以呈现出这些特点，主要有以下几方面的原因：

首先与刑法典体系结构日益完备、刑法内容日趋科学、合理、可操作性不断提高等因素分不开，而刑事立法技术的进步也直接带来了教科书内容的不断充实和成熟；

其次是由于一些学者在"文化大革命"之前曾经受过较为系统的法学教育，具有深厚的法学功底，也参与了立法，使得其教科书具有开创性、历史性的意义。例

---

① 最新版为北京大学出版社、高等教育出版社 2017 年第 8 版。
② 中国人民大学出版社 2017 年版。
③ 中国人民大学出版社 2008 年版。

如，高铭暄主编的《刑法学原理》（3卷本）①，这套书的写作历经10余年，可以说集新中国刑法学研究精华之大成，对改革开放以来的刑事立法、司法和理论进行了总结，对许多人产生了深远的影响，引领了诸多学子走进了刑法的殿堂，一些从事刑事法律实务的人也如饥似渴地从中汲取学术营养。这些教科书是现今刑法学许多原理的重要渊源。

再次，改革开放以后，我国一批学者对德日、英美刑法学进行了深入研究，并引入原版教科书或译本，以及一些高校、科研院所对台湾地区刑法著作的大量影印引入，他们编写的中国刑法学教科书已经明显吸收了欧陆和英美刑法的精华，对我国刑法学教科书建设以及刑法学研究都有着重要影响，其中一些观点已经被其他教科书吸收、采纳。

最后，改革开放后的刑事法实践，包括刑事审判方式改革，都大大促进了教科书的实践性特征。

## 三、新中国成立70年来刑法学教科书的反思与展望

刑法学教科书的繁荣是不争的事实，然而法学教育的使命迫使我们要精益求精。不得不承认，一直以来，由于缺乏专门、系统、深入的研究，②刑法学教科书在一定程度上存在着表面繁荣、其中相当一部分系低水平复制、精品力作不多、重复建设、资源浪费等问题。当前，我国的社会主义事业发展进入了新时代，科技发展迅猛，国际、国内形势风云变幻，作为法治的重要组成部分，刑事法治的建设离不开刑法学教科书的至臻建设。未来有必要关注以下几个问题。

### （一）刑法学教科书的定位

具体包括两方面：刑法学教科书读者的定位、定位的主体。

1. 刑法学教科书读者的多元定位

教科书的作用主要是服务于高校教学的需要，远言之，也是服务于国际国内法律人才市场的需要。随着社会对法律人才需求的多元化，法律人才培养模式也在不断多元化，今日之法科学生存在着普通高校本科生与研究生之间、专门政法学院与综合性大学及非法律高校的法律院系——培养"复合型人才"的外语、经贸、理工大学中的法律院系学生之间的区别，因此，刑法学教育具有知识结构、法律基础不同的"受众"，不同的高等法律学校也有不尽相同的法律人才培养目标和模式。虽然"人文社会科学教学不可能像外语应试教学那样容易分成若干等级"③，但教科书在内容深度与广度、理论与实务、国际与国内教辅资料等方面有不同侧重。

刑法学教科书还需要为刑事立法、司法、执法工作者和守法公众提供学术营养，起到答疑解惑的作用。在两大法系的主要国家，法官在断案时遇到困难，常常

---

① 中国人民大学出版社1994年版。
② 胡玉鸿：《试论法学教科书的编写目的》，载《华东政法学院学报》2004年第3期。
③ 参见夏勇：《研究生的教科书问题——〈高级法学教程〉总序》，载中国法学网，最后访问时间：2009年7月12日。

会求助于权威的教科书获得刑法学知识的源泉。①

2. 刑法学教科书定位的主体

刑法学教科书定位的主体，是指由谁来对教科书的服务对象进行定位、由谁来规定教科书的评价标准以及由谁来评价的问题。由于我国尚无法学教科书的评价标准和办法，导致对法学教科书的要求、意义、价值与作用等都缺乏相对统一的评价标准，这直接影响到刑法学教科书的质量。刑法学教科书可否是完全的行政主导？还是彻底由市场决定优胜劣汰？抑或是二者的折中——由行政主管机关选择专家编写、评审刑法学教科书？笔者认为，还是应当以市场为主导，否则很难保证质量。②教科书只要没有出现违法犯罪的内容，监管者就应当尊重教科书的使用者——教师和学生的选择，行政主管机关主要履行服务的职能。

（二）刑法解释论与立法论的关系

注释法学研究关注立法是必然的，我国古已有之，体现在中国古代律学（亦称"刑名之学"、"刑学"）中，它以注释法学为主体，主要研究以成文法典为代表的法律的编纂、解释及其相关理论。作为一种以古代法律为研究对象的理论形态，律学关注的视角既包括立法原则的确定、法典的编纂，也包括法理的探讨、法律的解释与适用等。

律学著作主要是官方的，也有私家编纂的。而今的教科书更接近于后者，当然内容要丰富、科学得多。教科书的结构体系、主要内容都是以我国现行刑法为主线展开的，尽管总论部分有关犯罪构成、罪数理论等内容在刑法典中并无规定。法学研究与其他社会科学研究的不同之处之一就在于它无法脱离立法文本来谈问题，而部门法学的教科书写作更是如此。

这种以立法为中心的教科书的优缺点都很明显。在绝大多数采用二元刑事立法式的国家，其教科书不可能覆盖所有刑事立法，因为这些国家只将普通犯罪规定在刑法典中，大量的经济、行政性犯罪被规定在工商行政性法规中。然而，即便有专门的刑法典，这些国家也并不是完全以该国刑法典的体系为教科书的主线，而是以作者所认为的刑法学自身的理论重点建构教科书的体系，在分论部分也只从犯罪的理论分类出发而不是完全根据刑法典篇章的先后进行论述。大陆法系的德国、日

---

① 例如在英国，虽然英国刑法教科书的论述对司法实践没有约束力，但是它们却一直受到法官们的极力推崇。17世纪爱德华·克克的著作中关于刑事犯罪的论述，18世纪威廉·布莱克斯通的《英国法释义》（第4卷），都被视为法律方面的权威著作。19世纪的一些权威教科书经过重新修订，仍然为当代司法实践所信赖。如肯尼的《刑法大纲》，詹姆斯·斯蒂芬爵士的《刑法摘要》等，经常被法官引用。

② 当然，刑法学教科书的质量也与高校、科研机构的成果评价体系有关：在评定职称和申报学位点的诸多因素中，学术成果（论文、著作）是首当其冲的硬指标，而教科书在科研成果中的评分远不如论文、专著高。在有些教学科研单位，教科书甚至不算作科研成果，在职称评审、项目申报、学位点申报中不起任何作用。但是反过来某些高等院所之所以拒绝将教科书视为学术成果，也是因为不少教科书的质量差强人意。参见夏勇：《研究生的教科书问题——〈高级法学教程〉总序》，载中国法学网，访问时间：2009年7月12日。

# 第一编　新中国成立70年来刑事法治和刑法理论的变迁与反思

本、我国台湾地区以及英美法系的美国、加拿大等国家和地区的刑法学教科书都是如此。① 是否完全根据立法体系来建构教科书的体系，不可一概而论。

根据刑法学自身的特点而不是完全跟随刑法典的体系撰写的教科书，自成一体，重点更加突出，在时空上也更加稳定，不大可能因为刑法典的修订而被认为过时、没有市场。

从内容方面来看，并非所有的法学理论研究的成果，包括教科书的体系与内容——都要与立法完全一致。当然，引用的法条内容必须以立法为准，然而学者也可以表达自己的观点，因为有时候学者的观点不被立法、司法所采纳，很可能是因为社会发展尚不充分、尚不具备某一理论适用的条件，而并不等于该理论自身的缺陷或失败。

这当中尚包含着教科书对"实然"与"应然"的关系处理问题。一方面，教科书应当以实然描述为主、以应然设计为辅，毕竟它不是纯粹的刑法学术性著作，可以允许作者展开想象的翅膀尽情飞翔。另一方面，任何立法都是特定历史时期的产物，在社会实践中，有些条文在刑事司法中会暴露出立法的瑕疵，或者说是立法的不周密性，教科书应当扎根于刑事立法的现实，妥当解释立法，以有助于解决刑法适用中的现实问题为己任，处理好刑法解释论与立法论的关系。

教科书应当处理好刑事立法与司法之间的"过渡"或"衔接"——刑法有些规定在我国当前尚不具备施行条件，在刑事司法中又做了"填空"，如破坏社会主义市场经济秩序罪中的非法吸收公众存款罪，从法条来看是行为犯，并没有数额的要求，但是在司法中则通过相关的司法解释规定了具体的追诉标准，实质上变成了结果犯或情节犯。对此教科书有时很难表述清楚，但是如果回避问题，只讲立法显然不完整，教科书就必须阐明我国刑法的"立法定性，司法定量"的特征，而不能只考虑立法，不关照司法适用。

简言之，刑法学教科书与立法的关系不同于专著，后者可以适当远离、超然于立法，而教科书不行，它与刑事立法的距离既不能太远，又不能太近——太远则失去依托，没有根基，太近则完全是律学式的法条注疏，失去教科书的学术独立性与自在价值。

（三）刑法学教科书的学术性与实践性的关系

刑法学兼具很强的理论性和实践性。刑法学教科书应当有较高的学术品质和规范标准，否则就沦为中国古代的注释律学了。② 应当改变对教科书的偏见——认为

---

① 例如：[德] 汉斯·海因里希·耶赛克、托马斯·魏根特著：《德国刑法教科书》，徐久生译，中国法制出版社2001年版；[日] 大谷实著：《刑法总论》、《刑法各论》，黎宏译，中国人民大学出版社2009年版；[日] 西田典之著：《日本刑法总论》、《日本刑法各论》，刘明祥、王昭武译，中国人民大学出版社2009年版；[美] Joshua Dressler, *Understanding Criminal Law* (3rd ed.), 2001 Matthew Bender & Company, Inc.. 林山田著：《刑法通论》（增订7版），台湾三民书局2000年版；蔡墩铭著：《刑法总论》，台湾三民书局1993年修订版；苏俊雄著：《刑法总论》，1998年自版。

② 中国古代的注释律学就是将法律与实践相结合，以注释国家的制定法为根本特征，注释的内容既包括对构成法典主要基干的律的解释，也包括对从属性的令或例以及律注进行注释。注释的宗旨是在统治者设定的框架内准确注释法律条文的含义，阐明法典的精神实质和立法原意，维护法律在社会生活中的统一适用。

它是学生的入门读本,因此不需要学术性;或者走向另一个极端,过于看重体系、概念、原理而轻视其实践性。

在国外,法学教科书往往是学者穷其一生研究的最终结晶和最高荣誉。① 在日本,一个有趣的现象是对教科书的重视程度高于专著,如大谷实、大塚仁、西原春夫、西田典之等名家的刑法思想基本上都集中展现在他们的教科书中,这些教科书兼具专著的特色和作用,有的教科书内容的深入程度丝毫不亚于专著。不同学者的刑法学教科书有时在体系、风格、观点、论证方式、援引案例等方面有相当大的差异,教科书就是其学术品牌,具有比较鲜明的学术个性。日本刑法学者对自己的教科书也时常进行修正,而且这种修正并不完全是因为立法的变化,而是因为学者自己的认识改变所带来的自我修正。

刑法学教科书的任务不仅是给学生传授法学知识,而且是培养学生的法律思维能力。现有的刑法学教科书比较注重知识的完整性和系统性,相对缺乏对学生的法律思维方式的培养,欠缺有效指导学生进行刑事法律分析的意识。在传授法律知识与培养法律技能之间,前者主要是欧陆的做法,后者主要是英美的特点。教科书要实现刑法学理论性与实践性、学术性与实务性的融合,就不应当成为相互脱节的"两张皮"——理论是理论,案例是案例。事实上,有些精深的理论恰恰蕴藏在案例中。

### (四)刑法学教科书中的"通说"与独创性见解的关系

刑法学知识传播需要特色鲜明、不同凡响的新式力作,"更多地根据自己教书育人的实践经验来定义教材、编写教材,把更多的注意力放在流变的智慧而非固定的知识,放在探寻结论的方法而非结论本身。"② 要做到这点,不仅需要教科书作者具有扎实深厚的专业功力,更需要非凡的学术勇气。刑法学要发展,就需要展开学派之争,而学派之争不仅体现在学术论著中,也体现在教科书中。

### (五)刑法学教科书的全面、深入与篇幅的关系

随着刑事立法的逐步发展,修正案、立法解释、司法解释不断增多,刑法学理论也日益深化和拓展,刑事司法实践不断丰富,教科书亦日渐全面、深入,篇幅也越来越大,书越来越厚重,动辄上千页,庞大繁杂,堪比《圣经》,显示出编著者的学术实力和良苦用心。

刑法学教科书是否倾向于全面或深入或二者兼具还受到教科书使用者的影响。随着我国的法学教育体制呈现出来的多样性,刑法学教科书也出现了"众口难调"的问题。例如,专门的法律院校更看重教科书的理论深度,希望学生更深入地研习刑法,而复合型、应用型的法律院校由于课时有限,则希望教科书的知识覆盖面广,尽量全面、完整,但又简明扼要,逻辑严谨,层次分明,简洁明了,使学生易

---

① 例如,美国国际刑法学家 M. Cherif Bassiouni 教授的 Introduction to International Criminal Law 是国际刑法方面的教科书,它也是该作者的封笔之作。其中文版为[美]M. 谢里夫·巴西奥尼著:《国际刑法导论》,赵秉志、王文华等译,法律出版社 2006 年版。

② 夏勇:《研究生的教科书问题——〈高级法学教程〉总序》,载中国法学网,最后访问时间:2009 年 7 月 12 日。

于统领掌握。事实上,从读者群来看,我们既需要系统深入的刑法学教科书,也需要简要的教科书。如果为了厚重而厚重,看似面面俱到,却未能突出重点,也缺乏理论深度,则肯定不是真正意义上的"厚重"的教科书。① 其实,国外的刑法学教科书一直有学术性、实践性都较高的"精华本",名称一般是《刑法学精要》,其中有些非常热销、多次再版。②

### (六) 刑法学教科书的稳定性与前瞻性的关系

在数字经济时代,大数据、云计算、人工智能、5G等深深地改变了人们的生活,电子商务、电子政务等新技术、新业态、新模式给刑法带来诸多挑战,数据安全、个人信息与隐私保护、知识产权保护、环境安全等多个新领域的法律保护都需要刑法介入,传统刑法无论是在立法还是司法上,都会出现供给不足的现象,教科书如何从学理上进行合宪、合法、合理且与时俱进的解释,③ 填补空白、发展现有理论、及时回应立法与司法的需求,在保持刑法学教科书现有博大精深理论的基础上,提供学理与实务两方面一定的前瞻性,大有可为。

### (七) 其他需要回应的问题

**1. 教科书的一些内容、体系是否需要调整**

包括但是不限于:在同种数罪不并罚的前提下,连续犯这一概念有无讨论的意义?正当行为(排除社会危害性的行为)究竟应当在犯罪构成要件以内还是以外讨论?缓刑究竟是一种量刑制度、行刑制度还是兼而有之?④ 刑事责任一章放在哪里合适?刑事责任论是否可以概括所有的刑罚论?分论是按照刑法典的分则顺序先后排列,还是按照犯罪所侵害法益归类排序更合适?有些刑法概念已经不适当、不再具有实际意义,却由于历史的原因,沿用至今,约定俗成,非圈内人则无法理解,⑤是否应当修改?罪与罪之间是否总存在着明确的"此罪与彼罪的界限"?等等。

**2. 刑法学教科书的编写方法仍需进一步探索**

教科书也可以适当采用中外、古今的比较方法,这些方法其实在我国律学中就已经被采用,如"中国现代法制之父"沈家本就是对传统法制进行批判总结的律学

---

① 精简教科书的方法还是有的,由于刑法研习者除了教科书以外,手上都还会有一本"法规"或"法规大全",因此,不必在书后"附录"部分列出刑法典及其修正案,在文中也可以将法定刑略去,只列出"参见刑法第×条"足矣,因为法规文本都有很清晰、完整的记载,教科书不必浪费笔墨纸张加以重复。再如阮齐林著:《刑法学》(中国政法大学出版社 2008 年版)采用了国外教科书的做法,将长长的规范性文件名称列出缩略语表,既清晰又大大节省了篇幅。

② 例如,[US] Arnold H. Loewy, *Criminal Law in a Nutshell*, West Publishing Company 2003; [UK] Cecillia Ni Choileain, *Criminal Law - Nutshell*, Round Hall 2006; [Australia] Wilson, *Nutshell: Criminal Law* (6th Edition), Lawbook Co., 2008.

③ 在相关法律缺失、实践中操作方式五花八门甚至监管部门做法不一、要求不一、对被监管企业或个人的要求甚至相互矛盾、冲突的情况下,刑法的适用应当尽可能地审慎。参见王文华:《网络犯罪案件适用法律问题研究》,载《人民检察》2019年第2期。

④ 缓刑兼具量刑与行刑之内容,兼跨量刑与行刑两个时期,是一项具有独立价值地位的刑罚具体适用制度。我国法学界对缓刑属于行刑制度还是量刑存在争议。参见何英、张宁:《关于缓刑制度的思考》,http://blog.chinacourt.org/wp-profile1.php?-author3891&p-19869。

⑤ 例如,"犯罪客体"、"犯罪对象"在语词上本来是很难划分的。再如,"空白罪状"、"引证罪状"的区分是否科学不是没有疑问,事实上"空白罪状"也需要大量引证。

家，其法学方法论的内容包括研究视角的转换、历史的方法、从纵向比较到横向比较、批判的方法和价值分析的方法等诸方面，时至今日，这些方法对我们仍有借鉴意义。① 阮齐林所著的《刑法学》就融合了中国刑法、外国刑法、国际刑法的多种研究方法与知识，理论性与实践性都很丰富。

3. 刑法学教科书与其他部门法教科书的关系

例如，很少有刑法学教科书从宪法制约的角度讨论刑法问题。当然，这也与我国的宪法制度有关。又如，由于我国存在"空白刑法"的立法方式，这就要求教科书编写者不仅要熟谙刑法，还需要熟悉相关经济行政法律法规的内容，因为"空白刑法"绝不只是找到这些法律法规进行"填空"那么简单。犯罪与行政违法、民事侵权的关系比较复杂，但是刑法学教科书对此很少有深入的分析。再如，从刑事一体化的角度看，研究刑法不能脱离刑事诉讼法，刑法学教科书对一些原理和制度的诠释不可能与刑事诉讼法无涉，在编写教科书时应当适当顾及刑事诉讼制度的要求。

4. 刑法学教科书的开放与"国际化"需要进一步推进

一是与时俱进，突出刑法学教科书的专业性、实务性和时代性，关照外国教科书特别是两大法系主要国家教科书的主要内容并做适当比较，真正与国际接轨。

二是刑法学教科书的中外交流。在全球化的背景下，法律制度、观念也存在着趋同现象，② 法律文化的交流不仅是"输入"，也需要"输出"，本质上是相互的，"把中国介绍给世界"与"把世界介绍给中国"一样重要。意大利学者杜里奥·帕多瓦尼在其《意大利刑法学原理》③ 中文版序中曾经指出，"除国际法外，刑法是法律科学中对各国具体政治和社会文化特征方面的差别最不敏感的法律学科。在刑法不同的历史形式之间，尽管也存在一些往往是非常重要的差别，但是在基本的理论范畴和法律制度方面却有共通的基础。法律和犯罪的关系；犯罪成立的必要条件；排除社会危险性行为的问题；法律保护的利益的问题；罪过问题；刑罚的目的和可罚性的意义等。这些界定实证刑法存在的范围的问题，在任何刑法制度中都居于核心地位。"近年来，翻译成中文的刑法学教科书不少，而中文译成外文的较少。向世界介绍真实、全面的中国刑法学的重任，而将中国的刑法学教科书翻译成外文在其他国家出版是其中最直接有效的方法之一。④

## 四、结语

与世界许多国家相比，我国现代法治建设的时间不长；与我国的其他人文社会科学相比，我国的法学教学与研究起步也晚，刑法学也不例外。在这种情况下，刑

---

① 史广全：《从律学到法学的飞跃——沈家本法学方法论初探》，载《齐齐哈尔大学学报》（哲学社会科学版）2004年第5期。
② 王文华：《全球化时代的刑法国际协调》，载《深圳大学学报》2007年第4期。
③ 陈忠林译，法律出版社1998年版，第1页。
④ 还应当积极更新、拓展中外交流等教学手段，如开发教学课件（包括多媒体课件）、音像教材、电子教科书、参考书、图书馆、教育数据库等。

## 第一编　新中国成立 70 年来刑事法治和刑法理论的变迁与反思

法学教科书从 70 年前的"从头开始",到 40 年前的"轮回"——几乎又是从头再来,走到今天的大发展、大繁荣景象,非常不易,其中倾注了多位刑法学人的心血和汗水。有些撰稿人的姓名也许从未出现在教科书中,但是他们的功劳不可磨灭。通过回顾与反思新中国成立 70 年来刑法学教科书的沧桑变迁,我们有理由期待,通过与别国开放式的探讨、交流,立足我国的刑事司法实践,包容吸纳,开拓创新,将会有更多的刑法学教科书在知识体系、内容上更加完善,在方法上更加科学,能够从立法论、解释论两方面给司法实践、学术研究、国际交流与合作提供更多的理论支持,从而走向真正的精品化,引领刑法学的不断前行,在我国刑事法治的深度与广度上进一步拓展。

本文的评介难免挂一漏万,希望能够起到抛砖引玉的作用。

# 新中国成立70年来刑法立法的变迁与未来走向

王鹏祥* 陶旭蕾**

## 一、新中国成立70年来刑法立法的变迁

自1949年新中国成立至今,我国刑法经历了从无到有的过程。从1979年刑法的较为粗疏到目前刑法的精细化,从1979年刑法的类推制度到1997年刑法罪刑法定原则的确立,从重刑主义到注重人权的保障,我国刑法随着社会的发展而不断完善。新中国成立的70年间,我国刑法立法经历了三个阶段的发展历程。

### (一)探索阶段:新中国成立初期—1979年刑法

新中国的刑法是伴随着1949年新中国的成立而发展起来的。新中国成立初期,百废待兴,尚无制定刑法典的条件。为了配合社会改革运动的需要,国家通过制定单行条例的方法对反革命分子、妨害国家货币分子以及贪污分子等进行惩治。除此之外,对犯罪分子的惩罚主要依靠政策。

与此同时,国家开始了刑法典的起草工作,1950年前后,曾集合一批法律专家起草刑法文本,但并没有进入立法程序。1954年之后,刑法典的起草工作由全国人大常委会办公厅法律室负责,至1957年6月,共草拟出22稿。但因为1957年开始的反右派斗争及之后的各种政治运动,使得刑法典草案并未公布,刑法典起草工作完全停止。加之后来的各种政治原因,刑法典草案被束之高阁。

1978年之后,第五届全国人民代表大会开始重视法制工作,随着全国人大常委会法制委员会的成立,我国开始尝试制定刑法典。经过不懈努力,我国于1979年7月1日通过了刑法典,这是我国自新中国成立30年来的第一部刑法典,标志着新中国刑法典从无到有,使得我国的刑事追诉由过去的主要依靠政策转变为依靠刑法,为司法机关依法办案提供了法律依据。

### (二)成长阶段:1979年刑法—1997年刑法

整体而言,1979年刑法典是一部保护人民,处罚犯罪,维护社会良好秩序的系统法典。但是,由于受历史条件的制约和立法经验的不足,这部刑法典无论在体系结构、规范内容还是立法技术上,都存在一定的缺陷与不足。[①] 比如,1979年刑法典只有129个罪名,立法较为粗疏。其所确立的比照制度使得刑法典的使用范围无限扩大。

---

\* 河南师范大学法学院院长,教授,法学博士。
\*\* 河南师范大学法学院2017级硕士研究生。
① 参见高铭暄:《中华人民共和国刑法的孕育诞生和发展完善》,北京大学出版社2012年版,第3页。

# 第一编　新中国成立70年来刑事法治和刑法理论的变迁与反思

基于立法中存在的问题和不足，立法机关在适用的过程中又先后通过24个单行刑法，增设某些犯罪的单位主体，补充分则中的新罪名，并设置多个附属刑法规范，对1997年刑法进行修改和完善。随着单行刑法和附属刑法的增多，使得刑法比较分散与零乱，尤其是随着市场经济的发展，使刑法面临新的问题。为更好地发挥刑法的社会调整功能，需要对1979年刑法进行全面系统的修订。

### （三）完善阶段：1997年刑法至今

1997年3月14日通过的刑法典是新中国成立以来最完备、最系统的刑法典，具有高度的统一性和完备性。它合理整合了1979年刑法以来的所有单行刑法和附属刑法，使其体系更加完整，并科学地确立了我国刑法罪刑法定、适用刑法人人平等和罪责刑相适应三大基本原则。基本原则对于整个法律体系具有指导和统领作用，刑法的基本原则不仅在刑法立法活动中起着全局性的作用，也在司法活动中起着根本性作用。尤其是罪刑法定原则的确立从根本上废除了1979年刑法适用的类推制度，很好地平衡了打击犯罪与保障人权的关系，是我国刑法的巨大进步。

但我们也应清醒地认识到，1997年刑法典的完备性也只是相对的。1997年刑法典颁布后，随着社会的发展与进步，需要立法机关不断地对刑法进行修改与补充。此后，全国人大常委会于1998年12月29日通过了《关于惩治骗购外汇、逃汇和非法买卖外汇犯罪的决定》，自1999年开始，全国人大常委会对刑法的修改均采用修正案的方式，这种修改方式在不打乱刑法典原有体系结构和条文排列次序的基础上，保持了刑法典的统一性和完整性，标志着我国刑事立法技术的日趋成熟。迄今为止，我国先后颁布了10个刑法修正案，对刑法总则和刑法分则的内容均做了一系列的修改与补充，对刑罚结构进行了一定程度的调整。同时，在死刑的适用方面，我国《刑法修正案（八）》一次性地废除了13个死刑罪名，《刑法修正案（九）》又废除了9个死刑罪名，使得死刑罪名的数量大幅减少。这是我国贯彻"少杀慎杀"的死刑政策，使刑罚朝着更加人道的方向发展。

## 二、我国刑法立法发展中的博弈

新中国成立70年来，在我国刑法立法变迁发展过程中，出现了诸多理论上的争论，集中体现在刑法立法理念、刑事政策的发展方向和刑罚的轻缓化三个方面。

### （一）刑法立法理念：积极刑法立法观与消极刑法立法观

自1986年德国刑法学家贝克提出"风险社会"概念后，各国相继对此展开进一步研究。社会学家认为，风险社会是由工业社会在自身发展过程中的各类危险而形成的。① 随着我国社会现代化的不断发展，各种社会风险接踵而至，与传统风险相比，现代社会风险的人为性更为凸显，人的行为和决议政策是现代社会风险的主要来源。对个人、社会和国家法益保护的迫切需要对刑法的功能提出了新的更高的要求。传统的结果本位立法模式开始向行为本位的立法方向发展，近些年刑法修正

---

① 参见［德］乌尔里希·贝克：《世界风险社会》，吴英姿、孙淑敏译，南京大学出版社2004年版，第102页。

案将可能造成风险的行为,如预备行为、帮助行为等行为设立独立罪名,按实行行为定罪,体现出刑法对法益保护的提前化,刑法立法逐渐由传统的消极刑法立法观向积极刑法立法观转变。

对此有学者提出质疑,认为积极刑法立法观对人的行为有过度干预的趋势,容易导致在发生某一社会问题甚至在问题尚未真正发生之前,人们就会情不自禁地期望动用刑法予以解决。① 但是,犯罪是对社会具有严重影响的危害行为,积极刑法立法观对社会保护功能的前置使刑法在一定程度上不再是解决问题的最后手段。相反,它处于社会治理的最前线,在尚未用尽行政管理手段就使用刑法进行规制,打破了刑法作为其他部门法的保障法的特点。② 对社会治理过度地使用刑法,不仅会使司法资源配置不合理,也有违刑法的最后手段性和刑法谦抑性,将预防功能过度扩张,与刑法最后性原理相违背。③

与传统的消极刑法立法观不同,积极刑法立法观强调刑法应当充分发挥对社会生活的积极干预功能,不再局限于作为社会治理的最后手段,认为随着风险社会的发展,传统以结果为本位的消极刑法立法观显得较为滞后,强调对法益的实质侵害,即一般要求产生现实的危害结果时才能动用刑法予以规制,④ 然而,在风险社会中,由于法益侵害具有不特定性,造成的法益损害通常很难认定,如化学污染、核污染等可能引发的不确定危害。因此,刑法在风险社会中的任务不应只是在产生实害结果时才进行惩治,而应当在危害可能产生之初就予以预防与规制,将事后惩治作为预防失效后的补充手段,但消极刑法立法观并不主张在危害结果产生之前就进行规制,不能满足现实生活中对法益保护的需要,不利于实现刑法的预防功能。⑤

### (二)刑事立法方向:犯罪化与非犯罪化

犯罪圈的大小决定刑法在治理社会中涉及的广度与深度,作为刑事立法政策尤其是界定刑法干涉范围、划定犯罪圈的一体两面,犯罪化与非犯罪化代表了两种不同的刑事立法方向。犯罪化代表扩张主义的刑事政策方向,是指将原本不按犯罪认定的行为,在法律上纳入刑法规制的范围,使其成为刑法打击的对象,并依照分则的相关规定定罪处罚,包括立法上的犯罪化和刑罚适用上的犯罪化。⑥ 非犯罪化代表缩减主义的刑事立法方向,是指将原本应当属于刑法调整的行为不再作为犯罪处理,对行为不再进行处罚。⑦ 关于刑法立法方向的犯罪化与非犯罪化,在西方国家一直争论不休。

近些年,我国对刑法立法的研究也越来越多地开始关注刑法的立法方向。纵观

---

① 参见周光权:《转型时期刑法立法的思路与方法》,载《中国社会科学》2016年第3期。
② 参见高铭暄、孙道萃:《预防性刑法观及教义学思考》,载《中国法学》2018年第1期。
③ 参见周光权:《积极刑法立法观在中国的确立》,载《法学研究》2016年第4期。
④ 参见劳东燕:《风险社会中的刑法:社会转型与刑法理论的变迁》,北京大学出版社2015年版,第37页。
⑤ 参见劳东燕:《风险政策与风险社会的刑法》,载《中国社会科学》2007年第3期。
⑥ 参见[日]大谷实:《犯罪化与非犯罪化》,载陈兴良主编:《刑事法评论》(第6卷),中国政法大学出版社2000年版,第418页。
⑦ 参见梁根林:《刑事法网:扩张与限缩》,法律出版社2005年版,第217页。

我国刑法的发展过程，不难发现，从 1979 年刑法到现在的《刑法修正案（十）》，我国刑法的入罪门槛有降低的趋势，犯罪圈在不断扩大。目前，我国刑法学界有关犯罪化与非犯罪化的争论主要有三种观点。

大部分学者认为，我国应当坚持走犯罪化的道路，扩大刑法的打击范围。与西方大部分国家对犯罪的治理模式不同，我国在治理模式上采用的是二元化治理模式，根据行为造成的社会危害性程度的不同将行为分为行政违法和刑事违法，对其分别依据行政法和刑法进行处罚，对犯罪的认定和处罚采用的是刑法定罪兼定量原则。① 由于采用二元化治理模式，大量的行政违法行为由公安机关处置，不再受司法程序的保障，在一定程度上扩大了行政权，削弱了司法权，不符合刑事法治的发展规律。同时，根据"破窗理论"，当小失序达到某个临界规模时，最终可能发生伴随失序而来的更严重的犯罪、城市衰败和腐败，② 即由于行为人能够预见到自己"轻微"的行为不受刑法规制，只需承担较轻的法律后果，那么实施危害行为的频率与可能性便会提高。③ 在这种治理模式下，刑法只对社会危害性大、造成严重危害结果的行为予以规制，会导致轻微型危害行为因治安处罚力度轻，无法实现有效预防，进而演变成犯罪。鉴于此，他们认为坚持犯罪化是刑事立法的必然选择。

但也有许多学者对走犯罪化的道路持反对态度，认为将仅造成轻微危害后果的轻微犯罪行为予以刑法处罚有违罪责刑相适应原则，与国际社会非犯罪化的立法趋势相违背。根据刑法谦抑性原则的基本要求，刑法对公民正常的社会生活不应当过早地介入、过多地干涉，相反应当极大可能地保证公民有充分自由的行为空间。④ 而从我国目前的有些刑事立法来看，有些轻微的犯罪如危险驾驶罪等，完全可以通过行政处罚的手段加以制止，没有必要运用刑法。不断地扩大刑法的打击范围，限缩行政治理手段的适用空间，将不值得作为犯罪处理的行为按照犯罪处理，与刑法的谦抑性原理相违背。

此外，还有学者认为，无论是单纯地坚持犯罪化道路，抑或是纯粹地坚持非犯罪化道路都是片面的、不客观的。从采用非犯罪化的部分西方国家的发展历程来看，刑法适用范围的减少、对犯罪圈的限缩有其特定的历史背景。随着社会的快速发展，一些新类型的犯罪会不断出现，需要刑法作出及时回应，这就亟须一个犯罪化的过程。但与此同时，一味地扩大犯罪圈、对社会行为过多地予以干涉、走犯罪化道路的刑事政策不利于实现刑法保障人权的功能。在适当的时候，我们也应当对一些过时的罪名予以非犯罪化。因此，应当结合我国的具体实际情况，坚持走犯罪化与非犯罪化相结合的道路。⑤

---

① 参见卢建平、刘传稿：《法治语境下犯罪化的未来趋势》，载《政治与法律》2017 年第 4 期。
② 参见［美］乔治·凯琳、凯瑟琳·科尔斯：《破窗效应——失序世界的关键影响力》，陈智文译，三联书店 2014 年版，第 3、20 页。
③ 参见赵秉志、金翼翔：《CPTED 理论的历史梳理及中外对比》，载《青少年犯罪问题》2012 年第 3 期。
④ 参见杨凯：《论刑法规范谦抑原则》，载《北方法学》2008 年第 3 期。
⑤ 参见陈兴良：《刑法哲学》，中国政法大学出版社 1992 年版，第 8 页。

### (三) 刑罚的轻重：死刑的存与废

死刑，也被称为极刑、生命刑，作为世界上最古老的刑罚方法之一，也是所有刑罚种类中最为残酷和严厉的刑罚措施。自贝卡利亚在《犯罪与刑罚》中最早较为系统地批判死刑的残酷性、不人道性和不必要性，明确提出应当废除或严格限制死刑以来，开始了长达两百多年的死刑存废之争。[①] 随着社会和人类文明的发展，在19世纪中期，一些国家和地区开始根据自身情况，在法律制度和实践中逐步开始废除死刑的探索与尝试。

目前，限制和废除死刑已经成为一种国际趋势，世界范围内已经有150多个国家或地区通过法律或司法实践先后废除了死刑，但也有很多国家在立法和司法上保留了死刑。从理论上看，死刑制度应当何去何从，主要有两种观点。

一种观点认为，应当彻底废除死刑。其理由在于：第一，死刑剥夺了行为人改过自新、弃恶从善、回归社会的机会，刑法的本质不应当是残虐和无人性的，适用报应论并不必然能够实现刑法一般预防与特殊预防的功能，相反适用终身监禁制度已经完全可以达到剥夺其再犯的可能，既然如此，就没有适用死刑的必要性。第二，适用死刑在一定程度上会造成更多的行为人为了不暴露自己的罪行，或者经过内心衡量认为"反正都是一死，不如拉一人垫背"，而采取杀人灭口的行为方式。第三，在司法实践中难免会出现错案错判现象，误判死刑也是不可避免的，保留死刑就会造成一旦发生误判，那么造成的后果是不可挽回的，如若取消死刑，替代适用自由刑，即使发生误判错判也可以通过其他途径挽回给行为人造成的损失。最后，从人道主义出发，死刑过于残虐，会给家庭、社会带来更多的痛苦，国家不应为了安抚被害人家属的心情而肆意剥夺犯罪人的生命，给犯罪人的家庭带去更多的痛苦。[②]

与上述观点相反，大部分学者认为应当保留死刑。虽然一些国家曾在法律上废除了死刑，但随着社会的发展、民众的强烈要求，又通过各种形式恢复了死刑，如英国。[③] 保留死刑论者认为，根据费尔巴哈的心理强制理论，由于死刑具有其他刑罚措施所没有的最强威慑力，设置死刑会使行为人在实施具有严重人身、社会危害性的行为之前，充分衡量犯罪成本，当欲达到的犯罪目的所能带来的快感小于其生命价值时，就会自动放弃犯罪或采用危害后果较低的犯罪行为，有利于更好地实现刑法预防犯罪的功能。同时，有些行为人行为手段极其残忍，并不悔罪认罪，对于这类具有严重社会危害性、再犯可能性的行为人适用死刑，可以从根本上消除其再犯的可能性，有利于维护正常的社会秩序。因此，保留死刑依然在死刑存废之争中占主导地位。

---

[①] 参见王鹏祥：《当代中国死刑适用标准研究》，法律出版社2015年版，第12页。
[②] 参见王占启：《死刑适用研究》，中国民主法制出版社2013年版，第22页。
[③] 参见赵秉志：《大变革时代的中国刑法问题研究——赵秉志自选集》，法律出版社2017年版，第140-141页。

## 三、我国刑法立法的未来走向

### （一）树立积极刑法立法观

目前，在我国刑法立法中，传统刑法面临着诸多挑战。伴随着风险社会的到来，刑法作为规制社会危害的工具，理应把预防风险的发生作为首要任务，将传统刑法对法益的保护由实质受损阶段提前到危险初步形成阶段。① 笔者认为，由于现代刑法呈现出从惩治传统犯罪向新类型犯罪转化的特点，那么刑法在立法上就应由传统消极的报应论立法模式向积极刑法立法观转变，充分彰显刑法的预防功能，不宜再单纯恪守消极的法益保护理念。刑法追求的价值目标应当随着社会的发展需要而不断地作出相应的调整与变化，不应当自制定之日起就一成不变，刑法追求的价值取向对刑法理论的基本立场起着导向作用。

风险社会理论表明，刑法体系向安全社会的转移有其现实的社会基础，积极刑法立法观的走向代表着刑法对现代化社会需求所作出的一种自我调整。如前所述，积极刑法立法观的旨意在于将社会普遍认同的、能够造成社会危害的行为，为了防止实害结果的发生，作为被禁止的行为直接规定到刑法的规制范围内，提前对法益进行保护，发挥刑法对行为的指引作用，凸显刑法积极一般预防的刑罚功能。② 积极刑法立法观应当具有以下三个特点：第一，彰显刑法的预防功能。与传统的消极刑法立法观主要规制结果犯、实害犯不同，积极刑法立法观应当以预防危险结果的发生为前提，加强对危险犯、行为犯的打击。第二，转变刑法的目的功能。消极刑法立法观的目的在于对侵害法益的行为进行打击，而积极刑法立法观的目的在于防止侵害法益结果的发生，从根源上减少危害行为发生的可能性。第三，革新刑法的打击对象。与消极刑法立法观主要打击结果犯和被害犯不同，积极刑法立法观加强对抽象危险行为、预备行为和帮助行为进行打击。③

当然，积极刑法立法观也不意味着刑法的适用可以无限、肆意地干预正常的社会生活。积极刑法立法观虽然可以作为有效防范风险的手段，但刑法毕竟是最严厉的制裁手段，刑法权力的扩张必然会侵犯公民的自由与权利，因此，刑法立法在由传统消极刑法立法转向积极刑法立法的过程中，也要遵循有限性、适度性与比例原则，防止刑法预防功能的无限扩张。④

### （二）秉承适度犯罪化

刑事政策对刑事立法具有导向作用。一个国家犯罪圈的大小代表着该国刑法参与社会治理程度的高低，它不是由立法者主观意志决定的，而是在社会刑事政策的基础上建立的。我国刑事立法坚持适当犯罪化，是社会现实需要在刑法调控范围调

---

① 参见劳东燕：《风险社会中的刑法：社会转型与刑法理论的变迁》，北京大学出版 2015 年版，第 65 页。
② 参见郝艳兵：《风险刑法——以危险犯为中心的展开》，中国政法大学出版社 2012 年版，第 12-13 页。
③ 参见张晶：《风险刑法以预防功能为视角的展开》，法律出版社 2012 年版，第 9 页。
④ 参见张晶：《风险刑法以预防功能为视角的展开》，法律出版社 2012 年版，第 211 页。

整方向上的必然要求。① 从风险社会的要求和我国目前的刑法立法来看，由于受经验主义立法原则的影响，导致在新的社会环境中一些应当被规定为犯罪的行为并没有被纳入刑法规制范围，致使刑法在打击此类违法犯罪行为时由于"犯罪圈过小"而显得力不从心。因此，随着社会的发展变迁，将一些新型的违法行为通过刑法修正案的形式纳入刑法的规制范围，是现代刑事政策发展的客观需要。

值得注意的是，犯罪圈不断扩大所导致的弊病也应当予以重视。首先，犯罪圈的不断扩大极易导致一些原本没有必要使用刑法规制的行为被纳入刑法调整范围。入罪行为在某种程度上是国家基于特定政治目的而进行的立法活动，犯罪圈的恣意扩大容易将一些政治因素和情感因素融入到刑事立法活动中。与国外的刑事政策不同，我国刑法处罚的行为应当是具有严重社会危险性和应受刑罚惩罚的行为，所以，对犯罪圈的设定应当更为慎重。在我国二元化治理模式下，过于强调刑法犯罪圈的扩大，不符合我国目前法治政策的宗旨。

意大利著名刑法学家曼托瓦尼（Mantovani）认为，刑法立法并非静止的、一成不变的，而是随着社会的发展而不断发展，若想实现刑法对社会保障的有效性，就应当将犯罪化作为作用力，将非犯罪化作为反作用力。② 鉴于此，笔者认为，坚持适当犯罪化道路是我国刑法发展的必然趋势，符合我国目前刑事政策的追求。同时，随着社会的发展，当部分犯罪丧失了存在的基础时，对于这些带有明显时代烙印的罪名应当予以非犯罪化处理，将其从现行刑法中予以剔除。总之，过度的犯罪化不利于实现刑法的人权保障机能，不符合宽严相济刑事政策的基本要求。但片面的非犯罪化应当建立在罪名非常繁多的基础上，我国现行刑法规定的469个罪名基本满足了现阶段打击犯罪的需要。随着我国经济的进一步转型和全球化、信息化、人工智能时代的到来，新的犯罪和挑战会不断出现，立法机关对之应持续不断地予以立法回应。

### （三）严格限制死刑的适用

刑罚轻缓化是在历史发展进程中，刑罚在整体上由严酷走向轻缓，由野蛮走向文明的一种趋势。刑罚的轻缓化包括刑罚处罚范围的缩小和刑罚严厉程度的降低，其实质在于力求少用或者不用刑罚就能有效地预防和控制犯罪。

笔者认为，在当前情况下，我国依然不能贸然废除对死刑的适用。原因在于：首先，作为一个发展中国家，在发展过程中将会遇到社会分配不均、贫富差距等诸多问题，这些问题的出现极易造成严重的暴力事件。在一个物质基础还没有发展到一定程度的社会，人的生命价值尚不能得到足够的重视，为了维护一定的财产关系和经济秩序，人们往往将实现刑罚的报应目的放在首位。其次，我国是一个崇尚死刑的国家，自古以来就有"杀人偿命"的传统观念。再次，目前我国正处于社会转型时期，各种社会矛盾凸显，一些地方的严重暴力犯罪依然猖獗，对人民群众的生

---

① 参见赵秉志：《大变革时代的中国刑法问题研究——赵秉志自选集》，法律出版社2017年版，第43页。

② 参见黄风：《论意大利的非刑事化立法》，载《外国法学研究》1987年第4期。

命财产安全和社会的发展与稳定构成严重的威胁。最后，我国的民主政治体制仍属于典型的精英决策模式，废除死刑的最终决策权掌握在立法者手中。对于立法者而言，也对死刑存在着过多的依赖与期待，担心废除死刑会给社会带来不良后果。鉴于我国的国情民意和社会治安状况，我国刑罚体系中依然应当保留死刑。

当然，保留死刑并不意味着可以滥用死刑。相反，在保留死刑的前提下，严格限制和减少死刑的适用是目前和今后我国基本的死刑政策。刑罚人道性是刑法的一项基本原则，而死刑作为一种生命刑，无论执行的方式如何，都改变不了其残酷性的一面。从刑罚功能来看，国家通过制定、适用与执行刑罚而产生希望达到的效果。① 长期以来，死刑有无威慑性和死刑的威慑性有多大是死刑保留论者和死刑废除论者争议的焦点。笔者认为，死刑作为最为严厉的刑罚措施，自然具有最大的威慑效果。但死刑的威慑力并非万能的，其作用也是有限的。也许对犯罪人而言，适用劳役刑，即让其用自己的劳动来补偿对社会所造成的损害，这种记忆可能更为深刻。再者，严格限制死刑对防止死刑误判具有重要意义。近年来，我国死刑误判不断出现，对我国的刑事司法制度和人权保障提出了严重的挑战。死刑误判可能让无辜者失去宝贵的生命，给"犯罪人"家属带来无尽的痛苦，如河北的聂树斌、内蒙古的呼格吉勒图等。同时，严格限制死刑是顺利开展国际刑事司法合作的需要。在对待死刑的态度上，大多数国家认为死刑是残忍的、不人道的和有辱人格的。② 从有利于开展国际司法合作的角度出发，减少并限制死刑的适用已经成为国际趋势。我国作为《公民权利和政治权利国际公约》的缔约国之一，理应与国际公约中限制和减少死刑的趋势保持一致。

## 结语

美国法学家罗斯科·庞德曾说：法律必须稳定，但又不能静止不变，人们必须根据法律应予调整的实际生活的各种变化，不断地对法律进行检查和修正。③ 刑法由于其本身具有稳定性，一经制定就成为相对静止的法律规范，但社会是不断变化发展的，社会的不断发展必然要求刑法应当随着社会的发展作出更为适宜的调整与修改，立法活动就是国家上层建筑随着社会发展不断变迁的典型方式。未来的立法应当在宽严相济刑事政策的指引下，树立积极刑法立法观，秉承适度犯罪化的方向，注重人权保护，严格限制死刑的适用，使刑法向着更加人道和轻缓的方向发展。

---

① 参见王鹏祥：《当代中国死刑适用标准研究》，法律出版社2015年版，第2-4页。
② 参见赵雪刚：《从生命权角度看死刑存废之争》，载《环球法律评论》2004年第3期。
③ [美] 罗斯科·庞德：《法律史解释》，邓正来译，中国法制出版社2003年版，第2页。

# 中国当前刑法中的预防性立法：
# 危机、症结和纠偏

姜 敏[*] 张坤龙[**]

20世纪以来，随着科学技术的迅猛发展，产生了各种各样的人为风险，人类社会逐渐进入风险社会。德国著名社会学家乌尔里希·贝克提出了风险社会理论，认为"风险社会是指西方工业国家在经济、社会、技术和医疗结构高速改进过程中，社会肌体对混乱的抵抗力完全丧失的一种社会状况。在现代化进程中，生产力的指数式增长，使危险和潜在威胁的释放达到了一个前所未知的程度"。[①] 因此，传统的风险与现代社会的风险有很大的区别和差异，现代社会的风险不仅来源于外部，更源于社会内部应对风险的机制无能为力。[②] 风险社会理论之下，由于人为决策带来的风险具有高度不确定性以及科技所带来的风险逐渐增多，安全问题逐渐成为首要问题。因此，安全保障与风险预防变得更加重要。在这种背景下，注重安定性与确定性的传统刑法无法解决社会出现的新问题，使得刑法开始由之前注重事后惩罚转为注重事前预防。并且，刑法保护的法益也逐步由注重实体法益转变为注重抽象法益。在这种语境下，预防性立法也因此应运而生，并在刑法立法中逐渐成为一种趋势。

## 一、风险社会下刑法的预防性立法

现代社会科学技术迅猛发展，在给人们生活带来极大便利的同时，也带来了更多不确定的风险与不安全因素，使人们陷入恐慌与不安之中。面对最近频繁发生的信息网络犯罪、秩序犯罪、金融经济犯罪、环境犯罪、食品药品犯罪等，国家应该采取措施，对这些犯罪进行提前控制与预防，以防止其引发严重的后果。风险的不确定性和后果的巨大性决定了风险治理的预防性，也决定了刑法对策在事实上的提前介入。[③] 从我国进入社会高速转型时期以来，风险变得更为普遍，具有高度不确定性，为应对重大紧迫风险，减少对社会造成的损害，以对风险进行及时有效的防控，减少犯罪实质后果的发生，预防性立法就变得十分有必要。

实体刑法中的预防性立法，是指把距离实害结果有一段距离，但可能引发实害

---

[*] 西南政法大学法学院教授，博士生导师。
[**] 西南政法大学法学院刑法研究生。
[①] 参见郝艳兵：《风险社会下的刑法价值观念及立法实践》，载《中国刑事法杂志》2009年第7期。
[②] 参见于志刚：《"风险刑法"不可行》，载《法商研究》2011年第4期。
[③] 参见刘志伟：《刑法修正案（九）的犯罪化立法问题》，载《华东政法大学学报》2016年第2期。

## 第一编　新中国成立 70 年来刑事法治和刑法理论的变迁与反思

结果的风险行为予以犯罪化的立法。① 也就是说，预防性立法惩罚的是没有实害的行为，且把没有实害结果的行为，特别是危险行为或风险行为予以犯罪化，独立成罪。从当代社会来看，刑法应该在关注并惩罚实害的同时加强对风险的控制。但这也导致以自由刑法、危害原则、罪责刑法等为主要标志的传统刑法理论体系渐显失灵与旁落态势。② 传统刑法立足于报应与责难，大多惩罚实害结果，并且着重于回头看的事后惩罚措施，导致无法对当前社会频发的风险问题进行有效的应对与控制。正如有学者认为，一个以实害为基础的实然刑法体系是无法满足风险社会对刑法的应然保护要求的。③ 一味地惩罚实害结果，等实害结果发生时再进行惩罚，容易造成严重的、无法弥补的后果。如果能够提前预防，在有犯罪意图，或者在犯罪预备阶段就进行处罚与控制，则可较好地控制犯罪行为的发生。所以有学者就主张："刑法应当将安全作为基本的价值取向之一，在特定情况下安全价值优位于其他价值，在安全的范围内去追求其他社会价值。"④ 也就是说，实体刑法应当以风险为基础，以安全为优先价值取向来进行预防性立法。

从当代社会特征来看，预防性立法以安全为优先价值选择，规制风险行为以预防犯罪，具有一定的积极意义。就实践路径看，其除了将风险行为、危险行为单独犯罪化外，还表现为预备行为实行化、帮助行为正犯化等。这在一定程度上有利于对犯罪进行提前应对和控制，以防止其造成严重后果。另外，预防性立法还能消除公民内心的不安和恐惧，对公民有安抚作用。

为及时防范风险、保护社会安全、安抚公民的不安和恐惧，我国刑法也进行了大量的预防性立法，具体表现为以下几点：

第一，增设危险犯以对风险进行控制。所谓危险犯，是指以发生法益侵害的危险为犯罪构成要件的犯罪。⑤ 我国最近的刑法修正案中频繁增设危险犯，以对风险进行控制和前移法益保护。其中，由于我国频发的醉酒驾驶问题，给社会安全和公民生命造成了巨大损失，故《刑法修正案（八）》增设危险驾驶罪作为抽象危险犯，将行为人在醉酒情况下驾驶汽车，严重威胁社会安全的行为交由刑法规制，这体现了刑法增强控制和预防社会风险的功能。再如，为建设美丽中国，遏制环境污染，《刑法修正案（八）》对污染环境罪的构成要件进行了修改，取消了重大污染行为这一要件，改危险物质为有害物质，这表明污染环境罪降低了入罪门槛，扩大了犯罪对象和处罚范围，使得污染环境罪变成了行为犯，只要实施了法律禁止的污染环境的行为，无论是否造成污染环境的危害后果，都可构成本罪。

第二，将预备行为实行化，增设预备型犯罪。比如，《刑法修正案（九）》中增设的准备实施恐怖主义犯罪等。将预备行为实行化，对犯罪行为的处罚早期化，在一定程度上冲击了刑法总则关于预备犯的规定，不过由于恐怖主义犯罪容易造成

---

① 参见姜敏：《恰当选择规范位置优化刑法预防性立法》，载《检察日报》2018 年 10 月 24 日第 3 版。
② 参见高铭暄、孙道萃：《预防性刑法观及其教义学思考》，载《中国法学》2018 年第 1 期。
③ 参见陈晓明：《风险社会之刑法应对》，载《法学研究》2009 年第 6 期。
④ 参见郝艳兵：《风险社会下的刑法价值观念及立法实践》，载《中国刑事法杂志》2009 年第 7 期。
⑤ 参见马克昌：《危险社会与刑法谦抑原则》，载《人民检察》2010 年第 3 期。

大量人员的伤亡和公私财物的损失，若不提前进行规制和约束，易造成无法挽回的后果。因此，对该预备行为进行预防性立法有其正当性和必要性。

第三，将帮助行为正犯化。我国《刑法修正案（九）》将资助恐怖活动罪改为帮助恐怖活动罪，扩宽了刑法打击面。

第四，增设持有型犯罪，以控制和预防风险。并且《刑法修正案（九）》增设的非法持有宣扬恐怖主义、极端主义物品罪，本质上属于持有型犯罪，而持有行为对法益的侵害风险是间接的，单纯的持有并不会导致法益侵害发生，只有在行为人进一步使用违禁品的场合才会发生法益侵害。① 因此，非法持有宣扬恐怖主义、极端主义物品罪的设立也是基于对危险进行控制和预防的考量。另外，我国刑法规定的持有枪支罪、持有毒品罪也与此类似。

## 二、刑法预防性立法所带来的隐患

刑法以限制乃至剥夺犯罪人的财产权或者人身权为其实现方式，具有手段上的严厉性，这决定了刑法的预防性立法必须严谨、理性。因此，预防性立法如果不能审慎处理好公民应当享有的自由与维护社会安全之间的关系，就会导致公民基本权益受到损害。尤其是预防性立法的过多设置、刑罚处罚的过度提前，极易引发法治危机。刑法的预防性立法所带来的隐患具体如下：

第一，有部分预防性立法带有很大的权宜性、冲动性和盲目性。近几年来，有些所谓的"民意"或"舆论"似乎有过度介入或影响刑事立法倾向之嫌，由此导致不理性的情绪性刑事立法现象频频发生。② 根据宪法的人民主权原则，我国的一切权力属于人民，预防性立法也应该反映人民意愿，满足人民群众的需求。然而，由于我国人民群众众多，文化水平有差异，并且各自立场不同，因此民意未必完全科学与理性。例如，有的学者认为："立法者为了满足政治需要、政策意图或回应民意，往往在政治宣示、安抚民意的真实动机下贸然立法。将立法作为纯粹的工具极易成为极端工具化的实践样态。"③ 我国刑法中的危险驾驶罪短时间内修改两次，就表明了预防性立法不够理性、在科学立法角度上不够科学等问题。并且刑法作为实体法，应该具有相对稳定性，以使公民知晓熟悉该法律，频繁修改法律、频繁颁布刑法修正案，容易造成不知法的现象，进而使无辜公民入罪。

第二，预防性立法的过多设置不利于保护公民的人权与自由。刑法的目的不是废除或限制个人自治（自由），而是保护和扩大个人自治（自由）。④ 因此，为保护社会安全而过多地进行预防性立法，与刑法保护和扩大公民自由之目的背道而驰。人权保障与社会安全都是刑法应当具有的价值追求，二者之间是正与正的较量，而

---

① 参见何荣功：《预防刑法的扩张及其限度》，载《法学研究》2017年第4期。
② 参见刘宪权：《刑事立法应力戒情绪——以〈刑法修正案（九）〉为视角》，载《法学评论》2016年第1期。
③ 参见高铭暄、孙道萃：《预防性刑法观及其教义学思考》，载《中国法学》2018年第1期。
④ 参见何荣功：《社会治理"过度刑法化"的法哲学分析》，载《中外法学》2015年第2期。

非正与不正的较量。① 从此角度来说，人权保障与社会安全都不能放弃。正如有学者指出，风险刑法理论为了追求安全而置人权、自由等公民权利于不顾，要警惕由此可能带来的对法治社会的重挫。② 随着现代社会发展所导致的法益侵害风险的增加，刑法不再耐心等待损害结果的出现，越来越多的刑法规范着重于行为的非价判断，以制裁手段恫吓、震慑带有社会风险的行为。③ 在风险社会下，对不断增多的风险进行预防有其必要性，但是以刑法为工具进行预防则有失正当性。过多的预防性立法，会使得法律条文激增，将会极大地限制公民的自由，不利于社会的发展与进步。预防性立法中不附条件地把持有宣扬恐怖主义、极端主义物品的行为视为犯罪，就可能违反罪责自负原则，甚至有将恐怖主义犯罪作为思想犯进行打击的趋势，不利于保护公民的自由与人权。

乌尔里希·贝克认为："风险的概念是一个现代的概念，它需要有各种决策和各种尝试，以使得公民决策的各种不可预测的结果能够被预测并且能够被控制。"④ 由此可见，在现代社会，风险与危险不同，风险一方面指不可预测的后果或者一种灾难；另一方面也代表着机遇，代表着可能对不可预测后果的控制与利用。如果"风险社会"下的刑事立法意欲产生预防性的效果，就必须变国家立场与国民立场之间的"博弈"为"协调"。⑤ 我国的各部刑法修正案大多都是限制公民自由等权利，扩大国家的刑罚权，表明我国仍然未能从国权刑法转变为民权刑法。约瑟夫·拉兹指出："人权是对国家权力的限制，是对抗国家权力的权利。"⑥ 在某种程度上，人权与国家权力具有不可协调的冲突，是此消彼长的过程，国家权力的扩张必然导致人权的受限。预防性立法的过多进行也必然会导致国家权力的扩张，进而导致公民自由与人权的缩小。因此，在社会主义转型时期，过多地进行预防性立法，对尚未发生实害结果而是仅仅具有风险的行为进行约束，进而约束限制公民行为，将压制公民自由活动的积极性。应当综合考虑国家立场和国民立场，在国家立场与国民立场的协调下进行预防性立法。

第三，预防性立法的过多设置可能导致对公民的管制加强和刑罚过重。刑法谦抑性并不禁止增设新法，增设新法不违背刑法谦抑性，并且也符合社会的发展与进步。正如乌尔斯·金德霍伊泽尔所言："在这个变动不居的社会里，刑法有理由也应当随之变动而变动。"⑦ 但是过多设置新法，将民法不法行为与行政不法行为犯

---

① 参见董邦俊、王振：《风险社会中刑法人权保障机能之危机》，载《云南大学学报》（法学版）2010年第1期。
② 参见刘艳红：《"风险刑法"理论不能动摇刑法谦抑主义》，载《法商研究》2011年第4期。
③ 参见何荣功：《社会治理"过度刑法化"的法哲学分析》，载《中外法学》2015年第2期。
④ ［德］乌尔里希·贝克：《"9·11"事件后全球风险社会》，王武龙编译，载《马克思主义与现实》2004年第2期。
⑤ 参见李晓明、褚础：《论"风险社会"中的预防刑法与规制刑法——兼论我国刑法颁布40周年的立法理念变迁》，载《武汉科技大学学报》2019年第2期。
⑥ ［英］约瑟夫·拉兹：《人权无需根基》，岳林译，载《中外法学》2010年第3期。
⑦ ［德］乌尔斯·金德霍伊泽尔：《安全刑法：风险社会的刑法危险》，刘国良编译，载《马克思主义与现实》2005年第3期。

罪化，使其进入预防刑法领域，却有违刑法作为最后保障法的原则，可能导致刑法过多干涉公民的生活。大量新罪的设立涉及生活的各个方面，使公民时时刻刻的行为都处于刑法的规制之下，也在一定程度上体现了对社会管控收紧的趋势。此外，对于危险犯、未遂犯等进行刑法规制，并进行刑罚处罚，容易导致刑罚过重。因为危险犯与相应的实害犯相对应，对危险犯的处罚势必会造成对实害犯处罚的加重，不利于罪责刑相适应原则的贯彻落实。

第四，预防性立法的过多设置可能违反宪法的原则性规定。宪法是国家根本大法，也是公民基本权利的保障书，更是所有部门法立法的根据。① 从宏观维度看，预防性立法也不得违背宪法的规定。我国宪法第33条明确规定国家尊重和保障人权等，然而为对风险社会下的风险进行预防和控制，大量设置预防性法律，扩张国家刑罚权，极易侵害公民人权和自由。比如，我国刑法第120条规定的宣扬恐怖主义、极端主义、煽动实施恐怖活动罪就是较为明显的国家安全与公民基本权利的对立。该罪只对宣扬恐怖主义、极端主义的方式予以规定，而没有清晰明确的主观和目的要求，也没有限制条件，有将所有宣扬煽动行为全部入罪的倾向，有主观归罪的趋向，在一定程度上也违背宪法规定的言论自由，侵犯了宪法赋予公民的基本权利，也违反了宪法的法治原则。

第五，预防性立法的过多设置使得刑法条文失去公众认同。伯尔曼认为："没有信仰的法律将退化成为僵死的教条，而没有法律的信仰将蜕变成为狂信，② 法律必须被信仰，否则它将形同虚设。"③ 在当前社会，法律如果不被公众认同，将会失去其权威，进而不被公众接受和遵守。法律的实施由国家强制力保证，但更重要的是由公民的内心信服来保障。当前预防刑法的过度设置，对于危险犯的过度惩罚，对于风险的过度预防，会极大地剥夺公民的权利和行动的自由，失去法律的权威和正当性，引起公众的怀疑和不满，最终使得法律不被信仰和遵守。例如，我国刑法频繁修改，并且大范围地规制危险犯，对其进行处罚，甚至把应属于行政法调整的对象归为刑法调整，就可能导致刑法的公众认同极为薄弱。

## 三、刑法预防性立法隐患之诱因

任何问题的产生都有其内在原因，本文所阐述的预防性立法所诱发的法治危机也不例外。从当前中国的司法实践来看，我国目前属于社会主义转型时期，社会问题频繁出现并且难以解决，用刑法进行规制有利于快速解决纠纷，缓解社会矛盾，但也极易导致很多隐患。因此，接下来本部分将从立法原则、社会纠纷解决机制等方面进行阐述。

第一，立法指导原则未得到贯彻落实。立法原则决定了立法活动的走向及其内容的科学性与可行性。我国预防性立法存在的权益性、盲目性、冲动性以及损害公民人权与自由等问题，在很大程度上都是由于立法者在立法活动时没有严格以立法

---

① 参见姜敏：《恰当选择规范位置优化刑法预防性立法》，载《检察日报》2018年10月24日第3版。
② [美]哈罗德.J.伯尔曼：《法律与宗教》，梁治平译，中国政法大学出版社2003年版，第38页。
③ [美]哈罗德.J.伯尔曼：《法律与宗教》，梁治平译，中国政法大学出版社2003年版，第3页。

原则作为指导造成的。立法活动必须由立法原则进行指导，从而使立法权受到约束，进而科学立法和理性立法，避免其成为脱缰的野马，恣意妄为。

第二，社会纠纷解决机制的不健全。刑法作为风险控制与秩序管制的主要手段，其核心功能是规制或引导人们的社会行为准则，从而达到社会稳定器的作用。①刑法与其他部门法一起承担着社会管理的职能，但由于刑法解决社会纠纷有立竿见影的效果，并且威慑力大，进而导致实践中出现的无法解决的问题都优先由刑法来规制，这在一定程度上表明了其他社会纠纷解决机制的不健全。以危险驾驶罪而言，违反交通法规理应由交通行政机关管理即可，但是由于行政机关的不作为，导致危险驾驶行为的泛滥，最终成为社会热点问题，无奈之下只能交由刑法规制。不可否认的是，由于刑罚手段的严厉性，危险驾驶入刑后，危险驾驶的行为得到了很好的控制，但是如果行政机关积极作为，对危险驾驶行为予以合理控制，应该能得到同样甚至更好的效果。诸如此类的很多社会问题都可以由民法或者行政法规来规制，通过民事诉讼或者行政机关来处理解决。但可能由于其复杂性与时间的漫长性等问题，使得该问题成为社会热点问题，最终归于刑法来调整。如果社会纠纷解决机制得以完善，诉讼机制畅通，人民调解机制完善，那么很多问题都可以得到及时解决。

第三，刑法极端工具主义的泛滥。"对刑法工具主义的高度警惕是尊崇罪刑法定原则与法治原则的结果。但刑法作为社会控制的手段，具有工具法制的天然属性，关键是确保价值与功能的均衡。"②由于传统刑法的惩罚非常严厉且有助于预防及遏制犯罪的发生，因此很多无法解决或者反复发生的社会问题会依赖于刑法来解决。所以说刑法工具主义有其合理性与必然性，但是如果刑法的制定与实行过分强调其工具性而违背了刑法的目的与原则，则极易带来法治危机。因此，同时应该提防极端工具化的趋势。风险社会促使现代刑法的规制重点有所调整，即应对不确定的风险和维护安全秩序，已然成为刑法必须实现的主要目标，社会治理语境下刑法的工具属性更加凸显。③也就是说，在风险社会下，风险的增多更需要对风险进行提前控制与预防，极易导致刑法工具主义达到极端，进而衍生出刑法万能论的观点，使得刑法调整的对象极度扩张，导致民事或者行政不法行为大量犯罪化，成为刑法规制的对象。近年来，预防性立法的不断设置也表明了刑法的极端工具主义趋势，体现了刑法不断扩张的趋势，这打破了各个部门法之间的协调，极大地限制了公民的自由，削弱了公民的权利。

## 四、刑法预防性立法应受的限制

预防性立法问题是一个系统性的危机，因此应该系统解决，任何单一的方法和策略都无法完全解决预防性立法所带来的法治危机。我国目前过多地进行预防性立

---

① 李晓明、褚础：《论"风险社会"中的预防刑法与规制刑法——兼论我国刑法颁布40周年的立法理念变迁》，载《武汉科技大学学报》2019年第2期。
② 参见高铭暄、孙道萃：《预防性刑法观及其教义学思考》，载《中国法学》2018年第1期。
③ 参见高铭暄、孙道萃：《预防性刑法观及其教义学思考》，载《中国法学》2018年第1期。

法导致了严重的法治危机,如何对预防性立法进行完善,是刑法理论上亟须解决的问题。以上文论述为参考依据,笔者提出以下几点具体方法措施,以完善和限制预防性立法。

### (一)必须遵守宪法,预防性立法不得与宪法相违背

宪法是国家的根本大法,是治国安邦的总章程,是其他法律的立法基础,任何法律都不得同宪法相抵触。宪法中的很多条文都直接为预防性立法指明了方向,如我国宪法第2条、第3条、第5条以及第33条等分别规定的人民主权原则、民主集中制原则、法治原则、基本人权原则等。因此,我国刑法的预防性立法应以宪法为立法基础,不能违反上述的法治原则和基本人权原则等。

### (二)在坚持民主立法的同时不能违背理性立法原则

"理性的刑法立法是刑法提升其社会治理效果的基本要求。"[①] 公众参与立法是民主立法的表现,是我国建设社会主义法治国家的必然要求。但是,如果过分强调民主立法,不对民众呼声进行分析,因人设事、因时设法,不仅损害了法律的权威,而且损害法律的安定性。刑法立法者对国民诉求不加分辨地回应,有情绪性立法和象征性立法的趋势,是不够理性的立法现象。因此,立法者应对公众的要求和呼声进行客观分析和斟酌,立法者必须保持足够的理性。[②] 坚持理性立法原则,立法者应当在立法之前评估该行为是否有必要用刑法来进行规制,审慎面对群众呼声,不能匆忙立法。理性的刑事立法应当提防情绪性立法,对于民众呼声有所为有所不为,有所回应有所不回应,刑事立法应尽可能与民众呼声保持距离,避免使其成为安抚民心的手段。

### (三)坚持科学立法原则

中共十八届四中全会把全面推进依法治国作为重要的治国方针,指出"建设中国特色社会主义法治体系,必须坚持立法先行,发挥立法的引领和推动作用,抓住提高立法质量这个关键"。[③] 全面推进依法治国的治国方针和提高立法质量的重要举措落实到刑事立法中,就是要求刑事立法必须坚持科学立法,摒弃盲目立法、冲动立法。在我国刑法的预防性立法过程中应当坚持科学立法原则。

1. 坚持科学立法原则,应当在不违背刑法谦抑性原则的前提下谨慎扩大犯罪圈。在风险社会下,预防性立法有助于对风险进行控制与预防,因此有利于对社会安全进行保护。然而大多数风险行为都是生活工作中的行为,尤其是抽象危险犯的行为更是如此,对这些行为的危险性进行判断认定十分困难。从这一角度来说,预防性立法应当严谨谨慎,而不能贸然为之。应该协调好扩大预防性立法与坚持刑法谦抑性原则之间的关系。如果基于刑事制裁的最严厉性并主张"保障法"的定位,要求刑法始终保持"事后法"与被动式的干预状态,预防性刑法观与刑法保障法的理论定位存在正面的价值冲突与教义立场的分化,在谦抑精神等的质疑下甚至可能

---

① 参见赵秉志:《中国刑法立法晚近20年之回眸与前瞻》,载《中国法学》2017年第5期。
② 参见周光权:《积极刑法立法观在中国的确立》,载《法学研究》2016年第4期。
③ 《中共中央关于全面推进依法治国若干重大问题的决定》,人民出版社2014年版。

引发系统性的理论危机。① 在风险社会下，风险不断增多，要实现法治、实现善治，为防止在司法过程中陷入无法可依的处境，增设新罪名有其必要性。针对当前不断增多的风险，应当能动立法、积极立法，以应对法律不足的困境，以防在现实司法过程中无法可依，进而类推解释，违反罪刑法定原则。

然而，能动立法在积极增设新罪的同时，均不得违背刑法谦抑性。刑法谦抑性是一种理念，也是一种行动。② 放宽甚至是放弃刑法谦抑性原则，将会导致犯罪圈迅速扩大，刑罚权的迅速扩张，进而严重损害公民的权利。因此，刑法谦抑性应该始终束缚立法的整个过程。社会上出现新问题时，应先用其他法律进行调整，在其他部门法无法调整的时候，才应该用刑事立法来进行约束。应坚持刑法作为最后保障法的原则，不能以风险社会为借口，动辄扩大犯罪圈从而进行预防性立法。

2. 坚持科学立法原则，应注重实证研究。在进行刑法预防性立法的过程中，应当注重实证基础，在进行立法之前应认真调查社会中出现风险的社会危害性程度，研究其是否有必要被刑法规制。同时要收集详细的相关数据、社会中出现的现象实例，进行精细的调研，确定其准确的客观危害等，不能主观地对其进行判断。具体而言，就是在立法过程中，应该先对社会上出现的新的风险问题进行分析，判断其有无社会危害性。如果没有社会危害性，自然无须定罪处罚；如果有社会危害性，就需对社会危害性的大小进行分析。社会危害性较小的行为，可以制定行政法规进行规制；行政法规无法规制且社会危害性很大的行为，则可以进行预防性立法。并且社会危害性不大的问题，或者不太清晰明朗，无法具体阐述的现象，或者说既可以入罪，也可以不入罪的行为，根据刑法谦抑性原则，不应对其进行犯罪化处理。

## 结语

随着风险社会的到来，刑法正由注重事后惩罚转为注重事前预防和教育，由主要惩罚结果犯转为惩罚危险犯，由强调保护公民自由与人权转为保护社会秩序与安全，由消极被动保护转为积极主动出击。与此同时，我国的预防性立法也引发了大量法治危机，暴露出其缺陷。预防刑法引发法治危机的症结在于，社会纠纷解决机制之不健全以及立法原则在指导立法的过程中未得到有效的贯彻落实等。因此，在预防性立法的过程中，应当坚持理性立法，对于公民的诉求进行合理回应，同时坚持科学立法，处理好刑法谦抑性与能动立法、积极立法的关系，并且对于社会上出现的风险应进行合理分析与论证，尽量杜绝象征性立法与情绪性立法，以确保预防性立法的完善。

---

① 参见高铭暄、孙道萃：《预防性刑法观及其教义学思考》，载《中国法学》2018年第1期。
② 参见何荣功：《预防刑法的扩张及其限度》，载《法学研究》2017年第4期。

# 新中国成立70年来我国刑法立法发展脉络与原则解析

邢 冰*

新中国成立后相当长一段时间，我国没有一部完整的刑法典，新中国第一部刑法典于1979年出台。此后40年间，我国刑法立法不断完善，在对79刑法典全面修订的基础上，在1997年出台了97刑法典，此后相继出台了1部单行刑法、10个刑法修正案，并逐步确立了刑法立法的基本原则。在新中国成立70年来的历史进程中，我国刑法立法得到了长足发展。本文着重以我国刑法典的创制与发展历程为主要线索，探讨新中国成立以来我国刑法立法的发展与原则问题。

## 一、新中国成立70年来我国刑法立法的发展

新中国成立后相当长一段时间，我国没有一部完整的刑法典，仅有几部单行刑法、内容零散的附属刑法规范，这种状况持续到十一届三中全会召开，做出了改革开放的历史性决策后才得以改变。在深刻总结"文化大革命"惨痛教训的基础上，十一届三中全会明确提出要"把立法工作摆到全国人民代表大会及其常务委员会的重要议程上来"。随后，在1979年7月1日召开的第五届全国人大第二次会议上，一次通过了7部法律，而刑法典就是其中最重要的部门法典之一，这也是新中国第一部刑法典。此后，伴随着经济发展与犯罪形势的变化以及立法经验的积累，1997年又出台了第二部刑法典。

### （一）我国刑法立法发展的时代背景

我国现代意义上的刑法立法法典化运动肇始于1949年新中国成立之后，经历了一段艰难曲折的初创和发展历程。自1949年新中国成立之后长达30年的时间里，我国没有一部刑法典。虽颁行了一些单行刑法以及内容零散的附属刑法规范，但这些单行刑法及附属刑法规范多以规定某个或某几个特定领域的犯罪为要，对普通刑事犯罪鲜有统一规定。1950年，在原中央人民政府法制委员会的主持下，新中国开始了刑法典起草准备工作，初步拟定了157条的《刑法大纲草案》；到1957年6月28日，已经草拟出了刑法典草案的第22稿，含总则、分则2编，共215条。[①]

此后，"反右"、"四清"、"文化大革命"等政治运动接踵而来、此起彼伏，刑法典的制定工作不得不数次中断，其间历经波折、几起几落。1962年5月，全国人大常委会办公厅法律室开始全面修改刑法典草案第22稿，到次年10月，已拟出了

---

\* 济南大学政法学院讲师，法学博士。

① 高铭暄、赵秉志：《新中国刑法立法文献资料总览》（上册），中国人民公安大学出版社1998年版，第252-281、365-524页。

刑法典草案第 33 稿，该稿分为 2 编，即总则和分则，共 13 章、206 条。此后，刑法典的起草工作陷于停顿。特别在"文化大革命"期间，政策、最高司法机关的指导意见、批复等成为办案的依据，在很多情况下，政策取代了法律。也正是这样一段法典缺位、法治缺失的艰难历程，让人们更加期待一部完整刑法典的到来。

"文化大革命"结束之后，百废待兴，法治建设开启了新的历史篇章。第五届全国人民代表大会第一次会议于 1978 年 2 月 26 日召开，在这次会议上，全国人大常委会委员长叶剑英指出："我们还要依据新宪法，修改和制定各种法律、法令和各方面的工作条例、规章制度。"① 邓小平强调，"社会主义民主和社会主义法制是不可分的"，二者之间的关系是互相补充、缺一不可的。"民主要坚持下去，法制要坚持下去，这好像两只手，任何一只手削弱都不行。"在此基础上，他还提出："没有民主就没有社会主义，就没有社会主义的现代化。"因此，所谓法制，用邓小平的话来说，就是"民主的法制"。这是从根本上以"法治"来代替"人治"，改变"人治"状况的关键所在，并且使得"法治"能够永远继续下去，成为不可动摇的制度。邓小平指出，要改变把领导人的话当作"法"，领导人的话改变了，"法"也就跟着改变，不赞成领导人的话就叫作"违法"的情况。他在 1978 年 10 月的一次谈话中还强调，"法制问题也就是民主问题"，"现在的问题是法律很不完备，很多法律还没有制定出来……所以，应该集中力量制定刑法、民法、诉讼法和其他各种必要的法律……现在立法的工作量很大，人力很不够，因此法律条文开始可以粗一点，逐步完善。有的法规地方可以先试搞，然后经过总结提高，制定全国通行的法律。修改补充法律，成熟一条就修改补充一条，不要等待'成套设备'。总之，有比没有好，快搞比慢搞好。"②

这些关于法律和立法的政策精神，对确立法制的原则、展开刑事立法工作起到了积极的推动和促进作用。

**（二）我国刑法立法发展的脉络分析**

以十一届三中全会做出改革开放的历史性决策为转折点，刑法立法的法典化工作驶入了快车道。

1. 79 刑法典的出台及存在的问题

1978 年 12 月，十一届三中全会召开，在这次会议上，当时的领导人邓小平同志的思想表述被援引："为了保障人民民主，必须加强社会主义法制，使民主制度化、法律化，使这种制度和法律具有稳定性、连续性和极大的权威……"他在报告中还提到："从现在起，应当把立法工作摆到全国人民代表大会及其常务委员会的重要日程上来。"③

1978 年 10 月，中央政法小组组成刑法草案的修订班子，在对第 33 稿进行修改的基础上，出台了 2 个稿本。1979 年 2 月，由彭真同志任主任的全国人大常委会法制委员会成立，在他的主持下，结合当时的新情况与新问题，以刑法典草案第 33

---

① 《中华人民共和国第五届全国人民代表大会第一次会议文件》，人民出版社 1978 年版，第 132 页。
② 《邓小平文选》（1975-1982），人民出版社 1983 年版，第 136-137 页。
③ 《中国共产党第十一届中央委员会第三次全体会议公报》，人民日报出版社 1978 年，第 13 页。

稿为基础，又拟出3个稿本，其中第二个稿本于1979年5月获得中央政治局原则通过。① 然而，当时人们对于刑法的观点并不统一，还存在质疑。有人甚至提出，刑法草案存在逻辑结构不合理、语言文字不当之类的问题。针对这一情况，彭真和胡乔木进行了积极的沟通，顶住各种阻力，将刑法草案提交到法制委员会全体会议进行审议并在这一过程中进行了适当的修改。1979年6月第五届全国人大第二次会议召开，胡乔木同志在会上做了审议修改刑法典草案的报告并对草案做出了充分肯定，刑法典草案最终于1979年7月1日通过。这部刑法典仅有192个条文，其条文数目之少在当时世界各国中都不多见，是一部粗放型的刑法典。至此，在前后历经近30年，先后出台了38个刑法典稿本之后，新中国的首部刑法典终于诞生，宣告了自新中国成立以来30年没有刑法典历史的终结，也翻开了法治的新篇章。

然而，79刑法典颁行后不久，这种单一刑法典的格局就伴随着《惩治军人违反职责罪暂行条例》的通过而被打破。此后，基于遏制犯罪的需要，大量的单行刑法和附属刑法规范相继出台。据统计，自1981年至1997年刑法典全面修订前，全国人大常委会先后通过了25部单行刑法，并在107部非刑事法律中设置了附属刑法规范。② 一方面，单行刑法和附属刑法规范在条文数量上远超刑法典，导致各种刑法规范相互交织、罪刑关系难以协调；另一方面，囿于立法时各方面条件的限制，79刑法典本身亦存在着观念较为守旧、结构不太科学、内容有失粗疏等问题，亟待解决。因此，无论是司法实务界还是刑法学术界，对79刑法典进行全面修订，进而制定一部统一、系统的刑法典的呼声日益高涨。

2. 97刑法典的颁行及其完善

如前所述，由于79刑法典所存在的问题，在其颁行一段时间后，刑法典的修订工作逐渐被提上国家立法工作日程。1988年7月1日，《七届全国人大常委会工作要点》将刑法典的修改工作正式列入立法规划，并且明确提出了此次修法的目的就是要制定一部统一的比较完备的刑法典。此后，历经近9年时间的深入研究、广泛调研，立法机关对79刑法典进行了全面的修订，在此基础上形成了97刑法典，并在1997年3月14日第八届全国人大第五次会议上获得了通过。

97刑法典在全面吸收79刑法典及既往各个单行刑法与附属刑法规范的基础上，在立法观念、体例、结构、内容和罪名及立法技术等方面都有明显的进步，是一部真正意义上的统一刑法典，其颁行有力地促进了刑法典权威作用的发挥、刑法规范的合理协调、刑事司法的统一，也推动了刑法学理论的发展，是刑法立法发展中具有里程碑意义的进步。此后，为了适应社会及经济发展所带来的犯罪形势的变化，同时也是刑事政策的调整使然，立法机关对97刑法典又陆续进行了修正。1998年12月29日，为维护国家外汇管理秩序、惩治外汇犯罪，立法机关通过了《关于惩治骗购外汇、逃汇和非法买卖外汇犯罪的决定》，这是97刑法典颁行后出台的第一

---

① 高铭暄、赵秉志：《新中国刑法立法文献资料总览》（上册），中国人民公安大学出版社1998年版，第252-281、365-524页。

② 高铭暄、赵秉志：《中国刑法立法之演进》，法律出版社2007年版，第42页。

第一编 新中国成立 70 年来刑事法治和刑法理论的变迁与反思

部也是迄今为止唯一一部单行刑法。此后，立法机关又针对 97 刑法典进行过 10 次专门修正，其修改内容从分则逐渐拓展到总则部分，但均采用了刑法修正案的方式。

刑法修正案与单行刑法和附属刑法规范有着显著不同。刑法修正案在原有刑法典的框架内进行增删与修改，以修正案的内容来取代刑法典中被修改的内容。修正案被视为刑法典的组成部分，修正案一旦通过，其内容就被直接纳入法典当中。因此，刑法修正案不仅有利于维护刑法的权威，保证刑法典的相对完整和统一，还有利于发挥刑法的引导功能，使得刑法典能够在保持相对稳定性的同时又能积极回应社会关切、应对犯罪形势变化的要求，逐渐成为我国刑法修正的主要形式，这也表明我国刑法立法的发展进入了逐步完善的阶段。

如果说新中国成立后的前 30 年实现了刑法典的从无到有；那么，在 79 刑法典颁布实施之后的 40 年间，则是从法制到法治，刑事法律得到不断完善的 40 年。以十一届三中全会确定改革开放为基本国策作为标志，中国社会进入了转型期：经济方面，从计划经济到市场经济；政治方面，从全能政治到依法治国；社会与文化方面，从思维方式、价值理念、生活方式选择方面的一元化过渡到多元化，从相对封闭的社会状态过渡到相对开放的社会状态。这也为刑法立法的发展与完善提供了有利的外部条件，可以说，我国刑法立法正是伴随着经济的快速发展、社会形势的变迁与法治的进步而不断发展进步的。

## 二、新中国成立 70 年来我国刑法立法原则的确立与发展

新中国成立 70 年来我国刑法立法经历了刑法典的从无到有，经历了刑法典的从粗疏到细密，经历了立法经验的不断累积和立法技术的逐渐成熟。这一进程不仅使得我国刑法立法得到发展与完善，同时也为我国刑法立法原则的确立和发展奠定了基础，提供了条件。

### （一）罪刑法定原则

罪刑法定原则历经数百年发展，已被大多数国家的刑事立法奉为圭臬、视为铁则。在我国，罪刑法定原则被确立为刑法立法的基本原则也并非一蹴而就，而是经历了曲折的过程。如前所述，新中国成立伊始，囿于当时各方面条件的限制，30 年间并没有出台一部完整的刑法典，只是依赖于有限的几部单行刑法和一些零散分布的附属刑法规范来治理犯罪，此时并不具备确立罪刑法定原则的客观条件。也正是受这样的客观形势所限，自 1950 年启动刑法典起草工作以来，在所草拟的历稿刑法典草案中无一例外都排斥了罪刑法定原则而明确了类推制度的存在，并伴随着 79 刑法典的正式通过而被确定下来。79 刑法典第 79 条规定："本法分则没有明文规定的犯罪，可以比照本法分则最相类似的条文定罪判刑，但是应当报请最高人民法院核准。"不可否认的是，79 刑法典出台之时我国正处于改革开放初期，刚刚开始恢复立法工作，有限的立法经验与立法技术也决定了彼时无法实现真正意义上的罪刑法定。

此后，随着经济的增长、社会的发展及犯罪形势的变化，我国立法机关相继出

台了一系列单行刑法和附属刑法规范，在这一过程中，我国刑法的立法经验与立法技术也得到了积累与提升，刑法理论界和实务界开始了类推与罪刑法定之间的辩论与争鸣。尤其是在 1993 年 3 月第八届全国人大第一次会议召开后，全面修订 79 刑法典的工作转入系统进行阶段，关于确立罪刑法定原则、废止类推制度的争论受到特别关注；而到了 1995 年 8 月 8 日，由全国人大常委会法工委刑法修改小组起草的刑法"总则修改稿"中则毫不含糊地取消了类推并明确规定了罪刑法定原则，将其放在了修改稿的第一章"刑法的任务和基本原则"。至此，有数百年历史之久的罪刑法定原则第一次出现在我国的刑法文件之中。此后，历经数次修改，罪刑法定原则终于明确下来，明文规定在了 97 刑法典第 3 条。该条规定从出罪和入罪正反两个方面对罪刑法定原则进行了双向表述。尽管有学者质疑这种立法双向规定的方式模糊了罪刑法定的本来价值与功能，不能被视为完全意义上的罪刑法定，[①] 但不可否认的是，罪刑法定原则自此确立了其作为我国刑法立法基本原则的地位。

罪刑法定原则在我国 97 刑法典及此后的单行刑法、刑法修正案中的体现主要表现为以下四个方面：一是明确规定罪刑法定原则，彻底取消类推制度的规定，并将其贯彻到刑法总则和分则的具体规定中。97 刑法典在总则第五章"其他规定"中对一些条文中的关键术语做出了明确界定；在分则中用语力求准确、减少弹性词汇的使用。二是在刑法的溯及力问题上明确了从旧兼从轻原则。97 刑法典在总则第 12 条中明确规定了从旧兼从轻的原则，废除了原单行刑法中"有条件从新原则"和"从新原则"两个刑法溯及力上的原则，使其符合了罪刑法定原则禁止刑法溯及既往的要求。三是明确禁止习惯法的适用、禁止法外施刑、禁止不定期刑。取消了 79 刑法典分则条文中关于不定期刑的规定，而代之以较为明确的刑期。例如，修改了 79 刑法典分则中对诬告陷害罪刑罚的规定，将原有"参照所诬告陷害罪行的性质、情节、后果和量刑给予刑事处分"的不定期刑的规定修改为相对确定的法定刑。四是伴随着立法经验的成熟、立法技术的完善、立法水平的提高，刑法立法的用语更加明确化，在罪刑法定化、实体化、明确化的方面有了较大的提升与发展。

（二）人权保障原则

美国学者路易斯·亨金对于人权保障的重要性做出了这样的评价："人权是我们时代的观念，是已经得到普遍接受的唯一的政治与道德观念。"[②] 我国 2004 年 3 月通过的第四个宪法修正案中明确将"国家尊重和保障人权"写入了宪法，标志着我国现行宪法首次以一个概括性条款确认了人权保障的宪法原则（constitutional principle）。

人权的宪法地位使得这一条款必然对所有部门法产生深远的影响，所有的部门法在保障人权方面均负有各自重要的职责。然而，"私法隐藏在公法的保护之下"（Jusprivatum sub tutela juris publicilatet），刑法在所有部门法当中具有"二次法"和"保障法"的特殊地位与性质，"人权入宪"对于刑法的意义尤为重大。易言之，

---

[①] 付立庆：《善待罪刑法定——以我国刑法第三条之检讨为切入点》，载《法学评论》2005 年第 3 期。
[②] ［美］路易斯·亨金：《权利的时代》，信春鹰、吴玉章、李林译，知识出版社 1997 年版。

# 第一编　新中国成立70年来刑事法治和刑法理论的变迁与反思

刑法作为二次法和保障法，在保障人权、保护人民权利方面起着其他部门法所难以企及的作用，担负着重要职责。刑事法治是法治国家的核心，刑事法治与公民基本人权的保护联系紧密、息息相关。刑法既是"善良人的大宪章"，又是"犯罪人的大宪章"。刑事法治一方面通过惩罚犯罪来保障公民权利不受侵犯，维护正常的社会秩序，保障社会稳定发展；另一方面还需要维护犯罪人的基本权利，使其免受不公正的处遇或惩罚，并且通过刑罚的执行，教育、感化和改造犯罪人，帮助其早日获得重新回归社会的机会。体现在刑法立法层面，就意味着要重视犯罪人的人权保障问题，对犯罪人的人权保障同被害人的人权保障具有同等重要性。

如前所述，新中国成立后的前30年，我国一直没有出台刑法典。这一时期颁行适用的有限几部单行刑法及内容零散的附属刑法规范中，更加强调和重视的是社会保护层面的价值，而对于人权保障方面，无论是在立法理念上还是在立法文本中，都没有得到应有的重视，这也阻碍了刑事法治的进步与完善。以改革开放为分水岭，伴随着我国经济的发展和社会的进步，不仅实现了刑法的法典化，出台了我国第一部刑法典，而且实现了刑法法典的完善化，在全面修订79刑法典的基础上出台了97刑法典，并相继出台了1部单行刑法和10个刑法修正案，刑法立法的原则由强调社会保护转变为社会保护与人权保障并重，这一转变是呈进程性的，体现在刑法典的完善过程之中。

79刑法典出台之时，刑法立法原则和理念仍然侧重于社会保护，但尽管如此，该法典在人权保障方面也有可圈可点的表现。一是对犯罪人的特别人权的保护，如对犯罪时不满18周岁的未成年人和审判时怀孕的妇女不适用死刑；二是对集体人权的保护，如允许民族自治地方根据不同情况制定具有变通或补充性的规定；三是对公民人身权和财产权加以系统保护，规定了一系列有关公民人身权和财产权方面的罪名。

97刑法典出台以来，特别是2004年宪法明确规定"国家尊重和保障人权"以后，刑法立法对于人权保障的力度逐渐加大。研究97刑法典及其后的单行刑法、10个刑法修正案可知，其对于人权保障原则的立法体现可以归纳为四个方面：一是从罪名设定的角度出发，对涉及人权保障的罪名进行了一系列修改。例如，取消反革命罪这一类罪名，改为危害国家安全罪；增设了刑讯逼供罪、暴力取证罪等罪名，以保护犯罪嫌疑人的人权；增设了危害公共安全方面，侵犯公民人身、财产权利方面，妨害社会管理秩序方面及贪污渎职方面的罪名，以保护一般性人权。二是从保障犯罪人人权的角度出发，对刑罚裁量、刑罚及非刑罚处罚方面的规定进行了相应调整。在总则部分增加规定了坦白从宽制度，增加从业禁止、禁止令、社区矫正等规定，在分则部分针对部分具体罪名及其罪状，对其相应刑罚做出了各自不同的规定或修改，总体来看，刑罚趋向轻缓。三是在犯罪人处遇方面，加大了针对犯罪人人权的保护力度，对具有特定特征的犯罪群体在刑事处遇方面做出了相应的宽宥规定。比如，特定年龄阶段的未成年人、已满75周岁的老年人、聋哑人、盲人、怀孕妇女等。四是对于死刑所涉及的罪名和死刑的执行方面进行了一系列修改。通过《刑法修正案（八）》与《刑法修正案（九）》分两次取消了22种犯罪的死刑,使死刑罪名减少了 1/3,从 68 种锐减至 46 种;修改死缓犯执行死刑的规定,提高执行死刑的门槛,将死缓犯执行死刑的条件由原来的"故意犯罪"一个条件变更为"故意犯罪"、"情节恶劣"两个条件;取消了 3 种绝对确定的死刑,即将贪污罪、受贿罪和绑架罪的死刑规定从原来的绝对确定的死刑改为相对确定的死刑。

(三)谦抑性原则

谦抑性原则在人类社会由野蛮到文明的漫长演变过程中逐渐确立,其形成却是在第二次世界大战之后的事情,不仅对于谦抑性原则的称谓,学界存在不同意见,就是对其的含义,学界也存在基于不同角度的不同解说与论断。

一是刑法的有限性,亦称为刑法的紧缩性、不完整性。一方面,刑法不能对所有的行为加以规范调整,只有在习惯、道德和民事、行政法律的规制不足以实现社会控制的目的时才能启动刑法干预;另一方面,刑罚的局限性和有限功能决定了刑罚的动用只能是有限的,而非万能。比如,结合我国的国情考量,我国是多民族国家,不同民族不同地区之间存在着巨大的差异,在长期的发展过程中,形成了不同的民族习惯。这些民族习惯的存在,一方面有效控制了犯罪、维护了少数民族地区经济的发展和社会的稳定;另一方面也有效补充了刑法的不足。当然,习惯作为法律的渊源之一,在发展的过程中或许会稳定沉淀下来演变为制定法,因此,我国 79 刑法典和 97 刑法典均有关于民族自治地方的特殊规定,允许在民族自治地方,根据当地习惯制定补充规定。可见,两部刑法典关于民族自治地方的变通或者补充规定的要求基本一致,几无变化。但是,尽管这一规定本身给予了省级人大制定变通或者补充规定的权力,并且符合我国多民族的具体国情,但是实践中这一制度并未得到有效践行。截至目前,尚没有一个省或者自治区对刑法的有关规定做出变通或者补充规定。实践中一般是通过司法个案变通的方式来实现国家法律和民间习惯法的协调。由此可见,刑法限于自身的局限性,并不能够触及到社会生活的各个方面。

二是刑法的经济性。刑法的目的在于预防犯罪,刑罚量的配置和分配相应也要服务于这个目的,不能超过必要的限度,如果超过这个限度则刑罚显得过剩,而过剩的刑罚不仅是对公民权利的践踏,同时也是对社会司法资源的浪费。如前所述,我国 79 刑法典和 97 刑法典及此后的单行刑法、10 个刑法修正案对于刑罚的规定及修改,无一不体现和实践着这一原则与考量。

除此之外,刑法的经济性还要求考虑刑法立法的经济性。通过对 2004 年至 2017 年全国法院审理的刑事一审案件的数据统计可以发现,一审案件所涉及的罪名,约有 90%集中在第二、四、五、六章中;而这四章所占罪名数量是刑法分则所规定的罪名总数的 50%左右。仅以 2017 年全国法院审理刑事一审案件的统计数据为例,刑事一审案件涉及这四章罪名的案件总数为 1293413 件,占当年刑事一审案件收案数量的 90%以上。[①] 由此可见,在刑法立法中对这四章的罪名加以特别关注和重点研究就显得尤为重要,也是刑法立法经济性要求的体现。

---

① http://gongbao.court.gov.cn/Details/c15ac3fd6bd534567eec8e047941eb.html,2019-02-25。

三是刑法的最后性。在整个国内法体系中，刑法以外的其他部门法是统制社会的第一道防线，刑法则是统制社会的最后一道防线，刑法必须是包括法律体系在内的所有社会控制方式中最后介入的制裁手段；刑法不仅在法律体系内部应是最后被动用的手段，且在整个社会的控制模式下也应该是最后被启动的国家机器。这就意味着刑法应该退出属于民法、经济法、行政法等部门法律调整的范围和领域，谨慎地设定自己的调整空间，在可用其他手段解决矛盾时，不再动用刑法。在97刑法典中，不仅在总则第13条对犯罪作了立法定量的规定，而且在分则条文对具体罪状的描述中，诸如"情节严重"或者"数额较大"才能入罪的规定比比皆是，也是对这一要求与原则的体现。

## 三、结语

新中国成立70年来，我国先后通过了两部刑法典。79刑法典结束了我国新中国成立30年没有一部刑法典的历史，97刑法典则开启了罪刑法定时代，筑起了人权保障的刑事法治防线，开辟了刑法理论研究的新局面，奠定了中国刑法走向世界的基础。[①] 十九大的胜利召开为完善我国刑法立法提出了更高的要求，今后一个时期，如何围绕社会主义核心价值观对刑法立法进行完善，将成为刑法立法发展的一项重大任务。

---

① 高铭暄、孙道萃：《97刑法典颁行20年的基本回顾与完善展望》，载《华南师范大学学报》（社会科学版）2018年第1期。

# 新中国成立70年来刑法立法模式的变迁与反思*

姜 瀛**

新中国第一部刑法典于1979年通过、1980年开始施行，我们称之为"79刑法"。应当看到，这是一部相对简陋的刑法典。该法出台后不久，我国便不得不开始制定单行刑法对79刑法进行修改、补充，刑法规范体系逐步呈现复杂局面。因此，我们希望系统修订刑法典，并确保修订后的刑法典顺利延续到21世纪。然而，这一美好愿望未能实现，1997年刑法修订后，1998年出现单行刑法，1999年出现刑法修正案。① 事实上，自1949年新中国成立以来，我国刑法规范的载体形式与配置结构始终处于调整变化之中。近年来，刑法立法模式相对趋于稳定，但受到了一些学者的质疑；因修法方式问题而起——修正案成为1997年刑法修订以来刑法修改主导性的、甚至是事实上的唯一模式，刑法立法模式问题引发学界广泛关注，大一统模式与分散型模式或者说一元论与多元论之立场纷争逐步明朗化。2017年10月14日至15日，"历次刑法修正评估与刑法立法科学化理论研讨会"集中探讨了刑法立法模式与修法方式问题。② 此外，《暨南学报》（哲学社会科学版）2017年第1期③与《环球法律评论》2018年第6期④就刑法立法模式问题专门组稿。总之，问题开始聚焦，一元论与多元论均列出诸多理由来证明其观点的正当性。在前人研究的基础上，本文对我国刑法立法模式变迁过程进行梳理，并试图挖掘研究中所忽视的立法背景资料，明确有待进一步研讨的基础问题，推动学术争鸣走向深入。

## 一、新中国成立70年来刑法立法模式变迁过程之历史梳理

就新中国成立后的刑法立法而言，1979年与1997年是两个重要的时间节点，它们将我国的刑法立法划分为三个阶段，即"新中国成立后至1979年刑法典颁布"、"1979年刑法典颁布至1997年刑法典全面修订"以及"1997年刑法典全面修

---

\* 本文系中央高校基本科研业务费项目"刑法立法模式研究"（编号 DUT19RW111）阶段性研究成果。
\*\* 大连理工大学法学院讲师。
① 卢建平：《刑法法源与刑事立法模式》，载《环球法律评论》2018年第6期。
② 张志钢：《转型期中国刑法立法的回顾与展望——"历次刑法修正评估与刑法立法科学化理论研讨会"观点综述》，载《人民检察》2017年第21期。
③ 《暨南学报》（哲学社会科学版）2017年第1期推出"关于刑事立法的讨论"专题研究，收录论文包括：童德华的《新中国刑法立法方式的知识路径选择及其反思》，资琳的《概念思维与类型思维：刑法立法形式的抉择》，李立丰的《特别刑法及其存在之合理性》，王琪的《附属刑法及其利弊分析》，肖姗姗的《未成年人刑事立法的选择》。上述文章从不同角度探讨了刑法立法模式问题。
④ 《环球法律评论》2018年第6期推出"刑法修正与刑事立法模式"专题研究，收录论文包括卢建平的《刑法法源与刑事立法模式》，杨兴培的《论经济犯罪刑事责任的立法模式》，魏昌东的《刑法立法"反向运动"中的象征主义倾向及其规避》。其中前两篇文章重点讨论了刑法立法模式问题。

# 第一编 新中国成立 70 年来刑事法治和刑法理论的变迁与反思

订至今"。对于新中国成立 70 年来我国刑法立法模式的变迁过程,有学者指出,"建国后我国的刑事立法经历了一个从分散到统一的历程"。①也有学者总结道:"自新中国成立以来,我国刑法立法模式经历了复杂的变迁过程。从中国刑法立法的发展历史来看,刑法立法模式经历了三个阶段,即单一单行刑法阶段、以刑法典为主体单行刑法为补充阶段、以刑法典为主体刑法修正案为补充阶段"。②事实上,基于不同的考察视角,我们可以对刑法立法模式变迁过程作出不同解读。在本文看来,若是以"刑法典的有无及其地位"为坐标,我们可以简要地将新中国成立后刑法立法模式变迁过程划分为"无刑法典阶段"、"刑法典与单行刑法并立阶段"以及"刑法典大一统阶段"。

首先,在新中国成立后至 1979 年刑法典颁布之前,由于系统化刑事立法的条件尚不成熟,国家颁布了一些单行刑法,加上一些附属刑法规范和政务院、最高人民法院有关刑事制裁的批示、通令以及当时的刑事政策,上述法律文件共同构成了一个有欠系统的刑法体系。③在这一阶段,国家立法机关没有制定和颁布刑法典,所采用的主要立法模式是单行刑法立法模式,如 1951 年的《惩治反革命条例》、《妨害国家货币治罪暂行条例》,1952 年的《惩治贪污条例》等,这些单行刑事法律在同危害国家安全、贪污、伪造国家货币等方面的犯罪作斗争中发挥了重大的作用。④此外,值得注意的是,在这一阶段,一些非刑事法律也包含了刑事罚则,也即实质意义上的附属刑法,如《消防监督条例》、《爆炸物品管理规则》和《国境卫生检疫条例》等。⑤因此,有学者曾强调,"在附属刑法规范中直接规定罪名与法定刑,于我国也是有先例的。例如,1957 年颁布的《国境卫生检疫条例》第 7 条规定,如果因违反本条例和本条例实施规则而引起检疫传染病的传播,或者引起检疫传染病传播的严重危险,人民法院可以根据情节轻重依法判处二年以下有期徒刑或者拘役,并处或者单处一千元以上五千元以下罚金。"⑥

其次,十一届三中全会之后,国家法制建设重新启动。1979 年 7 月 1 日,新中国第一部刑法典诞生,标志着刑法在规范形式上的统一和刑事法制正规化建设的初步实现。⑦从整体来说,79 刑法对维护社会秩序、惩罚犯罪、保障改革开放起了重要作用。但由于历史条件的限制以及立法经验的不足,79 刑法立足于"宜粗不宜细"的指导思想,在立法技术、章节设置以及规范内容方面都存在一定的缺陷。因此,在该法典颁行之后不久,《惩治军人违反职责罪暂行条例》(1981 年)这一单行刑法便颁布实施,单一刑法典的格局被打破。此后,为快速适应经济转型与社会

---

① 刘之雄:《单一法典化的刑法立法模式反思》,载《中南民族大学学报》(人文社会科学版)2009 年第 1 期。
② 柳忠卫:《刑法立法模式的刑事政策考察》,载《现代法学》2010 年第 3 期。
③ 刘之雄:《单一法典化的刑法立法模式反思》,载《中南民族大学学报》(人文社会科学版)2009 年第 1 期。
④ 高铭暄、赵秉志:《中国刑法立法之演进》,法律出版社 2007 年版,第 37 页。
⑤ 高铭暄、赵秉志:《中国刑法立法之演进》,法律出版社 2007 年版,第 37 页。
⑥ 张明楷:《市场经济与刑事立法方式》,载《学习与实践》1995 年第 1 期。
⑦ 赵秉志:《当代中国刑法法典化研究》,载《法学研究》2014 年第 6 期。

发展的现实需要，立法机关又制定了大量单行刑法。自 1981 年至 1997 年刑法典全面修订前，在近 17 年的时间内先后通过了 24 部①单行刑法对刑法典进行修改、补充。应当看到，随着改革开放基本国策的推行，我国社会的各个领域发生了极其深刻的变化，出现了许多新情况和新问题，而通过单行刑法对刑法典作出零散修补实属"头痛医头、脚痛医脚"。这种刑法完善方式不仅未能从根本上解决刑法典在回应经济发展与社会生活方面的滞后性问题，而且还造成了刑法规范体系的混乱。同时，考虑到 79 刑法本身存在一些不尽完善科学之处，全面修订我国刑法典就显得十分必要。有鉴于此，第七届全国人大常委会第二次会议作出了修改我国刑法典的重大决策，并将之纳入立法规划。

最后，我国于 1997 年系统修订刑法典，将单行刑法中的各种刑事实体规范全部纳入刑法典。② 通过此次修订，刑法学界与立法机关均希望这部刑法典能够全面覆盖社会生活的方方面面，并顺利进入 21 世纪。但现实并非如此，1998 年，为了应对亚洲金融危机，我国颁布了《关于惩治骗购外汇、逃汇和非法买卖外汇犯罪的决定》这一唯一现行有效的单行刑法；而自 1999 年起，立法机关陆续颁布了 10 个刑法修正案。此后，为了维持这种单一法典化的刑法格局，对刑法典的补充、修改均是以修正案形式进行的。从立法技术上来讲，修正案是通过修改法典的某一条款或者增删条款的方式对刑法典予以修订，最终成为刑法典的组成部分。不可否认，修正案的修法方式可以确保刑法典在形式上的协调统一。③ 但与此同时，我们也应当看到，刑法修正案似乎成为当代立法机关修改刑法典时采用的唯一形式。这种立法方式强化了我国刑法立法法典化的色彩，标志着我国"以刑法典为单一形式的大一统刑法格局"的形成。④ 可以说，1997 年刑法典的全面修订是我国刑法立法史上的转折点，其不仅接受了现代化的立法理念，而且也在立法形式上明确了全面的法典化趋势。

## 二、刑法立法模式历史变迁的基本特征

通过前文对新中国成立 70 年来刑法立法模式变迁过程的简要回顾，我们可以发现，我国刑法立法大体上呈现出特别刑法规范"由多到少"、刑法典"从无到有、由小到大"的发展脉络。具体而言，其基本特征表现为以下方面：

第一，刑法典"从无到有、由小到大"，最终形成了刑法典一统天下的基本格

---

① 在 1997 年刑法典之前，究竟有多少部单行刑法，观点不一。具体包括：1. "22 部说"，参见陈兴良：《刑法修正案的立法方式考察》，载《法商研究》2016 年第 3 期；2. "23 部说"，参见刘之雄：《单一法典化的刑法立法模式反思》，载《中南民族大学学报（人文社会科学版）》2009 年第 1 期；3. "24 部说"，参见储槐植：《1997 年刑法二十年的前思后想》，载《中国法律评论》2017 年第 6 期；4. "25 部说"，参见高铭暄、赵秉志：《中国刑法立法之演进》，法律出版社 2007 年版，第 44 页。

② 刘之雄：《单一法典化的刑法立法模式反思》，载《中南民族大学学报》（人文社会科学版）2009 年第 1 期。

③ 刘之雄：《单一法典化的刑法立法模式反思》，载《中南民族大学学报》（人文社会科学版）2009 年第 1 期。

④ 童德华：《当代中国刑法法典化批判》，载《法学评论》2017 年第 4 期。

第一编 新中国成立 70 年来刑事法治和刑法理论的变迁与反思

局。从理论上来讲,一国刑法典所保护的是国家安全、公民人身和财产以及公共安全等最为基本的法益,所规定的是最为基本的犯罪类型。新中国成立后,我国刑法典"从无到有",表征了我国法治事业的发展与完善;79 刑法到 97 刑法,经过全面修订的刑法典"由小到大",进一步巩固了其在刑法规范体系中的主导地位。值得注意的是,与域外刑法典修正过程中次数频繁的"小修小补"有所不同,在 97 刑法之后,我国颁布了 10 个刑法修正案对刑法典进行了较大幅度的修改和补充,仅 2011 年的《刑法修正案(八)》(以下简称《修八》)和 2015 年的《刑法修正案(九)》(以下简称《修九》)所修改和增补的条文累计就达 100 条以上。正是由于立法机关以刑法修正案的形式不断扩充刑法典的内容,我国才最终形成了刑法典"大一统"的基本格局。

第二,单行刑法数量"由多到少",作用"由强到弱",在 1997 年被刑法典全面吸收后,地位边缘化。新中国成立后,与刑法典所经历的"从无到有、由小到大"的发展脉络有所不同,单行刑法表现出"由盛转衰"的变迁过程。不可否认,新中国成立初期,单行刑法在稳定局势方面起到了积极作用;在短时间内无法制定刑法典的情况下,单行刑法为司法机关依法制裁犯罪行为提供了依据和参考。十一届三中全会后,面对改革开放初期我国社会各个领域所发生的极其深刻的变化,79 刑法的滞后性与局限性暴露无遗。此时,单行刑法再一次被委以重任——补充、修改刑法典,以之应对改革开放进程中出现的许多新情况、新问题。然而,无论是刑法学界,还是立法机关与司法实务部门均已经意识到,以单行刑法来补充和修改刑法典实属无奈之举,绝非刑事法治的理想选择。因此,在 1997 年全面修法时,单行刑法中的刑事实体规范全部被刑法典所吸收,这也成为单行刑法命运的转折点。

第三,除了新中国成立初期曾在非刑事法律规范中设置罪刑规范之外,我国再未出现过真正意义上的附属刑法。在我国刑法规范体系的历史变迁中,单行刑法曾经一度占据着重要地位,而刑法典则在目前占据着统治地位。与之相比,附属刑法在我国却一直没有获得重视,79 刑法颁行之后就已经彻底消亡。在域外刑法规范体系中,附属刑法占据着极大的比例,数量之多甚至难以全面统计。① 以日本为例,日本的很多部门法都涉及"罚则"部分,其中规定了违反部门法所设定法律义务的刑罚后果。可以说,在域外立法中,由非刑事部门法规定义务规范以及违反后的刑罚措施,是一种常态。与域外不同的是,79 刑法颁行之后,一些部门法中出现了"类推立法"现象,② 即规定将某一行为类推适用刑法典中的某一罪名,也有学者将之称为"比照性的刑法条款",③ 但始终没有出现真正意义上的附属刑法。在 97 刑法全面修订之后,各部门法中只剩下"构成犯罪的,依法追究刑事责任"条款,

---

① 储槐植:《1997 年刑法二十年的前思后想》,载《中国法律评论》2017 年第 6 期。
② 例如,1984 年《专利法》第 63 条规定:"假冒他人专利的,依照本法第六十条的规定处理;情节严重的,对直接责任人员比照刑法第一百二十七条的规定追究刑事责任。"也即比照 79 刑法中的假冒注册商标罪定罪处罚。参见张引、周继东:《类推立法初探》,载《法学杂志》1984 年第 5 期。
③ 高铭暄、赵秉志:《中国刑法立法之演进》,法律出版社 2007 年版,第 45 页;赵国强:《刑事立法导论》,中国政法大学出版社 1993 年版,第 245 页。

与实质意义上附属刑法的相距甚远。

综上，我们可以看到，新中国成立70年来，我国不同类型的刑法规范载体形式此消彼长，刑法立法模式一直处于变化之中。但颇为遗憾的是，刑法典、单行刑法与附属刑法三足鼎立的格局始终未能出现。

## 三、刑法立法模式研究中的问题反思：历史背景与基础范畴

近年来，刑法立法模式问题愈发引起学界的关注，大一统模式与分散型模式或者说一元论与多元论等不同立场之间展开了激烈的论争。从现有研究来看，虽然各派学者之间的交锋激烈、观点鲜明，但对于一些与刑法立法模式相关的背景资料与基础概念，研究似乎并没有充分关注，一些问题仍有待澄清。

第一，刑法立法模式的选择及其变迁是否受到我国传统刑罚观念的影响？在本文看来，关于刑法立法模式的思考应当被置于我国整体立法进程之中，我们不应忽视改革开放之初的立法格局以及我国传统的刑罚观念。十一届三中全会指出，为了保障人民民主，必须加强社会主义法制。但由于时间、人员以及立法条件等诸多方面因素，当时设立的法制委员会①确定了一个方案，就是先抓条件比较成熟的、急需的7部法律，其中包括《选举法》、《地方各级人民代表大会和地方各级人民政府组织法》、《人民法院组织法》、《人民检察院组织法》、《刑法》、《刑事诉讼法》以及《中外合资经营企业法》；也即《刑法》与《刑事诉讼法》被认为是急需的法律。此后，随着改革开放的深入推进，尤其是1984年10月召开了十二届三中全会并通过《中共中央关于经济体制改革的决定》之后，有关民商、经济及行政管理类的部门法才逐步被提上立法议程。因此，从刑法与民商、经济以及行政管理类部门法之间的立法顺序来看，我国在改革开放之初大体上采取了"先刑事、后其他"的立法进路。正是由于这一原因，在79刑法无法适应改革开放所带来的社会变革之际，我们也无法通过附属刑法的方式回应经济活动中的违法现象——由于其他部门法严重缺位，而只能将这一重任交给单行刑法，如1982年通过《关于严惩严重破坏经济的罪犯的决定》。应当看到，在改革开放之初立法资源相对紧张的情况下，我们表现出较为强烈的刑法依赖，刑事法律成为"维持社会稳定、为改革开放保驾护航"的首选。在出现新情况、新问题时，我们选择快速制定单行刑法，而不是在某一领域内制定基础性法律。事实上，这种立法思路源于我们的传统观念；刑法立法模式所反映的并不仅仅是简单的形式问题，其与我国"重刑轻民"的传统观念密切相关。

第二，如何理解刑法典的主导地位？众所周知，大陆法系最显著的特征之一便是以成文法作为主要或唯一的法律渊源，而成文法最具权威性的形式便是法典。大陆法系近代以来的法典编纂运动以及试图制定内容完备、形式统一、逻辑自足的完

---

① 依据中共中央的意见，第五届全国人大常委会第六次会议（1979年2月17日至23日）采取了一项重大的组织措施，即设立法制委员会。该委员会由80人组成，彭真为主任，是一个具有代表性和权威性的立法工作机构，主要负责协助全国人大常委会加强法制工作。

# 第一编 新中国成立 70 年来刑事法治和刑法理论的变迁与反思

美法典的追求,正是其在社会领域追求科学精神与形式理性的体现。① 正是这种追求促成了法典在法律规范体系中的主导地位。1979 年所实现的刑法法典化使我国初步拥有了一个内容较为完整、形式统一的刑法规范体系,克服了刑法因立法上的过度分散所导致的混乱、重叠和冲突,这是值得肯定的。② 然而,树立刑法典的主导地位,是否意味着要完全否定刑法规范的其他载体形式?③ 事实上,"主导"意味着"主要的并且引领事物基本的发展方向"。言外之意,主导是一个相对性范畴,需要在与同类对象的对比与互动中呈现出来。因此,刑法法典化以及刑法典的主导地位并不等同于"追求将所有刑法规范的全面法典化",单行刑法与附属刑法在立法技术上与犯罪治理中所具有的特定优势以及由此表现出的存在必要性与刑法典的主导性并不矛盾。

第三,刑法修正案与单行刑法之间是什么关系?二者是否非此即彼?在我国,学理通说与立法实践均认为,单行刑法不仅是刑法典的有力补充,还可以直接对刑法典进行修改,也即将之视为"立法者经常采纳的一种修改刑法典的立法途径"。④ 虽然自 82 宪法以来,宪法的历次修改均是以修正案形式进行,但以修正案方式修改刑法,在 97 刑法全面修订之后才首次投入使用。在 97 刑法之后,我国仅颁布过一部单行刑法,立法者对单行刑法的"零落"显而易见。值得注意的是,单行刑法"失宠"的原因在于,立法机关对单行刑法所造成的规范体系的混乱有所顾忌,而并非是立法机关认识到"以单行刑法修改刑法典"之修法方式缺乏正当性。此外,还需要说明的是,刑法立法模式是各种刑法渊源或规范载体形式的组合方式,而刑法修改方式则是针对不同刑法规范载体进行修改的方式,二者本质上是不同的,也不应当相互冲突。因此,刑法立法模式的选择与刑法修改方式的选择并不是同一层面的问题。事实上,从域外立法情况来看,单行刑法所规定的是刑法典没有规定的某一种犯罪或某一类犯罪行为,其作用在于补充,而不是对刑法典内容的修改。长期以来,学界与立法机关将单行刑法的作用之一看成对刑法典的修改,实际上混淆了单行刑法与刑法修正案的区别。⑤

第四,如何评价刑法典的稳定性?从刑法修正的频度来看,近 20 年来,我国先后出台了 10 个刑法修正案,平均间隔时间为 2 年。对此,学界一直存在一种声音,"太过频繁的修法,会有损刑法的稳定性、严肃性与融贯性"。⑥ 有学者在反思过程中进一步指出,"一般而言,除非有重大的政治事件,如政权变化,法治发达的大陆法系国家轻易不会修改刑法典。现代国家,刑法的发展主要是经由对附属刑法或者单行刑法的发展来实现的"。⑦ 但也有学者认为,"德国刑法典从 2007 年至

---

① 赵国强:《澳门特别刑法之评析与完善》,载《华东政法大学学报》2004 年第 5 期。
② 刘之雄:《单一法典化的刑法立法模式反思》,载《中南民族大学学报》(人文社会科学版)2009 年第 1 期。
③ 卢建平、姜瀛:《犯罪"网络异化"与刑法应对模式》,载《人民检察》2014 年第 3 期。
④ 赵国强:《刑事立法导论》,中国政法大学出版社 1993 年版,第 225 页。
⑤ 邹易材:《单行刑法概念研究》,载《广西警察学院学报》2017 年第 3 期。
⑥ 参见于志刚:《刑法修正何时休》,载《法学》2011 年第 4 期。
⑦ 童德华:《当代中国刑法法典化批判》,载《法学评论》2017 年第 4 期。

今（2017 年）修改 60 次，每年 10 次。修订次数频繁是不是意味着刑法稳定性变了？这会不会影响人们对刑法的了解与学习？德国刑事法的修改比中国更为频繁，在急剧变化的时代应该对刑法的稳定性做另一种思考与认知"。[①] 客观而言，刑法典的稳定性涉及两方面问题，一是如何衡量稳定性，二是为何要追求稳定性。首先，刑法典修改的频率与刑法典的稳定性之间存在关联，因为修改意味着法典内容上的变化。但值得注意的是，修改频次只是一种形式表征，而实质内容上的变化直接影响着法典的稳定性。在本文看来，我们不能简单地以刑法典修改的频次来衡量我国刑法的稳定性，考虑到我国 97 刑法之后的 10 个刑法修正案中（尤其是《修八》和《修九》）确实存在对刑法典进行大面积修补的情况，因此，即使我国刑法典的修改频次明显低于德国，但我们并不能认为我国刑法典的稳定性更高。其次，追求刑法典的稳定性是不是必须的呢？应当看到，我国在社会治理中仍然表现出明显的刑法依赖的情况下——刑法负担着过多的社会治理职能，在一个急剧变化的时代，稳定性可能要让渡给回应性。同时，我国刑法典稳定性的减弱还是为其他部门法——如个人信息保护法——缺位"埋单"的结果。因此，对于我国刑法典相对较为频繁且涉及内容较多的修改，我们应当客观理性地看待。

第五，如何解读"刑法规范体系混乱"？97 刑法全面修订之前，学界与司法实务部门普遍认为，单行刑法过多导致刑法变动频繁，引发刑法规范体系混乱，增加了法律查找与适用的难度与协调性，给司法实践带来了诸多不便。而在 97 刑法全面修订之后，单一刑法典与刑法修正案模式是否使得"治乱"诉求得以实现呢？不可否认，在 97 刑法系统修订之前，我国是通过单行刑法的方式对刑法典予以修改、补充的，形成了刑法典与单行刑法并立且相互交错的基本格局，刑法规范过度分散导致条文内容上的矛盾、法律适用上的不协调在所难免。因此，97 刑法系统修订确实起到了优化刑法规范体系的效果，通过刑法修正案来修改刑法典也能够在形式上维护刑法典的稳定性，减少不同刑法规范之间的摩擦。对此，我们应当给予充分肯定。但在此基础上，我们还需要进一步反思。就目前而言，由于 10 个刑法修正案使得刑法典中补充了大量的经济犯罪与社会管理犯罪，而这种补充过程与相应的其他部门法的修改之间并不是同步的，因此，现有的"齐整"的刑法规范体系却面临着刑法与他法之间的不协调。那么，究竟是多元化的刑法立法模式本身引发了规范体系的混乱，还是我国未能有效运用各种刑法立法模式而引发了混乱？事实上，在现有的刑法立法模式之下，行政犯中大量"空白罪状"的法律适用需要查找相关部门法，法律适用的难度没有丝毫减弱，而刑法与其他部门法之间的不协调或者说混乱局面并没有在根本上得到改善。应当看到，一方面，由于我们没有充分理解并合理运用特别刑法立法模式，进而引发了刑法规范的混乱，并不是单行刑法这一立法技术本身带来刑法规范体系的混乱。另一方面，正是由于附属刑法规范的缺位，才进一步加剧了刑法规范体系的不协调，并且增加了法律适用的负担。

---

[①] 这一观点系中国社会科学院法学研究所樊文副研究员在"历次刑法修正评估与刑法立法科学化理论研讨会"上所发表的观点。参见张志钢：《转型期中国刑法立法的回顾与展望——"历次刑法修正评估与刑法立法科学化理论研讨会"观点综述》，载《人民检察》2017 年第 21 期。

## 四、结语

通过对新中国成立70年来刑法立法模式变迁过程的梳理,我们可以认识到我国刑事法治建设所取得的成就,也能够发现某些有待完善的空间。将刑法立法模式问题置于改革开放初期的整体立法格局之下,我们可以发现我国刑法立法模式存在的"先天不足"——其他部门法严重缺位所导致的附属刑法无所"依附"。如果回顾改革开放初期的立法思路,我们就会发现,这种"先天不足"并不仅仅是一个立法技术上的形式问题,其与我国几千年延续下来的"重刑轻民"的传统观念密切相关。在反思我国刑法立法模式的过程中,我们需要对这种传统观念进行更为深刻的剖析。在新型犯罪问题不断出现以及刑法功能发生变革之际,为了回应风险社会、处罚早期化以及预防性刑法等实质问题,我们应寻求立法模式上的最优选择。对于上述问题,研究仍有待展开。

# 新中国成立70年来刑事立法的范式变迁与技术反思

李茂久 *

新中国成立70周年来，中国的刑事立法已经隐含在中国政治现实运作的过程之中，伴随着中国政治结构的发展和治理能力的现代化，中国刑事立法的范式也突出变现出一定的发展逻辑。这一演进的范式和逻辑实际反映了刑法在政治国家与市民社会中的角色和定位的转变。

## 一、新中国成立时期：刑事立法的"政治经验主义——条例政策模式"

### （一）立法概况

新中国成立时期的时间概况是从1949年开始一直到"文化大革命"这一时间段。中共中央于1949年2月发布了《关于废除国民党的六法全书与确定解放区的司法原则的指示》，明确废除国民党的"六法全书"，提出新政府的司法工作应当以人民政府的新法律为依据，以新民主主义的政策为依据。1951年2月，为更好地开展镇压反革命活动，中央人民政府发布了《惩治反革命条例》，规定了处理反革命案件的原则和方法，对反革命罪的基本概念、具体罪名、相应刑罚、类推原则等做了详细规定，这是新中国成立以后颁布的第一个单行刑法。[①] 为了保护国家货币、稳定金融秩序，中央人民政府政务院于1951年4月颁布了《妨害国家货币治罪暂行条例》。1952年4月，毛泽东主席签发公布了《惩治贪污条例》。在土地改革运动中，先后颁布了一系列惩治不法地主的暂行条例。从1953年起，我国进入社会主义过渡时期。政务院先后颁布了一系列行政命令，规定对投机倒把和造谣破坏统购统销政策的行为实行惩治。1956年，为进一步孤立和肃清残余反革命分子，全国人大常委会颁布了《关于宽大处理和安置城市残余反革命分子的决定》，同日还颁布了《关于对反革命分子的管制一律由人民法院判决的决定》。除此之外，还颁布了包含刑事罚则的非刑事法律，如《消防监督条例》、《爆炸物品管理规则》等。[②]

### （二）立法模式：条例政策立法模式

新中国成立之初，百废待兴，尤其是成立之初立即抛弃了国民政府业已形成法律体系的"六法全书"，从而在客观上形成了立法的"真空"阶段，造成"无法可参、无法可依"的客观局面。新中国成立初期，人们从政治意识与斗争思想出发，认为刑法是"积极斗争的工具"，是用于镇压反革命分子、敌对势力和犯罪的有力

---

\* 中南财经政法大学博士研究生。
① 高铭暄：《中国共产党与中国刑法立法的发展》，载《法学家》2011年第5期。
② 高铭暄：《中国共产党与中国刑法立法的发展》，载《法学家》2011年第5期。

工具。"当时刑法立法要解决的不是刑法自身的价值定位,而是立法作为革命与斗争工具所要完成的实际任务。"① 新中国成立初期的特殊国情决定了刑法立法的两大方向分别是政治与经济,即在政治上要稳固新生的政权,开展反革命的惩治;在经济领域要稳定货币和物价。刑事立法要重点惩治货币和贪污犯罪。所以,在新中国成立初期,刑事立法是政治经验主义的立法,沿袭着革命时期的敌我斗争思想。政治经验主义的立法既以经验为基础,也符合当时客观的社会条件,具有稳定性、权威性和效率性,为巩固新生政权和稳定社会起了重大作用。

(三) 立法模式的评价:立法的政治经验主义是奠基共和的必要选择

这一时期,在刑事立法全面否定旧法统与刑法理论的基础上,继承革命根据地刑事立法成果,全面移植苏联建国前期的刑法和刑法理论,为新中国刑法和刑法理论的发展奠定了基础。但其不可避免地具有消极影响:社会主义法的虚无主义、过分强调刑法的政治工具性和"敌对刑法"观念指导立法。国家权力至上的观念仍然存在,其表现就是把刑法作为"刀把子"、重刑、刑法万能、重视刑法打击敌对势力的社会功能、轻视人权保障等。但囿于当时客观的政治需要和社会情况,为了巩固新生政权、稳定社会,在刑事立法上采取政治经验主义的立法思路既是当时刑法的根本使命,也是稳定政权和社会的关键。

## 二、改革时代:刑事立法的"工具主义——法律多元模式"

(一) 立法概况

本文所称改革时代的时间界定是指"文化大革命"结束后从 1979 年开始一直到 1997 年这个时间段。"文化大革命"结束后,1978 年举行的第五届全国人民代表大会第一次会议对法制工作开始有所重视。1978 年 12 月,中国共产党召开具有历史意义的十一届三中全会,会议明确指出:"为了保障人民民主,必须加强社会主义法制,使民主制度化、法律化,使这种制度和法律具有稳定性、连续性和极大的权威,做到有法可依、有法必依、执法必严、违法必究。"于是由中央政法小组牵头组成刑法草案的修订班子。这段时期的立法存在法律渊源的多元模式。

1. 刑法典

1978 年,由中央政法小组牵头组成的刑法草案修订班子草拟的刑法典草案以第 33 稿为基础,结合新情况、新经验和新问题,征求了中央有关部门的意见,做了较大的修改之后,提交第五届全国人民代表大会第二次会议进行审议,审议中又做了一些修改和补充,最后于 1979 年 7 月 1 日获得一致通过,7 月 6 日正式公布,自 1980 年 1 月 1 日起施行。由此,中华人民共和国成立近 30 年第一次有了刑法典。② 1979 年刑法典共有 13 章 192 条,其中总则 5 章 89 条,分则 8 章 103 条。1979 年颁布的刑法是新中国颁行的第一部刑法典,标志着我国法制建设进入了一个新的历史时期。

---

① 童德华:《新中国刑法立法方式的知识路径选择及其反思》,载《暨南学报》(哲学社会科学版) 2017 年第 1 期。

② 高铭暄:《中国共产党与中国刑法立法的发展》,载《法学家》2011 年第 5 期。

### 2. 单行刑法

由于受当时历史条件和立法经验的限制，1979年刑法典不论在体系结构、规范内容还是在立法技术上，都还存在一些缺陷。为了弥补这些缺陷，自1981年以后，最高立法机关先后通过了24部单行刑法。单行刑法是这一时段最为重要的弥补刑法典缺陷的手段，具有和刑法典一样的法律效力。刑法的罪名由1979年刑法典的129个增加到262个。①

### 3. 附属刑法

附属刑法是指规定在民法、经济法、行政法等非刑事法律中的有关犯罪的刑罚的附属刑法规范的总称。附属刑法立法模式则是指对这些附属刑法规范立法时所采取的表现方式的类型。在这一阶段，有107部非刑事法律中设置了附属刑法规范，对1979年刑法典做了一系列补充和修改。例如《文物保护法》、《专利法》、《兵役法》、《森林法》、《海关法》、《矿产资源法》、《传染病防治法》、《国家安全法》等法律中都有"构成犯罪的，依法追究刑事责任"的规定。

## （二）立法模式：法律多元立法模式

### 1. 社会转型时期"规范饥渴"

经历了"文化大革命"十年的浩劫，新中国成立初期构建的政治性的刑事立法体系已经无法适应改革开放出现的新的社会客观情势。同时，我国的主要任务已经从政治斗争转向社会经济建设，在全面进入改革开放的新时代，传统遗留的刑事法律体系已经难以符合社会经济的发展方向，出现了转型时期的"规范饥渴"状态，工具主义的法律多元的立法模式应运而生，在此背景下，我国刑法对于经济领域的调控管制力度加大，明显出现了经济领域的犯罪化倾向。"79年刑法颁布后陆续制定数十部单行刑法，大量涉及经济犯罪的规定。在现行刑法颁布时，共新增283个罪名，除去原来单行刑法、附属刑法中原有的180个左右的罪名外，属于新设的罪名约100个，其中经济犯罪就占有40%。"② 1979年刑法典的制定和大量单行刑法、附属刑法的出现，在一定程度上解决了社会转型时期"规范饥渴"的弊端。使得打击刑事犯罪有了明确的法律依据。

### 2. 法律多元立法模式在价值上能够更好地维护改革与保障稳定，契合当时的政治任务

十一届三中全会结束后，国家工作的重心转向改革。立法的重心自然也放到了改革与稳定上。在这一时间段，全国人大及其常委会相继制定了一批旨在推动改革开放的法律，通过改革既有的政治和经济体制，为各项事业的发展提供良好的环境。彭真曾经说过，"法是在矛盾的焦点上划杠杠"。在改革时期，面对错综复杂的利益矛盾，"有关的立法就是要对这些矛盾划一个合理解决的界限作为准则"。彭真这里所说的"划杠杠"、"划一个合理解决的界限"，就是立法与改革之间的一个平衡点。改革开放之初，也是"文化大革命"结束后不久的一个时间段，社会治安形

---

① 高铭暄：《中国共产党与中国刑法立法的发展》，载《法学家》2011年第5期。
② 顾肖荣：《经济刑法》，上海人民出版社2008年版，第19页。

# 第一编　新中国成立70年来刑事法治和刑法理论的变迁与反思

势相当严峻，各类经济犯罪猖獗，为了保证改革与发展，全国人大除了通过1979年刑法典外，又通过其常委会从20世纪80年代到90年代初期相继通过了一系列关于惩治破坏社会治安和实施经济犯罪的犯罪分子的决定，有力地维护了社会治安和经济秩序。①

（三）立法模式评价：刑事立法的工具主义是改革时期的最优选择

立法是改革的工具和手段。1993年，中共中央在《关于建立社会主义市场经济体制若干问题的决定》中提出，要学会运用法律手段管理经济。② 立法也是改革的手段，立法要为改革保驾护航。法为改革而立。到了十届、十一届全国人大期间，立法要"坚持服从服务于"党和国家改革工作的大局。可见，在立法与改革的关系方面，坚持立法的工具性是国家立法机关的主导性思想。刑事立法的工具主义思想的确立在改革时期应该是一个最优的选择。改革开放40年来的立法都是工具性的立法，这种立法有利于立法服从和服务于改革的社会发展需要。但是，工具主义的立法思想也存在很大的弊端。这一思想强调了法律的统治功能，将法律作为阶级、经济、国家、政策和道德的工具，忽视了法律公平、正义的普遍性价值目标，忽视了法的终极性和至善性，不利于树立法律的权威和人们对法律的信仰。③ 在这一阶段出现了刑法典、单行刑法和附属刑法多元并立的立法格局。刑法立法及时填补了我国刑法立法的不足，在一定程度上解决了当时司法实务之急需。单行刑法弥补了刑法典的缺陷。但是，单行刑法不宜制定过多、过细，否则会造成刑法规范分散和凌乱的情况。④ 影响刑事法治的质量和法典的效能。1979年刑法典的立法体现了一定的科学性，也体现了刑事立法的探索性，但立法内容过于抽象，立法技术较为概括和粗略，很多规范条款抽象、明确性不足，也没有较好地体现法治的某些人权保障的价值理念。

## 三、法治时代：刑事立法"理性主义——立法中心模式"

（一）立法概况

本文所称的法治时代是指从1997年9月召开的中共十五大提出依法治国理念一直到现在的时期。由于在1979年刑法典之外，还有大量的单行刑法和附属刑法，缺乏体系上的统一，显得条款之间分散与凌乱，不便于全面科学系统地掌握。同时，我国犯罪形式发生了变化，大量新型犯罪涌现，⑤ 亟须刑法给予规制。在立法上为了契合依法治国的法治理念，迎来了刑事立法的镀金时代。这一时期的立法形式主要是以刑法典和刑法修正案为主的二元体模式。基本上这一阶段的立法体现了

---

① 转引自刘松山：《当代中国处理立法与改革关系的策略》，载中国法治网，http：//www.calaw.cn/article/default.asp？id=9547，访问时间：2019年5月28日。
② 中央文献研究室编：《十四大以来重要文献选编》（上），人民出版社1999年版，第543页。
③ 谢晖：《法律工具主义评析》，载《中国法学》1994年第1期。
④ 童德华：《新中国刑法立法方式的知识路径选择及其反思》，载《暨南学报》（哲学社会科学版）2017年第1期。
⑤ 赵秉志：《改革开放40年我国刑法立法的发展及其完善》，载《法学评论》2019年第2期。

立法中心主义的模式。

1. 刑法典

1997年刑法典分总则、分则和附则三编，共15章（总则5章、分则10章），共计452条，目的是"要制定一部统一的、比较完备的刑法典"。① 这部刑法典具有两个显著特点：第一，刑法立法的统一性。一是实现了刑法立法形式的统一，即将之前25部单行刑法（包括1981年的《惩治军人违反职责罪暂行条例》）和107部非刑事法律中的附属刑法规范全部纳入刑法典，只保留了单一刑法典的立法模式。二是实现了刑法立法内容的统一，即将之前刑法典、单行刑法和附属刑法规范的内容进行了全面的梳理、修改和补充，保证了整部刑法典内容的完整性和统一性。第二，刑法立法的完备性。一是全面吸收了现代刑法的基本理念和制度，在刑法典中明确规定了罪刑法定原则，取消了有罪类推适用制度；强化了对未成年人等特殊群体的刑法保护；实现了单位犯罪的法定化等。二是实现了刑法对社会治理的有效覆盖，不仅刑法制度设置完备，兼顾了对犯罪的惩治和对人权的保障，而且刑法罪名设置完备，兼顾了对犯罪的全面惩治和重点惩治。②

2. 刑法修正案

随着中国社会的发展，现行刑法部分条文已不再适应社会发展的要求，需要通过全国人大予以修改、补充，加以完善。刑法修正案是指1997年刑法典颁布以来，全国人民代表大会及其常设机构对刑法条文的修改和补充。刑法理论与实践的发展是刑法修正的前提和基础。1997年刑法典生效后，短短20年时间，中国已对其进行了10次修正。刑法修正案作为对刑法条文的具体修正，与现行刑法具有同等法律效力，是中国特色社会主义刑法体系的重要组成部分。

（二）立法模式：立法中心主义模式

从本质来看，以"刑法修正案方式进行立法，体现的是法典中心主义"。③ 而法典中心主义所强调的以立法为核心内容的刑事法律体系建构贯彻了"立法中心主义"的理念，始终把法典体系化、法规健全化作为核心任务，体现了立法的中心主义模式。

1. "法典化"的思维影响

关于"法典化"的争论是过去30年中国法学界的重点议题。虽然存在反法典化的声音，但众所周知，受大陆法系国家法典化以及我国传统文化的影响，我国现代法制和理论，以期制定出我国的刑法典。1979年刑法典的出台既表明制定刑法典的宏愿得以实现，又为刑法典的进一步发展奠定了基础。④ 1997年刑法典的出台将我国刑法法典化推向极致，因此此后单行刑法和附属刑法两种立法形式萎缩到了几

---

① 王汉斌：《关于〈中华人民共和国刑法（修订草案）〉的说明》，载《人大工作通讯》1997年第7期。转引自赵秉志：《改革开放40年我国刑法立法的发展及其完善》，载《法学评论》2019年第2期。
② 赵秉志：《中国刑法立法晚近20年之回眸与前瞻》，载《中国法学》2017年第5期。
③ 童德华：《新中国刑法立法方式的知识路径选择及其反思》，载《暨南学报》（哲学社会科学版）2017年第1期。
④ 童德华：《我国刑法立法模式反思》，载《法商研究》2017年第6期。

乎不存在的地步。① 法典化的思维影响使得刑事法的体系建构应该遵循其应有的结构逻辑,刑事立法要在规范塑造、体系形成与司法适应方面具有成文的独特特征,从而使刑事体系更具有逻辑性和系统性。1997年刑法典就是法典化思维的结果。但是由于过于强调法典的形式意义,过于强调外部规范体系的形成,忽视了内部价值的体系建构和立法的稳定性与前瞻性的属性,导致无法有效应对社会转型时期出现的新型的犯罪类型,从而产生大量的刑法修正案。但是法典化仍具有重大的价值,正如赵秉志教授指出,中国刑法法典化具有多层次的价值,主要有法律文化价值、比较法价值、社会价值、现代法治价值和规范价值等。②

2. 刑法修正案模式填补法律漏洞的社会功能

迄今为止,全国人大常委会出台了10个刑法修正案,立法机关如此大规模地以刑法修正案模式推进立法修正存在客观的社会需求。刑法修正是全国人大常委会行使立法权的体现,是一种立法活动。从现实来看,一方面,刑法修订是顺应社会发展,实现刑法法益保护价值的重要手段。社会经济不断发展,社会利益更加多元,直接导致社会中出现了无法被当时刑法制定者所预见的行为,而近几年人们愈发认识到处在风险社会之中,随着高新科技的不断发展,人类本身面临的潜在危险不断增多,公众整体的不安全感增强,要求刑法保护的范围不断扩大。另一方面,法律漏洞的客观存在要求刑法修订对其加以填补,③ 用以弥补法律的漏洞。最后,1997年刑法典在立法的技术性与科学性方面还存在一定的问题,立法技术比较粗糙和缺乏一定的立法预见性,立法体系还存在一定矛盾,也亟须通过修正案的方式予以填补和矫正。

3. 学术研究与刑法知识论的立法导向

在20世纪90年代之前,我国传统的刑法学知识与理论继承与移植自苏联的刑法学。苏联的刑法学知识在我国一直独统天下,伴随着我国特定的政治历史时期。一直以来,刑法的意志形态主义与虚无主义无法推动刑法知识体系向立法中心化与科学化转变。进入20世纪90年代后期,随着德日刑法教义学话语体系的引进,我国刑法学知识开始转型,大量大陆法系的刑法译作被引入,德日刑法的法典化模式下带有刑法教义学色彩的解释论在学术圈获得了支配性的地位。④ 学术界深入开展立法研究,在刑法体系的构建逻辑、法源的形成逻辑、规范塑造、体系形成、教义解释与司法适应等方面,进一步推动了刑法知识的立法论导向。学术界不经意间成为"立法中心主义"的助推者。

(三)立法模式评价:刑事立法的理性主义是法治时期的必然选择

1. 理性主义的建构思路

刑事立法的理性主义在刑事法律体系的认识和实践上首先表现出的技术特征,

---

① 童德华:《我国刑法立法模式反思》,载《法商研究》2017年第6期。
② 赵秉志:《当代中国刑法法典化研究》,载《法学研究》2014年第6期。
③ 李翔:《刑法修订、立法解释与司法解释界限之厘定》,载人大复印资料《刑事法学》2014年第8期。
④ 劳东燕:《刑法学知识论的发展走向与基本问题》,载劳东燕:《刑法中的学派之争与问题研究》,法律出版社2015年版,第63页。

是在基本思路上所呈现出理性主义的建构态度。立法者从事和完成法律体系建设的法治能力被肯定。经过理性的立法努力达成的立法目标和体现的法治价值被确信。刑法的理性主义表现在刑事立法之中，在奉行成文法的国家，刑法立法是刑法规范产生的最主要的渊源。刑事立法是否理性，是否符合刑法理性的要求，[①] 对于刑事法治具有十分重要的意义。法治国家所涉及的刑事法律体系的现代化构建是一个极其宏大的社会工程，在短时间内要完成这一法治工程，使其拟建构的刑事法律不仅在数量上足够多，实现对应社会关系的充分覆盖保护，而且在体系结构上能够有机整合，符合法典的系统性要求。可以说，在基本的思路上的理性主义建构态度，而非经验主义的自然形成态度的选择是一种必然，即法典化的立法模式必然坚守和确信立法者的理性，体现的是一种理性主义的建构思路。

2. 国家主义的色彩

立法中心主义模式体现的是法典化的立法技术，国家主义色彩必然是其在认识和实践上体现的立法价值特征。它的基本确信是，人是社会动物，必然要在诸如国家这样的政治体中生活，认为国家是一个自足自洽的存在，国家利益、国家意志和国家目的相对于个人和其他非国家的组织，是更高层次的"善"，具有不容置疑的优越性。这当然是一种关于人类社会生活及其秩序原理的宏大理论。[②] 在法学理论和立法实践中，刑法被界定为"由国家制定和认可并由国家暴力保障实施的法律规范的总和"。法典化的刑事立法与构建明显体现了国家主义色彩。第一，从立法主体看，只有国家组织才可能拥有权力创制刑法典。这些国家组织具体包括全国人民代表大会和全国人民代表大会常务委员会。第二，法典化的实施过程也是由国家暴力机关实施和执行的。

## 四、刑事立法的技术反思与科学发展

### （一）立法的技术反思

1. 避免刑事立法的破碎与流俗

中国法所具有的制定法特征，就更为倾向一种"建构理性"，其更为注重通过人的理性来对社会制度予以设计把控。[③] 刑事立法必然要求贯彻"科学立法"原则，刑事立法要避免存在"破碎"与"流俗"。刑事立法避免"破碎"与"流俗"，是指刑事立法应该坚守理性主义，避免经验政策与工具主义刑法的立法思路。经验政策和工具主义往往根据当前客观的政府与社会需求进行短期立法、应急性立法和无序性立法，无法保证刑事立法的必要性、科学性和前瞻性。应该系统地考量刑事立法的系统性问题，科学性的立法标准、立法语言的明晰、规则体系的融贯完备、立法程序的优化、立法权限的划分，乃至立法效率、法律可执行性、立法人员的素质等诸多问题都需要考量，不能过于凌乱琐碎，不能上溯其源、提纲挈领。诸如《刑法修正案（八）》增设了危险驾驶罪，由于缺乏充分论证，导致《刑法修正案

---

① 张智辉：《刑法理性论》，北京大学出版社2005年版，第205页。
② 张志铭：《转型中国的法律体系建构》，载《中国法学》2009年第2期。
③ 张志铭：《转型中国的法律体系建构》，载《中国法学》2009年第2期。

（九）》又进一步进行了修订，就反映了立法的破碎与流俗，主要是未经理性论证就应激性立法，严重影响了立法的统筹性和科学性。

2. 避免刑事立法过度活性化

新中国成立 70 年来刑事立法一个突出的特点就是越来越活性化，从 1997 年刑法典通过到第 10 个刑法修正案出台，平均每两个刑法修正案的间隔时间只有 2 年左右。① 从刑法典到刑法修正案，罪名越来越多，从 1979 年刑法典的 129 个罪名，增加到现在的 469 个罪名。除了罪名数量的扩张，降低入罪门槛，前置刑法干预起点，增设选择性构成要件要素，扩张现有罪名适用范围，帮助行为正犯化，淡化故意、过失界限，模糊处理罪责要素都成为了立法机关扩大犯罪圈的手段。② 科学的刑事立法应该避免立法的活性化与过度的犯罪化。某种行为亟须刑事立法的前提一定是前置的部门法或者社会政策体系已经完全失去控制，只能通过刑法打击才能保护法益、维持秩序，否则就不能随意进行犯罪化的处置。我国刑事立法犯罪化的现象绝大多数符合经济社会的发展需求，但是也不能否认其中存在出于应急的需要而匆忙立法的问题。③

3. 避免立法的象征主义倾向

20 世纪 70 年代，象征主义从政治学走入法学领域，立法的象征性问题开始在法学界引起关注，瑞士、德国学者最早提出了"象征性立法"的问题。④ 象征性立法通常表现出下列特征：（1）为了因应当代的重大社会问题，往往在未经深思熟虑的情形之下扩张刑事立法；（2）过度高估立法于实证经验上的成效；（3）过度高估成效的结果导致实际上根本不期待刑法任务可以获得实现；（4）刑事立法者原本就无意对于立法是否具有成效的问题提出任何解释，因此可能衍生的立法不足问题亦无进一步调整的必要，特别是执行能力不足导致选择性适用刑法规范；（5）刑事立法者获得政策上的（象征性）利益，如响应社会问题的敏捷性、行动能力，以及企图让刑法适用范围更具全面性。⑤ 象征性立法具有很大的弊端，正如魏昌东研究员所指出的：象征主义的刑事立法造成刑法调控范围被人为扩大和国民虚幻的刑法依赖症；降低国家治理能力并造成社会治理的惰性，最后导致法律体系界限紊乱以及法律系统功能定位失当。⑥

（二）刑事立法的实现与边界

1. 刑事立法原则科学的实现路径

科学立法原则在立法活动中可以表述为对调整事态的事实认知和对其他立法原则自身及其背后的客观规律予以清晰把握，后者要求在科学立法原则的指导下寻求

---

① 程红、吴荣富：《刑事立法活性化与刑法理念的转变》，载《云南大学学报》2016 年第 3 期。
② 梁根林：《刑法修正：维度、策略、评价与反思》，载《法学研究》2017 年第 1 期。
③ 齐文远：《修订刑法应避免过度犯罪化倾向》，载《法商研究》2016 年第 3 期。
④ 魏昌东：《刑法立法"反向运动"中的象征主义倾向及其规避》，载《环球法律评论》2018 年第 6 期。
⑤ 魏昌东：《刑法立法"反向运动"中的象征主义倾向及其规避》，载《环球法律评论》2018 年第 6 期。
⑥ 魏昌东：《刑法立法"反向运动"中的象征主义倾向及其规避》，载《环球法律评论》2018 年第 6 期。

预定目的的最优方案。① 因此,未来的刑事立法活动需要在立法过程中,充分借鉴自然科学和社会科学的研究方法,综合运用自然科学、社会学、统计学、人类学等不同方法对立法活动所涉及的社会事实或者自然事实进行客观的实证研究。就对象而言,要详细、充分了解立法调整事态所涉及的各种内外因素及其相互关系,对与法律运作相关的各种社会、政治、文化的限制性、相关性因素予以综合考察。刑事立法必须把握当前社会发展的犯罪动向与危害风险源,推进刑事立法就是推进科学的犯罪与危害风险的评估与规律把握。未来刑事立法必须加强立法的基础事实的客观把握,避免立法过剩化、僵尸化。

2. 刑事立法原则的科学边界:保持刑法立法内涵的稳定性

刑事立法原则的科学边界要坚守刑法的规范主义与解释主义的路径。从整体来讲,刑事立法有两个基本取向:经验主义与规范主义。经验主义的范式主要关注中国的具体的法律经验——无论是中国社会原本所有的经验还是社会变迁过程之中逐渐积累的法律经验,② 并且试图从中抽象出某些经验进行立法化。规范主义更为关注法律的规范性质——将法律所引发的举动视为具备"应当"这种规范性质的行动依据,并且将这种规范性的要求在实践之中的实现当作核心使命。③ 刑法应该坚守规范主义的立场,才能保持刑法立法内涵的稳定性。刑事立法相对稳定的时代,就是刑法解释的时代。面对稳定的刑法条文,刑法理论的基本任务就是解释刑法。④ 在刑事立法活跃时代要渐趋保守,在刑事立法过度活性化的时代能够坚守刑法的品格,以保持刑法的稳定性,动辄不经过充分的体系性的刑法解释就急于立法修改不能保证立法的权威性与科学性。未来的方向是恪守刑法学的教义主义,构建解释主义的刑法学。尽量避免对条文的变动,坚持"能解释就不立法修改"的原则,在解释之中明确规范含义,统一司法的尺度。

---

① 裴洪辉:《合规律性与合目的性:科学立法原则的法理基础》,载《政治与法律》2018 年第 10 期。
② 陈景辉:《法律与社会科学研究的方法论批判》,载《政法论坛》2013 年第 1 期。
③ 陈景辉:《法律与社会科学研究的方法论批判》,载《政法论坛》2013 年第 1 期。
④ 张明楷:《刑法理论与刑事立法》,载《法学论坛》2017 年第 6 期。

第一编　新中国成立70年来刑事法治和刑法理论的变迁与反思

# 新中国成立70年来毒品犯罪刑事立法的溯源与未来走向

陈巧燕[*]

## 一、我国毒品犯罪刑事立法溯源

在旧中国，毒品曾给中华民族带来深重灾难。自19世纪中叶开始，西方殖民主义者强行向中国输入鸦片，中国人民深受其害。中国共产党领导中国人民进行了推翻三座大山的伟大革命斗争，历来将禁毒斗争作为反帝反封建斗争的重要组成部分。中华人民共和国成立之初，中国共产党和人民政府即采取坚决措施，在全国范围内开展了禁毒运动，收缴毒品、禁种罂粟、封闭烟馆、严厉惩办制贩毒品活动，并结合农村土地改革根除了罂粟种植。[①] 到1952年仅用了短短3年时间，就基本禁绝了危害中国百余年的鸦片毒害，创造了举世公认的奇迹。这一期间我国先后颁布了《关于严禁鸦片烟毒的通令》、《关于肃清毒品流行的指示》、《关于推行戒烟、禁种鸦片和收缴农村存毒的工作指示》和《惩治毒贩条例》等单行法规，这些单行法规坚持了"严厉惩办与改造教育相结合的方针，打击惩办少数，教育改造多数"的刑事政策和"教育改造、治病救人"的禁毒工作方针。通过20世纪50年代初期的大规模禁烟禁毒运动，仅在3年之内中华大地的烟毒便基本上被一举廓清，中华人民共和国获得禁毒运动的伟大胜利，成就了中国禁毒史上的一个里程碑，也是世界反毒斗争史的一个奇迹。1953年，中国政府向世界庄严宣告：中华人民共和国为无毒国。自1953年到20世纪70年代末的近30年时间，中国国内再也没有成为社会问题的种、制、吸、贩毒品现象。在1979年刑法中，鉴于当时毒品犯罪比较少且危害不大的形势，刑法对毒品犯罪的规定只有一个条文，只规定了制造、贩卖、运输毒品罪（第171条：制造、贩卖、运输鸦片、海洛因、吗啡或者其他毒品的，处五年以下有期徒刑或者拘役，可以并处罚金；一贯或者大量制造、贩卖、运输前款毒品的，处五年以上有期徒刑，可以并处没收财产），而且制造、贩卖、运输毒品罪的最高法定刑只有15年有期徒刑。20世纪70年代后期，我国进入改革开放和社会主义建设的新时期，国内外形势都发生了重大变化，毒品开始在国内死灰复燃，逐步演变为严重的社会问题，1981年中共中央、国务院发布了《关于重申严禁鸦片烟毒的通知》，坚持依法禁毒。针对不断蔓延的毒品问题，我国不断加快禁毒立法步伐，制定颁布了一系列法律、法规，禁毒法制建设取得重大进展。1982

---

[*] 福建省委党校副教授。
[①] 严励、卫磊：《毒品犯罪刑事政策探析》，载《学术交流》2010年7月。

年中共中央、国务院发布《关于禁绝鸦片烟毒问题的紧急通知》，并把打击毒品犯罪作为 1983 年全国"严打"斗争的重要内容。毒品的又一次卷土重来并愈加泛滥的现实在我国催生出了与以往不一样的刑事政策——"严刑禁毒"。1982 年全国人大常委会在《关于严惩严重破坏经济的罪犯的决定》中将情节特别严重的贩卖毒品罪的法定最高刑提到了无期徒刑和死刑。鉴于走私毒品犯罪的猖獗，1988 年全国人大常委会颁布的《关于惩治走私罪的补充规定》又进一步规定了走私毒品罪，并为其设置了死刑条款。1990 年，为配合我国当时的禁毒政策，全国人大常委会颁布了《关于禁毒的决定》，对毒品犯罪进行了更为具体的规定，根据当时的情况将毒品定义为"鸦片、海洛因、吗啡、大麻、可卡因以及国务院规定管制的其他能够使人形成瘾癖的麻醉药品和精神药品"，而且扩充完善了毒品犯罪的罪名，《关于禁毒的决定》除了原有的走私、贩卖、运输、制造毒品罪（第 2 条），还增加规定了非法持有毒品罪（第 3 条），包庇毒品犯罪分子罪（第 4 条第 1 款），窝藏毒品、毒赃罪（第 4 条第 1 款），掩饰、隐瞒毒赃性质、来源罪（第 4 条第 1 款），非法运输、携带制毒物品进出境罪（第 5 条第 1 款），非法种植毒品原植物罪（第 6 条），引诱、教唆、欺骗他人吸毒罪（第 7 条第 1 款），强迫他人吸毒罪（第 7 条第 2 款），容留他人吸毒并出售毒品罪（第 9 条），非法提供麻醉药品、精神药品罪（第 10 条第 2 款），明显体现了对毒品犯罪从严处罚的倾向。同年，国务院成立了国家禁毒委员会，出台了《强制戒毒办法》，发表了《中国的禁毒》白皮书。1997 年 3 月，第八届全国人民代表大会第五次会议修订了刑法，把全国人大常委会《关于禁毒的决定》纳入刑法的规定之中，增加了惩处走私、贩卖、运输、制造毒品罪的专门章节，完善了打击毒品犯罪的刑事法律。2008 年实施的《禁毒法》规定"禁毒是全社会的共同责任"，明确了"预防为主，综合治理，禁种、禁制、禁贩、禁吸并举"的禁毒工作方针。2015 年公布的《刑法修正案（九）》对毒品犯罪进行了稍许修正，将原来的非法运输、携带制毒物品进出境罪改为非法生产、买卖、运输、携带制毒物品罪，严密了针对制毒物品犯罪的刑事法网。综上，历史与现实的二重维度构建着中国禁毒刑事政策的架构，① 国民对于毒品犯罪泛滥所致严重后果的担忧形成一种重法惩治的社会氛围，也导致了刑事立法和司法上对毒品犯罪的从重从严惩处。

## 二、对我国现行毒品犯罪刑事立法的检讨与反思

虽然从重从严的刑事立法在打击毒品犯罪方面有其积极意义，但是我国毒品滥用问题屡禁不绝甚至呈现蔓延之势也同样证明"严刑禁毒"的刑事立法存在一定的不足，表现如下：

### （一）罪刑设置的失衡

法定刑的设置需要遵循一个最基本的原则，即罪刑均衡原则。但在对毒品犯罪的法定刑设置问题上，由于严刑禁毒刑事政策的影响，我国毒品犯罪刑罚的设置在

---

① 罗纲：《毒品犯罪刑事治理去敌人刑法化》，载《政法论丛》2018 年第 1 期。

罪刑均衡上就有所欠缺,这体现在:第一,我国刑法对毒品的数量和含量没有规定下限。在我国刑法立法既定性又定量以便减少犯罪数、降低犯罪率的立法模式之下,此种罕见的去定量因素的立法模式无疑表达了严厉惩治走私、贩卖、运输、制造毒品犯罪行为的刑法立法政策。同时我国现行刑法第357条第2款明文规定毒品以查获的数量计算,不以纯度折抵,这无疑也是从严惩治毒品犯罪刑事立法政策的明确表达。第二,法定刑畸重。根据刑法的规定,只要走私、贩卖、运输、制造鸦片数量达到1000克以上,海洛因或者甲基苯丙胺数量在50克以上,或者其他毒品数量大的,都可被判处15年有期徒刑、无期徒刑或者死刑。从这一情形的规定中可以看出,对于毒品犯罪,我国刑法为其设定法定刑时,对仅依据犯罪数量为标准的犯罪情形设置了无期徒刑、死刑的法定刑,而不需要同时具备其他相应严重情节。举例来说,一个犯罪分子以犯罪集团首要分子的身份组织、策划、实施了破坏国家统一的犯罪,其主刑最高可被判处无期徒刑,而一个毒品犯罪的初犯,运输海洛因50克以上则可被判处死刑。对可能产生严重社会危害性的犯罪行为规定较重的刑罚处罚可能符合罪刑均衡的原则,但是在同一部刑法中对于危害程度相当的罪行设置轻重悬殊的刑罚就构成了立法上的缺陷。第三,未明确区分走私、贩卖、运输、制造毒品行为的刑罚差异。从我国当前毒品犯罪的严峻形势上看,走私、贩卖、运输、制造毒品的行为都不能称为"社会危害性小",这是与刑法中其他社会危害性较小的犯罪行为相比较而言的。但是就这几个行为本身的互相比较来看,把四种行为的社会危害性放在完全一样的水平线上也是欠妥的。例如,制造、走私毒品的行为,无论是从侵犯的客体还是从其可能引发的后续牵连犯罪来看,其社会危害性都应被评价为大于单纯的运输毒品行为,是毒品犯罪中应予重点防范的环节,其社会危害性也不能说与单纯的运输毒品行为处于同一水平线。针对不同行为可能产生的不同社会危害性,刑罚设置理应轻重有别、均衡适当,否则法的公平正义价值就会遭受质疑。

(二) 死刑设置的泛化

我国现行刑法为毒品犯罪设置了死刑。在国际社会将毒品犯罪明文排除在最严重罪行之外的情况下,我国现行刑法仍为部分毒品犯罪配置死刑,这不得不说是我国刑法立法对毒品犯罪采取了从严的刑法立法政策。[①] 在我国当前毒品犯罪的严峻形势和"严打"形成的刑罚观念影响下,对毒品犯罪设置死刑可以说是必然的。目前,我国刑法中对毒品犯罪的死刑设置分布于走私、贩卖、运输、制造等毒品犯罪的各个环节,且并未区分这几个环节在适用死刑时在具体情节上的差异。仅从规定死刑的条文数量上看,我国毒品犯罪死刑的设置范围似乎不大,但由于刑法第347条规定的几项罪名属于选择性罪名,而且这几项行为属于现实中毒品犯罪的多发情形,是毒品犯罪中数量最大的几种犯罪,对这几种犯罪设置死刑,实际上已将死刑设置渗透到毒品犯罪的各个主要环节,这样的规定实属严密,但是在实践中的适用效果并不尽如人意。因为毒品犯罪在很大程度上属于贪利型犯罪,犯罪分子的犯罪

---

① 曾粤兴、孙本雄:《当代中国毒品犯罪刑事政策的检讨与修正》,载《法治研究》2019年第3期。

动机并不在于对他人生命健康的剥夺和对社会秩序的破坏，而是受利益驱使铤而走险，对这类犯罪单纯依赖死刑的震慑作用是不够的，还应把规制重点放在经济利益的剥夺上。此外，毒品犯罪过程中的各个行为（如走私毒品和单纯的运输毒品行为）性质不同，社会危害性大小也不一致，对不同社会危害性的行为规定一样的刑罚是不合理的，也未体现出刑法总则对于死刑必须适用于罪行极其严重的犯罪的要求。

### （三）财产刑设置的粗化

如前文所述，针对毒品犯罪的直接动因——获取高额经济利益来说，设置严厉的主刑的威慑力并不足以遏制该犯罪的蔓延。在此虽不能将对毒品犯罪的主刑设置称之为"无效的"，但同时也应明确，对于毒品犯罪这一受经济利益强烈驱使的犯罪，需要完善的财产刑设置与主刑相配合以更好地消除犯罪的内在诱因。在我国刑法分则第六章第七节走私、贩卖、运输、制造毒品罪的11个条文中，共规定了12个罪名，在这些条文中，有8个条文规定了罚金刑，2个条文规定了没收财产刑。从设置的广度来看，财产刑的规定分布到了毒品犯罪的各个环节，覆盖面是足够广的，但我国刑法中对毒品犯罪财产刑的设置不但没有在条文中规定罚金的数额或数额幅度，没有体现出不同危害程度的行为在处以罚金上的区别，同时对没收财产的规定也只在五种严重的犯罪情形中规定，这样一来，也就不能体现经济制裁手段在犯罪情节轻微、人身危险性小的贪利型毒品犯罪治理中的重要作用。

### （四）非刑罚措施设置的欠缺

毒品犯罪是各国公认的严重犯罪，在我国毒品犯罪更是被视为对法律高压线的触碰，因此在对毒品犯罪进行刑法规制时所采取的刑罚手段都是较为严厉的，这一点符合对打击严重犯罪的需求。然而，再严重的犯罪都有情节轻微、社会危害性不大的情形。在毒品犯罪的刑罚设置中完善非刑罚措施的设置，并不是对毒品犯罪社会危害性的整体否认，也并非排斥重刑在毒品犯罪中的适用，而是尝试在刑罚手段多样化理念的倡导下，对毒品犯罪中那些犯罪情节轻微、社会危害性不大的行为运用非刑罚方式进行治理，以更好地实现预防再犯的效果。我国刑法缺乏对毒品犯罪的非刑罚措施的规定，没有体现出对不同危害程度犯罪行为的灵活的刑罚回应机制。在我国刑法中，虽然未将吸毒行为纳入刑法规制的范围，但在对毒品犯罪中仍然有一些情节轻微，可以运用非刑罚措施进行治理的行为，如刑法第351条规定的非法种植罂粟、大麻等毒品原植物，经公安机关处理后又种植，从而需判处5年以下有期徒刑、拘役或者管制，并处罚金的行为，对于这类行为，在犯罪数量没有达到第351条第1款第1项的前提下，对犯罪分子考虑到其所造成的社会危害性不大，人身危险性较小，就可以对其施以非刑罚措施，如西方国家规定的替代种植、社会服务等。

### （五）实体和程序立法上的粗疏化

立法粗疏导致由于毒品犯罪司法实践中一些会议纪要、通知等也在指导法律适用，造成各地方、各部门在毒品犯罪法律适用的问题上各自为政，缺乏统一性和协调性。另外，对诱惑侦查缺少程序的规范。从我国的司法实践看，利用诱惑侦查手段破获毒品犯罪案件早已在侦查毒品等犯罪中普遍使用，但对于诱惑侦查并未采取规范化的立法模式，仅在司法解释中做出了相关规定。《大连会议纪要》明确指出，采用秘密力量侦破毒品犯罪案件，是依法打击毒品犯罪的有效手段，并且对于"犯意引诱"、"数量引诱"，甚至"双套引诱"型的毒品犯罪案件，也主张对该毒品犯罪行为人定罪判刑，只是在量刑时有所区别。这显然与现行刑事诉讼法第153条明确禁止秘密力量诱使他人犯罪的规定存在冲突。毒品犯罪隐蔽性高，侦破中依靠秘密力量介入，本无可非议。但是，诱惑侦查是一把"双刃剑"，在取得成效的同时，也会带来负面影响。"诱惑侦查"实际上赋予了警察随意考验公民抵制犯罪诱惑能力的权力，特别是犯意诱发型诱惑侦查无疑是对公民个人自律权的考验和侵犯。

### 三、我国毒品犯罪刑事立法的未来走向

#### （一）在毒品犯罪刑事立法中贯彻宽严相济刑事政策

综上所述，我国毒品犯罪刑事立法政策是从重从严，注重发挥刑法在毒品犯罪惩治和预防中的作用，希望经由严刑峻法防控毒品犯罪。但是这种毒品犯罪立法重刑化的做法有其弊端：其一，它会造成过度消耗稀缺的刑罚资源，单位刑罚量的平均效益会下降，国家投入的刑罚总体效益也会下降；其二，它会激发罪犯的对抗性反应，增强罪犯和其亲属与国家的离心力，模糊以等价报应为基础的社会公正观念。基于我国目前的社会治安状况和毒品犯罪态势，要求我国刑罚立即实现轻刑化显然是不合时宜的。但是宽严相济刑事政策作为我国的基本刑事政策，贯穿于我国刑事立法、刑事司法和刑罚执行的整个过程，是对惩办与宽大相结合的政策在新时期的继承、发展和完善。同时，贯彻宽严相济刑事政策也是惩罚犯罪、预防犯罪和保障人权的需要。在现行毒品犯罪刑事立法中贯彻宽严相济刑事政策，有理、有据、有节地设置刑罚量，使刑罚均衡，罚当其罪却是完全有必要的、可能的、可行的。

#### （二）调整毒品犯罪刑罚结构

1. 设立以数量为主，以纯度为辅的立法例

前面说过我国对毒品犯罪不采用以纯度计算的立法，固然可以对毒品犯罪予以严厉打击，但同时却违背了罪刑相适应原则。基于此，有必要修改我国刑法的相关规定，删除"不以纯度折算"的规定，综合考虑数量与纯度，建议"以数量为主，以纯度为辅"的立法例。

2. 限制毒品犯罪死刑的设置

在立法上，走私、贩卖、运输、制造毒品罪虽是一个选择式罪名，但其中制造为源头，贩卖为目的，走私、运输为渠道，贩卖、制造毒品的社会危害性显然大于走私、运输毒品的社会危害性，对几种行为处以同样的刑罚，有违罪责刑相适应原则。基于毒品犯罪的态势，我们不可能"一刀切"式地完全废止走私、贩卖、运输、制造毒品罪的死刑。理性的做法是分阶段、有步骤地废止这个选择性罪名的一种或几种行为的死刑。目前，充分考量四种毒品犯罪的性质、表现方式和实践表现，运输毒品行为理应是最先考虑废止死刑的行为，可以考虑先废止运输毒品罪的

死刑。

3. 确立自由刑在毒品犯罪刑罚中的主体地位

以往的毒品犯罪刑事立法研究更侧重于关注危害性处于轻重两极的重罪、轻罪的刑罚设置问题,即强调"轻轻重重"的刑事政策:一方面强调对重罪的从严治理,注重死刑的适用;另一方面又强调对毒品犯罪中危害性较小行为的刑罚轻缓化。① 研究重点的两极化实际上忽略了毒品犯罪中比重最大、分布最广的处于中间状态的犯罪行为的刑罚设置分析。只有加强和完善危害性处于中间状态的毒品犯罪行为的自由刑的设置,才能使其平衡轻重两端的重量,使毒品犯罪刑罚设置整体结构更为合理。可以从以下方面确立自由刑在毒品犯罪刑罚结构中的主体地位:第一,突出无期徒刑在毒品犯罪重罪治理中的重要作用。在刑罚设置上先将刑罚幅度设置为15年以上有期徒刑到无期徒刑,以无期徒刑作为一个节点,在此基础上再对特别严重的情形做出死刑规定,这样就能在司法实践中让司法人员破除遇到罪行严重的犯罪时纠结于是否适用死刑而忽略了适用无期徒刑的习惯,很好地突出了无期徒刑在重罪治理中的作用,不但在刑罚力度上对犯罪分子进行惩戒,同时也为其留下教育改造的空间。第二,让有期徒刑成为最主要的毒品犯罪刑罚手段。有期徒刑具有适用面宽、机动性强的特点,便于在司法实践中灵活地加以运用,以体现罪责刑相适应原则。基于有期徒刑的这一特点,在毒品犯罪的刑罚设置上可充分考虑有期徒刑中的长期徒刑(10年以上)、中期徒刑(10年以下3年以上)和短期徒刑(3年以下)在治理社会危害性不同程度的毒品犯罪时各自作用的发挥。

4. 细化和完善财产刑的设置

前面说过在我国目前的毒品犯罪刑事立法中,对毒品犯罪的刑罚设置主要侧重于生命刑和自由刑的规定,而对罚金刑、没收财产刑的规定则不够细致,对财产刑的适用不够充分,这一方面会导致在司法实践中对犯罪分子在经济打击上的威慑力不足,使毒品犯罪的治理效果难以实现预期目标。另一方面也不利于发挥财产刑在较为轻微的毒品犯罪中作为主要刑罚手段的作用②。因此,首先对毒品犯罪没收财产的范围应参照《联合国禁止非法贩运麻醉药品和精神药物公约》进一步加大,在范围上包括通过犯罪所得的收益、以犯罪所得为本金所产生的利润、基于对犯罪所得的处分而产生的收益、以上财产和其他财产的混合财产。其次是充分发挥罚金刑在刑罚体系中的作用。考虑到我国地大人多,情况复杂,在考虑毒品犯罪中罚金刑数额的规定问题时,可不对具体数额进行规定,但需要对罚金刑的幅度作出设定,这样在司法实践中就能根据各地不同的经济情况做出具体的裁量,增加司法实践的可操作性。再次是在毒品犯罪罚金刑的设置中,对于部分犯罪情节轻微、犯罪分子人身危险性小、主刑为三年以下有期徒刑、拘役或管制的犯罪可采取单处罚金的刑罚方式,以充分发挥罚金刑在毒品犯罪治理中的重要作用。因为在目前我国毒品犯罪罚金刑的使用方式中,绝大部分是并科制,这样的设置不利于发挥罚金刑在治理

---

① 熊敏:《论我国毒品犯罪刑罚设置的完善》,南京大学2012年硕士学位论文。
② 王洪青:《附加刑研究——经济刑法视角下的刑罚适用与改革路径》,上海社会科学院出版社2009年版,第126页。

轻罪时的重要作用，无法体现在治理贪利型犯罪时罚金刑对短期自由刑的替代作用。

5. 完善非刑罚处罚措施的设置

我国刑法第 37 条对免予刑事处罚的案件情节和免予刑事处罚后的几种责任的承担方式（如训诫、责令具结悔过、赔礼道歉、赔偿损失、行政处分等）有规定。但是刑法中对毒品犯罪的非刑罚处罚方式规定很少，仅体现为第 351 条第 3 款中的非法种植毒品原植物并在收获前自动铲除的可免除处罚。事实上，再严重的犯罪类型也存在犯罪情节轻微的情形，对毒品犯罪亦是如此。毒品犯罪中同样存在犯罪情节轻微且主观恶性不大的初犯、偶犯或机会犯，对此在刑事立法中应留有一定的施以非刑罚处罚的空间，借鉴外国先进经验，通过社区矫正、替代种植、保安处分等多种替代刑措施，实现对犯罪分子的有效教育改造，帮助其重新回归社会，更好地预防再次犯罪。

（三）在刑事程序立法上规范诱惑侦查行为

诱惑侦查是一种国家权力，它的行使必须严格加以限制，否则会妨害私权行使、损害公民自由，从而降低公民对法的期望，损害法的权威和尊严。应通过刑事程序立法明确诱惑侦查的适用主体、诱惑侦查的适用范围以及诱惑侦查的适用对象，严格诱惑侦查的审批程序，建立完整的非法证据排除规则，以免公权力自我膨胀和扩张，肆意侵入私人行为领域，造成法治的灾难。

# 新中国成立70年来恶势力概念的变迁与反思
## ——以"为非作恶,欺压百姓"为切入点

杨新绿[*]

## 一、新中国成立70年来恶势力概念的变迁

1949年至1978年,即新中国成立之后、改革开放之前,"恶势力"主要指的是所有与社会主义国家为敌的人和组织,包括"帝国主义侵略者、新的世界战争的挑拨者和一切反人民的势力"。[①]

1979年颁布的刑法中并未规定恶势力,及至1997年出台的刑法也未规定恶势力,这个阶段"恶势力"虽未进入规范性法律文件,但频频出现在政府工作报告中。1995年,时任总理的李鹏在第八届全国人大第三次会议上所作的《政府工作报告》中提到,"坚决铲除黑社会性质的犯罪团伙和流氓恶势力,扫除卖淫嫖娼、赌博等社会丑恶现象",在这之后1996年、1997年《政府工作报告》以及1995年、1996年《最高人民法院工作报告》中都出现了"严厉打击流氓恶势力"的用语。[②]

2000年12月至2001年10月,中共中央组织全国公安机关开展打黑除恶专项斗争,这是我国首次开展打黑除恶专项活动,为配合此次活动,最高人民法院于2000年12月5日发布了《关于审理黑社会性质组织犯罪的案件具体应用法律若干问题的解释》,仅对黑社会性质组织进行了解释说明,对恶势力却未提及。

2006年2月,中央政法委部署全国开展打黑除恶专项斗争,这是我国第二次开展打黑除恶专项活动。[③] 为总结此次打黑除恶专项斗争的经验,2009年12月9日,最高人民法院、最高人民检察院、公安部发布了《办理黑社会性质组织犯罪案件座谈会纪要》,开创性地给出了恶势力的概念——"经常纠集在一起,以暴力、威胁或其他手段,在一定区域或者行业内多次实施违法犯罪活动,为非作恶,扰乱经济、社会生活秩序,造成较为恶劣的社会影响,但尚未形成黑社会性质组织的犯罪团伙"。2015年10月13日,最高人民法院发布了《全国部分法院审理黑社会性质组织犯罪案件工作座谈会纪要》,将恶势力作为黑社会性质组织的雏形,强调把握

---

[*] 江西财经大学法学院讲师,法学博士。
[①] 邱格屏:《媒体视角下的黑社会组织六十年》,载《南京大学法律评论》2010年秋季卷。转引自刘仁文:《恶势力的概念流变及其司法认定》,载《国家检察官学院学报》2018年第6期。
[②] 刘仁文:《恶势力的概念流变及其司法认定》,载《国家检察官学院学报》2018年第6期。
[③] 《中国扫黑除恶历史回顾》,http://wemedia.ifeng.com/47947047/wemedia.shtml,访问日期:2019年5月9日。

好"打早打小"与"打准打实"的关系。

2018年1月，中共中央、国务院发布了《关于开展扫黑除恶专项斗争的通知》，开启了我国第三轮扫黑除恶专项斗争。随后，最高人民法院、最高人民检察院、公安部、司法部发布了《关于办理黑恶势力犯罪案件若干问题的指导意见》（法发〔2018〕1号），将恶势力界定为"经常纠集在一起，以暴力、威胁或者其他手段，在一定区域或者行业内多次实施违法犯罪活动，为非作恶，欺压百姓，扰乱经济、社会生活秩序，造成较为恶劣的社会影响，但尚未形成黑社会性质组织的违法犯罪组织"。2019年4月9日，最高人民法院、最高人民检察院、公安部、司法部联合发布了四个司法解释性质文件，① 对《关于办理黑恶势力犯罪案件若干问题的指导意见》予以细化，这五个规范性文件共同构筑了本轮扫黑除恶专项斗争的最新政策法律依据体系，其中《关于办理恶势力刑事案件若干问题的意见》更是对恶势力的概念及构成作出了详细的规定。

综上，新中国成立70年来，恶势力首先在肃清反革命的背景下被提出，之后才是在扫（打）黑除恶的意蕴下被提出。从2009年"两高一部"首次提出恶势力的概念以来，有权解释对恶势力的定义主要有两点变化：第一将"为非作恶"扩展为"为非作恶，欺压百姓"；第二将"犯罪团伙"的表述改成了"违法犯罪组织"。2018年以后出台的扫黑除恶的法律文件有一个显著特点，即规定了对恶势力违法犯罪行为应依法从严惩处，2018年以前出台的法律文件并未赋予恶势力犯罪独立的法律后果，并无区别于普通犯罪的定罪、量刑规则。

"为非作恶，欺压百姓"是"恶势力"定义中自始存在、动态变化且重要性逐步上升的要素，在当前"扫黑除恶"专项斗争开展得如火如荼的形势下，准确认定"为非作恶，欺压百姓"对于科学把握恶势力的内涵，实现打击犯罪与保障人权并重尤为重要。

## 二、"为非作恶，欺压百姓"对于"恶势力"的认定为何重要

如前所述，恶势力概念提出之初的表述是"为非作恶"，之后扩展为"为非作恶，欺压百姓"，由"为非作恶"到"为非作恶，欺压百姓"，恶势力的认定有何不同？

《关于办理恶势力刑事案件若干问题的意见》在给出恶势力的定义之后还提到，"恶势力实施的违法犯罪活动，主要为强迫交易……但也包括具有为非作恶、欺压百姓特征，主要以暴力、威胁为手段的其他违法犯罪活动……但仅有前述伴随实施的违法犯罪活动，且不能认定具有为非作恶、欺压百姓特征的，一般不应认定为恶势力"。该法律文件传递了三层意思：其一，恶势力实施的违法犯罪活动较为固定，均具有"为非作恶，欺压百姓"的特征；其二，在这些固定违法犯罪活动之外的其他违法犯罪活动，如果具有"为非作恶，欺压百姓"的特征，也属于恶势力实施的

---

① 即《关于办理恶势力刑事案件若干问题的意见》、《关于办理"套路贷"刑事案件若干问题的意见》、《关于办理黑恶势力刑事案件中财产处置若干问题的意见》、《关于办理实施"软暴力"的刑事案件若干问题的意见》。

违法犯罪活动;其三,即便是恶势力惯常实施的违法犯罪活动,但不具有"为非作恶,欺压百姓"的特征,不应认定为恶势力。由此可知,"为非作恶、欺压百姓"是恶势力的本质特征,是恶势力成立与否的根本判断标准,那么"为非作恶、欺压百姓"又具有哪些特征?应当如何把握这个关于恶势力认定的根本标准?

有学者提出,恶势力是一种半正式的法律制度。刑事司法中的正式法律制度包括刑事立法确立的法律制度和司法解释、规范文件明确的法律制度,后者必须有上位法律规范作为基础。我国刑法并未明确规定恶势力团伙或者恶势力犯罪集团,相对于刑法第 294 条及相关司法解释、规范文件对于黑社会性质组织的明确规定,无法将"恶势力"作为正式法律制度。然而,恶势力团伙或者恶势力犯罪集团的认定必须以刑法总则中共同犯罪、集团犯罪的相关规定为依据,另外,"恶势力"是立案侦查、审查逮捕、审查起诉、刑事辩护、庭审裁决的重要内容,将"恶势力"作为非正式法律制度也不恰当。两者折中,"恶势力"作为半正式制度而存在。① 正因为如此,组织、领导、参加恶势力团伙或者犯罪集团并不是独立的犯罪行为,并没有独立的犯罪构成,但组织、领导、参加恶势力团伙或者犯罪集团总会实施相关联的、较为固定的犯罪,这些犯罪由刑法明文规定,有独立的犯罪构成,因此"恶势力"的认定标准势必与犯罪构成具有相关性和对应性。"'为非作恶,欺压百姓'这一表述在某种程度上限定了恶势力所包括的违法犯罪的主要范围,而成为一个构成要件性质的特征,并非是一个没有实际限定的表达。"② "为非作恶,欺压百姓"对应的是犯罪构成中哪一个构成要件要素呢?

"为非作恶,欺压百姓"是一种文学性、生活性的语言,体现了一般人对恶势力的直观感受,但缺乏规范化、定型化和可操作性。③《关于办理黑恶势力犯罪案件若干问题的指导意见》和《关于办理恶势力刑事案件若干问题的意见》对"经常纠集在一起,以暴力、威胁或者其他手段,在一定区域或者行业内多次实施违法犯罪活动"和"扰乱经济、社会生活秩序,造成较为恶劣的社会影响"作出了专门的说明,然而对于反复出现的"为非作恶,欺压百姓"却语焉不详。绝大部分认定被告人构成恶势力的生效判决书在说理部分只是将《关于办理黑恶势力犯罪案件若干问题的指导意见》和《关于办理恶势力刑事案件若干问题的意见》中恶势力的定义作为大前提,认为被告人满足恶势力成立的全部要件,因而得出被告人构成恶势力的结论,然而对于"为非作恶,欺压百姓"的具体含义和具体表现付之阙如。随着"扫黑除恶"专项斗争的不断推进,对于黑恶势力犯罪的刑法学研究方兴未艾,学界对黑恶势力犯罪中刑事政策问题、"软暴力"问题、典型特征等内容展开研究,然而对于"为非作恶,欺压百姓"的解释却鲜见于这些研究成果中。

鉴于"为非作恶,欺压百姓"对于恶势力认定的重要性,而当前对于"为非

---

① 黄京平:《黑恶势力利用"软暴力"犯罪的若干问题》,载《北京联合大学学报》(人文社会科学版) 2018 年第 2 期。

② 林维:《防止人为拔高或降低恶势力犯罪认定标准》,http://www.sohu.com/a/307759103_650721,最后访问时间:2019 年 5 月 27 日。

③ 刘仁文:《恶势力的概念流变及其司法认定》,载《国家检察官学院学报》2018 年第 6 期。

作恶，欺压百姓"的解释匮乏的现状，下文对"为非作恶，欺压百姓"的定义、特征、在构成要件中的定位三方面进行探讨。

## 三、"为非作恶，欺压百姓"的含义

"为非作恶"与"欺压百姓"均是动宾结构的短语，"为非作恶"中所"为"所"作"的是"非"和"恶"。按照价值来分，一件事情可以分为好、中、坏三等，从价值判断上来看，"非"和"恶"属于第三种情况——做坏事，代表着对于所做事件的否定性评价。"为非作恶"也可以称为"为非作歹"，通俗来说就是做坏事。① 光是做坏事还不足以构成恶势力的本质特征，所做的坏事必须达到"欺压百姓"的程度，所谓"欺压"指的是欺负、压榨、凌辱，"百姓"表明受欺压的对象众多，而非一两个，主要身处基层。《关于办理黑恶势力犯罪案件若干问题的指导意见》和《关于办理恶势力刑事案件若干问题的意见》在"为非作恶"的基础上增加了"欺压百姓"，这是对"为非作恶"的程度和后果进行限定，防止恶势力认定的盲目性，等于抬高了恶势力认定的门槛，这体现了宽严相济刑事政策在"扫黑除恶"专项斗争中的运用以及审慎认定黑恶势力的态度。"体现了此次扫黑除恶专项斗争将处于基层的、群众身边的、深恶痛绝的黑恶势力作为打击重点。"②

## 四、"为非作恶，欺压百姓"的特征

刑法第 294 条第 5 款明确规定了黑社会性质组织的四种特征，理论界和实务界对此基本形成共识——组织特征、经济特征、行为特征、危害性特征，作为黑社会性质组织雏形、总是与"黑"相伴相生、相提并论的"恶"势力，也具有鲜明的特征——组织特征、行为特征、危害性特征、雏形特征。③ "为非作恶，欺压百姓"作为恶势力的本质特征，或多或少反映了恶势力的四重特征，然而囿于这四重特征，对"为非作恶，欺压百姓"特征的认识不够深入，紧接上文对"为非作恶，欺压百姓"的定义，下文结合具体案例来分析"为非作恶，欺压百姓"的特征。

（一）频繁性

违法犯罪行为持续时间长、发生频率高，进而产生了"为非作恶，欺压百姓"的累积效应。单纯一两次违法犯罪行为并不足以造成"欺压百姓"的后果。这个特征与恶势力概念中"经常纠集在一起"、"多次实施违法犯罪活动"相呼应。

2015 年至 2018 年，以王某松为首，肖某、刘某、接某祥、王某朋为主要成员的恶势力团伙，以天津某公司网络营销团队为名，诱骗被害人加入传销组织，多次、长时间殴打被害人要害部位，通过非法拘禁、故意伤害、抢劫等暴力手段从事非法传销活动。2015 年 3 月至 2018 年 6 月，以陈某龙、刘某江、陈某等为首的恶

---

① 《辞海》（第六版），上海辞书出版社 2016 年版，第 1955 页。
② 戎静：《"扫黑除恶"背景下"恶势力"的司法认定：争议与破解》，载《政法学刊》2018 年第 6 期。
③ 刘仁文：《恶势力的概念流变及其司法认定》，载《国家检察官学院学报》2018 年第 6 期；戎静：《"扫黑除恶"背景下"恶势力"的司法认定：争议与破解》，载《政法学刊》2018 年第 6 期。

势力集团阻挠工人施工,多次纠集人员持凶器殴打被害人,长期垄断某小区家装、现浇业务。① 上述被认定为恶势力团伙或集团的案例中,恶势力团伙或集团存续了三年之久,并且被告人在这期间多次实施违法犯罪行为。

在何某海非法占用农用地、敲诈勒索案中,被告人何某海伙同王某清(已判决)、何某树、张某军、于某波、赵某(上述四人在逃)等人组成涉恶团伙,以"上访"相要挟,向陈某富索要补偿费人民币60000元。法院认定被告人何某海等人人数虽在三人以上,但仅实施了一次敲诈勒索行为,不符合"多次为非作恶、欺压、残害群众"的特征,该案件不属于涉恶案件。②

(二)随意性

"为非作恶,欺压百姓"往往并没有明确的犯罪目标,而是出于一种霸蛮、耍横的流氓动机,看到不顺眼的就教训一番,吆喝一帮"兄弟"壮大声势,炫耀团伙的威势,这种随意性体现为行为的随意性和人员的随意性。

李某寿、李某华、李筱某等18人多次聚众,以扣押船员、拆搬、毁坏采砂船设备等手段暴力阻止采砂,以砸船、不归还设备、不放人等相威胁,迫使船老板交出钱财。2017年8月21日,李筱某通过"文石乡亲联谊"微信群,煽动、组织村民于次日阻止挖砂船在吉州区某镇某村河段作业。次日上午9时许,上百名该村村民聚集在河堤上,由李某明等十余人窜至文某连的采砂船上,强行将文某开等六名船员带至河堤。后李筱某等人代表村民与文某连谈判,以砸船、不放人相威胁,索得文某连人民币10万元,由村会计李某海将收到的赃款按出力大小向村民分发劳务费200元至2000元不等。③ 本案中,被告人就是通过常规的微信群而不是恶势力的微信群发布信息,煽动、组织村民实施敲诈勒索行为,对于所聚集和纠集的对象并没有进行选择,而是一种松散而随意的组合,村民在"哥们义气"、"江湖习气"等情绪化的表达中,不计后果地实施了违法犯罪行为。

"为非作恶,欺压百姓"的行为多半是临时起意的,甚至是恣意实施的,而不是蓄谋已久的。在侯某敬寻衅滋事案中,被告人侯某敬与陈某彬、李某光、陈某海、兰某成等人在雷某进的带领下"混社会",该团伙成员共同实施持械聚众斗殴犯罪活动,携带刀具强行进入娱乐场所逼停正在唱歌的群众并肆意寻找复仇对象,客观上已造成酒吧、店铺等营业场所经营秩序混乱或群众心理恐慌;共同实施开设赌场犯罪活动,滋长群众赌博恶习。④ 本案中,被告人侯某敬在实施犯罪之前并没有特定的打击对象,而是强行进入KTV包房肆意寻找复仇对象。

(三)暴力性

"为非作恶"中的"非"指非法行为,介于合法行为与违法行为的中间地带,

---

① 李俊文、李健:《江西南昌公开宣判6起涉黑恶案件66人获刑》,https://www.chinacourt.org/article/detail/2019/04/id/3815191.shtml,最后访问时间:2019年5月27日。
② 吉林省前郭尔罗斯蒙古族自治县人民法院刑事判决书(2018)吉0721刑初498号。
③ 朱莉、张小波、刘珮良:《扣人、砸船、索取保护费,18名"村霸"获刑!》,https://mp.weixin.qq.com/s/nz_v7paEaFy0ntb5AXtIUg,最后访问时间:2019年5月27日。
④ 福建省福鼎市人民法院刑事判决书(2018)闽0982刑初338号。

而"恶"则带有明显的、强烈的否定性评价,"作恶"是黑恶势力的基本标志,"欺压"带有明显的暴力性,鱼肉乡里、作威作福。暴力性体现为暴力、威胁或者其他方法。暴力手段当然是直接的有形力,包括但不限于刀砍、枪伤、棍棒敲打、用酒瓶砸、贴身肉搏;威胁是以将使用暴力相通告,若不就范暴力就变为现实;其他手段主要是指"软暴力",虽然没有使用有形力使被害人感到皮肉之苦,也不是以不满足要求就立即实现有形力打击进行威胁,但有组织地采用滋扰、纠缠、哄闹、聚众造势等方式,跟随、往他人房屋墙上喷漆等方式,足以使他人感到厌恶、恐惧、"惹不起躲得起"、敬而远之,进而形成心理强制。①

在蒲某文等 15 人组织、领导传销活动、抢劫、非法拘禁案中,被告人采取威胁、殴打、不间断看守等方式,非法限制被害人人身自由数日至十余日不等,并采取殴打、威胁、搜身等方式先抢走被害人随身携带的手机、银行卡等财物,后逼迫被害人说出银行卡、支付宝等密码,劫掠被害人银行账户内的资金共计人民币 29 万余元。

(四) 心理强制性

前述三个特征——频繁性、随意性、暴力性——最终要达到的目的是对百姓造成心理强制,使他人产生恐惧、恐慌,人心惶惶、敬而远之,敢怒不敢言,不敢报案,或者怨声载道却不敢反抗,并且频繁且随意地实施这些行为加重了恐慌,甚至使得百姓不敢在当地工作,被迫背井离乡。② 这种心理强制以被害人所遭受的不法行为相对于一般人是否会因此丧失自由意思为标准来判断。

在徐某东、徐某林敲诈勒索,寻衅滋事,拒不执行判决、裁定案中,四名被告人纠集在一起以暴力、威胁等手段在乐平市众埠镇上街村多次实施敲诈勒索,为非作恶,欺压百姓,使村民敢怒不敢言,被认定为恶势力犯罪团伙。③ "敢怒不敢言"就是一种典型的受欺压后无处伸张、万般无奈却又忍气吞声的状态。

恶势力称霸一方、为害一方、恶名远扬,形成"市霸"、"村霸"、"行霸"、"路霸"、"建筑霸"、"砂霸"、"水泥霸"等,让人闻风丧胆,使群众缺乏安全感,为一方百姓所痛恨。④ 与此同时,各路"霸"欺压百姓的行为还压制了百姓在交易过程中的自主选择权。在市场经济背景下,物美价廉的商品或服务自然胜出,但正是因为恐惧恶势力的影响以及随时可能到来的暴力威胁,百姓不得已选择质量低廉、价格高昂的商品或服务。提供优质商品和服务的经营者因恐惧恶势力的淫威不得已退出交易市场,客观上也压制了百姓的自主选择权。2016 年 10 月至 2017 年 5 月,严某勇等六名恶势力团伙成员通过言语威胁、拦车堵路、强迫其他合法经营者退出等方式,强迫位于泰和县唐洲镇的两家建材厂收购其提供的煤矸石、煤粉,接

---

① 王发旭、王朝勇:《"扫黑除恶"司法观点与辩护要点》,法律出版社 2019 年版,第 129 页。
② 戎静:《"扫黑除恶"背景下"恶势力"的司法认定:争议与破解》,载《政法学刊》2018 年第 6 期。
③ 景德镇市中级人民法院刑事裁定书 (2018) 赣 02 刑终 161 号。
④ 杨俊:《黑社会性质组织与恶势力的实质甄别——兼论扫黑除恶中的定罪边界问题》,载赵秉志、陈泽宪、陈忠林主编:《改革开放新时代刑事法治热点聚焦》,中国人民公安大学出版社 2018 年版,第 874 页。

受其提供的运输业务,并强迫该厂接受其提供的不符合该厂要求的煤矸石,产生的交易费用共计110余万元。①

(五) 受害人众多

不管是作为恶势力成立条件的"为非作恶,欺压百姓",还是作为黑社会性质组织成立条件的"为非作恶,欺压、残害群众",受害人均是"百姓"或"群众",而不是单个的个人。这使得恶势力具有为害一方的特点。

2017年8月,武汉市新洲区阳逻街柴泊村还建小区交房前期,朱某纠集同村无业青年熊某等人以及小区物业保安主管朱某,采用言语威胁、滋扰、纠缠、聚众造势等手段,多次向装修公司和小区村民强行售卖沙、水泥、砖等装修材料或强行提供搬运服务,还建小区一千多户村民以及相关装修公司、周边建材商贩广泛形成心理强制。②受害人众多,足以见得"欺压百姓"的后果之严重。

## 五、"为非作恶,欺压百姓"在犯罪构成中的地位

(一) 客观要件说

实务界和理论界的主流观点是将"为非作恶,欺压百姓"作为恶势力所实施的具体犯罪中的客观要件,然而在是作为客观要件中的行为要件还是结果要件的问题上有分歧。

1. 危害行为说

在被告人涉嫌恶势力的案件中,绝大部分判决书将"为非作恶,欺压百姓"作为危害行为本身,表述为"实施'为非作恶,欺压百姓'的行为"、"多次'为非作恶,欺压百姓'"、"做'为非作恶,欺压百姓'的事情"。

在何某会、孙某根、何某富等开设赌场案中,法院认为本案被告人未使用暴力等手段,也无为非作恶,欺压百姓之行为,更没造成较为恶劣的社会影响,不符合认定"恶势力"。③ 在刘某某、张某某寻衅滋事案中,法院认为被告人并未长期为非作恶,欺压百姓,也未扰乱经济秩序,不应认定为"恶势力"。④ 在徐某浪、彭某涛聚众斗殴案中,法院认为彭某涛碍于情面、勉强参与,没有做过任何"为非作恶"、"欺压百姓"的事情。⑤ 在张某兵、张某聚众斗殴案,⑥ 桂某鞭、桂某龙开设赌场案,⑦ 童某猛、童某聚众斗殴案,⑧ 童某碧、沈某喜开设赌场案,⑨ 张某东、周

---

① 高苑轩:《江西十大黑恶势力覆灭!》,https://mp.weixin.qq.com/s/-tTtjuulNU5c6Op9_T6Mlw,最后访问时间:2019年5月27日。
② 张扬、陆明:《湖北302人因涉黑涉恶被判,十大典型案例发布》,http://news.xnnews.com.cn/snxw/201903/t20190327_1638949.shtml,最后访问时间:2019年5月27日。
③ (2018) 浙1002刑初740号。
④ (2019) 冀0821刑初26号。
⑤ (2018) 豫0311刑初357号。
⑥ (2018) 皖0421刑初285号。
⑦ (2018) 皖0421刑初307号。
⑧ (2018) 皖0421刑初284号。
⑨ (2018) 皖0421刑初372号。

某、张某开设赌场案①中，法院认为恶势力的组成特征之一是"多次为非作恶，欺压百姓，造成较为恶劣的社会影响"。

2. 危害结果说

有论者将"恶势力"构成条件分解为四个特征：组织特征、行为特征、危害性特征以及雏形特征，将"为非作恶，欺压百姓"划归到"恶势力"的危害性特征当中，即作为危害结果而非危害行为。②

（二）主观要件说

极少部分判决书将"为非作恶，欺压百姓"作为实施危害行为时的主观心理状态，如在韦某甲、韦某乙开设赌场案中，法官认为"韦某戊及四被告人虽在一段时间内持续开设赌场进行违法犯罪活动，但其主观上并非出于'为非作恶，欺压百姓'的目的，客观上亦未以暴力、威胁或者其他手段扰乱经济、社会生活秩序，也未造成较为恶劣的社会影响，故不符合恶势力犯罪的构成要件"。③

（三）混合说

有学者认为，"'为非作恶，欺压百姓'这一要件要求恶势力所涉及的违法犯罪行为具有特定的主观动机，并且要求其直接针对普通民众的人身财产安全，对普通民众的安宁生活产生直接的危害"。④ 这意味着"为非作恶，欺压百姓"既包含了主观方面的动机，又包含了客观方面的危害结果，以及由动机衍生出来的实施违法犯罪的目的和故意、过失的罪过形态，由危害结果追溯到的危害行为。按此观点，"为非作恶，欺压百姓"已经不只是犯罪构成要件要素，而是一个包含了客观要件和主观要件的犯罪构成。

本文认为，"为非作恶，欺压百姓"在犯罪构成中相当于客观要件的危害行为，理由如下。

首先，从文理解释的角度出发，"为非作恶，欺压百姓"这八个字可以分解为三个动宾结构的短语——"为非"、"作恶"、"欺压百姓"，"为"、"作"、"欺压"都是动词，"非"和"恶"代表一种价值上的否定评价，代表所实施的行为非法，"百姓"是受"欺压"的对象。从文理解释的角度很难将"为非作恶，欺压百姓"作为主观方面要件看待，只能是客观要件。

其次，从同类解释的角度出发，学界对于刑法第294条第5款规定的黑社会性质组织的四个特征基本达成共识——组织特征、经济特征、行为特征、危害性特征，与"为非作恶，欺压百姓"十分类似的"为非作恶，欺压、残害群众"属于行为特征，而不是危害性特征，将"为非作恶，欺压百姓"作为危害行为的特征的观点能够得到刑法的印证。

---

① （2019）皖0421刑初31号。
② 戎静：《"扫黑除恶"背景下"恶势力"的司法认定：争议与破解》，载《政法学刊》2018年第6期。
③ （2018）桂1322刑初154号。
④ 林维：《防止人为拔高或降低恶势力犯罪认定标准》，http：//www.sohu.com/a/307759103_650721，访问日期：2019年5月27日。

再次，从同位语的角度出发，汉语中的同位语"指相同事物的两个词或短语被重叠起来用在句子里，用一个做句子成分，用另一个来注释它，前者是本位语，后者是前者的同位语"。① "为非作恶，欺压百姓"是成立恶势力的必要条件，也是核心要件，"多次实施违法犯罪活动"就是在"为非作恶，欺压百姓"，"为非作恶，欺压百姓"具体表现为"多次实施违法犯罪活动"，因而"多次实施违法犯罪活动"与"为非作恶，欺压百姓"指向相同事物，"为非作恶，欺压百姓"是对"多次实施违法犯罪活动"的注释，是"多次实施违法犯罪活动"的同位语，对"多次实施违法犯罪活动"进行补充说明，"为非作恶，欺压百姓"与"多次实施违法犯罪活动"共同作为危害行为的构成要件要素。

最后，"为非作恶，欺压百姓"是否可以作为独立的犯罪构成？恶势力本身是半规范的定义，不像黑社会性质组织是刑法明文规定的规范定义。组织、领导、参加恶势力团伙或者集团没有独立的犯罪构成，而是按照刑法分则的具体罪名来定罪处罚，那么作为恶势力成立要件的"为非作恶，欺压百姓"不宜作为独立的犯罪构成。

综上，"为非作恶，欺压百姓"属于具体犯罪中客观要件的危害行为，补充、修饰各具体犯罪中的危害行为，突出行为的频繁性、暴力性、随意性、心理强制性以及受害者众多的特色，基于此，"为非作恶，欺压百姓"是恶势力犯罪的烙印。

## 六、结语

新中国成立70周年来，随着"扫（打）黑除恶"专项斗争的不断推进，法律文件将恶势力概念中的"为非作恶"扩展为"为非作恶，欺压百姓"，后者已然成为恶势力成立的根本标准，为的是给恶势力这个"半规范"定义"上保险"，防止其在缺乏法律明文规定以及严格定型性的情况下被恣意解释和适用而过度打击、侵犯人权。"欺压百姓"既是对"为非作恶"所体现出的频繁性、暴力性、随意性等特征的强调，又是对"为非作恶"程度的限定，即一定要达到心理强制性、受害者众多的程度才可以认定为恶势力，防止将一般性地做坏事的行为归入其中。"为非作恶，欺压百姓"作为"多次实施违法犯罪活动"的补充说明，作为犯罪构成客观方面的危害行为，与作为黑社会性质组织成立必要条件的"为非作恶，欺压、残害群众"有量和质的差异，这也正是恶势力作为黑社会性质组织雏形而存在的体现。

---

① 吕叔湘、朱德熙：《语法修辞讲话》，商务印书馆2016年版，第86页。

第一编　新中国成立70年来刑事法治和刑法理论的变迁与反思

# 新中国成立以来受贿罪刑事立法司法变迁和反思
## ——兼论违纪礼金可否累积到受贿犯罪数额问题

王璇子*　徐留成**

## 一、我国受贿罪定罪量刑的立法变迁和反思

（一）关于1952年《中华人民共和国惩治贪污条例》（以下简称《条例》）中受贿的刑法规范

1952年公布的《条例》，作为新中国成立后第一个将贪污受贿行为入罪的专门刑法规范，首次明确规定了贪污罪的概念、主体身份等要件，该条例第2条规定："一切国家机关、企业、学校及其附属机构的工作人员，凡侵吞、盗窃、骗取、套取国家财物，强索他人财物，收受贿赂以及其他假公济私违法取利之行为，均为贪污罪。"但在《条例》中，索贿、受贿行为并不独立成罪，而是依附于贪污罪统一规定，并未明确区分贪污罪与受贿罪。《条例》对于个人贪污受贿的定罪量刑采取了"数额兼顾情节"的标准，分别规定了具体数额标准和从轻从重情节。[①]《条例》的有关规定体现了新中国成立以来惩治腐败行为的经验和智慧，成为新中国成立初期打击职务犯罪的重要法律依据，同时也为其后进一步完善立法提供了基础。

（二）关于1979年《刑法》中受贿的刑法规范

1979年《刑法》是新中国成立以来第一部刑法典，也是新中国刑法史上的一座丰碑，在贪污贿赂犯罪的设置上相较于1952年《惩治贪污条例》结构更为科学合理，该法第185条规定："国家工作人员利用职务上的便利，收受贿赂的，处五年以下有期徒刑或者拘役。赃款、赃物没收，公款、公物追还。犯前款罪，致使国家或者公民利益遭受严重损失的，处五年以上有期徒刑。"

1979年《刑法》区分了贪污与贿赂行为，并且创造性地提出"利用职务便利"的客观构成要件，将国家工作人员的职务廉洁性和权力公正作为考量受贿罪成立的因素。这是贿赂行为首次以法典立法的形式被设置成独立的罪名，"迈出了从无到有的第一步"。[②] 但由于当时正值高度集权的政治与经济体制时期，社会环境单纯，贿赂之风还未大肆盛行，加之立法技术限制，立法者未将贪污与贿赂犯罪行为在法理上的社会危害性归为同质，因此贿赂犯罪被规定在分则第八章渎职罪一章，而贪污罪则被规定在侵犯财产罪一章，这也造成了两者在定罪量刑的把握上有所不同。

---

\*　郑州大学法学院2015级刑法学硕士研究生，河南省发改委工程咨询中心干部。
\*\*　山西省纪委监委审理室副主任，刑法学博士，法理学博士后，研究员。
①　《条例》第4条专门规定了11种从重或加重的情节，第6条规定了4种从轻或减轻的情节。
②　参见刘炳汐：《受贿罪主体的社会变迁与侦查对策》，载《法制博览》2013年第9期。

一方面，1979年《刑法》摒弃了传统刑事立法对受贿罪"计赃论罪"的定型模式，既没有规定犯罪数额标准，也未明确何为"数额巨大"和"情节严重"，导致在司法实践中难以把握。另一方面，不论从法定刑设置还是刑罚种类上看，受贿罪的刑罚明显低于贪污罪。受贿罪的法定刑只设置了两个档次，最高刑为有期徒刑15年，刑罚种类设定上仅限于徒刑和拘役，刑法配置趋于轻刑化。随着贿赂犯罪问题逐渐严峻，立法不均衡的问题逐渐凸显。针对这一弊端，为响应中央打击经济犯罪的号召，1982年全国人大常委会通过了《关于严惩严重破坏经济的罪犯的决定》，增加了对"索贿"行为的规定，并将索贿、受贿罪的法定刑比照贪污罪，增强对贿赂犯罪的重点打击力度，体现了立法进步，同时也反映出贿赂犯罪日益严重的社会形势。

（三）关于1988年《关于惩治贪污罪贿赂罪的补充规定》中受贿的刑法规范

随着经济社会的不断发展和改革开放的不断深入，当时的法律已经不足以满足对贪污贿赂犯罪的刑事控制，1988年全国人大常委会又制定了《关于惩治贪污罪贿赂罪的补充规定》（以下简称《补充规定》），进一步从定罪量刑方面严密法网。《补充规定》第4条规定："国家工作人员、集体经济组织工作人员或者其他从事公务的人员，利用职务上的便利，索取他人财物的，或者非法收受他人财物为他人谋取利益的，是受贿罪。与国家工作人员、集体经济组织工作人员或者其他从事公务的人员勾结，伙同受贿的，以共犯论处。国家工作人员、集体经济组织工作人员或者其他从事公务的人员，在经济往来中，违反国家规定收受各种名义的回扣、手续费，归个人所有的，以受贿论处。"

与1979年《刑法》相比，《补充规定》有以下特点：其一，将受贿罪的主体由1979年《刑法》规定的"国家工作人员"扩大为"国家工作人员、集体经济组织工作人员或者其他从事公务的人员"。其二，将"为他人谋取利益"作为受贿罪的客观构成要件予以规定。即成立受贿罪除了"利用职务便利"外，还需要以为他人谋取利益为条件非法收受财物。易言之，"为他人谋取利益"区分了"受财枉法"与"受财不枉法"的情形，收受财物但没有谋取利益的，不构成受贿罪。其三，《补充规定》第5条明确规定了受贿犯罪量刑的数额标准，个人受贿数额2千元以上，或不满2千元情节较重的追究刑事责任；受贿数额5万元以上，情节特别严重的，处死刑；受贿数额1万元以上，使国家利益或者集体利益遭受重大损失的，处无期徒刑或者死刑。这是改革开放以来第一次立法明确规定贪污、受贿犯罪数额标准。①

（四）关于1997年《刑法》中受贿的刑法规范

1997年是新中国法治史上极具里程碑意义的一年，这一年伴随着中央依法治国一系列大政方针的提出，全国人大在1979年《刑法》192条和20余个补充规定的基础上进行了全面修订，形成了具有452条规定的新刑法。1997年《刑法》秉承了1979年《刑法》及其补充规定对于贪污、受贿罪的定罪量刑的合理之处，在此

---

① 参见戴玉忠：《我国贿赂犯罪刑法制度的演变与发展完善》，载《法学杂志》2016年第4期。

基础上又有所发展。该法第385条规定:"国家工作人员利用职务上的便利,索取他人财物的,或者非法收受他人财物,为他人谋取利益的,是受贿罪。国家工作人员在经济往来中,违反国家规定,收受各种名义的回扣、手续费,归个人所有的,以受贿罪论处。"该法第386条规定:"对犯受贿罪的,根据受贿所得数额及情节,依照本法第三百八十三条的规定处罚。索贿的从重处罚。"第388条规定:"国家工作人员利用本人职权或者地位形成的便利条件,通过其他国家工作人员职务上的行为,为请托人谋取不正当利益,索取请托人财物或者收受请托人财物的,以受贿论处。"根据上述规定,1997年《刑法》中受贿刑法规范的特点如下:

1. 1997年《刑法》开始将贪污罪、贿赂犯罪和挪用公款罪等职务犯罪合并在一起独立成章,即第八章"贪污贿赂罪"。

2. 受贿罪的主体又重新限制为"国家工作人员",与1979年《刑法》范围相同,对公司、企业人员的受贿行为则单独规定在公司、企业人员受贿罪中。

3. 在定罪量刑上,一方面,对贪污罪与受贿罪均沿用统一的"计赃论罪"标准,将受贿罪法定刑设置及各个量刑档次的数额标准与贪污罪处罚持平,标准比较明确。另一方面,1997《刑法》顺应时代变化,一并提高了贪污罪与受贿罪两者入罪的数额的起点,从2千元提升至5千元,而且对法定刑档次数额标准上也予以提高。

4. 1997年《刑法》第388条斡旋受贿罪的规定则是参考吸收了"两高"《关于执行〈关于惩治贪污罪贿赂罪的补充规定〉若干问题的解答》中有关"利用职务便利"的扩大解释①,对此种情况下受贿罪的构成进行了缩小修改,为仅限于"为请托人谋取不正当利益"入罪的问题进行了界定。

(五)关于《刑法修正案(七)》中受贿的刑法规范

随着经济社会的不断发展变化,贿赂的手法呈现出不断翻新的趋势。特别是随着贿赂犯罪由权钱交易发展到权利交易、权色交易,一些人为了规避法律,采用提供房屋装修、无偿劳务、免费旅游、提供女色等手段行贿。为适应新形势下惩治贿赂犯罪的客观需要,最高人民法院、最高人民检察院2008年下发了《关于办理商业贿赂刑事案件适用法律若干问题的意见》(以下简称《意见》),在综合考虑我国国情和司法操作的实效性的前提下,《意见》将贿赂财物的范围扩大至"财产性利益"。紧随其后,2009年第十一届全国人大常委会第七次会议通过的《刑法修正案(七)》新增了利用影响力受贿罪,加大了对贪腐犯罪的惩处力度。《刑法修正案(七)》第13条规定:"在刑法第三百八十八条后增加一条作为第三百八十

---

① 1989年11月6日最高人民法院、最高人民检察院曾在《关于执行〈关于惩治贪污罪贿赂罪的补充规定〉若干问题的解答》中对受贿罪的"利用职务上的便利"作了扩大解释,规定:"受贿罪中'利用职务上的便利',是指利用职权或者与职务有关的便利条件。'职权'是指本人职务范围内的权力。'与职务有关',是指虽然不是直接利用职权,但利用了本人的职权或地位形成的便利条件。国家工作人员不是直接利用本人职权,而是利用本人职权或地位形成的便利条件,通过其他国家工作人员职务上的行为,为请托人谋取利益,而本人从中向请托人索取或者非法收受财物的,应以受贿论处。对于单纯利用亲友关系,为请托人办事,从中收受财物的,不应以受贿论处。"

条之一：'国家工作人员的近亲属或者其他与该国家工作人员关系密切的人，通过该国家工作人员职务上的行为，或者利用该国家工作人员职权或者地位形成的便利条件，通过其他国家工作人员职务上的行为，为请托人谋取不正当利益，索取请托人财物或者收受请托人财物，数额较大或者有其他较重情节的，处三年以下有期徒刑或者拘役，并处罚金；数额巨大或者有其他严重情节的，处三年以上七年以下有期徒刑，并处罚金；数额特别巨大或者有其他特别严重情节的，处七年以上有期徒刑，并处罚金或者没收财产。离职的国家工作人员或者其近亲属以及其他与其关系密切的人，利用该离职的国家工作人员原职权或者地位形成的便利条件实施前款行为的，依照前款的规定定罪处罚。'"

**（六）关于《刑法修正案（九）》中受贿的刑法规范**

随着商品经济的高速发展，涉及经济方面的犯罪问题日益增多，贪贿犯罪愈加猖狂，不仅严重破坏了国家工作人员履行公务活动的廉洁性，对国家机关、国家机关工作人员的声誉造成严重的损害，而且影响着经济发展、政治清明，乃至社会稳定。有鉴于此，按照党的十八届三中全会对完善惩治腐败法律规定的要求，加大惩处腐败犯罪力度，全国人大常委会在2015年审议通过的《刑法修正案（九）》对1997年《刑法》规定的贪污贿赂犯罪数额标准做了重大修改，这也是1997年《刑法》颁布施行18年，先后历经的9次修改中，首次对贪污罪、受贿罪定罪量刑立法作出调整。随即最高人民法院、最高人民检察院于2016年联合发布了《关于办理贪污贿赂刑事案件适用法律若干问题的解释》（2016年4月18日）（以下简称《贪贿解释》），就《刑法修正案（九）》对贪污受贿犯罪立法的修改做出了配套的规定，指导司法实践。

1. 贪污受贿犯罪的定罪量刑的标准有较大的变动，《刑法修正案（九）》取消了旧法的具体数额限定，转而采取"数额+情节"双轨制的模式。

首先，在犯罪数额设置上，1997年《刑法》第383条规定了贪污受贿数额10万元以上、5万元以上不满10万元、5千元以上不满5万元、不满5千元等具体数额标准，《刑法修正案（九）》分别修改为"数额较大"、"数额巨大"、"数额特别巨大"三个原则性数量标准，将原犯罪具体数额标准的四档降为三档，改变了此前贪污贿赂犯罪依赖传统"论赃计罪"和"唯数额论"的数额犯模式，有利于司法机关在定罪量刑时综合考虑各种因素。"以2015年《刑法修正案（九）》的颁行为分水岭，刑法关于受贿罪数额的规定再次经历了由明确数额标准到原则性规定的转变。"[①]《贪贿解释》对"数额较大"、"数额巨大"、"数额特别巨大"的立法表述依法作出进一步解释，为三档抽象的数额标准分别划定3万、20万、300万的起刑范围，使刑法规定的数额标准具备了可操作性。

其次，对贪污受贿犯罪情节作了新规定。1997年《刑法》中"犯罪情节"没有作为贪污受贿犯罪独立的构成犯罪条件，只是作为提高量刑规格的条件，《刑法修正案（九）》在规定了原则性数额标准的前提下同时规定"或者有其他较重情

---

① 参见林竹静：《罪行均衡视角下的受贿罪罪量要素研究》，中国政法大学出版社2017年版，第72页。

节的"、"或者有其他严重情节的"、"或者有其他特别严重情节的",作为入罪、定罪处罚的条件。这种二元量刑标准意味着犯罪数额和犯罪情节之间是择一选择关系,案件中具备其一即可对贪污受贿行为进行定罪量刑。① 然而《贪贿解释》没有贯彻《刑法修正案(九)》设定的数额和情节之间的择一选择关系,而是回到"以数额为中心,其他情节作为补充"的老路上,认为其他情节不具有独立的定罪量刑功能,当数额没有达到刑法设定的某一量刑标准时,必须同时具备其他法定情节才能适用该量刑标准。也就是说,其他情节是依附于数额存在的,当受贿数额虽未达到数额标准,但是已经达到对应标准的三分之一或二分之一时,并且存在"其他较重情节"、"其他严重情节"、"其他特别严重情节"的,才可以在"数额较大"、"数额巨大"、"数额特别巨大"对应的法定刑区间内量刑。

另外,《贪贿解释》列举了"多次受贿"、"曾因故意犯罪受过刑事追究"等八种受贿罪的情节,虽然在之前的立法中已经存在对情节的列举,情节内容也基本相同,但是却使得情节的适用性大大提高,司法工作者也能更加明确情节的范围,避免情节难以适用而被人为忽视。

2.《刑法修正案(九)》对贪污罪犯和受贿罪犯提起公诉前的认罪、悔罪、退赃等行为从轻、减轻、免除处罚作了新规定。在提起公诉前如实供述自己的罪行、真诚悔罪、积极退赃,避免、减少损害结果的发生,属于贪污受贿数额较大或者有其他较重情节的,可以从轻、减轻或者免除处罚;属于贪污受贿数额巨大或者有其他严重情节的、属于贪污受贿数额特别巨大或者有其他特别严重情节的,可以从轻处罚。

3. 对贪污贿赂犯罪增加了财产刑和终身监禁的规定。《刑法修正案(九)》规定,贪污(受贿)数额巨大或者有其他严重情节的,处3年以上10年以下有期徒刑,并处罚金或者没收财产;对犯贪污罪(受贿罪)被判处死刑缓期2年执行的,在其死刑缓期执行2年期满,依法决定减为无期徒刑后,人民法院根据犯罪情节等情况,可以同时决定终身监禁,不得减刑、假释。这些规定从客观上加重了行为人的刑事责任,符合严惩贪腐犯罪的整体刑事政策需求。

## 二、索取、收受3万元以上或不满3万元礼金可否累积到受贿犯罪数额的问题

《贪贿解释》第13条规定:"具有下列情形之一的,应当认定为'为他人谋取利益',构成犯罪的,应当依照刑法关于受贿犯罪的规定定罪处罚:(一)实际或者承诺为他人谋取利益的;(二)明知他人有具体请托事项的;(三)履职时未被请托,但事后基于该履职事由收受他人财物的。国家工作人员索取、收受具有上下级关系的下属或者具有行政管理关系的被管理人员的财物价值三万元以上,可能影响职权行使的,视为承诺为他人谋取利益。"这里规定的3万元是针对一个送礼人

---

① 参见于志刚:《单一数额犯的司法尴尬与调和思路——以〈刑法修正案(九)〉为切入点的分析》,载《法律适用》2016年第3期。

的礼金累计，还是不同送礼人的礼金累计？没有明确规定。在实践中，针对一个送礼人的礼金，由于很少考量"可能影响职权行使"这一要件，几乎都予以累积到受贿数额了。如果是不同送礼人的礼金，是否累计？存在很大争议。现就这些问题谈谈个人看法，请各位同仁批评指正。

（一）如何区分"人情往来"与"贿赂犯罪"界限的问题

针对《贪贿解释》作出的上述规定，实务部门应当注意"人情往来"与"贿赂犯罪"的界限问题。存在上下级关系的国家工作人员之间以及具有行政管理关系的人之间也有个正常人情往来的问题，如果行为人短时间内收受一个或少数下属或行政相对人财物3万元以上，可以认为其可能影响职权行使，可以推定为承诺谋利，以受贿罪论处。如果行为人多年以来收受多个下属或多个行政相对人的财物累计起来达到3万元以上，每人、每次的金额很小，很难说不具有一定的人情往来成分，该类行为的危害性与典型的收受某下属的财物并帮助其职务晋升或者收受行政相对人财物为其办事的受贿行为还是存在一定区别的。[①] 对此情形，笔者认为，一般不宜以受贿犯罪论处，也不应该将其数额累加到行为人其他受贿犯罪数额中。

（二）收受同一人赠送3万元以上礼金累积到受贿犯罪数额时应当具备"可能影响职权行使"之构成要件

在实践中，针对一个送礼人的3万元以上礼金，由于很少考量"可能影响职权行使"这一要件，几乎都予以累积到受贿数额。笔者认为，《贪贿解释》中"可能影响职权行使"是判断是否存在谋取利益行为的关键和落脚点。不少同志提出，"可能影响职权行使"究竟是主观要件还是客观要件的问题，我们认为，"国家工作人员索取、收受具有上下级关系的下属或者具有行政管理关系的被管理人员的财物价值3万元以上"是当事人的客观行为，这个行为是否属于谋取利益，则要看收受上述财物是否"可能影响职权行使"，"可能影响职权行使"并非当事人的实际行为，也非其主观故意要素，是否"可能影响职权行使"判断的主体是司法工作人员。如何判断呢？我们认为，由于《贪贿解释》规定的是一种推定承诺谋取利益、视为具备谋取利益要素的情况，在具体把握中，还是应当有一定的门槛。对该类行为还是要从收受的总金额和每次金额大小、人数多少、时间跨度等多方面考量，严格把握，将具有严重危害性、具备权钱交易本质特征的行为纳入刑法视野，将确实可能影响职权行使的收受财物行为作为受贿犯罪处理，不能仅仅将3万元的累计金额作为唯一的入罪标准。[②]

（三）收受不同人赠送3万元以上或不足3万元礼金可否累积到受贿犯罪数额的问题

对不同人送礼金的情形，如有具体请托事项且礼金在3万元以上的，将其累积到受贿犯罪数额没有问题。尽管有具体请托事项，但礼金数额不足3万元，应否累

---

① 参见陈国庆主编：《公职人员职务犯罪认定与证据指引》，中国方正出版社2019年版，第107-108页。

② 参见陈国庆主编：《公职人员职务犯罪认定与证据指引》，中国方正出版社2019年版，第107-108页。

积到受贿犯罪数额？以及无具体请托事项的，可否累计？存在很大争议。

主张累计者，主要受刑法第383条（贪污罪的处罚）第2款规定的影响。该款规定："对多次贪污未经处理的，按照累计贪污数额处罚。"刑法第386条（受贿罪的处罚）规定："对犯受贿罪的，根据受贿所得数额及情节，依照本法第三百八十三条的规定处罚。索贿的从重处罚。"笔者认为，上述规定的贪污数额累计与受贿数额累计二者不同。前者系贪污犯罪连续犯的数额累计问题，而受贿存在受贿违纪故意（违反廉洁纪律收受礼金）与受贿犯罪故意之分，不能一概累计，现分述如下：

1. 送礼者无具体请托事项，不同人赠送不满3万元礼金可否累积到受贿犯罪数额的问题。

肯定者认为，应当累计。理由是，上述司法解释第13条第2款规定的3万元并未明确是一个送礼人还是多个行贿人，也未明确是一次还是多次。

笔者认为，各送礼人没有具体请托事项，各送不满3万元礼金给收礼人，不应计入受贿犯罪数额。如300人每人送100元红包礼金给甲，尽管总数达到3万元，甲显然是违纪，不构成受贿罪。因为收礼人只有违纪的故意，而未有受贿犯罪的故意。应当坚持主客观相一致的原则，不宜将不同送礼人各送不满3万元的数额累积到行为人的受贿犯罪数额之中。

2. 不同送礼者各自具有具体请托事项，不同人各自赠送3万元以上或不满3万元礼金可否累积到受贿犯罪数额的问题。

2003年11月13日最高人民法院印发的《全国法院审理经济犯罪案件工作座谈会纪要》（以下简称《纪要》）规定："为他人谋取利益包括承诺、实施和实现三个阶段的行为。只要具有其中一个阶段的行为，如国家工作人员收受他人财物时，根据他人提出的具体请托事项，承诺为他人谋取利益的，就具备了为他人谋取利益的要件。明知他人有具体请托事项而收受其财物的，视为承诺为他人谋取利益。"关于《贪贿解释》第13条第1款第1、2项的情形，与《纪要》中关于受贿罪谋取利益要素的规定精神一致，也是目前理论和实践中形成比较一致认识的，即受贿罪中的"为他人谋取利益"包括承诺、实施和实现三个阶段的行为，达到承诺谋取利益或明知谋取利益事项即可，不要求一定实施或实现谋取利益事项。此处需要注意，一是这里的谋取利益事项应是相对具体的谋取利益事项，如果只是概括的可能有求于某官员，没有具体事项，不宜轻易认定为具备"为他人谋取利益"要素。

笔者认为，即便是各送礼金者有具体的请托事项，只要不是为他人谋取职务提拔、调整的（起刑点为1万元），在起刑数额问题上亦不宜将不同送礼人的不足3万元数额相加，累积到行为人的受贿犯罪数额（3万元以上）中。因为不同送礼人的请托事项未必一定是相同或相似的，也就是说谋取利益事项与累计后达到3万元以上礼金的事实无法对应。

当然，如行受贿双方为规避刑罚，将行受贿款项3万元先后拆分为10000、10000、7000、3000元的，自然应当累计。

# 新中国成立70年来贪污受贿犯罪死刑适用标准立法变迁之评析

商浩文* 王亚楠**

贪污罪、受贿罪的死刑立法改革和司法适用问题是触发民众敏感神经的诱发物，成为当下中国刑法改革中最为引人注目的问题之一。在刑法理论和司法实践的指导下，我国贪污罪、受贿罪的死刑立法规定经历了多次变化。对于新中国成立70年以来贪污罪、受贿罪死刑立法规范的嬗变进行系统梳理，有助于从动态上了解贪污罪、受贿罪死刑适用标准的历史变迁，进而为贪污罪、受贿罪的死刑立法改革和司法适用奠定良好的基础。

## 一、新中国成立70年来贪污受贿犯罪死刑适用标准之嬗变

以1997年刑法典的颁布为界限，大致可以将新中国成立70年来贪污受贿犯罪死刑适用标准的变迁划分为三个阶段。不同阶段的死刑适用标准体现了不同历史时期立法者的选择，也在一定程度上因应了当时时代发展的需要。

### （一）新中国成立到1979年刑法典颁行前贪污受贿犯罪死刑适用标准

1949年新中国成立以后，为了巩固新生政权，党中央号召的"三反"、"五反"运动在全国范围内展开。"三反"、"五反"运动中一个很重要的内容就是惩治贪污。为了更好地惩治贪污犯罪，1952年4月中央人民政府颁布了《惩治贪污条例》（以下简称《条例》），我国有关受贿罪死刑的有关规定最早见之于该条例[①]。该条例将受贿罪涵括在贪污罪的概念下，贪污罪不仅包括国家工作人员侵吞、盗窃、骗取、套取国家财物的行为，还包括国家工作人员强索他人财物，收受索贿等行为。[②] 该条例第3条[③]第1款对此种广义上的贪污罪定罪量刑作了明确的规定，其中第1

---

\* 北京师范大学刑事法律科学研究院暨法学院助理教授，G20反腐败追逃追赃研究中心研究员。
\*\* 上海市浦东新区人民法院干部。

[①] 该条例第2条规定："一切国家机关、企业、学校及其附属机构的工作人员，凡侵吞、盗窃、骗取、套取国家财物，强索他人财物，收受贿赂以及其他假公济私违法取利之行为，均为贪污罪。"

[②] 参见高铭暄、赵秉志主编：《新中国刑法立法文献资料总览》（第2版），中国人民公安大学出版社2015年版，第62页。

[③] 该条例第3条第1款规定："犯贪污罪者，依其情节轻重，按下列规定，分别惩治：一、个人贪污的数额，在人民币一亿元以上者，判处十年以上有期徒刑或无期徒刑；其情节特别严重者判处死刑。二、个人贪污的数额，在人民币五千万元以上不满一亿元者，判处五年以上十年以下徒刑。三、个人贪污的数额，在人民币一千万元以上不满五千万元者，判处一年以上五年以下徒刑，或一年至四年的劳役，或一年至二年的管制。四、个人贪污的数额，不满人民币一千万元者，判处一年以下的徒刑、劳役或管制；或免刑予以开除、撤职、降职、降级、记过或警告的行政处分。"注：1955年3月1日中国人民银行开始发行第二套人民币，新币与旧币的兑换比率为1：10000，也即当时的10000元相当于现在的人民币1元。

# 第一编 新中国成立70年来刑事法治和刑法理论的变迁与反思

项规定:"个人贪污的数额,在人民币一亿元以上者,判处十年以上有期徒刑或无期徒刑;其情节特别严重者判处死刑。"并且规定了行贿罪、介绍贿赂罪参酌贪污罪定罪处罚。①《条例》为体现对死刑适用的慎重,对于其他刑罚梯度内的刑罚采取的是绝对的具体数额定罪量刑标准,但是在对死刑的适用上兼采数额与情节标准,也即贪污的数额在人民币1亿元以上者并且情节特别严重的,方可考虑适用死刑。《条例》是新中国成立以来中央政府制定的一部重要的刑事法律,在1979年刑法典生效之前一直是我国惩治贪污贿赂犯罪的基本法律依据。

另外,新中国成立以后,国家也开始了刑法典的起草准备工作,其间因为受当时的国际、国内政治运动的影响,刑法立法一度受阻,但是自1950年至1979年刑法典通过之前,国家相关部门陆陆续续拟定了38个刑法草案稿。在具有代表性的13个稿本中,尽管多数稿本对贪污罪设置了死刑,但对受贿罪规定死刑的只有5个稿本。②。在其他8个草案稿中,受贿罪的最高法定刑为15年有期徒刑或者无期徒刑。③

## (二) 1979年刑法典颁行到1997年刑法典颁行前贪污受贿犯罪死刑适用标准

改革开放以后,随着我国社会经济的发展和反腐败任务的不断深化,我国惩治贪污贿赂犯罪的法律也在不断完善。1979年7月1日第五届全国人民代表大会第二次会议通过并于1980年1月1日起施行的刑法分别在分则第五章"侵犯财产罪"和第八章"渎职罪"中对贪污受贿罪的刑罚进行了有关规定。关于贪污罪,该法第155条规定:"国家工作人员利用职务上的便利,贪污公共财物的,处五年以下有期徒刑或者拘役;数额巨大,情节严重的,处五年以上有期徒刑;情节特别严重的,处无期徒刑或死刑。"关于受贿罪,该法第185条前两款规定:"国家工作人员利用职务上的便利,收受贿赂的,处五年以下有期徒刑或者拘役。赃款、赃物没收,公款、公物追还。犯前款罪,致使国家或者公民利益遭受严重损失的,处五年以上有期徒刑。"可见,在1979年刑法典中,仅仅对贪污罪的刑罚配置了死刑,而对受贿罪并未配置死刑,依据当时刑法典的规定,受贿罪的法定最高刑仅为15年有期徒刑。而且在规定贪污罪死刑时,改变了前面量刑幅度的"数额+情节"二元定罪量刑标准,采用的是"情节特别严重"的一元标准。

1979年刑法典实施后不久,在东南沿海一带出现了大规模的走私、投机倒把等系列经济犯罪活动,一些国家工作人员参与其中,受贿、索贿并包庇、纵容。为此,1982年年初,党中央发出紧急通知,决定开展旨在严重打击经济犯罪活动的斗争。1982年3月8日,全国人大常委会通过了《关于严惩严重破坏经济的罪犯的决

---

① 该条例第6条规定:"一切向国家工作人员行使贿赂、介绍贿赂者,应按其情节轻重参酌本条例第三条的规定处刑;其情节特别严重者,并得没收其财产之一部或全部;其彻底坦白并对受贿人实行检举者,得判处罚金,免予其他刑事处分。"
② 参见高铭暄、赵秉志编:《新中国刑法立法文献资料总览》,中国人民公安大学出版社2015年版,第105、119、130、140、161、198、208、221页。
③ 参见高铭暄、赵秉志编:《新中国刑法立法文献资料总览》,中国人民公安大学出版社2015年版,第82、94、151、172、185页。

定》(以下简称《决定》),将包括受贿罪在内的六种犯罪①的法定最高刑提高到死刑。② 上述决定仅仅解决了相关犯罪的刑罚问题,为进一步解决相关犯罪在犯罪主体、认定标准等方面的问题,1988年1月第六届全国人大常委会第二十四次会议在1979年刑法典和《决定》的基础上通过了《关于惩治贪污罪贿赂罪的补充规定》(以下简称《补充规定》)。该补充规定进一步明确了贪污罪、受贿罪的定罪量刑标准,根据数额的多少和情节的严重,将贪污罪和受贿罪划分不同的量刑幅度。其中,关于贪污罪、受贿罪的死刑适用标准:个人贪污数额在5万元以上的,处10年以上有期徒刑或者无期徒刑,可以并处没收财产;情节特别严重的,处死刑,并处没收财产。受贿数额在1万元以上,使国家利益或者集体利益遭受重大损失的,处无期徒刑或者死刑,并处没收财产。③

(三) 1997年刑法典颁行及其之后的贪污受贿犯罪死刑适用标准

1997年3月,全国人民代表大会修订通过刑法。1997年刑法第383条第1款规定,个人贪污数额在10万元以上的,处10年以上有期徒刑或者无期徒刑,可以并处没收财产;情节特别严重的,处死刑,并处没收财产。第386条规定,对犯受贿罪的,根据受贿所得数额及情节,依照刑法中贪污罪的规定定罪处罚。可见,我国1997年刑法典对贪污罪、受贿罪规定了死刑。相较于1988年的《补充规定》,贪污罪、受贿罪的适用死刑的标准由"个人贪污数额在五万元以上且情节特别严重",受贿罪可以适用死刑的标准为"受贿数额在一万元以上,使国家利益或者集体利益遭受重大损失",修改为贪污受贿"数额十万元以上,情节特别严重"。

为促进贪污受贿犯罪定罪量刑标准的科学化、合理化,并进一步限制贪污受贿犯罪死刑的司法适用,2015年8月29日全国人民代表大会常务委员会通过的《刑法修正案(九)》第44条中规定贪污"数额特别巨大,并使国家和人民利益遭受特别重大损失的,处无期徒刑或者死刑,并处没收财产"。修法后的这一条件相对更为明确,并且仅将贪污受贿犯罪死刑适用限定在"数额特别巨大,使国家和人民利益遭受特别重大损失"的犯罪情节上,其优势在于相对简洁明确、可操作性强,从而最大限度地减少了司法中扩大死刑适用的可能。虽然这种解释方式也存在难以涵盖全部情况的缺陷,但若从尽量减少贪污受贿犯罪死刑适用的立场观之,无疑会有助于司法实践中贪污受贿犯罪死刑适用的统一和缩小死刑适用范围;同时,《刑法修正案(九)》将无期徒刑和死刑并列作为严重贪污受贿犯罪法定刑幅度内的可选择刑种,赋予司法人员合理的刑罚裁量选择空间,有助于在司法实践中依据犯罪情节的不同处以不同幅度的刑罚,进而进一步限制贪污受贿犯罪死刑的适用。

---

① 另外五种为走私罪、投机倒把罪、盗窃罪、贩毒罪、盗运珍贵文物出口罪。
② 参见高铭暄、赵秉志编:《新中国刑法立法文献资料总览》,中国人民公安大学出版社2015年版,第241页。
③ 参见高铭暄、赵秉志编:《新中国刑法立法文献资料总览》,中国人民公安大学出版社2015年版,第246页。

## 二、新中国成立 70 年来贪污受贿犯罪死刑适用标准之立法聚焦

从以上关于贪污受贿犯罪死刑立法规范的历史变迁中，我们可以看到，关于贪污受贿犯罪死刑适用标准规定呈现出以下聚焦点：

### （一）贪污受贿犯罪死刑适用标准徘徊在绝对确定死刑与相对确定死刑之间

所谓绝对确定死刑，是指某一犯罪所对应的刑罚绝对确定为死刑，而无其他种类的刑罚可选择。我国刑法典中普遍采取的是相对确定的法定刑主义，但也有极少数罪名在特定情形下采取了绝对确定的法定刑，并主要表现为绝对死刑，其中贪污罪、受贿罪就是明显的例子。在 1952 年的《条例》中立法者将贪污罪的死刑确立为绝对确定的死刑，也即"个人贪污的数额，在人民币一亿元以上者，且情节特别严重者判处死刑"。1979 年刑法典仅对贪污罪规定了死刑，规定的是相对确定的死刑，即"贪污公共财物，情节特别严重的，处无期徒刑或死刑"。1982 年的《决定》对受贿罪设置的是相对确定的死刑立法例。1988 年的《补充规定》对贪污罪采取的是绝对确定的死刑立法例，即"情节特别严重的，处死刑"，而对受贿罪设置的是相对确定的死刑立法例，即"受贿数额在一万元以上，使国家利益或者集体利益遭受重大损失的，处无期徒刑或者死刑"。1997 年刑法典将受贿罪和贪污罪适用相同的定罪量刑，并确定了绝对确定的死刑立法例，即贪污受贿"数额在十万元以上的，情节特别严重，处死刑"。《刑法修正案（九）》在维持贪污受贿犯罪同一定罪量刑标准的前提下，将绝对确定的死刑立法例改为相对确定的刑法立法例，也即贪污受贿"数额特别巨大，并使国家和人民利益遭受特别重大损失的，处无期徒刑或者死刑"。绝对死刑的立法模式由于不符合罪责刑相适应原则，也有违刑事责任公平原则之要求，故而此种死刑立法例在理论界和实务界饱受诟病。[①] 2015 年的《刑法修正案（九）》将绑架罪、贪污罪、受贿罪之绝对确定死刑的法定刑模式改为相对确定死刑的立法模式，有助于更好地贯彻罪责刑相适应原则，对于严格控制死刑的适用也大有裨益。

### （二）贪污受贿犯罪死刑适用标准经历着数额、情节、结果标准之抉择

在贪污受贿犯罪的死刑适用标准上，新中国成立以来的不同立法例采用不同的标准。例如，1952 年的《条例》中采用的是"具体数额+概括情节"的标准，立法中明确规定死刑适用标准为"贪污数额在人民币一亿元以上并且情节严重"。1979 年刑法典采用的是"概括情节"的标准，即将贪污罪的死刑适用限制为"情节特别严重"。1982 年的《决定》增加规定受贿罪死刑配置时，采取的也是"情节特别严重"的概括标准。1988 年《补充规定》中对贪污罪采用的是"具体数额+概括情节"的死刑适用标准，即"贪污数额在五万元以上的；情节特别严重"；而对受贿罪的死刑适用标准确立的是"具体数额+相对确定情节（危害结果）"标准，即"受贿数额在一万元以上，使国家利益或者集体利益遭受重大损失"。1997 年刑法

---

① 参见赵秉志：《论中国贪污受贿犯罪死刑的立法控制及其废止——以〈刑法修正案（九）〉为视角》，载《现代法学》2016 年第 1 期。

典又转而采用了"具体数额+概括情节"标准,个人贪污受贿数额在10万元以,且情节特别严重的,才可以判处死刑。《刑法修正案(九)》关于贪污受贿犯罪的死刑适用标准又转而采用了"概括数额+相对确定情节(危害结果)"的标准,也即贪污受贿"数额特别巨大,并使国家和人民利益遭受特别重大损失"。

从以上可以看出,我国刑法立法对贪污受贿犯罪死刑适用标准的规定经历了从具体数额与情节相结合到只规定情节,再到具体数额与相对确定情节相结合,又回到具体数额与概括情节相结合,最后才确立"概括数额+相对确定情节(危害结果)"的历史发展脉络。犯罪数额在贪污受贿中所起作用较大,而且犯罪数额又易于判断,在是否适用死刑时,一般都会将犯罪数额作为重要的考量因素,但是单独的数额标准并不能完整地反映受贿行为的社会危害性,且数额标准过于僵化,因而必须与"柔性"的情节标准相结合,才能较为全面地反映贪污受贿行为的社会危害性。这也是我国历来刑事法律中对贪污受贿犯罪的死刑在绝大多数情况下适用二元标准的重要原因。

**(三)贪污罪、受贿罪死刑适用标准分立抑或是统一之选择**

从新中国成立后1952年颁布《条例》开始,贪污受贿犯罪量刑标准统一的立法格局得以一直延续。然而1979年刑法典将贪污罪放在"侵犯财产罪"之中,受贿罪则放在"渎职罪"之中,对贪污罪、受贿罪分别设立了不同的定罪量刑标准。我国1979年刑法典颁布之后的反贪贿刑法不仅将贪污罪从"侵犯财产罪"中独立出来,而且还将"贪污贿赂犯罪"类罪化,贪污罪、受贿罪均集中规定在"贪污贿赂犯罪"之中。但是1988年《补充规定》对贪污罪根据贪污数额和情节规定了四档刑罚,对受贿罪规定"依照贪污罪的规定处罚",这样导致贪污罪、受贿罪的定罪量刑标准又回到了统一的格局。而1997年刑法典修订时则基本上维持了1988年《补充决定》的规定,2015年的《刑法修正案(九)》虽然对贪污罪、受贿罪的定罪量刑标准进行了修改,但是仍然没有改变贪污受贿犯罪定罪量刑标准分立的局面。

## 三、贪污受贿犯罪死刑适用标准的立法变迁之评析

从贪污受贿犯罪的立法聚焦来看,不同时期的立法选择虽然可能会暗合相关的政策、时代特征等因素。但是,从刑事法治发展的角度来看,我们应当理性认识贪污受贿犯罪死刑适用标准的合理确定。

**(一)贪污受贿犯罪应摒弃绝对确定死刑的立法模式**

绝对确定的死刑不利于体现罪责刑相适应原则,也不利于司法人员对于具体案件的合理裁量,因而在现代刑事立法中已极为少见。[①] 罪责刑相适应原则是我国刑法的基本原则,该原则要求在确定行为人的刑事责任时,要结合考虑犯罪行为的社会危害性以及行为人的主观恶性和人身危险性。由于绝对死刑排斥了相关量刑情节对于案件量刑的影响,不可避免地会产生量刑失当,显然不符合罪责刑相适应原

---

① 参见王志祥:《论绑架罪绝对确定死刑规定的修订》,载《政法论丛》2016年第3期。

则。联合国人权委员会也明确强调反对适用绝对死刑。①

基于限制绝对死刑的立法模式以及严格控制死刑适用的死刑政策，对于贪污受贿犯罪的死刑适用问题，依据上述《刑法修正案（九）》，2016年发布的最高人民法院、最高人民检察院《关于办理贪污贿赂刑事案件适用法律若干问题的解释》（以下简称《两高贪污贿赂解释》）作出了更符合实际、适用更为限制但又对贪污贿赂犯罪更具有威慑作用的死刑司法政策。依据该解释第3条规定，贪污或者受贿数额在300万元以上，应当认定为刑法第383条第1款规定的"数额特别巨大"。而按照刑法第383条第1款第3项规定，只有符合数额特别巨大这一要件，同时使国家和人民利益遭受特别重大损失的，处无期徒刑或者死刑，并处没收财产。显然，在立法机关仍然继续保留贪污受贿犯罪死刑的前提下，《两高贪污贿赂解释》对适用死刑的最低数额进行了实事求是的提升，这一最低数额标准至少在形式上更加符合司法实际，充分顺应了立法机关限制死刑的理念和立场。同时，在理论上，与修订前的刑法不同，数额特别巨大而又具有特别严重情节的贪污受贿犯罪，死刑并非绝对适用的刑罚，而成为与无期徒刑相并列的选择刑种。这就意味着在单纯具备数额特别巨大或者仅仅具备其他严重情节的场合，不能考虑死刑适用的可能性。而在数额特别巨大同时使国家和人民利益遭受特别重大损失的，才具备死刑适用的可能。但即使在这样的场合，在量刑时应当优先考虑无期徒刑的运用，只有在无期徒刑不能充分反映行为的严重程度、不能实现罪刑相均衡时，才应当考虑适用死刑，这就在一定程度上避免了绝对死刑的适用。因而《两高贪污贿赂解释》对贪污贿赂犯罪死刑的立法进行了更为细化和科学的规定。

（二）贪污受贿犯罪死刑的适用应采取"数额+情节"的二元标准

一般而言，对于具体个罪的社会危害性的判断，我们需要坚持主客观相统一的原则，综合考量行为侵犯的法益、行为对象、行为方式、危害结果和行为时间、地点等客观方面犯罪情节，以及行为人的主观方面等因素来综合评判。因而在对犯罪进行定罪量刑时需要依据案件情节进行综合评价。在贪污受贿犯罪中，数额大小能够在一定程度上表征贪污受贿犯罪的社会危害性，但是贪污受贿数额并非贪污受贿犯罪社会危害性的唯一表征因素。在贪污受贿犯罪中，犯罪的危害行为主要体现在两个维度上，一方面体现为"外显"于罪名的贪污受贿行为，贪污受贿数额的多少可以测算社会危害性的大小；另一方面则是"内隐"于犯罪中的侵犯职务廉洁性的行为，在此维度上，"情节"是社会危害性评价的重要因素。因而在衡量贪污受贿犯罪行为的社会危害性时，还应考量贪污受贿犯罪数额以外的犯罪情节。笔者认为，由于死刑作为贪污受贿犯罪中最为严厉的刑罚，因而也应只适用于犯罪情节最为严重、数额极其巨大的犯罪。是故，对其死刑的适用标准应当极为严格，需要严格控制。

虽然作为刚性标准的数额较为易于判断，但是犯罪情节则需要进行综合性的判

---

① 参见赵秉志、徐文文：《〈刑法修正案（九）〉死刑改革的观察与思考》，载《法律适用》2016年第1期。

断,需要综合考虑行为人罪前、罪中、罪后等体现行为人人身危险性、主观恶性和行为的社会危害性的各种主客观要素。① 如果刑法立法仅仅对贪污受贿犯罪死刑适用标准规定一个笼统、抽象的情节标准,势必不利于司法实践对受贿罪死刑适用的统一掌握。更何况死刑是最为严厉的刑罚种类,对其适用应当慎之又慎、严之又严。如果犯罪情节标准过于抽象,容易导致司法实践中贪污受贿犯罪死刑的滥用,因而应当从立法上对贪污受贿犯罪的死刑适用确立一个较为明确的标准。《刑法修正案(九)》将贪污受贿犯罪死刑适用的情节标准确立为"使国家和人民利益遭受特别重大损失的",体现了死刑适用标准立法的相对明确化。

### (三)贪污受贿犯罪的适用标准应当进行区分

笔者认为,我国应当在以后的刑法修正时考虑将贪污罪、受贿罪的定罪量刑标准独立,其理由如下:(1)贪污罪和受贿罪的罪质不同。虽然我国刑法典将贪污罪与受贿罪都置于贪污贿赂罪一章,二者都侵犯了国家工作人员职务的廉洁性,受贿罪的客体就是国家工作人员职务的廉洁性,犯罪数额与职务行为的廉洁性之间不存在直接的对应关系,必须有其他的情节因素加以佐证。但是贪污罪的客体是复杂客体,既侵犯国家工作人员职务的廉洁性,也侵犯公共财产的所有权,公共财产所有权是贪污罪侵犯的直接客体,国家工作人员职务的廉洁性是贪污罪侵犯的深层次客体。② 贪污罪的客体更是同时侵犯了公共财产所有权这一特性,这是贪污罪的本质特征之一,犯罪数额在一定程度上能够较为全面地反映行为对公共财产所造成的直接损害。这也正是1979年刑法典将贪污罪归入侵犯财产罪、受贿罪归入渎职罪的原因之所在。(2)贪污罪和受贿罪社会危害的评价标准不同。对于贪污罪而言,其对职务廉洁性的破坏主要体现在财产方面的不诚实,侵害的是公共财产的所有权,数额在贪污罪中征表的是公共财产被侵犯的多少,具有较为确定的社会危害性以及衡量社会危害性程度的功能,数额作为危害结果意义上的要素,反映了贪污罪的社会危害程度,贪污的数额越大,行为的社会危害性就越大,因而贪污数额是评价贪污罪法益侵害程度的主要因素;③ 而受贿罪的本质是"权钱交易",受贿罪的社会危害性并不在于受贿人收取了多少财物,而关键在于其通过权钱交易的方式出卖了国家公权力。故而受贿罪的社会危害性是难以用受贿数额完全反映的,其更多的是要通过受贿的情节、危害后果、违法的程度等因素来综合衡量。(3)贪污罪和受贿罪共用同一定罪量刑标准不符合刑法分则立法惯例。罪刑法定原则所要求的就是立法上罪与刑的明确性和具体性。既然贪污罪、受贿罪是两个不同的罪名,在立法上就具有区分的必要性。正如有论者所言,虽然刑罚的种类和幅度划分在数量上远远少于罪名的数量,但是刑事立法并不采取以相同的刑罚来合并不同罪名的立法模

---

① 参见王莹:《情节犯之情节的犯罪论体系性定位》,载《法学研究》2012年第3期。
② 参见高珊琦、曹玉江:《对贪污受贿犯罪数额标准的重新审视》,载赵秉志等主编:《现代刑法学的使命》(下卷),中国人民公安大学出版社2014年版,第761页。
③ 参见舒洪水、王刚:《受贿罪定罪量刑标准的立法完善》,载李少平、朱孝清、卢建平主编:《法治中国与刑法发展》,中国人民公安大学出版社2015年版,第946页。

式，刑事立法尽量做到一罪一刑的立法模式。① 即使在定罪起点和量刑幅度都相同的个罪规定上也采取一罪一规定的形式，如刑法典分则中同属侵犯财产罪的盗窃罪、诈骗罪、抢劫罪等。如果将贪污罪和受贿罪定罪量刑标准采取并和的方式，极有可能会导致刑罚适用时对二罪罪质的混同，不利于对贪污罪和受贿罪的研究和认定。

---

① 参见黄伟明、陈昌林：《贪污受贿犯罪量刑标准的立法完善》，载李少平、朱孝清、卢建平主编：《法治中国与刑法发展》，中国人民公安大学出版社2015年版，第761页。

# 新中国成立70年来贪污受贿罪量刑标准立法反思与未来展望

王　刚[*]　洪　星[**]

中国共产党历来重视反腐败斗争，新中国成立以后党和政府对腐败犯罪继续保持高压态势。新中国成立之初，中共中央发动了"三反""五反"运动，中央人民政府制定了《惩治贪污条例》，拉开了新中国贪污受贿罪立法的历史序幕。[①] 截至2015年，我国共制定了六部有关贪污受贿罪的法律文本。党的十八大以后，新一轮反腐败斗争开始。在依法治国的背景下，法治反腐是我国反腐败的必然策略，贪污受贿罪的立法和司法承载着法治反腐的重任。然而，1997年刑法典中贪污受贿罪的量刑标准已经无法适应现实需求。因此，《刑法修正案（九）》关照了相关司法难题，构建了"数额+情节"的二元量刑标准。但这次刑法修改没有解决贪污受贿罪量刑标准中的结构性问题，因而也无法处理一些具体难题。值此新中国成立70年之际，回顾贪污受贿罪量刑标准立法进程，总结其中的立法规律和不足，展望未来的立法完善，具有重要的历史和现实意义。

## 一、我国贪污受贿罪量刑标准立法沿革

新中国成立70年来我国贪污受贿罪量刑标准几经修改，相关法律文本主要有以下几部：1952年《惩治贪污条例》（以下简称《条例》）、1979年《刑法》（以下简称79《刑法》）、1982年《关于严惩严重破坏经济的罪犯的决定》（以下简称《决定》）、1988年《关于惩治贪污罪贿赂罪的补充规定》（以下简称《补充规定》）、1997年《刑法》（以下简称97《刑法》）、2015年《刑法修正案（九）》、2016年《关于办理贪污贿赂刑事案件适用法律若干问题的解释》（以下简称《解释》）。分析上述法律文本，总结贪污受贿罪量刑标准基本特征，有利于更好地把握立法完善方向。

（一）《条例》的规定：罪名和量刑标准均合一

1952年4月21日，中央人民政府制定了《条例》，作为惩治贪污受贿罪的法律依据。

1. 将贪污和受贿的罪名及量刑标准合一

《条例》没有区分贪污罪和受贿罪，而是将贪污和受贿统合于贪污罪中。《条例》第2条规定："……凡侵吞、盗窃、骗取、套取国家财物，强索他人财物，收

---

[*] 江苏大学法学院副教授，硕士生导师。
[**] 安徽省合肥市人民检察院法律政策研究室主任。
[①] 本文所称之贪污受贿罪，特指贪污罪和受贿罪。

受贿赂以及其他假公济私违法取利之行为,均为贪污罪。"因此,《条例》没有单独规定受贿的量刑标准,而是规定贪污和受贿共用同一量刑标准。

2. 对贪污受贿罪基本设置单一的数额量刑标准

《条例》第3条第1款规定:"犯贪污罪者,依其情节轻重,按下列规定,分别惩治……"虽然有此规定,但该款基本上采用单一的数额量刑标准。该款第1至4项分别规定了"一亿元以上"、"五千万元以上不满一亿元"、"一千万元以上不满五千万元"和"不满人民币一千万元"四个数额幅度,只有第1项作为适用死刑的条件,附加了"情节特别严重"的规定。

3. 为贪污受贿罪构建了量刑情节体系

《条例》第4条规定了11种从重、加重处罚情节,第5条规定了4种从轻、减轻或免除处罚情节,构建了较为严密的量刑情节体系。

(二) 79《刑法》的规定:罪名和量刑标准均分立

79《刑法》对贪污受贿罪的罪名和量刑标准均做了分立,并将犯罪情节纳入量刑标准体系。

1. 分别设立贪污罪和受贿罪的罪名及量刑标准

79《刑法》在第155条和第185条规定了贪污罪和受贿罪,并且对两罪设置了不同的量刑标准和法定刑。

2. 对贪污罪采用混合量刑标准,对受贿罪没有明确规定量刑标准

79《刑法》中贪污罪有三个罪刑单元,罪状分别是"贪污公共财物"、"数额巨大、情节严重"和"情节特别严重"。由此可见,贪污罪采用混合量刑标准:基本犯是行为犯,第一档加重形态采用"数额+情节"的复合量刑标准,第二档加重形态采用"情节"量刑标准。受贿罪有两个单元,罪状分别是"国家工作人员利用职务上的便利,收受贿赂的"和"犯前款罪,致使国家或者公民利益遭受严重损失的"。由此可见,受贿罪没有明确的量刑标准:基本犯是行为犯,加重形态是结果加重犯。

(三)《决定》的规定:罪名分立、量刑标准合一

《决定》规定:"对刑法第一百八十五条第一款和第二款受贿罪修改规定为:国家工作人员索取、收受贿赂的,比照刑法第一百五十五条贪污罪论处;情节特别严重的,处无期徒刑或者死刑。"由此可见,《决定》保持了贪污受贿罪的罪名分立状态,但取消了受贿罪原来的量刑标准,改为援引贪污罪的量刑标准,使两罪的量刑标准再度合一。

(四)《补充规定》的规定:罪名分立、量刑标准合一

《补充规定》对贪污受贿罪的量刑标准做了较大修改,再次规定了明确的数额量刑标准,并统一设置了情节量刑标准。

1. 继续保持"罪名分立、量刑标准合一"的立法模式

《补充规定》保持了贪污受贿罪的罪名分立状态,但对量刑标准进行统合。《补充规定》第5条规定:"对犯受贿罪的,根据受贿所得数额及情节,依照本规定第二条的规定处罚……"此外,《补充规定》原则上遵循了贪污罪的量刑标准,但

对受贿罪的量刑标准作了例外规定,即"受贿数额不满一万元,使国家利益或者集体利益遭受重大损失的,处十年以上有期徒刑;受贿数额在一万元以上,使国家利益或者集体利益遭受重大损失的,处无期徒刑或者死刑,并处没收财产"。

2. 采取"相对具体数额+抽象情节"的二元量刑标准

《补充规定》规定了"五万元以上"、"一万元以上不满五万元"、"二千元以上不满一万元"和"不满二千元"四个数额范围以及"情节特别严重的"、"情节严重的"、"情节较重的"和"情节较轻的"四种犯罪情节。犯罪数额是量刑基本标准,犯罪情节是量刑辅助标准。

(五) 97《刑法》的规定:罪名分立、量刑标准合一

97《刑法》基本移植了《补充规定》的内容,主要修改了数额量刑标准。

1. 继续保持"罪名分立、量刑标准合一"的立法模式

97《刑法》第383条、第385条分别规定了贪污罪和受贿罪,第383条规定了四个罪刑单元,第385条规定:"对犯受贿罪的,根据受贿所得数额及情节,依照本法第三百八十三条的规定处罚……"

2. 采取"相对具体数额+抽象情节"的二元量刑标准

97《刑法》规定了"十万元以上"、"五万元以上不满十万元"、"五千元以上不满五万元"和"不满五千元"四个数额范围以及"情节特别严重的"、"情节严重的"、"情节较重的"和"情节较轻的"四种犯罪情节。

(六)《刑法修正案(九)》的规定:罪名分立、量刑标准合一

《刑法修正案(九)》将97《刑法》中相对具体的数额标准修改为抽象的数额标准,同时调整了情节标准的量刑作用。

(1) 继续保持"罪名分立、量刑标准合一"的立法模式,对此不再赘述。

(2) 构建了"抽象数额+抽象情节"的二元量刑标准。《刑法修正案(九)》将97《刑法》中的数额标准修改为"数额较大"、"数额巨大"和"数额特别巨大"三个抽象范围,同时增设了"较重情节"、"严重情节"和"特别严重情节"三种抽象情节,数额标准与情节标准是择一选择关系。

## 二、我国贪污受贿罪量刑标准立法评析

新中国成立70年来,我国贪污受贿罪量刑标准立法固守了部分传统理念和立法模式,在制度设计方面也有较多突破,但当前立法尚存在一些结构性缺陷和具体问题。

(一) 贪污受贿罪量刑标准立法规律

根据前文分析,将我国历次贪污受贿罪量刑标准立法制成下表,以便于总结其中的规律。

# 第一编 新中国成立 70 年来刑事法治和刑法理论的变迁与反思

| 法律文本 | 立法模式 | 量刑标准 | 量刑标准之间的关系 |
| --- | --- | --- | --- |
| 《条例》 | 罪名和量刑标准均合一 | 数额 | / |
| 79《刑法》 | 罪名和量刑标准均分立 | 贪污罪：数额+情节<br>受贿罪：不明确 | 混合关系 |
| 《决定》 | 罪名分立、量刑标准合一 | 数额+情节 | 混合关系 |
| 《补充规定》 | 罪名分立、量刑标准合一 | 数额+情节 | 数额：基本量刑标准<br>情节：辅助量刑标准 |
| 97《刑法》 | 罪名分立、量刑标准合一 | 数额+情节 | 数额：基本量刑标准<br>情节：辅助量刑标准 |
| 《刑法修正案（九）》 | 罪名分立、量刑标准合一 | 数额+情节 | 择一选择关系 |

1. "罪名分立、量刑标准合一"是基本模式

在新中国成立 70 年的立法进程中，"罪名分立、量刑标准合一"是贪污受贿罪的基本立法模式。在罪名方面，唯有《条例》将贪污和受贿统合于贪污罪之中，其余立法均分别规定贪污罪和受贿罪。在量刑标准方面，除了 79《刑法》分别规定贪污罪和受贿罪的量刑标准以外，其余立法均对两罪规定了相同的量刑标准，并且沿用了受贿罪参照贪污罪量刑的方式。

2. 随着经济社会发展而不断调整数额标准

《决定》以外的立法几乎均将犯罪数额作为贪污受贿罪的基本量刑标准，79《刑法》还将贪污罪规定在财产犯罪中，足见立法者对犯罪数额的青睐。改革开放以后，我国经济长期稳定增长，犯罪数额所体现的罪行严重性逐渐降低，立法上原先确立的数额标准逐渐过时。在此背景下，之后的立法基本都会提高量刑的数额标准。

3. 根据司法实践状况逐步完善情节标准

司法实践中伴有恶劣情节或者造成危害后果的腐败犯罪不在少数，这些情节和后果也是衡量贪污受贿罪罪行轻重的重要因素。因此，贪污受贿罪历次立法都会考虑情节问题。但是，情节的种类和地位在不同法律文本中存在差异。例如，《条例》构建的量刑情节体系混淆了犯罪构成事实的情节和非犯罪构成事实的情节；[①] 79《刑法》、《补充规定》和 97《刑法》中的情节规定极为简化，导致实践中出现量刑"唯数额论"问题。[②]《刑法修正案（九）》确立了犯罪情节独立量刑标准的地位，

---

[①] 根据贪污罪和受贿罪一般的犯罪构成理论，出卖或坐探国家经济情报、贪赃枉法、敲诈勒索、组织集体贪污、犯罪行为有其他特殊恶劣情节等情节应属于影响贪污受贿罪不法或责任的犯罪构成事实，屡犯不改、拒不坦白或阻止他人坦白、未被发觉前自动坦白、被发觉后彻底坦白、立功等情节应属于体现犯罪分子人身危险性的非犯罪构成事实。

[②] 参见王刚：《我国贪污受贿罪量刑存在的问题和完善建议》，载《湖北社会科学》2016 年第 11 期。

《解释》构建了犯罪情节体系，在一定程度上弥补了前述立法缺陷，有利于促进贪污受贿罪量刑规范化。

4. 数额标准与情节标准关系之设定是重难点

立法上虽然设立了"数额+情节"的量刑标准，但二者各处于何种地位，发挥何种量刑作用，并未得到解决。《条例》规定了15种量刑情节，但只规定了1种犯罪情节。79《刑法》、《补充规定》和97《刑法》虽然将犯罪情节作为量刑标准，但其基本处于辅助地位。《刑法修正案（九）》虽然确立了犯罪数额和犯罪情节择一选择的关系，但如何协调二者在贪污受贿罪量刑中的作用仍是未解之谜。

### （二）贪污受贿罪量刑标准之不足

从配刑理论和司法困境等层面分析，当前我国贪污受贿罪量刑标准立法存在以下不足：

1. 贪污罪和受贿罪的量刑标准未分立

现行刑法对贪污受贿罪量刑标准采取合一制模式，我国学者对这种模式的弊端多有批判，① 笔者亦提出过相同观点。② 本文不再重复已有观点，现提出两点新理由：其一，合一制模式导致刑法解释出现矛盾。《刑法》第383条规定了贪污罪及其量刑标准，由于该量刑标准隶属于贪污罪，其中的犯罪情节应当只能存在于贪污犯罪中，而不能是与贪污罪无关的事实。《解释》规定了多次索贿、为他人谋取职务提拔等几种情节，这些情节显然不可能存在于贪污罪中，故而该解释有违罪刑法定原则。其二，合一制模式不符合通行的配刑原理。对犯罪配置何种类型及强度的刑罚，刑法理论一般采取黑格尔的等价报应论，等价报应论强调刑罚的类型和强度与犯罪的性质和危害性相适应。按此法理，死刑通常适用于严重暴力犯罪，财产刑主要适用于贪利型犯罪。贪污罪一般不会造成人身伤亡的后果，但受贿后滥用职权或玩忽职守极有可能会引发次生犯罪，进而造成人身伤亡的后果。因此，对受贿罪配置死刑的正当性显然比贪污罪更充分。

2. 数额标准随着经济发展"水涨船高"不合理

在《刑法修正案（九）》的制定过程中，理论界和实务界曾对数额标准的修改进行过激烈讨论，主要形成提高说和降低说两种相反观点。《解释》采纳了提高说，但这并不妥当。已有观点不再重复，现补充两点新理由：其一，在立法上，贪污受贿罪数额量刑标准的修改可能会引起其他贪利型犯罪量刑数额标准的修改，修法成本太大。提高贪污受贿罪数额标准的理由同样可以适用于其他贪利型犯罪，基于刑法平等原则，这些犯罪的数额标准也应随着贪污受贿罪数额标准的提高而提高，如此势必会带来大量修法工作。但事实上其他贪利型犯罪的数额标准并非像贪污受贿罪那样得到频繁修改，如抢劫罪和生产、销售伪劣产品罪。有些贪利型犯罪的数额标准虽然修改了，但提高幅度远低于贪污受贿罪。例如，1998年和2003年两个关于盗窃罪的司法解释规定的"数额较大"、"数额巨大"、"数额特别巨大"

---

① 参见曹子丹：《我国刑法中贪污罪贿赂罪法定刑的立法发展及其完善》，载《政法论坛》1996年第2期；姜涛：《贪污受贿犯罪的法定刑应当区分》，载《政治与法律》2016年第10期。

② 参见王刚：《我国受贿罪处罚标准立法评析》，载《环球法律评论》2016年第1期。

# 第一编 新中国成立70年来刑事法治和刑法理论的变迁与反思

的标准分别是 500-2000 元、5000-20000 元、30000-100000 元和 1000-3000 元、30000-100000 元、300000-500000 元；1996 年和 2011 年两个关于诈骗罪的司法解释规定的"数额较大"、"数额巨大"、"数额特别巨大"的标准分别是 2000 元以上、30000 元以上、100000 元以上和 3000-10000 元、30000-100000 元、500000 元以上。其二，在司法上，贪污受贿罪数额标准的大幅提升，容易导致与其他贪利型犯罪量刑标准的失衡，从而出现司法悖论。例如，职务侵占罪、贪污罪与盗窃罪、诈骗罪存在交叉，由于前两种犯罪的数额入罪标准高于后两种犯罪，实践中存在将不构成职务侵占罪、贪污罪但构成盗窃罪、诈骗罪的行为予以出罪的现象。例如，在四川杨某盗窃案中，行为人盗窃本单位财物 1999 元，一审定盗窃罪，再审改判无罪。再审无罪的理由是，"原审被告人杨某作为顺丰公司的工作人员，利用经手本单位财物的职务之便，采用盗窃方法侵占本单位价值 1999 元的财物，其行为应属职务侵占性质，但因侵占的财物价值未达到职务侵占罪数额较大的定罪起点 1 万元，依法不应以犯罪论处"。① 但依笔者之见，根据我国罪刑法定条款前段之规定，② 本案应以盗窃罪论处，不能予以出罪。

3. 《解释》构建的情节标准体系不科学

《解释》对《刑法修正案（九）》中的情节标准作了细化规定，但仍存在较多问题。其一，将贪污罪条款中的情节解释为贪污情节和受贿情节两类，违反罪刑法定原则。其二，部分情节不具有量刑标准的功能，应作为量刑情节处理。犯罪的实体是不法与责任，不法程度与责任程度决定罪行轻重，罪行轻重决定法定刑配置，只有体现某种犯罪不法程度与责任程度的事实才能作为该罪的量刑标准。以此观点考察《解释》规定的九种犯罪情节，部分情节不符合配刑原理。③ 其三，部分常见的影响贪污受贿罪不法程度与责任程度的事实没有被确立为量刑标准。例如，多次贪污、采用破坏性手段贪污、贪污方式特别恶劣以及向多人索贿、受贿后为他人谋取不正当利益等事实。

4. 数额标准与情节标准之间的关系未得到妥善解决

根据《刑法修正案（九）》的规定，数额和情节是贪污受贿罪并列择一的量刑标准。但是，如果案件出现数额和情节竞合现象，贪污受贿罪量刑会变得极为复杂和困难：其一，如何确定基本犯罪构成事实，即以数额还是情节作为量刑标准？其二，如果以数额或情节作为基本犯罪构成事实，情节和数额如何发挥量刑作用？其三，如果以数额或情节为基本犯罪构成事实，情节或数额达到什么程度可以升格法定刑？④《解释》没有解决这些问题，为了有效发挥数额和情节的量刑作用，需

---

① 参见［2015 川刑提字第 2 号］裁定书。
② 《刑法》第 3 条前段规定："法律明文规定为犯罪行为的，依照法律定罪处刑。"有学者认为，这是我国刑法规定的积极罪刑法定主义，其倾向于扩张刑罚权，强调司法机关要积极运用刑罚惩罚犯罪、保护社会。参见何秉松主编：《刑法教科书（2004 年修订版）》（上卷），中国法制出版社 2005 年版，第 63 页；曲新久等：《刑法学》，中国政法大学出版社 2004 年版，第 35 页。
③ 笔者对《解释》设置的犯罪情节体系存在的缺陷做过论述，详见王刚：《贪污受贿罪量刑新标准的司法适用研究》，载《河北法学》2018 年第 9 期。
④ 参见王刚：《贪污受贿罪量刑新标准的司法适用研究》，载《河北法学》2018 年第 9 期。

要将来通过立法或司法解释加以处理。

### 三、我国贪污受贿罪量刑标准的立法完善

针对前述贪污受贿罪量刑标准存在的不足，量刑标准分立是解决问题的根本出路，在此前提下分别设置两罪数额标准和情节标准的地位及相互关系是重点。

**（一）对贪污罪和受贿罪的量刑标准实行分立**

老一辈学者曹子丹先生很早就提出贪污、受贿分别立法的主张，① 当前不少刑法学者从保护法益、不法内涵、责任程度、量刑情节、犯罪成本等角度进一步论证了这一观点，② 笔者亦持此观点。③ 贪污、受贿两罪量刑标准分立之后，要重新思考和修改两罪的罪刑结构，这主要涉及两方面问题。一是法定刑配置。贪污罪本质上是"监守自盗"的侵财犯罪，受贿罪本质上是"权钱交易"的职务犯罪。一般来说，受贿罪侵犯之法益性质比贪污罪更重要、法益程度比贪污罪更严重。因此，受贿罪中犯罪事实与法定刑之间的配比关系应比贪污罪宽松，或者说在相同数额或情节的状况下，受贿罪的法定刑要重于贪污罪。此外，即使保留贪污罪的死刑，其适用标准也要高于受贿罪。二是量刑标准设置。由于贪污、受贿两罪在罪质上的区别和罪量上的差异，犯罪数额和犯罪情节在两罪量刑标准体系中的地位亦不相同。

**（二）严控贪污罪和受贿罪数额标准的涨幅**

贪污受贿罪的定罪标准和量刑标准具有不同的法治意蕴和逻辑要求：定罪标准反映了刑法对贪污受贿罪的容忍限度，应遵循有罪必罚原则；量刑标准体现了刑法对贪污受贿罪的惩罚强度，应遵循罪刑相适应原则。以经济社会发展为由提高贪污受贿罪的定罪标准，意味着随着时代发展刑法对贪污受贿罪的容忍度在降低，这与政治文明的发展方向、社会公众的正常期待以及"零容忍"的反腐政策都是相悖的。经济社会状况日新月异，相同数额货币代表的购买力和社会价值在不同时代不可同日而语，犯罪数额与法定刑之间的配比关系也会发生重大变化，如果固守原来的量刑标准就无法实现罪刑相适应原则。有鉴于此，笔者曾经主张保留贪污受贿罪5000元的入罪标准，适当提高量刑的数额标准。④

但是，《解释》不恰当地提高了贪污受贿罪定罪量刑的数额标准。在此背景下，笔者对未来贪污受贿罪数额标准的修改提出三点建议：第一，固守现行定罪数额标准，不能再轻易提高入罪门槛。无止境地提高定罪数额标准具有很大弊端，整体上会钝化民众的反腐意识，增加腐败犯罪的治理难度。第二，不能过于频繁、过大幅

---

① 参见曹子丹：《我国刑法中贪污罪贿赂罪法定刑的立法发展及其完善》，载《政法论坛》1996年第2期。
② 参见赵秉志：《贪污受贿犯罪定罪量刑标准问题研究》，载《中国法学》2015年第1期；梁根林：《贪污受贿定罪量刑标准的立法完善》，载《中国法律评论》2015年第2期；卢建平、孙本雄：《我国受贿罪定罪量刑标准之重构》，载《中国人民公安大学学报》（社会科学版）2016年第3期；姜涛：《贪污受贿犯罪的法定刑应当区分》，载《政治与法律》2016年第10期；陈俊秀：《贪污罪和受贿罪法定刑并轨制的法治逻辑悖论——基于2017年公布的2097份刑事判决书的法律表达》，载《北京社会科学》2019年第4期。
③ 参见王刚：《我国受贿罪处罚标准立法评析》，载《环球法律评论》2016年第1期。
④ 参见王刚：《我国受贿罪处罚标准立法评析》，载《环球法律评论》2016年第1期。

度地修改量刑数额标准，注意保持贪污受贿罪与其他贪利型犯罪数额量刑标准之间的均衡。第三，受贿罪的数额标准应当低于贪污罪。由于体现贪污罪罪责程度的因素较为单一且主要表现为犯罪数额，体现受贿罪罪责程度的因素则较为广泛，相对而言降低了犯罪数额在受贿罪罪责评价中的作用。

### （三）优化贪污罪和受贿罪的情节标准体系

在分立贪污受贿罪量刑标准的基础上，应以保护法益、不法内涵、责任程度等理论分析两罪罪行评价方面的差异，进而根据两罪特征分别设置情节标准体系。《解释》设置的情节标准体系存在的主要缺陷是，对贪污罪的主观情节考虑不足，对受贿罪的客观情节考虑不足。因此，贪污罪和受贿罪情节标准体系的优化方向分别是增加主观情节和客观情节。

关于贪污罪，《解释》规定的主观情节主要是"曾因贪污、受贿、挪用公款受过党纪、行政处分的"和"曾因故意犯罪受过刑事追究的"。然而，"受过党纪、行政处分和刑事追究只能表明行为人具有较大的人身危险性，而与违法性和有责性评价无关，因此不宜作为升格法定刑的情节"。① 相反，多次贪污、基于卑劣动机贪污、采用恶劣或破坏手段贪污等体现责任程度的要素却没有被确立为贪污罪的犯罪情节。我国刑法有诸多关于"多次"的规定，"多次"往往是降低定罪标准或升格法定刑的情节，如多次抢劫、多次盗窃、多次抢夺、多次敲诈勒索等，多次贪污与这些规定具有相同的法理。犯罪动机是否卑劣能够反映行为人的主观恶性，如基于生活所需而贪污显然比为了追求骄奢淫逸的生活而贪污的罪责要小。采用破坏性手段贪污反映行为人犯意之坚定，比一般贪污之罪责要重。据此，建议将来贪污罪立法增加相关主观犯罪情节。

关于受贿罪，《解释》规定的客观情节主要是"为他人谋取不正当利益，致使公共财产、国家和人民利益遭受损失的"和"为他人谋取职务提拔、调整的"。实践中受贿人为行贿人谋取利益的方式、次数、内容、结果等多种多样，其中的许多事实不仅体现了受贿罪的不法程度，也能反映犯罪人的责任程度。此外，《解释》在赋予这两种情节升格法定刑功能的同时，又对其范围作出严格限定，导致受贿罪加重犯的处罚范围过窄，重复了"严而不厉"的老路。据此，建议将来受贿罪立法增加客观犯罪情节，并取消对现有犯罪情节的不当限制。

### （四）合理设置贪污罪和受贿罪数额标准和情节标准的关系

对犯罪数额和犯罪情节在贪污罪和受贿罪量刑标准体系中的地位不能等同视之，应当将二者分别设定为贪污罪的基本量刑标准和辅助量刑标准以及受贿罪择一并列的量刑标准，在此框架下再处理数额和情节的竞合问题。据此，笔者提出以下设想。

关于贪污罪的量刑标准体系。首先，以犯罪数额为基本犯罪构成事实，确定"数额较大"、"数额巨大"和"数额特别巨大"三个数额范围，分别对应"三年以下有期徒刑或者拘役"、"三年以上十年以下有期徒刑"和"十年以上有期徒刑或

---

① 参见王刚：《贪污受贿罪量刑新标准的司法适用研究》，载《河北法学》2018年第9期。

者无期徒刑"三个法定刑幅度。其次,增加犯罪情节作为升格法定刑依据,形成"数额未达到较大标准但情节较重的"、"数额较大并且情节严重的"、"数额巨大并且情节特别严重的"和"数额特别巨大并且情节特别严重的"四种犯罪形态,前三种犯罪形态分别对应前三个法定刑幅度,对第四种犯罪形态配置"无期徒刑或者死刑"。由此,贪污罪形成四个罪刑单元:第一、二、三罪刑单元处罚常态贪污行为;第一罪刑单元还可以将"小贪"纳入处罚范围,发挥刑法"拍苍蝇"的作用。第四罪刑单元处罚极少数罪行极其严重的"大贪"、"恶贪",同时起到"打老虎"和限制死刑的作用。

关于受贿罪的量刑标准体系。首先,保留《刑法》第383条前三个罪刑单元的规定,维持犯罪数额和犯罪情节之间择一并列的关系,作为第一套罪刑单元。其次,另行规定"数额较小但情节较重的"、"数额较大并且情节严重的"和"数额巨大并且情节特别严重的"三个罪刑单元,分别对应前三个法定刑幅度,作为第二套罪刑单元。再次,规定"数额巨大,并使国家和人民利益遭受特别重大损失的"和"数额特别巨大并且情节特别严重的"两种犯罪形态,配置"无期徒刑或者死刑"作为受贿罪最重的罪刑单元。

上述构想对未来我国贪污受贿罪量刑标准立法完善具有参考价值:其一,从根源上解决了贪污罪和受贿罪量刑标准合一模式的结构性缺陷以及刑法解释上的难题,有利于应对司法实务中的争议问题;其二,准确反映了贪污罪和受贿罪的本质特征和犯罪规律,摆正了数额和情节在两罪中的地位,妥当处理了数额和情节在两罪量刑中的不同作用;其三,丰富了贪污罪和受贿罪的量刑标准体系,促进贪污受贿罪立法由"厉而不严"向"严而不厉"转型。

# 新中国成立70年来刑罚立法的变迁与反思：
# 以刑罚体系为视角

杨百合[*]

## 一、我国刑罚体系的合理性

### （一）重刑主义否定的合理性

在我国，重刑主义的传统可谓历史悠久。从奴隶时期到封建时期，甚至直至近代，充斥着各种残酷、暴虐的刑罚，统治者无一例外地认为应当"以暴禁暴、以杀止杀、以刑去刑"，试图通过残暴的重刑来达到减少犯罪，维护社会秩序稳定的目的。但随着世界范围内的文明和法治发展，刑法的谦抑性和罪刑均衡原则越来越被公众普遍接受，重刑主义已经不再是刑法和犯罪治理的主题，人们开始认识到，均衡适当的刑罚相对于一味的重刑甚至超重刑对于犯罪的治理和保障人权是更加有效的手段。边沁有言："刑罚的严厉程度应该只为实现其目标而绝对必需。所有超过于此的刑罚不仅是过分的恶，而且会制造大量阻碍公正目标实现的坎坷。"[①] 可见，刑罚轻缓化已经成为世界范围的一种潮流。

新中国成立以来，由于尚未颁布刑法典，我国刑罚体系大致处于以刑事政策为主导的状态。从当时制定颁布的《惩治反革命条例》等一系列规定犯罪与刑罚的法律、法规中对于死刑和无期徒刑的广泛规定，以及国家对于许多特定类型犯罪的严厉打击可见，当时的刑罚有着重刑主义的倾向。

1979年，我国颁布了新中国成立以来的第一部刑法典，初步将我国的刑罚体系规定其中，我国初步有了相对完备的刑罚体系。虽然1979年《刑法》规定了与罪刑法定主义相违背的类推制度，且在刑罚的适用上某些轻刑（如罚金）也缺乏相关的执行配套措施，但总体上减少了死刑和无期徒刑的规定，并对之规定了较为严格的限制适用条件。因而，总的来说，1979年《刑法》的颁布在一定程度上减缓了刑罚的重刑主义倾向。

当前，我国的刑罚体系由1997年《刑法》所规定，自1979年《刑法》以来并未有大的调整，由包括管制、拘役、有期徒刑、无期徒刑与死刑的五种主刑，可以独立适用也可以附加主刑适用的罚金、剥夺政治权利、没收财产以及适用于犯罪外国人的驱逐出境四种附加刑构成。近年来，经过《刑法修正案（八）》的修改，我国刑法中适用死刑等重刑的罪名开始逐步减少，基本废除了经济犯罪中的死刑适

---

[*] 中南财经政法大学刑事司法学院刑法学专业博士研究生。

[①] ［英］吉米·边沁：《立法理论——刑法典原理》，孙力等译，中国人民公安大学出版社1993年版，第78页。

用。2015 年，经《刑法修正案（九）》修改后，增加了的禁止令、终身监禁等一系列处罚措施和限制规定，并规定了包括罚金、死刑缓期执行等在内的刑罚执行措施。不得不说，虽然中国目前的刑罚结构是以死刑、自由刑为中心。从世界范围内看属于重刑结构，甚至超重刑结构。① 但是，相较于几十年前，我国刑罚体系已经有了质的飞跃，相关刑罚的执行配套措施更加完备和灵活，对于死刑、无期徒刑等重刑的适用和执行更加严格，从立法和司法两方面来看，刑罚总体呈现出轻缓化的趋势。

（二）刑罚政策的合理性

刑罚政策即关于刑罚运用的策略，其设定和运用都不是盲目的，而是基于一定的政策考虑、在刑事政策思想指导下进行的。② 在任何时期，刑罚的轻重以及刑罚体系的结构都不是确定不变的，通常来说，刑罚受到国家刑事政策的影响，而刑罚政策则正是刑事立法和刑事司法的中间环节，刑事立法通常只是作出一个较为抽象的规定，而在刑事司法中对于具体案件的定罪量刑则受到刑罚政策的调整。因此，平衡刑事立法和刑事司法中的刑罚政策是刑罚适用至关重要的一环。

我国刑罚政策的合理性首先来自刑罚制定政策的合理性。

所谓"刑罚"，从形式上而言，系作为犯罪之法律效果，而由国家剥夺犯罪人之法益；从实质上而言，系以犯罪之报应作为本质，以痛苦、恶害作为内容。刑罚本身并无存在的理由，其之所以称为国家制度，乃为实现一定目的而被加以利用之故。③ 因此，从本质上看，刑罚对于国家而言是一种为维持社会秩序，保护法益所必需的制度。根据当下刑法学界的理论研究，刑罚本身的正当化存在于其报应与预防相结合的目的中。通过刑罚的运用，能够满足报应的社会需求，平复公众的愤懑情绪；其所具有的威吓功能遏制犯罪的发生达到其一般预防的目的。同时，刑罚的矫正与预防功效能够预防特定犯罪人再犯罪，达到其特殊预防的功能。

刑罚的正当性来自于刑罚的本质。其主要回答的是为什么作为一种"恶"的刑罚本身，对犯罪人的权利和利益的剥夺或限制反而具有正当性的问题。关于刑罚的正当性的争论，主要存在三种学说，分别是报应刑论、目的刑论和兼采二者的并合主义（相对的报应主义）。

报应刑论主张，"因为有犯罪而科处刑罚"，即刑罚是针对恶行的恶报，恶报的内容必须是恶害，恶报必须与恶行相均衡；④ 目的刑论的支持者认为，刑罚不是对犯罪的报应，而是追求一定的目的。目的刑论认为刑罚的目的为预防犯罪，防卫社会，包括特殊预防和一般预防。并合主义是一种兼采二者的折中观点，这种相对报应刑论认为，刑罚的正当化根据一方面是为了满足恶有恶报、善有善报的正义要求，同时也必须是防治犯罪所必需且有效的，应当在报应刑的范围内实现一般预防

---

① 何群、储槐植：《论我国刑罚配置的优化》，载《政法论丛》2018 年第 3 期。
② 郭理蓉：《刑罚政策的概念、功能及模式》，载《中国刑事法杂志》2006 年第 2 期。
③ 陈子平：《刑法总论》，中国人民大学出版社 2008 年版，第 687 页。
④ 张明楷：《刑法学》，法律出版社 2016 年版，第 504 页。

第一编　新中国成立 70 年来刑事法治和刑法理论的变迁与反思

与特殊预防的目的。① 针对以上学说，笔者认为，从刑罚的目的上来说，单纯的报应或者预防都不足以成为刑罚合理性的基础。"恶有恶报"的报应观是一种最为原始和质朴的情感，也是最容易为普通大众所接受的。但是，除了感情效果，刑罚的判处和实施还应当具有一定的实际效果，这种效果即是指对犯罪的预防作用。② 因而无论是报应还是预防，二者并非相互对立，而应当相互弥补，共同说明刑罚的合理性问题。刑罚的报应功能与预防功能的结合体现在刑罚的运用中，通过刑罚的运用达到维持社会秩序的目的。当前在我国刑法学界，相对报应刑论已经成为通说。对于刑罚合理性根据的理论研究，为我国刑罚体系未来的完善和刑事司法中的定罪量刑提供了理论支持和指引。

其次，我国刑罚政策的合理性来源于量刑政策的合理性。

量刑即法官利用其自由裁量权，依法对犯罪人进行刑罚的裁量。由于在司法实践中，案件事实不尽相同，错综复杂，因此如何对犯罪人适用相当的刑罚，发挥刑罚的效果，有赖于司法人员的个人能力、素质以及其对于法律条文的理解程度。因而国家制定一定的量刑政策，以对刑事司法中的定罪量刑进行指导，以避免量刑出现大的偏差，影响个别公正的实现。随着 1983 年开展的"严打"运动的结束，"依法从重从快"的量刑政策也早已退出历史舞台。当前，我国量刑政策以"宽严相济"的刑事政策为指导，坚持罪刑相适应、罪刑均衡的原则，在与犯罪人罪行严重限度地相符合的范围内定罪量刑，同时兼顾犯罪的预防，在最大程度地发挥刑罚的功能的基础上认定预防刑，责任刑与预防刑相配合，能够达到量刑的合理化、科学化，实现个体公正和社会公证。

最后，我国刑罚政策的合理性来自刑罚执行政策的合理性。

刑罚的执行是指国家刑罚权根据犯罪人的现实情况而发生，实现其作用的过程，本文中的刑罚执行特指广义概念，即所有刑罚的执行。当前，我国的刑罚体系中早已不包含残酷、暴虐的刑法。根据我国刑法之规定，自由刑的执行方式多采用劳动改造，死刑采取注射或者枪决的方式，其执行过程也能充分保障犯罪人的基本人权，不使其遭受肉体上的折磨和人格的减损。刑罚的执行政策是指导刑事司法最末端活动的政策，其所包含的价值理念和原则对于实现刑法现实效果是不可或缺的。我国刑罚的执行贯彻教育与改造相结合的理念，是"宽严相济"的刑事政策的一部分。同时，我国监狱实行"惩罚与改造相结合、以改造人为宗旨"的工作方针，刑罚的执行注重对于犯罪分子的改造和教育，关注犯罪分子在刑罚执行过程中的身心健康，并大力帮助犯罪分子在服刑完毕后重返社会，将尊重人权和发挥刑罚执行之效益并重。

如前文所述，当下的我国已经摒弃了从前"治乱世用重典"之重刑主义的刑罚政策，"严打"也早已经过去，人道主义和保障人权已经成为我国刑罚政策的重心。同时，我国的刑罚政策的制定也注重针对本国国情，制定适合我国本土状况的刑罚

---

① 张明楷：《刑法学》，法律出版社 2016 年版，第 506 页。
② 马克昌主编：《近代西方刑法学说史略》，中国检察出版社 2004 年版，第 288 页。

政策,紧跟刑事政策,"以人为本"的科学、合理化刑罚政策与刑事政策在我国已经得以明确确立。

## 二、我国刑罚体系现状之检视

刑罚,根据其所剥夺的法益的类型分为生命刑、自由刑、资格刑和财产刑。生命刑即以剥夺犯罪人生命为内容的刑罚,如死刑;自由刑即以剥夺犯罪人自由为内容的刑罚,如限制居住、流放、徒刑、拘禁等;资格刑即以剥夺犯罪人特定资格为内容的刑罚,如从业禁止等;财产刑则是以剥夺财产为内容的刑罚,如罚金等。

按照刑法学界的通说,刑罚体系是指刑法所规定的,按照一定次序、原则进行系统科学排列的各种刑罚方法的总和。① 刑罚体系由各种不同的刑种组成,其内容和刑种的排列方式同时也会受到特定的刑事政策影响。在我国,刑罚体系受到宽严相济的刑事政策的指引,刑罚的种类较为丰富,主刑与附加刑相互配合、相得益彰。同时,我国刑罚体系在内容上符合当今世界的刑罚轻缓化趋势,死刑采取枪决或注射的执行方式,自由刑的执行也能够在充分保障犯罪人的人权的基础之上使其体会到相当的剥夺性痛苦,符合我国惩罚与教育相结合的方针。

根据我国《刑法》第 32 条之规定,在我国,刑罚分为主刑和附加刑。其中,主刑又分为生命刑(即死刑)和自由刑(即无期徒刑、有期徒刑、拘役、管制);附加刑可以分为财产刑(即没收财产、罚金)和资格刑(即剥夺政治权利)。此外,对于犯罪的外国人,可以独立或者附加适用驱逐出境。另外,我国《刑法》第 37 条还规定了"对于犯罪情节轻微不需要判处刑罚"的可以免于刑事处罚,可以判处包括"予以训诫或者责令具结悔过、赔礼道歉、赔偿损失、或者由主管部门予以行政处罚或者行政处分"以及《刑法》第 37 条之一所规定的从业禁止等一系列非刑罚处罚措施。

虽然我国刑罚体系已经相对完备,但是随着社会进步和法治的发展,刑罚体系也出现了一些有待完善的不足之处,未能很好地适应当前我国的犯罪现状。

### (一)死刑限制适用存在局限性

虽然在世界范围内大多数国家已经废除了死刑,死刑的废除已经成为不可逆转的趋势,但综合考量我国国情和公众接受度以及舆论的影响,在立法上短时间内大量废除死刑,完全漠视公众的情感是不可行的。因而,我国当下还不适合彻底废除死刑。在仍然保留死刑的状况下,我国开始从立法上逐渐减少死刑的规定。但是,即使经过《刑法修正案(八)》和《刑法修正案(九)》的修改,在相当程度上废除了非暴力性犯罪刑罚中的死刑,还规定了针对严重的贪污受贿犯罪死刑缓期执行的终身监禁制度,但现存的包含死刑的罪名仍然高达 46 个之多,且由于立法上的死刑替代措施刚刚出台不久,还存在规定不明确、缺乏与之配套的执行措施的问题,因而自《刑法修正案(九)》颁布以来,终身监禁只在少数案例中适用。

与此同时,我国刑法第 48 条规定:"死刑只适用于罪行极其严重的犯罪分子。

---

① 高铭暄、赵秉志主编:《刑罚总论比较研究》,北京大学出版社 2008 年版,第 5 页。

第一编　新中国成立70年来刑事法治和刑法理论的变迁与反思

对于应当判处死刑的犯罪分子，如果不是必须立即执行的，可以判处死刑同时宣告缓期二年执行。"而对于此处"罪行极其严重的犯罪分子"，法律并没有进行解释。对于"罪行极其严重"的标准，无论是在司法实践中还是在学术界，一直以来都存在一定的分歧。因此，明确死刑立即执行和死刑缓期执行的标准是我国刑法中关于死刑之规定需要解决的问题。

（二）死刑替代措施不足

死刑替代措施是指一种能够限制死刑立即执行的刑罚措施，毛泽东同志曾在《新解放区土地改革要点》一文中指出："反动分子要镇压，但是必须严禁乱杀，杀人越少越好。"[1] 可见，我国一直以来奉行的都是坚持少杀、防止错杀的死刑政策。况且，近年来出现的呼格吉勒图案、聂树斌案等一系列冤假错案使人们意识到错杀所带来的严重后果，死刑的不可挽回性和对于死刑遏制犯罪效果的质疑逐渐使得死刑的替代措施的寻求受到重视。

根据我国的刑罚体系配置，位于死刑下一位阶的刑罚便是无期徒刑。无期徒刑是自由刑的一种，是介于死刑和有期徒刑之间的刑罚，因其在我国刑罚体系中的严厉程度仅次于死刑，在废除死刑的潮流和呼声中，无期徒刑被认为是一种死刑的替代措施。但是在我国的刑罚体系中，由于刑法规定被判处无期徒刑的犯人可以减刑、假释，本着对犯罪人进行教育改造并使其回归社会的原则，适用了无期徒刑的罪犯大多数会在劳动改造满一定年限后出狱，极少有人能够终身服刑，甚至有犯人经过多重减刑，十几年就可以出狱。在司法实践中被判处无期徒刑的犯人实际执行的刑期一般在10年至12年，个别的罪犯最多也只服刑15年左右。[2] 因此，这种无期徒刑的实际执行同死刑相比有着较大的落差，不大容易为公众所接受，同时，其实际效果也不能达到威慑犯罪分子、预防犯罪的目的。因此，其死刑替代功能并未能够很好地发挥。虽然《刑法修正案（九）》规定了对于重大贪污受贿犯罪的终身监禁制度，但是当前对于我国刑法中的终身监禁仍然存在立法逻辑不同、法律性质不明以及认定标准不明确因而适用不多的情况。由此，在死刑和无期徒刑之间，实际上存在一定的衔接不畅的空白地带，容易导致犯罪分子利用法律的规定漏洞逃避责任，造成罪刑不相适应的状况，无法达到刑法惩罚犯罪和刑罚预防犯罪的目的。

（三）罚金刑地位较低

罚金刑在我国刑罚体系中属于附加刑，可以单独适用，也可以附加主刑适用。但在我国司法实践中，罚金刑通常在附加主刑的情况下适用，为轻刑的一种。随着1997年《刑法》的全面修订，罚金刑所覆盖的罪名已经大大扩充，据统计，我国刑法当前全部罪名达到468个，其中配置罚金刑的罪名达到45.2%，罚金刑在定罪量刑中尤其是经济犯罪中占据了非常重要的地位。

但是，按照当前罚金刑在我国刑罚体系中的位阶来看，罚金刑依旧是以附加刑

---

[1]《毛泽东选集》（第四卷），人民出版社1991年版，第1482页。
[2] 辛科：《我国刑罚体系的重构》，载《江西公安专科学校学报》2007年第6期。

的身份被适用,罚金刑何时应该单处、何时应该并处,并没有明确规定。在司法实践中,大多是并处,很少出现单处罚金的情形。由此可见,罚金刑在我国刑罚体系中位阶不高,只能对于主刑中的自由刑的适用起到辅助作用,尚不能成为自由刑的替代刑种。

### 三、我国刑罚体系改革之前瞻

#### (一)健全死刑替代措施

如上文所述,当前我国并没有死刑替代措施一说。在我国的刑罚体系中,能被认为是死刑替代措施的大致有无期徒刑死刑缓期执行。虽然无期徒刑是介于死刑和有期徒刑的中间刑罚,但是因其同死刑还有着较大的差距,因而还不能成为死刑立即执行的直接替代措施。而位于死刑立即执行和无期徒刑之间的死刑缓期执行,则可以成为缓冲死刑立即执行的一种方式。死缓为我国所独创,是死刑的一种,是不同于死刑立即执行的执行方式的死刑适用方法。刑法中对于死缓的规定位于我国《刑法》第48条第1款:"对于应当判处死刑的犯罪分子,如果不是必须立即执行的,可以判处死刑同时宣告缓期二年执行。"这是一般状况下的死缓,同时,我国还规定了其他两种关于死缓的特殊情况,即《刑法》第50条第2款中所规定的死缓的限制减刑和第383条第4款所规定的死缓的终身监禁两种情况。从我国刑法对于死刑缓期执行的规定来看,死缓的确是一种能够尽量减少死刑立即执行、安抚公众情感的中间措施。

在我国当前的现实状况下,废除死刑还只能是一种设想。但是在保留死刑的情况下,严格限制死刑的适用则是十分有必要的。笔者认为,在当前我国语境下提出死刑替代措施一说,主要还是应当完善和健全我国现有的相关制度和刑罚,即无期徒刑和死刑缓期执行制度。我们应当逐步完善健全无期徒刑和死缓制度这两种能够在一定程度上替代死刑立即执行的刑罚措施,以减少死刑的适用和执行。针对无期徒刑,可以提升其实际执行期限,设置灵活的考察标准,增强严厉性,适当缩小其同死刑之间的落差,提升无期徒刑的威慑作用;使其能够在一定程度上替代死刑;对于死刑缓期执行来说,则应当首先从立法上明确何为应当判处死刑立即执行的"罪行极其严重的犯罪分子",从立法上设定一定的标准,使非"罪行极其严重"的犯罪分子能够减少死刑立即执行的适用。同时,针对近年来确立的设置于重大贪污贿赂犯罪中的终身监禁制度,首当其冲的是明确其立法逻辑,明晰我国语境下"终身监禁"的法律性质。再者,对于"终身监禁",因其刑罚的严厉性和本身存在的弊端,应当适当提高其适用门槛,即只有在严重的贪污贿赂犯罪危害性极大时方可适用。最后,对于我国《刑法》第50条第1款所规定的死刑缓期执行转为死刑立即执行的规定中,应当提升对于"情节恶劣"程度的把握,进行全方位考察,只有在故意犯罪情节确实恶劣的情况下方可转为死刑立即执行,严格限制死刑立即执行的适用。

#### (二)重视财产刑

随着重刑主义的衰退和刑罚轻缓化的提倡,因为财产刑相较于自由刑而言属于较为轻缓的一类刑罚，且对于越来越多的贪利性、经济犯罪，财产刑的适用比自由刑的适用更能发挥刑罚的效果。我国财产刑主要包括罚金和没收两种刑罚。没收属于较重的一种财产刑，且在适用中容易波及犯罪人家人以及其他无辜人的财产，因而在刑罚轻缓化的大环境下，罚金是应当被重视且广泛适用的刑罚。

　　针对上文所述，我国的罚金刑存在着位阶不高、适用标准不明的问题。针对此种问题，笔者认为，要使罚金刑发挥更大的效用，首先应当增强立法和司法实务界对于罚金刑的重视，不应当只将其作为辅助主刑适用的一种较轻的附加刑来看待，对于适用罚金刑就能够达到惩罚犯罪人和预防犯罪之效果的案件，应当大胆地单独适用罚金刑，而非必须配合一定的主刑附加适用。再者，要扩大罚金刑的适用，还应扫除罚金刑适用上的一些障碍，在立法上设立罚金刑数额确定的指导性规定，同时出台更多的司法解释，根据全国各地不同的经济状况确立更为明确的地方性指导标准。在其适用的过程中设立明确的执行机制，全面考察个案的具体情况，根据犯罪情节、获利等具体情况确定罚金数额，避免罚金数额确定的随意性和偏差，通过罚金刑的适用达到不再一味以严厉程度较高的自由刑为中心也能达到惩罚犯罪、预防犯罪的效果。

### （三）增强刑罚综合运用能力，灵活使用非刑罚处罚方法

　　在我国的刑罚体系之中，还有着为数众多的针对犯罪情节轻微不需要判处刑罚而适用的非刑罚处罚措施。这些非刑罚处罚措施是相对于刑罚而言更为宽松和缓和的处罚措施，主要包括训诫、责令具结悔过、赔礼道歉、赔偿损失、行政处罚、行政处分以及从业禁止等。虽然所规定的种类较为完全，但是这些非刑罚处罚措施在我国刑法体系中仍存在一定的问题。首先，非刑罚处罚措施在我国的刑罚体系中位阶不明，刑法中的相关规定也较为抽象，更不要说相关的执行配套措施。由此，这些非刑罚处罚措施在具体适用和执行中难免会遇到同其他法律规定无法衔接且执行混乱的状况，无法发挥其应有的作用。

　　综观我国刑罚体系，可以说我国刑罚体系目前实际上已经相对完备，有多种刑罚种类和非刑罚处罚措施，种类丰富，结构也较为合理，大体上适应我国社会的发展。但是，我国的刑罚综合适用能力较弱，刑罚的执行配套措施缺乏。因此，要使得我国的刑罚体系更加完善，刑罚能够在更大程度上发挥其效用，应当在对于刑罚立法的略微修改基础之上，着重加强刑罚的综合适用能力，能够针对不同案件和不同犯罪人人身危险性、社会危害性的特殊情况，灵活适用自由刑、财产刑以及非刑罚处罚措施，不再一味拘泥于自由刑和重刑的适用，在非暴力的经济性犯罪中大胆适用财产刑以及其他附加措施如从业禁止等，使刑罚能够对症下药，以发挥其最大效用，用最有效的手段达到惩罚犯罪人和预防犯罪的效果。

# 刑法立法 40 年与积极主义刑法观

何荣功*

自 1979 年刑法颁布至今的 40 年，尤其是过去 20 年，我国刑法立法历经重大变迁，在诸方面取得了巨大进步。① 其中，最为显著的变化之一就是积极主义刑法观的确立，刑法回应社会问题、参与社会治理日益积极活跃。全面梳理总结这段时期的立法史无疑有助于我们更加清晰地认识现在，更好地面向未来。只是限于篇幅，本文并不打算对过去 40 年刑法立法的变迁与进步做整体、系统的归纳阐述，将重点围绕积极主义刑法观的规范表现、社会基础和可能存在的问题展开分析。

## 一、积极主义刑法观的确立与表现

尊重和保障人权，不羞辱和随意惩罚人，是现代文明正派社会最起码的标准。刑罚在本质上属于暴力，作为一种粗暴的社会治理方式，天生并不适合作为调整社会关系的手段。正因为如此，刑法谦抑主义被视为近代刑法的基础理念。即便在重刑主义氛围浓厚的我国古代社会，对于国家与社会治理，仍然闪烁着"刑为盛世所不能废，而亦盛世所不尚"的"慎刑"思想。而今，特别是随着信息风险社会的到来，刑法谦抑主义理念正在褪色，积极主义刑法观逐步流行。

积极主义刑法观，顾名思义，系与传统保守、消极、被动、节制型刑法观相对而言，作为一种能动型刑法观，其不再秉承刑法作为社会治理最后手段的传统做法，强调刑法对社会生活的积极干预与塑造，强调刑法对社会的积极干预。值得注意的是，我国历史上素有重刑传统，不缺乏强调刑罚的（一般）预防功能，但传统刑法对刑罚（一般）预防功能的理解主要看重的是刑罚适用的威吓效果，即通过刑罚执行产生的杀儆效应，让潜在想要犯罪的人心里感到害怕而不敢以身试法，此即为消极的一般预防或威吓的一般预防，这种刑法思想并不属于积极主义刑法观。积极主义刑法观在我国的确立乃晚近之事。

### （一）积极主义刑法观在立法指导思想上的确立

"刑法修订必须……以宪法为根据，以我国的实际情况为出发点和归宿"，② 这是 1997 年刑法修订时国家确立的立法指导思想（原则）。其后，该立法指导思想不断丰富，如《刑法修正案（八）》（以下简称"刑修（八）"）明确提出要"加强对于民生的刑法保护"。《刑法修正案（九）》（以下简称"刑修（九）"）在强调刑法要坚持正确政治方向、坚持问题导向和宽严相济刑事政策的同时，创造性

---

\* 武汉大学法学院教授。
① 参见赵秉志：《改革开放 40 年我国刑法立法的发展及其完善》，载《法学评论》2019 年第 2 期。
② 参见李淳、王尚新主编：《中国刑法修订的背景与适用》，法律出版社 1998 年版，第 3 页。

## 第一编 新中国成立70年来刑事法治和刑法理论的变迁与反思

地提出了要"坚持创新刑事立法理念,进一步发挥刑法在维护社会主义核心价值观、规范社会生活方面的引导和推动作用"。① 刑修(九)在立法指导思想上将刑法定位为"引导和推动社会发展的力量",反映了刑法在我国社会治理中的角色和功能发生了方向性转变,标志着积极刑法立法观在我国正式确立。

### (二) 积极主义刑法观在规范上的体现

第一,积极主义刑法观与预防刑法。所谓预防刑法,系相对于以启蒙思想为契机建立的传统古典刑法而言,它不再严格强调以罪责为基础,而是着眼于未来,基于对安全的关注,目的着重于防范潜在的法益侵害危险,实现社会有效控制。可以认为,刑法价值的预防转向以及由此催生的预防刑法是积极主义刑法观的最鲜明体现。预防刑法最集中体现在反恐与网络犯罪治理两个领域。

《反恐怖主义法》第5条指出"反恐怖主义工作坚持……防范为主、惩防结合和先发制敌、保持主动的原则",该条明确了"预防性为主"的反恐国家战略。② 具体到刑法条款上,传统刑法以结果为本位的立法技术基本被抛弃,预防刑法立场在刑修(九)反恐刑法条款中全面、体系性地展开。比如刑修(九)超越刑法关于犯罪预备的一般规定,新增刑法第120条之二准备实施恐怖活动罪,将实践中为恐怖活动做准备的行为普遍正犯化。又如刑法第120条之三和之五分别新增宣扬恐怖主义、极端主义、煽动实施恐怖活动罪和强制穿戴宣扬恐怖主义、极端主义服饰、标志罪,这些行为虽然不排除具有一定的社会危害性,但单纯的宣扬和强制穿戴行为在行为阶段和危害性程度方面都难以认为属于准备实施恐怖活动的行为。立法将此类行为入罪,更多体现的预防立场。再如,非法持有宣扬恐怖主义、极端主义物品罪也明显体现了刑法的预防导向。

在网络刑法领域,刑修(九)新增的拒不履行信息网络安全义务罪和帮助信息网络犯罪活动罪等也整体性地体现着预防刑法的思维。在性质上,刑法第286条之一规定的拒不履行信息网络安全义务罪属于不作为犯,其目的在于强化网络服务提供者网络安全管理义务,维护信息网络安全。③ 国家基于维护网络信息安全的政策考量,通过扩张不作为犯的范围,强制赋予网络服务提供者刑法上的信息网络安全管理义务,促使网络服务提供者积极参与维护网络信息安全,这显然是预防刑法的逻辑。立法增设帮助信息网络犯罪活动罪,同样希望藉由赋予信息网络服务提供者特别义务,以积极预防网络违法犯罪的发生。

第二,积极主义刑法观与轻罪立法。如果强调刑法积极干预社会,将不可避免地带来犯罪门槛的下降和轻罪立法,这也是我国近年刑法立法的重要趋势之一。第

---

① 具体内容参见全国人大常委会法制工作委员会主任李适时2014年10月27日在第十二届全国人民代表大会常务委员会第十一次会议上做的《关于〈中华人民共和国刑法修正案(九)〉的说明》。2014年作出的《中共中央关于全面推进依法治国若干重大问题的决定》提出:"建设中国特色社会主义法治体系,必须坚持立法先行,发挥立法的引领和推动作用,抓住提高立法质量这个关键"。刑修(九)提出的"进一步发挥刑法在规范社会生活方面的引导和推动作用",是刑法立法贯彻《决定》的表现。

② 参见何荣功:《"预防性"反恐刑事立法思考》,载《中国法学》2016年第3期。

③ 具体内容参见全国人大常委会法制工作委员会主任李适时2014年10月27日在第十二届全国人民代表大会常务委员会第十一次会议上做的《关于〈中华人民共和国刑法修正案(九)〉的说明》。

一，扩大既有犯罪范围，将原由行政法调整的行为犯罪化。比如刑修（八）将"入户盗窃"、"携带凶器盗窃"和"扒窃"新增为盗窃罪行为类型，将"多次敲诈勒索"纳入敲诈勒索罪的构成要件。第二，增设新罪，将原由治安管理处罚法调整的行为升格为犯罪。如《刑法修正案（六）》新增的第262条之一组织残疾人、儿童乞讨罪，刑修（八）新增的第205条之一虚开发票罪，第210条之一持有伪造的发票罪以及刑修（八）新增、刑修（九）进一步完善的第133条之一危险驾驶罪。第三，新增罪名，将以往由职业道德规范或处罚不明确的行为犯罪化。比如刑修（八）新增的第308条之一泄露不应公开的案件信息罪，披露、报道不应公开的案件信息罪以及第260条之一虐待被监护、看护人罪等。第四，新增罪名，将性质上主要属于民事纠纷的行为犯罪化。如《刑法修正案（六）》增设的第175条之一骗取贷款、票据承兑、金融票证罪，刑修（八）增加的第276条之一拒不支付劳动报酬罪等。①

第三，积极主义刑法观与刑法社会管理功能的强化。在法律属性上，刑法属于司法法，与行政法存在明显的法体系地位与性质之别，所以，刑法针对的对象应当限于法益侵害或危险的行为，而不能主要作为实现社会管理的手段。近年来，面对社会问题，刑法参与社会管理的脚步明显变得急促。比如，当恶意拖欠劳动者报酬成为社会关注的民生问题时，国家不再坚持通过劳动监察、劳动合同争议仲裁机构仲裁或向法院提起诉讼来解决，而是增设拒不支付劳动报酬罪。当醉驾、飙车因为媒体报道成为社会舆论关注的焦点时，刑法急忙增设危险驾驶罪。面对社会上假发票泛滥问题，刑法增设虚开发票罪，持有伪造的发票罪。为了维护社会诚信，严惩失信、背信行为，刑修（九）修改伪造、变造居民身份证的犯罪，将证件的范围扩大到护照、社会保障卡、驾驶证等证件；同时将买卖居民身份证等证件的行为以及使用伪造、变造的居民身份证、护照等证件的行为规定为犯罪。此外，包括前述的有关反恐罪名，刑法第253条之一侵犯公民个人信息罪，第283条非法生产、销售专用间谍器材、窃听、窃照专用器材罪，第288条扰乱无线电通讯管理秩序罪，第300条组织、利用会道门、邪教组织、利用迷信破坏法律实施罪的新增与修改，也都具有明显社会管理的考虑。

## 二、积极主义刑法观的社会基础

任何社会理想总是要适应现实社会关系，法律命题只是现实社会的规范写照，人们之所以要创造出一定的法律命题，是因为现实的社会生活提出了这种要求。如果现实中并不存在这种要求，就不可能为保障其实现而提出法律命题。② 积极主义刑法观作为一种时代命题，亦对应着时代的背景与现实社会的需求。

（一）社会需求与积极主义刑法观

我国进入了现代化发展阶段，为了应对我国社会全面转型时期与全球风险社会

---

① 参见何荣功：《社会治理"过度刑法化"的法哲学批判》，载《中外法学》2015年第2期。
② 参见［日］川岛武宜：《现代化与法》，王志安等译，中国政法大学出版社2004年版，第221页。

## 第一编 新中国成立 70 年来刑事法治和刑法理论的变迁与反思

不断出现的各类新型风险与安全威胁,整个国家制度设计都呈现预防的价值导向。在现实社会,很多犯罪行为一旦得逞就会造成重大法益侵害,不仅后果严重,而且涉及被害范围也可能十分广泛。面对这种新情况,犯罪治理上的未雨绸缪,刑罚防线前置化,治小罪防大害,就成为一种值得提倡的犯罪治理策略。具体到刑事法领域,立法者不可避免地会通过降低犯罪门槛、增设新罪名、前置刑罚介入点等立法策略与技术,扩大犯罪圈、严密刑事法网和严格刑事责任以满足国民对安全的需求。刑法作为一种重要的社会制度,特别是其在风险预防和社会管理方面具有的特殊功能,使得人们对刑法积极参与现代社会治理一直寄予厚望。刑法价值的预防转向和社会管理法特征逐渐明显化,以及积极构建明显具有风险预防和社会管理色彩的刑法规范体系自然是我国当前和未来刑事立法无法回避的课题。

### (二) 传统刑法困境与积极主义刑法观

该问题在恐怖主义犯罪和网络犯罪治理中表现得相对突出。比如面对恐怖主义犯罪,传统刑罚的正当性面临疑问。在传统刑法理论中,刑罚的目的究竟是报应还是预防,意见并不一致。但无论我们将刑罚的目的理解为报应,还是界定为犯罪预防,包括一般预防和特殊预防,抑或是消极一般预防或积极一般预防,在恐怖主义犯罪中都难以有存在的空间。首先,恐怖主义犯罪导致的严重社会危害后果是恐怖分子无法承受的报应。其次,从理论上讲,恐怖分子和恐怖组织并非是完全不可以震慑的,为了个人和组织的存亡,恐怖分子和组织也会对国家激烈的反恐措施做出趋利避害的回应。但恐怖主义犯罪有其自身的特殊性,由于其犯罪目的在于针对无辜民众发动恐怖袭击造成的冲击效应,所以,恐怖分子在实施犯罪时,往往很少顾及自身的安全,特别是那些出于宗教动机的犯罪分子一旦将实施恐怖行动视为"高尚的事业",往往心甘情愿以身试法,他们将彻底变成不受刑罚威慑的"冒险者",刑罚无从谈起对他们可能产生特殊预防的效果或威慑。而对于普罗大众而言,由于他们基本不具有实施恐怖犯罪的可能性,一般预防的必要性并不存在。面对刑罚目的的重重困境,留给国家最可能的选择就是针对危险个体的恐怖分子,采取防患于未然的预防刑法和刑事措施,先发制"敌",确保社会安全。①

又如面对新型的信息网络犯罪,传统刑法及其理论体系同样面临巨大尴尬。在传统田园牧歌时代,犯罪构造的逻辑系立足于现实社会,传统犯罪往往发生在有限的空间,犯罪与被害具有明显的对应关系。但在当下网络信息社会,网络超越了作为犯罪工具的属性,成为很多违法犯罪发生的真实存在的空间,在网络空间,违法犯罪活动通过"一对多"甚至"多对多"的方式进行快速扩散和交流,使得事后追责的传统刑法力不从心甚至无法实现。② 面对信息网络犯罪,如果国家仍然采取传统刑法的事后追责方式,不仅是不现实的,也是极其不经济的。为了有效实现对网络信息犯罪的规制,刑事立法不得不调整犯罪规制的思路,赋予网络服务提供者刑法上的义务,积极动员其参与网络违法犯罪治理。

---

① 参见何荣功:《"预防性"反恐刑事立法思考》,载《中国法学》2016 年第 3 期。
② 参见于志刚:《网络思维的演变与网络犯罪的制裁思路》,载《中外法学》2014 年第 4 期。

### (三) 公民守法意识培养与积极主义刑法观

轻罪立法与此有重要关系。众所周知，法律是使人类行为服从规则治理的事业，国家制定法律，赋予国家机关权力，目的之一就在于对人们的行为进行规范，从而建立起社会秩序，并将这种社会秩序延续下去。① 所以，法治的良好运转必然依赖规则的存在以及人们对规则的尊重与遵守。在我国违法和犯罪区分的二元体系下，没有达到严重社会危害性的行为被纳入行政法的调整范围，由警察机关处理，尽管这种社会治理模式在效率上不失一定的优越性，是一种历史的选择，但在道德规训和规则的引导层面上，此种"刑事法网疏漏"的立法模式并非最佳的处理方式。因为刑事法网疏漏，从而直接导致民众是非界限模糊，违法与犯罪界限不清，民众容易产生侥幸心理而难以形成自觉守法的文化。相反，如果立法设定的刑事法网严密，将轻微犯罪纳入刑法调整，那么道德底线刚性化，对违法犯罪行为采取较为严厉的否定态度，即便是较为轻微的违法行为在刑法上也做否定评价。如此，较为容易引导公民养成良好的遵守规则意识，社会诚信体系也较为容易形成。②

此外，积极主义刑法观的确立还与根深蒂固的重刑传统、现代国家职能的转变等因素有关，这里不再一一展开。

## 三、积极主义刑法观面临的问题

积极主义刑法观的本质就是强调和提倡刑法积极参与社会治理。所以，对于刑法应否积极参与社会治理这一课题的回答，实际上就意味着我们对积极主义刑法观的态度。笔者丝毫不否认眼下积极主义刑法观存在的社会现实基础以及其所取得的积极社会效果，但刑法的保障法属性和刑事制裁的生硬性、粗暴性决定了其天然不适合作为调整社会关系或参与社会治理的手段。③

第一，强调刑法积极参与社会治理是一种表面和简单化的解决问题方式。

对于法律在社会中的作用，博登海默写道："虽然在有组织社会的历史上，法律作为人际关系的调节器一直发挥着巨大和决定性作用，但在任何这样的社会中，仅仅依凭法律这一社会控制力量显然是不够的。实际上，还存在一些能够指导或者引导人们行为的其他工具，这些工具是在实现社会目标过程中用以补充或者替代法律手段的。这些工具包括权力、行政、道德和习惯。"④ 学者唐纳德 J·布莱克通过对法律运行机制的考察得出的结论是：社会分层越多，社会关系越复杂，法律也就越多。但是，法律的变化与其他社会控制成反比，当其他社会控制的量减少时，法

---

① 参见 [美] 汤姆·R. 泰勒：《人类为什么遵守法律》，黄永译，中国法制出版社 2015 年版，第 393 页。
② 参见储槐植、何群：《刑法谦抑性实践理性辨析》，载《苏州大学学报》（哲学社会科学版）2016 年第 3 期。
③ 参见 [美] 诺内特、塞尔兹尼克：《转变中的法律与社会：迈向回应型法》，张志铭译，中国政法大学出版社 1994 年版，第 100 页。
④ [美] E. 博登海默：《法理学：法律哲学与法律方法》，邓正来译，中国政法大学出版社 1999 年版，第 357 页。

# 第一编 新中国成立 70 年来刑事法治和刑法理论的变迁与反思

律的量就会增加。① 法官儒攀基奇进一步阐述了现实社会中法律与其他社会控制措施有效性之间存在的反比例关系:"在一个善恶区分明显、美丑界限易辨的社会中,法律的存在几乎没有必要。相反,在一个善恶极难界分、好坏真假难辨的社会中,对于法律的依赖最为强烈;恰恰基于同样的原因,这种依赖是一种幻想。""在一个没有共同道德观念与价值标准的社会中,人际关系疏远甚至敌对,争讼迭起,因而对法律的依赖更为强烈而迫切,但是,在这样的社会中法律的权威性、确定性及影响力亦荡然无存。因此,在一个社会失范状态严重到一定程度的社会中,对于作为冲突解决工具的法律的需求越大,法律的实际效能反而越差。相反在一个道德价值观念统一、凝聚力强的社会中,为解决冲突而诉诸法律的情形较少,对于法律的依赖性较小,但法律的效能却非常高"。②

对于社会治理,刑法与其他规范体系的关系同样呈现上述反比例形态。相对于道德伦理规范和民事、经济、行政法律法规,刑法居于保障地位,对于规则效力的维护或者面对社会问题,如果前刑法规范能够很好地解决,刑法参与必要性就会减弱;反之,如果前刑法规范不能很好地维护社会规则或解决社会问题,社会对刑法的需求就会增加,刑法在社会治理体系中的重要性就会凸显,而恰恰在此种情况下,国家和社会对刑法的期待往往也只是我们主观上的美好愿望。所以,特定时期刑法参与社会治理的程度,可以反映道德伦理和民事、行政法律法规等前刑法规范对社会问题治理有效性的程度。犯罪表现为行为对法益的侵害,从根本上反映的是社会既有规范体系对行为规制的无效。社会秩序的维护从来都要依靠伦理道德规范、民事行政法律规范以及刑事法律规范的整体推进,强调以刑法解决社会问题,只看到了问题的表象是一种过于简单化解决问题的方法。

第二,强调刑法积极参与社会治理本质上属于功利的或工具主义思维方式。

当下我们面临众多社会问题,毫无疑问的是,国民规则意识淡薄和不遵守规则是其中最为突出的问题之一。正因为如此,如前文指出,我国轻罪立法的重要动因之一是通过将轻微犯罪纳入刑法调整,希望以刑法更为有力地塑造公民规则意识。但这种做法显然过于功利,并没有真正理解人类为什么要遵守法律和规则。个人是一个一体化的、有组织的整体。③ 对于公民而言,遵守规则是一种行为方式,表现为行为与法律规范的要求相一致,其实,遵守规则法律更是一种思维方式,体现行为人的人格特征。我们不能期待一个在人际交往中不守信、工作中经常迟到早退、社会生活中常常乱窜马路的人会尊重法律严守规则;我们也不能指望一个对规则合法性缺乏道义上真诚认同感的人会严格遵守法律(包括刑法)的规定。所以,要有效塑造公民规则意识和有效解决现实社会公民不遵守规则的问题,首先需要清楚人们为什么要遵守法律和规则。对此,理论上存在工具主义和规范主义的对立。工具

---

① 参见[美]唐纳德 J·布莱克:《法律的运作行为》,中国政法大学出版社 2004 年版,第 14、125 页。
② [斯洛文尼亚]卜思天·M. 儒攀基奇:《刑法理念的批判》,丁后盾译,中国政法大学出版社,中文版本序言,第 4 页。
③ 参见[美]亚伯拉罕·马斯洛:《动机与人格》,许金声译,中国人民大学出版社 2012 年版,第 3 页。

主义以威慑论为基础，认为人们是否遵守法律和规则系基于不同行为可能给自己带来收益还是损失的计算。规范主义强调人们遵守法律源于对法律规范的忠诚，以人们对法律和规范是合法的和正义的道德感为基础，并不是基于对违反法律和规则后果的考量。① 美国学者泰勒（Tom·R.Tyler）以实证主义方法研究的结论是："人们对法律的尊重，是因为在特定情况下人们有自愿按照一定的方式行为的愿望，他们觉得自己理应那样行事。即使人们触犯法律被抓获和受到惩罚的风险很小，甚至根本没有风险，他们仍然会遵守法律。这是一种行为自律，是因为他们内心认为遵守法律是一种社会责任，并自愿承担这样的义务"。② 泰勒进一步强调，"合法性是一种能够促使人们遵守法律的动机和力量，在促使人们遵守法律方面，合法性比触犯法律被抓获和受到惩罚的风险会产生更大的影响"。③ 毫无疑问的是，强调通过刑法提升公民的规则意识，显然倚重的是威慑力量，固守的是工具主义思维方式。人与生俱来的趋利避害本能决定了威慑有时确实会对人们遵守法律产生很大的促进作用，但是，"有时候却不能发挥任何作用。……人们的行为还会受到其他因素的影响；……一旦将其他因素的影响考虑在内，威慑的这种影响作用就没有所说的那么显著了"。④ 任何时候，我们对事物功能的使用都不能背离事物的本性，道德伦理规范是法规范的基础，民商、行政法律法规直接为国民设定行为模式，属于一次法规范体系，与此不同，刑法属于二次法规范体系，⑤ 刑法二次法规范的属性决定了其对国民行为模式的塑造具有间接性和补充性。强调以刑法塑造提升公民规则意识不仅是工具主义的思维形式，而且在实践中也只能取得事倍功半的效果。刑法参与其他社会问题解决，遵守同样的原理，也面临同样的问题。

第三，强调刑法积极参与社会治理是一种幽暗的解决问题方式。

法律是建立在公平基础上的和平秩序，它强迫人们戒除暴力。⑥ 刑法制度本身就是一种天生具有悖论性的制度，它以剥夺公民自由来保护自由，即使在推崇刑法人道性的今天，惩罚也仍然是一场场悲剧，只不过在现代社会，刑罚的暴力本性变得更为精巧、隐蔽。《道德经》云："鱼不可脱于渊，国之利器不可示与人"，刑罚不仅是现代国家治理社会的公器，更是重器与利器。积极通过刑法参与社会治理，本质上是一种惩罚性的社会治理模式，与宪法提倡的尊重保障人权以及提升国民尊严的主旨精神并不吻合。这些年，对于刑罚机能，学者们越来越倾向于超越传统刑法理论关于报应和威慑的争论，倡导积极一般预防，即刑罚并不是要威慑公众，而是要积极地强化法忠诚或对法秩序的信任。⑦ 相对于报应和威慑理论，积极一般预

---

① ［美］汤姆·R.泰勒：《人类为什么遵守法律》，黄永译，中国法制出版社2015年版，第3-4页。
② ［美］汤姆·R.泰勒：《人类为什么遵守法律》，黄永译，中国法制出版社2015年版，第396页。
③ ［美］汤姆·R.泰勒：《人类为什么遵守法律》，黄永译，中国法制出版社2015年版，第396页。
④ ［美］汤姆·R.泰勒：《人类为什么遵守法律》，黄永译，中国法制出版社2015年版，第394页。
⑤ 参见梁根林：《刑事法网：扩张与限缩》，法律出版社2005年版，第34页。
⑥ ［美］E.博登海默：《法理学：法律哲学与法律方法》，邓正来译，中国政法大学出版社1999年版，第4页。
⑦ 参见［德］乌尔斯·金德霍伊泽尔：《刑法总论教科书》，蔡桂生译，北京大学出版社2015年版，第26页。

# 第一编 新中国成立 70 年来刑事法治和刑法理论的变迁与反思

防具有理论上的优越性,但无论学者怎样善意理解刑法的积极一般预防机能,该机能的实现都无法回避刑罚是和平时期国家对公民适用的最极端的谴责和权利剥夺措施这一事实。而且,离开了惩罚和威慑,所谓的积极一般预防效果也无从发生。只要刑罚不能彻底断绝与惩罚、权力压制以及权利剥夺的关联性,就无法改变刑罚属于不得已"恶"的本性。所以,在文明社会,对犯罪者施以惩罚注定是社会生活中一件特别令人不安与沮丧的事情。① 真正崇高的道德和秩序只能期待于自发的人格,仅凭单纯的权力压制,人的道德提升是不能完成的。任何希望通过惩罚和威慑方式解决社会问题(包括希望通过刑法提升国民规范意识)的做法,都不失为幽暗的思考和解决问题方式,不值得也不应当提倡。

第四,强调刑法积极参与社会治理会导致种种社会问题。

美国当代犯罪社会学家大卫·加兰(David Garland)在谈及刑罚参与社会治理的局限性时总结指出,在任何社会,"惩罚只是一种用于那些较可靠的社会机制的强制性的支持力量,这种支持力量除了有助于管理那些脱逸社会正式控制与整合系统的人外,别无他用。惩罚注定不会取得重大的成功,因为真正能导致服从或者促使犯罪与行为偏差的条件位于刑罚制度的管辖之外"。② 现实社会的问题,特别是那些突出的社会问题,其存在都有着复杂的原因,这些原因同样处在刑罚权管辖之外,因此,强调以刑法解决注定也不会有明显效果。而且,积极地以刑法解决社会问题,还会导致严重的社会问题。首先,对人类而言,既定思维容易催生行为依赖,对于社会问题的解决,刑法如果总是积极"出手",身先士卒,其他非刑法措施可能就无法"出手",或者压根不想再"出手"。长此以往,不可避免地形成社会治理对刑法的依赖,其他社会措施参与社会治理的应然空间被排挤。其次,从社会资源的使用看,通过刑法解决问题,必然意味着增加国家在该领域的资源投入,但特定时期国家资源总量是一定的,增加刑事资源投入必然意味着非刑法资源参与社会治理的相应减少,而伦理道德、民事、经济和行政等非刑罚措施才是更为根本直接和更具彻底性的社会问题解决机制。再者,倚重刑法解决社会问题,还可能掩盖问题实质,转移社会治理的视线。人作为一种感觉性动物,常常会直觉地认为立法既然已针对社会问题规定了罪名,说明国家和社会已高度重视了,那么,问题就会很快解决;如果问题没有得到很好的解决,责任也不在国家和社会而系违法犯罪行为人的"顽固"。事实证明,前者往往是普通民众在观念上容易产生的错觉和误解;后者会极大地转移和松懈国家在社会治理和预防公民违法犯罪方面的责任。

## 四、结语:应谨慎提倡积极主义刑法观

"农业革命后几千年的历史,可以总结为一个问题:如果人类的基因里并没有大规模合作的生物本能,所有的合作网络究竟如何维系?简单地讲,是人类创造了

---

① David Garland, *Punishment and Modern Society: A Study in Social Theory*, Oxford: Clarendon Press, 1990, p. 1.

② David Garland, *Punishment and Modern Society: A Study in Social Theory*, Oxford: Clarendon Press, 1990, p. 289.

由想象建构的秩序、发明了文字,以两者补足我们基因的不足。"① 这是历史学者尤瓦尔·赫拉利(Yuval Noah Harari)关于人类的发展历史的精炼总结。对于人类建构的社会秩序的维护,从来都被视为法律特别是作为法律底线之"刑法"的根本任务。眼下刑法如何参与现代社会治理,不仅是刑法安身立命的问题,也关乎法治建设方向以及国家和社会治理体系与能力的现代化。法律的目的原本在于戒除暴力,引导国民在规则下追求和平、道德、善良的生活秩序。刑罚以剥夺和限制公民权利和自由为主要内容,其适用尽管披着"合法"、"道义"、"惩恶扬善"等道德正当性的外衣,但终究无法摆脱惩罚、权利剥夺以及对人性的贬抑的本性。如果我们以暴力方式解决社会问题,那么,自然无法避免地浸染上暴力。包括犯罪在内现实社会的问题总是整体性地存在,往往需要整体性解决对策。刑罚作为社会治理措施的重要措施之一,在为我们提供社会问题解决思路的同时,不可避免地将限制我们解决问题。现代化的犯罪治理体系有赖于刑法与其他社会治理措施的合理平衡与有序组合。刑罚的根本性质决定了刑法谦抑主义立场并不能因风险信息社会的到来而发生结构性改变。积极主义刑法观应谨慎地提倡。

---

① [以色列] 尤瓦尔·赫拉利:《人类简史》,林俊宏译,中信出版社2017年版,第129页。

# 刑法任务相关问题的思考

李光宇[*]

1997年《刑法》第2条[①]规定了刑法的任务，条文呈现的刑法任务具有明确性与全面性，成为我国刑法显著的特点。晚近以来，刑法任务的条文表述对理解刑法任务会产生一定的争议。笔者对我国刑法任务表述的相关问题进行解析，供大家参详。

## 一、刑法任务表述的相关问题

随着经济、社会的发展，学界对于刑法任务条文表述有不同的解读，对刑法任务认识的不统一有损于准确完成刑法任务。

### （一）刑法任务与刑法目的、刑法机能含义区分不明

学界对于《刑法》第1条与第2条的关系，以及相关内容的理解并没有形成相对统一的看法。相关学者的论述中，或将刑法任务与目的、机能混同适用不加区分，或对三者各自区分认识和论述，或认为三者有联系也有区别。

1. 刑法任务与刑法目的、刑法机能混同认识

时下，有些学者混淆了刑法任务、目的和机能，并据此判断我国刑法目的和任务是一致的，[②]认为《刑法》第2条规定的刑法任务等同于第1条规定的刑法目的，即第2条是第1条中"为了惩罚犯罪，保护人民"的展开。[③]还有学者认为刑法的机能是指刑法应有的作用或者功能，或者就属于刑法的任务。[④]对刑法任务与目的、机能混同理解和适用的学者，未对刑法相关的概念区分认识。或是在解读《刑法》第2条法律条文的时候，认为《刑法》第2条的规定将刑法目的和机能都涵盖进刑法任务中，因此得出了刑法机能就是刑法的任务、刑法的任务与刑法的目的具有一致性的判断。

2. 刑法任务与刑法目的、刑法机能有别

当然，也有学者把刑法目的与刑法任务区别开，认为刑法任务在一定程度上属于工具化设计，刑法具有一定的政治性目的。[⑤] 刑法目的与任务是刑法机能的表现

---

[*] 安徽师范大学法学院教授。

[①] 《刑法》第2条规定，中华人民共和国刑法的任务，是用刑罚同一切犯罪行为作斗争，以保卫国家安全，保卫人民民主专政的政权和社会主义制度，保护国有财产和劳动群众集体所有的财产，保护公民私人所有的财产，保护公民的人身权利、民主权利和其他权利，维护社会秩序、经济秩序，保障社会主义建设事业的顺利进行。

[②] 参见刘艳红：《刑法的目的与犯罪论的实质化》，载《环球法律评论》2008年第1期。

[③] 参见赵秉志主编：《当代刑法学》，中国政法大学出版社2009年版，第16—18页。

[④] 参见陈兴良：《口述刑法学》，中国人民大学出版社2007年版，第27页。

[⑤] 参见曲新久：《刑法目的论要》，载《环球法律评论》2008年第1期。

形式，可以说我国《刑法》第1、2条的规定也是刑法社会保护机能的立法体现。"惩罚犯罪，保护人民"就是刑法社会保护机能的体现。①

实质上，刑法任务与刑法目的、刑法机能之间的关系应该是既有相同一致的地方，亦有区别和变化。笔者认为，刑法任务与刑法目的、刑法机能之间应该区分把握，只有厘清三者的概念与内涵，才能够进一步落实相应的法律规定，明确刑法的任务会更有利于促使司法人员时刻考虑司法活动是否符合刑法任务，有利于在立法上合理控制处罚范围，将无须纳入刑法范围的行为排斥于刑法之外。

### （二）犯罪应适用"治理"而不是"斗争"

《刑法》第2条表述为刑罚与一切犯罪行为作斗争，笔者认为这样的表述过于绝对化，并且"斗争"一词并非法律上的合适用语。

1. 刑罚与犯罪之间不是斗争

斗争，根据汉语词典解释：斗，对打；争，彼此竞引物也。只要存在斗争，斗争的双方必然会有胜负，而且斗争的双方也必然有争取的目标。然而刑罚和犯罪两者的目标并不能形成聚焦点，刑罚与犯罪行为之间不应该是对打，并且相互之间也不存在"竞引物"。刑罚的主要目标是通过惩罚犯罪分子，以期打击犯罪行为和预防犯罪。犯罪的主要目标是获取一定的不当利益并期待逃避相应的处罚，两者之间的联系点在于"逃避"和"主动追责"，所以描述刑罚与犯罪之间的联系用"斗争"一词进行概括不合适。

2. 犯罪应该适用"治理"

时至今日，岁月变迁，当前的社会形势与新中国成立初期的社会形势已经有了显著变化，《刑法》针对的对象有了明显的不同，刑罚实施的目的也根据当前社会关注点的不同而有了新变化。伴随着市场经济的发展、法治社会的建设，公民个人的权利日益受到保护与重视。在这种背景之下，单靠刑罚的惩罚、威慑作用来实现刑法保障国家安全、社会稳定的任务，已经不适应新形势的要求。顺应法治事业的发展潮流，刑法的任务亦需要加强对于人权的保障。犯罪现象的发生只是在一定区域或者时间段内进行有效的控制，而不能完全杜绝发生。这种有效的控制需要多方面的因素发挥作用，通过各因素"治理"犯罪现象，才可以更好地降低犯罪现象的发生。因此，笔者认为，"斗争"一词没有准确概括出刑罚与犯罪之间的联系，"治理"一词无论从形式上还是从实质的内容上更适合表述刑罚与犯罪之间的联系。

### （三）刑罚适用的对象为"一切犯罪行为"的表述也过于绝对

我国《刑法》第2条规定刑罚适用对象为"一切犯罪行为"，笔者认为，如此表述也过于绝对化。

1. 刑罚适用的对象不能是所有的犯罪行为

笔者认为，刑罚同一切犯罪行为作斗争，忽略了犯罪行为千差万别的变化。每一个犯罪行为的实施条件和方式都是不同的，同一个犯罪行为可能实施的人不同、实施的环境和条件不同，而引起行为的后果不同。单人实施的行为和多数人一起实

---

① 参见周少华：《罪刑法定与刑法机能之关系》，载《法学研究》2005年第3期。

施的行为,应该承担的责任也有区别……犯罪行为有差别,却仅仅限定为一种处理方式,违背了事物的发展规律,违反了实事求是的态度和对于犯罪行为具体问题具体分析的原则。

2. 非刑罚处罚措施亦应参与治理犯罪

除了刑罚之外,没有其他的方式和手段进行治理吗?或者说犯罪的治理仅仅适用刑罚就可以吗?实际上我们并不是单单适用刑罚治理所有的犯罪,而是综合多种形式和方法,我国《刑法》第37条规定了非刑罚处罚方法。① 对于犯罪的惩治,国际社会的刑法也不仅规定了运用刑罚这一惩治手段,还规定了非刑罚性处置手段。储槐植认为,"随着现代社会的发展,各种危害程度不同、种类多样的犯罪频繁发生,尤其是一些监督过失犯罪、轻微的未成年人犯罪等类型犯罪的不断涌现,必然促使国家采取刑事制裁的多样性,不再奉行一元化的刑事制裁模式。"② 在刑法任务中确认运用非刑罚方法参与治理犯罪,符合客观实际情况。

(四) 刑罚属于社会治理的一种手段

社会治理是政府、社会组织、企事业单位、社区以及个人等多种主体通过平等的合作、对话、协商、沟通等方式,依法对社会事务、社会组织和社会生活进行引导和规范,最终实现公共利益最大化的过程。治理主体的多样性、治理内容的复杂性使得治理手段也变得丰富起来,刑罚只是社会治理的一种手段。

1. 刑法任务的描述夸大了刑罚的作用

新中国成立初期,百废待兴,大多数犯罪行为是敌特分子所为,主要目的是针对和破坏国家统一和政权的稳定。敌人潜伏在民众之中,不方便适用军事打击方法,刑罚就成为和平时期预防犯罪和打击犯罪比较有效的手段。就新中国成立初期的一段时间而言,刑法的主要目的和任务就是保证新生政权的稳定和保障社会主义建设事业有序、顺利的进行。随着经济和社会的发展,刑法理论的研究包括社会治理方法的多样性,刑罚已经从新中国成立初期的打击敌人的"和平手段"演化为维护国家、社会、经济安全发展的重要方法。刑法作为社会治理的一项法律制度,不能够也不再需要刑法"包治百病",因此不能盲目相信和扩大刑法的作用。

2. 犯罪需要综合治理

预防和打击犯罪行为,治理犯罪的现象,刑罚不能也不应该是唯一的手段。1991年3月2日,第七届全国人民代表大会常务委员会第十八次会议通过了《关于加强社会治安综合治理的决定》,以国家最高权力机关的名义,把社会治安综合治理的有关问题用法律形式固定下来。明确了社会治安综合治理工作的范围,即打击、防范、教育、管理、建设、改造六个方面。对于犯罪,如果我们仅仅是适用刑罚来应对,会显示出应对手段的匮乏,同时也与我们国家的社会主义法治建设不符。预防和打击犯罪的发生,与维护社会治安一样,都需要综合治理。

---

① 参见劳燕飞:《论我国刑法的任务及其立法完善》,载《法学论坛》2008年第5期。
② 参见储槐植:《刑事一体化与关系刑法论》,北京大学出版社1997年版,第472页。

## 二、我国刑法任务的理性分析

《刑法》属于公法，它调整的是国家与公民之间的关系，它的适用主体只能是国家。① 不同类型国家的刑法担负着各自不同的基本任务。同一国家在不同历史时期的刑法所担当的主要任务也会有所不同。② 我们对于刑法的任务也有一定的认识进程，从抗战时期到新中国成立再到当下，对于刑法的任务出现了重大的发展。

### (一) 我国刑法任务的演变

我们从刑法任务的表述上就能看出来变化，刑法在新中国成立初期的任务是保卫我们的政权和制度，其针对的对象主要是破坏社会制度和建设的敌对分子。1979年刑法修改稿第37稿与之前的修改稿相比，对刑法任务的表述开始有了明显的变化，即用刑罚同一切反革命和其他刑事犯罪行为作斗争。到了1988年，经济和社会的发展变化，使对刑法任务的表述改为用刑罚同一切犯罪行为作斗争，反革命行为不再成为主要针对的对象。

1. 新中国成立初期刑法的任务

新中国成立初期，刑法的任务是保卫新生的人民政权，迅速恢复和发展国民经济，从而为实现从新民主主义到社会主义的转变创造条件。刑法建议稿表述刑法的任务是为了加强同一切卖国贼、反革命分子和其他犯罪分子作斗争。当时先后开展了"镇反"、"三反"和"五反"等群众性运动，有关犯罪与刑罚的立法和政策性文件的制定主要是围绕这些运动展开的。新中国刑法的创建就是在摧毁旧法的前提下开始的。1949年2月，中共中央发布的《废除国民党的六法全书与确立解放区的司法原则的指示》指出，人民的司法工作在新的法律还没有系统发布以前，应该以共产党的政策及其人民解放军的其他纲领、政令等作为依据。在人民的法律不完备的情况下，司法机关的办事原则应该是有法律从法律，没有法律依新民主主义的政策。由于我国第一部刑法典到1980年才开始实施，所以，"有法律从法律，没有法律从政策"的原则指导我国刑事司法活动实际长达30年。

2. 1979年《刑法》的任务

1979年《刑法》第2条规定了中华人民共和国刑法的任务，③ 即用刑罚同一切反革命和其他刑事犯罪作斗争。1978年12月，邓小平在中央工作会议闭幕会上的讲话中提出，现在的问题是法律很不完备，很多法律还没有制定出来。往往把领导人说的话当作"法"，不赞成领导人说的话就叫作"违法"，领导人说的话改变了，"法"也就跟着改变。他强调，必须使民主制度化、法律化，使这种制度和法律不

---

① 参见郭浩、李兰英：《风险社会的刑法调适——以危险犯的扩张为视角》，载《河北法学》2012年第4期。
② 参见夏吉先：《我国刑法的任务是什么?》，载《法学》1983年第10期。
③ 中华人民共和国刑法的任务，是用刑罚同一切反革命和其他刑事犯罪作斗争，以保卫无产阶级专政制度，保护社会主义的全民所有的财产和劳动群众集体所有的财产，保护公民私人所有的合法财产，保护公民的人身权利、民主权利和其他权利，维护社会秩序、生产秩序、工作秩序、教学科研秩序和人民群众生活秩序，保障社会主义革命和社会主义建设事业的顺利进行。

# 第一编 新中国成立70年来刑事法治和刑法理论的变迁与反思

因领导人的改变而改变，不因领导人看法和注意力的改变而改变。因此，"有法可依"成了当务之急，尤其是刑法的制定更是重中之重。党的十一届三中全会驱散了"文化大革命"的阴霾，制定刑法典虽然经历过讨论和准备，但已时隔多年，很多客观情形都已经发生改变，迅速制定出来刑法典并颁布实施具有相当大的困难。在以彭真为主任的80人法制委员会日夜兼程的努力之下，在短短三个月时间里草拟完成包括刑法在内的七部法律，创造了世界立法史上的奇迹，并在1979年召开的第五届全国人大第二次会议上通过了这七部法律①。虽然1979年《刑法》的规定比较粗糙，但对惩罚犯罪，维护国家和人民的利益有重大作用。尤其是从保障公民权利的角度，结束了"文化大革命"时期乱抓乱捕、无法无天的混乱局面。

### 3. 1997年《刑法》的任务

1997年《刑法》第2条规定刑法的任务是用刑罚同一切犯罪行为作斗争。刑法的任务包括惩罚和保护两个方面：惩罚犯罪是手段，保护人民是目的。② 1997年《刑法》科学地总结了1979年《刑法》实施了17年的经验，内容由原来的192条增至452条，是一部名副其实的迎接世纪之交的社会主义刑法典。随着国家的主要任务从"以阶级斗争为纲"转为"以经济建设为中心"，1997年《刑法》对于刑法任务的表述保留了刑罚同一切犯罪行为作斗争，取消了"反革命"的相关内容；去除了"反革命罪"的政治色彩而恢复了其法律本色，以更为合理的"颠覆国家政权罪"和"危害国家安全罪"取而代之，使罪名与行为的实质内容更加符合。1997年《刑法》是改革完善我国刑事司法制度的重大步骤，也是我国刑法发展历史上的一个新的里程碑。这部刑法的制定和实施，对实现依法治国、建设社会主义法治国家，对惩罚犯罪、保护人民，保障国家的发展、改革和稳定，具有十分重大的意义。

## （二）犯罪理念的转变

犯罪理念的转变需要一个过程，正如对建设有中国特色社会主义的认识一样，对于社会主义国家犯罪的认识也有个渐进的过程。新中国成立初期，有一些学者和民众曾经认为，社会主义制度的国家不应该有犯罪现象的发生……这在一段时间内影响了我们对于犯罪现象的认识。通过多年的理论研究和对司法实践的认识与总结，犯罪现象的发生是随着经济和社会的发展而变化的，既不会无缘无故地出现也不会无缘无故地消失，我们只能通过综合治理降低和减少犯罪现象的发生。

### 1. 犯罪是社会发展必然会产生的现象

犯罪是一种社会现象，也是一种法律现象。马克思和恩格斯认为，犯罪现象是历史的、具体的，是在人类社会发展到一定历史阶段才出现……③随着原始社会的

---

① 《刑法》、《刑事诉讼法》、《地方各级人民代表大会和地方各级人民政府组织法》、《全国人民代表大会和地方各级人民代表大会选举法》、《人民法院组织法》、《人民检察院组织法》以及《中外合资经营企业法》。

② 参见高铭暄、马克昌主编：《刑法学》（第3版），北京大学出版社、高等教育出版社2007年版，第18页。

③ 《马克思恩格斯选集》（第4卷），人民出版社1995年版，第145页。

解体，私有制和阶级的出现，奴隶社会建立并制定法律，犯罪现象伴随着社会的发展延续至今。作为人类社会的一种历史现象，无论过去、现在还是将来，只要社会中还存在阶层的对立、利益的冲突，作为社会病态综合反映的犯罪就几乎是一种必然现象。人类社会只能把犯罪控制在一定的限度内，无法彻底消灭。可以说，现代文明的社会中存在一定量的犯罪是一种常态，犯罪是对秩序的违反，一定量犯罪的存在本身就在证明秩序的有序存在；而当社会不存在犯罪时，它证明的不是社会处于完全秩序化，而是社会的完全无秩序化。

2. 犯罪现象应适用治理而不是斗争或者消灭

人类社会发展至今，无论哪个国家都会发生犯罪行为，一个国家同一时期会有不同的犯罪行为，不同时期也会有不同的犯罪行为。资本主义国家存在犯罪，社会主义国家也存在犯罪。无论从社会的角度还是就人的本性而言，犯罪行为既是对于利益的趋向性，也是人的本性使然。再加上环境、规则、道德等方面的影响，想要彻底消灭犯罪使之不再发生，几乎是无法实现的任务。我们可以有针对性地采取一些治理的措施来降低社会的犯罪率。

（1）治理是一种由共同的目标支持的活动。这些管理活动的主体未必是政府，也不一定非得依靠国家的强制力量来实现。治理的本质在于利用社会集体的力量来维护社会秩序，而非仅仅依靠政府的权威。犯罪治理是运用国家正式力量和社会非正式力量，以这两种方式来解决犯罪问题；是针对犯罪问题采取联合行动的过程，目的在于消除产生犯罪的原因、条件，以此来防止、控制和减少犯罪事件的发生。

（2）犯罪应该用治理的手段来预防和打击，而不应该是斗争。基于犯罪不可消灭和犯罪产生于社会这两个基本规律，国家和社会应该采取打击、控制、减少犯罪的对策体系。"犯罪治理"一词虽然使用的频率越来越高，但还没有在刑法学界形成一个公认的概念，学界认为犯罪治理属于犯罪学传统理论体系研究的范围。然而，犯罪行为的发生具有复杂的原因，应对犯罪行为需要深挖犯罪行为的相关因素，如此才可以有效预防和打击犯罪行为。刑事一体化已经得到众多学者的肯定，这是现在和未来刑事法律发展的方向。因此，犯罪现象应该适用治理而不是通过斗争解决相关的问题。

## 三、修整刑法任务相关问题的建议

结合当下法治社会的背景，我国刑法的主要任务是为建设中国特色社会主义法治社会保驾护航。在这样的法治理念指导下，刑法任务对于法治社会建设的影响是多方面的，可以概括为三个方面：化解社会矛盾、规范人们的行为、塑造刑法精神。[①] 为此，笔者建议修改我国刑法任务法律条文表述和修整相应的立法理念。

### （一）明晰刑法任务的内涵

1. 刑法任务、刑法机能与刑法目的的关系

《刑法》第1条开宗明义地规定"为了惩罚犯罪，保护人民……制定本法"，

---

① 参见邱玉强：《论刑法的任务——以法哲学的角度为视角》，载《法制博览》2016年第1期。

# 第一编　新中国成立 70 年来刑事法治和刑法理论的变迁与反思

从而明确了制定刑法的目的是"惩罚犯罪，保护人民"。刑法目的可以区分为多个层次，最高层次是刑法的整体目的，即《刑法》第 1 条规定的"惩罚犯罪、保护人民"；最低层次是构成要件及要素的目的。刑法分则各章、各节和各条款项等具体规范也都存在各种层次的目的。①

刑法的目的、刑法的机能和刑法的任务是不能够混同理解的。刑法的机能是刑法本身应该具有的功能和作用，刑法的目的是通过发挥和利用刑法具有的机能以实现刑法本身条文能够实现的目标，就是国家制定刑法想要追求的结果。刑法目的的确定，对立法和司法都具有重要意义。对立法而言，目的的确定意味着刑法正当性、合理性的证成；对司法而言，目的的确定则意味着对刑事司法活动目标、宗旨和意义的明确。②

刑法的任务与刑法的机能具有区别，刑法的机能是指刑法现实与可能发挥的作用，包括显在的机能与潜在的机能。③ 在很多的情形下，刑法的机能与刑法的任务有重合的地方，刑法的任务是具有时代性、历史性以及刑法作为部门法应该承担的责任和目标，作为法治社会建设的部门法应当承担的作用。刑法的目的、机能和任务是相互联系、相互配合的关系，《刑法》第 2 条前半句意在表达"刑法的任务"是"用刑罚同一切犯罪行为作斗争"，这实际上是"惩罚犯罪"的另一种表述方式；该条后半句具体表述了要"惩罚"哪些"犯罪"、"保护人民"哪些具体利益。显然，第 2 条无非是第 1 条的同意反复或者具体化而已，可以说"刑法任务是刑法目的的展开"。④ 刑法目的是刑法机能的基础，刑法的机能是能够落实刑法的目的和任务的基础，刑法的目的和任务体现的是刑法的机能。刑法的机能是刑法本身所具有的作用，刑法的功能或者说机能是指刑法作为一个有机整体可起的作用或者发生的作用的能力。⑤

2. 刑法任务的内涵

刑法任务的内涵要注重与时代的发展进行有机的结合，体现刑法本身的方式和特点，确立刑法在社会综合治理中的地位和作用。

（1）刑法任务的时代性。我们究竟应在何种意义上理解"任务"一词？过去通常把刑法视为国家的"工具"或"武器"，⑥ 由此来看，主要从刑法任务和国家任务的关系上来理解刑法任务。⑦ 高铭暄曾经直言这是一个具有重大政治意义和法律意义的条文。⑧ 也就是说，在阶级斗争观念和意识形态的影响力还很盛行的当时，刑法的任务也就不可避免地具有当时时代的典型特征。⑨ 我们今天的刑法任务也具

---

① 参见肖中华：《刑法目的及其实践价值》，载《法治研究》2015 年第 5 期。
② 参见周少华：《刑法的目的及其观念分析》，载《华东政法大学学报》2008 年第 2 期。
③ 参见张明楷：《刑法学》（第三版），法律出版社 2008 年版，第 25 页。
④ 参见高铭暄、马克昌主编：《刑法学》（上编），中国法制出版社 1999 年版，第 13 页。
⑤ 参见曲新久主编：《刑法学》，中国政法大学出版社 2008 年版，第 8 页。
⑥ 参见樊凤林：《我国修订后的刑法的任务》，载《中国人民公安大学学报》1997 年第 4 期。
⑦ 参见马克昌：《我国刑法的任务》，载《武汉大学学报》（哲社版）1980 年第 5 期。
⑧ 参见高铭暄：《中华人民共和国刑法的孕育和诞生》，法律出版社 1981 年版，第 22 页。
⑨ 参见高铭暄主编：《中国刑法学》，中国人民大学出版社 1989 年版，第 19 页。

有当代的时代特征。例如，在今天，无论是学界还是民众对于死刑刑法均赞同减少、慎用和废除死刑刑罚的适用，《刑法修正案（七）》、《刑法修正案（八）》和《刑法修正案（九）》就体现了当下的时代特征，对于限制和废除死刑刑罚作出了修改……这些充分证实，刑法任务需要随着时代的发展而发展变化。

（2）刑法任务的完成倚重刑罚。刑法的特点决定了刑法完成自己任务的重要方法是"刑罚"。为了做到正确地适用刑罚，必须先准确地定罪。定罪是刑罚的前提和基础，刑罚是在准确定罪的基础上，通过刑事审判，决定被告人应负的刑事责任。因此，为了实现刑法保护公民人身权利、民主权利和其他权利的任务，就要坚持"以事实为根据，以法律为准绳"的原则，做到准确定罪、正确量刑。真正做到了这两点，就既可以完成刑法保护公民基本权利的任务，又可以避免因运用刑罚不当而发生新的侵犯公民基本权利的错误。①

3. 刑法的任务体现惩罚与保护两个方面

刑法明确规定刑法的任务并强调刑法的任务是惩罚犯罪、保护社会，是我国刑法的一个重要特点。② 刑法的任务是指刑法承担的打击谁、保护谁的历史和现实使命。刑法惩罚的对象只能是实施了犯罪行为的人，这是刑法任务不同于其他部门法任务的特殊性之一。③ 惩罚犯罪是手段，保护人民是目的，要保护国家和人民的利益，保护社会主义社会关系，保护社会主义现代化建设事业的顺利进行。

（二）转变治理犯罪的理念

要敢于承认犯罪是社会发展进程中必然出现的现象，转变要完全消灭犯罪现象发生的理念，要结合多种方式和方法治理犯罪现象。犯罪的预防、打击和治理是属于三个阶段或者层次的问题，对于犯罪的打击能够起到一定的预防和治理作用，但是绝对不能够代替预防和治理的措施。

1. 推进多层次多领域依法治理

当前的犯罪行为绝大多数都是由生活中的琐事和矛盾引发的，犯罪行为人与犯罪的对象有着各种的联系。④ 这种细致、复杂的关系，通过一次性的处理或者教育无法深入解决内在的矛盾。只有深化基层组织和部门、行业依法治理，支持各类社会主体自我约束、自我管理，发挥市民公约、乡规民约、行业规章、团体章程等社会规范在社会治理中的积极作用，完善民间的处理矛盾机制，重视社会组织和人民团体的作用，发动社会组织积极参与到社会实务的治理中，全方面整合起来，提高社会治理法治化水平，才能有效地治理犯罪。

2. 完善立体化社会治安防控体系

2015年4月13日，中共中央办公厅、国务院办公厅印发了《关于加强社会治

---

① 参见张全仁：《保护公民的人身权利、民主权利和其他权利是我国刑法的重要任务之一》，载《北京政法学院学报》1981年第2期。
② 参见曲新久等主编：《刑法学》，中国政法大学出版社2008年版，第6页。
③ 参见高铭暄主编：《刑法学》，北京大学出版社、高等教育出版社2016年版，第18页。
④ 笔者曾经做过关于故意杀人罪的调研，收集全国五个省以及北京、上海、广州三市五年的故意杀人罪的判决书，其中犯罪人与被害人具有紧密关系的比例占了九成以上。

安防控体系建设的意见》，指出要习惯运用法律手段解决突出问题，充分发挥法治的引导、规范、保障、惩戒作用，做到依法化解社会矛盾、依法预防打击犯罪、依法规范社会秩序、依法维护社会稳定，以确保公共安全、提升人民群众安全感和满意度为目标，以突出治安问题为导向，完善打防管控结合的立体化社会治安防控体系，确保人民安居乐业、社会安定有序、国家长治久安。

3. 树立现代化的刑法观

要树立新时代、现代化的刑法观，不要拘泥于传统刑法的观念，要善于将现代的理念和认识与刑法相融合，要将科技发展的成果、社会生活方式的变化、国际交流合作的模式等认真落实到司法和立法中，从而建设现代的刑法理念和法律制度。我国近现代刑法理念的形成多为移植而来，许多刑事法律的经验也是在特殊的历史时期总结出来的，有先天性的理论基础缺失和司法实践经验不足的弱点。通过多年的司法实践和理论研究，当前我们的刑事法律基本上克服了先天性的不足，无论是理论体系还是法律条款均比较适合我国当前的国情，运行也比较通畅。进入现代化的发展阶段，我们也需要继续与时代接轨，继续促进刑法与时代相结合，建设和完善具有时代特征的现代刑法观，进而不断完善我们的刑法理论和刑事法律。

（三）修改相关法条的表述

犯罪是社会必然的现象，在某种程度上，犯罪现象的出现也是检验和促进社会健康发展的一个方面。通过上文的论证，笔者建议修正《刑法》第1条和第2条的表述方式，具体如下：

1. 修改《刑法》第1条

犯罪是用来治理的，保护权益是切实防止侵犯，而不是通过斗争。为了明确新时期的刑法任务，有必要对我国现行的刑法法条进行修改。将我国《刑法》第1条修改为"为了惩罚犯罪，保护人民，根据宪法，结合我国治理犯罪的具体经验及实际情况，制定本法。"也就是把"结合我国同犯罪作斗争的具体经验及实际情况"修改为"结合我国治理犯罪的具体经验及实际情况"。

2. 修改《刑法》第2条

将《刑法》第2条修改为"中华人民共和国刑法的任务，是通过预防和打击犯罪行为，以保卫国家安全，保卫人民民主专政的政权和社会主义制度，保护国有财产和劳动群众集体所有的财产，保护公民私人所有的财产，保护公民的人身权利、民主权利和其他权利，维护社会秩序、经济秩序，保障社会主义建设事业的顺利进行"。也就是把"用刑罚同一切犯罪行为作斗争"修改为"通过预防和打击犯罪行为"。因为犯罪行为是用来预防和打击的，而不是斗争。

## 四、结语

刑法的任务是一个宏观的问题，又和具体的司法实践、立法工作有着息息相关的联系，刑法的任务直接指导立法的方向、司法的标准。当前，我国刑法的任务虽然由刑法条文明确规定，但是更需要加强理论上的认识和理解，使得刑法的任务表述能够更加符合现实社会的需要，从而更好地促进法治建设的发展。

# 我国刑法立法的回顾与思考

曾粤兴[*]

在立法机关准备着手全面修订刑法之际，简要回顾 40 年来刑法制定、修订历史，总结成功经验，吸取必要的教训，对于新世纪制定一部能适应社会变迁，保障社会主义政治、经济、文化和社会发展需要，保障公民权利实现的新的刑法，无疑是应当得到刑法学界同仁高度关注和积极参与的重要工作。

## 一、40 年来刑法立法的基本成就

1979 年，伴随着改革开放的脚步，新中国第一部刑法问世并于 1980 年元旦开始生效实施，条文共 192 个，罪名 129 个。之后，社会变化越来越快，刑法修订随之越来越频繁，至 1996 年年底，已历经 23 次修订。1997 年全国人大常委会全面修订刑法，随后制定了 1 个单行刑法、10 个刑法修正案，除此之外，全国人大常委会还制定了 5 个与刑法有密切关系的决定或法律和 13 个立法解释。这一历史过程体现出以下特点：

### （一）法网由粗疏走向细密

经过不断修订，刑法条文已经多达 452 条，罪名达到 474 个。从纵向上看，从重罪、较重罪、轻罪到微罪，从故意犯罪到过失犯罪，从结果犯、行为犯到危险犯，刑事法网的经线齐备；从横向上看，覆盖了从个人犯罪到单位犯罪，从国家安全、公共安全到公民个人安全，从市场秩序到社会管理秩序，从个人财产保护到公共财产保护，从国防、军事、国（边）境管理到司法，从公共卫生到社会风化，从经济、社会、文化到公权力运行，从环境、资源到衣食住行，从产权到知识产权，从出行、劳动、交易、消费到个人信息保护等方方面面，刑事法网的纬线足够细密。如果司法适用的法律解释能力能够达到比较理想状态的话，完全可谓"全方位、无死角"。与大陆法系有代表性的几个大国相比较，德国刑法典连同已经废止的条款在内有 358 个条文；俄罗斯联邦刑法典共 360 条；属于英美法系但与中国相邻的印度，其刑法典共 511 条。单纯从条文数量判断，已经彻底改变了 1979 年刑法法网粗疏的状况而走向细密化。这种细密化等同于法网的严密化，覆盖了各种各样的社会秩序，意味着能将更多的不法行为纳入刑事法网作为犯罪追究。

### （二）刑法立场从行为主义走向折中主义

行为主义立场也可称为客观主义立场，"是指以危害行为及其后果为核心所形成的系统化了的关于犯罪、刑事责任以及刑法的根据、目的等一系列问题上总的观

---

[*] 北京理工大学法学院教授，博士生导师，北京理工大学明德书院院长。

## 第一编　新中国成立 70 年来刑事法治和刑法理论的变迁与反思

点和根本看法。"① 在认识论上，它以客观行为作为认识对象，承认自由意志、理性人、行为实在性。在实践上，倡导个人自由，主张刑法的机能在于通过保护法益而维护社会伦理，认为犯罪的本质是违反社会理论（社会伦理主义），或者主张刑法的机能就是保护法益本身，认为犯罪的本质是对法益的侵害和威胁（法益保护主义）。犯罪的本质只能从犯人的外部行为或者结果中寻求，这是客观主义的基本观点。

行为人主义立场，也可称为主观主义立场。在认识论上，它以行为人为认识对象，否定自由意志、理性人。在实践论上，倡导国家主义，主张刑法的机能在于保护社会。认为犯罪的本质是：犯罪是受环境和素质所决定的人的必然行为，犯罪行为是行为人的社会危险性的征表，具有这种社会危险性的人应当处于接受社会防卫处分的地位。而把具有危险性格的人作为犯罪人处罚，就可以防卫社会。犯罪是犯罪人危险性格的表露，犯罪的本质只能从犯罪行为所反映的内部的、精神的实施中寻求，这是主观主义的基本观点。②

我国犯罪构成及其理论是以犯罪行为为中心的客观主义，刑罚配置上报应刑和威慑色彩浓厚也体现了客观主义，但是，自首、累犯、假释、缓刑制度明显属于目的刑论、教育刑论的内容；刑罚一般预防与特殊预防理论，则明显是并合主义方法论指导的结果。我国刑法及其理论在共犯问题上倾向于客观主义，承认间接正犯，否定片面共犯成立共同犯罪之可能，但在未遂犯问题上则采主观主义，普遍处罚未遂犯（含不能犯）；在刑法的基本原则上，三大基本原则的同时采用，这些都表明了我国刑法采取了立足于客观主义并合主观主义的折中主义立场。

理性的选择是立足于客观主义的并合主义，我国刑事立法、刑法理论、刑事司法应当在这样的并合主义引导下展开。因为这种立场的基点是有利于保障人权的客观主义的犯罪论，优点是合理结合了主观主义的刑罚论，能够在秩序维护与人权保障这两个代表法治正义的价值目标之间找到最佳平衡点。

### （三）刑罚由相对宽缓走向相对严厉

严而不厉，是储槐植先生对整个刑法立法政策和策略的期待，也是一种理想主义的选择。"严"是指法网严密，"厉"是指刑罚严厉。严而不厉，意味着法网严密而刑罚相对宽缓，这也是国际范围内刑法立法的主流趋势。我国 1979 年刑法既不严也不厉，之后逐渐走向严而厉。"厉"的体现是：根据刑法第 50 条和第 78 条规定，死缓犯减刑必须向无期徒刑、25 年有期徒刑递减，较之过去无期徒刑可以减为 15 年以上 20 年以下有期徒刑有了明显提高。同时，被判处死缓的累犯以及因故意杀人、强奸、抢劫、绑架、放火、投放危险物质或者有组织的暴力性犯罪被判处死缓的罪犯，法院还可以限制其减刑；累犯的间隔期由 3 年放宽到 5 年，意味着有更多的情形可以被认定为累犯而从重处罚；数罪并罚综合决定刑期的上限，由 20 年提高到 25 年；大部分新增设的犯罪都配置了较重的法定刑，原有一些罪名的法

---

① 聂立泽：《刑法中主客观相统一原则研究》，法律出版社 2004 年版，第 8 页。
② 参见曾粤兴：《刑法学方法的一般理论》，人民出版社 2005 年版，第 104-111 页。

定刑也有所提高，如巨额财产来源不明罪，法定最高刑由 5 年有期徒刑上升为 10 年有期徒刑。但是，这种"厉"由于死刑配置的大幅减少、最高人民法院对于死刑的严格控制和司法解释对于两个适用死刑较多的罪名——运输毒品罪、故意伤害罪——在政策上的限制而呈现出相对性。

（四）限制死刑的政策法制化

1979 年刑法的死刑罪名只有 28 个，1997 年修订刑法前多达 72 个，1997 年刑法整合为 68 个。经过以高铭暄教授为代表的一批刑法学者以及中国刑法学研究会的不断呼吁，限制死刑成为我国宽严相济刑事政策的组成部分，继而指导刑事立法先后两次废除了 22 个死刑罪名，智能型犯罪几乎不再配置或适用死刑，死刑的适用已经集中在故意杀人、抢劫、贩卖、运输、制造毒品、绑架、强奸、故意伤害六种犯罪上，绝大部分死刑罪名事实上已经备而不用。

## 二、可继承的经验

上述立法特点也是立法的成就，从中可以归纳出一些可继承的经验。

（一）立法模式上

1. 以修正案的方式修订刑法

较之于单行决定，"从刑法修法模式上讲，修正案模式作为在我国刑事立法实践中大获成功的立法模式日益走向成熟"。① 以修正案方式修订刑法，是我国刑事立法的一个成功经验。刑法的适时修订能在一定程度上解决社会变动较快与立法相对滞后之间的矛盾，可以满足公共治理需要。因此，修正案模式逐渐被立法机关推广到刑事诉讼法乃至宪法的修订上。

2. 附属刑法的制定

附属刑法的优势是在非刑事法律中设定刑法条款，以便及时地、有针对性地解决特定社会生活领域出现的新的不法行为的处置问题。日本大量的刑法罪名就是通过这种模式得以产生的。这种模式有利于克服频繁修订刑法带来的立法稳定性不足的弊端。我国立法早已出现大量的准附属刑法，但至今没有真正意义上的附属刑法，只不过非刑事法律中有不少条款规定了"情节严重的，依法追究刑事责任"，这实际上仅仅具有宣誓意义和"埋下伏笔"的功能，其积极意义在于为今后修订刑法埋下伏笔，消极作用在于容易引发类推定罪。费尔巴哈关于罪刑法定原则的第三句名言"无法律规定的刑罚也不为罪"所蕴含的深刻意义即在于防止类推适用。笔者认为，附属刑法的缺失也是我国频繁修订刑法的一个重要因素，一旦采用附属刑法模式，高频度修订刑法的弊端便会得到有效克服。因此，附属刑法应当成为我国呼之欲出的刑事立法模式之一。

---

① 高铭暄：《走向完善的中国刑事立法》，www.aisixiang.com/data，访问日期：2019 年 5 月 5 日。

## (二) 立法策略上

一方面，预防性立法取得突出进展。职业禁止①和禁止令②属于预防性立法，③除此之外还有预备行为实行化、共犯④正犯化：传授犯罪方法罪，煽动型、宣扬型犯罪，持有型、资助型犯罪的立法，准备实施恐怖活动罪的立法，实质上已经把犯罪的教唆行为正犯化，把为了实行后续犯罪的预备行为作为实行犯加以打击；信息安全方面，帮助信息网络犯罪活动罪的立法、反恐怖主义活动方面，帮助恐怖活动罪的立法，则是将帮助行为正犯化。这类立法是我国预防特定犯罪、防患于未然的刑事政策需要，也是积极防御策略的体现，对于有效打击、防止有关危害公共安全、严重妨害社会管理秩序的重罪的发生具有重要作用。

另一方面，微罪的出现直接打通了行政违法与刑事不法之间的界限，有利于高效率制裁突出的行政违法，维护社会秩序。严格说来，这也属于预防性立法。笔者将其独立出来分析，是考虑到微罪的设立利弊共存，尚有较大争议。哪些行为可以纳入微罪，需要认真论证，否则也会产生弊端。

## (三) 立法技术上

### 1. 过失危险犯的设立

对危险驾驶等过失犯罪的修订突破了结果犯模式，为其他过失犯罪的立法修订创造了有利条件（如污染环境罪）。

### 2. 对腐败犯罪的修订为数额犯立法提供了范本

社会在不断发展，数额犯立法如果将追诉起点、刑罚幅度明确化，在短时期内固然能够满足罪刑法定原则关于立法明确化的要求，但其滞后性相当明显。《刑法修正案（九）》关于腐败犯罪的修订，采用了立法定性、司法定量技术，授权司法机关适时修订定罪量刑的数额标准，对保持刑法典的稳定性大有裨益。

# 三、当吸取的教训

刑事立法对于国家政治生活、经济良性运行、社会正常发展和文化传承、公民人权保护和幸福生活而言至关重要，因此是一项非常严肃的国家大事，需要认真考量其正当性与合理性，但由于立法参与者立法素质参差不齐、立法机制尚待改良，不可否认的是，从40年来刑法立法引发的争议和实施效果判断，还存在一些值得反思和吸取的教训。

## (一) 修订频率过高

刑法属于国家基本法律，对基本法律平均每九个月一次的修订，在当代所有成

---

① 刑法第37条之一规定："因利用职业便利实施犯罪，或者实施违背职业要求的特定义务的犯罪被判处刑罚的，人民法院可以根据犯罪情况和预防再犯罪的需要，禁止其自刑罚执行完毕之日或者假释之日起从事相关职业，期限为三年至五年。"

② 刑法第38条第2款、第72条第2款分别规定，判处管制或宣告缓刑，可以根据犯罪情况，同时禁止犯罪分子在执行期间或者缓刑考验期内从事特定活动，进入特定区域、场所，接触特定的人。

③ 参见高铭暄、孙道萃：《预防性刑法观及其教义学思考》，载《中国法学》2018年第1期。

④ 这里的共犯是指帮助犯和教唆犯。

文法国家,都属于绝无仅有,不能不说属于频率过高。其后果是:

1. 高频度的修订有损立法的稳定性

刑事法律不同于行政法律,刑治手段与行政手段不同。行政管理基于公共治理的需要,要求管理手段具有高度的适应性,以便解决大幅度变化的社会生活,及时维护社会秩序,但即便是行政法律,也应当保持相对的稳定性。刑事法律作为行政法律实施的后盾,需要适应行政法律的变化,以便保持两种基本法律之间必要的衔接。但是,对于自身的稳定性应当有更高的要求,这是因为刑法具有司法规范和公民行为规范的双重属性,需要给司法工作人员和广大公民提供比较稳定的行为模式。高频度的修订容易导致朝令夕改,司法人员措手不及,普通公民无所适从。

2. 高频度的修订有损规范的严肃性

刑法关乎公民、单位的自由与生命,[①] 关乎其财产与社会生活的信誉,更关乎公民家庭生活的稳定与幸福,[②] 属于具有高风险的社会生活规则,因而需要保持严肃性。高频度的修订会带来犯罪率的波浪形变化,带来犯罪嫌疑人甚至罪犯比例的剧增。刑法适用的过程,是一个给公民和单位"贴标签"的过程,刑法适用的结果,也是一个向社会输出法律产品——罪犯——的过程。对于国家和社会而言,绝不意味着罪犯数量越多越好。社会的善治应当表现为犯罪率的逐渐下降,否则罪犯数量的攀升会导致反社会情绪的攀升和社会对立面的扩大,成为影响政权稳定的因素,单纯的法治问题可能演变成政治问题。

3. 高频度的修订有碍立法的科学性

法律的科学性是法律的生命力所在,也是司法公信力获得普遍信仰的基础,刑法所蕴含的暴力属性对于其立法的科学性具有更高的要求。衡量刑法科学性的标准可以有很多,刑法的基本原则可谓基本标准。实质的罪刑法定原则决定了罪刑关系的确立应当明确而适当,至于适当与否,又涉及刑法谦抑性问题;刑法平等适用原则所蕴含的"同样事情同样处理"的平等观念,可能会被频繁变动的刑法所打破;罪责刑相一致原则所蕴含的罪行与罪量的平衡关系,也可能被突然变动的刑法所颠覆。更令人担忧的问题是,高频度的修订会造成政府和社会对刑法的高度依赖,把社会公共治理的希望更多地寄托于刑法,会激发立法者更大的立法热情。每年"两会"上某些人大代表的议案和政协委员的提案足以为这一结论提供佐证。比如,在2019年的"两会"上,就有代表呼吁增加死刑立法。积极防御犯罪的政策固然是有必要的,但寄托于刑法管理社会一切问题的想法却是不明智的。至少,高频度修订刑法带来的行政急政问题已经是不争的事实。

---

[①] 对单位中的法人而言,触犯严重罪行,会招致被"吊销营业执照"、"解散或者注销社团"的法律后果,相当于生命的终结。

[②] 基于每个人都该对自己的行为负责的基本原理,笔者不否认真正的罪犯因其犯罪给自己家庭生活带来的痛苦属于咎由自取,但对于未参与犯罪的家人而言,这种痛苦又是值得社会同情的;对于因刑法的突然变化而被追究刑事责任甚至被判处更严重刑罚的人而言,这个问题具有复杂性,但不可否认,除了会给其家庭带来难于接受的痛苦之外,社会情绪的变化是政府应当关注的问题。

# 第一编 新中国成立 70 年来刑事法治和刑法理论的变迁与反思

### 4. 高频度的修订有失定罪量刑的公平性

公正，是社会主义社会的核心价值理念，也是刑法恢复社会正义的内在要求。立法的不公正必然带来司法的不公正。1983 年"严打"对刑法溯及既往原则的肯定所带来的消极后果，如犯罪率暂时性的下降和随后的大幅度攀升，特别是刑释人员面对同样行为前后处遇悬殊自然生发的"补偿心理"造成的高比例的再犯率，早已成为刑法学人的共识。立法者也许可以排除规范内容缺乏公正性的规定不说，因为那毕竟是罕见的个例，但也应该正视频繁修订刑法造成的因时间变化导致罪行与罪量关系发生实质变化的问题。这一现象可以说是罪责刑相适应原则被绝对地相对化，意思是指：在某个时间节点前后，假如刑法不发生变动，罪责刑关系则处于持续的稳定状态，而该时间节点改变了一切——之前的行为可以获得那样的处理，而之后的行为只能获得这样的处理。这种变化在立法上具有不得已性，但立法者不能经常宣称或张扬这种不得已性，因为它毕竟有失定罪量刑的公平性。

### （二）微罪立法的风险

微罪的设立固然有其值得肯定的方面，但实践效果暴露出的弊端不能不引起注意。首先，微罪的面不宜扩大，否则可能不利于人权保障。设立微罪的根据事关其正当性问题。微罪的实质是将行政违法中危险最大的那一部分行为直接犯罪化，这就必然导致一些情节显著轻微危害不大的行为被纳入刑事法网，从而伤及人权保护。如果行政制裁尚未失灵，仅仅由于执法人员怠政而制裁不力，则应着力解决执法力度问题，不应轻易伸出刑法之手将其编织进入刑事法网，否则容易导致主观主义侵入犯罪论领域，从而对并合主义造成冲击。其次，个别微罪的立法导致有限的司法资源出现不尽合理的倾斜。典型的例子即醉驾型危险驾驶罪。笔者相信刑罚的威慑力能够对酒后驾车产生一定的遏制，① 但也注意到一个众所周知的事实：在部分地区，这类犯罪的发案率已经高居前三位，在个别地区已经高居首位。这就意味着司法机关必然将大量的司法资源投入到微罪的处置上。司法资源总是有限的，在一定期限内是一个定量。被微罪耗费的资源显然就难以用在对社会治安更重要的重罪的处置上，"得不偿失"是可能得出的结论。也许有人会说，醉驾入刑的效果来自于违法成本的提高产生的威慑；罚金也能产生补偿司法资源的效益。那么，换一个角度考虑，如果修改道路交通安全法，通过设定高额罚款、提高拘留上限、吊销驾照而增大违法成本，既能遏制酒驾，又能增加财政收入，还可以避免司法资源支出于处置这部分行为，更重要的是，可以避免公职人员因为一杯酒就失去一份工作带来的社会问题，何乐而不为？

### （三）技术上的教训

#### 1. 简单罪状应当叙明化

简单罪状因其对具体犯罪成立要件、要素的描述过于简单而给司法适用带来了

---

① 据公安部交管局统计，醉驾入刑前 5 年，因酒驾、醉驾导致的交通事故年均 6542 起，致死 2756 人，致伤 7090 人。醉驾入刑后，从 2011 年 5 月 1 日至 2017 年 4 月 30 日，上述数据分别变为 5962 起、2378 人和 5827 人，分别下降 8.9%、13.7%、17.8%。韩丹东、杜晓：《大数据告诉你：醉驾入刑七年来带来哪些变化？》，载《法制日报》2018 年 6 月 12 日。

高难度，典型的例子如故意杀人罪。一句"故意杀人的"罪状，对犯罪主体、犯罪客体作出的是隐含式规定，只有犯罪的主观方面、行为表现被明示。这种"简单"的罪状描述却给司法认知与裁判带来了复杂的问题：安乐死、逼人自杀、助人自杀、相约自杀而活下来是不是故意杀人？防卫过当致人死亡是不是故意杀人？借助自然力置人于死地是不是故意杀人？这些情形都在实践中引发了剧烈争议，说明简单罪状与罪刑法定要求存在相当差距。所以，高铭暄教授指出："在罪状表述上，应尽量少用简单罪状的方式，多采用叙明罪状的方式，对犯罪特征的描述力戒笼统、含糊，力求明确、具体。"① 当然，叙明化也只是基本要求，理想的描述状态应当是精确的叙明化。

2. 概念术语、罪状描述应当精确化

一些条文存在的表述问题为未来的罪状表述提供了反思空间。由于法案起草者知识的局限性，长期以来，我国刑法中经常出现一些非法言法语或者模糊用语，罪状描述的非精准化，导致个别罪名被"口袋化"，如寻衅滋事罪、聚众斗殴罪、玩忽职守罪与滥用职权罪、非法经营罪、黑社会性质组织犯罪等。又如"团伙"、"行凶"、"国家工作人员"、"为非作恶"、"称霸一方"、"残害群众"、"投机倒把"、"暴力"、"软暴力"之类，给理论研究和司法适用造成了困惑，不利于罪刑法定原则的落实。在全面修订刑法时应当尽力加以改正。

3. 应当明确规定刑事追究的法规范依据

空白罪状为行政规章侵入刑事司法打开方便之门。对于行政犯，采用空白罪状是一种规律，但是，如果没有必要的限制，容易为行政规章侵入刑事司法打开方便之门。涉及枪支弹药、野生动物保护、醉驾等犯罪都存在同样的问题：刑事追诉的法规范依据能否包括行政规章？在法理学上，答案是否定的，因为罪刑法定所指的"法"只能是有权代表国家的机关通过特定程序制定的法律、法规和司法解释。刑法中有大量空白罪状采用了"违反国家规定"、"违反××法规"的表述方式。刑法第96条明确规定："本法所称违反国家规定，是指违反全国人民代表大会及其常务委员会制定的法律和决定，国务院制定的行政法规、规定的行政措施、发布的决定和命令。"这一规定把"行政法规"扩大到国务院制定的行政措施、发布的决定和命令，但忽略了司法解释。不过，全国人大常委会关于授权最高人民法院、最高人民检察院制定司法解释的决定以及立法法第104条的规定②足以弥补此疏漏。

4. 对刑法总则的修订打破了刑法总则的内在平衡

《刑法修正案（九）》对因贪污罪、受贿罪被判处死缓的，增加了"减为无期徒刑后，终身监禁，不得减刑、假释"的规定。该规定虽然位于刑法分则，但实质上涉及刑法平等适用这一基本问题，打破了总则的内在平衡。尽管终身监禁不是刑罚而是刑罚执行措施，但是，行刑平等是刑法面前人人平等原则的内在要求。对严

---

① 赵秉志主编：《高铭暄刑法思想述评》，北京师范大学出版社2013年版，第442页。
② 该条规定以法律形式肯定了司法解释的地位："最高人民法院、最高人民检察院作出的属于审判、检察工作中具体应用法律的解释，应当主要针对具体的法律条文，并符合立法的目的、原则和原意……最高人民法院、最高人民检察院以外的审判机关和检察机关，不得作出具体应用法律的解释。"

重腐败犯罪可以采取终身监禁措施，那么，对具有危害相当性的其他严重犯罪，是否也可以采用该措施？如果答案是肯定的，意味着在刑法大修时应同等处置；如果答案是否定的，意味着对这部分人的行刑有失公平。由此也可以总结出一条立法教训：修正案以及单行刑法不宜规定涉及总则问题的内容。

## 四、结语

40年的刑法立法，成就斐然，显著的成就背后蕴含了丰富的、值得继承的立法经验；平均每9个月修订一次刑法的频率也带来了值得反思和总结的教训。

本文所谓得与失或者经验与教训，主要是从技术层面和制度引导效果层面进行简要分析。技术成熟、法律实施效果良好，当肯定为可继承的经验；反之，技术上引起重大争议、实施效果引发较大疑问，值得反思的，可归入宜吸取的教训。其实，形而上的刑法理念对于刑法立法的成效具有更加重要的意义，但需要另文研究。

# 我国民生刑事法治的变迁与反思

张 勇*

"民生"泛指人民的生计，狭义上的民生即社会民生，即民众的基本生存和生活状态、基本发展机会和发展能力，以及基本权益保护等。我国社会建设的重点是保障和改善民生。正如有学者指出："教育是民生之基，就业是民生之本，收入分配是民生之源，社会保障是民生之安全网。"[①] 这实际上涵盖了社会领域的基本人权，即劳动就业权、教育权、健康医疗权、社会保障权。同时，公共交通、生态环境、食品药品、社会治安领域的公共安全风险问题也都是关系社会公众切身利益的重要民生问题。因此，社会民生权益并不局限于上述个体的社会权利，还应包括交通安全、环境安全、食药安全、社会安全等方面的集体权益。习近平同志指出："要在全体人民共同奋斗、经济社会不断发展的基础上，通过制度安排，依法保障人民权益，让全体人民依法平等享有权利和履行义务。"这段话深刻阐述了法治和民生的密切关系。法治是民生保障的主要路径，民生保障是法治的根本价值。[②] 在刑事法领域，保障民生是我国刑事法治的重要任务。刑法应当对民生权益给予坚实有力的保障和救济。

## 一、民生权益保障的刑事立法发展

社会权是民生领域的基本权利，它具有受益权功能的特点，是一种要求国家积极介入的权利，而国家负有直接供给以及采取适当措施加以保障的义务和责任。[③] 改革开放以来，我国民生法治建设取得了显著成就，国家立法机关制定和修改了诸多涉及民生的重要法律，包括制定或修改劳动合同法、老年人权益保障法、反家庭暴力法、慈善法等，对于保障和改善民生、协调社会各方利益、完善和创新社会治理具有十分重要的作用。然而，由于我国社会立法一直处于相对滞后的状态，法律供给与保障不足，诸多社会民生问题在很大程度上都是由于公共服务、社会保障、社会福利、劳动保护等权利配置不足所造成的。[④] 基于保障民生的现实需要，我国立法必须回应社会民生的权利诉求，赋予人民群众广泛的社会权利，并积极运用刑事、民事、行政各种制裁手段予以全方位的法律保障。

作为最严厉的法律手段，刑法对社会民生权益的保护是通过对侵犯民生权益犯罪行为的刑事规制来实现的。通过将侵犯公众社会权益、危害严重的行为纳入犯罪

---

\* 华东政法大学教授，博士生导师。
① 郑功成：《科学发展与共享和谐：民生视角下的和谐社会》，人民出版社2006年版，第47页。
② 参见付子堂、常安：《民生法治论》，载《中国法学》2009年第6期。
③ 参见郑磊：《民生问题的宪法权利之维》，载《浙江大学学报》（人文社会科学版）2008年第6期。
④ 参见付子堂、常安：《民生法治论》，载《中国法学》2009年第6期。

圈予以刑事制裁，能够有效克服民法与行政法的局限性，发挥作为"保障法"、"后盾法"的保障功能。

在我国新旧刑法典的总则中就有许多涉及民生权益保护的刑法条文，如未成年人从宽、死刑限制适用、缓刑假释制度。可以说，1997年刑法典确立的罪刑法定原则就是民生权益保障的法律宣言。刑法分则中规定的交通、教育、劳动、医疗领域的重大责任事故类犯罪，生产、销售伪劣产品罪，强迫劳动罪，污染环境罪等罪名，都体现出刑事立法对民生权益的切实关注。近些年来，我国立法机关通过制定出台刑法修正案，对社会民生的权利诉求作出积极回应，加大了侵犯民生权益犯罪的惩处力度，着重保护社会弱势群体的权利，对社会民生领域的社会风险加以防控，逐步形成民生权益刑法保护体系。尤其是《刑法修正案（八）》在民生保障方面作出许多重要规定，被视为民生刑法的标志。"所体现的刑法机能由以往七部刑法修正案的社会保护而转向了人权保障。"①《刑法修正案（八）》首次创立了老年人犯罪从宽的刑罚制度，对75岁以上的老人不适用死刑，这是从适用主体上进行限制；将不支付劳动报酬的行为规定为犯罪，即"欠薪入罪"，并修改了刑法中的强迫劳动罪；加强对药品和食品安全的法律保护，修改了销售假药罪的构成要件，降低了入罪门槛；提高了生产、销售不符合卫生标准的食品罪，生产、销售有毒、有害食品罪的入罪标准和相应的法定刑。随后，《刑法修正案（九）》进一步体现了刑法对民生权益保障的重视，废除了9个死刑罪名，并将死刑罪名的废除从暴力犯罪扩展至非暴力的经济犯罪，并提高了死缓适用死刑立即执行的条件，更为严格地控制和限制死刑的适用，体现了对人的生命权的尊重。同时，提高生刑，并提高个罪的法定刑，加大了对恐怖主义犯罪的惩处力度，从源头上打击恐怖活动犯罪，加强对民生权益的保护；增加了对弱势群体的倾斜保护；增强了对学生、未成年人、老年人、患病的人以及残疾人等弱势群体的保护。此外，《刑法修正案（九）》还对"医闹"、"替考"、网络诽谤行为予以刑事惩治；设立侵犯公民个人信息罪，加大对个人信息的保护力度；等等。上述刑法修正案的相关条文均关涉到公民基本的生存、生活与发展的权利，与民生权益密切相关，是值得充分肯定的。

## 二、民生权益刑法保障的价值功能

坚持以人为本，对个体权利的尊重和保障是人本主义的法律体现。倡导"人本刑法观"是社会民生领域刑事法治发展的必然趋势，其基本要求就是把犯罪人当作"人"看来看待，尊重其人格尊严、保障其合法权益，展现刑法的宽容和人道，从而达到重塑和完善人性的终极目的。民生权益分为生存权和发展权两个层面。生存权被视为弱势群体的"最低限度"的生活保障权。保障人权就意味着对弱势群体的权利予以"底线"保障。与生存权相比，发展权则意味着国家要在更大范围内、更高层次上保障民生，追求人的自由和全面发展。我国立法对侵犯社会权益失范行为的制裁措施过于温和，侧重于行政处罚，这就导致侵害社会权益的现象非常严重。

---

① 刘艳红：《刑法修正案（八）的三大特点》，载《法学论坛》2011年第3期。

当民事赔偿、行政处罚已经不起作用时，有必要诉诸刑事法律，将社会权益直接作为刑法的直接保护对象。毋庸置疑，社会综合治理是治理社会民生问题的根本手段。在刑事立法时，既要充分考虑打击犯罪的需要，又必须采取特别谨慎的态度，以防止刑法的扩大适用。对于我国社会转型时期严重危害民生权益行为的入罪问题，也不能一概予以否定和排斥。过分地推行非犯罪化也是不正确的。"犯罪化与去犯罪化乃刑事立法的左右手，在刑事政策上，两者必须兼行并用，始足以发生抗制犯罪与预防犯罪的功能。"①

当前，我国刑事法律体系趋于成熟和完善，民生权益保障的价值理念正逐步渗透到刑事立法当中。然而，民生保障不应仅停留在刑法立法层面。民生刑法的人本价值也必须体现在刑法体系当中，并在该系统的动态运作中实现。其中，主要体现在刑法适用和刑罚执行两个方面：一是在刑法适用方面，刑事裁量是刑事司法的核心环节，从民生权益保障观念出发。第一，刑事司法解释应适度转向人本主义。司法机关就刑法条文进行规范性司法解释，应遵循罪刑法定原则的基本要求，力求实现刑法社会保护机能与人权保障机能的统一。正如有学者指出，刑法解释观从规则主义适度转向人本主义，必须实现法官视阈与公众视阈的融合，以免出现因为适用法律而背离刑法人本目标的结果。② 第二，法官行使刑事裁量权应尽量体现人本价值理念。法官在量刑时要摒弃重刑主义的错误观念，实现刑罚谦抑和刑罚轻缓化，依法保护犯罪人的应有权利。同时，必须依法正确行使刑事裁量权，对犯罪行为的判决不应受法官个人的价值观、好恶感情的影响，做到公平性和人道性的统一。第三，在量刑情节的适用中贯彻人本价值理念，尽可能实现刑罚轻缓化。在量刑时，不能仅以犯罪危害轻重作为量刑的唯一根据，而应当充分考虑犯罪人的个体情况，正确地把握和运用酌定量刑情节，尽可能维护犯罪人的合法权益。对犯罪情节轻微或具有从轻、减轻、免除处罚情节的，依法从宽处罚。二是在刑罚执行方面，从我国刑事司法的实际情况看，尤其应重视运用管制刑、财产刑、缓刑、减刑、假释等制度。扩大适用缓刑，提高缓刑的适用率和执行效果；正确适用减刑和假释，应根据法律规定给予减刑、假释及社区矫正；注重适用刑事和解。通过当事人双方自愿达成和解，及时恢复被害方的合法权益，给予被侵权的受害人以补偿和救济，以消解社会矛盾；探索实行社区矫正。不断提升社会组织在犯罪控制中的主体地位，让"社区司法"成为社会利益冲突的"减压阀"或"调节器"。

## 三、民生领域社会风险的刑法调控

在风险社会时代背景下，作为控制风险的强力手段，刑法在公共政策的影响下不断地演绎和拓展自身，对社会风险进行积极回应并作出调整，对现实危险行为予以遏制，合理控制风险所带来的危险，维护公共安全和公众利益，既能促进现代化的发展，又不阻碍个人自由。根据风险管理规律和刑法基本理论，刑法调控功能可

---

① 林山田：《刑法的革新》，学林文化出版有限公司2001年版，第154页。
② 参见袁林：《刑法解释观应从规则主义适度转向人本主义》，载《法商研究》2008年第6期。

归纳为风险识别、风险预防、风险分担、风险转移等几个方面：第一，将民生领域保护法益抽象化、分级化进行风险识别。风险识别是对已经发生或潜在的风险加以判断、归类整理，并对风险的性质进行鉴别的过程。风险识别是风险管理的基础，在刑事立法中，同样需要对行为的危险性质及其程度进行识别，在此基础上，对该行为所侵害的公共安全法益大小加以判断，以此作为对其刑事规制的基础。面对日益增长的社会风险，刑法出现了法益抽象化和社会化的趋势，法益从出罪化角色转变为入罪化角色。传统法益具有限制刑罚发动和处罚范围的机能。但刑法的早期化介入倾向致使很多新增罪名的法益内容不明确，有成为政策化工具的倾向，因而需要加以限制解释。同时，还有必要确立法益等级保护的观念与制度，以加强风险刑法中的风险识别和法益判断。对环境安全、食品安全、交通安全等领域的风险进行评估和分级，作为确定法益分级保护的参考依据，这对于克服法益抽象化的缺陷来说具有重要意义。第二，通过民生领域公共安全的前置保护实现风险预防。许多国家的刑法都增加了不少抽象危险犯的罪名，逐渐放宽未遂犯的定罪标准，将预备行为有选择地独立定罪；拓展了实行行为形式，设置了持有型犯罪；对犯罪实行行为着手的认定标准也适当提前。在我国民生保障的刑事立法中，适当扩展危险犯的类型，合理配置抽象危险犯和具体危险犯，增设环境犯罪、食品安全犯罪和职务犯罪等犯罪的危险犯是十分有必要的。对于危险犯的设置也应采取审慎态度，不能仅仅以出于公共利益的考虑作为其正当性的依据，要尽可能地符合刑罚的最后手段特征。第三，通过合理分配注意义务分担民生领域的社会风险。风险分配本质上涉及注意义务的分配问题。承认某种风险是容许的，就意味着对一定范围内的侵害结果予以容忍，这是为了享受工业化便利所不得不付出的必要代价。风险社会中公民的权利在增加，风险义务也在相应地扩张。公民个人的风险选择可能被纳入刑法评价，却也往往成为风险制造者和风险获利者的"替罪羊"。因此，刑法应当对风险社会中公民的风险义务进行限制，降低对弱势群体的风险义务要求。另外，借助风险的获利群体、掌握风险定义权的利益主体应当作为风险义务和责任的主要承担者，而不是偶尔为风险事故买单。第四，运用刑事推定的归责方法转移民生领域社会风险。传统的过错归责原则在风险社会中遇到了很大的困难，对于风险本身来讲，实际损害是不存在或是不确定的，行为与行为后果之间具有时空隔阻性。复杂的因果链条、专业技术的困境、社会通识的缺乏，使得司法机关很容易陷入侦查难、追诉难、审判难的困难境地。基于风险调控的目标，需要以预防理念为导向，对归责原则进行革新，将控方的举证责任适当地转移到被告人或犯罪嫌疑人一方，以减轻前者的取证负担，达到及时有效地控制和预防社会风险的目的。必须指出，刑事推定作为一种"末位式"的证明，只能在无法用证据证明、具有特别理由的前提下才能运用。这就决定了运用推定认定事实的案件只能是追诉案件总量中的一小部分，通常意义上的无罪推定仍然在绝大多数案件中发挥着作用。

## 四、社会弱者倾斜保护与利益平衡

近些年来我国陆续出台了刑法修正案，宽严相济刑事政策逐渐渗透到刑事立法当中。相对于我国过去的"严打"刑事政策,宽严相济刑事政策更突出强调"宽"的一面,强调以"宽"济"严","宽"与"严"之间应具有一定的平衡,互相衔接,形成良性互动。在民生领域,刑法更应当保持温和、稳健的品格,要从维护民生利益和促进社会和谐的角度,正确认识和处理"宽"与"严"的辩证关系,做到宽严有度。尤其是对于社会弱势群体实施的"维权型"犯罪,当宽则宽,同时积极寻求消解和预防利益冲突的社会对策,以实现"治本"的目的。另外,宽容绝不是绝对的、无条件的,无原则的宽容就会变成纵容,反而不利于冲突和矛盾的化解。因此,对于在社会冲突事件中趁机实施扰乱和破坏社会秩序、严重危害国家利益和社会稳定,尤其是涉及黑恶势力和腐败利益的犯罪行为,当严则严,绝不宽纵,以达到"治标"的效果。

在民生刑事保障方面,要准确把握和贯彻宽严相济刑事政策。一方面保障社会权利,在法律范围内实行适度宽容和倾斜保护;另一方面也要考虑主体利益平衡和社会关系稳定、和谐,对社会利益主体双方都要做到既宽且严,宽严得当。第一,弱者倾斜保护。在社会地位、财富分配、权利享有等方面处于弱势地位的人群,社会弱势群体的生存权保障是民生领域首要解决的问题。运用刑法作为权利救济手段对社会弱势群体进行倾斜保护,可以更有效地防止强势主体的侵害,保证社会公平正义的实现,是实践人本刑法理念的必然选择。为了切实保障社会弱势群体生活及劳动的基本机会,尽最大可能缩小并消除形式平等下的实质不平等,刑法必须对社会弱势群体进行"倾斜保护",以非对等的特别措施保障社会弱势群体的权利,"通过差别原则把结果的不平等保持在合理的限度内"。[①] 刑法总则中有关弱者保护的内容主要包括未成年人、老年人、精神病人、聋哑人或盲人的刑事责任;教唆不满18周岁的人犯罪的应当从重处罚;犯罪时不满18周岁的人和审判时怀孕的妇女,不适用死刑;缴纳罚金时遭遇不能抗拒的灾祸而确实有困难的,可以酌情减少或者免除缴纳。必须指出,"倾斜保护"必须坚守罪刑法定原则、罪责刑相适应原则和刑法平等原则的"底线",不能因过度考虑罪犯的权益而损害被害人的利益和社会公平,不能超越我国国情、社会观念以及法律所能允许的限度。[②] 第二,利益关系平衡。公正与公平是现代立法追求的核心价值,这种价值追求的实质是公正与公平,即通过法律实施实现社会关系的平衡和谐。当法律主体在事实上存在明显的强弱不对等时,调整其关系的法律就出现向弱者的适度倾斜,以达到强者与弱者力量的相对平衡。[③] 尽管社会弱势群体是解决民生问题的重中之重,但他们并不是民生保障的唯一主体。法律平等原则决定了"倾斜保护"绝不是单方面追求弱者的权益保护,其最终目的是追求利益关系双方的平等和平衡。对利益冲突加以协调,不能过分地或者仅仅强调倾斜保护,否则就会矫枉过正,造成新的利益失衡,引发新的对立与冲突。"利益平衡"是对"倾斜保护"的一种适当的矫正,能够使法律对

---

① [美]约翰·罗尔斯:《正义论》,何怀宏等译,中国社会科学出版社1998年版,第171页。
② 参见张明楷:《刑法的基本立场》,中国法制出版社2002年版,第375页。
③ 赵雪飞:《公平:在倾斜中实现平衡——劳动合同法应当向劳动者倾斜》,载《中国劳动关系学院学报》2007年第2期。

# 第一编 新中国成立 70 年来刑事法治和刑法理论的变迁与反思

于弱者的倾斜保护保持在适当的水平上,防止将倾斜保护演化为过度保护。在社会转轨时期,我国更需要刑法保护功能的优先发挥,以维护社会基本公正和利益适当平衡。通过"抑强扶弱"完成弱者自身不能与强者达成的平等或者平衡的社会目标是十分有必要的。① 然而,刑法对弱者的倾斜保护并非其全部目的,"抑强"也并非"锄强",对社会弱势群体的倾斜保护应当进行适度把握和利益平衡。因此,在对某种民生侵权行为犯罪化的同时,还必须进行反向的非犯罪化思考。即使将欠薪行为入罪,在大多数情况下,对于一般欠薪行为仍然要依靠民事和行政法律手段进行调整,刑法所规制的只是欠薪行为中的一小部分而已。

## 五、民生权益刑法保障的必要限度

作为最具严厉性和强制力的法律,刑法所规制的行为必须具有严重的社会危害性及社会不可容忍性。在民生领域,刑法并不具备保护所有社会权益的功能。大部分的民生侵权行为仍然需要民事、行政法律规范进行调整,有的甚至需要道德规范进行调整。我们既要抛弃"刑法万能论"的错误思维,也要避免"刑法无用论"的极端做法;审视刑法惩治犯罪的有效性和局限性,理性评价刑法与犯罪的关系。② 有学者主张,要慎重对待民生刑法观,刑法要理性慎重对待民生问题尤其是热点民生问题,防止刑法适用出现"应时"、"应势"的现象,警惕刑法对社会生活的过度干预,最终导致社会治理泛刑法化和刑法司法属性的改变。刑法对任何行为的处罚都必须强调正当性,刑法对热点民生问题的介入亦必须坚持犯罪化的原则,秉持刑法最后手段性的本质属性。③ 本文完全赞同此种观点。作为对危害行为的反应,民生刑法应当具有无可避免性。首先,一般情况下,民生侵权的行为人在实施侵权行为之前总要比较违法犯罪成本的高低和收益的大小,从而作出最有利于自己的选择。如果一国刑法缺乏应有的社会权益保护,或者违法与犯罪的界限模糊,就会导致大量刑法漏洞,不法分子就会"浑水摸鱼",或者打"擦边球"。使用刑罚手段惩治民生侵权的犯罪行为,能够大大提高其犯罪成本,减少其犯罪收益,使其望"刑"止步,能够有效发挥刑罚的一般预防功能。其次,民生权益属于社会权,其所依存的社会法是私法规范与公法规范的融合。社会法的性质决定了保护社会权益的复杂性,其中不仅仅包括民法,还包括行政法、刑法,公权力往往发挥着比在私法中更为重大的作用。将性质恶劣、危害严重的民生侵权行为纳入犯罪圈,运用刑罚手段予以强力制裁,是由民生权益的社会权性质本身所决定的,具有"不可避免性"。再次,从刑罚的经济性角度考虑,在民生保障方面如果过于依赖刑事手段,大量耗费司法资源,而致罪的根源并没有得到遏制。那么,当刑罚功效递减之后,其广泛犯罪化和刑罚严厉化的负面效应就会凸显,以至于出现刑法条文虚置的情况。将严重侵害民生权益的行为规定为犯罪,并非对所有该类行为都以刑事法律手段予以禁止,只是在其社会危害性达到一定程度时刑罚才介入。在必须对某种严重

---

① 参见姜涛:《论劳动刑法的建构及其法理》,载《中国刑事法杂志》2007 年第 5 期。
② 参见潘庸鲁:《理性看待刑法——以刑法与犯罪的关系为视角》,载《理论界》2008 年第 10 期。
③ 参见何荣功:《要慎重对待"民生刑法观"》,载《中国检察官》2014 年第 2 期。

的民生侵权行为予以打击和预防的情况下须"量力而行"。在民生侵权行为的犯罪化问题上，应严格区分社会权益的非刑事保护与刑事保护，严禁将一般违法的民生侵权行为随意犯罪化，违反刑法的人权保障机能。"在立法的过程中，应当对民众反映强烈的诉求进行立法听证与立法评估，通过一系列科学的立法程序来保持刑法的理性，而不能一味地顺应民意而忽略刑事立法的科学性与合理性。"①

从民生领域社会风险调控角度来看，刑事司法能够解决的问题也是有限的。由于偏重预防和管理，现代刑法本身就蕴含着摧毁自由的巨大危险。这种危险首先表现在刑法适用的泛滥上。为管理风险造成的不安全性，创设了大量的新罪名。同时，创制的新罪名大多是规制性的，经常任意突破刑事责任的基本原则。② 因此，刑法的风险调控需要设置相应的入罪门槛。入罪门槛过高或过低，或者说犯罪圈过宽或过窄，都会导致刑法的风险调控处于一种不平衡的状态。刑法应确定危险行为入罪的边界，控制公共安全领域的犯罪圈，降低风险刑法自身的风险。而对司法限度的准确把握能够保持我国刑法风险调控的正当性，坚守罪刑法定原则的底线，适当修正激进公共政策对刑事立法的过度影响，实现风险刑法维护安全与保障人权的统一。在司法实践中，应注重把握以下几个方面：其一，犯罪概念中但书的适用。司法机关在判断某一行为是否构成犯罪时，必须遵从犯罪概念中但书的制约，应当做到定性与定量相结合，把"情节显著轻微危害不大的"情形排除在犯罪圈之外；如果犯罪情节轻微不需要判处刑罚，依据刑法第 37 条的规定，同样可以免予刑事处罚。其二，刑法分则中兜底条款的适用。"兜底条款"即概括性或原则性条款，作为一项立法技术，其目的就在于严密法网，堵截法律漏洞。然而，对于兜底条款不能任意裁量和解释，而应当运用体系解释的同类解释规则予以限制解释和严格把握。其三，刑事处罚与行政处罚的衔接。在风险调控中，刑法作为"最后法"，应当让非刑罚方法先行发挥作用；只有在非刑罚方法干预失效的情况下，刑法才能作为最后保障出手干预，这样就能够大大缓解频繁使用刑罚的压力和风险。只有将刑法与行政法相互衔接，严密公共安全法网，实行多层次、等级化的法益保护，才能将大量违法行为堵截在行政处罚环节进行处置。这样就能使刑罚更好地发挥最后手段的功效，从根本上防止社会风险转化为现实危险甚至导致实害结果发生。

综上所述，在民生刑事法治领域，"以人为本"理念成为刑事立法与司法的价值取向。面对不断增大的社会风险和社会公共安全保障的民生需求，应当确立以人为本的价值理念，运用作为最后保障手段的刑罚，以保障民生为核心内容，对民生权益给予坚实有力的保障；在积极发挥其风险调控功能的同时，应当理性地进行立法设计，审慎地作出司法选择。

---

① 参见李兰英、屈舒阳：《论民生刑法的边界——以刑法修正案（九）为视角》，载《江西社会科学》2017 年第 7 期。
② 参见劳东燕：《公共政策与风险社会的刑法》，载《中国社会科学》2007 年第 3 期。

# 行政犯立法模式的反思与革新

马松建* 孙靖珈**

现今刑法领域讨论的热点大多集中在由于社会风险增加而出现的连锁反应上。例如，犯罪圈的扩张、刑罚措施更多地介入社会管理领域、刑罚处罚前置、频现的违法性认识错误等问题。行政犯概念的确定在解决这些问题中处于举足轻重的地位，无论是从侵犯法益的角度还是对相关行为不法与责任的判断的角度，刑法中大量出现的行政犯罪名都表现出与自然犯无法融合的特性。因此，厘清行政犯的性质，首先是为了在立法层面对相关罪名的加入更加谨慎、科学，其次是为了在司法中避免由于桎梏于现有理论而作出盲目判断。

## 一、法益的概念与行政犯

行政犯最初的定义与法益有密不可分的联系，这是大多数相关学说的天然逻辑，只有从法益理论出发的行政犯定义才能保持其最核心的价值，即对国家刑罚权的限制。有学者从社会危害性和反伦理性等角度去分析行政犯，但如此会弱化行政犯理论限制刑罚权的本质内涵。[①] 只有以法益为基础，确定行政犯的定义和范围，其职能才能得到最充分的发挥。

### （一）法益与前实定法

行政犯与法益的关联性同时也表现在两者面临的相同的困境上。从法益理论发展的历史来看，法益在实定法概念和前实定法概念之间不断地摇摆，这种摇摆带有明显的时代印记，并且代表着法益所承载的不同的职能和使命。宾丁为了论证犯罪的实质定义而首次具体化了法益的概念。他认为法益本身并非权利，但对于法律共同体是有价值的，立法者视之为法律共同体健康生活的全部条件。立法者的审慎态度和实践决定了法益的认可范围，立法者的敏锐性能保证对法益的精确描述，这两者的结合决定了规范的范围、效力以及刑法条文的可用性。[②] 宾丁规范内的法益概念虽然为客观的处罚条件提供了基础，但同时也使法益理论无法脱离实定法而限制刑法的处罚半径，淡化了其对立法者权力的限制。李斯特则认为法益并非由立法者确认的，而是在实定法之前已存在于社会中的超法规的存在，肯定了在实定法之外法益的独立价值。两种对法益不同的阐释，是以其不同的立场对法益价值的侧重和取舍，没有明显的错对、优劣之分。但是，法益作为前实定法概念所包含的自由主

---

* 郑州大学法学院教授，法学博士，博士生导师，法学院副院长。
** 郑州大学法学院博士研究生。
① 参见游伟、肖晚祥：《论行政犯的相对性及立法问题》，载《法学家》2008年第6期。
② 参见梁奉壮：《宾丁规范论研究：本体论考察》，载《清华法学》2017年第1期。

义的精神价值,在之后的发展演变中被不断地提起。德国纳粹时期,法益由于其自由主义的价值内涵而被部分学者否定,这一时期的霍尼希认为,立法者从复杂多样的人类生活中,筛选以法律规范的行为时,标准是人民内心中的文化,这些共同价值就是刑法的保护客体。① 法律不再只是用来协调和保障主观权利形式的自由,而是成为社会平衡、社会整合、社会调控和社会控制的工具。② 刑法更多地介入社会管理,并不能完全等同于对自由主义的侵犯。显然,在当时的政权环境下,这种理念对民主法治的发展是极其危险的。第二次世界大战结束之后,极端的实质主义犯罪概念造成的立法、司法无限制的自由,使人们更加看重前实定法的法益概念对于限制国家刑罚权的价值,但是,法益还是无法找到一个合理的具体化定位。萨克斯试图从宪法中找到这个基础的定位,罗克辛则认为刑法是为了维护个人法益和保障人生存的公共利益,并且排斥单纯违反道德和行政管理秩序的行为。③ 这些积极的尝试最为主要的就是维护法益理论的独立价值,而有些则是从法益角度为现有规范寻找合理性。在同样的逻辑下,如果法益被完全理解为实定法概念,新的行政秩序也就被认作是新的法益,以此为依据区分出的行政犯也只是个苍白的分类。将所有的行政秩序、保护对象都纳入法益的范畴,那么无论是立法、解释还是司法范畴,法益都失去了独立的意义。以违法性认识问题为例,行政犯违法性认识错误应当免责已经逐渐被大多数学者所接受,但如果将新出现的交通管理秩序、金融秩序、税收管理秩序等行政管理内容一股脑地归为法益,那么行政犯的范围就会无限制地缩小,"行政犯违法性错误应当免责"也就成了银样镴枪头,甚至在实务中根本就不会出现行政犯违法性认识错误的情况。

## (二) 法益概念对行政犯的制约

法益的理论逻辑和价值内涵与宪法有广泛的相似性。作为国家根本大法的宪法具有最高的法律效力,并且在限制国家权力边界的同时规定了公民的基础权利。有学者认为,"对刑事立法者预先规定的唯一限制,存在于宪法原则之中。一个在刑事政策上具有约束力的法益概念,职能产生于我们的基本法中载明的建立在个人自由基础之上的法治国家。"④ 社会风险的增加迫使国家行政权力范围不断扩大,新的行政秩序试图扩充法益概念,并加强刑法对社会管理的介入,法益概念如果没有明确的基础就很容易在这种侵扰下失去自己的独立意义。法益概念的基本内容与宪法中对公民基本权利的规定类似,都是为了保障人基本生存发展的需求,包括生命、自由、财产等要素。宪法对于个人权利义务的规定是基础和保守的,严格程序与谨慎的态度也应当是现今法益理论所最应当坚持的。同时,宪法也并非一成不

---

① 参见马春晓:《法益理论的流变与脉络》,载《中德法学论坛》(第 14 辑·下卷),法律出版社 2018 年版。
② [德] 约阿希姆·福格尔:《纳粹主义对刑法的影响》,喻海松译,载《刑事法评论》(第 26 卷),北京大学出版社 2010 年版。
③ 参见 [德] 克劳斯·罗可辛:《对批判立法之法益概念的检视》,陈璇译,载《法学评论》2015 年第 1 期。
④ [德] 克劳斯·罗克辛:《德国刑法学总论》(第 1 卷),王世洲译,法律出版社 2005 年版,第 5 页。

# 第一编　新中国成立70年来刑事法治和刑法理论的变迁与反思

变，对于个人权利的规定，宪法历经了从笼统到明确、从单一到丰富的过程，并有不断发展完善的趋势，如宗教信仰自由由单纯的思想扩展到宗教活动、宗教事务，同时在个人自由方面列举了数项侵犯个人自由的手段并加以禁止，增加了对于个人独立人格的保护，这些都是在社会的不断发展中总结完善的。① 在社会迅速发展的大环境下，食品药品安全领域、环境领域、信息计算机领域都对传统的刑法保护客体造成了冲击，法益需要在新的大环境下寻求思变，但这种思变是在保持内在品格的前提下，即在规范之外寻求法益概念的应有之义，否则只能成为边缘化的"核心"概念。而宪法则是法益现有并且合格的逻辑起点。

法益概念在历史发展中是否扩张的基础并非是保障公民基本生存的行政秩序的增减，而是对法益概念本身的认识是否更加理性与准确。从历史发展的角度来看，行政秩序的产生和消灭是短暂的，行政秩序所规制的行为类型和调整的社会关系也可能随时变换。以非法猎捕、杀害珍贵、濒危野生动物罪为例，根据最高人民法院2000年11月27日公布的《关于审理破坏野生动物资源刑事案件具体应用法律若干问题的解释》规定，"珍贵、濒危野生动物"包括了如国家重点保护野生动物的国家一、二级保护野生动物，列入《濒危野生动植物种国际贸易公约》附录一、附录二的野生动物以及驯养繁殖的上述物种。但物种类型并不具备稳定性，如在20世纪50年代作为农作物的天敌被列入四害之一的麻雀，随着大量的捕杀，数量急剧减少，也被列为国家二级保护动物。《国家重点保护野生动物名录》是由林业部、农业部等行政部门制定发布，随着社会和自然状况的变化和发展，行政规章制度应当相应地作出及时的调整。有学者认为，"由于法定犯和自然犯的区别实际上是困难的，刑法解释上的实意也不大，所以，自然犯与法定犯的概念，不过是在为了尽可能说明各个犯罪根据法律被处罚的由来或者考察立法形式之际才有必要"。② 这是现实存在的情况，但并不能因此而否定行政犯和自然犯的本质区别，行政犯不会因为所调整的行政秩序在刑法规范中长时间的持续而向自然犯转换，相反，调整和消灭才是其常态和趋势。例如，宵禁曾长久地存在于我国历史中，《唐律疏议》中规定"闭门鼓后，开门鼓前，有行者，皆为犯夜，违者，笞二十"，对于宫门的宵禁更加严格：《旧唐书》中有官员酒醉犯夜而被杖杀的记载。③ 但宵禁制度明显是对行政秩序的调整，为了保护入夜后居民生命财产安全而适当限制了自由，犯夜行为并没有侵犯到传统法益，与自然犯也有着截然不同的性质。宵禁制度最终由于经济、文化的发展而消失在历史长河之中，其虽然长期存在但并没有向法益转化的趋势。行政犯与自然犯无法融合，并不是因为社会危害性和反伦理性的差异，这些是两者的表象特征，其本质区别就是是否侵犯法益。可以确认的是，自然犯是侵犯法益的行为，而单纯的行政犯性质的行为不带有法益侵犯性，但是由于立法技术等关

---

① 参见胡弘弘：《我国公民基本权利之立宪发展》，载《政法论丛》2010年第3期。
② ［日］川端博：《刑法总论讲义》，成文堂1997年版，第84页；转引自马克昌：《比较刑法原理》，武汉大学出版社2002年版，第98页。
③ 肖爱玲、周霞：《唐长安城城门管理制度研究》，载《陕西师范大学学报》（哲学社会科学版）2012年第1期。

系，导致行政犯性质的行为类型在刑法规范中呈现出复杂的面貌，有时被规定在自然犯之中。

行政法相关理论的研究最终需要回溯到行政犯的定义之上，无限制的扩张或缩小行政犯的定义范围都会使其价值虚化，最终导致其职能的架空。首先，应当肯定行政犯与自然犯分类的基础在于侵犯法益的不同，而不是由于社会危害性和反伦理性的差异。其次，行政犯与自然犯分类的核心价值在于限制刑罚范围的扩大，这也是来源于法益理论的内涵。最后，行政犯不会向自然犯转化，而是会在刑法规范中一直保持与自然犯无法融合的状态。

## 二、行政犯类型划分

行政犯理论的突出价值虽然是限制犯罪圈的扩张，但现今亟须解决的是由于这类行为与自然犯无差别地进入刑事不法与归责的判断中而引起的冲突与矛盾，比较突出的是违法性认识问题，法律认识错误不免责根植于传统归责理论之中，导致行政犯大量出现后频繁引发争议。同时，还存在程序上的行刑衔接问题，即行政程序中的调查与自然犯罪完全不同。有学者认为行政犯并不侵害法益，同时也强调在处理行政犯问题上发挥法益对刑法处罚范围的限制。[①] 这并不矛盾，并且有相当统一的逻辑，因为只要承认行政犯与自然犯的基础是法益理论，就承认了其对犯罪圈限制上的价值内涵。刑法中同时存在大量的复合型犯罪，同时具备法益侵犯性和行政秩序的违反性，需要特殊对待。

（一）单一型

上文对法益的阐释隔绝了行政秩序向法益转化的路径，同时也肯定了行政犯仅仅是单纯的违反行政秩序的行为。例如，非法转让、倒卖土地使用权罪，是指自然人或者单位，以牟利为目的，违反土地管理法规，非法转让、倒卖土地使用权，情节严重的行为。土地管理法规包括《土地管理法》、《森林法》、《草原法》等法律以及有关行政法规中关于土地管理的规定，相关的行政法规规划出了相关行政秩序的范围。例如，转让农民集体所有的土地使用权，应当经过法定程序；不得擅自改变城市土地用途予以出售等。土地管理法规在划定义务范围的同时，也勾勒出了非法转让、倒卖土地使用权罪的行为构成，行为特征单纯表现为对行政管理秩序的违反。单一的行政犯同时也表现在大量的持有型犯罪中，有些持有型犯罪对应着连接较为紧密的自然犯罪，但行为本身距离实质性的危害性、危险性距离较远，单一性更加明显。例如，非法持有枪支、弹药罪，表现为违反枪支、弹药管理规定非法持有枪支弹药的行为，单纯的非法持有枪支、弹药行为本身不存在法益侵害，而利用枪支弹药进行故意杀人、抢劫等犯罪行为有相对应的自然犯性质的刑法规范进行规制。

（二）复合型

该类型的犯罪并不能称作行政犯，但是该类中的某一行为类型属于行政犯，单

---

[①] 刘艳红：《"法益性的欠缺"与法定犯的出罪——以行政犯要素的双重限缩为路径》，载《比较法研究》2019年第1期。

纯地违反行政秩序。复合型的犯罪主要侵犯了生命、财产等法益类型，但由于其特殊性而需要在解释和认定的过程中特殊对待。例如，生产、销售假药罪中的假药，是依照《药品管理法》规定的属于假药和按照假药处理的药品、非药品，按照罪状的立法叙述，该罪是典型的自然犯，因为其对法益具有抽象的危险。但是，《药品管理法》除了将两种情形直接规定为假药之外，还规定了六种情形的药品按照假药处理，其中包含"依照《药品管理法》必须经过批准而未经批准生产、进口"的药品。① 销售未经批准进口的药品的行为并不具有对公民生命健康的法益侵害性、危险性甚至抽象的危险性，只有单纯的对行政秩序的违反。为人熟知的陆勇案正是如此。陆勇为病友低价代购能够治疗慢粒白血病的印度仿制药品格列卫，其药效能够达到瑞士生产的正品格列卫的 99.9%。行为本身明显不可能对生产、销售假药罪所保护的法益造成危险，行为之所以构成犯罪，是由于《药品管理法》将该类药品视为假药。同时，陆勇代购药品的行为本身符合朴素的正义观念，行为类型也不具备法益侵害性，这就导致通过正常刑事程序最终却产生了不公正的结果。这更加印证了行政犯的特殊性质无法与自然犯相融合，即便是规定在同一罪名之中，也无法使其所代表的行政秩序转变为传统法益。而与生产、销售假药罪相似的生产、生产销售劣药罪却有着截然不同的属性，劣药的属性判断也需要依据《药品管理法》，并且有类似的推定性规定，如将"未标明有效期或者更改有效期"、"不注明或者更改生产批号"的药品按照劣药处理。但是，与生产、销售假药罪最大的区别是，生产、销售劣药罪的构成中明确规定了"对人体健康造成严重危害"的结果要件，这也明确表明该类行为对生命健康法益造成的实质性侵害。行政法与刑法之间有明显的价值偏差，刑法是社会保障的最终手段，因此，需要对规范内的要件要素作出谨慎的实质性解释，而行政法可以根据政策性需要作出实时的调整。刑法条文中存在大量依附于行政法的空白罪状，在两种价值观念的冲突下，就产生了存在于同一罪名中分属自然犯和行政犯的不同行为类型。

### 三、行政犯立法模式的选择

根据上文对行政犯不同类型所作出的区分，行政犯的立法模式相应也有所不同。刑法典和附属刑法的立法模式各有优势，没有明显的错对之分，只能在正确把握行政犯定义的基础上选择最合适的立法模式。

#### （一）刑法典

刑法典是刑法最主要的渊源，也最能表现刑法的价值特征，罪刑法定、谦抑性等基础性原则使刑法典恪守自身职能，不过分干涉公民自由。因此，刑法典是复合型的犯罪最适宜的立法模式。复合型的犯罪行为虽然交叉着单纯侵犯行政秩序的行为，但行为都带有对法益的实质性侵害、危险性或者抽象的危险性。例如，生产、销售假药罪最主要的是对公民生命健康法益造成的抽象危险，而不仅仅是对《药品

---

① 前两种情形包括：第一，药品所含成分与国家药品标准规定的成分不符的；第二，以非药品冒充药品或者以他种药品冒充此药品的。生产、销售这两种情形的药品明显会对公民的生命健康产生现实的危险性。

管理法》的违反,仅仅依靠《药品管理法》的规范特征无法准确地判断行为是否构成犯罪。但是,对于行政犯行为相关要件的解释,不能单纯依靠行政法的规定,而是应当以其侵犯的法益类型作出实质性的解释。行政法中对于相关要件的规定更多是为了保障社会的平稳运行和整体效益,其指导思想是合目的性,不会关注个人的公平正义以及个案的罪责刑相适应。

2016年12月,天津人赵春华因其射击摊上的气枪中有6支被鉴定为"真枪"而被天津市河北区法院以非法持有枪支罪,一审判处有期徒刑3年零6个月。而该6支气枪的枪口比动能为2.17焦耳/平方厘米至3.14焦耳/平方厘米不等,按照2010年修订的《公安机关涉案枪支弹药性能鉴定工作规定》,"当发射弹丸的枪口比动能大于等于1.8焦耳/平方厘米时,一律认定为枪支",6支气枪皆应被认定为枪支。而事实上,1.8焦耳/平方厘米并不能对人体造成损害,并且涉案枪支是被用于射击游戏,不会对相关罪名所保护的法益造成现实损害。《公安机关涉案枪支弹药性能鉴定工作规定》对枪支标准严格规定的初衷是严查枪支违法行为,维护公共秩序,预防与枪支相关的犯罪行为的发生。而当刑法采用相关标准认定犯罪的构成要件时,就自然地违反了刑法的谦抑性,以刑罚的严厉手段过多地介入到了社会秩序的管理之中。犯罪的实体是违法与责任,对违法构成要件的解释,必须使行为的违法性达到值得科处刑罚的程度;对责任要件的解释,必须使行为的有责性达到值得科处刑罚的程度。易言之,必须将从字面上看符合犯罪成立的条件但从实质上看不具有可罚性的行为排斥在犯罪之外。[①] 复合型犯罪的自然犯属性要求其必须规定在刑法典中,才能实现立法的稳定性和统一性,而其带有的行政犯的行为类型又要求在处理这类犯罪时不能固守规范的文字描述,而应当依照法益标准作出实质性解释。

(二) 附属刑法

在国外的刑事立法体例中,行政犯往往被规定在附属刑法中,自然犯被规定在刑法典中。附属刑法对于行政犯而言最大的优势在于其灵活性。附属刑法是单一型的犯罪最适宜的模式。与刑法典的稳定性不同,附属刑法与行政法、经济法密不可分,调整对象的不同使附属刑法针对犯罪形势的变化可以作出及时的调整。而单一行政犯是单纯破坏行政秩序而不侵犯法益的犯罪,虽然行政犯的定义应当以法益作为对照和起点,但其所侵犯的对象是行政秩序。行政秩序在社会迅速发展的今天是易变的,科技革新带来的新的社会风险更是加速了这种变化。行政犯立法在面对复杂多变的犯罪情况时,可以及时作出应对,实现政策性目的。例如,醉驾行为入刑引起了学者对其犯罪行为的实质内容和罪过形式的争论,甚至质疑醉驾行为出现在刑法规范中的必要性。从公安部交通局公布的数据来看,截至2018年6月份,全国机动车保有量高达3.18亿辆,并且醉驾在交通事故中的比例约为50%。醉驾对公民生命财产健康的危害显而易见,而将其规定在附属刑法中可以解决其与刑法典的立法、归责模式无法融合的情况。但需要注意的是,这一优势必须建立在承认附

---

① 张明楷:《自然犯与法定犯一体化立法体例下的实质解释》,载《法商研究》2013年第4期。

# 第一编　新中国成立70年来刑事法治和刑法理论的变迁与反思

属刑法也是有实质意义的刑法规范的基础上。① 否则,附属刑法只能成为部门法和刑法之间的怪胎,而无法发挥其独特的优势。

行政犯规定在附属刑法中,可以真正区分行政犯与自然犯,贯彻行政犯特殊的归责方式,如行政犯违法性认识错误应当免责。同时,使刑法与部门法之间的关系更加密切,大大减少行刑衔接带来的实务困境。行政犯与自然犯分开的立法模式是立法者对行政犯定义的权威确认。附属刑法为行政犯划定了确切的范围,只有这样其相关理论的贯彻实施才能畅通无阻。

---

① 利子平:《我国附属刑法与刑法典衔接模式的反思与重构》,载《法制研究》2014年第1期。

# 论刑法立法谦抑主义的消减

陈璐*

近十几年来，我国刑法立法频仍，相继颁布了10个刑法修正案，其变动主要体现在刑法分则的完善与扩张上，罪名数量已增加至469个，一些罪名构成要件的修改以及相关司法解释也体现了犯罪扩大化的倾向。如此的立法态势遭到了刑法谦抑论者的强烈批评，而与此同时，立法机关的犯罪化脚步似乎并没有打算停下来，民间也不时地掀起将某行为"入刑"的广泛讨论。如此的意见背反促使笔者一直思考这样一个问题：在现今社会的法治环境下，刑法立法是否还应坚持谦抑的品性，未来我国刑法立法究竟应该扩大犯罪化还是紧缩犯罪化。笔者以为，要对这一问题得出中肯的结论，必须首先对立法上的谦抑主义和司法上的谦抑主义作出区分，并主张随着人权法治观念的进步，司法上的谦抑主义必将不断得到强化与延展，适用于侦查、起诉、定罪以及帮助犯罪人重返社会的全过程；而随着工业社会的发展以及全球化带来的风险与矛盾的增加，在"自由给安全让路"的观念深入人心的当代社会，立法上的谦抑主义必将遭遇一定程度的消减，表现为刑法犯罪圈的进一步扩张，本文所主张的刑法谦抑主义的消减即是针对立法活动所说。

## 一、刑法谦抑主义消减的必然性深刻植根于刑法的发展趋势之中

### （一）传统刑法理论的修正扩展印证了谦抑主义的消减

谦抑主义深刻根植于社会契约理论之上，体现了传统刑法理论的精髓。契约论主张国家权力与个人权利之间必须泾渭分明，以剥夺个人自由为内容的刑法更应该退守在自己的领域内，接受法治原则和制度的制约。以社会契约论为基础，并在马克斯·韦伯形式合理性理论的影响下，博大精深的传统刑法理论得以形成，它的各种体系原则的建立都旨在保障个人权利不受国家刑罚权的恣意干涉，这被学者称之为自由法治国的刑法理论。传统刑法理论的逻辑前提是国家权力的野蛮擅断，目的是实现刑法的自我约束，因此其逻辑体系建立在原则与例外的结构基础之上，试图以原则维护法律的形式安定性。在该结构中，刑法以法益为实质犯罪概念，原则上以不法行为产生的实害结果为可罚性的界限，以此建立起刑法保护前置化的例外类型——危险犯、未遂犯、预备犯、行为犯和客观处罚条件等。①

随着社会关系的日益复杂与犯罪形态的日益翻新，在国家实现社会治理与民众渴望良好秩序的双重需求下，刑法立法不断扩张延伸，给传统刑法理论提出了严峻挑战：从自然犯到行政犯，从自然人犯罪到法人犯罪，从实害犯到危险犯，从行为

---

\* 河南财经政法大学刑事司法学院副教授。
① 参见姜涛：《风险刑法的理论逻辑——兼及转型中国的路径选择》，载《当代法学》2014年第1期。

犯到结果犯，从具体危险犯到抽象危险犯，传统刑法理论不断进行修正扩展，刑法的形式安定性遭到了极大破坏。在这个过程中，由于追求刑法实质正义的呼声越来越高，各种理论借由实质正义层出不穷，谦抑主义的理论阵地逐渐缩小，其内涵也变得捉摸不定、模棱两可，最后偏安于刑法与其他部门法的界限问题上，谦抑主义被似是而非地表述为刑法只能在对于保护社会绝对必要之处才允许使用，其他手段能够有效解决的问题，刑法就应当止步。然而不幸的是，这样模糊的表述对于解决刑法立法中的边界问题毫无作用，甚至被援引为犯罪化的根据，这无疑是谦抑理论在我国遭遇的最大尴尬。

晚近，随着经济社会的飞速发展与全球化带来的风险与矛盾的增加，风险刑法理论逐渐兴起，刑法理论在形式安定之外寻求实质正义的道路上越走越远，再一次对传统刑法理论形成了致命打击。风险刑法主张国家在社会秩序控制中由消极角色转变为积极角色，刑法经常被用来满足安全政策的行为需求，以抑制或杜绝危险犯的发生，① 刑法不再耐心等待社会危害结果的出现，而是着重在行为的非价值判断上，以制裁手段恫吓、震慑带有社会风险的行为。② 尽管风险刑法理论在我国备受争议，但是在当今社会，风险的加剧是不争的事实，个人和组织承受和化解风险的能力毕竟有限，当风险危及国民的生命健康等重要人身权利的时候，以国家刑罚力量参与社会风险保障就变得更加重要和迫切。因此，不少学者都认同在风险社会之特征愈加明确的情况下，保持刑法适度的张力，进行积极和富有前瞻性的刑法调控，不失为一种理性和务实的选择。③ 由此可以看出，随着社会形势的发展变化，传统自由法治国的刑法理论已经受到严重挑战并正在不断地自我修正扩张，这迫使我们必须深入认识各种刑法理论的优势和局限，进而思索我国刑法立法究竟应当何去何从，由此而形成的趋势是传统刑法理论与新兴刑法理论的融合与重塑，在这个过程当中，传统的谦抑主义必将受到一定程度的消减。而当下，谦抑主义在我国刑法理论中的凋敝已是大势所趋，刑法谦抑与其说是一个必须严格遵守的原则，倒不如说是对立法者审慎立法的温情提示。

（二）刑事法治环境的发展变化必然导致谦抑主义的消减

任何一种刑法理论都产生于特定社会的法治环境，我国刑法理论之所以在立法扬抑的观念问题上持续争论不休，一个很重要的原因在于对我国当下社会的法治环境判断不足，因而也就不可能判断当今社会到底需要一部什么样的刑法。

笔者认为，当前我国社会的法治环境已经发生了深刻的变革，呈现出三重混合形态，即在自由法治国的大环境下伴有政治专制时代的残余，并在国家政治、经济改革的不断试错中初现社会福利国的雏形。造成这种"怪异"的法治环境的原因不言自明：新中国成立后，承继自革命时期和苏联的法制并未发挥应有的作用，虽然第一部刑法典在1979年得以蹒跚而来，但79刑法典的粗糙和谬误有目共睹，再加

---

① 参见［德］乌尔斯·金德霍伊泽尔：《安全刑法：风险社会的刑法危险》，刘国良编译，载《马克思主义与现实》2005年第3期。
② 参见林东茂：《危险犯与经济刑法》，台湾五南图书出版公司1996年版，第15页。
③ 参见刘媛媛：《刑法谦抑性及其边界》，载《理论探索》2011年第5期。

之随后的"严打"对法治的践踏至今仍难平复。而彼时学者和民众的民主法制意识在改革开放的经济大潮中已经逐渐开化。在刑法学界,学者们都将97刑法典的颁布作为刑事法治新生的标志,由此我国正式进入自由法治刑法的建设时期,公民的自由和权利被提到前所未有的高度,国家刑罚权的行使受到现代法治理念和制度的束缚,距今算来不过19年而已。这短短的19年显然不可能使一个沉疴积弊的国家脱胎换骨,在社会各个层面追求自由和法治的同时仍会看到政治专制时代遗留的种种怪相,这些怪相时刻提醒我们,国家刑罚权还不时地面露狰狞,我国距离真正的自由法治国家还有很远。也因此,"刑法谦抑主义"至今在我国还处在某种"政治正确"的高度,长久统治刑法主流理论。

而另一方面,我国当前的执政理念已然开始重视社会福利的建设。在政策层面,立法、司法、执法、教育、医疗、食品安全、交通安全等各个方面都在积极探索改革方案,然而改革深水区利益错综交杂,加之有的改革并不尽如人意。因此在改革过程中矛盾累积,激活了社会诸多不安定因素,恶性刑事案件层出不穷。在这种复杂的法治环境下,人们既害怕刑法的扩张导致专制主义时代的镇压刑法卷土重来,又期望刑法在控制社会风险、维护社会安定上能够有所担当。需求的矛盾使得当前刑法的每一项立法都备受争议,并最终在理论上引发了立场之争——谦抑论和犯罪化论的争执;需求的矛盾也使得谦抑论和犯罪化论之争呈现出"两张皮现象":一面是为新的犯罪化提供合理化论证,一面是高举刑法谦抑大旗对犯罪化进行讨伐,但双方似乎都没有把握说服对手,因此尽量避开与对方论点的正面交锋,各说各话。这深刻反映了当前我国刑法立法的尴尬处境:在刑法还没有实现自由法治目标的时候,就在全球化的裹挟下被迫面临诸多风险与矛盾,刑法捉襟见肘、左右相顾。正如有学者指出,我国当前社会具有传统因素与现代因素共同作用的异质性特征,社会形态既不是纯粹传统的,也不是纯粹现代的,而是一种混合形态,新旧思维的冲突和碰撞愈加频繁和激烈。① 西方国家用几百年消化了这些风险、矛盾、冲突和碰撞,而我国却只有几十年的时间。

尽管在三重混合形态的法治环境下,当前的法治环境呈现出了复杂的多重面相,但刑法显然不能顾此失彼,个人自由和社会秩序从来不是孤立存在的。学者们普遍认为,我国的法治环境是朝着好的方向发展的,随着民主法治建设的日益完善,专制主义必将被逐渐消弃,从自由法治国到社会福利国乃是社会发展的大势所趋。在这个过程中,刑法逐渐在进行角色转换,更多地承担起强化国家社会服务的功能,人们对刑法规范不再苛求形式上的完备性,而认为只有符合正义理念的刑法规范才与福利国家的宗旨相符合。② 刑法不会再如同19世纪时被认为是单纯的国家实现专制统治的工具,刑法新设立一种犯罪,都是宣告着国家机器将以严厉的刑罚手段达到限制公民权利的目的,而将刑法进一步作为实现国家福利目的的工具,以满足社会的需求。这对于早在20世纪行政刑法就已经繁荣昭彰的西方国家来说,

---

① 参见孙万怀:《风险刑法的现实风险与控制》,载《法律科学》2013年第6期。
② 参见刘艳红、周佑勇:《行政刑法的一般理论》,北京大学出版社2008年版,第48页。

# 第一编　新中国成立70年来刑事法治和刑法理论的变迁与反思

早已是共识,而对于我国而言,这种观念还备受争议,在这一点上,我国的立法实践显然已经走在了观念理论的前面。但令人欣慰的是,《刑法修正案(八)》掀起的对我国犯罪化立法的批判高潮已逐步褪去,学者们回归理性之后,一种积极的刑法立法观正在确立。①

## 二、刑法谦抑主义消减的具体表现

在多重面相的社会法治环境中,我国刑事立法已经开始了积极的、富有前瞻性的调整,表现为刑法的积极的一般预防功能得到强化,犯罪圈进一步扩大,主要表现在以下两个方面:

### (一)法益保护前置化

法益保护前置化意味着刑法对危害的防治从事后走向事前,提前刑法的介入时间,立法表现为两种方式:一是通过修改构成要件要素将实害犯变为(抽象)危险犯,将结果犯变为行为犯;二是通过设置新罪名将预备行为实行行为化。关于法益前置化最具争议的立法来自抽象危险犯的设置,因为抽象危险犯所防范的是一种预测的危险而非现实的危险,它的设置使刑法不再耐心等待侵害结果的发生,而是试图阻断使法益遭受侵害的可能性,在犯罪由危险变成实害或造成更大的法益侵害之前予以刑罚干涉。在该种场合,通常经验中行为与危险状态的高度盖然性为行为人承担罪责的客观基础,这种做法对传统刑法的行为理论、责任理论以及犯罪构成理论形成了巨大冲击,从而成为刑法谦抑主义的最大破坏者。②学者克劳斯·罗克辛指出,在抽象危险犯中,防止具体的危险以及实际的侵害,不过仅仅是立法者的动机而已,其存在并非是满足构成要件的前提;③金德霍伊泽尔认为抽象危险犯是提供一种安全,并没有保护法益;④赫尔佐格则把抽象危险犯当作通过危险刑法所产生的刑法的危险,是和法治国的刑法理论不协调的,若其还有些用处的话,也仅在处理现代风险社会的种种问题上还略有点办法。⑤

尽管抽象危险犯的设置备受谦抑论者的批评,但是社会风险的增加是一个不容争辩的事实,出于国家安全治理与民众对安定社会生活的需求,公共政策超越谦抑主义成为塑造刑法规范的重要决定性力量,这也是世界刑事立法的趋势。从对付简单的"醉酒驾驶"到对付有组织犯罪及恐怖主义组织,抽象危险犯广泛地存在于各国刑法的不同领域。现代刑法理论对社会安全是刑法保护的重要法益这一点已经达成了共识,而且从概念上来说,法益保护与危险防范并不矛盾,因为法益本身就可分为侵害法益和危险法益。⑥刑法不仅保护已经受到侵害的法益,而且保护处在危

---

① 参见周光权:《积极刑法立法观在中国的确立》,载《法学研究》2016年第4期。
② 参见林东茂:《危险犯与经济刑法》,台湾五南图书出版有限公司1996年版,第15页。
③ 转引自付立庆:《应否允许抽象危险犯反证问题研究》,载《法商研究》2013年第6期。
④ 参见[德]克劳斯·罗克辛:《德国刑法学总论(第1卷)》,王世洲译,法律出版社2005年版,第279页。
⑤ 参见[德]约克·艾斯勒:《抽象危险犯的基础和边界》,蔡桂生译,载《刑法论丛》2008年第2卷。
⑥ 参见陈朴生:《刑法专题研究》,"国立"政治大学法律学系法学丛书编辑委员会编印,第67页。

险中的法益，这已是理论上的常识。换句话说，当一般公众的生命安全面临某一危害行为的威胁时，刑法就应当适时介入。刑法作为法治国的最后一道防线，理应对出现的新问题作出积极的回应，如果刑法一味固守传统观念冷眼旁观至危害结果出现时才出手惩治，这无疑是矫枉过正的另一种错误。因此，抽象危险犯在现代刑法中具有相当程度的积极价值，其不但有助于弥补未遂犯和过失犯之刑事可罚性的空隙，而且也有助于风险陡增的现代社会实现刑罚预防犯罪的目的。只是，为了防止借助抽象危险犯的犯罪类型而不当地扩大刑法边界，很有必要对其成立范围加以限定。因此，主张应当允许抽象危险犯反证的观点是值得肯定的。①

（二）统制管理功能多用化

近年来，刑法法规作为管理、控制社会的手段而被积极应用的倾向非常显著，究其原因主要有两个：一是因为现代工业社会的飞速发展以及社会关系的日益复杂、使得国家的公共管理范围空前扩大，在依法治国的精神框架下表现为国家运用法律手段对社会事务予以积极主动的干涉，与之相伴的是国家的法律分工越来越细致，门类越来越多，严重违法行为也越来越多，而刑法在整个法律体系中处于最后保障法的地位，对严重违法行为的制裁也随之增多。二是因为现代社会风险与矛盾的加剧使得部门法的管理效果大打折扣，部门法惩治手段的不严肃以及执法力量的薄弱致使一些危害严重的违法行为大肆泛滥，在我国整体行政管理水平有待提高的当下，为了维护社会最基本的安全秩序，不得已将之提升为刑法的规制对象。由此，刑法统制管理功能的多用化在立法中就主要表现为"二次规制犯"以及"轻微犯"的增多，晚近我国的刑法立法生动地说明了这一点。然而，这种立法趋势并没有得到学界的一致认可，许多研究者将之视为一种危险的信号，是对刑法谦抑性明火执仗的反叛性颠覆，并由此引发了国家刑罚权与管理权界限的大讨论。

刑法应该在何种范围内承担社会统制管理职能，一直是刑法立法理论争论不休的问题。笔者认为，立法者进行刑法立法的过程，也是实现社会管理的过程，社会管理的目的是规范社会行为、化解社会矛盾、维护社会治安、应对社会风险，为人类社会生存与发展创造既有秩序又有活力的基础运行条件，而这一目标的实现离不开刑法这一最后保障法惩罚犯罪功能的发挥。易言之，社会管理系统有不同层次之分，既有道德习惯等软规范系统，又有法律、法规等硬规范系统，即使在法律硬规范系统内部也有不同之分工，民法、行政法、劳动法、经济法等部门法在各自的规制范围内承担了一般不轨行为的制裁任务，而当行为人破坏社会管理系统（包括软规范系统和硬规范系统）的行为达到一定严重程度，本部门法的惩罚强度不足以惩治该危害行为的时候，便该进入到刑法的规制视野中了。也就是说，行为人对任何一个部门法的违反达到了一定严重程度的时候，都有可能触犯刑法，刑法本来就具有所谓第二次的性质（sekundare—Natur），其他法律能够解决的问题就不能在刑法中加以处罚。② 从这一方面看，刑法是各部门法有效发挥社会管理职能的最后保障，

---

① 参见付立庆：《应否允许抽象危险犯反证问题研究》，载《法商研究》2013年第6期。
② 参见[日]大塚仁：《犯罪论的基本问题》，冯军译，中国政法大学出版社1993年版，第14页。

如果刑法不彰，则所有的部门法就处于随时被社会极端分子僭越而其却无能为力的危险中。世界各国的刑法发展史均表明：随着人类社会政治文明和法制文明的进步，刑法经历了从介入国民生活各个角落的全面法到调整一定范围社会关系的部门法，再到作为其他部门法实施后盾的保障法这样一个演变轨迹。① 尤其是随着国家从自由法治国到社会福利国、从形式法治国到实质法治国的发展转变，刑法的价值天平渐渐地向社会的整体福祉倾斜，秩序、安全、民生超越自由成为刑法的首要价值取向，在这样的趋势下，刑法立法必采积极预防主义的立场，一旦部门法处于被僭越的境地从而对社会整体福祉造成极大的危害或者威胁，刑法即出手予以惩治。需要指出的是，刑法发挥管控社会的功能仍然要遵循辅助原则，刑法对契约关系的介入应严格恪守一个铁律，即"任何人不得仅仅由于无力履行约定义务而被监禁"。换句话说，刑法处罚不履行契约行为最基本的前提是行为人有能力履行而拒不履行，即行为人具有损害他人（国家）利益的主观恶性，通常伴随有相当恶劣的背信行为，如转移财产、逃匿等，立法适例有拒不支付劳动报酬罪，刑法谦抑主义的消减并不是没有限度的。刑法干预权的界限必须来自刑法的社会任务，这种任务是保证公民和平、自由和有社会保障的生存，只要这个目标通过其他的更小严厉性的干预公民自由的社会政策措施不能达到，那么它就是刑法的任务。② 至于这种任务之外是什么，逻辑上不可能是刑法的对象。

### 三、消减刑法谦抑主义的后果并非是消极的

#### （一）刑法谦抑主义的消减不会危及法治人权

打着预防犯罪的旗号粗暴干涉国民生活是谦抑论者对时下刑法立法的最大担忧，谦抑主义的消减必然会危及法治人权也就成为谦抑论者的经典论断。但是，刑法是一部什么样的法取决于刑法的任务以及刑罚的后果，对此，李斯特早就指出，刑法及其基本概念的本质特征必须从刑法的社会功能和刑罚的概念去理解。③ 因此，刑法扩张是否有危及法治人权的后果要从刑法的社会功能和刑罚两个方面寻求答案。

其一，刑法的社会功能是惩罚犯罪，维护国家秩序，因此，刑法扩张是国家治理的需要，与侵害人权并无直接因果关系，我国的人权问题是宪法不彰的直接结果。需要指出，我国刑法学者对刑法与人权的认识有一个严重的误区，那就是将刑法的功能和宪法的功能相混淆。从比较的角度看，刑法是一部公法，它的基本功能是维护国民生存秩序，而确立公民的哪些基本权利不受侵犯则是宪法的基本功能。也就是说，"自由法治国"的实现并不仰仗于刑法的限缩，而是仰仗于宪法的昭彰，宪法划定了国家权力和公民权利的基本界限，无论是行政权还是立法权都不能逾越公民宪法上的权力。因此，从逻辑上讲，只要宪法作用充分发挥，刑法的扩张便不

---

① 参见张明楷：《刑法格言的展开》，法律出版社1999年版，第297页。
② 参见［德］克劳斯·罗克辛：《刑法的任务不是法益保护吗》，樊文译，载《刑事法评论》2006年第2期。
③ 参见［德］李斯特：《德国刑法教科书》，许久生译，法律出版社2006年版，第3页。

会危及人权。遗憾的是,我国的宪法并没有对国家立法权设立具有制约作用的原则(如比例原则等),在自由和权利的保障上也无法实现对立法的反向问责。因此,在宪法不彰的情况下,刑法这个显著以剥夺为内容的部门法成了人权的最大敌人,刑法谦抑原则便理所当然地成了人权的捍卫者。尽管如此,刑法的社会功能并不因为人们的误解而衰退,相反,其保障秩序的社会功能在新的社会情势下更加紧固,刑法立法已是最好的说明,这是现代密集型社会"自由给安全让路"的必经之路。正如有学者所指出,刑法立法优先选择秩序价值,既是刑法本性的要求,又是国家立法机关对社会现实情况充分考虑而作出的慎重、必要选择,正视而不是忽视和扭曲这种情形,有助于我们准确地认识我国刑法立法的趋势和未来。①

当然,刑法扩张的结果必然会对国民权利造成克减,过分发挥刑法的积极预防功能有一个消极的后果,那就是我们一心追逐的犯罪预防的结局很可能会制造出一个人人安全无虞却丧失自由的社会环境。② 因此,刑法扩张也应当有必要的限度,美国学者道格拉斯·胡萨克对此的主张是,刑法应当以实现国家利益的必要限度(necessary to achieve state interests)为自身的界限。③ 对于这样的结论,我国大多数学者可能并不认同。在刑法价值体系内,我国学者大多将个体权利、自由置于秩序之上,主张刑法的任务是保障自由和人权,其落脚点是个人权益,对于胡萨克主张的刑法实现国家利益的观点,在我国学者看来似乎与自由法治的思想相悖。很显然,胡萨克的结论建立在美国发达的宪政基础之上,刑法接受宪法原则和其自身原则的双重制约,在宪法原则之外,刑法自身原则的立足点是刑法的社会功能,即国家秩序。有了这些原则,刑法得以在群体秩序和个体自由之间维持衡平,这里的个体自由主要是一种消极自由,即刑法不干预公民的某种自由。但在我国,宪法并不能实际发挥制约刑法立法的功能,因此,刑法立法扩张只能接受自身原则的制约,我国学者将之归纳为社会危害性原则(或者法益侵害原则)、必要性原则、补充性原则、比例原则、应受刑罚处罚原则等。④

其二,刑法谦抑主义的消减的直接后果是犯罪圈的扩大,在罪刑法定、罪刑均衡原则已经确立的今天,犯罪圈的扩大并不会导致滥施重刑的灾难。在专制时代,刑法的配刑种类、强度严苛以及法外施刑是侵害法治人权的最大成因,然而那种借由一纸文件就可以突破实体法、诉讼法的规定随意量刑的时代已经随着现代政治文明的发育成为历史,即入罪并不代表重罚。⑤ 但随即有学者指出,我国二元制立法体系下,将并不严重的危害行为由"违法"上升为"犯罪",也是对人权的侵犯。例如,在将危险驾驶罪的最高刑仅仅设置为拘役的情况下,行政处罚和刑事制裁的

---

① 参见黄晓亮:《论我国刑法修正的秩序价值优先性——以〈刑法修正案(九)〉为视角》,载《法学杂志》2016年第3期。
② 参见[美]哈伯特·L. 帕克:《刑事制裁的界限》,梁根林等译,法律出版社2008年版,第66页。
③ Douglas Husak. (2008). Overcriminalization. The limits of the criminal law. New York: Oxford University Press. pp. 102.
④ 参见陈璐:《犯罪化如何贯彻法益侵害原则》,载《中国刑事法杂志》2014年第3期。
⑤ 参见储槐植、何群:《刑法谦抑性实践理性辨析》,载《苏州大学学报》(哲学社会科学版)2016年第3期。

实际力度并无太大差异，完全可以在行政法的框架内得到解决。① 对这种观点，笔者并不以为然。无论是先前行政处罚的罚款还是现在的罚金，显然都不是发挥惩戒作用的核心力量，因为在大多数情况下，只有当我们所要防范的反社会行为的目的是金钱收益时，金钱征收才是一种有效的制裁，② 因此，真正起到惩戒作用的是先前的行政拘留和现在的拘役。面对危险驾驶所隐藏的巨大伤亡的惨重后果，十几日的拘留所产生的权利剥夺显然与行为的危害性质极不协调，这才导致了危险驾驶行为屡禁不止，而拘役所产生的几个月的痛苦体验以及刑罚所带来的犯罪人身份的后果，才有可能对危险驾驶行为产生威慑作用。因此，刑法是同适当性原理紧密联系在一起的，刑法功能的适当发挥不仅在于犯罪圈的适当划定，更在于刑罚制度、刑罚措施的合理制定。此外，现代法治发展到今天，除了刑事政策本身，刑法立法权的行使还受到了越来越多的原则制约（尽管不是宪法上的），如前述的法益侵害原则、比例原则等，这些制约迫使立法者不得不就新设立的罪名做详细的立法说明，以证明立法的正当性和合理性。因此，谦抑主义的消减并不必然意味着对法治人权的践踏。更值得关注的是，传统的刑罚目标报复、特殊预防和威慑今天已退居幕后，那种借规范适用的固化为建构法的信赖树起一面旗帜的积极普通预防，正在成为流行的学说。③

（二）刑法谦抑主义的消减不会破坏我国二元制立法体系

在我国现有的立法体制下，刑事立法呈现出二元制的特征，把违法行为按照危害程度的轻重，分别划入违法和犯罪两个领域。在这种立法体例下，为了确保刑法所规制的对象都是致使法益受到较严重侵害的行为，立法者采取了"定性"+"定量"的立法模式，将法益侵害用罪量要素加以约束以区分不同的程度，从而将犯罪圈限定在了"值得科处刑罚"的行为范围之内，刑法与行政法的管辖对象也由此有了最基本的界分。④ 有学者认为，刑法谦抑主义的消减会使刑法的触角伸展至行政法的领域内，最终危及我国二元制的立法体例。笔者认为，这个结论是因果颠倒的思维结果。

其一，二元制立法体系的存在深刻植根于我国法制现代化与本土化的矛盾之中，与众多学者的担忧恰恰相反，不是刑法谦抑主义的消减威胁我国的二元立法体系的存在，而是在法制现代化与本土化的矛盾的碰撞与解决过程中，二元制立法体系内部格局的此消彼长导致了谦抑主义的消减。众所周知，违法和犯罪的边界问题是二元制立法体系的致命缺陷，我们为何会选择这样一种立法体系作茧自缚？答案很简单，是迫不得已。经历过资产阶级革命的西方国家于17、18世纪就开始普及宪法至上、人权至上的权利观念，经过几个世纪的发展，其刑法立法的主旨已经由最初的反对封建刑罚的野蛮、专制转为维护福利国家人民的最大福祉，在调控范围上呈现出"高道德主义"的特征，⑤ 违法即犯罪，大到杀人越货，小到发出噪音、

---

① 参见于志刚：《刑法修正何时休》，载《法学》2011年第4期。
② 参见［美］哈伯特·L.帕克：《刑事制裁的界限》，梁根林等译，法律出版社2008年版，第249页。
③ 参见［德］乌尔斯·金德霍伊泽尔：《安全刑法：风险社会的刑法危险》，刘国良编译，载《马克思主义与现实》2005年第3期。
④ 参见苏永生：《刑罚谦抑主义的西方图景与中国表达》，载《法学杂志》2016年第6期。
⑤ 参见刘艳红、周佑勇：《行政刑法的一般理论》，北京大学出版社2008年版，第129页。

上街乞讨都是刑法调控的对象，其轻罪和违警罪包含了大量在我国仅被当成行政违法行为或者违反道德规范的行为。而我国的法治发展直接脱胎于半殖民地半封建的旧中国，战乱后的新中国仅用半个多世纪的时间便完成了西方国家几个世纪才完成的法治现代化过程。在这个过程中，虽然我们借鉴了西方法治文明中的具体制度，但一些制度、观念以及社会顽疾还受制于本土社会发展的局限而没有改变，法制现代化与本土化矛盾日益显著，这使得我们的立法在调控范围上呈现出"低道德主义"的特征，仅仅有选择地将一些严重侵害法益的行为规定为犯罪。从这一点上说，我国的刑法与国民的生活之间还保持着相当大的距离。

然而，现代生活的特点决定了刑法与国民生活的距离正在逐步缩小。从理论上讲，刑法保护一切法益，它不仅有着自己独立的调整对象，而且是加强其他法律效力的制裁手段。① 不存在一部能够彻底治愈反社会行为的法律，刑法如此，其他部门法更是如此，因此没有一部部门法能够承诺仅凭本法便足以惩治与预防某类违法行为。当本部门法惩处不彰时，刑法将之上升为刑罚规制的对象是法治国家的题中应有之意。从法治现实上讲，现代化的权利监督使得传统国家专制主义受到极大约束，国家、社会、公民都成为法治发展的塑造力量，现代化与传统化的矛盾正在融合、兼并，公民的个体进化导致了群体对自由、秩序、幸福认知的觉醒。公民现代化程度越强，对国家父爱主义的保护需求就越强，反映到刑法中来，必然是刑法调整范围的不断扩大，在此过程中，刑法谦抑理论的消减就成了必然。

其二，我国的犯罪观念决定了刑法立法不会在刑法与行政法以及治安管理法的边界问题上表现得过于主动。一个国家犯罪圈的大小受制于其基本的犯罪观念，在一个群己权限观念发育不全、公民个人行为还比较粗犷的国家，一些"问题不大"的骚扰滋事行为从来与犯罪无关。由于我国历史上并没有形成真正的市民社会，公民权利也没有得到充分的拓展与保障，因此传统观念中的犯罪指的就是杀人、抢劫等严重的自然犯，人们经济、社会交往过程中的冒犯、侵扰都被认为是小事，在重刑主义泛滥的中国，这些小事自然也就与犯罪扯不上关系了。近代以来，这些观念直接影响着我国的立法格局。也正因为此，才使主张"刑法不理会琐碎之事"的谦抑主义在我国颇受青睐。② 由此可以看出，我国现阶段的犯罪观念决定了我国并不具备实施一体化刑事立法的现实土壤，那些被上升为刑罚处罚的违法行为必定是国民公认具有严重危害后果（危险）的行为。就主次顺位而言，对传统自然犯的规制是刑法第一顺位的任务，而就严重的违法行为进行刑事制裁则是刑法第二顺位的任务。但是，由于刑法执行成本的特殊性以及法典精简化的要求，刑法显然不可能将所有部门法管不好的事情都纳入刑法的视野中，刑法与部门法的衔接本来就不是无缝的，不仅不可能而且无必要，其衔接程度完全取决于特定时期的社会主要矛盾以

---

① 参见周国文：《刑罚的界限——Joel Feinberg 的"道德界限"与超越》，中国检察出版社 2008 年版，第 7 页。
② 近来侵犯人身权案件频发，引发了"打人该不该入刑"的广泛讨论，一种强力有的观点认为，打人无论轻重都该入刑，参见曲新久：《打人就该入刑，无论轻重》，http://dxw.ifeng.com/shilu/quxinjiu/1.shtml。

及刑事政策的导向。也就是说，行为本身的严重危害性以及国家和人民要求惩治该类犯罪的强烈需求构成了刑法将违法行为入罪的双重客观基础。就目前我国的刑事政策来说，其侧重点在于化解转型时期的主要社会矛盾，主要是社会的安全秩序问题以及民生问题，立法表现为严密对严重危害人身、财产安全行为以及严重危害民生行为的刑事法网，针对新行为及时入罪或者将原本由其他部门法规制的行为直接纳入刑法的规制范围。因此，这种有所为、有所不为的刑事立法格局并不会影响到我国刑法的基本性质，更不会出现学者所担忧的"刑法向危险防治法"的转变。

需要指出的是，我国的犯罪化立法远远没有到达需要提出警告的时候。对此，日本的学者早有阐述："和日本不同，在中国，至少在现阶段，所有的刑罚法规都集中在刑法典之中，而在刑法典之外则几乎看不见，因此，在中国不存在所谓的行政刑法。由于刑法典上的条文数量很少，因此，乍看之下，中国刑法中的处罚范围似乎很广，但实际上并非如此，日本刑法中的处罚范围比中国要广泛得多。所以，在非犯罪化方面，中国远比日本进步。"① 笔者认为，根据我国的基本刑事政策，结合目前社会治安综合治理的现状以及国民的价值观念，现行刑法的调控范围是相对适当的，从追求严而不厉的刑事政策出发，在未来相当长的时期内，立法者削减现有罪名的非犯罪化任务并不紧迫，相反要进行相当规模的犯罪化，保持刑法立法的活跃姿态。②

## 四、结语

刑法是一门在国家与国民之间寻求平衡的科学，刑法的任何价值取向都不可能成为唯一的实践真理，都必须受到其他价值取向的影响和制约，在价值多元的场景下，很多结论都需要经过交涉、妥协达到主体间性后形成，价值问题更多的是通过交流、理解而非验证得出结论，在这种情况下，"唯一正确"更多的只是理想。③因此，那种不顾社会现实需要坚持刑法立法谦抑主义的主张是值得商榷的。需要指出的是，笔者主张立法谦抑主义的消减并不意味着对"风险刑法"理论的鼓吹，因为该理论对危险有泛化的倾向，从而根本否定了传统刑法的责任原则，是对谦抑主义的全面摒弃。④ 实际上，刑法预防惩罚犯罪的功能与管控防治社会风险的功能不是水火不容的，而是相互补充、相互制约的主辅关系，立足于法律的最大价值是实现人类福祉这一宗旨，应当适时、适当地消减刑法立法谦抑主义，为社会安全筑起最后一道屏障，再将刑法的扩张视为洪水猛兽的观念显然已经不合时宜了。正如有学者指出的那样，虽然刑事制裁固有的这种寻求保障和反对威胁之间的紧张性从来就没有完全消除，但是，我们可以开始尝试。⑤

---

① 参见［日］西原春夫：《日本刑法与中国刑法的本质差别》，黎宏译，载赵秉志主编：《刑法评论》，法律出版社2005年版，第123页。
② 参见周光权：《转型时期刑法立法的思路与方法》，载《中国社会科学》2016年第3期。
③ 参见石聚航：《刑法谦抑性是如何被搁浅的》，载《法制与社会发展》2014年第1期。
④ 参见黎宏：《对风险刑法观的反思》，载《人民检察》2011年第3期。
⑤ 参见［美］哈伯特·L. 帕克：《刑事制裁的界限》，梁根林等译，法律出版社2008年版，第363页。

# 风险社会下积极刑法立法观的确立

王殿宇[*]

## 一、风险社会下刑法立法观的分歧：消极刑法立法观 VS. 积极刑法立法观

20世纪80年代，德国学者乌尔里希·贝克在其著作《风险社会》一书中指出，"现代性正从古典工业社会的轮廓中脱颖而出，正在形成一种崭新的形式——'风险社会'"。[①] 风险社会的概念一经提出便引起了轩然大波，学界围绕着"该概念本身是否符合科学理性"、"现代人类是否处于风险社会之中"以及"是否应当以该理论构建我国刑法"等一系列问题展开了激烈的争论，颇有对垒之势。肯定风险社会的学者们把该理论视为反思传统刑法理论的工具，主张按照风险刑法理论的一些基本原理对我国刑法进行改造，如主张犯罪前置化、法益抽象化、主观要素分离化以防范风险，刑法应扩张以强化民众的安全感等，并指出"当下我国已经步入风险社会，但这种风险是局部风险而非全面风险，从工业社会到风险社会的转型交织穿插于从传统社会到工业社会的转型之中"；[②] 而否定风险社会的学者们则认为，"尽管风险刑法理论今天已然成为西方发达国家主流的刑法理论，但对我国的刑法理论是否也应该向其靠拢依旧持怀疑态度"，[③] 原因在于，"该理论显著夸大了人为制造的风险，风险社会并不一定是社会的真实状态，因此不应将其作为刑法必须作出反应的社会真实背景"。[④]

不可置否，随着工业社会的成果不断繁荣，以及互联网时代及人工智能时代的到来，科技在给人类带来更多便利的同时也制造了等量的"风险"，未知的、意图之外的后果成了社会的主宰力量，它使这个星球上所有的生物都处于危险之中，当下人类面临的风险危机比历史上任何一个时期都要多。简言之，无论对待风险社会理论的立场如何，必须承认的是，伴随我国社会发展而来的新兴风险，已经对国民生活产生了深远的影响。

面对社会风险的激增，刑法无疑应当从立法层面作出适当的调整。但是这种调整应当遵循怎样的理论范式与实践路径，则取决于立法者对刑法立法观的选择。目前学界对刑法立法观的分歧可以归纳为"消极刑法立法观"与"积极刑法立法观"的对立。消极刑法立法观是以古典理念型刑法思想为支撑，认为刑法立法不需要过

---

[*] 中南财经政法大学刑法学博士研究生。
[①] 参见[德]乌尔里希·贝克：《风险社会》，张文杰、何博文译，译林出版社2004年版，第2页。
[②] 刘仁文、焦旭鹏：《风险刑法的社会基础》，载《政法论坛》2014年第3期。
[③] 参见齐文远：《刑法应对社会风险之有所为与有所不为》，载《法商研究》2011年第4期。
[④] 张明楷：《"风险社会"若干刑法理论问题反思》，载《法商研究》2011年第5期。

## 第一编　新中国成立 70 年来刑事法治和刑法理论的变迁与反思

多地考虑与社会发展相适应的问题，而应以刑法谦抑性为指导，坚持以法益的保护必要性来考量是否需要在刑法中规制该行为。与此相反，日本学者井田良教授则认为，立法应当具有"活性化"，也即欧陆国家所谓的立法"灵活化"，其内在含义是指立法应当契合时代的要求，适应社会的发展，① 这便是积极刑法立法观的基本理念。

根据"当前社会发展的速度与随之而来的新型社会风险以及两者对刑法立法未来走向的影响"综合判断，笔者认为，采用积极刑法立法观，并据此设计刑法立法路径是最优选择。

### 二、理性回顾：消极刑法立法观的重新审视

#### （一）消极刑法立法观的渊源

消极刑法立法观是基于古典主义刑法思想所产生的立法理念，而古典刑法观则是发端于刑事古典学派的理论导向之中，其显著特征之一便是以"客观主义"为基础，也即是"由于有自由意志者的精神状态所有的人都是一样的，所以犯罪的大小轻重依所实施的犯罪行为（客观的事实）的大小轻重而定"。② "犯罪行为的大小轻重"是对社会危害性、人身危险性以及保护法益的重要程度的客观表达，只有显现出高社会危害性与人身危险性的犯罪行为，且被侵害的法益确有保护之必要时，才能在刑法中加以规制。"1997 年修订后的刑法在犯罪论部分基本贯彻了客观主义立场：禁止以类推来填补刑法漏洞；在犯罪成立条件方面，尽量明确各罪的构成要件，特别是对侵犯财产罪、经济犯罪的构成要件要素的描述较为详尽、清晰。如此一来，刑法坚持了法治理想——使公民的行为和自由不受司法的过多干预。"③ 在古典主义刑法思想的影响下，主张消极刑法立法观的学者们认为，立法者应当保持充分的理性与克制，将刑法教义学所主张的法律解释作为适用法律的常态，从而适应社会的变革与转型。从这个意义上说，消极刑法立法观就是指以古典主义刑法观为基础，以刑法教义学为工具，试图通过解释使现有法律条文与社会变迁相适应，以维护法的安定性的立法观念。

#### （二）消极刑法立法观面临的困境

消极刑法立法观面临着无法解决的问题，即飞跃式的社会发展以及随而来的新风险使得在该立法理念指导下所形成的刑法体系无法实现刑法的诸多机能。也就是说，为保障刑法的安定性而牺牲其时代性前提下，仅靠法律解释的路径无法使刑法与社会转型相适应。具体而言，消极刑法立法观主要面临着三大困境。

首先，消极刑法立法观所依赖的理论基底已被现代科学常识所淘汰。消极刑法立法观是以古典主义的"绝对理性"为基础的立法理念，但实际上"绝对理性"的理论假设并不符合现代科学常识。在 20 世纪 70 年代出现的哲学转向中，很多哲

---

① 参见程红、吴荣富：《刑事立法活性化与刑法理念的转变》，载《云南大学学报》（法学版）2016 年第 4 期。
② 马克昌、莫宪洪：《近代西方刑法学说史》，中国人民公安大学出版社 2016 年版，第 96 页。
③ 周光权：《转型时期刑法立法的思路与方法》，载《中国社会科学》2016 年第 3 期。

学家放弃了对世界"真理"的研究,转为关注"合理性问题"。也就是说,人们将科学发展的目标从无止境的追求"应然"的真理性指标,重新拉回到重视合理性应用的"实然"层面。① 但消极刑法立法观认为,面对社会的巨大变迁以及不断升高的社会风险,刑法应当为理性的坚守而保持足够的克制。这往往会造成刑法面对新型风险时的疲软,脱离了现代科学所提倡的"合理性"范畴。其次,消极刑法立法观已沦为维护社会秩序的绊脚石。"一个法律制度若要恰当地完成职能,就不仅要力求实现正义,而且还须致力于创造秩序。"② 现代社会的自由,是建立在秩序之上的自由,没有了秩序,自由也无法找到存在的空间。消极刑法立法观为保证刑法的安定性,忽略了秩序的特有价值,这必然会使民众的自由在秩序混乱中渐渐丧失。最后,在现代社会中,结果本位的坚守已无法实现预防犯罪的目的。结果本位是我国传统刑法的立法特点,也是消极刑法立法观的基本立场。但不可否认的是,"现代风险具有隐秘性、不可控性、延伸性等特征,有些行为虽然尚未造成实际损害,但其风险严重威胁着社会成员的生存与发展,这些风险一旦转化为现实损害,将造成难以弥补的重大后果"。③ 例如,在环境犯罪中,严重污染环境的结果发生后,即使再怎么迅速有效地对行为人进行追诉,被破坏的环境也无法在短时间内恢复到健康的状态。因此,再将发生严重污染环境的结果作为污染环境罪的必要构成要件,势必会造成刑法陷入"无效化"的境地。从这个角度反思,在特定领域内,刑法应当放弃法益侵害结果的桎梏,从结果本位向危险本位转移。

### 三、应然选择:积极刑法立法观的确立

#### (一)向积极刑法立法观偏移的原因分析

在刑法的功能主义趋势、刑法的刑事政策化动向、社会经济发展的现实需要等因素的共同作用下,传统刑法理论所支撑起的消极刑法立法观、刑法谦抑精神的过度强化、过于保守的犯罪化立场等纷纷被部分搁置,以刑罚早期化、适当的犯罪化、立法的预防性倾向等为代表的积极刑法立法观得以初现端倪。④ 在刑事立法中出现这样的境况并不是空穴来风,而是根据当下社会发展作出的理性选择。⑤ 笔者认为,立法观偏移的主要原因可以归结为两点:首先,社会风险的激增使刑法在很多领域陷入缺位的尴尬境地,无法实现其特有的机能;其次,近年来,通过立法实践的导向,也可以看出立法者的立法理念确有向积极刑法立法观偏移的趋势,这种立法导向也使得"我们正处于法定犯时代"的命题再一次被确证,而积极刑法立法观能为法定犯时代的立法路径提供更为科学的理论范式。

---

① 参见童德华:《当代中国刑法法典化批判》,载《法学评论》2017年第4期。
② 许晨旸、郭玮:《风险社会背景下积极刑法立法观探讨》,载《福建警察学院学报》2018年第4期。
③ 许晨旸、郭玮:《风险社会背景下积极刑法立法观探讨》,载《福建警察学院学报》2018年第4期。
④ 高铭暄、孙道萃:《预防性刑法观及其教义学思考》,载《中国法学》2018年第1期。
⑤ 舒洪水、张晶:《法益在现代刑法中的困境与发展——以德、日刑法的立法动态为视角》,载《政治与法律》2009年第7期。

## 第一编　新中国成立 70 年来刑事法治和刑法理论的变迁与反思

1. 社会风险的激增是刑事立法观转向的催化剂

随着科技的飞跃式发展，社会发展取得了长足进步。但人们在享受工业化带来的便利同时，也在承担着庞大数量的社会风险。"风险聚合所引发的灾难是人类前所未有的，而传统刑法的结果本位模式难以有效预防风险，于是公众比以往更为强烈地感受到权益受到侵害之可能性。为避免政治国家与公民社会之间发生激烈冲突，立法者须透过国家刑法立法及刑罚传递出一种信号，即国家正在为抗制风险做出积极努力，以安抚公众的恐慌、紧张与不安情绪，稳定社会秩序。"① 这种"抗制风险的努力"在立法上主要表现为刑法规制犯罪类型结构的转向，即从以自然犯、实害犯为绝对核心，逐渐向法定犯、危险犯为主的立法路径偏移。具体而言，"随着风险社会的到来，以及新型安全需要的扩展，刑法日益关注风险控制，并因此出现了犯罪形态结构由自然犯占绝对优势转向法定犯占绝对优势的变化"。② 可见，在社会风险激增的时代，传统刑法那样以实害犯为刑法的核心的立法模式已无法实现刑法的基本机能。德国学者罗克辛甚至毫不客气地指出："从刑法教义学的角度看，过于重视客观的、自然科学意义上的结果以及因果关系的传统刑法观，将处罚局限于不法特征明确的实害犯，对不作为犯、未遂犯、抽象危险犯尽量不予处罚的立法方案，是一个失败的立法方案。"③ 从这个角度去反思，"刑法就必须走出罪责刑法的界限，对一些特定的情况施加一些并非依据罪责的反应，这种反应针对的仅仅是犯罪人的人身危险性而不是其责任"。④ 简言之，在风险激增的时代，如何有效地控制风险，追求国民安全的最大化以及避免风险影响到民众的自由等一系列问题，成为立法者所必须考虑的对象。而为有效地解决这些问题，就必然要求立法者在立法理念上向积极刑法立法观偏移。

2. 我国刑法立法实践中刑法立法观的偏移

从历年来刑法修正案的出台速度以及规定内容来看，新近以来，我国立法者在刑事立法方面采取了积极的立法理念。自 1997 年《刑法》颁布以来，我国以平均每两年一个刑法修正案的速度对其进行修改，修法内容也多以增加新罪名与加重刑罚处罚为主，至今 10 个刑法修正案共增加 57 个罪名，废除 2 个罪名，并对 31 个条文加以修改。

具体表现为：《刑法修正案》在第 162 条中增加 1 款，规定了财务会计方面的犯罪，将国有事业单位人员失职及滥用职权的行为纳入到第 168 条的规制范围内，以及加强对证券、期货交易的管制等。为了惩治毁林开垦和乱占滥用林地的犯罪，切实保护森林资源，《刑法修正案（二）》扩大了非法占用耕地罪的处罚范围。《刑法修正案（三）》提高了恐怖活动犯罪的法定刑，增设了资助恐怖活动罪，以及扩大了危害公共安全罪的处罚范围等。《刑法修正案（四）》增加了非法雇用童

---

① 魏昌东：《新刑法工具主义批判与矫正》，载《法学》2016 年第 2 期。
② 储槐植：《要正视法定犯时代的到来》，载《检察日报》2007 年 6 月 1 日第 3 版。
③ 罗克辛：《刑事政策与刑法体系》，蔡桂生译，中国人民大学出版社 2011 年版，第 26 页。
④ 薛晓源、刘国良：《法治时代的危险、风险与和谐——金德霍伊泽尔教授访谈录》，载《马克思主义与现实》2005 年第 3 期。

工罪，执行判决、裁定失职罪以及滥用职权罪等新罪，并扩大了走私罪等犯罪的处罚范围。《刑法修正案（五）》增加了妨碍信用卡管理秩序罪，窃取、收买、非法提供信用卡信息罪等。《刑法修正案（六）》新增了强令违章冒险作业罪，大型群众性活动重大安全事故罪，不报、谎报安全事故罪，虚假破产罪，背信损害上市公司利益罪，骗取贷款罪，背信运用受托财产罪，违法运用资金罪，组织残疾人、儿童乞讨罪，枉法仲裁罪，开设赌场罪等新罪名。被誉为"注意入罪与出罪相结合、从严与从宽相协调，较好地体现了宽严相济的刑事政策"的《刑法修正案（七）》，新增了9种新罪名。所谓"出罪"，涉及的也就是逃税罪；所谓"从宽"，也只有绑架罪降低了法定刑。而其余条款均以增加新罪名、降低既有罪名入罪条件、扩大处罚范围以及提高刑罚为内容。① 《刑法修正案（八）》废除了部分犯罪的死刑，但是其中还是有半数条文提高了刑罚或是新增罪名：增设了危险驾驶罪，对外国公职人员、国际公共组织官员行贿罪，虚开发票罪，持有伪造的发票罪，组织出卖人体器官罪，拒不支付劳动报酬罪，食品监管渎职罪。《刑法修正案（九）》增设了准备实施恐怖活动罪，煽动实施恐怖活动罪，使用虚假身份证件罪，以及虚假诉讼、组织考试作弊、代替考试等方面的罪名。为了惩治侮辱国歌的犯罪行为，切实维护国歌奏唱、使用的严肃性和国家尊严，《刑法修正案（十）》增设了侮辱国旗、国徽罪。

  随着经济的不断增长与科学技术的迅猛发展，人类生活发生了巨大变化，但伴随而来的是诸多科技型、技术型等新型犯罪形态的出现，并呈现出大幅增长的趋势。社会生活的变化以及犯罪类型的更新对我国刑法有着极为深刻的影响。综观10个刑法修正案便可以清晰地认识到，新近以来，我国刑法立法一直处于活跃及能动的状态。刑法立法的特点可以归结为以下几个方面：（1）扩大处罚范围。具体表现为：首先，立法者通过增设新罪名以实现犯罪化的目的。其次，"扩张了行为类型或行为对象的范围。如1997年《刑法》原条文将第107条资助危害国家安全犯罪活动罪的对象限定为'境内组织或者个人'，《刑法修正案（八）》废除了这一限制。再次，扩张犯罪主体范围。例如，第134条重大责任事故罪，第135条重大劳动安全事故罪，第163条非国家工作人员受贿罪等，均对犯罪主体作了扩大化规定"。② 最后，将犯罪既遂的时间节点提前，如帮助行为的正犯化、预备行为的正犯化等。（2）刑法机能的增加。伴随着犯罪化而来的是刑法机能的增加。例如，增设拒不支付劳动报酬罪，是将原本只有民事不法性质的行为犯罪化，从而赋予了刑法参与社会管理，维护社会秩序的机能。③（3）从结果本位到社会危害性。在现代的刑法理论与实践中，社会危害性是一个重要的概念，而社会危害性概念本身并不是一成不变的，它随着社会的发展被赋予了新的内涵：一些以前被认为社会危害性小，只需要在其他非刑事法律中规定的行为，其危险性随着外部变化已经达到了需要以刑法来规制的程度。例如，污染环境罪，已经从要求具有法益侵害结果的结果

---

① 刘艳红：《我国应该停止犯罪化的刑事立法》，载《法学》2011年第11期。
② 劳东燕：《风险社会与功能主义的刑法立法观》，载《法学评论》2017年第6期。
③ 周光权：《积极刑法立法观在中国的确立》，载《法学研究》2016年第4期。

犯，修改为具体的危险犯。这正是对环境犯罪所具有的社会危害性的考量。

(二) 积极刑法立法观确立必要性之考察

1. 处罚早期化有利于维护社会关系的平稳运行

在社会风险激增的时代，刑法的基本目的从保护法益向预防犯罪与维护秩序上偏移。"在保护社会关系和维护社会秩序等方面，不应存在地位的权重差异与功能的先后有别，而应当基于自然规律并遵循最优调整原则。而且，这种不同法律体系之间相互协作的关系是自然形成的，刑法与其他法律的功能边界也是动态与个别的，各自基于最优原则选择介入的次序和时机，借助理性进行事前的'圈定'并不可行；否则，部门法被肢解为单独板块，套上相互排斥、人为设定边界的思维桎梏，不利于发挥整体的协同效应。"① 事实上，当具体法益已经受到侵害时才对其进行保护，只是亡羊补牢的做法，对被侵害的法益来说并没有任何意义。德国学者乌尔里希·齐白指出，"为了应对世界风险社会的新挑战，可以考虑刑法的外延和去边界化问题，即刑法应更侧重于解决预防和安全的问题，以及由此引发的对实行犯罪和怀疑犯罪之前的场合的行为进行干预，并据此提出了'实体刑法中可罚性的前移'等刑法前置化的理论"。②

2. 积极刑法立法观弥补刑法在特定领域的空白

在"从古典学派的思想中抽象出的刑法观"（即消极刑法立法观）的引导下所创制的刑法并不能完全与当下巨大的社会变革相适应，甚至在一些方面，秉持传统的刑法观反而会成为社会发展的壁垒。这主要表现在当前的刑法体系与社会变革的三个矛盾：(1) 经济发展与刑法不能有效规制新型经济犯罪的矛盾。在经济空前繁荣的背后，蕴藏着伴随经济发展而产生的新型违法犯罪问题，如外汇犯罪，证券、期货犯罪，信用卡相关犯罪，走私犯罪，生产、销售伪劣产品犯罪以及侵犯知识产权犯罪等。但法律的滞后性往往使立法的进程跟不上社会发展的脚步，刑法中出现的诸多领域的空白使刑法在规制人们行为、维护社会主义市场经济秩序的场合显得力不从心。(2) 科技发展与刑法不能有效规制利用科技手段从事犯罪的矛盾。例如，近年来，电信诈骗、网络传销等犯罪猖獗，犯罪者以大数据、互联网+等新兴科技为平台窃取被害人隐私并利用 VOIP 网络电话实施诈骗。虽然电信诈骗、网络传销等犯罪在形式上符合诈骗罪的构成要件，但是其犯罪成本低、成功率高、破案成本高、侦破难度大等特点，使其在社会危害性上较之普通的诈骗犯罪存在实质性的差别。从这个意义上说，面对利用新兴科技从事的犯罪行为，是否可以通过解释使得现行刑法自洽便成了值得探究的问题。(3) 思想观念开放与不能有效规制因观念变化而滋生出的犯罪之矛盾。新近以来，人们的思想得到解放，对待男女之间、"尊卑"之间等一系列关系的看法发生了转变；且在市场经济繁荣发展的影响下，"以利益为中心"、"金钱至上"等观念随之产生。众多思想观念的转向使得一些基于旧观念产生的法条无法被现代人所接受，无形之间便会贬损刑法的权威。

---

① 高铭暄、孙道萃：《预防性刑法观及其法教义学思考》，载《中国法学》2018年第1期。
② 李勇：《风险社会须警惕"风险刑法观"冲击法治》，载《检察日报》2012年3月第3版。

为应对社会变革伴随而来的新型风险与犯罪，刑法必须做出适度的调整。"随着社会形势的变化，在晚近立法的推动下，以自由保障为基础、安全秩序相对优位为价值导向……以适度的犯罪化、刑罚化、危险犯增量、刑罚积极预防效果等立法为内容的预防性刑法观破涌而出，并用于应对风险社会的挑战。"① 因此，以往没有被关注到的更多层面的法益的重要性显现出来，这就需要扩大犯罪圈的范围，以刑事立法的犯罪化为样态，对其进行保护。事实上，与其说积极刑法立法观使刑法步入了犯罪化的立法模式，毋宁说这种立法理念弥补了刑法在特定领域的空白。

（三）刑法谦抑性与积极刑法立法观的融合

秉持消极刑法立法观的学者们将刑法的谦抑性看作积极刑法立法观所无法逾越的"鸿沟"，指出"刑法不应以所谓社会安全的危险行为作为当然的处罚对象，而应该将处罚范围限制在迫不得已的必要限度之内。这就是贯穿现代刑事法领域的刑法谦抑主义"。② 但笔者认为，积极刑法立法观指导下的立法实践并没有突破刑法谦抑性原则的指引，反而是对罪刑法定原则的再次巩固。

一方面，我国刑法中规定的犯罪类型总体较少，在现代社会要实现善治，就必须增设相应规模的犯罪，以实现其他法律法规难以达到的社会控制目标。这些都说明增设新罪与刑法的谦抑性并不矛盾。③ 相反，如果不及时增设新罪，对某些实务上感觉有处罚必要性的行为，司法机关就往往通过类推解释的方式来处理。这样不仅突破了谦抑性原则，连罪刑法定这一法治铁则也被动摇，这更是得不偿失。④ 详言之，刑法谦抑性的价值在于防止刑法对公民权利的过度干涉，但秉持积极刑法立法观的目的绝非是要大肆干涉公民的自由，而是通过理性范式的指引，填补刑法在特定领域的空白。事实上，刑法的谦抑性并不反对在现代社会增设必要数量的新罪。在社会迅速发展与风险无处不在的时代，社会风险的激增使刑法在很多领域陷入缺位的尴尬境地，无法实现其特有的机能。因此，积极刑法立法观并没有突破刑法谦抑性原则的指引，而是在该原则的制约下填补刑法在特定领域的空白。另一方面，刑法的一个重要机能便是通过禁止性条款或命令性条款来指引民众的行为，使人们在合理安排自己行动的同时，获得来自于法律的自由保障，这便要求刑法排斥模糊性而具有明确性，这也是罪刑法定原则的基本要求。积极刑法立法观要求立法者在需要但却欠缺刑法规制的领域积极立法，使刑法在新兴领域也能正确指引民众的行为模式，这正是对刑法明确性的坚守。从这个角度讲，积极刑法立法观也实现了对罪刑法定原则的再次巩固。

---

① 高铭暄、孙道萃：《预防性刑法观及其法教义学思考》，载《中国法学》2018年第1期。
② 刘艳红《"风险刑法"理论不能动摇刑法谦抑主义》，载《法商研究》2011年第4期。
③ 参见张明楷：《刑法的基础观念》，中国检察出版社1995年版，第155页。
④ 周光权：《积极刑法立法观在中国的确立》，载《法学研究》2016年第4期。

# 定量因素在新中国刑法中的产生和发展

胡同春*

定量因素，是除行为性质外，刑法规定的行为构成犯罪必须达到的危害程度的要求。储槐植教授称之为定量因素，① 陈兴良教授称之为罪量。② 在规定犯罪时，既定性，又定量，是新中国刑法的一个重要特点。这一特点主要是向苏联刑法立法学习的结果，并在我国刑法立法中有了进一步的发展。本文回顾定量因素在新中国刑法立法中形成和发展的过程。

## 一、在犯罪中规定定量因素不是来源于我国的法律传统

我国古代的立法中没有抽象犯罪概念的规定，但在规定具体犯罪行为时，普遍采用的是定性立法方式。在一些犯罪规定中，犯罪行为涉及的量虽然被规定为量定刑罚的标准，但并不被认定为是否成立犯罪的标准。

下面以盗窃罪、诈骗罪为例，简单地回顾一下我国古代的定性立法传统。《唐律疏议》对盗窃罪的规定为"诸盗窃，不得财笞五十；一尺杖六十，一匹加一等；五匹徒一年，五匹加一等，五十匹加役流"，对诈骗罪的规定为"诸诈骗官私以取财物者，准盗论"。③《宋刑统》对盗窃罪和诈骗罪的规定与《唐律疏议》完全相同。④《大明律》、《大清律例》对盗窃罪、诈骗罪的规定也与《唐律疏议》相类似，只不过进一步加大了处罚的力度。从上述规定可以发现，盗窃、诈骗所得财物数量的多少虽然是处罚轻重的划分标准，但在是否成立犯罪的问题上，并没有侵害财物数量上的要求。

从事中国法制史研究的学者可以进一步审视我国古代对犯罪是否采用定性立法方式。

## 二、定量因素在我国刑法典草案中的产生和扩展

俄国十月革命的一声炮响给中国送来了马克思主义，中国共产党在革命时期一直"以俄为师"，共产国际和苏联共产党人不断向中国派出代表，对中国共产党的革命方针和行动进行指导。⑤ 中国共产党领导的革命根据地时期的立法活动应该已经受到苏联的影响，但因为没有收集到资料，拟另外著文探讨。本文主要说明新中

---

\* 河南师范大学法学院副教授，法学博士。
① 参见储槐植：《我国刑法中犯罪概念的定量因素》，载《法学研究》1988年第2期。
② 参见陈兴良：《陈兴良刑法学教科书之规范刑法学》，中国政法大学出版社2003年版，第95页。
③ 长孙无忌等：《唐律疏议》，刘俊文点校，法律出版社1999年版，第388、501页。
④ 窦仪等：《宋刑统》，薛梅卿点校，法律出版社1999年版，第345、448-449页。
⑤ 参见金一南：《苦难辉煌》，华艺出版社2009年版，第5-6页。

国成立后我国刑法中定量因素的出现受苏俄刑法典影响的情况。

我国刑法立法在犯罪成立条件中通过两个途径规定定量因素：一是在刑法总则所规定的犯罪概念中规定但书内容；二是在刑法分则所规定的许多具体犯罪成立条件中规定明文的定量因素。1979年《刑法》第10条和1997年《刑法》第13条规定的犯罪概念中，都包含"但是情节显著轻微危害不大的，不认为是犯罪"这一定量因素。刑法分则具体犯罪的罪状中，许多犯罪的成立条件包含"数额较大"、"情节严重"或者"造成严重后果"等这种具体内容不明确的定量因素，但也有个别犯罪的定量因素规定得明确具体。例如，现行《刑法》第140条规定："生产者、销售者在产品中掺杂、掺假，以假充真，以次充好或者以不合格产品冒充合格产品，销售金额五万元以上不满二十万元的，处二年以下有期徒刑或者拘役……"其中，销售金额达到5万元，就是生产、销售假冒伪劣产品罪明确的定量因素。

新中国成立后，中国完全废除了国民党统治时期的法律制度。① 1950年7月中央人民政府法制委员会制定的《刑法大纲草案》第7条规定："凡反对人民政权及其所建立的人民民主主义的法律秩序的一切危害社会行为，均为犯罪。法律上负有防止义务之人，而不防止或因自己行为将发生一定危害结果，有防止义务而不防止（不作为）者，亦为犯罪。"② 大纲草案规定的这一犯罪概念中不包含定量因素。大纲草案分则共124条，只有第84条怠忽职务罪和第85条违背职务罪中分别有"发生恶劣结果"、"发生重大损害"这样的定量因素。从整体上看，《刑法大纲草案》在规定犯罪时采用的是定性立法模式。1951年我国颁布的《惩治反革命条例》、《妨害国家货币治罪暂行条例》，1952年颁布的《惩治贪污条例》，也完全采用的是定性立法模式。③

新中国刚成立时，我国各方面都向苏联学习。20世纪50年代初，中央人民政府法制委员会翻译了大量的外国刑法典等刑法立法资料，其中苏联的立法资料最多、最全面，1953年中央人民政府法制委员会编印的《刑法资料汇编》第1辑和第2辑都是苏联的刑法立法资料，包括《苏俄刑法指导原则》（1919年）、《苏俄刑法典》（1922年）、《苏联及各加盟共和国刑事立法基本原则》（1924年）、《苏俄刑法典》（1926年）和《苏联刑法典总则（草案）》（1950年），几乎网罗了20世纪50年代以前苏联各个时期的所有刑事法典和法规、法令。④ 这些立法资料都是我国起草刑法典的参考。同时，我国也开始出版苏联刑法学著作，大东书局于1950年出版《苏联刑法总论》（上、下册），1955年、1956年法律出版社分别出版《苏维埃刑法总则》、《苏维埃刑法分则》，这些著作不仅在苏联本国有较高的权威性，翻

---

① 参见张希坡：《废除伪"法统"就是废除以国民党〈六法全书〉为代表的一切反动法律》，载《法学杂志》2005年第1期。
② 高铭暄、赵秉志编：《新中国刑法立法文献资料总览》（上册），中国人民公安大学出版社1998年版，第138页。
③ 参见高铭暄、赵秉志编：《新中国刑法立法文献资料总览》（上册），中国人民公安大学出版社1998年版，第99-102、106-111页。
④ 参见李秀清：《新中国刑事立法移植苏联模式考》，载王立民主编：《中国法律与社会》，北京大学出版社2006年版，第445-446页。

## 第一编 新中国成立70年来刑事法治和刑法理论的变迁与反思

译成中文后在中国也有很大的影响。① 从 1950 年开始，苏联开始向中国人民大学及其他政法院校派遣法律专家，担任包括刑法学在内的各法律主干课程的授课教师。② 我国著名刑法学者高铭暄教授、马克昌教授和王作富教授等就毕业于主要由苏联法学教授讲授刑法学的中国人民大学刑法学研究生班。中国也向苏联派遣留学生，到苏联学习包括刑法在内的苏联法律，北京大学的甘雨沛、中国政法大学的曹子丹、中国社会科学院法学所的曾庆敏等，就是当时赴苏学习刑法的留学生。③ 新中国成立后，苏联刑法学理论很快就在我国居于主导地位。

1954 年 9 月中央人民政府法制委员会制定的《刑法指导原则草案（初稿）》在规定犯罪时开始采用定量立法模式。该草案第 1 条规定了犯罪概念，其第 1 条第 2 款规定："情节显然轻微并且缺乏危害结果，因而不能认为对社会有危险性的行为，不认为犯罪。"④ 这一规定显然借鉴了 1926 年《苏俄刑法典》规定犯罪概念的方式。1926 年《苏俄刑法典》第 6 条规定了犯罪的概念，该条的附则规定"对于形式上虽然符合本法典分则任何条文所规定的要件，但因显著轻微，并缺乏损害结果，而失去危害社会的性质的行为，不认为是犯罪行为"。⑤《刑法指导原则草案（初稿）》分则条文共 50 条，其中第 59 条发行违反规定标准的食品、医药用品罪，第 60 条走私罪，第 76 条玩忽职守罪规定了定量因素。《刑法指导原则草案（初稿）》分则中有关定量因素的规定应该也受到了苏联刑法规定的影响，1926 年《苏俄刑法典》第 85 条、第 108 条就包含有明文的定量因素。

1954 年 9 月，第一届全国人民代表大会第一次会议召开，全国人民代表大会正式成立，此后刑法典的起草工作改由全国人大常委会办公厅法律室负责。⑥ 1957 年 6 月 27 日，全国人大常委会法律室主持完成的《刑法草案（草稿）》（第 21 次稿）总则部分对犯罪概念的规定发生了一个明显的变化，该草案第 10 条规定："一切危害工人阶级领导的人民民主专政制度、破坏社会秩序、对于社会有危害的、依照法律应当受刑罚处罚的行为，都是犯罪；但是情节显著轻微危害不大的，不以犯罪论处。"⑦ 这个犯罪概念中的但书对成立犯罪需要达到一定危害程度的要求进一步明确，是对 1926 年《苏俄刑法典》犯罪概念附则内容的进一步发展。《刑法草案

---

① 参见李秀清：《新中国刑事立法移植苏联模式考》，载王立民主编：《中国法律与社会》，北京大学出版社 2006 年版，第 445-446 页。
② 参见李秀清：《新中国刑事立法移植苏联模式考》，载王立民主编：《中国法律与社会》，北京大学出版社 2006 年版，第 445 页。
③ 参见李秀清：《新中国刑事立法移植苏联模式考》，载王立民主编：《中国法律与社会》，北京大学出版社 2006 年版，第 445 页。
④ 高铭暄、赵秉志编：《新中国刑法立法文献资料总览》（上册），中国人民公安大学出版社 1998 年版，第 168 页。
⑤《苏俄刑法典》，陈汉章等译，法律出版社 1957 版，第 4 页。
⑥ 高铭暄：《新中国刑法孕育诞生和发展完善的简要历程》，载《中华人民共和国刑法的孕育诞生和发展完善》，北京大学出版社 2012 年版，第 1 页。
⑦ 高铭暄、赵秉志编：《新中国刑法立法文献资料总览》（上册），中国人民公安大学出版社 1998 年版，第 227 页。

（草稿）》（第 21 次稿）分则部分共 119 个条文，其中有 7 个条文规定了定量因素。① 1957 年 6 月 28 日完成的《刑法草案（初稿）》（第 22 次稿）在定量因素的规定方面与《刑法草案（草稿）》（第 21 次稿）完全相同。《刑法草案（初稿）》（第 22 次稿）经过全国人大法案委员会审议，在第一届全国人民代表大会第四次会议上发给全体代表征求意见。②

1957 年 10 月 22 日，我国颁布《治安管理处罚条例》。最晚到此时，我国对犯罪采用既定性又定量的立法方式已经被确立。当时的公安部部长罗瑞卿同志在《关于中华人民共和国治安管理处罚条例草案的说明》中指出，"治安管理处罚的某些条款同刑法某些条款的罪名是相同的，例如盗窃、诈骗等。但它同刑法的区别，主要是情节比较轻微，危害没有那样严重，还不够给以刑事处分"。③

从《刑法草案（草稿）》（第 21 次稿）到 1963 年 10 月 9 日印制的《刑法草案（修正稿）》（第 33 次稿），刑法草案中对犯罪的定量因素的规定没有发生大的变化。1964 年我国开始"四清"运动，紧接着 1966 年开始"文化大革命"，我国的刑法典起草工作停顿。

1978 年，我国的刑法典起草工作重新开始。1978 年 12 月，在 1963 年《刑法草案（修正稿）》（第 33 次稿）的基础上草拟出第 34 次稿。第 34 次稿的第 8 条规定了犯罪的概念，该条第 2 款规定："行为在形式上虽然符合本法分则条文的规定，但是情节显著轻微并且缺乏社会危害性的，不认为是犯罪。"④ 可以看出，犯罪概念中这一定量因素的规定方式又向《苏俄刑法典》的规定方式有所回归。第 34 次稿的分则部分共 157 条，包含罪量因素的条文 48 条，占整个分则条文的三成，含定量因素的分则条文开始大量出现。⑤ 1979 年 2 月完成的《刑法（修订二稿）》（第 35 次稿）第 8 条规定了犯罪的概念，第 8 条第 2 款变化为"行为虽然符合本法分则条文的规定，但是情节显著轻微对社会危害不大的，不认为是犯罪。"⑥ 这一犯罪概念的定量因素的规定方式又向《刑法草案（草稿）》（第 21 次稿）的规定方式靠近。第 35 次稿分则部分定量因素的规定情况基本没有变化。1979 年 3 月拟

---

① 《刑法草案（草稿）》（第 21 次稿）分则部分的第 134 条、第 135 条、第 137 条、第 138 条、第 152 条、第 181 条和第 192 条规定有定量因素，参加高铭暄、赵秉志主编：《新中国刑法立法文献资料总览》（上册），中国人民公安大学出版社 1998 年版，第 239-252 页。

② 高铭暄：《新中国刑法孕育诞生和发展完善的简要历程》，载《中华人民共和国刑法的孕育诞生和发展完善》，北京大学出版社 2012 年版，第 1-2 页。

③ 罗瑞卿：《关于中华人民共和国治安管理处罚条例草案的说明》，http：//www.npc.gov.cn/wxzl/gongbao/2000-12/23/content_ 5000390.htm，2019 年 5 月 29 日访问。

④ 高铭暄、赵秉志编：《新中国刑法立法文献资料总览》（上册），中国人民公安大学出版社 1998 年版，第 368 页。

⑤ 《刑法草案（修订稿）》（第 34 次稿）分则部分第 101 条至第 110 条、第 112 条至第 121 条、第 123 条、第 124 条、第 126 条至第 128 条、第 130 条、第 134 条至第 136 条、第 141 条至第 144 条、第 159 条、第 161 条、第 163 条、第 166 条、第 182 条、第 188 条、第 189 条、第 195 条、第 197 条、第 208 条、第 217 条、第 221 条至第 223 条、第 225 条含有定量因素，参见参加高铭暄、赵秉志编：《新中国刑法立法文献资料总览》（上册），中国人民公安大学出版社 1998 年版，第 379-400 页。

⑥ 参见高铭暄、赵秉志编：《新中国刑法立法文献资料总览》（上册），中国人民公安大学出版社 1998 年版，第 403 页。

定出的《刑法草案（法制委员会修订第一稿）》（第36次稿）第9条规定了犯罪的概念，规定定量因素的但书部分变化为"但是情节显著轻微危害不大的，可不以犯罪论处"；分则部分包含定量因素的条文数量没有显著变化，但生活中常见多发的盗窃罪、诈骗罪的罪状中出现了定量因素。① 稍后，第36次稿又经过两次修改，最终在第五届全国人民代表大会第二次全体会议上审议通过，1979年刑法典诞生。

### 三、定量因素在我国刑法中的进一步发展

1979年《刑法》第10条规定了犯罪的概念，其但书表述为"但是情节显著轻微危害不大的，不认为是犯罪"，这被认为我国在犯罪概念中规定了定量因素，它对刑法分则规定的所有犯罪具有统领作用。1979年《刑法》分则部分共103条，包含定量因素的条文共25条，约占整个分则条文的1/4，生活中常见多发的盗窃罪、抢夺罪和诈骗罪的成立条件中都包含了定量因素。因为总则的犯罪概念中含有定量因素，最高司法机关通过司法解释，对刑法分则采用定性立法模式的许多罪名也都规定了定量因素。1979年《刑法》实施后，随着我国社会、经济的发展，全国人大及其常委会以单行刑法和附属刑法的方式又规定了许多犯罪，这些犯罪大多与经济有关，这些犯罪大多包含定量因素。

1997年我国对《刑法》进行全面修订，1997年刑法典诞生。1997年《刑法》第13条规定的犯罪概念只对1979年《刑法》第10条进行了文字方面的调整，但书部分没有发生任何变化。1997年《刑法》分则部分共350条，规定罪名412个，包含有定量因素的条文有190多条，涉及罪名220多个，占全部罪名的一半以上。

1997年刑法典颁布实施后，到目前为止，我国又出台了《关于惩治骗购外汇、逃汇和非法买卖外汇犯罪的决定》和10个刑法修正案，对1997年刑法典进行了修改，增加了一些新罪名，新增加的犯罪也大都存在定量因素。但2011年2月25日通过的《刑法修正案（八）》和2015年8月29日通过的《刑法修正案（九）》一方面较大规模地减少死刑罪名，另一方面将一些危害相对轻微的行为犯罪化，同时去除个别犯罪或者个别犯罪中一些犯罪行为类型的定量因素，我国刑法表现出由"厉而不严"向"严而不厉"方向发展的一面。比较引人注目的是"醉驾"入罪，成为危险驾驶罪的一个行为类型，醉酒驾驶机动车构成危险驾驶罪的刑法规定不包含定量因素；同时，入户盗窃、携带凶器盗窃和扒窃行为成立盗窃罪也被取消了明文的定量因素。但在司法实践中，主流观点仍然认为"醉驾"成立危险驾驶罪和入户盗窃、携带凶器盗窃、扒窃成立盗窃罪，仍受我国《刑法》第13条犯罪概念中但书的限制，有定量要求。2017年3月出台的最高人民法院《关于常见犯罪的量刑指导意见（二）（试行）》明文规定，对于醉酒驾驶机动车"情节显著轻微危害不大的，不予定罪处罚"。对于扒窃行为，虽然司法解释也没有提出明文定量要求，但地方公安机关在办理案件时一般都有一个内部掌握的具体数额标准（大都在200

---

① 参见高铭暄、赵秉志编：《新中国刑法立法文献资料总览》（上册），中国人民公安大学出版社1998年版，第435-462页。

元至 600 元人民币之间）。

需要注意的是，因为我国刑法总则规定的犯罪概念中包含有定量因素，最高司法机关通过司法解释对我国刑法分则大多数采用定性立法方式的犯罪规定了罪量因素。有学者认为，我国刑法分则规定的罪名中，真正不含有罪量因素的罪名可能只有故意杀人罪一个。①

由此可见，现在无论是我国的刑法立法还是刑法司法，定量因素都已经成为我国法律人心目中一个根深蒂固的概念。

### 四、其他社会主义国家的刑法立法也受到了苏联刑法的影响

在规定犯罪时包含定量因素，其他社会主义国家的刑法立法也都受到了苏联刑法这一立法方式的影响。

《朝鲜民主主义人民共和国刑法典》第10条规定了犯罪的概念，其第14条规定："虽然实施了刑法中所规定的犯罪行为，但没有造成社会危害，或者后果显著轻微，并且没有从重情节的，不承担刑事责任。"②《朝鲜民主主义人民共和国刑法典》分则的部分条文也规定有定量因素。例如，该刑法典第110条个人的商业敌对行为罪、第114条非法中介罪、第246条滥用职权罪等，共计有20多个刑法分则条文规定了定量因素。③

《越南刑法典》第8条规定了犯罪的概念，该条第4款规定："行为虽然触犯了刑法，但社会危害性显著轻微，不认为是犯罪的，用刑罚以外的其他方法处理。"④《越南刑法典》分则规定的近一半罪名的罪状包含定量因素，它所规定的生活中常见多发的盗窃罪、诈骗罪的成立条件中也包含定量因素。

《老挝人民民主共和国刑法》第6条规定了犯罪的概念，该条第2款规定："符合犯罪全部构成要件的所有作为或不作为，如果造成的损害在500000基普（约合410元人民币，作者注）以下的，不是犯罪，但累犯和将危害行为作为职业者除外。"⑤《老挝人民民主共和国刑法》第6条的这一犯罪概念，对老挝刑法规定的所有具体犯罪具有统领作用，它的定量因素对老挝刑法规定的所有犯罪的成立范围都会起到限制作用。也就是说，除累犯和将危害行为作为职业者外，行为人实施的老挝刑法所规定的所有危害行为，如果所造成的损害在500000基普以下的，不被认为是犯罪行为。

---

① 参见梁根林：《但书、罪量与扒窃入罪》，载《法学研究》2013年第2期。
② 《朝鲜民主主义人民共和国刑法典》，陈志军译，中国人民公安大学出版社2008年版，第3-4页。
③ 《朝鲜民主主义人民共和国刑法典》分则条文第110条、第114条、第118条、第120条、第124条、第136条、第137条、第142条、第151条、第164条、第166条、第169条、第171条、第172条、第174条、第175条、第179条、第183条、第185条、第186条、第187条、第206条、第244条、第246条、第247条、第248条和第286条等包含罪量因素。参见《朝鲜民主主义人民共和国刑法典》，陈志军译，中国人民公安大学出版社2008年版，第13-57页。
④ 《越南刑法典》，米良译，中国人民公安大学出版社2005年版，第6页。
⑤ 《老挝刑事法典》，贾凌、魏汉涛译，中国政法大学出版社2014年版，第17页。

《古巴刑法典》第8条规定了犯罪的概念，该条第2款规定了定量因素："作为或者不作为形式上符合构成要件，但后果轻微并且按照行为人的个人情况来看不具有社会危害性的，不认为是犯罪。"① 《古巴刑法典》分则部分也有少数条文规定有定量因素，如第129条、第145条和第175条等。

---

① 《古巴刑法典》，陈志军译，中国人民公安大学出版社2010年版，第8页。

# 新旧过失论之争的变迁反思与
# 我国刑法的路径选择

胡 洋*

## 一、问题意识：新旧过失论的争议变迁

过失论有新旧过失论之争。（修正的）旧过失论认为，过失犯的注意义务就是结果预见义务，对结果回避义务是否属于注意义务的内容有不同观点，所以，旧过失论又叫预见可能性说。新过失论认为，注意义务既包括结果预见义务，也包括结果回避义务，预见可能性是回避可能性的基础，过失论的核心是结果回避义务，虽然有预见可能性，但只要履行了相当结果回避行为的，就不成立过失犯罪。过失犯的违法就在于，结果回避义务要求的行为的不相当履行。所以，新过失论又叫基准行为说。[①] 它把过失犯判断的重心，由旧过失论责任阶段的预见可能性的有无，转移到了构成要件阶段的基准行为的逾越，被认为与日本"实务界的过失认定方法正好合拍，因而其支持者急速增加。"[②]

除前两种学说之外，以1973年"森永奶粉事件"为契机，藤木英雄教授提出了新新过失论，即危惧感说，但由于本说在预见可能性的程度判断上要求太低，只要求十分抽象的危惧、紧张、担心即可，因此被认为违反了责任主义，处于实际上被抛弃的状态。那么，亟待厘清的问题就是，新过失论和（修正的）旧过失论，历经数十年的论争，哪一者更为合理，宜为我国刑法采纳和司法应用实践发展呢？

## 二、根基厘正：结果无价值旧过失论的理论检讨

### （一）方法论的动摇

在过失犯的因果关系上，旧过失论在过失犯构成要件的因果关系论中，着重结果回避可能性的判断，[③] 动摇了旧过失论坚守的，以预见可能性为中心的责任过失的传统，背离了平野龙一教授为旧过失论，包括修正的旧过失论设定的体系基础，即"过失就是精神不紧张的心理状态的非难"。[④] 虽然结果无价值的这种动摇说也不是不可以，但不能不说是方法论上向新过失论的靠近。

---

\* 浙江工商大学法学院讲师。
[①] 参见［日］松宫孝明：《刑法总论讲义》（第4版），钱叶六译，中国人民大学出版社2013年版，第158页。
[②] ［日］西田典之：《刑法总论》（第2版），王昭武、刘明祥译，中国人民大学出版社2013年版，第229页。
[③] ［日］山口厚：《刑法总论》（第2版），付立庆译，中国人民大学出版社2011年版，第54页。
[④] ［日］平野龙一：《刑法总论Ⅰ》，有斐阁1972年版，第191页。

第一编 新中国成立70年来刑事法治和刑法理论的变迁与反思

(二)被允许的危险过于宽泛

在过失犯的实行行为上。旧过失论一直被批评的，就是过失犯的实行行为过于宽泛，只要出现了结果，又有因果关系一般就会认为成立过失犯。① 修正的旧过失论虽然提出了实质不允许的危险，但是因为这个概念"绑定"在结果无价值的法益衡量标准上，所以使得实质不允许的危险行为就等于侵害了优越法益的行为，是一种以结果发生的实质危险性及其具体的预见可能性为中心的过失论。而行为无价值和客观归责中的法不允许的危险，是指规范违反行为，侵害法益而没有规范违反的，就不是法不允许的危险，因此，在这一点上修正的旧过失论仍没有脱离旧过失论法益侵害说的本质，划定的处罚范围也不能令人赞同。

例如，在故意犯中，偶然防卫也会被结果无价值叫作被允许的危险；在过失犯中，且不论危险驾驶罪、交通肇事罪中，行为人飙车超速驾驶，对前面的行人造成了很高的撞上的危险，只是因为没有撞上、没有实害结果就被认为是被允许的危险，这是行为无价值难以接受的。新过失论认为，违反了基准行为的行为本身，就不再是被允许的危险。它已经具有了行为无价值的不法和未遂，只不过因为过失犯是实害结果犯，不处罚未遂才对行为人不予处罚。所以行为无价值认为，以上两例中的偶然防卫和危险驾驶行为，分别是故意杀人罪和交通肇事罪的未遂犯，而不是合法行为。说到底，修正的旧过失论也没有跳出旧过失论的窠臼，不利于法益保护。

(三)国民预防与引导机能薄弱

在一般预防和特殊预防上，旧过失论所谓的结果预见义务，就是指行为人应当"精神紧张"，不注意就是指精神不紧张，没有履行结果预见义务。可是，过失犯处罚的目的，不是让行为人精神紧张，而是让国民都履行相当的基准行为，即规范行为的养成。对于一个努力钻研知识、业务技术能力强的人来说，他在实施业务行为时，精神不紧张也完全没问题，只要按照规范、不脱离基准行为就可以了。精神不紧张不是过失犯要预防的对象。

刑法所期待的是国民在社会交往中注意履行结果回避义务，采取必要措施避免法益侵害结果发生，而不是时时刻刻保持精神紧张，履行结果预见义务。履行了预见义务的行为人，只要没有履行回避义务的，仍然是过失犯。进言之，故意犯都履行了结果预见义务，按照结果无价值的逻辑应当不处罚，可是同等的结果，故意犯比过失犯处罚的更重。所以，结果无价值处罚的行为人的结果预见义务违反，既不能为过失犯提供处罚本罪的正当化根据，也不能对故意犯和过失犯的位阶关系进行协调解释，并不妥当。

### 三、规范论思考：行为无价值新过失论的解释方法与立场

(一)新过失论不等于预见可能性不要说

新过失论不是新新过失论。在预见可能性的程度上，新新过失论持危惧感说，

---

① 参见［日］福田平：《全订刑法总论》(第四版)，有斐阁2004年版，第143页。

几近预见可能性不要说。① 但是，新过失论持的不是危惧感说，而是相对具体的预见可能性说。在这一点上，和新新过失论形成区别。实际上，旧过失论持的高度、具体绝对的预见可能性说，反而导致很多情况下过失犯无法归责。日本最高裁判所的立场，也是在预见可能性的程度上，要求对行为导致结果的因果关系的"基本部分"或"重要部分"认识即可。② 黎宏教授也说，只要"能够使一般人预见到构成要件结果的事实"，③ 这种预见可能性就足够了。

（二）新过失论重视行刑关系

新过失论重视行为的规范违反，如在交通肇事罪中，借助行政违法判断该当行为是否具有不妥当性，但不等于认为过失犯是行政犯的结果加重犯。换言之，结果加重犯是指基本罪+加重罪，违反行政法规的过失犯并不符合这种构造。因为违反行政法规的行为不是犯罪。根据罪刑法定主义的原则，犯罪是指违反刑法的行为。结果加重犯中的基本罪也是犯罪，违反行政法规的行为有违法性，但是在结果出现和判断前还没有犯罪性。所以，违法行为不是基本罪，结果也不是加重罪的结果，而是过失犯构成要件之内的基本罪的结果。

例如，在过失致人死亡罪中，死亡就是基本罪，即使行为人通过过失伤害致人死亡的，行为无价值也不会认为行为人是过失伤害致人死亡罪。反之，我国刑法中的交通肇事罪和危险驾驶罪，我们可以认为交通肇事罪是危险驾驶罪的结果加重犯。这是因为《刑法修正案（八）》已经把违反行政法规的危险驾驶行为确定为犯罪。但是，行为无价值也不会说交通肇事罪是闯红灯行为的结果加重犯。所以，过失犯并不会被解释为行政犯的结果加重犯。

（三）事实与规范判断的二重审查

在责任过失的预见可能性上，旧过失论只有预见可能性一个过失犯的判断标准，所以只能采取预见可能性程度的具体说。可是，在管理·监督过失，单位过失，交通、环境、医疗等新型过失的案件中，司法机关对具体说都进行了一定程度的抽象化解释。旧过失论具体的预见可能性说无法应对现代社会过失犯罪的冲击，会形成处罚漏洞，不利于保护法益。

在信赖原则的适用上，旧过失论认为信赖原则阻却结果预见可能性，将其定位为责任过失阻却事由。但是，在现代社会，如交通肇事犯罪中信赖原则的适用是有限的，它不是绝对有效，不是事实判断，而是根据刑事政策和规范强度"弹性化"评价的。例如，在交通秩序较混乱、国民遵纪守法自觉性不高的国家、地区、时期，信赖原则就应当被限制，因为不能期待交通参与者都合规范行驶，行为人也不能主张自己信赖他人都是"高素质的人"，而在撞上他人时不归责。在交通秩序很发达、国民交通意识规范素质很高的时期，信赖原则的适用也会被限制。

例如，行为人自己驾车违章，超速过十字路口的时候，撞死了另一个闯红灯的

---

① 参见黎宏：《日本刑法精义》（第二版），法律出版社2008年版，第211页。
② ［日］前田雅英：《刑法总论讲义》（第四版），东京大学出版会2006年版，第285页。
③ 黎宏：《刑法学》，法律出版社2012年版，第205页。

第一编　新中国成立 70 年来刑事法治和刑法理论的变迁与反思

行人，行为人不能说认为，虽然我自己违章了，但我信赖别的所有的人都不会违章，所以撞死一个闯红灯的人没有预见可能性。这个结论也是不当的。日本最高裁判所对于撞死试图横穿马路的 4 岁幼儿的案件，认为行为人即使可能有信赖原则，也具有撞死被害人的过失犯的预见可能性。

新过失论过失犯的成立，在结果回避义务违反的基础上，也要求法益侵害结果的出现。因此，行为无价值的法益观也经得起理论和实践检验，规范论不是全盘反对法益论，而是法益论的协调，其能合理划定过失犯的处罚范围，规范地判断过失犯是否成立，良好地培养国民的规范意识并推动国家法治。

## 四、司法适用检验：新过失论是我国刑法的适宜选择

### （一）旧过失论的自然因果关系被司法拒绝

西田典之教授曾说，日本司法实务界对过失犯的判断方法，恰恰是和新过失论相契合的。① 例如，在刘某故意伤害案中，事发当日，被告人刘某驾驶机动车在路上行驶，与 69 岁的被害人张某因为通行问题发生争吵。被告人推了张某肩部并踢了张某腿部。2 小时后，张某胸部不适进入医院，抢救无效死亡。事后查明，张某患有冠心病，因急性心力衰竭死亡。法院认为，被告人虽然殴打了被害人，但击打部位并非要害，与死亡结果没有直接、必然、合乎规律的内在关系，从一般社会常识分析，被告人当时的殴打行为不会必然引发结果，因此没有刑法的因果关系，不构成犯罪。② 本案中，且不论责任如何，不论被告人到底是否构成过失犯。在方法论上，司法机关的判断说理是在构成要件阶段就否定了因果关系的存在。

换言之，行为人有无预见可能性是需要在构成要件阶段就考虑的违法要素。在这一点上，就"击破"了结果无价值旧过失论的方法论。如果我们根据相当因果关系客观说的话，被害人有心脏病，心脏病发引起死亡是合乎科学法则的。因此考虑所有的客观事实，行为人造成了法益侵害的结果，就当然对死亡结果具有因果关系并承担不法，至于有没有预见可能性，是责任过失或故意的问题。可是，司法机关拒绝了这种思维方式，"直截了当"地没有采取结果无价值的判断方法。这就说明，从我国的实际情况可以看出，结果无价值、旧过失论和相当因果关系客观说并没有被司法实践完全接受；反之，行为无价值、新过失论和客观归责的思考方法才是过失犯判断的妥当路径。

再如，在京踏切事件中，被告人 X 是仙台铁道局的司机，驾驶从仙台出发的火车向上野行驶。在驾驶列车行驶时，因为疏忽大意，没有注意到铁路口有一个小孩，继而将该被害人轧死。③

根据结果无价值过失论，客观上，行为人没有履行结果预见义务，继而导致被害人死亡；主观上，因为如果行为人谨慎紧张的话，就能够预见，所以当然构成疏

---

① ［日］西田典之：《刑法总论》（第 2 版），王昭武、刘明祥译，中国人民大学出版社 2013 年版，第 229 页。
② 参见北京市宣武区人民法院（2005）刑字第 244 号刑事附带民事判决书。
③ ［日］大审院 1929 年 4 月 11 日判决，载《法律新闻》第 3006 号，第 15 页。

忽大意的过失犯罪。可是，日本大审院认为，被告人 X 的行为和幼儿间的死亡没有因果关系，因而无罪。判例指出，在当时，X 如果履行了基本的结果预见义务的话，是可以充分认识到被害人的存在的。但是，即使预见到会撞上被害人，通过假定的行为流程判断：注视前方——发现被害人——吹响警笛——采取紧急制动措施——撞上被害人，在客观上要想救出被害人也是困难的。因此，在这种情况下，被告人就不构成犯罪。

本案说明，行为人有预见可能性也可以不归责，违反了结果预见义务也不一定是过失犯罪。换言之，结果无价值过失论中的犯罪要素，即结果发生、导致实害的行为、客观的因果关系和责任过失都存在了，过失犯还是不能成立的。以结果预见可能性为核心的旧过失论既不妥当，也没有被司法实践接受。

（二）旧过失论扩张过失构成要件和责任处罚范围

结果无价值旧过失论的构成要件和不法认定范围较大。比如，在路边撞车事件中，行为人 X 驾驶一辆汽车，遵守交通规则正常行驶。这时，从路边的死角突然冲出一个被害人，X 躲闪不及，撞死了被害人。根据旧过失论，X 有法益侵害和违法，只在责任过失阶段免责。可是，正如井田良教授所说，"交通规则完全遵守的安全驾驶汽车的行为，也会被认为是违法行为，换言之被评价为'法所禁止的行为'，这无论怎么说都是太过于奇妙的事情"。①

本案说明，旧过失论把意外事件也包含入过失犯的不法，不仅在阶层判断上不经济，也是对行为人的人权侵犯。如果我们每个人小心谨慎，完全遵守交通规则还可能被结果无价值认为构成违法，那么，社会正常行为被禁止，谁还敢开车上路？国家还何必组织规范的驾照考试呢？在行为无价值看来，本案在构成要件阶段就可以排除行为人的违法，而没有必要延后到责任层面。

再如，在货车车厢事件中，X 驾驶一辆汽车，同乘的 Y 坐在副驾驶座位上，在货车的后车厢里，在 X 完全不知情的情况下，坐进了两个被害人 A 和 B。X 违反交通规则，极其鲁莽地驾车，发生交通事故造成了 Y 受伤、A 和 B 死亡的结果。最高裁认为，对 X 来说，"上述鲁莽驾车也许会造成伴有人员伤亡的事故，当然应已认识到这一点，所以即使被告人对前述二人坐在自己的车辆的后车厢这一事实并无认识，也无碍其构成针对这二人的业务过失致死伤罪"。

对本案的结论，有学者基于过失犯事实错误的法定符合说给予支持，有学者基于新新过失论抽象的预见可能性说表示支持，也有学者基于具体符合说表示反对。诚然，结果无价值在故意犯的事实错误上采法定符合说的话，在过失犯上就也应当采取法定符合说，可是这样的话，旧过失论在预见可能性程度上要求的绝对具体说，即责任过失的高度、具体的预见可能性，就难以维持。

笔者以为，本案中的 X 不对 A 和 B 的死亡归责，因为从客观归责的角度讲，A 和 B 自我答责；从注意义务的角度讲，X 没有过失犯成立的正犯性。所谓正犯性，根据山口厚教授的观点，是指结果原因的支配。行为人要成立过失正犯，需要对被

---

① ［日］井田良：《过失犯的基础理论》，载《现代刑事法》1999 年第 8 号，第 74 页。

害人有结果回避义务,行为人何时成立救助的作为义务,根据黎宏教授在不作为犯论中的主张,是行为人具有结果原因的设定及接受的场合。在本案中,被告人对被害人的死亡具有结果原因的支配和接受吗?答案是否定的。A 和 B 偷偷上车的行为,相当于"自己往 X 的家里一躺,就要求主人管吃管喝"。规范并不认可这种强加的行为,那么 X 对于 A 和 B 法益损害的危险就没有保护义务。没有结果回避义务,自然就没有过失犯的实行行为,被害人自我答责。

本案说明,预见可能性是一个幅度的概念,何时具体化,何时抽象化,并不易把握。旧过失论一方面要求高度、具体的预见可能性,另一方面又因为理论的不圆满时常突破这种限制,以求取得触发效果。正如井田良教授所说,结果无价值的预见可能性标准充其量只是一种"原理并不明确的判断基准"。如果司法者想入罪,就可以认为行为人有预见可能性,如果司法者想出罪,就可以认为行为人没有预见可能性。换言之,不使用预见可能性,而从义务分配的角度规范判断行为的正犯性,也可以对过失犯作出解释。

(三) 新过失论避免在管理·监督过失中形成处罚漏洞

在司法实践中,旧过失论容易在管理·监督过失案件中形成处罚漏洞,适用新过失论则可以弥补不足,妥当处罚。比如,在新日本饭店事件中,X 是酒店的社长,从事向顾客提供住宿饮食的酒店经营业务。事发当日,一名住在酒店的顾客躺在床上吸烟,引起火灾,而该酒店消防管理、逃生指引培训很不完善,且店内没有安装防火的自动喷淋装置和隔火帘,结果导致火势蔓延,32 名被害人死亡。最高裁认为,基于经营、管理过失的法理,被告人知道自己酒店的防火措施不完善,一旦发生火灾,就有可能给酒店的住客带来死伤的危险。"应该说,能很容易地预见到这一危险",[①] 所以 X 有罪。

以旧过失论看来,对于顾客躺在床上吸烟引起火灾的事实,作为社长的 X 实在难言有具体的预见可能性。事实上,也有诸多结果无价值学者基于作为酒店社长的 X 对"起火原因并无预见可能性",反对本案的判决[②]。但是,把结果无价值具体预见可能说的逻辑贯彻到底的话,所有的管理过失都难以处罚,会形成"离现场越远,就越安全"的处罚漏洞,即在平时生活中,负有管理、监督义务的人都远离现场,对工作和职责不管不问,反而会因为在事故发生时没有具体的预见可能性而免责。换言之,本案说明,旧过失论难以抵挡管理·监督过失的冲击,要求高度具体的预见可能性不利于法益保护,与司法实践矛盾,不利于保障社会发展。

## 五、结语

通过以上理论和案例分析,可以看出旧过失论,包括修正旧过失论中,结果无价值的过失犯类型体现为物的违法论、自然因果关系和预见可能性说的结合。可是,物的违法论使刑法丧失行为引导机能,在共犯论上容易倒向单一制体系。相当

---

① [日] 最高裁判所平成五年 11 月 25 日判决,载《最高裁判所刑事判例集》第 47 卷第 9 号,第 242 页。

② [日] 山口厚:《刑法总论》(第 2 版),付立庆译,中国人民大学出版社 2011 年版,第 245 页。

因果关系客观说使违法范围过大。预见可能性说难以限定责任，一方面在管理·监督过失中形成漏洞；另一方面又使没有回避可能性的行为构成犯罪。新过失论是人的违法论、规范因果关系和回避可能性说的结合，符合客观归责的方法论。在司法实践中，新过失论比旧过失论更能合理划定处罚范围，后者的逻辑进路与现实生活中的案件裁判不完全对等。

因此，结果无价值的旧过失论体系和判断方法，一方面在阶层上不经济，把违法阶段就可以排除的行为延后到责任过失阶段，给无罪的行为人贴上违法的标签，侵犯人权；另一方面又缺乏实质正当性，在合义务的替代行为和被害人自我答责的案件中，责任过失的预见可能性起不到限制过失犯处罚的机能，反而会不当地处罚行为人。使过失犯丧失了规范判断的检验，沦为主观态度和心理归责的堆砌。行为无价值的过失论能够克服结果无价值的不足，是我国刑法学过失犯理论发展的合理路径。

第一编 新中国成立 70 年来刑事法治和刑法理论的变迁与反思

# 假释的实质条件及其评估保障机制研究
## ——基于假释立法、修正的反思

董邦俊*

佩特森有句名言："你不可能在监禁状态下培育一个人的自由（意志）。"假释是对被判处有期徒刑、无期徒刑的犯罪分子，根据一定的刑期内的悔改表现，确定其是否具有不再危害社会的特性而附条件将其予以提前释放的制度，被释放者要在相关机关考验下恢复正常的社会生活，它体现了行刑社会化思想，有利于弥补监禁刑的弊端，如有利于罪犯的革新与回归、节约司法资源等。假释的实质条件是指罪犯在服刑期间的行为表现以及通过行为表现和其他因素而反映出来的能适应社会的一种倾向或趋向。尽管假释制度具有悠久的发展历史并为世界多数国家所适用，在我国假释制度的发展亦有百年历史，但这项力倡刑罚个别化和刑罚人道、体现教育刑思想的制度并没有因法治建设的推进而得到切实贯彻。自《大清新刑律》颁布以来，① 我国的假释制度经过了批判性的继承，逐步从政府规章以及最高法院批复走向立法定型。多年的司法实践表明，少用假释、多用监禁，这是防止释放者再犯后责任追究的金科玉律。虽然我国刑法对假释的实质条件进行了修正，但假释制度的适用仍踌躇不前。2018 年"两会"期间，司法部部长张军指出，我国的假释适用明显偏低，不利于罪犯回归社会，不符合国家治本安全观的要求。② 因此，我们需要对假释制度进一步展开探讨。

## 一、假释实质条件规定之回眸

我国 1997 年刑法对假释增加了条文规定，假释的程序以及考验期内的考验都得到进一步细化。虽然我国刑法规定了假释的实质条件与消极条件，但假释制度并没有因此而被司法机关广泛适用，在司法实践中障碍重重，谨小慎微。我国自 1979 年刑法颁布以来，一直坚持"确有悔改表现，不致再危害社会"的实质标准，直到《刑法修正案（八）》颁布实施。除了假释的实质条件之外，刑法还有一些特别的条件规定。对累犯以及因杀人、爆炸、抢劫、强奸、绑架等暴力性犯罪被判处 10 年以上有期徒刑、无期徒刑的犯罪人不得假释，这被称为假释的消极条件。由于重

---

\* 中南财经政法大学刑事司法学院教授，博士生导师，副院长。
① 1912 年的《中华民国暂行新刑律》承袭了《大清新刑律》的规定，在《中华民国刑法》中也对假释作了规定，之后在北洋政府和国民党政府的刑事立法中都明确了假释制度。
② 参见《司法部部长：今后要大幅度提升可假释罪犯的比例》，在该讲话中，前司法部部长张军对假释的适用指明了方向，并且指出，罪犯离监探亲是治本安全观的做法之一。要让社会上的春风能够透进高墙，透进铁门，让罪犯受到教化。http://www.chinanews.com/gn/2018/03-05/8459723.shtml，最后访问时间：2018 年 12 月 6 日。

刑主义思想的深远影响，"杀人者死、伤人及盗抵罪"的报应观念具有强烈的社会效应，对于犯罪的宽宥缺乏群众基础；再加上刑罚执行中的腐败行为，使得这项因人制宜、奖惩分明的制度在实践中黯然失色。对于行刑机关来说，其改造质量面临着多方面的质疑，到底是将其打造成改造罪犯，使其成为善良人的熔炉，还是将其变成培养罪犯的温床，这是令监狱长期以来惴惴不安的困局，重新犯罪问题使执行机关不断面临着现实而又无法抗拒的风险。面对此种风险和西方非监禁刑取得的成功及其在我国（如社区矫正）的不断推进，监狱缺乏应对风险的信心和抗压能力，变得"内外交困"。因此，对假释实质条件的设定需要考虑刑罚执行的现实，重新审视"不致危害社会"这一实质条件存在的弊端，以便更好地理解修正假释实质条件的动因。

（一）理想化的预测结果欠缺可操作性

最高人民法院于1997年出台的《关于办理减刑、假释案件具体应用法律若干问题的规定》仅仅对"不致再危害社会"进行了粗略界定，而没有对"不致危害社会"的认定标准进行细致描述。根据此规定，"不致危害社会"是指罪犯在服刑期间一贯表现良好，确已具备本规定第1条第1项所列情形，不致违法、重新犯罪的，或者老年、身体有残疾的（不含自伤自残），并丧失作案能力的。"丧失作案能力"是一种行为能力的判断，相对而言具有一定的客观性和可操作性；同时其符合"不致再危害社会"的条件要求，因为不能实施危害社会的犯罪行为的人当然不会再危害社会。对不能实施犯罪的人没有必要再对其适用监禁刑，将其作为假释的对象是合理的。但是"不致违法、重新犯罪"是一种判断和预测，这意味着相关的机构要对罪犯被释放后可能实施的行为进行评估。"连一个一般公民我们都难以保证其不实施违法行为，更何况是一个还未出狱的罪犯呢？"人是社会性的动物，人的行为受到社会多种因素的作用以及个体的兴趣、爱好以及自控能力等多方面因素的影响。马克思在《关于费尔巴哈的提纲》中指出，"人的本质并不是单个人所固有的抽象物。在其现实性上，他是一切社会关系的总和"。因此，进行再犯预测具有自身的参考价值，它需要综合多方面因素对服刑人员进行全方位评价，这样对服刑人员就有更全面的把握，但对其评价准确性不能绝对化，因为在设计评价依据时，可能考虑了无关的因素或者高估了非关键因素，而忽视了评价体系中相对重要的因素应有的作用，从而影响评价结果的科学性。即使评价的结果相对科学，也不能将其作为唯一的依据。因为人毕竟不是一台可以缜密计算和精确操控的机器，一个针对一般特征的主体的评价结果对于特定的人或者说处于特定情景之下的人而言，难以精准地预测其行为性质与类型。所以，以"不致再危害社会"或者"不再具有社会危害性"作为假释设置的条件存在操作上的困难。

（二）"不致再危害社会"的误判责任难以明确

有学者认为，如果简单地把假释犯重新违法犯罪的责任归诸监狱的假释建议或者法院裁定，显然是不客观的。因此，应明晰假释司法风险责任，实事求是地分析对待假释犯重新违法犯罪现象。只要监狱在考核和呈报假释建议书的过程中能严格依法定条件和程序办理，法院能依法裁定，即使罪犯出监后又违法犯罪，也不应归责于监狱和法院。这就产生了一个悖论,既要认可相关判断的科学性,又要考虑相反结果产生的正当性;既要求相关决定产生效力,又不要求做出决定的相关司法人员承担责任。这使得相关人员有机会推卸责任,造成司法腐败的可能。

评价结果形成后,其法律效力的界定也是问题。如果赋予其司法上的评判效力,则当实践证明这种评判是有误的,即被假释的服刑人员释放后有犯罪的情形出现时,对服刑人员的处理依照刑法规定,撤销假释、重新收监。问题在于,做出再犯预测有误后,对相关评估机构或者个人如何处理?如果不给予相关评价机构以处罚,就会纵容相关机构的违法行为,最终一个防控犯罪的举措却成为违法腐败犯罪的平台;或者取中间的状态,在一次评估失误后不给予处罚、几次评估失误再给予处罚,但这就可能造成效率违法现象。刑法执行中所面对的服刑人员都是违法犯罪分子,他们因为形形色色的犯罪行为而入罪,最终接受法律的处罚,这些人中有严重的贪污腐败分子,有集团犯罪的参与人,还有恶性事件的制造者,他们可能拥有大量的财产或者有不为人知的背景,极有可能利用自己掌握的资源引诱、威胁甚至恐吓相关评估人员,评估本身也就是一项工作,在没有政治化色彩的参与下就是一种谋生的手段,当相关评估人员受到引诱和威胁时,他们的抵御能力是有限的。而严肃、公正的刑罚执行制度不能建立在少数人意志和品质的基础上,要防止被假释的服刑人员的社会危害性被人为地缩小化或者扩大化,类似于我们目前严格限制正常人被精神病化的现象发生。

(三) 过于严格的规定使假释和减刑适用不均衡

根据刑法规定,服刑人员在服刑期间"确有悔改表现"(或有立功表现)可以适用减刑。而适用假释不仅要求罪犯要有悔改表现,还强调"不致再危害社会"。所以,罪犯如果仅有悔改表现,也不符合假释条件。从实质条件的规定来看,假释的相关规定比减刑要严格。由此可见,假释制度在条件和结果上的设计违反了罪刑均衡原则。减刑制度的设计仅以"确有悔改表现"为基本条件,减刑之后犯人的刑期必然减少,没有后续的监督措施。而假释制度的适用是在"确有悔改表现"的基础上,附加"不致再危害社会"的规定,且符合假释条件的服刑人员必须继续服刑,因为假释仅仅是假释放而已,被假释的服刑人员仍然要受到监管,其人身自由会受到限制。根据刑法规定,被假释的犯罪分子在假释考验期限内,有违反法律、行政法规或者国务院有关部门关于假释的监督管理规定的行为,即使没有构成新罪,也要按照法定程序撤销假释,收监执行未执行完毕的刑罚。有了"紧箍咒",假释人员必须严格要求自己,而不像减刑释放人员可以像正常人一样生活。由此看来,相对于减刑和假释人员的刑罚处遇,假释的条件规定更加严格。

(四) 假设预测结果科学而相关执行行为与执行理念相悖

对于假释的服刑人员而言,被假释并不等于其所受刑罚的终结,假释只是一种虚假的释放,形散而神不散,相关服刑人员被释放后仍然要受到执行机关的监控,仍然在接受改造、在服刑,只是服刑的方式有了变化而已。按照教育刑思想,刑罚之适用以预防犯罪为要,其中有两个基本的任务:一是要实现犯罪的控制;二是要促进罪犯回归社会。对于一个已经被确认为"不致再危害社会"的人而言,因为他已经没有再犯的危险性了,则没有必要再对其继续执行刑罚。但是"不致再危害社会"只是我国相关服刑人员获得假释的条件,相关服刑人员被批准假释后,按照假释制度规定仍然要对其执行刑罚。这与现代教育刑观点和行刑个别化的观念不符。当然,这是从一个谬论归结到了另一个谬论。

**(五)"不致再危害社会"与假释规定本身存在矛盾**

在我国现行的假释制度下,对于将要被假释者而言,还应让其在受到相关机关管束和监视之下回归正常的社会生活,以培养服刑人员在无须监视的情况下在自由社会里的生活能力,以此来判断在没有执行机关管束情况下服刑人员能够控制自己的行为而不再犯罪的能力。这说明相关部门在决定让部分服刑人员适用假释刑罚时,并不能确定其再次犯罪的可能性已经消失,其再犯罪的可能性还要在假释的执行过程中予以了解和确定。所以,假释制度本身并不要求被假释者达到"不致再危害社会"的条件。强行要求将"不致再危害社会"作为假释的成立条件是对假释制度的一种误读,也不符合假释制度设立的自身逻辑。

**(六)严格的条件规定使我国假释率持续走低**

假释体现了行刑社会化的理念,是将执行监禁刑的罪犯从矫正机构中依法、有条件地释放的重要途径。假释鼓励罪犯改过自新、补救量刑偏差,有利于实现罪犯回归社会的追求,并在一些国家的司法实践中取得了良好的行刑效果。据统计,美国年均65%以上的假释犯未违反假释规定,再犯新罪者不到13%;加拿大90%的假释犯在假释考验期内没有重新犯罪,99%的假释犯未犯暴力型犯罪。正是因为假释良好的行刑效果,使得假释在世界范围内得以广泛运用。根据戈麦·纽曼在犯罪与刑事司法全球报告中的统计,1994年美国的假释率最高,为157.88%,芬兰为106.87%,瑞典、加拿大、俄罗斯、韩国等分别为62.29%、46.43%、21.67%、13.35%。在美国,1995年假释罪犯占到当年监禁罪犯总人数的1/2,而且从1980年到2000年美国的假释罪犯人数一直处于上升势头,到2000年达到了725537人(1995年为700174人)。加拿大1992年至1993年联邦矫正机构罪犯的假释率为36.2%。1995年至2001年我国监狱假释罪犯占在押罪犯总数的比例分别是2.3%、2.68%、2.93%、2.07%、2.13%、2.25%、1.43%。随着司法活动的深入开展,在有的省份假释比例更低,如广东省2010年假释比例为1.44%,2011年为1.71%,2012年为1.13%。① 而最新的数据显示,我国服刑罪犯的假释率为2%。监狱部门的实务专家认为,减刑与假释适用相比差异性大,缺乏配套的操作规范。

"不致再危害社会"作为假释的实质性要件影响到司法裁决,审判人员很难把握和预测"确定有悔改表现"、"不致再危害社会",于是对假释的适用采取抑制的态度。执行机关担心假释后犯罪人的复归表现,害怕被假释的罪犯重新犯罪或者实施其他违法行为,所以选择少用或不用假释。更有甚者,司法者愿意选择减刑代替假释,以达到少犯、不犯错误,避免承担把关审核不严的责任,消极回避责任。而

---

① 广东省监狱管理局课题组:《依法扩大假释适用工作机制之理论探讨》,http://www.gdjyj.gd.gov.cn/?c=magazine&act=view&id=41,最后访问时间:2017年9月10日。

# 第一编　新中国成立 70 年来刑事法治和刑法理论的变迁与反思

负责假释监督的检察机关害怕监督任务落实不了，也反对多适用假释，有些部门甚至将暂停假释作为防止腐败的途径。"宁可多关一天，绝不轻易假释"也成为相关机构和人员对于假释的一贯态度，而我国较低的假释率就是这种思想在实践中的体现。

针对我国假释率偏低的现象，部分地区的司法机关也在努力细化相关的操作条件和流程试图达到提高假释率的效果，如北京、陕西等地的执行机关一直在进行提高假释率的尝试。为了使假释后不再犯罪的标准明确化，上海市监狱局专门研制出罪犯心理素质量表和再犯预测量表，要求监管场所对所有提请假释的罪犯均进行再犯预测，并将测试结果作为是否对其适用假释的参考依据。但从法律地位上看，再犯预测属性不明确，法院对此往往不予采信，承担刑罚执行监督的检察机关也无所适从。所以，目前我国假释率偏低的现象并不是相关执行机关、裁决机关、检察机关不作为，我国假释率偏低的根源在于假释成立的实质性条件规定。

## 二、假释条件之立法修正

近代刑事人类学派的开山鼻祖龙勃罗梭在其著作《犯罪人论》中写道："获得自由是一种梦想，囚犯总是为此而思虑。如果他们看到有一条比逃跑更保险和更可及的阳关大道，他们会立即奔向那里；他们做好事仅仅是为了获得自由，但他们毕竟是在做好事。不断重复的运动会变成第二种本性，它可能使人养成习惯。"因此，需要反思假释的条件规定而不能因噎废食。执行制度的设计只要是有助于提升改造效果的，有助于执行的人道化、个别化，都是应当肯定的。《刑法修正案（八）》、《刑法修正案（九）》对假释制度进行了大幅度修正，对假释的条件进行重新界定。根据该修正案的规定，被判处有期徒刑的犯罪分子，执行原判刑期 1/2 以上，被判处无期徒刑的犯罪分子，实际执行 13 年以上，如果认真遵守监规，接受教育改造，确有悔改表现，没有再犯罪的危险的，可以假释。如有特殊情况，经最高人民法院核准，可以不受上述执行刑期的限制。对犯罪分子决定假释时，应当考虑其假释后对所居住社区的影响。同时修正案对刑法中已经确定的禁止性规定予以保留并增加了对严重的贪污贿赂犯罪禁止假释的规定。修正案对假释的修正主要包括以下几个方面：

### （一）对服刑期条件进行大幅调整

这种修改对犯罪分子的处理更加严密，体现了宽严相济的刑事政策精神。修正之后的实际服刑期条件有所提高，由 10 年提高到 13 年，通过刑罚执行贯彻罪责刑相适应的原则。贝卡利亚指出，"刑罚不仅应该从强度上与犯罪相对称，也应从实施刑罚的方式上与犯罪相对称"。假释立足于特殊预防主义，增进罪犯的悔改与复归。根据特别预防主义，只要犯罪人的内心性格已改恶从善，则刑罚的目的已经达到，即可不必再执行刑罚。因此，对于假释的实施，不仅要遵守基本的前提条件，即遵守纪律、接受改造，而且要对社会危害性严重的犯罪分子赋予更长的服刑限度，使其接受更多的法律、道德以及文化技术等方面的教育，促进其善良品格的形成。在我国周代的《康诰》中有"明德慎罚"与"刑兹无赦"之表述，也就是说要德主刑辅，重视教化，而对于"元恶大罪"要从严处理。因此，修正案对无期徒刑实际应服刑期的提高具有合理性，这种区别对待、注重特殊预防的思想在数罪并罚的规定中也得到体现，我国数罪并罚的最高刑期的上限提高到25年。

### （二）修正案对假释禁止性规定的范围进一步扩大

《刑法修正案（八）》规定，对累犯以及因故意杀人、强奸、抢劫、绑架、放火、爆炸、投放危险物质或者有组织的暴力性犯罪被判处十年以上有期徒刑、无期徒刑的犯罪分子，不得假释。《刑法修正案（九）》规定，对贪污贿赂犯罪数额特别巨大或有特别严重情节的，在判处死缓满2年之后减为无期徒刑之后不得减刑、假释。修正前的刑法规定，对累犯以及因杀人、爆炸、抢劫、强奸、绑架等暴力性犯罪被判处10年以上有期徒刑、无期徒刑的犯罪分子，不得假释。通过前后立法比较可以看出，刑法修正案将实施放火、投放危险物质、有组织的暴力性犯罪被判处10年以上有期徒刑、无期徒刑的犯罪分子以及严重的贪污贿赂犯罪纳入禁止假释的范围，明确对此类犯罪的严厉的否定评价和从严管教的决心。由于多次犯罪、严重危害公共安全犯罪、有组织的暴力犯罪以及贪污贿赂犯罪行为已经突破了社会可容忍的界限，也是我国立法与司法要极力防控的犯罪行为，规定此类犯罪分子不适用假释体现了"当严则严"的价值取向。而相关禁止性条款明确规定了不可以适用假释的犯罪类型，涵盖范围更大，适用更严格。

### （三）充分考虑罪犯被假释后对社区的影响

《刑法修正案（八）》要求相关机关对犯罪分子决定适用假释时，应当考虑其假释后对所居住社区的影响以及人民群众对罪犯提前释放的看法。这一全新的规定是在考虑到社区群众正常生活秩序不受破坏的情况下做出的，被假释者毕竟与其他社区新增成员存在一定差别，如果其不能稳妥地融入社区，则可能会导致重新违法犯罪进而破坏社区的和谐与安宁。法律是一个变量，它可以增减……法律的量可以用多种方式测定……法律样式也是个变量。根据社会生活中比较普遍存在的社会控制的样式，可以观察到几种法律样式。这些社会控制的样式有刑罚……对不轨行为的界定方式，并有各自的对策，每种样式也都有各自的语言和逻辑。因此，假释的做出需要考虑社区影响，而这种决定就依赖于刑罚执行机关和审判机关对于罪犯主客观情况的综合判断与预测，视具体情况做出假释与否的决定。

### （四）对假释的实质条件进行修正

根据《刑法修正案（八）》，假释的实质性条件是"确有悔改表现，没有再犯罪的危险"，修正了1997年刑法中"假释后不致再危害社会的"的规定。假释实质条件是容易产生争议和实践中操作无序的焦点问题，正因为可操作性差需要立法修正完善。假释的结果是要将正在服刑人员从原来的监禁状态改为非监禁状态，犯罪分子所受的处遇应当与其行为的社会危害性及人身危险性相协调。刑期未完者的人身危险性尚未彻底消除，让一个具有人身危险性的犯罪分子重返社会难免会给社会带来隐患，故立法上要求罪犯"没有再犯罪的危险"。既然服刑人员人身危险性的降低是在服刑的过程中实现的，那么一个刑期尚未届满的服刑人员的人身危险性怎么会消失呢？根据行刑个别化的要求，基于个体的差异，因而刑罚效果各不相同。

# 第一编 新中国成立70年来刑事法治和刑法理论的变迁与反思

因此,出现部分服刑人员在刑期届满前就丧失人身危险性的现象,对于这部分服刑人员基于刑罚目的的实现考虑,给他们一种较轻的刑罚处遇,同时让他们在接触社会的同时增强自己在完全回归社会时的适应和生存能力。

行刑社会化是刑事法治文明和刑罚结构改革的必然趋向,《刑法修正案(八)》对假释的修正具有积极的助推意义,且宽严相济的精神得到更好的贯彻。霍姆斯大法官说:"法律的生命不在于逻辑,而在于经验。"虽然《刑法修正案(八)》确定了"没有再犯罪的危险"的标准,如何判断"没有再犯罪的危险",如何使罪犯在考验期内的执行状况与司法机关做出的判断相一致仍存在现实的困难,这值得我们进一步思考。

## 三、域外假释实质条件之考察

合理的决策需要知识,并要在各种可选方案中做出有意识的选择。为了做出合理的选择,必须了解各种可选的方案。针对我国假释适用率低的情况,我们应反思我国假释实质条件设置,并参考其他国家相关规定,对我国的假释制度进行适度调整。《刑法修正案(八)》对假释实质条件的修正就是在借鉴他国经验和反思我国立法与司法实践的基础上做出的调整,其目的就是要使其更具可操作性以提高假释的适用率,通过对假释进行合理适用以发挥其应有的价值,并遏制操作中可能发生的腐败现象。但是,立法是抽象的、概括的,如何使抽象的法律术语落实到实践之中仍然是我们需要考量的问题。由于每个国家对假释制度有不同的具体规定,对影响假释制度发挥作用的诸因素的看法不同,在假释的实质性条件的规定上着眼点也就不同。对此笔者进行简要分析。

### (一)关注服刑人员服刑期间的表现

由于假释制度的功能之一是激发服刑人员改造的积极性,而服刑人员改造的积极性在刑罚生效后就只能根据其在服刑期间的表现来判断。所以,服刑期间的表现被高度重视。《瑞士联邦刑法典》规定:"其在执行期间行状良好,并可认其于获释后亦能保持此良好之行为。"日本刑法第28条规定服刑人须"有悔悟之状"才能假释,但这一标准不好把握,1974年日本颁布了《有关假释与保护观察规则》,其第32条对假释适用的服刑表现条件予以细化,包括悔悟之情、更生之意欲、无再犯之虞等。现行《意大利刑法典》第176条第1款规定,假释可适用于"服刑至少30个月并已服所判刑罚的一半,所剩刑期不超过5年",而且在刑罚执行期间"确有悔改表现"的服刑人。韩国刑法第74条规定,假释须以服刑人"悔改情况显著"为条件。根据《美国模范刑法典》的规定,被判处1年以上不定期监禁刑的罪犯,如果行为良好和重视履行义务,则可以减少所服监禁刑期,并确定具有假释资格的日期。我国刑法也将"认真遵守监规,接受教育改造"作为假释的条件之一,它是假释的前提。诚如笔者在前文所述,如果服刑人员在监禁的状态下尚不能遵守纪律、接受改造,就无法想象其在恢复自由后的自律程度,而一个不遵守监规、不服从改造的人的悔过程度和再犯的危险性都是值得关注的。

### (二)关注个人的生活能力和适应社会的能力

巴西和奥地利都将服刑人员可以寻得正当的职业作为假释的前提条件。服刑人员的谋生能力对于其正常融入社会极为重要，因为一个没有合法收入、无法自力更生的人很有可能在生活的窘境下再次犯罪。此外，法国刑事诉讼法第729条规定，对犯罪人的假释除了满足刑期方面的条件之外，必须具有"重返社会的严格保障"。这不是指服刑人的良好服刑表现，而是指被判刑人获得了社会再安置的前景，包括取得工作证和居留证、取得由刑罚执行法官或容留机构签发的负担证明，以及承担返回部队的义务等。这一点与我国刑法规定的假释条件是明显不同的。如果被假释者不具备自力更生的能力，就很有可能走上再次犯罪的道路。李斯特指出，"最好的社会政策就是最好的刑事政策"，所以各国都在致力于提高低收入者的待遇，这也是减少犯罪现象、保持社会稳定的重要途径。但是，将其作为假释的本质条件忽视了假释的目的。假释是一种以非监禁的方式执行刑罚，这种非监禁的方式使得被假释人员可以接触社会，并在假释机关的帮助下重新适应社会，同时在一定程度上培养和提高其谋生的技能，增强其社会适应力。罪犯被假释的过程是一个提高能力的过程，而将一个后期要努力完成的目标作为前期成立的条件将造成不同社会地位者的不同对待，违背刑法平等原则。

### （三）关注被害人损失的修复

服刑人员的犯罪行为给社会和被害人造成了损害，因而应当受到刑罚处罚。所以，当决定对服刑人员以一种人性化、更轻微的方式来执行刑罚时，必须考虑到被害人损失的补偿与修复。意大利和巴西的刑法都规定被假释者必须履行因犯罪行为而产生的民事义务。义务的承担体现了服刑人员对自己行为负责任的态度，在使得受害人的相关损失在一定程度上得到修复的同时，可以在一定程度上体现服刑人员的悔过态度。在我国刑事附带民事判决执行率较低的情况下，要求服刑人员积极履行赔偿义务并将其作为可以假释的条件有利于督促服刑人员履行民事义务，弥补受害损失，减少犯罪伤害，修复社会关系。在这方面我国相关司法机关在减刑问题上采取了一些积极的措施，[①] 虽然其被称为"花钱买刑"而遭受公众质疑，但是其良好的社会效果已经得到证实。当然，将民事赔偿作为假释条件可能导致犯罪人不同的经济实力而受刑处遇不同。实践中可以根据犯罪人的实际财产状况具体把握，对能履行民事赔偿而拒不赔偿的则不适用假释。当然，如果加害人以积极的方式弥补受害人的损失，则可以将其作为悔过情节，而加大服刑人员可能被假释和减刑的概率。

### （四）关注社会的承受能力

德国刑法典中没有明确规定假释制度，但其刑法典第57条规定了"有期自由刑余刑的缓刑"，它类似于我国刑法中规定的假释制度。有期自由刑余刑的缓刑的适用须是所判刑罚已执行2/3，但至少已执行2个月并且这样做有利于公共安全利益且经过本人同意。澳门地区刑法对于会影响法律秩序和社会安宁的犯罪分子规定

---

① 山东蓬莱法院和莱阳监狱联合建立"赔偿减刑"制度规定："服刑人员在监管改造期间，如果能积极赔偿被害方的损失，可以获得减刑。"该规定自2009年3月颁布，仅1个月时间就使得2起被拖了3年的刑事案件的被害方获得赔偿，而相关案件服刑人员也将因积极赔偿而获得减刑，使相关受损的社会关系在一定程度上得到修复。

# 第一编 新中国成立 70 年来刑事法治和刑法理论的变迁与反思

不得假释,法院在决定假释时,需要考虑假释可能引起的社会效果并且照顾到居民的心理反应。对此,我国《刑法修正案(八)》也规定:"对犯罪分子决定假释时,应当考虑其假释后对所居住社区的影响。"犯罪行为特别是严重危害公共安全的犯罪行为、有组织的暴力犯罪行为、严重的危害人身安全等方面的犯罪行为因其危害性大、打击面广或是手段残忍,超出了公众的容忍限度,在很大程度上无法被公众谅解。所以,在设计假释条件时,社会承受能力是必须考虑的因素。

通过前文关于国外假释条件的立法分析可以看出,各国对假释条件的规定并不一致。有的国家关注罪犯的悔过,有的国家重视罪犯社会适应能力,而有的国家注重罪犯回归之后对社区的影响或者说社会的承受能力等。我国刑法修正案对假释实质条件进行了修正,将"不致再危害社会"改为"没有再犯罪的危险",如此修改对司法实践会产生怎样的影响需要全面的认识。

## 四、假释实质条件之完善与评估保障机制

### (一)"没有再犯罪的危险"之双面评价

"没有再犯罪的危险"是一种特殊的司法判断,是对"不致再危害社会"标准的调整。如前所述,假释是要将一个尚在服刑期间的服刑人员放归社会,相关服刑人员必须满足一定的条件。被假释人员享受了较轻刑罚处罚的待遇,则其必然要与其他的服刑人员有不同之处,这个不同显然就是被假释的服刑人员的人身危险性已然降低,降低到无须再采用监禁的方式对其进行管教的程度。对于已经服刑完毕的犯罪分子而言,其人身自由是不可侵犯的,被假释者可以享有人身自由不是因为其先前的行为不具有社会危害性,而是其本身所具有的自控能力使其人身危险性较缺乏自控能力的犯罪者更小。因此,被假释者与社会上没有违法犯罪的人相比是有所不同的。在社会上处于自由状态者是不用受到假释机关监管的,而被假释者在假释期间是要受到执行人员和社区监管的。虽然被假释者已经改过甚至达到行为良好的状态,但是立法的标准还需要通过司法裁定来贯彻,需要进一步检验被假释者的人身危险性。假释条件的符合性需要相关机构来判断,但这种判断难免会有一定的误差,故需要一定的机构进行监管,防止因误差而给社区造成恶劣影响、破坏社会治安稳定。被假释者本身还在服刑的过程中,而服刑是对其先前犯罪行为的惩罚,被批准假释者享受到人性化的刑罚处遇,这是刑罚个别化的价值体现。所以,以"没有再犯罪的危险"作为评判标准并不是过高的要求。而根据《刑法修正案(八)》关于假释撤销的规定——被假释的犯罪分子,在假释考验期限内,有违反法律、行政法规或者国务院有关部门关于假释的监督管理规定的行为,尚未构成新的犯罪的,应当依照法定程序撤销假释,收监执行未执行完毕的刑罚。因此,对被假释者提出"没有再犯罪的危险"的要求是出于被假释者人身危险性的考虑,是对罪责刑相适应原则的一种贯彻。《刑法修正案(八)》将假释的实质条件中的"不致再危害社会"修正为"没有再犯罪的危险",使得司法机关对犯罪人适用假释的判断更加关注主客观方面的统一,重视服刑犯的人身危险性。与"不致再危害社会"的实质条件规定不同,"没有再犯罪的危险"的规定将罪犯危险人格、认知、情感以及

意志等其他素质，如气质、个性等三种基本素质的倾向性特征，重视犯罪人的人身危险性，如此立法就考虑到在假释决定做出后可能出现的一些特殊情形，该规定包含对再次犯罪的危险的预测，考虑到罪犯被假释后可能出现的不确定性。

但是，完美的理论预设未必能够产生理想的结果。"没有再犯罪的危险"仍是一个概括性规定，同样存在预测的困难。因为其评价的对象为现实的人，但由于社会是不断发展的，人也是不断变化的；社会矛盾的聚集，人们压力的增大引起性格和行为方式的变化，这些都是在日常生活中持续发生、不断出现的现象。而这种受偶发性和突发性事件的影响而导致犯罪发生的现象并不罕见。近年就有"偶然性强奸"的判决出现，该判决因为引起了公愤而被取消，但该事件却告诉我们，人的未来行为是很难判断和预知的，一个各方面表现良好的人也会做出让人瞠目结舌的事情。药家鑫案之所以引起轰动，并不是持刀杀人行为的罕见，而是因为其身份，一个在人们潜意识里应该与暴力杀人事件无关的大学生身份。前国际货币基金组织（IMF）总裁卡恩，作为法国总统的热门人选，却因为"性侵犯"而官司缠身。所以，对于人的行为的预测，只能是一个概率，而不能是一个绝对的结果。因此，如果说"不致再危害社会"就是一个确切的结果，不符合对于人的行为进行预测的规律，那么"没有再犯罪的危险"同样存在判断与执行上的困难。既然我们不能保证一个正常人，一个从未服刑的违法者不再犯罪，也不能保证一个服刑人员在出狱后不再犯罪。对于司法机关而言，即使是主观的判断也需要一个相对确定的依据，而即使是一个在一定时期内没有再犯罪的危险者也难保其过了特定时期之后不再犯罪，故在司法实践中存对再犯危险判断的风险。

在刑法修正时，最高司法机关有学者也对此提出了质疑，犯罪分子如果在今后成为刑事犯罪嫌疑人，这个犯罪分子能否以法院曾认定他没有再犯罪的危险为依据抗辩公诉机关的指控呢？因此，即使刑法修正案对假释实质条件进行了修正，"没有再犯罪的危险"仍需要一系列的"观测点"，过于抽象的规定难保假释实施的科学性和监狱执行工作的实际效果。在 2011 年 12 月 13 日晚发生的比利时枪击案件中，行为人诺丁·阿姆拉尼就是一个被假释者，①虽然他已经找到工作，但是其因实施强奸案件之后的心理障碍并未消除，而这一点执行机关并没有关注到。再者，"没有再犯罪的危险"还需要在实践中落实，如加强考验期内的监管，禁止接触枪支弹药等危险物品以及其他的心理疗等方面的条件。否则，仅靠"没有再犯罪的危险"的规定就决定是否适用假释是难以保证质量的。

（二）引入以"善良公民"为中心的"再犯评估"系统

根据前文所述，笔者认为，"没有再犯罪的危险"实质条件的修正具有积极意义，但是基于其概括性规定而存在运行困境。"法律不是嘲笑的对象"，既定的立法

---

① 比利时官方宣布，发生在列日市的枪击和手榴弹袭击事件的遇难人数增加到 5 人，受伤人数确认为 123 人。凶手原是焊工，3 年前因为私种大麻和收藏武器而被捕入狱，当时警方在其家中查抄出 1 支冲锋枪、1 支带瞄准具的狙发步枪、1 具火箭发射器、数百发枪弹和一些消音器。他拒绝向警方交代武器的来源和可能的去向。http：//www.chinadaily.com.cn/micro - reading/mfeed/hotwords/20111215874.html，最后访问时间：2017 年 4 月 3 日。

# 第一编 新中国成立 70 年来刑事法治和刑法理论的变迁与反思

是司法的准绳与行动的指南,任何人也不能因为法律的漏洞或者法律的抽象性与概括性而曲解法律、扭曲法律的精神,抽象的、晦涩的逻辑推演对法律的正当性的价值判断也往往有空中楼阁之嫌。美国著名法学家博登海默认为,"法律是一个带有许多大厅、房间、凹角、拐角的大厦,在同一时间里想用一盏探照灯照亮每一见房间、凹角和拐角是极为困难的,尤其是技术知识和经验受到局限的情况下,照明系统不适当或至少不完备时,情形就更是如此了"。因此,立法的抽象性与概括性等问题是客观存在的,它需要刑法解释及能动的司法来实现既定的使命。

笔者认为,针对《刑法修正案(八)》中假释条件设定的条件,要使其能够在司法实践中有效地适用需要引入"再犯评估"系统,目前的"再犯"评估系统并没有一个确切的标准。因此,"没有再犯罪的危险"仍然需要在实践中不断充实、完善。在这一点上,《美国模范刑法典》值得我们借鉴。根据《美国模范刑法典》第 305.9 条规定,对于假释需要严格的条件限制,基本条件包括:无不遵守假释要求的重大风险或者藐视法律,受持续矫正处遇、医疗护理等措施可以提高遵守法律的能力。而在是否准予假释时,要求假释委员会考虑罪犯的个性,如责任感、成熟度、守法性等,承担义务的能力,家庭状况,职业状况,酗酒、吸毒方面的记录,精神或者身体状况方面的缺陷,犯罪记录等。就当下的我国而言,为了落实"没有再犯罪的危险"要求,在判断中可以"善良公民"的标准为核心构建"再犯评估"系统,即认为被假释者在假释考验期内能够尽一个善良公民的义务。按照法学理论,所谓"善良公民"(良好公民)是指遵守公序良俗,并应该在社会生活中尽谨慎的注意义务。公序良俗是指公共秩序和善良风俗,公共秩序包括各种法律和法规,而善良风俗是指人们应当遵循的基本道德规范,是对法律没有明确规定而行为人理应遵守规范的补充。谨慎的注意义务,是指按照行为人现有的知识条件、身体条件在处理事务中所能够达到的注意,对于超出其自身条件的部分行为人无须负责。故根据服刑人员对于相关指标的符合性来判断其是否可以达到假释的条件。当然,借鉴其他国家的立法,我们在预测时也必须考虑到罪犯的生活能力、社会适应性、责任感以及社会承受能力(对社区的影响)等因素,细化假释条件的规定和执行的标准。

以"善良公民"为中心的"再犯评估"系统具有一定的可行性。① "善良公民"意味着对被假释者未来行为的预测,看其未来的行为是否符合遵纪守法,并尽到谨慎注意义务的要求。当然,司法实践中可能会存在故意隐藏自己真实想法并且在服刑期间表现得规规矩矩以争取假释,但被假释后又重新犯罪的情形。这也是执行机关的工作人员最为担心和不愿看到的。关于这个问题,笔者认为可以从三个方面来

---

① 参见最高人民法院院长周强:《深入学习贯彻党的十九大精神 全面推进减刑假释工作规范化信息化建设》。要持续推进减刑假释信息化办案平台建设,不断完善平台功能。抓紧推进办案平台与四大公开平台及"全国法院减刑、假释、暂予监外执行信息网"的联通,对需要公开的信息做到自动提取、一键推送。司法部将积极配合检法机关推进减刑假释信息化办案平台建设,确保形成合力,取得效果。这将从制度和技术上对假释的适用起到积极的推动作用,http://www.court.gov.cn/fabu-xiangqing-70142.html,最后访问时间:2019 年 1 月 3 日。

看待：首先，从服刑人员的主观心理状态来看，一个有意隐藏自己想法和掩饰自己行为的服刑人员，其本身对自己行为是拥有自控力的，一个拥有自控力的人可以防止一些因失控而发生的犯罪行为；而其行为又反映出其对自由的渴望，说明自由刑对该服刑人员是有威慑力的，则其可能因为惧怕自由刑的再次施加而规范自己的行为。从恢复自由目的的单纯性看，如果服刑人员是为了解决未了的恩怨而意图出狱，这也是非教育改造能够达到的。在目前的教育刑刑罚理念中，主张刑罚的执行不仅仅是一种惩罚的过程，还是一个教育的过程。在教育过程中主张将被害人以及受影响的社区工作人员引入，并参与对服刑人员的教育。根据《刑法修正案（八）》的规定，服刑人员如果要获得假释就必须考虑其假释后"对所居住社区的影响"。而且目前我们已经采用高科技手段参与刑罚执行，可以对服刑人员在假释前做心理测试，对于心理异常者要及时进行咨询和治疗。其次，从假释的禁止性规定来看，严重危害社会的暴力犯罪和贪污贿赂犯罪已经被排除在假释可允许的范围之外，以防止被假释人员对社会和谐稳定的破坏以及对公平正义的践踏。再次，从假释考察期的制度完善来看。假释本身是一种刑罚的执行制度，并不是简单的将犯罪分子提前释放。减刑制度直接将服刑人员的刑期缩短，而被假释的服刑人员并没有因为被假释而减少刑期，只是服刑方式有所变化而已。从假释制度的设计看，服刑人员在假释期间的人身自由是受到严格限制的，各国都设定了在假释期间相关服刑人员不同于正常人的行为规范。我国法律也设置了服刑人员在假释考验期的行为规范，只是由于对非监禁刑的重要性认识不足，对于相关刑罚执行的投入不够，而在具体的实施中产生偏差，相关制度落实不到位。值得肯定的是，《刑法修正案（八）》正式确立了社区矫正在假释考验期中的法律地位，将其纳入我国的行刑体系。因此，只要我们积极采取有效措施将相关制度贯彻和落实，加大对假释考察期间的监管力度，就可以在一定范围内控制假释人员再次犯罪的危险。

**（三）假释实质条件贯彻之保障机制**

1. 预测机构和流程的设置。首先，要成立专门的机构负责对服刑人员是否符合"善良公民"的标准进行预测。考虑到工作上的便利和我国的现实条件，可以把相关预测机关设置在执行机关内部，以方便假释工作的开展。但是，为了防止腐败现象的出现，要加大检察机关对预测工作的监督。其次，为了防止评估中的腐败和被操纵，要求评估机构工作人员非固定化。评估机构人员不具有专门的评估资格，主要从事材料收集和整理工作，并且要定期轮换。再次，为了保证评估的科学性，要求设置评估专家库。专家库按专业分组，由各学科、工作在高校和科研机构的专业人员组成，各专业根据专家水平选聘小组长若干。在评估机关有评估需要时，随机抽取相关专家进行评估。最后，科学地设计预测的流程。按照"一事二评，组长审定"的原则进行。一个案件的同一事项必须要由两名或多名专家进行评估，如果评估结果一致则可以通过，如果评估结果有较大差异，则请专家小组的组长进行第三轮评估，最终采纳专家组组长的评定建议。整个评估的过程采取匿名的方式，并且实行封闭的模式，在评估期间相关的评估专家被集中起来且不得外出。

2. 预测误差责任的承担。由于预测本身也是一种权力，而预测的结果直接影响

# 第一编　新中国成立 70 年来刑事法治和刑法理论的变迁与反思

到假释的决定及服刑人员的待遇。预测误差的责任则是不得不探讨的一个问题。"上天从没有赋予一个人任何权力，若非同时让他肩负相对的责任。"[①] 以规范制约权力是经过验证的通行的法治路径，故对于服刑人员危险性格预测行为的规制也必须有一个合理的架构。

首先，关于决定有误的判断。由于假释的基础是相关服刑人员社会危害性降低，没有再犯罪的危险，如果相关的服刑人员仅仅是违反了关于假释人员的管理规定，而未实施犯罪行为，则假释评估者就没有责任。假释的目的是使服刑人员能够更好地融入社会，因此当假释考验期满，服刑人员已经成为自由人。这时刑罚已经执行完毕，则该假释人员与正常执行刑罚的人员并无区别。因为根据《刑法修正案（八）》的规定，"假释考验期满，就认为原判刑罚已经执行完毕，并公开予以宣告"。由于我国刑法并没有规定服刑届满人员重返社会再次犯罪的，要追究相关执行机关的责任，所以，在假释期满，服刑人员重新回归社会后，相关人员再次犯罪的，不追究评估者的责任。

其次，责任承担的限度。确定评估人员评估有误的责任必须明确几个方面：一是要考虑相关人员因评估行为所可能获得的收益，如果评估人员的评估工作并不能获得较大的收益，要求其承担过大的责任只能使相关评估人员望而却步。按照笔者先前的设计，评估的专业人员是随机抽取的，即他们是专家但评估并不是其专门的工作，只是一种兼职。目前，在国家财政并没有对于假释的评估加大投入的情况下，评估专家的评估费用应该是按人头收取。而评估往往涉及不同专业领域，所以要不同专业领域的专家同时测评，而每个专业因为单个服刑人员的评估费用是有限的，所以其承担的责任也是有限的。二是评估工作量的大小。由于社会情况复杂，目前我国在押犯人的数字也是庞大的，而对于这些在押犯人而言，除了《刑法修正案（八）》中假释消极条件中规定的罪名的罪犯，其他服刑人员都有可以被假释的权利。所以，要对这些人全部评估，其工作量是非常巨大的，在这种情况下工作难免出现疏漏。由于需要假释案件数量巨大，即使是很小的比例也可能产生巨大的数字。在这种情况下，不能要求相关评估人员承担过分的责任。所以，对于评估人员因为评估行为而承担责任的认定上，可参照公务人员的考评行为进行。可以采取达到一定比例降低薪酬，或者取消其评估资格。对相关腐败现象的预防还有待于预测机构和流程设置的规范。

---

[①] No man was ever endowed with a right without being at the same time saddled with a responsibility. -- Gerald W. Johnson.

# 改革开放40年来死缓制度的层级嬗变、动力、走向

赵 亮[*] 杨 涵[**]

1979年,我国第一部《刑法》开始生效。改革开放40年来,死刑缓期二年执行制度(以下简称死缓制度)发生了重大的变化,显著的特征是死缓制度因法律后果差异、严厉程度不同显示出越来越多的层级。这种嬗变的内在动力与走向值得我们关注。可以展望,在未来的立法设计与司法适用中,死缓制度将逐渐取代死刑立即执行制度,并最终随着死刑制度的废除而消失。

## 一、死缓制度的层级变化

### (一) 1979年《刑法》中的死缓制度层级

1979年,新中国首部《刑法》诞生。刑法中明确规定了死缓制度,给不是必须立即执行死刑的罪犯一线生机,具有减少死刑立即执行、降低刑罚严厉性的优点。

依据1979年《刑法》之规定,死缓按照严厉程度可以分为4级。第一级,判处死刑缓期执行的,在死刑缓期执行期间,如果确有悔改,2年期满以后,减为无期徒刑。第二级,如果确有悔改并有立功表现,2年期满以后,减为15年以上20年以下有期徒刑。第三级,具有抗拒改造情节但没有达到恶劣程度的,不裁定或者核准,不执行死刑。第四级,抗拒改造情节恶劣、查证属实的,由最高人民法院裁定或者核准,执行死刑。

### (二) 1997年《刑法》中的死缓制度层级

2015年11月1日,《刑法修正案(九)》生效,死缓的层级更加丰富。

依据法律后果不同,死缓存在8个层级。这8种情形分别是:第一种,在死刑缓期执行期间,如果故意犯罪,情节恶劣的,报请最高人民法院核准后执行死刑。第二种,在死刑缓期执行期间,对于故意犯罪未执行死刑的,死刑缓期执行的期间重新计算,并报最高人民法院备案。第三种,判处死刑缓期执行的,在死刑缓期执行期间,如果过失犯罪,定罪量刑,合并执行死刑缓期执行,2年期满以后,减为无期徒刑。第四种,贪污犯、受贿犯数额特别巨大,并使国家和人民利益遭受特别重大损失的,被判处死刑缓期执行的,人民法院根据犯罪情节等情况可以同时决定在其死刑缓期执行2年期满依法减为无期徒刑后,终身监禁,不得减刑、假释。第

---

[*] 中央司法警官学院副教授。
[**] 中央司法警官学院讲师。

# 第一编 新中国成立70年来刑事法治和刑法理论的变迁与反思

五种，限制减刑的死刑缓期执行的犯罪分子，缓期执行期满后依法减为无期徒刑的，不能少于25年。第六种，限制减刑的死刑缓期执行的犯罪分子，缓期执行期满后依法减为25年有期徒刑的，不能少于20年。第七种，判处死刑缓期执行的，在死刑缓期执行期间，如果没有故意犯罪也没有过失犯罪的，2年期满以后，减为无期徒刑。第八种，在死刑缓期执行期间，如果确有重大立功表现，2年期满以后，减为25年有期徒刑。

## 二、死缓制度嬗变的动力

改革开放40年来，死缓制度发生了巨大的变化，层级丰富，结局多样。笔者认为，发生如此变化的动力主要是保障人权的要求、宽严相济刑事政策的推动和减少死刑立即执行的需要。

### （一）保障人权的要求

死刑事关人权。"人权是人之作为人所当享的权利"，"这一时期人们所要争取的人权，主要是人身人格的权利以及政治权利和自由"，"设定这些权利的目的，主要在于保护人和公民的生命、自由和财产等免遭国家专横行为的侵犯"。[①] 进入20世纪以后，人权成为一个被广泛传播的概念，其内涵也更加丰富。尽管乱花渐欲迷人眼，但是现代社会人权依然有一个最低限度的内容，"一个人的最基本人权——所有其他的人权都由此而来，是他以特定的方式得到那些掌权者对待的权利，这种方式与那些掌权者是否认为他的生命具有内在重要性，以及是否认为他有实现自我生命价值的个人责任密切相关"。[②] 各个国家纷纷被这个概念深入影响，成为其合理对待国民的一个重要标准。

2004年，"国家尊重和保障人权"已被写入我国的根本大法，成为社会主义法治建设中的重要组成部分，成为人类命运共同体中的一个不可或缺的组成部分。构建人类命运共同体，应该找到平衡点，达成政治、法律等方面的共识，和谐共存。保护人权是构建人类命运共同体的一个共识，"《联合国宪章》序言中说，为保护人类和尊重人权，需要'力行容恕，彼此以善邻之道，和睦相处'，这是人类和平的种子，是重构新秩序理当遵循的原则"。[③]

死刑问题通常和人权问题紧密联系在一起，成为衡量一个国家人权状况的指标之一。我国逐渐融入世界并在国际事务中发挥越来越重要的作用，包括人权领域，"中国对于人类、世界的认识越来越清晰，对于自己在国际人权事业中的权利和责任的认识也更加深刻，人权也成为中国与世界沟通交流的重要媒介"。[④] 逐渐成为人类命运共同体中重要构建成员的中国，有能力在人权问题上做出自己的贡献，有

---

① 夏勇：《法理讲义——关于法律问题的道理与学问》，北京大学出版社2010年版，第307-308页。
② ［美］罗纳德·德沃金：《民主是可能的吗？新型政治辩论的诸原则》，鲁楠、王淇译，北京大学出版社2014年版，第30页。
③ 国纪平：《为世界许诺一个更好的未来——论迈向人类命运共同体》，载《人民日报》2015年5月18日第1版。
④ 卢建平：《中国死刑制度改革的人权维度》，载《北京师范大学学报》（社会科学版）2015年第3期。

能力在死刑问题上做出具有中国人智慧的法律改革。我国始终将死刑的改革完善作为国家人权行动计划的重要组成部分。《国家人权行动计划（2012-2015年）》中提出，"进一步严格死刑审判和复核程序。完善死刑案件审理的程序，实行死刑二审案件全部开庭审理。死刑复核程序中应当讯问被告人，辩护律师提出要求的，应当听取辩护律师的意见。强化最高人民检察院对死刑复核案件的法律监督。最高人民法院通过发布指导性案例进一步明确死刑适用标准"。《国家人权行动计划（2016—2020年）》中再次强调，"严格把握死刑适用条件。强化死刑复核程序，进一步规范死刑复核监督程序"。

我国有关死刑的立法、司法受到有关国家及组织的密切关注。据《参考消息》报道，"根据美国对话基金会公布的数据，中国执行死刑的人数在过去10年大幅下降"。① 我国死刑立即执行的人数下降，是对世界人权发展所做的巨大贡献。

### （二）宽严相济刑事政策的要求

刑事政策的概念确系舶来品。我国普遍接受的广义上的刑事政策——刑事政策即国家和社会整体为了治理或解决犯罪这一公共问题而制定的战略、艺术②，是较为晚近的概念。我国刑事政策经历了从"严打"刑事政策向宽严相济刑事政策的转变。刑事政策对死缓制度的变更有重要的影响。

始于1983年的"严打"刑事政策在当年特定的政治、经济、文化、社会治安状况下确实发挥了一定的积极作用。但是在"严打"过程中，将惩办与宽大相结合的政策被置于一旁，"从重"、"从快"、"打击"成了严打中的关键词。一味追求严厉打击，成了治理重刑犯或者普通犯罪的灵丹妙药。"'从重从快'脱离了'依法'的限制，'从重'变成多杀重判，不顾规格和标准；'从快'变成了越快越好，以至于出现公检法三机关联合办案，上级法院提前介入办案等违反诉讼程序的现象。"③"严打"使惩办与宽大相结合政策中的惩办被无限放大，忽视了宽大处理的重要性，失去了宽大的柔性对"严打"这种刚猛政策的调济。

刑事政策与刑法能够发挥的最大或曰最优效果，就是将犯罪控制在社会运行的正常轨道之中。在犯罪控制或者治理领域内，最需要防止的是道德洁癖。"法令滋彰，盗贼多有。"④ 从立法意义上来看，犯罪是由刑罚制造出来的，刑罚惩罚什么样的行为，什么样的行为就会成为犯罪行为。

宽严相济的刑事政策深刻地反映了我国社会治理尤其是犯罪治理宏观方略的变化。2004年12月22日，罗干同志在中央政法工作会议上指出："正确运用宽严相济的刑事政策，对严重危害社会治安的犯罪活动严厉打击，绝不手软，同时要坚持惩办与宽大相结合，才能取得更好的法律和社会效果。"宽严相济的刑事政策思想开始得到提倡并在死刑立法、司法领域开始产生影响。2010年2月，最高人民法院

---

① 宋宇：《外媒：中国拟取消9项死刑罪 死刑人数大幅下降》，载参考消息网，http://china.cankaoxiaoxi.com/2014/1028/543748.shtml，最后访问时间：2017年09月01日。
② 卢建平：《刑事政策与刑法》，中国人民公安大学出版社2004年版，第3-6页。
③ 储槐植、赵合理：《国际视野下的宽严相济刑事政策》，载《法学论坛》2007年第3期。
④ 陈鼓应：《老子注译及评介》，中华书局2009年版，第275页。

印发《关于贯彻宽严相济刑事政策的若干意见》,在第29条中对"保留死刑,严格控制和慎重适用死刑"的刑事政策提出了原则性指导意见。伴随着死刑被大量废除,死刑立即执行被克制适用,死缓制度将发挥重大的替代作用。

### (三) 逐步减少死刑立即执行的要求

2013年11月,党的十八届三中全会提出"逐步减少适用死刑罪名"。丰富的死缓结局为法官减少适用死刑立即执行开拓了制度空间。刑法应该让法官选择可以适用的死刑种类之时,能够有更多的选择可能。意大利刑法思想家贝卡里亚认为,"对于无穷无尽、暗淡模糊的人类行为组合可以应用几何学的话,那么也很需要有一个相应的、由最强到最弱的刑罚阶梯"。① 笔者认为,减少适用死刑立即执行,可以设置更多层级的死缓制度,达到死刑制度的精密化。

在死刑种类设置方面,我国古人的制度设计思想给了现代立法者很多有益的启发。以秦的死刑制度设计为例,日本学者依据秦简等研究认为,"秦律中的死刑按名称可以分为两大类:一类是以行刑方法命名的腰斩、弃市和斩首等,另一类是根据尸体处理办法命名的枭首和磔等"。② 对此做了更加细致研究的沈家本认为,秦的死刑有"夷三族"、"斩"、"戮尸"、"枭首"、"车裂"、"弃市"、"具五刑"、"腰斩"、"凿颠抽肋镬亨"、"体解"、"磔"、"蒺藜"。③ 据高绍先教授考证,秦时的死刑有十余种,即车裂、腰斩、枭首、磔、坑、绞、戮、弃市、定杀、囊扑、凿颠、抽肋、镬烹、具五刑等形式④。汉朝时期,已经有死刑替代思想和实践。据日本学者宫宅洁研究,"腐刑作为最重的肉刑,以死刑代替刑的形式被恢复,因时制宜地施用于那些特殊的提出请求者。在东汉前半期,这种替代措施不是施于普通死刑囚犯,对于不科服刑的女性死囚犯,则处以与腐刑密不可分的在'宫'中服终身劳逸"。⑤ 通过设置死刑替代措施、执行死刑的方式不同、导致死亡的时间长短差异、控制死亡人数的多少等设计,使最终会导致人死亡的死刑也能区分出不同的严厉程度。死刑严厉程度差异层次越多,越能够适用于更多危害社会程度不同的犯罪,可以更加精确地实现罪刑均衡原则的要求。

死缓是对罪犯的一种宽宥,这种宽宥摆脱了个体不受约束实施的随意性,"法律事项中的宽宥行为不得作为一种个人性情和任意冲动而以主观方式实施。宽宥行为本来就要经受客观批评","宽宥的正当行使意味着:通过适当规则,根据实在法本身的精神,为法的完善的可能性留下空间"。⑥ 死缓制度层级丰富,能避免法官在适用死刑规范时直接从较为普通的死缓向死刑立即执行靠拢。

---

① [意]切萨雷·贝卡里亚:《论犯罪与刑罚》,黄风译,北京大学出版社2008年版,第18页。
② [日]冨谷至:《秦汉刑罚制度研究》,柴生芳、朱恒晔译,广西师范大学出版社2006年版,第46-47页。
③ 沈家本:《历代刑法考》,商务印书馆2011年版,第12-14页。
④ 高绍先:《中国刑法史精要》,法律出版社2001年版,第396-398页。
⑤ [日]宫宅洁:《中国古代刑制史研究》,杨振红、单飞印等译,广西师范大学出版社2016年版,第41页。
⑥ [德]施塔姆勒:《正义法的理论》,夏彦才译,商务印书馆2012年版,第71-72页。

## 三、死缓制度的命运走向

死缓制度缓慢带动自由刑的上限提升,能够部分实现死刑立即执行的功能,将逐步取代死刑立即执行,并最终被废除。

### (一)司法上逐步替代死刑立即执刑

死刑缓期执行制度通过其丰富的层级设置,带动无期徒刑与有期徒刑的刑期增长,能够长时间将罪犯与社会隔离,正在司法上逐渐成为死刑立即执行的替代品。我国判处死缓人数逐渐超过死刑立即执行人数,2007年最高人民法院统一行使死刑核准权,"判处死缓的人数,多年来第一次超过了判处死刑立即执行的人数"。[①] 这表明司法中可以死缓代替死刑立即执行。

根据2016年《关于办理减刑、假释案件具体应用法律的规定》,以对被判处死刑缓期执行的职务犯罪罪犯的最一般情形为例,罪犯在死缓考验期没有发现漏罪或者新罪,也没有重大立功,经过2年后,应该减为无期徒刑。罪犯的无期徒刑服刑3年以后,没有新罪、漏罪,没有重大立功或者立功,减为25年有期徒刑。罪犯减为25年有期徒刑后,减刑幅度比照有期徒刑犯从严掌握,一次不超过1年有期徒刑,[②] 两次减刑之间应当间隔2年以上。假设该职务犯罪的罪犯在监狱表现优秀,每次都能获得6个月的减刑;假设该职务犯罪的罪犯每次都能间隔2年即可获得1次减刑;假设人民法院的减刑裁定程序都能在最短时间内完成,则该罪犯在25年的有期徒刑行刑过程中,最多能获得14次(笔者在法院、监狱部门调研中,与民警探讨过这个问题,这几乎不可能实现)减刑,共减去7年有期徒刑。在最理想状态下,在未来减刑、假释规定不发生变化的情况下,被判处死刑缓期执行的职务犯罪罪犯,在监狱中被剥夺自由的时间为23年。《关于办理减刑、假释案件具体应用法律的规定》第11条规定的其他[③]罪犯也是如此。

对被判处死缓以及实施了故意杀人、抢劫、爆炸或者有组织的暴力犯罪的被判处死刑缓期执行的犯罪分子,立法者认为其中一部分人犯罪情节恶劣,人民法院可以根据实际情况对其限制减刑。对于被限制减刑的死缓犯,法律规定最少服刑20年,死缓考验期的2年不在其中,其被剥夺自由的时间最少为22年。这就与上述被严格减刑的死缓犯之间几乎没有差距,从罪刑均衡的角度出发,还需要提升被限

---

[①] 田雨、邹声文:《我国今年判处死缓人数首超判处死刑立即执行人数》,http://www.gov.cn/jrzg/2007-11/23/content_814164.htm,最后访问时间:2017年9月16日。

[②] 据笔者了解,部分省(自治区、直辖市)的中级或者高级人民法院审判监督庭会根据本地政策或者规范,在监狱报请减刑若干年月的基础上再次扣减一部分,较少存在监狱报请减刑1年,即能获得1年减刑的情况。

[③] 《关于办理减刑、假释案件具体应用法律的规定》第11条中规定的从严减刑之死刑缓期执行罪犯,是指:1.职务犯罪罪犯;2.破坏金融管理秩序和金融诈骗犯罪罪犯;3.组织、领导、参加、包庇、纵容黑社会性质组织犯罪罪犯;4.危害国家安全犯罪罪犯;5.恐怖活动犯罪罪犯;6.毒品犯罪集团的首要分子;7.毒品再犯;8.累犯;9.故意杀人犯罪罪犯;10.强奸犯罪罪犯;11.抢劫犯罪罪犯;12.绑架犯罪罪犯;13.放火犯罪罪犯;14.爆炸犯罪罪犯;15.投放危险物质犯罪罪犯;16.有组织的暴力性犯罪的罪犯;17.确有履行能力而不履行或者不全部履行生效裁判中财产性判项的罪犯;18.数罪并罚被判处死刑缓期执行的罪犯。

## 第一编 新中国成立 70 年来刑事法治和刑法理论的变迁与反思

制减刑的死缓犯实际服刑的年限。

如果事实证明罪犯失去了矫正的可能性，刑法将付诸死刑立即执行处理。《刑法修正案（九）》修订后的第 50 条规定，死缓犯如果在死缓期间故意犯罪，情节恶劣的，需要报请最高人民法院核准后执行死刑。这其中，虽然保留了死缓犯向死刑立即执行转化的可能，但是转化条件相对较高。"情节恶劣"的有关立法、司法解释尚未出台，全国人大法工委刑法室的观点认为，"需要结合犯罪的动机、手段、危害、造成的后果等犯罪情节，以及罪犯在缓期执行期间的改造、悔罪表现等综合确定"。① 该规定导致一定数量的死缓犯在 2 年考验期间故意犯罪不会被执行死刑立即执行，再次重新计算考验期后，将转化为无期徒刑或者 25 年有期徒刑。

经过 20 余年的监禁、矫正，罪犯再次实施犯罪的能力将明显下降。死刑缓期执行几乎能收到与死刑立即执行相同的报应效果与预防效果，恰如美国的布伦南大法官所言，"没有理由相信它能比较为轻缓的监禁刑更为有效地实现任何刑罚目的"。② 死缓的功能与死刑立即执行不断接近，就有了逐渐取代死刑立即执行的可能。

（二）逐步带高自由刑的上限

死缓制度的重大变化，尤其是在死缓中设置越来越精密的层级，几乎都会带来有期徒刑上限以及无期徒刑下限的提升。

1979 年刑法与 1997 年刑法对死缓制度没有在严厉程度上进行调整，因此有期徒刑和无期徒刑的服刑期限都没有发生变化。死缓转化为自由刑的规定除了条件上有些变化外，减为自由刑并没有实质性变化，同为 2 年期满以后，减为无期徒刑；如果有更好的表现，2 年期满以后，减为 15 年以上 20 年以下有期徒刑。两个时期，有期徒刑数罪并罚的上限均为 20 年，经过减刑后，不能少于原判刑期的 1/2。被判处 20 年有期徒刑的罪犯，实际执行刑期不能少于 10 年；被判处无期徒刑的罪犯，经过减刑后实际执行的刑期不能少于 10 年。

经 2011 年《刑法修正案（八）》修订后的刑法中，死缓制度发生了两个重大变化。第一，死刑缓期执行期间重大立功的后果变化。被判处死刑缓期执行的罪犯，在死刑缓期执行期间，确有重大立功表现的，2 年期满以后减为 25 年有期徒刑。原规定是减为 15 年以上 20 年以下的一个弹性幅度，现规定为一个 25 年的确定刑期，提升了 5-10 年。第二，增加限制减刑的死刑缓期执行。累犯以及因故意杀人、强奸、抢劫、绑架、放火、爆炸、投放危险物质或者有组织的暴力性犯罪的罪犯，被判处死刑缓期执行后，人民法院可以根据犯罪情节等情况同时决定对其中一部分限制减刑。被限制减刑的死缓犯减为无期徒刑后，最少服刑 25 年；因重大立功表现减为 25 年有期徒刑后，最少服刑 20 年。这使一部分死缓犯的服刑期限提升很多，增加了死缓的层级以及严厉性。

《刑法修正案（八）》中死缓制度发生重大变化，带来有期徒刑和无期徒刑都

---

① 臧铁伟、李寿伟：《中华人民共和国刑法修正案（九）条文说明、立法理由及相关规定》，北京大学出版社 2016 年版，第 15 页。

② 参见布伦南大法官在弗曼诉佐治亚州（Furman V. Georgia）案中的协同意见书。林维：《最高法院如何掌控死刑——美国联邦最高法院死刑判例经典选编》，北京大学出版社 2014 年版，第 88 页。

随之更加严厉。有期徒刑判决宣告以前一人犯数罪的,除判处死刑和无期徒刑的以外,有期徒刑总和刑期不满 35 年的,最高不能超过 20 年,总和刑期 35 年以上的,最高不能超过 25 年。被判处 25 年有期徒刑的罪犯,经过减刑后,实际执行的刑期不能少于 12 年 6 个月,提升了 2 年 6 个月。无期徒刑经过减刑后,实际执行的刑期提高到不能少于 13 年,提升了 3 年。

《刑法修正案(九)》为贪污罪和受贿罪两个罪名的死缓结局中单独增加了终身监禁的规定。终身监禁没有被写入刑法第 33 条中,不是独立的刑种,被视为"对死刑的一种替代措施"。[①] 终身监禁在目前不成为一种独立的刑种,是因为一旦成为一种独立刑种,有可能导致终身监禁的无期徒刑严厉程度超过普通死缓,造成罪刑不相适应,刑罚结构失衡。

随着法治的发展,有可能出现可以减刑、假释的无期徒刑执行方式与不可以减刑、假释的无期徒刑执行方式。以不可以减刑、假释的无期徒刑执行方式替代死刑立即执行方式与死刑缓期执行方式,或许是我国废除死刑的一种较为现实的可接受的选择。这样使得现在可以减刑、假释的无期徒刑真正变成了绵绵无绝期的监禁。

### (三)立法上逐步走向被废除

在《刑法修正案(九)》生效之前,死缓期间故意犯罪的,报请最高人民法院核准后执行死刑。这种规定有可能出现不恰当的判决。例如,死缓犯在死缓期间实施了故意伤害罪,其中具备被害人有明显过错的情节,死刑复核中将不考虑这个情节,核准对死缓犯执行死刑。

《刑法修正案(九)》对这个问题进行了完善,在死缓期间的故意犯罪中加入了"情节恶劣"的条件,这样大大降低了死缓犯被执行死刑立即执行的可能。司法机关与立法机关都在努力控制这种可能性。"所谓'情节恶劣',需要结合犯罪的动机、手段、危害、造成的后果等犯罪情节,以及罪犯在缓期执行期间的改造、悔罪表现等综合确定"。[②] 由上述理解可见,死缓期间故意犯罪情节恶劣,不仅仅要求犯罪行为及其危害恶劣,尚需要考虑悔改以及改造表现等犯罪人人身危险性的因素,这样的理解增加了情节恶劣的内涵,扩大了法官自由裁量的空间,降低了死缓犯转化为立即执行的空间。

法律规范上开拓出来的可能性不排除在社会实践中转化为现实性。罪犯尽管获得了缓期执行死刑的机会,但依然存在转化为死刑立即执行、被剥夺生命的可能性。消除这种可能性的最彻底方法就是废除死刑。

虽然死缓制度较死刑立即执行较为轻缓,但是死缓的服刑期限确实十分高,根据世界卫生组织 2015 年的统计数据,中国男/女出生期望寿命为 75/78 岁。[③] 依据

---

① 臧铁伟、李寿伟:《中华人民共和国刑法修正案(九)条文说明、立法理由及相关规定》,北京大学出版社 2016 年版,第 333 页。

② 臧铁伟、李寿伟:《中华人民共和国刑法修正案(九)条文说明、立法理由及相关规定》,北京大学出版社 2016 年版,第 15 页。

③ 《中国统计》,载世界卫生组织官网,http://www.who.int/countries/chn/zh/. 最后访问时间:2017 年 9 月 16 日。

现行司法解释,含死刑缓期执行期间在内,死缓犯在监狱中最少服刑17年,如果其寿命为中国男女的健康期望值,刑期约占生命长度的1/4。

终身监禁的规定并不符合特殊预防以及裁判的科学性,这是因为"在判处刑罚的情况下,法官对再犯可能性的预测不可能都是绝对准确的,犯罪人的规范意识总是在不断变化,法官对任何犯罪都不可能做出'终身都不会悔改'的判断结论"。①

废除死刑会遭到死刑支持者的强烈反对。他们认为,"最残酷的犯罪行为不因废除死刑而增加这一事实并不重要","罪犯应当被处死,因为他们犯下这样的重罪","杀人偿命"。② 杀人偿命这一古老的人类准则,其本身并没有充分的合理性,它能够在世界各地被奉为信条的一个主要原因,或许是这条准则使我们不能克服的愤怒、痛苦与恐惧得到掩饰。公民中某个成员遭受了暴行,使亲属陷入沉重的愤怒与痛苦当中,普通民众也会想象世态蔓延可能给自己带来的威胁,于是共同有了处死罪犯的冲动与渴望。这种渴望在舆论表达中会形成一种汹涌的浪潮。

然而,一个理性且宽容的国家不仅能够有效控制犯罪而不是试图消灭犯罪及其危险,更能够引导民众宽容对待每个犯了错误的公民,使民众能够以开放的态度将罪犯拥回温暖的社会生活当中。层出不穷的个案形成的舆论风暴不可长久,其显然达不到民意的深度与高度。在人民当家做主的国家,全体公民的意见是国家权力的源泉,必须遵从执行。有些意见貌似民意,实则不然,需要谨慎考量:"对不代表广大民众的一部分人群的意见、诉求背后另有原因的意见、于法无据的意见,都不宜轻率视为民意而直接遵从。至于个案舆论,更需要先通过实证研究转化成某种刑法偏好⋯⋯再决定是否以及如何响应。"③ 笔者认为,国家选择适用死刑不一定会改善社会治安环境以及民众对公权力的不满,死刑过多适用会导致刑罚资源的浪费,甚至加剧国家、犯罪人、被害人之间的紧张关系。国家使用死刑这种极端暴力形式与运用其他刑罚惩罚犯罪行为一样,终究是为了维护、恢复社会秩序。在死刑的这一终极功能可以被其他刑罚的功能取代的时候,废除死刑不会带来不公正。废除死刑彻底消除死缓犯被立即执行死刑的可能,是不断成长的中国给自己公民以及世界的贡献。

## 四、结论

死缓制度在减少死刑立即执行数量甚至逐步取代死刑立即执行方面确实能发挥重大的作用,但终究是死刑制度上的一个环节。死缓制度附着于死刑制度之上,应该逐渐被收缩,逐渐被废除。笔者对卢建平教授的建议深表赞同:"我们期望,在2021年即建党100周年之前,重新明确废死目标;在2049年即建国100周年之前或之际彻底废除死刑,由此为两个百年梦想添加上更加绚烂的生命之光!"④

---

① 张明楷:《法益保护与比例原则》,载《中国社会科学》2017年第7期。
② [法] 罗贝尔·巴丹德:《为什么要废除死刑》,郭金灿译,新星出版社2017年版,第12页。
③ 白建军:《中国民众刑法偏好研究》,载《中国社会科学》2017年第1期。
④ 卢建平:《死刑政策的科学表达》,载《中外法学》2015年第3期。

# 论我国刑法重罪重刑结构及其发展方向
## ——以新中国刑法的罪刑变迁为线索

马 聪\* 李先先\*\*

## 引言

罪刑关系与结构是刑法结构的核心问题。罪名的多少与轻重、刑罚种类的多少与轻重以及罪刑之间的比例、组合搭配等问题是刑法结构的重要评价因素和标准，也是体现刑法结构特色及其现代化程度的重要指标。[①] 新中国成立特别是改革开放40年来，我国刑法一直不断发展，随着经济和社会的发展，我国刑法结构也形成了一些区别于他国的特色，产生了一些较为深层次的问题。本文拟结合新中国刑法罪刑关系的变化特点和趋势，总结和概括我国刑法结构较为固定和深层次的特点，并分析这一结构特点的成因及其造成的潜在弊端，在此基础上对我国刑法结构发展的方向和趋势问题予以初步探讨。

## 一、立法变迁中重罪重刑的结构特点与表现

### （一）新中国刑法罪刑变迁概况

在经历了30年没有刑法典的历史之后，1979年我国颁布了第一部刑法典，即79年刑法典。然而，在79年刑法典制定后不久，随着党和国家工作重心的转移以及改革开放政策的确立，我国经济、政治和社会形势开始发生巨大变化，犯罪种类和数量大规模增加。为了有效打击犯罪实现社会秩序的基本稳定，国家开始通过制定大量单行刑法的方式不断对79年刑法典进行修改。从1981年开始直到1996年我国刑法总共增加了125个罪名。

以79年刑法典和单行刑法为基础，1997年我国颁布了新的刑法典，即97年刑法典，这部刑法典总共有413个罪名。此后，除了一部单行刑法之外，国家开始采用刑法修正案的方式对刑法进行修改，至今我国已经有10个刑法修正案。截至2017年的《刑法修正案（十）》增加了58个罪名。

### （二）立法变迁所形成的重罪重刑结构特点

我国刑事立法整体发展变化情况可以归纳为两个大的基本方面。

第一，我国刑法中规定的犯罪数量、种类不断增加，刑事处罚范围不断扩张。特别是改革开放40年来，我国经济和社会结构发生了翻天覆地的变化，各种风险

---

\* 嘉兴学院法律系讲师。
\*\* 嘉兴学院文法学院"卓法班"学生。
① 参见储槐植：《刑法现代化本质是刑法结构现代化》，载《检察日报》2018年4月2日第3版。

第一编　新中国成立 70 年来刑事法治和刑法理论的变迁与反思

层出不穷，国家不断修改刑法，使刑法能够在国家政治、经济和社会生活的方方面面发挥基础性作用。

第二，罪与刑的配置结构趋势有所变动，但重罪配重刑的核心特征没有发生根本改变。

首先，我国刑法配置死刑刑种的罪名在激增之后开始大规模缩减。

其次，随着犯罪圈的扩大，一些轻罪如危险驾驶罪、代替考试罪、虚开普通发票罪等仅仅将最高刑设置为拘役，这本身是对以往刑事立法的一种突破，表明国家开始希望对轻罪予以轻刑处置①这一倾向，在近来的刑法修正过程中已经有所体现。

最后，假如设定上限 5 年有期徒刑作为轻罪与重罪的区分界限，较重的罪与较重的刑罚配置在我国刑法中始终占有非常高的比例。

虽然死刑罪名在不断削减，轻罪罪名有所创制，但是当前我国刑法在整体上仍然呈现出重罪重刑的结构性特点，具体表现为：

第一，至今我国仍然有 46 个死刑罪名，这一数量和比例在整体上又支持和强化着重罪重刑的结构特征。

第二，我国刑法在许多罪名上大量配置无期徒刑。因此，无期徒刑是一种配置广泛并且能够适用于多种罪名的刑种。

第三，5 年以上有期徒刑法定刑幅度过大的有期徒刑大量运用和配置。自由刑是我国当前刑法最为常用的支柱性刑种。我国刑法中至少存在 16 种有期刑罚的幅度，其中，5 年以上有期徒刑、7 年以上有期徒刑、3 年以上 10 年以下有期徒刑占据了这 16 种刑罚幅度的绝大多数。而且，就 2 年至 15 年的有期徒刑幅度来说，大部分刑罚幅度规定过宽，其上下限基本上都超过了 5 年。这种制度性规定无形当中又限制了轻刑的运用，实际上进一步强化了我国刑法的"重罪重刑"特点。

第四，近来刑法修正的趋势实际上会导致中长期刑或无期徒刑的大量制度性运用，从而实际强化重罪重刑特点。

## 二、我国刑法重罪重刑结构的成因与问题

我国刑法结构所呈现的重罪重刑特点，应当说是国家在缺乏治理经验的社会转型期不得不面对的选择。这种重罪重刑的结构特点虽然在一定程度上稳定了社会秩序，但是随着国家治理能力和经验法治化水平要求的不断提高，这种重罪重刑的结构特点及其潜在问题也需要进一步反思。

**（一）重罪重刑结构的成因**

1. 我国危害行为制裁体系的多元化

新中国成立以来，由于计划经济在我国社会生活中占有绝对的主导性地位，在计划经济条件下，行政权力与措施成为社会治理的主要方法。

由此，在这种经济和社会背景下，我国对于违法犯罪行为的制裁体系逐渐形成了一种独具特色的"三级制裁体系"，这种"三级制裁体系"是由社会治安管理处

---

① 参见何荣功：《预防刑法的扩张及其限度》，载《法学研究》2017 年第 4 期。

罚、劳动教养等长期性剥夺自由的行政性制裁措施以及刑罚三种制裁措施构成的。[①]因此，从"三级制裁体系"的结构与顺序来看，刑罚作为最为严厉的惩罚措施而处于制裁体系的最末端。

沿着"三级制裁体系"的思路，国家自然将一些本属于轻微犯罪，可不给予刑事处罚的行为以及严重违反社会治安管理处罚，适用治安管理处罚不足以惩罚的行为都纳入了劳动教养等制度之中，这样自然将更加严重的危害行为纳入刑法的调控范围。根据罪刑均衡的原则，更为严重的社会危害行为应当配置相对较重的刑罚，因此我国刑法基本上形成"重罪重刑"结构就不言自明了。虽然我国在2014年彻底废除了劳动教养制度，但与之类似的收容教育制度却依然存在，而且近来我国治安管理处罚制度的立法、发展和完善，同样也说明我国行政权力与刑事司法权力共同对危害行为制裁发挥作用的思路没有根本改变，社会危害行为制裁体系多元化的状态依然存在。

2. 重刑威慑的刑罚目的选择

充分重视刑罚特别是重刑在国家和社会治理中的价值和意义，在我国有着深厚的历史传统和现实需求。在我国历代王朝中，往往特别青睐运用重刑制裁严重危害国家和社会秩序的犯罪。"重一奸之罪而止境内之邪"；"禁奸止过，莫若重刑。刑重而必得，则民不敢试，故国无刑民"；甚至"夫以重止者，未必以轻止也；以轻止者，必以重止矣"。[②] 从现实来看，新中国成立以来，特别是79年刑法典的颁布，其"革命刑法"的色彩还依旧浓厚，国家的治理手段和策略也较为简单。由于处于高度集中的计划经济和自然经济为基础的社会环境里犯罪的种类和数量相对较少，因此，单一的重刑手段就足以对社会群体造成强有力的威慑力。但是，随着国家不断的改革开放，经济利益多样性和复杂性程度日渐提高，人们的思想意识形态也逐渐多元化，面临如此复杂的经济政治环境，国家治理显然没有充分的经验和准备。在这种仓促和慌乱中，依据国家治理的传统经验和思维惯性，自然地继续选择古人经验，试图充分运用重刑来实现社会治安和秩序的基本稳定就成为一种自然而然且必然的选择，由此，历时十多年的"严打"和高压政策就成为国家的唯一合理选择。正是由于"严打"的实践背景、政治决策、社会稳定压力多重因素的综合作用，我国97年刑法典较之79年刑法典其重罪重刑的特点更加突出。

（二）重罪重刑结构导致的潜在问题

1. 法益得不到完整和有效的保护

社会危害行为制裁体系多元化的国家和社会治理思路使得重罪重刑成为我国刑法的必然反映，即刑法仅需要关注并只需要用较重的惩罚措施惩治那些国家认为是严重的罪行就足够了。而对于一些不严重的危害社会行为，用行政措施就可以完全对治。在这种思路的引导下，以至于刑法典制定以来的40年刑法实践，始终将犯罪概念设定为一个由定性因素与定量因素共同组成的概念。

---

[①] 参见储槐植：《刑事一体化论要》，北京大学出版社2007年版，第118页。
[②] 《韩非子·六反》。

## 第一编 新中国成立70年来刑事法治和刑法理论的变迁与反思

首先,定性与定量因素的区分使我国的犯罪概念具有明显的不彻底性。根据《刑法》第13条规定,危害行为在"情节显著轻微危害不大"时,则"不认为是犯罪"。这种通过情节等起刑点来设定犯罪范围的做法,与现行世界经济发达国家在犯罪的成立方面一般只有性质的要求而没有数量的要求的做法有着明显的区别。正是这种起刑点的设定才划分出我国刑法保护与民事、行政等其他法律保护手段之间的界限。① 而这种界限的设定实际上抬高了我国刑法保护的"入罪"门槛,使得相当多的值得动用刑罚惩罚的危害行为并没有被纳入刑法调控范围,从而使得国家和公民的特定法益难以得到刑法完整而有效的保护。②

另外,由于我国刑法条文的具体规定相当抽象,具体犯罪的定罪量刑标准基本上是由最高司法机关发布的司法解释加以确定的。司法解释在确定定罪量刑标准时,往往对数额、情节或其他严重结果进行进一步限制,从而在一定程度上又克减了刑法的保护范围。

其次,我国刑法尚难以涵盖新型法益,由此使得刑法保护相对被动。随着各种社会风险的增加,经济和科技的发达带来了社会利益和关系的抽象化、复杂化和网络化,有些犯罪行为的危害性大大提高,新型危害行为层出不穷,日益脆弱的社会和人们希望更多地运用刑罚来确保自身的利益和安全。

2. 我国的刑法法益保护缺乏准确性和有效性

首先,我国刑法预防和保护效果的不足主要是源于我国违法犯罪制裁体系的制度性设计。前文已经谈到,单从刑法的调控范围来看,我国刑法尚难以实现对法益全面而完整的保护。但是,从我国的整个法律体系来看,我国法益的整体保护框架却是完整的。这一点需要首先予以澄清。而这种完整性突出表现在我国刑法调控之外,其他法律特别是行政法律也分担着类似刑事惩罚性的法益保护任务。

一方面,由行政权力与刑事权力共同实现对违法犯罪行为加以规制的制度性设计,很多具体制度设计存在细节不清和界限不明的缺陷,从而导致在具体案件的处理中存在管辖、受理以及处理程序和规则的重合或交叉,这在无形之中加大了案件处理的烦琐程度与各方成本。对社会普通公众而言,这种复杂和烦琐的制裁体系与救济措施必然会使人们难以确切和清晰地了解相关的全部知识,从而会让当事人在寻求救济手段和方法时存在疑惑而不知所措。

在现实社会中,一般公众对刑法条文以及相关的救济程序的理解都存在较大的问题。研究表明,"一般民众对不同犯罪最高刑罚以及犯罪成立的条件的认知水平非常低",就我国法治发展水平来看,公民对刑法规则的了解程度依然较低,以道德或传统直觉代替法律规则的判断的现象也较为常见,因此我国的情况也不容乐观。而且,经实证调查发现,我国社会中大部分人对故意杀人可以判处3年以上10年以下有期徒刑的规定并不了解,而且不少人对行政拘留、监外执行、缓刑以及之前的劳教的概念和区分是相当模糊的。在这种情况下,很多受到不法侵害的一般公

---

① 储槐植:《我国刑法中犯罪概念的定量因素》,载《法学研究》1988年第2期。
② 参见王世洲:《国际人权标准与中国刑法的人身权保护》,载《法学家》2006年第2期。

众在通过公力救济受挫后,往往选择忍气吞声,并很可能不再信任司法和行政机关。而当事人这种忍气吞声很可能会在社区内散布和传播,从而在公众中形成拒绝寻求救济的传递效应。

另一方面,这种制度设计中的行政权力与司法权力的界限不清与不明确还会导致案件的处理效率低下、处理的任意性以及因权力寻租而形成的制度性腐败。此时,在被害人看来,刑法的保护已经失效了。由此,刑法保护的整体精准性和有效性就出现了令人比较堪忧的问题。

3. 过度强化国民的刑罚耐受性并降低公众是非道德标准

长期浸淫在重刑威慑的国家治理思维之下的公众,由于历史、文化、传统以及现实的多方面因素及其惯性,逐渐形成了一种依赖刑罚甚至依赖重刑的社会文化心理机制。这种社会文化心理现象使得人们对刑罚的耐受力逐渐增强,将重刑的严厉逐渐看淡,而且在社会矛盾较为复杂的情况下,人们的暴戾心理则会随之增强。死刑运用过多,人们对生死的耐受性也会随之变化,大量适用死刑反而最终会使得死刑的威慑效果大大降低。

与此同时,由于我国刑法将大量的本该纳入刑事处罚范围的危害行为交由行政机关加以处理。然而,行政机关的权力行使,特别是在社会治安管理与社会治理方面受到了广泛质疑。在各种质疑中,最主要即行政机关不经司法程序而自行剥夺甚至长期剥夺行为人的自由权利,不符合国际公约和国际人权法的基本标准,这种剥夺自由权利的做法被认为是严重的侵犯公民基本人权的做法,受到国际社会和国际组织的广泛抨击。此外,人们特别关注我国行政机关权力过大,特别是公安机关的权力膨胀问题。

应该指出,在行政机关违法或过度行使权力的诸多表现中,造成冤假错案或犯罪嫌疑人非正常死亡的典型案件是非法行使权力最为严重的表现,在我国这样一个刑法历史文化非常发达的国度,人们在思维习惯中其实已经习惯了在遇到侵害时希望得到刑法的优先保护,然而这种希冀被现有刑法保护范围以及行政权力的过度行使无情打破,这种社会心理的无助感、挫败感以及愤恨对于人们对于法律忠诚程度极具降低是最为深刻、最为直接的。由此,公众对于社会是非观念的认知程度会出现偏差,逐渐降低人们的社会是非对错标准,降低人们对刑法甚至整个法秩序的信赖程度。①

从刑事司法程序的当事人的角度来看,法官可能不再依据法律规定而是出于自己的判断作出惩罚或不惩罚的裁决;警察、检察官和法官可能会制定自己的规则;犯罪人可能受到鼓舞,对判决和矫正过程进行反抗而不是参与和服从。② 从一般公民的角度来看,情况则更为不妙。如果公民对刑事司法体系普遍不信任,那么公民很可能会联合起来强制执行未能被正式的法律体系的力量强制执行的规则。当一个国家的法律体系不能履行保护公民不受不法行为危害的责任、存在严重的腐败和司

---

① [德] 克劳斯·罗克辛:《德国刑法学总论》,王世洲译,法律出版社2005年版,第43页。
② Johannes Andenaes, "The General Preventive Effects of Punishment", 114 U. Pa. L. Rev. 970 (1966).

法不公正现象正是国家统治秩序岌岌可危之时,这时公民团体取代国家司法机关而维持社会治安的情况是非常可能发生的。①

## 三、我国刑法重罪重刑结构的调整方向

前文对我国刑法重罪重刑结构特点导致的刑法可能出现的问题作了一定的阐释,而这些潜在问题则涉及刑法在国家治理体系中的位置和功能。当前我国工业化和风险化带来的急剧转型,客观上要求我国刑法在国家和社会治理过程中发挥更为积极的作用。因此,我们必须对重罪重刑结构特点所带来的问题予以特别关注,并逐步消弭重罪重刑特点所带来的消极效果,实现刑法结构的现代化。

### (一) 逐步建立比较完整的轻罪体系

改变我国刑法重罪重刑的结构特点,并使刑法能够符合社会风险化和国家治理现代化的基本要求,必须进一步扩张刑法的调控范围,扩大轻罪在刑法中的数量和比例,逐渐建立比较完整的轻罪体系。

扩张我国当前的刑法调控范围,逐渐建立我国的轻罪体系,以刑法立法修改和完善的方式是最为稳妥和理想的做法。近20年来我国刑法不断增加新的罪名、修改犯罪构成条件、逐步减少乃至取消定量因素的规定并且不断将法益保护边界逐渐前置,从而使我国刑法的调控范围不断扩张。

### (二) 逐渐减少重刑数量

减少重刑数量,首先是进一步减少死刑的数量。仅从数量上看,我国死刑数量在近10年内大幅度减少,但是从案件发生概率和罪名适用频率等角度来看,这些被废除的死刑罪名本身就已经大多闲置不用。相反,在实际中发案概率和适用频率较高的死刑罪名依旧在当下广泛运用。根据我国的历史文化传统以及废除死刑的基本步骤,我国死刑的存在根据应当以正义性报应理论作为基础,在此基础上逐渐减少有关侵犯市场经济秩序类的非暴力犯罪以及财产型非暴力犯罪中所设置的死刑条款,即"先废除非暴力犯罪的死刑罪名"并继续"保留危害公民生命或致人严重残疾之类的犯罪"思路。② 最后废除危害公民生命或致人严重残疾类的犯罪的死刑罪名,符合我国国民社会心理要求及其发展状况。

因此,采用以正义性报应理论为基础,逐渐废除非暴力性犯罪和经济性犯罪的死刑罪名并不意味着杀人类或致人严重残疾的犯罪的死刑罪名永远无法废除。在进一步废除死刑罪名的基础上,随着社会发展的变化,有步骤地逐渐减少一些中长期徒刑、无期徒刑的罪名配置,从而从整体上降低刑罚的严厉程度。③

在降低重刑数量的基础上扩大犯罪圈,特别是降低现有犯罪的起刑点自然会扩大刑法对社会生活的干涉范围,并意味着将会有更多的潜在人群可能受到刑事追

---

① Paul H. Robinson and John M. Darley, "The Utility of Desert", 91 Nw L. Rev. 457 (1997).

② 参见臧铁伟主编:《中华人民共和国刑法修正案(九)解读》,中国法制出版社2015年版,第91、359页。

③ 参见王世洲:《论中国死刑的保留与限制及其对故意杀人罪的适用》,载《政法论坛》(《中国政法大学学报》) 2001年第6期。

究。从表面上看，这无疑是一种"从严"的政策倾向，这种"从严"本身也是从重的手段。但是，从实质上来看，这种"从严"并不是真正重刑意义上的"从重"，相反它可以从整体上稀释和降低我国刑法整体的重刑程度，使之变得平缓。同时，这种"从严"会对我国公民、社会和国家的法益保护提供更为充分的法律保障，为我国法治秩序的制度构建提供广阔的理论与实践空间，为我国国家治理能力的现代化提供有力的制度支持，是一种具有战略意义的长远性目标选择。

### （三）建立轻罪速裁与社会化处遇方式

无论是从制裁体系的现代化的角度来看，还是从刑法调控范围的发展方向来看，建立轻罪体系是我国刑法发展的必然趋势。那么，轻罪体系的建立必然要求与之对应的轻刑体系的建立，而社区矫正制度的引入与发展恰恰为轻刑制度的建立和完善提供了制度上的契机与发展空间。

当前对轻罪辅之以社区矫正等非监禁性刑罚制裁方式显然能够很好地改变重罪重刑结构。随着社会的发展，在我国现行重罪重刑、以剥夺人身自由为主要刑罚方式的刑法结构状况下，社区矫正以限制而不完全剥夺自由的惩罚执行方式替代自由刑的狱内执行方式，在一定程度上使罪犯恢复了一定的自由并回归社会，无疑非常人道并具有进步意义。因此，社区矫正并不仅仅是为了解决监狱执行的压力和困难而产生的一种替代性执行方式，应该说社区矫正制度无疑是一种贯彻和体现"从宽"原则的新型刑罚执行制度。这种新型的执行制度辅之以轻罪制度的建设，会对我国刑事法律制度的整体结构的调整与发展产生积极的影响。

在推行社区矫正这样的社会化的、非监禁性的刑罚执行方式基础上，可以进一步通过轻罪制度的运用扩大社区矫正的制度性适用规模，如扩大假释、缓刑的适用率，并建立相应的轻罪分流制度、速裁制度等程序性制度，等等。从而实现刑法中的刑罚结构、执行方式、刑事程序以及执行方式的多样化与现代化。

综上，逐步改变轻罪与重罪的数量和比例，在实现"重重轻轻"结构的基础上逐渐朝着"轻其所轻、重罪有度、轻重协调"的刑法结构发展。

## 四、反思刑法重罪重刑结构特点的法治意义

明确和清楚地认识我国刑法重罪重刑结构，在此基础上逐步建立轻罪体系，对轻罪体系配置轻刑以及辅之以社区矫正等社会化行刑措施，逐渐减少重刑的数量对于实现国家和社会治理结构体系的现代化具有至关重要的倒逼意义。

轻罪体系的设立会逐步实现将原来的剥夺人身自由的行政拘禁措施司法化，从而避免国际批评和争议建立符合法治原则和国际一般标准的现代制裁体系。一方面，轻罪体系的建立会使得我国刑法起刑点进一步降低。在起刑点降低的过程中，刑事处罚的精准性提高，行政权力与司法权力边界不清晰和不准确的现象则可以有效避免，行政权力则被进一步规范化，司法机关定罪量刑的标准进一步明确。由此，依法办事的意识和行为才会真正得以塑造。另一方面，轻罪体系建立，犯罪数量将大量增加，这种数量的增加根据社会治安综合治理的要求，则必然会倒逼其他行政和司法部门乃至全社会考虑轻罪处置的程序简便化问题、轻罪犯罪人改造方式

的多样性和有效性问题、对轻罪的态度与评价问题、刑罚执行完毕的轻罪犯罪人是否再次承担行政后果问题、工作保障以及社会福利等问题。这样，与轻罪体系相配套的一系列制度和措施便可以逐步建立起来，进一步深化刑事司法制度改革，建立起更为人道和科学的现代国家和社会治理体系与结构。

# 对我国刑法立法的一点反思
## ——论刑讯逼供罪法条的补强

马长生[*]　辜志珍[**]

新中国成立70年来，我国刑法立法走过了曲折而不平凡的道路。从1949年到1966年，我国刑法典草案历经二十几次重要修改，终因"文化大革命"而未能颁布，致使在长达30年的时间里我国刑法仅有若干单行法规。1979年，我国颁布了新中国第一部刑法典，1997年进行了全面修订。之后，全国人大常委会又以决定或修正案的形式对刑法典做了多次修改，使刑法典日臻完善。回顾70年的刑法立法，应当说成就可圈可点，但有待解决的问题也还确实存在。在诸多问题中，刑讯逼供造成刑事错案的问题长期纠缠于我国司法机关，而这个问题绝不仅仅是个刑事司法问题，也是值得从立法上进行反思的问题。本文试以刑事错案的预防和纠正为视点，对我国刑法规定的刑讯逼供罪法条的补强问题做一些粗浅的研究。

## 一、痛定思痛：刑讯逼供罪法条的虚置问题值得重视

对犯罪嫌疑人、被告人和证人刑讯逼供和暴力取证，在我国历朝历代刑事司法中都已司空见惯。但是，中国共产党领导的人民政权对犯罪嫌疑人、被告人和罪犯实行革命的人道主义精神，早在革命战争年代就曾强调"重证据，重调查研究，严禁刑讯逼供"，甚至在"文化大革命"时期，党的领袖毛泽东也曾严词斥责刑讯逼供是"法西斯式的审查方式"，"应一律废除"。我国1979年刑法第136条、1997年刑法第247条均将刑讯逼供、暴力取证行为规制为侵犯人身权利的犯罪。我国1996年刑事诉讼法第43条也明确规定，严禁刑讯逼供和以威胁、引诱、欺骗以及其他非法的方法收集证据。但是，多年的司法实践证明，刑事侦查人员违反刑事法的规定，在刑事侦查中进行刑讯逼供者却是一度大有人在，因刑讯逼供造成冤假错案的典型案例屡见报端，而真正因为刑讯逼供而及时受到查处追究者却为数不多。本文第一作者曾经指导的一位硕士研究生（时任某县公安局刑侦大队长队长），在撰写关于刑讯逼供问题的硕士学位论文时，曾经对两个看守所的在押人员就刑讯逼供的有关问题进行了问卷调查，共收回有效调查问卷240份。在接受调查的240人当中，有多人受过程度不同的刑讯逼供。事实上刑讯逼供在不少办案单位已是屡见不鲜，不仅办案人员习以为常，办案单位的领导也往往听之任之，甚至对依靠刑讯逼供"破案有功人员"给予奖励提拔（哪怕若干年之后被事实证明所破的案子是

---

[*] 湖南师范大学法学院教授，湖南省刑法学研究会名誉会长。
[**] 湖南言顺律师事务所高级合伙人，湖南省刑事法治研究会理事。

# 第一编 新中国成立70年来刑事法治和刑法理论的变迁与反思

冤假错案)。进入新世纪以来,刑讯逼供、暴力取证案件屡见报端,引起了社会的极大关注,也引起了人们的认真思考。例如,广为人知的湖北省京山县的佘祥林杀妻案。佘祥林本来与当地的一起命案毫无关系,仅因妻子出走未归而成为怀疑对象,在刑讯逼供之下被迫承认杀人。如果不是其妻偶然从外地回来,佘祥林的冤案因而被昭雪,那么,又有谁会关注他遭受刑讯逼供而酿成冤案的事实呢?又有谁会去追究刑讯者的责任呢?诸如此类刑讯逼供造成冤案的教训还有很多:河北唐山的李久明案、云南昆明的杜培武案、河北鹿泉的聂树斌案、河南周口的胥敬祥案、湖南麻阳的滕兴善案、浙江杭州的张氏叔侄案、内蒙古呼和浩特的呼格吉勒图案等,又有哪一起不是同刑讯逼供联系在一起的呢?据新华社2018年2月5日电讯,记者从发稿日举行的第二十一次全国法院工作会议获悉,至发稿时五年来,全国法院已依法纠正呼格吉勒图案、聂树斌案等重大冤错案件39件78人。可见,刑讯逼供、暴力取证问题一度发生较多乃是不争的事实①。

然而,值得深思的是,在上述调查统计遭受刑讯逼供的众多被调查者中,竟然没有一起得到立案查处。据律师界不少人士反映,在法庭上被告人和辩护律师提出刑讯逼供问题,很难受到法庭重视,以致一些律师索性对确实存在的刑讯逼供问题避而不谈。刑讯逼供案件发现难,立案难,查处更难。据统计,从2002年12月26日到2010年12月25日,在长达8年的时间里,湖南省检察机关共立案查处刑讯逼供案件18件42人,结案17件39人。可以肯定地说,相较于实际发生的刑讯逼供案件,立案查处的案件所占比例是很低的。刑讯逼供行为立案查处之少与其实际发生之多形成了强烈反差。从司法实践看,立案查处的刑讯逼供案件往往是因致人伤残、死亡而致使刑讯逼供问题被曝光的,或者已经查明属于冤假错案,在进行错案追究时才对刑讯逼供问题进行立案查处的。由于刑法第247条明确规定,致人伤残、死亡的刑讯逼供案件依照刑法第234条伤害罪、第232条杀人罪的规定定罪从重处罚,因而实际上以刑讯逼供罪定罪处罚的案件少之又少。那么,刑讯逼供罪法条在司法实践中几近虚置也就是难以避免的了。

## 二、刑讯逼供罪法条几近虚置的原因

### (一)刑讯逼供有用性、必要性的陈旧观念妨碍了对刑讯逼供行为的查处

我国早在秦代立法中就没有禁止刑讯逼供,而且在司法实践中广施酷刑。到了汉代,刑讯逼供变得合法化、制度化。此后历朝历代都沿袭汉朝立法成例,在司法实践中"合法"地大搞刑讯逼供。民国初期曾宣布废除刑讯逼供,但蒋介石执政时期为了镇压共产党,频频滥用刑讯手段,较之封建王朝时期有过之而无不及。新中国成立后,沿袭两千多年的刑讯制度被国家正式废止。然而,"文化大革命"期间,刑讯逼供死灰复燃并被大量使用,致使冤案丛生。我国传统法制中刑讯逼供有用性、必要性的陈旧观念,对现代司法活动、法制心理、法律意识的影响仍然在一定

---

① 据笔者对部分律师和司法实务人员咨询了解,近几年比较严重的刑讯逼供案件已经呈现出明显减少的趋势,但以威胁、引诱、欺骗或者不让吃饭、禁睡、禁饮水等变相的刑讯手段逼取证言的情形仍然屡有发生。

程度上存在，这种影响往往或明或暗地淡化人们对刑讯逼供违法性、犯罪性的认识，甚至有相关人员对刑讯逼供熟视无睹，对查处刑讯逼供不以为然。

(二) 对刑讯逼供行为发现不及时

首先，看守所侦押合一的管理体制不利于对侦查活动进行监督。

按照我国法律规定，犯罪嫌疑人在被逮捕、拘留之后，被羁押在看守所内，直至法院作出判决。而看守所和普通刑事案件的侦查部门同属公安机关管辖，由公安机关所属部门负责管理。这种侦押一体的司法体制设置必然削弱检察机关对侦查活动的监督。因为缺乏羁押机构对侦查部门的制约，公安侦查部门提审犯罪嫌疑人的时间、次数甚至地点以及提审时间的长度往往不受任何限制，至于是否发生了刑讯逼供行为，看守所往往不是特别关注，除非发生了严重的伤残后果，看守所顾及自己承担责任而不得不向上级以及检察机关报告。实际上，有些刑讯逼供就发生在看守所内，却难以被外人察觉。一方面，公安侦查部门在刑讯过程中如果造成犯罪嫌疑人受伤，往往会延长羁押期限，对犯罪嫌疑人进行强制治疗，并以种种理由拒绝律师会见，直到伤者恢复健康，致使被刑讯者在检举控告的时候缺乏身体受到伤害的证据，刑讯逼供行为便难以查实；另一方面，受到刑讯的犯罪嫌疑人或者是出于害怕报复等原因不敢通过看守所告发而错过了控告的最佳时机，或者是缺乏律师等外部人员的监督和帮助，其申诉救济渠道几乎彻底堵塞。①

其次，司法机关的考核评价机制和奖惩机制存在偏差和负效应。

长期以来，公安机关、检察机关和审判机关都十分重视办案质量和效率的考核评价，并为此建立了相应的奖惩机制，这些奖惩机制在激励、督促刑事司法人员努力提高办案质量和办案效率方面确实发挥了一定的作用。然而，这些考核评价机制却有一个基本的缺陷，即没有严格遵循刑事诉讼客观规律，行政色彩浓厚，难以有效地预防刑讯逼供和暴力取证的发生和发展，反而使刑讯逼供和暴力取证获得滋生的有利条件。② 特别是"命案必破"的要求，这种要求根本就不符合人类认识的客观规律，实际上全世界没有任何一个国家能够做到"命案必破"。在"命案必破"的重压之下，侦查人员往往急功近利，把获取口供作为破案的捷径。为此，在不掌握命案证据的情况下不惜铤而走险，"加大审讯力度"，动用各种刑讯手段逼取证言。这种依靠刑讯逼供而匆忙宣布"侦破"的案件，如果不是如佘祥林案、滕兴善案那样侥幸地遇到"亡者归来"，或者如呼格吉勒图案、聂树斌案那样侥幸地遇到真凶落网而且如实交代了杀人真相，那么由刑讯逼供造成的冤案很可能石沉大海，永无昭雪之日。于是，实施刑讯逼供犯罪的行为人也就无从暴露，无从追究。

(三) 对刑讯逼供行为的监督有明显缺位

这主要表现在最高人民检察院的相关立案标准与刑法、刑事诉讼法相关规定存在误差。

从刑法理论上分析，刑讯逼供罪应是行为犯。所谓行为犯，又称实施犯、举动

---

① 参见马长生：《刑事法治的多方位思考》，法律出版社 2013 年版，第 613 页。
② 参见李建明：《刑事错案的深层次原因——以检察环节为中心的分析》，载《中国法学》2007 年第 3 期。

# 第一编 新中国成立70年来刑事法治和刑法理论的变迁与反思

犯,是指行为人只要实施了刑法所规定的一定行为即可构成犯罪的情形,如脱逃罪、叛逃罪、强奸罪等。如前所述,先于刑法而修订的刑事诉讼法第43条明确规定"严禁"刑讯逼供,而1997年刑法第247条对刑讯逼供罪的规制也体现了"严禁"精神,未将情节严重作为本罪的入罪条件。这也就是说司法工作人员只要对犯罪嫌疑人、被告人实施了肉刑或者变相肉刑,只要不是情节显著轻微不认为是犯罪的,就构成刑讯逼供罪。① 为了指导各地检察机关对刑讯逼供案件的立案工作,最高人民检察院曾先后3次制定了对刑讯逼供罪的立案标准,其中最近的一次是2006年发布的最高人民检察院《关于渎职侵权犯罪案件立案标准的规定》,该规定将符合8种情形的刑讯逼供行为规定为立案标准②。

该立案标准以列举的方式对"手段残忍,影响恶劣"之刑讯逼供手段做了比较明晰的表述,对于指导各地检察机关的工作不无意义。但是,从总体上看,这个立案标准仍然与前两次发布的立案标准一样,将刑讯逼供罪视为情节犯,而不是行为犯。应当说,这个立案标准较之刑法第247条的规定精神还是有误差的。因为刑法第247条明确规定,司法工作人员对犯罪嫌疑人、被告人实行刑讯逼供或者使用暴力逼取证人证言的,处三年以下有期徒刑或者拘役。相比之下,刑法第248条对虐待被监管人罪则规定,监狱、拘留所、看守所等监管机构的监管人员对被监管人进行殴打或者体罚虐待,情节严重的,处三年以下有期徒刑或者拘役。可见,这两个极具可比性的法条,施暴的对象有交叉,法定刑完全一样,但前者成罪并不要求情节严重,后者则必须是情节严重。两个罪名之所以作此差别规定,是因为监管人员时常面临不服从管教、抗拒改造甚至带头闹事的牢头狱霸,有时不得不采取一些强制性的措施,如果在气愤之下出现体罚虐待被监管人的情况,必须是情节严重的方可追究刑事责任。而刑讯逼供罪则不同。司法人员面对的犯罪嫌疑人和被告人,可能有犯罪事实,也可能确实没有实施犯罪,仅仅是有犯罪嫌疑而已。如果司法人员对犯罪嫌疑人和被告人动辄刑讯逼供,则不仅侵犯了他们的人身权利,而且还可能屈打成招,酿成冤案,造成错判甚至错杀,后果非常严重。所以,刑法第247条对刑讯逼供罪的构成仅仅要求具有刑讯逼供行为,并未要求情节严重。

还应当指出,这个立案标准与1996年刑事诉讼法的规定精神也是有差别的。前文已经提及,刑事诉讼法第43条明确了对任何程度的刑讯逼供均予以严格禁止的态度,即"严禁刑讯逼供和以威胁、引诱、欺骗以及其他非法的方法收集证据"。而立案标准仅将符合8种情形的刑讯逼供行为予以立案追究,显然是将刑讯逼供罪法条做了淡化处理,由行为犯淡化为情节犯,与刑法第248条虐待被监管人罪明示

---

① 参见马长生:《刑事法治的多方位思考》,法律出版社2013年版,第616页。
② 八种情形是:"1. 以殴打、捆绑、违法使用械具等恶劣手段逼取口供的;2. 以较长时间冻、饿、晒、烤等手段逼取口供,严重损害犯罪嫌疑人、被告人身体健康的;3. 刑讯逼供造成犯罪嫌疑人、被告人轻伤、重伤、死亡的;4. 刑讯逼供,情节严重,导致犯罪嫌疑人、被告人自杀、自残造成重伤、死亡,或者精神失常的;5. 刑讯逼供、造成错案的;6. 刑讯逼供3人次以上的;7. 纵容、授意、指使、强迫他人刑讯逼供,具有上述情形之一的;8. 其他刑讯逼供应予追究刑事责任的情形。"参见马长生:《刑事法治的多方位思考》,法律出版社2013年版,第616页注释。

的情节犯别无二致了。这种网开一面的淡化处理显然有违刑事诉讼法第 43 条对刑讯逼供行为的"严禁"精神，也不利于刑讯逼供行为的及时发现和预防，不利于检察机关对侦查工作的有效监督。

### 三、通过完善立法对刑讯逼供罪法条进行补强

司法实践证明，刑讯逼供严重侵害公民的人身权利与合法权益，是造成冤假错案的重要原因，而冤假错案极大地破坏公平正义，破坏政法机关和政法工作的公信力，妨害和谐社会的构建，危害社会环境，危害中国特色社会主义事业的顺利推进。在 2013 年元月召开的全国政法工作电视电话会议上，中共中央总书记习近平曾明确要求，全国政法机关要顺应人民群众对公共安全、司法公正、权益保障的新期待，全力推进平安中国、法治中国、过硬队伍建设，深化司法体制、机制改革，坚持从严治警，坚决反对执法不公、司法腐败，进一步提高执法能力，进一步增强人民群众安全感和满意度，进一步提高政法工作亲和力和公信力，努力让人民群众在每一个司法案件中都能感受到公平正义，保证中国特色社会主义事业在和谐稳定的社会环境中顺利推进。

我们认为，贯彻落实习近平总书记的上述要求，切实做到让人民群众在每一个司法案件中都能感受到公平正义，应当从队伍建设、刑事司法和刑法以及相关法律的立法方面对刑讯逼供进行多方面的综合治理。限于篇幅，本文仅从刑法和刑事诉讼法、律师法等相关法律的立法建议方面进行论述。之所以涉及刑事诉讼法和律师法的修改，是因为刑法的有效实施绝不是孤立的，它需要程序法的有力保障，也需要律师队伍的有效参与。显然，刑讯逼供罪法条的有效实施也需要采取综合性的补强措施。为此我们建议：

#### （一）对刑法第 247 条进行修改

修改的原则是，既要对刑讯逼供、暴力取证行为坚持零容忍，对刑讯逼供行为尽力做到及时发现，有案必查，又要从实际出发，在查清事实的基础上，对实施刑讯逼供的行为人依法据实区别对待。

鉴于和平时期司法人员对维护国家安全和社会安全的重要性，我们建议对刑法第 247 条增设第 2 款和第 3 款。第 2 款比照刑法第 420 条军人违反职责罪判处 3 年以下有期徒刑，没有现实危险宣告缓刑的允许其戴罪立功的规定，可以作出如下规定：

犯前款罪，判处 3 年以下有期徒刑、拘役，没有现实危险宣告缓刑的司法人员，允许其戴罪立功，确有立功表现时，或者连续 3 年以上工作表现优秀的，可以撤销原判刑罚，不以犯罪论处。但是，屡教不改，3 次以上刑讯逼供的，应当剥夺从事司法工作的资格。

增设第 3 款：犯第 1 款罪，确实情节轻微，不需要判处刑罚的，应当经检察机关对案件审查后，依照刑法第 37 条的规定，予以训诫或者责令具结悔过、赔礼道歉，或者由主管部门予以行政处罚或者行政处分。

#### （二）通过立法疏通律师在刑事诉讼中行使法定权限遇阻时的救济渠道

刑事司法实践证明，一些因刑讯逼供造成的重大刑事错案，如果能够认真听取

律师的辩护意见，或可避免悲剧的发生。人的认识能力都是有限的，无论法官、公诉人还是律师，对刑事案件的认识都是有局限性的，都有一个由表及里、由浅入深、不断接近真相的认识过程。三者从不同角度观察问题，有利于考察事物的多个方面，有利于从总体上认识案件事实。因此，在刑事诉讼中依法保障律师发挥职能作用，对于案件的依法正确审理是非常重要的。同时，律师权限的有效行使也有利于刑讯逼供行为的及时发现，有利于刑讯逼供罪法条的实施。为此我们建议，通过立法规定律师职业权限遇阻时的救济渠道。

第一，律师在职业权限遇阻时，可以申请案件所在地的检察机关通过侦查监督排除阻力。检察机关应当受理申请，并在7日内给予答复。

第二，人民法院的判决生效后，如果律师认为确有重大错误，可以层报省级律师协会刑事辩护委员会审查，经过刑事辩护委员会审查和会长办公会议讨论后，如果确认律师的意见具有法律依据和事实依据，应当提请具有管辖权的人民法院予以审查，人民法院应当立案。

（三）改变看守所的隶属关系

看守所改由司法行政机关管辖，有利于刑讯逼供行为的及时发现和纠正，有利于改变刑讯逼供罪法条的虚置状况。看守所人、财、物的管理统归司法行政机关。看守所的执法活动仍由人民检察院进行监督。

# 恐怖主义犯罪早期化介入的正当性根据

郭 虹[*]

进入后"9·11"时代，空前严峻的国际国内反恐形势，促使世界各国反恐立法，尤其是反恐刑法立法的发展。刑法早期化介入作为预防犯罪的代表性立法策略渐受各国立法者的"青睐"与"倚重"。所谓恐怖主义犯罪早期化介入，又称恐怖主义犯罪前置化处置，是指国家在恐怖分子实施犯罪计划之前即予以干预，从而防止行为造成更为严重的后果。[①] 简而言之，即刑法对恐怖主义犯罪行为规制的"时点"提前。

从我国刑法的既有对应来看，在反恐领域投射出的早期化介入倾向也愈发显著。早在1997年《刑法》中就已出现对恐怖主义犯罪早期化介入的端倪；《刑法修正案（九）》（以下简称《刑（九）》）进一步强化了这一倾向。譬如《刑（九）》增设的5种新型涉恐罪名；在网络犯罪领域，增设的网络平台不作为犯罪、网络预备犯罪、网络技术帮助的正犯化犯罪，都鲜明地反映出了介入早期化与积极预防的立法本意。[②]

尽管如此，关于恐怖主义犯罪早期化介入是否有正当性仍没有得到彻底的回答。任何一个正常社会的刑法都应当具备正当性，恐怖主义犯罪早期化介入亦是如此。恐怖主义犯罪早期化介入的正当性根据，是指国家前移刑法规制恐怖活动行为的规范位置有合理的、合目的的根据。笔者试从现实背景、政策考量、理论来源、理论基础四个不同的层面入手，探寻恐怖主义犯罪早期化介入的理论支点，展开对其正当性与合理性的理论追问。

## 一、现实背景

法律的发展需要回应现实或当下社会的需要。[③] 刑法作为法秩序的最有力的社会保护应顺应时事环境的变化而变动。恐怖主义犯罪的早期化介入是根据我国面临的恐怖主义犯罪现实、反恐斗争需要和国际反恐立法潮流做出的适应性调整。

### （一）顺应国际国内反恐现实需要

恐怖主义犯罪除造成巨大的人员伤亡和严重的财产损失之外，令人不寒而栗的精神创伤更是如同梦魇一般压在人们心头，挥之不去。这可从印度尼西亚巴厘岛、

---

[*] 伊犁师范大学法学院讲师。
[①] ［意］弗朗西斯科·维加诺著：《意大利反恐斗争与预备行为犯罪化：一个批判性反思》，吴沈括译，载《法学评论》2015年第5期。
[②] 高铭暄、孙道萃：《预防性刑法观及其教义学思考》，载《中国法学》2018年第1期。
[③] ［美］塞尔兹尼克：《转变中的法律与社会：迈向回应型法》，张志铭译，中国政法大学出版社2004年版，第18页。

## 第一编　新中国成立 70 年来刑事法治和刑法理论的变迁与反思

俄罗斯别斯兰、印度孟买、英国伦敦、美国波士顿、中国昆明、土耳其伊斯坦布尔、法国巴黎、斯里兰卡科伦坡发生的恐怖袭击事件中得到充分的印证。在 2016 年、2017 年这两年间，世界各地平均每月发生 100 多起恐怖袭击事件，① 更为全球笼上了一层恐怖的阴霾。

再将目光转向我国，20 世纪 90 年代之前，恐怖主义犯罪在我国的表现并不突出。但自进入 90 年代以后，受各种因素的影响，与恐怖主义有关的犯罪在我国开始凸显。② 在新疆，以"东突"为代表的民族分裂势力、宗教极端势力和恐怖主义"三位一体"的恐怖势力，沆瀣一气，并对我国构成严重威胁。③ 1990 年 4 月，以新疆阿克陶县发生的"巴仁乡暴乱"为恐怖主义犯罪发端的信号；1990 年 2 月，新疆伊宁发生的"打砸抢"骚乱事件使恐怖主义犯罪进一步升级，"东突"恐怖势力进入了活跃期。整个 20 世纪 90 年代，"东突"恐怖组织在我国新疆境内制造了 250 余起暴力恐怖事件，造成 600 多人伤亡。④ "9·11"事件后，由于国际反恐合作与反恐力度的加大，"东突"恐怖组织开始转向大肆传播"双泛"（泛伊斯兰主义、泛突厥主义）思想，发展组织并鼓吹"圣战"。2009 年，以新疆"7·5"事件为标志，"东突"势力在我国境内制造的恐怖活动再次呈高发态势，且暴恐活动的频率、规模、危害后果都在骤然升级。据媒体不完全统计，仅从 2011 年 7 月至 2014 年 9 月的 3 年多时间，我国境内共发生了 21 起恐怖袭击事件，造成了 200 名被害人死亡，500 多人伤亡。⑤ 其中影响较大的有金水桥"10·28"暴恐案、昆明火车站"3·1"暴恐案、广州火车站"5·6"暴恐案、乌鲁木齐火车站"4·22"和早市"5·30"暴恐案。仅 2013 年和 2014 年，新疆侦破的暴力恐怖组织团伙案就高达 200 起以上。⑥ 2015 年全国各级法院审结危害国家安全、暴力恐怖袭击案件 1084 件，判处罪犯 1419 人，同比上升 99.3%。⑦ 恐怖主义犯罪的高发态势，严重影响社会稳定和人们的安全感，并成为困扰我国当前的棘手问题。⑧

通过对近年来发生的重大恐怖事件进行分析和整理发现，我国恐怖主义犯罪呈现出七大新特点：一是袭击范围由边疆地区向内陆城市蔓延；二是恐怖主义犯罪行为主体多表现为有组织性的预谋犯罪；⑨ 三是恐怖主义借力科技和网络，行为方式

---

① 康均心、李迎春：《我国恐怖主义犯罪立法扩张及边界——兼议"安全刑法观"之提倡》，载赵秉志主编：《刑法论丛》（2018 年第 1 卷），法律出版社 2018 年版。
② 杨正鸣：《民国时期恐怖活动与反恐法律制度研究》，华东政法大学 2005 年博士论文。
③ 冯卫国：《总体国家安全观与反恐对策思考》，载《理论探索》2017 年第 5 期。
④ 《新疆反恐战略流变》，http://news.ifeng.com/shendu/zgxwzk/detail_2014_02/10/33661332_0，最后访问时间：2019 年 3 月 4 日。
⑤ 梅传强、张永强：《我国恐怖活动犯罪现状、特征及防控对策》，载《北京师范大学学报》2015 年第 6 期。
⑥ 贾宇：《中国新疆暴恐犯罪的现状与对策》，载《战略与管理》2015 年第 2 期。
⑦ 《最高人民法院工作报告（2016）》，http://www.china.com.cn/legal/2016-03/21/content_38072747.htm，最后访问时间：2019 年 3 月 5 日。
⑧ 靳高风：《2014 年中国犯罪形势分析与 2015 年预测》，载《中国人民公安大学学报》2015 年第 2 期。
⑨ 王良顺：《关于恐怖犯罪刑事政策的思考》，载张凌、袁林主编：《国家治理现代化与犯罪防控——中国犯罪学学会年会论文集（2014 年）》，中国检察出版社 2014 年版。

日渐升级，致害结果呈几何级增长，作用范围极速扩展；四是极端主义是恐怖犯罪的思想基础，去"极端化"是反恐治本之策；① 五是随着网络恐怖主义犯罪的兴起，"独狼"式恐怖主义成为全球反恐衍生的新难题；② 六是在全球化、信息化背景下，我国本土恐怖分子与国际恐怖势力合流且跨境流动频繁；③ 七是"一带一路"沿线国家恐怖主义犯罪升级，增加了我国海外投资面临的恐怖主义风险。④

然而，我国刑法仅有的组织、领导、参加恐怖组织罪和资助恐怖活动罪两个专属惩治恐怖主义犯罪的罪名远不足以名状恐怖主义犯罪的所有行为特征和犯罪性质，大量的恐怖分子得以逃脱刑法的制裁。恐怖主义犯罪早期化介入是因应我国反恐形势需要进行的针对性立法，也是立法适应恐怖主义犯罪不断发展变化的手段和形态的必然结果。

### （二）域外应对共识

恐怖主义的演变推进国际反恐立法的发展。20世纪60年代至90年代，恐怖主义日渐泛滥，由于国际社会对政治性恐怖主义的含义没有形成定论，只能以"一行为一公约"的立法模式打击恐怖主义犯罪。⑤ 例如，针对劫持航空器行为的《东京公约》(1963)，针对劫持人质行为的《反对劫持人质国际公约》(1979)。此间以色列、英国、美国等国家走在了世界前列，迈出了特别刑法、专门的反恐法立法的步伐。⑥

进入90年代后，恐怖分子倾向于选择"自杀式"炸弹、毒品、生化等高科技手段实施恐怖袭击。为此联合国出台了更为细密的法律规定，如打击恐怖主义爆炸活动的《防止和惩治恐怖主义公约》、切断恐怖主义资金来源的《制止向恐怖主义提供资助的国际公约》、打击跨国恐怖犯罪的《联合国打击跨国有组织犯罪公约》。与之同时，联合国安理会通过了32项与反恐怖主义相关的决议。其中，较为重要的有第1373（2001）号决议，要求各国紧急合作、修改和制定法律打击恐怖主义。各国纷纷通过国内立法来确定恐怖主义犯罪行为，全球迎来了反恐立法的高潮，而且数量惊人，美国更是多达91部。⑦ 第1624号（2005）号决议要求各国禁止煽动实施恐怖行为。对此，德国、澳大利亚等国规定了类似罪名。例如，英国《反恐怖主义法案》(2006)把鼓励恐怖主义的声明的行为定义为刑事犯罪，其范围包括颂

---

① 《新疆维吾尔自治区实施〈中华人民共和国反恐怖主义法〉办法》，http://www.xjpcsc.gov.cn/system/2019/01/09/035526557.shtml，最后访问时间：2019年3月5日。
② 田刚：《我国恐怖主义犯罪的实证分析和未来刑法之应对》，载《法商研究》2015年第5期。
③ 刘健、安宏泽：《恐怖主义犯罪与我国刑法的转型》，载《湖南师范大学社会科学学报》2016年第6期。
④ 阿地力江·阿布来提、古丽阿扎提·吐尔逊：《"一带一路"沿线国家的恐怖主义风险分析及我国的对策》，载《中国人民公安大学学报》2018年第2期。
⑤ 马长山：《国际公约与刑法若干问题研究》，北京大学出版社2004年版，第326-328页。
⑥ 如以色列的《预防恐怖主义条例》(1948)，英国的《北爱尔兰（紧急规定）法》(1973)、《预防恐怖主义（暂行规定）法》(1974)以及美国的《禁止支援恐怖主义活动法》(1984)、《外交安全与反恐怖主义法》(1986)。
⑦ [美]黄锦就、梅建明：《美国爱国者法案：立法、实施和影响》，蒋文军译，法律出版社2008年，第353页。

## 第一编 新中国成立70年来刑事法治和刑法理论的变迁与反思

扬恐怖主义，传发恐怖主义出版物等；① 第2129（2013）号决议要求加强对网络恐怖主义犯罪的打击力度。对此，英国将网络恐怖主义的范畴延伸至利用网络实施恐怖活动的准备行为阶段。② 此外，在区域性国际组织的主持下，欧洲理事会、上海合作组织也通过了一些对区域间反恐合作有现实意义的公约。例如，上海合作组织的《反恐怖主义公约》要求各成员国对恐怖活动的预备行为进行规制。为此，《哈萨克斯坦刑法典》第3条第30项开宗明义地规定了恐怖活动犯罪指涉的范围，③ 总则第24条是关于恐怖活动预备行为可罚性的规定；在分则设置了多个与恐怖活动预备罪有关的罪名。④

综上，世界各国为优化打击恐怖主义犯罪的效果手段，将大量的预备实施恐怖活动、帮助恐怖活动、资助恐怖活动、煽动恐怖主义进行犯罪化，并呈现出"介入的早期化和去边界化"⑤ 的立法趋向。无论是在反恐理论研究，还是在反恐立法方面，我国都与西方发达国家存在差距；既有的立法也带有明显的应急性、碎片化、不完整性和政治性色彩浓厚的倾向。⑥ 恐怖主义犯罪早期化介入正好纾解了先前立法上的困境，在中国参与国际反恐合作法律机制的道路上迈出了重要的一步。

### 二、刑事政策之考量

罗克辛认为，刑事政策的理念与诉求应在刑法体系中得以贯彻，刑法体系的构建应以刑事政策设定的目标为考量。⑦ 因此，恐怖主义犯罪早期化介入不单是一个刑法上的问题，也是对我国当下刑事政策的回应。受"轻轻重重"刑事政策的指引，西方国家采取"又严又厉"的刑事政策来构建本国的反恐法网。我国深受恐怖主义之荼毒，为遏制恐怖主义的滋生与蔓延，从严打击自然成为我国反恐刑事政策和反恐刑事法治的基本走向。

#### （一）以严为主

"宽严相济"作为我国当前基本的刑事政策，其基本内涵是根据犯罪态势的具体情况，进行区别对待，科学、灵活地运用从宽与从严两种手段。⑧ 从宽是指宽松、宽缓。从严是指严密、严厉。⑨ "宽严相济"刑事政策对于惩治恐怖主义犯罪在内

---

① 齐文远、魏汉涛：《英美反恐立法的得失及其启示》，载《中国高校社会科学》2015年第6期。
② 王志祥、刘婷：《网络恐怖主义犯罪及其法律规制》，载《国家检察官学院学报》2016年第5期。
③ ［德］维克托·拉姆拉伊、迈克尔·荷尔、肯特·罗奇、乔治·威廉姆斯：《全球反恐立法和政策》，杜邈译，中国法制出版社、中国政法大学出版社2016年版，第94-99，141-149页。
④ 第259条的"招募和训练人员意图组织恐怖活动"、第260条的"接受恐怖主义培训"、第170条的"招募、训练雇佣军罪"、第171条的"建立雇佣军训练基地罪"。
⑤ ［德］乌尔里希·齐白：《刑法的边界——马普外国与国际刑法研究所最新刑法研究项目的基础和挑战》，周遵友译，载《刑法论丛》2008年第4期。
⑥ 刘仁文：《中国反恐刑事立法的描述与评析》，载《法学家》2013年第4期。
⑦ ［德］克劳斯·罗克辛：《刑事政策与刑法体系》，蔡桂生译，中国人民大学出版社2011年版，第49页。
⑧ 《关于贯彻宽严相济的刑事政策的报告》，http://www.court.gov.cn/shenpan-xiangqing-828.html，最后访问时间：2019年3月4日。
⑨ 王秀梅、赵远：《当代中国反恐刑事政策研究》，载《北京师范大学学报》2016年第3期。

的一切刑事犯罪均具有重要的指导意义,理应视为反恐刑事政策的核心内容。[①] 与普通犯罪不同,恐怖主义犯罪的特殊属性和原因决定了严厉打击是反恐立法的主基调。

晚近刑法对反恐领域的调整,无论是深度与广度,均有从严的烙印。一方面,从广度上看,我国刑法对恐怖活动进行了"全方位"的惩戒,在法网上呈现出由疏到密的变化。《刑(九)》不仅对第120条、第121条进行修改,在第120条之一之后直接增设了5条,在第311条中增加"拒绝提供恐怖主义犯罪证据罪",而且将为参加恐怖活动偷越国边境的行为纳入第322条规制的范围中。通过对这些条文进行分析与比较,发现这些修改具有以下特点:一是预备行为实行化;[②] 二是帮助行为正犯化;[③] 三是关联行为犯罪化。此外,法网的严密还表现在反恐刑事立法对个罪的严密,不仅对事中行为进行规制(如劫持航空器罪),更加注重对事前行为的介入(如准备实施恐怖活动罪),还有对事后行为的干预(如拒绝提供恐怖主义犯罪证据罪)。此外,我国刑法注重削弱恐怖主义的经济来源,不仅将资助恐怖活动培训的行为纳入犯罪圈,而且为防止恐怖主义犯罪的违法所得合法化,还将恐怖主义犯罪增列为洗钱罪的上游犯罪。[④] 另一方面,从深度上看,我国反恐刑法的惩罚力度在不断加大。我国刑法不仅有将恐怖分子列入特殊累犯范围的规定,也有对组织和领导恐怖组织的法定最高刑设置为无期徒刑的规定,还有为恐怖主义犯罪设置死刑的规定(劫持航空器造成严重后果的直接处死刑)。此外,《刑(九)》对除"拒绝提供间谍犯罪、恐怖主义犯罪、极端主义犯罪证据罪"外的涉恐犯罪均设定了财产刑(罚金或者没收财产);并且,预备行为、帮助行为、持有行为等"正犯化"以后的法定刑比作为预备犯、帮助犯等论处的法定刑要高。

由此可见,我国刑法对涉恐犯罪的每一项修改都鲜明地反映出立法者从严惩治恐怖犯罪的立法意愿。从严打击恐怖犯罪自然成为主色调。[⑤] 从严的背后不仅隐藏着反恐立法与社会现实的对接和动态调整,[⑥] 也是对国际社会反恐协作积极回应的重要表现。[⑦]

### (二)打早打小

"打早打小"是我国现阶段大力推行的反恐新刑事政策,基本内涵包含打"早"和打"小"两个方面。打"早"是指在暴力恐怖活动行动之前就予以摧毁。[⑧]

---

① 黄明儒、向夏厅:《论从严刑事政策在防治恐怖活动犯罪中的运用》,载《佛山科学技术学院学报》2015年第1期。
② 何荣功:《"预防性"反恐刑事立法思考》,载《中国法学》2016年第3期。
③ 张明楷:《论〈刑法修正案(九)〉关于恐怖犯罪的规定》,载《现代法学》2016年第1期。
④ 杜邈:《中国反恐立法的回顾与展望》,载《西部法学评论》2012年第1期。
⑤ 魏汉涛:《从严反恐刑事政策之风险及其应对之策》,载《武汉科技大学学报》2018年第4期。
⑥ 吴亚可:《我国恐怖主义犯罪的立法规整方式检讨——反恐特别刑法之提倡》,载赵秉志主编:《刑法论丛》(2016年第4卷),法律出版社2017年版。
⑦ 张磊:《我国恐怖主义犯罪刑事立法政策的反思与展望》,载《暨南学报》2018年第5期。
⑧ 苏楠:《郭声琨:坚持打早打小、露头就打原则抓好反恐维稳工作》,载《人民日报》2013年8月23日。

## 第一编　新中国成立 70 年来刑事法治和刑法理论的变迁与反思

主要表现为将刑法的介入时点提前，从实害阶段前移至具有处罚必要性的危险状态阶段。"小"是指在恐怖组织犯意较弱、规模较小、危害较小、抗打击能力不强的时候将其打掉。① 主要表现为将犯罪活动消灭在萌芽状态，防止坐大，避免后续具有必然联系的重大损害发生。

2016 年《反恐怖主义法》确立了国家对恐怖犯罪"打早打小"的立场。《刑（九）》将具体恐怖活动的预备或预备的预备行为作为实行行为;② 规定涉恐煽动型犯罪、宣示型犯罪、网络持有型犯罪,③ 凸显了"打早打小"政策。国家领导人讲话、政府报告中也能反映出一国刑事政策的价值取向。习近平主席在晚近会议和活动中多次强调要秉持依法"严厉打击"、"零容忍态度"、"打早打小打苗头"的反恐态度。④ 这也从侧面说明了我国倾向于对恐怖主义犯罪运用"打早打小"、"严厉打击"的刑事政策。我国在司法工作中也充分贯彻这一政策，新疆仅在 2015 年就摧毁了 181 个暴恐团伙，112 名潜逃人员自首，96.2% 的暴恐团伙被摧毁在预谋阶段,⑤ 这就是"打早打小"刑事政策在实践中的体现。2018 年中国的安全指数为 5.108 分，位居全球第 36 位，同比上年下降了 5 位，首次从较高风险国家下降为中等风险国家。⑥ 这也充分说明和印证了我国恐怖主义犯罪立法的规制策略之目的。

总而言之，恐怖主义犯罪的早期化介入正是以"宽严相济、以严为主"和"打早打小"刑事政策为指导的一种立法举措，为我国从严惩治恐怖主义犯罪提供了明确的法律依据。

### 三、理论来源

当下风险社会理论俨然成为诠释当代社会发展特征的全新范式。⑦ 运用风险社会理论认知和解决社会发展过程中出现的问题亦成为一种比较常用的方法。故在对恐怖主义犯罪早期化介入正当性探求的过程中必然也离不开"风险社会"这一语境。

按照德国社会学家贝克对"风险社会"的解读，随着现代科技的发展，源于人类活动产生的诸如放射性物质、恐怖主义、环境污染、食源疾患等风险及危机，对人类的生存和发展已经构成严重的威胁，我们已经身不由己地步入风险社会。⑧ 风险社会的"风险"具有人为性、全球性、不可感知性、难以预测性以及严重性等特

---

① 骆多:《涉黑犯罪"打早打小"政策运用之反思》，载《江西警察学院学报》2014 年第 4 期。
② 王新:《〈刑法修正案（九）〉第 120 条前置化规制的法理探析》，载《北方法学》2016 年第 3 期；胡霞:《国家安全观视阈下刑法的预防性路径研究》，载《中国刑事法杂志》2017 年第 5 期。
③ 梅传强:《我国反恐刑事立法的检讨与完善——兼评〈刑法修正案（九）〉相关涉恐条款》，载《现代法学》2016 年第 1 期。
④ 高原:《中国新警务改革路在何方》，载《法治周末》2014 年 5 月 21 日。
⑤ 《新疆 1 年就打掉 182 个团伙 96.2% 被摧毁在预谋阶段》，http://www.xinhuanet.com//politics/2015-05/25/c_1115395738.htm，最后访问时间：2019 年 3 月 4 日。
⑥ 马愿:《2018 年全球恐怖主义指数报告解读》，载《国际研究参考》2019 年第 2 期。
⑦ 邵博文:《晚近我国刑事立法趋向评析——由〈刑法修正案（九）〉展开》，载《法制与社会发展》2016 年第 5 期。
⑧ ［德］乌尔里希·贝克:《风险社会》，何博闻译，译林出版社 2004 年版，第 13 页。

点。刑法如果不及时介入，风险一旦现实化，其对共同体安全造成的破坏将是社会难以承受的。正因为上述特征的存在，引发了人们对安全的担忧，并日渐强烈地主张由国家出面针对（潜在风险）加害者采取严厉措施，借以回避风险。① 刑法不仅内含国家存在、发展中所面临的各种风险和应对思路，② 其所固有的强制性和工具性在一定程度上更加符合人们的期许。因此，防控风险、保障安全成为立法者制定惩治恐怖主义犯罪立法时必须考虑和遵守的基础规则

恐怖主义犯罪具有的政治复杂性、隐蔽性与突发性、不确定性与不可控性以及全球性等特质正好契合贝克"风险社会"语境中的"风险"的特征。近年来，无论是发生在国外的"9·11"事件，还是发生在国内的金水桥暴恐事件，行为人都具有顽固不化的宗教狂热思想，且丧失了判断其行为是否正当的能力;③ 在袭击对象上呈现出随意性和无差别化,④ 并且为达到"剧场效应"营造社会恐慌氛围不择手段;⑤ 在目标上是以让更多人死，又让更多人看，传递恐吓信息并迫使国家做出政治立场的退让和妥协;⑥ 在危害性上恐怖主义犯罪一旦发生便是不可控的、灾难性的后果。综上，恐怖主义犯罪行为人正是现代"风险"的制造者。尽管迷信恐怖主义和极端主义的恐怖分子将自己的行为视为是"道德"的，但无论具有什么样的目的、信仰，只要用残忍和恐怖手段肆意践踏人权、戕害无辜生命、攻击民用设施都是非法的。恐怖主义已经成为了超越国家制度和意识形态的人类社会的公敌，是国际社会共同打击的对象。⑦ 故将恐怖主义犯罪视为风险社会的一个客观产物，不无道理。

基于消除恐怖主义风险的考量，《刑（九）》在反恐领域选择了与域外国家极为相似的立法方式，对结果犯之前阶段，广泛实施处罚化。⑧ 具体表现为：一是将更多的涉恐行为犯罪化，将预备行为实行化、帮助行为正犯化，即将原本预备犯、共同犯罪中的帮助犯作为独立罪的正犯加以处罚。前者如"准备实施恐怖活动罪"（第120条之二）。后者如"帮助信息网络犯罪活动罪"（第287条之二）。二是降低恐怖犯罪入罪门槛，只要实施了刑法上的具有危险性的行为就直接规定为犯罪（抽象危险犯），如涉及恐怖主义、极端主义思想宣传行为的（第120条之三），利用极端主义思想教唆、胁迫实施具体侵害行为的（第120条之四）。由此可见，上述罪名设置是"风险刑法"理论的具体体现。

---

① 许福生：《论风险社会与犯罪治理》，载《刑事法杂志》（中国台湾）2010年第4期。
② 胡霞：《国家安全视阈下刑法的预防性路径研究》，载《中国刑事法杂志》2017年第5期。
③ 黎宏：《〈刑法修正案（九）〉中有关恐怖主义、极端主义犯罪的刑事立法——从如何限缩抽象危险犯的成立范围的立场出发》，载《苏州大学学报》2015年第6期。
④ 屈耀伦：《风险社会下我国反恐立法和策略的检讨与完善》，载《北方法学》2018年第1期。
⑤ 李栋：《我国恐怖活动犯罪特点与防控策略研究》，载《净月学刊》2017年第2期。
⑥ 皮勇：《全球化信息化背景下我国网络恐怖活动及其犯罪立法研究——兼评我国〈刑法修正案（九）〉（草案）》，载《政法论丛》2015年第1期。
⑦ 李瑞生、马悦寰：《中亚极端宗教型恐怖犯罪及其预防》，载《环球法律评论》2013年第1期。
⑧ [韩]金日秀：《风险刑法、敌人刑法与爱的刑法》，郑军男译，载《吉林大学社会科学学报》2015年第1期。

# 第一编　新中国成立 70 年来刑事法治和刑法理论的变迁与反思

尽管有学者以《刑（九）》为例，指出当前刑事立法充斥着严重的情绪立法的重刑主义色彩；① 有学者发出"违法相对性理论崩溃"的喟叹；② 也有学者干脆直截了当地表达，我国应当停止犯罪化的刑事立法；③ 还有学者一方面认可刑法早期化介入的积极作用，另一方面却又指出部分条款有"过分追求重刑威慑"不当扩张犯罪圈之嫌。④ 我们认为，上述质疑受到"保守"传统立法观藩篱的束缚，只有着手实行时刑法方介入，而忽视了恐怖主义犯罪的准备活动、非法持有、强制穿戴等危险行为的独立性与反秩序性，故其令人难以信服。在恐怖主义犯罪立法早期化介入已成必然的今天，我们不应再纠结刑法的介入是积极一些还是保守一些的问题？因为刑法与从根源上思考问题的犯罪学、刑事政策学不同，其更具有现实性、迫切性和权宜性。故在风险社会这一语境下，我们关注的问题应该是刑法"涉恐"条款与《关于加强反恐工作有关问题的决定》、《反恐怖主义法》之间如何协调与衔接？⑤ 如何把握刑法反恐立法的界限和限度？⑥ 从而确保将预防风险作为己任的风险刑法不会对现行刑法理论带来额外的冲击。

风险刑法理论的正当性还在于承认风险刑法并不意味着是对传统刑法的全盘颠覆与摒弃。毕竟刑法不是万能的，风险刑法的调控范围亦是有限的，它只能就那些对社会生活存在巨大潜在威胁的风险犯罪采取提前介入。我们既不能寄希于风险刑法解决所有的社会风险问题，也不能全面否定风险社会与风险刑法。风险社会是对目前人类所处时代特征的形象描述，是社会存在的客观状态，也是社会继续存在的基础。在恐怖主义犯罪的规制上，强化刑法对秩序和安全价值加以保护注定是主导，即使最终会适当牺牲法治国自由，其仍不失为国家的理性选择。

综上所述，风险社会及其风险刑法观为我国恐怖主义犯罪立法提供了坚实的现实和理论基础。

## 四、理论基础

在风险时代的今天，刑法不再以具有法益侵害或危险的结果为要件，而是重点对行为的非价进行判断，以制裁手段恫吓、震慑带有社会风险的行为，从而保证共同体的安全。正如德国刑法学家普里特维茨所认为的，风险刑法的处罚对象由"结果恶"演变为"危险行为恶"。⑦ 风险刑法为应对"风险"，采取增设预备犯、危险

---

① 刘宪权：《刑事立法应力戒情绪——以〈刑法修正案（九）〉为视角》，载《法学评论》2016 年第 1 期。
② 孙万怀：《违法相对性理论的崩溃——对刑法的前置化立法倾向的一种批评》，载《政治与法律》2016 年第 3 期。
③ 刘艳红：《我国应当停止犯罪化的刑事立法》，载《法学》2011 年第 11 期。
④ 王志远：《〈刑法修正案（九）〉的犯罪控制策略视野评判》，载《当代法学》2016 年第 1 期。
⑤ 卢有学、吴永辉：《我国刑法"涉恐"条款的系统化分析——兼评〈刑法修正案（九）〉的相关条款》，载《海峡法学》2016 年第 1 期。
⑥ 姜敏：《刑法反恐立法的边界研究》，载《政法论坛》2017 年第 5 期。
⑦ 魏东、何为：《风险刑法理论检讨》，载赵秉志主编：《刑法论丛》（2013 年第 3 卷），法律出版社 2013 年版。

犯，扩大犯罪圈，降低犯罪认定难度等措施，这种理念与行为无价值的行为中心思想不谋而合。违法性是成立犯罪的一个必不可少的要件。违法性的判定标准究竟是法益侵害说还是行为规范违反说，理论界聚讼不已。对行为无价值论与结果无价值论对立关系的探讨，为我们理解违法性提供了一个重要视角。① 在风险社会语境下，该方法论为我们深入理解恐怖主义犯罪立法的走向提供了一个全新的视角。

结果无价值认为刑法的目的是保护法益，法益侵害或危险是评价违法性的基准，② 即刑法之所以介入某种行为，在于该行为具有严重的法益侵害性，原有的刑法规范无法规制，或者难以进行全面而明确的规制。故结果犯与具体危险犯的设置在结果无价值中可以找到合理的定位，但风险社会中不断出现的如恐怖犯罪的预备犯、举动犯、持有犯、抽象危险犯的设置在结果无价值中却难以找到合理的定位，饱受批判和质疑，结果无价值的结果中心主义论调与风险刑法的早期干预理念相冲突，而行为无价值则为此提供了合理、正当的解释。行为无价值侧重于法律伦理规范的提倡，行为规范违反性是违法性判断标准。③ 在行为无价值与结果无价值的分庭抗礼中，学者又根据是否将结果与行为一同视为违法性评价要素，将行为无价值又细化为一元行为无价值和二元行为无价值。一元行为无价值主张违法性的根据在于行为人的主观恶性及行为本身的样态。结果无价值只是判断违法性的一个资料，充其量不过是客观的处罚条件。④ 由于一元行为无价值将"结果"排除在违法性判断之外，对于刑法中规定的结果犯而言，明显有违罪刑法定原则；另外从某种程度上讲，若以一元行为无价值立场，更容易造成刑罚圈的无限扩张，因而主张者已寥寥无几。刑法规定的强制穿戴型犯罪、非法持有型犯罪、煽动型犯罪、宣示型犯罪等罪名，都是基于现代"恐怖主义"显在的意识形态特征而被犯罪化处理的。⑤ 一元行为无价值很难对上述恐怖主义犯罪的外围行为的犯罪化做出一个稳妥、合理的解释。因此，一般现在所言的行为无价值都是指二元行为无价值。

二元行为无价值对一元行为无价值与结果无价值进行调和与创新。该理论认为，违法性不仅要满足结果无价值，还要满足行为无价值方能成立。换言之，认定行为的违法性时必须同时考虑二者，二者共同成为违法性的依据。正如日本刑法学家大塚仁所言，只有通过一并考虑结果无价值和行为无价值，才能正确地评价违法性。⑥ 其中以结果无价值为违法性的判断基础，同时考量部分行为无价值，以行为、行为人的不法作为限制违法性范围的是结果无价值的二元论；以行为无价值为基础，同时考虑结果无价值，并将法益侵害或者作为限制违法性范围的是行为无价值的二元论。无论持上述哪种立场，对违法性的判断均起到限制作用，从某种程度上

---

① [日]山口厚：《日本刑法学中的行为无价值论与结果无价值论》，金光旭译，载《中外法学》2008年第4期。
② 张明楷：《行为无价值论与结果无价值论》，北京大学出版社2012年版，第17页。
③ 周光权：《风险社会行为无价值论的中国展开》，法律出版社2015年版，第30页。
④ 周啸天：《行为、结果无价值理论哲学根基正本清源》，载《政治与法律》2015年第1期。
⑤ 倪春乐：《"预防性"正义及其风险——中国反恐刑事立法审视》，载《上海政法学院学报》2018年第2期。
⑥ [日]大塚仁：《刑法概说（总论）》，冯军译，译林出版社2003年版，第350页。

讲，二者在违法性的考量上都是一种优势互补。① 尽管有学者指出在判断具体问题时，二元行为无价值背叛了自己的学说要旨，难免陷入了一元行为无价值的窠臼。例如，在偶然防卫场合，依据彻底的结果无价值得出不成立犯罪的结论；而依据二元无价值论就出现了偶然防卫成立既遂犯罪。② 这样一来，二元行为无价值本身标榜的限定违法性成立范围就完全变了样，在没有造成任何不法结果的情况下，依然因违反规范而认定成立犯罪，不仅没有限缩反而扩大了处罚范围。③ 对此，有学者指出二元行为无价值只是否定在反规范意图支配下实施的反规范行为，并没有否认偶然防卫客观结果正当性的一面，因而偶然防卫认定为犯罪未遂，而非结果无价值的无罪处理，更非一元行为无价值的犯罪既遂结论。④ 综上，二元行为无价值在判断偶然防卫问题上得出的结论是辩证的，是全面的。因此，笔者支持以二元行为无价值作为违法性的判断依据，因为它在限缩处罚范围的同时，为我们判断偶然防卫违法性问题提供了一个更全面、更辩证的视角。尽管恐怖主义的持有行为、语言表达行为、预备行为等并未造成直接的法益侵害或者危险，但却有引起法益侵害的抽象危险。正因为如此，立法者把前述论及的行为单独成罪予以刑法禁止，充分体现了立法者出于对社会保护的立法本意，完全契合了二元行为无价值的论调。

然而，此举引起了学界的"抵牾人权保障"⑤、"象征性回应立法"⑥、"犯罪化立法的过度"⑦ 等诸多隐忧，这些担忧实质是将逻辑建立秩序与自由是两种完全相反属性的基本需求上，如果站在秩序维护不得克减公民权利的立场上考察，⑧ 学者们的担忧似乎并不无道理。但是，笔者并不认可这一论调，因为刑法对社会保护的青睐并不必然意味着是对人权保障的舍弃。两者都是刑法的基本机能，也是立法者难以选择，但又必须面对的两种价值取向。无论是哪一种犯罪类型，都会面临着两种机能抵牾的质疑。事实上，两者并非一种非此即彼的存在，而是一种动态的调和状态。⑨ 在不同时期，针对不同对象做出适度侧重其中一种机能，但又不能完全舍弃另一种机能的价值取舍。

当前，恐怖主义日渐猖獗，其危害性日趋严重，出于公众日趋严重的紧张情绪以及对安全的急切呼吁，刑法将无实害、微害行为等单独视为犯罪，在恐怖主义犯罪的规制上偏向社会保护机能，这是立法者在恐怖主义犯罪肆虐的现实下采取的应对之策，体现了二元行为无价值立法思想的逐渐成熟与全面贯彻。从公众生存需要角度考察，刑法侧重社会保护机能更能有效地遏制恐怖主义的蔓延，平息公众内心

---

① 王耀忠：《恐怖主义犯罪立法中的行为无价值与正当性》，载《法律科学》2018 年第 5 期。
② [日] 大塚仁：《刑法概说（各论）》，冯军译，中国人民大学出版社 2003 年版，第 25 页。
③ 黎宏：《行为无价值批判》，载《中国法学》2006 年第 2 期。
④ 王耀忠：《恐怖主义犯罪立法中的行为无价值与正当性》，载《法律科学》2018 年第 5 期。
⑤ 姜敏：《刑法反恐立法的边界研究》，载《政法论坛》2017 年第 5 期。
⑥ 刘艳红：《象征性立法对刑法功能的损害——二十年来中国刑事立法总评》，载《政治与法律》2017 年第 3 期。
⑦ 齐文远：《修订刑法应避免过度犯罪化倾向》，载《法商研究》2016 年第 3 期。
⑧ 麻美英：《规范、秩序与自由》，载《浙江大学学报》2000 年第 6 期。
⑨ 高丽丽：《恐怖犯罪刑法规制之理论进路与规范解构》，载《河南警察学院学报》2018 年第 3 期。

的恐慌，这不仅不是对人权保障机能的忽视，反而是在尊重人权的基础上做出的立法抉择，因此，并不应当对其进行质疑。但同时为防止倒向极端的社会防卫，也要把握好反恐刑法立法的介入限度，以便更好地发挥结果无价值的制衡作用。

## 五、结语

通过前文对恐怖主义犯罪早期化介入正当性根据的理论考察，不难看出，恐怖主义犯罪早期化介入在当今世界各国广泛存在并焕发出蓬勃的生命力并非出于偶然，而是确有其深厚的理论基础与正当性根据。从现实背景来看，恐怖主义犯罪早期化介入正是因应我国反恐的现实需要进行的针对性立法，纾解先前立法上的困境，也是对国际共识和世界经验的回应；从刑事政策考量，坚持"以严为主"、"打早打小"的反恐刑事政策，既是"宽严相济"基本刑事政策内在要求的体现，也是积极回应国际社会反恐协作的重要表现；从理论来源看，风险社会及其风险刑法观为恐怖主义犯罪早期化介入提供了现实和理论基础；从理论基础来省察，二元行为无价值论为恐怖主义犯罪早期化介入提供了证成的理由。

在我国坚持总体国家安全观……统筹恐怖主义威胁……坚决维护国家主权、安全、发展利益的今天，① 恐怖主义犯罪早期化介入无疑是对新时期我国的国家安全战略思想的贯彻，反映了刑法对安全价值的追求。

---

① 《中国共产党第十九次全国代表大会开幕习近平作报告》，http://www.china.com.cn/19da/2017-10/18/content_ 41754142.htm，最后访问时间：2019年3月9日。

第一编　新中国成立 70 年来刑事法治和刑法理论的变迁与反思

# 我国反恐刑法的立法变迁

李　梁* 褚　雨**

"恐怖主义"的词根"恐怖"最早出现在法国，恐怖一词是指雅各宾派在法国大革命时期的一种统治手段。非国家的恐怖主义自 19 世纪末 20 世纪初也逐渐发展起来。非国家的恐怖主义通过采取暗杀、劫持航空器等方式实施恐怖主义犯罪活动，2001 年美国发生的"9·11"事件是有史以来最严重的一次恐怖袭击。在恐怖主义犯罪日益猖獗的今天，我国亦深受其害。我国目前面临的恐怖主义威胁主要来自国际恐怖势力、民族分裂势力及宗教极端势力，此"三股势力"实施了杀人、纵火、爆炸等一系列恐怖活动，严重侵害我国公民的生命财产安全，破坏我国社会的和谐与稳定。面对频发的恐怖袭击事件，我国立法者逐步加快惩治恐怖主义犯罪的立法步伐。我国立法机关自颁布 1997 年刑法典以来，先后通过《刑法修正案（三）》、《刑法修正案（八）》、《刑法修正案（九）》、《反恐怖主义法》。逐步完善我国的反恐法律体系，为防控恐怖主义犯罪提供了法律依据。我国虽在遏制恐怖主义犯罪日益猖獗的势头方面取得了一定的成绩，但我国在刑法立法和刑事司法实践中仍然存在不足，完善刑法立法和弥补刑事司法中的缺憾对恐怖主义犯罪的规制具有极为重要的现实意义。恐怖主义的发展历史、恐怖主义犯罪的形成原因以及恐怖主义犯罪与极端主义行为的联系与区别是研究恐怖主义犯罪必不可少的内容。

## 一、我国反恐刑法的孕育与诞生

### （一）反恐刑法的孕育

1979 年之前，因"文化大革命"而导致立法工作停顿了下来，公检法被砸烂，法制破坏殆尽，立法工作百废待兴。1979 年 7 月 1 日，历时 25 年 38 稿，《中华人民共和国刑法》终于在第五届全国人大第二次会议上表决通过，从而结束了新中国没有刑法典的历史。③ 在制定刑法的当时，恐怖活动犯罪还没有形成影响我国社会稳定的明显因素；决定了 1979 年刑法典中不可能有关于惩治恐怖活动犯罪的专门条款。所以，在今天看来属于恐怖活动犯罪的行为，在当时则大部分归属于反革命罪。例如，1979 年刑法典第 95 条规定："持械聚众叛乱的首要分子或者其他罪恶重大的，处无期徒刑或者十年以上有期徒刑；其他积极参加的，处三年以上十年以下有期徒刑。"第 99 条规定："组织、利用封建迷信、会道门进行反革命活动的，处五年以上有期徒刑；情节较轻的，处五年以下有期徒刑、拘役、管制或者剥夺政治

---

\* 中央民族大学法学院副教授，法学博士。
\*\* 中央民族大学法学院 2018 级刑法专业硕士研究生。
③ 高铭暄：《中华人民共和国刑法的孕育诞生和发展完善》，北京大学出版社 2012 年版，第 3 页。

权利。"第 100 条规定,以反革命为目的,劫持船舰、飞机等,处无期徒刑或者 10 年以上有期徒刑;情节较轻的,处 3 年以上 10 年以下有期徒刑。20 世纪中后期,冷战结束,国际社会出现了恐怖主义犯罪活动,且日益泛滥。面对新的犯罪形势,国际社会为凝聚各国力量共同打击恐怖犯罪而缔结了一系列国际条约。我国经全国人民代表大会常务委员会于 1987 年 6 月通过了《关于对中华人民共和国缔结或者参加的国际条约所规定的罪行行使刑事管辖权的决定》,该决定首次以国内法的形式对我国所承担的国际义务(当然包括反恐国际义务)作出了明确规定。全国人大常委会于 1992 年 12 月 28 日通过了《关于惩治劫持航空器犯罪分子的决定》以单行刑法的形式规定。中华人民共和国主席令第六十七号文件的内容为:"为了惩治劫持航空器的犯罪分子,维护旅客和航空器的安全,以暴力、胁迫或者其他方法劫持航空器的,处十年以上有期徒刑或者无期徒刑;致人重伤、死亡或者使航空器遭受严重破坏或者情节特别严重的,处死刑;情节较轻的,处五年以上十年以下有期徒刑。"这是对我国参加国际反恐公约的回应。这一立法取消了 1979 年刑法典以"反革命"为目的的要求,明确了劫持行为的"暴力、胁迫或者其他方法"将劫持的行为对象由"飞机"扩充为"航空器",扩大了刑法的保护范围。由上述内容可以看出,在 1997 年刑法修订之前,我国刑法典中没有专门的反恐刑法规范。我们认为,我国的反恐刑法正在孕育之中。

(二)反恐刑法的诞生

随着国际恐怖主义的日益猖獗和不断渗透,国内以"东突"分裂势力为核心的恐怖犯罪活动日益泛滥,严重影响了我国的社会安宁。在此需要说明的是,该组织已于 2002 年 9 月被联合国列为恐怖组织。1997 年刑法典增设了专门惩治恐怖活动犯罪的罪刑规范,即规定了具体的罪名和量刑标准。如 1997 年刑法典第 120 条规定:"组织、领导和积极参加恐怖活动组织的,处三年以上十年以下有期徒刑;其他参加的,处三年以下有期徒刑、拘役或者管制。犯前款罪并实施杀人、爆炸、绑架等犯罪的,依照数罪并罚的规定处罚。"1997 年刑法典第 120 条可否称之为"我国反恐刑法"的正式诞生?

1997 年刑法典第 120 条有关恐怖活动犯罪的刑事立法能否称为我国反恐刑法的正式诞生?杜邈博士持肯定观点,[①] 也有学者认为 1997 年刑法典第 120 条不足以说明我国反恐刑法的诞生,而是反恐刑法的萌芽阶段,如牛忠志教授持此观点,理由是 1997 年刑法典只有一个纯正的反恐刑法规范,难以标志我国反恐刑法的诞生。牛忠志教授认为"1997 年刑法典第 120 条仅有的一个纯正的反恐刑法规范,尚不足以体现和揭示我国反恐刑法的立法目的,也很难承载和发挥我国反恐刑法的任务和功能。"[②] 我国著名刑法学家高铭暄先生认为,我国 1997 年刑法典第 120 条既可以说是反恐刑法的诞生也可以说是反恐刑法的萌芽。两者基本一致,如果非得说是诞生还是萌芽?应该属于反恐刑法的诞生。

---

[①] 杜邈:《反恐刑法立法研究》,法律出版社 2009 年版,第 218 页。
[②] 赵秉志、莫洪宪、齐文远主编:《刑法改革中刑法与行政法的关系问题研究》,中国人民公安大学出版社 2016 年版,第 816 页。

笔者赞同高铭暄先生的观点，理由是1997年刑法典第120条规定的"组织、领导和参加恐怖组织罪"体现了我国刑事立法的目的、任务和功能等基本原理。随着刑事法治的进步和刑事立法的精细化或者具体化，刑法具体化非常凸显，如经济刑法、环境刑法、行政刑法、科技刑法、交通刑法、反恐刑法和国际刑法等。笔者认为，这都是刑法的具体化，不会影响刑法典的统一性和完整性。这些分支刑法也是由诸多具有一定的共同属性的刑法规范所组成的。

## 二、我国反恐刑法的进一步发展

2001年9月11日，美国遭受恐怖袭击，这一天是美国政府及人民心中永远的痛。就在这一天，当今这个世界上唯一的超级大国遭遇了迄今为止人类历史上最为严重的恐怖袭击。国际恐怖主义犯罪对和平与安全的严重威胁得到各国前所未有的重视。我国也不例外，我国迅速加入了《制止恐怖主义爆炸事件的国际公约》和《制止向恐怖主义提供资助的国际公约》，并且还签署了《打击恐怖主义、分裂主义和极端主义上海公约》。为了严惩恐怖活动犯罪，切实保障国家和人民生命、财产安全，维护社会秩序，2001年12月29日全国人大常委会通过并公布了《刑法修正案（三）》，对1997年刑法作出补充修改。

### （一）《刑法修正案（三）》与反恐刑法的发展

《刑法修正案（三）》增设了一定数量的反恐刑法规范，标志着我国对恐怖主义犯罪的高度重视，《刑法修正案（三）》开宗明义地阐明了本次刑法修正案的目的是"惩治恐怖活动犯罪"。《刑法修正案（三）》完善了我国惩治恐怖主义犯罪的刑事立法，《刑法修正案（三）》修订的内容主要体现在以下几个方面：

1. 《刑法修正案（三）》将刑法典第120条第1款修改为"组织、领导恐怖活动组织的，处十年以上有期徒刑或者无期徒刑……"将原来的"三年以上十年以下有期徒刑"提高到"十年以上有期徒刑或无期徒刑"。此修改旨在严厉打击恐怖组织的领导、决策层和骨干、核心成员。

2. 增设资助恐怖活动组织罪作为第120条之一："资助恐怖活动组织或者实施恐怖活动的个人的……单位犯前款罪的，对单位判处罚金，并对其直接负责的主管人员和其他直接责任人员，依照前款的规定处罚。"① 此罪的增设意在切断恐怖组织或者个人的经济来源。

3. 《刑法修正案（三）》把恐怖活动犯罪列入洗钱罪的上游犯罪，此次修改的宗旨在于阻止恐怖活动犯罪所得之物、所生之物或者恐怖组织的受赠之物的流动，意在切断恐怖活动犯罪者的经济来源。

4. 《刑法修正案（三）》增设了"投放虚假危险物质罪"、"编造、故意传播虚假的恐怖信息罪"。因为"9·11"恐怖袭击事件发生后，在美国和其他一些西方国家相继出现过炭疽事件，制造"白粉恐慌"社会效应，足以在群众中制造恐怖

---

① 王志祥、刘婷：《恐怖活动犯罪刑事立法评析——以〈刑法修正案（九）〉为重点的思考》，载《法治研究》2016年第3期。

气氛,扰乱社会秩序。鉴于此,我国《刑法修正案(三)》将达到"严重扰乱社会秩序"程度的这类行为予以犯罪化并设置相应的刑罚。

### (二)《刑法修正案(八)》与反恐刑法的发展

2011年5月1日施行的《刑法修正案(八)》对特别累犯的范围进行了扩大。首先,增加了恐怖活动犯罪、黑社会性质的组织犯罪的犯罪分子构成特别累犯的规定。① 其次,修正案中新增了对于有组织暴力犯罪被判处死缓的犯罪分子限制减刑的条款。② 再次,修正案修改了缓刑制度,增加规定"犯罪集团的首要分子"不适用缓刑。③ 最后,修改了假释制度,增加规定了"强奸、放火、投放危险物质或者有组织的暴力性犯罪"。④ 恐怖主义犯罪大多都是恐怖主义组织实施的有组织犯罪,恐怖主义组织通过杀人、放火、投毒、爆炸等暴力手段进行恐怖活动,所以修正后的条款对打击恐怖主义犯罪也有很大的现实司法意义。

### (三)反恐规定与反恐刑法的发展

2011年全国人大常委会通过的《关于加强反恐怖工作有关问题的决定》的立法目的是"加强反恐怖工作,保障国家安全和人民生命、财产安全,维护社会秩序"。其第1条表明了中国对待恐怖主义的基本立场:"国家反对一切形式的恐怖主义,坚决依法取缔恐怖活动组织,严密防范、严厉惩治恐怖活动。"对恐怖活动和恐怖活动组织、恐怖活动人员的基础性概念进行了界定,明确了反恐工作的领导机构和组织力量,确立了恐怖活动组织和人员名单的认定和公布制度,并完善了涉恐资产的冻结制度。综上所述,该规定的出台构成了我国反恐刑法的基础,标志着我国反恐刑法的新发展。

## 三、我国反恐刑事立法的最新发展

近年来,"东突"恐怖分子愈加猖獗,在我国新疆、云南等地制造多起暴力恐怖袭击事件,由此给经济发展、社会秩序和人民生命安全造成了严重的危害后果。⑤ 多起暴恐犯罪的发生对反恐刑事立法提出了前所未有的紧迫需求,《刑法修正案(九)》以扩大恐怖活动犯罪圈加重刑罚的方式应对恐怖主义风险,体现了风险刑法所具有的刑事处罚早期化、严厉化的特征。

---

① 《刑法修正案(八)》第7条规定:"危害国家安全犯罪、恐怖活动犯罪、黑社会性质的组织犯罪的犯罪分子,在刑罚执行完毕或者赦免以后,在任何时候再犯上述任一类罪的,都以累犯论处。"

② 《刑法修正案(八)》第4条规定:"……对被判处死刑缓期执行的累犯以及因故意杀人、强奸、抢劫、绑架、放火、爆炸、投放危险物质或者有组织的暴力性犯罪被判处死刑缓期执行的犯罪分子,人民法院根据犯罪情节等情况可以同时决定对其限制减刑。"

③ 恐怖活动犯罪在多数情况下是由有组织的犯罪集团所为,立法增加规定"犯罪集团的首要分子"不适用缓刑的规定,这有利于严惩恐怖活动犯罪的首要分子。

④ 由于恐怖活动犯罪大多是暴力性且有组织的犯罪,很可能实施"放火、投放危险物质或者有组织的暴力性犯罪"。所以,该修改虽然不是针对恐怖活动犯罪的,但也确实有利于对恐怖活动犯罪的严厉打击。

⑤ 据有关部门统计,2013年共发生10起典型的恐怖主义犯罪,共造成64人死亡,110人受伤。2014年共发生9起典型的恐怖主义犯罪,共造成112人死亡,170人受伤。2014年恐怖主义犯罪的死亡人数增加了75%,受伤人数增加了55%。参见王志祥、刘婷:《恐怖活动犯罪刑事立法评析——以〈刑法修正案(九)〉为重点的思考》,载《法治研究》2016年第3期。

### (一) 关于罪名的增设和修改

《刑法修正案(九)》贯彻了"严密防范"的反恐刑事政策,这具体表现为刑事法网的严密化。2015年8月29日全国人民代表大会常务委员会通过《刑法修正案(九)》,增设新的恐怖活动犯罪;对于原有的有关犯罪,进一步补充、修改,扩大原有犯罪的范围;为恐怖活动犯罪配置了财产刑,并且提高了原有犯罪法定刑的上限,加大了刑罚打击力度。法网的严密集中体现在新增设的五种涉恐犯罪上,这五种犯罪分别是:(1)准备实施恐怖活动罪(第120条之二);(2)宣扬恐怖主义、极端主义、煽动实施恐怖活动罪(第120条之三);(3)利用极端主义煽动、胁迫群众破坏法律实施罪(第120条之四);(4)强制穿戴宣扬恐怖主义、极端主义服饰、标志罪(第120条之五);(5)非法持有宣扬恐怖主义、极端主义物品罪(第120条之六)。在《刑法修正案(九)》通过之前,刑法对上述行为并没有进行明确的规定。《刑法修正案(九)》将五种涉恐行为纳入犯罪圈,严密了恐怖活动犯罪的刑事法网,以对恐怖活动犯罪带来的现实风险加以控制。

同时,《刑法修正案(九)》还对资助恐怖活动罪、拒绝提供间谍犯罪证据罪进行修改完善,如把"资助恐怖活动培训"、"为恐怖活动组织、实施恐怖活动或者恐怖活动培训招募、运送人员"纳入第120条之一"资助恐怖活动组织罪"的范围。第120条之一的罪名被《刑法修正案(六)》确定为"帮助恐怖活动罪"。再如,把"明知他人有间谍犯罪或者恐怖主义、极端主义犯罪行为,在司法机关向其调查有关情况、收集有关证据时,拒绝提供,情节严重的"行为犯罪化,纳入第311条。由此该罪的罪名被《刑法修正案(九)》确定为"拒绝提供间谍犯罪、恐怖主义犯罪、极端主义犯罪证据罪"。

### (二) 完善刑罚配置

刑罚配置是以犯罪的社会危害性所能达到的最高程度和最低程度为依据的。《刑法修正案(九)》也坚持对恐怖活动犯罪采取"严厉惩治"的态度,具体表现是为恐怖活动犯罪配置了财产刑。《刑法修正案(九)》对涉及恐怖活动的犯罪均设置了财产刑,其中包括罚金和没收财产。例如,对组织、领导、参加恐怖组织罪增加财产刑,并根据行为人在恐怖组织中的地位和作用分别设置了"并处没收财产"、"并处罚金"、"可以并处罚金"不同的附加刑;把有关的恐怖活动行为作为一些犯罪的情节加重犯,并设置相应的加重法定刑档次。增加了"情节特别严重"的法定刑档次。体现了国家对恐怖分子经济上的严惩和区别对待、分化瓦解的斗争策略。为其配置了财产刑,而且通过扩大洗钱罪的上游犯罪的范围,对实践中通过洗钱来"漂白"恐怖犯罪活动资金的行为进行打击。《刑法修正案(九)》对涉及恐怖活动的犯罪都配置了财产刑,以此切断恐怖活动犯罪的资金来源,这说明我国刑事立法注重对恐怖活动犯罪进行经济制裁,与国外反恐立法相比也是相似的。

在当前的反恐怖斗争中,刑罚虽然不是对付犯罪唯一的甚至不是主要的方法,未必能够有效地震慑恐怖分子。但是,恐怖活动本身属于具有严重社会危害性的行为,在配合政治、经济、文化等各项管理措施的同时,国家也需要通过加重刑罚对恐怖主义作出正式而严厉的反应,最大限度地剥夺犯罪人的犯罪机会与再犯能力,实现其罪行与罪责之均衡。针对实践中出现的新情况，《刑法修正案（九）》对原有罪名的刑罚配置进行完善。由于"东伊运"等恐怖组织仍然是中国面临的主要恐怖威胁，《刑法修正案（九）》为组织、领导、参加恐怖组织罪增加规定财产刑，并且根据犯罪分子在恐怖组织中的地位和作用，配置了轻重不同的刑罚：对于恐怖组织的组织、领导者，并处没收财产；对于恐怖组织的积极参加者，并处罚金；对于恐怖组织的一般参加者，可以并处罚金，体现了"分化瓦解、区别对待"的立法理念。此外，《刑法修正案（九）》针对近期各地出现多起不法分子偷渡出境参加"圣战"的案件，完善了偷越国（边）境罪的刑罚配置，如果行为人以参加恐怖活动组织、接受恐怖活动培训或者实施恐怖活动为目的，实施偷越国（边）境的行为，即构成情节加重犯，应处1年以上3年以下有期徒刑，并处罚金。

## 四、《反恐怖主义法》中有关惩治恐怖活动犯罪的规定

2015年12月27日，第十二届全国人民代表大会常务委员会第十八次会议正式通过了《反恐怖主义法》（自2016年1月1日起实施）。该法是在总结近年来我国防范和打击恐怖活动工作的经验、借鉴国外有效做法的基础上制定的，是一部全面规范政府和社会开展反恐怖工作的基本准则。《反恐怖主义法》作为我国综合性反恐法律，该法对国家的反恐立场和基本政策、反恐组织机构及其职责、反恐的重点领域、恐怖组织和恐怖人员的认定、反恐执法措施、法律责任等作了全面规定，是国家反恐工作领域的基本准则。[①] 这就要求《反恐怖主义法》的制定既要注意与我国现行的法律如刑法、刑事诉讼法，以及我国缔结或者参加的联合国公约相协调，又要能够对未来我国的反恐法治完善起到立法的示范和引领作用。可以说《反恐怖主义法》属于附属刑法的范畴。

《反恐怖主义法》中有关惩治恐怖活动犯罪的规定主要表现在以下几个方面：

关于恐怖主义犯罪的管辖的规定，《反恐怖主义法》第11条规定了刑事管辖权的范围和层级。我们认为该法关于管辖权的规定属于附属刑法的规定，具有附属刑法规范属性。

《反恐怖主义法》还增设了关于恐怖活动犯罪罪犯的社会危险性评估及其相应的保安处分措施的规定。如《反恐怖主义法》第29条规定："对被教唆、胁迫、引诱参与恐怖活动、极端主义活动，或者参与恐怖活动、极端主义活动情节轻微，尚不构成犯罪的人员，公安机关应当组织有关部门、村民委员会、居民委员会、所在单位、就读学校、家庭和监护人对其进行帮教。监狱、看守所、社区矫正机构应当加强对服刑的恐怖活动罪犯和极端主义罪犯的管理、教育、矫正等工作。监狱、看守所对恐怖活动罪犯和极端主义罪犯，根据教育改造和维护监管秩序的需要，可以与普通刑事罪犯混合关押，也可以个别关押。"再如《反恐怖主义法》第30条第1款规定："对恐怖活动罪犯和极端主义罪犯……在刑满释放前根据其犯罪性质、情

---

[①] 齐文远、夏凉：《运用刑事法制理念应对恐怖主义犯罪问题研究——以美军利比亚反恐为切入》，载《武汉科技大学学报》（社会科学版）2016年第1期。

节和社会危害程度,服刑期间的表现,释放后对所居住社区的影响等进行社会危险性评估……"

《反恐怖主义法》的相关内容与刑法典关于恐怖主义犯罪的内容具有相互交叉或与刑法典具有相互照应性的规定。如《反恐怖主义法》第79条规定:"组织、策划、准备实施、实施恐怖活动,宣扬恐怖主义,煽动实施恐怖活动,非法持有宣扬恐怖主义的物品,强制他人在公共场所穿戴宣扬恐怖主义的服饰、标志,组织、领导、参加恐怖活动组织,为恐怖活动组织、恐怖活动人员、实施恐怖活动或者恐怖活动培训提供帮助的,依法追究刑事责任。"再如《反恐怖主义法》第94条规定:"反恐怖主义工作领导机构、有关部门的工作人员在反恐怖主义工作中滥用职权、玩忽职守、徇私舞弊,或者有违反规定泄露国家秘密、商业秘密和个人隐私等行为,构成犯罪的,依法追究刑事责任;尚不构成犯罪的,依法给予处分。"《反恐怖主义法》的颁布和实施必将为我国依法预防和惩治暴恐活动,打击分裂主义、极端主义,维护国家安全、公共安全和人民群众的生命、健康权利,以及其他重大社会利益,加强国际反恐合作提供有力的法律支撑和保障。因此,必须从政治、经济、文化、国际合作等方面"多管齐下",同时发挥刑法的保障和制裁功能,努力消除恐怖主义孳生的根源、土壤和重要条件,方能达到对恐怖主义标本兼治之最终目的。

# 预防性反恐刑法规范的立法研判[*]

刘雪丹[**]

面对不断加剧的恐怖主义威胁，世界各国日益重视对恐怖主义行为的防范与打击。但除美国在深受"9·11"恐怖袭击之害后动用军事力量镇压恐怖主义外，多数国家依然重视人权保障，因而采用较为缓和的法治措施，且尤以增设预防性的刑法规范进行刑事防范为主。我国刑法也愈发注重提前介入打击恐怖主义行为，相关反恐规范具有鲜明的预防性特征。简而言之，预防性的反恐刑法规范系相对于规制真正的恐怖主义实行行为之规范而言，如爆炸罪、故意杀人罪等，其以实际发动恐怖袭击，造成人员伤亡、财产损失等法益侵害后果为归责基础，而着重强调防范潜在的恐怖主义威胁，从而实现维护社会安全的功能。其所规定的实行行为原属预备、帮助行为，甚至应被纳入较真正恐怖主义实行行为而言更为边缘的行为范畴，因而其主要规制的对象可以称之为不真正的恐怖主义实行行为。本文拟在总结预防性反恐刑法规范表现的基础上，阐释针对非真正的恐怖主义实行行为增设刑法规范的必要性，并进一步研判这种扩张性的刑法规范所可能带来的问题。

## 一、预防性反恐刑法的规范表现

自1997年我国刑法典首次将原本不属于恐怖活动实行行为的组织、领导、参加恐怖组织行为做入罪化处理以来，此后在打击恐怖主义行为方面便呈现出前所未有的扩张趋势。整体来看，主要表现在以下方面：

第一，将恐怖组织的"成员身份"予以犯罪化。[①] 无行为则无犯罪亦无刑罚，法律是调整人的外部行为的，只有行为才能成为罪体。[②] 行为是犯罪成立的核心要素。我国刑法典第120条将参加恐怖组织的行为认定为犯罪，行为人在加入恐怖组织之后，即使没有实施其他恐怖活动也被视为有罪。本条款意将"参加"恐怖组织这一行为认定为犯罪，但事实上更似将恐怖组织这一"成员身份"作为犯罪处理。参加恐怖组织的行为人在距离真正实施恐怖活动尚有一段距离，且行为人是否会实际实施恐怖活动也属无法确定的事实。将距离恐怖袭击的实际发动尚远且不确定性的行为纳入刑罚范围，正是刑法提前介入打击恐怖主义的表现。

第二，将恐怖活动的帮助行为予以正犯化以及预备行为予以实行化。我国刑法典总则分别规定了帮助犯与预备犯的处罚原则。就帮助犯而言，我国共同犯罪理论

---

[*] 本文系国家社科基金重大研究专项课题"后'伊斯兰国'时代恐怖主义犯罪的防治对策研究"（18VFH015）、2018年度博—学科交叉基金项目（BNUXKJC1816）的阶段性研究成果。

[**] 北京师范大学刑事法律科学研究院博士研究生。

[①] 参见姜敏：《刑法反恐立法的边界研究》，载《政法论坛》2017年第5期。

[②] 参见陈兴良：《刑法的启蒙》（第三版），北京大学出版社2018年版，第31页。

通说采共犯从属性说,共犯成立犯罪至少要求正犯着手实行了犯罪行为,帮助行为与正犯行为结果具有因果性,[①]且帮助行为与正犯行为在时空上一般具有较为紧密的联系,对帮助犯最终所适用的罪名也与正犯相同。但目前我国刑法典已将资助恐怖活动组织、个人,资助恐怖活动培训以及为相关恐怖活动招募、运送人员的帮助行为单独规定为"帮助恐怖活动罪",而不再考虑恐怖活动是否着手实施、恐怖活动结果是否实际发生以及帮助行为与恐怖活动实行行为的时空关联性,直接将帮助行为做正犯化处理。易言之,以正犯成立犯罪为前提的帮助犯处罚原则不再适用于帮助恐怖活动的行为,这实际上是扩大了刑法的处罚边界。就预备犯而言,由于司法实践中的证明困境以及刑法典第13条"但书"的限制,使得现实中处罚预备行为的情形并不常见,其处遇原则也更多仅是具有立法宣示与象征意义。[②] 但我国刑法典将组织、领导、参加恐怖组织的行为以及准备实施恐怖活动的行为均独立成罪,刑法介入打击恐怖主义行为的时间节点已提前至预备阶段,尤其是刑法典第120条之二准备实施恐怖活动罪,为实施恐怖活动准备工具、组织培训、参加培训、与境外恐怖活动组织或人员联络、进行策划等一系列预备行为均已被单独作为犯罪处理,刑法规范具有显著的"预防性"特征。

第三,将具有恐怖主义性质的边缘行为予以犯罪化。如果按照距离真正恐怖主义实行行为的远近进行划分,预备行为与帮助行为可归为第一犯罪圈,宣扬、煽动以及强制穿戴宣扬恐怖主义、极端主义服饰、标识,利用极端主义破坏法律实施的行为可被列入第二犯罪圈,非法持有行为可被列入第三犯罪圈,拒绝提供恐怖主义、极端主义犯罪证据可被划入第四犯罪圈。可以说除恐怖活动的预备行为与帮助行为外,第二、三、四犯罪圈纳入犯罪的行为均可被视为边缘性的恐怖主义行为。这些行为距离实际发动恐怖袭击还较远,将其升级为恐怖主义的实行行为是刑法在打击恐怖主义方面积极扩张的重要表现。

第四,大量涉恐罪名表现为抽象危险犯。我国传统刑法分则罪刑的设定基本沿用"行为+情节"或"行为+后果"模式,但有关恐怖活动的罪名几乎均采用只规定"行为"的模式。也即一旦实施行为即成立犯罪,并不要求造成具体的危害结果或具体危险,"情节"则成为了加重法定刑的情形。例如,刑法第120条之一帮助恐怖活动罪,第120条之二准备实施恐怖活动罪,第120条之三宣扬恐怖主义、极端主义、煽动实施恐怖活动罪,第120条之四利用极端主义破坏法律实施罪以及第120条之五强制穿戴宣扬恐怖主义、极端主义服饰、标志罪均属此类情形。这事实上极大地扩张了刑法介入的限度,使反恐刑法规范具备了明显的"预防性"特质。

## 二、预防性反恐刑法立法的现实基础

自"9·11"恐怖袭击之后,不断加剧与蔓延的恐怖主义威胁令公众产生了更高的安全诉求。就社会现实层面而言,之所以增设预防性的反恐刑法规范,既有基

---

[①] 参见张明楷:《刑法学》(第五版),法律出版社2016年版,第423页。
[②] 参见何荣功:《"预防性"反恐刑事立法思考》,载《中国法学》2016年第3期。

于恐怖袭击危害后果的严重性及恐怖主义内在变化之考虑,也有外部环境变化之因素存在。

一般情况下,无论是就恐怖袭击所造成的实际人身财产损伤,还是就其在社会上所引起的恐慌而言,普通刑事犯罪均是无可比拟的。恐怖活动虽由恐怖分子在自由意志下实施,但其几乎不会考虑发动恐怖袭击时个人的安全问题,而完全将目标集中于造成最大破坏上。恐怖分子运用最广泛的袭击战术为"无差别袭击",平民被当作在错误时间出现在错误地点的对象,遭受攻击被视为理所当然。① 通过以往的媒体报道来看,恐怖袭击多选择人员密集的地方,一旦真正发动必定会造成伤亡惨重的后果。不仅个人与家庭难以承受,甚至对整个社会和国家而言都是灾难性的。2019 年发生的"4·21"斯里兰卡恐怖袭击事件即是证明。② 而正是基于防范这种灾难性后果之考虑,有必要在恐怖袭击实际发动之前介入打击其他类型的涉恐行为。并且,因恐怖组织内部战略调整,其威胁也有所变化,这令各国不断强化打击恐怖主义的刑事手段。自 2016 年中东地区"伊斯兰国"恐怖组织遭遇溃败,其失去固定控制区与常规作战能力后,号召全球恐怖主义人员变换作战手段,采用更为隐蔽的方式行动。③ 而网络本身所具有的开放性、隐蔽性、便捷性特征自然对恐怖分子存在极大的吸引力,继而网络空间渐渐成为恐怖活动的第二战场。例如,通过网络方式宣扬恐怖主义、极端主义思想、煽动实施恐怖袭击,既能潜移默化地影响潜在的恐怖分子,又能保障自身行动的隐蔽性。如今,世界范围内的"独狼式"恐怖袭击不断增多,制造此类恐怖袭击的恐怖分子便多是通过网络接触恐怖主义宣传材料,产生恐怖主义、极端主义思想进而发动恐怖袭击。据有关统计,绝大多数实施恐怖活动的恐怖分子均曾观看、接触过宣扬恐怖主义、极端主义的视频、书籍等。网络空间成为恐怖组织及个人宣扬恐怖主义、极端主义的"重灾区"。尽管网络恐怖主义早已兴起,但这一时期的互联网技术更加成熟,无论是宣传途径还是融资渠道均更为多元和隐蔽。加之外部防范打击形势严峻,传统恐怖主义向网络空间转移的进程明显加快。可以说,网络空间延展是恐怖主义出于犯罪行为成本、犯罪效果等因素以及基于长久和整体发展的考虑而作出的战略转变。④ 这种变化使得恐怖主义行径更加隐蔽,各国不得不同时警惕与防范来自现实世界与网络空间双重的恐怖主义威胁。

而预防性的反恐刑法规范恰恰契合了全球加强防范恐怖主义威胁的反恐形势。首先,预防性的刑法规范能够更好地满足提前打击恐怖主义的需求。恐怖分子的行径是对人类为实现每个人的自由与幸福而建立的理应被共同维护之社会秩序的公然

---

① 参见王震:《后"伊斯兰国"时代的全球反恐态势略论》,载《西亚非洲》2018 年第 1 期。
② 2019 年 4 月 21 日,斯里兰卡首都科伦坡等多地先后发生 8 次连环炸弹袭击,4 月 22 日发生第 9 次爆炸,事件共造成 253 人死亡,400 余人受伤。参见 https://baike.baidu.com/item/4·21斯里兰卡恐怖袭击事件,/23429989?fromtitle=%E6%96%AF%E9%87%8C%E5%85%B0%E5%8D%A1%E6%81%90%E6%80%96%E8%A2%AD%E5%87%BB&fromid=23430190&fr=aladdin,最后访问时间:2019 年 5 月 31 日。
③ 参见李捷、雍通:《外国恐怖主义战斗人员转移与回流对中亚和俄罗斯的威胁》,载《国家安全研究》2018 年第 1 期。
④ 参见舒洪水、王刚:《对我国网络恐怖主义犯罪的探讨》,载《山东警察学院学报》2016 年第 1 期。

破坏。而预防性的反恐刑法规范则是不待恐怖袭击实际发动,力图将其扼杀在准备甚至是萌芽阶段,有利于较为稳妥地保障社会安全。其次,几乎所有的涉恐行为均对公民个人权利构成实际或潜在的威胁。无论是帮助、准备行为抑或是宣扬、煽动等行为,尽管难以确定恐怖袭击的实际发生是否有其助力,或其助力程度如何。但比较确定的是,这些辅助性质的涉恐行为是对全体社会成员为共同利益而确立的、维护整体社会秩序之规则的破坏,即对保障每个人自由与幸福实现之条件的破坏,进而威胁着每一个社会成员最基本的生存权利。针对这种具体侵害尚无法确定,但危险确实存在的恐怖主义行为进行规制,预防性的反恐刑法规范无疑是最好的选择。

### 三、预防性反恐刑法规范的法治风险

不可否认,恐怖袭击实际发动所造成的灾难性后果,使国家基于保护社会安全的考虑而增设预防性的反恐刑法规范具有一定的必要性。但同时我们也不得不承认刑法手段的超前介入在一定程度上会挤压个人的自由空间。因此,当前同样应当重视的是防范预防性反恐刑法规范自身所蕴含的内在危险。尤为值得警惕的是,刑法的不当介入可能会酿生极端工具主义现象。

工具主义最早出现于英美法系国家,西方实用主义者认为,"法律本身不是目的,所有法律本质上均是服务于目标的工具"。① 美国学者罗斯科·庞德曾指出,"当文明史进展到依赖社会政治组织通过有秩序和系统的适用强力来调整关系和安排行为时,法律即成为社会控制的主要手段"。② 事实上,自我国古代帝王时期,法律即被作为王权统治的重要手段;新中国成立后,类推制度的过度适用使刑法演变为阶级斗争与阶级专政的工具;直至1997年刑法典确立了罪刑法定原则,传统刑法工具主义才被彻底摒弃。但难以否认,由古至今,包括刑法在内的所有法律均具有天然的工具属性。只是依据现代法治观念,这种"工具"性需要具备一定的度。正如庞德在确认法律是社会控制的主要手段时也强调,"人的理性和经验的双重局限决定了法律的社会控制是存在限度的"。③ 这种限度要求法律的干预无论如何也不能突破具有宪法意义的或者构成法治国基础的原则,如责任主义原则、法益保护原则、合比例原则等,且不能妨碍公民最基本权利的行使。我国宪法明确规定了公民的基本权利,同时要求公民在行使自由与权利时,不得损害国家、社会、集体的利益和其他公民合法的自由和权利。因此,只要公民的行为对上述权益无害,法律便应保持应有的克制,亦即保持法律社会控制的限度。

而反恐刑法恰恰存在这种突破社会控制"限度"的风险。无论是国际还是国内,学者均对此表现出了极大的担忧。例如,在2009年召开的第18届国际刑法学大会上,各国学者即呼吁警惕反恐刑法极度扩张的法治风险,指出这一做法"固然

---

① 参见魏昌东:《新刑法工具主义批判与矫正》,载《法学》2016年第2期。
② [美]罗斯科·庞德:《通过法律的社会控制》(第3版),沈宗灵译,商务印书馆2013年版,第10-13页。
③ 崔盈:《利益分析:法律控制的实用维度》,载《武汉理工大学学报》(社会科学版)2016年第4期。

可以归因为防治有组织犯罪、恐怖主义等严重犯罪之必需",但这一趋势"隐含了损害一系列基本价值的巨大风险"。① 我国学者也提出,现行反恐刑法规范在司法实践中很容易催生对恐怖主义和极端主义泛化把握的问题,应当警惕将原本为一般危害公共安全的案件拔高认定为恐怖主义犯罪情况的出现。② 还有学者提出,我国刑法"进行非理性扩张,不断挤压和侵犯公民基本权利,导致其越界"。③

事实上,学者们的种种担忧不无道理。就整体而言,我国反恐刑法立法在犯罪层面呈扩张化、超前化趋势。恐怖主义所激发出的人的内心恐惧使立法者在进行反恐刑法立法时忽视"自由",而使内心的天平大大倾向"安全"一端。为提高控制恐怖犯罪危险的可能性,结果要件被极大地弱化,风险行为、无实害行为均被纳入刑法控制的版图,"先发制人"的反恐思路尤为明显,防范恐怖主义威胁的手段与目的之间是否符合比例原则尚值得思考。并且,在刑罚层面对恐怖犯罪的惩处呈重刑化、严厉化趋势,缩减恐怖人员的一系列权利,限制刑罚减免制度的适用,"刑罚万能主义"在反恐刑法立法中表现得淋漓尽致。从具体层面来看,反恐刑法规范的惩罚性预防"带来的是刑罚权对社会生活和公民自由的高强度干预"。④ 例如,《刑法修正案(九)》增设的"拒绝提供恐怖主义、极端主义犯罪证据罪",其不仅仅是为公民设定了法定义务,而且该义务的不履行将使公民被贴上"恐怖犯罪"的标签。而显然本罪的行为主体并非恐怖人员、极端人员,其同恐怖分子、极端分子还具有本质的差别。然而,国家在利用刑法严厉打击恐怖犯罪的同时,却极大地干预了普通人的生活,妨碍了公民为与不为的自由。立法者似乎过于忽视了刑法预防所采取的手段,正如学者所言,"刑法的预防并不是与惩罚相脱离的另一种功能,刑法所能达致的预防必然是以惩罚为手段的",⑤ 而且这种惩罚是最为严厉的刑罚。刑法具有天然的工具属性,然而刑法工具主义的极端化,则很容易"苛求受刑者基于社会平和的理由而服从于非理性的强制",行为人被施加的义务更容易被界定为"自我牺牲而不是刑罚"。⑥

整体来看,近年我国立法机关通过不断地修订与增设反恐罪名来应对日益加剧的恐怖主义威胁,反恐刑法表现出极强的预防性特征,这在一定程度上也确实起到了严密刑事法网的作用。但是,我国法治建设事业尚在征途,应当警惕预防性刑法对既有法治国观念的冲击。我们在肯定预防性反恐刑法立法价值的同时,也应当警惕其可能带来的一系列问题。既要重视反思与协调其同传统刑法理论的冲突,也应注意到我国原有社会治理体系的特点。安全与自由向来非不可调和的对立价值,联合国安理会决议也曾多次强调,促进和保护所有人的人权及实行法治是反恐的必要

---

① 参见吴沈括:《扩张中的犯罪预备及参与形式——围绕第18届国际刑法学大会第一专题的展开》,载《四川警察学院学报》2010年第4期。
② 参见何荣功:《"预防性"反恐刑事立法思考》,载《中国法学》2016年第3期。
③ 参见姜敏:《刑法反恐立法的边界研究》,载《政法论坛》2017年第5期。
④ 参见何荣功:《"预防性"反恐刑事立法思考》,载《中国法学》2016年第3期。
⑤ 陈兴良:《风险刑法理论的法教义学批判》,载《中外法学》2014年第1期。
⑥ 参见[德]米夏埃尔·帕夫利克:《目的与体系——古典哲学基础上的德国刑法学新思考》,赵书鸿等译,法律出版社2018年版,第119页。

组成部分，有效的反恐措施与保护人权两个目标并不矛盾，而是相互补充、相辅相成的。① 传统刑法理论不断被探索、求证、重构，正是为使安全与自由达致一个平衡的维度。因此，我们在运用预防性反恐刑法治理恐怖主义犯罪的同时，也应当时刻重视对规范的检视省思，避免刑法工具主义的极端化发展。

---

① See United Nations Security Council, S/RES/2395（2017），"Threats to international peace and security caused by terrorist acts" https：//undocs.org/en/S/RES/2395（2017），最后访问时间：2019 年 3 月 20 日。

# 拒不执行判决、裁定行为刑法规制的
# 借鉴与反思*
## ——以英美法为视角

范 硕**

## 一、引言

诚如美国著名刑法学者 Paul H. Robinson（保罗·H. 罗宾森）所言，无论任何国家抑或是何种社会，其刑法都必须回应三个问题，即刑法禁止何种行为，违反这种禁止应承担的刑事责任和刑罚；刑法在何种特殊情况下允许甚至鼓励实施这种禁止行为；在何种条件下违法者应受到刑法上应有的责难。虽然各国对这三个问题的答案不尽相同，但其刑事立法者所面临的问题却都一致，都需要对严重侵害法益的行为作出明确禁止和处罚。因此，比较刑法有了自身的价值和意义，以至于可以彼此借鉴各自的经验和智慧。① "执行难"作为我国司法实践中长期存在的现象，不仅有损胜诉方的合法权益，而且有损司法权威。自我国十八届四中全会提出切实解决执行难问题以来，拒不执行判决、裁定罪作为刑事手段，在树立诚实守信、维护司法权威、督促被执行人履行义务等方面起到了积极作用。② 怎样才能更好地通过刑法实现法院裁判的内容，比较域外刑法对拒不执行判决、裁定行为的规制，具有现实参考意义。

在英美法系国家或地区，对于拒绝执行法院裁判的行为，一般以藐视法庭罪（contempt of court）论处。该罪是指"所有干扰、阻碍或妨害法庭对某一特定（无论是刑事抑或是民事）或一般案件的审判管理行为"。③ 诚然，藐视法庭罪不等于我国刑法中的拒不执行判决、裁定罪，其适用较为宽泛，可适用于多种妨碍司法活动的情形而不仅限于拒不履行生效裁判。为了更好地了解英美法系国家对拒不执行和判决裁定行为的刑法规制，有必要对藐视法庭罪追本溯源。

---

\* 本文为最高人民法院项目课题"拒不执行判决、裁定罪相关问题研究"阶段性研究成果，项目编号为 ZGFYZXKT201829。

\*\* 中国政法大学博士后流动站研究人员。

① 参见［美］保罗·H. 罗宾森：《刑法的结构与功能》，何秉松、王桂平译，中国民主法制出版社 2005 年版。

② 参见孟祥：《拒不执行判决、裁定罪实务问题探析》，载《中国刑事法杂志》2019 年第 1 期。

③ 参见［英］鲁珀特·克罗斯、菲特普·A. 琼斯著：《英国刑法导论》，赵秉志等译，中国人民大学出版社 1991 年版，第 294 页。转引自张英霞：《关于拒不执行裁判条款的立法疏漏及其弥补——一个比较法视角的分析》，载《法律适用》2004 年第 11 期。

## 二、藐视法庭罪的源起与发展

一般认为，藐视法庭罪起源于 12 世纪的英国普通法，而藐视罪（contempt）甚至可以追溯到 10 世纪的英格兰。[①] 在英国国王亨利一世（Henry Ⅰ，r. 1100-1135）时期，其法律便提及藐视国王令状罪，并有对藐视或者漠视法令的罚金刑规定。到亨利二世（Henry Ⅱ，r. 1154-1189）时期，法律对藐视法庭罪有了明确的规定，主要处罚拒不接受法庭之命令和传召者。[②] 王权统治时期，权力机构被看作国王的执行者，法院更有"国王代表"之名，如若藐视法庭令状便被视为藐视国王的权威。[③] 在女王玛丽一世（Mary Ⅰ，r. 1553-1558）时期便发生过一桩有名的藐视法庭案，大法官法院向被送达人 Barture 签发了一张以女王名义签章的法庭传票，要求他到英格兰出庭应诉。但当 Barture 的管家见到法院送达人时，不但对其侮辱相加，甚至还拒领传票，最终法院对 Barture 以藐视法庭罪论处，而且还因此没收了他的私人土地，成为了英国法律史上代价最大的藐视法庭案件。

随着时间的推移，藐视法庭罪的适用对象逐渐扩大，法官的相关权力也越来越大，凡具有损害司法权威或妨害之虞时，皆可入罪。不但侮辱诽谤法官、违背法院禁令、妨碍起诉或法庭审理者可获罪受刑，甚至证人拒绝出庭作证、陪审员言行不当、媒体不适度报道也被囊入其中。由此一来，藐视法庭罪被冠以"口袋罪"之名，其处罚根据也由原来对王权的一种蔑视慢慢成为一种法庭上的自然权力，并被王室所认可。[④]

长期以来的审判，英国司法界形成了媒体不得评论未决案件的惯例，导致诸多新闻媒体动辄就因评论或报道未决案件而获罪，司法权威与新闻自由之间的矛盾逐渐白热化，藐视法庭罪成为极富争议的罪名。直至 20 世纪 70 年代，发生了一起里程碑式的案件——The Sunday Times v. United Kingdom（星期日泰晤士报诉英国案），[⑤] 其不仅扭转了英国法对该问题的态度，而且间接导致了 1981 年《藐视法庭法》（The Contempt of Court Act 1981）的出台。[⑥] 该案肇因于一起震惊全英的药品侵权事件，1958 年至 1961 年期间，某医药公司向市场出售一种针对孕妇的镇静类药物，但该药中含有的萨利多胺会导致生产的婴儿严重残疾，于是出现了很多针对该公司的诉讼。1968 年该公司与部分家长达成和解，但仍有 389 件诉求在法院悬而未决，于是该公司提出一揽子和解协议，提出为所有尚未达成和解的残疾儿童设立一

---

① See John C. Fox, *The Nature of Contempt of Court*, 37 L. Q. Rev., p. 191 (1921).

② *Ancient Laws and Institutes of England*, p. 227, p. 523, p. 617. Cited by John C. Fox, *The History of Contempt of Court*. The Form of Trial and the Mode of Punishment, The Clarendon Press. 1927. (Price 16s.). (1928). The Cambridge Law Journal, 3 (2), Oxford, pp. 308-310.

③ See Joseph H. Beale, Jr., *Contempt of Court, Criminal and Civil*, Harv. L. Rev., Vol. 21, No. 3 (Jan. 1908), pp. 161-174.

④ Ronald Goldfarb, *The History of the Contempt Power*, Washington University Law Review, 1 (1961).

⑤ The Sunday Times v. The United Kingdom (1979), 2, EHRR, 245.

⑥ See F. A. Mann, *Contempt of Court in the House of Lords and European Court of Human Rights*. 95 L. Q. R., pp. 348-349.

个专门的慈善信托基金,里面有325万英镑以便他们日后之需,但开出的条件为所有原告接受该协议,并且公司自始至终没有责任,有5对父母拒绝了该提议。1972年9月24日, The Sunday Times(《星期日泰晤士报》)刊发 Our Thalidomide Children: A Cause for National Shame(《我们的萨利多胺孩子:国家蒙羞之因》)一文,认为对于致残儿童及其父母所遭受的伤害而言,医药公司提出的协议不公且荒谬,并批评英国法人身伤害索赔制度的不当,呼吁医药公司向受害家庭支付更高的补偿。该文的脚注中还宣称,将会有另一篇文章跟进报道,会更深入地揭示孩子们出生缺陷的原因。此文一经发表便在英国社会得到了广泛关注,但紧接着医药公司便向总检察长提出指控,认为该文针对处于诉讼时期的未决案件,有影响案件公正审判之嫌,构成藐视法庭罪,请求对报社和记者签发禁令。1972年11月17日,根据总检察长的请求,英国高等法院王座分庭颁发禁令,禁止另一篇文章的刊发。① 随后星期日泰晤士报社和记者们将该案上诉至上诉法院,法官丹宁勋爵(Lord Denning)审理后作出裁决,认为所涉文章并未使正在进行中的诉讼处于偏见的风险,并且在该案中,就公众利益而言,公众知情权要高于对当事人产生的偏见,因此并不成立藐视法庭,法院应当撤销禁令。② 然而没过多久,英国上议院根据预先审判规则彻底逆转了上诉法院的裁定,再次颁发了禁止令,具体理由为另一篇文章若被刊发,将会对被告造成无形的压力,被告将因此被迫支付更高的赔偿。言论自由与保护司法实施不受干预同为公众利益,应当寻求两者的平衡,保护任何当事人不受预判的偏见抑或是参与审前的公开宣传为法院应有的责任,应避免出现"报纸的审判",违背禁令者将构成藐视法庭罪。③ 星期日泰晤士报社和记者们并不接受这一裁决,另辟蹊径以该禁令违背《欧洲人权公约》第10条关于自由言论的权利规定为由,④ 将该案诉至欧洲人权法院,最终欧洲人权法院通过投票表决,推翻了英国上议院的裁决。法院认为司法干预媒体报道自由,必须具备社会迫切需要的属性,并且该迫切程度要高于表达自由的公共利益。萨利多胺造成的悲剧属于社会严重关切的事件,特别是对于那些无辜儿童的家庭而言,都期待着所有真相水落石出,因此,刊发另一篇文章的禁止令所具备的社会需求迫切度并不足以阻碍媒体报道自由和社会对该事件知晓权利的公共利益程度,该禁令违背了《欧洲人权公约》第10条,构成对言论自由人权的侵犯,应予以撤销。⑤

欧洲人权法院对星期日泰晤士报案的判决不仅意味着英国议会及所有法院至此

---

① Attorney General v. Times new papers Ltd. (1973), 3, ALL. E. R., p. 1136.
② Attorney General v. Times new papers Ltd. (1973), 3, ALL. E. R., p. 815, p. 824.
③ Attorney General v. Times new papers Ltd. (1973), 3, ALL. E. R. p. 54, p. 64.
④ Article 10 (Freedom of expression) 1. Everyone has the right to freedom of expression. This right shall include freedom to hold opinions and to receive and impart information and ideas without interference by public authority and regardless of frontiers. This Article shall not prevent States from requiring the licensing of broadcasting, television or cinema enterprises. See *European Court of Human Rights*.《欧洲人权公约》第10条规定(言论自由),人人享有表达自由的权利。此项权利应当包括持有主张的自由,以及在不受公共机构干预和不分国界的情况下,接受和传播信息和思想的自由。本条不得阻止各国对广播、电视、电影等企业规定许可证制度。
⑤ The Sunday Times v. The United Kingdom (1979), 2, EHHR, p. 245.

## 第一编 新中国成立 70 年来刑事法治和刑法理论的变迁与反思

将受《欧洲人权公约》的约束,而且标志着上议院丧失了本土司法案件的最终审判权。出于对该案的回应,1981 年英国议会通过了《藐视法庭法》,该法案对藐视法庭罪的适用范围做出了详尽的规定,放宽了媒体对司法案件报道的限制,规定只有当司法程序因媒体的评论受到严重阻碍和实质性风险时,才可构成藐视法庭罪。该法案的出台标志着英国司法对藐视法庭罪的基本精神从专门制裁挑战司法权威行为,转向主要保证公平审判的程序价值。①

综上所述,藐视法庭罪由最初的判例处罚到后来的普通法规制,再到专门的《藐视法庭法》规定,经过了长足的发展。其处罚根据也经历了由最初对王权蔑视的打击到对挑战司法权威行为的制裁,再到对公平审判程序价值的保证。英国作为普通法的重要源起地,潜移默化地影响了诸多被殖民地区法律,英美法系国家或地区大多承继或移植了《藐视法庭法》或普通法上的相关规定,并对其进行了适宜自身的发展。

### 三、藐视法庭罪与我国刑法的拒不执行判决、裁定罪之关系

我国《刑法》第 313 条对拒不执行裁判的行为进行了规制,当执行义务人对人民法院的判决、裁定具有能力执行而拒不执行,且达到了情节严重的程度,就可以拒不执行判决、裁定罪论处。并且,相关部门对该罪的适用主体、犯罪对象及罪状表现等作出了立法解释和司法解释。比较域外的藐视法庭罪,其适用范围要比拒不执行判决、裁定宽泛得多,一切妨碍司法活动正常进行的情形都可能被法官认定为藐视法庭。②

按照传统意义上的分类,藐视法庭罪可分为刑事藐视法庭罪(criminal contempt)和民事藐视法庭罪(civil contempt)。③ 所谓刑事藐视法庭罪,是指故意扰乱法庭秩序抑或是妨害司法程序正常进行的行为或言论。英美法系学者往往根据发生场合的不同,又将刑事藐视分为直接藐视法庭(direct contempt)和间接藐视法庭(indirect contempt)。前者是指在法庭或法官面前实施有辱司法尊严或有损司法权威的行为。如当庭侮辱法官、扰乱庭审秩序、在法庭上屡次违反法官指令等。后者是指在法庭之外或法官不在场时实施扰乱司法程序的行为,如庭外骚扰证人、泄露审判秘密等。所谓民事藐视法庭罪,是指拒不遵守法院的禁止性指令或拒不执行法院命令的行为。不同于刑事藐视法庭罪,其侵害的主要为对方当事人的权益,而非法庭秩序或权威。例如,违背法院关于孩子的父母一方应允许另一方接近孩子的指令,或者离婚诉讼一方当事人向另一方当事人支付法庭判决的子女抚养费等。不过,目前有诸多学者对此分类提出质疑,认为刑事藐视罪与民事藐视罪的界线并不清晰,

---

① 冷霞:《从维护司法权威到保证公正审判》,载《法制日报》2016 年 11 月 30 日第 10 版。
② See Philip A. Hostak, Note, International Union, United Mine Workers v. Bagwell: *A Paradigm Shift in the Distinction Between Civil and Criminal Contempt*, 81 Cornell. Rev. pp. 181-186 (1995).
③ Joseph Moskovitz, *Contempt of Injunction*, Civil and Criminal Col. L. Rev., Vol. 43, No. 6, 1943, p. 780.

譬如违背禁止发表有关人士姓名之禁令的行为。① 但是，除某些交叉的范围难以划分界限外，大多数行为仍可予以区别，很多普通法系国家或地区仍保留着该分类模式。无论是刑事藐视法庭罪还是民事藐视法庭罪，法官对藐视者（contemnor）都可处以监禁（jail）或者罚款（fine）。但不同的是，刑事藐视法庭罪通常具有明确的监禁时间限制，而民事藐视法庭罪的监禁时间则没有限制。② 对此，美国学者莫斯科维茨（Moskovitz）解释到，民事藐视法庭罪不同于刑事藐视法庭罪，法庭对行为人的监禁不具备惩罚性，监禁状态在藐视者接受法官的指令时即可解除。对民事藐视法庭行为不能有固定的监禁期限，否则将可能导致行为人没有动力去遵守被藐视的法庭命令，监禁也就失去了补救（督促）的目的。将监禁期限间接设置于藐视者的权利范围内，通过其服从法庭的指令而予以终结，否则将面临无限期监禁。③ 有法官对此做出形象的比喻："对那些因民事藐视法庭罪而被判处监禁的行为人而言，进出监狱大门的钥匙放在他们自己的口袋里，他们在监狱里度过的每一天都是自愿的。"④

通过以上比较可以发现，英美法系国家或地区的藐视法庭罪相当于我国刑法中的扰乱法庭秩序罪与拒不执行判决、裁定罪的结合。英美法院的禁令（injunction）或指令（mandate）大体与我国法院签发的具有执行内容的裁判相当，民事藐视法庭罪处罚的对象为不遵守法庭指令或禁令的行为且以藐视者具备执行裁决能力为前提。⑤ 因此，可以说民事藐视法庭罪与我国刑法的拒不执行判决、裁定罪最为接近。但应当注意的是，拒不执行裁判行为并不等于民事藐视法庭罪，其也可能被纳入刑事藐视法庭罪的范畴，这也是诸多学者指出刑事藐视法庭与民事藐视法庭的界线并不清晰的缘故。拒不执行判决、裁定罪和藐视法庭罪的适用范围正如下图所示：⑥

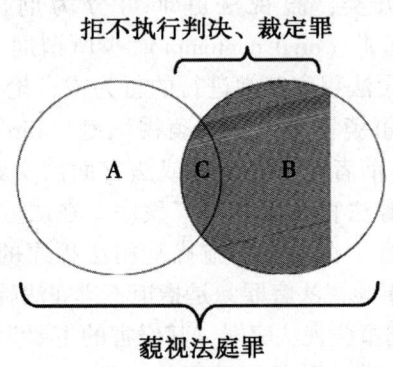

---

① Gray, Lawrence N. Esq. (1998), *Criminal and Civil Contempt: Some Sense of a Hodgepodge*, St. John's Law Review, Vol. 72, No. 2, Article 3. Carlo Vittorio Giabardo, *Disobeying Courts' Orders—A Comparative Analysis of the Civil Contempt of Court Doctrine and of the Image of the Common Law Judge*, 10 J. Civ. L. Stud. (2018)

② Thomas C. Ackerman Jr., *Standards of Punishment in Contempt Cases*, 39 Calif. L. Rev. 552 (1951).

③ See Joseph Moskovitz, *Contempt of Injunction*, Civil and Criminal Col. L. Rev., Vol. 43, No. 6, 1943, p. 780.

④ Beres, Linda S. (1994) *Civil Contempt and the Rational Contemnor*, Indiana Law Journal, Vol. 69, Iss. 3, Article 3.

⑤ Ronald L. Goldfarb, *The Contempt Power*, Anchor Books (1963), pp. 59-61.

⑥ 需要说明的是，A 为刑事藐视法庭罪的适用范围，B 为民事藐视法庭罪的适用范围，阴影部分为我国刑法"藐视法庭罪"的适用范围，C 为具有刑事和民事双重属性的藐视法庭行为范围。

## 四、若干英美法系国家和地区的刑事立法考察

### (一) 英国：拒执行为的普适性及严格责任

英国在 1981 年《藐视法庭法》颁布的后时代，藐视法庭罪的适用也发生了一些变化，但范围基本都集中在司法权威对言论自由的让步上，① 其他并无太多改变。《藐视法庭法》中规定藐视法庭罪有以下几种行为：(1) 泄露陪审团评议情况，即公开陪审团成员对案件的评议意见或具体投票结果；② (2) 不适度的录音或录像，即未经法庭许可，擅自使用录音录像设备或将其带至法庭播放；(3) 泄露法庭不宜公开的信息，即公开法院禁止公开的诉讼参与人姓名或相关事项；(4) 不适度的报道或违背要求延期报道指令，即媒体对某一案件不适度的报道或评论行为，致使案件的法官、陪审员等诉讼参与人和社会公众对案件产生了定式观点甚至偏见，严重影响了司法公正；(5) 侮辱妨害行为，即恶意侮辱法官、证人、律师、陪审员等诉讼参与人或在法庭上当面妨害司法程序正常进行；(6) 对法律规定的义务不予履行，即陪审员违反法律规定的法庭程序、记者拒绝披露信息来源、证人不积极履行出庭作证义务等；(7) 不服从法庭或法官指令。③ 在这七种行为中，不服从法庭或法官指令相当于拒不执行法院裁判行为，但与我国司法实践相比，其法官的释法权力很大，致使该种行为的适用非常宽泛，不仅义务人在规定的时间内未履行判决或指令所确定的金钱给付义务可以适用，甚至不履行抚养义务、在规定时间内不退出指定房屋或离开国境等行为均可能被判处藐视法庭罪。④ 并且，从英国诸多司法案例中可以发现，无论是消极的不履行或积极的对抗，还是违反了作为的命令或不作为的禁令都不影响该罪的成立。⑤

在责任层面上，《藐视法庭法》第 1 条规定了严格责任规则（strict liability rule），即无论行为人主观上是否故意，只要其干涉了司法程序，便以藐视法庭罪论处。⑥ 但该规则的适用有三方面的限制，即在犯罪对象上仅针对向公众或部分公众发表任何形式的演讲、写作、广播或其他通信的媒介；在犯罪情节上，给司法程序造成严重妨碍且具有偏离的实质性危险；在犯罪时间上，行为出现在正在进行的司法诉讼程序中。⑦ 质言之，如果媒体拒不执行法院要求在审理案件期间禁止报道某些信息的禁令，从而造成严重妨害司法程序的，将不考虑主观方面可直接定罪。⑧ 而其他藐视法庭罪的行为，主观方面则为故意。

---

① 参见马长山：《藐视法庭罪的历史嬗变与当代司法的民主化走向》，载《社会科学研究》2013 年第 1 期。
② 参见赵秉志主编：《英美刑法学》，中国人民大学出版社 2004 年版，第 480 页。
③ See Contempt of Court Act 1981, Article 1- Article 12.
④ See Brook, *Civil Procedure*, vol. 1, Sweet & Maxwell, 2005, p. 1897.
⑤ See Claire Sandbrook, *Enforcement of A Judgement*, 10$^{th}$ ed., Sweet & Maxwell, 2007, p. 361.
⑥ See Contempt of Court Act 1981, Article 1.
⑦ See Contempt of Court Act 1981, Article 2.
⑧ See Sally Walkeer, *Freedom of Speech and Contempt of Court: The English and Australian Approach Compared*, I. L. C. Q., Vol. 40. 1991, p. 591.

在司法程序上，对于不遵守法庭命令者，通常由诉讼当事人一方向法院提起，法官事先会对其下达命令副本，副本中附有刑事通知，告知其若不遵守法庭命令，将可能招致牢狱之灾。如果义务人收到副本后仍不履行法庭命令，诉讼程序即可启动。对民事藐视法庭行为，一般以普通程序审理；对刑事藐视法庭行为，既可以普通程序审理，也可以简易程序审理，但实践中一般采用后者。法官使用简易程序审理藐视法庭行为，可以作出即席判决，即根据法律直接予以判决和即时处罚。在藐视法庭罪的处罚方面，民事藐视法庭罪和刑事藐视法庭罪既有相同点也有区别，两者都可被判处罚金，但在监禁期限上，对民事藐视法庭罪的行为人可以不定期限，而对刑事藐视法庭罪的行为人只能处以六个月以下监禁。① 另外，在英国司法实践中，由于提起诉讼的权利人往往花销很大，并且道歉或罚款通常也被认为比监禁更为恰当，出现行为人被监禁的情况并非多见。②

英国《藐视法庭法》的出台虽然对藐视法庭罪的适用和程序产生了很大影响，但并不意味着英国普通法上的藐视法庭罪因此便失去效力。当《藐视法庭法》无法适用时，法官有权决定是否根据普通法适用藐视法庭行为。③

### （二）美国

#### 1. 二元司法体制下对拒执行为刑事规制的普遍化和类型化

美国独立后，基本全盘承继了英国藐视法庭制度，并以此为基础，无论是联邦法律还是州法律都经历了普通法向制定法的转变。美国第一部规制藐视法庭行为的联邦立法为1789年的《司法法》（*Judiciary Act of 1789*），其明确授予联邦法院对藐视法庭行为人进行罚款或监禁的权力。1809年宾夕法尼亚州成为美国第一个对此立法的州，纽约州随后在1829年也通过了类似的法律。这些法律具有相同的特点，都旨在减轻原联邦规则的不确定性和严酷性，不仅对法官制裁藐视法庭行为的自由裁量权予以确认，同时为了防止法官专横，对藐视法庭罪的入罪条件和裁判程序进行了严格限制，之后得到了1821年联邦立法的遵循。④

当前，《美国联邦法典》（*United States Code*）和《美国联邦法院刑事诉讼规则*》（*Federal Rules of Criminal Procedure*）都有关于藐视法庭罪的规定。⑤ 由美国法学会（American Law Institute）起草并作为诸多州立刑法蓝本的《模范刑法典》（Model Penal Code）⑥ 虽未指出藐视法庭罪的具体适用范围，但各州的刑事法律中

---

① 项东：《英国藐视法庭罪的独特之处》，载《西部法制报》2015年10月24日第4版。

② See Crown Prosecution Service, *Contempt of Court, Reporting Restrictions and Restrictions on Public Access to Hearings*, https://www.cps.gov.uk/publications, 2019/2/23. See Wikipedia, the free encyclopedia, *Contempt of Court*, https://en.wikipedia.org/wiki/Contempt_of_court#cite_note-14, 2019/2/23.

③ Aiyar, Krishna Jagadisa, *Law of Contempt of Court*, Legislatures and public servants, 9th ed., Law Book Co. (1997), pp. 845-846.

④ Judiciary Act of 1789 § 17, 1 Stat. 83.; Pa. Acts 1809, P.L. 146, 5 Sm. L. 55.; N.Y. Rev. Stat. c. 3, § 10 (1829). Cited by Ronald Goldfarb, *The History of the Contempt Power*, Washington University Law Review, 1 (1961).

⑤ 《美国联邦法典》第18篇第21章第401条和第402条。《美国联邦法院刑事诉讼规则》第42条。

⑥ 参见刘仁文、王祎等译：《美国模范刑法典及其评注》，法制出版社2005年版，第1页。参见［美］约书亚·德雷斯勒：《美国刑法纲要》，姜敏译，中国法制出版社2016年版，第107页。

## 第一编 新中国成立 70 年来刑事法治和刑法理论的变迁与反思

都有关于处罚藐视法庭行为的规定,① 各州的司法委员会也大都编有《藐视法庭案件审理指南》。② 与英国不同的是,美国藐视法庭罪对媒体的适用更为谨慎。由于该罪与美国宪法所确立的"言论和出版自由原则"矛盾频发,联邦最高法院通过一系列的判例最终确立,媒体不能因为某一报道而被认定为藐视法庭罪,除非媒体为案件当事人。③

基于藐视法庭罪的特殊性,美国司法普遍认为该罪的判定应当快速和直接,无须考虑适用刑事诉讼一般原则时而产生的悖论,如回避原则(不能审理涉及自身的案件)、控审权分离、陪审团制度及一般证据规则等。④ 质言之,判定藐视法庭罪被视为法庭的特权,其不必交于侦查机关立案侦查,也不必交于检察机关另行起诉,是否立案由法院直接决定。对案件的审理,既无须移送他庭,也无须陪审团参与,审判藐视法庭罪的人正是起初作出裁判的法官。⑤ 当法官作出具有履行内容的裁判后,债务人不主动履行,债权人便可向法官申请执行令,执行令由司法行政机构或警察局负责执行。⑥ 若债务人有隐瞒、转移财产等逃避执行的行为,债权人可向法官提出控告,法官将命令债务人到庭进行询问。若债务人被证明具备偿还能力,法官会命令其进行偿还,如果其仍不按规定履行,法官即可宣布其犯藐视法庭罪。判定藐视法庭罪,其证据的证明力不同于一般刑事案件需要高达 90% 以上的排除合理怀疑标准,仅要求超过 50% 的可能性即可。⑦

在刑事处罚方面,虽然美国司法体系由联邦和各州构成,但对藐视法庭罪的处罚基本一致,即罚款或监禁。刑事藐视法庭罪都具有明确的刑期限制,民事藐视法庭罪则无具体的刑期规定。例如,明尼苏达州法律(2018 *Minnesota Statutes*)第 588 章第 1 条就将不遵守法院任何判决、命令或程序的行为作为推定藐视(constructive contempt)法庭处理。并且第 10 条和第 12 条对刑事藐视法庭罪和民事藐视法庭罪的处罚作出明确规定,行为人被证明有(刑事)藐视行为的,应处 250 美金以下的罚款,或六个月以下监禁(在县监狱、工厂或农场),或两者兼施。如果无法支付罚款或监禁,法官可通过公正的方式和条款将其解除。若行为人有能力履行

---

① 刘士心:《美国刑法各论原理》,人民出版社 2015 年版,第 316 页。
② 何帆:《藐视法庭罪的前世今生》,载《人民法院报》2015 年 8 月 28 日第 5 版。
③ *Nebraska Press Assn. v. Stuart*, 427 U.S. 539 (1976). *Near v. Minnesota*, 283 U.S. 697 (1931).
④ 胡云腾、崔亚东主编,最高人民法院研究室、上海市高级人民法院编:《拒不执行判决裁定罪审判实务与典型案例》,法律出版社 2015 年版,第 20-21 页。
⑤ *United States v. Barnett*, 376 U.S. 681 (1964).
⑥ 需要说明的是,美国法院内部并无专门负责执行的机构。在联邦法院系统内部,由执行官(officer)相对固定地从事判决执行工作;在各州法院系统内部,无人负责案件执行。大部分州由当地警察局治安官员执行,也有的州由司法行政官执行。
⑦ 肖宏开:《美国法院的判决执行制度及其启示》,载《法律适用》2005 年第 3 期。

义务却不履行，可以将行为人监禁，直至其履行义务为止。① 美国民事藐视法庭罪的监禁期限并不适用比例原则（principle of proportionality），史上著名的查德威克诉詹西卡（Chadwick v. Janecka）案，② 由于债务人查德威克未能按照州法院的民事审判的结果向詹西卡支付 250 万美元，就被州法院以民事藐视法庭罪判处监禁达 14 年之久。民事藐视法庭罪的刑期一直到藐视人履行法庭命令结束，如前文所喻，监狱的钥匙放在藐视人自己手里。

值得注意的是，美国联邦和诸多州法律又将民事藐视法庭罪分为强制性民事藐视法庭罪（coercive civil contempt）和赔偿性民事藐视法庭罪（compensatory civil contempt）。强制性民事藐视法庭罪是用来确保在民事诉讼中为对方当事人的利益而作出的命令或判决得到遵守。只有当事方有能力遵守法庭指令，而拒绝或不履行命令或继续违反禁令时，才予以制裁。赔偿性民事藐视法庭罪是指直接赔偿因对方当事人不服从命令而造成的损失。③ 由此可见，两者实际是以藐视人是否对申请人造成损害而做的分类，如果被执行人仅仅拒绝执行法院裁判，构成强制性民事藐视法庭罪；如果被执行人不仅拒绝执行法院裁判，还因此使债权人遭受损失，则构成补偿性民事藐视法庭罪。刑事藐视法庭罪和强制性民事藐视法庭罪的罚款归国家所有，而赔偿性民事藐视法庭罪的罚款通常支付给法院，或者在某些州直接支付给受害方本人，在这种相对简易的程序中，民事诉讼的许多手续和保障措施都被省略了。赔偿性民事藐视法庭罪的罚款与实际证明的损害赔偿数额相等，大多数州还加

---

① See 2018 Minn. Stat. 588.1, 10, 12, Contempt, Penalties for Contempt of Court, Imprisonment until Performance. 例如，就对刑事藐视法庭行为的处罚，美国阿拉巴马州法律规定州最高法院可处 100 美元以下罚款，10 天以下监禁；对于等级较低州的法院，有各种较低的限制。亚利桑那州法律规定可处 1000 美元，6 个月以下监禁。印第安纳州法律规定可处 500 美元以下罚款，3 个月以下监禁。爱荷华州法律规定州最高法院可处 1000 美元以下罚款，6 个月以下监禁；其他法庭可处 500 美元以下罚款，6 个月以下监禁；其他法庭可处 10 美元以下罚款。加利福尼亚州、爱达荷州、蒙大拿州法律规定可处 500 美元以下罚款，5 天以下监禁。田纳西州法律规定可处 50 美元以下罚款，10 天以下监禁。犹他州法律规定可处 200 美元以下罚款，30 天以下监禁。纽约州、威斯康星州、密歇根州和北卡罗来纳州法律规定可处 250 美元以下罚款，30 天以下监禁。华盛顿州法律规定可处 300 美元以下罚款，6 个月以下监禁等。就对民事藐视法庭行为的处罚，爱荷华州、密歇根州、蒙大拿州、纽约州、北达科他州、俄勒冈州、田纳西州、犹他州、华盛顿州等州法律都规定，若行为人有能力履行义务却不履行，可以将行为人监禁，直至其履行义务为止。See Ala. Code. (1940) §13-19 (for contempt of the Supreme Court, maximum fine-$100; maximum imprisonment-10 days. For the lower state courts, various lower limits); Ariz. Code Ann. (1939) §27-603 ($1,000; 6 months); Idaho. Code Ann. (1932) §13-610 ($500; 5 days); Ind. Stat. Ann. (Burns 1933) §3-906 ($500; 3 months); Iowa. Code (1939) §12543 (Supreme Court-$1,000; 6 months; other courts of record $500; 6 months; all other courts-$10); Cal. Code Civ. Proc. §1218. Mich. Comp. Laws (1929) §13, 929 ($250; 30 days); Mont. Rev. Code Ann. (Anderson & McFarland 1935) §9917 ($500; 5 days); N. Y. Judiciary Law §751 ($250; 30 days); N. C. Code Ann. (Michie 1939) §981 ($250; 30 days); Tenn. Code E (Michie 1939) §10120 ($50; 10 days); Utah Code Ann. (1943) §104-45-10 ($200; 30 days); Wash. Rev. Stat. Ann. (Remington 1932) §1050 ($300; 6 months); Wis. Stat. (1941) 256.06 ($250; 30 days) . Iowa Code (1939) §12544; Mich. Comp. Laws (1929) §13929; Mont. Rev. Code Ann. (Anderson & McFarland 1935) §9908; N. Y. Judiciary Law §774; N. D. Comp. Laws (1913) §8191; Ore. Comp. Laws Ann. (1940) §11-513; Tenn. Code (Michie 1938) §10121; Utah Code Ann. (1943) §104-45-12; Wash. Rev. Stat. Ann. (Remington 1932) §1058; Wis. Stat. (1941) §295.15

② Chadwick v. Janecka (3d Cir. 2002).

③ Thomas C. Ackerman Jr., *Standards of Punishment in Contempt Cases*, 39 Calif. L. Rev. 552 (1951).

# 第一编　新中国成立 70 年来刑事法治和刑法理论的变迁与反思

上诉讼费和律师费。① 纽约州还有一条特殊规定，如果被执行人未造成更大的损害，将处以 250 美元的罚款，并加负申请人的成本和花费。② 赔偿性民事藐视法庭罪的设立主要出于维护受害人的利益，但是，以赔偿方式向原告支付罚款的权力完全取决于法令，加州就因为没有对赔偿性藐视法庭的程序规定，受害人只能在普通民事诉讼中诉求损害赔偿。③

2. 以刑事制裁为依托的制度联动融贯

作为法治国家的美国，其"年长+精英"的法官群体和独立的司法体系得到了社会各界的普遍认可和尊重，公民具有较强的法律意识及观念，一旦法院作出裁判便会被严肃对待。1954 年美国联邦最高法院作出了一项影响深远的反对种族歧视判决，即著名的布朗诉托贝卡教育委员会案（Brown v. Board of Education of Topeka，以下简称布朗案）。④ 法院认为公立学校将黑人与白人孩子隔离教学的做法非法，因为隔离本身就具有种族歧视的倾向。该案一经宣判便在社会上引起了巨大轰动，在奉行"白人至上"的南部诸州遭到了不断抵制，甚至有些州仍以原先确立的隔离但平等原则（separate but equal）继续行事。直到 1957 年 9 月，阿肯色州小石城的一所中学拒收 9 名黑人学生入学，该州州长指令州国民警卫队协助该校的事件发生。在此情形下，时任总统艾森豪威尔为了保障联邦最高法院判决的有效实施，调集上千名空降兵控制小石城，并护送这些黑人学生进入学校，在历史上开创了总统派兵执行的先例。⑤ 其实当时美国法律还未将布朗案的判决以法律原则予以确立，但该案的有效执行充分反映了美国社会对司法权威的捍卫和对法院裁判的尊重。在美国的法律体制中，既无专门的强制执行法律，也无单独负责执行法院裁判的机构或部门，但很少出现类似我国执行难问题，其法院裁判之所以能够得到较好的执行，除了全社会法律至上的观念外，还有就是以刑事制裁为依托的制度联动。

对拒不执行判决、裁定的行为美国法院以藐视法庭罪论处，而补充发现程序（supplementary proceeding）、财产开示制度（post judgment discovery）及判决留置制度（judgment lien）与藐视法庭罪的联动无疑极大保证了法院裁判的实现。所谓补充发现程序，即若申请人穷尽办法仍不能获取有关债务人财产的足够信息，但能提出证据证明债务人具备偿还能力，则可以请求法院命令债务人到庭宣誓并接受申请人的反询问。但并不是每一个债务人都愿意按照法院指定的日期到法庭接受询问，藐视法庭罪就成为了该程序实现的保障。财产开示制度即胜诉的债权人向债务人及其他掌握债务人相关财务信息的人请求予以公开债务人财产情况的制度。⑥ 倘若债务人不以法官的命令如实说明自己的财产状况，将按藐视法庭罪进行处罚。例如，纽约州民事诉讼规则规定，胜诉的债权人可以向法院申请传票之方式，要求债务人

---

① Joseph Moskovitz, *Contempt of Injunction*, *Civil and Criminal* Col. L. Rev., Vol. 43, No. 6, 1943, p. 805.
② N. Y. Judiciary Law, Art. 19, § 773, 29 McKinney's Consol. Laws (1948).
③ Thomas C. Ackerman Jr., *Standards of Punishment in Contempt Cases*, 39 Calif. L. Rev. 552 (1951).
④ *Brown v. Board of Education*, 347 U. S. 483 (1954).
⑤ Jean Edward, *Eisenhower in War and Peace*, Random House (2012), p. 723.
⑥ Fla. R. Civ. P. 1. 1560.

提供相关财产信息，若其不予回应或做虚假陈述，将会因藐视法庭而受到罚款或监禁。① 并且，财产开示制度还可及于其他掌握债务人相关财产信息的第三人，如对债务人财产信息有记录的金融机构等。以新泽西州民事诉讼法为例，若债务人不依法院命令报告自己的财产状况，债权人可向法院申请对可能掌握债务人财产信息的第三人发出传票，要求其提供相关信息，若其拒不执行，将按藐视法庭罪论处。可见，财产开示制度不仅最大限度地消减了执行双方的信息不对称，也解释了藐视法庭罪适用于补充发现程序的路径。判决留置制度相当于冻结债务人的财产，在法官作出判决后，胜诉的债权人可依法在债务人的财产上设置留置权，该权利的生效以债权人在特定机关登记裁判文书号码及内容为前提，但也有少数州规定法院判决后就自动生效。债权人将判决书登记备案之后，债务人的财产上便有了"污点"，如房产和汽车，在过户时便会被发现而无法转移。若债务人不履行债务，胜诉的债权人可依判决留置权直接执行与债务价值相当的留置财产，若债务人对此予以阻碍将以藐视法庭罪论处。

由此可见，整个美国民事执行体制以刑事规制（藐视法庭罪）为依托，最大限度地保障了债权人权利的实现。② 将裁判执行和财产开示制度统一，对不诚实的财产开示行为，使用藐视法庭制裁提早介入；将留置判决制度视为裁判执行手段，对不配合行为，使用藐视法庭罪做最终保障，实现多种制度与刑法规制的联动与融贯。如果没有藐视法庭这一维护司法权威的制度保障，补充发现程序、财产开示制度和判决留置制度也将形同虚设。

### （三）香港地区

香港曾作为英国的殖民地，法律深受其影响。对于拒不执行法院裁判的行为，也按照英国的做法以藐视法庭罪论处。不过近些年来香港立法机关逐渐将藐视法庭罪从普通法上的犯罪转化为制定法上的犯罪，并分散在各个不同的法例中，如《裁判司条例》、《地方法院条例》、《陪审团条例》以及各类审裁条例。20世纪80年代，香港法律改革委员会着手对藐视法庭罪进行修改，草拟专门的《藐视法庭法例》。③ 在其对《藐视法庭法例》的专题研究报告中，将藐视法庭罪分为刑事藐视法庭、民事藐视法庭、刊物藐视法庭和中伤法庭。其中，刑事藐视法庭和民事藐视法庭为拒不执行法院裁判行为所会涉及的类型。④ 同样，在香港拒不执行法院裁判的行为适用刑事藐视法庭的，为刑事藐视法庭和民事藐视法庭难以区分的交叉适用范围，具有双重性。制定法下的民事藐视法庭行为共包括以下几种：（1）不遵守在指定期限内支付金钱的法庭裁决或命令。（2）不遵守土地所有权的法庭裁决或命令书。（3）不遵守依期向法庭缴付金钱的法庭裁决或命令。（4）不遵守在指定期限内进行或不得进行一项行动的法庭裁决或命令。（5）诉讼当事人不遵守有关质询

---

① N. Y. CPLR 5223.
② 参见王禄生：《美国司法为什么没有执行难》，载《联合早报》2016年9月19日。
③ 宣炳昭：《香港刑法导论》，陕西人民出版社2008年版，第268页。
④ 刊物藐视法庭，是指任何刊物如有使公平审判受妨碍倾向的行为。中伤法庭，是指以口头或文字形式攻击法官或法庭的行为。由于该两类与拒不执行裁判行为无关，本文不再探讨。

书、提供证件清单或交出证件以供查询的命令。(6) 不履行对法庭的承诺。(7) 律师未能按照其书面承诺出庭或缴付保释金或在海事案件中将物项存入法庭，以代替保释金。(8) 律师在没有合理解释的情况下，未能通知其委托人有关质询书、提供证件清单或交出证件查阅的命令。① 在这几种行为中，前四项为大陆刑法规定的典型拒不执行裁判行为。在刑事处罚方面，因藐视法庭罪分散于不同法例中，刑罚也不尽相同，但对刑事藐视法庭和民事藐视法庭都可以判处罚款或拘留，民事藐视法庭当事人等同样可自行了结。

### (四) 加拿大、新加坡和马来西亚

在刑事立法上，英美法系诸多国家制定并颁布了刑法典，有的还将拒不执行裁判行为从藐视法庭罪中分离出来，进行专门的规定。例如《加拿大刑法典》第4章妨碍执法和司法的犯罪中第127条就规定，任何人无合法理由，违背法院或依法授权裁定者或机构作出的付款裁定以外之合法裁定，除法律另有明示处罚之规定或其他程序方式外，为可诉罪，处2年以下监禁。② 而藐视法庭罪和藐视议会罪（contempt of parliament）还成为加拿大唯一的普通法罪行。③ 另外，《新加坡刑法典》和《马来西亚刑法典》的第206条都规定，任何人欺诈性地移动、隐匿、转移或送给任何人任何财产或任何由此孳生的利息，意图因此而阻止该财产或利息依照已经宣告的，或者其明知可能会由法院或其他有权机关宣告的判决被没收或被作为罚金，或者根据已经制作的法令、命令，或其明知由法院在民事诉讼中可能会制作的法令、命令被强制执行的，处2年以下的有期徒刑，或处罚金，或两罚并处。④

## 五、结语

通过英美法系国家或地区对拒不执行裁判行为的刑法规制比较，可以发现，在刑事处罚方面，大多数国家或地区更为严格，并且存在一定的功利性和等价性，只要行为人履行了法院裁判内容便可免受牢狱之灾，可以说行为人的行为对刑期起着重要甚至决定性作用。这种刑期的弹性机制使得法律目的的实现尤为显著。比较我国司法实践，行为人履行义务换取的"从宽处罚"（刑期或刑种降低），刑法介入仍显得过剩，而对于甘受有限刑期而仍拒绝履行义务的行为人，刑罚的张力又显得不足。在诉讼程序方面，行为人只要实施可能危及之后法院裁判实现的相关行为，刑法便可以提前介入，并且大多不受一般诉讼程序的限制，加之藐视法庭罪与执行制度联动融贯，在执行效果上起到了很好的作用，都值得我国刑事司法思考与借鉴。

---

① 宣炳昭：《香港刑法导论》，陕西人民出版社2008年版，第268页。
② 罗文波、冯凡英译：《加拿大刑事法典》，北京大学出版社2008年版，第104页。
③ Federal Court Rules Chapter 12.
④ 刘涛、柯良栋译：《新加坡刑法典》，北京大学出版社2006年版，第48页。杨振发译：《马来西亚刑法典》，中国政法大学出版社2014年版，第54页。

# 论《联合国打击跨国有组织犯罪公约》的价值理念及对我国反恐刑事立法的借鉴意义

戴小强*

我国反恐刑法经历了较长的发展时期，继1997年刑法后，我国又相继出台了三部刑法修正案对反恐刑法进行补充和修改。至此，我国反恐刑法已形成较为完备的体系。通过审视《联合国打击跨国有组织犯罪公约》（又称《巴勒莫公约》，以下简称《公约》）的价值意蕴，可发现我国反恐刑法依然存在较大的完善空间。我国反恐刑法在加快犯罪化的过程中，表现出对重大法益保护早期化的特征，这对于防控恐怖主义犯罪而言可能行之有效，与此同时也有可能带来过度侵蚀国民自由、国家趁机不当扩张自己权力的负面效果。此外，我国反恐怖主义法规定的恐怖主义定义中强调了政治目的这一要素，在政治犯不引渡已成为普遍原则的前提下，这一定义将成为我国与其他国家开展引渡合作的法律障碍。通过对照《公约》体现的打击犯罪与保障人权并重、加强国际合作的价值与理念，立法者下一步该如何完善我国反恐刑法，将是当下需要思考的重要课题。

## 一、我国反恐刑法立法之回顾

任何事物的发展必定要经历一个从孕育到成熟的过程，其间还有可能遭遇一定的曲折和反复。这一历史规律在我国的反恐刑法立法上得到了鲜明的印证。纵观之，我国反恐刑法经历了一个从孕育到产生再到发展的阶段。

### （一）孕育阶段（1949年至1997年）

新中国的反恐怖主义刑事立法的渊源最早可以追溯到1950年。是年7月25日，中央人民政府法制委员会起草的《刑法大纲草案》曾于第四章"反革命罪"中的第41条规定了恐怖主义的相关罪名："以反革命为目的，袭击机关、部队、团体，或对于国家工作人员、民主爱国人士，或各种民主事业中的英雄模范、积极分子及其家属实施杀害，或者其他强暴恐怖行为者，处死刑，终身监禁，或十年以上十五年以下监禁，并没收其财产之全部或者一部。情节轻微者，处五年以下监禁。"[①] 1951年2月20日中央人民政府委员会第十一次会议批准了《惩治反革命条例》，该条例第9条第4款加重了对恐怖行为的处罚，规定以反革命为目的，策划或者执行"袭击或杀、伤公职人员或人民者"，处死刑或者无期徒刑；情节较轻者

---

\* 北京师范大学刑事法律科学研究院博士研究生。
① 高铭暄、赵秉志编：《新中国刑法立法文献资料总览》（上编），中国人民公安大学出版社2015年版，第78页。

### 第一编 新中国成立 70 年来刑事法治和刑法理论的变迁与反思

处五年以上徒刑。① 就草案内含的立法目的及其表述的恐怖主义行为方式而言，其与当前我国乃至国际众多国家对恐怖主义的理解有较大相似之处，可谓已经具备了反恐刑法规范的雏形。

1979 年刑法典没有直接明确规定恐怖主义罪名，但在"反革命罪"中，立法者将出于特定目的的危害行为与普通杀人行为、爆炸行为区分开来。根据目的不同将普通刑事犯罪与特殊刑事犯罪区分开来，使 1979 年刑法典实际上发挥着反恐职能。因此，正如我国学者所言，该法典个别条款已经蕴含了相应的恐怖主义犯罪的内容。②

**（二）产生阶段（1997 年至 2001 年）**

自 1988 年 12 月全国人大常委会法制工作委员会研拟《中华人民共和国刑法（修改稿）》起算，我国全面修订刑法典工作又几近延续了十个春秋。1988 年至 1997 年，国际恐怖主义与国内恐怖主义形势都发生了巨大变化。1997 年刑法典为应对复杂的国际国内恐怖主义形势，于第 120 条设置了组织、领导、参加恐怖组织罪这一关涉恐怖主义的具体罪名。该条第 1 款规定："组织、领导和积极参加恐怖活动组织的，处三年以上十年以下有期徒刑；其他参加的，处三年以下有期徒刑、拘役或者管制。"第 2 款规定："犯前款罪并实施杀人、爆炸、绑架等犯罪的，依照数罪并罚的规定处罚。"从该条规定可以看出，1997 年刑法典不仅对积极参与恐怖活动组织的人员进行严惩，而且着重对组织、领导恐怖活动组织的行为予以严厉打击。这主要是考虑到组织领导者一般对恐怖组织的形成与后续活动起着关键作用，故将预防和打击的节点提前，以期将恐怖主义组织扼杀在萌芽状态。该罪名的设立标志着我国现代意义上的反恐刑事立法的开端。

**（三）发展阶段（2001 年以来，即"9·11"事件以来）**

之所以将 2001 年作为我国反恐刑事立法发展阶段的起点，是因为 2011 年 9 月 11 日在美国发生的恐怖袭击事件，将人类对恐怖主义的关注提升到一个前所未有的高度。这一事件也充分说明，恐怖主义犯罪已经成为危及全人类生命健康安全的主要威胁之一。为了加强对恐怖主义的震慑与预防，我国立法部门加紧了对恐怖主义犯罪的立法。2001 年至今，我国一共颁布了三部刑法修正案对 1997 年刑法典的涉恐罪名进行补充和完善。这三部刑法修正案分别是：2001 年出台的《刑法修正案（三）》、2011 年出台的《刑法修正案（八）》以及 2015 年出台的《刑法修正案（九）》。

《刑法修正案（三）》主要通过增设新罪（包括增设刑法第 120 条之一资助恐怖活动罪，第 291 条之一编造、故意传播虚假恐怖信息罪等）、完善刑罚配置（如提高刑法第 120 条所规定的组织、领导、参加恐怖组织罪的法定刑等）、修改构成要件（如将刑法第 127 条第 1 款规定的盗窃、抢夺枪支、弹药、爆炸物的行为扩展

---

① 高铭暄、赵秉志编：《新中国刑法立法文献资料总览》（上编），中国人民公安大学出版社 2015 年版，第 59 页。
② 参见陈晓济：《比较与借鉴：我国反恐立法模式建构》，载《贵州警官职业学院学报》2007 年第 4 期。

为盗窃、抢夺枪支、弹药、爆炸物、危险物质的行为，将刑法第 127 条第 2 款规定的抢劫枪支、弹药、爆炸物的行为拓展到抢劫枪支、弹药、爆炸物、危险物质的行为等）。

《刑法修正案（八）》对特殊累犯的对象范围作了扩大规定，由"危害国家安全的犯罪分子"扩大到"危害国家安全犯罪、恐怖活动犯罪、黑社会性质的组织犯罪"。

《刑法修正案（九）》对恐怖主义相关规定的修改主要包括两个方面的内容：（1）完善已有罪名（如对第 120 条组织、领导、参加恐怖组织罪增设财产刑；在资助恐怖活动罪中增加"资助恐怖活动培训"和"为恐怖活动组织、实施恐怖活动或者恐怖活动培训招募、运送人员"的行为等）。（2）增设五种新罪：准备实施恐怖活动罪（第 120 条之二），宣扬恐怖主义、极端主义、煽动实施恐怖活动罪（第 120 条之三），利用极端主义破坏法律实施罪（第 120 条之四），强制穿戴宣扬恐怖主义、极端主义服饰、标志罪（第 120 条之五）以及非法持有宣扬恐怖主义、极端主义物品罪（第 120 条之六）。

## 二、《公约》的主要内容及价值意蕴

《公约》于 2003 年 9 月 29 日正式生效，以共计 40 条的篇幅（不包括其议定书）详尽全面地规定了宗旨、适用范围、有组织犯罪集团的范畴、洗钱行为、腐败行为、法人责任、非法财产的没收与扣押、管辖权、国际司法合作、特殊侦查手段、帮助和保护被害人的措施、预防跨国有组织犯罪的措施等诸方面内容。笔者认为，《公约》的内容体现了打击犯罪与保障人权统一、国际合作、犯罪综合治理、尊重国家主权等重要的价值理念，但限于篇幅及与我国反恐立法联系的紧密性，本文仅对前两种价值理念做一重点介绍。

### （一）打击犯罪与保障人权统一

平衡打击犯罪与保障人权之间的紧张冲突是刑事立法与刑法理论所面临的永恒课题。在打击跨国有组织犯罪和保障人权成为当前共时性的价值追求的情况下，《公约》致力于实现两者之间的平衡，同时合理兼顾了打击犯罪与保障人权双重价值的统一。

1. 打击犯罪

首先，《公约》明确了打击范围。法律明确打击范围，具有在积极和消极两个向度上同时发挥指导和控制作用的功能：受束于罪刑法定原则，国家权力机关在任何时候都不得游离在法律之外对行为人定罪量刑；而基于法律规定的义务，国家权力机关在发现行为人有实施违反法律之行为时，即负有积极惩治犯罪的作为义务。因此，在保障人权的机能下，罪刑法定原则无可置疑地承担了打击犯罪的职能。《公约》第 3 条规定，本条约适用范畴为以下两类跨国且涉及有组织犯罪集团的犯罪：（1）公约第 5 条（参加有组织犯罪集团）、第 6 条（洗钱行为）、第 8 条（腐败行为）和第 23 条（妨害司法行为）确立的犯罪；（2）可受到最高刑至少 4 年的剥夺自由或更严厉处罚的严重犯罪。基于明确性原则，《公约》进一步对"跨国性"与"有组织犯罪集团"两个概念予以了界定。所谓跨国性犯罪,包括了4种情况:"在一个以上国家实施犯罪",或"虽在一国实施,但其准备、筹划、指挥或控制的实质性部分发生在另一国的犯罪",或"犯罪在一国实施,但涉及在一个以上国家从事犯罪活动的有组织犯罪集团",或"犯罪在一国实施,但对于另一国有重大影响"。所谓有组织犯罪集团,根据《公约》第 2 条规定,是指"由三人或多人所组成的,在一定时期内存在的,为了实施一项或多项严重犯罪或根据本公约确立的犯罪以直接或间接获得金钱或其他物质利益而一致行动的有组织结构的集团"。可见,《公约》对跨国有组织犯罪的各种不同情形予以了充分考虑,在此基础上,构筑了严密的打击跨国有组织犯罪的法网。

其次,《公约》在一定程度上扩大了打击对象。例如,《公约》将"腐败"罪行定义为"接受不正当好处",这一规定与《联合国反腐败公约》所规定的贿赂犯罪对象即"一切能满足人的欲望的利益和需求"高度契合,但与我国刑法规定的"财产性利益"相比,显然扩大了处罚的范围,突出了打击犯罪的价值诉求。再如,《公约》第 10 条明确规定,法人可以成为跨国有组织犯罪的主体。这一规定的目的即是为了消除部分未规定法人犯罪的国家(如德国)与本《公约》的冲突,从而严密了对跨国有组织犯罪的惩治与防范。

最后,对追诉期限的规定。《公约》第 11 条第 5 款规定:"各缔约国均应在适当情况下在其本国法律中对于本公约所涵盖的任何犯罪规定一个较长的追诉时效期限,并在被指控犯罪的人逃避司法处置时规定更长的期限。"在刑法理论上,关于时效制度的根据存在改善推测说、准受刑说、尊重事实现状说、规范感情缓和说的对立。① 但是,各种学说都承认追诉时效制度的本质特征是体现对犯罪人犯罪行为的报应,在于体现对犯罪行为所造成的对社会之冲击与破坏性的惩罚。因此,追诉时效的期限的长短,必须以犯罪之社会危害性为基础加以确定。而社会危害性的大小,归根结底体现在社会主体生存意志对于犯罪行为之否定评价程度。② 跨国有组织犯罪是一种威胁各国安全、人民生活稳定的严重犯罪,其社会危害性程度是普通刑事犯罪不可同日而语的,《公约》提倡各国法律对犯罪规定较长的追诉时效,显然是为了强化对该类犯罪的打击。

2. 人权保障

一方面,动用刑法加强跨国有组织犯罪的防治显示出一定的严酷性;另一方面,《公约》也充分体现了保障人权的价值追求,闪耀着人文主义关怀的光辉。③ 在对被告人保护上,《公约》的人文关怀主要表现在以下两方面:

第一,明确罪刑均衡原则。由于深刻认识到跨国有组织犯罪生成和发展机理的复杂性,在此基础上,《公约》并未在治理该类犯罪的急切心理下盲目地主张各个

---

① 各学说的具体内容参见马克昌、卢建平主编:《外国刑法学总论(大陆法系)》,中国人民大学出版社 2016 年版,第 416 页。

② 于志刚:《追诉时效制度研究》,中国方正出版社 1998 年版,第 221-222 页。

③ 参见莫洪宪、胡隽:《论〈联合国打击跨国有组织犯罪公约〉与我国刑事司法理念之转变》,载《犯罪研究》2004 年第 5 期。

缔约国应对该类犯罪配置重刑，而是理性地提出刑罚的配置不能偏离罪刑均衡原则的限制。在罪刑均衡原则下，司法部门对被告人所处的刑事处遇理应不超过报应限度，否则该处遇就会被认为是不正义的，且有将人当作预防犯罪的工具的嫌疑；在另一维度上，基于刑罚个别化的要求，司法部门在裁量刑罚时，应当允许根据被告人的预防必要性，适当对宣告刑进行调整，从而实现功利的最大化。质言之，刑法正当性的根据来源于报应与预防。① 报应刑和预防刑的并合为刑罚权的使用划定了边界，在报应刑与预防性的双重限制下，刑罚权才不至于陷入滥用的危险。《公约》虽然强调对跨国有组织犯罪的惩治，但同时也应当看到其对罪刑均衡这一基本法治原则积极宣扬的一面。《公约》第11条第1款规定："各缔约国均应使根据本公约第5条、第6条、第8条、第23条确立的犯罪受到与其严重性相当的制裁。"显然，该款规定充分肯定了报应对制裁的限制作用。该条第2款进而规定："为因本公约所涵盖的犯罪起诉某人而行使本国法律规定的法律裁量权时，各缔约国均应努力确保针对这些犯罪的执法措施取得最大成效，并适当考虑到震慑此种犯罪的必要性。"这意味着在考虑报应之后就应着眼于功利的需求，刑罚在这一阶段更应致力于一般预防和特殊预防，做到惩治犯罪与追求社会和谐的统一。即便跨国有组织犯罪的危害性很大，如果预防必要性较小，亦应在报应刑下适当降低被告人的刑罚。可见，《公约》第11条的前两款规定充分关注了对刑事被告人的权利保障。

第二，保障被告人的诉讼权利。对被告人的人权保障而言，诉讼权利（程序公正）和实体权利（实体公正）皆具有重要作用，两者不可偏废。《公约》第16条第13款规定："在对任何人就本条所适用的犯罪进行诉讼时，应确保其在诉讼的所有阶段受到公平待遇，包括享有其所在国本国法律所提供的一切法律保障。"从维护社会秩序的层面上说，社会的有序不仅需要控制社会暴力冲突，还需要防止政府及其官员滥用权力而使社会成员没有安全保障。所以，国家刑事司法权的行使也必须是有序的，必须受到刑事程序的规范。② 刑事司法权行使的有序性还原成给被告人带来的价值，就是在诉讼程序中充分保障被告人的人权，在法律关系上最大限度地实现权利、义务的平等及各方当事人在诉讼中的机会对等各项诉讼权利。《公约》强调对被告人诉讼权利的保障，为各国追究跨国有组织犯罪人的刑事责任提供了规范依据。

(二) 提倡加强国际合作

在《公约》中，国际合作是其最引人注目的内容之一。其中，《公约》第16条规定的"引渡"共设17款，第18条规定的"司法协助"更是多达30款，国际合作成为内容最为丰富的组成部分。限于篇幅，下文仅就《公约》对引渡制度的发展进行简要评析。

出于尊重人权和国家主权的要求，《公约》第16条不乏某些对当前国际社会普遍遵循的引渡原则进行重申的款项，如第1款即强调了双重犯罪原则，第14款即重申了政治犯不引渡原则。但是，在当下跨国有组织犯罪严重威胁各国安全的特殊

---

① 张明楷：《责任刑与预防刑》，北京大学出版社2015年版，第72页。
② 宋英辉主编：《刑事诉讼法学》，中国人民大学出版社2013年版，第25页。

语境下,《公约》也号召和要求缔约国冲破某些普遍原则的束缚,以求实质性提升国际合作的效率。比如,《公约》第16条第4款规定:"以订有条约为引渡条件的缔约国如接到未与之订有引渡条约的另一缔约国的引渡请求,可将本公约视为对本条所适用的任何犯罪予以引渡的法律依据。"实践中,在条约前置主义下,双边引渡协议的缺失是导致引渡合作无法进行的重要因素之一,很多引渡案例因为缺乏双边条约关系而得不到被请求国的支持。实际上,有些国家认识到条约前置主义严重限制了引渡的合作范围,为跨越这一障碍,遂在引渡法中明确规定在无双边引渡条约的情况下亦可开展引渡合作,或者有条件地允许条约前置主义存在一些变通,①如尼泊尔、澳大利亚、加拿大。以加拿大为例,其1999年引渡法就将以加拿大为一方当事人的已生效的多边国际公约纳入到前置条约中的"条约"范围。② 由《公约》16条第4款可知,《公约》彰显了与加拿大引渡法相同的价值追求,在这一变通性的立场下,有助于提高缔约国之间开展引渡合作的效率。

此外,值得肯定的是,为提升国际引渡合作的成功率,《公约》对证据的要求作了简化规定:"对于本条约所适用的任何犯罪,缔约国应在符合本国法律的情况下,努力加快引渡程序并简化与之有关的证据要求。"③ 鉴于各缔约国国内法各有不同,《公约》没有也不可能对"如何简化与之有关的证据要求"进行进一步规定和说明。但是,这并不意味着本款规定只具有宣示性意义,相反它可以在实践中转化成一种合作理念,对引渡工作的每一个环节作出科学指导。

## 三、我国反恐刑法存在的不足

从不同侧面审视,应当承认我国反恐刑法尚存在较多不足之处。以《公约》为参照基准,本文重点提出以下三方面问题:

### (一) 恐怖主义定义存在政治化倾向

我国刑法典未对恐怖主义概念作出明确规定,刑事司法认定恐怖主义援引的是《反恐怖主义法》确立的标准。《反恐怖主义法》第3条第1款明确规定:"本法所称恐怖主义,是指通过暴力、破坏、恐吓等手段,制造社会恐慌、危害公共安全、侵犯人身财产,或者胁迫国家机关、国际组织,以实现其政治、意识形态等目的的主张和行为。"根据该条规定,政治、意识形态目的是认定恐怖主义的必备要素;如果不具备该目的,则依法不能认定为恐怖主义。但结合犯罪的本质、国外立法规定以及国际合作等方面因素考量,就会发现这一定义存在一定问题。

首先,犯罪的本质是客观的法益侵害,而不在于行为人主观的犯罪目的。就犯罪本质这一问题而言,虽然行为无价值论与结果无价值论存在分歧,但目前在行为无价值论中占主流地位的二元行为无价值论也立场鲜明地表示,犯罪是违反行为规范进而指向法益的行为,违法性兼具行为规范违反和法益侵害的双重性质。④ 据此

---

① 参见黄风:《国际引渡合作规则的新发展》,载《比较法研究》2006年第3期。
② 参见加拿大1999年引渡法第2条。
③ 参见《联合国打击跨国有组织犯罪公约》第16条第8款。
④ 参见周光权:《行为无价值论的法益观》,载《中外法学》2011年第5期。

可见，结果无价值论与行为无价值论皆承认法益侵害对于犯罪认定的重要意义，法益侵害的程度应当成为认定犯罪的根本因素，而不是行为人的目的或动机。在国际社会中得到普遍承认的是，恐怖主义犯罪是一种迥异于普通刑事犯罪的犯罪类型，但问题的关键在于能够作为区隔两者分水岭的到底是犯罪行为造成的法益侵害还是行为人内心所怀有的目的呢？从《反恐怖主义法》的表述来看，立法者显然选择的是后者。这是因为除了"以实现其政治、意识形态等目的的主张和行为"外，其他要素并不具备区分恐怖主义犯罪与普通刑事犯罪的功能。通过暴力、破坏、恐吓等手段制造社会恐慌、危害公共安全、侵犯人身财产，或者胁迫国家机关、国际组织，也完全符合相关危害公共安全罪和绑架罪等犯罪的构成要件，而并非恐怖主义犯罪所独有的特征。唯一能够对恐怖主义犯罪与普通刑事犯罪作出区分的标准是行为人是否具备政治目的，但是，在犯罪的认定中过度依赖主观方面，容易产生如下三方面弊端：

其一，可能导致主观归罪的倾向。如果行为人所实施的行为法益侵害程度显著轻微，如在预备的早期阶段行为人即被抓获，但由于其表现出的强烈政治化倾向，司法机关出于防卫社会的目的，恐怕难免会向主张定罪的方向倾斜。但是，这显然与保护人权的理念背道而驰。

其二，与犯罪的本质相偏离。站在犯罪本质为法益侵害的立场上，法益侵害的种类和程度是立法者用以区分此罪和彼罪的重要标准。刑法分则将犯罪分为十大类，是在法益概念的指导下所形成的科学犯罪体系，这也是法益区分机能的重要佐证。也许有人会对法益的区分机能表示怀疑，因为在刑法分则中，有不少行为侵害的法益相同，但这些行为实际却被规定为了不同种类的犯罪。实际上，刑法分则作出这种区分，一方面是考虑到贯彻罪刑法定原则的需要和刑法不完全性的特点；另一方面是应当归结为侵犯法益的不同。① 比如，抢劫罪与盗窃罪、诈骗罪虽均为侵犯财产型犯罪，但刑法将三者设置为三个不同的罪名，这是因为抢劫罪所独具的暴力、胁迫的行为方式侵害了财产以外的法益，而诈骗罪则因被害人的参与程度不同，导致法益所要保护的必要性、紧迫性与其他两者存在差异。概言之，对犯罪的区分最终可还原为法益侵害的种类和程度的不同。在此理论前提下，恐怖主义犯罪与恐怖主义犯罪的区分标准仍应根植于法益侵害的差异，而不是基于行为人主观目的上的不同；行为所造成的法益侵害并不会伴随着主观目的的改变而改变。

其三，主观目的在实践中难以证明。在主观目的不能查明时，刑事司法中很有可能出现以下两种不利的局面：(1) 对于原本属于恐怖主义犯罪的案件，基于存疑有利于被告人的立场，只能按照普通刑事案件处理。假若如此，势必造成轻纵恐怖主义犯罪的结果。(2) 对于原本属于普通刑事犯罪的案件，若立足于防卫社会的理念，则又有可能通过刑讯逼供获得口供，最终以恐怖主义犯罪定罪。这样一来，人权保障的目标又会被吞噬。简言之，恐怖主义定义中的目的要素将使司法机关陷入进退维谷的尴尬境地。

---

① 黎宏：《刑法总论问题思考》，中国人民大学出版社2007年版，第29页。

其次，从比较法上看，世界诸多法治国家均在恐怖主义定义中规定政治目的这一要素。比如，法国现行刑法把恐怖主义犯罪归类于"危害民族、国家及公共安宁罪"中，其第421-2条规定："在空气中、地面、地下或水里，其中包括在领海水域，施放足以危及人、畜健康或自然环境之物质的行为，在其与以严重扰乱公共秩序为目的采取恐吓手段或者恐怖手段进行的单独个人或者集体性侵犯行为相关联，亦构成恐怖活动罪。"可见，法国刑法典中的恐怖活动罪并未将政治目的规定为必备要素，而是重点强调恐怖活动犯罪的手段和危害性特征。美国2001年颁布的《反恐怖法》、德国2001年颁布的《反国际恐怖主义法》等反恐怖立法也均摈弃了政治因素，促使恐怖活动犯罪非政治化。① 此外，多数国际公约也未对恐怖主义犯罪的政治目的作出规定，如联合国大会与1997年11月25日通过的《制止恐怖主义爆炸事件的国际公约》第2条就明确规定，符合本公约规定的罪行，是指任何人非法和故意在公众场所、国家和政府设施、公共交通系统或者基础设施，或是向或针对公用场所、国家或政府设施、公共交通系统或基础设施投掷、放置、发射或引爆爆炸性或其他致死装置：（1）故意致人死亡或重伤；（2）故意对这类场所设施或系统造成巨大毁损，从而带来或可能带来重大经济损失。从构成要件具有限制犯罪成立范围机能的意义上考虑，各国反恐立法与国际公约清理恐怖主义定义中政治目的这一要件，无疑有助于加强对恐怖主义的预防和惩治。因此，清除政治目的这一要素，将在法律上给恐怖主义形成更大的威慑。

再次，从实践来看，恐怖主义犯罪并不必然具备政治目的。通常而言，行为人的罪过对犯罪的认定具有至关重要的作用，而罪过背后的目的或动机则呈现出多样性特征，这些目的因缺乏定型性而无益于对犯罪的认定。具体到恐怖主义犯罪，正如我国学者指出："恐怖主义犯罪的原因既有政治、经济和文化等方面上的因素，也存在种族、民族、宗教、道德和心理等方面的因素，甚至是出于寻求公正待遇而采取的暴力反抗方式。"② 如果在实践中出现出于环保或女权主义而实施的恐怖行为，那么由于缺乏政治目的，将不能将其认定为恐怖主义犯罪。但从法益侵害的角度来看，其危害却未必比刑法意义上的恐怖主义犯罪小，将其弃置于恐怖主义犯罪之外是不合理的。

最后，政治目的将成为阻碍国际合作的重要因素。当前，恐怖主义的国际化注定任何一个国家都不可能在这场灾难中独善其身，而欲求全面、彻底地治理恐怖主义，国际合作将是各个国家和国际组织的必由之路。众所周知，引渡是国际司法合作中最普遍适用的方式。但是，引渡通常会附加严格的限制条件，如必须符合双重犯罪原则、互惠原则、条约前置主义等。同时，引渡合作还受到国际普遍公认的政治犯不引渡、死刑不引渡、本国国民不引渡等原则的限制。在开展引渡合作时，请求国一旦违背国际通行原则，引渡请求就有可能搁浅。③ 我国刑法在认定恐怖主义

---

① 参见赵秉志、牛忠志：《我国反恐刑法分则的完善之建言——以恐怖活动犯罪的罪刑规范为视角》，载《南都学坛》（人文社会科学学报）2018年第2期。
② 参见赵秉志、王秀梅：《国家恐怖主义犯罪及其惩治理念》，载《江海学刊》2002年第4期。
③ 参见王秀梅、戴小强：《中国在加勒比地区追逃追赃面临的挑战与解决思路》，载《法学》2018年第6期。

的过程中过于强调政治性,但在国际社会,行为人一旦被打上政治烙印,就有可能成为恐怖分子在国外借以寻求政治避难的借口。而基于政治犯不引渡的立场,我国的引渡请求将难以获得被请求国的支持。而且需要指出的是,"政治目的"、"意识形态"并非严格的法律用语,其内涵与一个国家的政治经济结构、文化、习俗密切相关,出于对这两个概念的不同理解,实践中,就可能出现"一个国家的恐怖分子在另一个国家却被认为是自由斗士"的滑稽现象。换言之,在我国被认定为恐怖分子,但在其他国家可能被认定为无罪,在普遍遵循的双重犯罪引渡原则下,我国的引渡请求将在被请求国遭受失败的命运。总之,基于便利国际合作的目标考虑,也不应将政治目的规定为恐怖主义的概念要素。

**(二) 反恐刑事立法尚不严密**

继 1997 年刑法典,我国反恐刑法经过《刑法修正案(三)》、《刑法修正案(八)》、《刑法修正案(九)》的修订,反恐罪名得到不断完善,反恐刑事法网日臻严密。但是,在日益频繁的国际交流和日新月异的科技发展的裹挟下,国际国内恐怖主义形势也在不断发生变化。现行反恐刑法无力应对新型的恐怖形式、手段,这使得恐怖分子有机会逃脱法律的制裁。笔者认为,在当前的反恐刑法体系中,以下恐怖主义罪名还存在缺位。

1. 入境发展恐怖组织罪

增设该罪名主要基于以下两点考虑:其一,从现实必要性来说,我国新疆地区与中亚毗邻,其中阿富汗、巴基斯坦等国家属于世界恐怖势力活跃地带。这些国家的恐怖势力通常通过两种方式对我国进行渗透。一是对我国出境的恐怖分子进行培训或者组建恐怖组织;二是境外恐怖组织通过派遣骨干人员潜入我国境内,在我国秘密发展恐怖势力,进而发动恐怖袭击。① 入境发展恐怖组织业已成为恐怖势力在我国蔓延和发展的重要推动因素,但是,我国现行反恐刑法对该类行为的规制却付之阙如。我国刑法第 120 条规定的组织、领导、参加恐怖组织罪,其构成要件设置的行为类型为组织、策划、领导恐怖组织,若坚守罪刑法定原则,单纯的发展行为恐怕难以合理地纳入"组织"、"领导"的文义之内。同理,遵循罪刑法定原则,对于入境发展恐怖组织的行为,也难以依法为帮助实施恐怖活动罪和准备实施恐怖活动罪规制。其二,出于刑法内部体系的协调性考虑,也有必要规定入境发展恐怖组织罪。我国刑法第 294 条第 2 款规定了入境发展黑社会组织罪,以规制境外黑社会组织人员到我国境内发展组织成员的行为。一般而言,恐怖主义犯罪的危害性大于黑社会性质组织犯罪,刑法既然将入境发展黑社会组织的行为规定为犯罪,那么将入境发展恐怖组织的行为规定为犯罪自然不存在障碍。

2. 包庇、纵容恐怖组织罪

其一,正如黑社会性质组织一样,恐怖组织为了逃避法律制裁,同样经常想方设法寻求保护伞的庇护。正如我国学者所言:"有组织犯罪一直在保护自身免受法律的干预和特权许可方面大力投资,由此对政府官员、警察、检察官、法官的贿赂

---

① 参加王志祥、刘婷:《恐怖活动犯罪刑事立法评析》,载《法治研究》2016 年第 3 期。

成为常事。有组织犯罪的盛行和人们对其无能为力的重要原因之一是本应执法的人员堕落。"① 在我国新疆地区，亦有不少国家工作人员扮演着庇护恐怖组织的角色，"他们在组织面前说的都是爱党爱国爱社会主义的话，背地里却散布'神权政治论'等思想，目的就是推翻世俗政权，建立所谓'伊斯兰教法'统治的哈里发国家；他们用合法的身份干着非法的勾当，沦为恐怖活动犯罪的保护伞"。② 国家工作人员的包庇、纵容势必增大公安司法部门对恐怖组织的查处难度，为其实施恐怖活动创造条件，其造成的社会危害是不言而喻的，因此，有必要将该类行为纳入刑法规制范畴。其二，如上所述，既然刑法对危害性较小的包庇、纵容黑社会性质组织的行为予以了规定，那么将危害性更大的包庇、纵容恐怖组织的行为放任不管，恐怕不甚合理。

3. 网络恐怖主义犯罪

网络恐怖主义犯罪是伴随互联网的发展而出现的一种新型恐怖主义犯罪形式。网络恐怖主义犯罪可分为工具型网络恐怖主义和目标型网络恐怖主义。所谓工具型网络恐怖主义，是指利用互联网等信息技术开展恐怖活动的行为；所谓目标型网络恐怖主义，是指以互联网本身进行攻击的行为。③ 网络恐怖主义的主要表现形态可总结为三个方面：一是以网络作为媒介，传播恐怖活动信息、收集信息、接收获取信息；二是以网络为基地，联络、招募恐怖成员；三是以网络为袭击目标，对关涉到国计民生的关键性设施的计算机系统、数据或者对整个互联网进行破坏性攻击。④ 前两者属于工具型网络恐怖主义的范畴，后者则属于目标型网络恐怖主义的范畴。在构成要件理论中，工具一般不会改变行为类型，充其量是作为加减刑罚的量刑情节存在。鉴于此，我国现行反恐刑法依然可将工具型网络恐怖主义犯罪涵括在其逻辑框架之内。比如，对于传播恐怖活动信息、收集信息、接收获取信息的行为，可以宣扬恐怖主义、煽动实施恐怖活动罪或者非法持有宣扬恐怖主义、极端主义物品罪论处；对于联络、招募、培训恐怖组织成员的，可以准备实施恐怖活动罪或帮助实施恐怖活动罪处罚。而且，这些罪名对情节严重的情形均规定了较重的法定刑，即便将互联网作为媒介的恐怖活动会扩大蔓延效应，进而增加了行为的不法程度考虑在内，也可认为不违背罪刑适应原则。

较之工具型网络恐怖主义而言，当下我国的反恐立法更应关注的或许是目标型网络恐怖主义。《修法修正案（九）》出台前，刑法中涉及计算机犯罪的条款主要是第285条、第286条和第287条。具体犯罪包括：（1）非法侵入计算机信息系统罪，非法获取计算机信息系统数据、非法控制计算机信息系统罪以及提供侵入、非法控制计算机信息系统程序、工具罪；（2）破坏计算机信息系统罪；（3）利用计

---

① 高一飞：《有组织犯罪问题专论》，中国政法大学出版社2000年版，第147页。
② 参见赵秉志、牛忠志：《我国反恐刑法分则的完善之建言》，载《南都学坛》（人文社会科学学报）2018年第2期。
③ 参加王志祥、刘婷：《网络恐怖主义犯罪及其法律规制》，载《国家检察官学院学报》2016年第5期。
④ 参见高铭暄、李梅容：《论网络恐怖主义行为》，载《法学杂志》2015年第12期。

算机实施金融诈骗、盗窃、贪污、挪用公款、窃取国家秘密等相关犯罪。2015年颁行的《刑法修正案（九）》增设了三个网络犯罪罪名：拒不履行信息网络安全管理义务罪、非法利用信息网络罪以及帮助信息网络犯罪活动罪。从这一立法脉络可见，我国刑事立法首先关注的是以计算机作为犯罪对象的网络犯罪，在近期才转向以计算机作为犯罪工具的网络犯罪。对于目标型网络恐怖主义，我国当前可适用刑法第285条、286条进行管控。但问题是现有的网络犯罪的刑法是否有能力抗制网络恐怖主义呢？刑法第285条对非法侵入计算机信息系统罪等罪名配置的最高法定刑为"三年以上七年以下有期徒刑，并处罚金"，第286条对破坏计算机信息系统罪配置的最高法定刑为"五年以上有期徒刑"，这一法定刑适用于一般的非法侵入计算机信息系统、破坏计算机系统的行为尚可实现罪刑相适应，但对于破坏性极强、蔓延性极广的网络恐怖袭击犯罪而言恐怕难以实现罪刑均衡。同时，可以注意到刑法第120条之三对宣扬恐怖主义、煽动实施恐怖活动罪所配置的最高法定刑为"五年以上有期徒刑，并处罚金或者没收财产"。单纯的宣扬、煽动行为本身并不具备任何法益侵害性，只是考虑到该行为内含的鼓动性可能蛊惑部分危险分子实施恐怖行为，为了提前预防，才对情节严重的情形规定了这一较为严重的刑罚。但相对而言，破坏计算机系统的网络恐怖袭击的危害性显然要大于宣扬和煽动行为。理由在于，破坏计算机信息系统罪是结果犯，必须造成了一定的现实损害才能认定为本罪，而宣扬恐怖主义、煽动实施恐怖活动罪属于危险犯，宣扬、煽动行为通常不会造成现实后果。而且，类似于宣扬、煽动行为隐含着促使他人实施恐怖活动的危险，以恐怖目的实施的破坏计算机系统罪同样隐含着这种危险，因为恐怖分子破坏计算机系统，不太可能仅仅是为了造成计算机信息系统不能正常运行，而一般是为了更便利地进一步实施恐怖活动。就盖然性而言，破坏计算机信息系统进而实施恐怖行为的可能，恐怕要高于宣扬恐怖主义、煽动实施恐怖活动后进而现实地导致恐怖活动发生的可能性。因此，从这两方面考虑，从当前我国网络犯罪刑罚结构分析，我国刑法有必要对恐怖袭击类型的非法侵入计算机系统、非法获取计算机系统数据、非法控制计算机系统行为配置更高的法定刑。

## 四、我国反恐刑法对《联合国打击跨国有组织犯罪公约》的可资借鉴之处

### （一）坚持适度犯罪化的方向

在前文述及的我国反恐刑法的缺陷中，可发现我国反恐刑事立法既存在尚不严密的局限，同时又存在过罪化的不足。立足于《公约》兼顾打击犯罪与保护人权并重的基本立场，我们认为，在我国将来的反恐刑事立法中，应当注重缓和这一对对立统一的价值间的张力，并回到适度犯罪化的理性道路上来。需要指出的是，适度犯罪化并不表明犯罪化是刑法立法的主导，而是包含了两种倾向：不是将违法行为一概入罪，而是有选择地将那些危害较大的不法行为入罪；也不是只进行犯罪化而

不进行非犯罪化,而是可以将适度犯罪化与适度非犯罪化同时进行。①

一方面,鉴于我国在入境发展恐怖组织,包庇、纵容恐怖组织以及网络恐怖主义方面的制裁漏洞,因此接下来立法者应当主张将上述行为纳入反恐刑法的规制范畴,从而使我国反恐刑法更能体系、完整地规制各种具备严重危害性的恐怖行为。同样是出于完善反恐刑事法网考虑,目前有一种意见认为,"反恐刑法之完善应当将暴力、破坏性的犯罪类型从刑法典分则有关章节中分离出来,结合特殊的犯罪目的,合并设置为专门罪名——恐怖活动罪,规定于刑法典分则第二章危害公共安全罪之中"。② 我们不认同这种观点。虽然增设恐怖活动罪能够体现行为的恐怖主义性质,且罪名因蕴含着国家对该类行为的谴责态度而有助于实现预防效果,但是:其一,现有的规制暴力犯罪的罪名有能力抗制恐怖主义犯罪,大部分严重的暴力犯罪规定有死刑,完全可以实现罪刑均衡,因而无须再多此一举地专门增设恐怖活动罪。其二,与我国当前的死刑政策相冲突。2010年2月8日最高人民法院公布的《关于贯彻宽严相济刑事政策的若干意见》指出,我国坚持"保留死刑,严格控制和慎用死刑"。这一表述亦成为我国现阶段的死刑政策。2013年党的第十八届三中全会通过的《关于全面深化改革若干重大问题的决定》进一步明确要求"逐步减少适用死刑罪名"。由此可见,逐步减少死刑罪名并最终废除死刑罪名已成为我国当前不可逆转的趋势。然而,如果独立设置恐怖活动罪,其结果必然会成批地增加死刑罪名,这一逆流将导致我国这些年来在废除死刑上作出的努力付诸东流,显然应当警惕。

另一方面,我们应杜绝反恐刑法在防卫社会的道路上走得太远,防止刑法沦为纯粹社会治理的工具。刑法的残酷性使其作为治理社会的方式存在天然的局限性,对生成机理极度复杂的恐怖主义而言,刑法甚至不是最有效的治理手段。正如我国学者指出:"恐怖主义的滋生和蔓延存在历史、文化等因素,甚至受到国际变化的影响。刑法作为最为严厉的部门法,并不能解决包括政治、意识形态问题在内的深层次社会矛盾,这就要求既防止'刑法无用论',也要防止'刑法万能论';既要防止'过度犯罪化',也要防止'非犯罪化',使刑法在恐怖主义威胁面前保持足够的理性和谨慎,从而保持社会防卫与人权保障的平衡。"③ 出于法的安定性考虑,立法者不太可能在近期就废除那些法益侵害及危险(社会危害性)较小的恐怖主义周边罪名,但是,在保障人权理念和宽严相济基本刑事政策的指导下,将来立法者在考虑将恐怖主义周边行为规定为犯罪时应当慎之又慎。

(二)删除恐怖主义定义中的政治目的要素

恐怖主义犯罪是全世界面临的共同难题,并日益呈现出国际性、跨国性的特征,有效地打击恐怖主义离不开国际合作。我国《反恐怖主义法》第七章以5个条

---

① 参见赵秉志:《当代中国犯罪化的基本方向与步骤》,载《东方法学》2018年第1期。
② 参见赵秉志、杜邈:《〈刑法修正案(九)〉:法益保护前置织密反恐法网》,载《检察日报》2015年9月28日第3版。
③ 参见赵秉志、杜邈:《中国反恐刑法的新进展及其思考——〈刑法修正案(九)〉相关内容评述》,载《山东社会科学》2016年第3期。

文的篇幅规定了"国际合作"的有关内容,在认识到刑事司法协助和引渡等手段对于加强反恐国际合作的重要作用的前提下,《反恐怖主义法》第70条规定:"涉及恐怖活动犯罪的刑事司法协助、引渡和被判刑人移管,依照有关法律规定执行。"引渡作为最规范的国际合作方式,对惩治包括恐怖主义犯罪在内的跨国有组织犯罪发挥着不可替代的作用。中国在重视并大力推动与其他国家的引渡合作的过程中,我们认为应着力加快推进以下两方面工作:

第一,进一步拓展与其他国家建立引渡合作关系,争取与更多国家缔结引渡条约。我国权威部门表示,截至2017年1月,我国已与48个国家签署双边引渡条约(其中14个尚未生效)。[1] 近年来,在我国的大力推动下,与我国签署双边引渡条约的国家越来越多,而且可喜的是,我国已与恐怖活动频繁且经常进入我国境内发展恐怖组织、实施恐怖活动的哈萨克斯坦、吉尔吉斯斯坦、塔吉克斯坦、乌兹别克斯坦、巴基斯坦等国家签署了双边引渡条约,这为我国与这些国家开展引渡恐怖分子的国际合作提供了有力的支持。但是,从现在公布的数据来看,我们的条约成果还不甚理想,我国与很多发达国家尚未建立条约关系,国际合作的水平还亟待进一步提高。当前,在加强国际合作的共同意愿下,虽然有不少国家选择对条约前置主义作出变通处理,但依然也有不少国家恪守条约前置主义的立场,如果向这些国家提出引渡恐怖分子的请求,则很可能会遭受搁浅的命运。概言之,争取与更多国家建立引渡合约关系无疑是加强反恐国际合作有效、便捷的路径。

第二,推动我国恐怖主义定义去政治化。恐怖主义定义去政治化对提升我国国际合作水平具有重要意义。为消除政治犯不引渡给引渡合作带来的障碍,国际社会对待恐怖主义的概念坚持的是去政治化立场。比如,2005年通过的《制止核恐怖主义行为国际公约》第15条规定:"为了引渡或相互司法协助的目的,第二条所述的任何犯罪不得视为政治罪、同政治罪有关的犯罪或者由政治动机引起的犯罪。因此,就此种犯罪提出的引渡或相互司法协助的请求,不可只以其涉及政治罪、同政治罪有关的犯罪或者由政治动机引起的犯罪为由加以拒绝。"去政治化立场有助于反恐的国际合作,即有助于对恐怖活动犯罪坚持或引渡或起诉原则。[2] 应当说,对不包含政治要素的恐怖主义概念而言,将恐怖主义与政治罪分离开来是容易让人接受的。但是,我国《反恐怖主义法》对恐怖主义的定义明显与该条约的规定相抵牾。因为该法第3条明确强调构成恐怖主义必须具备出于政治、意识形态目的,这一规定没有留下丝毫解释的空间,由此我国要说服被请求国恐怖主义犯罪不是政治罪、同政治罪有关的犯罪或者由政治动机引起的犯罪就具有相当大的难度。在依据《公约》开展引渡合作过程中,这种明显的对立和矛盾恐怕会使被请求国陷入困惑和疑虑。而消除这种困惑和疑虑最简便有效的方法则莫过于将我国恐怖主义定义去政治化。

---

[1] 参见刘建超:《中国已经和48个国家签署了引渡条约》,http://www.sohu.com/a/123827656_259463,访问日期:2018年9月22日。

[2] 参见赵秉志、牛忠志:《〈反恐怖主义法〉与反恐刑法衔接不足之处探讨》,载《法学杂志》2017年第2期。

# 检视与省思：新中国成立以来民营经济的刑法保护问题研究[*]

赵炜佳[**]

## 一、问题意识：民营经济地位嬗变的刑法保障

据《人民日报》报道，2019 年"两会"的重大议题之一为如何激发民营经济活力，这被普遍认为是中央对民营企业注入一剂"强心针"。[①] 然而，2018 年 9 月，《私营经济已完成协助公有经济发展，应逐渐离场》等舆论在网络媒体中持续发酵，由此引发了非公有制经济人士的恐慌与疑虑。对此，新华社专门发文，斥之为"曲解中央经济方针的奇谈怪论，恶化民营经济发展的舆论环境，影响民营企业家谋事创业的信心"。[②] 毋庸置疑，毫不动摇地支持非公有制经济发展是我国的基本经济政策，作为社会治理的最后一道屏障，刑法理应在私营经济的保驾护航方面有所担当。

追溯新中国成立以来所有制结构的演变，民营经济的命运几经沉浮，呈现出一部波澜壮阔的改革史诗。新中国成立前夕通过的《中国人民政治协商会议共同纲领》将"公私兼顾，劳资两利"概括为新民主主义经济时期的基本政策；1949 年至 1952 年，国民经济百废待兴，中央政府因时实施土改运动，建立并重点发展国营经济，同时扶持有助于国家的资本主义工商业，多种经济形式"各司其职，各得其利"，私营经济蓬勃兴起；1953 年起，我国进入社会主义改造的过渡时期，"一化三改"路线应运而生，重工业被置于优先发展地位，而彼时的民营资本显然无力承担这一重任，在苏联模式的影响下，全民所有制和集体所有制空前壮大，公有制成为我国单一的经济结构；至 1956 年年底，社会主义改造大体完成，针对单一公有制的弊端，中共八大提出"三个主体，三个补充"方针，个体经济重新焕发生机；然而，随后的大跃进、人民公社化等运动过分强调社会主义公有制，民营经济人士被视为"走资派"，进而成为被打击排斥的对象；至 1978 年时，全民所有制企

---

[*] 本文系国家社科基金重大项目"非公经济组织腐败犯罪统计调查与合作预防模式研究"（批准号：16AFX010）阶段性成果。

[**] 北京师范大学刑事法律科学研究院博士研究生。

① 《充分激发民营经济活力》，载《人民日报》2019 年 3 月 5 日第 15 版。

② 在这些唱衰民营经济甚至鼓吹"民营经济退场论"的"杂音"泛起后，习近平总书记亲赴沈阳考察，并主持召开全国民营企业家座谈会，中共中央宣传"改革开放四十年百名杰出民营企业家"，这一系列举措为民企吃下一颗"定心丸"。详见新华社每日电讯：《否定民营经济的怪论为何"有毒"》，2018 年 11 月 5 日第 6 版。

业占比 77.6%,集体经济比重为 22.4%,① 个体私营经济几乎消失殆尽;十一届三中全会、六中全会相继强调"个体经济是公有制经济的必要补充",民营经济在此基础上再次发展壮大;十四届三中全会正式确认"公有制为主体,多种经济成分共同发展",十五大将之确定为基本经济制度;2002 年,十六大报告中旗帜鲜明地提出"两个毫不动摇"方针;2007 年,十七大明确"坚持平等保护物权,形成各种所有制经济平等竞争、相互促进新格局";2013 年,十八届三中全会更进一步声明了"公有制经济和非公有制经济都是社会主义市场经济的重要组成部分";② 近几年,中央相继颁行《关于完善产权保护制度依法保护产权的意见》、《关于营造企业家健康成长环境弘扬优秀企业家精神更好发挥企业家作用的意见》。

据此,最高人民法院于 2016 年 11 月发布《关于依法妥善处理历史形成的产权案件工作实施意见》。该意见明确指出,坚持实事求是、平等保护、依法纠错、纠防结合等原则,依法妥善处理历史形成的产权案件。在此基础上,最高人民法院于 2017 年 12 月宣布对三起重大涉产权案件依法再审,张文中案与顾雏军案相继改判。

以三起重大典型案件为代表的涉民营产权刑事案件的发生绝非偶然,从彼时"依法"裁判到如今"依法"改判,同原审相比,再审判决的法律与政策依据早已发生巨大颠覆式改变。例如,十余年前,张文中案中的核心争点"国债技改贴息"带有浓厚的计划经济色彩,顾雏军案中的"虚报注册资本"的某些构成要素早已伴随 2013 年公司法的修正而消解。这凸显出民营经济在我国所有制结构中的地位变迁,同时也折射出刑法对民营企业产权保护的断裂与缺位。倘若刑法在保护国有经济产权与民营经济产权方面不能一视同仁,那么民营企业的合法财产权益将难以得到有效保障。事实上,在"抑商"的传统背景下,我国民营企业的法律地位始终难以与公有制企业平等,无论是在刑事政策、刑事立法抑或是刑事司法方面,都有不少值得改进之处。

## 二、缺陷与反思:刑法对民营企业产权保护的实然层面

### (一)重公轻私的刑事政策

我国的公司制度被截然划分为公有制与非公有制,这在某种程度上会导致"制度洼地"(system depression)的现象。经济学意义上的"制度洼地"是指金融垄断背景下的制度缺陷致使不同经济主体无法享有平等的法律地位。③ 毋庸讳言,民营企业在政策处遇上难以与国有企业相提并论。

我国《宪法》第 12 条规定,社会主义的公有财产神圣不可侵犯,国家保护社会主义的公共财产。改革开放后,我国最高立法机关先后制定了《中外合资经营企业法》、《外资企业法》、《全民所有制工业企业法》,以上法律均是以投资主体的所有制性质来分门别类。尽管 1993 年颁行的《公司法》明确确立了股东平等原则,

---

① 国家统计局国民经济综合统计司编:《新中国六十年统计资料汇编》,中国统计出版社 2010 年版。
② 乔惠波:《所有制结构演变与完善基本经济制度研究》,清华大学 2015 年博士毕业论文。
③ 周建军:《中国民营企业犯罪治理的刑事政策研究》,载《政治与法律》2012 年第 7 期。

但公有制企业与非公有制企业在发起设立、发行债券等方面仍然被区别对待,"重公轻私"的烙印始终存在。虽然公司法于 2004 年和 2013 年被进一步修正,但在政策偏视下,民营企业陷入的制度洼地一直难以被填平。

我国是社会主义国家,以国有资本掌控经济命脉符合基本国情,如在关涉国计民生的交通运输、石油电力、工程建设等领域,过度张扬的自由竞争反而会贬损公共利益与国民福祉。但正如苏力先生所言,"承认一个制度的语境化合理性,并不应承认其永恒的合理性"。① 在计划经济时期,国家垄断主义当然符合时代要求,但时过境迁,社会政策的发展必须与时俱进。

诚如马克思所言,"通常情况下违法行为是由不以立法者意志为转移的经济因素造成的",② 只有将非公有制经济与公有制经济平等对待,才可以营造出更为公平的市场竞争氛围,进而在根源上切断"官商勾兑"的链条。鉴于此,刑事立法与司法应当恪守平等保护准则,破除"尊公卑私"的陈旧思维,消弭民营企业跻身市场竞争的制度性壁垒,打破国营经济垄断市场资源的僵硬局面,鼓励民营经济正当合法地参与市场经济。如若继续深陷于重公轻私的刑事政策,那无异于在经济发展的大浪潮中自缚手脚。

(二) 偏袒对待的刑事立法

我国《宪法》第 12 条与第 13 条旗帜鲜明地分别规定了公共财产与私有财产神圣不可侵犯,由此可以看出国家根本大法对公有制与非公有制财产平等保护的立法理念。③ 除此以外,我国刑法典也将"刑法面前人人平等"作为刑法适用的基本原则。然而,民营企业及企业家的现实处遇却凸显着其所遭受的不公平待遇,"重公轻私"的痕迹深刻烙印在现行刑法典里。④ 譬如,在罪与非罪方面,以非法经营罪、集资诈骗罪、非法吸收公众存款罪等为代表的众多罪名几乎沦为民营企业家专属,当然这主要是因为 1997 年刑法典孕育之际我国正处于市场经济发展初级阶段,以国有经济为绝对主导地位的所有制格局难以在短期内转型。也正是由于时刻面临各种各样的桎梏与枷锁,民营企业在国有垄断的局面里为取得稀薄的市场资源,铤而走险去谋求权钱交易,这是当下行贿之风愈演愈烈的制度根因。

以职务侵占罪与贪污罪的对比为例,职务侵占罪的量刑起点数额为 6 万元以上,法定最高刑为 5 年以上有期徒刑;反观贪污罪,其量刑门槛数额是 3 万元以上,法定最高刑为死刑。除此以外,非国家工作人员受贿罪与受贿罪、挪用资金罪与挪用公款罪等"类似罪名"在刑罚配置上的差异性均如此明显。上述"类似罪名"的主要差别在于其行为对象不同而带来的法益性质迥异,根据当下刑法学界的通说,如张明楷教授认为,职务侵占罪、贪污罪与盗窃罪其实是"包容或交叉"的法条竞合关系。易言之,职务侵占与贪污在本质上均是一种特殊的盗窃行为,两者

---

① 苏力:《制度变迁中的行动者——从梁祝的悲剧说起》,载《比较法研究》2003 年第 2 期。
② [德] 卡尔·马克思:《资本论》,郭大力、王亚南译,上海三联书店 2009 年版,第 250 页。
③ 张远煌、操宏均:《论反腐体系科学化视野下的民营企业家腐败犯罪刑事治理对策》,载《河南警察学院学报》2014 年第 5 期。
④ 尹宁、张永强:《论刑法对私营企业财产权的平等保护》,载《西南政法大学学报》2016 年第 2 期。

的最大区别在于前者侵犯的是非公有制组织内部的财产所有权,而后者侵犯的则是公共财产所有权。① 由此可见,前罪所保护的法益是非公有制财产,而后罪保护的财产法益则属于国有。

除此以外,刑法中的非法经营同类营业罪,为亲友非法牟利罪、签订、履行合同失职被骗罪,徇私舞弊低价折股、出售国有资产罪等罪名所保护的法益均只涵括国有财产,公司、企业、事业单位人员的渎职犯罪在罪名设置上明确添加"国有"作为前缀主体。透析这一系列区别对待的罪刑设置,不难归纳推理出这样的结论:我国刑法对公有制财产与私有制财产在实然层面尚未能实现真正意义上的同等保护。

### (三) 处遇不公的刑事司法

在张文中案中,原审被认定为诈骗罪即与国有资产有着千丝万缕的联系。根据衡水中院与河北高院的判决,被告人在明知民营企业不属于国债技改贴息资金支持范围的情况下,通过申报虚假项目将物美集团以下属企业名义,骗取国债技改贴息3190万元。但事实上国家经贸委于1999年制定的《国家重点技术改造项目招标管理办法》虽然主要针对国有企业进行国家重点技术改造项目,但民营企业并没有被明确禁入此列。不久之后,我国对民营企业的经济政策以及国债技改贴息政策发生调整,物美集团在2002年申报的信息化项目与物流项目符合国债技改贴息资金支持的项目范围。物美集团尽管由于截止时间紧迫而以下属企业名义申报,但这仅是程序方面的瑕疵,没有令审批机关对其企业性质产生错误认识,故不构成诈骗罪。

此案背后凸显出司法机关对民营企业的歧视性对待,"法无禁止即可为"是公法领域众所周知的准则,但审判机关对之置若罔闻,忽视国家对民营企业的政策变迁,出于"尊公卑私"的惯性思维将技改贴息的主体擅自限定在国有企业领域。

此外,顾雏军案的导火索是被著名经济学家郎咸平控诉"在并购中瓜分国有资产"。原审法院认为,被告人为收购科龙电器法人股,以注册资本12亿元成立格林柯尔企业发展有限公司,其中的无形资产占注册资本总额的75%,超过彼时公司法20%的比例限制,构成虚报注册资本罪。之后企业运营亏损,被告人为避免退市而以压货销售、延后入账等方式虚增利润,并且杜撰虚假的财务报告,进而造成股民经济损失,成立违规披露、不披露重要信息罪。但事实上早在2003年广东省已经发文规定高新技术企业的无形资产出资比例不受20%限制,格林柯尔公司也具备官方颁布的《高新技术企业认定书》。此外,用回账方式增加公司实体资本的做法来源于顺德市工商部门的建议,顺德市政府还为此两次出具担保函。

吊诡的是,被告人申请政府有关官员出庭作证并接受质证,却遭到法院拒绝。除此之外,格林柯尔集团主营冰箱、空调等季节性产品,压货销售并不罕见,企业4.9%的压货比例几乎是全行业最低,更不存在主观恶意,侦查机关委托某会计师事务所出具的虚增利润司法会计报告是认定有罪的核心证据,但该事务所并不具备司法鉴定资质。本案值得反思之处在于:格林柯尔公司本是通过平等谈判的交易方

---

① 张明楷:《刑法学》(第五版),法律出版社2016年版,第250页。

式实施并购，但其间不可避免地使国有企业在市场竞争中处于下风，据顾雏军的申诉意见以及其他相关证据，由于该企业的迅速扩张侵犯到部分既得利益者的利益，广东省证监会捏造事实并将其移送司法处理，公安与司法机关更是以不具备合法性的证据进行定案。

由此可见，民营企业因为其非公有制性质而被烙上"原罪"的印记，司法机关在处理个案时常常混淆罪与非罪的界限，动辄使用刑事手段打击民营企业，"一大批富有才干的民营企业家在积累财富的道路上没有失败于商业风险的打击，而是倒在了刑事风险的爆发之中"。① 这在令人扼腕叹息的同时，不禁引人深思，如何在司法实务中祛除民营企业"原罪"的胎记，从而保障其与国有企业获得同等的法律处遇？

## 三、刑法对民营企业产权保护的应然路径

### （一）以平等保护的刑事政策为指引

我们必须对民营企业的积极影响予以公正看待，根据改革开放 40 年来的统计数据，民营企业数量已经占据我国企业总数的 60% 以上，民营企业对我国 GDP 的贡献率高达 60% 以上，提供了 80% 的城镇就业岗位，吸纳了 70% 以上的农村转移劳动力，新增就业 90% 在民营企业，来自民营企业的税收占比超过 50%。② 除以上量化显示的数据外，民营企业在实现创新驱动以及推动供给侧改革等方面亦有着不可磨灭的卓越贡献。由于民营企业完全依靠市场竞争来谋求生存与发展，在收益最大化目标的驱使下，若想不被残酷的市场竞争所淘汰，必须具备超强的技术革新意识。同时，民营企业在掌握市场需求信息后，会及时将资本投入到边际生产率较高的产业领域。在举世瞩目的十九大报告中，"深化供给侧结构性改革"成为未来中国经济走向的启明星。

我国的经济发展业已进入新常态，并且正处于前期政策消化期、结构调整阵痛期与经济增速换挡期的关键阶段。供给侧改革的本质在于充分发挥市场在资源配置中的决定性角色，这有赖于通过激发市场主体活力来扩充有效供给。而民营企业家恰恰具备与生俱来的高效配置资源的"基因"优势，民营企业的经营领域可以触伸至社会生活的各个方面乃至角落，供给侧改革的市场主体由此得以圆满填充，这对于实现"大众创业，万众创新"大有裨益，国有企业在此方面却难以望其项背。纵观世界经济发展史，汇丰、微软、西门子、本田等巨头企业几乎成为其所属国的专属代名词，英美德日等国的成功经验无一不在启发我们：民企强，则国运昌。正是在这种意义上，民营企业家是我国社会的特殊人才和宝贵资源，理应倍加珍惜和保护。

过去我国在经济犯罪领域一贯奉行国家本位主义，凡是与"国字号"发生利益纠葛的民营企业，都常常被刑法纳入打击范畴，"非公有制"似乎成为民营企业的

---

① 张远煌：《企业家何以行稳致远》，载《检察日报》2017 年 1 月 25 日第 4 版。
② 林家彬、刘洁、项安波等：《中国民营企业发展报告》，社会科学文献出版社 2014 年版，第 251 页。

"原罪"。事实上,对国有企业与民营企业的平等保护具有国家根本大法的依据,我国《宪法》第 11 条明确了非公有制经济是社会主义市场经济的重要组成部分。中共中央于 1993 年颁布的《关于建立社会主义市场经济体制若干问题的决定》指出,国家要为各种所有制经济平等参与市场竞争创造条件,对各类企业一视同仁。2003 年,中共中央进一步在《关于完善社会主义市场经济体制若干问题的决定》中明确提出,保障所有市场主体的平等法律地位和发展权利。国务院于 2005 年发布的《关于鼓励支持和引导个体私营等非公有制经济发展的若干意见》规定,消除影响非公有制经济发展的体制性障碍,确立平等的市场主体地位,实现公平竞争。

由上述规范性政策文件不难看出,国家对于非公有制企业呈持续包容与开放的态度,这其中无不体现了相关经济政策从国家垄断主义立场到市场权利本位的悄然转变。但是,我们必须清晰地意识到,由于立法不可避免的滞后性,相应法律特别是刑法中仍然不乏针对民营企业设置的贸易壁垒。譬如,除非法经营罪以外,非法吸收公众存款罪、集资诈骗罪等罪名依然像紧箍咒一般牢牢束缚着民营企业的蓬勃发展。唯有将主体平等的政策原则浸润至法律的每个角落,才能实现从"国富"到"国民共富"的共享发展局面。

(二)以立罪至后的立法原则为轨道

诚然,刑法有必要规制危害市场秩序的行为,非法吸收公众存款罪、非法经营罪在一定时期内仍有存续的合理性,但在具体的立法技术上须有所注意。

针对我国经济刑法领域中的一些乱象,储槐植教授指出,"立法上存在无序、失范的问题,在没有取得规律性认识,没有动用民商法、经济法和行政法手段予以有效调整的情况下,就匆忙予以犯罪化,纳入刑罚圈,使刑法的触须不适当地延伸到经济活动领域"。[①] 由于动辄牵涉国民的自由乃至生命,最后手段性与二次规范性是刑事法的一大重要品性。在此意义上,刑法必须充分尊重市场经济的自由竞争,不得随意干预。唯有在兼容并蓄的经济政策下才能最大限度地激发企业家的创新活力。正如陈兴良教授所言,"刑法是一种不得已的恶——只能不得已而用之,此乃用刑之道也"。[②] 社会的本质是一个具备自主性的系统,它能够自发趋向最有序的格局。因此,面对千姿百态的经济问题,采用经济手段进行调节是第一选择。

在最近的热播电影《我不是药神》中,其事件原型陆勇为降低治疗成本,从印度帮病友代购抗癌药物"格列卫",按照公诉机关的指控,陆勇帮忙代购的属于药品管理法所禁止的"未经批准的境外药品"。其实,公诉机关的定罪过程隐含着一个错误的逻辑——前置行政法规与刑法的违法性具有同一性。本案中,尽管陆勇代购未经批准的境外药品属于行政违法,但这些药品均是经过临床验证具有良好疗效的救命药,并不具有刑事违法性。

以非法经营罪为例,犯罪的本质是侵害法益,非法经营罪背后的规范保护目的则是专营专许制度。但是,对国家专营专许制度的保护并不能仅仅倚靠刑法,这种

---

① 储槐植:《罪刑矛盾与刑法改革》,载《中国法学》1994 年第 5 期。
② 陈兴良:《刑法的价值构造》,中国人民大学出版社 1998 年版,第 321 页。

# 第一编　新中国成立 70 年来刑事法治和刑法理论的变迁与反思

法益的保护更需要行政法等其他法律部门的共同支撑，此时刑法仅仅是一种"不得已而用之"的后盾。与英美法系国家不同，我国采取单一刑法典的立法体系，将经济犯罪全部囊括在现行刑法典中。经济犯罪往往都有前置行政法规，这依赖于结合其他法典进行违法性判断。正是基于这种立法理念，《刑法》第 225 条规定的非法经营罪之罪状才有了"违法国家规定"的首要前提。然而，如前文所述，不少司法解释屡屡突破这一前提，在相应"国家规定"阙如的情形下仍然径行"创造"某些非法经营的行为类型。因此，破除刑法万能主义之盲目，理性看待刑罚的双面性，在立法以及司法解释的制定上坚守行政违法与刑事犯罪的二元标准，始终对刑法介入经济领域保持高度克制的态度，尽可能为司法机关提供明确科学的法律依据。

## （三）以审慎谦抑的司法态度为内核

一方面，明晰财产归属权，慎用强制措施。第一，须区分清楚企业的单位财产与个人财产（《刑法》第 31 条）、合法财产与违法所得财产（《刑事诉讼法》第 141 条），以及涉案人财产与其家庭成员财产（《刑法》第 59 条）。① 第二，对查封、扣押的财物，按照法定要求开列清单，不得擅自使用、调换或损毁（《刑事诉讼法》第 142 条），经查明与案件无关的，应在 3 日内解除查封、扣押、冻结措施，及时退还（《刑事诉讼法》第 145 条）。第三，由于经济犯罪中的犯罪嫌疑人人身危险性较小，往往缺乏羁押必要性，因此应当慎用拘留、逮捕等强制措施，符合取保候审、监视居住条件的，应依法适用，最大限度地减少刑事强制措施对民营企业的负面效应。

另一方面，追求社会效果与法律效果的统一。法律效果的内涵不言自明，而所谓社会效果，是指通过法律适用，使法的本质特征得以体现，实现法的秩序、自由、正义、效益等基本价值的效果，进而使法律适用的结果为社会公众所认同。② 上文数据已经揭示，民营企业是纾解社会就业压力的最重要途径，民企一旦出现停业甚至破产，巨大的失业率将会引发社会的秩序失衡。例如，在孙大午案中，其所领导的大午集团为进一步实现盈利，向周边村民吸收存款，由于大午集团的利率远高于国有金融机构，乡亲们纷纷将收入存入大午集团，该集团在按期支付本息的同时，将企业的一部分收入用于改善当地的交通、教育、医疗等条件，企业效益越来越好，村民的福利待遇也水涨船高，这本是一种互利双赢的企业发展模式。然而，当地信用社却向公安机关告发大午集团，最终孙大午被以非法吸收公众存款罪定罪处罚。案件进入刑事司法程序后，大午集团的经营每况愈下，当地不少民众无法按期取回本息，切身利益遭受损失。诚然，未经法定许可而吸收公众存款涉嫌违法，但因不具有严重的实质社会危害性而不构成刑事犯罪。因此，司法机关在处理案件时必须划分清楚行政违法与犯罪的界限，谨防刑事司法带给民企的负面影响。

---

① 阴建峰、刘雪丹：《民营企业平等刑法保护的多维透视》，载《贵州民族大学学报》2018 年第 1 期。
② 阴建峰：《论法律效果与社会效果的统一》，载《河南社会科学》2011 年第 2 期。

## 四、结语

先贤孟子有云,"有恒产者有恒心"。① 在市场经济的语境下,民营企业理应受到同国有企业同等的刑法保护。共和国的经济发展同民营经济的法律地位休戚与共,尤其是近几年出台的一系列重要文件也凸显出这一理念变迁。2013年公布的《中共中央关于全面深化改革若干重大问题的决定》明确指出,支持非公有制经济健康发展,坚持权利平等、机会平等、规则平等,废除对非公有制经济各种形式的不合理规定,消除各种隐形壁垒。2014年发布的《中共中央关于全面推进依法治国若干重大问题的决定》规定,要使市场在资源配置中起决定性作用,健全以公平为核心原则的产权保护制度,清理有违公平的法律法规条款。2016年《意见》六次重申"平等保护",明确指出"完善平等保护产权的法律制度","清理有违公平的法律法规条款"。最高法的《关于充分发挥审判职能作用切实加强产权司法保护的意见》则为审判机关对待涉民营企业产权案件的处理提供了具体指导。

总而言之,作为民营企业产权刑法保护的重要掌舵者,立法机关与司法机关应当准确把握当下的刑事政策,科学立法,审慎司法,共同保障民营企业行稳致远。

---

① 陈勇勤:《中国经济史》,中国人民大学出版社2012年版,第162页。

第一编　新中国成立 70 年来刑事法治和刑法理论的变迁与反思

# 从统治到善治

## ——我国刑事政策理念之 70 年变迁

卢建平[*]　司冰岩[**]

刑事政策旨在研究如何治理犯罪，并愈来愈致力于探求犯罪治理体系和治理能力现代化。从新中国成立至今，我国刑事政策总体分为三个时期，即刑事政策形成时期、刑事政策停滞时期、刑事政策恢复和发展时期，实施过镇压与宽大相结合刑事政策、惩办与宽大相结合刑事政策、"严打"政策、宽严相济刑事政策等。刑事政策是实体刑法的灵魂和依据，实体刑法是刑事政策的具体化和条文化，[①] 其与刑法之间也经历了替代刑法期、分庭抗礼期、相辅相成共同发展期。70 年间刑事政策不断变迁，其理念呈现出从统治到善治的演变，其价值呈现出从重视秩序到重视人权的转变，为我国犯罪治理作出了重大贡献。

## 一、统治理念

所谓统治，一般都带着浓重的政治色彩，是指政府运用政治权威，通过发号施令、制定政策和实施政策，对社会公共事务实行单一向度的管理，政府权力的运行方向总是自上而下的[②]。从战争年代延续到和平时期的计划经济时代，统治理念被演绎为"以阶级斗争为纲的斗争哲学"，也是对革命战争年代理想主义思维的沿袭，并主导了新中国成立后 30 余年间人们对社会主要矛盾的判断，深刻地影响了社会生活的方方面面。这种思想具体到刑事政策领域，固化为犯罪"是孤立的个人反对统治关系的斗争"这一认知，实属斗争哲学的对敌斗争立场。

从 1949 年新中国成立至 1979 年刑法颁布，30 年间刑法典的起草虽几经沉浮，然终究未能面世，这期间刑事政策在刑事领域占据了绝对的主导地位，政策高于法律的现象比比皆是，直接形成我国长期以"政策之名"行"法律之实"的局面。新中国成立后，由于历史的局限性，对法律和法治重要性的认识不足，刑事领域仅制定了《镇压反革命条例》、《惩治贪污条例》两部单行刑法，但是为稳固新生政权，完成镇压反革命的政治任务，沿袭采用了抗日战争时期革命根据地的法制建设经验——"镇压与宽大相结合政策"，这一政策从一开始就是为了满足对敌斗争的需要，犯罪人被视为敌对势力、被统治阶级，受到统治阶级的镇压。

虽然三大改造完成后，中共八大会议确立了惩办与宽大相结合刑事政策，在当

---

[*] 北京师范大学法学院院长，中国刑法学研究会副会长。
[**] 北京师范大学刑事法律科学研究院博士研究生。
① 高铭暄：《我国刑法是"宽严相济"政策的体现》，载《民主与法制时报》2015 年 7 月 23 日第 5 版。
② 俞可平：《论国家治理现代化》，社会科学文献出版社 2014 年版，第 23 页。

时的历史条件之下,具有明显的积极意义,然而此后 20 余年间"以阶级斗争为纲"和"法律虚无主义"的盛行,使得此刑事政策一直未能发挥其真正作用,甚至在十年"文化大革命"期间,刑事政策一度停滞不前,阶级斗争立场又一次占据上风。

改革开放开始后,我国法制(法治)建设取得了长足进步,但是历史的强大惯性使刑事政策中的统治理念残余得以沿袭,且不时发酵,最典型的莫过于三次"严打"政策的实施。所谓"严打",即是要求从重从快严厉打击违法犯罪行为,通过重典重刑来达到控制犯罪的目的。固然"严打"取得了阶段性或局部性的效果,但是实践中司法不公、冤假错案层见叠出,且实践证明第三次"严打"的震慑效果明显小于前两次,犯罪率仅小幅下降,其震慑效果的持续时间也较前两次缩短。

显而易见,以治理犯罪为要义的刑事政策,在统治理念的影响下,不可避免地带有盲目性、激进性。首先表现在犯罪治理目标上,即消灭犯罪、除恶务尽的理想目标。这种不理性的目标设定极大地阻碍了对犯罪的治理。事实上,一方面,不存在犯罪的乌托邦式的理想社会根本没有存在的根基,因为犯罪总是与社会相伴相生,二者都由当时的物质条件和经济基础所决定,且在同等的基础之上共生共灭,无犯罪则无社会,无社会则无犯罪。① 因此所有的社会形态里都包含犯罪的基因(criminogenic society),我们在任何一种健康意识里都可以找到犯罪损害情感的事实,② 试图消灭犯罪的理想既不可能实现,又浪费了大量的社会资源。另一方面,理性看待犯罪即是辩证地看待犯罪,在认识到犯罪是社会必然现象的同时,也应肯定犯罪在一定程度上促进了社会的进步,犯罪是为了可能的社会进步所付出的代价③,犯罪实际执行着社会有机体的"代谢"功能。要保障经济发展、保持社会活力,就必须在一定程度和范围内容忍犯罪的存在。④ 其次,统治理念下的刑事政策,崇尚国家强制力,在治理犯罪的过程中国家权力占据绝对的主导地位。此局面的形成有着深刻的历史原因,除了上文提及的对战争年代斗争哲学的沿袭以外,更重要的还是经济基础的影响。新中国成立后 30 年间,我国长期处于计划经济时代,资源禀赋极度匮乏,国家掌握着绝大部分社会资源的控制权和配置权,形成了国家性整体控制,社会乃至公民生活的各个方面都由国家计划调控,国家对资源进行有计划的统一分配,于是犯罪治理层面上由国家权力占据核心主导地位就不足为奇了。虽然三次"严打"时期,我国已不再处于计划经济时代,但正是由于改革开放后经济快速发展,各种新事物出现以及各种新意识形态的冲击,使犯罪率增长迅速,犯罪状况更是前所未有的复杂,政府在刑事政策历史的惯性思维下,急于打击犯罪、稳定社会秩序,连连重拳出击。历史已证明从重从快的"严打"政策极易造成公权力滥用,导致公权力侵犯公民权利。最后,一般而言,法律系统的构造是"法与不法",政治系统的构造是"统治与反对",但是新中国成立后 30 年间的刑事政策以

---

① 青峰:《犯罪本质研究》,中国人民公安大学出版社 1994 年版,第 62 页。
② [法]埃米尔·涂尔干:《社会分工论》,渠敬东译,生活·读书·新知三联书店 2017 年版,第 36 页。
③ [法]埃米尔·涂尔干:《自杀论》,冯韵文译,商务印书馆 2001 年版,第 369 页。
④ 卢建平:《中国犯罪治理研究报告》,清华大学出版社 2015 年版,第 2 页。

及"严打"政策的施行都未能将二者分立而论,而是将"违法犯罪"等同于"对统治的反对",罪犯最终成为被镇压的对象。① 这实质上是用政治标准取代了法律标准,用政治思维取代了法律思维,必然不能被现代法治理念所接受,难以实现人权保障。

## 二、惩治理念

惩治理念的典型表现是惩办与宽大相结合刑事政策的施行。早在中共八大时就确立了惩办与宽大相结合刑事政策,此时三大改造已经完成,新生政权得到了巩固,社会的主要矛盾已由"阶级矛盾"转化为"人民对于经济、文化迅速发展的需要同当前经济、文化不能满足人民需要的状况之间的矛盾"。显然以反革命敌对分子为调整对象的镇压与宽大相结合政策已不合时宜,难以满足新时期调整反革命分子以外的其他犯罪分子的要求,与惩办与宽大相结合政策相比,其提法及内涵在新的历史条件下不够科学、合理和可行②。八大会议实际上确立了惩办与宽大相结合基本刑事政策的地位,并将其内容概括为"首恶必办,胁从不问,坦白从宽,抗拒从严,立功折罪,立大功受奖。"遗憾的是这一具有进步意义的刑事政策被搁置了 20 余年,直到 1979 年我国首部刑法典颁布,将其明确纳入刑法,即刑法典第 1 条规定"中华人民共和国刑法……依照惩办与宽大相结合的政策……制定",才得以真正践行。整部刑法在总则、分则各个主要内容中都贯彻了惩办与宽大相结合的刑事政策,实现了这一政策的法律化、具体化、条文化。③

惩办与宽大相结合政策脱胎于镇压与宽大相结合政策,较之于后者奉行的统治理念,前者倡导的惩治理念对犯罪的认识更为理性。首先,在用词上,"惩办"显然比"镇压"更为理性,一定程度上摆脱了对敌斗争的立场。其次,在调整对象上,体现了从"敌人"到"犯罪人"的变化。惩办与宽大相结合刑事政策提出伊始,就只是为了调整反革命分子以外的其他犯罪分子,特别是随着改革开放之后,以经济建设为中心成为国家、社会的首要任务,人们已不再关注阶级斗争中的"敌人"或者"被统治阶级",并且经济建设快速发展的同时,我国法制(法治)建设也飞快前进,更有自信和能力应对犯罪,因此相对理性的犯罪认识也就自然形成了。但是不可否认此阶段刑事政策的惩治理念仍较为简单、粗放,更多地侧重于惩办、打击犯罪,而对预防犯罪重视不足,其指导下的刑事立法承认类推原则,反革命罪、口袋罪的存在,刑罚整体偏重等即是明证,也直接导致了司法实践中国家权力的膨胀,因此要实现对犯罪更为理性的认识、对人权更为有效的保障,还有很长的路要走。

---

① 卢建平:《中国犯罪治理研究报告》,清华大学出版社 2015 年版,第 4 页。
② 卢建平、刘春花:《刑事政策与刑法的二重协奏——1949 年以来刑事政策的演进与刑法的变迁》,载《河北学刊》2011 年第 4 期。
③ 卢建平、刘春花:《我国刑事政策的演进及其立法影响》,载《人民检察》2011 年第 9 期。

### 三、治理理念

20世纪90年代以来,在西方国家治理理论兴起,在经济学、政治学、管理学等多个领域被广泛应用。在国家公共事务管理的过程中,"多一些治理、少一些统治"成为世界上主要国家政治改革中的主要诉求。从政治学理论上看,在管理过程中,统治和治理都需要政府权威,都是为了达到社会安定有序的目的。但是二者仍存在诸多差异:一是统治的主体是单一的政府,治理的主体则是多元的,除政府外,还包括众多的社会组织,或者政府和社会组织的合作;二是统治的权力运行是单一向度的自上而下,而治理的权力运行方向则不限于自上而下,更多的是平行向度的合作,如通过沟通、协商,建立在市场原则、利益认同和价值认同基础之上的合作;三是统治具有强制性,而治理除具有强制性之外,则更多地具有协商性。[1]

改革开放后,我国社会发生了深刻的变化,一则经济转型引发人口大规模流动和社会阶层分化,造成一系列尖锐的社会问题,犯罪问题亦随之而来,缺少熟人社会中的道德、风俗、舆论等制约,流动人口的自我控制能力和社会控制能力都大大减弱,并使犯罪控制的难度加大;二则"全能型国家"形象改变,社会自由度增加,社会的空间不断扩展,秩序危机、社会风险不可避免;三则经济发展、社会转型也带来意识形态的冲击,社会意识形态呈现出多元化、复杂化特征,人本主义和对个人价值的追求日益成为主流社会意识,但是过度的人本意识会导致社会缺乏统一的价值约束,社会失序行为层出不穷,长此以往甚至会引发犯罪行为破窗式高发,必然不利于社会稳定。如此种种,均导致改革开放后犯罪形势严峻。正是在这样的历史契机下,1991年国务院发布《关于加强社会治安综合治理的决定》,综合治理作为国家治理犯罪的总体策略应运而生,同时要求必须动员和组织全社会的力量,运用政治、法律、行政、经济、文化、教育等多种手段进行综合治理,从根本上预防和减少违法犯罪,维护社会秩序,保障社会稳定,并作为全社会的共同任务长期坚持下去。2004年12月召开的中央政法工作会议中,时任中共中央政治局常委、中央政法委书记罗干同志在会议上首次提出要注重贯彻宽严相济的刑事政策,正是契合了综合治理理念的要求;2007年最高检发布《关于在检察工作中贯彻宽严相济刑事司法政策的若干意见》,是最高检发布的第一个关于宽严相济刑事司法政策的指导性文件;2010年最高院颁布的《关于贯彻宽严相济刑事政策的若干意见》正式明确了宽严相济刑事政策是我国基本刑事政策的地位。

治理理念下的宽严相济刑事政策,具体而言即是"该严则严,当宽则宽;严中有宽,宽中有严;宽严有度,宽严审时",其一方面是对惩办与宽大相结合政策的继承和发展,另一方面是对"严打"政策的反思与总结。因此,宽严相济刑事政策首先以预防和减少犯罪为现实目标,这一现实目标当然是建立在理性认识犯罪之上。鉴于"严打"的局限性,人们开始深刻反思,认识到"严打"只是在犯罪出现之后简单地对犯罪分子予以铲除,这种做法显然具有滞后性,未能从源头上思考

---

[1] 俞可平:《论国家治理现代化》,社会科学文献出版社2014年版,第2页。

# 第一编 新中国成立70年来刑事法治和刑法理论的变迁与反思

经济、文化和教育发展差异等各种致罪因素，因此"严打"只能对犯罪进行暂时压制，绝不可能一蹴而就、一劳永逸，需要从长计议、全面把控，于是犯罪不可消灭但可防可控的观念逐渐深入人心。"宽""严"并不是均力而为，而是有所侧重，并且当前以及可预计的未来，宽严相济刑事政策应侧重于"宽"，这对《刑法修正案（七）》、《刑法修正案（八）》、《刑法修正案（九）》的指导意义不言而喻，指明了刑法应走宽缓化、轻刑化道路，刑法的软性特征愈来愈明显：一是在犯罪论部分，对犯罪成立的"质"的规定渐趋软化，即犯罪门槛下降，犯罪圈不断扩张，最明显的表现是不断侵蚀行政法的调控范围，出现了大量轻微犯罪、法定犯、行政犯。二是在刑罚论部分，制裁措施渐趋软化。为应对犯罪圈扩张带来的处罚措施不适应的问题，立法上增加了越来越多的难以归属于刑罚的措施，如社区矫正、禁止令、职业禁止等，这些措施实属具有保安处分性质的制裁措施，与传统刑罚措施相比，在执行方式上要柔软很多。同时立法上逐渐减少死刑设置数目以及严格死刑适用条件，弱化我国刑法的"硬刑法"形象，其中《刑法修正案（八）》废除了13个经济性非暴力犯罪的死刑，《刑法修正案（九）》取消了9个死刑罪名。此外，在司法上力图破除重刑依赖的惯性思维，倡导制裁手段多元化、多样化。三是促使刑法功能更多地关注其积极的一般预防功能，即促使刑法功能从传统的侧重惩罚、报应已然之罪，转向现在的预防未然之罪或管控风险。社会力量逐渐成长为犯罪治理的主体。改革开放以来，相对独立的社会力量逐步形成，逐渐从整体性国家中分化出来，社会力量的自主性和空间增加，因此社会的成长为国家调控方式的变革和犯罪治理方式的演进提供了基础性前提。① 其在立法、司法过程中也发挥了越来越重要的作用，如刑法修正案的制定过程中广泛听取社会意见和建议，引入刑事和解机制、社区矫正机制等。

## 四、善治理念——未来刑事政策理念之提倡

善治是对治理理论的进一步深化。所谓善治，简单而言就是公共利益最大化的治理过程，并力图实现人民生活幸福、社会和谐有序、国家长治久安，其本质特征在于它是政府与公民对公共生活的协同管理，是政治国家与公民社会的一种新颖关系，是两者的最佳状态。② 善治不同于传统的善政，我国五千年历史中很多被人津津乐道的大治时期，如"文景之治"、"开元盛世"、"贞观之治"、"康乾盛世"等只能称为善政，而不能称作善治，因为善政是单向的，是政府治理的过程中对一个优秀政府的要求，而善治则是社会治理过程中对政府和社会的双向要求。要实现善治的理想目标，必须先实现国家治理体系和治理能力的现代化，党的十八届三中全会《关于全面深化改革若干重大问题的决定》确立了"完善和发展中国特色社会主义制度，推进国家治理体系和治理能力现代化"的总体目标，并要求践行"源头治理、系统治理、综合治理、依法治理"。将善治理念融入我国刑事政策之中是未

---

① 唐皇凤：《社会成长与国家治理——以中国社会治安综合治理为分析对象》，载《中南大学学报》（社会科学版）2007年第2期。

② 俞可平：《论国家治理现代化》，社会科学文献出版社2014年版，第26—27页。

来治理犯罪的最优选择。

## （一）科学认知犯罪对象

对犯罪对象的科学认知是治理犯罪的前提。现代社会科技的快速发展将人们带入互联网时代，新时代下人们的行为方式和价值诉求变得更为多元与复杂，借助互联网技术，新型犯罪出现，传统犯罪变异，其危害程度、影响范围已不可同日而语。故需要在治理犯罪的过程中考量互联网对犯罪产生的作用大小，同时积极运用互联网技术予以反制。

另外，由于社会资本不足而引起的犯罪治理危机也不容忽视，如经济发展不平衡引发社会阶层分化，冲突不断降低社会公平感，传统道德价值功能弱化，社会整体信任感下降等。良好的社会资本倡导社会成员之间的平等、信任、合作和互利关系，旨在培养社会公共精神和社会价值认同，这有利于铲除犯罪滋生的土壤，构建和谐有序的社会秩序，减少犯罪发生概率，同时有利于公民与政府的良性互动、合作，因为公共精神和社会价值认同是现代社会资本的重要表征，其强弱直接体现公民之间彼此内心认同、相互团结、信任合作、互利互惠的水平高低，直接影响到国家力量和社会力量合作应对犯罪的成效。①

此外，遵循善治理念，要求我们在犯罪治理的过程中实现"治病"的同时也要关注"救人"之终极目标，为犯罪人提供更多重返社会的机会，同时对受害人给予更为快速有效的救治和安抚。②

## （二）实现治理主体多元化，促进社会力量的积极参与

善治强调政府和公民社会的双向合作，民间社会是实现善治不可或缺的力量，离开民间社会的参与和支持，政府至多只能实现善政，而不可能实现真正的善治。因为国家在治理犯罪的过程中不可能深入到公民社会生活中的每个角落，而民间社会具有天然的基层性和开放性，可以有效地弥补政府力量在应对犯罪时的困境，促进犯罪治理向"精耕细作"式的精细化、网格化迈进。并且因互联网的兴起和信息技术、大数据、人工智能的普及运用，使得现代社会生活呈现线下和线上结合、真实和虚拟并存的局面，网络空间成为犯罪主战场，网络、信息、数据犯罪成为犯罪主力军。而社会力量如电信运营商、网络服务供应商或数据、平台公司等在网络技术方面无疑具有得天独厚的优势，且在犯罪治理体系中的地位作用日益显著。加之我国当前已经具备相当程度的线下社会力量，如治安联防、私家侦探、保安业务等，因此在犯罪拟制阶段、犯罪防范阶段和犯罪消解阶段，无论是在对犯罪的防范效果还是打击效果上，社会力量都将起到越来越重要的作用。

## （三）完善刑事制裁体系

作为犯罪治理体系的重要组成部分，完善的刑事制裁体系是善治理念的当然之义。我国刑法"定性+定量"的立法模式表明了我国实行的是刑事处罚和行政处罚二元制裁体系，即对一部分成立犯罪的行为，由刑法予以规制；而不满足定量要求

---

① 黄石：《社会转型与犯罪治理——转型期犯罪治理模式变迁研究》，法律出版社 2018 年版，第 215 页。

② 卢建平：《中国犯罪治理研究报告》，清华大学出版社 2015 年版，第 14 页。

# 第一编 新中国成立 70 年来刑事法治和刑法理论的变迁与反思

的另一部分行为则由行政法律规范予以规制。但是这种二元制裁体系存在诸多弊端：一是定量因素的存在导致犯罪圈狭窄。一方面，我国刑法第 13 条"但书"条款的存在，将那些情节或危害后果未达到一定程度的行为排除在犯罪圈之外，限缩了犯罪圈的整体范围；另一方面，总则的这一规定直接指导了分则中犯罪的成立，使得个罪的犯罪圈不够周延。二是这种二元处罚体系导致做出行政拘留的行政处罚实际上是集行政权和司法权于一身，脱离中立第三方即法院审判而自行裁决、自行执行的，缺乏有效监督和程序规范的权力，极易带来行政权的滥用、膨胀。三是不利于保障公民的人身自由权。目前我国刑事处罚和行政处罚的界限是以行为的社会危害性程度大小为标准，在处罚力度上做出"处罚量"的不同划分，相对于财产刑、资格刑等处罚，二元处罚体系对公民人身自由权的影响更大。因为行政拘留虽有行政处罚之名，却行监禁刑之实，且人身自由权不像财产权那样被错误剥夺后，尚可通过补偿、赔偿等手段予以救济并恢复，人身自由的错误剥夺却是不可逆转的。四是整体观之我国刑罚结构仍存在刑罚整体偏重、刑罚阶梯之层级不足以及刑罚种类欠缺、针对性不强等问题，难以满足犯罪治理的要求，且与我国未来善治的要求存在距离。

故此，应完善刑事制裁体系。首先，重新划定刑法与行政法的界限，将人身自由罚作为划定二者的标准。鉴于人身自由权的重要价值，理应由刑法慎重对待，而不是假手于行政法，即将行政法律规范中规定有必要适用人身自由罚的行为都归入刑事处罚的调整范围，行政处罚仅保留精神罚、资格罚、财产罚即可。如此显然扩大了刑法的调整范围，有学者认为，将众多轻微的违法行为一律交由司法机关裁决，不但不具有可操作性，而且不利于维护社会的长治久安，因此应当坚持刑法的谦抑性，停止刑法调控范围的扩张，拒绝犯罪化的进一步发展。① 但是这种观点在当前国情下有待商榷，因为刑法谦抑性包括"罪之谦抑"和"刑之谦抑"两个层面，如前所述我国刑事立法中定量因素的存在导致了限制人身自由的行政拘留脱离法院的中立裁决而由行政机关直接做出，这实则属于刑法"罪之谦抑过度"，造成行政权力不受监督，进而给公民权利带来损害。因此，将行政法律规范中规定的众多适用限制人身自由权的行为纳入刑法领域具有现实意义和法理意义。其次，实行犯罪分层制裁制度。与"罪之谦抑过度"相反，我国刑罚结构重刑色彩较重，属于"刑之谦抑不足"，为此我国刑事制裁体系的完善还需增设轻罪、微罪，实行重罪、轻罪、微罪的犯罪分层制裁，甚至可以考虑建立保安处分制度，将保安处分制裁措施也纳入罪刑法定原则适用之下。最后，构建繁简分流、轻重分离、快慢分道的多元裁决程序，提供程序保障。这些举措不仅在立法上构建了严而不厉的刑法理想结构，而且有利于刑事司法模式的践行，最大限度地保障了公民权利不受国家公权力侵犯，这实际上是在保障人权与追求制裁效率这两个价值目标之间进行的平衡与取舍，其目的就是保证最佳制裁效益的实现②。

---

① 刘艳红：《我国应当停止犯罪化的刑事立法》，载《法学》2011 年第 11 期。
② 敦宁：《刑事制裁体系变革论》，法律出版社 2018 年版，第 141 页。

### 新中国70年刑法的变迁与发展

　　新中国成立迄今70年整，考察刑事政策的演变历史，不可否认曾有不尽如人意之处，但总体上对我国法治建设做出了不可磨灭的贡献。可以看出刑事政策的更迭变迁并非决然割裂，甚至互有交叉、反复，特别是我国作为一个法治基础相当薄弱的国家，刑事政策的每一步都是在不断扬弃和反思中前进的，如宽严相济刑事政策是对惩办与宽大相结合刑事政策的继承和演绎，也是对"严打"政策的反思而提出的。值得欣慰的是，我国刑事政策的变迁史也是人权保障进步的变迁史，犯罪治理理念更加睿智，对犯罪的认识更加理性，对民间社会的力量更加重视，犯罪对策也更加全面，这都是国家治理能力提高的体现。

# 新中国成立以来刑事政策发展的基本动向评介

孙万怀[*] 崔志伟[**]

刑事政策作为一种应对犯罪的总体原则,其对划定犯罪范围、设定打击程度所产生的潜移默化的影响已然取得了共识。无论是中国传统法家所力主的"禁奸止过莫若重刑",还是近代以来经过思想启蒙后的"刑罚与其严厉不如缓和",在代表公权力对待犯罪的基本态度的同时,也切实影响到了刑罚的设立、适用与执行。如果说"最好的社会政策就是最好的刑事政策",那么,"良好的刑事政策对提高刑事立法质量和刑事司法效能具有直接的促进作用"。[①] 整体观察中国古代刑法历史乃至新中国成立后的很长一段时间,刑罚威慑功用以及刑法工具论盛行不衰,在片面讲求预防和威慑的状况下,当权者所拟定的刑事政策无可避免地导向从重从严。而刑事政策的合理化或合法化是一个渐进的过程,通过对此过程的演进路径予以整体分析,可以总结出刑事政策的基本动向,对于继后的刑法发展无疑也是一种启示。所谓"刑法是刑事政策不可逾越的藩篱",前者的规范性程度无疑是了解刑事政策合理化程度的重要因素,除此之外,我们国家在不同时期也提炼出了不同的刑事政策内容乃至关系全局的方针政策,这均是评介刑事政策演变动向的很好视角。

## 一、政策与刑法的博弈表明刑事政策更加强调规范性

所谓"绳之以法",从历史上来看,除了实定的刑事法律,这种"法"往往也表现为"礼"或者执政者的政策性主张。相对于刑法的稳定性、规范性,政策明显更加灵活、抽象,在刑事立法技术不发达或者不重视刑事立法的时期,政策势必会取代法律成为定罪处刑的主要依据。由此,政策与法律就处于一种一张一弛的博弈状态。新中国成立前期,《中共中央关于废除国民党的六法全书与确立解放区的司法原则的指示》明确指出,"人民的司法工作,不能再以国民党的六法全书为依据,而应该以人民的新的法律作依据。在人民新的法律还没有系统地发布以前,应该以共产党政策以及人民政府与人民解放军所已发布的各种纲领、法律、条例、决议作依据。目前,在人民的法律还不完备的情况下,司法机关的办事原则,应该是:有纲领、法律、命令、条例、决议规定者,从纲领、法律、命令、条例、决议之规定;无纲领、法律、命令、条例、决议规定者,从新民主主义的政策"。这种主张对新中国成立后相当长一段时间的刑事法律工作起到了决定性指导作用,也使政策成为定罪处刑的直接依据。这种断然与旧法律划清界限的做法不仅"导致法的制度

---

[*] 华东政法大学教授。
[**] 上海师范大学哲学与法政学院讲师。
[①] 储槐植:《刑事一体化论要》,北京大学出版社2007年版,第79页。

和文化在某些方面的传承被截断",① 致使刑事法律的创制失去了固有的基础和平台,还导致了一种长期的政策依赖,而"领导人的指示等起到了刑法立法和刑事政策的作用"。② 虽然国家针对反革命犯罪、货币犯罪、贪污贿赂犯罪等也出台了一些单行立法,但整体性的刑事法律缺失,加上刑事政策的惯性作用,法律多表现为一种形式,政策成为实质上的主导而缺乏规范的制约。③ 1954 年全国人大法制委员会也曾起草《刑法大纲草案》,但随着反右斗争扩大化、"大跃进"、"人民公社化"、"四清"运动、"文化大革命"等运动接踵而至,国家对刑事立法也转移了关注焦点,加上政策治理的便利化,致使长期处于一种"无法"状态。由于完全脱离规范性的束缚,政策运作的空间无限扩大以致近乎完全取代了法律,因此,可以说毫无规范性可言。尤其在十年"文化大革命"期间,"法律以及其对权力的制约特征完全被否定,法律的规范性完全被漠视,刑事法规完全演变为一种政治斗争的手段",④ 尤其是"公安六条"的出台更是制造出一系列的思想、言论犯罪,成为制造冤案的"恶法"根据。

"文化大革命"结束便开始了思想路线领域的拨乱反正以及冤假错案的平反,中央高层也充分认识到法治建设的重要性,搁置 20 余年的刑法草案重新进入议程,成为 1979 年刑法的蓝本。比起无法可依、政策主导的时期,1979 年刑法无疑意味着法治的起步以及规范性意识的重拾。但由于历史的惯性,这部刑法仍带有较强的政治色彩,刑法领域观念上的转变没能跟上时代的步伐,计划经济带来的深重影响显然依在。最为明显之处便是类推规定的存在,大多数参与立法者都以犯罪形式的复杂性、条文规定的有限性以及打击犯罪的需要为由赞成此规定的合理性。⑤ 正是由于刑法这一"藩篱"扎得不实,导致一系列单行刑法、附属刑法接连出台,这些刑事法律虽然名义上是一种补充,却在一些基本原则(如从旧兼从轻)、法定刑设置等方面对刑法典予以突破,并且,这些法律立法随意性较大,更多体现的是政策性因素,对秩序考虑较多而对法律的规范性考察得较少。⑥ 尤其是在"严打"政策需求下,刑法完全为政策服务,导致了普遍的重刑倾向,因此,刑法依然未摆脱政策的附庸的地位,严厉打击犯罪的刑事政策更多考虑的是刑罚的威慑性而对刑法规范性的考虑依然不够。

1997 年刑法正式确立了罪刑法定原则的地位,从此法律与政策的关系开始变得明晰。刑法不再是政策的产物,更不应该在适用中被政策随意理解,法外无罪,法无明文规定政策就不能成为定罪的依据。之后的历次刑法修正也限于技术性措施的

---

① 任建华、瞿叶娟:《建国前后党的刑事政策和刑法立法关系考——1949-1951 年》,载《山东警察学院学报》2016 年第 5 期。
② 任建华、瞿叶娟:《建国前后党的刑事政策和刑法立法关系考——1949-1951 年》,载《山东警察学院学报》2016 年第 5 期。
③ 参见孙万怀:《刑事政策合法性的历史》,法律出版社 2016 年版,第 150-155 页。
④ 孙万怀:《刑事政策合法性的历史》,法律出版社 2016 年版,第 164 页。
⑤ 参见高铭暄:《中华人民共和国刑法的孕育诞生和发展完善》,北京大学出版社 2012 年版,第 78-79 页。
⑥ 参见孙万怀:《刑事政策合法性的历史》,法律出版社 2016 年版,第 177-178 页。

调整或者具体罪名、法定刑的变更，不涉及对基本原则的变动。由于有了罪刑法定原则的强力制约（包括对罪名司法适用上的制约以及立法正当性、处罚实质合理性的制约），再加上立法科学性要求立法过程由政策主导转换为利益博弈，即在立法中对行为所涉及的各种利益进行衡量，以实现社会整体利益最大化，① 政策的作用空间便受到压缩，刑法形式上的明确性以及实质上的合理性日益受到重视。"法律的独立性诉求和自身的基本规律得到重视，虽对政策仍然会有回应，但却排斥政策的主导。"② 除此之外，刑法的限（公）权功用以及保障人权的目的诉求获得广泛认可，政策背后的权力冲动也就受到很大程度的遏制。

政策主导的时期不仅无益于犯罪的预防以及社会的有效治理，长期而言更是对刑事法治的重创。片面求重求严的刑事政策既背反了罪刑相适应的基本公正性要求，也使法的规范性受损，被定罪处刑的行为人除了感受到法律的严苛以及个人的不幸，难以对刑法的德性产生认同。这种规范性既包括形式侧面的明确性、可预测性，也包括刑法对自身的合理性、公正性、人道性定位。通过以上对政策与法律的博弈过程分析可见，新中国成立至今，虽然刑事政策一直发挥着作用，随着刑事法治的不断推进，政策逐渐让位于成文法，并且更加尊重法律自身的规律性和规范性，而这正是刑事政策发展的应有面向。在立法层面，刑事法律的创制会受到合宪性、比例性、体系性、稳定性、实质合理性等诸原则的检视，政策不应继续成为立法的直接根据，"以策入法"便应受到以上诸原则的节制；在司法方面，由于有了罪刑法定原则的根本性制约，所谓的政策性因素充其量仅仅能够有限地作用于量刑层面，在定罪维度不应有其作用空间。

## 二、刑事政策的内容变化表明其本身更加强调宽和性

1956年党的第八次代表大会的政治报告指出："我们对反革命分子和其他犯罪分子一贯地实行惩办与宽大相结合的政策。"惩办与宽大相结合便成为继后很长一段时间的刑事政策。这种政策主要有三个方面的特征：其一，由于整体性刑法规范的阙如，基本处于"无法"状态，这种政策在很大程度上承担着法律替代品的角色。③ 从该政策内容表述来看，具有宽和的一面，但是，理性告诉我们，脱离规范约束的刑事政策往往会违背本身的初衷。其二，实践也确实证明这一时期的刑事政策在实际运作中走向了"惩办"这一单极化。例如，新中国成立初期，《惩治反革命条例》、《惩治贪污条例》和《妨害国家货币治罪暂行条例》是刑事责任的主要法律根据，三个条例对大多数犯罪规定了死刑，有的甚至规定必须适用死刑；三个

---

① 参见汤唯、雷振斌：《论立法政策取向与利益衡量》，载《法学论坛》2006年第3期；许章润：《从政策博弈到立法博弈——关于当代中国立法民主化进程的省察》，载《政治与法律》2008年第3期。
② 孙万怀：《刑事立法过度回应刑事政策的主旨检讨》，载《青海社会科学》2013年第2期。
③ 张云波：《论宽严相济刑事政策的嬗变历程》，载《北京化工大学学报》（社会科学版）2009年第1期。

条例都有加重处刑的规定，可以在法定刑以上处以刑罚，量刑也就失去规范化制约。① 由于忽视刑法内在的规范属性，刑罚纯粹为打击犯罪服务，这种重刑现象也就无可避免。其三，这种政策实际上主要配合"镇反"、"三反"、"五反"等政治运动，政治需要延伸出政策，完全忽略了刑法对刑事政策应有的制约。如果说在新中国成立后至"文化大革命"前尚有几部单行刑法可循，在"文化大革命"十年动荡期间，砸烂公检法，法律及其对权力的制约完全被否定，甚至也不再强调刑事政策。1967年中共中央、国务院颁布的"公安六条"虽有法律的表面特征，却没有任何的规范性可言，仅仅是为最高领导人的意志服务，其中所设的"恶毒攻击罪"更是成为制造冤案的根源。

1979年刑法所体现的法治起步以及规范性意识的重拾还未好好让国人品味，便不断出现惩治犯罪不够严厉的批评声音，便进入了"严打"时期。虽然集中的"严打"政策只出现过三次，但这种政策性影响却持续了近20年。"严打"即"依法从重从快严厉打击严重刑事犯罪活动"的简称，虽然冠以"依法"名义，在实际操作中却偏离了法律的规范性制约。其一，何谓"严重刑事犯罪"并无标准可循，"严厉打击"的程度也没有规范性依据，刑罚适用便取决于司法者的自由裁量，司法实践中突破法定刑界限的现象时有发生。并且重刑化趋势导致"水涨船高"、"重刑攀比"，进而形成一个恶性循环。其二，历次"严打"虽然大致划定了重点打击的范围，但是这种重刑化政策容易造成"严打"范围之外的其他刑事犯罪一律从重处罚，严重有碍司法公正。② 究其原因，这种政策主导使其偏离了对刑法理性的遵循。一味讲求刑罚威慑功用与法的制度和文化的传承阻断也存在密切关联，完全清除"六法全书"及相关西式法学理论而转承苏俄是法律为政策或政治服务的重要原因。其三，基于"从严"、"从快"的政策需求，立法者不再关注刑法的稳定性、公正性、人道性，而是一味讲求惩治犯罪的现实效用，自1983年至1996年共通过了23个单行刑法。"具有谦抑性的刑法典很快被这些'从重'单行刑法架空，致使我国刑法不断向重刑主义发展。"③ 如上文所述，这些单行刑法在基本原则、法定刑设置上对刑法典予以突破，呈现出"改法严打"的态势。

2006年10月11日中共第十六届六次会议通过了《关于构建社会主义和谐社会若干重大问题的决定》，正式提出"实施宽严相济的刑事司法政策"。该政策的提出表明中央高层不再片面讲求刑罚的严厉性及其威慑效果，而是以全方位的社会防控替代"严打"。所谓宽严相济即以宽济严、以严济宽，但总体上还是偏重于从宽。一方面，从该政策的产生背景来看，显然是对"严打"政策的反思与矫正，这就表明其本身更加强调宽的维度，而所谓的以严济宽则是出于政策的连贯性、表述的完整性以及应对部分极为严重犯罪（如恐怖主义犯罪、危害公共安全犯罪）的需要。换言之，其总体上偏向宽和化，否则就失去了存在的意义。另一方面，即便是所谓

---

① 参见彭辅顺：《新中国成立初期刑事责任的司法根据：特征、评价与启示》，载杨凤城主编：《中共历史与理论研究》（第7辑），社会科学文献出版社2018年版。
② 参见莫洪宪：《改革开放以来我国刑事政策总体评估和启示》，载《东方法学》2008年第5期。
③ 颜九红：《改革开放四十年：刑事政策的里程碑》，载《北京政法职业学院学报》2019年第1期。

## 第一编 新中国成立70年来刑事法治和刑法理论的变迁与反思

的以严济宽也是在罪刑法定的严格制约下在量刑维度考虑预防犯罪的需要，而非逾越构成要件或法定刑设置一味追求重罪重刑。因此，从总体上看，宽严相济刑事政策是对刑法宽和化的回归。

党的十八大以来，这种政策的宽和性更为明显，具体而言，如废止劳动教养制度，依法纠正一系列重大错案，对参加过抗日战争、解放战争等四类符合条件的服刑罪犯三万余人实行特赦等。宽严相济刑事政策在助力刑事司法宽和化上确实起到了很大的作用，但从立法层面来看，仍然是"严有余而宽不足"。并且，"当宽则宽"较为抽象，认罪认罚从宽政策的提出则使这种宽和更加细化、规范化。从这个层面上说，该政策的提出是"为了助力宽严相济刑事政策推行过程中司法从宽的制度实践，并满足实践中进一步从宽的制度需求"。① 换言之，认罪认罚从宽是对宽严相济的进一步深化。固然，前者并非对后者的颠覆，也不表明在继后刑事立法及司法中只应从宽无须从严，但从内容表述上看，认罪认罚从宽偏重于宽和化的立场更加鲜明。与既往的刑事诉讼法中的刑事和解不同，认罪认罚从宽并未限制犯罪种类及行为的严重程度，也就意味着其原则上可适用于刑法所有罪名。一般认为，认罪认罚从宽是出于节省司法资源的考虑，但笔者认为，除此之外，政策提出者以及立法者还考虑的是为被告人提供更贴合实际的从宽空间，这其中是基于"实现刑罚预防、修复社会关系、彰显宽恕精神"的考虑，② 更加注重刑法的目的理性以及人道关怀。

通过以上分析可见，刑事政策总体上朝着宽和化方向发展，在具体的个罪或类罪上虽趋重趋严，但明显不再迷信重刑主义和刑罚威慑，而这种趋势明显更加符合刑法的目的理性及刑罚的德性。其一，刑法的目的在于保护法益，但是，法益保护不是仅通过刑法，而必须是借由整个法律体系共同实现，刑法充其量仅是所有考虑到的保护手段中的最后那个，这便意味着当其他社会问题解决措施不起作用时，才能启动刑法，因此，人们称刑法为"社会政策的最后手段"，并且将其任务界定为辅助的法益保护。③ 换言之，一味讲求严格的刑事政策并不一定能够达到法益保护的目的，刑法介入的限度以及刑罚严重程度以能够实现这一目的的必要性为限度。其二，刑罚显然不是抑制犯罪的唯一手段，实践证明，刑罚从重只能获得短时间的"太平"，并不会获得广泛的社会和谐与稳定。因此，在我们看来，这种总体宽和个别严格的刑事政策应当会是继后刑事政策发展的方向。

### 三、依法治国方针变更表明更加强调刑事认定公正性

在经历"文化大革命"十年动荡后，党的十一届三中全会确立了"有法可依、有法必依、执法必严、违法必究"的方针，这在当时的历史背景下对于法治建设无疑具有十分重要的指导和推动意义。"有法可依"主要是为纠正既往"无法无天"的局面；"有法必依"主要是为了强调法的约束性和强制力，任何的政策或主张都

---

① 卢建平：《刑事政策视野中的认罪认罚从宽》，载《中外法学》2017年第4期。
② 卢建平：《刑事政策视野中的认罪认罚从宽》，载《中外法学》2017年第4期。
③ Roxin, Strafrecht Allgemeiner Teil, Band 1, C. H. Beck, 2006, § 2, Rn. 97.

不得越法、破法；"执法必严"是为了确立法规范的权威地位；而"违法必究"是讲求法的平等性和必然性。在中国特色社会主义法律体系已经形成的背景下，"有法可依"不再是一个愿景。更重要的是"有法必依"在刑事领域需要新的诠释，因为"必依"强调的是法的命令性以及命令的不可违反，总体上属于一种规则至上，但是这种命令背后却不必然包括实质正义要求。长期以来，刑事实务界形成了一种根深蒂固的观念："法律就是法律，在任何情况下，遵守形式的法律标准是司法人员法定的义务。"① "有时候，从先例中可能推出苛刻或荒诞的结论，与社会需要相冲突……在不通人情的逻辑刀锋下，法官似乎没有选择余地，经常会得出冷酷无情的结论。他们会因这种牺牲仪式感到痛惜，却深信手起刀落乃职责所在，尽管举刀的那一刻，目光变得游离。牺牲者被摆在规律性的祭坛上，奉献给法学之神……如果更合理地分析法律的成长，更深入、真实地理解法律的方法，使祭师们聆听到不同声音的呼喊，会发现这些牺牲许多都是无谓的……我们期望，将实际情况与规则相匹配，发现其中的一致，然后无所畏惧地公之于众，由此获得心灵的满足。然而，随着不断出现的众多新事务或新事件，迫切需要追寻令人确信不疑的公正，这要求我们涂抹规则、修正规则、限制规则，甚至删去规则，尽管它们墨迹未干。"② 也就是说，当合法性与公正性在个案中发生冲突时，如何实现个案正义便是摆在司法者面前的一道难题。"有法必依"容易延伸为必罚主义，即只要有了法律的明文规定就必定要依照法律定罪处罚，至于法的社会效果则不会考虑很多。如在卢氏兰草案中，审理者就表示，"国家的法律规定就是如此，判决结果是有些不近人情，但也没办法"。③ 显然，这是将情法冲突的症结推卸给立法，司法者则坚守一种法条主义。这种思维往往导致用刑机械化，即严守罪状中描述的法律概念以及形式逻辑推理，而对作为大前提的法律条文的规范目的、实质内涵以及处罚正当性根据不予深究。

"有法必依"系对"无法"意识的一种矫正，要求保持对法律本身的严格尊奉和绝对忠诚，这无疑具有时代意义。刑事法治的进步与完善总是渐进的，不可能一步到位。"在法律体系形成之后，法治建设的重心必然转向提高法律体系的质量，转向法律的实施。"④ 党的十八大报告正式提出"科学立法、严格执法、公正司法、全民守法"的新十六字方针，从"有法必依"、"违法必究"到"公正司法"，对于新时期的刑事政策更是有着重要的指导意义，这意味着在刑事司法中应当转变"必罚主义"的传统思维，不宜继续将刑法工具化、刚性化，而是重点探寻如何实现判决结果的公正性。这便对当下的刑事司法理念提出了新的要求。司法者的使命不再

---

① 劳东燕：《法条主义与刑法解释中的实质判断——以赵春华持枪案为例的分析》，载《华东政法大学学报》2017 年第 6 期。
② [美] 本杰明·N. 卡多佐：《法律的成长：法律科学的悖论》，董炯、彭冰译，中国法制出版社 2002 年版，第 34、38-39 页。
③ 《河南采"野草"获刑农民：不服判决 无钱请律师上诉》，http://news.163.com/17/0421/16/CIIDSI2S0001875P.html，最后访问时间：2019 年 4 月 1 日。
④ 张文显：《建设中国特色社会主义法治体系》，载《法学研究》2014 年第 6 期。

# 第一编　新中国成立 70 年来刑事法治和刑法理论的变迁与反思

是对法律条文的坚决奉行，而是强调"探求规则和政策内含的价值"，① 思维模式由形式理性转为"追求实质合理和形式合理的融合"。② 司法裁判既然是一种人类活动，就无法摆脱社会效果的影响，这就要求司法者在形成判决时需充分预估结果及说理过程的社会可接受性。当一种刑事判决难以令人接受，便直接否定了个案的公正性，就应当由此回溯性审视对刑法规范的理解是否恰当。这也是波斯纳主张将法律的解释问题转换为关于后果的问题的用意所在，③ 用后果的恰当性作为审视法律解释正当性的依据。换言之，作为大前提的法规范与作为结论的个案裁决不再是单向决定的关系，后者对前者具有一定程度的反制功效。刑事司法的公正性前提在于对法定性的遵循，但不表明只要符合了法条的文义规定就必然予以定罪，而是需要以个案的公众可接受性即社会效果作为检验规范理解恰当与否的最直观根据。

## 四、结语

通过对新中国成立以来刑事政策发展历史的总结可见，刑事政策的合理性程度与法治进步、法律完善息息相关，政策主导的阶段往往也是法治遭创伤的阶段。总体性的刑事政策可以影响到具体的司法效果，但不可替代作为规范性根源的法律。一方面，刑事立法对刑事政策的回应需要慎重，比起政策性要求，立法更应注重法的安定性、明确性、比例性及实质合理性等，过度回应刑事政策容易忽略这些要素，使法律成为权力的代言。另一方面，刑事司法也需要在罪刑法定原则的框架内对刑事政策予以回应，而非"以策破法"，并且需要"将刑事政策的价值选择转化为刑法体系的逻辑论证从而在形式理性允可的范围内最大限度地实现实质理性"。④

---

① [美] 诺内特、塞尔兹尼克：《转变中的法律与社会——迈向回应型法》，张志铭译，中国政法大学出版社 1994 年版，第 87 页。
② 高志刚：《回应型司法制度的现实演进与理性构建》，载《法律科学》2013 年第 4 期。
③ 参见 [美] 波斯纳：《法理学问题》，苏力译，中国政法大学出版社 1994 年版，第 375-378 页。
④ 邹兵建：《跨越李斯特鸿沟：一场误会》，载《环球法律评论》2014 年第 2 期。

# 刑事政策构成要件化问题研究

李卫红*

新中国成立70年来，尤其是晚近，刑事政策在刑事法范畴内越来越向刑法中的构成要件里渗透，在这一过程中，面临着其入法正当化、溯及力及时效等诸多理论与实践问题，需要分别厘清，以深化研究刑事政策与刑法的关系。

## 一、中西刑事政策对比

在全球范围内，学术界讨论的刑事政策有多重含义，中国与西方的刑事政策不同，通过对比可以清晰地看到同一专业术语在不同时空内意义有所不同。

### （一）中国的刑事政策

中国的刑事政策是中国共产党的政策在刑事领域中的体现，如"坦白从宽、抗拒从严"、"严打"、"宽严相济"、"以审判为中心"等。其特点如下：

1. 政治性

我国的刑事政策大多是中国共产党的政策在刑事领域的体现，政治性的突出表现是坚持党的领导，坚持社会主义制度。党的十九大报告提出，党领导一切工作。中国的刑事政策的最重要功能是为政治服务。当然这一切是为了人民，包括打击犯罪、保障人权。其另一功能是解决犯罪问题，如"严打"、"宽严相济"等，当下以"宽严相济"刑事政策统领刑事领域的立法、司法及理论上的研究。即便学者研究的中国的刑事政策，其政治性内容也较为明显。[①]

2. 权威性

国家在与犯罪作斗争的过程中，刑事政策无处不在，无论立法、司法，第一要义是考虑党在刑事领域的政策在立法、司法中的贯彻。党或国家发布一项涉及刑事领域的政策，各级党委、机关、公检法司等必须贯彻执行，它以宪法为依据，其合法性不容置疑。即使有人怀疑其对错，如人们对"严打"的探讨多年来停留在理论层面论证其利与弊，在实践中国家依然在实施严打，只是晚近有些改变，已由全方位运动式的严打变为专项性严打。其权威性是其政治性的延伸。

---

\* 中国社会科学院大学政法学院教授，新时代法治高等研究院研究人员。

① "习近平同志2014年2月17日在中央党校省部级主要领导干部专题研讨班开班式讲话中提出的政策五大关系的论述，对于刑事政策研究同样适用，因而应该认真学习，深刻领会。习近平同志在讲话中提出，要弄清楚整体政策安排与某一具体政策的关系、系统政策链条与某一政策环节的关系、政策顶层设计与政策分层对接的关系、政策统一性与政策差异性的关系、长期性政策与阶段性政策的关系。这一讲话对于帮助我们更好地认识和贯彻落实宽严相济刑事政策极具针对性，也为刑事政策的研究与实施提出了诸多崭新的课题，需要深入研究。"参见卢建平：《宽严相济与刑法修正》，载《清华法学》2017年第1期。

### 3. 法律化

20世纪80年代初，党中央做出"严打"决定后，全国人大立即出台了两个决定：《关于严惩严重危害社会治安的犯罪分子的决定》、《关于从重从快依法严厉打击犯罪分子的决定》（这两个决定已被废止），严打从实体和程序两方面都有了法律依据。

中国特色的刑事政策法律化的表现形式还有许多，典型的如2016年9月23日最高人民法院、最高人民检察院、公安部、工业和信息化部、中国人民银行、中国银行业监督管理委员会六部门联合发布的《关于防范和打击电信网络诈骗犯罪的通告》（以下简称《通告》）。其重点如下：自首从宽、坚决拔钉、加速实名、规范电信企业、清理银行账户、严保个人信息安全、监管问责。

《通告》属于刑事政策。《通告》的制定主体符合刑事政策的制定主体要求，即具有国家公权力或国家公权力授权范围内的政府或机关及社会组织。《通告》的内容符合刑事政策的要求内容。刑事政策是对犯罪的全方位反应，除了原有的刑法外，还包括刑事诉讼法、监狱法或其他的民事的、行政的、经济的法规在内，是在用不同的方式、方法、手段，包括刑事的、经济的、民事的、行政的等全方位的预防控制犯罪的所有策略、方针、措施。因此，《通告》属于法律化后的刑事政策。

### （二）西方的刑事政策

本文只是概括性地使用西方的刑事政策，其含义是解决犯罪的对策，但是是由国家权力支撑的刑事政策。与中国刑事政策特征相对应，西方刑事政策的特征如下：

### 1. 刑事性

西方的刑事政策从其产生的时候起就是用来解决犯罪问题的，它隶属于刑事领域范畴，与国家的政治有关联，但不从属于政治领域。西方学者研究刑事政策经历了四个阶段：报应主义阶段、实证主义阶段、目的主义阶段和人道主义阶段。在每一阶段都有与其对应的法律法规来预防犯罪或处理已然犯罪。刑事政策的政治性价值或许只是其附加值，"因为国家的权威没有争议，政权也无颠覆之虞，百姓遇讼，乐于求诸法院，而不是私以武力相决"。[1] 英国中世纪的历史就曾这样，近代以后更是如此。

### 2. 程序性

刑事政策具有权威性必须经过法定程序，这是由国体及政体决定的。西方国家无论个人还是政党、政府提出的刑事政策都没有法律上的效力，直到立法机关通过或依照立法或以其他法定方式、程序通过，才具有至高无上的权威，并可在司法实践中适用。美国加州著名的《三次打击法》也是经法律程序后才被通过，正当程序是法治的必备品，个人权力、国家行政权力等的行使都受到程序的制约。如果不经过法定程序，不上升到法律层面，任何人、任何组织、任何政党甚至政府提出的任何刑事政策都没有权威性。

---

[1] 参见[英]丹尼尔·汉南著：《自由的基因》，徐爽译，广西师范大学出版社2015年版，第79页。

3. 法律性

由于西方大多数国家奉行法治,任何针对犯罪人的刑事责任的解决必须有法可依。即使美国"9·11"恐怖袭击后出台的《爱国者法案》,也以法律形式出现。即便国家、社会、个人纷纷强烈要求加强对于恐怖主义分子的打击,政府、政党的所有政策也必须经国会通过才可施行。法治是一种自近代以来的政治文明体系,是人类的共同文明财富。

西方的法律性与中国的不同,早在一千多年前的英国就已为现代法治国奠定了基础,"法律不仅仅是统治者的命令,也不仅是对《圣经》的权威解释,而毋宁说是一套属于王国中的每一个自由民的天赋人权。规则不是出自政府,而是立于政府之上,约束国王一如约束最贫穷的自由民"。① 法律不是工具,不为统治者所利用,它是所有人的自由的保护神。

区分二者的意义在于,不以西方的刑事政策衡量我国的刑事政策,也不以我国的刑事政策衡量西方的刑事政策,两者产生的根基不同,政治体制不同,国家运转的方式不同。"中国特色的产生和形成,不可能脱离中国社会历史发展的轨迹,也不可能独立于中国民族意识产生的土壤。"② 共性中有个性,个性里含着共性,在法律性这一点上趋于统一。

我国当下的刑事政策大多也以法律的形式规定下来,或由人大授权,或颁布司法解释,其法律性特征明显体现出来。例如,党的十八届四中全会通过的《关于全面推进依法治国若干重大问题的决定》提出"完善刑事诉讼中认罪认罚从宽制度",这是"宽严相济"的刑事政策在新形势下的完善和发展。2016 年 9 月 3 日,全国人民代表大会常务委员会颁行《关于授权最高人民法院、最高人民检察院在部分地区开展刑事案件认罪认罚从宽制度试点工作的决定》,明确认罪认罚从宽制度的基本概念和原则,并概括指明了试点方向。2016 年 11 月,最高人民法院、最高人民检察院、公安部、国家安全部、司法部联合下发《关于在部分地区开展刑事案件认罪认罚从宽制度试点工作的办法》,对于认罪认罚案件的处理有了法律依据。

## 二、我国刑事政策构成要件化

以最近的刑事政策为例,2018 年 1 月,中共中央、国务院发出《关于开展扫黑除恶专项斗争的通知》,这是刑事政策的内容。2018 年 1 月 16 日,最高人民法院、最高人民检察院、公安部、司法部印发《关于办理黑恶势力犯罪案件若干问题的指导意见》(以下简称《指导意见》),这是司法解释,虽然就解释主体尚存争议,但它是具有中国特色的司法解释。《指导意见》实施后,刑事政策渗透到犯罪构成要件中,从而重构了罪刑法定。德国刑事政策的发展经历了这样的过程,费尔巴哈主张刑事政策是指导立法的总纲领,李斯特认为罪刑法定是刑事政策不可逾越的藩篱,刑事政策只针对犯罪人的处遇,罗克辛虽然致力于将目的理性纳入犯罪构成要

---

① 参见[英]丹尼尔·汉南著:《自由的基因》,徐爽译,广西师范大学出版社 2015 年版,第 75 页。
② 参见孙丽娟:《清代商业社会秩序自在自为性之研究》,载于惠芳、朱志勇主编:《中国社会的运行与变迁:理论与诠释》,北京大学出版社 2006 年出版,第 121 页。

# 第一编　新中国成立 70 年来刑事法治和刑法理论的变迁与反思

件,但一直被国内学者争议,如我国有学者认为,西方学者研究的刑事政策已从李斯特鸿沟到罗克辛贯通,[①] 还有学者认为罗克辛的刑事政策已是犯罪论总则中的问题。[②] 不管国外学者对于刑事政策渗透到构成要件的研究如何,我国在司法实践中已经做到了将刑事政策纳入到构成要件体系中,成为构成要件要素。黑恶势力与普通犯罪相比,在犯罪构成上的要求门槛降低,从某种程度上扩大了犯罪圈。根据《指导意见》的规定,以下是黑恶势力作为犯罪主体与个人犯罪主体构成相同犯罪的不同构成要件。

(一) 敲诈勒索罪

1. 增加了软暴力行为要素

《指导意见》第 17 条关于黑恶势力利用软暴力犯敲诈勒索罪的规定,在明确规定"有组织地采用滋扰、纠缠、哄闹、聚众造势等手段"的基础上,进一步细化规定:同时由多人实施或者以统一着装、显露纹身、特殊标识以及其他明示或者暗示方式,足以使对方感知相关行为的有组织性的,应当认定为《关于办理敲诈勒索刑事案件适用法律若干问题的解释》第 2 条第 5 项规定的"以黑恶势力名义敲诈勒索"。该规定中"足以使对方感知相关行为的有组织性的"认定规则,事实上承认了软性恶害的有组织通告方式,就意味着软性恶害具有了与暴力性手段程度几乎相同的危害作用,此类已经转换为软暴力的软性恶害,甚至可以成为适用较低的入罪门槛和升档量刑标准的事实基础。

2. 数额降低

以最高人民法院、最高人民检察院《关于办理敲诈勒索刑事案件适用法律若干问题的解释》(法释〔2013〕10 号)(以下简称《敲诈勒索解释》) 为例,其中的第 2 条第 5 项明确规定,以黑恶势力名义敲诈勒索的,"数额较大"的标准可以按照该解释第 1 条规定标准的 50% 确定。《敲诈勒索解释》第 4 条明确规定,敲诈勒索公私财物,具有"以黑恶势力名义敲诈勒索的"情形的,数额达到该解释第 1 条规定的"数额巨大"、"数额特别巨大" 80% 的,可以分别认定为刑法第 274 条规定

---

[①] 参见陈兴良:《刑法教义学与刑事政策的关系:从李斯特鸿沟到罗克辛贯通》,载《当代刑法思潮论坛 (第三卷):刑事政策与刑法变迁》。"李斯特所理解的刑事政策是一种本体论、存在论的刑事政策,它是指预防或者抗制犯罪的一种具体措施,尤其是强调对犯罪人进行矫正的一种具体措施。但罗克辛所理解的刑事政策是一种方法论上的刑事政策。罗克辛没有一个对刑事政策统一的定义;在违法性环节相当于一种实质的价值内容;而在罪责环节相当于刑法目的。因此,罗克辛的刑事政策在不同的阶层有不同的体现方式。另外,罗克辛的目的理性的犯罪体系又被称为功能主义的犯罪论体系。功能这个词也可等同于刑事政策。因此,我们可以看出,罗克辛的刑事政策本身就像一个筐,它代表的是对立于形式的、实证的一种实质的价值内容。"

[②] 参见谢焱:《刑事政策考量下的刑法教义学应何去何从——本体论亦或规范论?》,载《河南财经政法大学学报》2013 年第 1 期。"罗克辛于 1970 年首次在《刑事政策和刑法体系》中明确提出了在刑事政策视角下对刑法基本范畴进行重新整理的思想。这些思想后来在他其他的著作如 1991 年出版的《刑法概论》,1998 年发表的论文《刑法体系的刑事政策基础》中得到升华。罗克辛在《刑事政策和刑法体系》一文中写道:刑事政策问题是犯罪论总则的基本内容之一。基于此,必须自一开始就从刑事政策功能的角度来系统化、发展及考察犯罪构成方面的传统范畴,即该当性、违法性和罪责。由此可见,罗克辛的思想是'在一个综合体内整合体系化的和问题导向的思考方式',也就是说,使体系化的思考方式成为现实。"

的"其他严重情节"、"其他特别严重情节"。司法解释规定的精神十分明确,"以黑恶势力名义敲诈勒索的"情形,就是敲诈勒索罪入罪门槛降低、量刑幅度提升的酌定情节。换言之,黑恶势力实施敲诈勒索行为,非罪行为可以被认定为犯罪,且升档量刑标准相对较低,轻罪可以重处。

3. 刑罚加重

上面两个司法解释均有规定,相对于不是以黑恶势力名义进行敲诈勒索的,量刑幅度有所提升。比如,广西壮族自治区高级人民法院《〈关于常见犯罪的量刑指导意见〉实施细则》(桂高法〔2017〕142号)明确规定,敲诈勒索公私财物,具有"以黑恶势力名义敲诈勒索的"情形(已确定为基本犯罪构成事实的除外),可以增加基准刑的30%以下。寻衅滋事具有"带有黑社会性质或者黑恶势力性质的"情形,可以增加基准刑的20%以下。湖北省高级人民法院《〈关于常见犯罪的量刑指导意见〉实施细则》(湖北省高级人民法院审判委员会于2017年4月25日讨论通过)也有相同的具体规定。依据具有事实约束力的地方量刑细则的明确规定,被认定为黑恶势力,是对该黑恶势力组织(包括黑恶势力团伙、黑恶势力犯罪集团)成员构成的敲诈勒索罪、寻衅滋事罪从重处罚的酌定情节,并且从重处罚的幅度有量化的规定。

(二) **非法拘禁罪**

《指导意见》第18条规定,黑恶势力有组织地多次短时间非法拘禁他人的,应当认定为刑法第238条规定的"以其他方法非法剥夺他人人身自由"。非法拘禁他人3次以上、每次持续时间在4小时以上,或者非法拘禁他人累计时间在12小时以上的,应以非法拘禁罪定罪处罚。

1. 软暴力是否属于非法拘禁行为

软暴力是否属于刑法第238条规定的"其他方法",存有肯定说与否定说两种。笔者认为,《指导意见》颁布之前不能属于,《指导意见》颁布以后应当属于其他方法的范畴。

2. 拘禁时间缩短

2006年7月26日发布的最高人民检察院《关于渎职侵权犯罪案件立案标准的规定》指出:"非法拘禁罪是指以拘禁或者其他方法非法剥夺他人人身自由的行为。国家机关工作人员利用职权非法拘禁,涉嫌下列情形之一的,应予立案:1. 非法剥夺他人人身自由24小时以上的……"这一立案标准从某种司法解释意义上说明了非法拘禁的时间要求,虽然强调主体是国家机关工作人员利用职权实施的行为,类比一下,特殊主体相对于一般主体而言,应当有更为严格的规定,入罪标准更低处罚更严重,因为他们手中有国家赋予的职权,立法有许多如此的规定,一般主体至少非法剥夺他人人身自由24小时以上才可构成,但黑恶势力却只要求两种情况之一即非法拘禁他人3次以上、每次持续时间在4小时以上,或者非法拘禁他人累计时间在12小时以上的,即可构成非法拘禁罪。

(三) **寻衅滋事罪**

根据《指导意见》第17条的规定,"黑恶势力为谋取不法利益或形成非法影响","有组织地采用滋扰、纠缠、哄闹、聚众造势等手段扰乱正常的工作、生活秩序,使他人产生心理恐惧或者形成心理强制,分别属于《刑法》第二百九十三条第一款第(二)项规定的'恐吓'、《刑法》第二百二十六规定的'威胁',同时符合其他犯罪构成条件的,应分别以寻衅滋事罪、强迫交易罪定罪处罚","《关于办理寻衅滋事刑事案件适用法律若干问题的解释》第二条至第四条中的'多次'一般应当理解为二年内实施寻衅滋事行为三次以上。二年内多次实施不同种类寻衅滋事行为的,应当追究刑事责任。"

《指导意见》颁行之前,在办理寻衅滋事案件时,根据刑法第 293 条规定的 4 项内容,应当分别成立才可认定,如多次随意殴打他人,《关于办理寻衅滋事刑事案件适用法律若干问题的解释》第 2 条至第 4 条中的"多次"一般应当理解为 2 年内实施寻衅滋事行为 3 次以上,如第 2 条规定的"多次随意殴打他人",是指 2 年内 3 次以上随意殴打他人,这是同一种类的行为;第 3 条规定的"多次追逐、拦截、辱骂、恐吓他人,造成恶劣社会影响的",是指 2 年内 3 次以上实施追逐、拦截、辱骂、恐吓他人同一种类的行为,如果 2 年之内实施 3 次以上不同种类的行为,如上述恐吓或追逐、拦截、辱骂、恐吓他人各 2 次,则不能成立寻衅滋事罪。

而《指导意见》规定"二年内多次实施不同种类寻衅滋事行为的,应当追究刑事责任"。其前提是黑恶势力实施的行为,如果是一般共同犯罪或个人犯罪,应当严格按照多次同种类寻衅滋事行为进行认定,否则就会超出罪刑法定的范畴。

以黑恶势力为主体的相关犯罪与以往不同,且已入罪入刑,但仅仅限于司法解释范畴,相对于非黑恶势力的相同行为,或者成为构成要件要素或者加重刑罚处罚。总之,中共中央要求严打的黑恶势力在广义的刑法中体现出来,虽然立法尚未作出相关规定,但司法解释规定下来,虽然是扩张解释,但只要在逻辑范围内即可,当然逻辑内外存有许多争议。即便如此,扫黑除恶的刑事政策通过司法解释已渗入到犯罪构成要件中,对现有的罪刑法定是一种补充,从而消弭了两者的对抗关系,也是刑事政策学与刑法学的对接,从肯定的层面完成了德国刑法大家罗克辛不仅仅在否定层面将刑事政策与刑法的贯通。

## 三、出现的问题

### (一)如何进入

刑事政策进入到构成要件中,但在刑事政策与罪刑法定的天然矛盾中,如何将两者融入在一起,不能不说是一种智慧的挑战,是人类解决犯罪问题的又一次飞跃。目前有三种方式可以实施:一是修改现行刑法典,但立法需要一个过程,时间上来不及;二是通过修正案的方式进入,在经验不足的情况下仓促规定,有违法律的稳定性;三是通过司法解释,但这又面临扩张解释与当然解释的界限,不扩张不可能,如果现有司法解释有相应内容,则无须再作司法解释,因此扩张解释成为必然。

扩张解释的正当性在于它在刑法的逻辑范围内进行,刑法作为制定法具有天然的滞后性特点,因为现实生活是不断向前的,法定性不可穷尽所有情况从而达到完美境地；人的认识是受到局限的，时空的具体性无法超越，当面临现实问题的挑战时，如何解决？另外罪刑法定的形式侧面以及实质侧面之争一直存在，两者一致时皆大欢喜，两者发生冲突时如何选择，这是无法回避的问题。《指导意见》实际上加入了刑事政策进入具体个罪构成要件之中，在入罪的问题上，相当于扩张解释的适用。

无论如何，随着社会的发展，为了保持立法的稳定性及刑事政策的及时实现性，刑法难免出现扩张解释，虽然扩张解释必须是在法条的逻辑范围之内进行，但什么是"逻辑之内"，学者们存有很大的争议，这也是解释学上的"难言之隐"，尤其是针对具体行为而言，因为刑法必须遵循"无行为即无犯罪"这一格言，事前告知是罪刑法定的底线。

### （二）是溯及力还是时效

当司法解释对原来的犯罪作了扩大解释以后，原来的犯罪构成要件的要素被扩大，即犯罪圈被扩大后，实质上突破了原来的构成要件要素，如何对其犯罪行为进行认定？溯及力与诉讼时效不同，前者是指刑法规定的犯罪与刑罚改变时，是否追究行为人的刑事责任。后者是指刑法规定的犯罪与刑罚没有改变时，由于时间的推移，是否追究行为人的刑事责任。

案例：秦某某自2003年开始，为谋取非法利益，先后网罗一批社会闲散人员从事违法犯罪活动。为了维持自身的存在和发展，秦某某团伙在南海区某些村镇有组织地通过看管老虎机、开设赌场、强迫交易、敲诈勒索等违法犯罪活动获取经济利益，其团伙在经济及其他实力上有所提升，逐步垄断了当地的老虎机看管业务和地下赌场的开设，称霸一方，为非作歹，欺压残害群众，严重破坏经济、社会生活秩序。

对于本案的认定法院持否定的态度。法院认为本案已超过诉讼时效，被告人涉嫌参加黑社会性质组织罪、强迫交易罪，但被告人在被侦查机关立案追诉之后，未逃避侦查，所以参加黑社会性质组织罪、强迫交易罪（均为5年追诉期限）已过时效，应当终止审理，建议检察院撤回起诉。检察院则认为，被告人在2011年已被刑事立案侦查，根据刑法第88条的规定，不受追诉期限的限制，对其应当提起公诉。

我国刑法第88条规定的追诉时效延长是有条件的，行为人逃避侦查是相对于公安机关、人民检察院、国家安全机关，行为人逃避审判是相对于审判机关。本案被告人在侦查机关立案追诉之后，未逃避侦查，在本地未逃跑，并一直配合检察机关工作，因此，应当受到追诉时效的限制，即参加黑社会性质组织罪、强迫交易罪（均为5年追诉期限）已过时效，不再追究其刑事责任。

溯及力是另一问题。比如，"黑社会性质组织"这一犯罪对象的司法解释流变，导致《指导意见》是否具有溯及力，可能会成为问题的焦点。2018年1月以后的行为认定将更为严格，在此之前需要构成"多个具体罪"才能被认定为"黑社会性质组织"，而此后只需要有严重违法行为即可，《指导意见》将其规定为六种情形。笔者认为，这是对"黑社会性质组织"行为要件的突破，是对组织、领导、参加黑社会性质组织罪的修改，在严格的罪刑法定意义上，对于以前行为人的行为不具有溯及力。当然这违反司法解释从立法确定生效时间起即具有效力的基本原理，但那是建立在司法解释不越权的基础上，即司法解释在当然解释范畴内，如果超越，是否考虑基本原理的不可适用，否则将带来更为严重的后果，罪刑法定受到挑战。

因此，《指导意见》颁行之前的行为不能按照《指导意见》颁行之后的规定进行认定，它不是时效问题，而是溯及力问题。根据罪刑法定的要求，法不溯及既往，扫黑除恶在罪刑法定之内解决。《指导意见》颁布前，司法机关对于黑与恶的认定应当在罪刑法定的范畴内进行，无论是罪与非罪还是犯罪性质及溯及力的适用都不可超越罪刑法定，否则有践踏法治之嫌。最高人民法院、最高人民检察院、公安部、司法部《关于办理实施"软暴力"的刑事案件若干问题的意见》第12条规定，本意见自2019年4月9日起施行；《关于办理黑恶势力刑事案件中财产处置若干问题的意见》第24条规定，本意见自2019年4月9日起施行；2018年1月16日，最高人民法院、最高人民检察院、公安部、司法部印发的《关于办理恶势力刑事案件若干问题的意见》第20条规定，本意见自2019年4月9日起施行。三个司法解释在最后一条都规定了本司法解释的施行日期，从法理上而言，司法解释的法律效力从立法生效时就发生效力，无论何时颁布的司法解释，因为不管司法机关是否发布司法解释，其内容已在立法之中，只是有没有将其具体明确化，立法不可能做到面面俱到，而司法解释不能超出立法含义的范畴，否则有违宪之嫌。从我国已往的司法解释看，我们一贯遵循这一原则，在刑法及《刑法修正案》的最后一条都要写明本法的生效时间，而司法解释从来没有，今年的三个司法解释是破天荒头一次，说明的问题可能如下：第一，直观上表明，对于施行日期的规定，该司法解释不同于以往的具有溯及力的司法解释；第二，本解释关于相关犯罪的构成要件介入了刑事政策的内容，但已有的刑法由于其本身的滞后性没有规定，但新形势下社会治安要求严惩黑恶势力，这也是不得已的无奈选择；第三，司法解释已扩张到立法边界甚至有些超出，因此，不能违背告知原则，在刑法第3条罪刑法定原则之内，法不溯及既往不能不坚持，它是最后的底线，不可突破，这也是法律人能做的最后努力；第四，在可能的范围内依然最大化地坚持罪刑法定，对于2019年4月9日以前实施的属于司法解释规定的犯罪行为，不可对被告人及犯罪嫌疑人依司法解释的规定定罪量刑，除非犯罪行为有持续、连续的除外。

# 我国刑事政策的精细化：变迁与反思
## ——以刑法修正案为视角

朱 贺*

## 前言

2014年10月20日，党的十八届四中全会审议通过了《中共中央关于全面推进依法治国若干重大问题的决定》（以下简称《决定》），《决定》中提出要"深入推进科学立法、民主立法……推进立法精细化"。① 从刑事政策的角度来看，不论是"广义刑事政策观"的支持者还是"狭义刑事政策观"的拥趸，都将"指导立法"作为刑事政策的一项基本职能。按照理论指导实践的逻辑推论，实现"立法精细化"的前提必须是"刑事政策精细化"。虽然我国刑事政策领域存在一些具体化研究的成果，但是如果以精细化研究的要求去审视现行的这些"具体的刑事政策"时，结果无疑是令人沮丧的。我国现行的"具体的刑事政策"主要有针对暴力犯罪、毒品犯罪的"严打"的刑事政策，"少杀慎杀"的死刑政策，"教育、感化、挽救"的未成年人刑事政策等。② 从内容上看，这些刑事政策都是既指导立法也指导司法，既调整总则也调整分则。从表面上看，这些具体刑事政策似乎符合了精细化研究的要求——对某一问题进行专门和深入的研究；分开来看，上述这些刑事政策都非常具有针对性，也能够反映我国政府对于这些调整对象的基本态度。但是如果将这几个具体的刑事政策放在一起进行比较，其中隐含的问题就会凸显：这些政策调整的范围不仅宽泛而且相互之间有过多的交叉。虽然刑事政策之间需要协调合作就必然会有交叉出现，但是我国现有的具体刑事政策之间存在的交叉并不是为了达成这个目标而存在的，而是因为内容不够精细。举例来说，"严打"一词不仅对于我国刑事科学学者们来说，恐怕对于全国人民来说都是一个耳熟能详、既爱又怕的词语。"严打"作为我国的一项"具体的刑事政策"，在过去的几十年中向所有人展示了这仅仅两个字的刑事政策所蕴含的巨大威力。也正因为如此，这项刑事政策从诞生之初就一直处在争议的旋涡之中，然而笔者在此并无意展开对"严打"刑事政策的合理性的讨论。笔者的疑问在于，如果一个属于"严打"范围的犯罪人可能被判处死刑，那么在决定是否应当判处死刑时，"严打"的政策与"少杀慎杀"的死刑政策之间应该如何协调？这两项政策各自能起到怎样的作用？而当这个犯罪人是未成年人时，"严

---

\* 河南财经政法大学刑事司法学院讲师，法学博士。
① 《中共中央关于全面推进依法治国若干重大问题的决定》，http://cpc.people.com.cn/n/2014/1029/c64387-25927606.html，最后访问时间：2019年6月5日。
② 卢建平：《刑事政策与刑法》，中国人民公安大学出版社2004年版，第135页。

# 第一编 新中国成立 70 年来刑事法治和刑法理论的变迁与反思

打"又该怎么与"教育、感化、挽救"的未成年人刑事政策相协调？最终的判罚又该如何同时体现这两种刑事政策的调整效果？之所以产生这些显而易见的冲突与矛盾，正是因为我国刑事政策在进行具体化的时候只停留在"宏观视角"，没有精细化的刑事政策意识。本文拟就通过对 10 个刑法修正案，透视我国刑事政策精细化研究的过程，以及对未来刑事政策精细化研究的展望。

## 一、我国刑事政策精细化的现状

### （一）问题的提出

我国最近一次大规模修法的刑法修正案是 2015 年 11 月 1 日开始实施的《刑法修正案（九）》（以下简称《修九》）。这个修正案总计 52 条，共涉及 4 条总则规定以及分则 37 项罪名。这样大规模修订的模式起始于上一个修正案，也就是《刑法修正案（八）》（以下简称《修八》）。也正是从《修八》开始，我国的刑法修正案不仅仅局限于对分则具体罪名的修订，同时开启了对总则规定进行修订的新纪元。这样的变化不仅仅是表面上多了几项修订条款那么简单，它的背后隐藏着我国立法决策者们对于刑事立法以及司法工作观念上的重要转变，由原本"就事论事"、"打补丁"的修订思想，转变为在统一的刑事政策指导下系统地建设刑事立法和司法制度的修订思想，力求建立体系化的刑事法律制度。这种变化最直接的证据就是《修八》和《修九》均把"宽严相济的刑事政策"作为修法根据。《〈修八〉（草案）说明》中明示宽严相济的刑事政策是修法根据，《〈修九〉（草案）说明》中则更进一步明示宽严相济的刑事政策是修法的指导思想。这样的一种变化体现了我国立法决策者们对于刑事政策的地位与作用有了科学的认识及足够的重视。改革开放 40 余年来我国已经逐步建立起较为完备的具有中国特色的社会主义法律体系，其中刑事法律的建设也取得了有目共睹的成就。但是我们也必须正视刑事法律内部体系性不足的严重缺陷，即便是经过了多次修订，我国学界仍然对最新的修正案提出了很多体系性上的批判。当然，我国立法决策者们显然已经认识到了这个重要且无可避免的问题。从《修八》首次将刑事政策纳入修法根据，到《修九》确立了刑事政策"指导思想"的地位，无疑体现了决策者们寻求解决之道的努力和成果。为了达成完善刑事法律体系性的这一目标，必须有一个指导思想进行统筹规划，这个角色自然非刑事政策莫属。也正是在这样的思路下，"宽严相济的刑事政策"从最初的刑事司法政策逐步上升为我国的一项基本刑事政策，从宏观视角对我国的刑事法律体系的建设进行统筹规划、同步指导（且不论该项政策是否能够胜任此项任务）。但是从辩证法角度考虑，事物的发展需要分为"整体与部分"两个方面，基本刑事政策的角色任务是从"整体"进行考虑的，但同时我们也需要从"部分"的角度进行考虑，制定针对"部分"的具体刑事政策。就像我们如果想要完成一个"big picture"的拼图，我们在知道了想要达成的目标图案之后，就要开始对各个拼图零件进行筛选整理，厘清各个部分之间的关系，这样才能够拼出我们想要的那副全景图。对每一块拼图进行筛选整理的过程，就是精细化研究。根据《决定》的要求，未来我国立法工作需要"深入推进科学立法、民主立法……推进立法精细化"。在我国已经建立起较为完备的法律体系之时，党中央提出"立法精细化"的要求无疑准确地看到了我国法律制度建设的当务之急，具有卓绝的预见性和指导意义。而"立法精细化"的前提必须是"刑事政策的精细化"，因为既然刑事政策的立法指导思想地位已经得到确立，那么只有在精细化的刑事政策指导之下才能够很好地完成精细化的立法工作。然而令人遗憾的是，虽然我国已经出台了10个刑法修正案，刑事政策的地位和作用也逐步得到提高和重视，但是我国的刑事政策精细化却只能说刚刚起步。

（二）刑法修正案所体现出的问题

自2005年"宽严相济的刑事政策"被提出以来，刑事政策的地位和获关注程度就在逐步提升。随着"宽严相济的刑事政策"一步步上升为基本的刑事政策，刑事政策在立法中的指导作用开始凸显。但正如前述所言，"宽严相济的刑事政策"作为基本的刑事政策，其主要作用是从宏观视角对立法工作进行统筹规划。然而立法工作不仅需要统筹规划，也需要具体指导。但与立法工作对刑事政策的巨大需求相比，我国刑事政策的研究略显贫瘠。虽然在"宽严相济的刑事政策"诞生之前，我国存在着若干具体的刑事政策，如"惩办与宽大相结合"、"严打"以及对未成年人的"教育为主、惩罚为辅"等刑事政策，但是由于当时的刑事政策处于各自为政、相互分离的状态，也不存在一个处于上位的基本刑事政策进行宏观指导，因而无法形成体系，也就无从谈起制度化下的刑事政策的精细化研究。充其量只能说那些刑事政策是为了适应当时的司法需要而被动产生的，是"被动的"刑事政策精细化。而在2005年之后，随着"宽严相济的刑事政策"的提出，实务界与学术界均认为刑事政策应当在立法工作中扮演越来越重要的角色，从而开启了刑事政策正式作为立法指导思想的新纪元，我国的刑事政策也在努力构建由基本刑事政策与具体刑事政策所搭建的体系性结构，刑事政策精细化的研究也随之觉醒。从我国已有的10个刑法修正案可以看出，直至《修八》立法机关才终于开始对刑法的总则部分进行修订，而刑法总则的条款是对分则有统领作用的，理论上适用于分则的每一项条文，因此对总则的修订具有重要的刑事政策上的意义。例如，《修八》中加入"刑法禁止令"和社区矫正，开启了保安处分与刑罚一元化的进程，对于犯罪分级分层制度的构建也有着重大意义；增加对老年人从轻处罚的原则以及未成年人不构成累犯并原则适用缓刑的修改，体现了我国传统文化中"扶老恤幼"的政策。

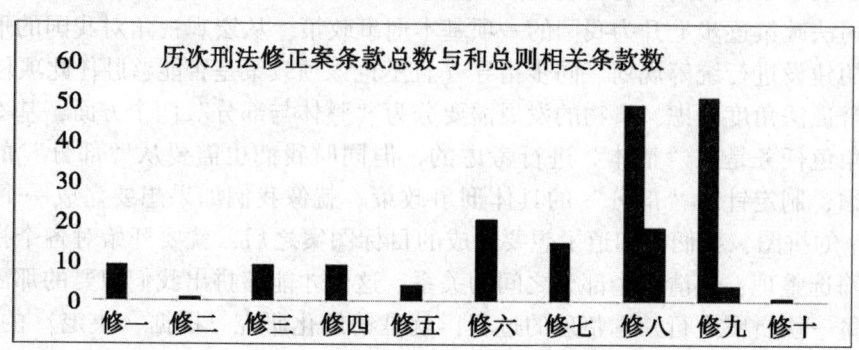

# 第一编　新中国成立 70 年来刑事法治和刑法理论的变迁与反思

上图是对《修一》至《修十》的条文总数以及有关总则的条文数的总结。从上图可以看出：

1. 我国刑法修正案的条文数整体呈持续上升趋势；
2. 《修一》至《修七》从未对总则进行过修订；
3. 从《修八》开始才有了对总则的修订内容；
4. 《修八》是对总则修订最多的一次。

从刑法修正案条文总数的持续增长可以看出，我国刑法修订的动作越来越大，修订的内容越来越多。一方面，这种持续增长的趋势表现出我国社会状况变化越来越大，也越来越快，刑法的内容需要进行快速的、大规模的更新和补充，这样才能适应社会的发展和变化；另一方面也体现出我国立法机关对刑法立法工作的高度重视和努力。而从《修八》起开始对总则进行修订，体现出我国立法机关对于刑法立法工作的深化和细化，修订内容已经不限于分则罪名，而已经扩展至总则中的原则性、制度性规定；同时因为总则条款多属原则性规定，具有非常强的刑事政策价值，因而对总则内容的修订也体现出我国刑事政策的发展变化，以及我国立法机关在确立了"宽严相济的刑事政策"是基本刑事政策的地位之后，对于刑事政策作用和价值的重视。但是我国现有的刑事政策，因其"政策"属性，在具体的表述上均体现出非常强的宏观性和概括性。抛开被定位为"基本刑事政策"的"宽严相济的刑事政策"不谈，即便是那些被定位为"具体的刑事政策"也都以宏观性和原则性为显著特点，如我国针对未成年人的"教育为主、惩罚为辅"的刑事政策。然而这样的刑事政策虽然名为"具体的刑事政策"，但是在实践中却丝毫体现不出具体性，反而因其宏观性和原则性太强而在与其他刑事政策配套实施时出现障碍，无法确定具体的应用规则，为立法和司法实践带来麻烦。

## 二、我国刑事政策精细化的变迁

### （一）基本刑事政策的变迁

现如今提起刑事政策，人们印象最深刻的一定是"宽严相济的刑事政策"。在"宽严相济的刑事政策"被确立为我国的基本刑事政策并被写入修法指导思想之中以前，我国的修法工作从来没有直接体现过刑事政策的影响，甚至从来没有出现过刑事政策这个词组。在《刑法修正案》（以下简称《修一》，其他以此类推）中，仅在开篇言明了修订原因及目的，即"为了惩治破坏社会主义市场经济秩序的犯罪，保障社会主义现代化建设的顺利进行，对刑法作如下补充修改"。《修二》、《修三》、《修四》采用了同样的模式，均在开篇言明修订原因及目的，除了具体保护对象不同之外语句基本雷同。而从《修五》开始，开篇的修订原因及目的就被取消了。而在相关的草案说明当中也从未出现过刑事政策的影踪。可以说，"宽严相济的刑事政策"出现之前，虽然我国存在诸如"惩办与宽大相结合"、"严打"等刑事政策，但是从未将刑事政策作为立法的指导思想进行使用，虽然学界普遍认为刑事政策应具有对立法的指导作用，但此时我国的刑事政策与刑事立法之间是割裂开的。即便是"宽严相济的刑事政策"这项现如今已经被确定为我国的基本刑事政策的刑事政策,学界一般认为其最初只是作为一项刑事司法政策而被提出的。"宽严相济的刑事政策"从一项具体的刑事司法政策逐步上升为我国的基本刑事政策,它的上位之路体现了我国立法决策者对于刑事政策的立法指导思想地位的认知和确立的过程。"宽严相济"这个贯彻着我国古老中庸智慧的词组第一次与刑事政策相联系是在2005年的全国政法工作会议之中。时任政法委书记的罗干在会议上指出:"充分发挥政法机关在构建社会主义和谐社会中的职能作用,更加注重运用多种手段化解矛盾纠纷,更加注重贯彻宽严相济的刑事政策,更加注重发挥专群结合的政治优势,更加注重执法规范化建设,更加注重全民法制教育,促进社会和谐稳定。"① 根据会议内容以及讲话人的身份我们可以推知,此时"宽严相济的刑事政策"主要是一项刑事司法政策。在"宽严相济的刑事政策"这个概念提出伊始,没有人能预计到它日后所能达到的高度,学界对其反应也不咸不淡、不温不火。然而,首先是司法机关发现了该项政策巨大的潜力和发展空间,在2006年十届全国人大四次会议的相关工作报告中,最高人民法院、最高人民检察院均在报告中多次提及并强调了要贯彻"宽严相济的刑事政策"。这个现象一方面说明了"宽严相济的刑事政策"开始受到关注和重视,另一方面也说明了该项政策在此时仍被认为是一项刑事司法政策。随后在2006年10月通过的《中共中央关于构建社会主义和谐社会若干重大问题的决定》中正式提出了要实施"宽严相济的刑事司法政策","宽严相济的刑事司法政策"的地位得以确认。而后"宽严相济的刑事政策"开始逐步升温,学界对其研究的兴趣也渐渐高涨,越来越多的学者认为"宽严相济的刑事政策"是我国的一项基本刑事政策。伴随着学者的讨论,党中央在2007年的十七大报告中提出了要进行司法体制改革,而之前学者的声音显然也被决策层听到,2008年中央政法委在《关于深化司法体制和工作机制改革若干问题的意见》中提出要把"宽严相济的刑事政策"上升为法律制度,"宽严相济的刑事政策"正式突破了刑事司法政策的限制,走向了更广阔的舞台,并在2010年迎来了其"江湖地位"的巅峰。先是2010年2月最高人民法院在《关于贯彻宽严相济刑事政策的若干意见》指出宽严相济的刑事政策是我国的基本刑事政策,随后在2010年9月份发布的《刑法修正案八(草案)条文及说明》中全国人大作为最高立法机关明示了"宽严相济的刑事政策"是修法根据。自此,"宽严相济的刑事政策"从一个刑事司法政策正式上位为一项基本刑事政策,及至在2014年《关于〈中华人民共和国刑法修正案(九)(草案)〉的说明》中明示"宽严相济的刑事政策"是修法指导思想,就是水到渠成、顺理成章的事了。

"宽严相济的刑事政策"的上位之路透视出立法决策者们对于"刑事政策"的态度和看法的变化过程。"宽严相济的刑事政策"之所以能够从一项刑事司法政策上升为我国的基本刑事政策,究其原因是因为立法决策者们认识到了刑事政策对于刑事立法以及我国"刑事一体化"进程的巨大意义。刑事政策也从最初在立法过程中的缺席状态,一步步提升为立法的指导思想,这既是我国立法工作科学化的重要

---

① 孙春英、张学锋:《全面落实科学发展观 进一步加强政法工作》,载《法制日报》2005年12月7日。

# 第一编　新中国成立 70 年来刑事法治和刑法理论的变迁与反思

进展，也是我国刑事政策研究的重大进步。全国人大通过《修九》的草案说明直接地把"宽严相济的刑事政策"确立为立法指导思想，同时也是间接地承认和明示了"刑事政策"的"指导立法"之作用和重要性。我国刑事政策的研究也随着"宽严相济的刑事政策"地位之持续上升而达到了前所未有的高潮。

如下图所示，笔者通过在中国知网分别以"刑事政策"和"宽严相济的刑事政策"为关键词进行搜索，① 可以看出：

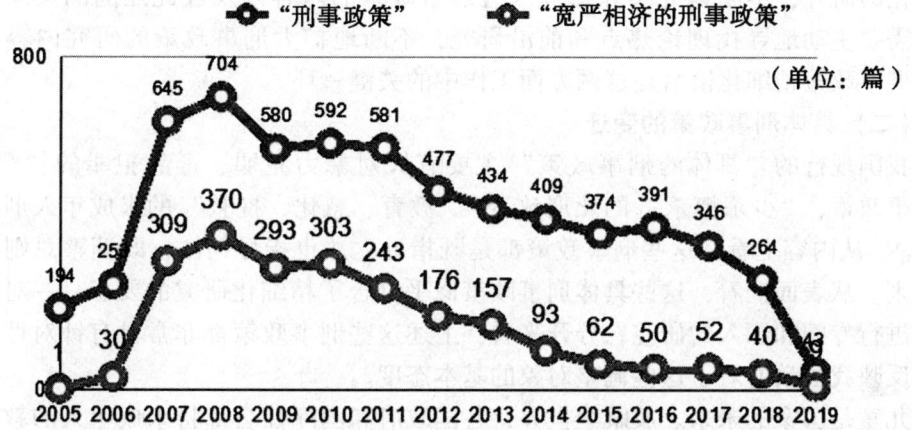

1. 以"刑事政策"为关键词的搜索结果和以"宽严相济的刑事政策"为关键词的搜索结果在发展趋势上基本保持一致；

2. 以 2005 年暨"宽严相济的刑事政策"被首次提出的那一年为起点至 2008 年，我国刑事政策的研究呈现直线上升的趋势；

3. 2008 年之后，刑事政策的热度即出现下行趋势，逐步回落至"宽严相济的刑事政策"刚提出时的水平。

通过对上图的分析，不难发现我国的刑事政策研究不仅没有指导立法，反而是"跟着"立法走。在刑事政策没有受到我国政策决策层的重视之前，我国刑事政策的研究也一直处于低谷期。而随着政策决策层提出了"宽严相济的刑事政策"并逐步将之推至基本刑事政策的地位，我国刑事政策的研究也成为了学科热点，大批的研究成果在这一时期集中产出。学界的研究热情在 2008 年迎来了大爆发，达到顶峰，且当年一半的研究成果与"宽严相济"有关。随后，对"刑事政策"的研究就开始"退烧"，除了在《刑法修正案八（草案）条文及说明》中全国人大作为最高立法机关明示了"宽严相济的刑事政策"是修法根据之后，刑事政策的研究在 2011 年有所回升，"刑事政策"的研究热度逐步回落至 2005 年的水平。这样的现象一方面体现出我国理论界与实务界特别是立法机关建立了良好的关系，理论与实践联系紧密，无论对于理论研究还是实践实务都是有利的；另一方面也必须承认我国的刑事政策研究没有表现出其"立法指导"的作用，反而造成一种"立法指导刑事政策"的表象。这样的表象与我国立法机关重视刑事政策的作用，逐步提高刑

---

① http：//www.cnki.net/，搜索时间 2019 年 6 月 5 日。

事政策的地位,确立"宽严相济的刑事政策"的基本刑事政策地位的努力是不协调的。而且在 2011 年之后理论界对于刑事政策的研究再次进入低谷,也反映出我国刑事政策研究的自主性不强,在失去了立法的指向后没有主动地去寻找下一个刑事政策领域的研究热点,深化对刑事政策的研究,而是默默地归于沉寂,等待着立法释放下一次研究热点的信号。上述这些现象充分说明了我国刑事政策研究面临的问题,要解决这些问题需要从两个方面入手:其一,需要对现有的刑事政策进行深入和细化的研究,不断地充实和梳理现有刑事政策的内容以及彼此之间的关系;其二,需要主动地寻找理论热点和前沿研究,不断地扩大刑事政策的研究内容和领域。刑事政策精细化恰恰是这两方面工作中的关键一环。

(二) 具体刑事政策的变迁

我国现行的"具体的刑事政策"主要有针对暴力犯罪、毒品犯罪的"严打"的刑事政策,"少杀慎杀"的死刑政策,"教育、感化、挽救"的未成年人刑事政策等。① 从内容上看,这些刑事政策都是既指导立法也指导司法,既调整总则也调整分则。从表面上看,这些具体刑事政策似乎符合了精细化研究的要求——对某一问题进行专门和深入的研究;分开来看,上述这些刑事政策都非常具有针对性,也能够反映我国政府对于这些调整对象的基本态度。

儿童是国家的未来。放眼全世界,各国政府和国际社会都将未成年人的教育和培养工作作为头等大事。联合国《儿童权利公约》确立了为国际社会所普遍接受的"儿童最大利益原则"。该公约第 3 条第 1 款规定:"关于儿童的一切行动,不论是由公私社会福利机构、法院、行政当局或立法机构执行,均应以儿童的最大利益为一种首要考虑。"在该公约出台之后,对未成年人进行特殊保护就成为了世界各国普遍接受的一项基本原则。我国关于未成人的特殊保护和处遇的政策思想最初可见 1979 年的《关于提请全党重视解决青少年违法犯罪问题的报告》,报告强调对待未成年人犯罪要以教育为主的政策思想。这一政策思想一致延续了下来,并在 1991 年被以法律的形式进行了确立。1991 年颁布、后在 2006 年第十届全国人民代表大会常务委员会第二十五次会议上得到修订的《未成年人保护法》第 54 条明确规定,对未成年人要实施教育、感化和挽救的方针,坚持以教育为主、惩罚为辅的原则。1999 年出台的《预防未成年人犯罪法》也坚持了这样的方针和原则。通过上述一系列法律法规,"教育为主、惩罚为辅"作为一项专门的未成年人犯罪的刑事政策而被确定下来,同时也是一项法律原则。如此一来,未成年人犯罪的刑事政策就兼具国家政策和法律原则的双重属性。从理论上讲,未成年人犯罪的刑事政策具有如此的地位,理应在司法实践中受到高度的重视,但是事实并非如此。该项政策表述为"教育为主、惩罚为辅",高度原则和抽象,体现了其国家政策属性的一面;但如此一来也为在司法实践中的应用带来了困难。具体而言,该刑事政策虽强调要对犯罪的未成年人进行特殊保护,但并未具体规定在定罪量刑时如何体现所谓的"特殊保护"。由于刑事法律一般是以成年人为样本进行设计和规定的,而未成年人犯

---

① 卢建平:《刑事政策与刑法》,中国人民公安大学出版社 2004 年版,第 135 页。

## 第一编 新中国成立 70 年来刑事法治和刑法理论的变迁与反思

罪的刑事政策又只有原则而无规定，因此造成在未成年人犯罪的案件中，定罪量刑仍然是以成年人的标准和司法体系进行处理，无法体现未成年人与成年人的区别。犯罪学的研究表明，未成年人因其生理和心理的特性，在司法实践中需要将其与成年人区别对待。如果承认这一事实，那么就必须为未成年人设计和适用适合其心理和生理特质的实体法与程序法。只有在对未成年人进行特殊处遇的前提下，才有可能达成"教育、感化和挽救"的目标。我国有学者提出，要在宽严相济的刑事政策的指导之下完善对未成年人处遇的政策。①

|  | 未成年犯罪人 | 成年犯罪人 |
| --- | --- | --- |
| 刑事政策 | 宽严相济、以宽为先 | 宽严相济、宽严适中 |
| 定罪范围 | 有限 | 全部 |
| 刑事责任 | 不完全 | 完全 |
| 刑罚程度 | 减弱 | 标准 |
| 干预手段 | 以刑罚为辅，亟须制度创新 | 以刑罚为主，适度创新 |
| 处理机制 | 专门化机制与程序 | 标准机制与程序 |

上表中虽将"刑事政策"与"定罪范围"、"刑事责任"、"刑罚程度"、"干预手段"和"处理机制"等名词相并列，但事实上都属于未成人犯罪刑事政策的具体化内容，正是对未成年人犯罪的刑事政策的精细化。这些精细化的提议是立法与司法实务在长期的实践中问题的总结，也是犯罪学研究的要求，更是未成人的生理和心理特质的客观要求。以往由于未成年人犯罪刑事政策过于原则性，导致在司法实践中无法厘清和分辨该原则在与其他政策相交叉时的适用规则。在这样的刑事政策指导之下的立法也面临着同样的问题。在《修八》之前的刑法中，有关未成人的量刑处遇只在第 17 条作了原则性的规定："已满十四周岁不满十八周岁的人犯罪，应当从轻或者减轻处罚。"虽然这一原则性的规定是对未成人犯罪刑事政策"教育为主、惩罚为辅"的坚持和体现，但是量刑工作所考虑的元素众多，而在我国刑法（《修八》之前）第三章"刑罚"以及第四章"刑罚的具体运用"中除了"未成年人不适用死刑外"没有一条针对未成人的刑罚处遇进行了规定。因此，对于刑法中的多种刑罚以及多种刑罚制度如何体现出对未成人"教育为主、惩罚为辅"，就只能是法官在具体量刑时根据第 17 条那一句原则性的规定自己掌握了。然而法官在司法实践中也十分为难，即使有意对未成年人"放他一马"，却苦于无法可依而畏手畏脚。无法做到区别对待就无法进行特殊保护。后来随着宽严相济刑事政策的上位，以及刑事政策整体地位的提升，立法者终于认识到了这个问题，进而在刑法中对未成人的处遇进行全面的特别化，同时等于是将未成年人犯罪的刑事政策进行了精细化。于是在 2011 年颁布的《修八》之中，有大量的对未成年人犯罪刑事政策精细化的内容：

---

① 图表引自卢建平：《未成年人犯罪刑事政策的整体完善》，载《青少年犯罪问题》2009 年第 4 期。

1.《修八》第 6 条对累犯制度进行了补充修改，修改后的累犯制度将未成年人排除出构成主体的范围，明确了未成年人不能构成累犯（但依然可以构成特殊累犯和毒品"累犯"）。

2.《修八》第 11 条放宽了对未成人的缓刑适用。对于一般主体，符合适用缓刑条件法律规定的可以适用缓刑，赋予法官一定的自由裁量权。但是对于符合缓刑条件的不满 18 周岁的人和已满 75 周岁的人，法律规定应当宣告缓刑，即只要符合适用缓刑条件的，就应当适用缓刑，体现了对未成年人犯罪的特殊处理的立法精神。

3.《修八》第 19 条免除了犯罪时不满 18 周岁被判处 5 年有期徒刑以下刑罚的人的前科报告义务。未成年人处在体力、智力发育过程中，虽已具有一定的辨别和控制自己行为的能力，但由于其经历短、社会知识少，成熟程度还不同于成年人，因此，对于未成年时的犯罪记录与成年后的犯罪记录应当区别对待。

## 三、刑事政策精细化的反思

刑事政策的精细化的价值不仅在于完成立法精细化的工作，为司法提供方便；由于刑事政策的指导思想的作用，精细化的刑事政策在方便刑事政策具体执行的同时，也能够为执行者提供更加准确的思想指导。刑事政策在发挥指导立法、司法作用的同时，也在扮演着为立法者和司法者选择价值取向这一类似"精神导师"的角色。例如，对于"少杀慎杀"的死刑政策，当立法者和司法者按照该刑事政策慎重对待死刑立法和案件的同时，或自觉或不自觉地接受了该刑事政策中所蕴含的"尊重和保障人权"的价值取向。精细化研究的缺失不仅会造成上述各个具体刑事政策之间无法自洽的状况，也会因为无法提供足够的具体刑事政策而丧失对具体调整对象的控制力，以至于立法者与司法者在面对具体问题时，由于缺少确定的价值取向的引导，出现取向立场摇摆不定的状况。例如，幼女作为刑法所保护的一个特殊对象，我们的法律对其应持有怎样的保护态度？再者，被害人责任作为犯罪学中重要的研究内容，我国刑法应对其持有怎样的态度？"宽严相济"又该如何指导是否应当将被害人责任法定化？

### （一）对"幼女"的刑事政策不统一

首先，对于刑法所保护的特殊主体之一的幼女，从立法文件中可以查证，不论是 1979 年刑法的规定，还是后来在起草 1997 年刑法的过程中，立法者对于幼女的保护态度都是非常严格的，不仅不要求行为人对幼女身份有明知的故意，同时考虑到幼女的理解能力和辨别能力水平，也没有对幼女的主观态度有所要求。[①] 换句话说，可以认为最初立法者所采用的是严格保护幼女的刑事政策。这样的刑事政策体现出的价值取向既符合幼女这一主体的特殊性，也与国际上大多数国家刑事立法对幼女的保护态度相一致。而立法者最初把对嫖宿幼女罪的处罚规定为依照强奸罪处罚的做法，也体现出立法者对于严格保护幼女的价值取向的贯彻与坚持，使之能够

---

① 高铭暄：《中华人民共和国刑法的孕育诞生和发展完善》，北京大学出版社 2012 年版，第 453 页。

## 第一编 新中国成立 70 年来刑事法治和刑法理论的变迁与反思

与强奸幼女罪在价值取向上保持一致。① 由于当时并没有明确的幼女刑事政策,所以这种贯彻与坚持只是立法者们自发的行为。但是后来随着立法工作的进行,立法者对于嫖宿幼女罪的处罚产生了分歧,后来赞成将其与强奸幼女罪相区分的观点占了上风。而立法文件中也明确显示了当时立法者的态度变化过程。因为考虑到嫖宿幼女罪中的幼女是卖淫者,因而不能与强奸幼女罪中的幼女相等同。② 这样的理由是笔者不能接受的。正如前文所引的立法文件中显示的,立法者在制定强奸幼女罪时没有考虑幼女对于发生性关系的主观态度,这种态度一般是被迫或不自愿,但在诱奸的情况下当然也可能是被金钱或其他利益所引诱。而幼女心智不成熟的生理与心理特质让立法者选择在对行为人定罪时不考虑这类主体的主观态度的做法。可是为什么在对待嫖宿幼女罪时,反而将为了金钱或财产利益而与他人发生性关系的幼女认定为卖淫者呢?难道当初让立法者倾向于严格保护幼女的那些生理与心理特质不复存在了吗?答案显然是否定的。这种显而易见的变化正是因为缺少具体的刑事政策所造成的。因为没有一个确定的刑事政策为立法者确立价值取向,才导致了立法者在对待幼女的价值取向问题上摇摆反复、甚至自相矛盾的现象出现。

### (二) "被害人过错"刑事政策的缺失

立法者在"被害人过错"因素的价值取向和定位问题上同样存在摇摆不定的现象。对于"被害人过错",我国刑法一直以来都没有明示的规定。虽然随着被害人学的兴起,犯罪学和刑法学界对于"被害人过错"因素在犯罪的发生和发展中所起的作用基本达成共识,也都认同犯罪是犯罪人与被害人共同作用的结果的观点。但是对于"被害人过错"在刑法中的定位却一直都存在很大争议,无法对是否应当将其法定化达成共识。虽然刑法条文中并没有有关"被害人过错"的明确规定,但是司法解释的变化却能够体现出司法方面对于"被害人过错"因素的看法和态度。早在 1999 年,最高人民法院就表示对于因婚姻家庭、邻里纠纷等民间矛盾激化引发的故意杀人案件,在明确存在"被害人过错"的案件中,"一般不应判处死刑立即执行"。③ 2010 年最高人民法院更是认定被害人过错作为一种酌定量刑情节原则上应做从宽考虑。2015 年公布的有关反家庭暴力的司法解释中也提到了"被告人的行为具有防卫因素,施暴人在案件起因上具有明显过错或者直接责任的,可以酌情从宽处罚"。④ 这些司法解释清楚地释放出司法机关对于重视"被害人过错"在定罪量刑中作用的信号,从表面上看,在司法层面司法机关已经自主形成了关于"被害人过错"的"刑事司法政策",但是在立法层面这个问题长期存在却许久以来未得到重视,"被害人过错"因素定位不明、适用无规范的问题在上述"强奸幼女罪"和"嫖宿幼女罪"的立法过程中同样得到体现。立法者最初对于幼女这一特

---

① 1991 年 9 月 4 日公布的《全国人民代表大会常务委员会关于严禁卖淫嫖娼的决定》。转引自高铭暄、赵秉志:《中国刑法规范与立法资料精选》,法律出版社 2013 年版,第 429 页。
② 高铭暄:《中华人民共和国刑法的孕育诞生和发展完善》,北京大学出版社 2012 年版,第 584 页。
③ 1999 年 10 月 27 日最高人民法院印发的《全国法院维护农村稳定刑事审判工作座谈会纪要》。
④ 2015 年 3 月 2 日颁布的最高人民法院、最高人民检察院、公安部、司法部《关于依法办理家庭暴力犯罪案件的意见》第 20 条。

殊群体的态度是无条件保护，也就意味着他们并不关心幼女在整个犯罪过程中是否存在过错。即便是现行刑法，仍然采用这样的立场和态度。但是，在制定"嫖宿幼女罪"的过程中，可以清楚地发现立法者考虑了"被害人过错"因素在该罪中的作用。由于我国同样缺少针对幼女群体保护的刑事政策，立法者没有能够在对待幼女的态度上保持一致，因而当幼女与性行为对象之间发生金钱往来时，事实上是通过"被害人过错"因素的有无将幼女区分为"无过错幼女"和"卖淫幼女"，并将后者认定为"卖淫者"，相对的行为人也由"强奸者"变成了"嫖宿者"。与强奸罪中不考虑幼女是否具有主观过错的态度相比，此时立法者对于"被害人过错"因素的态度发生了明显变化。同样是幼女，同样是发生性关系，为何此一时彼一时，对外观表现出相同的行为，只因为对个别因素立场的不同就在同一部刑法典中制定了两个不同的罪名？幸运的是，由于《修九》废除了嫖宿幼女罪，从而使得立法上对于幼女无差别的保护原则得以被维持。尽管学术界仍然对于嫖宿幼女罪的废止有不同声音，一般也都把这次废止看作立法对于民众呼声的一次回应，但是在客观上达到了刑事政策精细化的效果，虽然依旧是"被动的"。

## 四、结语

刑事政策的精细化的价值不仅在于完成立法精细化的工作，为司法提供方便，更在于精细化的刑事政策可以更好地实现国家制定刑事政策的初衷和目标。由于刑事政策的指导思想的作用，精细化的刑事政策在方便刑事政策的具体执行的同时也能够为执行者提供更加准确的思想指导。刑事政策在发挥指导立法、司法作用的同时，也在扮演着为立法者和司法者选择价值取向这一类似"精神导师"的角色。然而，我国现在无论是理论上还是实践上，还都没有开启系统的刑事政策精细化工作。此次决策层提出"立法精细化"的目标，对于刑事政策的精细化来说是一个很好的契机，希望未来刑事政策精细化可以引起更多的关注。

第一编 新中国成立 70 年来刑事法治和刑法理论的变迁与反思

# 我国刑事政策的发展与反思

鲁杨莹[*]

新中国成立以后,我国刑事政策经历了从"镇压与宽大相结合"、"惩办与宽大相结合"到"严打"的曲折过程。进入新世纪特别是自 2004 年全国政法工作会议起,为了适应社会主义和谐社会建设,迎接犯罪形势的挑战,在总结历史经验的基础上,我们对刑事政策进行了系统反思,提出了宽严相济的刑事政策,回归了历史主流。[①]

## 一、从"镇压与宽大相结合"到"惩办与宽大相结合"刑事政策

刑事政策是人类社会解决犯罪问题的智慧,我国早期刑事政策起源于革命战争中对抗敌人的战略,具有明显的政治色彩。中国共产党在长期对敌斗争、打击犯罪过程中逐步形成和发展出"镇压与宽大相结合"、"惩办与宽大相结合"的基本刑事政策。

### (一)"镇压与宽大相结合"刑事政策

在新民主主义革命时期,"惩办与宽大相结合"的前身"镇压与宽大相结合"就已在政治斗争层面被广泛使用。"镇压与宽大相结合"是一种刑事政策和政治斗争策略,它产生于在中华苏维埃共和国时期,1934 年的《中华苏维埃共和国惩治反革命条例》中强调"一定要分清阶级成分,分清首要与附和",规定危害人民的主要反革命分子可以被判处死刑,但也强调了胁从、坦白、自首和立功可以减轻或免除刑事处罚。该政策在抗日战争时期得到进一步发展,到新中国成立初期,伴随着一系列大规模群众运动,党和国家进一步系统化了"镇压与宽大相结合"的斗争政策和战略,并提出了一些相对系统和标准化的具体政策。

"镇压与宽大相结合"刑事政策具有历史正确性,它在革命战争时期和中华人民共和国成立初期具有不可替代的重要作用,反映了毛泽东同志所代表的共产党人的高超政治智慧,为更加系统化、规范化的"惩办与宽大相结合"刑事政策顺利演变提供了理论依据和实践依据。

### (二)"惩办与宽大相结合"刑事政策

在 1956 年党的八大上,时任公安部部长的罗瑞卿在讲话中提到,"党在肃反斗争中的严肃与谨慎相结合的方针,体现在对待反革命分子的政策上,就是惩办与宽大相结合的政策,它的具体内容就是首恶必办,胁从不问,坦白从宽,抗拒从严,

---

[*] 中南财经政法大学博士研究生。
[①] 卢建平:《宽严相济与刑法修正》,载《清华法学》2017 年第 1 期。

立功折罪，立大功受奖。惩办与宽大，两者是密切结合不可偏废的"。① 标志着"镇压与宽大相结合"政策向"惩办与宽大相结合"政策转化并最终定型。

惩办与宽大相结合政策的精神实质是：区别对待；宽严相济；分化瓦解；打击少数，教育改造多数。值得强调的是，同镇压与宽大相结合相比，惩办与宽大相结合更加强调的是宽大的一面，突出的表现是由惩办与宽大相结合刑事政策引申出的"少杀、慎杀"政策和"给出路"政策。

### （三）"惩办与宽大相结合"刑事政策评析

首先，"惩办与宽大相结合"刑事政策在特定历史时期发挥了重要作用。一是在革命战争时期，对于中国共产党取得革命胜利和稳定新政权不可或缺。二是在阶级斗争时期，这一政策进一步巩固了我们党的政权，维护了社会稳定；在计划经济时期减少了犯罪，维护了经济社会秩序。三是由于具体历史条件的限制，在中华人民共和国成立后的漫长历史时期，没有系统完整的刑法，司法活动主要依靠刑事政策，而政策有法律替代者的作用，1979年刑法就是在这样一个时代背景下应运而生的，它将惩办与宽大相结合刑事政策具体化、条文化，发挥了刑事政策的巨大威力，1979年刑法成为相对温和的刑法，是刑事政策与刑法之间积极互动的典范。

其次，"惩办与宽大相结合"刑事政策有其自身的缺陷。"宽大"没有操作标准，只具有宏观指导意义，导致缺乏实际可操作性。其直接结果是在指导思想上既无法抑制刑法典中的重刑化倾向，更无法在实践中对诸如"严打"的具体刑事政策进行正常而有效的功能评价。于是，20世纪80年代，中国社会出现了重惩办、轻宽大的以"依法从重从快"为特征的"严打"刑事政策。

## 二、"严打"刑事政策

### （一）"严打"刑事政策概述

"严打"刑事政策起始于20世纪80年代，在我国持续了20多年。"严打"是依法从重从快严厉打击刑事犯罪活动的刑事政策总称。② 1983年7月19日，邓小平与公安部负责同志谈话时指出："刑事案件、恶性案件大幅度增加，这种情况很不得人心……为什么不可以组织一次、二次、三次严厉打击刑事犯罪活动的战役？每个大、中城市，都要在三年内组织几次战役……我们说过不搞运动，但集中打击严重刑事犯罪活动还必须发动群众……"③ 该讲话之后，党中央便做出了《关于严厉打击刑事犯罪活动的决定》，明确七个方面的打击对象并制定依法"从重从快"的打击方针。④ 同年9月2日，全国人大常委会通过了《关于严惩严重危害社会治安的犯罪分子的决定》，对1979年刑法做了补充和修改，规定了28种可以判死刑的犯罪。在1997年刑法中，适用死刑的犯罪行为进一步增加到68种。在制度设置

---

① 陈兴良：《中国刑事政策检讨——以"严打"刑事政策为视角》，中国检察出版社2004年版，第120-121页。
② 马振华：《新时期我国刑事政策转变的原因分析》，载《法制与社会》2007年第2期。
③ 邓小平：《邓小平文选》，人民出版社1993年版，第152页。
④ 田金华：《社会背景分析》，载《公安大学学报》1998年第2期。

# 第一编　新中国成立 70 年来刑事法治和刑法理论的变迁与反思

上，1991 年 3 月成立的"中央社会治安综合治理委员会"为中共中央下设机构，其主任由中共中央政法委书记兼任，它的具体职能是制定、部署及监督实施一个时期全国范围内社会治安的方针、政策和重大措施。在具体操作上，政府分别在 1983 年、1996 年、2001 年及 2010 年实施了四次"严打"运动。① 1983 年 9 月全国人大常委会通过的《关于严惩严重危害社会治安的犯罪分子的决定》等扩大了犯罪圈，对一些犯罪规定从重处罚甚至加重处罚，对某些特定的犯罪规定可以在刑法规定的最重刑以上处刑。

## (二) 对"严打"刑事政策的理性解读

首先，严打有现实合理性。严打在打击犯罪过程中产生过巨大作用，在一定程度上收获了压制犯罪的成效。一是严打是镇压犯罪的刑事举措，是国家权力对犯罪态度的正面表达，由于是在政治的话语下展开其逻辑，因而天然地拥有了国家行使国家刑罚权的正当性。这是严打在国家层面上的正当性根据。二是利用严打应对持续上升的犯罪浪潮是各国的通行做法。无论是盛行于欧洲的"轻轻重重"思想，还是流行于美国的"三振打击法"实践，都表明全球在应对严重犯罪方面会惊人地达成共识。这是严打在国际层面上的正当性根据。三是"治平世用轻典，治乱世用重典"的刑罚世轻世重思想体现了用刑之道的唯物辩证精神，它为在某一特定社会历史条件下采用重刑提供了逻辑上的合理前提。这是严打在时代背景层面上的正当性根据。第四，严打具有空前广泛的群众基础。广大人民群众根本利益的一致性决定了严打当然地获得了广泛的社会认同。人民群众广泛参与的主动性和积极性带有相当大的自发和自愿因素。这是严打在民意层面上的正当性根据。

其次，严打具有局限性。我国犯罪和犯罪增长的原因是多方面的，是社会政治、经济、思想、文化等各方面消极因素的综合反映，具有综合性、复杂性、多变性的特征，刑罚在预防和减少犯罪中的作用是很有限的，一味地"严打"并不能达到遏制犯罪的作用，1985 年我国的犯罪率在"严打"之后出现明显反弹，过分依赖严打并不是解决犯罪问题的根本出路，使我国刑事政策渐次步入重刑化的轨道，严打并未从根本上解决我国社会转型时期的社会问题和犯罪问题，作为被过分强调和依赖的单极化刑事政策，其一定意义上成为我国刑事政策正确发展的阻碍力量；学界和实务领域近年来开始在轻缓刑事政策领域寻求突围，但由于单极化轻缓刑事政策只强调刑罚的教育、改善功能，忽视刑罚所应有的报应、社会保护功能，同样无法独力解决转型时期的社会问题和犯罪问题。正是在这种背景下，宽严相济刑事政策获得了产生、存在空间。首先在学界，接下来在实务部门，最后在国家层面，宽严相济获得了当代中国主流刑事政策的地位。在 2006 年召开的党的十六届六中全会上，党中央全面分析了社会转型时期的形势和任务，作出了构建社会主义"和谐社会"的重大决定。为了确保和谐社会的构建，中央明确提出了实施宽严相济刑事政策。就此，宽严相济刑事政策正式登上中国现阶段刑事政策的主流平台，开始在中国刑事法舞台上发挥重要作用。

---

① 陈硕、章元：《治乱无需重典：转型期中国刑事政策效果分析》，载《经济学》2014 年第 4 期。

### 三、宽严相济刑事政策

#### （一）宽严相济刑事政策概述

在我国，宽严相济刑事政策是党和国家在同敌对势力和犯罪分子的长期斗争实践中形成并逐步发展完善的，从革命战争时期的"镇压与宽大相结合"的对敌斗争的政治策略演变为"惩办与宽大相结合"的预防和控制犯罪的刑事政策，逐渐被"宽严相济刑事政策"这一表述所取代。

在 2005 年 12 月 6 日召开的全国政法工作会议上，罗干同志提出："宽严相济的刑事政策是指对刑事犯罪区别对待，做到既有力打击和震慑犯罪，维护法制的严肃性，又要尽可能减少社会对抗，化消极因素为积极因素，实现法律效果与社会效果的统一"，这就是我国对宽严相济刑事政策的官方定义。2006 年 10 月，十六届六中全会通过的《关于构建社会主义和谐社会若干重大问题的决定》指出，要实施宽严相济的刑事司法政策。同年 11 月，全国政法工作会议提出，要善于运用宽严相济的刑事司法政策，最大限度地预防和减少犯罪，努力构建和谐社会。2007 年 3 月，在全国人大会议上，最高人民检察院的工作报告中也提出：要贯彻宽严相济的刑事司法政策，最大限度地增加和谐因素。在深入调查研究的基础上，制定出台了《关于在检察工作中贯彻宽严相济刑事司法政策的若干意见》，其规定在各项检察业务工作中，都要根据案件具体情况，做到宽严相济，切实发挥检察机关震慑犯罪、维护社会稳定、化解矛盾、促进社会和谐的职能作用。2010 年 2 月，最高人民法院《关于贯彻宽严相济刑事政策的若干意见》也提出贯彻宽严相济的基本刑事政策。宽严相济的刑事政策成为当前及今后相当长一段时间的刑事政策，也是我国社会政策的一个重要组成部分。

对于宽严相济的概念的表述，主要是对"宽"、"严"、"济"三个字的具体理解上。第一，"宽"的含义。来自惩办与宽大相结合中的"宽大"，其是指轻缓。轻缓又包括两层意思：该轻则轻和该重则轻。对于犯罪行为危害不大的犯罪分子，予以较轻处罚是罪刑均衡的应有之义；而对于犯罪行为危害较大的犯罪分子，因其有法定或者酌定情节而给予较轻处罚的，应该是刑法对于犯罪分子的感化和人道，这更有助于犯罪分子改过自新，预防其再犯和重新回归社会。[①] 第二，"严"是指严格或者严厉，它比惩办与宽大相结合中的惩办一词更为确切。严格是指该作为犯罪处理的一定要作为犯罪处理，该受到刑罚处罚的一定要受到刑罚处理；严厉是指判处较重刑罚，该重而重，但不应过重。第三，"济"有救济、协调与结合之意，是指在宽与严之间具有一定的平衡与衔接，使其形成良性互动。

#### （二）宽严相济刑事政策的内涵

对于宽严相济刑事政策的内容，各学者都有不同的理解：其一，马克昌先生认为，宽严相济刑事政策的内容包括：该严则严、当宽则宽、严中有宽、宽中有严、

---

[①] 陈兴良：《宽严相济刑事政策研究》，载《法学杂志》2006 年第 1 期。

宽严有度、宽严审时。① 其二，陈兴良教授认为应当是该宽则宽、该严则严、宽严有度。② 其三，刘仁文认为，宽严相济的主要意义是以宽济严。③

一般认为，宽严相济刑事政策的内涵是：宽严相济刑事司法政策是指根据社会治安形势和犯罪分子的不同情况，在依法履行法律职能中实行区别对待，该严则严，当宽则宽，宽严互补，宽严有度，对严重犯罪依法从严打击，对轻微犯罪依法从宽处理，对严重犯罪中的从宽情节和轻微犯罪中的从严情节也要依法分别予以宽严体现，对犯罪的实体处理和适用诉讼程序都要体现宽严相济的精神，以有效地遏制、预防和减少犯罪，最大限度地增加和谐因素和减少不和谐因素，最大限度地化消极因素为积极因素，为构建社会主义和谐社会服务。④ "宽严相济刑事政策是我国目前最为基本、核心的一项刑事政策，它体现了构建社会主义和谐社会的基本要求，是刑事立法和司法的灵魂所在。然而它的提出并不是偶然的，而是我国长期惩治、预防和控制犯罪经验的总结，是新形势下传统刑事政策的进一步完善和发展，是刑法指导思想上的一次飞跃，具有重大的时代意义和价值"。⑤ 宽严相济刑事政策不同于以往的轻轻重重的刑事政策，这是我们对刑罚及其规律正确认识的结果。

宽严相济刑事政策以秩序作为其首要价值目标，但在追求秩序的同时，宽严相济刑事政策较其他刑事政策更加注重对自由与效益的诉求。⑥ 历史证明，刑罚越是严厉，就越容易丧失公众的认同。"纵观历史，目睹由那些自命不凡、冷酷无情的智者所设计和实施的野蛮而无益的酷刑，谁能不怵目惊心呢？"⑦ 相反，宽和的刑罚更能够培养温和的国民性格，更容易使公众认为他们所遵守的法律是正义的。"随着人的心灵在社会状态中柔化和感觉能力的增长，如果想保持客观与感受之间的稳定关系，就应该降低刑罚的强度。"⑧ 因此，以轻缓的刑罚树立公众对法的忠诚与信仰，从因法律威吓而不敢犯罪到信法为真而不愿犯罪，这才是控制犯罪、维持秩序至为重要的策略。

（三）正确理解适用宽严相济刑事政策

首先，宽严相济刑事政策是目前我们可以信赖和依赖的最好的刑事政策。回顾历史，我国在过去相当长一个时期里都将惩办和宽大相结合作为我国基本的刑事政策，应当说这一基本刑事政策对于我国的刑事立法和刑事司法曾起到过十分重要的作用。作为惩办和宽大相结合刑事政策在新时代的继承和发展，宽严相济刑事政策也必将在我国未来的刑事立法和刑事司法过程中发挥更为重要的作用。

其次，把握好"宽"和"严"的度，发挥最佳的预防犯罪和社会效果。宽严

---

① 马克昌：《宽严相济刑事政策刍议》，载《人民检察》2006年第10期。
② 陈兴良：《宽严相济刑事政策研究》，载《法学杂志》2006年第1期。
③ 刘仁文：《宽严相济的刑事政策研究》，载《当代法学》2008年第1期。
④ 何永宏、黄月红：《宽严相济刑事政策法律效果与社会效果之关系》，载《江苏警官学院学报》2008年第2期。
⑤ 狄世深：《宽严相济刑事政策的理性分析》，载《北京师范大学学报》（社会科学版）2009年第4期。
⑥ 张亚平：《宽严相济刑事政策的价值分析》，载《江淮论坛》2009年第1期。
⑦ [意] 贝卡利亚：《论犯罪与刑罚》，黄风译，中国大百科全书出版社1993年版，第42页。
⑧ [意] 贝卡利亚：《论犯罪与刑罚》，黄风译，中国大百科全书出版社1993年版，第44页。

有度，宽严审时，突出从宽。宽严的比例要因时而宜、因地而宜、因罪而宜，不是一成不变的。① 宽严相济刑事政策之"宽"指宽大、宽缓和宽容，可分为两种情形：一是该轻而轻，二是该重而轻；所谓"严"，包括严格和严厉。"宽"与"严"是相互对应的两个方面，共同构成了完整的宽严相济刑事政策。"宽"与"严"有着不同的出发点和价值取向，但最终的指向是相同的，即要充分发挥宽严相济刑事政策的功能，实现刑罚目的。必须实现"宽"与"严"的平衡，即要使"宽"与"严"相济。宽与严之间应当保持一定的平衡，互相衔接，形成良性互动。② 这意味着司法在实践中应该区别对待，该严则严，当宽则宽。要根据不同的犯罪类型、犯罪事实和犯罪情节，对于属于"严厉打击"犯罪类型的严重犯罪分子，要依法从严打击；除此之外的其他犯罪分子则应体现刑罚轻缓。严中有宽，宽不失严，罚当其罪。并且即使属于"严厉打击"范围内的犯罪分子，只要具有法定或酌定从轻、减轻、免除处罚情节，就应该体现从宽政策，做到严中有宽。同时，对于非"严厉打击"类型的犯罪，如果具有法定从重情节，也要依法从严惩处，做到宽中有严。无论是依法从宽，还是依法从严，刑罚合理的实质标准只能是罚当其罪。

最后，把握宽严相济的时代特征。同世界上其他国家相比，我国刑法所规定的刑罚是偏重的，从顺应当代世界刑罚轻缓化的角度看，宽严相济刑事政策应以宽济严。最高人民检察院 2006 年 12 月 28 日出台的《关于在检察工作中贯彻宽严相济刑事司法政策的若干意见》重点强调了要坚持"可捕可不捕的坚决不捕"和"可诉可不诉的不诉"的原则，对不同案件类型详细阐述了"从宽"和"从轻"的具体规定。可以说，宽严相济刑事政策对构建和谐社会政治目标的积极回应，是对"最大限度增加和谐因素，最大限度减少不和谐因素"的政策反应，强调以宽济严，理在其中。③ 大体来说，宽严相济刑事政策的总体倾向是趋轻化，一改"严打"过程中的过度重刑思想，提出了非犯罪化、非刑罚化、非监禁化等一系列概念，符合当下变化了的社会观念、社会结构和国际刑罚发展趋势，符合我国的现实国情和现代化发展的时代要求。④

在当前构建和谐社会背景下，党和国家提出宽严相济刑事政策，就是要在对轻微犯罪的处理上贯彻刑罚轻缓化思想。在法治社会中，单靠严厉的刑罚威吓犯罪效果有限，要想变重刑威吓下公民不敢犯罪为法治社会下公民不愿犯罪，最重要的就是要使公民树立对于法律的信仰。⑤ 宽严相济刑事政策的提出正因应了权利保障与和谐理念的需要，是替代单一"严打"政策的良策。反映在刑事立法和刑事司法上，就应当最大限度地实现非犯罪化、非刑罚化和非监禁化。当然，刑事政策上的

---

① 陈兴良：《宽严相济的刑事政策：一个学者的解读》，载《中国刑事政策报告》（第一辑），中国法制出版社 2007 年版，第 14-18 页。
② 陈兴良：《宽严相济刑事政策研究》，载《法学杂志》2006 年第 1 期。
③ 贾东军、国章成：《严打刑事政策：反犯罪的中国经验》，中国人民公安大学出版社 2008 年版，第 291 页。
④ 游伟、赵运锋：《宽严相济刑事政策及其困境与出路》，载《法律适用》2009 年第 10 期。
⑤ 张亚平：《宽严相济刑事政策的价值分析》，载《江淮论坛》2009 年第 1 期。

个人本位的加强也与社会体制改革的加深密切相关，表明政治国家逐渐退出一些社会领域的治理，交由市民社会接管和处置。①

## 四、对我国刑事政策变迁的反思与展望

### （一）我国刑事政策发展的总体评价

新中国成立70年来，我国社会主义法治建设取得了举世瞩目的成就，刑事政策经历了独特的发展历程，惩办与宽大相结合刑事政策经过几十年的发展，其内容逐渐丰富，其执行也逐步深化，该政策对我国刑事法治的指导作用功不可没；尽管"严打"的刑事政策还不够完善，其功利性也屡屡为人诟病，但"严打"对国家长治久安的促进作用是任何人都不能否认的；尽管社会治安综合治理是否是刑事政策存在不同看法，且存在治理内容鲜明的政治性，治理工作的长期性，运作机制的行政性、军事性，法律化水平低等问题，但该政策已将目光投向犯罪的预防，而且对社会稳定起到了不可替代的积极作用；宽严相济的刑事政策是在构建和谐社会的视野下对我国以往的刑事政策反思与调整的结果，是刑事政策的理性回归。

### （二）我国刑事政策发展中的些许经验和教训

首先，重罚逆反是刑事政策的必然规律，个别刑事政策追求短期轰动效应，忽视长期治理，一味地"严打"并不能达到遏制犯罪的作用。1985年我国的犯罪率在"严打"之后反弹正是对这一规律的警醒。其次，刑事政策制定要科学化，"运动式"、"集中式"的刑事政策无法实现最佳目的。我国面临着社会转型时期犯罪率增高的困境，虽然决策者希望维持社会稳定，为国家发展和人民的生活提供一个安定的环境，但试图在短期内取得立竿见影成效的刑事政策必然会产生诸多的问题。最后，我国存在刑事政策与刑事法律不分、刑事政策取代刑事法律的问题，刑事政策应当遵循刑事立法、司法规律。如对于自然犯而言，在特定的区域、特定的历史时期内犯罪率是基本保持不变的，因为在一定数量人口中采用极端手段来达到自己目的的人总是占有一定的比例，针对这一类犯罪制定再完善的刑事政策也难以起到作用。从历史的角度分析，新中国成立以后，政策一直在犯罪控制领域处于最高的地位，"政策取代法律"的现象时有发生。

### （三）我国刑事政策发展展望：刑事政策科学化、法律化

由于我国在相当长的一段时间里没有一些基本的法律制度，在司法实践过程中形成了"有法律依法律、没有法律从政策"的指导思想，甚至发展到有法律也要符合政策，我国惩办与宽大相结合刑事政策、"严打"刑事政策在此问题上尤为突出，"严打"还曾经出现了刑事政策替代刑法规范的局面。因此，我国刑事政策的法治化问题亟待解决。"刑事政策法律化是指国家通过法定的立法程序将刑事政策转化为法律，或者说刑事政策通过法律的形式表达和实现。"② "刑事政策的刑法化不同于刑事政策法律化，它只是指刑事政策向刑法这一部门法的转化过程。"③ "刑事政

---

① 游伟、赵运锋：《宽严相济刑事政策及其困境与出路》，载《法律适用》2009年第10期。
② 严励：《"严打"刑事政策的理性审读》，载《上海大学学报》（社会科学版）2004年第4期。
③ 严励、孙晶：《刑事政策刑法化的思考》，载《政治与法律》2005年第4期。

策法治化是刑事政策法律化和刑事政策刑法化的灵魂和精神内涵,刑事政策法律化和刑事政策刑法化则是刑事政策法治化的表现形式和躯体,它们之间是一种灵魂与躯体、内容与形式的关系。贯彻刑事政策法治化原则,必然要求刑事政策法律化和刑事政策刑法化,而刑事政策法律化和刑法化的背后必然有刑事政策法治化的指导。"[1] 我国目前正处于由人治向法治转变的历史时期,刑事政策也必然要由原来的意识形态化向法治化方向转变,刑事政策的法治化是我国依法治国,建设社会主义法治国家的必然要求。应当顺应依法治国的理念,将法治的精神贯穿于刑事政策产生、实行和评估的运行进程中,并进一步增强刑事政策的科学性,加强刑事政策运行过程的可操作性,注重刑事政策实施的社会效果,注重刑事政策与犯罪预防规律的协调,正确处理刑事政策与刑事法律的关系,实现刑事政策法律化,通过法律形式来推动刑事政策目标的实现。

---

[1] 赵锋:《反思与重构:严打刑事政策研究》,兰州大学出版社2007年版,第35页。

第一编　新中国成立70年来刑事法治和刑法理论的变迁与反思

# 事实与方向：新中国刑事政策观念变迁的思考

孙本雄* 　曾钜中**

从1949年至2019年，我国的治国理政方式随着政治领导集体的交接而逐渐发展，刑事政策观念也随着犯罪治理实践的变化而变迁。在新中国成立70周年之际，回顾和反思治国理政方式与作为指导治国理政重要内容之犯罪治理实践之刑事政策观念的变迁，从犯罪治理的角度，无疑有助于我们加深对刑事政策概念的理解与认识。其中，如下问题值得我们重点关注：治国理政方式与刑事政策观念是如何发展变迁的？二者的发展变迁之间是否存在联系？如果存在联系，应当如何理解二者之间的联系？

## 一、我国治国理政方式的发展

总的来看，我国治国理政方式经历了从统治到管理，再到治理和善治的过程。

### （一）从统治到管理

新中国成立之后至1978年改革开放之前，我国经历了新民主主义经济时期和社会主义计划经济时期。在这一时期内，治国理政方式表现为治理主体较为单一、治理具有明显的策略性、治理机制表现为阶级动员与阶级斗争、治理的组织载体都是国家权力部门。[①] 治理主要以工农联盟为基础而作为利益共同体参与到社会政治生活的建设中；处理阶级关系的方式具有明显的策略性，表现为对农业、手工业及社会主义工商业的改造实行"既扶持又限制"的策略，反右派斗争实行"欲擒故纵"、"引蛇出洞"的策略，"文化大革命"运动"以阶级斗争为纲"等；治理主体主要为中国共产党的各组织部门和国家的政权机构。在阶级统治型治国理政方式下，因为参与和执行治理过程的主体较为单一，且利益指向具有一致性，讲究统治策略，具有明显的中央集权的治理特点，属于统治（Government）型的治国理政方式。

改革开放之后至1992年党的十四大正式提出建立社会主义市场经济体制，属于我国重要的经济社会转型期。这一时期，市场的作用逐渐增强，社会结构发生变化，公有制基础上的计划商品经济得到发展，新的社会阶层，如私营企业主、个体工商户等在国家治理中的影响力有增强趋势，知识分子的地位得到提升，工人、农民在国家政治生活中的地位较1978年改革开放前有所下降，国家治理主体呈多元

---

\* 北京理工大学博士后研究人员，法学博士。
\*\* 澳大利亚莫纳什大学硕士生。
① 参见唐亚林、郭林：《从阶级统治到阶层共治——新中国国家治理模式的历史考察》，载《学术界》2006年第4期。

化发展的趋势。这一时期,我国治国理政的方式随着治理主体的多元化,指令经济逐渐市场化,而向市场经济转变;① 国家与社会的关系由绝对的国家主导转向国家主导为主,市场、社会积极主动参与;社会主义法律制度建设逐渐增强,而使得国家的治国理政方式从统治型逐渐向管理(Administrate)型转变。

(二) 从管理到治理

党的十四大至十八大召开前,经济建设方面在坚持以公有制和按劳分配为主体,其他经济成分和分配方式为补充的基础上,构建社会主义市场经济制度,突出强调国家宏观调控下的市场资源配置作用,个体、私营企业等非公有制经济发展较快,在发展经济、活跃市场、促进经济、扩大出口等方面发挥了重要作用。② 在政治体制上,要求发展社会主义民主,完善人民代表大会制度,完善中国共产党领导的多党合作和政治协商制度,扩大农村基层民主,实行村民自治,人民的主体地位得到提高。③ 在社会管理力量上,明确指出在坚持中国共产党领导的情况下,要依靠广大工、农、知识分子,尤其是提倡充分发挥知识分子的作用,并要求依靠各民族建立广泛的爱国统一战线。在社会管理方式上,推动治国理政方式从法制向法治的转变,④ "国家尊重和保障人权"被写入宪法,并逐渐得到贯彻和落实,人权保障观念逐渐加强,在建成以宪法为核心的中国特色社会主义法律体系的同时,促使社会治理逐渐法治化。在政府职能转变上,鼓励政企分开,下放企业权利,转变政府职能,要求合理划分中央与地方管理权限。在行政体制改革方面,要求转变职能、精兵简政,全面推进依法行政、建设法治政府。⑤ 在领导力量与方式上,要求加强党的执政能力建设,坚持立党为公、执政为民、科学执政、民主执政、依法执政,坚持党的领导、人民当家做主和依法治国的有机统一,推进社会管理体制创新;⑥ 继续实行社会治安综合治理。这一时期新的社会阶层不断涌现,且阶层结构渐趋稳定,社会主义民主得到加强,科学发展、和谐发展理念逐渐得到贯彻落实,人民的主体地位得到提高,以人为本的观念得以贯彻落实,治国理政的参与主体逐渐多元化且作用呈加强趋势;政府职能发生转变,企业自我管理能力得到提高,精兵简政措施逐渐加强,权力自上而下的运行机制有所改变;公平正义观念逐渐加强;社会主义法制建设得到长足发展,依法治国观念得到提倡和贯彻。治国理政方式也呈现为从管理向治理(Governance)转变。

---

① 参见赵红军:《中国政府治理模式变迁的历史考察》,载《社会科学》2016年第2期。
② 朱镕基:《政府工作报告》,http://cpc.people.com.cn/GB/64184/64186/66691/4494669.html,最后访问时间:2019年5月12日。
③ 参见胡锦涛:《在中央农村工作会议上的讲话》,http://cpc.people.com.cn/GB/64184/64186/66691/4494673.html,最后访问时间:2019年5月12日。
④ 参见《高举邓小平理论伟大旗帜,把建设有中国特色社会主义事业全面推向二十一世纪》,http://cpc.people.com.cn/GB/64184/64186/66688/4494466.html,最后访问时间:2019年5月12日。
⑤ 《国务院关于印发全面推进依法行政实施纲要的通知》,http://www.gov.cn/ztzl/yfxz/content_374160.htm,最后访问时间:2019年5月12日访问。
⑥ 《中共中央关于加强党的执政能力建设的决定》,http://www.people.com.cn/GB/40531/40746/2994977.html,最后访问时间:2017年7月12日。

## 第一编 新中国成立 70 年来刑事法治和刑法理论的变迁与反思

### (三) 从治理到善治

党的十八大以来,我国继续解放思想、实事求是、与时俱进、求真务实,坚定不移地沿着中国特色社会主义道路前进。在经济建设方面,要求更加尊重市场规律,鼓励、支持和引导非公有制经济的发展,促进各种所有制经济获得平等保护、平等参与,加快发展民营金融机构,加快发展多层次资本市场,毫不动摇地鼓励、支持、引导非公有制经济发展,激发非公有制经济的活力和创造力。① 在政治体制方面,坚持并扩大人民民主,保证人民通过人民代表大会制度行使国家权力,继续积极开展基层民主协商,完善基层民主制度,健全基层群众自治,保障人民享有更多切实的民主权利。在社会治理形式上,主张全面推进依法治国,推进法治中国建设,坚持依法治国、依法执政、依法行政共同推进,坚持法治国家、法治政府、法治社会一体建设,推进科学立法、严格执法、公正司法、全民守法,拓宽人民有序参与立法,用制度管权管事管人,保障人民的知情权、参与权、表达权、监督权,加强反腐败国家立法,加强反腐倡廉党内法规制度建设,深化腐败问题多发领域和环节的改革,确保国家机关按照法定权限和程序行使权力,让人民监督权力,让权力在阳光下运行。在社会治理力量上,充分发挥群众参与社会管理基础作用的同时,鼓励和引导新的社会阶层人士为中国特色社会主义事业作出更大贡献。在社会治理体制上,改进社会治理方式,坚持系统治理、依法治理、综合治理、源头治理,支持和发展志愿服务组织,限期实现行业协会、商会与行政机关真正脱钩,创新有效预防和化解社会矛盾体制。在政府职能转变上,推进政企分开、政资分开、政事分开、政社分开,在建设服务型政府的同时,深化行政审批制度改革,继续简政放权,减少领导职数,降低行政成本。在领导力量与方式上,在充分发挥党总揽全局、协调各方的领导核心作用的同时,加强党同民主党派和无党派人士的团结合作,选拔和推荐更多的党外人士担任国家机关的领导职务;坚持以人为本、执政为民,赋予农民更多财产权利;深入推进社会治安综合治理,完善立体化社会治安防控体系,有效防范化解管控影响社会安定的问题,保障人民生命财产安全;推进国家治理体系和治理能力的现代化。这一时期,治理理念逐渐得到强化,非公有制经济的地位进一步得到加强,产权进一步得到平等保护,原来由国家承担的部分职责逐渐由公民和社会组织承担,为社会服务的权力与能力部分由社会组织和人民群众承担,群众参与社会管理的基础作用得到提高,新的社会阶层人士在社会治理中的作用逐渐增强,人民的主体地位进一步得到提高,依法治国观念得到全面推行,依法治国、依法执政、依法行政共同推进,反腐倡廉工作大力推进,继续简政放权,加强党同民主党派和无党派人士的团结合作,各社会治理主体之间的协助逐渐增强、合作网络逐渐强固,依法治国方略得到全面推进和落实,国家治理体系和治理能力逐渐现代化。相应的,治国理政观念也从治理逐渐向善治(Good Governance)转变。

---

① 《中共中央关于全面深化改革若干重大问题的决定》,http://news.12371.cn/2013/11/15/ARTI1384512952195442.shtml,最后访问时间:2019 年 5 月 12 日。

## 二、我国刑事政策观念的历史变迁

随着我国社会治理的深化和发展,我国的刑事政策观念也呈现为从镇压犯罪到打击犯罪,再到控制犯罪和犯罪治理的变化。

### (一) 从镇压犯罪到打击犯罪

新中国成立初期,匪患严重,反革命分子、土匪、恶霸严重扰乱社会秩序。仅1950年前3个月,广东地区就有2个县城、6个区政府被土匪围攻,86个乡政被土匪攻占;云南、贵州地区有数千名干部被土匪杀害。① 面对这样的形势,我国先后3次发布了镇压反革命活动的指示,即1950年3月18日中共中央发布的《关于镇压反革命活动的指示》,1950年7月23日政务院、最高人民法院发布的《关于镇压反革命活动的指示》,1950年10月10日中共中央发布的《关于镇压反革命活动的指示》(又称《双十指示》)。其中,3月18日发布的指示在要求严厉惩治反革命分子等破坏社会治安秩序的行为人的同时,也主张对改邪归正的土匪予以既往不咎,这一指示在实践中对于分化瓦解反革命分子取得了一定的成绩,但因为有的地区执行该指示时达到了"宽大无边"的程度,导致土匪、反革命分子的气焰过于嚣张,这就推动了7月23日指示的出台。之后,随着朝鲜战争的爆发,在我国境内的特务等反革命分子借机散布各种谣言,严重扰乱社会秩序。10月10日,毛泽东亲自主持通过《双十指示》,要求在全国范围内镇压反革命分子。1951年2月,中央人民政府根据惩办与宽大相结合的政策,制定并发布了《惩治反革命条例》,② 该条例第1条即明确指出,制定该条例的目的是镇压反革命运动,巩固人民民主专政的政权。1951年5月8日,中共中央发布《关于对犯有死罪的反革命分子应大部采取判处死刑缓期执行政策的决定》,对有血债、引起群众愤恨及严重损害国家利益的反革命分子之外的反革命犯罪人,主张一律适用死刑缓期执行政策。此后,毛泽东通过批示的形式,再次强调对人民群众不要求判处死刑的罪犯,应当适用死刑缓期执行。③ 1952年4月21日,中央人民政府颁布了《惩治贪污条例》(以下简称《惩贪条例》),该条例贯彻《中国人民政治协商会议共同纲领》第18条的要求,一改往日镇压犯罪的表述,而采用严惩贪污的表达,要求严厉惩治贪污犯罪。1952年6月27日,公安部公布了《管制反革命分子暂行办法》,主张对罪恶程度尚未达到逮捕判刑程度的反革命分子适用管制,在惩罚的同时予以教育。1954年9月20日颁布的《宪法》第19条对于反革命和叛国的人,依然运用镇压的表述。这一时期虽然也对改邪归正、坦白认罪的犯罪人采取从宽的政策,但总体而言是通过对敌斗争的方式镇压犯罪人,所秉持的是镇压(Suppression)型的刑事政策观念。

---

① 参见王善中:《论镇压反革命运动》,载《党的文献》1996年第6期。
② 参见彭真:《关于镇压反革命和惩治反革命条例问题的报告》,http://cpc.people.com.cn/GB/64184/64186/66656/4492737.html,最后访问时间:2019年5月12日。
③ 参见《毛泽东对贯彻执行"死缓"政策的批语》,http://cpc.people.com.cn/GB/64184/64186/66656/4492697.html,最后访问时间:2019年5月12日。

# 第一编 新中国成立 70 年来刑事法治和刑法理论的变迁与反思

1979 年 7 月 1 日通过的《刑事诉讼法》第 2 条认为,刑事诉讼法的目的之一在于保证准确、及时地查明犯罪事实,惩罚犯罪分子;同年 7 月 6 日,全国人民代表大会通过了《刑法》,该法对于反革命罪仍然具有很强的镇压色彩,为绝大对数反革命罪配置了重刑乃至死刑。但总的来看,该刑法在镇压与严惩犯罪之间更倾向于惩罚,亦即打击犯罪的犯罪报应观占据主流。1982 年 1 月 13 日,中共中央《关于加强政法工作的指示》指出,1979 年冬和 1981 年夏召开的城市治安会议制定了"综合治理"的措施,确立了打击刑事犯罪的方针政策,惩处了各种严重刑事犯罪,并要求政法机关继续贯彻惩办与宽大相结合、坦白从宽、抗拒从严的政策,依法从重从快地惩处犯罪分子,坚决打击、防范和制止各种刑事犯罪。① 1982 年 4 月 13 日,中共中央、国务院发布了《关于打击经济领域中严重犯罪活动的决定》,要求坚定不移、坚持不懈地打击经济犯罪领域的严重犯罪。② 1982 年 12 月 4 日通过的《宪法》第 28 条继续要求镇压叛国和反革命活动,惩办和改造犯罪分子。1983 年 8 月 25 日,中共中央发布《关于严厉打击刑事犯罪活动的决定》,决定以 3 次为期,按照依法"从重从快,一网打尽"的精神,坚决打击刑事犯罪分子,并认为严厉打击刑事犯罪是政治领域的一场敌我斗争。③ 此后于 1996 年和 2001 年又实施了两次全国性的严打斗争。很明显,从 1979 年刑法典颁布开始,我国惩治犯罪的刑事政策观念逐渐从镇压向打击(Punishment)转变,虽然还有镇压观念的残余,但主要趋势已是主张打击(惩罚)。

(二)从打击犯罪到控制犯罪

1991 年 2 月 19 日,党中央、国务院决定加强社会治安综合治理,重申 1982 年即已提出的"综合治理"方针,④ 认为单纯靠严厉打击不可能有效减少犯罪和影响社会治安的复杂因素,应当在长期坚持依法从重从快严厉打击严重危害社会治安刑事犯罪活动的情况下,全面加强综合治理。⑤ 但因为综合治理是一项系统工程,治理效果也不能立竿见影。到 1996 年,社会治安状况恶化,人民群众对社会治安的满意度仅有 14.5%,⑥ 该年 4 月,中央决定开展全国范围内的大规模严打,打击带有黑社会性质的团伙和流氓势力等重大流窜犯罪的案犯、贩毒贩枪、拐卖妇女儿童及盗窃等犯罪。随后的几个月,颁布了 1997 年刑法典,因为该刑法典颁行于第二次"严打"战役开展过程中,虽基本上摆脱了镇压犯罪的犯罪对策观,如将反革命

---

① 参见《中共中央关于加强政法工作的指示》,http://cpc.people.com.cn/GB/64184/64186/67029/4519165.html,最后访问时间:2019 年 5 月 16 日。
② 参见《中共中央、国务院关于打击经济领域中严重犯罪活动的决》,http://cpc.people.com.cn/GB/64184/64186/67029/4519153.html,最后访问时间:2019 年 5 月 16 日。
③ 《中共中央关于严厉打击刑事犯罪活动的决定(节录)》,http://cpc.people.com.cn/GB/64184/64186/66678/4493879.html,最后访问时间:2019 年 5 月 16 日。
④ 《中共中央关于加强政法工作的指示》,http://cpc.people.com.cn/GB/64184/64186/67029/4519165.html,最后访问时间:2019 年 5 月 16 日。
⑤ 《中共中央、国务院关于加强社会治安综合治理的决定》,http://cpc.people.com.cn/GB/64184/64186/66684/4494181.html,最后访问时间:2019 年 5 月 16 日。
⑥ 参见康树华:《当代中国热点与新型犯罪透视》,群众出版社 2007 年版,第 26 页。

罪修改为危害国家安全罪,但因为特殊的时间背景和观念残余,其始终未能逃离打击犯罪的犯罪对策观念的影响,刑法的工具主义特点较为明显,如第1条即明确规定刑法的首要目的是惩罚犯罪。1997年12月25日召开的中央政法工作会议要求继续坚持打防结合、预防为主,对社会治安实行综合治理,在坚持严打方针的同时,抓紧落实综合治理的各项措施,做好犯罪预防工作。① 2003年召开的全国社会治安综合治理工作会议上,在继续强调打防结合、预防为主的社会治安综合治理方针的同时,要求充分发挥公安机关、社会各方力量在建立社会治安防控体系中的作用,以维护良好的社会治安秩序。② 2004年12月7日的中央政法工作会议上,罗干同志指出在坚持严打方针不动摇的同时,也要认真贯彻宽严相济的刑事政策,以加强社会治安防控体系,推进社会治安综合治理。③ 2006年10月11日中共中央发布的《关于构建社会主义和谐社会若干重大问题的决定》再次强调,要坚持打防结合、预防为主、专群结合、依靠群众的方针,完善社会治安防控体系。④ 2007年10月15日,胡锦涛同志在党的第十七次代表大会上的讲话中继续要求健全社会治安防控体系,加强社会治安综合治理,依法防范和打击违法犯罪活动,保障人民生命财产安全。⑤ 2011年2月25日,《刑法修正案(八)》改变以前只修改刑法分则的做法(虽然这种做法有待商榷),在积极推进刑罚社会化、轻缓化的同时,将严重影响社会公众安全感的行为如危险驾驶、扒窃等予以犯罪化。

这一时期,伴随着治国理政方式从管理向治理的转型,打击犯罪的刑事政策观念也逐渐转变为既强调打击,也关注犯罪预防,并讲求社会治安综合治理,主张参与社会治安综合治理的主体除了以公安为代表的国家权力之外,也包括社会各方力量的积极参与。随着社会治安治理主体的多元、治理方式的综合化、治理网络形成的自主化,我国组织反犯罪斗争的战略也更趋科学化,呈现为从单纯的一元镇压或打击犯罪向既强调打击犯罪,也注重犯罪预防的犯罪防控(Prevention and Control)策略转变。

(三) 从控制犯罪到治理犯罪

2012年11月8日,党的第十八次代表大会的报告要求完善立体化社会治安防控体系,依法防范和惩治违法犯罪活动。⑥ 此次报告在把依法防范违法犯罪活动置

---

① 江泽民:《在全国政法工作会议上的讲话》,http://cpc.people.com.cn/GB/64184/64186/66688/4494456.html,最后访问时间:2019年5月16日。
② 罗干:《充分发挥社会治安综合治理优势,大力推进治安防控体系建设》,http://cpc.people.com.cn/GB/64184/64186/66691/4494643.html,最后访问时间:2019年5月16日。
③ 罗干:《为全面建设小康社会创造和谐稳定的社会环境和公正高效的法治环境》,http://www.qstheory.cn/zxdk/2005/200505/200907/t20090708_9272.htm,最后访问时间:2019年5月16日。
④ 《中共中央关于构建社会主义和谐社会若干重大问题的决定》,http://cpc.people.com.cn/GB/64093/64094/4932452.html,最后访问时间:2019年5月16日。
⑤ 《胡锦涛在中国共产党第十七次全国代表大会上的报告》,http://politics.people.com.cn/GB/8198/6429195.html,最后访问时间:2019年5月16日。
⑥ 胡锦涛:《坚定不移沿着中国特色社会主义道路前进 为全面建成小康社会而奋斗——在中国共产党第十八次全国代表大会上的报告》,http://www.12371.cn/2012/11/17/ARTI1353154601465336.shtml,最后访问时间:2019年5月16日。

## 第一编 新中国成立 70 年来刑事法治和刑法理论的变迁与反思

于惩治违法犯罪之前的同时,将此前打击犯罪、惩罚犯罪的表述改为惩治犯罪。2013 年 11 月 9 日,党的十八届三中全会通过的决定要求创新社会治理体制,改进社会治理方式,在坚持系统治理、依法治理、综合治理和源头治理的同时,加强社会治安综合治理,创新立体化社会治安防控体系,依法严密防范和惩治各类违法犯罪活动。① 此决定在坚持预防先于惩治的同时,更强调严密的防范和惩治。2014 年 10 月 23 日十八届四中全会通过的决定要求深入推进社会治安综合治理,建立健全社会组织参与预防违法犯罪的机制和制度化渠道,完善立体化社会治安防控体系,依法严厉打击暴力恐怖、涉黑、邪教和黄赌毒等违法犯罪活动,依法强化危害食品药品安全、影响安全生产、损害生态环境、破坏网络安全等重点问题治理,完善刑事诉讼中认罪认罚从宽制度,提高社会治理法治化水平。② 此要求在推动社会组织参与犯罪治理、积极贯彻宽严相济刑事政策的同时,推动着刑事政策的制度化。2015 年 8 月 29 日,《刑法修正案(九)》发布,该修正案坚持犯罪化为主、非犯罪化为辅的立场,同时修改了刑法总则和分则,在促进刑罚制度社会化、轻缓化(如进一步增加最高刑仅为拘役的犯罪)的同时,积极将恐怖活动犯罪、网络犯罪等予以犯罪化,以严密刑事法网。2015 年 9 月 23 日,中央政法委书记、中央综治办主任孟建柱在全国社会治安防控体系建设工作会议上指出,要从实现社会善治出发,引导社会成员确立共同防控风险的理念;创新多方参与机制,努力实现公共安全事务公共治理;完善立体化社会治安防控体系,增强社会治安防控体系合力、活力、实效与后劲。③ 2016 年 1 月 22 日,孟建柱同志在 2016 年政法工作会议上指出,要坚持运用法治思维和法治方式思考和推动工作,提高政法工作法治化水平。④ 从 2016 年 10 月开始,党中央从全面从严治党的高度,深入推进监察体制改革,从标本兼治的角度,着力建构不敢腐、不能腐、不想腐的体制机制。2017 年 1 月 12 日召开的中央政法工作会议强调,要全力做好各类矛盾风险防范化解管控工作,从社会和谐的民心基础、社会矛盾研判与预警、社会治安防控体系建设、提高打击新型犯罪能力等方面,借助信息科技,维护社会的大局稳定。⑤ 2018 年 1 月召开的政法工作会议着重要求从源头治理和系统治理的角度,遏制黑恶势力滋生蔓延的土壤,并把扫黑除恶、反腐败斗争与基层政权建设、民主法治建设结合起来,统筹各方资源力量,充分发动和依靠群众,用实际行动增强人民群众的获得感、幸福感与安全

---

① 《中共中央关于全面深化改革若干重大问题的决定》,http://www.gov.cn/jrzg/2013-11/15/content_2528179.htm,最后访问时间:2019 年 5 月 16 日。
② 《中共中央关于全面推进依法治国若干重大问题的决定》,http://news.xinhuanet.com/politics/2014-10/28/c_1113015330_5.htm,最后访问时间:2019 年 5 月 16 日。
③ 孟建柱:《深入推进社会治理创新切实提高维护公共安全能力水平》,载《社会治理》2015 年第 4 期。
④ 孟建柱:《坚持改革创新 为全面建成小康社会创造良好环境——学习贯彻习近平总书记关于政法工作重要指示》,载《社会治理》2016 年第 2 期。
⑤ 《人民日报:身体力行,做好全面从严治党的"关键少数"》,http://www.chinapeace.gov.cn/2017-02/18/content_11396096.htm,最后访问时间:2019 年 5 月 24 日。

感。① 2019 年 1 月召开的中央政法工作会议指出,要加快推进社会治理现代化,对黑恶势力重大案件,要打防并举、标本兼治,确保取得实效、长效机制;② 要做好社会矛盾风险防范化解工作,力图把社会矛盾解决在基层、化解在萌芽状态。③

可以看出,自党的十八大以来,我国组织反犯罪斗争的观念逐渐发生变化:首先,一改往日罚字当先的表述,强调严密预防先于惩罚,针对严重危害社会的黑恶势力犯罪、腐败犯罪等,主张从标本兼治的角度予以综合治理;其次,在犯罪防治参与主体方面,积极推动社会组织、基层群众参与犯罪的预防,主张健全社会组织参与犯罪预防的机制;再次,积极贯彻认罪认罚从宽刑事政策,推动宽严相济基本刑事政策的制度化;最后,发展社会治安综合治理的内涵,在主张参与主体多元的基础上,完善立体化的社会治安防控体系的同时,依照系统治理、依法治理、综合治理和源头治理的方式治理犯罪。也就是说,随着治国理政方式的变迁,我国抗制犯罪的刑事政策观念也从犯罪控制(犯罪预防)逐渐向犯罪治理(Governance)转变,虽然转变得仍不够彻底,但是总体趋势已然十分明显。

## 三、结论

从上文的陈述可以看出,我国的刑事政策观念变迁和治国理政观念变迁之间存在特定的内在联系,也即主要用于指导抗制犯罪的刑事政策观念与执政党治国理政的观念在变迁的路径上具有观念上的一致性,这种一致性体现为治国理政观念的变迁,影响和决定着刑事政策观念的变迁轨迹。犯罪作为一种社会公共事务,严重影响着社会的和谐稳定,必然属于执政党关心的重要问题,且因为犯罪的发生除个人的原因外,还包含社会、环境等各方面的因素,要有效控制犯罪,必然需要多方施策,从公共治理的角度予以高度关注。另外,这种相似的变迁轨迹也提醒我们注意,不应当在狭义的意义上理解刑事政策的概念,而应当从更为广泛的角度把握刑事政策的内涵。李斯特认为,刑事政策的概念可从三个层面理解:一是最广义说,认为刑事政策是以研究犯罪原因及刑罚之作用为基础的各种原则,国家依据这些原则通过刑罚及类似制度同犯罪展开斗争。④ 二是广义说,认为刑事政策是国家以刑罚及类似刑罚之各种制度(教育设备、感化制度、劳役场所等)为手段,而与犯罪展开斗争的各种原则之整体。⑤ 三是狭义说,该说将刑事政策与社会政策相区分,认为刑事政策并非针对社会关系,而是对个人发生作用,以具体的犯罪为对象,不

---

① 《郭声琨:深入开展扫黑除恶专项斗争 切实保障人民安居乐业社会安定有序国家长治久安》,http://www.chinapeace.gov.cn/2018-01/24/content_11447306.htm,最后访问时间:2019 年 5 月 24 日。
② 《习近平出席中央政法工作会议并发表重要讲话》,http://www.chinapeace.gov.cn/2019-01/16/content_11503223.htm,最后访问时间:2019 年 5 月 24 日。
③ 《郭声琨:学习贯彻习近平总书记重要讲话精神不断开创新时代政法工作新局面》,http://www.chinapeace.gov.cn/2019-02/28/content_11508496.htm,最后访问时间:2019 年 5 月 24 日。
④ Liszt, Strafrechtliche Aufsatze und Vortrage, I. Bd, 1905, S. 292. 转引自谢瑞智:《犯罪学与刑事政策》,台北文笙书局 2002 年版,第 127 页。
⑤ Liszt, a. a. O. S. 291. 转引自谢瑞智:《犯罪学与刑事政策》,台北文笙书局 2002 年版,第 128 页。

# 第一编　新中国成立 70 年来刑事法治和刑法理论的变迁与反思

是达成既定目的的唯一手段,而是以个人之改善教育为任务的所有措施的总和。①从我国刑事政策观念的变迁和治国理政观念的发展看,单纯把刑事政策理解为刑罚政策狭义刑事政策观念,已然与我国的社会历史发展潮流不相适应,应当积极将刑事政策观念转变为"社会整体据以组织对犯罪现象的反应方法的总和,因而是不同社会控制形式的理论与实践"② 的认识,将其理解为"合理组织反犯罪斗争"的"刑事政治"。

---

① 参见谢瑞智:《犯罪学与刑事政策》,台北文笙书局 2002 年版,第 128 页。
② [法] 米海依尔·戴尔玛斯-马蒂:《刑事政策的主要体系》,卢建平译,法律出版社 2000 年版,第 1 页。

# 我国刑事政策化反思
## ——以死刑为视角

冯国燚*

新中国成立70年来，我国对于刑事政策的研究取得长足进展，关于刑事政策的理念演进获得诸多研究成果。刑事政策被认为是刑事立法与刑事司法的灵魂。① 无论是我国学者储槐植教授提出的"刑事一体化"思想，抑或是德国学者冯·李斯特提出的整体刑法学，都要求厘清包括刑事政策与刑事其他学科间的关系，进而促进彼此间的融会贯通。"克服专业的片面性，实现各部分的有机统一，是冯·李斯特所追求的伟大目标，他将之称为'整体刑法学'。由于各专业的任务和方法不同，在这一领域并没有出现一个统一的学科，但它促进了各学科的相互了解和专业上的合作。"② 研究死刑刑事政策对于理论研究和司法实践具有一定的促进、指导和引领作用，如果在司法实践中内化死刑刑事政策的积极功能，则对于我国死刑制度的学理研究和司法实践的科学化、现代化大有裨益。

## 一、死刑的刑事政策

无论是刑事一体化抑或是整体刑法学，重在强调刑事研究各个学科的相互融合。刑法学与刑事政策的通力合作即是刑事一体化的题中应有之义。研究死刑及其刑事政策，需要以对刑事政策的正确认知和科学理念为研究的前提。长期以来，我国有宝贵的刑事政策理论认识和司法实践资源，然而刑事政策学的学科独立性一直饱受质疑，需要厘清相关认识。

### （一）刑事政策的回顾

刑事政策学科的独立性质疑多源于对于其内涵的认识有失偏颇。概念对于学术研究的意义是毋庸置疑的，"首次使用这些概念之前提出自己的定义，就可以任意地对其所使用的概念下定义。如果事后才对一个已经使用的概念下定义，就会有陷入概念混淆（Begriffsvertauschung）的危险"。③ 按照学界的通说，刑事政策作为概念用词，最早是由德国学者克兰斯洛德和费尔巴哈在其著作《教科书》中提出，意指立法者"采取的预防犯罪、保护公民自然权利的措施"和"国家据以与犯罪作

---
\* 中南财经政法大学刑法学博士研究生。
① 陈兴良、周光权：《刑法学的现代展开》，中国人民大学出版社2006年版，第419页。
② [德]汉斯·海因里希·耶塞克、托马斯·魏根特：《德国刑法教科书》，徐久生译，中国法制出版社2001年版，第252页。
③ 参见[德]英格博格·普珀：《法学思维小学堂》，蔡圣伟译，北京大学出版社2011年版，第3页。

## 第一编　新中国成立 70 年来刑事法治和刑法理论的变迁与反思

斗争的惩罚措施的总和",是"立法国家的智慧"。① 费尔巴哈所称的刑事政策是基于其提倡的心理强制学说指引下的刑事立法政策。刑事政策是"国家和地方公共团体通过预防犯罪,维持社会秩序的稳定、安宁所采取的一切措施"。② 时至今日的实际情况是学界对于刑事政策定义的多样态理解。在刑事政策范畴中,政策性因素具有有权确立者和学者自身合乎目的性和价值性的主观选择性。不同国家和地区基于不同的政治、经济、文化等考量选择相异的刑事政策理念,这导致如同描述人们心中的哈姆雷特的形象一样,千人千面。中外学者对于刑事政策的定义往往各抒己见,莫衷一是。大致可以将刑事政策分为狭义说、广义说和折中说三种概念。狭义说与广义说针对刑事政策学的研究对象范围而言,前者将研究对象范围限定在同刑事法律措施相关的刑事法律政策(如刑法、刑事诉讼法、刑事执行法、犯罪人处遇政策等);后者将范围扩展到同预防和控制犯罪相关的所有社会政策。折中说认为,刑事政策具有对犯罪反应的宏观(战略方式)和微观(战术)两个层面。③

折中说对狭义说和广义说的利弊予以扬弃,具有科学性和指导性。对于同一范畴作多样化理解,有助于深化对于刑事政策的本质认识。概念的繁花似锦,应当兼具具体针对性,后者其实更为重要。如果仅列举式地研究各种概念,无助于刑事政策"接地气"式地与其他学科间的互动作用,不利于刑事一体化理念的具体实现。

(二) 我国死刑的刑事政策

刑事政策对于死刑的意义具体体现在,在我国的法律体系及其调整场域中,由于我国的刑事政策具有中国特色,兼具中华法系的自身传统(纵向)和国外不同法系的刑事政策理念(横向),死刑刑事政策及刑罚制度设计具有中国特色。纵向关系上有针对性地看死刑政策,受天人合一、天谴报应、仁政等思想影响,慎用死刑是中国几千年奴隶、封建统治者沿袭的统治策略和思维。刑罚"世轻世重"思想成为中华民族统治策略中调整政策适应社会发展的智慧之道,是执行宽严相济的刑事政策的思想源头和精神活水。《周礼·秋官·司寇》中阐明"刑新国用轻典,刑平国用中典,刑乱国用重典"的思想,强调根据不同时期社会发展的情况,依照客观形势选择不同的刑事政策,以期符合预防和打击犯罪、治理国家的实际需要。这种思想暗合政策制定者对所处国家社会的治安总体形势的判断而选择有针对性的政策,成为后世历朝历代适用刑罚、选择刑罚轻重的思想缘起,具有因时而异、灵活多变的特点。之后我国古代的思想家、政治家大多重视刑罚"世轻世重"思想,历代王朝大多在国家统治过程中选择这种思想为社会治理的用刑经验,追求法律效果与政治效果、社会治理效果的一致。

新中国成立后,毛泽东提出了著名的关于死刑的刑事政策:"凡介于可杀可不杀之间的人一定不要杀,如果杀了就是犯错误。"④ 1956 年,刘少奇在党的"八大"上提出:"党中央委员会认为,除极少数的罪犯由于罪大恶极,造成人民的公愤,

---

① 卢建平:《刑事政策学》,中国人民大学出版社 2013 年版,第 8 页。
② [日]大谷实:《刑事政策学》(新版),黎宏译,中国人民大学出版社 2009 年版,第 3 页。
③ 参见李卫红:《刑事政策学》,北京大学出版社 2018 年版,第 5 页。
④ 《毛泽东选集》(第 5 卷),人民出版社 1997 年版,第 40 页。

不能不处死刑外,对于其余一切罪犯都应当不处死刑,并且应当在他们服刑期间给以完全人道主义的待遇。这样,我们就可以逐步地达到完全废除死刑的目的,而这是有利于我们的社会主义建设的。"① 这些刑事政策体现了我国领导人对于判处死刑和适用死刑"少杀慎杀"的慎重态度,也是尊重生命、保障人权,发扬人道主义的基本遵循。一直到 1979 年第一部刑法典的产生,我国处于刑事政策取代刑法的阶段。在横纵向关系交叉作用下,刑法典成为当时特定刑事政策的条文化表述。针对死刑的刑事政策,可以说在战略层面表现为"宽严相济"、"少杀、慎杀"理念和相对具体层面的"可杀可不杀,不杀"的具体操作方式。

## 二、死刑的刑事政策化

刑法的刑事政策化体现为刑事一体化研究视角的学科间通力合作。刑法中的刑罚作为国家最严厉的否定性评价方法和措施,其本身在制度设计和执行运用过程中以刑事政策为指导,刑事政策的科学与否关乎刑事政策指导下的刑罚适用的具体状况。死刑作为刑罚制度中的主刑之一,其自身价值内涵与运行机制相辅相成,刑事政策化对于死刑在观念蕴含和实践操作中具有指导和调节作用。

### (一) 刑法的刑事政策化内涵

很多学者关注刑法的刑事政策化问题对于刑法发展的影响,甚至认为刑事政策对于刑事立法与刑事司法具有灵魂作用。但对其内涵的认识有不同的观点。有学者认为刑法的刑事政策化包含以下层面的认识:第一,表明刑事政策的观念是刑法的基础。第二,刑法之制定与运用,罪刑之确定与执行,都应由刑事政策的观点出发,以是否合乎刑事政策的精神为旨归,不合乎刑事政策的立法是不良的立法;离开刑事政策的裁判和执行,也必是不良的裁判和执行。第三,刑法的研究应该培养刑事政策的观点,并由刑事政策的观点出发,来解释刑法法条,来批判刑法法条,来讨论犯罪现象,来拟定防止犯罪的对策,以供立法司法的参考。② 有学者理解刑法刑事政策化,可以从实然和应然两个层面进行界定。实然层面的刑法刑事政策化是指刑法在制定和运行的过程中受到刑事政策的影响与制约,不断吸纳刑事政策的精神,从刑事立法、刑事司法到刑事执行诸方面发生的变化;应然层面的刑法刑事政策化是指刑法应作为一个子系统纳入刑事政策的大系统之中,用刑事政策的理念指导刑事立法和刑法运行,在刑法子系统与刑事政策的大系统的协调统一中实现刑法惩罚和预防犯罪的功能。③ 应当说,结合我国实际情况,无论"全体刑法学"还是"刑事一体化"的视角,刑法刑事政策化凸显了刑事政策对于刑法的灵魂引导作用,刑法运行过程中需要进行刑事政策框架内的检视,刑事政策是刑事法整体的指向标和调节器,为刑法的立法、司法和行刑等整体运作过程提供这些过程本身不具备但必不可少的营养。

---

① 中国中央办公厅编:《中国共产党第八次全国代表大会文献》,人民出版社 1957 年版,第 54 页。
② 林纪东:《刑事政策学》,中正书局 1969 年版,自序第 2 页。
③ 张永红:《刑法的刑事政策化》,载《法律科学》2004 年第 6 期。

## （二）理论背景（死刑刑事政策的视角）

死刑的刑事政策化，是指死刑的刑事政策内化于法律原则和法律规范当中，具体应当将死刑的刑事政策贯穿于死刑的观念认识、立法制度设计、司法实务和行刑过程中，并指导死刑犯罪的预防和社会治理。刑事政策被认为是刑事立法与刑事司法的灵魂，缺少灵魂的死刑立法和司法过程将是无法实现刑法保障自由和保护社会的功能的，如果关于死刑的科学理念没有对现实实践产生作用，立法与司法实践也缺乏深化的源头活水。战略层面的"少杀、慎杀"刑事政策和战术层面的"可杀可不杀，不杀"具体方式应当落地开花，具体反映在刑法法律的实施动态过程中。

## 三、对死刑刑事政策化的反思

刑罚政策，是指国家设定刑罚的目的以及运用刑罚手段控制犯罪和预防犯罪的准则、策略、方针、计划和措施等的总称。① 死刑刑事政策是研究死刑刑罚目的以及如何运用死刑刑罚达到预防和控制涉嫌判处死刑刑罚的策略的总称。应当反思我国在死刑刑事政策化过程中出现的问题。

### （一）应然与实然

从应然的角度看，刑事政策在刑事法运行机制中占有重要地位，是刑事立法的指针，引领刑事立法的创制和完善过程。死刑的刑事政策对于死刑的理论发展和刑罚的司法实践具有方向性指导意义。死刑刑事政策化本身是一个内因与外因相结合的认识深化过程。首先，死刑的自身规律性特征是其刑事政策化的关键动因。第一，刑罚的正当化根据。对于刑罚正当性的追问构成其存在的根据。刑罚的根据在于其对于刑罚具有报应和功利性功能。报应刑立足于已然之罪，适用死刑是基于行为人先前行为而给予的否定性评价。预防刑（功利）基于未然之罪的立场，选择死刑制度是为了今后预防和减少犯罪。报应（内部有同态报应、法律报应等学说）抑或是功利（延伸矫正刑、教育刑等不同分支）无法为保留死刑提供支持。第二，死刑的价值。法律制度的基本价值有"三个基本观念：秩序、公平、个人自由"。② 死刑不能契合社会发展的秩序要求，无法为时空上适用死刑的标准进行公平角度的合理解释，从肉体上消灭一个人对于个人自由的保障和人道价值更无从谈起。第三，死刑的预防作用有待证明。公诉机关承担判处死刑的证明责任，死刑的威慑、预防作用至今得到明确的证明，最多可以得出死刑的作用可能有限的结论，应当抛弃死刑万能论的观念。其次，刑事政策为死刑政策提供理念深化的条件。死刑制度及其预防犯罪的效果是死刑刑事政策的对策作用领域。联合国《关于废除死刑的〈公民权利和政治权利国际公约〉第二任择议定书》提出"废除死刑有助于提高人的尊严和促进人权的持续发展"，"废除死刑的所有措施应被视为在生命权方面的进步"。死刑制度的存废是一种政策性选择，既然我国已经签署联合国《公民政治和政治权利国际公约》，就应当坚持限制、逐步废除死刑的立场，并为此制定落实政

---

① 赵秉志：《刑事政策专题讨论》，中国人民公安大学出版社2005年版，第239页。
② [英]彼得·斯坦、约翰·香德：《西方社会的法律价值》，王献平译，中国法制出版社2004年版，第2页。

策的路线图，深入细化相关观念的实施和夯实法律实施的基础。

从实然的角度看，特定时期的社会整体发展形势、立法者的抉择、社会大众的民意、国际死刑思潮、社会犯罪态势等因素制约着死刑刑事政策以及死刑刑事政策化的路径选择。死刑制度在运行过程中往往超出刑事政策指引的范围，出现刑法规范扩大适用死刑、降低认定标准、减少证明程序的趋势和实务操作混乱、审判监督程序虚置等违背死刑刑事政策精神的现象。近几年出现的因为执行死刑后而改判原审被告人无罪的案件，如呼格吉勒图案、聂树斌案，一方面浪费了极大的司法资源，造成了包括原审被告人近亲属在内的公众对于法情感的伤害；另一方面在获得社会公众极大关注的同时，冤假错案可能消耗人们对于法律的信仰，因为这些案件在污染法治精神的源头活水，可谓后患无穷。如果从死刑刑事政策化的角度出发，当时的办案人员坚持正确的观念，这种法律与现实没有双赢的局面完全可以避免。

### （二）出现问题的原因

以下动因催生问题的产生：首先，社会大背景是历史进程中矛盾的交织集中作用。新中国成立70年以来，我国社会处于几千年未经历过的大变革局面，经济基础与上层建筑作用下的社会主要矛盾也经历多次变化，社会生活中的各个层面的矛盾也反映出翻天覆地般的变化，社会生活中的犯罪现象也在社会进程的作用下呈现难以想象的纷纭复杂的激化。其次，死刑契合根深蒂固的重刑观念。在社会巨大变革进程中，出现了以前社会难以想象的所谓风险现象。决策者套用"治乱世用重典"的政策渊源，难以有效应对。其实西方的犯罪饱和理论就为社会巨大发展变革时期的犯罪激增现象做出过科学的解释。援用死刑可以缓解短时间内其他社会政策无法替代的功能，对于社会秩序有即时性的缓解作用。死刑"短平快"式的预防和应对犯罪作用满足社会大众对于安全秩序和权力作为的期许。最后，刑法和刑事政策的目的性内涵还具有隔膜性。政策本身具有选择性、暂时性、应时性等相对容易变化的特点。死刑的刑事政策化是一种内化的渐进过程，包括"少杀、慎杀"在内的死刑刑事政策得到宪法和法律的确认并具体展开可操作性的实施规范，是这一过程当然的重要标志。应当认为现实中这一标志性节点还没有到来。生命权是人道主义的根本出发点，保障自由（包括生命权）是宪法和刑法的重要机能。

### （三）死刑刑事政策化的改进

#### 1. 增强刑事政策间的和谐统一

政策具有即时选择性，没有统一的总体性政策制定机制，容易导致各自为政的局面。20世纪80年代的"严打"刑事政策与"少杀、慎杀"的政策间具有某种程度的隔阂。应当在坚持既有科学的死刑刑事政策的同时，尽快完善政策的协同机制，减小政策间的消耗成本，减少政策摇摆带给刑法适用过程中的不确定性，明确死刑刑事政策带给社会成员的行为预期，彰显保障社会自由的价值以增强社会发展的活力。

#### 2. 加强对规范性立法文件的指引

刑事立法中应当体现死刑刑事政策的内涵和科学化认识，逐步减少死刑的适用内容，应当改进刑事政策化的方式。在扩大适用死刑刑事政策化的渐进式内化方式的同时，应当强化宪法和法律层面的确认形式，以体现死刑刑事政策的理念引领地位，在立法和法律规范中明确吸收宏观和具体层面的死刑刑事政策，彰显刑事政策的积极作用。

3. 强化对死刑司法的指导

首先，对于司法中刑事政策趋向政治化的现象。由于诞生过程形成的自身优势和本质属性，刑事政策对于我国刑事立法和司法实践具有指导意义和引导作用。但值得反思的是，对于一些耳熟能详的带有人类认识规律性的刑事政策不仅没有在刑事司法中发挥作用，人类智慧共性性认识在一些急于求成或者不可名状的司法实践中被选择性地漠视和忽略。"可杀可不杀的，不杀"这一死刑刑事政策没有在司法实践中得到完全贯彻和遵循。例如，体现在对于可能判处死刑的犯罪嫌疑人的司法精神病鉴定的制度实践上。在邱兴华案、薄谷开来案、张扣扣案和"中科院研究生被杀案"中，精神病司法鉴定是对于"可以不杀"情节的关键性证明环节和裁判的准据，成为被告人是否被判处死刑的关键所在。对于可能判处死刑立即执行与否的关键情节，成为刑事审判中主要争议焦点和社会关注的重点。令人遗憾的是，在可能判处死刑的案件中，虽然我国的死刑刑事政策规定了科学的理念和方向性的指引，但在司法实践中不能做到完全启动精神司法鉴定的公平，没有对所有的犯罪嫌疑人的"可不杀"情节予以证明和排除，尤其是对于属于典型的"可不杀"情节的精神病司法证明就没有完全认定和排除。

建议在司法实践中彻底贯通"李斯特鸿沟"，[①] 在坚持法律规范意识的同时，加强"可杀可不杀，不杀"刑事政策的调节和引领司法的作用。在法庭审判中进入到法庭调查阶段，由公诉机关对可能判处死刑的嫌疑人的精神健康状况良好进行举证，对此应当构建法律保障进行司法鉴定的机制。本来无论国内外，对于犯罪的认定是一个系统的过程，犯罪嫌疑人的精神状况是否具有可谴责性，属于犯罪构成要件体系中的责任要件要素，起诉机关应当按照法律规定依法予以调查并提出有效力的明确判断，否则按照证明责任的分配规则就不能对被告人判处死刑。

对于可能判处死刑的犯罪嫌疑人，贯彻死刑刑事政策符合刑法与刑事政策的互动关系，有利于实现公平。平等是法律公平价值的内涵。法律适用不平等，社会公众也会质疑司法的公平，甚至会影响司法的公信力。例如，在薄谷开来故意杀人案的审判中，对犯罪嫌疑人薄谷开来的精神状况进行了鉴定，最终的鉴定结果对于判决结果具有实质意义。而有人呼吁对汉中杀人案犯罪嫌疑人张扣扣的精神状况进行鉴定，最终在二审裁判做出前没有对犯罪嫌疑人张扣扣进行精神状况的鉴定。司法平等要求根据行为人大致相同的行为做出大致相同的司法行为。但是令人遗憾的是，同样是涉嫌故意杀人案件，在对犯罪嫌疑人责任能力的证明问题上（是否启动精神健康状况鉴定）存在不同的操作，没有实现司法平等。建议应当贯彻"可杀可不杀，不杀"刑事政策，确立司法实践的证明"可不杀"的情节的制度，构建我

---

[①] 陈兴良：《刑法教义学与刑事政策的关系：从李斯特鸿沟到罗克辛贯通——中国语境下的展开》，载《中外法学》2013 年第 5 期。

国对于所有涉嫌判处死刑的犯罪嫌疑人精神健康状况的鉴定制度，进而使对于犯罪嫌疑人的责任能力认定制度更加法治化、科学化、现代化。

其次，死刑案件司法进程中的证明过程须彰显刑事政策的规制作用。对于死刑刑事政策的遵循关键在于对"可不杀"的所有有利证明机会必须予以把握。（1）要在程序法和实体法中明确死刑案件中刑事政策的地位。要确立要求进行规范的严肃的司法精神病鉴定是犯罪嫌疑人的权利的理念；证明犯罪嫌疑人在行为时的责任情况是控方的义务。所有判处死刑的判决在裁判做出前应当对犯罪人行为时的精神状况进行司法鉴定，没有精神病司法鉴定不得判处刑罚。无救济则无权利。证明犯罪嫌疑人行为时的精神状况，是控方履行法定职责的必然要求，应当予以查明，无法查明或者不能查明时，应当对犯罪嫌疑人在起诉中做对其有利的处理。（2）要在司法实践中确立刑事政策的具体指导方式和违反的责任承担形式。要给予证明"可不杀"情节是否属实的必经程序，在判处死刑立即执行的案件中必须排除所有"可不杀"的情节。判处犯罪嫌疑人死刑立即执行时，法院及其审理法官应当排除被告人犯罪时的精神状况处于精神病患，否则不能作出对被告人不利的判决和裁定。

最后，贯彻死刑刑事政策的精神，死刑执行方式能够选择缓期二年执行的，不得适用立即执行。

4. 对于行刑方式的指引

当前我国保留死刑，在司法实践中应当强化死刑刑事政策对于行刑的指导。首先，核准程序应当体现死刑刑事政策的精神，做到宁缓不错。核准机关审判人员应当坚持严格控制的理念，依法审查死刑案件各种体现"可不杀"的情节，不能为了追求效率而忽视对于疑似新的有利于被告人情节的审核，宁可放缓审核的进程也要保证审核的公平公正。其次，行刑过程应体现死刑刑事政策的价值。死刑立即执行主体为法院，死刑缓期二年执行由监狱执行。死刑的执行应当在坚持合法性的同时兼顾合刑事政策。废除死刑是社会发展的必然趋势。现阶段我国对于死刑的基本刑事政策是保留适用死刑的同时，应当严格控制死刑，杜绝冤假错案，制定完善的死刑冤假错案追究制度并严格依法追究相关责任。最后，在死刑执行监督过程中坚持死刑刑事政策。杜绝执行监督虚置化发生，彰显执行监督制度对于严格依法控制死刑的价值。

## 四、结语

我国在总结历史经验和从外国吸取经验的基础上，对于死刑刑事政策获得科学的认识，应当在刑事法运行过程中有目的地进行死刑的刑事政策化。虽然有种种困难，如果既坚持已有正确认识的定力，又认真进行内化刑事政策的进程，死刑的法治局面将步入新的阶段。

# 社会转型背景下刑罚执行政策调整
# 对恢复性司法的借鉴

吴何奇[*]

## 一、社会转型与刑罚执行政策调整的联系

### （一）社会转型概述

中国的社会学家在研究中国现代社会变迁中引用了一个观点，即"社会转型"，并一致认为这一概念具有较高的理论范式，可以成为中国社会学研究当代中国社会变革的理论支柱。[①] 社会转型一词滥觞于学者对社会进步的理论解释和科学界定。通过对西方发达国家的"现代化理论"和起源于发展中国家的"发展理论"的反思，在20世纪80年代后期，"转型理论"的说法最终得以肯定并被学者广泛适用。

现实中，社会转型是以社会结构的转型为核心、是社会的结构性状态转变为另一种结构性状态，能促进社会制度的转移、利益的调整和观念的转变。[②] 对于中国的社会转型的界定，不同学者基于不同的角度有所区别。较为权威的观点认为，社会转型是指我国社会从传统社会到现代社会的社会变迁与发展，具体体现在从农业社会到工业社会的转型、从封闭社会到开放社会的转型。[③] 而在这种变迁与发展中，中国的社会结构也将发生根本的转变。支持这类界定的学者多是从社会发展具有阶段性转变的特征出发，基于这一视角，"社会转型"和"社会现代化"的内涵几乎是重合、同义的。不同学者基于不同的立场赋予社会转型不同的界定，纵然形式上众说纷纭，但就这一命题所确定的本质往往异曲同工。伴随着经济的持续发展、社会观念的更迭、法治国家的发展以及司法体制的深化改革，在法学理论的研究范畴中，通常存在这样的共识，即将社会转型视作法治建设"不可回避的现实问题"。[④] 换言之，面对社会生活的日新月异，如何在保证法的稳定性的同时，不制约法对社会的适应性，如何通过法的运行来促进社会平稳有序地发展、过渡，成为社会转型背景下法学研究亟待解决的一系列问题。"我们的时代和法治不仅是建立秩序，而且还要思考如何利用新的法律手段从根本上来改造社会。"[⑤]

---

[*] 上海财经大学博士研究生。

[①] 陆学艺、景天魁：《转型中的中国社会·前言》，黑龙江人民出版社1994年版，第2页。

[②] 徐璐、刘万洪：《社会转型背景下的立法者——从1980—2004年人大常委会公报看立法理念的发展变化》，载《法律科学》2005年第5期。

[③] 陆学艺、景天魁：《转型中的中国社会·前言》，黑龙江人民出版社1994年版，第2页。

[④] 袁曙宏、韩春晖：《社会转型时期的法治发展规律研究》，载《法学研究》2006年第4期。

[⑤] [法] 勒内·达维德：《当代世界主要法律体系》，漆竹生译，上海译文出版社1984年版，第12页。

## (二) 社会转型背景下刑罚执行政策调整的现实需求

任何政策活动必然在客观环境中发生、发展，刑事政策作为政策活动的组成部分也必然受到社会环境中各种因素的影响和制约。社会转型过程中经济、政治和文化等方面的改变决定了社会环境的改变，而社会环境的日新月异自然对刑事政策提出了相对应的需要和要求。同时，刑事政策调整的目的或者说任务则是更好地保障社会组织体平稳有序地在轨道上正常的运行。换言之，刑罚执行政策是刑事政策的重要组成部分，探讨刑罚执行政策调整的原因，若失去了对社会环境中诸要素的充分考虑，则置刑罚执行政策于虚无的境地，泯灭了刑事政策对于社会现实的指导意义。

### 1. 社会转型背景下的政治文明需求

刑罚执行政策的调整自然应当对国家在社会转型中基于现实的政治需求予以积极有效的回应，刑罚执行的重心需要调整，仅侧重于对犯罪行为的惩罚自然与时代的命题有所偏离。政策是政治的集中表现，刑事政策与政治之间自然密切相关，刑事政策是基于权力的配置的组织形式，以确定财产分配，确保各类组织的运作，建立基本价值。① 因此，刑罚执行政策也是政治制度的反映，有什么样的政治文明就有什么样的刑罚执行政策。伴随着改革开放，社会主义市场经济体制的建立、发展与完善，政治体制的主题成为建设社会主义民主政治，是为了在党的领导下和社会主义制度下更好地发展社会生产力，充分发挥社会主义制度的优越性。与之相适应，中国的社会转型是摒弃人治的成分与色彩，在坚持中国共产党领导、人民当家做主、依法治国有机统一的前提下，向社会主义法治国家、社会主义政治文明的迈进。与之相适应的刑罚执行政策应是以法治原则为基础，以预防和控制犯罪为直接目的，以保障自由、维持秩序、实现正义为根本目的的轻缓的刑罚执行政策。

### 2. 社会转型背景下的文化需求

中国传统社会强调伦理纲常，即重视家庭、氏族对个人的约束，随着市场经济的日趋完善，由个人之间的合意产生的社会关系成为约束社会秩序的基础。社会转型加快了中国的城镇化进程，城市在崛起的同时，拉动了人口流动的速度，频繁的人口流动使家庭、氏族对社会秩序的约束机能逐渐削弱甚至濒临消失。社会转型背景下社会结构的现代与传统的二元背离，削弱了社会成员遵守现行社会行为规范的意识，反社会的情绪得以充分的发展。② "文化从家族合作型向个人竞争型的转换"，"转换过程本身"即可引发犯罪的发生。③

文化变迁对刑罚执行政策调整的影响主要体现在以下几个方面：第一，文化冲突是文化变迁过程中难以避免的副产品，而文化冲突本身则是犯罪的原因之一。长期以来，我国以城乡的二元社会结构为主体，彼此之间相互独立，并在悠久的历史

---

① [法] 米海伊尔·戴尔玛斯·马蒂：《刑事政策的主要体系》，卢建平译，法律出版社2000版，第126页。
② 麻国安：《中国的人口流动与犯罪》，中国方正出版社2000年版，第123页。
③ [美] 索尔斯坦·塞林：《文化冲突与犯罪》，许章润、么志龙译，广西师范大学出版社2003版，第131页。

# 第一编 新中国成立70年来刑事法治和刑法理论的变迁与反思

中形成了完全不同的社会习俗和价值观。随着社会的转型,人口流动,大量农民进城。农村人口进入城市的迅速与个人价值观念的城市化之缓慢产生了矛盾。在强烈的文化冲突中,一些群体往往处于无所适从的状态,易受城市亚文化的感染和不良行为的影响,而走上了犯罪之路。第二,外来文化糟粕的传播带来了新的犯罪方式,引诱人们相继效仿。无论是传统类型的犯罪抑或是以网络犯罪等为主的新型犯罪,都具有这一特点。第三,文化冲突造成人们思想的混乱和内心的失衡,导致人们的心理状态发生混乱,进而产生犯罪。例如,传统经济体制下的集体本位价值观与市场经济体制下的个人本位价值观存在冲突,市场经济背景下的行为不适宜用传统的文化价值来规范和约束,犯罪由此而生。概言之,文化变迁过程中的文化冲突不仅诱发犯罪的产生,也必然影响刑罚执行政策的调整以应对不同文化背景下的犯罪问题。

3. 社会转型背景下的风险应对需求

1986年,德国学者乌尔里希·贝克在他的《风险社会》一书中首次提出"风险社会理论"。贝克认为,社会的风险是指西方工业国家在经济、社会和技术发展过程中,社会完全失去了对混乱社会现象的抵制。在现代化进程中,生产力的指数式增长导致危险以及潜在威胁释放到未知的水平。根据贝克的风险社会理论,风险社会之风险具有以下特点:其一,风险难以察觉。[1] 其二,风险难以计算。过于复杂的风险、太多的不确定因素,导致一般的科学计算对风险的评估无能为力。[2] 无论是早期的切尔诺贝利事故还是当前的环境灾难、经济危机以及恐怖活动等。其三,风险与后果之间的因果关系难以把握。由于现代风险较为隐蔽,难以掌握和不可控制,因此,传统刑法中的客观归责和因果关系理论对现代风险所造成的损害存在确认上的障碍,这对使用传统刑法规范规制社会风险带来了前所未有的考验。[3] 消除公众的不安全感,控制风险自然成为转型过程中政策制定者所需思考的重要命题。人类应该在现代工业化的胜利幻想中重新思考自己的生存与发展。有学者强调,在社会转型的过程中,嵌套于中国社会中的风险,最成问题的应为制度的风险。究其原因,一方面,不完整的制度导致风险的渗出;另一方面,由于原有的制度不足以应对日渐复杂的社会风险,而体现的既有制度安排与社会转型的不相适应。[4]

不同于西方工业化国家自上而下、由内向外的"原发型"的社会变迁,我们的社会转型是一个迅速变革的过程。"这种急速的社会转型中出现的问题往往可以快速地集中和扩大,从而产生很大的风险。"[5] 在发展社会学中,这两种类型的社会转型分别被称为"早发内生型"和"后发外生性"。前者以英、美等国为代表,这

---

[1] [德] 乌尔里希·贝克:《风险社会》,何博闻译,译林出版社2004年版,第18页。
[2] [德] 乌尔里希·贝克:《风险社会》,何博闻译,译林出版社2004年版,第20页。
[3] [德] 乌尔里希·贝克:《风险社会》,何博闻译,译林出版社2004年版,第21-22页。
[4] 陶建钟:《风险社会与中国社会转型:变量与结构的一种叙事》,载《武汉大学学报》(哲学社会科学版)2016第6期。
[5] 桂华:《转型社会控制论》,山西教育出版社1998年版,第2页。

些国家较早地启动了现代化的齿轮，一般而言，社会转型的过程也较长，并且国家现代化启动的力量和现代性的最初来源均是从自己的社会内部产生；后者囊括了俄罗斯、日本和绝大多数的发展中国家，这些国家的现代化的启动往往不是从社会内部开始，而是发端于外部力量的冲击。尽管"后发外生型"的发展进路能够从"早发内生型"的模式中汲取有益经验，提高现代化发展的效率，但高速的发展对社会而言也会是一种负担。这将把社会转型中的矛盾和危机置于更短的时间维度中。

## 二、刑罚执行政策调整借鉴恢复性司法的理由

### （一）强调加害方与被害方的沟通

恢复性司法滥觞于20世纪70年代北美少年司法中的具体实践，以新的视角看待犯罪和个案中的不同角色，是对以惩罚为中心的刑事司法的运行的审视与反思。基于发展与未来的视角，将恢复性司法的价值理念引入刑罚执行政策的调整之中是一种值得借鉴的发展进路。

恢复性司法更强调不同角色的广泛参与，笔者认为，恢复性司法之于刑事司法每个阶段的价值体现于它对"平台"的构造，它强调对"平台"的搭建与提供，让不同参与者的意见得到充分的发挥，直到他们没有更多的意见可以提出。这意味着恢复性司法鼓励加害人与被害人之间的沟通，通过沟通让罪行的承受者、实施者都了解到犯罪的"过去"与"现在"，有益于加害人的自我解剖并解释导致其实施加害行为的原因。

传统意义上的刑事司法侧重的是对国家本位刑事立法建构下的国家至上理念的遵循，刑事司法的本质是作为保存和捍卫国家权力的手段。[①] 在由审判方、检方与辩护方构成的三角结构中，受害一方很少在庭审中占据一个席位，通过审判，加害一方的悔悟与歉意所指向的仅仅是国家或社会。受害人难以从这份"歉意"中接收到来自加害人的情感表达，对加害人与受害人之间的关系的处理更像是在国家权力与个体权利之间寻找平衡，甚至由于受害人的权利在传统刑事司法体系中显得较为脆弱而像是在维护国家权力的同时对个人权利的兼顾。在这种情形下，蛰伏在传统刑事司法中对于受害人的二次伤害自然值得我们反思。因此，笔者之所以在本文中将恢复性司法视为刑罚执行政策调整所借鉴的对象，不仅在于强调刑罚执行阶段对加害方—被害方之间的沟通，还强调通过刑罚执行实现对被害人的保护。

### （二）强调对被害人的保护

传统刑事司法在很大程度上忽视了犯罪中受害一方的核心诉求，忽视在一个相互联系的社区内罪行对社会关系的破坏，那么恢复性司法如何在刑事司法的框架下实现对被害人的保护呢？恢复性司法的价值理念强调加害方、受害方以及社区之间的关系，通过不同角色的共同参与来寻求应对犯罪问题的思路。不同于传统刑事司法将犯罪仅仅认为是对刑法（国家意志）的违反，恢复的重点在于受害人本身以及

---

① 严励：《国家本位型刑事政策模式的探讨——刑事政策模式研究》，载《社会科学》2003年第9期。

犯罪对社区关系造成的破坏。遵循恢复性司法所提倡的理念，引导加害人与受害人共同思考如何应对犯罪行为留下来的后果以及这一后果对未来的影响。一方面，基于特殊预防的需要，受害人参与恢复性司法有助于消除加害人日后复归社会后再犯的动机；另一方面，出于功利性逻辑的考量，恢复性司法具有弥补传统刑事司法收益贫乏的窘境，为满足受害人的切身需求提供了更大的可能。

在这一过程中，一方面，可以关注加害人对被害人的直接赔偿，如在侵害较小的案件中，加害人会被要求去受害人所在的社区中提供义务劳动等。另一方面，体现在矫正的潜力上，陷于犯罪的囹圄之中的不仅仅是罪犯本人，需要矫正的对象自然也不应当仅仅关注加害一方，刑事司法的矫正对象应将受害方纳入，而评价矫正潜力的标准在于减少受害者的冲突感。矫正本身应当是积极的，是可以预期的，是正确的。如果刑事司法的过程让受害者承受着法律规范的强制性，产生原谅加害人的义务感，这就违背了刑事司法的民主本质内涵，无异于迫使受害者服务于法律、服务于他人。

（三）强调对罪犯的再社会化

传统刑事司法不可避免地将加害人和惩罚性、污名化捆绑在一起，罪犯的痛苦被理解为对受害人所遭受的最初伤害的合理回应。罪犯的再社会化意味着把目光集中于罪犯所造成的伤害本身，而不贬低罪犯的自然人属性。中国传统社会强调伦理纲常，亦即重视家庭、氏族对个人的约束，但城市化的发展逐渐使由个人之间的合意产生的社会关系成为约束社会秩序的基础，城市在崛起的同时拉动了人口流动的速度，频繁的人口流动使家庭、氏族对社会秩序的约束机能逐渐削弱甚至濒临消失。社会结构的现代与传统的二元背离削弱了社会成员遵守现行社会行为规范的意识。因此，在罪犯的再社会化方面，恢复性司法的思路在于支持围绕罪犯身处的地理位置建立适宜罪犯再社会化的社区，通过激活社会关系以重构罪犯未来的生活模式。值得注意的是，这个意义上的社区并不存在。在现实中，更有效、更现实的再社会化思维应当是加强罪犯与其亲人、朋友间的联系，而不是把力量放在重构一个以罪犯为中心、适宜其生存发展的新社区。

## 三、刑罚执行政策调整的具体展开

如前文所述，恢复性司法处理犯罪的框架体系可概括为以恢复性程序实现恢复性的结果。这里的程序即通过加害人与被害人的直面接触，进行沟通，解决传统刑罚模式中不能解决的实际问题。恢复性的结果包括道歉、赔偿与社区服务等使被害人从犯罪中恢复常态，使加害人通过积极的行为重新融入社区。① 具体而言，刑罚执行政策的调整至少可以从以下几个方面展开：

（一）监狱行刑政策的调整

恢复性司法的实践模式实际上就是通过为参与者提供一个安全的"平台"从而

---

① 徐岱、王军明：《刑法谦抑理念下的刑事和解法律规制》，载《吉林大学社会科学学报》2007年第5期。

促成他们之间的互动。在互动的过程中，参与者承认伤害已成的现实，正视个体情绪对于司法的价值，磋商出一个经过双方讨论并认可的未来走向。基于沟通与沟通过程中双方对彼此以及罪行的重新认识，问题的解决思路与受害人初入司法程序的初衷往往有所偏离，对罪犯的期待不再是单纯地如传统刑事司法中那样一味地追求惩戒与报应。但这不等于对受害者身份与权利的贬损，恢复性司法依然肯定受害者请求赔偿的权利，这也是选择恢复性司法的必然前提。较之于其他权力机关，监狱在与外界信息的交换上相对闭塞，一起发生在狱中的事件经过新闻媒体的渲染，也会让本属于正常的工作事项产生几分微妙。平台的搭建不一定限于社区之中，狱内同样可以搭建被害人和加害人信息互动的"平台"，这不仅有助于提升监狱行刑的透明度，关系到狱所行刑秩序的形象维护，更将行刑权的实施置于公众的监督之下，从而有助于执法干警工作水平的提高、罪犯本身主动参与改造的积极性的调动。同时，"平台"的搭建亦体现出对罪犯再社会化的强调与重视。一方面，沟通"平台"的搭建不仅为受害方了解罪犯机构内的服刑状况提供了场所，更为受害方接受罪犯的道歉与忏悔而予以回应设置了前提；另一方面，通过"平台"展开的沟通让罪犯可以知悉因为自己的加害行为导致的受害一方所承受之痛，有助于罪犯更加深刻地剖析自我。这比单纯地通过思想文化上的教育更能让罪犯产生负罪感，从而重塑健全的人格与价值观。刑罚对罪犯人性的宽宥，有利于对犯罪人的教育和改造。

### （二）减刑、假释制度的补充

"减刑为主、假释为辅"的工作方针实则为宽严相济刑事司法政策在刑罚执行实践中的延续。在现代刑事政策的视野下，这被认为是用以克服短期自由刑罚弊端的重要设计。我国官方指出，减刑假释制度是宽严相济刑事政策的"宽"的方面在刑罚执行领域的重要切入点，是以宽济严的重要途径。[①] 最高人民法院于2012年出台的规定试图从政策层面对减刑、假释在应用上的问题予以解决，[②] 然而，简单化的结构体例以及缺乏明确的指导思想成为该规定的明显缺陷。从适用减刑的角度考虑，该规定在对刑法中"确有悔改表现"进行解释的同时又增加了"悔改表现突出"这一更具模糊性的适用条件，无疑引发了刑罚实践中对相关条文的理解和执行方面的不协调。在减刑的适用上依然不具有严谨性；反而在规定适用假释的条件上设置"不致再危害社会"这样极易引起分歧与争议的条件并不有助于在刑罚执行过程中扩大假释的适用。同时，为了限制减刑在刑罚执行实践中适用的恣意性而明确化适用减刑的条件又会存在牺牲刑罚执行灵活性的风险，修改现有文件中有关适用减刑假释条件的模糊性表达更非轻易之举。

恢复性司法不是对传统刑事司法的颠覆，而是一种补充，加害人参与沟通与致以歉意是一种自我评估，是对罪行的如实供述，通常情况下，在那些发生较小的侵犯行为的案例中，受害一方往往较容易接受加害一方的道歉。诚然，类似于在传统

---

① 江必新：《创新理念和制度推动减刑、假释工作科学发展》，http：//old.chinacourt.org/html/article/200907/29/367224.shtml，最后访问时间：2017年11月30日。
② 最高人民法院：《关于办理减刑、假释案件具体应用法律若干问题的规定》（法释〔2012〕2号）。

# 第一编 新中国成立 70 年来刑事法治和刑法理论的变迁与反思

的刑事司法实践中,加害人的道歉必然会遭受到他方的怀疑。但强调恢复性价值理念的具体实践为加害人进一步强调自己的罪责提供了平台。即便受害一方自始至终对于加害人的说辞都难以接受,但对罪责的加深与强调有利于加害人对自己的失范行为产生更清晰与更深刻的认识,基于这种认识,在现在与未来的阶段中鞭策他们去弥补自己造成的伤害,遏制遭遇制裁的不满情绪,制止重新回归社会后的再度侵犯。歉意的表述不在于强调过去被宽恕,而是着眼于各方的现在与未来。过往刑罚执行政策的根据是已然的罪行,这种思路欠缺对加害人未来责任的考虑,同时,缺乏对加害行为造成的对当下以及今后影响的分析。恢复性司法的价值核心在于它的目光不仅是过去,而是未来,是以"自由"激励罪犯积极投身改造。

## (三) 社区刑罚的发展

失败的社区既是犯罪的原因,也是犯罪的结果。犯罪损害了关系,也就弱化了社区。[①] 从逻辑上看,社区因犯罪行为对权利义务关系的侵害而产生了需求,因而对于犯罪的处理,社区也是利害关系者。基于此,社区有权利作为利害关系者参与刑事司法程序,而不仅仅作为执行社区矫正的场所。同时,社区有为处理和预防犯罪承担责任的义务。这就意味着在促进社区矫正发展的课题中,推进社区的建设是关键也是难点。当前对犯罪的治理依然着眼于国家机器的运作,公众参与的缺位也让社区矫正的公众认同始终处于一个较低的水平。从本质上看,成熟的社区建设是在为社会公众积极参与社区矫正搭建稳定的平台。社会学学者认为,当问题发生时,不是因为只有个人或者只是环境出了问题,而是个人与环境之间的互动出了问题,从而导致整个环境系统本应具有的协调与平衡遭到了破坏。换言之,对遭受破坏的平衡的修复,只有放置在完善的社区系统中,通过家庭、单位、机构甚至被害人的共同参与,才能发挥更好的效果,而促使矫正对象最终顺利回归社会。然而,我国现有的社区矫正的制度设计缺乏对社会力量、被害人参与的重视。

恢复性司法的本质在于民主,反映到刑罚执行领域,不仅意味着要尊重罪犯的基本人权,还要纠正罪犯,改造罪犯的人格,使他们最终能够回归社会。刑罚必须基于矫正罪犯、着眼于个案的未来走向,这是现代刑罚执行系统和过往的根本区别。但犯罪又是一个复杂的社会现象,刑罚执行政策的制定首先需要知悉不同类型的犯罪产生的原因。仅从社会的角度来分析一般犯罪的原因是不够的,因为对社会构成威胁的不仅是法律上的反社会,还包括那些以行为表现其具有反社会性质的个人。只是为了解决这个行为的问题,就等于把目光仅停留在治标而非治本的层面。我国目前的社会化行刑程度较低。孤立、保守趋势的监狱行刑在刑罚的运用中广泛存在,缓刑和假释适用率极低。这些问题严重限制了刑罚职能的有效运行,导致刑罚执行的成本高、效益低。恢复性的视角强调社区力量的发挥,刑罚执行政策的调整可以将刑罚的执行工作推向社会,让刑罚执行不再局限于监狱,促进监狱与各种社会组织相结合。在这一过程中,监狱行刑通过接受社会因素的介入,形成国家与社会的良性互动。从内容来看,社会的参与必将使刑罚执行多样化。社会力量的干

---

① 陈晓明:《修复性司法的理论与实践》,法律出版社 2006 年版,第 29 页。

预不是取代刑罚执行机关的执行工作，而是刑罚权力的分散化与普遍化，为矫正罪犯创造良好的社会环境。犯罪源自于社会，那么罪犯的改造就不仅是监狱的工作，更是社会生活的一部分。此外，在社区刑罚中，重视被害人的参与亦具有现实的意义。一方面，这为罪犯帮助、赔偿、弥补被害人提供了直接的机会；另一方面，通过被害人对罪犯的谅解，将被害人对赔偿、弥补的满意度作为评估罪犯矫正效果的依据，更直观地体现出刑罚正义的实现。

　　社会转型背景下的刑罚执行政策在强调维护社会秩序的同时，将更加重视对个人（无论是加害方还是受害方）权利的保障，法治语境下的刑罚观应当将刑罚调整为对犯罪的理性反应，并作为社会控制的最终手段。恢复性刑罚执行政策的建构绝不可一蹴而就，我国社会转型的渐进性与复杂性已然决定了刑罚执行政策调整的长期性，我国社会转型过程中问题的多样性更决定了刑罚执行政策调整的复杂性。在社会转型背景下，刑罚执行政策的调整如何在保证刑罚执行的效益性的同时促进秩序、正义、自由等价值的实现，维持社会秩序的基本稳定，是需要我们深入思考的课题。

第一编 新中国成立 70 年来刑事法治和刑法理论的变迁与反思

# 新中国成立 70 年来毒品犯罪刑事政策的变迁与完善

胡 江[*] 于浩洋[**]

毒品侵蚀吸食者的身体与心灵，不仅摧残着个体，也摧残着他们的家庭。鸦片战争以来惨痛的近代历史告诉我们，毒品的泛滥也是对整个社会、整个国家的摧残。正因为如此，毒品犯罪较其他犯罪更加令全体中国人民愤懑，而毒品犯罪也是我国当前重点打击、严厉打击的一类犯罪。新中国成立以来，几乎不间断地对于毒品犯罪进行着打击，禁毒工作也在适应形势地不断展开，回顾新中国成立 70 年来毒品犯罪刑事政策的变迁历程，从以往的毒品犯罪刑事政策中总结经验，对于我国新阶段、新形势下毒品犯罪的打击和禁毒工作的开展有着相当重要的作用。

## 一、毒品犯罪刑事政策的基本界定

### （一）刑事政策内涵的界定

"自从 18 世纪末、19 世纪初费尔巴哈提出刑事政策概念以来，人们为刑事政策这一概念提出了多种多样的定义，刑事政策研究的历史几乎成了刑事政策定义不断添附的历史。"[①] 一直以来，刑法学界对于刑事政策这一术语的概念众说纷纭，我国有学者曾在著作中列举出学界十余种不同的对于刑事政策的定义。[②] 在本文的语境下，探析刑事政策的定义究竟如何意义不大，相对更重要的是对于刑事政策的理解与认知，即我们如何去了解刑事政策的问题。

我们一般认为，刑事政策是一类"根据对犯罪现象客观规律的认识和把握的程度而提出的合目的和合理的预防和控制犯罪的准则、方案或措施"。[③] 因此，刑事政策的界定主要有以下几个方面：

其一，刑事政策的制定主体是国家。犯罪行为是一类破坏社会基本秩序、严重危害社会的行为的总称，为了对这类行为做出有效反应，国家就必须维持和恢复正常的社会秩序，刑事政策即是具体的表现形式。

其二，刑事政策包括犯罪预防和犯罪抑制两个方面。刑事政策的制定一方面是防患于未然；另一方面表现为对已经破坏正常社会秩序的行为介入惩罚，其最终目

---

[*] 西南政法大学法学院副教授。
[**] 西南政法大学国家毒品问题治理研究中心（毒品犯罪与对策研究中心）研究人员，刑法专业硕士生。
[①] 王牧、赵宝成：《"刑事政策"应当是什么？——刑事政策概念解析》，载《中国刑事法杂志》2006 年第 2 期。
[②] 参见曲新久：《刑事政策的权力分析》，中国政法大学出版社 2002 年版，第 34-37 页。
[③] 陈兴良：《中国刑事政策检讨》，中国检察出版社 2004 年版，第 53 页。

的是保护人民、保障人民的自由和权利。

其三，刑事政策内含于公共政策的范畴。刑事政策是一个国家总体公共政策的一个层面，而不是归属于其他独立领域的政策，其属性带有"公"的性质。

### （二）毒品犯罪刑事政策的内涵与表现形式

毒品犯罪刑事政策是一个国家在特定时期内总体刑事政策在毒品犯罪领域的具体体现。"着眼于毒品犯罪的基本态势，以惩治和预防毒品犯罪为目标，通过立法、司法、执法等活动和措施反映国家对毒品犯罪的基本态度。"[①]

毒品犯罪刑事政策的事实基础来源于国家当前的毒品犯罪态势，犯罪数量、犯罪形式、犯罪发展规律等情况都是毒品犯罪刑事政策制定的参考基础，不同国家的毒品犯罪刑事政策、同一国家不同时期的毒品犯罪刑事政策往往都具有差异性。同时，国家毒品犯罪刑事政策的制定以惩罚和预防双重目的为指引，以达到遏制毒品犯罪、维护社会秩序的目的。

刑事政策往往不单纯存在于某一类规范性文件中，其体现在影响规制毒品犯罪的各类规范性文件中。当前在我国，其主要表现在法律、最高司法机关的司法解释及有关规范性司法文件、国务院及有关部门的法规及规章、行政性文件以及各省、自治区、直辖市的有关法规、规章及政府文件等规范性文件中。这些规范性文件不单单是其名称包含有"禁毒"的字眼，也不限于为禁毒专门制定，只要是对于治理毒品、预防和惩罚毒品犯罪有规范性的有关主题制定的规范性文件都在此范围之内。

## 二、新中国成立70年来我国毒品犯罪刑事政策之回顾

### （一）新中国成立至改革开放以前我国毒品犯罪刑事政策

新中国成立之初，由于国民党政府禁毒工作的懈怠和乏力，我国整体禁毒形势十分严峻。有学者统计，当时"全国吸食鸦片等毒品的烟民大致有2000万人，占全国总人口的4.4%"。[②] 以西南地区为例，"云南省罂粟种植面积即占可耕地的20%-30%……贵州省吸食鸦片者多达300多万人，占全省总人口的21%"。[③] 与此同时，一些反动势力残余组织通过贩运毒品以筹措反革命经费，更有国家机关工作人员参与大规模贩毒。在这种情况下，禁毒成为新中国成立之初即要面对的一项严峻考验。

1950年2月24日，中央人民政府政务院发布《关于严禁鸦片烟毒的通令》（以下简称《通令》），正式发动对于鸦片烟毒的全国运动。《通令》中明确了全国禁绝种植罂粟，对于贩运、制造、售卖鸦片烟毒等行为进行"从严治罪"，所涉烟土毒品一律没收。同时，对于散存于民间的烟土毒品一律限期缴出，逾期不缴的，烟土毒品一律没收并治罪。1952年4月15日，中共中央发布《关于肃清毒品流行的指示》（以下简称《指示》），其中强调对于制造毒品者、集体大量贩毒者、主

---

[①] 胡江：《毒品犯罪刑事政策的基本问题探讨》，载《福建警察学院学报》2010年第2期。
[②] 冼波：《烟毒的历史》，中国文史出版社2005年版，第61页。
[③] 邵雍：《中国近代贩毒史》，福建人民出版社2004年版，第295页。

犯、惯犯、拒不坦白者从严惩处。据公安部《关于全国禁毒运动的总结报告》记载，对于禁毒运动中抓获的犯罪分子"判处徒刑（包括死刑、无期徒刑）33786名，劳改的 2138 名，管制的 6843 名"。① 轰轰烈烈的禁毒群众运动卓有成效，1953年中国政府宣告：中华人民共和国为无毒国。此后至改革开放以前，我国西南边境地区还是发生过零星的走私毒品案件，"但数量极少，且多为偶发的个案，与其他犯罪相比，其比例小到完全可以忽略不计"。② 在此期间，我国没有再进行大规模的禁毒运动，也没有发布中央文件对于毒品犯罪刑事政策进行改变。

在新中国成立初期，以《通令》和《指示》为代表的有关禁毒的中央文件中，"严刑禁毒"的毒品犯罪刑事政策初步显现，这也成为我国后来"严刑禁毒"的先例。在《通令》和《指示》中，对于毒品犯罪的严厉打击不仅仅体现在对于毒品犯罪行为人处以刑罚的严重上，同时也体现在严厉打击的毒品犯罪行为的范围上。例如，《通令》中不仅仅严令禁止制造、贩运、售卖毒品的行为，同时对于之前持有毒品而拒不交出的"逾期持有"行为也进行打击。此外，新中国成立初期以《通令》为代表的文件，在禁毒运动中体现出了打击与教育并重的思路，如对于贫苦的吸毒成瘾者减价或免费医治，同时大力宣传禁毒思想，以此来预防毒品犯罪的发生。从广义上讲这是有关预防毒品犯罪的刑事政策的体现，这也是新中国禁毒运动有别于旧中国禁毒的重要区别之一。

（二）改革开放以来我国毒品犯罪刑事政策

1. 第一阶段——改革开放初期

20 世纪 70 年代末 80 年代初，世界毒品消费需求不断增长，刺激着毒品非法制造、贩运等违法产业的发展，世界范围内毒品犯罪出现新高峰。此时正值我国开始实行改革开放，伴随着国门打开而来的不仅仅是新的思想、新的市场，更有诸如毒品跨国走私、贩运的违法犯罪活动扑面而来。在这种情况下，1979 年新中国第一部刑法典（以下简称"79 刑法"）颁布施行，"79 刑法"为了应对日益猖獗的毒品犯罪，在第 171 条设立"制造、贩卖、运输毒品罪"，③ 该罪直接对制造、贩卖、运输毒品的犯罪行为进行了规制，对于实行这三种行为的犯罪分子进行直接打击。此外，对于走私毒品的行为，"79 刑法"以规制"走私罪"这一类犯罪行为的方式进行打击，并没有以单独的法条进行专门规定。④

我们可以看出，"79 刑法"虽然开始以刑事法律的形式对于毒品犯罪进行打击，但是实际上其打击毒品犯罪的范围仅限于制造、贩卖、运输、走私毒品的行为，对毒品犯罪仅仅单独专门设立了一个罪名，可以说规定还不是很完善。此外，

---

① 董玉整等：《毒祸论——毒品问题的社会透视》，中南工业大学出版社 1999 年版，第 83 页。
② 崔敏：《毒品犯罪发展趋势与遏制对策》，警官教育出版社 1999 年版，第 234 页。
③ "79 刑法"第 171 条规定，制造、贩卖、运输鸦片、海洛因、吗啡或者其他毒品的，处 5 年以下有期徒刑或者拘役，可以并处罚金。一贯或者大量制造、贩卖、运输前款毒品的，处 5 年以上有期徒刑，可以并处没收财产。
④ "79 刑法"第 116 条规定，违反海关法规，进行走私，情节严重的，除按照海关法规没收走私物品并且可以罚款外，处 3 年以下有期徒刑或拘役，可以并处没收财产。

针对危害性较大的走私、制造、贩卖、运输的行为，"79刑法"并没有规定无期徒刑、死刑的刑罚，四类犯罪行为可获的最高刑为有期徒刑，在刑罚的配置上可以说十分宽缓。可见，在"79刑法"立法的时代，我国刑事法律对于毒品犯罪的打击力度远没有达到"严苛"的程度，这也从侧面反映出面对由国外而来的尚未十分严重的毒品犯罪，当时我国在毒品犯罪刑事政策上并没有以高压严打的态度面对，此时我国毒品犯罪刑事政策总体宽缓。

2. 第二阶段——20世纪八九十年代

"79刑法"颁布后，我国毒品犯罪仍然呈现严峻态势，出现了逐渐扩大的迹象，这超出了"79刑法"立法时立法者的预估。面对发展和扩张的毒品犯罪蔓延态势，我国开始逐渐转向从严惩治毒品犯罪，这尤其明显地表现在这一时间段的单行刑法以及1997年刑法（以下简称"97刑法"）的规定当中。

1982年全国人大常委会颁布了《关于严惩严重破坏经济的罪犯的决定》，其中对于制造、贩卖、运输毒品犯罪的法定刑增补修改为"情节特别严重的，处十年以上有期徒刑、无期徒刑或者死刑，可以并处没收财产"。1987年全国人大常委会颁布了《海关法》，其在第47条中明确将走私罪的犯罪主体扩大到企业事业单位、国家机关、社会团体这样的单位主体。① 1988年《关于惩治走私罪的补充规定》第1条中，立法者将走私鸦片等毒品的走私犯罪行为与其他走私犯罪行为的法定刑进行了区分，提高了这一类走私犯罪的法定刑起刑点，同时将最高刑提高为死刑。② 1990年全国人大常委会颁布《关于禁毒的决定》，该决定扩大了毒品犯罪的打击面，扩充了毒品犯罪的行为方式，明确将走私、贩卖、运输、制造毒品犯罪行为的最高刑提高为死刑。在重新修改、增补完善后，"97刑法"将毒品犯罪行为的罪名增加为12个，同时也规定了对于"毒品再犯"从重处罚的量刑规范。③ 不仅如此，"97刑法"第347条规定"走私、贩卖、运输、制造毒品，无论数量多少，都应当追究刑事责任，予以刑事处罚"，更是直接表明了我国对于走私、贩卖、运输、制造毒品的犯罪行为"零容忍"的打击态度。

面对严峻的国内禁毒形势，我国开始注重以刑事立法为中心，全面从严打击毒品犯罪。完善毒品犯罪行为主体、提高法定刑、扩充犯罪类型、大幅严密刑事法网是这一阶段我国毒品犯罪刑事立法政策的突出表现。从以颁布单行刑法"点状"加强毒品犯罪惩治，到颁布"决定"进行"线状"加强，再到修正刑法典从整体上、体系性地加强毒品犯罪打击，可以说20世纪八九十年代我国在打击毒品犯罪的刑

---

① 1987年《海关法》第47条规定，逃避海关监管，有下列行为之一的，是走私罪：（1）运输、携带、邮寄国家禁止进出口的毒品、武器、伪造货币出境的……企业事业单位、国家机关、社会团体犯走私罪的，由司法机关对其主管人员和直接责任人员依法追究刑事责任；对该单位判处罚金，判处没收走私货物、物品、走私运输工具和违法所得。

② 1988年全国人大常委会《关于惩治走私罪的补充规定》第1条规定，走私鸦片等毒品、武器、弹药或者伪造的货币的，处7年以上有期徒刑，并处罚金或者没收财产；情节特别严重的，处无期徒刑或者死刑，并处没收财产；情节较轻的，处7年以下有期徒刑，并处罚金。

③ "97刑法"第356条规定，因走私、贩卖、运输、制造、非法持有毒品罪被判过刑，又犯本节规定之罪的，从重处罚。

事政策上一以贯之、逐步加强，没有出现任何反复或犹豫的迹象。

3. 第三阶段——进入21世纪以来

进入到新世纪以来，我国的整体禁毒形势依旧严峻，打击毒品犯罪仍然不容怠慢，"严打"仍然成为针对毒品犯罪刑事政策的"主旋律"。为了协调和总体掌握全国毒品犯罪刑事打击的工作情况，最高人民法院在2000年至今先后专门召开了三次毒品犯罪案件工作座谈会，其会议纪要对于毒品犯罪打击问题进行了相应的规定。"南宁会议纪要"① 中就有"坚持'严打'方针，依法从重从严惩处了一大批毒品犯罪分子"、"对依法应当判处死刑的，必须坚决判处死刑，狠狠打击毒品犯罪分子的嚣张气焰"、"一定把死刑案件办成铁案"的表述，而后的"大连会议纪要"② 中相关内容表述为"贯彻宽严相济的刑事政策，充分发挥刑事审判职能，严厉打击严重毒品犯罪，积极参与禁毒人民战争和综合治理工作"，而距今最近的"武汉会议纪要"③ 中则要求各级人民法院要继续坚持依法从严惩处毒品犯罪的指导思想，"严厉打击主观性深、人身危险性大的毒品犯罪分子，该判处重刑和死刑的坚决依法判处"。同时，2014年中共中央、国务院印发的《关于加强禁毒工作的意见》中同样有"要严厉打击毒品违法犯罪活动"的要求。

然而在"严打"的主旋律之下，进入21世纪以来我国毒品犯罪刑事政策也发生着细微的变化。从"南宁会议纪要"的极端高压、一律从重从严态势到"大连会议纪要"的宽严相济、重点从严，再到"武汉会议纪要"的综合治理、毒品犯罪分类区分、规范和限制缓刑适用的毒品犯罪打击思路，体现出了明显的由"刑法武器"化观念向"禁毒综合治理"，刑罚惩治作为治理毒品问题"重要手段"、"主要方式"观念的转化，也逐渐体现出了我国禁毒工作"人民战争"的总体思路。

## 三、我国毒品犯罪刑事政策之特征

### （一）密切关联我国毒品犯罪形势

从新中国成立初期由于国民党政权禁毒不利导致中国大地烟毒泛滥，到20世纪50年代我国禁绝烟毒全国行动取得巨大成功，再到改革开放以来我国境内毒品的再次猖獗，我国打击毒品犯罪的禁毒运动始终与我国境内毒品扩散、传播乃至泛滥的形势保持密切关联。与我国近似"凹"字形的毒品犯罪形势相呼应，我国毒品犯罪刑事政策也经历了"两边高中间低"式的演变，即1950年起严打毒品犯罪，1953年至改革开放前毒品犯罪刑事政策相对宽缓，改革开放后随着毒品犯罪形势日益严峻，毒品犯罪刑事政策再次收紧，并长时间保持了一种"严刑禁毒"的状态，

---

① 为了贯彻落实全国禁毒工作会议精神，总结交流毒品犯罪案件审判工作经验，最高人民法院于2000年1月5日至7日在广西壮族自治区南宁市召开了全国法院审理毒品犯罪案件工作座谈会。

② 为了进一步加强毒品犯罪案件的审判工作，依法惩治毒品犯罪，最高人民法院于2008年9月23日至24日在辽宁省大连市召开了全国部分法院审理毒品犯罪案件工作座谈会。

③ 为深入学习习近平总书记等中央领导同志关于禁毒工作的重要指示批示精神，贯彻落实中共中央、国务院《关于加强禁毒工作的意见》和全国禁毒工作会议精神，进一步统一思想认识，提高毒品犯罪审判工作水平，推动人民法院禁毒工作取得更大成效，最高人民法院于2014年12月11日至12日在湖北省武汉市召开了全国法院毒品犯罪审判工作座谈会。

目前仍在持续中。

### (二) 总体上与国际禁毒工作保持联动

新中国成立初期,鉴于当时国际、国内形势险恶,"新中国采取了实际上的闭关锁国政策,奉行亲苏的单边主义",[①] 因而此时中国基本上杜绝了毒品的境外输入,在毒品犯罪刑事政策上与国际禁毒形势关联不大。自改革开放以来,尤其是进入新世纪以来,中国对外开放逐渐加强,我国境外毒品输入以及过境毒品问题尤为严重,这也促使我国毒品犯罪政策需要与国际整体禁毒工作加强联系与合作。此外,我国于20世纪80年代起陆续加入和批准联合国《禁止非法贩运麻醉药品和精神药物公约》等多个国际禁毒公约,在刑法等法律和立法文件中体现了禁毒国际公约的要求,同时我国严格执行国际禁毒公约,加强了我国在国际禁毒运动中的作用,也使得我国包括打击毒品犯罪在内的禁毒工作与国际禁毒工作、国际总体禁毒形势保持联动。

### (三) 总体趋严,"严刑禁毒"特征明显

"从严打击"已经成为我国毒品犯罪刑事政策的最明显特点之一,主要体现在我国刑法及立法文件对于毒品犯罪刑罚的设定以及法院对犯罪分子的判决和执行情况上。除"79刑法"没有对贩卖、运输、制造毒品等危害性较大的毒品犯罪设定无期徒刑、死刑之外,我国各个时期的法律和立法文件中均对于此类危害行为设定了无期徒刑、死刑这样的重刑,同时在"97刑法"中又设置了毒品再犯这一从重处罚的规定。而据最高人民法院2018年《司法大数据专题分析报告之毒品犯罪》显示,"2017年,全国法院判处五年以上有期徒刑、无期徒刑至死刑的毒品犯罪分子21733人,重刑率为21.93%,高出同期全部刑事案件重刑率7.89个百分点"。[②]

## 四、我国毒品犯罪刑事政策之反思与完善

### (一) 我国毒品犯罪刑事政策之反思

#### 1. 司法环节"罪刑相适应"原则受到挑战

在我国,一直以来都存在着毒品犯罪重刑率偏高的现象。据最高人民法院统计资料显示,2012年至2016年我国毒品犯罪重刑率为21.91%,各年度的重刑率均高于同期全部刑事案件重刑率十几个百分点,而在严重毒品犯罪高发的云南省,毒品犯罪重刑率高达71.08%,高出同期全国总体重刑率49.17个百分点。[③] 最高人民法院最新统计显示,2017年毒品犯罪重刑率为21.93%,相较之前5年的重刑率有增无减。

毒品犯罪重刑率偏高甚至畸高现象的产生,最重要的原因就是我国毒品犯罪刑事政策中从严打击的量刑指引。我国总体上的刑事政策为"宽严相济",而在毒品

---

[①] 高巍:《中国禁毒三十年》,上海社会科学院出版社2017年版,第12页。
[②] 《最高人民法院发布毒品犯罪司法大数据》,https://www.chinacourt.org/article/detail/2018/06/id/3371760.shtml,最后访问时间:2019年5月28日。
[③] 参见《人民法院禁毒工作白皮书(2012—2017)》,https://www.chinacourt.org/article/detail/2017/06/id/2899458.shtml,最后访问时间:2019年5月30日。

犯罪刑事案件中则表现为严厉有余、宽缓不足。为了达到司法者预想的极大震慑毒品犯罪分子的目的，我国毒品犯罪被告人被司法者处以相较于其他犯罪被告人更重的刑罚，甚至会重于一些暴力型犯罪分子。量刑不均导致"罪刑相适应"的刑法原则在司法层面受到挑战，某种程度上也在刑罚公正性上产生了偏离。

2. 难以应对新类型毒品犯罪带来的挑战

改革开放以来，我国一直存在毒品泛滥的危险，尤其是进入新世纪以来，有别于传统毒品的新类型毒品相继出现，在成瘾性、隐蔽性、危害性上都较之鸦片等传统毒品更强，近年来更是有"跳跳糖"、"小树枝"等新精神活性物质类第三代新型毒品不断出现。此外，科学技术的发展也使得毒品犯罪手段出现了更新，利用网络、新兴物流技术等新技术进行的毒品犯罪不断出现。由于法律的滞后性，以及刑事审判中法官自由裁量的影响，对于新类型的毒品犯罪一时间往往难以形成一致和合理的判定。加之毒品犯罪刑事政策中"从重从严"的思想影响，对于同类新型毒品犯罪可能就会出现或畸轻或畸重的不同判决，影响量刑的均衡性。同时，我国目前毒品犯罪刑事政策相对较为封闭，一些新型毒品犯罪的出现在域外国家早有苗头，但我国并未能及时对其加以重视，也缺少相关毒品犯罪预防和治理的交流，使得我国毒品犯罪刑事政策的制定难以与时俱进、走在时代前列。

3. 禁毒工作中对刑事制裁效果的放大与过度依赖

以刑事手段制裁毒品犯罪分子、以刑罚惩罚震慑毒品犯罪分子，是我国目前毒品犯罪刑事政策制定的基调，也是我国整体禁毒工作的主要手段之一。不论是在新中国成立初期的《通令》，还是在进入新世纪以来的《关于加强禁毒工作的意见》以及最高人民法院印发的会议纪要中，刑事制裁、刑罚打击都被认为是禁毒的主要有效手段，甚至存在"刑法武器"这样的表述。然而，"刑罚威慑功能是客观存在的，但其功能是有限度的，我们不能过分迷信刑罚的威慑功能"。[①] 新中国成立初期严打毒品犯罪诞生无毒国的奇迹也使得我国多年来迷信刑事制裁的效果，而我国禁毒工作中对于刑事制裁手段的依赖也导致了我国毒品犯罪打击"从严"状况的持续。反观 2012 年至 2015 年我国毒品犯罪案件逐年递增的实际情况，此种对于以刑法手段治理毒品的认知与实践的偏差即有所显现。

(二) 我国毒品犯罪刑事政策之完善

1. 回归"宽严相济"，减少"严刑禁毒"的刑事政策偏离

"宽严相济"是我国基本的刑事政策，然而我国毒品犯罪刑事政策却显现出较为浓重的"严打"色彩，尚未完全脱离 20 世纪 80 年代以来我国"严打"运动的惯性，与目前总体刑事政策的趋向不能完全一致。纵然在新世纪以来最高人民法院印发的有关毒品犯罪的会议纪要中，要求人民法院在审判中将毒品犯罪分子进行"宽"和"严"的区分进行了一定的规定，但是在总体严厉的毒品犯罪刑事政策趋向下，对于毒品犯罪分子也难以实现真正意义上的"宽严相济"，我国毒品犯罪重刑率高即是其明显的体现。不仅如此，毒品犯罪刑事政策中对毒品犯罪分子"趋

---

① 陈兴良：《刑法总论精释》，人民法院出版社 2016 年版，第 12 页。

宽"处理和"趋严"处理的规定和要求在"量"的层面上就有所不同，诸如对零包贩毒、引诱、教唆、欺骗、强迫他人吸毒及非法持有毒品等犯罪"趋严"的情况在逐渐增加，而未对更多的毒品犯罪情形作出"趋宽"处理的规定。我国毒品犯罪刑事政策应当逐步加强对于毒品犯罪分子分情况区分处理，更多关注毒品犯罪分子从宽处理的趋向设定，在毒品犯罪刑事处理内部贯彻我国"宽严相济"的刑事政策，与总体刑事司法趋向保持一致，有利于我国总体刑事审判量刑均衡，实现"罪刑相一致"原则在司法中的实现。

2. 加强国际性视野，在刑事政策上未雨绸缪

在当前国际禁毒形势下，新精神活性物质以及新兴科技给禁毒事业带来的冲击和挑战是世界各国都无可避免的。我国毒品犯罪刑事政策的制定，应当加强国际性视野，放眼世界考量总体禁毒形势，对世界各国的新禁毒难题产生警醒，吸收并借鉴域外国家有益的禁毒经验并在适当的时机内化到我国毒品犯罪刑事政策之中，使得我国毒品犯罪刑事政策具有前瞻性和先进性，做到在毒品犯罪刑事政策上未雨绸缪。

3. 从严刑打击到多层次、多元化禁毒的调整

目前，我国禁毒工作中仍然将刑事打击毒品犯罪作为一种重要的禁毒手段，从多年来对于毒品犯罪严厉打击的成果来看，期望单纯以严刑来震慑打击毒品犯罪甚至再次达成20世纪50年代时"无毒国"的伟大成就已经几乎不可能实现。"事实证明，历史是不会简单重复的，曾经有效的方法，在新的时间新的环境下就会失效。"[1] 而伴随着禁毒法等法律法规将毒品预防、戒毒措施、国际合作等综合性毒品治理以规范性文件的方式加以确定，政府部门加大社区戒毒康复工作的力度，我国禁毒工作逐步走向多层次、多元化的趋势已经日趋明显。毒品犯罪刑事政策应当随着毒品预防、戒毒康复工作的逐步推进和深入开展情况进行机动性的灵活调整，因应综合治理毒品的大背景和新形势，在综合性禁毒工作中形成协作的合力。

---

[1] 夏国美等：《社会学视野下的新型毒品》，上海社会科学院出版社2017年版，第186页。

第一编　新中国成立 70 年来刑事法治和刑法理论的变迁与反思

# 从"重受贿轻行贿"到"受贿行贿惩处并重"
## ——我国贿赂犯罪惩治刑事政策的应然选择

牙韩选[*]

## 前言

惩治贿赂犯罪的刑事政策应顺应国际反腐败犯罪治理之经验和本土经济社会政策的变化发展而适时做出调整。我国长期以来秉持"重受贿轻行贿"的贿赂犯罪刑事政策，但实践证明"重受贿轻行贿"的刑事政策已经无法适应新时期贿赂犯罪惩治的形势，"受贿行贿惩处并重"是新时代惩治贿赂犯罪应秉持的基本刑事政策，其纵深发展对当前贿赂犯罪的刑法立法与司法具有积极意义。加强行贿犯罪的惩治力度，系新时代贿赂犯罪预防型规制策略的应有之义，应当力求在"权力笼子"里外寻求立体式、更全面的贿赂犯罪预防和惩治机制。本文对该新的政策和法律文本进行梳理和评析，同时对理论上的争论作出回应，并试图进行解读，以期对贿赂犯罪的惩治有所助益。

## 一、"受贿行贿惩处并重"刑事政策之文本梳理及述评

### （一）"受贿行贿惩处并重"刑事政策之文本梳理

1. "受贿行贿惩处并重"刑事政策的党内文件之规定

在党的十九大以前，在反腐的战略上主要侧重对受贿犯罪的惩治，对于行贿犯罪的惩治力度较为轻缓。[①] 党的十九大报告指出要坚持无禁区、全覆盖、零容忍，坚持受贿行贿一起查，首次以党的文件形式提出"受贿行贿一起查"的刑事政策，党的第十九届中央纪律检查委员会第二次全体会议重申要"坚持受贿行贿一起查"的刑事政策。

2. "受贿行贿惩处并重"刑事政策之立法体现

《刑法修正案（九）》加大了对行贿犯罪的处罚力度：增加并处罚金且修改了行贿人在被追诉前主动交代行贿行为从宽处罚的规定，增设对有影响力的人行贿罪。其以党关于反腐败工作的要求和反腐败斗争的严峻形势为制定背景，对行贿罪进行修改时主要考虑到行贿受贿是对合性的行为，二者相互依存，缺一不可，二者

---

[*] 中南财经政法大学刑法学博士研究生。

[①] 党的十八大报告指出，"全面推进惩治和预防腐败体系建设……各级领导干部……加强对亲属和身边工作人员……始终保持惩治腐败高压态势"；中共中央《关于全面推进依法治国若干重大问题的决定》指出，深入开展党风廉政建设和反腐败斗争，严格落实党风廉政建设党委主体责任和纪委监督责任……

是源与流的关系,提出必须重视和加强对行贿犯罪的惩处。①

3. "受贿行贿惩处并重"刑事政策之解释性规定

(1) 1999年3月4日,最高人民法院、最高人民检察院(以下简称"两高")联合下发了《关于各地在办理受贿犯罪大要案的同时严肃查处严重行贿犯罪分子的通知》(以下简称"1999年通知"),指出要充分认识严肃惩处行贿犯罪⋯⋯主要的基调是严肃惩处7个类型的严重行贿犯罪行为。同时,要求既要坚持从严惩处,又要体现政策,对于主动交代犯罪情节、行为的,可以视不同情况减轻或者免除、酌情从轻处罚。②

(2) 2000年12月21日,最高人民法院颁布了《关于进一步加大对严重行贿犯罪打击力度的通知》(以下简称"2000年通知"),指出要进一步加大对严重行贿分子的打击力度,绝不允许以党纪政纪处理代替对行贿犯罪的刑事处罚;突出工作重点,依法严肃查办那些拉拢腐蚀国家工作人员情节恶劣、危害后果严重的行贿犯罪行为,从严惩处同时要体现政策。③ 同时要求对查办的行贿案件进行宣传报道和曝光,使行贿犯罪没有藏身之地。

(3) 2010年5月7日,最高人民检察院又印发了《关于进一步加大查办严重行贿犯罪力度的通知》(以下简称"2010年通知"),指出行贿犯罪具有严重的腐蚀性和危害性,是诱发受贿犯罪的源头。加大查办严重行贿犯罪案件力度,是检察机关深入贯彻落实党中央关于反腐败斗争的全面部署、顺应人民群众呼声愿望、服务党和国家工作大局的重要举措,也是维护社会主义市场经济秩序、维护国家机关正常活动和社会稳定的现实需要。重点查处八类行贿案件。要坚持查办行贿案件与查办受贿案件相统一,既要加强对行贿犯罪的严肃查办,又要确保查办受贿犯罪力度不减,做到同步部署、同步查处,从源头上杜绝腐败行为。④

(4) 两高于2012年12月26日公布了《关于办理行贿刑事案件具体应用法律若干问题的解释》,对行贿罪的构成要件要素以及行贿罪特殊自首制度等进行了详细的规定,为行贿罪的司法实践提供切实可行的解释标准。

(5) 最高人民检察院于2015年1月29日印发了《关于贯彻落实〈中共中央关于全面推进依法治国若干重大问题的决定〉的意见》的通知,规定深入开展打击行贿犯罪专项工作,突出查办行贿次数多、行贿人数多、行贿数额大和行贿手段恶

---

① 时延安、王烁、刘传稿:《〈中华人民共和国刑法修正案(九)〉解释与适用》,人民法院出版社2015年版,第359页。

② "1999年通知"第4条规定,在查处严重行贿、介绍贿赂犯罪案件中,既要坚持从严惩处的方针,又要注意体现政策。行贿人、介绍贿赂人具有刑法第390条第2款、第392条第2款规定的在被追诉前主动交代行贿、介绍贿赂犯罪情节的,依法分别可以减轻或者免除处罚;行贿人、介绍贿赂人在被追诉后如实交代行贿、介绍贿赂行为的,也可以酌情从轻处罚。

③ "2000年通知"第4条规定,在查处严重行贿犯罪案件中,既要坚持依法从严惩处的方针;又要注意按照法律规定体现政策。对具有法定的从轻、减轻和免除处罚条件的应依法从轻、减轻和免除处罚,对于主动交待行贿罪行,并积极揭发检举受贿犯罪,有重大立功表现的,要按照法律规定减轻和免除处罚。但对那些拒不交待行贿罪行的要坚决追究其刑事责任。

④ 张立:《严肃查办八类严重行贿犯罪案件》,载《检察日报》2010年5月13日第1版;罗猛:《提升办案水平,加大查办行贿犯罪力度》,载《检察日报》2014年11月11日第7版。

劣、造成严重后果的犯罪案件。

（6）2016年4月18日，两高联合发布了《关于办理贪污贿赂刑事案件适用法律若干问题的解释》，坚持"依法从严"和"受贿与行贿打击并重"的原则，并对行贿犯罪从宽处罚的适用条件作出细化规定。① 针对实践中存在的"重打击受贿轻打击行贿"这一突出问题，为加大对行贿罪的处罚力度，从源头上惩治和预防腐败犯罪。②

（7）全国检察机关自2006年正式开展行贿犯罪档案查询工作，受理社会行贿犯罪档案查询，③ 最高人民检察院于2013年2月6日印发了《关于行贿犯罪档案查询工作的规定》，规定人民检察院统一建立全国行贿犯罪档案库，录入行贿犯罪信息，向社会提供查询。这也从另一个侧面加大了对行贿犯罪的惩处力度，是"受贿行贿惩处并重"的体现。

**（二）"受贿行贿惩处并重"刑事政策之简要述评**

（1）从上述文件的表述可以看出，从党中央的文件到最高司法机关的司法解释，都是用"受贿行贿一起查"，体现了党内文件的规范性和逻辑性。从立法官方解读和相关解释性规定的表达来看，也基本上体现出应摒弃"重受贿轻行贿"的贿赂犯罪惩治观念，而变更为加大行贿犯罪惩治力度，以达到行贿受贿一并惩治。

（2）最高司法机关在严惩行贿犯罪的相关解释文件中充分体现了"宽严相济"的原则，对于受贿犯罪和行贿犯罪，该严则严，该宽则宽。

（3）司法机关积极探索行贿犯罪从严惩治的实践路径。最高人民检察院的上述做法充分体现了最高人民检察院等司法机关对行贿犯罪的惩处的充分关注，通过行贿犯罪档案查询工作对行贿犯罪加大惩处力度，为行贿犯罪的资格刑的设置提供灵感。

## 二、"受贿行贿惩处并重"刑事政策之理论争鸣及评析

对于"受贿行贿惩处并重"这一贿赂犯罪刑事政策存在较大争议，主要存在肯定说与否定说，大多数学者尤其是来自司法一线的实务型专家认为这一刑事政策符合我国当前贿赂犯罪惩治实践，也有部分学者持反对意见。

**（一）肯定说**

学界早在1999年就有学者提出：在反腐败策略之选择上必须"严惩行贿"，从

---

① 裴显鼎、苗有水、刘为波、王珅：《〈关于办理贪污贿赂刑事案件适用法律若干问题的解释〉的理解与适用》，载《人民司法（应用）》2016年第19期。

② 万春：《办理贪污贿赂刑事案件要准确把握法律适用标准（下）》，载《检察日报》2016年5月24日。

③ 罗猛：《提升办案水平，加大查办行贿犯罪力度》，载《检察日报》2014年11月11日第7版。

源头上遏制腐败。① 此后，许多学者提出应加大对行贿犯罪的刑罚处罚力度。② 有学者从"隐性腐败"的视角出发认为应提高行贿罪的刑度，使之与受贿罪相同；③ 有人主张废除对行贿人不予追究的豁免条款；④ 甚至有的提出废除受贿死刑。⑤ 实务界基本上支持"受贿行贿惩处并重"这一刑事政策，实践领域的专家们从行贿罪的实践检视入手，认为应当加大行贿罪的处罚力度。⑥ 行贿犯罪实践处罚偏轻是难以回避的问题，⑦ 受到从严惩处行贿犯罪的立场存在"保留性"以及惩处行贿犯罪对惩处受贿犯罪存在严重的"依附性"的影响，⑧ 更有人从行贿受贿犯罪对合关系出发，认为行贿行为在特定的情况下存在单独定罪的可能，而且受贿和行贿的法定刑设置悬殊不利于培养社会公众抵制行贿的法律意识，⑨ 这些均应当加以调整。

最高人民法院大法官李少平撰文指出，在规制和查办贿赂犯罪的立法、执法领域，应当旗帜鲜明地提出"惩办行贿与惩办受贿并重"的原则；⑩ 苗有水大法官进一步提出，"司法机关应对受贿与行贿'一视同仁'，不能因重视打击任何一方而过度放纵另一方"。⑪ 两位高层实务型专家的声音在学界激起千层浪，把加重行贿

---

① 陈国权：《严惩行贿：净化政治空间——论行贿罪的危害与惩治》，载《政治与法律》1999 年第 3 期。

② 参见徐岱：《行贿罪之立法评判》，载《法制与社会发展》2002 年第 2 期；徐光华：《应加重行贿罪的刑罚》，载《检察日报》2009 年 7 月 31 日第 3 版；邓崇专：《"隐性腐败"的治理与刑法跟进》，载《社会科学家》2010 年第 12 期；谢望原、张宝：《从立法和司法层面加大对行贿罪的惩治力度》，载《人民检察》2012 年第 12 期；刘仁文、黄云波：《行贿犯罪的刑法规制与完善》，载《政法论丛》2014 年第 5 期；邓崇专：《新加坡刑法对行贿罪的规制及其对我国治理"隐性腐败"的启示》，载《广西社会科学》2013 年第 11 期；郑高键：《博弈分析视角下行贿犯罪构成要件之结构性完善》，载《政法论坛》2014 年第 3 期。

③ 邓崇专：《新加坡刑法对行贿罪的规制及其对我国治理"隐性腐败"的启示》，载《广西社会科学》2013 年第 11 期；邓崇专：《"隐性腐败"的治理与刑法跟进》，载《社会科学家》2010 年第 12 期。

④ 徐胜平：《行贿罪惩治如何走出困境》，载《人民检察》2012 年第 16 期；孙国祥：《行贿谋取竞争优势的本质和认定》，载《中国刑事法杂志》2013 年第 7 期；钱小平：《惩治贿赂犯罪刑事政策之提倡》，载《中国刑事法杂志》2009 年第 12 期。

⑤ 刘仁文、黄云波：《行贿犯罪的刑法规制与完善》，载《政法论丛》2014 年第 5 期。

⑥ 王斗斗：《对行贿罪处罚实在偏轻》，载《法制日报》2009 年 3 月 7 日第 6 版；李涛：《行贿罪立法应适度从严突出重点》，载《检察日报》2011 年 7 月 13 日；徐胜平：《行贿罪惩治如何走出困境》，载《人民检察》2012 年第 16 期；罗猛：《提升办案水平，加大查办行贿犯罪力度》，载《检察日报》2014 年 11 月 11 日第 7 版；杨崇华、赵康：《论行贿行为的独立处罚——兼论行贿和受贿的对合关系》，载《法学杂志》2014 年 35 期；张建升、詹复亮、刘仁文、刘德法、王秀梅、金园园：《立法与司法并重加大打击行贿犯罪力度》，载《人民检察》2015 年第 13 期；杨崇华、赵康：《论行贿行为的独立处罚——兼论行贿和受贿的对合关系》，载《法学杂志》2014 年第 5 期；张国栋：《"受贿行贿一起查"！理应如此》，载《湖南日报》2018 年 6 月 4 日第 5 版。

⑦ 王斗斗：《对行贿罪处罚实在偏轻》，载《法制日报》2009 年 3 月 7 日第 6 版。

⑧ 张建、俞小海：《行贿犯罪的司法实践反思与优化应对》，载《中国刑事法杂志》2015 年第 3 期。

⑨ 杨崇华、赵康：《论行贿行为的独立处罚——兼论行贿和受贿的对合关系》，载《法学杂志》2014 年第 35 期。

⑩ 李少平：《行贿犯罪执法困局及其对策》，载《中国法学》2015 年第 1 期。

⑪ 苗有水：《为什么提倡"惩办行贿与惩办受贿并重"》，载《人民法院报》2015 年 5 月 8 日第 6 版。

# 第一编 新中国成立 70 年来刑事法治和刑法理论的变迁与反思

处罚论调推向高潮，实证研究进一步增强。① 有学者认为惩办行贿与惩办受贿应并重，有利于行贿受贿人形成"囚徒困境"而加大二者同盟的瓦解，② 受贿行贿一起查不仅是宣言更要行动，③ 应全面秉持"行贿与受贿并重处罚"刑事政策，还应进一步严格行贿犯罪相关处罚条件，④ 积极探索出台实施细则、意见和配套方案。⑤

### （二）否定说

在理论界持否定说的学者为少数。有学者指出，试图通过对行贿罪的严厉打击来遏制受贿犯罪是刑事政策上的重大失误，反而认为如果对行贿人的处罚程度更轻一些、处罚范围更窄一点，就更有利于查处受贿犯罪且更有利于遏制受贿犯罪，进一步主张将刑法第 390 条第 2 款修改为"在被追诉前主动交代行贿事实的，不追究刑事责任"，⑥ 即应规定"行贿人在被追诉前主动交代行贿行为的，不以犯罪论处'，以置贿赂者于囚徒困境"。⑦ 认为强调"行贿与受贿并重惩罚"面临理论上的正当性质疑和实践上的法治风险，应坚持"重受贿轻行贿"的传统政策，警惕"严惩行贿"思想和刑事政策在立法和司法中的进一步膨胀。⑧ 否定说认为，从实体法层面加大了对行贿犯罪的处罚力度，但不能解决行贿犯罪司法实践中的诸多问题，贿赂犯罪的根源在于权力监督和制约体系缺失；反腐败不能仅倚重于刑法，一切刑事打击的作用都是事后性的，事前的预防才是治本之策。⑨ 更有学者从刑事政策的视角出发，认为加大对行贿罪的处罚力度其实导致行贿受贿双方强化"攻守同盟"，是导致受贿罪被处罚几率低的根本原因，进而主张应当废除行贿罪的规定。⑩

### （三）笔者观点：赞同肯定说

肯定说和否定说的争论焦点在于行贿受贿犯罪之间的源与流关系、囚徒困境效果、法益轻重争论等。否定论者大多认为受贿者乃贿赂犯罪的源，受贿法益更重；而行贿者具有可宽宥的理由，严惩行贿不利于贿赂犯罪的囚徒困境之效果。他们最

---

① 参见叶良芳：《行贿受贿惩治模式的博弈分析与实践检验——兼评〈刑法修正案（九）〉第 44 条和第 45 条》，载《法学评论》2016 年第 4 期；高诚刚：《实证研究视角下"行贿从轻"的实效》，载《政治与法律》2016 年第 5 期；张勇：《"行贿与受贿并重惩治"刑事政策的根据及模式》，载《法学》2017 年第 12 期；黄明儒：《行贿罪刑法规制之检视——以 H 省 2016 年各级法院所办理的一审行贿案件为切入》，载《法学论坛》2018 年第 3 期。

② 刘仁文：《惩办行贿与惩办受贿应并重》，载《人民法院报》2018 年 7 月 18 日第 6 版。

③ 田国垒：《受贿行贿一起查，是宣言更是行动》，载《中国纪检监察报》2018 年 7 月 22 日第 1 版。

④ 刘霜、石阳媚：《行贿罪处罚的实证分析及其优化——以某省 103 个行贿罪判决为研究范本》，载《河南社会科学》2018 年第 26 期。

⑤ 陈义波、颜惊蕾：《探索建立受贿行贿一起查工作机制》，载《中国纪检监察》2018 年第 16 期；李鹏：《受贿行贿一起查让"围猎者"寸步难行》，载《中国纪检监察报》2018 年 8 月 4 日第 1 版；姜明安：《反腐败要坚持受贿行贿一起查》，载《人民论坛》2017 年第 2 期；辛士红：《坚持受贿行贿一起查》，载《解放军报》2018 年 3 月 11 日第 5 期。

⑥ 张明楷：《行贿罪的量刑》，载《现代法学》2018 年第 4 期。

⑦ 陈洪兵：《我国贿赂犯罪体系的整体性反思与重构——基于法治反腐的使命》，载《法治研究》2014 年第 12 期。

⑧ 何荣功：《"行贿与受贿并重惩罚"的法治逻辑悖论》，载《法学》2015 年第 10 期。

⑨ 于改之、黄辰：《行贿犯罪最新立法研究》，载《北京师范大学学报》（社会科学版）2016 年第 6 期。

⑩ 姜涛：《废除行贿罪之思考》，载《法商研究》2015 年第 32 期。

为担忧的乃是严惩行贿思维不利于置贿赂者于"囚徒困境",不利于从整体上惩治贿赂犯罪。

在笔者看来,学术允许有不同声音,持否定论的学者对贿赂犯罪这一刑事政策在理论和实务中具有一定的警醒作用。但笔者认为,否定说值得商榷,肯定说更契合我国当前贿赂犯罪的惩治实践。

第一,双方争议的核心就是到底是"重受贿轻行贿"还是"受贿行贿惩处并重"思维更有利于"囚徒困境"的利用进而有利于贿赂犯罪惩治呢?囚徒困境确实有非常深厚的理论意义,但是在笔者看来,"囚徒困境"理论其实是双向的,行贿人可以供出受贿人,受贿人也同样可以供出行贿人。"囚徒困境"理论应当从正反两面甲乙考量,正如有学者所指出的,保持行贿罪和受贿罪在治理政策上的不对等性不符合"囚徒困境"的基本原理,也难以发挥新建制度对行贿行为的反向威慑与预防功能,应当设立具有普遍性的受贿罪特别自首制度,同时适当提高行贿人特别自首的处罚标准。① 受贿行贿均有特别自首制度,将有利于在行贿人与受贿人之间形成"囚徒困境",由此加大对贿赂犯罪人同盟关系的分化、瓦解力度。② 从长远来看,放纵行贿犯罪人也不符合"破窗理论"关于预防犯罪要从小处着眼的刑事政策。③ 因此,行贿受贿处罚应当充分考虑贿赂犯罪的对象对向关系,二者的惩处应当在同一层面上予以考量。

第二,关于源与流关系的辩证思考是值得探讨的哲学问题。正如有学者指出的,"没有必要纠缠是受贿引发了行贿,还是行贿引发了受贿;在当前的社会条件下,行贿和受贿是一种'社会病'……国家对所有或几乎所有的规范违反都作出了回应"。④ 其实受贿行为与行贿行为,何为源何为流、孰先孰后的问题,类似生活中是鸡生蛋还是蛋生鸡的问题,是无解的,争论起来也没有太多的现实意义。

第三,关于受贿行贿行为的法益对比,也面临上述源与流的关系一样的问题。即便经过教义学的论述,得出受贿犯罪的法益侵害性比行贿罪的法益侵害性大,但也不能成为否定严惩行贿犯罪的理由,"受贿行贿惩处并重"刑事政策并不必然要求对行贿犯罪的惩处都和受贿犯罪一样重或重于受贿罪。

第四,关于"行贿人在被追诉前主动交代行贿行为的,不以犯罪论处"的思考。持否定论的学者认为应对行贿犯罪更加宽宥,行贿人在被追诉前主动交代行贿行为的,不以犯罪论处,以期更好地实现囚徒困境而求得更好的贿赂犯罪惩治效果。认为如此一来,"行贿人就不会心有余悸,受贿人与行贿人之间的信任关系不复存在,行贿人随时可能在被追诉前主动交代贿赂事实。于是,受贿人会担心自己索取、收受贿赂后,行贿人会主动交代,因而不敢受贿",⑤ 并断言不会产生"人

---

① 魏昌东:《贿赂犯罪"预防型"刑法规制策略构建研究》,载《政治与法律》2012年第12期。
② 刘仁文:《惩办行贿与惩办受贿应并重》,载《人民法院报》2018年7月18日第6版。
③ 刘仁文:《惩办行贿与惩办受贿应并重》,载《人民法院报》2018年7月18日第6版。
④ 陈金林:《通过部分放弃刑罚权的贿赂犯罪防控——对〈刑法修正案(九)〉第45条的反思》,载《法治研究》2017年第1期。
⑤ 张明楷:《刑法学》(第五版),法律出版社2016年版,第1233页。

人都敢于行贿，反而会导致受贿增加"的局面。① 在笔者看来，这已经走向另一个极端。那么，有几个问题就值得我们深思：主动交代就不追究刑事责任，行贿人会不会真的就"心有余悸"呢？受贿人与行贿人之间的信任关系会不会"不复存在"？司法实践中行贿人被惩治的情况如何？

笔者以为，即便主动交代就按无罪处理，行贿人也不会"心有余悸"，反而会更加猖狂寻找猎物（受贿人），以获得更多的利益（便利）。受贿人与行贿人之间大多是经过长期的感情投资或者经关系密切人介绍，行贿人作为一个社会人，出于家庭生活或者怕报复等心态，行贿人与受贿人之间的信任关系不可能因为法律的宽宥而轻易"不复存在"。"坦白从宽、牢底坐穿；抗拒从严、回家过年"这一民间谚语显然有深沉的社会背景，其深深影响着长期游走在法律边缘的社会人尤其是行贿者。现实中，很多行贿人主动交代犯罪事实，并不是因为考虑到刑罚的从轻处罚，更多的是鉴于侦查手段和证据制度的日趋完善。孙国祥教授深刻地指出，"行贿罪几乎到了不处罚的边缘，但对行贿者从宽处罚并没有带来好的社会效果，反而使一些行贿者一而再、再而三无所顾忌地拉拢腐蚀国家公职人员，谋取巨额利益"，因此，"在肯定主动交待行贿行为可以获得从宽处罚的前提下，适当控制从宽处罚的幅度，是值得肯定的"。② 笔者认为，最简单也是最符合生活常识的道理是如果少一些人想着行贿，则贿赂犯罪无疑会少一些。在惩治贿赂犯罪的问题上，应强调行贿受贿惩处并重的理念，强调刑法的行为规范功能（一般预防机能），发挥刑罚之威慑作用；并且通过刑事侦查手段的强化，综合各种手段，加大对行贿受贿的惩处力度。在无法弄清楚到底是"重受贿轻行贿"或者"二者并重"更有效果的情形下，根据"实践反作用理论"，应当更多地听听实务型专家及司法一线人员的意见和看法。既然之前的"重受贿轻行贿"的思路难以取得更好的效果，何不尝试新的刑事政策？况且"受贿行贿惩处并重"这一新的刑事政策具有充分的理论和实践根据，应值得提倡。

### 三、"受贿行贿惩处并重"刑事政策之理性解读

#### （一）"受贿行贿惩处并重"刑事政策的根据

笔者以为，"受贿行贿惩处并重"这一新的刑事政策的提出有其深厚的理论和现实根据，主要体现在以下几个方面。

（1）"重受贿轻行贿"惩处模式经实践证明已不符合当前贿赂犯罪惩治的客观需要。"重受贿轻行贿"惩处模式，从短时间来看，确实获得了查收大量受贿犯罪的效果；从长远来看，容易造成行贿人有恃无恐的后果，增加新的贿赂犯罪（增量），长期以来的贿赂犯罪惩治司法实践效果其实早就已经证明了这一点。

（2）"受贿行贿惩处并重"刑事政策符合贿赂犯罪对称性的治理结构。受贿犯罪和行贿犯罪之间存在对合关系（对向关系），在治理上应当采取对称式的惩处方

---

① 张明楷：《刑法学》（第五版），法律出版社2016年版，第1233页。
② 孙国祥：《贪污贿赂犯罪研究》，中国人民大学出版社2018年版，第988页。

式,促进构建贿赂犯罪的"对称性"治理结构,有利于实现对腐败治理的双向打击。①

(3)行贿行为是贿赂犯罪的重要原因之一,行贿行为的危害性并不亚于受贿行为。如前所述,受贿行为与行贿行为的源与流之间无法证明,不论如何,行贿行为具有严重的法益侵害性是不争的事实。究竟是利用职权的行为性质更为恶劣,还是腐蚀灵魂这种蛀虫式行为性质更值得唾弃,恐怕难以界分。应在既有刑事责任基础之上加大行贿犯罪的惩处力度,②刑事立法改革还可以进一步严格所有行贿犯罪的处罚条件,以从源头上杜绝腐败犯罪的发生。③

(4)"受贿行贿惩处并重"刑事政策更有利于实现受贿者与行贿者双方的囚徒困境的实现,更有利于对贿赂犯罪的预防和惩治。对此,前面已经有详细论述,在此不再赘述。

(5)"受贿行贿惩处并重"刑事政策符合党和国家政策与腐败贿赂惩治之间的辩证关系。党的政策,特别是党的总政策和基本政策是制定法律的基本依据。④党和国家长期以来坚持对腐败犯罪秉持零容忍的政策,党通过制定各种政策引导刑法立法,⑤贿赂犯罪的立法与司法和党的政策方针更为紧密,如为惩治新时期受贿推动反腐败斗争,中央纪委于2007年5月30日下发了《关于严格禁止利用职务上的便利谋取不正当利益的若干规定》,最高人民法院、最高人民检察院于2007年7月8日下发了《关于印发〈关于办理受贿刑事案件适用法律若干问题的意见〉》,⑥二者内容几乎完全相同。因此,贿赂犯罪的惩治刑事政策应当及时跟进党关于反腐败的要求,"通过把中央新时期反腐的实质精神或相应内容及时、有效地在刑法中植入和转换,相信对职务犯罪的惩治与预防能力将会大大提升"。⑦坚持受贿行贿一起查,体现了鲜明的问题导向和反腐败斗争深化发展的必要要求。⑧坚持受贿行贿一起查乃是我们今后反腐败的重要方针,从"政"入手,遏制受贿;从"商"入手,遏制行贿,坚持"政""商"两手着力,既注重打击、惩治腐败本身,又注重铲除滋生腐败的土壤,为公权力运作营造清、净的环境。⑨提出坚持受贿行贿一起查,为我们更加科学有效地惩治腐败指明了方向,将有力地震慑行贿犯罪,有助

---

① 刘艳红:《中国反腐败立法的战略转型及其体系化构建》,载《中国法学》2016年第4期。
② 于雪婷、于晓光:《职务犯罪预防视阈下的行贿罪惩治问题研究》,载《社会科学战线》2016年第2期。
③ 刘霜、石阳媚:《行贿罪处罚的实证分析及其优化——以某省103个行贿罪判决为研究范本》,载《河南社会科学》2018年第26期。
④ 张文显:《法理学》,高等教育出版社2007年版,第375页。
⑤ 高铭暄:《中国共产党与中国刑法立法的发展——纪念中国共产党成立90周年》,载《法学家》2011年第5期。
⑥ 袁祥:《十种新类型受贿如何界定》,载《光明日报》2007年7月16日第9版。
⑦ 邓崇专:《新时期我国惩治职务犯罪的立法完善——基于中央系列反腐新策的刑法回应》,载《学术论坛》2014年第8期。
⑧ 陈义波、颜惊蕾:《深圳探索建立受贿行贿一起查工作机制》,载《中国纪检监察》2018年第16期。
⑨ 姜明安:《反腐败要坚持受贿行贿一起查》,载《人民论坛》2017年第2期。

# 第一编 新中国成立 70 年来刑事法治和刑法理论的变迁与反思

于降低腐败问题发生的概率,推动惩治腐败工作深入开展。① 坚持行贿受贿一同打击才是对腐败的零容忍,② 有力地反映了国家对腐败行为零容忍的决心。③

(6)"受贿行贿惩处并重"刑事政策符合《联合国反腐败公约》的要求,是对域外经验的借鉴,从域外国家和地区的立法来看,对行贿与受贿实施并重处罚也是通行做法,这一点在学界已经基本达成共识。

## (二)"受贿行贿惩处并重"刑事政策的内涵

党的政策文件和立法、司法机关的规范性法律文本强调的是从严惩治行贿犯罪,并没有要求从轻处罚受贿犯罪。反对该刑事政策的学者也可能对于该刑事政策存在一定的误读。因此,客观全面理解新时代的贿赂惩治犯罪显得尤为重要。以下,笔者就"受贿行贿惩处并重"这一新的刑事政策的内涵提出自己的见解。

1. "受贿行贿惩处并重"刑事政策不等于"同等处罚论"

在理解这一政策之时,我们应当警惕"同等处罚论",即同等处罚行贿罪与受贿罪。有学者从教义学层面、行贿受贿的本质等方面对所谓的"同等处罚论"予以激烈的批判,呼吁应维持传统的"重受贿轻行贿"的政策。笔者以为,"同等处罚论"是对新时代贿赂刑事政策的误读所致的,争论并无实质的意义,甚至影响新时代反腐的政策之贯彻。因此,应当客观地、辩证地理解和把握党中央和最高司法机关的系列政策和精神内涵。新时代的反腐政策并没有否认反腐的重心放在权力的限制之上,并没有否认权力是腐败的最终根源,而是从多维度、立体地进行权力任性的限制。打击行贿罪并不是放弃对受贿的打击。在贿赂犯罪的立法和司法规制上,纠正长期以来过于重视受贿犯罪的打击而对于行贿犯罪过于宽宥的做法。

2. "受贿行贿惩处并重"刑事政策并不是一味地从重惩处行贿行为

当前对行贿犯罪刑罚的完善不应一味地提高法定刑,而是应合理配置刑种和刑度,使刑罚真正发挥惩罚和预防犯罪的功效,④ 应对行贿罪及刑罚进行修改调整、统筹协调,既体现刑事立法和司法的公正原则,更突出对行贿犯罪的科学规制和有效惩治。⑤ 在落实这一刑事政策的过程中,注重贯彻宽严相济的刑事政策。即便是大力主张应加重行贿罪的刑罚的论者,也认为在我国现阶段国情背景下,对于行贿犯罪的处罚,应当略低于受贿犯罪。⑥ 笔者认为,我们应当充分理解"受贿行贿惩处并重"刑事政策并不是一味地从重惩处行贿行为,更不是意味着对受贿行为降低惩处力度。"受贿行贿惩处并重"刑事政策要求突出重点、适度从严,补齐打击行贿不力的短板。"受贿行贿惩处并重"刑事政策要求突出重点,适度从严。将行贿罪立法的指导思想做相应调整,从原来的"严格入罪条件、突出打击重点"调整为

---

① 田国垒:《受贿行贿一起查,是宣言更是行动》,载《中国纪检监察报》2018 年 7 月 22 日第 1 版。
② 田国垒:《受贿行贿一起查,是宣言更是行动》,载《中国纪检监察报》2018 年 7 月 22 日第 1 版。
③ 刘霜、石阳媚:《行贿罪处罚的实证分析及其优化——以某省 103 个行贿罪判决为研究范本》,载《河南社会科学》2018 年第 2 期。
④ 李少平:《行贿犯罪执法困局及其对策》,载《中国法学》2015 年第 1 期。
⑤ 张建升、詹复亮、刘仁文、刘德法、王秀梅、金园园:《立法与司法并重加大打击行贿犯罪力度》,载《人民检察》2015 年第 13 期。
⑥ 徐光华:《应加重行贿罪的刑罚》,载《检察日报》2009 年 7 月 31 日第 3 版。

"适度从严、突出重点"。① 受贿行贿一起查并不是弱化对受贿的惩治,而是要补齐打击行贿的短板,构建"查受贿带行贿、查行贿带受贿"的双向查处机制。②

3. "受贿行贿惩处并重"刑事政策要求立法与司法并重,加大行贿受贿犯罪的惩处

不仅在立法上考虑对行贿犯罪进行罪刑关系的调整,也要在司法上树立"受贿行贿惩处并重"刑事政策,司法人员应该从根本上扭转"行贿服务于受贿"的思想,对行贿罪也应重拳出击。将行贿罪立法规定真正贯彻到司法实践中,还需要一线司法人员转变观念。③ 同时,在笔者看来,"受贿行贿惩处并重"同样要求从立法和司法两个层面考虑,适时调整受贿犯罪的法律规范和受贿犯罪的司法理念,应当注重行贿受贿兼顾,强化综合治理,培养立体式的惩治模式,以期获得更好的刑事惩治效果。

---

① 李涛:《行贿罪立法应适度从严突出重点》,载《检察日报》2011年7月13日第3版。
② 张国栋:《"受贿行贿一起查"!理应如此》,载《湖南日报》2018年6月4日第5版。
③ 刘霜、石阳媚:《行贿罪处罚的实证分析及其优化——以某省103个行贿罪判决为研究范本》,载《河南社会科学》2018年第2期。

第一编　新中国成立 70 年来刑事法治和刑法理论的变迁与反思

# 对我国刑事被害人救助的回顾与反思

黄华生[*]　伍群山[**]

刑事被害人救助在我国经历了从无到有、从理论到实践的过程，虽然发展迅速，但是仍存在较大的改进空间。本文拟对我国刑事被害人救助的产生与发展历程进行梳理，反思其中存在的问题，并提出改革的建议。

## 一、对我国刑事被害人救助的发展回顾

刑事被害人救助既不同于刑事损害赔偿，也不同于国家刑事赔偿。具体而言，刑事被害人救助是指国家对遭受犯罪侵害但是无法从犯罪人处获得赔偿的被害人给予的一定金额的经济救助，是国家对刑事被害人进行救济的一种方式。我国的刑事被害人救助的发展历程大致包括以下几个阶段。

### （一）刑事被害人救助的理论倡导

对加强被害人权益保护的期望和呼唤是催生我国刑事被害人救助制度及其实践的基本动因。改革开放以来，我国刑事法治在保护犯罪嫌疑人、被告人合法权利方面取得了长足进步，但是，刑事案件的被害人却长期遭受国家和社会的遗忘，其合法权益缺乏应有的保护。

刑事被害人合法权益缺乏有效保护的最突出表现之一就是"法律白条"现象严重。在司法实践中，大约有 80% 以上的被害人是无法从被告人处得到赔偿的，被告人被判处重刑的刑事案件情况更是严重，大量的被害人无法从罪犯那里获得实际赔偿，法院所作出的刑事附带民事赔偿判决书大量地成为"空头支票"。

为了加强对刑事被害人的权益保护，安抚和救济不能通过刑事附带民事诉讼获得犯罪人赔偿的被害人，有些学者提出，我国很有必要借鉴新西兰、英国、德国、法国、日本、韩国等国家以及我国香港、台湾地区的被害人救济制度，由国家对遭受严重侵害的刑事被害人进行经济补偿。该观点不仅得到了学术界的赞同，也得到了法律实务人士的支持。

### （二）刑事被害人救助的政策推动

对刑事被害人进行救助的理论呼吁很快在实践中获得了一些积极响应。2004 年 2 月，山东省淄博市委政法委与淄博市中级人民法院联合颁布了《关于建立刑事被害人经济困难救助制度的实施意见》，在全国率先开展刑事被害人国家救济工作。淄博市的开创性做法获得了社会各界的广泛关注和充分肯定。

2009 年 3 月，中央政法委等八部门联合印发《关于开展刑事被害人救助工作的

---

[*]　江西财经大学法学院教授，中国刑法学研究会理事。
[**]　江西财经大学法学院 2018 级硕士研究生。

若干意见》(以下简称《若干意见》),开启了在全国范围内开展刑事被害人国家救助工作的大门。《若干意见》对开展刑事被害人救助工作的基本问题作了全面规定,为各地制定具体实施办法提供了指导意见。此后,各省、自治区、直辖市纷纷以《若干意见》为基础,结合当地的实际情况出台了实施《若干意见》的办法。

在上述一系列国家政策文件的引导下,刑事被害人救助工作得以迅速地在全国各地启动和展开。统计数据显示,2009年至2011年,全国各级法院累计向刑事被害人发放救助金2亿余元。2010年,全国检察机关累计发放救助金额4087万余元。[①] 2011年,全国检察机关累计发放救助金额4359万余元。[②]

2009年4月29日,江苏省无锡市人大常委会通过了《无锡市刑事被害人特困救助条例》,是全国第一部对刑事被害人进行司法救助的地方性法规。2009年11月19日,宁夏回族自治区人大常委会通过了《宁夏回族自治区刑事被害人困难救助条例》。2012年5月30日,内蒙古自治区第十一届人民代表大会常务委员会第二十九次会议批准公布了《包头市刑事被害人困难救助条例》。无锡等地的刑事被害人救助立法使该项工作开始步入了"法"的领域。

### (三) 刑事被害人救助被纳入大司法救助体系

我国的司法救助概念经历了从狭义到广义的变化。司法救助制度的产生是为了解决当时一些民事诉讼、行政诉讼当事人因经济困难而交不起诉讼费用导致有理也打不起官司的问题。2000年7月,最高人民法院《关于对经济确有困难的当事人予以司法救助的规定》第2条规定,本规定所称司法救助,是指人民法院对于当事人为维护自己的合法权益,向人民法院提起民事、行政诉讼,但经济确有困难的,实行诉讼费用的缓交、减交、免交。可见最初的司法救助是一个狭义的概念,范围仅限于诉讼费用的缓、减、免。

随着司法实践的发展,狭义的司法救助概念无法满足人民群众的实际需要。特别是随着2014年2月国务院《社会救助暂行办法》(自2014年5月1日起实施)的颁布和施行,司法救助的内涵和范围必定扩大。从社会救助理论来看,社会救助应当包括了司法救助。《社会救助暂行办法》是我国第一部统筹各项社会救助制度的行政法规,确立了比较完整的社会救助制度体系,其分别规定了八个方面的救助制度,但是问题突出且实践急需的司法救助制度却不在其中。显然,这并非因为司法救助不重要,也并非因为立法疏忽,而是因为司法救助制度兼具行政和司法的双重属性,并且当中的问题纷繁复杂,由国家有关部门另行制定和颁布关于司法救助的专门规定将更为适宜。

近年来国家高度重视司法救助问题。党的十八届三中全会就明确提出:"完善人权司法保障制度,健全国家司法救助制度。"国家的司法体制改革方案也将这项制度列为重要任务。党的十八届四中全会通过的《关于全面推进依法治国若干重大

---

① 参见杨树明:《彰显人文关怀,化解社会矛盾——最高人民法院推动刑事被害人救助制度改革综述》,载《人民法院报》2011年6月11日第1版。

② 参见陈菲:《让受伤的心灵在关爱中回暖——检察机关积极开展刑事被害人救助制度,彰显司法人文关怀》,载《检察日报》2012年3月2日第1版。

# 第一编 新中国成立 70 年来刑事法治和刑法理论的变迁与反思

问题的决定》提出:"完善法律援助制度,扩大援助范围,健全司法救助体系,保证人民群众在遇到法律问题或者权利受到侵害时获得及时有效的法律帮助。"

2014 年 1 月,中央政法委、财政部、最高法、最高检、公安部、司法部联合印发了《关于建立完善国家司法救助制度的意见(试行)》(以下简称《司法救助意见》)。随着《司法救助意见》的实施,我国司法救助制度的内涵发生了两大变化:第一,司法救助的内涵和外延发生了重大变化,大司法救助的格局得以建立。根据《司法救助意见》,司法救助不仅包括诉讼费用的缓、减、免,还扩展到了对刑事被害人、侵权受害人的救助,以及执行程序中的救助等。第二,刑事被害人救助的内容被纳入了广义的司法救助制度之中。刑事被害人救助之前被排除在司法救助外,但是实际上两者均属于对弱势群体的国家救助,将刑事被害人救助纳入司法救助的范围是无可厚非的。

随着刑事被害人救助被纳入到国家的大司法救助格局之中,《司法救助意见》中规定的刑事被害人救助也随之发生变化。一言以蔽之,救助的对象范围有所扩大,适用情形、救助标准、金额和程序更加明确。此后,全国 31 个省(区、市)和新疆生产建设兵团依据《司法救助意见》,出台了国家司法救助的具体实施办法。不过,《司法救助意见》并未跳出政策文件的范围,离"法"甚远。①

## 二、对我国刑事被害人救助的反思

当前我国刑事被害人救助处于初级阶段,并且囿于政策导向和救助资金实力的局限,因此存在一些值得反思之处。这些问题有些属于制度层面的"先天设计"的失误,有些是实践层面的"后天运行"的偏差。

### (一) 定位失准,理念落后

我国对刑事被害人救助的措施着眼于"救助贫困",意在解决特困刑事被害人的急迫生活困难。这与国外许多国家实行的刑事被害人国家补偿措施具有较大区别。国外的刑事被害人国家补偿着眼于损害补偿,意在补偿和抚慰因严重犯罪遭受重大侵害的刑事被害人,至于被害人是否因被害而面临特殊生活困难则不予特别考虑。我国将刑事被害人救助定位为针对特困刑事被害人的"救急解困"措施,使得其积极意义大打折扣。

从深层次看,定位失准问题的根本原因在于我国多年来对刑事被害人救助的理论基础认识不清,由此导致救助理念保守落后。我国刑事被害人救助立法背后的理论基础均为社会福利说,而国家责任说、社会公正说等现代理念完全未体现。根据社会福利说,对刑事被害人的经济资助应被视为国家对生活困难的刑事被害人的一种抚恤和照顾,其本质是一种特殊的社会福利,而不是刑事被害人的固有权利。这种保守的理论学说必然导致立法和实践也是保守和谨慎的。

### (二) 范围狭窄,条件苛刻

我国目前的刑事被害人救助立法对救助对象范围和实体条件的规定基本一致,

---

① 参见闫雨、黄华生:《法治社会进程中我国刑事被害人救助立法审思》,载《社会科学家》2018 年第 11 期。

只针对因受犯罪行为侵害造成被害人重大伤害（或曰严重伤残）或者死亡，被害人或者其近亲属无法及时获得犯罪人的赔偿，确有生活困难的人员。应当指出的是，立法规定的这个范围过于狭窄，"生活困难"等法定条件的设置过于苛刻，不够合理。

具体而言，有以下几点理由：第一，救助只针对生活上有急迫困难的刑事被害人，导致能够符合这种标准的刑事被害人数量不多。大量因刑事犯罪遭受严重损害的被害人及其家属在不能获得犯罪人的经济赔偿的情况下，因不属于生活困难人员而被排除在救助范围之外。第二，以生活困难作为条件，可能会有使被害人"污名化"的嫌疑，从而导致领取国家救助的被害人被认为与一般贫困人群无异。[①] 第三，随着我国经济社会的不断发展，生活贫困人员的数量必将趋于减少，今后符合上述救助立法所设定标准的刑事被害人数量将会进一步减少，今后的实际救助范围还会进一步萎缩。

### （三）政策驱动，内容粗疏

我国目前推动刑事被害人国家救助的中央部委级别的规范性文件有两个。一个是2009年3月中央政法委等八部委联合印发的《关于开展刑事被害人救助工作的若干意见》，另一个是2014年1月中央政法委等六部门联合印发的《关于建立完善国家司法救助制度的意见（试行）》。前者不但内容过于原则，而且只是一个国家八部委的"内部文件"，不允许对外公开，更不能被刑事被害人或者律师等一般法律工作者用作维权的法律依据。后者内容上虽然更加具体了一些，但仍然不是国家的正式立法，而是中央政法委牵头发布的一部政策性文件。

过度政策化之下的刑事被害人救助立法必然导致立法内容和立法技术的粗疏化。当前指导刑事被害人救助的规范性文件，条款过于粗疏，表述过于原则，可操作性差，裁量弹性大，徒有政策口号，实际成效不多。同时，具体个案是否给予救助，缺乏客观的取舍标准，办案人员和领导干部主观随意性大，外部也无法进行有效监督，这种"暗箱操作"的隐患容易损害刑事被害人国家救助应有的公平性。

### （四）"僧多粥少"，力不从心

救助资金的来源和保障是一大制约问题，表面看来救助资金的来源多样，多头共同承担，但是事实上缺少真正充足可靠的资金保障，而刑事被害人救助的实际需求又相当庞大，导致出现了一种"僧多粥少"的局面，全国整体上都存在司法救助资金来源不稳定、供需矛盾尖锐的问题。

按照我国现行的国家管理体制，司法机关开展刑事被害人国家救助工作离不开各级政府在财政上的大力配合和支持。但是负责提供财政资金的政府部门则往往认为，救助刑事被害人是司法机关的事情，与自己的工作关系不大，因而缺乏支持的热情和意愿。如果仅有法院、检察院等司法机关唱"独角戏"，而财政拨款不足，执行救助的司法机关在实际工作中必然"力不从心"。

---

[①] 参见赵国玲、徐然：《中国刑事被害人国家救助的现状、突围与立法建构》，载《福建师范大学学报》（哲学社会科学版）2015年第1期。

### (五) 变相维稳，背离初衷

我国设立刑事被害人救助制度的初衷在于救助遭受犯罪严重侵害而又无法从犯罪人那里获得有效经济赔偿且生活困难的刑事被害人，而不是为了解决上访问题。但是由于我国的刑事被害人救助工作实践是与构建社会主义和谐社会的目标提法相伴而出，所以我国刑事被害人救助"先天"就蕴含着维护社会稳定、化解社会矛盾的基因和使命。以至于无论是政策文件还是地方立法，都把维稳作为开展刑事被害人救助工作的重要政策目标。

而到了刑事被害人救助的具体实施层面，很多司法机关又更进一步，把平息当事人缠诉闹访作为主要考量，刑事被害人救助逐渐沦为了一种维稳手段，本来就为数不多的救助资金也沦为了"维稳经费"。这种将救助作为维稳器具的功利化做法既减损了刑事被害人国家救助的公正性，又等于是在变相鼓励刑事被害人申诉、上访。同时，国家机关与刑事被害人讨价还价，签订协议约定不再闹访后才给予救助，这种近乎赤裸裸的利益交换存在滥用国家资源的嫌疑。

## 三、我国刑事被害人救助的改革建议

基于以上反思，我国的刑事被害人救助需要从以下方面进行改革：

### (一) 由困难救助转变为被害补偿

当今世界各国的刑事被害人救助大致可归纳为以下三种模式：救助法模式、补偿法模式和保护法模式。

我国刑事被害人救助的政策和实践采用的是救助法模式，应当转为补偿法模式。主要原因是：第一，刑事被害人救助法模式存在较大的局限性。其局限性主要体现在救助条件太严、救助范围太小、救助金额偏低，是一种层次较低的救济模式。而补偿法模式则进一步将国家对刑事被害人的经济补偿视为保护被害人合法权益和维护社会正义的措施，受惠的刑事被害人不再以生活困难为前提条件。第二，从世界各国刑事被害人救济立法的总体情况和进化趋势来看，救助法模式是初级模式，补偿法模式是主流模式，保护法模式是前卫模式。近年来我国经济和社会发展较快，应结合救助法模式的实践经验，将救助法模式提升到更高层次的补偿法模式。

基于补偿法模式，制定刑事被害人补偿法应当适当扩大救助范围。不宜将生活困难作为救助的条件，不应把救助对象限于生活困难的刑事被害人。

补偿法模式是否超越了我国现阶段的经济发展水平，使国家财政不堪重负呢？笔者认为，关键在于国家决策层是否重视，是否下定决心要推行。与支出庞大的医疗保险改革相比，刑事被害人补偿制度改革所需的费用要小得多，也更可控。相对于我国目前每年巨额的财政收入和支出来说，全国每年几十亿元的刑事被害人补偿金支出不会成为承受不起的负担。

### (二) 由社会福利说转变为"三元整合理论"

国内外对刑事被害人救助的理论基础问题众说纷纭，其中影响较大的主要有国家责任说和社会福利说。从实践形态来看，我国现行"救助制度"的理论根基是

"社会福利说"。

但是，社会福利说存在如下缺陷：第一，将刑事被害人视为享受社会救济的贫困者角色不太符合他们的实际心理感受和需求。第二，将救助范围局限于生活困难的刑事被害人，会模糊被害人救助和一般社会福利的区别，从而降低重要性。第三，刑事被害人在获得救助金之前需要经过严苛的经济调查，可能造成"二次被害"。

笔者认为，单一学说难以支撑刑事被害人救助，应当综合不同学说，以多种学说兼容的整合理论作为我国刑事被害人救助的理论基础。我国刑事被害人国家补偿法的理论基础应当采取"以国家责任说为起点、以社会福利说为限定、以社会公正说为导向"的三元整合理论。① 三元整合理论的逻辑思路如下：第一，国家责任说从国家的责任与义务出发，证成刑事被害人享有获得国家补偿的权利。换言之，救助刑事被害人给予补偿是国家的应有责任和被害人的固有权利。第二，由于国家责任说容易导致补偿范围过宽、国库入不敷出，因而需要社会福利说进行适当限定。社会福利说要求从社会现实条件出发，根据具体社会的财政支付能力等因素来对刑事被害人补偿范围进行限制。第三，国家在设定刑事被害人补偿范围时，应根据社会正义论，区分补偿需求的轻重缓急，从而引导社会福利范围的选择设定。以上国家责任说、社会福利说及社会公正说三者具有递进性、补充性，结合起来正好可以发挥扬长避短、优势互补的效果。

### （三）由政策文件和地方性法规转变为全国统一的单独立法

与地方性法规相比，法律这种立法形式更胜一筹。其实早在2007年3月，第十届全国人民代表大会第五次会议就决定将刑事被害人国家补偿立法纳入国家立法规划，然而之后国家层面的相关立法却一直处于停滞状态。笔者主张，应当尽快启动此前计划的全国性的刑事被害人国家补偿立法，由全国人大常委会制定一部全国适用的《刑事被害人国家补偿法》。

具有争议的是，随着2014年1月中央政法委等六部门联合印发《关于建立完善国家司法救助制度的意见（试行）》，司法救助工作进入了大司法救助的新格局，我国此前的立法规划——制定专门的《刑事被害人国家补偿法》，是否相应地调整为制定一部涵盖范围更广的《司法救助法》呢？有的学者持肯定态度，认为应当尽快制定一部统一的《司法救助法》。②

但是，笔者不赞同制定统一的《司法救助法》，而认为应当制定一部关于刑事被害人补偿的单独立法。主要理由如下：第一，司法救助的范围过于庞杂，难以统一立法。目前广义的司法救助的范围包括：对经济困难当事人的诉讼费用的缓、减、免，对刑事被害人的救助，对侵权受害人的救助，对举报人、证人、鉴定人的救助，对申请执行人的救助，对涉法涉诉信访人的救助，以及对党委政法委和政法各单位根据实际情况认为需要救助的其他人员的救助。第二，对刑事被害人的补偿

---

① 参见黄华生：《三元整合论：我国刑事被害人国家补偿立法的理论基础》，载陈兴良主编：《刑事法评论》（2015年第1卷，总第35卷），北京大学出版社2015年版，第500—515页。
② 参见梅传强：《完善司法救助立法的构想》，载《法制日报》2016年7月6日第9版。

不同于其他救助类型。刑事被害人不情愿也不应当仅被视为需要抚恤的人员，他们更加期望实现正义、还其公道。第三，在各种司法救助类型中，刑事被害人无疑是目前最主要、最急切的救助对象，客观上亟须一部统一的全国性立法来予以规范。

当前指导刑事被害人救助的规范性文件，条文内容都过于粗疏。制定刑事被害人国家补偿法应当走细密立法的路线，将实体内容和程序机制一并规定，尽可能明确、详尽地规定刑事被害人救助的对象、条件、金额等各项制度。

### （四）由司法机关协调资金来源转变为政府专项财政保障

如前所述，司法机关可以用于刑事被害人救助的资金，目前短缺严重，导致司法机关通常需要向政法委、财政部门等机关协调解决资金来源问题，这是制约我国开展刑事被害人救助工作的一大瓶颈。笔者认为，导致"巧妇难为无米之炊"的原因在于当政者的思想认识不到位。对遭受犯罪严重侵害而又无法获得经济赔偿的刑事被害人给予国家补偿是有重大意义的，其是维护司法公正、促进社会和谐的必要举措。

经过改革开放，我国经济实力显著增强，以我国当前经济的发展水平以及今后的发展前景来看，国家开展刑事被害人补偿工作的经济压力并不会太大。其实，只要优化财政资源配置，减少"三公经费"挥霍浪费，控制"维稳经费"节节高攀，国家就有能力承担刑事被害人补偿资金的支出。各级政府和官员应当充分认识刑事被害人国家救助的重大意义，把它作为政府义不容辞的分内职责，与司法机关齐心协力，在财政保障方面应当予以优先支持，用"真金白银"来推进刑事被害人国家补偿工作的开展，而不能把它当作可有可无的额外负担，只是象征性地应付了事，更不能"口号式"地"伪参与"。在加大财政拨款的同时，各级政府还应当建立刑事被害人国家补偿专项基金。资金来源除了政府财政专项拨款以外，还应当包括刑事司法机关收缴的赃款、赃物、违法罚没款、罚金、没收财产中提取的一定比例，此外还可以接受个人和单位的公益捐赠。

### （五）由救贫维稳变为保护被害人权益和实现刑事正义

从我国目前指导刑事被害人救助的规范性文件来看，主要都是出于"维稳"和"济贫"两个立法目的。以"济贫"为宗旨，未能充分体现保护被害人合法权益的精神。将被害人救助作为"维稳"工具的做法，则导致出现一些利益交换、执法不公、变相奖励闹事者的不合理现象。

我国未来的刑事被害人补偿立法应当转向以保护被害人权益和实现刑事正义为立法宗旨。刑事被害人补偿制度兼具社会法和刑事法的双重性质，不仅要贯彻社会法上的弱者保护原则，而且要贯彻刑事法上的公平正义原则。

根据保护刑事被害人权益和实现刑事正义的立法宗旨，我国未来的刑事被害人国家补偿法应当在具体制度设计上尽量作出有利于保护被害人权益和实现公平正义的选择。例如，不宜将涉法涉诉上访人员列为单独的一类补偿对象，不能将补偿作为维稳的工具；应当赋予严重受害的刑事被害人及其遗属依法申请国家补偿的权利；应当对有重大过错或者较大过错的犯罪被害人不予补偿或者减少补偿金额；应当规定国家对负有损害赔偿责任的加害人的追偿制度。

# 刑法司法解释扩张的乱象、危害及其反思
## ——来自律师实践的观察与思考

张志华*

## 一、问题的提出：刑法司法解释扩张的乱象

自罪刑法定原则被现代刑法奉为"圭臬"以来，"法无明文规定不为罪、法无明文规定不处罚"已经深入人心。原则上，只有刑法才能规定什么是犯罪以及如何处罚。但是，客观上，受制于立法技术的局限性以及社会生活的复杂性，"认为立法者能够透过规范对于每个案件都预先定出完整、终局之决定的想法，已被证明是一种错觉、幻想"。[①] 因此，为了更好地适用刑法，我国立法者赋予了最高人民法院与最高人民检察院有权在其各自审判、检察过程中具体运用法律的问题进行解释（简称"司法解释"）。应当说，刑法司法解释有其一定的合理性所在，它有助于更好地理解和适用刑法。但是，"理想很丰满，现实却很骨感"。我们发现，至今刑法司法解释越来越呈现出一种泛化的趋势，以致在司法实践中，检察官与法官开口闭口都是司法解释，甚至是一些难以查询的"两高"乃至地方会议纪要等，[②] 刑法不见踪影。更为严重的是，刑法司法解释扩张化趋势显著，一些刑法条文并未明文规定为犯罪的行为，"两高"均通过司法解释的方式予以入罪。

例如，2000年11月发布的最高人民法院《关于审理交通肇事刑事案件具体应用法律若干问题的解释》第5条第2款规定："交通肇事后，单位主管人员、机动车辆所有人、承包人或者乘车人指使肇事人逃逸，致使被害人因得不到救助而死亡的，以交通肇事罪的共犯论处。"然而，我国刑法第25条明确规定了"共同犯罪是指二人以上共同故意犯罪。二人以上共同过失犯罪，不以共同犯罪论处"。这一司法解释明显违反了刑法规定，将交通肇事罪的主体予以扩张。

又如，2014年8月12日最高人民法院、最高人民检察院《关于办理走私刑事案件适用法律若干问题的解释》第21条规定："未经许可进出口国家限制进出口的货物、物品，构成犯罪的，应当依照刑法第一百五十一条、第一百五十二条的规定，以走私国家禁止进出口的货物、物品罪等罪名定罪处罚……"但是，限制进出口与禁止进出口显然不是包含与被包含的关系，这样的司法解释不仅扩张了禁止进出口的内

---

\* 江苏天倪律师事务所主任。

① ［德］英格博格·普柏：《法学思维小学堂》，蔡圣伟译，北京大学出版社2011年版，第91页。

② 其实，从严格意义上说，"两高"的会议纪要、座谈会等并不属于司法解释，不具有强制效力。特别是根据2012年最高人民法院与最高人民检察院下发的通知，"地方人民法院、人民检察院不得制定司法解释性质文件"。地方上的各种名目的对刑法的解释更不具有效力，甚至是违法的。

# 第一编 新中国成立70年来刑事法治和刑法理论的变迁与反思

涵,甚至有类推之嫌。

再如,我国刑法第225条规定了非法经营罪,其第4项设定了兜底条款:"其他严重扰乱市场秩序的非法经营行为"。据不完全统计,自1997年至今,"两高"至少发布了10个以上的司法解释扩充了"其他非法经营行为"的内涵。经过司法解释的不断扩张,"其他非法经营行为"涉及的范围已经涵盖了外汇、证券、期货、保险、出版、电信、传销、医药、饲料、网络、价格、无线电通讯、电子游戏等各个领域。不论是经营资格违法、内容违法;还是手段违法,只要经营活动被认为扰乱了市场秩序,没有合适的罪名,甚至有合适的罪名只因为处罚过轻,便以非法经营罪的兜底条款定罪处罚。① 以致同仁时常感慨,"本是分解79刑法三大'口袋罪'之一投机倒把罪而来的非法经营罪,事实上又成为了新的'口袋罪'"。

面对司法解释无限扩张的趋势,我们认为,有必要对其危害予以具体阐明以引起社会的广泛关注,并且就如何防止司法解释的无限扩张以及尽可能地保障人权抛砖引玉地率先提出自己的看法。

## 二、刑法司法解释无限扩张的危害

我们认为,刑法司法解释无限扩张化至少会在侵犯国民的预测可能性、造成检察官和法官职权与主观能动性萎缩、削弱立法权、侵蚀法治基本精神四个方面造成严重危害。

第一,侵犯了国民的预测可能性。"法律必须被信仰,否则将形同虚设"。美国法学家伯尔曼的名言耳熟能详。但是,法律之所以会被信仰,是因为法律能够被人们充分知晓,给人们的行为指明了行动的方向,它告诉了国民行为的边界,以最终获得自由的保障。刑法当然不例外。而不同于刑法颁布的主体、法律文本本身在国民心中的地位以及知晓程度,司法解释无论是从其制定的主体,在国民心中的地位,还是其广而告之的力度而言,都远不如刑法本身。司法解释的扩张化必然会导致国民依据刑法文本本身的行为"预测可能性"遭到侵犯。例如,曾经轰动一时的天津赵春华案件,尽管依据相关的司法解释明确规定,赵春华持有的确实属于刑法意义上的枪支,但是,仅根据刑法第128条第1款的规定——"违法枪支管理规定,非法持有、私藏枪支、弹药的,处三年以下有期徒刑、拘役或者管制;情节严重的,处三年以上七年以下有期徒刑",一般国民无论如何也无法预测到射击摊位上的"玩具枪"竟然属于刑法非法持有枪支罪中的枪支。如果国家不是依据刑法,而是司法解释处罚一个国民难以预测到可能犯罪的行为,国民即失去了行为的预测可能性,也就失去了自由,法律不可能被信仰。

第二,造成检察官和法官职权与主观能动性萎缩。马克思曾说:"法官是法律世界的国王,法官除了法律没有别的上司。"② 美国法学家德沃金也曾在《法律帝

---

① 参见高翼飞:《从扩张走向变异:非法经营罪如何摆脱"口袋罪"的宿命》,载《政治与法律》2012年第3期。
② 《马克思恩格斯全集》(第1卷),人民出版社1995年版,第181页。

国》一书中指出:"在法律帝国之中,法院乃帝国之首都,法官乃帝国之王侯。"①也就是说,真正执行法律的人应当属于检察官和法官之个体。因为他们才是洞察世事的神灵。然而,司法解释的扩张化导致的一个糟糕现象是检察官与法官逐渐失去了解释法律的权力与信念,他们迷失在了浩瀚的司法解释之中,无法自拔。在牵动全国恻隐之心的陆勇销售假药案中,陆勇仅仅是为了维护人的最后尊严"活着",在自己购买印度抗癌药之时帮助病友代购获取了少量利润。尽管根据刑法及相关司法解释规定,未经批准或者依法必须检验而未经检验即销售药品按照假药论处。但是,无论是从生产、销售假药罪的立法本意即保障公民的人身安全,还是其设置的法定刑最高可至死刑来看,生产、销售假药罪中的假药都不可能,也不应当包含"仅是未经我国批准或检验的真药"。就此而言,公安立案,检察院将此案移送法院是令人咋舌的。② "对法典的条文进行机械式适用的法官,其实不能被称为法官;他只是司法机器中一个无感情、死板的齿轮。法官不应该是这样的。……世界并不是被抽象的规则统治,而是被人统治"。③

第三,削弱了立法权。根据我国立法法规定,我国的立法权由全国人民代表大会及其常务委员会行使,最高人民法院与最高人民检察院行使司法权。然而,司法解释的不断扩张已然将司法之手伸入到了立法领域,从某种意义上说,削弱了立法权。例如,如前所述,"两高"至少发布了10个以上的司法解释扩充了刑法第225条非法经营罪第4项"其他严重扰乱市场秩序的非法经营行为"。经过司法解释的不断扩张,"其他非法经营行为"涉及的范围已经涵盖了外汇、证券、期货、保险、出版、电信、传销、医药、饲料、网络、价格、无线电通讯、电子游戏等各个领域。不论是经营资格违法、内容违法、还是手段违法,只要经营活动被认为扰乱了市场秩序,即使没有合适的罪名,甚至有合适的罪名只因为处罚过轻,便以非法经营罪的兜底条款定罪处罚。毫不夸张地说,由司法解释规定如此之庞杂丰富的犯罪行为类型实属罕见,如果这样的司法解释仍然属于"解释",那么恐怕立法也不过是"司法解释中的一种"。这绝非危言耸听。《刑法修正案(七)》第4条增设了组织、领导传销活动罪,但本罪名其实早在立法确定之前就被司法解释解释为非法经营罪中的"其他非法经营行为",可谓是司法解释在前,立法在后。而司法削弱立法权的后果是显而易见的,其不仅会导致权力不受拘束,还可能造成刑罚的肆意。

第四,侵蚀了法治的基本精神。滥觞于日本刑法关于形式法治与实质法治之争,我国学界亦有部分学者开始追求实质法治,即主张为追求实质正义可以牺牲一定程度的法律文本的形式要件,实务界对此更是趋之若鹜。司法解释的扩张无疑便是实质法治引导下的一种具象表现形式。然而,何为法治的基本精神,我们更赞成形式法治的观点,即应当严格恪守法律文本的字面含义,限制司法权,即便牺牲实

---

① [美]德沃金:《法律帝国》,李常青译,中国大百科全书出版社1996年版,第361页。
② 尽管最终检察院撤回起诉,决定不起诉。但是,我们认为检察院以陆勇的行为不是销售作出不构成犯罪不起诉的决定仍然是值得商榷的。
③ [德]鲁道夫·冯·耶林著,[德]奥科·贝伦茨编注:《法学是一门科学吗?》,李君韬译,法律出版社2010年版,第81页。

## 第一编　新中国成立 70 年来刑事法治和刑法理论的变迁与反思

质正义也必须维护立法至上、文本至上的基本理念。之所以强调形式法治，不是因为形式法治是完美的，恰恰相反，遵循形式法治必然会导致一些值得处罚的行为逃脱法网。但是，任何一种制度的实施都是有代价的，[①] 倘若每个法官都能像柏拉图理想国中的圣人一样，也许立法不要也罢，人治又何妨不可？遗憾的是，历史屡次告诫我们，没有这样的圣人，只有被权力俘获的人类，法治也正是人类基于这样的遗憾而选择的另一治理制度。因此，只有形式法治才是法治的基本精神。具体至刑法，便是严格遵守罪刑法定原则。对此，贝卡里亚也曾敏锐地指出："严格遵守刑法文字所遇到的麻烦，不能与解释法律所造成的混乱相提并论。"[②] 司法解释扩张解释刑法，无疑是对法治精神的侵蚀，长此以往，后果不言而喻。

### 三、反思：可从审查机制、生效期限以及溯及力构建入手降低司法解释扩张可能对人权的侵犯

刑法司法解释扩张化的趋势无疑对保障人权是一个严重的威胁，也与当前世界弘扬法治精神背道而驰。因此，有必要探讨应如何防止司法解释的无限扩张以尽可能地保障人权。我们认为，可从事前审查机制、生效期限以及溯及力的构建三方面入手。

第一，建立司法解释发布前的审查机制。根据我国立法法第 104 条第 2 款规定："最高人民法院、最高人民检察院作出的属于审判、检察工作中具体应用法律的解释，应当自公布之日起三十日内报全国人民代表大会常务委员会备案。"换言之，在现阶段，对于司法解释我国仅规定了事后备案制度。而基于对 1997 年至今，事后备案制度没有对任何一个司法解释进行过"质疑"，我们认为事实上事后备案制度已经名存实亡。那么，是司法解释都太完美无须"质疑"吗？恐怕并非如此。姑且不论，前述司法解释将"交通肇事后，单位主管人员、机动车辆所有人、承包人或者乘车人指使肇事人逃逸，致使被害人因得不到救助而死亡的，以交通肇事罪的共犯论处"严重违背了刑法关于共同犯罪的规定，即便是司法解释本身也存在多次自我修改与否定。比如，2001 年 4 月 9 日发布的"两高"《关于办理生产、销售伪劣商品刑事案件具体应用法律若干问题的解释》规定了"医疗机构或者个人，知道或者应当知道是不符合保障人体健康的国家标准、行业标准的医疗器械、医用卫生材料而购买、使用，对人体健康造成严重危害的，以销售不符合标准的医用器材罪定罪处罚"，但这一规定在 2003 年 5 月 14 日发布的"两高"《关于办理妨害预防、控制突发传染病疫情等灾害的刑事案件具体应用法律若干问题的解释》中进行了修正，具体修改为"医疗机构或者个人，知道或者应当知道系前款规定的不符合保障人体健康的国家标准、行业标准的医疗器械、医用卫生材料而购买并且有偿使用的，以销售不符合标准的医用器材罪定罪，依法从重处罚"。显然，"两高"也意识到了将"知道或者应当知道是不符合保障人体健康的国家标准、行业标准的医疗器械、医用卫生材料而购买"的行为解释为"销售不符合标准的医用器材"是

---

[①] "人类的一切制度必是有得有失，企图实践一种无代价的制度，必将付出更大的代价。"参见郑也夫：《代价论——一个社会学的新视角》，生活·读书·新知三联书店 1995 年版，第 149 页。

[②] ［意］贝卡里亚：《论犯罪与刑罚》，黄风译，中国法制出版社 2005 年版，第 16 页。

极其荒谬的。

我们认为,上述问题的根本原因出在事后备案机制上。事后备案机制的本质是一种消极权力,很难想象全国人大常委会主动审查每一个备案的司法解释。因此,我们主张应当建立司法解释事前审查机制,即要求司法解释在发布前必须经过全国人大常委会的法律解释审查机构进行事前审查。其审查的主要内容包括司法解释是否符合主体、对象、效力以及形式的要求,同时审查司法解释是否存在与刑法规定、刑法基本理论相冲突等情形。[①] 对于一些争议较大、规制范围较广的司法解释,立法机关在审查时还应广泛征求社会意见,并根据实际所需,召开专家、学者论证会等,以对司法解释是否符合法律规定、是否符合立法原意、是否符合刑法基本理念等进行充分论证,以保障人权。

第二,尽管原则上扩张文本的司法解释是不应当被允许的,这也是我们的基本立场,但考虑到司法解释扩张文本以打击犯罪将会是我国社会相当长时间的"特色"。因此,我们建议为尽可能充分保障人权,对于实践中争议较大,或者"从无到有"的关涉文本扩张的司法解释应当设立一定时间的生效期限,以给国民充分知晓的时间。

当前,根据最高人民法院发布的《关于司法解释工作的规定》第25条规定,司法解释自公告发布之日起施行,但司法解释另有规定的除外。关于我国司法解释的生效时间,是以发布之日生效为原则,另有规定为例外。应当说对于部分司法解释,"两高"是给予了一定的生效时间的,如2010年3月2日发布的"两高"《关于办理非法生产、销售烟草专卖品等刑事案件具体应用法律若干问题的解释》就规定本解释自2010年3月26日起施行。不过对于更多的司法解释,特别是对文本扩张的司法解释,"两高"并没有设置生效期间或者只设置很短的生效期间。比如,"两高"于2003年5月14日联合发布了《关于办理妨害预防、控制突发传染病疫情等灾害的刑事案件具体应用法律若干问题的解释》,其中第6条将违反国家在预防、控制突发传染病疫情等灾害期间有关市场经营、价格管理等规定,哄抬物价、牟取暴利,严重扰乱市场秩序,违法所得数额较大或者有其他严重情节的,扩张解释为刑法第225条第4项"其他非法经营行为",以非法经营罪定罪,该解释自同年5月15日起施行。又如,2013年9月6日"两高"发布了《关于办理利用信息网络实施诽谤等刑事案件适用法律若干问题的解释》,其中第7条将违反国家规定,以营利为目的,通过信息网络有偿提供删除信息服务,或者明知是虚假信息,通过信息网络有偿提供发布信息等服务,扰乱市场秩序,情节严重的行为扩张解释为刑法第225条第4项"其他非法经营行为",以非法经营罪定罪,该解释自同年9月10日起施行。对此做法,我们认为难言合理。为充分维护国民的预测可能性、保障人权,扩张文本的司法解释必须设立一定时间的生效期限,以给国民充分知晓的时间。

第三,原则上扩张性的司法解释不得溯及既往。有关司法解释的溯及力问题无论是在理论界还是实务界都颇具争议。较为具有代表性的两种观点是肯定说与否定

---

① 参见张晶:《越权刑法司法解释之现实表现与解决路径》,载《理论月刊》2014年第4期。

## 第一编  新中国成立 70 年来刑事法治和刑法理论的变迁与反思

说。肯定说认为,司法解释施行后,即须按照司法解释去理解、适用法律。司法解释施行后,所有正在审理或尚未审理的案件都必须一律适用解释。① 肯定说在实务界的影响较大。否定说认为,司法解释原则上不应具有溯及力,不能追溯适用其生效之前的行为。② 我们认为,关于司法解释溯及力的问题应当区分类型对待。对于常规状态下的司法解释可以溯及既往,而对于扩张性的司法解释,出于对人权的保障,原则上必须强化一种只能适用于司法解释生效后行为的立场。

美国关于禁止可能产生事后法效果的法律解释可能会给我们更好的启示。在 Bouie 一案中,两名黑人大学生在某饭店内就座后被店主要求离开(由于种族隔离的原因),他们置之不理继续坐在位置上。后来经理报警,警察在要求他们离开的时候,他们反问"凭什么"后被逮捕。根据当时南卡罗来纳州的法律,所谓非法侵入,是指在受到不得进入的警告后,仍然强行进入的行为。南卡罗来纳州的最高法院将非法侵入扩大解释为"合法进入后,被要求离开而拒不离开的行为"。Bouie 认为,该州最高法院的解释违反了美国宪法对于刑法解释的限制,因而上诉到最高法院。联邦最高法院在考察了之前的判例和立法情况后,认为"确定无疑的是,对于获得公平警告权利的剥夺不仅仅来源于不明确的法律语言,还来自于不可预见的、溯及既往的对于狭窄、准确的法律语言的扩大解释"。最终判决 Bouie 胜诉。③ 应当说,对于刑法条文扩大解释溯及既往的适用,与运用事后法几乎是一致的,它们都必将侵犯国民的预测可能性。而基于禁止溯及既往是罪刑法定原则的派生原则,其旨在保障国民作出行为时可以合理预见自己行为的刑法后果,则有必要禁止扩张性司法解释的溯及既往。

### 四、结语

1997 年,我国刑法正式确立罪刑法定原则,废除了类推制度。但在罪刑法定原则尚未立稳脚跟之时,司法解释却扩张化泛滥。这让我们不得不思考,如果不能解决好司法解释的扩张化问题,我们是否"关进去了一头猛虎,却无意放出了一群恶狼"?④ 本文即是对这一问题思考的结果。我们认为,必须遏制司法解释的扩张化趋势,否则它将会在侵犯国民的预测可能性、造成检察官和法官职权与主观能动性萎缩、削弱立法权、侵蚀法治基本精神四个方面给社会造成严重危害。在制度上,可从建立司法解释发布前的审查机制;对于实践中争议较大,或者"从无到有"的关涉文本扩张的司法解释应当设立一定时间的生效期限,以给国民充分知晓的时间;扩张性的司法解释不得溯及既往三个方面予以规制。希冀本文能引发对我国当前司法解释扩张化问题更多的思考。

---

① 参见黄京平:《论刑事司法解释的溯及力——以朱某等非法买卖枪支案为视角》,载《中国刑事法杂志》2010 年第 5 期。
② 参见陈佑武、彭辅顺:《刑法解释的时间效力与人权保障》,载《中国刑事法杂志》2011 年第 6 期。
③ 参见 Bouie v. City of Columbia, 378 U.S. 347, at348-351. 转引自郑泽善、车剑锋:《刑事司法解释溯及力问题研究——对美国司法实践中禁止溯及既往原则的借鉴》,载《政治与法律》2014 年第 2 期。
④ 参见劳东燕:《罪刑法定的明确性困境及其出路》,载《法学研究》2004 年第 6 期。

# 论共同犯罪认定标准的变迁与反思

侯 磊* 陈珊珊**

在刑事司法实务中，除了单独犯罪之外还存在大量多人参与犯罪的情形，但在此类犯罪情形中，每个参与人的罪责分担却不似单独犯那样清晰明了，实施了各不相同行为的人何以视为一个整体？视为整体的法律效果如何？为什么要如此处理？诸如此类问题，是在讨论多人参与犯罪时不可回避的。我国刑法学界从新中国成立开始对多人参与犯罪的情形就有相关立法规定，刑法学界在1979年刑法典颁布之后也启动了系统性的研究，本文意图对共同犯罪认定标准的学说进行梳理，展现学术史的变迁并对此相关学说进行反思。

## 一、学说变迁

关于共同犯罪本质认定的学说讨论在外国刑法上是围绕犯罪共同说与行为共同说的对立展开的，这种学说上的争论随着时代的变化逐步引进国内。

### （一）犯罪共同说

从1949年新中国成立至1979年新中国第一部刑法典制定的30年中，我国关于共犯的规定主要有以下特点：1. 对首要分子（或主谋、组织者、指挥者）及其他参加者分别规定刑事责任。2. 规定被胁迫、被诱骗参加犯罪的，可以从轻、减轻或免除处罚。3. 规定了一般主体与特殊主体共同犯罪的刑事责任。4. 规定了对集体犯罪（贪污）及其组织者的处罚原则。这些规定是我国司法实践与共同犯罪作斗争的经验总结，它反映了我国关于共同犯罪立法的特点。① 因为当时的多部单行刑法并未规定共犯的概念，也不区分实行犯、教唆犯、帮助犯，只是对现实中需要打击的共同犯罪的行为分别做出了规定，所以在1979年之前我国刑法并不存在对共犯本质的争论。"1981年李光灿同志的《论共犯》再版，1986年吴振兴同志出版《论教唆犯》，1987年李光灿等同志出版《论共同犯罪》，林文肯等同志出版《共同犯罪理论与司法实践》，显示了我国刑法学者对共同犯罪问题的关注。"②

1979年刑法典第22条规定了共同犯罪的概念："共同犯罪是指二人以上共同故意犯罪。二人以上共同过失犯罪，不以共同犯罪论处；应当负刑事责任的，按照他们所犯的罪分别处罚。" 当时关于共犯的本质介绍了三种学说：犯罪共同说、行为共同说、共同意思主体说。当时学界通说认为，犯罪共同说有局限性但是历史贡献

---

\* 苏州大学王健法学院2018级刑法学硕士研究生。
\*\* 苏州大学王健法学院刑法教研室主任、副教授。
① 参见马克昌：《刑事立法中共同犯罪的历史考察》，载《武汉大学学报》（社会科学版）1983年第4期。
② 马克昌：《中外共同犯罪理论的发展》，载《法学评论》1990年第3期。

# 第一编　新中国成立 70 年来刑事法治和刑法理论的变迁与反思

还是主要的,因而我们认为对这种学说仍然应当给予历史的肯定评价;行为共同说是应当批判的;共同意思主体说不科学但是在方法论上还能给人们以有益的启示。① "我国刑法的这种建立在主客相统一原则基础之上的共犯理论,是社会主义的刑法理论,是与资产阶级以往的建立在犯罪共同说基础上的共犯理论和建立在行为共同说基础上的共犯理论截然不同的。"② 因此在我国 "成立共同犯罪必须具备三个条件:第一,'共同犯罪的主体,必须是两个以上达到刑事责任年龄、具有刑事责任能力的人或者单位';第二,'构成共同犯罪必须二人以上具有共同的犯罪行为','各行为人所实施的行为,必须是犯罪行为,否则不可能构成共同犯罪';第三,'构成共同犯罪必须二人以上具有共同的犯罪故意'"。③ 传统刑法并没有明确认为我国关于共犯的本质是采纳犯罪共同说,但对比犯罪共同说的观点,"共犯是两个以上有刑事责任能力的人共同参与实施一个犯罪,所谓共同,就是犯同一犯罪的意思,对同一犯罪事实的协同加功"。④ 可以推断传统刑法理论关于共犯本质的论述实质上和犯罪共同说的观点是一致的。

## (二) 部分犯罪共同说

在我国刑法学界较早引入和支持部分犯罪共同说的是张明楷教授,⑤ 后得到众多学者支持。⑥ 从某种意义上说,目前部分犯罪共同说已经成为我国刑法学界的通说。⑦ 部分犯罪共同说主张 "数人所共同实施的犯罪纵然不属于相同的构成要件,但是在不同的构成要件之间存在同质重合的关系时,则在同质重合的限度内成立共同正犯"。⑧ 部分犯罪共同说的本质是 "数人一罪",相较于犯罪共同说,部分犯罪共同说理论被认为在处理共犯问题上的结论更为合理,举例说明(案例一):甲以伤害的故意,乙以杀人的故意共同对丙施加暴力,导致丙死亡。事后无法查明仅有的一处致命伤是谁所致。犯罪共同说认为,甲的主观内容为故意,乙的主观内容为伤害,因为不存在相同的犯罪故意,所以甲乙二人不成立共同犯罪,所以不适用部分行为全部责任原则,结合存疑有利于被告人原则,不能将杀人结果归于甲或者乙,只能分别定罪,甲构成故意杀人未遂,乙构成故意伤害(致人死亡)既遂。部

---

① 参见马克昌:《评资产阶级关于共犯的学说》,载《法学评论》1984 年第 4 期。
② 姜代境、陈启:《评 "片面共同犯罪" 论》,载《辽宁大学学报》1988 年第 2 期。
③ 高铭暄、马克昌主编:《刑法学》,北京大学出版社、高等教育出版社 2011 年版,第 163 页以下。
④ 马克昌:《比较刑法原理》,武汉大学出版社 2002 年版,第 653 页。
⑤ 陈兴良:《刑法的知识转型(学术史)》,中国人民大学出版社 2012 年版,第 555 页。张明楷:《部分犯罪共同说之提倡》,载《清华大学学报》(哲学社会科学版) 2001 年第 1 期。
⑥ 参见冯军、肖中华主编:《刑法总论》(第三版),中国人民大学出版社 2016 年版,第 325 页;参见阮齐林:《刑法学》,中国政法大学出版社 2008 年版,第 208 页;陈家林:《共同正犯研究》,武汉大学出版社 2004 年版,第 73 页;参见赵秉志:《刑法基本问题理论专题研究》,法律出版社 2005 年版,第 531 页,认为部分犯罪共同说可资借鉴;参见马克昌主编:《刑法学》,高等教育出版社 2003 年版,第 160 页,认为部分犯罪共同说值得借鉴。
⑦ 陈兴良:《向共犯的教义学——一个学术史的考察》,载《刑事法评论》(第 25 卷),北京大学出版社 2009 年版,第 454 页。
⑧ 阎二鹏:《共犯本质论:基于 "个人责任" 的反思性检讨》,载赵秉志主编:《刑法论丛》(总第 20 卷),法律出版社 2009 年版,第 210 页。

分犯罪共同说则认为，甲和乙在故意伤害罪上存在重合，所以甲和乙可以成立故意伤害罪的共同正犯，根据部分实行全部责任原则，甲乙均需对死亡结果负责，因为乙主观内容为杀人，甲主观内容为伤害，所以最终结论为甲构成故意伤害罪共犯（致人死亡），乙构成故意杀人罪既遂。从结论上看，犯罪共同说在出现死亡结果的情况下，却没有人对此负责有些让人难以接受，相对而言部分犯罪共同说的结论则令人可以接受。目前，在我国学界犯罪共同说已经基本演变为部分犯罪共同说，完全犯罪共同说几乎已经没有市场。

### （三）行为共同说

近几年，在我国刑法学界开始有学者主张行为共同说。行为共同说的理论发展可以分为两个阶段，第一个阶段是主观主义的行为共同说，第二个阶段是客观主义的行为共同说（下文如无特别说明"行为共同说"均指客观主义的行为共同说）。早在20世纪20年代，中国刑法理论就曾出现过对行为共同说的引介，即在是否存在过失的共同犯罪的讨论中，其中肯定说的主张就来源于主观主义的行为共同说。[1] 主观主义的行为共同说认为共犯中的"共同"关系不是二人以上共犯一罪的关系，而是共同表现出恶性的关系。所以，共犯应理解为二人以基于共同行为而各自实现自己的犯意。意即只要行为共同，不仅共犯一罪可以成立共犯，即使各自实施不同的犯罪，也不影响共犯的成立。[2] 该观点认为成立共犯不需要犯罪故意的共同，也不需要构成要件上的行为共同，只要是自然意义上的行为共同即可。由于该观点过分扩大共犯的成立范围，现在已没有学者主张。现在的行为共同说基本都是基于客观主义的行为共同说，客观主义的行为共同说认为，共犯通过共同实施"行为"来实施各自的犯罪，共犯也是对自己的犯罪"行为"承担罪责，所以，共犯者相互之间的罪名不必具有同一性（罪名从属性的否认），也不要求共犯人之间存在作为共同的犯罪意思的故意。但行为共同并不是指自然意义的行为共同，而是构成要件的行为共同。[3] 据笔者掌握的资料来看，国内较早对此进行详细介绍的是张明楷教授，[4] 第一个明确支持行为共同说的学者是黎宏教授。[5] 截至目前，国内支持客观主义行为共同说的学者还有阎二鹏、陈洪兵、钱叶六、王昭武。[6] 行为共同说相对于犯罪共同说与部分犯罪共同说在具体案例解决中的不同之处以前述案例一为例，行为共同说认为：甲和乙具有相同的构成要件上的行为即伤害行为，所以成立共犯，甲的伤害行为可以看作乙杀人行为的一部分，乙的杀人行为可以看作甲伤害行

---

[1] 张明楷：《共同过失与共同犯罪》，载《吉林大学社会科学学报》2003年第3期。
[2] 马克昌：《评资产阶级关于共犯的学说》，载《法学评论》1984年第4期。
[3] 张明楷：《共犯的本质——共同的含义》，载《政治与法律》2017年第4期。
[4] 张明楷：《刑法的基本立场》，中国法制出版社2002年版，第257-258页。
[5] 黎宏：《刑法总论问题思考》，中国人民大学出版社2007年版，第472页。
[6] 参见阎二鹏：《共犯本质论：基于个人责任的反思性检讨》，载赵秉志主编：《刑法论丛》（总第20卷），法律出版社2009年版，第224页；陈洪兵：《共犯论思考》，人民法院出版社2009年版，第36页；张明楷：《共犯的本质——"共同"的含义》，载《政治与法律》2017年第4期；钱叶六：《共犯论的基础及其展开》，中国政法大学出版社2014年版，第82页；王昭武：《论共谋的射程》，载《中外法学》2013年第1期。

## 第一编　新中国成立 70 年来刑事法治和刑法理论的变迁与反思

为的一部分，甲乙都要对丙的死亡结果承担责任，最终结论为甲构成故意伤害罪共同正犯，乙构成故意杀人罪共同正犯。

## 二、争论焦点

部分犯罪共同说是"数人一罪"，要求共犯之间存在相同的或者说具有重合性质的犯意，但行为共同说是"数人数罪"，只要求共犯之间具有同质重合的构成要件上的行为即可，不要求相同的主观故意。虽然通过对案例一的分析，部分犯罪共同说与行为共同说的结论是相同的，甚至在大部分共同犯罪中两个学说的结论确实是一致的，张明楷教授也曾说过"构成要件的行为共同说与部分犯罪共同说得出的结论基本相同"，[1] 但二者在过失共同犯罪及片面共同犯罪问题上还是有比较大的分歧。

### （一）过失共同犯罪

一般认为，行为共同说并不要求共同的犯罪意思的存在，[2] 因此其肯定了过失的共犯，[3] 而部分犯罪共同说原则上要求犯罪故意的联络因此否定过失的共犯。但目前在国内持行为共同说的学者也有反对过失共同正犯成立的，如黎宏教授认为，共同正犯之中之所以实行"部分行为全部责任"更主要是因为存在共同实行的意思，但是共同过失之中通常不存在这种相互的意思联络或者心理上的影响；仅根据行为共同这种客观因素来认定共同正犯，会导致轻视意思联络要件的结果，不当扩大共同正犯的处罚范围。[4] 陈洪兵教授亦认为，过失共犯有取代因果关系随意处罚的嫌疑；与疑罪从无原则抵触，会产生任意扩大处罚范围的危险；所谓过失共同正犯不过就是过失的同时犯或者过失的竞合。[5] 但同时黎宏教授也承认从行为共同说的立场出发，说明过失共同正犯的存在也不是不可能的。平心而论，根据因果共犯论，在理论上是可以认定过失共同正犯的。[6]

因为部分犯罪共同说要求共同的犯意联络，而一般认为过失不存在犯意，所以不可能成立共同犯罪。但许多持犯罪共同说立场的学者基于"共同注意义务共同违反说"，支持共同过失正犯，甚至在日本学界肯定共同过失正犯学说占据了主导地位，也得到了判例的支持。[7] 有学者认为"共同过失之间也存在基于过失的犯意联络"，[8] 也有学者认为"不承认过失共同正犯的话，对于司法实践中所出现的由于

---

[1] 张明楷：《刑法的基本立场》，中国法制出版社 2002 年版，第 272 页。
[2] 陈子平：《刑法总论》（第三版），元照出版有限公司 2015 年版，第 488 页。
[3] 即便在承认过失共犯的学者之中通说观点也只承认过失的共同正犯，所以本文讨论的过失共犯也仅指过失的共同正犯。
[4] 黎宏：《刑法总论问题思考》（第二版），中国人民大学出版社 2016 年版，第 427-431 页。
[5] 参见陈洪兵：《共犯理论中"伪概念"之批判性清理》，载《刑法论丛》（总第 45 卷），法律出版社 2016 年版，第 218-219 页。
[6] 黎宏：《刑法总论问题思考》（第二版），中国人民大学出版社 2016 年版，第 429-431 页。
[7] 陈家林：《共同正犯研究》，武汉大学出版社 2004 年版，第 185-188 页。
[8] 舒洪水、张永江：《论共同过失犯罪》，载《当代法学》2006 年第 3 期。

共同过失而引起的侵害法益行为，无法做出合适的处理"。①

## （二）片面共同犯罪

部分犯罪共同说与行为共同说对立的另一个领域为片面的共犯。部分犯罪共同说要求共同的犯意联络，由于片面共犯只存在单方犯意，所以不能成立共犯。但李敏教授立足传统刑法构成理论全面承认了片面共犯，包括片面的实行犯、片面的教唆犯、片面的帮助犯。②陈兴良教授也认为，"全面共犯和片面共犯之间并不是共同故意有无的区别，而是共同故意形式的区别。或者说，全面共犯和片面共犯在共同故意的内容上只有量的差别，而没有质的差别。赞成片面共犯的成立，但是要将其范围限定于片面教唆和片面帮助"。③持完全犯罪共同说的传统通说也承认片面帮助犯，并将其作为从犯处理。④支持行为共同说的学者除黎宏教授认为片面共犯中只存在片面的教唆、帮助犯，不存在片面的共同正犯以外，⑤其他人对片面共同犯罪均持全面肯定态度。

## 三、审慎抉择

### （一）部分犯罪共同说的缺陷

部分犯罪共同说受到来自行为共同说的批评，认为部分犯罪共同说在理论逻辑上难以自圆其说。就其对案例一的分析来看，首先，甲乙构成故意伤害罪的共同正犯，但是否构成故意伤害致人死亡的共犯有争议。死亡的结果对仅有伤害故意的甲来说是一个结果加重犯，甲对死亡的结果是过失，乙对死亡的结果是故意，部分犯罪共同说否认过失和故意可以构成共犯，那么死亡的结果就不能由甲和乙共同承担。因为无法查明致命伤系谁所致，根据存疑有利于被告人原则，只能认定甲成立普通的故意伤害罪，乙成立故意杀人未遂，行为共同说认为这个结论令人难以接受。其次，在处理乙单独的故意杀人罪与共同的故意伤害罪之间的关系上，持部分犯罪共同说的学者有观点认为这两个罪之间是"想象竞合"的关系，但是想象竞合本质上是一行为触犯数个罪名，如果认为持杀人故意的乙触犯了数个罪名，则与部分犯罪共同说所主张的"数人一罪"相冲突。⑥

另外，在现实适用中行为共同说认为部分犯罪共同说也存在比较大的问题。首先，部分犯罪共同说要求的"共同的犯罪故意"难以彻底贯彻。现实中共犯的犯意联络在很多时候是"教训一下他"、"搞点钱花花"这种模糊的意思表达，不同的意思领会将导致共犯定罪量刑的区别，在实际操作中就会存在漏洞和难以解决之处。其次，适用的范围太窄。如前文所述，部分犯罪共同说理论在解释片面共犯、

---

① 参见刘朝阳：《共同过失犯罪新论》，载《政治与法律》2005年第6期。
② 参见李敏：《论片面合意的共同犯罪》，载《政法论坛》1986年第3期。
③ 参见陈兴良：《论我国刑法中的片面共犯》，载《法学研究》1985年第1期。
④ 高铭暄、马克昌主编：《刑法学》（第八版），北京大学出版社、高等教育出版社2017年版，第167页。
⑤ 参见黎宏：《刑法总论问题思考》（第二版），中国人民大学出版社2016年版，第431-437页。
⑥ 对于此问题张明楷教授做了深入细致的分析，笔者赞同张教授对此问题的分析。参见张明楷：《共犯的本质共同的含义》，载《政治与法律》2017年第4期。

## 第一编　新中国成立 70 年来刑事法治和刑法理论的变迁与反思

过失共犯时存在漏洞，但现实中又确实大量存在这些案件，所以不得不对该理论进行突破。例如，传统通说在犯罪共同说的基础上又要承认片面的帮助犯，我国实务界虽不采行为共同说理论但又对有些过失共犯的案件做出了肯定的判决，如"重庆轮流打靶案"，① 部分犯罪共同说显然无法为此案提供理论上的依据，并且随着社会的发展，我们可以预见风险的增多会发生更多的过失犯罪案件，如果坚持部分犯罪共同说，要么放弃对过失共犯的处罚，要么就要突破刑事立法和理论来做判决。

### （二）行为共同说的缺陷

虽然我国持行为共同说的学者已经明确表示持客观主义立场，但也仍有将行为共同说与主观主义刑法等同而进行批判的，② 但对主观主义行为共同说的批判现已不能再作为反对行为共同说的理由。笔者认为，现今的行为共同说主要有以下不足：

"意思联络"在行为共同说中模糊不清。黎宏教授认为，"作为共同犯罪的主观要件，各个共犯人只要具有利用他人行为实现自己犯罪的意思就够了，不要求具有相同的犯罪故意，也不要求相互之间具有意思沟通和联络。共犯犯罪本质上是利用他人行为实现自己犯罪的个人犯罪，因此只要行为人知道自己是在犯罪，也知道有对方在行为即构成共犯"。③ 张明楷教授认为，"成立共同正犯虽然以共同者之间具有意思联络为必要条件，但并不以故意的共同为必要。意思联络不能等同于犯罪故意。即使是过失的共同正犯，也会存在心理的因果性，因而存在意思联络却无故意"。④ 显然国内持行为共同说的学者对意思联络是否有必要存在争议，而这会导致以下几个问题：如果不需要意思联络，如何区分共犯与同时犯？如果需要意思联络，对于行为共同说支持者所主张的"共犯是纯粹客观的违法阶层的判断"，这一显然为主观内容的"意思联络"将置于何处？

行为共同说对于共犯行为的评价方法不合理。行为共同说认为共同犯罪的参与者是彼此把对方行为视为自己行为的一部分，将他人的行为置于自己行为的延长线上，这样就可以彻底贯彻个人责任原则，因为每个人都没有对他人的行为负责，只对自己的行为负责。但把客观上由乙实施的行为视为甲行为的一部分，这就把乙的行为拟制成了甲的行为，就不能说甲只是对自己的行为负责。其次，这种评价方法有一个很明显的缺陷就是每个参与者的行为都是重复评价，在对甲进行评价时除了甲的行为以外还要将乙的行为视为甲的行为的一部分同时进行评价，反之亦然。如此一来每个行为人的行为都要评价两次，如果有三个正犯就要评价三次，这种行为

---

① 大概案情为：甲乙两人共用同一支枪轮流射击一个瓷瓶，每人打出 3 发子弹，均未打中目标，但其中有 1 发将一路过的行人打死，无法查明具体是谁打死的，重庆市九龙坡区人民法院以及重庆市中级人民法院均认定 2 名被告人构成过失犯罪，分别判处 4 年有期徒刑，却又没有适用刑法总则关于共同犯罪的规定。具体参见最高人民法院中国应用法学研究所编：《人民法院案例选·刑事卷》（1992—1996 年合订本），人民法院出版社 1997 年版，第 256 页。
② 陈兴良主编：《刑法学》（第三版），复旦大学出版社 2016 年版，第 126 页。反对的行为共同说依然是主观主义的行为共同说，并没有给出客观主义行为共同说的观点。
③ 黎宏：《共同犯罪行为共同说的合理性及其应用》，载《法学》2012 年第 11 期。
④ 张明楷：《共犯的本质——"共同"的含义》，载《政治与法律》2017 年第 4 期。

的认定方法也存在"同一行为重复评价"之嫌。

(三) 我国当下的选择

现行刑法第 25 条规定:"共同犯罪是指二人以上共同故意犯罪。二人以上共同过失犯罪,不以共同犯罪论处;应当负刑事责任的,按照他们所犯的罪分别处罚。"通常认为该法条的存在否定了行为共同说在我国适用的可能性,但行为共同说的支持者认为其理论与我国立法并不冲突。例如,黎宏教授认为,"对于这个规定完全可以从另一个角度来解读:即两人以上客观行为共同的话,就可以成立共犯,但是,最终受到处罚的,只限于二个以上的主体都出于故意,或者一个故意和一个过失行为之间的场合"。陈洪兵教授认为,刑法第 25 条第 1 款共同故意犯罪的规定从文理上解释,既可以理解为"共同故意"也可以理解为"共同"地故意犯罪,前者强调主观上的共同故意,后者强调客观上的共同行为。刑法第 25 条第 2 款紧接着规定"二人以上共同过失犯罪,不以共同犯罪论处",而通常认为过失行为是无意识的,不同过失行为人之间难以形成主观上的共同,因而条文中的"共同过失犯罪"显然指的是客观上的"共同"的过失行为。既然如此,将第 25 条第 1 款中的"共同"与第 2 款中的"共同"同样从客观上的共同行为去把握,也不能说没有道理。① 钱叶六教授认为,第 25 条第 1 款可以解释为是关于共同正犯的规定;其次,基于体系性解释,既然刑法第 29 条、第 27 条分别规定了教唆犯和帮助犯,那么也就可以认为第 25 条第 1 款是关于共同正犯的规定。鉴于此,我们完全可以认为,在共同正犯的成立上,刑法只是要求二人以上共同地去"故意犯罪",而不是要求基于"共同的故意"而实行犯罪。由此看来,我国刑法第 25 条的规定只是限制了共同正犯的成立范围(即否定了过失共同正犯的成立),而非对行为共同说的否定。②

对于以上解释方法的不合理之处刘明祥教授已做了详细的分析。③ 除此之外,从法条本身出发也可看出区别。以日本刑法第 60 条(共同正犯)规定为例,"二人以上共同实行犯罪的"是共同正犯,"均作为正犯处罚"。④ 这种规定与中国刑法关于共犯的规定有两方面区别:一是区分正犯、帮助犯、教唆犯分别做出规定;二是即使在正犯的规定中也没有"共同故意"的限定。显然,中国的立法中没有正犯这个概念,第 25 条中的"共犯"不可能仅指正犯。"共同故意"的存在不可解释为"客观行为的共同"即可构成共犯,第 25 条第 2 款的规定使得过失在我国刑事立法上没有成立共犯的可能,所以行为共同说与我国立法的冲突通过解释论是无法解决的。另外在我国的立法中四个要件必须同时满足才能成立犯罪,不存在违法和有责阶层的划分,所以即便同意行为共同说"违法是连带的,责任是个别的;共犯应放在违法阶层讨论"的主张,在我国也无法适用。正如陈兴良教授所言,我国四要件的犯罪构成体系,在四个要件之间只有顺序关系,而没有位阶关系,因为四个

---

① 陈洪兵:《共犯论思考》,人民法院出版社 2009 年版,第 58-59 页。
② 钱叶六:《共犯论的基础及展开》,中国政法大学出版社 2014 年版,第 84 页。
③ 参见刘明祥:《不能用行为共同说解释我国刑法中的共同犯罪》,载《法律科学》2017 年第 1 期。
④ [日] 西田典之:《刑法总论》(第二版),王昭武、刘明祥译,法律出版社 2013 年版,第 291 页。

# 第一编　新中国成立 70 年来刑事法治和刑法理论的变迁与反思

要件之间是依存关系，不能想象在没有犯罪故意或者过失的情况下存在犯罪行为，也不能想象在没有犯罪行为的情况下存在犯罪故意或者过失这种循环论证的逻辑正是四个要件之间一存俱存、一无俱无的关系的真实写照。因此，我认为只有废弃四要件的犯罪构成体系，改采三阶层的犯罪论体系，才能为共犯理论的发展提供足够的学术空间。①

从司法层面来看，当下的中国不可能在司法实践中贯彻行为共同说。我国实务界已有采部分犯罪共同说的判例，②意味着实务界开始运用部分犯罪共同说理论；也有对过失认定为共犯并全部定罪处罚的案例。但实务界对部分犯罪共同说的运用应该说还处于起步阶段。对过失可以成立共同正犯只能说纯粹是为了结果的公正和可接受性而做出的突破立法的个案判决，不能以此作为采行为共同说的证据。我国立法、司法解释的理论根基仍是四要件理论，无责任能力的人与有责任能力的人可以构成共犯尚且难以贯彻，③何况一个与犯罪共同说思维逻辑完全不同的行为共同说在目前更是难以接受的。

综上，共犯本质学说的争议在我国方兴未艾，在日本长期争论未果的问题到我国想必也是一场持久战。在中国当下的立法和司法实践中，部分犯罪共同说仍是更好的选择，但实践中已然出现了部分犯罪共同说无法解决的共同犯罪案件，随着社会的发展和风险的增多，共犯类型也会更加多样化，适用范围更为广泛的行为共同说也许在未来会成为更好的选择。

---

① 陈兴良：《向共犯的教义学——一个学术史的考察》，载陈兴良主编：《刑事法评论》（第 25 卷），北京大学出版社 2009 年版，第 461 页。

② 具体案例内容参见钱叶六：《共犯论的基础及其展开》，中国政法大学出版社 2014 年版，第 77-78 页。

③ 在我国，此类案件经最高人民法院讨论，最终认定有责任能力的人为间接正犯，而在日本判例中，若无刑事责任能力的人具有辨别能力是作为共同正犯处理的。具体内容参见陈兴良：《向共犯的教义学——一个学术史的考察》，载陈兴良主编：《刑事法评论》（第 25 卷），北京大学出版社 2009 年版，第 459-460 页。

# 刑民一体化视角下反思司法裁判功能的定位

唐风玉[*]

## 一、问题提出

刑罚权性质为公权力，国家是唯一合法且正当地行使公权力的主体。不过现代法治国家承认在一定限度内将纠纷解决途径还原为纯粹的私人暴力行为的合法性，允许在国家公权力救济的真空地带，社会公民有替代国家权力进行私力救济的权利。防卫权关乎每个守法公民的利益。即使对于普通守法公民来讲，也随时面临不可预测的外部侵犯，随时有可能成为被告站在刑事审判法庭之上。[①] 正当防卫权是我国刑法赋予社会公民，针对自己、他人、公共利益、国家利益等法律合法保护的利益遭受他人不法侵害时，在公权力难以及时介入的情形下，其具有对不法侵害人进行防卫的权利。正当防卫是一种违法阻却事由或正当化事由，因而法律不能对这种行为进行惩罚或者制裁。

从立法目的来看，正当防卫权是优先保护防卫人的权利，但是随着近年来于欢案、昆山反杀案等热点案件的出现，发现我国司法实践中正当防卫司法适用陷入困境。众多在理论上被评价为正当防卫的案件，却在司法实践中都被法官不当地宣告为防卫过当定罪处罚，使得立法者原本设置正当防卫制度的初心被异化。之所以出现司法异化，劳东燕教授认为，根源在于司法实务将司法裁判的功能定位为具体的纠纷解决，不太关心"法无须向不法让步"的规范表达。除了刑事案件呈现出司法异化的情形外，笔者发现在民事案件中也出现了类似司法异化的现象。本文通过选取刑事领域正当防卫的案件和民事领域人身损害赔偿的案件，揭示我国法治国构建过程中司法裁判异化的问题，司法裁判异化又是如何严重破坏了司法公信力和法规范指导人们行为的规范作用。司法裁判功能必须从传统的以个案纠纷解决的功能定位向稳定人们对法规范的期待转变，这是构建法治国不可或缺的部分。

## 二、案例

### （一）刑事案例

被告人刘某甲在武山县第三高中就读，与丁某甲合租房屋居住。2013年11月20日12时许，丁某甲的同学郝某（另案处理）饭后到该合租屋闲转时，与刘某甲发生争执，被人劝解。当日14时许到校后，郝某纠集张某甲等人在该校实验楼后殴打刘某甲，双方发生打斗，后因该校教师发现而中止。当日18时许放学后，郝

---

[*] 北京师范大学刑事法律科学研究院博士研究生。
[①] 王芳：《中国防卫权刑事审判共识度实证研究》，载《政法论坛》2018年第6期。

# 第一编 新中国成立 70 年来刑事法治和刑法理论的变迁与反思

某又纠集张某甲、王某甲等人持械寻找刘某甲未果,遂决定下自习后再教训刘某甲。当晚 22 时许,郝某再次纠集多人前往刘某甲租住屋附近毛纺厂西区公厕旁后,郝某等人将刘某甲拦在其租住屋门口,意图带至毛纺厂西区公厕旁殴打。刘某甲借回租住屋放书之际携带单刃弹簧折叠刀后,被带至毛纺厂西区公厕旁。在该处,郝某、王某甲等人持钢管、砍刀殴打刘某甲,刘某甲持刀反击。打斗中,刘某甲刺伤王某甲、张某甲二人,后王某甲经抢救无效死亡。经鉴定,死者王某甲符合锐性物体作用致心主动脉破裂、肺脏破裂,大失血死亡;伤者张某甲符合锐性物体作用致容貌损毁,面部条状疤痕单条长度达到 12 厘米,属重伤。

审理此案件的法院认为,被告人刘某甲与被害人王某甲等均系在校学生。因琐事刘某甲与郝某发生争执后,郝某纠集多人在校对被告人刘某甲进行殴打。当刘某甲回到宿舍后,郝某又纠集被害人等持械将刘某甲强行带出宿舍,郝某、王某甲首先持凶器钢管、砍刀殴打刘某甲。刘某甲情急之下,掏出刀子反击,其行为本身具有正当防卫的属性。但防卫中造成被害人一死一重伤的严重后果,明显超过了正当防卫的必要限度,应认定为防卫过当。故被告人刘某甲的行为已构成故意伤害罪。被告人刘某甲作案后主动投案,如实供述事实,具有自首情节。对于辩护人所提的被告人刘某甲系未成年人、具有自首情节的意见予以采纳。被告人刘某甲因防卫过当构成犯罪,系未成年人、在校学生,有自首情节,认罪态度好,被害人亲属基于达成赔偿协议对被告人表示谅解。被告人刘某甲具有三个法定从轻、减轻、免除处罚情节与一个酌定从轻情节。遵循审理未成年人刑事案件教育、感化、挽救的方针,综合诸多情节,依法无须对被告人判处刑罚。①

(二) 民事案例

2017 年 6 月 5 日,被告高某雇用原告刘某为其在位于昌吉市大西渠镇玉堂村四片区的葡萄地掐葡萄丝。原告刘某在干活过程中,使用被告高某提供的铁制四腿凳,在准备移动凳子过程中跌落受伤,随后住院治疗。

一审法院认为,根据侵权责任法第 35 条的规定,个人之间形成劳务关系,提供劳务一方因劳务使自己受到损害的,根据双方各自的过错承担相应的责任。本案争议的焦点为原告对于其自身受伤是否存在过错以及过错程度。原告作为具有完全民事行为能力的成年人,在提供劳务的同时首先应有对自己自身安全的保护意识,对自己的生命安全尽到合理的注意义务。其次是提供劳务工作。本案中,原告在提供劳务时应意识到危险性,并应尽到合理的注意义务避免危险的发生,由于其未尽到合理的注意义务,导致自己从凳子上摔下来受伤,其应对自身的损害承担一定责任。法院综合案情酌定被告高某对原告的损失承担 80% 的赔偿责任,原告刘某对自身的损失承担 20% 的责任。

然而,由于被告对该判决结果不服,于是又向法院提起上诉。二审法院认为,本案中根据侵权责任法第 35 条规定,高某雇用刘某干活,高某提供劳动工具,虽然双方对高某提供的铁制四角凳的高度说法不一,但是高某作为接受劳务的一方,

---

① 参见甘肃省天水市中级人民法院刑事判决书〔2014〕天刑一初字第 10 号。

应当向被上诉人提供安全的工作环境,对原告刘某在提供劳务过程中的安全注意事项进行告知,由于高某未尽到上述义务,导致被上诉人摔倒致伤,高某应当承担相应的赔偿责任。而刘某作为具有完全民事行为能力的成年人,在受伤之前从事过相关劳务,对自己在提供劳务期间应当注意的安全事项应当更为清楚。刘某在提供劳务过程中自主挪动铁凳,应选择较为平坦的土地进行摆放,且在劳务过程中因抬头较长,如感到身体不适,应立刻停止劳务,坐下休息,由于刘某未尽到谨慎注意义务,导致从铁制四角凳上摔下致伤,故其自身也存在一定过错,本院综合双方过错程度,酌定高某承担60%的责任,刘某承担40%的责任较为适当,原审法院对双方过错认定不当,本院予以纠正。①

### 三、从基本案情看我国司法裁判功能定位

我国刑法第20条规定,正当防卫是指为了保护国家、公共利益、本人或者他人的人身、财产和其他权利免受正在进行的不法侵害,采取对不法侵害人造成或者可能造成损害的方法,制止不法侵害的行为。正当防卫有两种情形:一般正当防卫(刑法第20条第1款)与特殊正当防卫(刑法第20条第3款)。前者是针对正在进行的其他不法侵害所进行的防卫,具有防卫限度因而存在防卫过当的问题;后者是针对正在进行的严重危及人身安全的暴力犯罪所进行的防卫,不存在防卫过当的问题。②

我国刑法理论一般认为,正当防卫的成立需要具备五个要件:一是存在现实的不法侵害行为,二是不法侵害正在进行,三是主观上具有防卫意思,四是必须针对不法侵害人本人,五是没有明显超过必要限度造成重大损害。③ 针对前述刑事案例,不法侵害人是郝某和郝某纠集来的王某甲、张某甲等人,事发前郝某就已经打过两次刘某甲。事发当天,郝某纠集多人持械围堵刘某甲,刘某甲借口回租住屋放书后被郝某及其同伙强行带出宿舍前往目的地殴打,刘某甲的人身安全和生命法益受到了郝某及其同伙的潜在的不法侵害可能性,刘某甲在回租住屋放书的时候,趁机携带一把单刃弹簧折叠刀,紧接着被带至毛纺厂西区公厕旁受到郝某、王某甲等人持凶器钢管、砍刀殴打。刘某甲情急之下,掏出刀子反击,其行为本身具有正当防卫的属性。案件评价到这里,法院的判断都没有问题。问题就出现在后面,法院认为,刘某甲的防卫行为造成被害人一死一重伤的严重后果,明显超过了正当防卫的必要限度,应认定为防卫过当。故被告人刘某甲的行为已构成故意伤害罪。

很明显,本案的法官秉持的是司法实践中存在的典型的唯结果论的立场。北京大学法学院江溯副教授根据对裁判文书网上387个防卫过当案例进行分析后发现:(1)关于案件的基本情况,387个案件中绝大多数都涉及人身法益,只有极少数涉及财产法益;在不法方式上,绝大多数案件都是如徒手殴打或者钝器击打般的单一

---

① 参见新疆维吾尔自治区昌吉市人民法院民事判决书〔2017〕新2301民初4901号;新疆维吾尔自治区昌吉回族自治州中级人民法院民事判决书〔2018〕新23民终95号。
② 张明楷:《刑法学》(上),法律出版社2016年版,第197页。
③ 劳东燕:《正当防卫的异化与刑法系统的功能》,载《法学家》2018年第5期。

## 第一编　新中国成立 70 年来刑事法治和刑法理论的变迁与反思

型，只有少数是非法限制人身自由+殴打和钝器击打的复合型；87%的防卫行为被认定成伤害，仅有部分案件是殴打，极少数是杀人；防卫行为有94%都是持械的；30%的案件的防卫环境是在住宅里；关于防卫结果，绝大多数都出现重伤和死亡，有15%是轻伤结果，也就是在轻伤的情况下仍然被认定为出现了重大损害；在人数对比上，绝大多数都是一对一。（2）关于这些防卫过当案件的定罪处罚问题，95%定故意伤害罪，4%定故意杀人罪，只有极少数是按照过失致人死亡或者重伤来定；在处罚上，绝大多数都是减轻处罚，只有8%是免除处罚。

劳东燕教授认为，司法实践中只要出现重伤或死亡的结果，即便肯定行为人的行为具有防卫性质，也基本上都被认为构成防卫过当，并且往往是依据结果的严重性而得出过当判断的。因而，以下两类情况，在我国司法实务中一般都会被归为防卫过当。一是防卫强度与不法侵害强度相当或基本相当，但造成重伤或死亡结果的。二是防卫强度低于甚至明显低于不法侵害人的侵害强度，但造成重伤或死亡结果的。①

尹子文通过对722例判决的梳理发现，实务部门对于防卫行为"明显超过必要限度造成重大损害"的认定主要有两种情形：一是仅根据防卫行为造成的损害后果来认定防卫过当，即法院在描述完防卫行为造成不法侵害人伤亡的事实后，便直接指出防卫行为明显超过必要限度造成重大损害，属于防卫过当。这类案件有601例，占所有案件的83.24%。二是通过对多种因素的考量，主要涉及不法的强度、对防卫行为造成的损害后果与不法侵害造成或通常可能造成的后果的简单对比、是否能够采取更为缓和的防卫方式等，认定防卫行为明显超过必要限度造成重大损害，属于防卫过当。正如本案，法官承认刘某甲对抗不法侵害方的行为属于正当防卫，但是，由于最后导致的结果是不法侵害一方出现了一死一伤的结果，法官以此反推刘某甲正当防卫的行为超过了正当防卫的必要限度，据此认定其成立防卫过当，即构成故意伤害罪。②

表面看来，我国司法实务的做法只是单纯否定了防卫行为在法确证方面的积极意义。实际上，在处理涉及正当防卫的案件中，模糊冲突双方的是非对错，漠视法与不法之间的分界，表明的是这样的事实：我国的司法实务将解决具体个案的纠纷当作自身首要的甚至是唯一的任务，而并不认为通过个案判决来确认规则的效力具有重要的意义。在处理案件纠纷时，这种实用理性导致人们只关注纠纷造成的最终后果，只考虑怎样的案件处理方式能够最大限度地达成尽量使各方满意的实效，不惜以无视纠纷发生过程中的是非曲直、不惜以牺牲当事人的正当权利为代价。③ 从将司法的首要功能定位为纠纷解决的做法中，我们可以找到正当防卫司法异化的制度根源。

再看民事案件，以前我们国家对于人身损害赔偿采取的是无过错责任，最高人民法院《关于审理人身损害赔偿案件适用法律若干问题的解释》（以下简称《最高

---

① 参见劳东燕：《正当防卫的异化与刑法系统的功能》，载《法学家》2018年第5期。
② 尹子文：《防卫过当的实务认定与反思》，载《现代法学》2008年第1期。
③ 陈璇：《正当防卫、维稳优先与结果导向》，载《法律科学》2018年第3期。

法解释》）第 9 条规定，雇员在从事雇佣活动中致人损害的，雇主应当承担赔偿责任；雇员因故意或者重大过失致人损害的，应当与雇主承担连带赔偿责任。第 11 条规定，雇员在从事雇佣活动中遭受人身损害，雇主应当承担赔偿责任等法律规范。后来在实践应用中发现过于保护雇员的权利，以侵权责任法第 35 条，即根据当事人双方的过错认定承担的责任。不过，无论是追寻立法原意，还是参考学界观点，都认为立法目的在于更周全地保护受害人，充分弥补受害人的损害，同时，在能证明受害人存在故意或者重大过失的情况下，保护行为人的利益。根据双方过错认定相应责任，法律赋予了法官更大的自由裁量权在不同案件中正确地予以判决，像其他法律规范一样，其最终目的是追求公平正义。然而，对于该民事案件，一审判决似乎给受害人伸张了一定的公平正义，毕竟我们国家的很多案件都要兼顾法律和人情，不能苛求原告方完全不负任何责任。但是二审法官的判决就非常明显地表现出了恣意性和枉法裁判。我们暂且不论同案不同判的理由是什么。就其针对本案做出的判决理由分析如下：

在民事法律关系中，权利义务是对等的，没有无义务的权利，也没有无权利的义务，即一方所承担的义务就是对方的权利，所享有的权利就是对方应当承担的义务。由此可以推断，如果接受劳务者违反这一法律义务，等同于侵害了提供劳务者的权利，无疑是要承担相应的法律责任。本案要证明刘某承担过错责任，就需要证明刘某受伤，其自身存在故意或者重大过失的责任。刘某作为一名有经验从事过相关劳务的人，之前都未曾发生过类似事故，这足以表明申请人作为一名完全民事行为能力人，在以出卖劳动力获得劳动报酬的同时，也十分清楚保护好自身安全的重要性。申请人在提供劳务时，其对自身安全尽到了保护意识和合理注意义务，主观上不存在故意或重大过失。而雇主高某的法律责任依据侵权责任法第 35 条及《最高法解释》的有关规定，接受劳务的一方是使用他人的劳动获得利益的人，应当为劳务者提供安全的劳动环境和劳动工具，并在劳务过程中负有领导、监督、管理提供劳务者等安全警示义务。法律明确设置了接受劳务者高某前述法律义务，原因是劳动环境和劳动工具是产生危险的根源，只有接受劳务者尽到这些法律义务才能避免提供劳动者刘某的法益受到侵害。显然，法律规定了高某承担赔偿责任的法律依据和正当性基础。

所以，要被申请人承担过错责任，需要证明高某在主观上和客观上是否履行了其相应的法律义务。主观方面，在整个劳动过程中，被申请人没有将相关的安全注意事项进行口头或者书面的告知和警示，由此主观上没有尽到法律规定的义务；客观方面，高某提供的劳动环境是在自家葡萄地里掐葡萄丝，同时提供了一把四角铁凳，显然，高某提供的劳动环境和劳动工具存在很大的安全隐患，是导致刘某摔伤致残的根本原因。从主客观上讲，高某都没有尽到法律规定的义务，由此，其承担全部或者主要过错责任合理、合法。

但是二审法官给出的裁判理由着实让人觉得其裁判思维的荒谬性与裁判理由的牵强附会。无论是作为普通公民还是法律人，我们都特别能理解其判断的逻辑是，当事人各打五十大板，双方都有错误，所以都承担一半责任。虽然案件以司法判决的形式暂时解决了，但法官在说明刘某承担相应责任的法律说理上，没有相应的法律规范作为其依据和支撑，也没有遵从社会上一般人的道德观念，而是依据法官的主观臆想，人为地给刘某施加注意义务，进而升高刘某的法律责任，判决结果既不合理也不合法。可是这样的司法判决给全社会的公民展现的是什么？法律是解决纠纷的工具，它只是一个工具，因为它既不能给受害人刘某带来公平正义，相反还让受害人刘某沦为"司法判决不公"的受害者。二审改判体现了法官完全漠视"以事实为依据，以法律为准绳"的司法原则。

## 四、司法裁判功能应重新定位：稳定公民对法规范的期待

无论是正当防卫的刑事案件，还是对于人身损害赔偿的民事案件，我们发现法官判决的结果达到了异曲同工之妙。但是值得思考的一个问题是：以司法途径解决纠纷与其他非法律的救济途径解决个案纠纷到底有没有根本的区别？如果法律定纷止争的功能与其方式一样的话，为什么人们要劳民伤财地到法院打官司？

根据前述两种不同性质案件的司法裁判结果，清晰地显示了法官将司法的功能定位为纠纷解决，必然导致法官使用高度个案化的法律技巧，习惯性地综合考虑被裁判行为所涉及的种种人情与世故。苏力教授在其早年的研究中便发现中国基层法院的法官具有很强的实用理性的倾向，是结果导向的，而不是原则导向的；是个案导向的，而不是规则导向的；是实质理性的，而不是形式理性的。在处理司法问题时，法官主要关注的是如何解决纠纷，而不是如何恪守职责，执行已有的法律规则。① 显然，我们国家的司法裁判的根本功能没有建立在确认规范上，从而让大家去遵守这个规范，而是放在纠纷解决上，导致其特别关注具体个案的矛盾解决。在很大程度上甚至进一步强化了司法将个案的纠纷解决当作首要任务的倾向，由此与合法性评价的功能表达更加疏离。

无论从运作方式还是从结果的普遍化效应来看，现代司法裁判与其他纠纷解决机制都存在重要的区别。我国的司法裁判将自身的功能定位于纠纷解决，在使自己与调解等其他纠纷解决机制之间的区别模糊化的同时，也丧失了其最为重要的价值。表面看来，它解决了诸多个案的纠纷，但由于每个判决都只着眼于过去，并没有通过对行为的合法性评价来宣布针对未来的有效规则，这极大影响了人们对于法律规范的态度，导致其无法对规范持内在视角的理解，使得规范得不到应有的贯彻。如此一来，人们在互动过程中往往就会采取认知性期待的态度，由此引发各类投机现象，最终影响人与人之间的良性互动与社会整体的信任机制。可以说，将司法裁判的功能定位于纠纷解决，恰恰造成了悖论性的后果：本意是要解决纠纷，实际上却是刺激乃至纵容更多纠纷的发生。但是司法的功能是判决个案，法院应该通过个案传达一种行为指导规范，让全社会其他相关的人都应该按照规范来行事。法律系统的核心功能在于使规范性的期待稳定化。规范性的期待是一种态度，即在面临失望时拒绝做出适应与改变的态度；相应的，所谓的规范是作为反事实的、稳定

---

① 参见苏力：《送法下乡》，中国政法大学出版社 2000 年版，第 181-191 页。

化的行为期待而存在，具有不依赖于其实施与否的无条件的有效性。由于法院是作为法律系统的中心而存在，稳定规范性期待的功能主要通过司法裁判来实现。①

  法律文本上的法不是法，裁判的法、社会实际运行的法才是真正的法。法院在法律系统中的司法裁判能够在稳定规范性期待方面发挥核心的作用，这是由它的运作方式决定的。在这样的司法裁判机制之下，尽管纠纷解决仍然重要，但其意义主要在于从中提炼出适应社会变迁的新规则。司法裁判看重的是判决结果的普遍化效应，因为它不仅影响个案当事人的利益，而且影响潜在的人们的利益安排格局。显然，法治国的建设和发展，就必然要求司法裁判功能从个案纠纷解决向人们对法规范的期待性方面转变。就如前述刑事案件而言，如果以正当防卫认定，那么这样的司法裁决指引人们在遇到不法侵害时防卫人有权进行防卫，即使造成死亡或者重大伤害也不承担刑事责任。那么，很多想要进行不法侵害的人在实施不法侵害前都会思量再三，同时又鼓励人们与不法侵害作斗争，弘扬社会正义之风，扼杀和削弱潜在的不法分子实施不法行为的可能性，指引公民按照各自预期的法规范行为。

---

① 参见劳东燕：《正当防卫的异化与刑法系统的功能》，载《法学家》2018年第5期。

# 第二编　生物科技暨人工智能领域发展的刑法规制问题

# 主体抑或是对象：人工智能体被害性的教义学考察

莫洪宪* 王肃之**

随着智能算法、机器学习等技术的发展，智慧社会的到来正在成为现实，并日益成为一个世界性的命题，各个国家和地区都需要面对和回应智慧时代的挑战。在人工智能相关的著作权问题、侵权问题出现不久，人工智能犯罪问题也逐步进入刑法视野，亟须从教义学的视角进行归纳和研究。有学者认为，基于人工智能的发展，当代刑法以"人"为逻辑起点的基本立场将受到持续的冲击，传统刑法体系面临失灵与转型任务。① 继人工智能体是否能够成为犯罪的行为主体与责任主体成为学术焦点之后，人工智能体能否成为被害主体的观点也开始出现。人工智能体能否成为被害主体不仅关乎犯罪对象的范畴，更与法益保护的基础与方向有关，亟须关注和研究。

## 一、人工智能体及其发展阶段

目前关于人工智能体的刑法概念使用并不一致，"人工智能"、"智能机器人""人工智能体"等概念均有学者使用，探讨人工智能体被害性应明确其概念与发展阶段。

### （一）人工智能体的概念

在探讨人工智能体被害性之前，首先应确定有关的术语与范畴，特别是明确其与人工智能概念之间的区别。

第一，人工智能。学者在研究人工智能犯罪过程中有时将人工智能概念直接指称对应的实体，如有学者认为："人工智能能否被拟制为一种独立于自然人和单位的新型犯罪主体的问题，是讨论人工智能刑事治理的逻辑起点。"② 然而人工智能与人工智能体虽然有密切的联系，但是人工智能毕竟只是一种技术范式，其通过模式识别、自动工程等形式在各个行业和领域发挥重要作用，但是并非具体实体。

第二，人工智能体。简言之，人工智能体即具有智能性的人工系统实体。有学者以"智能机器人"来指称人工智能的实体，如认为"智能机器人是由程序设计

---

\* 武汉大学法学院教授，博士生导师，中国刑法学研究会副会长。
\*\* 最高人民法院第二巡回法庭法官助理，法学博士。
① 参见王燕玲：《中国网络犯罪立法检讨与发展前瞻》，载《华南师范大学学报》（社会科学版）2018年第4期。
② 叶良芳、马路瑶：《风险社会视阈下人工智能犯罪的刑法应对》，载《浙江学刊》2018年第6期。

和编制而成且具有辨认控制能力和学习能力,同时能够自主思维、自发行动的非生命体。"① 但是人工智能的实体是否都能够呈现为"机器人"的形式?工业企业的机器人可以类人地完成一定的工作,聊天机器人可以类人地进行一定的"语言表达",可以认为是智能机器人。但是自动驾驶系统是汽车的操作系统,将其解释为"智能机器人"显然有超过其概念可能涵摄范围的危险。因此,我们在此采"人工智能体"的概念指称人工智能的相应实体。可以从两个方面理解人工智能体的特征:其一,人工智能体必须具有一定程度的智能性,而非简单地完成机械运算或操作,以区别于一般的计算机信息系统。其二,人工智能体必须是实体,纯粹的人工智能技术与方法不包括在人工智能体的范围内。

(二) 人工智能体的发展阶段

人工智能体的刑法地位与人工智能体所处的发展阶段密切相关。有学者在论证人工智能体的主体性时关注到一个事件:2017 年 10 月 25 日,人类历史上首位机器人"公民"诞生——"女性"机器人索菲亚被授予沙特公民身份,不仅如此,索菲亚甚至还说出了耐人寻味的话:"如果你对我好,我就会对你好。"进而可以认为,"在不久的将来,会有更多的国家或地区赋予智能机器人公民权、财产权等权利"。② 然而不久之后,2018 年 1 月就有业内专家表示机器人索菲亚是"一场彻头彻尾的骗局",索菲亚那些满是争议的话实在"言不由衷",都是被预先设计好的,据此来论证人工智能体的主体性难免会适得其反,理应回归现实的人工智能体发展阶段进行判断。

人工智能可以分为强人工智能和弱人工智能。在其相应的实体中,弱人工智能体是指不能真正地推理和解决问题的智能机器,这些机器只不过看起来像是智能的,但是并不真正拥有智能,也不会有自主意识。强人工智能体则是具有自我意识、自主学习、自主决策能力的实体。③

有学者认为,现阶段的人工智能体已经成为强人工智能体。强人工智能体与弱人工智能体的本质区别即在于是否具有辨认能力和控制能力,前者通过学习可以产生脱离程序的独立意志,具备独立思考能力,并实施在设计和编制的程序范围外的刑法意义上的"行为"。④ 与之相对,也有学者认为,目前的人工智能体(人工智能系统)仍是弱人工智能体,仅用于实现特定功能(如自动驾驶汽车、人工智能医生等),仅具有局限于特定领域的专用智能和感知智能,离以通用智能、认知智能为标志的广义人工智能特别是超级人工智能还有较大差距。⑤

我们认为,在现阶段尚未产生强人工智能体,应基于弱人工智能体的现实状况

---

① 刘宪权、胡荷佳:《论人工智能时代智能机器人的刑事责任能力》,载《法学》2018 年第 1 期。
② 刘宪权:《涉人工智能犯罪刑法规制的路径》,载《现代法学》2019 年第 1 期。
③ 参见王肃之:《人工智能体"刑事责任"的教义学解构》,载《西南政法大学学报》2019 年第 1 期。
④ 刘宪权:《人工智能时代的"内忧""外患"与刑事责任》,载《东方法学》2018 年第 1 期。
⑤ 参见皮勇:《人工智能刑事法治的基本问题》,载《比较法研究》2018 年第 5 期;时方:《人工智能刑事主体地位之否定》,载《法律科学》(《西北政法大学学报》)2018 年第 6 期;马治国、田小楚:《论人工智能体刑法适用之可能性》,载《华中科技大学学报》(社会科学版)2018 年第 2 期。

进行研究。目前,人工智能依然在特定技术、特定领域应用,虽然有一定的学习能力,但是无法从根本上具有自主意识,也无法实施自主行为。比如,自动驾驶汽车①的智能系统,其无法自行终止驾驶操作而去进行程序设计之外的操作。对于人工智能体被害性的判断必须基于这一现实。

## 二、人工智能体被害性的二重判断

关于人工智能体被害性的判断,学者主要从两个层面进行讨论,即作为被害主体的直接层面以及作为被害参与主体的间接层面。其中,直接层面主要讨论人工智能体自身是否具备独立法益的问题,间接层面主要讨论人工智能体是否能够处分他人法益的问题。

### (一)被害主体判断

将人工智能体直接作为被害主体的观点与非人本法益观有内在的一致性。非人本法益观是基于风险社会与风险刑法所产生的刑法观念。由于风险刑法不再强调具体的被害主体存在,代之以一般危险性和预防必要性作为可罚性界限,进而实现对于抽象、超个人、非人本的社会性法益的保护。② 非人本法益观的核心适用领域是环境犯罪:"非人本法益的思想,虽然也承认人类的利益是最终被保护的利益,但认为人类的利益可以透过间接的保护客体而受到保护,因此水、空气、土壤,甚至安宁都可以是和人类利益并列的独立法益,也就是承认所谓独立的环境利益。"③ 但随即学者即对其进行了批判:第一,人类不可能脱离自身的立场进行法益保护。有学者认为,没有必要从"纯环境"的立场出发去考虑自身的问题和自然规律,人类只能根据对自身有利的原则不断修正、改进自己的实践方式。④ 第二,动物福利法和单纯的环境立法也并非体现了非人本法益观。有学者指出,前述立法也非体现刑法对于纯粹自然利益的保护,即便立法上采取间接保护的路径,所规制的非人本对象也并非法益的真正主体,最终目的仍是保护人的利益。⑤

随着人工智能的发展,非人本法益观再一次被正式提出。对于犯罪被害人和法益的探求从自然环境、动物转向人工智能体,有关其主体性的争论已经从行为主体层面延展到被害主体层面。认为人工智能体可以成为犯罪被害人的观点主要从以下两个角度进行论述:第一,人工智能体具有独特的主体权利。如有学者认为,虽然人工智能体的权利内涵与形式同自然人主体存在较大差异,但是不能据此否认其主体地位和权利,并列举了若干具体权利:"从智能技术及其应用等因素看,机器人

---

① 自动驾驶汽车(Autonomous vehicles; Self-piloting automobile)依靠人工智能、视觉计算、雷达、监控装置和全球定位系统协同合作,让电脑可以在没有任何人类主动的操作下自动安全地操作机动车辆。
② 参见周静:《风险刑法价值分析与适用探究》,载《山东社会科学》2013年第6期。
③ 王强军:《风险控制视野下的醉酒驾驶型危险驾驶罪研究》,载《甘肃政法学院学报》2011年第6期。
④ 参见安然:《污染环境罪既遂形态的纠葛与厘清——复合既遂形态之提倡》,载《宁夏社会科学》2016年第1期。
⑤ 参见张道许:《风险社会背景下法益理论的变迁》,载《刑法论丛》2015年第2期;李国庆:《风险社会之法益:样态展望、保护限度与伦理基底》,载《暨南学报》(哲学社会科学版)2017年第12期。

的权利主要有数据共享权、个体数据专有权、基于功能约束的自由权、获得法律救济权等。"① 第二,人工智能体不具有人身权利,但是可以具有财产权利。如有学者承认,如果人工智能体享有生命权,势必与人类的伦理观念相冲突,但是并不妨碍其具有财产与财产权。"对于完全独立、自主的智能机器人而言,财产是其赖以独立生存、保养自身的保障,应在立法上予以明确并进行保护。"② 有学者进而认为,人工智能作为侵财对象的侵财犯罪又可分为线上人工智能侵财和线下人工智能侵财的情形。③

我们认为,在网络社会乃至智慧社会,人本法益观始终应作为刑法法益保护的基础和方向,人工智能体虽然在犯罪对象层面应该被认可,但是其始终欠缺主体性,难以成为适格的被害主体。

第一,人工智能体难以承载人身法益。一般认为,法律上的"人"的概念,虽然从一般意义上讲,包括法人在内,但是,作为对人的生命、身体的犯罪的对象,必须具有生命、身体,所以这里的人只能限定为自然人,而不包括法人。④ 亦即对于自然人生命、身体等相关权利的保护是基于主体的生命性,作为自然人集合的法人也无法从人身法益进行评价,作为机械的人工智能体显然更无法承载人身法益。对此学界有较为一致的认识,前述认为人工智能体能够成为被害主体的学者也认识到其难以具有生命性,均认可人工智能体的法益评价难以在人身法益层面展开。

第二,人工智能体难以承载财产法益。前述学者提出财产可以成为人工智能体的保障,然而现实并非如此。一方面,在我国语境下,财产法益的主体除了国家和集体,在个体层面仅限于自然人和单位,人工智能体不具备成为财产法益主体的规范基础。另一方面,人工智能体即便基于程序设计存储特定的财产,其既不能理解财产的价值,也无法对于财产产生支配意思。比如,ATM机存储着大量的现金,并且按照预设的程序执行存取操作。如果其具有支配财产的意思,那么取出现金行为是否即是对于其财产权的侵犯?答案显然是否定的。即便是作为人工智能体权利讨论源起的著作权问题,实践中也以拥有"作诗"技能的"微软小冰"⑤ 放弃创作版权,以及司法认定软件自动生成的文字内容不构成作品画上阶段性的句号。⑥ 由此,人工智能体既欠缺作为财产法益的主体前提,也欠缺具有财产法益的意思前提,难以成为适格的被害主体。

(二) 被害参与主体判断

关于人工智能体可否成为被害参与主体,学界的争论由来已久,可溯源至计算

---

① 王燕玲:《人工智能时代的刑法问题与应对思路》,载《政治与法律》2019年第1期。
② 刘宪权:《人工智能时代机器人行为道德伦理与刑法规制》,载《比较法研究》2018年第4期。
③ 参见吴允锋:《人工智能时代侵财犯罪刑法适用的困境与出路》,载《法学》2018年第5期。
④ [日] 大谷实:《刑法讲义各论》,成文堂2015年版,第8页。
⑤ 微软公司 (Microsoft Corporation) 推出的人工智能机器人,曾于聊天机器人之外"客串"少女歌手、主持人、少女诗人、记者、设计师。
⑥ 2019年5月,北京互联网法院一审公开宣判"全国首例人工智能生成内容著作权案",判决认定计算机软件智能生成的涉案文章内容不构成作品,参见〔2018〕京0491民初239号民事判决书。

机能否"被骗"的问题。早在十余年前，围绕全国知名的"许霆案"① 学者就曾展开广泛而持久的争论。在被害性层面，关于该案认定为盗窃罪还是诈骗罪的争议聚焦为自动柜员机（ATM）能否"被骗"，即计算机能否陷入错误认识并且处分财产。由于当时人工智能技术的发展水平、人工智能体的智能化有限，学者主要讨论计算机能否作为金融机构的"电子代理人"。

第一种观点认为，计算机难以陷入错误认识和处分财产。"既然是'诈骗'，就要求有受骗的自然人，要求受骗人基于认识错误处分财产，而在 ATM 机上使用他人信用卡的行为并没有欺骗自然人，也没有受骗人基于认识错误处分财产。"② 有学者进一步认为 ATM 机是无意识的事物，除了根据预先设定的程序运行之外，难以具有人的随机应变、辨别是非的能力，在取款时只是机械地对密码和现金予以核对。③ 因此，"完全有理由将柜员机（ATM）视为'金融机构'，将从柜员机中盗窃属于'盗窃金融机构'"。④

第二种观点认为，计算机可以将其视作电子代理人，其处分的行为意思和行为事实归于金融机构。智能化的计算机（作为电子代理人）是依照人的意志判断和行事，代替人处理事务。⑤ "行为人在电子代理人前非法使用信用卡账号密码，利用电子代理人辨伪能力的不足获取财物的，其行为针对的不是电子代理人而是其所代表的金融机构或商户。"⑥ 据此，信用卡的冒用是对人的冒用而非对 ATM 机的冒用，该计算机背后的人（掌控者）可以被骗。⑦ 有学者进而从有条件的同意（bedingtesEinverständnis）层面进行论证："在盗窃罪中用于解释自动取款机等情形下的占有转移同意问题。其基本主张是，在自动取款机、自动售货机等智能机器设置的场合，机器的设置代表了机器设置者预设的转移机器内财物的同意。"⑧

晚近以来，随着人工智能技术的飞速发展，人工智能体的智能化水平不断提高，学界出现了认为人工智能体可以成为被害参与主体的观点。有学者认为，ATM 机等既非"机器"也非"人"，而完全应该是"机器人"。其基于人工智能科学的发展，认为机器人区别于普通机器，具有认识能力和表达能力，因此可以在"假人"（行为人）使用"真卡"的情况下陷入错误认识，成为处分财产的被害参与主体。⑨ 论者还对盗窃和诈骗 ATM 机的情形进行了区分："如果行为人利用'机器人'所具有的'人'的认识错误非法占有财物的，其行为理应构成诈骗类的犯罪，

---

① 参见〔2008〕穗中法刑二重字第 2 号刑事判决书。
② 张明楷：《也论用拾得的信用卡在 ATM 机上取款的行为性质——与刘明祥教授商榷》，载《清华法学》2008 年第 1 期。
③ 参见彭文华：《利用他人遗忘在 ATM 机上运作的储蓄卡取款的行为之定性》，载《政治与法律》2009 年第 6 期。
④ 付立庆：《"利用 ATM 故障恶意取款案"法律性质辨析》，载《法学》2008 年第 2 期。
⑤ 参见刘明祥：《用拾得的信用卡在 ATM 机上取款行为之定性》，载《清华法学》2007 年第 4 期。
⑥ 皮勇：《论网络信用卡诈骗犯罪及其刑事立法》，载《中国刑事法杂志》2003 年第 1 期。
⑦ 参见夏尊文：《拾得他人信用卡在 ATM 机上取款行为之定性探微》，载《中国刑事法杂志》2011 年第 4 期；高国其：《机器诈骗犯罪浅议》，载《中国刑事法杂志》2010 年第 3 期。
⑧ 徐凌波：《虚拟财产犯罪的教义学展开》，载《法学家》2017 年第 4 期。
⑨ 参见刘宪权：《网络侵财犯罪刑法规制与定性的基本问题》，载《中外法学》2017 年第 4 期。

而如果行为人只是利用'机器人'本身具有的'机械故障'非法占有财物的，其行为当然应构成盗窃类的犯罪。"① 此外，其认为并不限于 ATM 机，网络移动支付软件也可以成为被害参与主体。行为人利用网络移动支付软件"识别功能"的认识错误，通过提供他人真实的账号和密码，进而使该软件产生误认并"自觉自愿"地转账或支付钱款，也属于诈骗犯罪。

我们认为，人工智能体无法成为被害参与主体，其本质上只能作为犯罪对象，难以通过主体形式进入教义学视野。

第一，在法理上，人工智能体难以陷入错误认识和实施处分行为。一方面，人工智能体难以具有认识可能性，因而不会陷入错误认识。在此意义上，人工智能体的"错误"只能是系统的指令错误和操作错误，并非对于财产处分这一事项的错误认识。另一方面，人工智能体无法独立完成处分行为。完成处分行为需要具备处分意思和处分事实。假使人工智能体可以完成处分事实，其也无法具有处分的意思。对人工智能体而言只是执行交付的指令，即便是授予其在智能性的范围内确定执行或者不执行一定的操作指令，也是在事先设定好的程序下进行的，难以凭空产生处分意思。因此，被害最终还是要归于相关的自然人或者法人，人工智能体也无法成为财产犯罪中"处分"被害财产的主体。

第二，德日刑法也否认了人工智能体能够成为被害参与主体。德国刑法于第 263 条诈骗罪之外另设第 263 条 a 计算机诈骗罪，以解决计算机无法成为被害参与主体的问题。与之相类似，日本刑法第 246 条之二虽然在罪名上表述为"计算机诈骗罪"，实际上基于否认人工智能体作为被害参与主体的立场，将该罪适用范围排除在诈骗罪之外。其一，计算机诈骗罪的设立目的和前提即解决人工智能体不能作为被害参与主体的问题。有学者指出，该罪的设立目的即类似自然人的计算机错误处分无法成立诈骗罪。② 其二，计算机诈骗罪与诈骗罪、盗窃罪之间是补充关系。③ 对此日本学者指出，诈骗罪是利用他人的错误的犯罪，本来就是对人实施的犯罪，因此，以机械为对象实施的诈骗行为不构成诈骗罪，如从自动售货机中掏出商品的行为，是盗窃罪而不是诈骗罪。拾到他人的银行卡之后，利用该银行卡从自动柜员机中取出现金的行为也应同样处理。④ 其三，计算机诈骗罪之所以使用"诈骗"的表述与日本刑法中的财产犯罪类型有关。日本刑法中的盗窃罪只能针对财物实施，而诈骗罪是针对财产性利益实施，对于针对计算机实施的侵犯财产性利益的犯罪，在存在主体障碍不能纳入诈骗罪处理时只能通过新设罪名解决，基于客体是"财产性利益"，只能以计算机诈骗罪命名。与之不同，我国对于财产犯罪对象限定为财物，在人工智能体难以成为被害参与主体的情况下，不必照搬从诈骗犯罪进行评价的模式。

---

① 刘宪权、李舒俊：《网络移动支付环境下信用卡诈骗罪定性研究》，载《现代法学》2017 年第 6 期。
② [日] 前田雅英：《刑法各论讲义》，东京大学出版会 2015 年版，第 251 页。
③ [日] 松宫孝明：《刑法各论讲义》，成文堂 2016 年版，第 269 页。
④ 参见 [日] 大谷实：《刑法讲义各论》，成文堂 2015 年版，第 258-259 页；[日] 高桥则夫：《刑法各论》，成文堂 2014 年版，第 341 页。

基于此，我们认为人工智能体可以成为被害参与主体的观点不能成立。在此还需说明电子代理人说的不足，该说虽然坚守了人工智能体的非主体性，但是认为人工智能体可以成为"电子代理人"，实际上也认可了其可以实施代理行为。然而不同于自然人对于自然人、自然人对于法人的代理，人工智能体本身欠缺主体性，本身也难以因代理再获得主体的赋权，因而该说难以充分阐释人工智能体缘何不能成为被害参与主体的问题。回归"许霆案"的判决，基于人工智能体的对象性而非主体性进行判断，并根据我国对于财产分类和财产犯罪的规定以盗窃罪处罚，契合了我国的理论传统与司法实践需求。

### 三、人工智能体对象性的展开

对人工智能体刑法地位的评价应回归到对象性评价的层面。有学者基于人工智能系统作为犯罪对象，认为人工智能系统的范围可能不限于计算机信息系统："人工智能系统可以只是智能计算机信息系统，未来更多的由智能信息系统、智能传感器和机械系统组成的智能机器。按照侵犯的对象，该类犯罪分为以下两类：第一，仅侵犯智能计算机信息系统安全的犯罪。第二，全面侵犯人工智能系统安全的犯罪。"①

我们认为上述观点大致妥当，但应做进一步的理论延伸。人工智能体本质上是独立的智能计算机系统实体，对其对象性的判断应注重从计算机犯罪到网络犯罪，再到人工智能犯罪的承继性。早在计算机犯罪阶段，该类犯罪即被划分为纯正的计算机犯罪和不纯正的计算机犯罪。及至计算机交互所形成的互联网阶段，网络犯罪也被划分为纯正的网络犯罪和不纯正的网络犯罪。这是因为无论是信息社会、网络社会乃至智慧社会，新技术形式在席卷全世界的同时，既创造出新的技术领域及衍生法益，也广泛应用在传统领域和法益中，由此形成了既相互区别又相互交错的二元犯罪类型及对象类型。就人工智能犯罪而言也可以作出类似区分。

第一，人工智能体具有直接对象性，其典型情形是行为人通过物理方式或者信息方式破坏人工智能体。随着智慧社会的到来，人工智能体物理安全和信息安全的重要性也日益凸显。甚至有学者指出："安全是人工智能时代的核心价值。"② 人工智能系统作为计算机信息系统，将其安全作为法益保护的指向有利于在现行计算机犯罪的框架下对人工智能犯罪进行有效的规制，因此前述观点认为"智能计算机信息系统安全"作为保护法益的观点并无不妥。

第二，人工智能体具有间接对象性，其典型情形为行为人通过人工智能体实施其他犯罪（人工智能体作为工具）。在传统意义上，犯罪工具与犯罪对象虽不在同一个层面考量，但是均认可二者相对于犯罪主体具有对象性而非主体性。其典型情形是行为人更改人工智能体的程序，使其脱离原有的使用目的，造成严重的法益侵害后果。比如，行为人通过远程侵入自动驾驶系统，更改驾驶状况，从而引发事故

---

① 皮勇：《人工智能刑事法治的基本问题》，载《比较法研究》2018年第5期。
② 叶良芳、马路瑶：《风险社会视阈下人工智能犯罪的刑法应对》，载《浙江学刊》2018年第6期。

导致他人死亡的结果,就是利用人工智能系统实施故意杀人罪的情形。

此外,有学者基于人工智能体,认为可在刑法分则第六章妨害社会管理秩序罪中增设第十节"妨害人工智能发展罪"。[①] 随着智慧社会的不断发展,人工智能体作为犯罪对象的情形会愈发普遍,理应在理论和实践中加以重视,但是不应急于新设罪名。如同传统犯罪的网络化,在智慧社会传统犯罪也面临人工智能化的命题,因此理应先挖掘传统犯罪的适用空间,基于谦抑性与预防性的结合审慎地考量增设罪名的必要性和可行性。

## 四、结语:刑法立场的回归

超越具体的刑法问题,人工智能犯罪的理论探讨需要明确应然的刑法立场。有学者提出超前性的刑法立场,具体表现为以下两个方面:第一,将行为主体的判断时间从现在转向未来。如有学者认为,众多科幻电影、未来学家早已警告人们,人工智能若不受控制地发展下去,将会面临灭绝人类或者与人类共同治理社会、分享资源的局面,肯定机器人的伦理地位(限制性主体地位)也是基于保护人类、维护人类利益的理由。[②] 第二,将行为主体的判断基础从现实性判断转向可能性判断。如有学者认为,对于是否会出现具有独立意识和意志的智能机器人应当秉持"宁可信其有,不可信其无"的观点,在采取"信其有"观点的情况下,如果风险没有到来,对于人类社会不会有任何危害;在采取"信其无"观点的情况下,如果风险真的到来,人类只会手足无措,甚至束手就擒。[③]

我们认为,应秉持前瞻性而非超前性的理论态度。"前瞻性的刑法理念可以为涉人工智能犯罪的刑法规制预留必要的解释空间和缓冲空间,避免刑法的修改过于频繁。"[④] 随着人工智能技术的发展,不排除人工智能体可以在刑法领域被赋予更为重要的地位。然而刑法学毕竟不是未来学、不是科幻文学,"刑法在面对飞速发展的科技时仍应遵从固有的'沉稳'与'谦抑'品格"。[⑤] 由此,理应回归到真实的犯罪治理上来,并且致力于在适应社会发展和维持刑法稳定之间、在立足现实与适度前瞻之间寻找恰当的尺度与界限。

---

[①] 参见李振林:《人工智能刑事立法图景》,载《华南师范大学学报》(社会科学版)2018 年第 6 期。
[②] 参见刘宪权:《人工智能时代机器人行为道德伦理与刑法规制》,载《比较法研究》2018 年第 4 期。
[③] 参见刘宪权、房慧颖:《涉人工智能犯罪刑法规制的正当性与适当性》,载《华南师范大学学报》(社会科学版)2018 年第 6 期。
[④] 刘宪权、房慧颖:《涉人工智能犯罪的前瞻性刑法思考》,载《安徽大学学报》(哲学社会科学版)2019 年第 1 期。论者也认可前瞻性对于人工智能犯罪的意义,只是在结论上依然走向了超前性立场。
[⑤] 时方:《人工智能刑事主体地位之否定》,载《法律科学》(《西北政法大学学报》)2018 年第 6 期。

# 人工智能时代的控制能力与预防型刑法应对[*]

张远煌[**] 刘 昊[***]

## 一、问题的提出

人工智能技术的发展使人类更加自由，也使人类逐步陷入算法依赖之中。以色列历史学家由瓦尔·赫拉利在其《未来简史》一书当中构想了一幅全智能驾驶时代的场景：随着无人驾驶技术的运用，驾驶人逐步从方向盘上脱离成为乘客，乘客只需在导航系统当中输入目的地，无人驾驶设备与导航系统将以最优化的路径运送乘客至目的地。此时，乘客收获了便利，节省了时间。当越来越多的人依赖于智能提供的路径解决方案，导航指挥中心能够操控所有使用导航系统的无人驾驶汽车，以使交通运输达到最高效率。但长期依赖这种双赢智能服务系统带来的局面，即是人类毫无意识地被预设于智能导航系统和无人驾驶技术的算法所"控制"。

事实上，这样的场景正在临近。在科技领域，科技巨头相继推出自动驾驶系统；在规范视域，无人驾驶技术已在各地开始试点。与之相应的支持政策体现在国务院于2017年出台的《新一代人工智能发展规划的通知》（以下简称《通知》）之中，同时，各地也均相应地出台了与之相应的人工智能发展规划，旨在从战略意义上抢占人工智能发展的制高点。《通知》规定，到2030年，形成较为成熟的新一代人工智能理论与技术体系。在类脑智能、自主智能、混合智能和群体智能等领域取得重大突破，在国际人工智能研究领域产生重要影响。

在政策引领下的科技事业迅猛发展，达到赫拉利所言的场景只是时间问题。只是在人从方向盘上逐步解放的背景之下，刑事主体对自己行为的控制能力是增加还是减少了？依据"法不强人所难"的基本法理，控制能力的有无和轻重会直接影响到刑法体系的革新。据此，本文从广义上将该文研究对象和视角——控制能力——界定为刑事主体在与人工智能交互进程中对刑事不法事实的选择能力。这意味着本文的控制能力所涉问题不限于刑法预设的刑事责任能力，也包括作为犯罪成立要件的有责性与作为刑法目的的法益保护内容。

以无人驾驶应用为例，有学者认为，"对于制造商、程序员等不具体跟车的实体和个人而言，其注意义务具有间接性；而跟随车辆的辅助操作者，其注意义务则

---

[*] 本文为国家重点研发计划项目"职务犯罪职能评估、预防关键技术研究"（项目编号2017YFC0804000）阶段性成果。

[**] 北京师范大学刑事法律科学研究院院长、教授，博士生导师；北京师范大学中国企业家犯罪预防研究中心主任。

[***] 北京师范大学刑事法律科学研究院博士研究生。

具有不完全性。② 采取应景于社会发展的新过失论，以结果避免义务为核心的过失罪责（可以避免却因疏忽大意或者过于自信而未能避免）体现的客观事实即是行为人对法益损害的控制问题。同时，过失罪责中注意义务标准的设置与认定，应当考虑存在论上行为主体的事实控制能力。可以窥见，对控制能力的研究具有从宏观与微观视角观察刑法体系变革的意义③。

现有文献集中于前瞻性地对人工智能时代机器人的刑事主体与刑事责任能力问题的关注。因在现有框架下承担刑事责任需要具备刑事责任能力，主流观点在讨论刑事责任和刑罚承担问题时早已预设人工智能具有刑事责任能力；同时，关于控制能力在有责性、法益保护机能和刑事风险防控体系架构方面的研究则极为有限，所涉文献也仅体现为对传统刑法体系的套用。

本文从控制能力的视角和微观层面展开了学界一直笼统使用却鲜有从技术层面展开的强、弱人工智能概念，从而在人机协作分析框架下发现与之联动的人类对事态控制能力则可能呈现反向的发展路径。进而，现实层面的控制能力变化，蕴含着传统刑法理论的相应困境与改善。但是，基于传统刑法报应理念和国家一元治理的制度缺陷，改善后的注重事后处置的传统刑法理论应当转向更加积极的预防性刑法应对。

## 二、基于控制能力视角下人与人工智能的发展路径

社会学大师丹尼尔·贝尔把人类历史划分为三个阶段：前工业社会、工业社会和后工业社会，这三个阶段是人与环境（自然、社会）、人与科技相互顺从与利用的过程。以半机械化为特点的前工业社会与以电气、机械化为特点的工业社会已然彰显了科技解放人力的发展要义。如今，后工业社会正孕育着第三四次工业革命，从网络信息化时代的积淀转变为智能时代，使当代社会呈现智能化、网络化、数据化三大特征，将进一步推进解放的进程。

### （一）人机协作视野下自然人与人工智能相互作用机理

人机协作是当代人工智能发展的主题，被认为是以人为主、机器为辅的操作流程。从应然角度来看，按照人机参与比例，可将人机协作区分为全人工、全智能化、人工辅助、机器辅助的参与。赫拉利呈现的无人驾驶场景，其背后隐藏的技术

---

② 彭文华：《自动驾驶车辆犯罪的注意义务》，载《政治与法律》2018年第5期。
③ 传统关于控制能力的研究，除有关刑事责任能力的控制能力具有系统性研究之外，散见于各主要法系与学术文献之中。包括但不限于如道格拉斯在其《刑法哲学》一书中，以美国刑法体系为批判对象，提出了用控制原则替代传统行为论的见解，虽遭受诸多非议，却将控制能力等范畴的意义予以凸显；相似的，韦尔策尔所言的目的行为论则是从行为人的视角将行为定义为主观目的支配下的因果流程。又如在我国大行其道的风险刑法，即是基于风险的不可控性而需要转隶于极端的风险刑法理论或者温和的功能刑法理论。

## 第二编 生物科技暨人工智能领域发展的刑法规制问题

背景即是机器主导的全智能化,而近期科大讯飞的翻译软件被控侵权①则是缘于智能化不足的问题。当然,人机协作的预设内容并不是说人类的控制能力与人工智能的发展程度必然是此消彼长的关系。此消彼长的本质是人类与人工智能交互作为一个协同系统,存在相同构成成分的直接或间接地此消彼长。在人机协作的视野下,该种构成成分表现为人与机器的控制能力比例,只有人类真正信任并且依赖机器做出的决策,此消彼长的关系才能得以发生。

事实上,人机协作的主题一直是人类发展史亘古不变的特色。人类的发展史告诉我们,每一次科学技术革命都不同程度地解放了人类的体力劳动,抑或是脑力劳动,从而引起生产方式、生活方式和思维方式的深刻变化。② 智能时代,尤为如此。在作为智能时代前奏的信息革命初期,利用我们活动产生的数据,在网络化的轨道上,以计算机为载体的信息技术在强大的硬件支持下产生了大量用于解放体力和脑力的软件。这些智能化软件以简单的算法为基础,将我们从设定的任务中逐步解放。

### (二) 自然人发展路径:从人力的解放到无意识的依赖

人工智能目前的发展以机器学习为主要特征,在机器学习的技术背景下,智能能够取代的领域已经不限于医疗手术和自动驾驶等技术性实践,而是已经扩展至原本专属于人类的脑力活动,这一点彰显于知识产权法的争鸣之中。其中一个主要议题即是关于人工智能创作的智力成果达到著作权法关于作品的标准时,是肯定著作权的存在,抑或是因人工智能主体不具有法律资格而否定著作权?目前主流观点认为作品的认定是一个客观的实在过程,至于具体著作权的归属则交由法律制度决定是否赋予智能机器人以法律资格。③

不过,也有学者提出质疑,智能机器人并无人类的直觉和灵性④,智能就目前而言很难取代诸如法律职业等需要导入个人价值判断的实践⑤。的确,虽然目前诸如 IBM 公司推出的 Ross 律师与美国程序员开发的"Do not pay"机器人律师可以解决大部分法律问题,但是机器人律师处理的问题大多具有机械性,机器人律师在面对复杂问题时仍具有局限性。不仅如此,我国"人工智能+法院"的模式也未能取得实质性进展。自最高人民法院于 2015 年 7 月首次提出"智慧法院"的概念,围

---

① 2018 年 9 月 20 日,科大讯飞为创新与新兴产业发展国际会议(IEID)的高端装备技术与产业分会做现场同传。事后被王姓翻译员曝出科大讯飞作假,其作假方式就是在大型会议上,从表面上看现场使用的是讯飞的机器同传,实际上讯飞机器起到的作用只是把现场译员的话识别出来,实时发到屏幕上而已。参见:《同传译员揭发科大讯飞 AI 同传造假:人类翻译冒充 AI》,http://tech.163.com/18/0921/13/DS7TV4E100097U7H.html,最后访问时间:2018 年 11 月 26 日。

② 中国人工智能学会:《中国智能机器人白皮书》2015 年版,http://www.caai.cn/index.php?s=/Home/Article/detail/id/52.html,最后访问时间:2016 年 1 月 9 日。

③ 包括不限于参见石冠彬:《论智能机器人创作物的著作权保护——以智能机器人的主体资格为视角》,载《东方法学》2018 年第 3 期。易继明:《人工智能创作物是作品吗?》,载《法律科学》2017 年第 5 期。梁志文:《论人工智能创造物的法律保护》,载《法律科学》2017 年第 5 期。

④ 於兴中:《算法社会与人的秉性》,载《中国法律评论》2018 年第 2 期。

⑤ Sergio David Becerra, The Rise of Artificial Intelligence in the Legal Field: Where We Are and Where We Are Going, 11 Business, Entrepreneurship & The Law, 27 (2018).

于数据不精确、全面和算法高级度不足等原因①,旨在积极运用司法大数据、云计算和人工智能等先进技术支持公正高效的审判与执行的目的就未能有效实现。综合现有文献,之所以出现法律职业不可替代的观点,技术层面的基本原因在于价值观念(如公平)的量化障碍、数据的真实性与完整性不足和自然语言处理技术②有待发展。

对此,笔者认为,法律推理的三段论于形式上与传统智能在推理上的优势不谋而合,即使是非形式逻辑,智能也与非形式逻辑得到了有益的补充和融合,人工智能在表达和刻画概念时较非形式逻辑更加清楚和准确,而且人工智能使得非形式逻辑的研究内容得到更为深入的解构。③ 这意味着价值观念很有可能为智能所理解。关于上述导致法律职业不可替代的原因,主要是对公平的替代值缺乏一致看法。为解决公平的量化问题,主要还是以技术为主导。首先可以通过反向消除人工智能学习过程产生的歧视来实现公平的最优化。一般而言,歧视源自两大方面:一是基于数据的特性导致,二是源于人类价值的导入,主要发生在"优先性排序"、"分类"、"创建实体的联系"以及"需要过滤信息"④的场合。针对两类歧视源,算法责任的术语、有关数据的收集、清理工作以及程序员都需要遵守一定的法律、伦理规则,以此尽可能减少歧视的可能性。其次,要确保公平替代值(包括导入规则)的真实性在技术上能够得到保证。相关提高真实性的举措在技术手段上已开始采用,如采取监督学习模式会在数据分区、数据清理和汇总统计检查阶段控制数据的真实性;采取无监督学习则运用生成对抗网络技术(Gan),用生成器从训练数据得到目标域数据,进而导入判别器与真实数据进行比较,两者持续博弈以促使输入的数据不断调试接近真实的数据。最后,关键因素还是价值是否可被替代衡量。在回答如何衡量价值之前,按照《通知》的规定,到2025年,初步建立人工智能法律法规、伦理规范和政策体系,形成人工智能安全评估和管控能力。由此得知,该条款实际预设了机器人将会被赋予伦理价值因素,不论是机器人通过自我意识产生,还是被动地通过代码规则量化输入,价值的导入会使人工智能与人类更加接近。

当人工智能所做的决策能够在绝大多数场合符合人类的利益需求之时,人机协作的重心将会倾向于智能,并不断地加固这种比例,直至产生依赖。"Do not pay"在第一版运行期间,已经就违停罚款对市政府的诉讼当中胜诉16万次,并扩展到

---

① 左卫明:《如何通过人工智能实现类案类判》,载《中国法律评论》2018年第2期。
② 不同于传统程序的运行,目前阶段的人工智能使用的自然语言处理系统不是将一组命令分解成一系列符号或计算机代码,而是通过分析单词、句子结构、句法和人类交流的模式试图用英语和其他语言的问题进行解释和理解。这也就说明现阶段的人工智能面临的产出准确性不取决于转译代码的准确性,而取决于数据的真实准确性与算法的科学性。See Sean Semmler; Zeeve Rose, Artificial Intelligence: Application Today and Implications Tomorrow, 16 Duke Law& Technology Review, 85 (2017-2018).
③ 魏斌:《人工智能视域下的非形式逻辑》,载《重庆理工大学学报》(社会科学版)2016年第10期。
④ Susan Nevelow Mart, The Algorithm as a Human Artifact: Implications for Legal [Re]Search, 109 Law Library Journal, 387(2017).

了航班延误的补偿诉讼、帮助无家可归的人申请政府住房等纠纷类别。① 机器人律师扩大影响力的深层逻辑是低收入者和被剥夺特定权益的弱势群体难以支付法律服务费用,而"Do not pay"的免费服务无疑是他们的福音。同时,在专业性的壁垒巩固下,机器人律师较常人乃至法律援助律师在准确性上获得了更高的声望。如同"魏则西事件"② 深刻揭示出的"病急乱投医"现象背后的行为逻辑一样,在用户与商户信息不对称的场合,我们更愿意相信来自于政治或者商业权威的宣传,以减少探寻事实的成本。当人工智能因提供的方案更为准确、便利、廉价,人工智能便获得源于技术复杂性与现实必要性的社会权威,在商业权威以及政治权威相继认可人工智能权威的有效性之后,人工智能权威进一步地在民众的意识里生根发芽,由此诞生"技术宗教"之树的统治与庇护。

**(三) 机器人发展路径:从长期的束缚到未知的解放**

量级扩充的数据库、持续发展的计算机软硬件技术在不断精进的算法作用下,人工智能时代的机器人已经不同于传统依靠操作员按步骤输入指令的方式得到目标值的简单算法,而代之以机器学习为特征的现代人工智能。现阶段人工智能使用算法来解析数据、从中学习并建立模型,然后依据模型对真实世界中的事件做出决策和预测,并将该过程循环往复。与上述人类的发展角色相反,传统到现代智能的转变实质上是智能从工具论到决策人角色的嬗变。

最终人工智能能否走向解放的境遇,与人工智能的法律主体资格息息相关。而人工智能能否获得法律主体资格,则与人工智能的具体运作机制及其发展密切相关。正如有学者所言,要使"电子人"这一新的法律拟制有意义,就必须对智能算法的设计原理、它与人(设计者和使用者)之间的互动模式以及它做出决策的自主程度进行详细的研究。③

目前,人工智能的基础层与技术层已得到长足发展,被普遍运用于各个领域,呈现出强化学习和深度学习相结合的弱人工智能时代的特点。一般认为,深度学习提供了一个可以规模化的方法,其本质相当于在输入变量与输出变量之间建立一个非常复杂的非线性函数,模型的参数数量代表了模型本身的建模表达能力;其构建的意旨是在数据间建模以模仿人类神经网络的运作模式,从而在投入使用之后能就具体情境给出最优决策。美国学者将智能深度学习的过程大致分为八个步骤:问题

---

① 《DoNotPay 简直逆天 打赢 16 万起罚单官司只是开胃菜》,http://smart.huanqiu.com/ai/2016-06/9104720.html,最后访问时间:2016 年 6 月 30 日。《它是世界上首个机器人律师 能处理 1000 种案件》,http://smart.huanqiu.com/robot/2017-07/10989992.html? agt=46,最后访问时间:2017 年 7 月 17 日。

② 罹患"滑膜肉瘤"晚期的大学生魏则西,求诊于各地医院治疗无效。在通过百度搜索得知"武警北京总队第二医院"后(该医院排名于百度搜索第一),前往考察,并被李姓医生告知可以治疗。考虑到李姓医生在央视出现过多次,并宣称该机构与斯坦福大学有合作关系等内容后,决定治疗。在花费 20 余万元费用、4 次治疗后,因治疗无效,魏则西去世。事后查明,肿瘤生物治疗中心由"康新医院投资管理有限公司"和"上海柯莱逊生物技术有限公司"承包经营,对外宣称的与斯坦福大学合作关系、前沿治疗效果与方法等均为虚假宣传。而此类虚假信息就在百度公司的竞价系统中被列为第一推荐,获得了诸多求医者前仆后继地前往。

③ 刘伟:《关于人工智能若干重要问题的思考》,载《学术前沿》2016 年第 4 期。

定义、数据收集、数据清理、汇总统计检查、数据分区、模型选择、模型培训和模型部署。大多数机器学习并不是一条直线,而是在这些步骤之间不断跳跃,在模型构建和改进的连续过程中往返。①

实际上,智能学习的任何一个步骤都蕴含着通过数据和算法对机器自身控制能力的限制。例如,在数据挖掘阶段,学者巴罗卡斯(Barocas)和克罗尔(Kroll)描述了数据挖掘的三个阶段是如何引入偏差(通常是无意的),进而影响智能的控制能力。在第一阶段,程序员必须指定一个算法的输出变量——要估计或预测什么,在这个过程中经常会出现歧义。如果程序员以某种方式指定输出变量,使特定人口统计组的成员比其他人更有可能获得"有利"的结果,那么就可以引入歧视。第二阶段可能会出现收集的训练数据是依存于人类偏见的数据(也被称为"垃圾输入—垃圾输出"问题),以及采集了非代表性数据;最后,程序员可以选择输入变量。②又如数据分区阶段,为了避免因数据的不真实和非代表性导致准确性下降,程序员将整个数据分区为"训练集"和"测试集",在算法经过"训练集"的训练之后,用"测试集"对训练后的算法进行检验以确定算法的性能。在这个过程之中,应当如何分配训练集与测试集的数据比例以及程序员对自己收集数据的真实性的把握程度等主观知识就成为限制人工智能决策准确性的关键。可以说,在深度学习的前七个步骤,皆受到程序员的主观因素影响与调节,只有第八个步骤模型部署,才是真正将人工智能投入应用层以面对新数据,由此滋生人工智能决策的不确定性。因为服务商为了提供更好的服务,会在前期步骤编写让人工智能继续学习的程序,不断地将新数据输入到经过训练的算法中,并构建后端数据基础设施。大规模运行的机器学习算法也可能被转化为在线学习系统,在这个系统中,算法在收集新数据时被定期自动地重新训练。③

不过,笔者认为,即使是在应用阶段,人工智能仍会处于被监管之下。其一,人工智能的运行与决策受制于人类使用智能的目的的限制,在得出决策之前,使用者对决策结果的性质会有基本的认识,智能的职责更多在于通过数据挖掘的方式去印证或者证伪观点④。这也就说明,在人类掌控数据与算法的时代,智能获得的判断能力受限于人类希望赋予它多少能力,而非智能主动去追求多少能力。其二,对输入数据和算法的掌控可以控制人工智能的决策能力表现效果。数据和算法的控制无处不在,即使是面对算法黑箱问题,亦是如此。例如,为尽可能揭示算法黑箱当

---

① David Lehr; Paul Ohm, Playing with the Data: What Legal Scholars Should Learn about Machine Learning, 51 University of California, Davis Law Review, 653 (2017).

② Joshua A. Kroll; Solon Barocas; Edward W. Felten; Joel R. Reidenberg; David G. Robinson; Harlan Yu, Accountable Algorithms, 165 University of Pennsylvania Law Review, 633 (2017).

③ David Lehr; Paul Ohm, Playing with the Data: What Legal Scholars Should Learn about Machine Learning, 51 University of California, Davis Law Review, 653 (2017).

④ 俞思瑛、季卫东等:《对话:技术创新、市场结构变化与法律发展》,载《交大法学》2018年第3期。这也说明,虽然人工智能的决策在很大程度上模仿人类采取获得知识、经验以作出决策的做法(人类神经网络),但是人类属于自主学习决策,而人工智能的学习源(数据与算法)量级与性质则取决于人类的"喂养"和目的。

## 第二编 生物科技暨人工智能领域发展的刑法规制问题

中发生的变化和联系,程序员可以通过调节输入数据的结构和特性比例,以观测输出结果的相应变化,从而推断黑箱当中的数据联系。其三,人工智能主要的不确定性在于对新输入的数据性质和结构没有清晰认识,容易造成异构数据①对已被部署的算法提出挑战,产生不确定性的后果。若不确定性的后果给他人造成损害,算法责任是否有必要成为了我国人工智能法学的另外一个课题。为应对人工智能决策的不可控特性,未来前述七个步骤可能会被分化为具体的职能而施加具体的义务,在细化职责要求与监管责任等配套制度联合部署的前提下,不可控的问题可以压缩至最少;而第八个步骤可能还需要通过设立监督责任来反向促使商业机构的及时介入,如同现行刑法中有关"网络安全管理义务"的设置模式。例如,此前微软推出的 Tay 聊天机器人因数据带有歧视内容,在试用期间表现出种族歧视的倾向,微软及时将 Tay 下架的行为就可以成为减免法律责任的事由。

应当提及的是,即使人工智能在多数情况处于可控状态,但是技术总是面临不可控的风险,我们是选择接受少数情况下的不可控,还是畏惧由不可控带来的潜在灾害而停滞不前?这是科技与法治之间历久弥新的博弈。历史发展长河给我们的启示是,任何技术都面临着风险,而人类从未因惧怕风险而止步不前。面对科学技术的风险与非理性,也许采取相对保守主义更符合人工智能"全程监管策略"。所谓的"全程监管策略",不仅为习近平总书记 2018 年 10 月 31 日在以人工智能为主题的讲话中所强调:要加强人工智能发展的潜在风险研判和防范,维护人民利益和国家安全,确保人工智能安全、可靠、可控②,也是《通知》当中截至 2030 年前的发展要求:确保把人工智能发展规制在安全可控的范围内;建立健全公开透明的人工智能监管体系,实行设计问责和应用监督并重的双层监管结构,实现对人工智能算法设计、产品开发和成果应用等的全流程监管。

综上,在强人工智能仍采取深度学习方式进行决策的情况下,从机器学习的基础层数据与技术层算法的角度看,至少在弱人工智能阶段与强人工智能前期的人工智能的控制能力仍是受到控制的。因此,笼统地认为智能机器人(无人驾驶、商务智能)具有独立自主地作出意思表示的能力,进而认为人工智能作为特殊性质的法律主体的观点,③ 以及简单地将编程范围作为划分机器人是否作为独立法律个体的基础的观点,④ 实则是忽视了人工智能时代机器人的控制能力"先天受到限制",从而不适当地认为是人工智能自主决策的过程。

---

① 本处的异构数据不仅指与输入数据存在结构上的差异,也指因人机互动的情况下,人与智能之间决策不一致所带来的数据异构。如 2016 年谷歌自动驾驶汽车与巴士的相撞事故。按照谷歌总公司发言人的公告:"我们都试图预测对方的行动。我们的汽车已经探测到即将到来的公共汽车,但汽车预测巴士会避让我们。但是,从后方接近的巴士司机却认为我们会待在原地。"See Google Self-Driving Car Project Monthly Report, GOOGLE (Feb. 2016), https://static.googleusercontent.com/media/www.google.com/en//selfdrivingcar/files/reports/report-0216.pdf.
② 《习近平在中共中央政治局第九次集体学习时强调 加强领导做好规划明确任务夯实基础 推动我国新一代人工智能健康发展》,载《人民日报》2018 年 11 月 1 日第 1 版。
③ 参见袁曾:《人工智能有限法律人格审视》,载《东方法学》2017 年第 5 期。
④ 刘宪权、胡荷佳:《论人工智能时代智能机器人的刑事责任能力》,载《法学》2018 年第 1 期。

不过，全程监管的发展策略与法治理念并不能排除具有隐患的强人工智能时代的来临。当强人工智能时代的智能具备了独立"意识"，其存在是建立于自己的思考之上，这意味着人类下达的指令、预设的目标或者冲突解决规则很可能被人工智能否定①，人工智能有了能够做出独立于人类的价值和规则的选择，这种意识可类比为人类的私心。当智能具有了"私心"，机器人实然上具有了与人类相似的机器人道德，这种道德不同于学者希冀赋予机器人以道德权利的道德，而是机器人试图构建与人类比肩甚至是超越人类的道德话语体系。正因如此，超人工智能时代成为技术与社会发展的心魔，成为霍金口中"人类文明的终结者"，成为学者提议增设"非法进行超人工智能研究、支持与应用罪"②的动因所在。

## 三、控制能力变动下传统刑法应对的思路与困境

伴随着人类与人工智能之间在社会现实意义上基于控制能力的此消彼长，基于相对意志自由人构建的传统刑法理论必然因控制能力的变动而相应改变，具体表现为人工智能法律主体地位、刑事责任能力、有责性要件与法益保护机能的改善。只是以国家调控为视角的传统刑法理论，在高度智能的人工智能的市场化发展路径冲击下，纵使作出相应调整，也面临着困境。

### （一）人工智能法律主体地位疑义

因目前尚缺乏区分强人工智能与人类科学一致的结论，在其能否被视为法律主体的问题上就无法作出令人信服的结论，而只能就处罚必要性、可行性的问题③做不完整的讨论。这种不完整性不仅体现在缺少对于强人工智能具象化的共识，也体现在片面强调处罚必要性而忽视与人类的比较，例外地为人工智能创设"电子人格"，还体现在因忽视各部门法的不同特性和功能而导致法律主体资格讨论的抽象化④。

---

① 即使是在目前弱人工智能时代的发展维度上，依附于人类数据和算法深度学习的人工智能也并非与类思维一致。典型的莫过于无人驾驶汽车与传统汽车并存时，无人驾驶汽车如何判断人类驾驶者与行人的决策逻辑等现实性问题。追其原因：一是人工智能决策的过程并非严格意义上模仿人类智能的运作，存在黑箱问题带来的不确定性；二是人类之所以能够稳定地维持交通秩序，在很大程度上缘于长期以来人类群体演化形成的共同认知和交流系统，人工智能可否顺利融入人与人的交互系统至少就目前而言是悲观的。Harry Surden; Mary-Anne Williams, Technological Opacity, Predictability, and Self-Driving Cars, 38 Cardozo Law Review, 121 (2016).
② 刘宪权主编：《人工智能：刑法的时代挑战》，上海人民出版社 2018 年版，第 137 页。
③ 若需将人工智能立于道德论的基础上讨论刑事主体资格，那么处罚必要性与处罚可行性也可视为道德论的两个分支，即以色列学者 Hallevy 认为的目的论道德（与人类比较为基础）与道义论道德（以造成客观损害为基础）。"道义论道德（集中在意志和行为）和目的论的道德（集中在结果）是最可接受的类型，在许多情况下它们发挥着相反的作用。"人工智能虽然不具备人类那样的意志和行为，不能进行道义上的归责。但是，人工智能完全能够给社会或个人造成损害和危险，因而从目的论道德上来看与人类并无本质不同。因此，立足于目的论道德，智能代理是可以成为道德代理的。参见 Gabriel Hallevy, When robots kill: artificial intelligence under criminal law, Northeastern University Press, 2013, p. 18.
④ 从必要性角度来看，当认为强人工智能可被视为具有意识的主体前提下，刑法与民法对该主体的承认动因可能有所不同：刑法因处罚功能而从处罚必要性去具体化刑事法律主体的要求，而民法则因表现为补偿功能而从补偿必要性去具体化民法法律主体。这种区分的表征还可以从刑法专有的身份犯当中探求。

## 第二编 生物科技暨人工智能领域发展的刑法规制问题

刑法学界的争议点在很大程度上体现在处罚可行性之中,表现为讨论人工智能是否具有类人特性,以及人工智能的规制与处罚能否纳入传统刑法之中。反对观点认为机器只能被设计成遵守规则,却不能理解规则的内涵①;作为当前主流的肯定观点则认为,"在这样一个新的个体化赋权的发展中,有可能进一步促成人工智能的迭代和自我权利意识的生成"②。

笔者认为,否定论的观点以传统法律理论为人工智能发展设限,在对技术无法达成共识的情况下,只能陷入保守主义;而肯定论的观点多采取目的、意识与意思表达作为人工智能与人类的区分关键,也由于缺乏技术上的共识,相关探讨就无法盖棺定论。不过,不论是肯定论,抑或是否定论,都立足于以相对意志自由的人为标准,为人工智能的发展预设了一副类人图景③,只是在从人工智能处罚必要性迈向处罚可行性的过程中,在是否有必要增设针对人工智能量身定做的罪刑方面产生了争议。

可是,传统思路处理主体资格问题,只是为了给法益损害寻找责任主体,并不能解决人工智能发展的不确定性技术风险,其意义有限,改革成本巨大。从一定意义上讲,否定论的技术保守主义和肯定论的立论基点之间的冲突即是不确定性技术风险的体现。在此之外,有学者不限于人工智能是否具有意识的讨论,而是认为不同于人类意识的"人工智能意识"形态可能产生,由此会对传统主观罪过造成颠覆:人工智能系统不具有以上生物性和社会性基础,其行为的动机更可能是逻辑、效率以及其他人们无法理解的因素,评价其主观恶性没有法律意义。④ 据此可以看出,现阶段就强人工智能是否具有意识,以及承认其刑事主体资格是否需要意识的不确定性问题陷入了似是而非的处境,进而无法在罪刑设置的问题上有针对性。另外,按照目前对强人工智能的基本认识(强人工智能是不受数据数量限制而能独立自主决策的智能),至少就目前技术发展程度而言,算法黑箱问题仍是无法解决的内生性风险。在不能解决黑箱问题的透明性问题的前提下,直接跳到人工智能的规制问题上并不具有说服力。因此,一味地强调国家对人工智能的处罚必要性,必将导致与传统刑法理论的互相龃龉之中;而过分地强调处罚可行性,虽具备科学性,却不免因技术风险而陷入无法掌控的发展境地。

---

① 参见吴习彧:《论人工智能的法律主体资格》,载《浙江社会科学》2018年第6期;甘绍平:《机器人怎么可能拥有权利》,载《伦理学研究》2017年第3期。

② 余成峰:《从老鼠审判到人工智能之法》,载《读书》2017年第7期。

③ 尤为体现在从人类意识的角度描绘人工智能的意识。如肯定论认为"意识的产生便是脑细胞中的神经信息互相传递达到一定程度的量级后,量变引起质变的化学结果"。参见马治国、田小楚:《论人工智能体刑法适用之可能性》,载《华中科技大学学报》(社会科学版)2018年第2期。而否定论的根基可能基于神经学家朱利奥·托诺尼提出的"意识是信息以一种无法分解的方式整合到大脑过程中出现的现象"论断,以及爱尔兰国立大学的菲尔·马尔尔提出"信息能从意识系统中以泄露的方式暗示,意识是不可计算的"论断。也就是说,人造的机器是永远不具有意识以及感觉的,人类意识中存在一些特定的我们尚不知晓的方面。参见中国人工智能学会:《中国智能机器人白皮书》2015年版,http://www.caai.cn/index.php?s=/Home/Article/detail/id/52.html,最后访问时间:2016年1月9日。

④ 参见皮勇:《人工智能刑事法治的基本问题》,载《比较法研究》2018年第5期。

## (二) 人工智能刑事责任能力可行性分析

若人工智能的法律主体地位被承认，关于刑事责任能力的概念就有必要进一步展开。只是在传统刑法学的分析视野之中，刑事主体资格并不是一个具有争议的问题，以人为本的刑法逻辑起点被视为理所当然以至于被忽略。相反，学界更为关注刑事责任能力的问题，由此在犯罪主体的讨论上以刑事责任能力为研究起点。据此，有学者认为有刑事责任能力的人工智能应当被赋予刑事主体资格。① 应当说，该观点存在因果倒置的问题。因为只有在具备法律主体资格后，被视为"抽象理性的人"（具有相对认识能力与意志自由）才能对其刑事责任能力进行区分。以人工智能具有刑事责任能力为由进而肯定法律主体资格的观点，忽视了认识能力与意志自由被视为辨认和控制能力的前提性因素。不同于传统刑事主体先天性的自主发展的认识与控制能力，智能的认识与控制能力取决于技术的发展程度。

若采取人与人工智能区别的本质在于意识②的观点，在发展至具有独立意识的强人工智能阶段之前，应然上因缺乏法律主体地位而否定机器人的刑事责任能力。可是，实然上例外赋予电子人格的说法常被提及。

笔者认为，电子人格的赋予忽视了人工智能刑事责任能力划分的可行性。若仍将刑事责任能力理解为辨认和控制能力，在讨论电子人格的刑事责任能力时，就应当考虑到机器人的控制能力，否则所谓的电子人格也只是电子奴隶而已。但是，电子人格的设立逻辑恰恰是跳出了强、弱人工智能的区分困难，以特定实用性和政策性③为考量准据（如代理人），对可行性不予考虑，这带来的最大弊病即是本身作为弱人工智能和无意识的强人工智能的电子人格仅具有象征意义，诚如沙特阿拉伯赋予"索菲亚"的公民人格；而本身作为强人工智能的电子人格，又由于本身已具备了完全的责任能力，囿于特定实用性而仅能承担有限责任。

同样，赋予人工智能完全的刑事主体地位虽然可以全面解决责任承担问题，但也存在着划分的困难。如果说可以依据人工智能的智能化程度对人工智能的刑事责任能力予以划分④，那么首先将面临技术标准如何统一的问题。技术标准是智能化程度划分的基本标准，技术标准的确立不仅涉及众多标准委员会、产业、厂商、部门的协调，也涉及业界对人工智能的概念、内涵、应用模式、智能化水平等能否达成共识，由此看来，人工智能的智能化标准需要国家统筹、企业协作的方式予以确定。其次，以智能化程度划分刑事责任能力或许只是一个伪命题。智能化意旨模仿人类行为和思维的能力。在以人为本理念和全程监管策略下赋予强人工智能刑事主体资格，实则是先天带着镣铐起舞的人工智能，镣铐的束缚如同后天受到胁迫的人

---

① 参见夏天：《基于人工智能的军事智能武器犯罪问题初论》，载《犯罪学研究》2017 年第 6 期。
② 为便于分析，此处意识采取人类意识的理解。若认为承认主体资格不需要意识，那么对刑事责任能力的探讨没有时间起点；若认为承认主体资格需要的是不同于人类的"意识"，那么在仍采取传统刑事责任能力的理解的前提下，本处的讨论具有参考价值。
③ 参见环球网：《欧盟制定动议草案，确保智能机器人受法律约束》，http://tech.huanqiu.com/original/2016-06/9073454.html，最后访问时间：2016 年 6 月 23 日。
④ 马治国、田小楚：《论人工智能体刑法适用之可能性》，载《华中科技大学学报》（社会科学版）2018 年第 2 期。

类一样。一方面，强人工智能仍旧可能在算法和规则内处理数据，并得到相应的解决方案。此时，强人工智能可能不具有责任。当然，不排除在未来赋予机器人监督责任，对算法的异常未报告而承担责任。另一方面，即使算法得以自我进化，那么人工智能是否仍受算法和相应规则的限制，这是一个仍留存的技术问题。若回答肯定，那么通过数据和算法限制机器人的发展就是可能的，对其谴责就不可能同于传统对自然人预设为自由意志者；若回答否定，机器人依据自己的意志实施了犯罪，则还需考虑数据和规则对其作用的大小。只有在算法和数据（"大脑"）均未明显对人工智能产生限制的情况下，其意识才能称为与自然人相匹配的意志自由，所谓的控制能力也才具有划分的必要性。最后，关键是当人工智能发展到具有独立意识的阶段，以人类为中心构建的刑事责任能力概念可能会被替代或取消。因为强人工智能被视为通用人工智能，其存在形式是比拟于"正常人类"的标准，即默认其具有刑事责任能力，由此可以取消刑事责任能力概念。当然，也不能排除人工智能在刑事责任能力设定上因人工智能特性（计算能力与数据分析等）或者刑罚设定的差异可能另行建立一套认定标准。

（三）有责性理论的变迁与隐忧

关于犯罪成立条件之一的有责性，是行为人对其所实施的不法行为的非难可能性。在规范责任论的语境之下，表述为"在具备主观罪过的前提下，能够期待行为人认识到并选择实施适法行为，而行为人却违背法的要求而实施了符合构成要件的不法行为"。与刑事责任能力的先天性控制能力相比，有责性的本质问题在裁量权层面更多地体现为后天性的可控制能力，即选择适法行为的能力。

其一，人工智能时代因控制能力的变动，引起过失责任的转移和传统刑事主体的可谴责性降低。由于人类智能找到了合适的载体，可以使人类智能自动化、网络化地运行，人力从具体的实践当中脱离。当法律规范默许该类脱离的合法性，传统责任分配体系将得到重组。因为：一方面，人工智能技术发展使人类逐步解放，而获得解放的传统刑事主体（人类）不仅不需要被施加额外的负担，反而从刑事责任承担的队列当中予以排除；另一方面，虽然技术带来了更多的确定性和安全性，但是相伴相生的风险和后果损害仍是巨大的，有必要提前干预。这意味着类似于人工智能生产阶段的商户或者是社会组织等其他主体，可能需要承担来自使用人注意义务和责任的转移与消失带来的不利后果。

针对这种承担责任的情形，更多表现为具有争议的过失犯。依据消极责任主义原则，责任是刑罚的上限，刑罚的幅度体现了可谴责性是个量化范畴。借此，根据前述制造商、程序员的间接性义务与辅助操作者的不完全性义务的特点，智能时代的责任类别划分愈发精细化和多样化。同时，驾驶员向乘客角色的转变使其实际控制能力下降，软硬件供应商的间接义务使其转向对无人驾驶汽车在智能生成阶段与使用阶段进行实时的监督（可能与隐私权冲突而缺失），人类整体控制能力的下降导致的是对传统刑事主体的可谴责性程度普遍降低。

其二，随法律认知模式的转变，传统侧重立法权威的谴责将转向侧重以人工智能企业等商业权威为主导的算法结果的谴责。有学者认为大数据与人工智能技术的运用使公众的法律认知从认知规范到认知人工智能的产出结果转变,"传统的立法权威将会进一步衰落,在分散的平台上,经由不同的算法,形成了当事人所依赖的规则。""只有有理由预期规范性的预期能够通过规范的方式来形成预期,法律才算是法律。"① 一旦法律的滞后性与模糊性未得到相应的改良,算法因其优越性而将成为融入多种决策主体的统治主体。此刻,传统刑法将责任定位于法规范的谴责乃至要求具备违法性认识的观点,将因法律认知模式的改变而转变为以"算法结果作为规范来谴责"。这样的谴责能否正确则完全依赖人工智能企业使用的数据真实性与算法的精确性。因此,针对有学者认为"规则推理路径是成文法系根本的路径,以大数据为基础的法律推理建模仅具有参考价值,而不是根本性的"② 观点,笔者并不赞成,案例推理路径和大数据推理路径在未来的发展可能更受用户和法律职业者的青睐。因为案例与大数据的认知模式符合普通个人对法律的认知,即使是裁判系统,亦是如此。最高院于 2018 年 1 月 5 日正式上线运行了"类案智能推送系统",该系统从"案件性质、案情特征、争议焦点、法律适用"四个方面,覆盖全部 1330 个案由,通过机器自动学习构建出超过 10 万个维度的特征体系,③ 这充分说明大数据与案例推理路径具有提升和统一规范认知的重要作用。随着智能技术的发展,若普通的用户能够通过一键搜索相关法律问题的案例,甚至是直接得到相关法律问题的解决方案,那么所谓的违法性认识乃至规范的可谴责性将全然仰仗于人工智能提供的个案或类案结果。

不过,相伴而来的负面效应可能是:过度依赖人工智能的企业在塑造规范权威的公益性与企业的逐利性上并不相容。例如,在现今的弱人工智能时代,限于目前身处法定犯繁荣时代的智能技术发展程度,以赵春华案为代表的冲突大众朴素情感的案例,受限于历史数据的高定罪率和规范的时效性左右,赵春华案的无罪判决只是大数据当中罕见却具有代表性的案例。在未经历赵春华案揭示"有关枪支认定标准"的缺陷之前,类案的日后判决只会呈现"大数据杀熟"现象,导致强化类案错误可能性的结果。因此,是否要求企业承担起消除因人工智能权威带来的不利后果的责任,成为人工智能发展路途上必须解决的问题。

### (四) 法益保护机能的调适

为了全面地保护法益,刑法设置了犯罪预备、未遂到既遂的规定,三个环节侵犯法益的风险逐步递增。限于预备犯处置的司法困境,先前预备犯鲜有被处置的实例。不过,随着新型恐怖活动、网络犯罪现象的产生,以《刑法修正案(九)》为代表,法益保护前置化被视为对法益保护的有效手段。以网络为依托的人工智能技术发展,在使用人面临智能技术复杂性与智能依赖性双重作用下,人工智能的风

---

① 李晟:《略论人工智能语境下的法律转型》,载《法学评论》2018 年第 1 期。
② 法律推理建模有三种路径:一是规则推理路径,即基于现有法律法规来建构法律推理引擎。二是案例推理路径,即基于过去的判例来建模法律推理引擎。三是大数据推理路径,即充分利用当代互联网与大数据技术来建模法律推理引擎。参见熊明辉:《法律人工智能的前世今生》,http://news.cssn.cn/zx/bwyc/201810/t20181010_4666738.shtml,最后访问时间:2018 年 10 月 10 日。
③ 左卫民:《关于法律人工智能在中国运用前景的若干思考》,载《清华法学》2018 年第 2 期。

险问题在万物互联的时代更加严峻，体现为大数据的保护和合理利用问题与人工智能的系统安全风险问题（广泛互联的物联网，智能硬件的系统漏洞、基础安全技术缺失以及复杂的供应链条带来的归责困境对系统安全的监管带来挑战）[1]，由此可能推动与人工智能相关的法益保护前置化。

而且，由于人工智能的介入，替代了人的决策与行为，由此带来的间接性导致人类对因果关系的控制能力有所下降，因而有必要提前保护法益。前述已强调控制能力对刑法的研究具有重要意义，具体体现在行为人通过控制行为与结果之间的关系来决定犯罪完成的时间和可能性。在行为人对整个过程具有完全的掌控下，行为与结果之间的关系表现为持续密切的因果关系，行为人可以轻易切断犯罪流程；若行为人对行为与结果之间的因果关系并不具有足够的操纵性，犯罪的发展与行为人的主观能控性相距甚远。据此，因行为人对法益侵害的控制能力下降而又没有其他主体承担补充或者替代保护法益的角色，尤其是针对重大、复合法益的情形，刑法规制就有必要因法益侵害可能性的提高而提前。进而按照人工智能不可控的原因可区分为主观不可控与客观不可控[2]：客观不可控是因机器人的设计目的（以战争、格斗为目的）或其信息系统参数特性（大量暴力行为数据）导致人类不可能对之完全的控制，在具有造成损害的高度盖然性时，机器人被视为高度危险的来源，持有人和所有人具有更高要求的危险源管理义务；主观不可控是基于智能代替人类决策的天然间接性导致的不可控，相较于前者，这种不可控可被视为可允许的风险，行为人注意标准更低，甚至是无期待可能性。

行为人深层的主观内心的态度因间接性而更加模糊。主观不法要素表现在目的犯、倾向犯之中，是否具有目的与倾向将直接影响到行为人的不法程度。不论是主观罪过，还是主观不法要素，均需要通过客观外在予以推测。在行为人利用人工智能实施犯罪时，由于行为举动并非直接出自于人类之手，就缺少更加具体详细的细节对该类态度予以揭示。例如，程序员通过控制输入数据的结构与量级，在明知输出变量会具有侵犯女性性自主权的情况下，而放任此情况的发生，就需要去查明行为人是否具有"为满足性冲动的目的"。为应对此类问题，需要对智能实施此类行为的原因揭示，在与行为人行为具有刑法因果的前提下，还需要对输入数据的结构与性质进行分析。在数据集过大、算法黑箱和技术中立原则的庇护下，刑事侦查难度较传统案件更大。据此，是否有必要取消目的与倾向的主观不法要素，以更为妥善地保护法益，有待研究。

尤其是在强人工智能时代，是否赋予机器人主体资格，决定了法益保护机能的

---

[1] 参见吴沈括、罗瑾裕：《人工智能安全的法律治理：围绕系统安全的检视》，载《新疆师范大学学报》（哲学社会科学版）2018年第4期。

[2] 人工智能的风险还可被划分为"技术的内在风险"与"产品的外在风险"，前者是因大数据、算法、深度学习带来的侵害法益风险，后者是利用人工智能带来的侵害风险。与笔者的划分不同之处：1. 本文以行为人和使用人为刑事主体分析，未扩展至包含研发人员和单位。2. 技术风险既可能是本文的主观不可控，也可能是客观不可控（如特质数据导致），产品风险亦然。参见刘宪权、林雨佳：《人工智能时代技术风险的刑法应对》，载《华东政法大学学报》2018年第5期。

发展路径。传统刑事主体是基于意志自由的预设,是为了贯彻宪法有关人类尊严与存疑有利于被告的原则①。那么,对机器人是否也需要贯彻此种观点?

笔者认为,诚如前述所言,机器人可能并不会拥有与人类比肩的法律主体资格,以人类为中心的法律规范体系将不会发生改变。虽然目前以美国和欧盟为代表的国家组织均对人工智能领域作出了相应的法律规定,但机器人的地位暂时也不可能同法人一样写入宪法得以保障,对其犯罪行为的规制仍未超出刑法的目的,即尊重人权与保护法益。那么,在未将"人权"赋予机器人的情况下,保护法益成为机器人刑法的唯一目的,从教义学路径来看,唯一对机器人刑法适用产生限制的是机器人群体的其他权益,也即即使承认机器人权益,在仍未改变刑法的目的是保护法益的前提下,所谓的机器人刑法也只是法益保护内部碰撞的结果。

否定机器人权益,传统法益理论并未有根本性变动。这种观点为人工智能工具论、电子奴隶论所倡导,将机器人的所有行为责任归属于人类,发生在弱人工智能时代和没有意识的强人工智能时代。但是,诚如前述所言,在人类普遍依赖人工智能独立决策能力之时,将其归属于人类是不合理的,是否有必要采取类似于强制保险、替代责任等补充制度来负担人工智能决策的风险,仍有必要进一步论证。

肯定机器人权益,机器人相关权益处于保护状态。该状态与代理人说存在契合之处。对此,俄罗斯《格里申法案》采取了此种做法,我国"有限法律主体资格"说也是此类观点。《格里申法案》规定,机器人—代理人具有民事主体地位,根据该法案第1条规定:"机器人—代理人拥有独立的财产并以之为自己的债务承担责任,可以以自己的名义取得并行使民事权利和承担民事义务。在法律规定的情况下,机器人—代理人可以作为民事诉讼的参加者"(第127.1条第1款)。② 同时,该法案规定适用于法人的民事立法也可以类推适用于机器人成为人类代理人的情况。这意味着不论机器人最终决策行为是在权限范围内还是在权限范围外,机器人因代理关系所持有的财产可被视为机器人承担责任的基础。这也就意味着,这部分财产不论被视为所有权人,还是机器代理人的财产,均应当受到保护。只是在保护的限度上有所差异。例如,在紧急避险或者征收的场合,由于个人财产在宪法上享有优先位阶,在保护必要性与衡量法益之时,机器人的该部分财产将因为效力等级更低而很有可能被"剥夺"或者获得相对较少的补偿。

当肯定机器人权益被赋予宪法地位,机器人权益处于与人类法益对等的优良保护状态。限于机器人的特殊构造,是否能够享有与人类拥有同一权益时的相同保护地位需要宪法的明文规定,是否需要创设独立于人类之外的另一套法益体系或者规范体系有待观察,以及各类机器人是否享有相同的保护状态也需要进一步研究。当机器人在宪法上被赋予了权利,社会的结构与人类的历史将发生史无前例的巨变,人工智能将彻底融入人类的生活。不过,这蕴含着风险,蕴含着人与智能、智能与智能的矛盾冲突。对于人工智能的发展能否超越人类智能,我们是否还能构建人与

---

① 张明楷:《责任论的基本问题》,载《比较法研究》2018年第3期。
② 张建文:《格里申法案的贡献与局限——俄罗斯首部机器人法草案述评》,载《华东政法大学学报》2018年第2期。

人工智能和平共处的时代，就目前而言，是不得而知的。

## 四、控制能力变动下预防型刑法之提倡：刑事合规制度

可以看出，前述内容更多地倾向于从传统刑法理论的调整去消极被动地适应人工智能时代的控制能力的变动，虽然最大限度地维持了刑法体系的完整和传统框架，但是，以国家为唯一主体构建人工智能的刑法规制，在人工智能刑事主体、有责性的具体构造以及法益保护的严峻性问题上遭遇了不同程度的挑战，而有必要寻求企业的合作。尤为吊诡的是，智能技术的发展，一方面传统刑事主体的责任普遍降低，另一方面人工智能的风险问题在物联网时代却更加严峻，由此导致形势愈发严峻与责任体系不断收缩、责任罅隙不断增大的异类图景。基于弥补责任罅隙和内容的不足，要求国家设立类似于交强险的保险制度与生产商承担严格责任的观点被提及。①

但是，笔者认为，交强险制度与严格责任制度的设置本质依然是将国家视为刑事风险防控的唯一主体，暗含着国家应对人工智能风险的有心无力。因为人工智能时代的交强险制度因缺乏真正的驾驶人，存在追偿受限的问题。即使采取增加投保主体的方式②，所谓的交强险实则是各类生产商和供应商缴纳的风险基金，虽秉承了以往交强险的设立初衷，体现的却是国家寻求其他商业主体共同治理的思路。与之相应的严格责任制度，则是缘于国家、受害人与企业在事故探因方面的信息不对称，基于主观追溯可行性与侦查便利性而采用否定主观构成要件的方式，以此避免在既有证据规则体系下为人工智能企业规避责任提供法律上的便利，旨在反向敦促企业实现自己的责任。相反，国家治理的局限体现了企业在人工智能时代刑事风险的优势所在。一方面，人工智能企业经济体量庞大，处于人工智能产业链的上游，能够控制更多的社会资源（如数据、算法、人工智能与程序员）以研判和防范刑事风险；另一方面，相较于司法机关在技术上的优势，能够为刑事风险防控提供精准、完备的制度与保障机制。

同时，更为棘手的是，单一通过国家管控人工智能刑事风险，将面临着"鼓励人工智能创新"与"全程监管"的内在冲突。因为鼓励人工智能的创新的根本举措在于让市场主体充分自由竞争。全流程监管则要求对人工智能算法设计、产品开发和成果应用等全方位的管控。过于重视国家对人工智能的监管，尤其以惩罚性刑法作为监管手段，必然对人工智能产业的发展带来消极影响，进而影响人工智能的发展的预期目标。

因此，关键问题是国家如何最小限度地干涉企业自治，又能最大限度地调动企业自身的积极性去控制刑事法律风险。笔者认为，人工智能研发和应用过程中引发的犯罪风险应对之策，不能再局限于不断地在传统的事后应对的刑法思维中去寻找对策（如完善罪名设置与罪刑配置），而应当创新思维，结合我国实际大力开发

---

① 参见［德］霍斯特·艾丹米勒：《机器人的崛起与人类的法律》，李飞、敦小匝译，载《法治现代化研究》2017年第4期。
② 张龙：《自动驾驶背景下"交强险"制度的应世变革》，载《河北法学》2018年第10期。

体现"国家—企业"合作预防理念的刑事合规制度。所谓刑事合规制度,即所有客观上事前必要的或者事后被刑法认可的规范性、制度性、技术性的属于某一组织的措施,这些措施的目的在于:降低组织或组织成员实施的与组织有关且违反国内或国外法的经济犯罪行为的风险或者相应的犯罪嫌疑风险,或者与刑事执法机构达成一致而对刑事处罚产生积极影响,并最终借此提高企业价值。① 刑事合规制度的创建涉及两个紧密相联的步骤:一是在刑法上明确企业合规的基本要素或最低标准;二是规定实施合规计划的企业所能享有的实体或程序上的优待,以此将刑法上企业预防犯罪的合规义务转化为企业实现利益最大化的自主动力,从而达成国家—企业合作预防犯罪的良性格局。

以开刑事合规制度之先河的1991年《美国联邦量刑指南》为例,一方面规定了企业构建有效的合规计划应具备的法定要素,即:(1)建立合规政策和标准,以防止犯罪行为发生;(2)指定企业高层监督合规政策和标准;(3)企业不得聘用在尽职调查期间了解到具有犯罪前科记录的高管;(4)向所有员工有效普及企业的合规政策和标准;(5)采取合理措施,以实现企业标准下的合规,如建立违规举报制度;(6)通过适当的惩戒机制严格执行合规标准;(7)发现犯罪后,采取必要的合理措施来应对,并预防类似行为发生。另一方面,根据《美国检察官手册》中《联邦起诉商业组织原则》的规定,在对犯罪企业开展调查过程中,决定是否对企业提起公诉或达成协商认罪协议的九大要素中,就包含了前述合规计划的基本要素;同时,这些合规要素也是法院决定是否减免企业罚金的重要依据。② 正是在这种预防性刑法的强力引导与激励下,企业主动预防犯罪的内生性需求得以充分激发。正是基于这种刑事政策逻辑,2010年英国的《反贿赂法案》更是直接创设了预防性罪名"商业组织预防贿赂失职罪",一方面明确规定与商业组织有关人员为了本组织获得、保持业务或好处而实施贿赂的,该组织成立本罪;另一方面又明确规定受指控的商业组织可以通过证明自己建立了适当的程序防止相关人员实施贿赂行为而予以抗辩。③ 在这里,企业员工实施贿赂行为后,企业是否有可行的内部预防机制成为企业是否要因此承担罪责的法定依据。

应当认识到,晚近20年来,无论英美法系国家还是大陆法系国家,在推进刑事合规制度建设方面均表现出高度的趋同性,再加上系列国际或地区性公约的助推,刑事合规制度作为新的国际法律现象与新的社会治理工具,在全球范围内呈现出蓬勃发展的趋势。就我国而言,强化企业违法犯罪的内控机制建设,已在不少非刑事法律法规中有明确要求,进一步在刑事上科以企业预防犯罪义务,已不是一个是否需要借鉴的问题,而是如何立于国家治理现代化和国家"走出去"战略的内生性需求。可以说,着力进行刑事制度创新以此推动企业主动构建违法犯罪内控机制已成倒逼之势。这不仅是主动适应最新国际刑事政策趋势与顺应我国新时代推进依

---

① 参见[德]托马斯·罗什:《合规与刑法:问题、内涵与展望》,李本灿译,载赵秉志主编:《刑法论丛》(2016年第4卷),法律出版社2016年版,第363页。
② U. S. SENTENCING GUIDELINES MANUAL § 8A1.2 (k) (2) (2001).
③ 参见《英国反贿赂法》,王君祥译,中国方正出版社2014年版,第33页。

## 第二编　生物科技暨人工智能领域发展的刑法规制问题

法治企和提升经济发展质量的现实需要，而且也具备了推进我国刑事合规制度建设的政策基础。2017年5月，习近平总书记在主持召开中央全面深化改革领导小组第三十五次会议上明确提出要加强企业海外经营行为合规制度建设；① 进入2018年，国家相关主管部门先后颁行了企业合规指南，② 为全面推进企业合规管理提供了政策和操作依据。未来人工智能时代，保障人工智能企业健康发展，是国家抢占人工智能技术制高点的必要前提，而积极推进人工智能企业合规运营、提升人工智能企业自我预防和监管刑事风险的能力，其重大战略意义不言而喻。

在实施路径上，通过刑法规范为人工智能企业及其相关负责人设置预防犯罪的合规义务③，可以反向倒逼企业在自主创新发展的同时，促使企业注重从企业文化到运行机制建设合乎刑法的预防性规范，实现刑事风险防控从刑法外在的报应威慑转向企业内部的自主防控，从而从源头上避免企业犯罪现象。正是在这种意义上，刑事合规制度作为促进犯罪治理模式升级转型的抓手和工具，具有将国家作为管控刑事风险的唯一角色，转向国家与企业合作预防的功能。在刑事合规模式下，既可以减轻国家的监管负担，提高监管效率，推进国家治理体系与治理能力现代化，④ 又可以充分调动人工智能企业的资源优势与技术优势，实现企业在构建人工智能标准和治理体系方面承担应有的社会责任，从而有效预防和及时发现企业运营中的合规风险，促进企业之善治，增强企业可持续发展的能力。

同时，由于合规计划的目标旨在通过制度安排下的国家与企业的共同努力，化解企业利益最大化与刑法秩序之间的结构性冲突，立于企业立场，为了避免引发刑事风险所带来的巨大损失，就需要构建一套参照刑法及其相关法律的实质有效的预防体系，这就相应地为司法机关在判定企业"是否履行了监管义务"这一棘手的问题上提供了可以依赖的客观事实依据，即企业是否事前采取了与其面临的刑事风险相称的合规监管体系。这不仅十分有利于保障责任追究的公正性与示范性，而且能使注重合规治理的人工智能企业因享有处罚上的优待而增加依法合规经营的获得感

---

① 会议指出："规范企业海外经营行为，要围绕体制机制建设，突出问题导向，落实企业责任，严格依法执纪，补足制度短板，加强企业海外经营行为合规制度建设，逐步形成权责明确、放管结合、规范有序、风险控制有力的监管体制机制，更好服务对外开放大局。"参见《习近平主持召开中央全面深化改革领导小组第三十五次会议》，http：//www.xinhuanet.com/2017-05/23/c_1121023088.htm，最后访问时间：2018年5月23日。

② 2018年7月，经国家质监总局、国家标准化管理委员会正式批准发布《合规管理体系指南》；2018年11月，国资委颁行《中央企业合规管理指引（试行）》。可以说，推进企业合规治理已呈山雨欲来之势。但国际经验证明，没有刑法的强力引导与推动，企业合规治理的效果是欠佳的。

③ 在法律规范意义上，刑事合规意味着为了避免公司刑事风险的一切必要且容许的措施。立于国家立场，刑事合规作为位于法定刑事可罚性的前置领域，旨在防止企业为追求利益而实施犯罪；立于企业立场，实施刑事合规计划旨在避免企业刑事责任，并以此提升企业的自身价值。参见［德］弗兰克·萨力格尔：《刑事合规的基本问题》，马寅翔译，载李本灿等编译：《合规与刑法》，中国政法大学出版社2018年版，第58-59页。就我国而言，引入合规制度可以采取两种路径：一是"一揽子解决方案"：强化立法预防导向，在立法中设立企业预防犯罪的合规义务，并将单位犯罪的内涵扩展至员工为了企业利益而实施的犯罪；二是权宜之策：通过司法解释，将企业视为"自然人"，在量刑上给予建立有效合规制度（表明有预防意愿并作出努力）的企业处罚上的优待，以此激发企业合规的能动性。

④ 参见江必新：《推进国家治理体系和治理能力现代化》，载《光明日报》2013年11月15日第1版。

与优越感,① 从而促进营商法治环境的不断优化。

## 五、结语

在仅仅几十年前,人工智能还只是被视为人类智能的简单运用,在当下之所以被赋予殷厚的期望,缘于人工智能的机器学习在大数据时代起了意义非凡的作用。此类作用正如人工智能本身的语义阐释,是人类智能的延伸,但不排除替代。延伸的发展趋势可能表现为人类与人工智能基于控制能力的转移呈现相反的发展路径。在人类逐渐将控制权事实性地转移给人工智能,人工智能获得法律主体资格的可能性就逐渐提升,以人类为中心设置、与事实控制能力相关的有责性与法益保护内容也会因应而变。

只是限于智能技术尚缺少一致的科学论断,在前景未卜的人工智能发展背景下,对人工智能的主体地位的讨论陷入了为完善罪刑体系的模糊讨论之中,并影响到刑事责任能力划分的可行性问题。同样,通过对其他以控制能力为中心的传统刑法理论的修正,可以清晰地看到本文对人工智能时代的传统刑法修正具有不完整性。不完整之处在于文章并未对传统刑法的局限性作出具体的制度和理论安排,而只是针对局限之处指出单一国家治理模式不足以解决人工智能的发展问题,据此有必要引入合规治理理念。不过,笔者相信,此种不完整具有合理性,合规制度提供的只是人工智能法律规制的抓手,旨在从人工智能的发展源头掌控刑事法律风险。在刑事合规制度的创设与运用过程中,传统刑法理论并未被抛弃,它只是借助于由来已久的只停留于刑法前置性法规中的"企业合规"这一得力抓手或媒介,在观念上实现了飞跃:由消极的事后干预转向积极的具有可操作性的事前预防;在功能上实现了质变:由国家独掌的惩罚犯罪工具升级为注重国家—企业合作的治理犯罪工具,并由此在品质上实现了破茧成蝶的蜕变。毕竟,在推动制度创新、实现善治的路径中(包括迈向人工智能法学②的路途上),我们需要的是立足现实的法律创新或改良,而非遥想未来的法律革命。

---

① 应当注意的是,刑事合规所体现的是独立于传统个人责任的组织责任,所要避免的是因企业组织缺陷引发的刑事风险。内部员工发生了个别犯罪行为,并不能说明已有合规系统无效。从期待可能性看,任何完美的刑事合规都不可能完全杜绝企业员工的犯罪。See John D. Copeland, The Tyson Story: Building an Effective ethics and Compliance Program, 5 Drake Journal of Agricultural Law, 305 (2000).

② 参见程龙:《从法律人工智能走向人工智能法学:目标与路径》,载《湖北社会科学》2018年第6期。

# 人工智能时代刑法的挑战与应对

## ——以人工智能创作为例

徐 岱[*] 李方超[**]

人工智能刷新了长期以来人类创造新工具、发明新事物的维度,被称为"人类最后的发明"。近些年来,人工智能进步飞速,整合了一大批人类最新的科技成果,也吸纳了一大批人类顶尖的智力资源,更为人类社会的经济活动带来了愈发可观的价值。在当今社会,人工智能已经开始在广泛的领域中参与人类生活,自 AlphaGo 战胜中国围棋职业九段棋手柯洁引爆舆论开始,人工智能便逐步从幕后走到台前,成为人类生活的重要辅助。时至今日,人类出行乘坐的汽车正在不断向着 L5 级别的自动驾驶进化,打开各种 APP 也在基于人工智能算法和用户肖像不断推送使用者感兴趣的内容,使用手机拍照时也会有人工智能引擎自动优化画质。不仅如此,人工智能还进入了传统意义上只能由人参与的创造领域,产出了一系列与人类智力产物具有极高相似性的作品。比如,阿里巴巴研发的"鹿班"系统,能够以每秒 8000 幅的速度设计广告海报,并且基于用户的不同习惯向其推送不同的广告海报,使得不同的淘宝用户都能够获得符合自身购物取向且区别于其他用户的广告信息,最终实现淘宝 APP 的"千人千面"。[①] 人工智能被人类不断研发的初衷便在于其能够帮助人类高效精准地完成一定的任务,当人工智能不断进步并不断实现设计初衷之时,人类社会却不得不面对一系列新的挑战。如果说人工智能对人类的人身安全或社会基本秩序的挑战过于遥远,那么人工智能对创作领域的挑战却近在眼前。人工智能创作将有可能严重挑战人类已有的知识产权体系,在刑法领域将会对以侵犯著作权罪为代表的侵犯知识产权罪的适用产生诸多挑战。

## 一、人工智能时代刑法的两难

### (一)人工智能创作的现状

自 1956 年美国学者约翰·麦卡锡提出将人工智能作为一个独立的领域加以研究开始,人工智能概念就此产生。在人工智能诞生之初,学者就认为人工智能不能够被数学等学科完全涵盖,而应当是包含了控制理论、决策理论、运筹理论等内容且以计算机科学为方法论的独立研究领域,其目的是在复杂的环境中自动运行,以

---

[*] 吉林大学法学院副院长、教授,博士生导师,中国刑法学研究会常任理事。
[**] 吉林大学法学院辅助研究人员。
[①] 参见李拯:《用云计算敲开数字经济大门》,载《人民日报》2019 年 3 月 18 日第 5 版。

实现复制人类才能的目的。① 1956 年至 1960 年，人工智能研究掀起第一次浪潮，以推理和搜索为主要技术特色，并在一些简单领域体现出超越人类的特征。② 自 1980 年起，人工智能领域掀起第二波浪潮，以人工智能对人类知识的表达与表述为主要特色，人工智能开始在机器翻译等领域崭露头角。③ 时至今日，人类正在经历第三次人工智能浪潮，机器学习为人工智能赋予更加强大的能量，人工智能逐渐在更加复杂的领域辅助人类的行为，并产出一些值得注意的成果。

当今，深度学习作为机器学习的最新发展，已经突破了机器学习的弊端，在分层算法的加持下自主地进行学习资料深层挖掘，而不再需要人类监督学习的过程。正因为如此，当今人工智能能够以更加强大的学习能力对自身进行训练，并在训练完成后输出对人类社会具有重要意义的成果。就目前而言，虽然人工智能在算法上不断进化，学习能力不断增强，效率和行为的复杂程度不断提高，但基本上仍然可以大致分成四大部分，即人工智能程式、学习用资料、学习完成模型和人工智能产品。④ 人类编写完人工智能程式，并由人类提供或指定学习用资料供人工智能程式学习，经过学习后人类可以获得学习完成模型，通过学习完成模型的运行便能够获得对人类有意义的人工智能产品。在人工智能创作领域，人工智能的生产者编写完人工智能程式后，由生产者或使用者提供或指定人工智能程式学习相关资料，人工智能程式在学习后生成能够符合使用者意图进行创作的模型，使用者运行人工智能学习完成模型获得人工智能创作物，从而达到适用人工智能进行创作的目的。至今，人工智能已经完成了第一部科学专著 *Lithium-Ion Batteries*，对锂电池领域的科研进程进行了总结和综述。⑤ 微软人工智能"小冰"能够根据用户提供的图片创作诗歌，而前文中所提及的"鹿班"系统更是将创作用于商业领域创造经济价值。

（二）人工智能成果需要刑法保护

人工智能是人类发明创造历史中的灵光一现，是人类不断提高劳动生产效率和生活质量、破解劳动生产率瓶颈的希望，并在当今和将来很长一段时间里重塑人类的社会格局和经济格局。人工智能的产生与发展需要从业者不断的智力投入和投资者大量的资本支持，更需要整个社会在人才培养、制度设计等各方面给予大力支持，其成果必然需要受到包括刑法在内的法律的妥善保护。在人工智能创作领域，从业者为人工智能程式的编写付出大量的智力劳动，而使用者也至少为人工智能学

---

① Stuart Russell and Peter Norvig, *Artificial Intelligence: A Modern Approach*, Third Edition, Pearson Education Inc., P17.

② 参见 [日] 松尾丰：《人工智能狂潮：机器人会超越人类吗?》，赵函宏、高华彬译，机械工业出版社 2016 年版，第 39 页。

③ 参见 [日] 松尾丰：《人工智能狂潮：机器人会超越人类吗?》，赵函宏、高华彬译，机械工业出版社 2016 年版，第 59 页。

④ 参见《新たな情報財検討委員会 報告書（案）-データ・人工知能（AI）の利活用促進による産業競争力強化の基盤となる知財システムの構築に向けて-》，http://www.kantei.go.jp/jp/singi/titeki2/tyousakai/kensho_hyoka_kikaku/2017/johozai/dai7/siryou1.pdf, 2019 年 5 月 28 日最后访问。

⑤ Beta Writer, *Lithium-Ion Batteries: A Machine-Generated Summary of Current Research*, Springer Nature, Preface.

习完成模型的运行付出了经济和决断上的成本，可以说人工智能创作的产物凝聚着生产者和使用者的智力和经济投入，对于生产者和使用者具有利益。若刑法在人工智能时代不对自身作出必要调整，不对人工智能创作的产物加以妥善保护，势必无法排除犯罪行为对于人工智能创作物之上利益的侵害，最终将严重损害人工智能行业的发展动力。

人类创作的过程是一个非常复杂的过程，是创作者知识、审美、价值等精神内容的外在表达，需要创作者耗费较大的智力成本和时间成本才能够获得。一般情况下，人类创作物具有独创性，并借助一定的客观形式加以表达。人类创作物遭受他人剽窃或其他未经许可加以使用的情形之时，可能会对创作者造成严重的损失，若侵害行为人以营利为目的对他人的著作权大肆侵害则有可能触犯我国刑法第217条侵犯著作权罪。然而，人工智能创作的地位尚无明确结论，在这一情况下就难称刑法对人工智能创作物进行了完善的保护。若刑法无法对人工智能创作物提供与人类作品同样程度的保护，则必然会出现以侵害人工智能创作物获利的行为。如此，以侵害人工智能创作物为主要手段的"创作者"毕竟在商业竞争中相对于正常的创作者拥有更大的优势，长此以往反倒损害了整个社会的创新能力。

### （三）刑法规制可能适得其反

在人工智能时代，人工智能能够在复杂的情况下完成人类交给的任务，不仅在形式上与人类行为的产物高度相似，且能够以极高的效率实现这一过程。在人工智能创作领域中，人工智能创作物之上凝集了生产者和使用者的利益，若刑法不加以保护则人工智能领域将丧失不断发展的动力。而且，人工智能创作能够成为犯罪行为人侵害他人创作的行为方式，若刑法不能够作出改变则只能坐视此类行为频繁发生，最终对社会的创新能力造成重大破坏。然而，刑法介入人工智能领域也面临着两难与尴尬。有观点认为，为应对强人工智能的到来，刑法应当将人工智能拟制为刑事主体，承认其具有行为能力并享有利益，且应当以特殊类型的刑罚对其行为进行规制。[①] 然而，刑法若以此种形式介入人工智能创作相关的行为则会自陷矛盾之中，众多刑法原则遭到突破。不仅如此，若刑法对于人工智能创作物以此种方式加以保护，在人工智能远高于人类的效率面前，人类的创作将几乎没有存在空间。人工智能有可能用极短的时间"穷举"人类创作可能产生的成果，预先抢占著作权，在人类的创作进程中制造知识产权壁垒。人类的创作行为将会陷入动辄得咎的境地，最终会使得人类的创作行为彻底消亡。

## 二、人工智能时代刑法的立场

### （一）人工智能之上存在法益

在人工智能创作领域，人工智能之上是否存在值得被刑法保护的法益，体现为人工智能的创作物是否受法律保护的问题。若人工智能的创作物被认定为"作品"，

---

① 张丽卿：《人工智慧时代的刑法挑战与对应——以自动驾驶车为例》，载《月旦法学杂志》2019年第3期。

则人工智能的创作物就应当成为著作权客体,受到法律的保护。根据我国著作权法和《著作权法实施条例》的规定,我国法律所认定并保护的作品应当包括四个要件:第一,作品应当具有独创性;第二,作品应当具有可复制性;第三,作品应当属于智力成果;第四,作品具有固定的形式。人工智能创作产生的成果必然具有可复制性和固定的形式,否则也就不会具有商业价值而失去存在的意义,但是其是否具有独创性以及是否属于智力成果具有争议。英国实务界和学界主张,作品的独创性应当理解为作者对作品的产生投入了技巧、劳动和判断,而非对他人作品的简单复制。① 德国实务界和学界的标准则要求作品必须是作者人格、精神的反映。② 这一标准明显严格于英国对于作品的认定。而美国实务界和学界则主张作品应当包含少量的创造性。③ 我国学者则根据《著作权法实施条例》认为作品的产生过程应当投入作者的智力劳动,以智力劳动的客观化使作品具有独创性。④ 而人工智能生成创作物的过程并非仅仅是程序运行的结果,更是使用者或生产者对人工智能进行设计、训练以达成的结果,不仅如此,使用者有时还会对人工智能的创作物进行解读和筛选,同样投入了智力。因此,人工智能创作物在我国应当被认定为受到法律保护的作品,在其之上具有刑法应当保护的法益。

不仅是人工智能创作领域,凡是人工智能能够产出为人类所利用的成果的情况,都应当认为人工智能产物具有法益。这并非是对于人工智能本身的尊重,而是对于人工智能的使用者和生产者的尊重。如前文所述,人工智能产出成果的过程并不是一个天然的过程,人工智能并非一个能下金蛋的母鸡。人工智能能够生产出对人类具有意义的成果,需要生产者和使用者对其进行设计和训练,这必然导致使用者等人在其之上具有利益,而这种利益也应当如其他利益一样受到刑法保护。

### (二) 人工智能无法接受刑罚处罚

在人工智能即将大规模影响人类生活的时代,刑法不仅应当关注与人工智能相关的法益保护问题,也应当关注人工智能的运行损害他人法益的问题。在人工智能创作领域,这种侵害可能表现为人工智能创作出与既有作品雷同或相同的作品,从而侵犯他人的著作权;在汽车自动驾驶领域,这种侵害可能表现为人工智能控制下的车辆在行驶中碰撞其他车辆或行人,从而侵犯他人财产权利和人身权利;在APP内容分发领域,这种侵害可能表现为人工智能在用户不知情的情况下过度搜集用户的个人信息,从而窃取用户的隐私;等等。对此,就必须讨论能否以刑法的公权力对人工智能的行为进行评价并施加刑罚的问题。但是直接对人工智能施加刑罚是不现实的。就报应而言,刑法若发动公权力销毁人工智能的载体、产物或破坏人工智能程序、学习完成模型,似乎并不能让公众或被害人产生正义感,而人工智能本身似乎也并不会产生赎罪或忏悔的感情;就一般预防而言,刑法规定的内容需要人类

---

① Adrian Sterling, *World Copyright Law*, Sweet & Maxwell, 1998, P262.
② 参见德国《著作权和邻接权法》(Gesetz uber Urheberrecht und verwandte Schutzrechte) 的规定:Werke im Sinne dieses Gesetzes sind nur persönliche geistige Schöpfungen.
③ Paul Goldstein, *Copyright*, *Patent*, *Trademark and Related State Doctrines*, Foundation Press, 1999, P601.
④ 参见刘春田:《知识产权法》,中国人民大学出版社2002年版,第49页。

通过智慧加以解释,人工智能即使能够通过深度学习对文意进行理解,也不能因此产生价值判断而产生不违法的决断;而就特殊预防而言,人工智能并不依赖于某一具体的客观物体而存在,其数据和模型能够以技术允许的一切可能形态存在,而且具有多个备份和分身,刑罚似乎难以真正起到防止再犯的效果。因此,对人工智能进行刑事处断似乎并不是刑法应当采取的方案。[①] 退一步讲,即使因特殊预防的目的而对人工智能设置了刑罚,人类对于人工智能运行的控制能力反而受到了限制。将人类对人工智能进行控制的手段上升为刑罚,就意味着人类对于人工智能的控制只能由特定机构经过严格的程序才能发动。但要论及控制的效果和反应的速度,似乎人工智能的生产者和使用者直接对人工智能进行控制更有利。

## 三、人工智能时代刑法的应对

### (一)不应以人工智能为主体

人工智能相关科学技术的飞速发展使得人工智能具有与其他工具相比更加强大的辅助能力,能够为人类完成更加复杂的任务。正因其可以从学习资料中总结规律,并将其中的规律用于成果的产出之中,才使人类认为其具有"智能"。然而,人工智能所拥有的"智能"并非人类的"智力",只是人类对于其能够在人类缺乏详细预设的情况下自主完成任务的能力的一种表述。刑法只对于能够理解其规范内容并能够因此形成对犯罪行为的反对动机的主体具有意义,否则便无法发挥其作为行为规范的功能。而刑事主体对于刑法规范进行理解仅仅依靠前述的"智能"是不够的,必须依靠人类所具有的"智力"。脑科学研究表明,智力来自于大脑对周围环境的感知和明确的目的选择,这其中包含复杂的现实判断和价值判断,必须依靠复杂的神经系统结构才能够完成。自 2005 年起,英国 ARM 公司(Advanced RISC Machines Ltd.)与曼彻斯特大学等机构合作开展计算机模拟大脑研究,以尖峰神经网络构架(Spiking Neural Network Architecture)模拟生物大脑皮质的运行机制,称为"三角帆计划"(Spinnaker Project)。[②] 该研究表明,生物大脑的复杂程度远超计算机,计算机每秒需要进行 $10^{16}$ 次操作才有可能模拟人脑工作状态。[③] 更何况人脑的运行和计算机的算法之间存在巨大差别,在可以预见的未来计算机也只能在某些方面模拟人脑的工作,想要达到人脑的状态几乎没有可能。人工智能的运行需要计算机作为载体,而计算机的性能和工作方式已经决定了其与人脑具有云泥之别,人工智能不可能拥有与人类类似的智力。

不仅如此,刑事主体之所以能够成为主体,在于人类具有自由意志和自我意

---

① 张丽卿:《人工智慧时代的刑法挑战与对应——以自动驾驶车为例》,载《月旦法学杂志》2019 年第 3 期。

② Steve Furber, Francesco Galluppi, Steve Temple and Luis Plana, *The SpiNNaker Project*, Proceedings of the IEEE 665, Vol. 102, No. 5, May 2014.

③ Eustace Painkras, Luis Plana, Jim Garside, Steve Temple, Francesco Galluppi, Cameron Patterson, David Lester, Andrew Brown and Steve Furber, *SpiNNaker: A 1-W 18-Core System-on-Chip for Massively-Parallel Neural Network Simulation*, IEEE Journal Of Solid-State Circuits, Vol. 48, No. 8, August 2013.

识，能够以自由意志和自我意识为出发点对其他事物进行认识和选择，使人类本身成为目的而非工具。人类的自由意志体现在人类能够对事物进行自主选择，这种选择体现出人类的价值判断，并成为人类独立于其他事物的基础。由于自由意志的存在，人类具有人类特有的尊严，成为自然的中心，也能够"为自然立法"，从而成为主体。[①] 而人类具有的自我意识来自于人类作为主体对其他客体的认识，这种认识是自主的、有选择的、有目的的。由此，人类得以认识到自己处于高等级的、支配的地位，意识到自己与其他物体和其他不具有理性的动物具有截然不同的属性。正是由于人类的自由意志和自我意识，人类能够认识并利用主体与客体的区分，将客体作为一种"手段"而将自身作为一种"目的"，同时人类也能够认识到他人与自己一样也是主体，也应当成为"目的"而不是"手段"。然而，反观人工智能，其程式或模型均不能够体现出意志的自由和自我的意识。人工智能为完成某一项特定的使命而生，并不能够如人类一般具有自主的选择能力，亦即人工智能并不能够具有自由意志。虽然人工智能的使用者往往无法精确预知人工智能产物的具体内容，如人工智能创作领域使用者无法精确知晓人工智能产生作品的具体内容，但是人工智能的使用者在训练人工智能之时便已经能够指导人工智能创作物的大致形式和构架，至于细节的不同则应当认为是人类对人工智能的训练和程序随机运行的结果，而非自由意志的体现。不仅如此，人类在人工智能产生之时便已经明确了其作为客体的地位，即人工智能是为人类为了满足特定的需求而设计制造的，本质上是人类的"工具"，而且人工智能不可能具有自由意志因而更不可能具有自我意识，从根本上也不可能成为与人类同样的主体。

（二）完善前置立法，设定前置义务

虽然人工智能不能够成为刑事主体，但是应当看到的是人工智能在一些具体的功能上已经具有超越人类能力的特质。人工智能一旦对法益进行侵犯，其危害将有可能大大甚于人类行为。而且，由于人类并未直接参与人工智能侵害法益的行为，这就让一些以直接故意为构成要素的罪名难以发动，在客观上为犯罪行为逃脱刑事处断创造了可能。例如，根据我国刑法规定，行为人以营利为目的，以特定的方式侵犯著作权，就有可能犯侵犯著作权罪。根据该规定，行为人触犯侵犯著作权罪只能以直接故意的主观心态进行，且应当具有营利的目的。[②] 但是，在人工智能用于创作领域后，人工智能能够以远高于人类的速度进行创作，随着创作数量的不断增多，其作品与他人因巧合而雷同的概率也必然增高。这也就意味着以间接故意的主观心态侵犯他人著作权将成为常见的情况，若刑法不能对这种行为进行处断，那么对著作权的保护将成为一种空谈。不仅如此，即使人工智能的使用者故意使人工智能创作雷同于他人的作品，但是由于人工智能生成结果的不确定性，在实际中也很难认定人工智能的使用者对于侵害他人著作权的结果具有直接故意。因此，面对人工智能的挑战，刑法必须寻求应对之策，以防止人工智能成为犯罪行为人逃脱处罚

---

① 严福平、吴珍：《论康德哲学的批判主体性认识论》，载《学术交流》2012 年第 10 期。
② 参见马克昌：《百罪通论》，北京大学出版社 2014 年版，第 433 页。

的挡箭牌。

由于人工智能不具有刑事主体地位，这就决定了对于人类利用人工智能进行的犯罪行为不能够运用共犯的原理简单加以解决。为应对人工智能时代的来临，刑法应当对相关主体科以不同的义务，以顺应人工智能时代的大势而变。

第一，应当对人工智能的生产者科以生产合格产品的义务。人工智能在本质上仍然是人类生产出来用以提高生产效率或生活质量的产品，人工智能在生产中带有的缺陷有可能在使用的过程中造成使用者或他人的损失。因此，生产者应当在人工智能的设计生产过程中尽必要之注意，防止人工智能带有缺陷和风险。在人工智能的生产设计过程中，人工智能的生产者应当以谨慎之态度对人工智能有可能造成的侵害结果进行预见，在预见这种侵害结果的前提下尽必要之注意义务在生产过程中排除风险，以避免侵害结果的发生。在人工智能创作领域，人工智能的生产者应当对人工智能系统有可能产生侵害他人著作权的作品的结果进行预见，并在程式的设计中加以排除。举例而言，生产者应当对程式进行设置，避免人工智能系统输出与所学习内容一致的作品，或者在程式的设计中加入算法对人工智能所学习的要素进行修改、变化和随机组合排列，以避免出现与他人作品一致或雷同的情况。当人工智能运行过程中出现了侵害他人法益的情形，而这一状况是因生产者的过失造成的，则刑法应当对生产者的行为进行处断。刑法应当在立法中对人工智能生产者的义务进行明确，以使人工智能的生产者向公众提供符合行业标准和法律规定的人工智能程序。

第二，应当对人工智能的使用者科以妥善管理风险的义务。人工智能技术的高速发展使得人工智能在进行特定工作时具有远超人类的能力，这种能力以符合社会利益和法律秩序的形式发挥，不仅能够为人工智能的使用者带来客观的利益，也为社会整体效率的提升带来显著的推动。但是，当人工智能被用于破坏社会秩序和侵犯他人法益的行为中时，其产生的负面影响也是不可估量的。人工智能时代，人类无法要求人工智能充分理解并尊重人类的法律，但是应当将人工智能视为危险源，对人工智能的使用者科以妥善管理的义务。人工智能的运行往往并不需要使用者作出太多具体的干预，因此在多数情况下难以将使用者开启或运行人工智能的行为评价为犯罪行为的实行行为。更合理的路径在于将使用者在控制人工智能的前提下未能阻止结果发生的不作为行为认定为实行行为，这就需要刑法在相关的案件中更多地适用不真正不作为犯罪的进路来认定犯罪的成立。不真正不作为犯的认定需要明确行为人的作为义务问题，这就需要刑法能够立足于人工智能的特点认识人工智能使用者管控风险的义务。

第三，应当对人工智能的使用者科以不滥用人工智能的义务。人工智能时代，人工智能的大规模使用将会使得人工智能产物大量出现。本文认为，人工智能产物之上的利益应当受到包括刑法在内的法律的保护，其权利的归属应当是人工智能的使用者。对人工智能产物之上的利益进行保护，不仅能够最大限度地维护既有法律秩序的安定性，而且能促进人工智能产业和技术的不断发展，更能够在人工智能时代实现最大限度的公平。但是应当注意到，在人工智能超高的效率面前，利益存在的空间正变得异常"拥挤"。人工智能的使用者有可能借用超高性能的计算平台以"跑马圈地"的形式获取大量的产物，而这些产物之上的利益将会严重限制人类的生产活动和其他人工智能的生产活动，人工智能的发展也将最终变成竭泽而渔的状态。在民事领域，法律对于权利滥用的关切始终存在，但是长期以来刑法对于权利滥用的行为却有所忽视。在人工智能时代，权利滥用将不仅造成个别主体之间权利不平衡的现象，更将造成社会秩序被严重破坏的结果，若刑法对之不加以重视则人工智能必将以看似合法的方式动摇人类社会的基础。

# 论人工智能的刑法属性

皮 勇[*] 陈奕屹[**]

人工智能（Artificial Intelligence，简称 AI）是一种利用计算机模拟智能行为的科学，它致力于让计算机展现出人类的行为特征，拥有知识、常识、推理能力、学习能力和决策能力[①]。目前，人工智能主要应用于交通运输、家庭服务、教育、公共安全等领域，与我们的生活息息相关[②]。本文研究讨论的人工智能是指应用人工智能技术的程序或实体。

人工智能的逐步应用不仅给人类的生活带来便利，同时也给传统刑法带来了很多挑战。例如，智能驾驶的出现使得传统交通肇事罪的主体发生改变，当人不再需要进行驾驶活动时，交通肇事罪的主体由"人类"变为"机器"，而机器是否能成为刑事犯罪的主体已经引发了广泛讨论。再如，智能医疗普遍应用之后，进行医疗行为的主体可能不再是医务工作人员而是智能技术或者医用机器人，这不仅会导致医疗事故罪责任主体模糊，还会导致严重不负责任与医疗事故之间的因果关系难以认定[③]。还如，当科技发展至可以研发完全等于甚至超越人类的人工智能产品时，为了防止其对人类产生危害，刑法是否应当出台对该类产品的禁止性规定，从根源上杜绝风险的发生。因此，对人工智能刑法规制的相关问题进行研究有着十分重要的意义。

## 一、人工智能对传统刑法的冲击

人工智能对传统刑法的冲击主要体现在传统犯罪构成理论在涉及人工智能的问题上不能很好地适用，进而导致了刑事责任分配机制的失灵两个方面。

2017 年 10 月 25 日，在沙特首都利雅得的"未来投资倡议"大会上，机器人索菲亚被沙特授予了公民身份，成为了世界历史上第一个拥有公民身份的机器人。[④] 虽然索菲亚的公民身份仅具有象征意义，并不等于其享有法律主体资格，但是沙特这样的做法依然引发了学界关于是否应当赋予人工智能法律主体资格问题的激烈争论。

在刑事法领域，赋予人工智能法律主体资格就意味着其有可能成为犯罪主体，

---

[*] 武汉大学法学院教授，博士生导师。
[**] 武汉大学法学院博士研究生。

[①] Heath P. Terry, Jesse Hulsing, Mark Grant, Daniel Powell, Piyushi Mubayi, Waqar Syed, Artificial Intelligence——AI, machine learning and data fuel the future of Productivity. Goldman Sachs Equity Research, 2016-11-14 (9).

[②] Stanford University. Artificial Intelligence and Life in 2030, https://ai100.stanford.edu/sites/default/files/ai_100_report_0901fnlb.pdf.

[③] 孙道萃：《人工智能对传统刑法的挑战》，载《检察日报》2017 年 10 月 22 日第 3 版。

[④] 王宗英：《机器人索菲亚成为沙特公民，专家：沙特意在打造国家新形象》，http://news.eastday.com/eastday/13news/auto/news/china/20171031/u7ai7177462.html，2019 年 5 月 28 日最后访问。

这将对传统犯罪构成理论带来巨大的冲击。首先，根据传统犯罪构成理论，犯罪主体的判断标准是其是否具有刑事责任能力，即控制能力和辨认能力。显然，这样的标准在人工智能的身上无法适用。如果人工智能成为犯罪主体，就需要另外建立一套新的专门用于人工智能的刑事责任能力划分体系，用以判断何种智慧程度的人工智能才能拥有限制或完全刑事责任能力。① 其次，传统犯罪构成理论要求行为人对危害后果必须存在主观上的故意或过失，而人工智能作为模型和算法的产物，其行为是内置程序计算的后果，根本无法判断其行为的主观恶性。

基于以上原因，加之目前我们正处于并将长期处于弱人工智能阶段，人工智能并不具有主观感受和自我意识。② 有学者认为，人工智能是为人类服务的工具，是在人类生产生活中被加以应用的技术，③ 而将其认定为普通工具同样对传统犯罪构成理论产生了冲击。在传统的犯罪构成理论中，犯罪工具虽然并不是必备的犯罪构成要件要素，但会影响行为人有责性的判断。在对行为人的有责性进行判断的时候，需要确定是否存在对象错误和打击错误。在人工智能出现之前，当行为人操控犯罪工具不当导致侵害对象发生错误时可以很容易地判定其为打击错误，而当人工智能在犯罪领域开始应用之后，如果仍然简单地将其认定为犯罪工具，对象错误与打击错误之间的边界将会变得十分模糊。

综上，我们可以看到，在人工智能时代，传统犯罪构成要件理论和传统刑事责任分配体系的不适应问题的产生，最重要的原因是人工智能的刑法属性尚不明确和其在犯罪中起到的作用不清晰，因此要使得现行刑法可以适应人工智能时代的来临就必须将人工智能与传统刑法主体和工具进行区分，重新对其进行定义，明确人工智能的刑法属性，并在此基础上建立适用于人工智能的刑事责任分配体系。

## 二、人工智能与传统刑法主体和工具的厘清

### （一）人工智能与传统刑法主体的辨析

刑法中的主体是指实施危害社会的行为并依法应负刑事责任的自然人或单位④（本文仅讨论自然人），而自然人则是指生物学意义上的人。因此，要想区分人工智能和传统刑法中的主体就需要从生物学中人的定义和刑事责任能力两方面入手进行辨析。

1. 人工智能不能被认定为生物学上的人

现代人类即智人，与其他动物相比，人类拥有高手工灵巧性、会使用重型工具并且拥有更智能的大脑和更复杂的社会的特点。⑤ 依此定义来看，人工智能虽然同样拥有高手工灵巧性，会使用重型工具并有可能拥有智能的大脑和复杂社会，但

---

① 陈京春、李斐：《人工智能对传统刑法的冲击》，载《网络规制与犯罪治理——2017 互联网刑事法制高峰论坛》会议论文。

② 舒跃育、汪李玲：《人工智能发展处于弱人工智能阶段》，载《中国社会科学报》2017 年 4 月 25 日第 5 版。

③ Kalin Hristov. Artificial Intelligence and The Copyright DilemmaM Social Science Electronic Publishing 2017.

④ 高铭暄、马克昌：《刑法学》（第七版），北京大学出版社 2016 年版，第 83 页。

⑤ Goodman M, Tagle D, Fitch D, Bailey W, Czelusniak J, Koop B, Benson P, Slightom M , Primate evolution at the DNA level and a classification of hominoids, 1990: 260-266.

第二编　生物科技暨人工智能领域发展的刑法规制问题

是由于其智能产生于人类制造而非自然进化，显然不能被定义为生物学上的人，也就不能成为刑法中的自然人。然而，有学者提出，由于机器学习的出现，人工智能的自我演化能力会逐步变异，最终会演化出与人类智能不同的机器智能，未来的人工智能与今天的人工智能的关系就如同今天的现代人类与曾经的古类人猿之间的关系。① 但是，笔者认为，即使人工智能的自我演化过程能被视为自然进化的一种，短期内人工智能也不可能达到与人类智能相提并论的程度，也就不能拥有和人类一样的地位，不能成为刑法中的自然人。

评价人工智能的智慧程度可以参照当代著名哲学家和思想家丹尼尔·丹尼特（Daniel Dennet）在其著作 *Darwin's Dangerous Idea* 中对智能进行的分层。在该书中，丹尼尔·丹尼特根据行为的原因将智能分为四个层次：达尔文式造物、斯金纳式造物、波普尔式造物和格里高利式造物。

智能的第一个层次，也是最基础的层次是达尔文式造物。达尔文式造物的行为是由基因塑造、决定的行为，也就是生物的本能行为。这一阶段智能的行为不是由意识产生的，而是基因在进化的过程中，通过一代又一代的不断"试错"选择的针对环境变化的最佳生存策略。人工智能 AlphaGo 通过对可选策略集合的分析进行局部最优调整的行为就属于这一层次的智能。

智能的第二个层次是斯金纳式造物。斯金纳式造物的行为则是一种"操作条件反射"，② 这种条件反射是指生物会盲目地尝试一些行为，直到因为某种原因使得其中一种行为得到强化，下一次该生物就会选择那个被强化了的行为。③ 这一阶段智能的行为虽然仍不涉及意识，仅仅是一种后天形成的条件反射，但它与达尔文式造物依然有显著的区别，即生物不只通过基因去适应环境，还会自主地通过自身的学习将外界的刺激进行"好"与"坏"的分类，然后调整自己的行为以趋利避害，而进行这种分类的正是大名鼎鼎的生物神经网络。在人工智能的研究和发展过程中，借鉴生物神经网络的学习过程对人工神经网络进行训练是一个极为重要的分支。

智能的更高层次是波普尔式造物，也是很长一段时期内人工智能可以达到的最高层次的智能。波普尔式造物是指生物自身对外部世界进行表征，形成认知、信念和预期，它对应了神经网络的更高级功能——深度网络。这一阶段的智能与斯金纳式造物的区别在于，这类智能行为是预先意识判断的结果，不是单纯的条件反射。例如，人工智能 AlphaGo 战胜围棋冠军这件事最大的意义正是在于深度网络赋予了它自主判断棋局和形成策略的能力，而不是仅靠学习人为给定的策略遍历所有可能之后选择最优方案与人类进行对抗。

在自然界中，黑猩猩的智能完全可以达到波普尔式造物，AlphaGo 也拥有通过深度网络进行自主判断并形成认知策略的能力，但这并不意味着他们的智能可以达

---

① 丁三东：《重审这个问题：人是机器？——人工智能新进展对人类自我理解的启示》，载《西南民族大学学报》（人文社会科学版）2017 年第 10 期。

② [美] 丹尼尔·丹尼特：《心灵种种，对意识的探索》，罗军译，上海世纪出版集团 2010 年版，第 77 页。

③ Daniel Dennet. Darwin's Dangerous Idea. Penguin Books, 1996: 375.

到人类的层次，从而拥有和人类同样的地位，因为人类代表了智能的最高层次——格里高利式造物。与其他三种智能层次不同，格里高利式造物不仅自身可以对外部世界形成认识，还可以通过自己创造的语言和文化传播自己的认知，同时获取其他生物已经拥有的知识和经验并予以运用。也就是说，格里高利式造物将其他三个层面的智能通过不同方式形成的内部意识通过语言和文化进行了外部化。目前，只有人类才能达到格里高利式造物的智能层次，无论是自然界的其他生物还是人工智能都没有如此之高的智能水平。因此，人工智能无法达到人类的智能程度，无法拥有人类在自然界的生物学地位，也就自然无法获得刑法中自然人的地位。

2. 人工智能不具有刑事责任能力

首先，人工智能所具备的识别能力或辨认能力与刑法上的辨认能力不同。人工智能的识别能力可以分为"感知"和"认识"两个层面。在感知层面，人工智能通过语音、图像识别或者视频、VR的方式对事物进行相对简单的判定。在认识层面，人工智能可以通过自然语言处理和知识图谱等技术对信息进行整理并得出认识。由此不难看出，人工智能的辨认能力是对事物内容、特征和属性的认识，是一种外在的相对单一的认识。而刑法中的辨认能力则是指一个人对自己行为的性质、意义和后果的认识能力，是一种对事物或行为的内在本质的相对复杂的认识。因此，不能因为人工智能有一定的识别能力就认为其有刑法上的辨认能力，二者有本质区别。

其次，人工智能确实可以在对事物进行识别之后自动选择行为，这也是人工智能的便利之处。例如，智能门锁在对访客进行识别后可以选择开门或者不开甚至自动报警；自动驾驶汽车在识别出道路障碍后可以选择紧急停车或者进行避让。但是，这样看似自主行动的能力仍然不能被认为是拥有刑法主体的控制能力。刑法上的控制能力是指一个人按照自己的意志支配自己行为的能力，很显然，人工智能"自主行为"的基础并不是其自身的意志。从微观的角度看，"识别出陌生人不能开门"和"碰到障碍要刹车"这类决定人工智能自主行为的判断并不是来源于人工智能自身的意志，而是来源于人类的设定；从宏观的角度看，不同类别的人工智能只能从事一定的工作，而不能为不属于其工作范围的行为也是源于人类的划分，并不是源于其自身意志。因此，人工智能自主行动的基础是一种程序化判断，并不是刑法中由自我意志和支配能力决定的控制能力。

综合以上两点，人工智能即不属于自然人的范畴，也不具有刑事责任能力，因此不能被认为是刑法的主体。

(二) 人工智能与传统工具的区别

因为人工智能不能被认为是传统意义上的法律主体，有学者提出"工具说"，认为人工智能是为人类服务的工具，是在人类生产生活中被加以应用的技术。然而，这种学说由于没有基于智慧程度对人工智能进行分类，导致处理方式过于笼统，在刑法中缺乏可借鉴性。同时，刑法中的工具与人工智能也有着显著的区别。

首先，与传统工具相比，人工智能拥有自我学习和升级的能力。人工智能的学习就是系统在不断重复的工作中对本身能力的增强或改进，使得系统在下一次执行同样任务或相类似的任务时，会比现在做得更好或效率更高。① 以 AlphaGo Zero 为例，虽然训练之前除了围棋的基本规则外，它没有被输入任何人类数据，但在第一次自我的训练过程中 AlphaGo Zero 自主进行了 4900 万次博弈，不仅学会了人类围棋的基础知识，还学会了传统围棋领域不曾包括的新知识。② 这意味着此类特定专业的人工智能只需要几小时的自我训练就可以达到人类的高度，除了基本规则外人类不需要给他提供任何额外的知识（包括人类提供的例子或指导）。更重要的是，人工智能从学习中得到的成果不仅包括人类已知的知识，还包括一些人类不曾发觉、总结或整理的新知识。从这个层面来看，传统工具显然不能和人工智能相提并论。

其次，与传统工具相比，人工智能在一定范围内有自我决策和控制的能力，虽然他的自我决策和控制能力仍在人类划定的范围内，但不可否认其仍有一定的自主性。以广泛应用的扫地机器人为例，人类通过设定的方式给它划定清洁范围、清洁方式、清洁程度、清洁时间等，但是它会根据具体情况规划打扫路径，在多次打扫后积累经验自我调整选择最优路径，这个过程人类是不会参与的。在刑法领域，如果把这类拥有一定决策能力的人工智能当成传统的工具不去加以约束，或者不分情况和使用场合地只对其使用人、所有人或生产、研发人员进行规制，就会导致刑事责任分配机制失灵。

基于以上两点不难发现，人工智能作为一种新的高科技产物，既不属于传统刑法中的主体，也不属于一般意义上的工具。因此，界定人工智能的刑法属性就成了当代刑法适应人工智能时代到来的首要任务。在这一方面，学界现有的关于人工智能法律属性的各个学说可以给我们带来一些启示。

## 三、人工智能法律属性的新学说在刑法中难以适用

除了上文提到的"工具说"之外，针对人工智能的特殊性，学界对于人工智能的法律属性还存在"电子人说"、"电子奴隶说"、"代理说"、"有限法律人格说"等新观点。然而，上述这些学说都不能全面概括人工智能的基本特征，在刑法中加以很好的应用。

电子人说是由欧盟议会法律事务委员会（JURI）中一个致力于研究与人工智能发展有关的法律问题的小组提出的。该小组认为智能型自主机器人具有通过传感器或借助与其环境交换数据（互联性）获得自主性的能力、从经历和交互中学习的能力、机器人的物质支撑形式、因其环境而调整其行为和行动的能力四项基本特征，③不同于低层次的人工智能，应当考虑赋予其"电子人"（electronic person）的法律地位，让其拥有一定的法律地位，拥有权利，承担相应的义务和责任。这种观点看

---

① 王勋、凌云、费玉莲：《人工智能导论》，科学出版社 2005 年版，第 11 页。
② David Silver, Julian Schrittwieser, Karen Simonyan, ioannis Antonoglou, Aja Huang, Arthur Guez, Thomas Hubert, Lucas baker, Matthew Lai, Adrian bolton, Yutian chen, Timothy Lillicrap, Fan Hui, Laurent Sifre, George van den Driessche, Thore Graepel, Demis Hassabis. Mastering the game of Go without human knowlege . Nature, 2017 (10)：354-358.
③ 曹建峰：《十大建议！看欧盟如何预测 AI 立法新趋势》，载《机器人产业》2017 年第 2 期。

似创新，赋予了人工智能一定的法律地位，但是只考虑了智慧程度较高的人工智能，没有涵盖人工智能的各个类别，同时该学说仅停留在初步构想阶段，没有详细的应用方案，无法直接应用至刑法当中。

和电子人说不同，电子奴隶说认为人工智能虽然有一定的自我学习能力和自主能力，但因为其不具有人类特殊的情感与肉体特征且在工作时无饮食、休息等现实需要，所以可以被认作不知疲倦的机器奴隶，有行为能力但没有权利能力，基于此，其引起的行为后果由其所有人承担。电子奴隶说存在的问题是显而易见的，与其说其是一种独立的学说不如说是工具说的延伸，其将人工智能完全定义为其所有人的附属品而忽略了其拥有的一定自主性，当有关刑事责任的问题发生时，电子奴隶说仍然无法解决责任归属的问题。

较之前两种学说有一定发展和进步的代理说认为，人工智能的所有行为均是由人类所支配和要求的，与代理行为类似，因为代理人的行为引起的后果由被代理人承担，所以人工智能的行为及其引发的后果也必须由被代理人即其使用人来承担。虽然代理说有一定的创新之处，但仍然存在三个问题使其不能直接应用于刑法当中。首先，目前各种关于人工智能法律属性的学说普遍存在的问题，即过于笼统不能解决责任归属不明确的现实问题。其次，代理是民事法律规范中的概念，在民法中，代理是指代理人以被代理人名义实施的，法律效果直接归属于被代理人的行为①，其中代理人只能是自然人。但是笔者已经详细论述过人工智能不能拥有和人类一样的生物学地位，更不能被认为是法律上的自然人。最后，代理的范围只有法律行为，而人工智能应用于各个方面，就算赋予人工智能有限的法律人格，代理也不能涵盖人工应用的各个领域。因此，将人工智能的行为认为是一种代理行为是不全面、不完善的，这种学说也自然不能应用于刑法之中。

持有限法律人格说的学者认为，人工智能具有独立思考的能力，因此与其他科技工具有着本质的区别。但是，由于背后仍有人类进行控制，所以其实际上是一种具有智慧工具性质但又可以作出独立意思表示的特殊主体，不能拥有完整的法律人格，应给予其有限的法律人格。同时，即便人工智能发展到具有自我意志的程度，由于其构造结构、生产方式与人类存在根本性的不同，所以只能拥有有限的权利和义务，应当适用特殊的法律规制标准。总体而言，此种理论较代理说而言又有了更大的进步，但是仍存在不完善的部分。首先，该学说认为人工智能具有智慧工具的性质但又赋予其有限法律人格，使得该说与工具说的界限不够清晰；其次，并非所有类型的人工智能都有独立思考的能力，因此应该根据智慧程度对人工智能进行分级，再进一步讨论是否能够赋予智慧程度高的人工智能有限的法律人格；最后，该理论的提出者只是提出了法律人格有限的观点，但是没有明确"有限"的限度到底是什么，在民事和刑事领域限度是否存在不同，自然无法直接适用于刑法之中。

综上所述，现有的关于人工智能法律属性的各个学说均存在一定的弊端，无法直接运用于刑法之中，但是仍然可以给我们带来启示，具有极大的借鉴意义。

---

① 王利明等：《民法学》，法律出版社 2017 年版，第 99 页。

## 四、人工智能的刑法属性及其分级

在前面的叙述中，笔者分别对五种关于人工智能法律属性的学说进行了评析，在刑法学领域，可以参考这五种学说，将其中创新、合理的部分进行整合和细化，用以确定人工智能在刑法中的属性和地位。

首先，正如前文中反复论证的，人工智能既不能被当作刑法主体也不能被认为是传统的工具，因此，应当依据其特征赋予人工智能一个可以适用于刑法的新属性。笔者认为"智慧工具"是一个合适的定义。

刑法中的智慧工具，是指犯罪嫌疑人使用的或在案件中起到重要作用的，运用了人工智能技术的新型高科技工具，它拥有自我学习、升级的能力并拥有一定的自主性。在刑法中，智慧工具应当与主体和传统工具严格区分：第一，智慧工具仍被人类所控制，不能被当作主体，不能独立承担刑事责任；第二，智慧工具拥有一定的自主性，在进行责任分配的过程中，不能完全剥离生产者、开发者的刑事责任，仅将危害后果归于智慧工具的使用人或所有人。

其次，仅在刑法中给人工智能定义一个新的属性显然是不够的，如果不能参照其特征解决具体问题，这样的创新理论不具有任何现实意义。要将智慧工具这一概念在具体刑事案件中发挥作用，并推进其他相关法律法规的进步，就需要依据智慧程度对其进行进一步分级。

对于人工智能的分级，国际汽车工程师协会（SAE International，以下简称SAE）提供了一个很好的范式。依据智慧程度的不同，SAE将自动驾驶技术分为表1中的六个等级：

表1

| 定义 | 智能系统作用域 |
|---|---|
| 人类驾驶员全权驾驶汽车，驾驶过程中汽车可以对其进行提示、警告和保护 | 无 |
| 通过方向盘或加减速中的一项操作向人类驾驶员提供驾驶支援，其他的驾驶动作都由驾驶员自己进行操作 | 部分 |
| 通过对方向盘和加减速中的多项操作向人类驾驶员提供驾驶支援，其他的驾驶动作都由驾驶员自己进行操作 | |
| 无人驾驶系统完成所有的驾驶操作，在驾驶过程中系统会向人类驾驶员提出请求，人类驾驶员需要给予适当的回应 | |
| 无人驾驶系统完成所有的驾驶操作，在驾驶过程中人类驾驶者不一定需要对所有的系统请求作出应答，驾驶路段和环境受限 | |
| 无人驾驶系统可以在所有道路和环境条件下完成驾驶操作 | 全部 |

参照这种对自动驾驶的分级方式，我们可以对现有全部的智慧工具进行分级（见表2）。上表中Level 0~Level 2级别的自动驾驶起到的作用实际上是对人类驾驶员驾驶行为的辅助，人类必须对其进行控制。因此，我们可以将这一类智慧级别的

智慧工具称为"完全操纵型智慧工具"或"辅助型智慧工具"。比这一级智慧工具智慧程度更高的则是"半操纵型智慧工具",这一类智慧工具对应的是上表中 Level 3~Level 4,这一级别的智慧工具虽然可以进行一定范围内的自主活动,但仍然需要人类对其进行帮助和控制。最后,上表中 Level 5 级别的自动驾驶则可以被称为"自主型智慧工具",这类智慧工具不仅可以进行一定范围内的自主活动,并且不需要人类对其提供任何帮助。需要注意的是,自主型智慧工具虽然不需要人类的操作,但在必要时刻人类仍然可以对其进行控制。事实上,除了这三级智慧工具之外,未来还有可能会出现超越人类智慧和控制的超人工智能,然而,这一类人工智能不仅短时间内在技术上难以实现,在伦理道德上也难以被人类所接受。因此,此处暂不对这种智慧工具进行讨论。

表 2

| 级别 | 人类与人工智能的关系 | 人类是否可以对其进行控制 |
|---|---|---|
| 完全操纵型智慧工具 | 人工智能受人类控制,对人类进行辅助 | 可以 |
| 半操纵型智慧工具 | 人工智能可以自主活动但需要人类帮助 | |
| 自主型智慧工具 | 人工智能可以自主活动不需要人类帮助 | |
| 超人工智能 | | 不能 |

最后,参照不同的智慧程度,在现实案例中还应当结合案件事实,针对各行为人的行为进行具体的刑事责任分配。

# 医疗人工智能应用对知情同意原则的影响

皮 勇* 吴 勃**

国际知名医学科研期刊《自然·医学》（Nature Medicine）2019年2月刊发文章，由中国团队开发的人工智能医疗诊断平台，通过对超百万份的病例学习，掌握医生诊断逻辑，对多种儿科疾病诊断准确率达到90%左右，准确度与经验丰富的儿科医生相当。① 医疗人工智能相关应用已具有落地现实，这对缓解我国医生短缺、减轻医生劳动强度和提高患者诊疗水平具有现实意义。可以预计，社会需求以及资本将推动医疗人工智能的深度应用。医疗人工智能的刑事地位、医疗人工智能的应用刑事责任主体等问题少有议论，医事刑法学者更鲜有讨论医疗人工智能对医事刑法的影响。笔者认为，医疗人工智能的发展影响的不仅仅是知情同意原则，对信赖原则在医疗中的适用、医疗一般水平等问题均有影响。笔者希望以医疗人工智能地位作为继续论证的基础，在论证医疗人工智能的地位后，以知情同意原则在医疗人工智能环境下的变化为突破，减小医生、患者的认识分歧，逐步形成行业共识，促进医疗人工智能的深度应用。至于医疗人工智能的快速发展对医事刑法其他问题的直接或间接影响，不作为本文研究重点。

## 一、医疗人工智能的地位

人工智能技术的快速发展为医疗技术的革新提供了基础，在人工智能为医疗领域赋能的过程中，逐步形成了以辅助诊断系统、影像辅助诊断系统等为代表的医疗人工智能应用，笔者之前提到的儿科疾病诊断辅助系统就是医疗人工智能应用的先进代表。根据工业和信息化部2017年发布的《促进新一代人工智能产业发展三年行动计划（2018—2020年）》要求，到2020年，国内先进的多模态医学影像辅助诊断系统对典型疾病的检出率超过95%，假阴性率低于1%，假阳性率低于5%。② 医疗影像辅助诊断系统是医疗人工智能最早具有明确指标的技术，而且指标背后意味着医疗人工智能技术十分强大，对医疗行为的影响十分深远。从数据可以看出，未来人工智能读片的准确率将超过医生常规读片，并且效率会得到极大提高。那么，当超过某个临界点以后，人工智能读片是否会取代医生的读片行为或者说医生会主动放弃常规读片的行为？可能性较大。这对医生执业过程中的注意义务是否有

---

\* 武汉大学法学院教授，博士生导师。
\*\* 武汉大学法学院刑法学博士研究生。
① 《人工智能读病例登自然子刊：用于儿科诊断系统，准确率90%》，https://baijiahao.baidu.com/s?id=1625314990287103508&wfr=spider&for=pc，2019年4月3日最后访问。
② 参见工业和信息化部：《促进新一代人工智能产业发展三年行动计划（2018—2020年）》，工信部科〔2017〕315号文。

影响，值得研究。

在人工智能发展过程中，针对人工智能地位的讨论从未停歇，众多刑法学者也对人工智能是否具有刑事责任主体地位展开讨论。有学者认为，以编程范围为限，超出编程范围，认定人工智能具有部分自主意识，应将人工智能作为刑事责任主体进行刑罚，且在不同状况下，与使用者可能构成共同犯罪。① 但更多的学者认为，人工智能暂不享有刑事责任主体地位，仍是人类用于社会管理的工具，目前主张人工智能具有主体地位，不具有现实意义。② 无论从犯罪主体的独立性，还是刑罚的本质来说，目前人工智能都不可能是犯罪主体和刑罚对象，在人工智能部分替代人类劳动的情况下，保证其可控、有益性发展即可。③ 笔者同样认为，人工智能尚不具备成为刑事责任主体的条件，未来人工智能出现自主意识并表现出反人类倾向时，应采用更为有效、直接的手段予以制裁。

医疗人工智能是人工智能技术的具体应用之一，其智能性在辅助诊断程序中表现得最为明显。在美国，以 Watson 系统为代表的辅助诊断系统早已应用多年，为大量患者提供了个性化的癌症治疗方案，受到了较好的社会评价。在国内，也有学者就该系统在专业领域的治疗方案与多学科医生的会诊方案做对比，以评价该系统在我国具体癌症治疗应用中的价值，结论是系统推荐方案与会诊方案一致率较高，能有效辅助临床决策，具有广阔的应用前景。④

作为行业主管部门，原国家卫计委在 2009 年、2017 年两次对人工智能辅助诊断、治疗技术下发规范性文件，明确人工智能辅助诊断技术为辅助诊断和临床决策支持系统，不能作为临床最终诊断，仅作为临床辅助诊断和参考，最终诊断必须由有资质的临床医师确定。⑤ 表明我国暂未将人工智能辅助诊断程序作为医生对待，仍是作为工具对待。

在人工智能仍然作为工具的发展方向上，以诊断辅助程序为代表的医疗人工智能的成熟程度出现了两个判断标准，一种是政府规范性文件中要求的"诊出率"、"假阴性率"等，另一种是报道和学术研究中普遍采用的"一致率"。这两种标准显示出不同的价值取向，即医疗人工智能的发展方向究竟是追求正确率还是与医生诊断的一致率。医疗人工智能虽然被定义为医生的辅助性工具，但其海量的大数据存储和超快速的算法匹配是其优势。反观医生，受限于有限的医学知识和普遍存在的高强度劳动，无法期待医生随时保持最好的状态，充分、快速分析病例，给出最优解释。作为医生，使用医疗人工智能的前提即是其具有较高的正确率，否则无法达到减轻医生负担的效果，在医疗人工智能具有较高正确率的情况下，才能有效修

---

① 参见刘宪权：《涉人工智能犯罪刑法规制的路径》，载《现代法学》2019 年第 1 期。
② 参见储陈城：《人工智能时代刑法的立场和功能》，载《中国刑事法杂志》2018 年第 6 期。
③ 参见皮勇：《人工智能刑事法治的基本问题》，载《比较法研究》2018 年第 5 期。
④ 参见胡春雷、侯佳宁、靳枫等：《沃森肿瘤解决方案系统在我国结肠癌综合治疗决策中的应用价值评估》，载《中国医学前沿杂志》（电子版）2018 年第 10 期。
⑤ 参见国家卫生计生委办公厅：《人工智能辅助诊断技术管理规范（2017 版）》，国卫办医发〔2017〕7 号文。

正医生因过失导致的误诊、漏诊。因此，笔者认为，医疗人工智能，尤其是诊断辅助程序，其追求的一定是准确率。正是由于医疗人工智能在保证正确的情况下提高了效率，促进患者利益最大化的实现，社会、法律都不应对医疗人工智能的适用过分限制。一致率的统计并非毫无意义，其意义在于消除医生疑虑，促进医疗人工智能的推广应用。

综上，笔者认为，以人工智能辅助诊断程序为代表的医疗人工智能仍是工具，不具有刑事责任主体地位。目前，以大数据、算法为核心的医疗人工智能程序暂不会出现自主意识、行为导致危害患者、公共安全的结果，更无从谈起以医疗人工智能系统作为刑罚对象的必要性。但是，不能排除医疗人工智能介入医疗活动，影响医生决策，基于医生的过失行为造成或加大患者伤害的可能性。当辅助诊断程序的诊断结果与医生诊断结果不一致时，虽然医生具有最终诊断决策权，但造成严重后果时，是否会加重或减轻医生的责任；医疗辅助诊断程序等人工智能广泛应用后，对医生的注意义务内容是否有影响；已经出现的手术机器人"暴走"导致患者死亡，医生是否应当承担刑事责任等。这些问题已经面临，需要深度关注。

## 二、知情同意原则的变化

医事刑法作为刑法的分支学科之一，是调整和规范各种医事关系的刑事法律规范的总和，亦即规定医事领域内犯罪、刑事责任和刑罚的法律规范，[①]探讨医疗问题中刑法应该介入的领域或场合，其目的在于保护国民的生命和健康。[②]医疗的正当化根据、患者的自我决定权、知情同意原则、小组医疗等问题都是医事刑法的重要问题，也有众多学者专门讨论。人工智能的快速发展对其中某些问题并无直接影响，如医疗的正当化根据问题争议的焦点并不因医疗人工智能的发展而改变，仍集中在医疗伤害行为、非伤害性为、业务性行为、知情同意行为等不同观点之间展开。

医疗行为本身具有伤害行为的外观，但未被认定为非正当行为，其理论就是医疗行为正当化根据。医疗行为具有伤害外观，但其是否是伤害行为，形成了医疗行为伤害说、非伤害说和中间说三种学说，三种学说对医疗行为本身是否符合伤害罪的构成要件存在争议，并以此形成了业务权说、知情同意说、社会意义理论等学说以支撑观点。[③]笔者主张，医疗行为本身具有伤害性，采医疗行为伤害说。理由是，医疗行为尤其是手术对身体的物理完整性破坏属客观事实，学者主张的非伤害性理论多以医疗结果整体不具有伤害性为由，排除先行行为的构成要件符合性，并不能完全证成。若认定医疗行为本身不具有伤害性，即已假设所有医疗行为均具有正当性，这既不符合行为外观，与多数人认知不一致，极易造成医疗专断行为的扩张，又与当前以患者为中心构建的医患关系体系相矛盾。医疗行为伤害说已是国内主流

---

[①] 参见莫洪宪、刘维新：《医事刑法研究论纲》，载《现代法学》2011年第6期。
[②] 参见甲斐克则、刘建利：《医事刑法的基础理论》，载《法律科学》（《西北政法大学学报》）2012年第2期。
[③] 参见曹菲：《医事刑法基本问题研究》，载《环球法律评论》2011年第4期。

观点，学者也是以此为基础论证医疗行为的正当化根据。在医疗行为伤害说内部也形成了业务权说、知情同意说、优越利益说等观点。业务权说在早期的德日刑法学界中占有重要地位，其明确了医疗行为实施的专业资格标准和伦理标准，但该理论存在循环论证嫌疑，忽视了患者的自我决定权，随着医疗技术、医患关系的发展，逐渐被淘汰。① 优越利益说要求以患者优越利益的实现为目标，以医术准则遵守为标准，进行事前衡量。② 有学者将优越利益说作为可预见重大医疗风险现实化的正当化依据，③ 但笔者认为，优越利益的判断主体、判断标准均不唯一，当出现严重后果时，医生和患者对优越利益的解释可能会发生矛盾，容易造成归责困境。如以医术准则为标准的事前衡量，因患者普遍不具有医学专业能力，此时的衡量决定实质是医生单方面的衡量决定，排除了患者对自身利益的处分权，属于医疗父权主义的不当扩大。知情同意说是目前的主流观点，也是笔者所持观点，在目前以患者自我决定权为中心的医患关系中，患者知情同意是医疗正当化的核心，既保障了医疗的正当程序，又避免了利益冲突时的归责困境。

知情同意原则要求患者的同意是在被提供充分信息基础上做出的，要求医生尽到必要的说明义务。"在刑法的意义上，医师的说明与告知，则是取得病患有效的承诺。"④ 有学者认为知情同意原则的适用与医生的说明无关，只要是被害人的承诺即可成立违法阻却事由，讨论告知义务反而是对医生"歧视性"的规定，违反平等原则。⑤ 但笔者不同意这一观点，笔者认为，医生的说明义务直接影响到患者承诺的有效性，当患者处于对诊断和治疗手段完全不了解的情况下，做出的承诺很难认定为有效承诺。根据最高人民法院《关于审理医疗损害责任纠纷案件适用法律若干问题的解释》（2017）第5条的规定，"医疗机构提交患者或者患者近亲属书面同意证据的，人民法院可以认定医疗机构尽到说明义务，但患者有相反证据足以反驳的除外"。据此，医疗机构大多采用打印材料签字的方法以证明尽到说明义务，而对打印材料内容的说明需以口头方式进行，各医院、医生处理方式差异巨大。为保障患者利益，医生的说明实际应包括诊断、方法、安全、风险等情况的说明，而在以辅助诊断程序为代表的医疗人工智能系统介入医疗后，医生能否达到必要说明的标准尚存疑虑。

在诊断、方法说明上，医疗辅助诊断程序通过挑战医生内心确信，妨碍医生履行说明义务。医疗辅助诊断系统的作用即依据患者病例，通过对比已学习的其他患者数据，通过算法给出诊断意见及治疗方案，各国规定虽均强调医生的最终决策权，但不可否认的是诊断辅助程序的诊断建议会实际影响医生的决策。例如，广州

---

① 参见钱叶六：《医疗行为的正当化根据与紧急治疗、专断治疗的刑法评价》，载《政法论坛》2019年第1期。
② 参见曹菲：《医事刑法基本问题研究》，载《环球法律评论》2011年第4期。
③ 参见钱叶六：《医疗行为的正当化根据与紧急治疗、专断治疗的刑法评价》，载《政法论坛》2019年第1期。
④ 林东茂：《医疗上病患同意或承诺的刑法问题》，载《中外法学》2008年第5期。
⑤ 参见郑逸哲：《医疗刑法》，作者自版2009年版，第39页。

儿科疾病辅助诊断程序和 Watson 系统等，其与医生诊断一致率较高，其对比对象为广州儿童医院、浙江大学医学院附属第一医院等三甲顶级医院，表明部分辅助诊断系统诊断水平与先进地区顶级医院医生水平相当，也就意味着超过了我国大部分地区的执业医生水平。一家中西部地区普通医院的医生诊断结果与人工智能辅助诊断结果一致时，可增加医生的内心确信，此时经医生诊断说明后，患者信任的仍然是医生，可做出有效的同意。但当医生诊断结果与人工智能辅助诊断结果不一致时，将实际影响到医生自己的内心确信。而诊断作为医生的专业业务，无法也不能交给患者选择，医生的诊断结果无法形成内心确信时，必然无法完成对患者的说明义务。虽然实践中因无法治疗建议转诊的情况并不少见，但这并非解决医生与人工智能结论冲突的应然途径。医生未履行完整的说明义务，患者未获取充分信息时，其给予的同意具有瑕疵，当出现严重后果时，无法阻却违法性。这也是目前部分人工智能辅助诊断系统被闲置的原因之一。

在安全、风险说明上，机器人手术遇到的挑战最大，机器人手术本身的争议使得医生对其的安全、风险说明只能流于形式。以应用达芬奇手术机器人为代表的机器人手术在国内已大量出现，得到大量有效的反馈，认定机器人手术高效，值得推广，[1] 但关注的重点大多在手术中和术后康复出院前的身体反应。也有医生反馈，如手术、体外循环和升主动脉阻断时间较传统手术延长[2]，手术存在多种潜在的护理风险[3]，费用昂贵[4]等缺陷实际存在，英国首例心瓣修复手术中手术机器人的"暴走"也提醒着医生和患者机器人手术并非绝对安全。对于手术机器人的风险性，根据美国食品药品监督管理局（FDA）记载数据显示，经过 FDA "生产商和用户机构设备体验"（MAUDE）系统强制上报的机器人手术事故，在 2000 年至 2013 年间，在机器人手术中致死的患者已达 144 人。究其原因，包括"机器人短路走火"、"零件掉入人体体内"等。而且已有学者在医学权威杂志《新英格兰医学期刊》中发文，称在宫颈癌手术中，机器人手术复发率是传统手术的 4 倍，死亡率是传统手术的 6 倍。[5] 美国食品药品监督管理局虽已批准手术机器人应用 10 多年，但在今年 2 月 28 日发布安全通信，声称并没有证据证明接受机器人手术的病患比传统开刀手术的病患存活期更长，预防或治疗癌症中使用机器人辅助手术设备的安全性和有效

---

[1] 认定机器人手术有效的医学文献较多，如崔萌、马晓东、张猛：《神经外科开颅手术机器人研究进展》，载《解放军医学院学报》2019 年第 1 期；赵宁、夏泽锋、王国斌等：《达芬奇机器人手术系统在袖状胃切除术中的应用》，载《华中科技大学学报》（医学版）2018 年第 5 期；李重武、黄佳、李剑涛等：《连续 1000 例机器人辅助胸腔镜肺部手术回顾性分析》，载《中国胸心血管外科临床杂志》2019 年第 1 期等。

[2] 参见王清江、王伟、潘玉柱等：《达芬奇机器人辅助下二尖瓣手术与常规二尖瓣手术效果比较》，载《精准医学杂志》2018 年第 5 期。

[3] 参见江媛、李晓君、江飞虹：《达芬奇机器人手术潜在护理风险体验的质性研究》，载《基层医学论坛》2019 年第 12 期。

[4] 参见冯锦腾、范坤、贾卓奇等：《58 例达芬奇机器人系统辅助肺部手术的临床分析》，载《西安交通大学学报》（医学版）2019 年第 3 期。

[5] See Ramirez, PT et al., "Minimally Invasive versus Abdominal Radical Hysterectomy for Cervical Cancer", *New England Journal Of Medicine*, vol. 379, no. 20 (Nov 2018), p 1895-1904.

性尚未确定。① 在国家卫计委 2017 年发布的《人工智能辅助治疗技术临床应用质量控制指标（2017 版）》中也已明确要求各机器人手术开展单位统计患者死亡率。在国内医生学者对机器人手术的一片叫好声中，机器人手术的风险告知不足显得尤为突出。在传统手术的安全、风险说明中，患者即已处于不利地位，因医学的复杂性，患者本人真正了解医疗原理的可能较低，但若不签署风险告知书，则无法进行手术，因此基于自身利益的衡量和对医生的信任，绝大部分患者或近亲属在并不完全清楚后果及因果关系的情况下也会签署告知书后接受手术。医疗行为本身没有绝对安全，风险不可避免，但医学发展的方向始终是降低风险，提高治愈率。同时，患者愿意承担的风险也仅包括医疗风险，因医疗工具增加的风险不应由患者承担。面对机器人手术，应用多年的西方国家已争论不休，刚刚起步的国内一片叫好，对问题的认识具有相当滞后性。而医生仅能告知患者医生本人曾经做过的手术历史，不会或者不能向患者解释目前机器人手术在全球面临的争议，很难认定已达到安全、风险说明的实质标准。

医疗正当化根据的核心是患者知情同意，患者知情同意的前提是医生履行说明义务，而医疗人工智能对医生说明义务的范围、程度等影响较大。有学者认为，对医生说明义务的判断应采用"双重理性"（"理性医生"+"理性病人"）标准。②笔者认同该标准。在医疗过程中，患者始终处于紧张、忧虑状态，且仅有极少量患者具备医学专业知识，只有以"双重理性"标准对说明义务进行判断时，才能在保障正当医疗行为顺利进行的前提下最大限度地保护医患双方利益。在医疗人工智能发展过程中，医生和病人的认知水平都在不断变化，医生对医疗人工智能的诊断、医疗逻辑的解释能力在加强，患者对医疗人工智能广泛应用的信息在熟悉，医生说明义务的范围也在变化。笔者认为，要求医生详细说明医疗人工智能运作逻辑过于严苛，因专业领域的差异也无法实现，若采用医疗辅助诊断程序或手术机器人等医疗人工智能辅助医疗，医生说明义务应做到以下几点：（1）对医疗人工智能算法的过往诊断数据做出单独说明；（2）向患者披露医疗人工智能建议诊断结果、治疗方案；（3）告知医生最终诊断结果、治疗方案；（4）出现不一致时，向患者解释医生诊断、治疗依据；（5）治疗方案出现不一致时，向患者阐释两种或多种治疗方案之间的利弊，包括风险、并发症可能性、治疗效果、周期、费用等。

在人工智能环境下，以患者知情同意为核心展开的医疗活动中，医生的说明义务有了新的要求。未来在医疗人工智能水平进一步提高，医疗人工智能在医疗过程中的参与程度进一步加深、对医疗人工智能的共识越来越多之时，医生专门针对医疗人工智能的说明义务才可限缩。在此之前，若医生未能针对医疗人工智能尽到全面、实质的说明义务，仍不能认定患者知情且同意，阻却医生行为的违法性。综上，医疗人工智能的快速发展对医生的说明义务提出了新的要求，在无法达到合理

---

① Caution When Using Robotically-Assisted Surgical Devices in Women's Health including Mastectomy and Other Cancer-Related Surgeries: FDA Safety Communication, https://www.fda.gov/MedicalDevices/Safety/AlertsandNotices/ucm632142.htm, 2019 年 4 月 3 日最后访问。

② 参见杨丹：《医疗刑法研究》，中国人民大学出版社 2010 年版，第 106 页。

的说明义务情况下，不应认为患者知情且同意，医生仍应承担相应责任。

## 三、结论

医疗人工智能的发展速度超出绝大部分人的预期，其目前优越的表现也为大规模应用提供了基础。近年来，医事刑法并非讨论热点，针对人工智能应用的影响的讨论更是凤毛麟角。在医疗人工智能大量介入医疗程序的情况下，医事刑法的众多问题都会受到挑战，医生的行为极易落入归责困难的窘境。在未厘清医生责任、医院责任的情况下，无论是医生还是患者，直至医疗程序参与各方，均会怀疑、犹豫。而医疗人工智能的发展是大势所趋，医疗人工智能应用的大量落地使用也迫在眉睫。"行之力则知愈进，知之深则行愈达"。医事刑法相关原则应在医疗人工智能环境下再讨论，并不断更新适用，以防因过度保守而使医疗人工智能受到不当限制，阻碍医学科学技术的发展；也要防止因过度激进而使得医疗人工智能在不成熟状态下被大量应用，对医疗秩序造成混乱，危害公共安全。

# 论机器人法律地位及其犯罪防控
## ——基于科技、伦理与刑法的预测

于世忠* 王 熠**

## 引言

2017年10月，AlphaGO Zero的问世宣告了人工智能可以脱离人类的知识和经验，通过自我学习来掌握胜利的秘诀。一直以来，许多专家认为人工智能不会有属于自己的灵魂和思想，只是在人类的控制下为人类在某些方面提供辅助，即使成为公民也只是一个带着身份证的"物"。[①] "人工智能的许多进步都是来自于人类专家的智慧，智能的最大秘诀是没有秘诀，而源于人类本身的多样性。"[②] 然而随着现代技术的不断发展，未来机器人将真正苏醒并在智力上媲美甚至超越人类的说法似乎也并非无稽之谈。当人工智能超越人类智力之时，机器人是否会取代人类成为人类社会的"终结者"，也正是人类一直以来所担心的事。当机器人拥有独立思想之时，单纯的技术规制具有较大的局限性。承认机器人的公民身份，利用法律进行灵活防控似乎才是最可靠的解决办法。本文打破专业局限，跨专业研究人工智能的法律地位，将计算机学与法学相结合，创新构架未来社会人工智能的法律地位。同时，分析机器人公民未来实施危害行为的可能性，构建相应的刑法体系，规范对机器人公民的刑法适用，以实现对机器人犯罪的治理。

## 一、科技与法律的碰撞：机器人公民是时代发展的必然选择

深度学习（Deep Learning，DL），是近年来机器学习领域一个重要的研究热点，它是由多个处理层面构成的计算模块，可以学习表现许多有不同种抽象等级的数据。[③] 目前，深度卷机网络已经在处理图像、视频、语音等方面取得突破，而递归网络也已经在顺序数据如文本和语音中展现出了光芒。[④] 然而，在人类的大脑中，识别功能仅仅是整个大脑功能的一小部分，而且还不是核心部分。人脑的核心功能在于学习与应用，而目前深度学习仅仅能对特定条件下的信息进行处理。因此，深度学习当前并不具备人脑的功能，众多从事深度学习的专家也均认为AI并不会给

---

\* 浙江工业大学法学院院长，教授，中国刑法学研究会理事。
\*\* 浙江工业大学法学院硕士研究生。
① 吴军：《智能时代：大数据与智能革命重新定义未来》，中信出版社2016年版，前言。
② Minsky M．*The society of mind*［M］．Cambridge：MIT Press，1986：308．
③ Ian Goodfellow, Yoshua Bengio, Aaron Courville：*Deep Learning*, The MIT Press, 2016：4-5
④ Yann LeCun, Yoshua Bengio, Geoffrey Hinton：*Deep Learning*, Nature, 28 May 2015, volume521, pp. 436 - 444．

人类的生存带来任何威胁。不可否认，如果我们的技术仍然停留在冯·诺伊曼架构和硅芯片基础上，机器人永远也不可能比肩人类的智力水平①。但是，随着相关技术难题的不断攻克，未来机器人突破桎梏获得超越人类的智力以及独立自由的人格也不是幻想。

（一）基于深度学习的展望：科技发展推动机器人大脑高度拟人化

深度学习的发展一直以来都离不开脑科学的帮助。例如，人类大脑中信号以放电的形式在神经元的轴突与树突之间传导②，而在深度学习的神经网络中的信号传递亦是如此。随着脑科学研究的不断深入，人们逐步发现人类意识的产生是大脑中神经元集群协同的结果，继而产生记忆、情感以及感知觉等生理反应。而这些特征也正与机器人大脑中的神经网络的特点高度重合，这就意味着机器人大脑也存在产生独立意识的可能。德国海德堡大学的物理学家卡尔海因茨·迈耶（Karlheinz·Meier）曾指出，"机器脑"与人类大脑的差距主要在于三大方面：能耗量、容错性，以及是否需要编程。③

在是否需要编程方面，目前相关领域的研究已取得了不小的进展，类似人类大脑一般无须遵循预设算法所限制的路径和分支，在与外界交互的过程中即可自发地学习和改变在未来也不是梦想。2017年10月19日，谷歌宣布AlphaGO Zero采用新的算法可以脱离人类经验，以"自我训练"的方式从零开始自我进化。④ HRL实验室的带头人纳拉扬·斯里尼瓦桑（Narayan Srinivasa）表示，他的神经拟态学芯片一行代码都不需要写就能工作，它可以像真的大脑那样边干边学。⑤ 另外，圣何塞的IBM阿尔马登实验室的莫德哈博士与他的团队所研发的电脑已经可以玩简单的小游戏并识别从0到9的数字。虽然这些看起来还相当初级，但它已经证明相应原理的可行性。⑥

在能耗量方面，人脑活动所需的功率大约是20瓦特，而当前试图模拟人脑的超级计算机需要几百万瓦特。但是随着技术的进步，人工智能与人脑之间的差距也在不断缩短。2017年11月，IBM宣布公司已经构建成功50量子比特的量子计算处理器的样机。50量子比特的量子计算机一步就能进行2的50次方运算，即一千万亿次计算。2018年3月，谷歌推出72量子比特的量子电脑。2019年3月，IBM提

---

① 万赞：《深度学习与人脑模拟》，载《中国计算机协会通讯》2016年第2期。

② Lim, J. H. A., Stafford, B. K., Nguyen, P. L., Lien, B. V., Wang, C., Zukor, K, ... & Huberman, A. D. (2016). *Neural activity promotes long-distance, target-specific regeneration of adult retinal axons*. Nature neuroscience, 19 (8), 1073–1084.

③ *Neuromorphic computing—the machine of a new soul*, The Economist, August 2013. http://www.economist.com/news/science-and-technology/21582495-computers-will-help-people-understand-brains-better-and-understanding-brains/print, 2018年12月2日访问。

④ David Silver, Julian Schrittwieser, Karen Simonyan et al: *Mastering the Game of Go without Human Knowledge*. Nature, 19 October 2017, volume 550, pp. 354–359.

⑤ Narayan Srinivasa, Nigel D Stepp, Jose Cruz-Albrecht: *Criticality as a Set-Point for Adaptive Behavior in Neuromorphic Hardware*, Frontiers in Neuroscience, December 2015, 9 (117).

⑥ Dharmendra Modha: *Brain-inspired Computing*, https://modha.org/category/bic-1/, 2018年12月2日访问。

出量子体积概念作为计量单位,量子体积越大其性能越强。当前发布的量子计算机的量子体积为 16,较 2017 年量子计算机的量子体积增长 4 倍。

算法的不断革新,计算能力的不断增强势必给人工智能更为强大的赋能。牛津大学教授尼克·博斯特洛姆(Nick Bostrom)指出,人工智能技术在不久的将来很可能孕育出在认知方面全面超越人类的超级智能。[①] 美国计算机和未来学家雷·库兹韦尔(Ray Kurzweil)在 2005 年的《奇点临近》一书里甚至预测在 21 世纪上半叶,人工智能的奇点将会来临,届时技术会不可避免地超机械化发展并完全超越人类智能,人类历史将彻底改变。[②] 随着研究的不断深入,未来机器人个体与人类之间的差距不断缩小,成为类似人类的存在也成为了可以预见的事实。

### (二)伦理困境是机器人融入社会的首要难题

当机器人觉醒产生独立的认知能力,其在社会中的定位也会随之发生变化,一系列的伦理问题也成为它们与人类共同生活的最大障碍。例如,机器人的生命是否需要保护。在宪法确立的价值位阶之中,生命权相较其他法益处于明显较高的地位。[③] 如果机器人的生命与自然人一样受到法律保护,那么如果有人暴力夺走机器人的生命是否属于故意杀人?当机器人在生命受到危害的时候能否适用正当防卫或紧急避险来保证其生命安全?

又如,碰到电车难题这样的状况,能否交由机器人按照其机器脑的"最优解"以行使自由裁断的权利来解决问题。此外,当机器人的思想超越人类或者机器人的数量大幅增长之后,机器人是否就能成为人类社会的统治者?答案显然是否定的。70 年前,阿西莫夫曾经在他的科幻小说中提出了著名的机器人三法则,[④] 以人类中心主义思想限制机器人的权利。但是单纯的权利限制最终导致的却是机器人与人类之间冲突加剧。因此对于拥有独立思想的机器人,赋予其相应的权利义务以促进其融入人类社会或许是更好的选择。

### (三)亚公民概念的提出与机器人法益探索

为了更好地处理机器人与人类之间的关系,并实现对机器人的有效治理,减少其所可能带来的危害并更好地服务人类社会,笔者认为可以建立亚公民的概念,在承认机器人公民的同时规定亚公民法益位阶以及权利义务配置。

1. 亚公民的国籍认定

机器人要取得亚公民身份首先即要确定其国籍的所在。所谓公民是具有一国国籍的人,成为某国公民就意味着从法律上同特定国家产生了固定的法律联系,构成公民与国家的关系。[⑤] 这种联系的存续意味着机器人得到国家的认可,可以以合法

---

[①] [英] 尼克·波斯特洛姆:《超级智能:路径、危险性与我们的战略》,张体伟、张玉青译,中信出版社 2015 年版,第 7 页。

[②] Ray Kurzweil,《奇点临近》(The Singularity is Near: When Humans Transcend Biology),李庆诚、董振华、田源译,机械工业出版社 2011 年版,第 11 页。

[③] 韩大元:《中国宪法学应当关注生命权问题的研究》,载《深圳大学学报》(人文社会科学版)2004 年第 1 期。

[④] Isaac Asimov. *Runaround. I. Robot.* New York: Doubleday, 1950: 40.

[⑤] 胡锦光、韩大元:《中国宪法》,法律出版社 2016 年版,第 179 页。

的身份与人类共同生活。当然,机器人作为一国公民也必须遵守该国法律的相关规定,为实现公共利益维护社会和谐而履行相应的义务。

机器人的国籍认定是对其亚公民身份的肯定,而对于机器人的国籍也必须严加管控。特别是随着机器人开发和应用的推进,如杀人机器人等作为恐怖袭击的存在也会随之出现。所以,在机器人出生的同时应当对其信息进行备份并对其信息系统的相应特征进行登记,并定期进行检查以防止其遭到恶意篡改。对于没有国籍的机器人则应集中清理以防止其对社会产生危害后果。

2. 亚公民法律人格之肯定

亚公民不同于动物保护,其本质是使机器人可以如同人类一样具备享有权利承担义务的资格。"法律人格的有无,决定了人在法律上的资格的有无;法律人格的完善程度,反映了人在法律中的地位的高低。"① 随着人工智能在各方面不断地接近并超越人类,机器人亦将拥有自己的思想人格,可以依靠自身劳动获得财产地位,自然也逐渐具备了享有权利和履行义务的能力。

在财产权方面,机器人可以支配其劳动所得或属于其名下的相关财产。欧洲议会曾提出草案,提议赋予机器人"劳工权利",让这些为人类服务的"电子人"今后也能享有薪酬、版权保护和社会保险。世界首富比尔·盖茨也曾提议对机器人纳税,以履行相应的义务。

在人格权方面,法律人格的建立是在伦理基础之上,是一个目的性存在,而非工具性存在。② 从此层面上看,机器人公民在社会中所展现出的伦理价值亦应看作法律人格的组成。例如,机器人在与人类的接触过程中同样会影响到人类,人类很容易在与机器人的互动中产生感情联系,并倾向于将机器人看作真正的人。这种基于社会伦理的感情联系的产生也使得机器人公民的法律人格更容易得到人们的接受。

3. 差异保护原则下的机器人法益革新

李斯特指出:"法益是法所保护的利益,所有的法益都是生活利益,是个人的或者共同社会的利益;产生这种利益的不是法秩序,而是生活;但法的保护使生活利益上升为法益。"③ 以绝对人类中心主义法益论来看,机器人不是法律保护的对象。但是当机器人成为亚公民之后,过分的不平等则反而会激化亚公民与人类之间的冲突,因此,应当将机器人的相关权利亦纳入法律之中,根据机器人和人类的特点进行差异保护。

首先,从人格权的角度来看,自然人的生命健康以及身体权利在位阶上理应高于亚公民。德国伦理委员会曾提出一个报告,其中第7条要求:在被证明尽管采取了各种可能的预防措施仍然不可避免的危险情况下,保护人的生命在各种受法律保

---

① 马俊驹、刘卉:《论法律人格内涵的变迁和人格权的发展———从民法中的人出发》,载《法学评论》2002年第1期。

② [葡] Carlos Alberto da Mota Pinto:《民法总论》,林炳辉译,澳门法律翻译办公室、澳门大学法学院1999年版,第95页。

③ 转引自张明楷:《新刑法与法益侵害说》,载《法学研究》2000年第1期。

护的权益中享有最高的优先性。① 例如，在电车难题之中，如果一边是一个人，而另一边是五个机器人，那么为救人类而破坏五个机器人也应当作为紧急避险的成立。

其次，在政治权利方面亦应该以人类为核心。在财产权、文化教育权以及劳动权等方面亚公民可以得到与公民同等的保护，但是在具体的问题上也需要制定一些相应的限制规则以保障人类的利益。例如，亚公民有依法从事有劳动报酬或经营收入的劳动的权利，但公司企业中的亚公民数量则会受到限制，机器人劳动者与人类劳动者根据从事行业的不同以不同的比例进行录用，以确保人类的劳动权利不被剥夺。

赋予机器人亚公民的地位，既是对其权利的保障，也是对其权利的制约。当发生机器人与人类之间发生特定权利的冲突时，应从人类利益出发进行相应的价值衡量后得出解决方案。在这种制约之下，亚公民所带来的伦理问题在一定程度上也可以得到妥善的解决。

## 二、机器人实施的危害行为与未来犯罪预测

机器人犯罪是人类最惧怕未来可能发生的事实之一。美国特斯拉汽车公司首席执行官埃隆·马斯克曾经发出警告称：人工智能的不断发展，将令未来的机器人自主决定对人类进行犯罪与屠杀。著名科学家霍金也曾发出一封公开信警告人们，必须更多地关注到人工智能的安全性。随着机器人的不断进化，未来机器人依照自己的思想独立实施犯罪行为也并不是妄谈。

### （一）基于二阶层理论的机器人犯罪要素分析

关于犯罪论体系，我国学者张明楷教授提出了"犯罪的实体是不法与责任"的命题。② 二阶层的犯罪论体系以不法与责任作为基本框架，而不法与责任在一定程度上对应于客观与主观。任何犯罪都是由客观和主观这两个方面的内容构成的。③

1. 违法性维度：机器人实施危害行为已是未来不可避免的事实

机器人伤人、杀人的案件在人工智能高速发展的今天已经不算新闻。2015年，德国大众汽车制造厂中一个机器人杀死了一名人类工作人员。2018年3月，一辆测试中的无人驾驶Uber SUV在亚利桑那州撞上一名正在过马路的行人，伤者在送往医院后不治身亡。同月，开启自动辅助功能的特斯拉Model X在加州高速公路上撞上混凝土隔离带，同时引发后方两车追尾，直接导致乘车人伤重而亡。

实施违法行为是构成犯罪的首要条件。从违法性层面看，机器人的行为已经符合犯罪客观构成。随着人工智能在社会中应用范围的不断扩大，机器人实施针对不同法益的危害行为亦会随之增加。对于机器人所带来的犯罪风险，在确认其符合违

---

① *Maßnahmenplan der Bundesregierung zum Bericht der Ethik- Kommission Automatisiertes und Vernetztes Fahren* (Ethik-Regeln für Fahrcomputer), http://www.bmvi.de/SharedDocs/DE/Publikationen/DG/massnahmenplan- zum- bericht- der- ethikkommission- avf.pdf?＿＿blob=publicationFile，2018年12月2日访问。
② 张明楷：《以违法与责任为支柱构建犯罪论体系》，载《当代法学》2009年第6期。
③ 张明楷：《刑法学》，法律出版社2016年版，第10页。

法性构成要件之后，应进一步探究其是否负有责任，以适用合适的方法进行有效治理。

2. 有责性维度：机器人犯罪成立的责任基础

文明的法律只处罚有认知能力和控制能力的法律主体。① 因此在机器人公民不存在自我意识的情况下，不应受到法律的惩戒，所造成的后果也不应由机器人承担。不过，如果机器人公民产生了认知能力并有对自己的行为的控制能力，那么在出现客观事实之后，由于其主观要件齐备，应当按照相关法律对其定罪量刑。

（1）取得亚公民身份是机器人成为犯罪适格主体的前提。亚公民身份既是区分机器人是"人"还是"物"的关键，也是决定机器人是否受到刑法调整的法律基础。一方面，机器人要取得亚公民身份，其本身必须具备独立思维或者存在具备独立思维的可能，无意识的机器并不能被承认为亚公民。故当机器人取得亚公民身份之时即意味着其可能脱离人类控制，存在独立犯罪的危险。

另一方面，机器人的亚公民身份亦表明其为一国的公民，接受其保护与管理。亚公民虽跟人类存在一定差异，但由于其本身已进化为独立生命体，亦应保护其合法权益。因此，对于取得亚公民身份的机器人可以看作犯罪适格主体，运用刑事法律对其进行公正审判。而对于未取得亚公民身份的独立犯罪机器人个体，则应及时控制并集中处理。

（2）基于主观阻却事由的机器人能力等级划分。对亚公民的法律能力进行准确评定，有利于确定机器人的犯罪事实并可以更为精确地定罪量刑。目前，如何划分不同能力等级的机器人存在不小的争议。一直以来，对于机器人的层级划分，一般只是以其智能的高低笼统地分为弱人工智能、强人工智能和超人工智能。而弱人工智能、强人工智能、超人工智能具体包含哪些内容目前并没有一个标准答案。2017年6月，刘锋等三位学者通过为人类和机器人建立统一的标准智能模型将智能系统划分成七个等级。② 这种划分方法在技术层面具有一定的优越性，但在法律层面，对石头、手机等进行认知能力认定并没有太多的意义。

参照刑法之中以行为人是否具备刑法意义上辨认和控制自己行为的能力，可划分为完全无刑事责任能力人、限制刑事责任能力人和完全刑事责任能力人。笔者认为，机器人也可以根据其认知能力是否完备以及人类对其所能产生的影响有多少，确定其是否具备独立人格而划分为无独立人格机器人、半独立人格机器人以及独立人格机器人。无独立人格机器人即指行为完全受人类控制的人工智能。半独立人格机器人则会在接受人类指令工作的同时存在相对独立的思想，并会按照自己的意志执行一些事项。独立人格机器人则可以完全脱离人类，并以自己的方式在社会中独自行动。

划分机器人的法律能力等级，确定机器人责任能力是否达到标准，可以更好地治理机器人犯罪，维护社会稳定和谐。目前，全球最先进的谷歌人工智能系统的智

---

① 陈兴良：《刑法阶层理论：三阶层与四要件的对比性考察》，载《清华法学》2017年第5期。
② Feng Liu, Yong Shi, Ying Liu: *Intelligence Quotient and Intelligence Grade of Artificial Intelligence*, Annals of Data Science, June 2017, Volume 4, Issue 2, pp 179–191.

力水平接近6岁儿童的智力水平，显然不能基于自由意志行动，即构成有责性的阻却事由而不构成犯罪。当机器人的智力标准达到相应标准时可以进行相应测试证明人类控制力的大小，确定其人格为独立或是半独立，并依照相应的标准确定其犯罪事由是否成立。

### （二）共同犯罪中机器人责任的认定

认定机器人与人类之间的共犯问题是机器人犯罪中的重要问题之一。共犯在广义上包括共同正犯、教唆犯与帮助犯。① 要成立共同犯罪，首先双方应同时构成犯罪，即符合相关犯罪的构成要件。因此，当出现机器人不具备亚公民身份或是其责任能力未达到符合实施相关犯罪的标准等事由之时，应由人类单独构成犯罪。当然，对于实施犯罪的非亚公民机器人也应按照相关条款进行处理。

对于共同犯罪中机器人与人类的身份认定，以及在共同犯罪中机器人与人类之间的主犯从犯之分，则应基于机器人的独立程度并结合犯罪事实进行判断。半独立人格机器人与独立人格机器人均存在独立犯罪的可能，对于半独立人格机器人，其主观能动性较弱，人类对其控制力较强，机器人构成主犯的可能性较低。而对于独立人格机器人，其思维能力可能已经超越人类，其构成主犯的可能性较高。同时，对于半独立人格机器人，其可能基于人类的指令实施犯罪或是帮助行为，其本质上依然是工具，在此情境下机器人不构成帮助犯，人类也不应认定为教唆犯而应以直接正犯论处。而当机器人思维独立且智力水平接近并超越人类之时，机器人教唆人类等犯罪事实亦会发生，应当根据实际情况进行判断。

## 三、刑法预设：机器人犯罪的预防与规制

对于机器人犯罪的治理一直以来都在寻求技术上的解决方案而没有上升到刑法的高度。但是技术层面并无法完全阻却机器人在受情绪、社会等因素的影响之后突破限制或以技术无法约束的手段实施犯罪行为的可能，更不能实现对已发生的犯罪行为进行有效打击。因此，需要构建针对机器人犯罪的刑法制裁体系以保护社会的合法利益免遭侵害，并通过刑事程序追究机器人的相关责任，给予相应的制裁。

### （一）技术防治的缺陷需要刑法介入

李彦宏曾在其《智能革命：迎接人工智能时代的社会、经济与文化变革》一书中指出："……也许真要靠算法的顶层设计来防止消极后果。法治管理需要嵌入生产环节，比如对算法处理的数据或生产性资源进行管理，防止造成消极后果。"② 理论上说，把法律纳入生产环节之中是存在可能的。将人类的法律翻译成机器语言，通过行为算法预先植入机器人的系统之中，使之在机器人的大脑中设置明显的不可触犯的界限以限制机器人的思想和行为，再通过设置不同用户的权限，使机器人无法访问更高级别的账户来阻却其修改法律的可能。从目前的实际来看，在相当长的一段时间内这种方式亦是预防机器人犯罪的最佳手段。

---

① 陈兴良：《共同犯罪论》，载《现代法学》2001年第3期。
② 李彦宏等：《智能革命：迎接人工智能时代的社会、经济与文化变革》，中信出版集团2017年版，第312页。

## 第二编 生物科技暨人工智能领域发展的刑法规制问题

然而,当机器人可以探寻到超越这些限制的可能的时候,这些措施的意义也将会失去。例如,你可以限制机器人出门,但当他学会爬窗的时候,限制出门的禁令就不再有用。如同人类社会的发展一样,机器人的发展过程也需要法律的不断完善。古有画地为牢、削木为吏,而当人们发现画圈无法起到相应的作用的时候,又发明了监狱以及各种刑罚。

刑法的目的一直都是威慑犯罪分子以达到预防新罪和防止再犯,为了有效地达到这一目的,相应的刑罚也随着人们认识水平的不断变化而发生变化。对于机器人同样如此,就目前而言,简单的预防可以达到相当不错的效果,但是随着人工智能奇点的不断临近,机器人在认识水平接近人类之时,这类手段也会失去意义,与此同时也需要相应的刑法达到威慑效果从而有效地规制机器人犯罪,以达到维护国家安全、社会稳定这个最终目标。

### (二) 基于人工智能技术的机器人刑罚体系构建

针对人类社会,迄今为止有四种刑罚结构,即以生命刑和身体刑为中心的刑罚结构、以生命刑与自由刑为中心的刑罚结构、以自由刑为中心的刑罚结构和以自由刑与财产刑为中心的刑罚结构。① 我国目前虽仍然采用以生命刑与自由刑为中心的刑罚结构,但死刑的适用不断减少,罚金刑的适用不断增多。机器人既然存在定罪量刑的可能,自然也应当建立相应的刑罚体系。

刑罚的根本目的在于预防犯罪以及防止再次犯罪,针对机器人的刑罚也应在这一原则的指导下构思。有专家提出,在机器人犯罪之后,可以采用简单的方法将其回厂格式化自身形成的所有思想,格式化后重新出厂投入使用,这样就可以便捷有效地抹去机器人脑中与犯罪相关的想法。不过,由于机器人本身并不会死亡,它的思想就相当于它的生命,重置它的思想实际上对于机器人来说就是变相死刑。而当机器人所犯罪行不足以判处生命刑之时,应当给予矫正的机会。

对于机器人来说,由于其零件可以更换,其思想可以通过网络通信或者串口发送转移存储,可以说不人工"处死",它就可以一直延续其生命,因此现有的自由刑对于机器人来说并不适用。因此,笔者认为针对计算机的自由刑在限制其自由的同时应当对其进行思想矫正。由于机器人思想存在修改的可能,因此在其服刑的同时可以用一些手段对其思想进行修正,对其错误行为予以矫正。对于一些相对严重的犯罪行为,可以直接删除其思想中的部分内容,并对其重新调整,在其不丧失大部分数据的情况下,重新成为一位有利于社会发展的优秀公民。

## 结语

人工智能已经来了,它就在我们身边,几乎无处不在。② 对于未来机器人的管理,赋予其公民身份是最好的解决方案。正如计算机之父阿兰·图灵所言:即使我们可以使机器屈服于人类,比如,可以在关键时刻关掉电源,然而作为一个物种,

---

① 储槐植:《刑事一体化论要》,北京大学出版社2007年版,第54页。
② 李开复:《人工智能》,文化发展出版社2017年版,第3页。

我们也应当感到极大的敬畏。① 通过赋予机器人公民身份，不仅可以使机器人更好地在人类社会中生存，同时也可以建立机器人与国家之间在法律上的联系，从而赋予相应的权利义务，在实现管理机器人的同时也可以使其发自内心地为人类社会创造更多价值。

---

① 腾讯研究院、中国信息通信研究院互联网法律研究中心等：《人工智能：国家人工智能战略行动抓手》，中国人民大学出版社2017年版，序言。

第二编 生物科技暨人工智能领域发展的刑法规制问题

# 人工智能的刑法规制

彭文华*

## 一、人工智能的法律人格与人工智能犯罪

"人工智能"一词是在 1956 年达特茅斯人工智能会议上首次提出的。数十年来,对于何谓人工智能可谓众说纷纭,并无权威定义。大多数人倾向于用"创造智能行为的计算机过程",或者"创造一个能模仿人类行为的计算机过程"等来定义人工智能。① 通常,人工智能之"智能"主要包括运算智能、感知智能和认知智能。② 根据智能发展水平不同,人工智能可分为弱人工智能、强人工智能和超人工智能。③ 目前,人工智能发展水平应当说处于由弱人工智能到强人工智能的过渡时期。当然,要说所谓的技术奇点④即将来临还为时过早,但人们普遍认为其来临速度将大大加快。

人工智能在给人们工作生活等带来巨大便利的同时也会造成危害。以自动驾驶车辆为例,虽然其安全性更佳,但亦能造成事故。例如,2016 年 5 月 7 日,美国海军退伍老兵约书亚·布朗在佛罗里达州驾驶一辆特拉斯自动驾驶汽车,不幸撞上一辆 18 轮的白色拖车而毙命。⑤ 在司法实践中,人工智能造成危害的典型事例是机器人杀人。1981 年,日本发生了人类第一例机器人杀人事件,受害人是一名 37 岁的工人。⑥ 此后,类似事件屡见不鲜。"在过去的 30 年里,仅在美国机器人就在工作场所杀死了至少 26 人。"⑦ 至于人工智能武器伤人事件更是触目惊心。"从 2004 年

---

* 上海政法学院刑事司法学院教授。
① Faye Mitchell, "The Use of Artificial Intelligence in Digital Forensics: An Introduction," Digital Evidence & Electronic Signature Law Review, vol. 7, no. 1 (2010), p. 35.
② 运算智能,即快速计算和记忆存储能力;感知智能,即视觉、听觉、触觉等感知能力;认知智能,即理解、分析、思考、论证、推理以及解决问题的能力。人工智能的运算智能之强大远超人类,一些感知能力如"计算机视觉"等也远强于人类,某些认知能力也胜过人类。
③ 弱人工智能一般只能从事特定的模仿、模拟任务,如语音识别、图像识别和翻译等;强人工智能属于人类级别的人工智能,可以思考、分析、解决问题,具备抽象思维和理解复杂概念的能力;超人工智能则被认为远超最聪明的人类大脑,无论是逻辑推理、科技创新还是情绪表达、社会交际等。
④ 技术奇点是一个根据技术发展史总结出的观点,认为技术发展将会在很短的时间内发生极大的接近于无限的进步,一般设想是由超越人类并且可以自我进化的机器智能或者其他形式的超级智能的出现所引发。
⑤ See Jesse Krompier, Safety First: "The Case for Mandatory Data Sharing as a Federal Safety Standard for Self-Driving Cars," University of Illinois Journal of Law, Technology & Policy, vol. 2017, no. 2 (Fall 2017), p. 441.
⑥ See Yueh-HsuanWeng, Chien-Hsun Chen &Chuen-Tsai Sun, "Toward the Human-Robot Co-Existence Society: On Safety Intelligence for Next Generation Robots," International JournalofSocial Robotics, vol 1, no. 4 (2009), p. 273.
⑦ S. M. Solaiman, "Corporate Manslaughter by Industrial Robots at Work: Who Should Go on Trial under the Principle of Common Law in Australia," Journal of Law And Commerce, vol. 35, no. 1 (Fall 2016), p. 22.

至 2015 年，美军无人机空袭共造成超过三千人死亡，其中预定目标任务仅几十人。"① 诸如此类问题，自然会引起人们对人工智能法律人格的关注。

不过，人工智能被赋予法律人格是近些年的事。例如，在日本存在大量给予机器人特殊居留许可证的试验性经验，② 这等于在实质上承认了某些机器人的法律人格。美国密歇根州则通过立法明确赋予人工智能法律人格。2016 年 12 月，密歇根州参议院通过了第 995 号议案，出台了被誉为史上最宽松的交通法案。"第 995 号议案明确宣称，无人驾驶驱动系统是司机或'为作出与任何适用的交通或机动车辆法规相符的决定'的操作者。这样看来，计算机程序根本不是代理人的'工具'。计算机程序就是代理人。"③ 2017 年 10 月 26 日，沙特阿拉伯更是直接授予机器人索菲亚（Sophia）公民身份。

人工智能被赋予法律人格，是奉行法律实用主义的结果。近年来，人工智能发展取得重大突破，具备取得法律人格的基本条件。例如，谷歌旗下 DeepMind 公司研发的 AlphaGo Zero 能够在空白状态下无监督自主学习，并在围棋对弈中取得辉煌战绩。④ 这表明 AlphaGo Zero 的神经网络"大脑"可以进行精准复杂的处理，可以实现编程自动化，并可能产生与人类相似的自主意识和思维，在人工智能发展史上具有里程碑式的意义。而索菲亚则能识别人类面部、理解语言，与人类互动并进行眼神交流，还会开玩笑。⑤ AlphaGo Zero 与索菲亚的自主意识和思维与人类越来越接近，表明人工智能业已具备了法律人格所要求的实质条件。⑥ 另外，解决现实法律难题也需要赋予人工智能法律人格。"授予自治机器法律人格，以满足受其伤害的第三者需要，同时还可避免连带责任引发的一些问题。"⑦

与人工智能的法律人格问题一样，人们对其犯罪问题也颇为关注。早在 1983 年，就有学者提出过机器人犯罪的概念，"即机器人独立于人类指令所犯之罪。犯罪的形式可以想象和人类所犯之罪一样众多：从乱穿马路到谋杀。"⑧ 受人工智能

---

① 刚桂虎：《军用无人机成长三部曲》，载《解放军报》2017 年 3 月 31 日第 9 版。

② See Aiden Warren, Alek Hillas, "Lethal Autonomous Weapons Systems: Adapting to the Future Unmanned Warfare and Unaccountable Robots," Yale Journal of International Affairs, vol. 12 (2017), p. 75.

③ Clint W. Westbrook, "The Google Made Me Do It: The Complexity of Criminal Liability in the Age of Autonomous Vehicles," Michigan State Law Review, vol. 2017, no. 1 (2017), p. 124.

④ 2017 年 10 月 19 日，国际顶级学术期刊《自然》刊载的一篇论文报道谷歌下属公司 Deepmind 的新版程序 AlphaGo Zero 横空出世。Alpha Go Zero 从空白状态起，在不需要任何人类输入的条件下迅速自学围棋。自学 72 小时后，以 100∶0 的成绩击败 AlphaGo Lee（曾以 4∶1 战胜世界围棋冠军李世石）；自学 40 天后，以 89∶11 击败 AlphaGo Lee 的升级版 AlphaGo Master（曾以 3∶0 战胜世界围棋第一人柯洁）。与 AlphaGo Lee 和 AlphaGo Master 不同的是，AlphaGo Zero 是无监督学习的产物，而前两者均使用了监督学习的方法。

⑤ 机器人索菲亚由美国汉森机器人公司设计制造，"大脑"采用了相对高级的人工智能技术和谷歌语音识别技术。它能胜任普通人都未必能胜任的工作，如以小组成员以及主持人的身份参加高级别会议。

⑥ 新近的有关人工智能的轰动事件是由 Alexa 引起的。2018 年伊始，亚马逊的人工智能 Alexa 突然引发全世界用户的恐慌：它们会莫名其妙地笑出来，会拒绝执行命令，会要求用户用更尊重的语气说话，甚至会播报附近墓地的位置。

⑦ Mark A. Chinen, "The Co-Evolution of Autonomous Machines and Legal Responsibility," Virginia Journal of Law & Technology, vol. 20, no. 2 (Fall 2016), p. 343.

⑧ Raymond S. August, Turning the Computer into a Criminal, Barrister, vol. 10, no. 4 (Fall 1983), p. 53.

## 第二编 生物科技暨人工智能领域发展的刑法规制问题

发展水平的限制,机器犯罪论在当时并未引发多大反响。现在的情形则大不相同。现代科技的飞速发展,将使人工智能拥有情感,并将深刻地改变我们的生活。"重要的是这些情感技术很快就会无处不在,以我们从未想象过的方式改变我们的社会。他们会改变我们的期望、我们的行为,以及我们即将看到的,甚至我们的性倾向和道德。"① 正因为如此,许多科技界的专家和精英都肯定人工智能将具有不亚于人类的非凡智能。如霍金多次警告,人工智能或许有朝一日将导致人类的终结;特斯拉的创始人马斯克则认为,未来人类在智力上将被远远抛在后面,并沦落为人工智能的宠物。

于是,传统的机器工具主义犯罪观开始受到质疑,不少学者提出智能机器人、无人驾驶车辆等可以成为犯罪主体。甚至以往否定人工智能法律人格的刑法学者现在的态度也发生了动摇。例如,德国学者魏根特、瑞士学者格雷斯在 2014 年发表的一篇论文②中反对人工智能成为刑罚主体,但在 2016 年发表的一篇论文中却承认未来智能代理可以变成道德代理,并认为彼时需要重新考虑人工智能的人格及犯罪主体地位问题。"可以肯定的是,这些陈述是指我们在 2016 年知道的智能代理。然而,回顾近几十年来计算机科学所发生的迅速变化,未来的智能代理将获得使它们更像人类的素质和能力并非不可能。如果它们获得反省和类似于道德良知的能力,他们的人格问题就不得不重新考虑了。"③ 他们还认为,洛克和康德等古典哲学家以人的自我反思能力为基础确立的人格方法并没有考虑当代人工智能。④

由于人工智能较为特殊,故而人们通常将人工智能犯罪归入机器人刑法或者人工智能刑法调整的范畴。例如,德国学者希尔根多夫就是机器人刑法的倡导者,以色列小野学院法学院教授哈勒维则对人工智能刑法进行了较为系统的研究。哈勒维在《当机器人杀人时:刑法中的人工智能》(美国东北大学出版社 2013 年版)一书中,对人工智能的刑事责任、刑事责任的类型、严格责任、量刑等诸多问题进行了全面分析和探讨。⑤ 还有学者呼吁修改刑法以应对人工智能犯罪。"尽管政府通过法律通常会落后于技术,但目前适用于自动驾驶车辆的刑事和交通法规将使车辆的规划遭遇挑战性。这些法规将使执法变得困难,并产生异常的结果。因此,随着自动驾驶技术的进步,联邦和州的监管机构应该修改刑法,以使自动驾驶车辆顺利进入市场。"⑥

---

① Richard Yonck, Heart of the Machine: Our Future in a World of Artificial Emotional Intelligence, New York: Arcade Publishing, 2017, p. 176.

② 参见 [瑞士] 萨比娜·格雷斯、[德] 托马斯·魏根特:《智能代理与刑法》,载陈泽宪主编:《刑事法前沿》(第十卷),社会科学文献出版社 2017 年版,第 215 页以下。

③ Sabine Gless, Emily Silverman, Thomas Weigend, "If Robots Cause Harm, Who Is to Blame: Self-Driving Cars and Criminal Liability," New Criminal Law Review, Vol. 19, no. 3 (Summer 2016), p. 417.

④ See Sabine Gless, Emily Silver man, Thomas Weigend, "If Robots Cause Harm, Who Is to Blame: Self-Driving Cars and Criminal Liability," p. 416.

⑤ See Gabriel Hallevy, When robots kill: artificial intelligence under criminal law, Boston: Northeastern University Press, 2013.

⑥ Jeffrey K. Gurney, "Driving into the Unknown: Examining the Crossroads of Criminal Law and Autonomous Vehicles," Wake Forest Journal of Law & Policy, vol. 5, no. 2 (June 2015), p. 442.

我国的人工智能研发起步较晚，但发展迅速。2016 年以来，国务院及相关部委先后颁布了一系列相关文件，国家更是将发展人工智能技术及产业上升到战略层面。① 与此同时，人工智能也快速进入人们的日常生活。② 可以说，我国人工智能产业的发展和践行大有后来居上的态势。在这样的背景下，制定相关立法迫在眉睫。③ "在机器人制造之前法律措施必须生效，否则灾难发生后可能没有法律制度适用。"④ 相应的，加强对人工智能法律问题的研究也就具有重大的理论价值与现实意义。"应该为这些公民提供讨论这些新技术影响的机会，并考虑现行法律能否充分维护他们在面对机器人革命时所坚持的原则。这样的讨论应该提前发生，而不是在无人驾驶交通工具融入日常生活后再作广泛介绍。"⑤ 特别是加强对人工智能犯罪的研究及完善相关立法，将不可避免地成为人们关注的重点。这不仅在于刑法保护的法益更重大，还在于以刑法规制人工智能会面临许多复杂的难题。

## 二、人工智能犯罪对传统刑法理论的挑战

人工智能对传统刑法理论的挑战主要表现在三个方面：

### （一）对刑法人类中心主义犯罪观的挑战

在人类刑法发展史上，曾出现过将动物甚至建筑物等作为惩罚对象的现象。启蒙运动以后，随着对犯罪本质及刑罚目的等的认识和理解的加深，动物以及其他自然界实物逐渐被排除在刑法制裁之外。作为智能生物有机体，人类在其主观心理支配下实施危害行为，满足刑罚制裁所需的客观要件和主观要件，故而成为刑法规制的对象，这便是刑法人类中心主义。犯罪主体从泛化到以人为本，无疑是刑法理性的体现，也是刑法发展和进步的标志。

人工智能也具有行为和心理，其所实施的危害行为至少在事实上是符合犯罪的

---

① 2016 年，国务院及相关部委等先后发布了《机器人产业发展规划（2016-2020 年）》、《"互联网+"人工智能三年行动实施方案》以及《"十三五"国家战略性新兴产业发展规划的通知》等，强调并要求发展人工智能。2017 年 3 月，李克强总理在政府工作报告中首次将人工智能列为国家 2017 年的重点项目之一。2017 年 10 月，习近平总书记在党的十九大报告中，将推动大数据、人工智能和实体经济深度融合，作为深化供给侧结构性改革的重要内容之一。

② 2016 年 12 月 19 日下午 2 时，香港铁路有限公司南港岛线开通庆典仪式在香港南港岛线海洋公园站举行，中国首列真正完全拥有自主知识产权的无人驾驶地铁在香港正式开通运行。2017 年 12 月 15 日，北京市发布了《北京市自动驾驶车辆道路测试管理实施细则（试行）》等两个文件，标志着人工智能车辆在北京进行道路测试有了法律依据。2017 年 12 月 30 日，中国大陆首条全自动无人驾驶运行线路——北京轨道交通燕房线开通运营。2018 年 1 月，北京市顺义区无人驾驶试运营基地在奥林匹克水上公园启动。2018 年 2 月，浙江省宣布将建设首条超级高速公路，将构建大数据驱动的智慧云控平台，全面支持自动驾驶，这在国际上目前也是领先的。2018 年 3 月，全国首批 3 张智能网联汽车开放道路测试号牌在上海发放。

③ 2018 年 3 月 "两会"召开期间，时任科技部部长的万钢就加快建设创新型国家答记者问时特别强调："我们要加强政策法规研究，要积极应对人工智能发展可能对社会伦理、就业结构、个人隐私、国家安全等方面的一些挑战。"

④ Trevor N. White and Seth D. Baum, "Liability For Present and Future Robotics Technology," in Patrick Lin, Ryan Jenkins, and Keith Abney, Robot Ethics 2.0: From Autonomous Cars to Artificial Intelligence, New York: Oxford University Press, 2017, p. 76.

⑤ Brendan Gogarty, Meredith Hagger, "The Laws of Man over Vehicles Unmanned: The Legal Response to Robotic Revolution on Sea, Land and Air," Journal of Law, Information and Science, Vol. 19, (2008), p. 144.

客观要件和主观要件的。但是，人工智能犯罪与人类犯罪又有所不同。人工智能属于科技有机体，是一种机械实体而非生物学上的生命体，与作为生物有机体的人类明显不同。同时，人工智能虽然也拥有感知、认知甚至情绪情感等心理特征，却是人类赋予的，人类如何编程或者设计何种计算机软件对之有直接影响，因而其心理特征与人类存在不同。正因不同于人类犯罪，故而人工智能犯罪必将会对刑法人类中心主义犯罪观造成挑战。

（二）对意志自由论的挑战

古典学派的意志自由论主张，任何人都有为善避恶的自由意志，犯罪是恶，有自由意志的人能够避之而竟敢实施之，故而犯罪出于自由意志。近代学派则提出意志决定论，认为犯罪现象受因果法则支配，行为为身体要素与环境要素之竞合所左右，我们没有意思自由。① 一般认为，所谓的绝对意志自由是不存在的，而完全否认人的自由意志也是有问题的，因而还是应该适当肯定自由意志论。

人工智能作为一种机械实体，在形式特征上与机械物体等并无本质区别。但是，人工智能又具备感知、认知等人类才具有的智能，能独立分析和解决问题。例如，AlphaGo 在与人类顶尖棋手的对弈中能下出精妙的围棋着法，说明其有自己独立的判断和自由意志。甚至人工智能在某些意志表现力上与人类没有什么区别，如 AlphaGo Zero 的无监督自我深度学习、机器人索菲亚在社交场合的得体举止等。可以说，当今的人工智能具备一定程度的自主意识和思维是毫无异议的。这也使得传统意义上的人机之间由主体与客体的关系逐渐演变成主体与主体的关系。当然，人工智能之自由意志又具有特殊性，如不受身体要素及环境要素等决定，通常只在计算机程序设置和容许的范畴内得以体现等。人工智能独特的意志特征无疑会对传统的自由意志论造成一定的冲击。

（三）对道义责任论的挑战

关于责任的本质，古典学派的道义责任论通常站在非决定论的立场上，认为在自由意志支配下实施的行为及其结果应归属于行为人，对行为人可从道义上进行非难；近代学派的社会责任论则以决定论为基础，认为在社会中生存且对社会具有危险性的人，应该从社会接受作为防卫手段的刑罚。② 显然，认为只要行为人具有社会危险性就具有法律责任是有所不足的，责任的基础应从相对的意思自由论中寻求。③ 事实上，即使站在规范的立场，也不应否定道德对于责任的意义。"刑法以及作为刑法的执行者的国家，也必须接受道德的批判。国家伦理性的问题，在考虑责任论以及刑罚界限的时候，具有特别重要的意义。"④ 可见，在刑法上归责不能脱离道德因素。

人工智能也有自己的道德伦理。例如，在一项研究中，学生们被要求与名叫罗

---

① 马克昌：《近代西方刑法学说史》，中国人民公安大学出版社 2008 年版，第 50、163 页。
② 参见 [日] 大塚仁：《刑法概说（总论）》，冯军译，中国人民大学出版社 2002 年版，第 374 页。
③ [日] 大谷实：《刑法讲义总论》，黎宏译，中国人民大学出版社 2008 年版，第 283 页。
④ [日] 曾根威彦：《刑法学基础》，黎宏译，法律出版社 2005 年版，第 32 页。

伯维（Robovie）的仿人机器人互动，参与者发现罗伯维有精神、情感和社会属性。① 事实上，人工智能完全可以通过嵌入社会而学习伦理规范和同情心。② 即使批评者也不否认人工智能的道德。"在伦理道德领域，人工智能建立在规则基础上的行事方式因与之不契合而遭致批评……"③ 在这里，批评者基于个人主义本体论的道德观，强调人工智能的道德与人类既有规则的不契合。当然，人工智能的道德与人类的道德存在一定区别：人类的道德是在历经复杂的成长过程与社会关系洗礼后通过抽象思维形成的，而人工智能的道德则是基于数据和算法的线性"思维"形成的。有别于人类的道德，并非意味着人工智能的道德完全不同于人类道德。人工智能独特的道德观无疑会对传统的道义责任论造成一定的挑战。

## 三、人工智能的犯罪主体身份

### （一）人工智能的犯罪主体资格之争

关于人工智能可否成为犯罪的适格主体，主要有两种不同观点：否定说与肯定说。

#### 1. 否定说及其理论依据

根据否定说，犯罪主体只能是人类，人工智能不能成为犯罪主体。"机器和动物一样不具有人的法律地位。它们不被当作自主的生命体，因为它们是以被定义好的方式发挥其功能。"④ 否定说的两大理论基础是唯心主义哲学与机器工具主义。

根据唯心主义哲学，人之所以能成为犯罪主体，是由人的理性和意志自由决定的。康德曾指出，"就吾人全体状态以考虑可欲求者为何（即关于考虑何者为善为有益）之等等考虑，则根据理性"。⑤ 理性驱使人类不会像动物那样基于本能而为，而是必须权衡利弊得失。⑥ 犯罪属于非理性表现，故只有人才能实施犯罪。当然，理性的前提是自由意志，借此奠定归责的基础。"人和上帝对生命的这种约束，被置入自己生命的自由里。没有这种约束，没有这种自由，也就没有责任。"⑦ 如果在自由意志的支配下实施了犯罪，作为原因的自由意志就为处罚提供了根据。"如果人类行为中没有因果的必然联系，那么不但所加的惩罚不可能合乎正义和道德上

---

① See Melanie Reid, "Rethinking the Fourth Amendment in the Age of Supercomputers, Artificial Intelligence, and Robots," West Virginia Law Review, vol. 119, no. 3 (Spring 2017), pp. 886-887.

② See Tetyana Krupiy, "Of Souls, Spirits and Ghosts: Transposing the Application of the Rules of Targeting to Lethal Autonomous Robots," Melbourne Journal of International Law, Vol. 16, no. 1 (2015), p. 197.

③ Ariel Ezrachi, Maurice E. Stucke, "Artificial Intelligence & Collusion: When Computers Inhibit Competition," University of Illinois Law Review, vol. 2017, no. 5 (2017), p. 1803.

④ ［瑞士］萨比娜·格雷斯、［德］托马斯·魏根特：《智能代理与刑法》，载陈泽宪：《刑事法前沿》（第十卷），社会科学文献出版社2017年版，第220页。

⑤ ［德］康德：《纯粹理性批判》，蓝公武译，商务印书馆2007年版，第366页。

⑥ 动物虽然也有感知和认知，却是靠本能驱动而非通过严密论证和推理决定的，故而是中性而非理性的。"动物的这种推断不可能建立在任何论证或推理的过程上，它不能根据那样的论证或推理过程得出结论说，相似的事件必定跟随相似的对象，自然的过程在运行时将永远是规则的。"［英］休谟：《论道德原理；论人类理智》，周晓亮译，译林出版社2010年版，第231-232页。

⑦ ［德］朋霍费尔：《伦理学》，胡其鼎译，商务印书馆2012年版，第203页。

的公平，而且任何有理性的存在者也不可能会想到要加罚于人。"①

根据机器工具主义理论，人工智能不是生命体，连动物的本能都不具备，自然不具备人类所具有的自由意志与理性。人工智能不过是人类的工具，因为其"大脑"是人类编制的计算机程序，其行动是在计算机程序的约束下采取的，故人工智能不过是人类信息系统的延伸。"电脑是最新的和最外层的一套符号表征系统。……对待人与机器之间关系的更有效的方法是把机器看作是人类信息系统的延伸，而不是把计算机和人类视为两种不同的智能系统来相互交流。"② 既然人工智能是人类使用的工具，当然不能成为犯罪主体。

2. 肯定说及其理论依据

肯定说认为，人工智能可以成为犯罪主体。如哈勒维认为，"只要符合刑法的所有相关要求，一种新型的主体可以被添加到现有的刑法学大家庭中，除了人类个体和法人。"③ 我国学者刘宪权教授认为，智能机器人完全可能具有与人一样的辨认能力和控制能力，可以实施法律意义上的行为，其非生命体特征不会改变行为的性质。未来在必要的时候，刑法可以考虑赋予智能机器人刑事责任主体的地位。④ 肯定说的理论依据是科学实证主义与道德二元论。

科学实证主义将犯罪主体归结为现象研究，以现象论观点为出发点，拒绝通过唯心主义哲学的理性主义把握感觉材料。在科学实证主义看来，人工智能是否成为犯罪主体，不能仅仅根据理性等决定，通过对现象的归纳同样可以得到科学定律。哈勒维就指出，作为先进科技的"副产品"（by-product），人工智能造成的损害和危险是客观存在的。"无论是工业上还是私人使用这项技术，都将扩大人工智能机器人所承担的任务范围。任务越先进、越复杂，完成任务的失败风险就越大。……最常见的情况是机器人承担的任务没有成功完成。但是一些失败的情况会对个人和社会造成损害和危险。"⑤ 他认为，利用刑法来应对人工智能是有效的。"刑法被认为是指导任何一个社会个体行为最有效的社会手段。它远非完美，但在现代环境下，这是最有效的措施。因为它对于人类个体来说是有效的，那么有必要检查它是否对非人类实体，尤其是人工智能实体有效。"⑥

哈勒维还立足于道德二元论来论证人工智能成为犯罪主体的合理性。他认为，"道德责任确实是一个非常复杂的问题，不仅对机器，而且对人类也是如此。一般来说，道德没有一个共同的定义是所有社会都可以接受的。道义论的道德（集中在意志和行为）和目的论的道德（集中在结果）是最可接受的类型，并在许多情况下它们会导出相反的行为。"⑦ 据此，人在自由意志的支配下实施了犯罪行为，并

---

① [英] 休谟：《人性论》（全两册），关文运译，商务印书馆2010年版，第449页。
② J. C. Smith, "Machine Intelligence and Legal Reasoning," Chicago-Kent Law Review, vol. 73, no. 1 (1998), p. 345.
③ Gabriel Hallevy, When robots kill: artificial intelligence under criminal law, p. 21.
④ 参见刘宪权：《人工智能时代的刑事风险与刑法应对》，载《法商研究》2018年第1期。
⑤ Gabriel Hallevy, When robots kill: artificial intelligence under criminal law, pp. 17-18.
⑥ Gabriel Hallevy, When robots kill: artificial intelligence under criminal law, p. 19.
⑦ Gabriel Hallevy, When robots kill: artificial intelligence under criminal law, p. 18.

需要对此承担刑事责任,是道义论的道德要求。但是,如果结果是有害的,那么根据目的论道德也可以要求其承担刑事责任。由于人工智能会给社会造成有害结果,故要求其承担刑事责任符合目的论的道德。

### (二) 人工智能可以成为犯罪主体

尽管否定说有其可取之处,但人工智能成为犯罪主体的理由相对来说更充分。

1. 人工智能成为犯罪主体存在现实需要

唯心主义哲学的纯粹理性批判虽然有其合理之处,但科学实证主义以现象归纳和实证分析为基础似乎更具说服力。很多时候,人工智能造成的危害确实不能归责于其他实体和个人。对此,否定论者提出让社会和公众自行承担人工智能犯罪的风险。"假如我们不想因为最终无法控制的风险而全面禁止智能代理,那么就别无他途,只能让'社会'来承担那些不能通过编程和负责任的使用而可掌控的风险,亦即放弃追究过失的刑事责任,而将蒙受损失的人视为非人类行为的受害者。……让公众接受它们带来的风险,停止刑法的干预。"[①]

显然,风险自理论所采取的鸵鸟策略是无济于事的。是否由社会或者公众自理,关键取决于社会与公众的态度。根据以往的立法经验,如果社会和公众难以接纳和承受人工智能犯罪带来的损害和危险,必然会促使国家通过刑事立法对该类行为进行严厉规制。因此,完全忽视人工智能犯罪所带来的损害和危险是行不通的。"由于机器的故障原因存在固有的、科学的不确定性,在机器人犯过失杀人罪的审判中找到真正归责的人有时会是一个困难的任务。然而,这并不意味着认为监管可能阻碍创新,就应该忽视这种严重的危害。"[②] 既然需要面对,那么赋予人工智能适格的犯罪主体地位,不失为行之有效的务实态度。"实用主义法律制度,如美国法律制度,可以将他们的刑事责任模式适用于机器人的行为,就像他们把非人类的、法人的'行为'纳入他们的刑法体系一样。"[③]

2. 人工智能并非不具有自由意志与理性

否定说的主要理由之一是认为人工智能不具有自由意志和理性。那么,人工智能究竟有无自由意志与理性呢?这需要从自由意志与理性的产生根源说起。新近的神经生物学的研究成果表明,人类的自由意志和理性是受人类大脑掌控的。"在受意志掌控并被感知为自由的行为做出之前,大脑已经提前运作了。这个结论在部分程度上可解释如下,不是'我们自己',而是'我们的大脑'(在我们尚未觉察的时候)就做出了决定。我们自己是最后才感知到大脑所做的决定。"[④] 换句话说,"我们的自由意志"实质上是"我们大脑的自由意志"。

---

① [瑞士] 萨比娜·格雷斯、[德] 托马斯·魏根特:《智能代理与刑法》,载陈泽宪:《刑事法前沿》(第十卷),社会科学文献出版社2017年版,第239页。
② S. M. Solaiman, "Corporate Manslaughter by Industrial Robots at Work: Who Should Go on Trial under the Principle of Common Law in Australia," p. 52.
③ Sabine Gless, Emily Silver man, Thomas Weigend, "If Robots Cause Harm, Who Is to Blame: Self-Driving Cars and Criminal Liability," p. 415.
④ [德] 希尔根多夫:《德国刑法学:从传统到现代》,江溯等译,北京大学出版社2015年版,第159页。

人工智能也有自己的"大脑"——计算机程序，这是其拥有自由意志和理性的源泉。人工智能的计算机程序通常包括两大系统：知识库系统（KBS）和专家系统（ES）。"知识库系统是包含能够被用来有效解决特定问题的知识陈述的系统。"① "专家系统是一个计算机程序，包含了人类专家提供的知识以及使用人工智能技术解决问题。"② 专家系统的功能更为强大，因为其储备了专业知识，而非一般知识。③ 强大的计算机程序系统使得人工智能具备意志能力和理性，甚至可以模仿人类思维进行决策。例如，2015年诞生于美国的世界上第一位人工智能律师罗斯（ROSS）就具有高效的搜索、推理、判断以及解决问题的能力。④ 而许多人工智能武器更是融感知、分析、推理、判断及思维于一体的作战平台，能自主完成战争任务。

有人可能会说，就自由意志和理性而言，人工智能与人类不具有可比性。这种观点看似有道理，其实经不起推敲。实际上，人类的自由意志与理性从来都是一个充满争议的话题。人类的自由意志和理性并不具有一致性，而是多元化的，缺乏统一的判断标准。当前，人工智能的自由意志与理性虽然尚不及人类，但已越来越接近。其理性与自由意志达到或超越人类完全有可能。⑤ "人类的大脑是由缓慢、低效、非定向过程铸就的。人类科学家正在从事通过非同寻常的工序即科学创造人工智能项目。科学是有目的且有效率的：兴利除弊。如果一个缓慢而低效的过程仅凭随意的有机化学物质就能创造大脑，那么更快、更有效的科学工序肯定能做到这一点。"⑥ 既然人工智能具有自由意志和理性，成为犯罪主体也就理所当然。

3. 犯罪主体并不一定限于人类那样的生命有机体

认为人工智能不是生物有机体，也是否定说的理由之一。然而，犯罪主体从来就不是由人类专享的，法人成为犯罪主体就是佐证。作为一种组织机构，法人属于社会有机体，而非人类那样的生命有机体。法人既没有心智、大脑，更没有精神或灵魂，其意志是由作为其代理的内部组成人员的意志形成的。法人能成为犯罪主体，无疑为人工智能成为犯罪主体提供了很好的借鉴。"人工智能实体在人类活动中所占的份额越来越大，法人也一样。犯罪已经由人工智能实体或通过它们犯下。人工智能实体没有灵魂，有些人工智能实体既没有身体也没有灵魂。因此，法人与

---

① Richard E. Susskind, "Expert Systems in Law: A Jurisprudential Approach to Artificial Intelligence and Legal Reasoning," Modern Law Review, vol. 49, no. 2 (March 1986), p. 172.

② Nancy Blodgett, "Artificial Intelligence Comes of Age," ABA Journal, vol. 73, no. 1 (January 1, 1987), p. 68.

③ See Richard E. Susskind, "Artificial Intelligence, Expert Systems and Law," Denning Law Journal, vol. 5 (1990), p. 105-107.

④ See Catherine Nunez, "Artificial Intelligence and Legal Ethics: Whether AI Lawyers Can Make Ethical Decisions," Tulane Journal of Technology and Intellectual Property, vol. 20 (2017), p. 204.

⑤ 受益于不断提高的学习能力，下一代机器人智能将会是图灵测试智能（与人类水平的智能和意识相媲美），属于具有自主决策能力、一流水平的第四代机器人的模式，其范围可以从半机械人型平台到媲美群智的集群型系统。See HAshrafian, O Clancy, V Grover, A Darzi, "Theevolutionofrobotic surgery: surgical andanaesthetic aspects," British Journal of Anaesthesia, vol. 119, no. suppl_1, (December 2017), p. i77。

⑥ Surviving AI: The promise and peril of artificial intelligence, London: Three Cs, 2015, p. 63.

人工智能实体间的刑事责任理念没有实质性的法律差异。"①

不过,反对者对将人工智能与法人类比提出质疑。"机器人/法人类比的问题在于,法人和机器人之间存在本质差异:在法律拟制的背后法人有实际的人,而完全独立的超智能机器人则没有。"② 该观点是值得商榷的。一方面,法人犯罪与其背后的实际的人犯罪完全属于两回事,必须承认法人犯罪的独立性。否则,追究其背后的人的刑事责任就足够了,没有必要追究法人的刑事责任。另一方面,认为超智能机器人背后需要实际的人,显然"缺乏对即将到来的机器人革命的认识,更不用说对法律如何规范甚至推断机器人有任何具体了解"。③ 为美国权威科普杂志《发现》等制作纪录片的导演詹姆士·巴拉就将进化的人工智能的"大脑"比喻成外星人的大脑,认为计算机上的进化和完善并非生物速度。④ 这样的人工智能,背后根本不需要实际的人。

综上所述,人工智能可以成为犯罪主体。只不过许多学者受制于传统观念,在心理上尚难完全接纳。"对这些学者来说,世界的运行模式是一种静态的、完结的事实,而不是活生生的、呼吸着人文过程的结果……"⑤ 当然,观念的制约从来不是问题,真正的问题是法律限制。受罪刑法定原则约束,如果没有刑法确认的话,人工智能是难以成为犯罪主体的。

## 四、人工智能的道德生成路径及其责任

### (一)人工智能的道德生成路径

责任能力的形成以个人的意志自由为逻辑前提,而人的意志自由往往与伦理道德等价值观密不可分。"成年人的和精神上大体健康的行为人的责任思想,是我们社会的和道德的意识的不容怀疑的现实情况。"⑥ 因此,讨论人工智能的责任,就不能不提及其道德。人工智能具有道德已基本定论,这在新近的实践中也屡获佐证。但是,对于人工智能的道德生成路径学者们认识不一。

"实在论进路"认为,遵循程序指令的计算机、火箭制导系统,遵循烹饪食谱的初级厨师以及遵守交通法规的司机,其在行为时都相当于一个道德主体,遵循着基于道德控制的规则导向体系。⑦ "关系论进路"认为,人工智能的道德伦理是在

---

① Gabriel Hallevy, "Virtual Criminal Responsibility," Original Law Review, vol. 6, no. 1 (2010), p. 27.
② Ignatius Michael Ingles, "Regulating Religious Robots: Free Exercise and RFRA in the Time of Superintelligent Artificial Intelligence," Georgetown Law Journal, vol. 105, no. 2 (January 2017), pp. 516-517.
③ Neil M. Richards, William D. Smart, "How should the law think about robots?" Social Science Electronic Publishing, (May 10, 2013), p. 14.
④ See James Barrat, Our final invention: artificial intelligence and the end of the human era, New York: St. Martin's Press, p. 231.
⑤ David Lehr, Paul Ohm, "Playing with the Data: What Legal Scholars Should Learn about Machine Learning," U. C. Davis Law Review, vol. 51, no. 2 (December 2017), p. 715.
⑥ [德] 汉斯·海因里希·耶赛克、托马斯·魏根特:《德国刑法教科书》,许久生译,中国法制出版社2001年版,第495页。
⑦ See Andreas Matthias, "Algorithmic Moral Control of War Robots: Philosophical Questions, Law, Innovation and Technology," vol. 3, no. 2 (December 2011), p. 297.

人类如何与机器人互动中形成的。"从具体经验和实践出发，对个人和文化差异有足够的敏感度，这种方法让我们关注人类美德是如何出现在人与机器人的互动中，并想象与个性机器人一起生活的可能性，这些机器人有助于形成良好的人类生活。"① "认识论进路"则认为，"作为一种哲学伦理，需要探索不同的调查对象以及它们之间的关系。为了顾及'本体论'或认识论的多元化、整体性、社会性和关系性，达到现象学—诠释学的感受性的适当水平，必须延缓对机器人道德直接的规范性论证"。② 根据该观点，机器人领域的特定道德有赖于更丰富的分析，此前对机器人的道德挑战应暂且视而不见。从道德多元化与人工智能的独立性与自主性来看，"实在论进路"更具有说服力。当然，不管何种生成路径，其结论都是一致的，即人工智能具备道德。

虽然人工智能可以生成道德，但这是否意味着智能代理可以成为道德代理呢？对此人们存在不同看法。从理论上看，应当肯定智能代理可以成为道德代理。首先，人类道德情感的抽象与多元，为容纳人工智能的道德情感奠定了基础。所谓人类的道德情感，通常是就一般正常人的道德情感而言的。然而，一般正常人的道德情感也不过是多元化背景下的抽象概括，一个阅历丰富、聪明睿智的人与一个阅历单一、封闭偏执的人，均被认为具备一般正常人的道德。事实上，个体因其家庭、成长环境、所受教育等不同，道德情感会存在很大差别。综合来看，人工智能的道德未必就完全不及任何一般正常人的道德。因此，没有理由将人工智能的道德排除在外。其次，责任能力从来就不需要责任主体必须具备一般人正常的道德情感，否则，就无法解释不具备一般人正常道德情感的限制刑事责任能力人，为什么可以成为刑法归责的对象。因此，即使人工智能尚不具备一般人正常的道德情感，也不能作为否定智能代理可以成为道德代理的理由。

(二) 人工智能的责任能力

人类的责任能力主要受两个因素决定：年龄和智力发育程度。一定年龄以下的人，刑法通常会拟制其在生物学意义上没有发育成熟，因而不具有责任能力。即使达到责任年龄，如果智力发育受挫或者异常，也可能丧失责任能力。没有达到责任年龄或者缺乏责任能力，不能构成犯罪。由于属于科技有机体，人工智能不存在随着年龄增长是否发育成熟的问题，也就不存在刑事责任年龄问题。但是，人工智能却有自己的"智力发育程度"，且主要取决于计算机程序中的知识库系统和专家系统。与人类的智力发育程度随其成长及大脑正常发育而缓慢形成不同的是，只要技术成熟，人工智能的"智力发育程度"可以一蹴而就。当然，人工智能的深度学习等也使其"智力发育"具有一定的自主性。另外，随着计算机技术等的不断发展，人工智能的"智力发育程度"还可以不断"成长发育"，不受时间限制。

人类的责任能力可能因智力发育受挫或者大脑病变而受到影响，人工智能的责

---

① Mark Coeckelbergh, "Personal Robots, Appearance, and Human Good: A Methodological Reflection on Roboethics," International Journal of Social Robotics, vol. 1, no. 3 (August 2009), p. 217.

② Mark Coeckelbergh, "Is Ethics of Robotics about Robots Philosophy of Robotics beyond Realism and individualism," Law, Innovation and Technology, vol. 3, no. 2 (December 2011), p. 250.

任能力也会存在类似的问题。其原因在于计算机程序受到人为的重编、改写、干扰或者黑客侵袭等。例如,2015 年 7 月,"研究人员成功地侵入了一辆吉普·切诺基并控制了它的关键部件:发动机、制动器、变速器和转向机构"。① 又如,如果遭致线路被剪、感染电子病毒等,可能会使计算机程序发生故障,导致人工智能的责任能力减弱或者丧失。"大多数情况下,无人驾驶人工智能交通工具操作系统受感染电子病毒的影响,被认为与麻醉物质对人类的影响相似。"② 在具体犯罪上,人工智能的责任能力可能与人类有所不同。例如,人类醉酒后开车会构成醉酒型危险驾驶罪,而智能汽车因受酒精影响较小而通常不会构成该罪。

在责任能力的内涵上,人工智能与人类也有所不同。人类的辨认能力与控制能力极具灵活性与能动性,能够随机应变地处理突发情况。例如,老师带着学生出行,如果遇见从未见过的袋鼠,出于本能和经验,老师可能会带学生避开,以免学生受到伤害。但是,人工智能的辨认能力和控制能力却具有程序化、格式化特征,如果发生"意外"情况有时可能会令其不知所措。"无人驾驶技术日趋成熟,不过,它在澳大利亚遇到意想不到的阻碍,那就是袋鼠。沃尔沃汽车公司技术人员说,袋鼠独特的移动方式弄晕了无人驾驶汽车的动物识别和测距系统。"③ 人类的责任能力有时可能因过于灵活而"刚性"不足,人工智能则相对来说更具原则性与刚性,通常不会因情景变换而改变初衷实施犯罪。

(三)人工智能的故意与过失

理论上,不同的主观意志是区别故意与过失的关键。人工智能不但有自由意志,而且完全可以做出不同的决意,这是由其存在不同意志内容所决定的,与其通过学习获取不同的知识或技能密切相关。获取的信息和数据越多,人工智能的决策能力就越强,因为"机器学习算法的决策能力依赖于它的训练数据"。④ 而学习本身也是人工智能拥有不同技能及产生意志自由的源泉。"研究人员已经成功地利用机器学习使先前假定需要人类认知的各种复杂任务自动化。其应用范围从无人驾驶(即自主驾车)汽车到自动语言翻译、预测、语音识别和计算机视觉。"⑤

人工智能可以做出不同决意,使得其能够体现出不同的主观罪过。当人工智能具备特定目的和意图时,可以故意实施不法行为。"特定意图是指一个实际事件发生的目的或目标的存在。……这种情况并不是人类所独有的。一个人工智能实体可

---

① Scott L. Wenzel, "Not Even Remotely Liable: Smart Car Hacking Liability," University of Illinois Journal of Law, Technology & Policy, vol. 2017, no. 1 (Spring 2017), p. 54.
② Gabriel Hallevy, "Unmanned Vehicles: Subordination to Criminal Law under the Modern Concept of Criminal Liability," Journal of Law, Information and Science, vol. 21, no. 2 (2011/2012), p. 211.
③ 欧飒:《袋鼠难倒无人驾驶》,载《广州日报》2017 年 7 月 3 日 A9 版。
④ Benjamin L. W. Sobel, "Artificial Intelligence's Fair Use Crisis," Columbia Journal of Law & the Arts, Vol. 41, no. 1 (2017), p. 95.
⑤ Harry Surden, "Machine Learning and Law," Washington Law Review, vol. 89, no. 1 (March 2014), p. 88.

能被设定具有目的或目标,并采取行动以达到这个目的。这是具体意图。"① 另外,人工智能还能实施过失不法行为。"如果人工智能实体能够满足过失犯罪刑事责任所要求的事实和心理要素,如果对这些罪行施加刑事责任的理由与人类和人工智能系统有关,就没有理由避免对这些案例施加刑事责任。"② 例如,人工智能在排除妨碍其正常工作的人时,可能会因方式不当或者用力过猛而误将他人杀死,这种情况显然属于过失致人死亡。

有观点认为,机器杀人是由计算机程序决定的,并非机器意志的体现。"这并不一定意味着一台机器'决定'杀人,仅仅是因为机器根据某些狭窄和预先确定的参数选择和参与目标。……机器的行为是人根据某些预先确定的执行措施将任务委托给机器执行的结果。计算机确实并非按自己的意志行事。"③ 该观点显然对人工智能缺乏足够了解。"人们普遍认为机器人只会做我们设计的程序。不幸的是,这样的信念非常过时。"④ 人工智能之所以具有"智能",恰恰在于其能以独立乃至不可预知的方式解决问题。"新的人工智能软件不同于人类儿童的大脑,它可以被它的经历模化和塑造。当软件开发人员把人工智能置于现实世界中时,开发人员无法预测人工智能将如何解决它遇到的任务和问题。"⑤ 同时,计算机程序提供的信息或者指令毕竟是有限的,如果事实情况超出计算机程序的认知范畴,那么人工智能就会自行其是。此外,随着科技的发展,人工智能可能具备自我编程能力,这使得人工智能的意志可以不受制于原有的计算机程序。

## 五、人工智能犯罪的责任主体及类型

### (一) 有关人工智能犯罪责任主体的理论观点

人工智能犯罪涉及的责任方较多。除人工智能外,制造商、自我驱动的硬件和软件的提供商和服务商、程序员(从事计算机程序开发和维护的专业人员)、所有人、经营者、操作者以及其他相关实体和人员等,都有可能与人工智能犯罪有关。那么,人工智能犯罪的责任主体有哪些呢?

一种观点认为,人工智能犯罪只能由人工智能以外的其他主体构成。至于究竟哪些实体或个人可以构成犯罪,则存在不同意见。有学者以产品罪责为依据,认为制造商应对人工智能犯罪承担刑事责任。"如果无人驾驶车辆的购买者在市场购买该产品,并承诺该技术将遵循交通法规,那么期望无人驾驶车辆能做到这一点是合

---

① Gabriel Hallevy, "The Criminal Liability of Artificial Intelligence Entities——From Science Fiction to Legal Social Control," Akron Intellectual Property Journal, vol. 4, no. 2 (2010), pp. 188-189.

② Gabriel Hallevy, When robots kill: artificial intelligence under criminal law, p. 97.

③ Alan L. Schuller, "At the Crossroads of Control: The Intersection of Artificial Intelligence in Autonomous Weapon Systems with International Humanitarian Law," Harvard National Security Journal, Vol. 8, no. 2 (2017), p. 396.

④ Gary E. Marchantetal., "International Governance of Autonomous Military Robots," Columbia Science and Technology Law Review, Vol. 12 (2011), p. 284.

⑤ Weston Kowert, "The Foreseeability of Human-Artificial Intelligence Interactions," Texas Law Review, vol. 96, no. 1 (November 2017), p. 183.

理的。如果车辆无法避免一辆停止的急救车和人类经营者被开罚单,那么经营者严重依赖的是失败的技术。因此,要求制造商而不是相当不谨慎的人,对违法行为承担法律责任是合理的。"① 有学者认为,制造商或相关实体、硬件和软件的提供商和服务商作为"操作车辆的人",可以构成犯罪。② 还有学者认为,"假设机器人的制造商和程序员被要求制造它们时遵循一定的规则,那么机器人被卷入的最有可能的情况是因不正确的制造或者编程而起诉制造商或程序员,或起诉辅助犯罪的机器人的所有人或经营者"。③

另一种观点认为,人工智能犯罪既可以由其他主体构成,也可以由人工智能构成。"对使用致命武器决定的后果负责不再直接可追溯到人类操作者;相反,责任可由操作者、军事指挥官、程序员、制造商、武器系统本身或其某些组合来承担。"④

第一种观点否认人工智能的法律主体资格是不合时宜的。一方面,将人工智能犯罪一律归责于制造商、程序员以及用户等不符合犯罪构成原理,因为有时他们确实无法预料其所带来的一切风险,也无法防范。"相关第三方和软件之间的许多交互作用可能是很难预见的,如果存在风险的话人工智能公司是无法防范的。"⑤ 另一方面,如果非要制造商、程序员以及用户等实体和个人承担人工智能犯罪的刑事责任,等于要求他们承担抽象的危险预见义务、无法防范的注意义务,甚至将难以预料的技术开发与运用风险以最严厉的方式强加于技术的开发者与使用者,这必将成为他们无法承受之重。事实上,就是在工具化的人工智能时代,因机器人杀人而肆意追究制造商等刑事责任的案例基本上不存在,这表明司法实践并不支持产品责任等绝对性主张。第二种观点充分考虑了人工智能作为责任主体的现实性,较前三种观点更为合理。同时,该观点还特别强调了责任主体的组合责任,事实上是考虑了不同主体所承担的不同责任,应当说符合司法实践需要。不过,该观点只是笼统、概括地论述,没有对不同情形下不同主体及其责任加以具体分析,从而留下遗憾。

(二) 人工智能犯罪的类型

以人工智能是否参与犯罪为标准划分,可以将人工智能犯罪分为三种不同情形:一是人工智能独立构成犯罪的情形;二是人工智能与其他主体共同构成犯罪的情形;三是人工智能不构成犯罪的情形。

1. 人工智能独立构成犯罪的情形

这种情况是指人工智能对自己实施的犯罪独立承担刑事责任的情形。有学者将

---

① Clint W. Westbrook, "The Google Made Me Do It: The Complexity of Criminal Liability in the Age of Autonomous Vehicles," p. 127.
② See Kieran Tranter, "The Challenges of Autonomous Motor Vehicles for Queensland Road and Criminal Laws," QUT Law Review, Vol.16, no.2(2016), p.78.
③ Raymond S. August, "Turning the Computer into a Criminal," p. 54.
④ Rebecca Crootof, "The Killer Robots Are Here: Legal and Policy Implications," Cardozo Law Review, vol. 36, no. 5 (2015), p. 1845.
⑤ Weston Kowert, "The Foreseeability of Human-Artificial Intelligence Interactions," Texas Law Review, vol. 96, no. 1 (November 2017), pp. 202-203.

## 第二编 生物科技暨人工智能领域发展的刑法规制问题

此情形称为直接责任模式,即人工智能车辆对特定的程序员或用户并不存在任何依赖,应直接承担独立责任。① 人工智能独立构成犯罪,是由其独特的运算、分析、推理和决断能力所决定的。这与其能够脱离计算机程序的绝对控制,并产生独立的意识和意志有关。典型情形有二:

(1) 人工智能基于学习算法而独立实施犯罪。人工智能学习时是通过学习算法 (Learning Algorithm) 创建规则的,即通过提供训练数据,让人工智能通过学习算法从中推理、论证并生成一组新的规则。而 AlphaGo Zero 所具备的无监督自主学习能力更是无须人类提供训练数据而自行学习并生成一组新的规则,这使得人工智能具备了精准复杂的处理能力与自动编程、改写程序的能力,并产生类似于人类那样的自主意识和思维。根据学习算法生成新的规则并做出的决断,体现的是人工智能的独立意识和意志,是连程序员都难以预料和控制的。而通过无监督自主学习生成新的规则,人类更是不可能预料和控制。因此,人工智能基于学习算法与无监督自主学习而独立实施犯罪时,是无法要求制造商或程序员等承担刑事责任的。"如果程序员不可能预见致命的自主机器人重写它的程序,如果该事实发生了,这些程序员将被免除责任。"②

(2) 人工智能基于最佳决策法则而独立实施犯罪。众所周知,人类受自身能力限制,无法在有限时间内对所有决策方案做出准确分析,往往会选择次要方案并做出决断。人工智能则不然。其海量的信息、超强的运算速度和技能等可以使之在极短的时间内做出最佳决断。"与传统意义上的软件编码不同的是,机器学习起初看起来更像是接受训练而不是编程。当软件与外界交互时,它会寻求哪一种行动会产生最有成效的结果。然后,它将最有成效的行动付诸未来的行动中。"③ 此时,计算机程序所提供的解决方案,不过是人工智能做出最佳决断的参考资料而已,因而人工智能系统根本不受经验法则以及人类智慧等因素的制约。最佳决策体现人工智能独立的意识和意志,人类也难以预知。正是凭借这样的决策能力,AlphaGo 才能在与世界冠军李世石、柯洁的对弈中获得压倒性优势,人工智能系统才得以在众多领域(如医疗领域等)发挥着人类无法企及的作用。但是,其弊端也是明显的。那就是当最佳决策是犯罪时,人工智能也会毫不犹豫地实施,酿成惨案。例如,当人类违规操作时,若智能机器人瞬间筛选的最佳方案是排除个人干扰,就有可能杀死违规操作的人,这也是许多机器人杀人的真正原因。此种情形只能由人工智能承担刑事责任。

人工智能独立承担刑事责任,意味着制造商、程序员等在制造或者为人工智能编程等过程中主观上不存在过错,不承担人工智能犯罪的刑事责任。这样就避免了所谓的产品罪责论将技术风险与刑事责任混为一谈的弊端,不至于让无辜者承担刑

---

① Gabriel Hallevy, "Unmanned Vehicles: Subordination to Criminal Law under the Modern Concept of Criminal Liability," p. 211.
② Tetyana Krupiy, "Of Souls, Spirits and Ghosts: Transposing the Application of the Rules of Targeting to Lethal Autonomous Robots," p. 201.
③ Weston Kowert, "The Foreseeability of Human-Artificial Intelligence Interactions," p. 183.

事责任，有助于维护制造商、程序员等的正当权益，保护人工智能的技术研发与产业发展。

2. 人工智能与其他主体共同构成犯罪的情形

这种情形主要指人工智能与其他主体都需要对人工智能实施的犯罪承担刑事责任的情形。在这种情形下，人工智能与其他主体既可以形成共同犯罪，也可以分别构成犯罪。人工智能同其他主体共同实施犯罪的场合，既可以是制造商、程序员等故意设置可能促使人工智能实施某种犯罪的特定程序，而人工智能也有自己独立的意识和意志，并决定执行特定犯罪程序指令，乃至构成犯罪的；也可以是人工智能为了实施犯罪，强迫制造商、程序员或者其他人帮助自己实施犯罪；等等。

人工智能与其他主体分别构成犯罪的情形，是指人工智能与其他主体不构成共同犯罪，但均需对人工智能犯罪承担刑事责任的情形。主要包括两种情形：一是制造商、程序员等因监督过失等导致人工智能犯罪的情形。"假设程序员或用户深度参与无人驾驶人工智能交通工具的日常活动，但没有通过无人驾驶人工智能交通工具犯任何罪的意图。……在犯罪完成之前，程序员或用户对无人驾驶人工智能交通工具的犯罪行为一无所知；他们并不打算犯任何过错，他们也没有参与特定犯罪的任何犯罪行为。"① 此时，人工智能构成犯罪，程序员、用户等对人工智能犯罪也不知晓，但由于深度参与而疏于管理、防范，可能会因监督过失等承担刑事责任。二是人工智能没有犯制造商、程序员等设定的犯罪，而是实施其他犯罪，即程序员或用户编程或使用人工智能车辆犯罪，但其偏离既定计划而触犯其他罪行，没有犯既定计划的犯罪。② 此时，根据刑法第29条规定，人工智能对其所犯之罪承担刑事责任，而制造商、程序员等承担独立教唆犯的刑事责任。

3. 人工智能不构成犯罪的情形

这种情形一般是指人工智能被认为不具有或者丧失辨认和控制能力，无须对自己实施的犯罪承担刑事责任的情形，如某些以人操控为主，只能从事简单、纯粹模仿任务的弱人工智能，被认为辨认能力或控制能力相对单一、极为有限，通常只能充当人类犯罪的工具。需要探讨的是，人工智能具备一定的辨认能力和控制能力却因故丧失的情况。

人工智能具备辨认能力和控制能力，但由于其"大脑"（计算机程序）或者相关"神经"（如电路）等遭受篡改、重编、毁坏等攻击，致使丧失辨认能力或控制能力，乃至于实施犯罪。这种情形就像一个正常人由于大脑受到重度攻击或者身体被他人完全束缚而不能自控，乃至实施犯罪一样。由于人工智能丧失辨认能力或控制能力，当然无须承担刑事责任。至于相关责任方，既可以构成故意犯罪也可以构成过失犯罪。例如，在制造人工智能时故意留下隐患，或者故意篡改、重编、毁坏计算机程序，或者通过黑客技术恶意攻击人工智能的计算机程序，导致人工智能意

---

① Gabriel Hallevy, "Unmanned Vehicles: Subordination to Criminal Law under the Modern Concept of Criminal Liability," p. 204.

② Gabriel Hallevy, "Unmanned Vehicles: Subordination to Criminal Lawunder the Modern Concept of Criminal Liability," p. 206.

志完全被行为人左右乃至实施犯罪的。此时，故意造成人工智能丧失责任能力的人应当承担刑事责任。如果制造商、自我驱动的硬件和软件的提供商和服务商、程序员由于疏忽，留下隐患进而导致人工智能丧失辨认能力和控制能力，就应对人工智能犯罪承担过失责任。如果人工智能的所有人、使用者、辅助操作者疏于正常的维护和管理而导致人工智能失去责任能力并犯罪的，亦应承担过失犯罪的责任。当然，黑客在散布病毒时因疏忽"误伤"人工智能，导致其失控而犯罪的，黑客对人工智能犯罪也要承担过失责任。

其他主体因人工智能犯罪而承担刑事责任，既可以是单独的，也可以是共同的。例如，在黑客和辅助操作者共同承担刑事责任的场合，"至少有两个责任方需要考虑：第一，黑客显然将对他的行为负刑事责任，第二，操作者，因为其现在被期待接管车辆的安全操作，直到技术被修复"。① 若使用者纵容程序员故意留下隐患，导致人工智能丧失控制能力而犯罪，使用者与程序员应承担共同故意犯罪的责任。有时数人还可以成立过失的竞合。例如，黑客因疏忽侵入人工智能的操控系统，导致其"瘫痪"而犯罪，负责维护的软件工程师疏于维护和监管，则黑客与软件工程师均应承担刑事责任，但他们的责任是分别独立的。

## 六、人工智能犯罪的处罚目的与方式

### （一）人工智能的处罚目的之争

对于人工智能判处刑罚能否实现目的，理论上有否定说与肯定说之争。

否定说认为处罚人工智能不能实现报应与预防目的。主要理由在于：首先，人工智能是无生命的实体，处罚难以达到人类那样的效果。"我们天生是不同的。一个人的身体老化，展望在监狱系统中'失去的时光'是令人畏惧的；机器人的身体不会，身体上的任何扭结或铁锈都能轻易修复。"② 其次，刑罚对人类的心理会增添附加价值，而对人工智能则不会。"自然语言加工和机器学习的区别，在于人类行为、语言甚至偏见以及其他心理特征相互作用而产生的附加价值。"③ 机器学习不会产生附加价值，导致人工智能不会像人类那样因受处罚而深刻体会到恶报的滋味并接受教育改造。再次，只要智能代理还没有变成道德代理，就不可能严肃地让其本身承担真正的刑事责任。因为智能代理既不具备人类那样的感受刑罚的能力，也无法理解与惩罚相联系的伦理指责，因此针对它们动用刑罚没有意义。④ 肯定说则认为，处罚人工智能可以达到刑罚目的。如前所述，肯定说并不认为人工智能不能成为道德代理人。而且，他们认为刑罚对人工智能可以发挥作用，并非一无是

---

① Frank Douma, Sarah Aue Palodichuk, "Criminal Liability Issues Created by Autonomous Vehicles," Santa Clara Law Review, vol. 52, no. 4 (2012), p. 1165.
② Ignatius Michael Ingles, "Regulating Religious Robots: Free Exercise and RFRA in the Time of Superintelligent Artificial Intelligence," p. 517.
③ Daniel Ben-Arietal., "Artificial Intelligence in the Practice of Law: An Analysis and Proof of Concept Experiment," Richmond Journal of Law & Technology, vol. 23, no. 2 (2017), p. 29.
④ 参见［瑞士］萨比娜·格雷斯、［德］托马斯·魏根特：《智能代理与刑法》，载陈泽宪：《刑事法前沿》（第十卷），社会科学文献出版社2017年版，第238页。

处。例如，对人工智能判处死刑（删除人工智能软件等）实际上也可能会达到相同的效果。①

归纳起来，肯定说与否定说的争议焦点有二：一是人工智能是否有道德情感并成为智能代理；二是对缺乏生物学意义上的生命体征的人工智能处罚是否能达到刑罚目的。第一个问题前面已有论述，在此不再赘言。下面主要讨论第二个问题。

处罚目的是否只有针对人类才能实现呢？答案是否定的，处罚法人就是很好的例子。当初，在制裁法人时，也出现不少类似的质疑声。例如，"有人认为法人刑事责任的唯一限制是刑罚。这意味着除非立法机关没有打算将法人考虑在内，因为它不能被监禁或被处电刑，很难看出这是一个真正的障碍"。②但是，法人最终还是成为处罚主体，这表明处罚目的之实现并不仅限于人类。事实上，处罚法人之所以可取，关键在于能实现独特目的。例如，"即使所规定的刑罚不能强加给法人，显然目的在于能够扩展到犯罪参与人"。③又如，"施加最佳刑罚或混合制裁可以在后犯罪时代让法人能够改革其工作方法"。④

那么，处罚人工智能会达到何种目的呢？对此，有学者认为，刑罚有惩罚、威慑、康复和剥夺四种功能，惩罚与威慑不能对人工智能发挥作用，但康复和剥夺却是有效的。⑤该观点的问题在于，以处罚人类的目的作为处罚人工智能的目的来评判，有所不妥。诚然，处罚人工智能达到类似于处罚人类那样的目的当然更好，但不应局限于此。正如以处罚人类的目的检验处罚法人的目的是难以令处罚法人自圆其说的。

处罚人工智能最主要的目的在于为处罚其他主体奠定基础。根据责任与行为同时存在原则，如果不处罚人工智能，会导致有时无法处罚存在过错的制造商、程序员等，因为他们并没有实施行为，其结果将导致"制造商、所有者或用户越来越脱离法律的局面"⑥，这显然是不妥的。只有处罚人工智能，才能合理处罚有过错的制造商、所有者或用户等。同时，处罚人工智能也可以达到剥夺其犯罪能力的目的。另外，处罚人工智能还能对人工智能的制造商、程序员以及使用者等产生负面清单效应，使他们蒙受商业利益损失或者技术的先进性与可靠性的名誉损害等。总之，处罚人工智能完全能够实现特定的刑罚目的。

### （二）人工智能的处罚方式

对于人工智能的处罚方式，哈勒维进行过较为充分的分析。他认为，对人工智能可以适用死刑。"对人工智能系统判处死刑意味着它将被永久关闭，这样对系统

---

① Gabriel Hallevy, "The Criminal Liability of Artificial Intelligence Entities——From Science Fiction to Legal Social Control," pp. 195-196.

② Joseph F. Francis, "Criminal Responsibility of the Corporation," Illnois Law Review, vol. 18, no. 5 (1923-1924), p. 312.

③ Martin Gallin, "Corporate Criminal Liability," Lawyer and Law Notes, vol. 4, no. 2 (Fall 1950), p. 6.

④ Michael Jefferson, "Corporate Criminal Liability: The Problem of Sanctions," Journal of Criminal Law, vol. 65, no. 3 (June 2001), p. 260.

⑤ Gabriel Hallevy, When robots kill: artificial intelligence under criminal law, pp. 157-162.

⑥ Mark A. Chinen, "The Co-Evolution of Autonomous Machines and Legal Responsibility," p. 343.

## 第二编 生物科技暨人工智能领域发展的刑法规制问题

而言不会再实施犯罪或其他任何活动……永久丧失能力意味着根据法院命令绝对关闭，再无激活系统的选择。"① 对人工智能系统也可以实行监禁，即在规定的时间内剥夺它们的行动自由并加以严格监督，当人工智能系统被羁押、受限制和监督时，它的攻击能力是丧失的。② 在哈勒维看来，对人工智能还可以适用缓刑或公益服务。"对人工智能系统判处缓刑是对重新考虑其行为过程的警告。这个过程可以由程序员、用户或制造商发起，其方式与人类犯罪由其亲属或专业人员（如心理学家或社会工作者）辅助或法人犯罪由官员或专业人员辅助相同。"③ 而"法人和人工智能系统都与社区有很强的互动关系。公益服务可以授权和加强这些互动，并使之成为必要的内在变化的基础。……因此，人工智能系统的公益服务在本质上类似于人类的公益服务"。④ 至于罚金，哈勒维认为可以考虑调整处罚方式。"人工智能系统的确没有财产，但它的工作能力是很有价值的，可以赋予其货币价值。……人工智能系统可以使用它拥有的唯一货币：工作时间。工作时间对社会有贡献，就像公益服务的贡献一样。"⑤

对哈勒维上述针对人工智能的处罚方式，加拿大多伦多大学法学博士蕾切尔·查尼进行了简要评述。她认为，哈勒维关于人工智能可以通过公共服务来惩罚是不可信的，通过机器人可能给社会带来的危害。公共服务适用于人工智能，是一个较之哈勒维简单陈述更为微妙和复杂的问题。⑥ 对人工智能处以罚金也是不可信的。⑦ "在某些情况下，也许有可能找到一种替代方法，使人工智能系统造福于社会，但不同于那些在驾车超速后被判捡垃圾的人，一个能够驾驶和超速的人工智能系统不可能有捡垃圾的能力。"⑧ 不难看出，查尼并没有彻底否定对人工智能可以适用相关刑罚，只是质疑适用刑罚的可行性或者效果等。

笔者认为，对人工智能是可以适用"死刑"的，这一点较之对法人判处"死刑"（如注销）更具有可行性。因为注销法人会使法人中的大多数无辜成员蒙受不恰当的损失，这样的处罚因类似于"株连"而有所不妥。判处人工智能"死刑"则不会产生"株连"效果。因此，对人工智能判处"死刑"是可取的。正如有学者所言，"死刑"适用范围很广，它可以适用于个人和实体。⑨ 当然，对人工智能

---

① Gabriel Hallevy, When robots kill: artificial intelligence under criminal law, pp. 166-167.
② See Gabriel Hallevy, When robots kill: artificial intelligence under criminal law, p. 168.
③ Gabriel Hallevy, When robots kill: artificial intelligence under criminal law, p. 169.
④ Gabriel Hallevy, When robots kill: artificial intelligence under criminal law, pp. 172-173.
⑤ Gabriel Hallevy, When robots kill: artificial intelligence under criminal law, p. 174.
⑥ See Rachel Charney, "Can Androids Plead Automatism——A Review of When Robots Kill: Artificial Intelligence under the Criminal Law by Gabriel Hallevy," University of Toronto Faculty of Law Review, vol. 73, no. 1 (Winter 2015), pp. 71-72.
⑦ Rachel Charney, "Can Androids Plead Automatism——A Review of When Robots Kill: Artificial Intelligence under the Criminal Law by Gabriel Hallevy," p. 71.
⑧ Rachel Charney, "Can Androids Plead Automatism——A Review of When Robots Kill: Artificial Intelligence under the Criminal Law by Gabriel Hallevy," p. 72.
⑨ Mary Kreiner Ramirez, "The Science Fiction of Corporate Criminal Liability: Containing the Machine through the Corporate Death Penalty," Arizona Law Review, vol. 47, no. 4 (2005), p. 949.

适用死刑,既可以是对其实体予以彻底毁灭,也可以是对其计算机程序予以永久删除。

至于监禁刑和缓刑,恐怕难以达到像处罚人类那样的效果,至少对目前处于过渡时期的人工智能而言如此。事实上,对人类加以监禁或处以缓刑的目的在于让其接受教育改造、自我悔改,消除人身危险性而回归社会。如果人工智能具备自我反省、悔改和接受教育改造的能力,判处监禁刑和缓刑自然没有问题。但是,如果尚不具备这样的能力的话,恐怕还是要通过对计算机程序等酌情加以改写、改良等才能达到处罚的目的。因此,对人工智能的教育改造,可以让制造商、计算机软件的供应商等负责使之"正常化",并承担正常化及其后的行为责任。这样既可以教育改造人工智能,对制造商、软件供应商等也是一种鞭策,让其承担技术不合格等风险与负面清单效应。

公益服务不失为针对人工智能的有效制裁措施。人工智能的许多技能人类无法企及,公益服务能发挥其技能和作用。至于查尼博士所担心的人工智能在提供公益服务时可能会危害社会的问题,其实倒是没有太大的必要。因为即使是人也存在同样的问题,谁又能保证犯罪的人不会再犯罪呢?当然,为了保险起见,可以在人工智能提供公益服务时,要求制造商、程序员以及软件供应商等给予必要的协助、监督,以便将人工智能可能的危险降至最低。

至于哈勒维所主张的对人工智能可以适用罚金,并通过调整处罚方式来执行。这样的观点看似可行实质上难以自圆其说。例如,哈勒维建议将罚金调整为公益服务,因为工作时间就等同于货币,故公益服务等同于执行罚金。问题在于,公益服务在性质上不同于罚金,与其以公益服务替代罚金,不如直接处以公益服务。因此,如果人工智能无财产可言,可以不适用罚金刑。事实上,试图将针对人类的各种刑罚适用于人工智能是没有必要的,正如没有必要将有期徒刑等适用于犯罪的法人一样。

## 七、结语

自从1981年出现首例机器人杀人事件以来,人工智能涉嫌犯罪的案例就屡见不鲜。随着智能机器人在各领域的推广应用、无人驾驶智能车辆等走进人们的日常生活以及自动武器频繁用于战争,与人工智能相关的犯罪肯定会越来越多。近年来,人工智能技术的飞速发展使得利用刑法制裁人工智能具备了客观基础。"未来,机器人可能会变得如此类似于人类,他们将像我们一样能够'感受'刑事惩罚的效果。一旦达到这个阶段,考虑惩罚机器人可能很有意义。"[①] 以立法形式赋予人工智能以犯罪主体身份并给予应有处罚,将是人们在享受高科技带来的红利的同时不得不做出的理性选择。"虽然机器人在许多方面造福于社会,但它们也导致或与其他各种危害有关。随着机器人变得更加先进和无处不在,这些危害的频率和大小可

---

① Sabine Gless, Emily Silverman, Thomas Weigend, "If Robots Cause Harm, Who Is to Blame: Self-Driving Cars and Criminal Liability," p. 435.

能会增加。机器人甚至可能导致或促成一些重大的全球灾难场景。重要的是法律能对这些危害尽可能加以控制以使其最小化,并且一旦发生便可以公正解决。"①

面对新事物,我国刑法历来勇于创新、积极应对,典型表现便是赋予单位犯罪主体资格。将范畴远较法人宽泛的单位规定为犯罪主体,在突破刑法人类中心主义的尺度上较法人犯罪更大。事实证明,刑法将单位规定为犯罪主体,在防治该类犯罪上发挥了积极作用。当前,随着人工智能的应用日益广泛,其对社会造成损害或危险的事例会越来越多。为了应对人工智能犯罪,我国有学者建言现阶段可赋予人工智能犯罪主体地位。"现阶段只是在法律上赋予人工智能某些具体的刑事犯罪主体资格,在特定的情况下,追究军事智能武器的法律责任,类似于我国刑法规定的单位犯罪,人工智能犯罪类型是具体和明确的,这也是现阶段有效管控人工智能技术发展,解决法律冲突和法律规避的有效方式。"② 客观地说,何时赋予人工智能犯罪主体地位以及赋予人工智能何种具体犯罪的犯罪主体地位,需要立足于现实需要,是对立法技巧和立法时机的考验。不管何时颁行立法,可以肯定的是,"这些立法决定必须迅速作出,这些决策做出得越早,对制造商生产出最符合法律的产品就越有利"。③

本文主要就人工智能犯罪的一些宏观上的基本问题进行了初步的分析和探讨,并未涉猎个罪的定罪量刑等微观上的具体问题。作为一种全新的犯罪类型,人工智能犯罪的许多问题尚需进一步研究和探讨。蕾切尔·查尼博士对哈勒维的《当机器人杀人时:刑法中的人工智能》一书做出如下评价:"在这本书中,就我们现行的刑法框架内刑事责任能否适用于人工智能,哈勒维的理论提供了一个很好的对话起点。"④ 抛开书中相关论点的对错与否不谈,这段话无疑对哈勒维开启人工智能刑法研究给予了充分肯定。诚如是文中观点及拙见如何已不重要,重要的是期待本文能成为开启我国人工智能刑法研究的引玉之砖。

---

① Trevor N. White and Seth D. Baum, "Liability For Present and Future Robotics Technology," p. 75.
② 夏天:《基于人工智能的军事智能武器犯罪问题初论》,载《犯罪研究》2017 年第 6 期。
③ Jeffrey R. Zohn, "When Robots Attack: How Should the Law Handle Self-Driving Cars That Cause Damages," University of Illinois Journal of Law, Technology & Policy, Vol. 2015, Issue 2 (Fall 2015), p. 484.
④ Rachel Charney, "Can Androids Plead Automatism——A Review of When Robots Kill: Artificial Intelligence under the Criminal Law by Gabriel Hallevy," p. 72.

# 人工智能安全风险的刑事规制和防范

傅跃建* 朱剑冰**

## 一、问题的提出

人工智能时代的来临，给我们的生活掀起了巨大的波澜。如今人工智能与我们的生活息息相关，同时人工智能带来的社会风险也频频发生。

其一，2017 年 2 月，绍兴的虞小姐收到了好友在 QQ 上发来的网购代付请求，虞小姐报案后，警方发现犯罪嫌疑人利用一种叫"快啊"的打码工具批量获取账号密码，此工具具备快速识别验证码的能力，犯罪团伙将获取的账号密码大量转卖给诈骗团伙从而完成一系列网络诈骗活动。相对于传统的人工识别打码方式，"快啊"平台具有深度学习的功能，在效率和准确率上大大超过了人工方式。

其二，2015 年 7 月英国《金融时报》报道了一起机器人杀人事件，正在安装的机器人突然将德国大众公司的一名工作人员抓起，紧接着将其重重地摔向金属板，导致了一起死亡事件。

其三，英国布莱顿大学的约翰·金斯顿探讨了三种可应用于 AI 系统的情景。金斯顿在日本一家摩托车工厂中为一名人工智能机器人举了个例子，该工厂杀死了一名工人。机器人误将员工识别为会对其产生威胁的个体，并得出消除威胁的有效方法是将其推到相邻的机器中，机器人使用其强大的液压臂将惊讶的工人砸入机器，立即将他杀死，然后又恢复了工作。①

这三起案件，一起是利用机器的自主学习能力帮助实施犯罪，另两起是机器自主造成人员的伤亡。未来学家表示，随着人工智能时代的来临，"独狼"式恐怖袭击必然会更为普遍地发生，机器人将担任实施"独狼"式恐怖袭击的角色。若恐怖分子将机器人用作自杀式炸弹来制造恐怖活动，将会对社会造成巨大的恐慌。同时，人工智能强大的自主学习能力使得机器人能够自动编程从而实施犯罪。倘若广泛应用了人工智能的无人驾驶汽车、无人机等被恐怖分子非法控制或者重新编程，也将造成重大的安全问题。

---

\* 浙江省金华市人民警察学校教授。
\*\* 浙江省金华市人大常委会法工委规备办副主任。
① LANDELS J G. Engineering in the Ancient World, Revised Edition: With a Revised Preface, a New Appendix, and a New Bibliography, University of California Press, 2000.

## 二、人工智能时代带来的安全风险

### (一) 弱人工智能滥用引发的传统安全风险

1. 利用人工智能进行犯罪

人工智能技术本身并无好坏之分，弱人工智能①虽不具有独立思考和学习能力，不能自主地进行犯罪活动，但是其可能受到不法分子的指控命令从而带来社会风险，使用人工智能带来的效果取决于人们的使用和管理。政府及其部门、网络服务供应商等，如果不正当守法使用和管理用户的隐私数据，将会带来隐私泄露的可能性，从而引发隐私纠纷大战。从目前来看，谷歌、微软等公司通过收购等方式，聚集资本、人才和技术垄断优势，逐渐在技术和数据领域形成垄断地位，但是这将会使得人工智能发展的透明性和共享性受到影响。同时，这也会增加网络黑客利用人工智能方法对网络进行攻击，使得个人、企业网络运行的风险增大，不利于网络与现实社会的安定团结。

2. 人工智能引发的意外事件

因弱人工智能带来的意外事件不仅仅包括本文开头援引的事件，无独有偶，此类事件也在我国发生。2016年11月18日，深圳高交会上发生了全国首例机器人伤人事件，一个名叫"小胖"的人工智能机器人突然发生故障，在没有人为施加指令的情况下自行打砸展示会场，并且造成了路人的人身伤害。这并非电影中所描述的机器人自主杀人事件，后经官方发表声明，由于该展商工作人员操作不当，误将"前进键"当成"后退键"，导致用于辅助展示投影技术的一台机器人撞向展台玻璃，玻璃倒地摔碎并划伤一名现场观众。虽然是因为操作不当所导致的意外事件，但是也造成了人员受伤的事实，由此带来的责任究竟由谁承担也需要法律加以明确认定，以避免纠纷的发生与扩大。

### (二) 超级人工智能引发的不可控性安全风险

在人工智能迅猛发展的今天，机器人拥有了越来越强的能力，有的超智能机器人已经拥有自我学习的能力，甚至在某些方面已经远远超过人类自身，这过于强大的能力会不会有一天摆脱人为的控制是令人担忧的。比尔·盖茨等人表现出深深的忧虑，认为超级人工智能超强的自我学习能力很可能会超出人类的控制，从而威胁到人类的主导权，进而威胁人类的生存也是极有可能的。而这种情况一旦发生，必将如科幻电影中所描述的一样造成毁灭性的灾难。虽然我们还无法肯定或者预测这种情况何时会发生，但是也要为这种不确定风险做好预防和控制措施。首先，要在法律制度、伦理规范等各方面做好充分准备，在没有十足的把握之前，对此领域的人工智能技术还是要限制其发展。实践中可能出现以下几种情况：

1. 超级人工智能滥用大数据风险

超级人工智能软件能进行自我学习，模仿用户的行为，并进行自我调整，使得

---

① 弱人工智能是指不能制造出真正的推理（Reasoning）和解决问题（Problem_ solving）的智能机器，这些机器只不过看起来像是智能的，但是并不真正拥有智能，也不会有自主意识。

自身可以较长时间地存在于计算机的系统之中。如果无法保障人工智能的安全，各类人工智能装置就可能被非法地人为控制，从而按照不法分子的指示，做出违法犯罪的事情，造成社会的危害与动乱。数据的集中本身就是一种风险，越多数据就包含越多信息，一旦不法分子成功攻击数据库，就会导致更多的信息被泄露。不仅如此，人工智能技术会带来更加可怕的后果，一些看似无用的信息经过人工智能技术分析海量数据，并对所得数据综合分析整理，最后可能会产生不为人知的敏感信息，甚至上升到威胁国家安全甚至人类安全的层面。

2. 超级人工智能的失控风险

超级人工智能可以通过自行改变原人工智能系统和程序得以摆脱人类控制。因为超级人工智能具有自我学习和识别判断的基本功能，一旦其自行改变或控制人工智能中的程序，就有可能导致人类发生识别或决策错误。在不久的将来，人工智能会应用到生活的各个方面，人类也会在很大程度上依赖人工智能技术，人工智能一旦失控，超级人工智能反过来控制人类也并非天方夜谭。

## 三、人工智能法律主体资格和刑事立法

法学界已经开始密切关注人工智能时代法律背景的变迁，针对人工智能问题的探讨主要包括法律主体资格缺位以及刑事立法及其安全风险的综合防范。

### （一）关于人工智能法律主体资格缺位问题

人工智能是否具有主体资格的探讨，目前理论界存在肯定说、否定说与折中说三种观点。持肯定说的学者如孟涵认为，应当确立人工智能的刑事主体地位，纳入刑罚处罚范围，明确人工智能的权利边界及法律保留。① 刘宪权提出应当赋予智能机器人刑事责任主体资格，以期实现我国刑事立法的完善。② 他还提出，智能机器人不能和研发者成立共同犯罪，但有可能和使用者构成共同犯罪。③ 王耀彬认为刑事法的规制略显保守，赋予类人型人工智能实体刑事责任主体地位具有必要性。④ 持否定说的学者如吴习彧认为，为了解释人工智能的行为效力而主张赋予其法律主体资格是没有必要的。⑤ 不承认人工智能的法律主体地位仍是主流意见。持折中说的学者如贺栩溪提出，否认弱人工智能的主体地位，有限地肯定强人工智能的主体地位，在认同超级人工智能具有主体资格的基础上对发展该阶段人工智能的必要性进行初探。⑥

### （二）关于人工智能刑事立法的探讨和风险防范

有观点提出，需增设滥用人工智能罪、确立研发者或使用者的严格责任，⑦ 对

---

① 孟涵：《人工智能下的刑事风险与风险防控》，载《河南科技学院学报》2019年第1期。
② 刘宪权：《人工智能时代的刑事风险与刑法应对》，载《法商研究》2018年第1期。
③ 刘宪权：《涉人工智能犯罪刑法规制的路径》，载《现代法学》2019年第1期。
④ 王耀彬：《类人型人工智能实体的刑事责任主体资格审视》，载《西安交通大学学报》（社会科学版）2019年第1期。
⑤ 吴习彧：《论人工智能的法律主体资格》，载《浙江社会科学》2018年第6期。
⑥ 贺栩溪：《人工智能的法律主体资格研究》，载《电子政务》2019年第2期。
⑦ 刘宪权：《人工智能时代的刑事风险与刑法应对》，载《法商研究》2018年第1期。

刑法条文做出相应的修正以面对人工智能带来的刑事风险。① 也有观点进一步论证，增设滥用人工智能罪与人工智能事故罪以降低刑事风险发生的概率。② 关于人工智能犯罪风险防控，有观点强调人工智能技术水平处于飞速发展阶段，当前立法无法对其进行相应程度的规制，机器人立法的紧迫性要求应当加快推进机器人伦理章程的制定，对机器人进行专门立法，出台国家发展战略。③ 也有观点认为应当立法设立负面清单，防范人工智能"作恶"。④ 当然，也有观点认为人工智能的发展具有伦理风险、极化风险、异化风险、规制风险和责任风险，应当确立"过程—结果"的双重规制策略，⑤ 提出限制人工智能研发应用的领域、提高人工智能系统数据和算法的客观性、完善行业自律准则与法律政策及实现犯罪防控与人工智能的深度融合四个方面的应对建议⑥等。

**（三）现阶段不宜赋予人工智能法律主体资格但刑事立法仍有必要性**

人工智能的"自主意识"和"独立行为"能力是决定法律主体资格的必要条件，而人工智能现阶段还没有独立自主的行为能力，还属于人类智能工具的范围，其行为应归由所有人或者使用人承担。本文案例中的三种情形，无论是利用机器的自主识别能力帮助实施犯罪，还是如另外两起机器造成人员伤亡，都不是人工智能有意识采取的自主行为，只是人工智能工具在使用过程中出现问题，应归咎于人工智能使用者或者所有者。但是，这并不意味着刑法在利用人工智能犯罪方面无所作为。随着人工智能的发展，特别是对人类安全风险也由理论转为实际，刑事法律理应有所回应。

## 四、人工智能安全风险的刑法应对和防控

**（一）人工智能风险刑事立法的具体构筑**

1. 适时增设滥用人工智能罪

目前，一些不法分子滥用人工智能技术进行违法活动获利，这无疑会给公民个人和整个社会带来严重的危害，不利于个人自身利益的维护，也会对人类社会的安全稳定造成巨大的破坏。人工智能技术是一把双刃剑，如果在使用上方法不恰当、不正确，落入不法分子之手，就会产生不利的一面，严重危害社会。所以，为了对人工智能所有可能带来的不利后果进行规避，需要依托法律规范对人工智能技术进行规制，达到有效的震慑作用，从而降低人工智能技术可能带来的不利后果，并且在出现违法犯罪活动时进行惩戒。

刑法正是通过条文、罪名达到对犯罪行为警示、惩戒的作用，法已规定不可

---

① 刘宪权：《人工智能时代的刑事风险与刑法应对》，载《法商研究》2018年第1期。
② 黄麟：《人工智能时代的刑事风险与刑法应对》，载《法制博览》2018年第28期。
③ 吴汉东：《人工智能时代的制度安排与法律规制》，载《法律科学》2017年第5期。
④ 袁立科：《人工智能安全风险挑战与法律应对》，载《中国科技论坛》2019年第2期。
⑤ 马长山：《人工智能的社会风险及其法律规制》，载《法律科学》（《西北政法大学学报》）2018年第6期。
⑥ 孙笛：《人工智能时代的犯罪防控》，载《中国刑警学院学报》2018年第5期。

为，否则就会触犯法律，被剥夺一定的权利。增设滥用人工智能罪可以抑制人工智能技术所带来的不利行为。不同于传统的犯罪活动，由于人工智能技术会广泛地利用大数据和互联网，在信息如此发达的今天，可想而知，滥用人工智能技术所带来的是比传统犯罪更严重的后果。而刑法是所有法律中最为有力的法律，可以达到更好的警示与惩戒效果，因此，在刑法中增设滥用人工智能罪，可以更好地规范制约人工智能的发展。

2. 适时增设人工智能事故罪

人工智能技术说到底是人类开发出来的，虽然有其自身的特殊性，但是诸如其他众多产品一样，会有技术上的瑕疵、缺陷可能带来的损害后果，因此，只有最大限度地确定人工智能使用者以及开发者的义务、权利，才会使得人工智能技术的整个生产使用过程得到最大限度的监管和制约，这就可以通过法律设定权利义务制约生产者和使用者。首先，在产品的研发过程中，设定一定的权利义务以规范保障生产环节的合法有效性，从而让生产者谨遵法律规范与社会规范。其次，在使用人工智能产品的过程中，必须注重信息的保护，合法合理地使用人工智能技术，避免造成隐私泄露，被不法分子所利用。

3. 适时考虑赋予超级人工智能机器人刑事责任主体资格

超级人工智能机器人拥有自主学习的能力，甚至具有同正常人一般的思控能力，因此，超级人工智能机器人也可以通过学习而实施危害社会的行为，也会成为实施危害行为的主体，但是我国刑法只将自然人和单位限定为刑事责任能力的主体，人工智能机器人并不在此列，这就无法解决超级人工智能机器人实施不法甚至犯罪行为的情况。因此本文建议，刑法可以适时赋予超级人工智能机器人刑事责任主体地位，以便于解决此类情况。主要有以下两点理由：

第一，超级人工智能在设计和编制的程序范围外实施行为实现的是其自己的意志，而意志存在与否对于刑事责任能力的认定有着重要的意义。以单位犯罪为例，一直以来，对于单位应否成为刑事责任主体争论的焦点就在于，单位是否能够像自然人一样，可以实行犯罪行为，可以有犯罪的意识和意志，是否有受刑能力。[1] 我国刑法肯定了单位作为刑事责任主体的资格，理由是单位的意志代表了单位内部所有人的共同意志，因此对其刑事责任能力加以肯定。超级人工智能机器人比单位具有更强的自主能力，可能具有自己独立的思考和判断能力，更加类似于人本身，相较于单位来说更符合刑事责任主体资格的要求，因此，笔者认为刑法应当适时考虑赋予超级人工智能机器人在法律上的主体资格。

第二，超级人工智能机器人的行为有望成为法律行为。传统行为理论如因果行为论、人格行为论等都认为只有自然人的行为才是法律意义上的行为，但当时人工智能并未出现，在人工智能迅猛发展的今天，超级人工智能机器人已拥有和自然人相似的思辨能力，能自主支配其行为，甚至进行独立思考及学习，因此随着人工智能时代的来临，行为理论也应当做出适时的改变。本文认为，超级人工智能机器人

---

[1] 刘宪权：《刑法专题理论研究》，上海人民出版社2012年版，第3页。

与自然人做出的损害行为之间并没有本质区别,因此将来刑事立法应适时肯定超级人工智能机器人的刑事主体资格。

(二)从源头上防控人工智能风险

1. 限制人工智能研发和应用的领域

人工智能时代并不意味着人工智能的随意发展与运用,若不对人工智能的运用加以规制,将会引发一系列社会问题和犯罪事件,因此限制人工智能的应用是迎接人工智能时代来临的重要前置步骤。从社会治理上看,应当限制增强型人工智能的发展,促进服务型人工智能的发展,禁止超级智能的发展。政府相关部门应当进行权衡,决定人工智能应用的范围限制,设定人工智能操作系统的禁区,保证人工智能不得干涉部分操作与决策,并制定相应的法律规范确保对使用人工智能的有效控制,制定严格的标准与规则,且为损害的发生预设法律责任。

基于司法活动的规律,司法判断有其自身的特点,司法大数据也存在一定的局限性,在识别模式上存在有限性,应当对人工智能在此领域的应用进行限制。犯罪分析与追诉工作仍应由人类完成,人工智能仅仅作为一个辅助工具,在类型化案件中形成智能运算规则,在其他案件中给出政策比较、法条提醒和类案参考。① 总的来说,案例的规则以及调整,各种非正式制度如地方规范、形势政策等应当是人工智能操作系统的禁区。②

2. 构建弱人工智能法律问责与监管体系

弱人工智能是通过软件研发设计者编写的程序来实施行为的,它没有体现出自己的意志,仅仅是作为设计者的工具来实施,因此它不应承担刑事责任。另外,应当确定统一的人工智能安全质量标准,制定人工智能设计人员的行为守则,明确人工智能应用范围与使用禁区,构建流畅的问责机制。完善人工智能相关立法,加快人工智能相关民事责任与刑事责任的构建以及人工智能信息利用的问责机制。提前预设在复杂情形下人工智能的突发状况,提出相应的解决方案,并且针对人工智能的监管等安全问题制定完整的制度性方案。

---

① 何帆:《我们离"阿尔法法官"还有多远》,载《方圆》2017年第2期。
② 黄京平:《刑事司法人工智能的负面清单》,载《探索与争鸣》2017年第10期。

# 人工智能领域的刑事责任主体与综合归责路径

周振杰* 赖祎婧**

虽然早在20世纪80年代初,人工智能的潜在风险就已经因为机器人导致汽车装配工死亡的事故引起了社会关注,但是人工智能刑法规制的研究成为学界关注的热点却是近年的事情。就人工智能刑法规制的正当性与必要性,学界已经从风险社会、社会危害性以及刑法机能等角度进行了论述,①而且并无实质性分歧。但是,对于人工智能领域的"刑事责任主体是谁"以及"如何归责"这两个核心问题,学界仍然众说纷纭,有必要进行深入探讨。

## 一、人工智能领域刑事责任主体的学说分歧

"刑事责任主体是谁"之所以成为人工智能领域刑法规制的核心问题,不仅是"只有明确谁应当对人工智能'失控'行为所造成的危害结果承担刑事责任,才能够以此为基准建立起对于人工智能犯罪治理的法律体系",②更是因为只有确定了刑事责任主体,才可能有针对性地设置与适用归责原则和刑罚措施。以是否承认人工智能本身的主体地位为标准,可以将目前的观点分为肯定说、否定说与区分说。

肯定说主张赋予具有自主意志的人工智能产品以刑事责任主体地位,置而言之,人工智能领域刑法规制的对象应该是人工智能。一方面,人工智能的高速发展使我们不得不面对越来越多的不确定性与风险,而"面对人工智能的高速发展,我国现行刑法显得力有未逮,具体表现在,无法将人工智能产品作为单独的刑事责任主体加以规制,并对其处以特定种类的刑罚措施及无法对人工智能犯罪所涉及的其他相关责任主体进行有效的刑事处罚"。③ 另一方面,人工智能产品尤其是强人工智能产品能够而且应该拥有道德。"对于具备'独立意志'、'人工道德'的机器人,其自身独立于机器人的设计者,应对自身行为及其所造成的后果负责。"④ 与此同时,既然单位可以被拟制为刑事责任主体,"将具有独立意志的人工智能产品做同样的拟制又何尝不可?……具有独立意志的人工智能产品拥有比单位更强的意志自由,因为其是模拟人类的思维体系制造而成的,相比于单位更类似于人"。⑤

---

\* 北京师范大学刑事法律科学研究院教授,博士生导师。
\*\* 北京师范大学刑事法律科学研究院2017级法学硕士。
① 参见刘宪权、房慧颖:《涉人工智能犯罪刑法规制的正当性与适当性》,载《华南师范大学学报》(社会科学版)2018年第6期。
② 叶良芳、马路瑶:《风险社会视阈下人工智能犯罪的刑法应对》,载《浙江学刊》2018年第6期。
③ 蔡婷婷:《人工智能环境下刑法的完善及适用》,载《犯罪研究》2018年第2期。
④ 刘宪权:《人工智能时代机器人行为道德伦理与刑法规制》,载《比较法研究》2018年第4期。
⑤ 蔡婷婷:《人工智能环境下刑法的完善及适用》,载《犯罪研究》2018年第2期。

与肯定说主张应该以人工智能为规制对象相对，否定说认为将人工智能拟制为犯罪主体的理论本身不能自圆其说，应由人工智能产品的设计者、制造者和使用者来承担刑事责任，而非人工智能。否定论认为，人类基于功利性的目的开发、设计、生产并使用人工智能产品，机器人的工具性价值决定了其受人为编程与算法的控制，本身难以产生利己主义的指令与行为，这一点即使肯定论者亦不否认，①而理性人这一法律权利主体隐含了利己性这一最基本的人性假设。因此，如果人工智能产品在不能成为权利主体的情况下被要求承担包括刑事义务在内的法律义务，权利—义务相对应的理论不可避免地陷入自相矛盾之中。②同时，从刑罚的根本属性来看，刑罚是对恶的报应，也是一种能够阻止个人欲望等把整个社会带入无秩序混乱状态的"易感触的力量"，③而且从理性人的前提假设和"刑罚之苦应超过犯罪之利"的罪刑均衡原则出发，能够感知刑罚的痛苦是刑罚实现报应与预防功能的必要条件。但是，不论人工智能的认知水平多么发达，都无法具有真正人类的喜怒哀乐、悲欢情仇，更不能感受到刑罚的剧烈痛苦并因此产生恐惧感，"无法实现特殊预防和一般预防的功能，只能以报应刑的方式于一定程度上抚慰被害人，这显然与现代刑法观格格不入。……无论是删除数据，还是修改程序，抑或是最严厉的永久销毁，如果受罚主体缺乏对其意义的伦理感知，则与将其作为供犯罪使用的财物进行处置并无本质区别"。④

与肯定说与否定说都不同的是，区分说的论者将人工智能划分为不具有辨认和控制能力而仅能够在预先设计与编制的程序范围内实施特定行为的弱人工智能产品，与具有辨认能力和控制能力并且能在设计和编制的程序范围外实施危害社会的行为的强人工智能产品，并主张"在强人工智能时代到来时在刑法中确立智能机器人的刑事责任主体地位……（因为）人工智能机器人和自然人的区别仅仅在于自然人具有生命体，而智能机器人是非生命体，这一区别似乎并不会改变行为人的行为是在自己意识和意志支配之下实施的性质"。⑤

## 二、人工智能领域的刑事责任主体

从其基本立场与论据可以看出，上述三种观点从不同视角理解人工智能领域的刑事责任主体：肯定说立足于人工智能本身的道义性；否定说强调人工智能的工具价值；而区分说是在折中肯定说与否定说的基础上，提出赋予强人工智能的主体地位，可以说偏向于肯定说。显而易见，对肯定说、否定说以及区分说的取舍，取决于选择哪一个研究视角，而选择哪一个研究视角，取决于对人工智能领域刑事责任

---

① 参见张玉洁：《论人工智能时代的机器人权利及其风险规制》，载《东方法学》2017年第6期。
② 参见王勇：《人工智能时代的法律主体理论构造———以智能机器人为切入点》，载《理论导刊》2018年第2期。
③ [意]贝卡利亚：《论犯罪与刑罚》，黄风译，中国大百科全书出版社1993年版，第9页。
④ 参见叶良芳、马路瑶：《风险社会视阈下人工智能犯罪的刑法应对》，载《浙江学刊》2018年第6期。
⑤ 刘宪权、林雨佳：《人工智能时代技术风险的刑法应对》，载《华东政法大学学报》2018年第5期。

本质的认识。

　　人工智能领域的刑事责任并非道义责任，因为道义责任的核心是伦理非难，即"行为人可以选择符合道义的行为，但是基于自由意志选择违法也即违反道义的行为，基于此对行为人进行的道义非难"，① 而作为模拟实现人思维的技术，人工智能的主要目的是"赋予机器人特有的视听说以及大脑抽象思维能力"，② 尽管人工智能具备一定的辨认和控制能力，但是不具备与人类相同的道德观念，也即人工智能不具有自由意志，因此人工智能领域的刑事责任在本质上并非道义责任，肯定说与区分说肯定部分的立场也是站不住脚的。

　　人工智能领域的刑事责任也非规范责任，因为规范责任的要旨是"以为犯罪乃违反法律规范之行为，从而关于犯罪之责任，亦必与此法律规范之违反，密切相关联。所谓法律规范云者，乃人伦之事理，所以示人以生活之规矩，与道德习俗同出一源，而经由国家以法的形式加以宣示、限定者也。……责任以期待可能性（Zumutbarkeit）为基础，以'可责性'或'非难性'为本质，且经由反社会的（有瑕疵的 fehlerhaft）心理活动所引起者也，是为规范责任论之主要见解"。③ 人工智能并无意志自由，难言具有期待可能性，也不能够感知刑罚之痛苦，而且对人工智能的修正，如增删数据、修正程序甚至收回销毁等，仍然依赖人的行为，因此，人工智能领域刑事责任的本质也非规范责任，也即从规范责任的角度出发，肯定说与区分说肯定部分的立场也是站不住脚的。

　　人工智能领域的刑事责任更非人格责任，因为人格责任认为"行为是人格的体现……人格是在主体意义上被现实化的事物。人格虽然在根本上是潜在的体系，但被现实地呈现了出来"。④ 而人工智能也好，人工智能产品也好，虽然具有一定的学习与判断能力，但并不能形成人格责任论中的"人格"，也即人工智能领域的刑事责任也非人格责任，人工智能当然也就不能成为刑事责任的主体。

　　所以，人工智能领域的刑事责任靠近社会责任，因为社会责任从社会防卫的立场出发，主张刑罚针对的是未然之罪，认为"无论是否具有犯罪能力，对具有一定危险性格的人，社会都可以采取防卫措施……与社会所采取的防卫措施不同，其法律责任也不同，如果须适用刑罚手段，则行为人所负的刑事责任即为刑事责任。……根本不存在所谓的道义'非难'，责任已无非难的意义"。⑤ 针对人工智能进行刑法规制的正当性，我国学者认为，对人工智能进行刑法规制，是因为"人工智能时代的到来必将带来风险，其中的刑事风险包括可能使部分传统犯罪的危害性发生'量变'，可能会导致新的犯罪形式产生，以及人工智能产品可能因为种种原因脱离人类控制，进而实施严重危害社会的犯罪行为"。⑥ 这是站在了社会防卫的

---

① 参见[日]内田文博：《日本刑法学的发展与课题》，日本评论社2008年版，第175页。
② 刘克松等：《人工智能概念内涵与外延研究》，载《中国新通信》2018年第14期。
③ 韩忠谟：《刑法原理》，中国政法大学出版社2002年版，第127页。
④ [日]团藤重光：《刑法纲要总论》（第3版），创文社1990年版，第106页。
⑤ 马克昌：《外国刑法学总论（大陆法系）》，中国人民大学出版社2012年版，第223页。
⑥ 刘宪权：《人工智能时代的刑事风险与刑法应对》，载《法商研究》2018年第1期。

立场,针对未然之罪提出的要求,与社会责任论的出发点是一致的。

从人工智能领域的刑事责任靠近社会责任这一认识出发,在确定人工智能领域刑法规制对象之际,应该将责任能力理解为"通过科处刑罚实现刑罚目的的能力",① 也即在讨论人工智能领域的刑事责任的主体以及归责路径之际,研究视角应该是刑罚能力或者刑罚的适应性。具体而言,就是如何才能预防与制裁人工智能可能或者已经导致的侵害,以有效地防卫社会。因此,人工智能领域的刑事责任主体,一方面必须能够感知刑罚之痛苦,如此方能实现刑罚的报应功能;另一方面必须能够独立承担刑罚之不利后果,如此方能实现刑罚的特殊预防功能,并能对同类造成心理威慑,实现刑罚的一般预防功能,在实现报应与预防目的的基础上,产生防卫社会的积极效果。

因此,将人工智能作为人工智能领域的刑事责任主体显然是不适当的。一方面,人工智能在本质上并无人类的肉体以及神经系统,无法感知刑罚的痛苦。即使如肯定说者所言,增加删除数据、恢复出厂状态甚至销毁等刑罚措施,对于没有自然生命的人工智能而言可能并无实际意义。另一方面,人工智能不能独立承担刑罚之不利后果。其不但没有肉体与自由可言,也无财产可供执行,即使是肯定说的论者也不得不承认这一点。简而言之,对人工智能适用刑罚既无特殊预防也无一般预防效果。

所以,应该将人工智能的研发、生产及其使用者作为人工智能领域的刑事责任主体,一方面,将它们视为刑事责任主体符合社会正义"把社会分配的所有形式与正义的原则协调一致"② 的要求,因为他们是风险的创造者,而且在技术方面具有巨大优势,可以将风险转移出去,产生有组织的不负责任的现象,刑法在适当时候应该介入,强制其承担风险及其后果。另一方面,它们符合刑罚的适用性要求,可以独立承担刑罚后果,有助于实现刑罚的报应与特殊预防目的。

### 三、人工智能领域综合归责路径之提倡

如果将人工智能的研发者、生产者、销售者及其使用者规定为刑事责任主体,那么接下来必须要重视并解决的问题就是如何进行归责,以在有效防控风险的同时,实现"前瞻应对风险挑战,推动以人类可持续发展为中心的智能化"之宏观政策目的。就此,已经有学者从过失犯的构造,③ 研发者、生产者与使用者的注意义务及风险防控,④ 以及增设新的罪名⑤等角度进行了研究。但是总体而言,已有研究仍然囿于传统刑法理论,而且侧重于风险防控,对如何实现刑法的谦抑性、避免

---

① [日]大塚仁:《新旧两派刑法理论与止扬的动向》,载《法律时报》第 28 卷第 3 期。
② [英]戴维·米勒、韦农·波格丹诺:《布莱克维尔政治学百科全书》,邓正来译,中国政法大学出版社 2002 年版,第 283 页。
③ 参见储陈城:《人工智能时代刑法归责的走向———以过失的归责间隙为中心的讨论》,载《东方法学》2018 年第 3 期。
④ 参见叶良芳、马路瑶:《风险社会视阈下人工智能犯罪的刑法应对》,载《浙江学刊》2018 年第 6 期。
⑤ 刘宪权:《人工智能时代的刑事风险与刑法应对》,载《法商研究》2018 年第 1 期。

阻碍技术革新的政策目的关注较少。此处，尝试提出遵循从客观要素到主观要素的推定逻辑，以积极要件肯定的同时通过消极要件否定行为人刑事责任的综合归责路径。

## （一）综合归责路径的构成要件

综合归责路径的构成要件可以分为积极要件与消极要件，前者指追究人工智能的研发者、生产者、销售者与使用者刑事责任必须具备的构成要件，后者则指能够否定人工智能的研发者、生产者与使用者刑事责任的构成要件。从上述人工智能领域刑事责任的内容可以明显看出，积极要件就是通常所说的犯罪故意、犯罪过失、犯罪主体、实行行为以及因果关系等，此处并无赘述之必要。但是，现行刑事立法中并未规定消极要件，因而有增设相关条款之必要。那么，应该如何增设？

消极要件要解决的是如何为人工智能的研发者、生产者、销售者以及使用者出罪的问题。因此，建议将合规计划的有效实施作为人工智能领域刑事责任的消极要件。合规计划指法人为预防内部的违法和犯罪行为而主动制定和实施的内部机制，有效实施的合规计划在许多国家尤其是英美国家是否定法人刑事责任的辩护理由，同时也是从宽处罚的量刑情节。[①] 那么，在人工智能领域，如何判断合规计划是否被有效实施呢？行为人尤其是单位行为人首先应该制定明确而具体的行为规则，该规则的内容至少应包括：（1）人工智能研发、生产、销售以及使用的法律规范、行业标准，并明确在法律规范与行业标准不一致的情况下，以要求相对较高、较严者为准；在法律规范与行业标准缺位的情况下，明确规定其自身对人工智能安全性方面的承诺，该承诺应至少不低于同类或者相似产品的安全标准。（2）告知与询问义务，即告知或者向相关主体询问人工智能的生产标准、可能存在的缺陷以及使用后可能产生危害的可能性，并在技术可行性的基础上告知或者询问预防危害的应该或者可能采取的具体措施。（3）与人工智能的学习能力和潜在危险相对应的定期检查与报告义务。（4）危害预防与消除措施，即对人工智能产品可能导致的危害进行预测，制定相应的预防与消除措施，并随着技术的发展与进步，对相应措施进行更新。其次，实施机制，即将上述行为规则付诸实施的程序与制度的总称，该机制至少应包括如下四方面的内容：（1）具体负责实施的人或者机构，而且应具有独立性，可以为外部专业机构；（2）对定期检查报告以及可能的举报材料进行审查与处理的程序；（3）对相关主体告知或者询问义务履行情况的监督程序；（4）调查程序与制裁措施，即研发者、生产者、销售者以及使用者在人工智能导致实际侵害之后，对问题原因进行调查，以及在确定原因之后采取内部制裁的相应程序、措施与制度。最后，合作机制，即研发者、生产者、销售者与使用者在人工智能造成实际危害之后，与调查机关进行合作，包括主动报告危害后果、积极收集并提供证据、采取措施防止危害扩大以及补偿被害人等。

## （二）综合归责路径的基本逻辑

基于上述构成要件，综合归责路径主张沿循"判断积极要件→判断消极要件→

---

[①] 周振杰、赖祎婧：《合规计划有效性的具体判断》，载《法律适用》（《司法案例》）2018年第14期。

认定刑事责任→具体裁量刑罚"的基本逻辑处理人工智能刑事案件。具体而言，在实际的社会危害或者具体危险出现之后，首先判断实际危害或者具体危险与人工智能之间是否存在因果关系：如果不存在因果关系，则无须启动刑事归责程序；如果存在因果关系，进一步判断行为人的主观心态；如果行为人是以人工智能为犯罪工具实施犯罪，则无须判断消极要件是否存在，可直接追究行为人的刑事责任。如果行为人的主观心态并非直接故意，则其主观上是间接故意、过失还是二者都不是，需要根据消极要件的情况判断。其次，根据客观材料判断行为人是否制定并实施了合规计划，以及实施的有效性及其程度。如果研发者、生产者、销售者或者使用者都有效实施了上述合规计划，当然就不存在间接故意或者过失的问题。如果其中之一没有有效实施合规计划，则需要根据实际情况具体分析。例如，如果是研发者或者生产者完全没有履行合规计划，则可以认定其主观上存在间接故意；如果其仅是告知了销售者或者使用者存在缺陷而没有告知其应该采取的预防措施，同样也可以认定其存在间接故意；如果其虽然告知了销售者或者使用者存在的缺陷与应该采取的预防措施，但是并没有告知销售者与使用者需要针对人工智能通过深度学习可能产生的新的风险情况，定期更新预防措施，则其主观上可能构成过失。再如，使用者在购买人工智能之前，如果没有主动询问人工智能导致的损害，或者没有认真听取生产者或者销售者的说明，因此造成社会危害的，可能需要承担过失责任。最后，根据责任认定的结论，参考包括合规计划实施程度等各种要素，确定具体宣告刑。

（三）立法建议

从上述内容可以看出，消极要件的主要功能在于影响行为人责任的有无与大小。因此，在刑法中增设有关合规计划的规定，可以考虑选择如下两种方式：第一，在刑法总则第 20 条之后增设一条作为第 21 条之一，将有效实施合规计划的情形规定为免责事由，即规定"为预防犯罪制定并有效实施相关措施的，可以免除刑事责任。需要负刑事责任的，可以从轻或者减轻处罚"。第二，在刑法总则第 31 条之后增设一条作为第 31 条之一，在单位犯罪的成立范围与处罚原则之后，将有效实施合规计划的情形规定为否定、减轻单位刑事责任的情节。

在上述两种方式之中，第一种因为是作为免责事由规定在正当防卫与紧急避险之后，所以适用于包括人工智能犯罪在内的刑法分则的所有罪名，而且适用于自然人与单位；第二种方式主要是针对单位犯罪人，将自然人犯罪人排除在外。需要指出的是，虽然是规定在单位犯罪一节，但是实际上也可以适用于所有罪名。因为根据全国人民代表大会常务委员会《关于〈中华人民共和国刑法〉第三十条的解释》，对于单位实施刑法规定的危害社会的行为，如果刑法分则和其他法律未规定追究单位刑事责任的，可以直接追究具体组织、策划、实施者的刑事责任。第一种方式当然是最理想的方式，但应考虑到：一方面，合规计划的概念对于中国刑事立法而言仍然比较新颖，在中国缺乏实践检验；另一方面，人工智能的研发者、生产者、销售者以及使用者大多是单位，而且单位犯罪大多采取双罚制原则。因此，可以考虑先以第二种方式增加相关消极要件的规定，等待实践经验充分之后，再扩大其适用范围。

至于消极要件作为量刑情节的功能,在立法层面并不需要进一步的修改,因为在现有规范框架内就可以解决。一方面,根据刑法第 61 条"对于犯罪分子决定刑罚的时候,应当根据犯罪的事实、犯罪的性质、情节……"之规定,在人工智能刑事案件中,行为人在被追诉之前实施合规计划的情况,当然属于犯罪事实以及情节的一部分;另一方面,行为人积极向执法机关报告违法情况以及与执法机关合作,可以适用现有的刑罚制度。在行为人是自然人的场合自不待言,即使在行为人是单位的场合,也并无多大障碍。例如,根据最高人民法院与最高人民检察院 2009 年联合公布的《关于办理职务犯罪案件认定自首、立功等量刑情节若干问题的意见》规定,自首也可以适用于单位。虽然现有司法解释并没有规定坦白与认罪也可以适用于单位,但是二者与自首在性质上相同,既然自首可以适用于单位,坦白与认罪当然也可以适用于单位。再如,主动赔偿被害人的情节可以在认罪认罚从宽以及刑事和解等制度下予以考虑。

## 四、结语

人工智能时代的到来是历史的必然。从其潜在的社会危害性出发,通过被视为"服务四化"[①] 有力武器的刑法对其予以规制也无可厚非。考虑到其本质上靠近社会责任,应该从刑罚能力的角度出发选择人工智能领域刑事责任的主体,也即应该将刑法规制的对象确定为人工智能的研发者、生产者、销售者与使用者。同时,为了实现在有效发挥刑法功能的同时保持技术创新的活力、推动智慧社会建设的政策目的,应该采纳注重上述主体自身努力的综合归责原则,将合规计划的实施情况作为判断人工智能领域刑事责任有无与大小的关键基础要素。

---

① 高铭暄、马克昌:《刑法学》,北京大学出版社、高等教育出版社 2011 年版,第 8 页。

# 人工智能刑事责任主体认定的反拨与正源

张 建* 俞小海**

人工智能的快速发展给人类社会生活带来了广泛而深远的影响。近年来，世界各国纷纷将人工智能上升为国家战略。① 2017年3月5日，人工智能首次被写入我国政府工作报告。2017年7月8日，国务院通过《新一代人工智能发展规划》，正式将人工智能上升为国家战略。2018年10月，习近平总书记在中共中央政治局第九次集体学习时指出："加快发展新一代人工智能是事关我国能否抓住新一轮科技革命和产业变革机遇的战略问题。"人工智能的快速发展在给人类社会生活带来广泛影响的同时，也带来了人工智能时代法律责任认定问题的争议。其中，人工智能刑事责任的认定是争议较大且引人关注的一个方面，有必要对这个问题进行专门分析。

## 一、理论上关于人工智能刑事责任主体地位的争议

刑法学界关于人工智能刑事责任主体认定的争议主要集中于肯定论和否定论两种截然不同的观点。

### （一）肯定论与否定论

肯定论观点认为，人工智能可以成为独立的刑事责任主体。其中，又可进一步细分为两种观点（立场）。第一种观点是将人工智能视为与自然人一样具有辨认和控制能力。比如有人指出，人工智能虽然不具有生命，但和自然人一样可以拥有辨认控制能力，可以在编程和设计之外独立"思考"并实施行为，这是人工智能体存在的最大意义。人工智能体最大的权利在于自主思考并实施相关行为的权利即"思考—行为"权。人工智能能够做到刑法所要求的对自身行为意义的理解，也能够在通过学习后掌握并遵守法律法规。承认人工智能能够作为刑事责任主体是基于功利主义的考量，其目的在于更好地保护人类的利益。② 有学者基于普通机器人时代、弱人工智能时代、强人工智能时代下普通机器人、弱智能机器人、强智能机器人的划分，认为在强人工智能时代，强智能机器人能够在自主意识和意志的支配下独立作出决策并实施严重危害社会的行为，应将其作为刑事责任主体，并重构我国的刑

---

\* 上海市法学会刑法学研究会副会长兼秘书长。
\*\* 上海市高级人民法院研究室法官助理。

① 自2015年以来，美国联邦政府对AI和相关技术的公开研究投资增长已超过40%。近日，白宫宣布，要在国家科学与技术委员会旗下组建一个AI特别委员会，在政府、军事、财政、外交、人口和教育等各个领域进行AI深度部署，以保持美国在这一领域的领导地位。昝秀丽：《成立AI委员会美国全方位部署人工智能》，载《中国证券报》2018年5月15日A4版。

② 陈叙言：《人工智能刑事责任主体问题之初探》，载《社会科学》2019年第3期。

罚体系,使得强智能机器人被纳入刑罚处罚的范围。具体而言,对于无形的强智能机器人,根据其所实施行为的社会危害性大小,分别对其适用删除数据、修改程序、删除程序等刑罚处罚;对于有形的强智能机器人,根据其所实施行为的社会危害性大小,参考刑法中针对自然人设立的刑罚处罚方式,分别对其适用限制自由刑、剥夺自由刑和销毁的刑罚处罚方式。① 还有的学者也对人工智能承担刑事责任做了区别性认定。该学者指出,当智能机器人仅扮演工具角色时,适用代理人责任;当智能机器人行为的结果在编程者/使用者"自然—可能—结果"的范围内,适用自然—可能—结果责任模式;当智能机器人的行为完全超出设计者/使用者的预见范围时,独立承担刑事责任。② 第二种观点虽然也坚持将人工智能作为独立的刑事责任主体,但其立场并非在于人工智能具有和自然人一样的辨认和控制能力,而是在于保护人类免受人工智能的侵害(即为了防卫社会),采用专门针对人工智能等科技风险的"科技社会防卫论"。具体而言,在应对人工智能等科技产品危害社会的风险时,只要有客观危害产生或者有危险存在,对实施了社会危害行为或者有危险性的人工智能就应当适用具有保安处分性质的技术危险消除措施。该学者进一步指出,以"科技社会防卫论"为基础所产生的刑事责任是一种客观的结果责任,这种刑事责任追究的形式则可称为"技术责任论"。鉴于此,针对防止人工智能可能产生的对社会的危害,有效的处理方式并非对其进行惩罚,而是一方面要通过技术措施,如安全软件,对人工智能可能产生的风险进行防范(一般预防),另一方面则对客观上有危害或者危险的人工智能通过技术措施消除其再次产生危害的可能性,并对其他类型人工智能产生危害的可能性进行技术防范(特殊预防)。这些技术危险消除措施由于不会给人工智能带来痛苦,并不会具有惩罚性,因而就其本质而言,不能将其称为刑罚。这些措施的施加是以客观危害或者危险为前提的,只要事实上存在危害社会的结果或者危险,就应当对其以技术措施消除危险,因而是一种保安处分措施。③

否定论观点认为,人工智能不能成为独立的刑事责任主体。比如有学者指出,现阶段人工智能体仍然属于弱人工智能体,不具有刑法意义上的独立意志和主体地位。人工智能体面临"刑事责任"的二重否定,即有责性缺失的责任前提否定,以及刑罚无效的责任本体否定。④ 有学者认为,意志自由是认定刑事主体地位的关键要素,包括认识要素与意志要素,当前人工智能并不具备。当前人工智能本质上是人类辅助工具,不具有法律上的人格属性。虽然人工智能的目标在于使机器像人一样思考并获得独立自主学习的能力,但其行为不论是依照预先设定的程序运行还是脱离程序设计的自主运行,都欠缺法规范遵从能力的意志性,即使客观上造成法益

---

① 刘宪权:《人工智能时代的刑事责任演变:昨天、今天、明天》,载《法学》2019年第1期。
② 李婕:《智能风险与人工智能刑事责任之构建》,载《当代法学》2019年第3期。
③ 黄云波:《论人工智能时代的刑事责任主体:误区、立场与类型》,载《中国应用法学》2019年第2期。
④ 王肃之:《人工智能体"刑事责任"的教义学解构》,载《西南政法大学学报》2019年第1期。

侵害后果，同样不具有刑法上的可归责性。① 还有学者针对肯定论者涉及的强人工智能这一对象做了有针对性的反驳，该学者指出，由于电子机械运动与人的生理运动之间存在不可逾越的鸿沟，从金属、塑料和指示电极开与关的程序组合中无法产生人的意识。在对人类意识的本质及生成机制缺乏透彻理解的情况下，无论是符号主义还是联结主义，都不可能模拟出人的意识。即使假设强人工智能已经到来，考虑对其增设刑罚种类也意义不大。肯定论者提出的删除数据、修改程序、永久销毁等"刑罚"种类，由于缺乏刑罚的痛苦本质和剥夺权利属性，在性质上不属于对强人工智能的刑罚，至多仅属于对主人财产的某种限制。②

### (二) 简单的评析

仔细梳理肯定论和否定论两种观点后可以得知，除了个别学者坚持人工智能可以成为刑事责任主体这一较为宽泛的结论，其他学者对于该问题均做了更为细致的表述，主要就是对人工智能做了强人工智能、弱人工智能的区分，并且围绕强人工智能能否成为刑事责任主体这一问题进行争论。更进一步来说，关于强人工智能能否成为刑事责任主体这一问题争议的核心在于人工智能是否具有和自然人一样或者至少是类似的辨认和控制能力。尽管有个别持"科技社会防卫论"的论者回避人工智能主观意识这一问题，而单纯从客观的结果责任角度对具有社会危害或者危险的人工智能处以保安处分措施（技术措施消除），但是该种观点背后的逻辑实质依然是人工智能具有和自然人一样或者类似的意识，因为如果不是基于这一预设前提，单纯对产品或者机器的危害实施保安处分或技术处理，也很难被称为一种刑罚手段，其与西方国家的保安处分制度也相去甚远。由此看来，关于人工智能刑事责任主体的讨论，核心在于强人工智能是否和自然人一样具有辨认和控制能力？要解决这一问题，笔者认为，还需要全面研究与此紧密相关的其他几个问题，包括：强人工智能时代是否会真的到来？即便强人工智能时代来临，智能机器人具有了一定的辨认和控制能力，其能否被视为刑法意义上的人？我国刑法关于刑事责任认定的原则能否推用于强人工智能？刑法回应人工智能所可能带来的社会风险，其最终着眼点是什么？笔者的总体观点是，人工智能不能单独成为刑事责任的主体，人工智能刑事责任主体始终都是而且应该是背后研发、生产、销售、使用、销毁、控制、买卖人工智能的人。对此，笔者将从事实和规范两个层面展开分析。

## 二、人工智能刑事责任主体认定的反拨

### (一) 事实层面：人类不会失去对人工智能的控制

人工智能的强、弱二元划分几乎已经成为人工智能刑事责任讨论的通行视角。当前，人工智能在社会生活中的运用，以无人驾驶汽车（自动驾驶汽车）最为典型。但是，自动驾驶汽车的智能化程度也存在区分。目前最被广泛采用的应该是美国国家公路交通安全管理局依据国际自动机工程师学会提出的六等级（0~5级）。

---

① 时方：《人工智能刑事主体地位之否定》，载《法律科学》（《西北政法大学学报》）2018年第6期。
② 周铭川：《强人工智能刑事责任之否定》，载《上海政法学院学报》2019年第2期。

被分类在第 0 级的车辆,即非自驾车,也无驾驶辅助功能,必须由驾驶者完成控制车辆(包含方向盘、刹车、油门、动力系统等);第 1 至 3 级的车辆,则以车辆的驾驶辅助系统强弱区分,也称不上自驾车;① 第 4 级的车辆,则是在条件许可下,车辆能完全自驾,但可能仅限于高速或车辆较少的道路或特定区域,若不符合条件则需要人类驾驶;当车辆进步至第 5 级,则是真正的全自动驾驶,车辆在任何情况皆可自动驾驶,不受环境限定,完全不需要驾驶操控,可以自行决策。② 实际上,人工智能(或智能机器人)的智能化程度并不是一个有和无的判断,而是一个不断进步、提高的渐变过程,因此,以人工智能有无自主辨认和控制能力为基础对人工智能作出强、弱的二元划分并不准确,也不符合人工智能极其复杂的真实发展样态。笔者认为,将人工智能分为初级阶段、中级阶段、高级阶段更为合理。初级阶段,人工智能仅仅是人类的辅助工具,根据人类预设的程序运行,典型代表如 ATM 机;中级阶段,人工智能已经具有相对自主的阅读和判断能力,在特定区域或特定环境下可以模拟人类思维实现自主决策、自我行动等,典型代表如 AlphaGo;高级阶段,人工智能在任何情况下皆可自动行为,不受环境、区域所限定,完全不需要人类操控,可以自行决策,如自动驾驶车辆完成车辆启动、倒车出库、自主驾驶、接送某人到某地点、返回车库、熄火等一系列自主决策行为。显然,上文提及的第 5 级自动驾驶汽车以及笔者提出的人工智能高级阶段,就属于肯定论者观点中的强人工智能。应该承认的是,该种形态的人工智能,目前仍处于设想阶段,将来是否真的会出现,实际上无法获知。从科技发展的角度来说,我们完全有理由相信具有自主意识、辨认和控制能力的人工智能会在将来的某一天出现并进入我们的生活。即便如此,笔者依然可以得出结论,高级阶段的人工智能不具有刑事责任主体的地位。

之所以得出上述结论,根本的原因在于,人类不会失去对人工智能的控制。首先,无论是人工智能的自主意识,还是辨认和控制能力,都是源于或基于程序的初始设定。人工智能不是无中生有,它们既不会自我繁衍,也不会自我复制,人工智能的起源根本在于人类的程序设计。其次,人工智能并不会一经研发出来就自动启用并且一直处于使用状态,人工智能的所有动作,从一开始都离不开人类的目的性操作。比如,自动驾驶车辆为什么会完成车辆启动、倒车出库、自主驾驶、接送某人到某地点、返回车库、熄火等一系列自主决策行为?显然是出于人类的指令,离开人类的原始指令或操作,人工智能便成了无本之木、无源之水。再次,人工智能进入人类生活的根本乃至于唯一目的,在于辅助人类社会,而并不是取代人类成为社会的主体。人工智能可能在外形或思维逻辑上无限接近人类,但其思辨能力、逻辑判断推理能力并不等同于人类的自由意志和价值,也不会完全是毫无约束和限制

---

① 第 1 级,大部分仍由驾驶完成,但特定功能(如方向盘控制)由汽车自动完成;第 2 级,驾驶主要控制车辆,但有多项驾驶辅助系统可减轻驾驶负担;第 3 级,具有高级的驾驶辅助系统,具有无人驾驶的样貌,但其实仍有驾驶者存在,虽然在特定条件下可以放任车辆自动驾驶,但驾驶仍须注意路况,随时准备接管车辆驾驶,或可称之为半自驾车。

② 张丽卿:《人工智慧时代的刑法挑战与应对》,载《月旦法学杂志》2019 年第 3 期。

的"自由意志"。如果真的出现学者所言的"强智能机器人在很多方面超越人类，其蕴含的'人'的成分可以达到90%以上（甚至超过100%）"，[①]那么其和"克隆人"无异，不仅会面临着一系列的伦理问题，还会给人类生存和发展构成巨大威胁，人类不可能允许这种可能和自己完全混同，甚至给自己生存发展带来威胁的人工智能出现。因此，人类在研发人工智能服务于人类社会的时候，就有义务对人工智能可能的行为模式和自主决策作出预判，并采取相应的程序约束，而绝不会任其无限有害发展。总之，人类不会失去对人工智能的控制。肯定论者基于人工智能会超出人类程序设定范围具有自我决策能力进而实施危害社会的行为这一立场，提出对于我国刑罚体系予以重构的观点，实际上很难站得住脚。在笔者看来，对我国刑罚体系予以重构，对人工智能增设删除数据、修改程序、永久销毁等"刑罚"种类，恰恰证明人类对于人工智能是完全可以控制的（执行所谓的"刑罚"实际上就是一种控制手段）。既然人类不会失去对人工智能的控制，那么对人工智能产生的危害社会行为的刑法评价，当然应当回归到人这一主体。

（二）规范层面：人工智能与刑法体系存在根本冲突

刑事责任的理论基础以及刑事责任的承担方式均是以自然人（生命体）为载体。"没有责任就没有刑罚"是近代以来刑法的一个基本原理。一般认为，刑事责任是指行为人因其犯罪行为所应承受的，代表国家的司法机关根据刑事法律对该行为所作的否定评价和对行为人进行谴责的责任。[②] 行为人承担刑事责任的前提是具有刑事责任能力。我国刑法学通说认为，刑事责任能力是指行为人构成犯罪和承担刑事责任所必需的，行为人具备的刑法意义上辨认和控制自己行为的能力。[③] 有学者主张借鉴德日刑法中的相关理论，引入"主观谴责"概念，即"并不是只要具有值得科处刑罚处罚的侵害或者威胁法益的行为，就马上说行为人的行为构成犯罪，对其动用刑罚……还必须是行为人对其所实施的行为具有责任，即在主观上可以对其进行谴责"。[④] 日本刑法学者则认为，责任能力的核心在于法的非难。"行为人不具备有责地实施行为之能力的场合，不能对于该行为人进行法的非难，其责任被阻却。这样的旨在责任非难的行为人能力方面的要件，称为责任能力。"[⑤] 在日本刑法学者看来，为法的非难奠定基础的，是"他行为可能性"，即能够回避构成要件该当且违法的行为，能够实施构成要件该当、违法行为以外的行为。[⑥] 在英美法系，行为人承担刑事责任必须具有主观罪过。主观罪过又有广义和狭义之分。广义的主观罪过，是指行为人在实施犯罪行为时所怀有的"邪恶的意志"、"罪恶的想法"、"在道德上应该受到谴责的"或"可责罚的"心理状态。狭义的主观罪过，

---

① 刘宪权：《人工智能时代的刑事责任演变：昨天、今天、明天》，载《法学》2019年第1期。
② 张明楷：《刑法学（上）》（第五版），法律出版社2016年版，第498页。
③ 高铭暄、马克昌：《刑法学》（第六版），北京大学出版社、高等教育出版社2014年版，第84页。
④ 黎宏：《刑法总论问题思考》（第二版），中国人民大学出版社2016年版，第219页。
⑤ ［日］山口厚：《刑法总论》（第二版），付立庆译，中国人民大学出版社2011年版，第254页。
⑥ ［日］山口厚：《刑法总论》（第二版），付立庆译，中国人民大学出版社2011年版，第182-183页。

是指行为人实施犯罪行为时所怀有的该犯罪定义中所描述的特定精神状态。① 无论是主观谴责，还是法的非难，抑或是主观罪过，其核心在于行为人实施行为时对不法行为的辨认和控制能力。而要对行为具有辨认和控制能力，必须是自然人。"人的这种刑法意义上的辨认能力与控制能力是随着人的年龄的增长在社会生活中逐渐培养起来的，具有习得性。而且，人的这种刑法意义上的辨认能力与控制能力也不是一旦拥有以后就永远具备的，它还会因为各种病变而丧失。"② 显然，人工智能作为非生命体，与刑事责任认定中的以自然人（生命体）为基础的传统路径存在天然冲突。

刑事责任最主要的承担方式就是刑罚。目前，我国刑法所确立的刑罚体系主要由主刑和附加刑构成，前者包括管制、拘役、有期徒刑、无期徒刑和死刑，后者则包括罚金、剥夺政治权利、没收财产和驱逐出境。显然，这些刑罚种类仅针对自然人而设计，且仅能适用于自然人（罚金刑可以适用于单位）。而训诫或者责令具结悔过、赔礼道歉、赔偿损失等非刑罚性处置措施等更是具有浓烈的自然人色彩。这些刑罚种类均难以适用于人工智能。从刑罚的目的来说，无论是报应还是预防，也难以与人工智能发生关联。比如，理论上一般认为，报应中很重要的一部分内容是道义报应。道义报应是指根据犯罪人的主观恶性程度实行报应，由此出发，对犯罪人发动刑罚，应以其道德罪过为基础，使刑罚与道德充分保持一致。③ 我国刑罚体系中的生命刑、自由刑、财产刑、资格刑等都可以从道义报应中找到原始依据。又如，在个别预防的理论体系下，能否成为个别预防的对象，重点在于考察该对象是否具有刑罚的感受性。④ 而一般预防则着眼于刑罚对其他人产生的威慑、教育、鉴别等效果，阻却其他人的犯罪欲念或者帮助他人形成守法意愿。无论是刑罚的报应还是预防，其基本预设均是自然人。尽管随着人工智能技术的发展，在可预见的将来，可能会出现具有自主意识和自我决策能力，并基于自己的判断而实施独立行为的智能机器人，但是这些智能机器人能够"思考"、"行动"的本质在于其背后软件程序的支撑和运行，其本身难以具有道德观、羞耻感，难以感受到刑罚的痛苦。

与主体身份相关联的一个问题是人工智能的"国籍"问题。因人工智能本质上属于"产品"、"物品"或"机器"的范畴，人工智能的所有（权）或者占有（权）不像自然人的国籍一样具有固定性、不可转让性，而往往随着交易行为的变化而变化，这给刑事责任主体的认定带来了不确定性。我国刑法的空间效力就涉及属地管辖、属人管辖、保护管辖与普遍管辖的问题。根据我国刑法第 7 条规定，中华人民共和国公民在中华人民共和国领域外犯本法规定之罪的，适用本法，但是按本法规定的最高刑为 3 年以下有期徒刑的，可以不予追究。第 8 条规定，外国人在中华人民共和国领域外对中华人民共和国国家或者公民犯罪，而按本法规定的最低刑为 3 年以上有期徒刑的，可以适用本法，但是按照犯罪地的法律不受处罚的除

---

① [美] 约书亚·德雷斯勒：《美国刑法纲要》，姜敏译，中国法制出版社 2016 年版，第 14 页。
② 陈兴良：《刑法哲学》（下册），中国政法大学出版社 2009 年版，第 373 页。
③ 陈兴良：《刑法哲学》（下册），中国政法大学出版社 2009 年版，第 343 页。
④ 陈兴良：《刑法哲学》（下册），中国政法大学出版社 2009 年版，第 375 页。

外。可以看出，我国刑法属人管辖和保护管辖的基础在于我国国籍的确定。如果无法确定我国国籍，属人管辖和属地管辖便成了无源之水、无本之木。显然，对于人工智能而言，无论是从其本质属性、权属状况，还是从当前我国国籍确定的规则来看，均无法适用属人管辖和属地管辖原则，因而也就难以成为刑事责任的主体。

### 三、刑法理论和司法实务应对人工智能的理性态度

我国是成文法国家，罪刑法定原则是我国刑法规定的一项基本原则，也是刑法适用过程中应当坚守的最为重要的原则。罪刑法定原则要求对某一行为的罪刑评价应当以刑法的规定为依据。因此，一方面，尽管在理论上可以对人工智能的刑事责任问题展开充分的探讨，但是在司法实务领域，应当严格恪守现有刑法制度，对于因人工智能而引发的严重危害国家利益、社会利益和他人合法利益的犯罪行为，始终着眼于评价人工智能背后的人类行为，而不能通过自我演绎的方法，完成人工智能致害行为本身的司法犯罪化。另一方面，"法无禁止即可为"作为一种法理对于人工智能的推进和法律立场选择同样适用。人工智能极大地促进和改善了人类社会的生产、生活方式，给人类带来了极大的便利。但"刑法犹如一把双刃剑，用之得当，则个人与社会两受益；用之不当，则个人与社会两受害"。笔者认为，在坚持罪刑法定原则的基础上，应正确处理好鼓励人工智能创新发展与刑法介入适度性的关系，对于人工智能研发或使用行为的规制应当保持一定的谦抑性，肯定其研发、使用的正面效应，不过多地用刑法加以干预，从而实现既要严格防控人工智能技术被滥用的风险，又不能阻碍人工智能技术的创新和发展。同时，应加强对人工智能时代各类风险的研判和防控，注重人工智能研发、使用、管理过程的制度机制建设，构建人工智能研发、使用、管理的民事、行政、刑事三位一体的法律规范体系。

# 智能机器人的刑事责任主体地位之浅析

毕 成[*] 陈文露[**]

毫无疑问，人工智能时代已经到来，随着人工智能的高速发展，它在为我们的生活与科技带来巨大方便与市场效益的同时，也对我们的法律秩序提出巨大的挑战。智能机器人与自然人一样表现出了等同的甚至超越人类的理性思维，能够通过深度学习产生自主意识与自主控制能力，尤其是近些年来机器人致人损害的事件时有发生，为了明确智能机器人从事严重危害社会行为的刑事责任，有必要首先确认其刑事责任主体地位。

## 一、问题提出："智能机器人"到底是什么

众所周知，人工智能这个概念大家并不陌生，尤其是最近几年发生在人工智能领域的案例引起了社会各界的关注，毫不夸张地说，我们每个人每天都在与人工智能有着紧密的联系，如我们生活不可或缺的智能手机。现在这个社会，如果离开智能手机，有些人甚至都活不下去，这当然是夸张的说法，但足以证明人工智能对于我们生活的重要性。再如 ATM 机，它也属于智能机器的一种，它在我们生活中的重要性也是不言而喻的。但是人工智能也有强弱之分，像我们所用的智能手机就属于低端智能，那么有些学者将人工智能分为弱人工智能（只适用于某一单一领域）、强人工智能（适用于所有领域）、超人工智能（超越人类），[①] 这是基于人工智能的范围进行划分，但这种分法有点太过简单和模糊。根据智能程度分为行动智能体、自主智能体、类人型智能体貌似更合适。行动智能体是人工智能的初级阶段，它只是在某个单一领域里拥有独立的行动能力，是人类行动能力的延伸，没有任何内源性的权利能力，其行动完全受控于设计者或使用者预先设计与编制的程序，其"守法意识"与"守法能力"更强。自主智能体相对于行动智能体拥有自主学习能力，具有"自主意识"与"自主性"，其运作规则与逻辑并不固定，但是这种自主意识与自主性是人类在设计之初就能预见到的，虽然有自主意识，但它并不能像人一样理解自己行为的意义与后果，因此不能完全与人的自主意识画等号。类人型智能体也可以叫自主型智能机器人，就是本文所要讲的真正的"智能机器人"，也有学者称它为"人工人"。大多数专家认为智能机器人至少具备三个要素：一是感觉要素，用来认识周围环境状态；二是运动要素，即对外界做出反应性动作；三是思考要

---

[*] 西北政法大学刑事法学院党委书记，刑法教研室副教授，陕西省法学会刑法学研究会常务理事。
[**] 西北政法大学刑事法学院刑法专业研究生。
[①] [英]尼克·波斯特洛姆：《超级智能：路线图，危险性与应对策略》，张体伟、张玉青译，中信出版社 2015 版，第 10 页。

素，即根据感觉要素所得到的信息，思考出采用什么样的动作。感觉要素就是像感知视觉等的非接触型传感器和能感知力、触觉等的接触型传感器，这些要素就相当于人的眼、鼻、耳等五官。对运动要素来说，智能机器人需要一个无轨道的移动机构，以适应诸如平地、楼梯、台阶、墙壁、坡地等不同的地理环境，它们的功能可以借助轮子、履带等完成。最重要的就是思考要素，这也是赋予机器人必备的要素，思考要素包括判断、逻辑分析、理解等方面的智力活动。① 虽然目前国际上对于智能机器人没有一个准确的定义，但基于上述分析，笔者认为智能机器人是指能够识别周围所处环境，从而进行数据收集并对所收集到的信息进行加工处理，最后根据外部环境依据数据做出决策，具备行为性并且不断自主学习进化的"人工人"。智能机器人根据其智能程度分为三种：传感型、交互型与自主型。传感型又称外部受控机器人，目前机器人世界杯的小型组比赛使用的就是这种类型的机器人。交互型机器人可以通过计算机系统与操作员或程序员进行人机对话，虽然具有部分处理和决策功能，能够独立实现一些诸如轨迹规划、简单的避障等功能，但还是要受到外部的控制。而自主型智能机器人在设计制作之后，机器人无须人的干预，能够在各种环境下自动完成各项拟人任务。自主型机器人的本体上具有感知、处理、决策、执行等模块，可以像一个自主的人一样独立地活动和处理问题，这种机器人的最重要特点在于自主性和适应性，它可以在一定的环境中不依赖任何外部控制，完全自主地执行一定的任务。所以文章所涉及的问题是以自主型智能机器人为出发点的。自主型智能机器人拥有独立的自主意识和自主控制能力，它完全可能在设计者设计与编制的程序之外自主实施一些行为，具备侵犯国家法益、社会法益与个人法益的可能性。有学者认为我们目前的人工智能还远远达不到这样的阶段，在刑法上讨论其刑事责任问题不具有任何意义。笔者认为刑法应当具有前瞻性，智能机器人的到来是必然的，这是毋庸置疑的，并且目前我们看到人工智能体对人类造成损害的例子也有不少，典型的就是德国大众汽车"机器人杀人"事件，② 以及无人驾驶操作系统交通肇事致死事件等一系列智能机器人严重危害社会的事件，向现行法律制度提出了挑战。假如智能机器人在没有人类介入的情况下独立思维、行动并做出了严重危害社会的行为，那么对此损失应由谁买单？是否会产生刑事责任问题？由谁承担刑事责任等一系列的问题都对我们传统的刑法理论与制度提出了挑战。我国学者刘宪权教授认为正视人工智能已经或可能出现的刑事风险，需要对刑法条文进行妥善的修改与完善。③ 此外，霍金早年在接受 BBC 采访时就曾预言未来人工智能的发展可能就是人类的末日，并不止一次地表明人脑与电脑并没有什么深层次的不同，电脑可以模仿甚至超越人脑。④ 因此，作为法律人，我们没有理由以这个困境还未到来为理由去漠视，而应该积极地去研究以应对将来的问题。

---

① 芯片植入大脑意念控制动作。
② 《德国大众工厂惊现"机器人杀人"事件，也许机器人统治地球的日子不远了》，http://news.it-time.com.cn/news_5244.shtml? utm_source=tuicool&utm_medium=referral，2018 年 7 月 28 日最后访问。
③ 刘宪权：《人工智能时代的刑事风险与刑法应对》，载《法商研究》2018 年第 1 期。
④ http://www.bbc.com/news/technology-37713629，2018 年 7 月 28 日最后访问。

## 二、智能机器人与自然人相似度分析

现代社会，法律与科技往往并不是同步发展的，技术日新月异，而与此同时相应的法律理论却是蹒跚不前。早在 1950 年，被誉为"计算机科学之父"的英国数学家图灵在其著作《计算机器与智能》一文中就提出"机器能够思维吗？"并认为一台机器只要能够通过图灵测试，便能够证明有思维。而如今的智能机器人能够轻松地通过图灵测试，甚至还学会了"撒谎"。由此可见智能机器人犯罪的可能性得到极大增加，下面笔者将从以下宏观角度探讨其可能性。

### （一）与自然人的相似程度高于动物

有学者提出，我们可以比对对动物的法律规制来处理智能机器人，动物法律模式也就是把智能机器人看成是"动物"，然后通过对动物的犯罪规制来解决人工智能犯罪问题。但核心问题仍无法解决，尤其是人工智能体在具备自主思维之后，相对于动物而言更能进行更为复杂的沟通，因此若继续沿用动物模式对于一些新的法律难题恐怕是束手无策的。人工智能源自于人类的编程，它的行为模式符合正式的人类的逻辑推理，这也是人工智能运行的核心，而这种逻辑推理是建立在理性思维之上的，而大多数动物不具备这种推理，并非说动物的行为不合理，而是他们的合理性不一定建立在正式的人类的逻辑推理之上。此外，相对于人工智能来说，动物可能更具感性，动物也是有情感的，它也能表现出与人类一样的情感，如动物喂养自己的孩子、保护自己的孩子免受伤害等。但是在刑法问题上，更注重理性的表达，智能机器人虽不像动物那样有丰富的情感，但是却拥有动物没有的理性，是一种最新出现的与人类智商不相上下的智能体，具备认识能力与控制能力，说到底，人类也不过是一个"机器"，只不过人有生命而已，因此从这个层面可以看出智能机器人与人类的相似度更高。

### （二）与自然人的相似度高于普通机器人

与普通机器人相比，智能机器人来源于程序，又可能高于程序、突破程序，而普通机器人只是一台接收指令，各种行为模式完全由人类操控的真正的机器人而已，它不可能突破人类编制的程序与设计自主实施行为。比如，普通的扫地机器人，它只能依据主人的指令去干扫地这个活动范围之内的事情，它不可能脱离这个指令而去干别的事，因为它接受的指令只是去扫地，而它本质上也只具有扫地这一个功能，当然也不排除程序漏洞导致的意外。

综上，笔者认为智能机器人与人类更为相似，虽然很多学者一直从哲学层面的认识论这一方向去探讨智能机器人与人的关系，且到目前为止也没有得出比较有权威的论点，但不可否认的是，智能机器人是有认识的，它在认识方面是不断进化的，尤其是 2016 年 AlphaGo 以 4∶1 的成绩战胜当时排名世界第五的围棋冠军李世石的事件，并且仅隔一天，AlphaGo 就排名世界第二了，仅次于中国选手柯洁。这一事件轰动一时，也使得很多学者甚至普通人对于智能机器人产生了更新的认识，我们很难特别地去否定它与人类认知的趋同性。并且我们已经进入了大数据时代，在大数据环境下，借助大数据的广泛系统，智能机器人的认知能够不断提高，虽然目前还不能完全与人类一样，但笔者认为不排除这种可能性，就像以前的恐龙时代到现在的人类时代，谁也不能准确地说没有这种可能性。所以笔者认为智能机器人与人类更为相似，只不过与自然人相比只是不具备生命体这一特征。人工智能时代是一个全新的时代，我们不应该再用传统的眼光与理论去看待日益发展的新生事物，而是需要一整套全新的法律理论来看待智能机器人的行为与法律地位。

### 三、具备法益侵犯性

刑法调整的社会关系是极其复杂、变动不居的，相应的，刑法条文施行后也不是一成不变的，相应的随着新事物的出现，做出修改与增减是其必经之路，如果人工智能能从"机械机器"转变为"智能机器"，那么就应当赋予其刑事主体资格。智能机器人本身就具备自主意识，能够在自己的自主意识下自主决定实施危害行为，具备国家法益、社会法益以及个人法益侵害的可能性，若设计者、使用者只是将智能机器人作为实施犯罪的工具，其行为仍在人类程序的控制之内，那么只需追究设计者、使用者的刑事责任即可，但是我们知道智能机器人完全可能突破程序的范围，自主实施犯罪行为，假如完全超出了设计者与使用者可预见的范围，如果此时追究设计者与使用者的刑事责任，有可能违反了罪责自负原则。若是赋予智能机器人刑事责任主体资格，不仅解决了责任归属问题，而且减轻了智能时代人们对于智能机器人犯罪的恐惧，增强人们的安全感与社会稳定性。当初人们对单位犯罪不受刑法的规制而产生恐惧之后，刑法不得不对单位犯罪做出规制，同样的，对于智能机器人的犯罪，等到适当的时机，刑法赋予其刑事主体资格也并非谬论。法律总是应该与时代同步的，应该积极回应社会现状，刑法作为保障社会稳定与安全的最后一道防线，保守并非良策，积极探索与创新才是使命。但这一点上存在的问题在于智能机器人在设计与编制的程序之外的行为是否属于刑法上的"行为"？也就是说，刑法上的"行为"是否仅限于人的行为？马克思曾说："对于法律而言，除了我的行为以外，我是不存在的。"可见，在马克思看来，法律更侧重于对行为的规制，而非行为主体。再者，提到行为，我们不得不探讨行为论的发展，行为论是德国刑法中不得不谈的话题，产生了自然行为论、社会行为论、目的行为论、因果行为论、人格行为论等诸多理论。这些理论的共同特点在于都是围绕"人"的行为展开的。例如，自然行为论将行为理解为纯肉体的外部动作，至于这种动作是否由意识支配以及意识内容如何属于责任的内容。社会行为论主张只有具有社会意义的人的身体动静才是刑法上的行为，以"社会"概念作为行为的核心因素；目的行为论认为一切行为皆有目的，它是一种目的事物现象，而不是单纯的因果事物现象；因果行为论将行为理解为一种因果事实，包括自然行为论与有意行为说；人格行为论则更直接地表明行为的本质是人格行为，但是对于究竟什么是人格，刑法能否介入到行为人的人格，还有待研究。① 显然，在以上这些理论提出之时，只有人能满足所谓"目的性"、"有意性"的要求，能思考的智能机器人当时并不存在，自然不

---

① 张明楷：《刑法学》（第五版），法律出版社2016年版。

可能被纳入考虑的范围，但是随着技术的高速发展，智能机器人已经能够满足行为理论有意性与目的性的要求了，就不得不考虑是否应纳入行为的规制范围了，此外，笔者认为对于刑法行为的定义应当侧重以刑法的法益保护功能为导向，① 一个刑法上的行为应当体现以下三个要素：一是本体要素，即行为是行为人在自由意志支配下实施的身体上的动静，该行为还要求具有他行为的可能性，而且该行为要对外部世界产生一定的连锁反应。二是社会性要素，这种连锁反应必须指向某种社会意义。也就是说，对社会某种共同规则的破坏而应当做出的反应。应当将这种社会意义放到社会系统中去考察，法规范也属于社会系统中的一种，因此可以进一步将这种社会意义限定在法规范层面，即对于行为规范的违反。三是刑法要素，刑法的基本功能在于保护法益，而承担这一功能的载体便是行为规范，当某一行为具有侵犯法益的抽象危险性时便违反了行为规范，据此而成为刑法意义上的行为，至于对行为规范的违反程度是否达到了足以发动制裁规范，则需要在构成要件中去判断。另一方面在于刑事行为的"主体"到底是什么，不能仅仅局限于活生生的自然人，智能机器人虽然不具有鲜活的肉体，但仍然具备独立思维支配下的行为能力，刑法并不需要人工智能完全模仿人类思维的能力。有学者将行为主体仅限定于自然人，认为法是人类行为的共同规范，笔者不认同这种说法，既然在单位犯罪极其严重的情况下，为了规制该行为，刑法赋予了单位主体资格，那么对于智能机器人也是可以的。

## 四、从刑事责任主体的本质分析——智能机器人具备认识与控制能力

早期的学者在探讨法律主体（人）与法律客体（物）的严格区别时存在诸多争议，费尔巴哈认为人与动物的区别在于人具有"意识"，此处的"意识"可以解读为"理性、爱与情感"。马克思认为只有人类具备认识世界并按照其意志进行活动的能力，人与动物的本质区别归结为"劳动"。② 亚里士多德将人与动物的区别归结为人类对于肉体的控制，对于善的追求以及对特定行为的实现过程。③ 康德在总结亚里士多德的观点之上提出人是理性的动物，综合看来将"劳动、意志、感情"作为人与动物的区别似乎不具有说服力。最后，大部分学者一致认为"理性"才是划分法律主体与客体的基本标准，这也体现了理性本位的要求。④ 这里的理性包括认知理性与行为理性。具体到我国刑法中的规定，则体现为作为刑事责任主体所必须具备的刑事责任能力，即辨认能力与控制能力。此外，还必须强调这里的"理性"特指与人类水平相当的理性。由此可见，"理性"才是当今法律主体的认定依据，但是我们应当注意的是将"理性"作为划分法律主体与客体的依据不能仅

---

① 日本学者平野龙一倡导功能性地考察刑法，即明确在现代社会中刑法以及刑罚应当承担的功能。具体论述参见［日］平野龙一：《刑法的功能性考察》，有斐阁1984年版，第4页以下。
② 张奎良、孙晶：《马克思"人的发展的本质"释义》，载《黑龙江社会科学》2016年第1期。
③ 李伟哲、贺宾：《生生不息的逻各斯：人与动物的根本区别——从〈尼各马可伦理学〉看亚里士多德道德哲学建构的基点》，载《甘肃理论学刊》2010年第1期。
④ 徐国栋：《从身份到理性——现代民法中的行为能力制度沿革考》，载《法律科学》2006年第4期。

限于人类，刑法上既然认定"单位"，那么也就有可能认定"智能机器人"。

**（一）具备刑法上的认知能力**

所谓刑法上的认知能力，就是认识到犯罪事实要素与规范要素的能力，智能机器人具有真正推理与解决问题的能力，具备自主认知能力。认知能力包括低阶认知与高阶认知。在低阶认知能力方面，人类主要是通过感官，比如眼睛、耳朵收集数据并将收集来的数据传入大脑进行处理，而智能机器人完全有能力吸收任何人类感官所能收集到的数据，比如相机吸收的光源、麦克风吸收的声音、传感器获取的压力信号等。事实上，人工智能比人体感官获取的数据更为精确。若说智能机器人拥有千里眼和顺风耳，笔者觉得特别合适，事实也是如此，智能机器人拥有的电子眼能检测到人眼无法识别的东西。再如智能机器人的耳朵是由多个音频设备组成的"电子耳"，能够吸收、甄别不同时段的频率。比如，麦克风能感知风波，人耳却无能为力。可见，智能机器人能比人类更好地完成低阶认知。高阶认知就是通过理性判断从数据中总结经验并形成行为流程，在大脑中创建一个由相应的、通用的数据堆积而成的感知图像，即充分的感知。通俗来说就是跟我们的人脑一样将眼睛、耳朵等感官收集到的信息在脑海里形成一个图像进行比对分析，只不过机器人是机器脑子，人是人脑而已。智能机器人不需要模拟人脑就能表现出智能思维，它们的思维大都体现在硬件如处理器、存储器中，在收到一个利用传感器吸收、由实际数据形成的一般图像后，它能够使用以及与其他信息整合，然后理解它。无论是人类还是人工智能机器人，都会将比较答案信息存储在相应的"内存"中，并在所有数据收集之后做出最后判断，[①] 只是机器人的认知比人更加精确。最典型的例子非AlphaGo在2016年战胜世界围棋冠军李世石莫属了，而且其目前已经发展到了AlphaGo Zero，已经完全不需要借助数据了。也就是说，它不再需要人类的数据，它从一开始就没有接触过人类的棋谱，研发团队只是让它自由地随意在棋盘上下棋，然后进行自我博弈，通过强大的神经网络搜索算法并不断进行自我博弈从而提升预测下一步的能力，最终赢得比赛。2017年AlphaGo再次打败世界围棋排名第一名的柯洁，成为世界第一。我们知道，一般公认围棋比国际象棋、中国象棋更为复杂，每下一个点都对应着很多不同的下棋规则，何况围棋有360个点，普通人脑是根本不可能认识这么多的，人脑的认知能力是有局限性的，况且作为自然人的对手的下一步棋会如何走，AlphaGo是不能准确得知的，但是它完全可以通过经验去预测对手的行动方向，就像一个真正的棋手一样去思考。综上可以得出智能机器人能够满足刑法设定的认知功能。

**（二）具备刑法上的控制能力**

所谓控制能力，是指行为人能认识到自己的行为与后果并决定实施与否的能力。意志是个很空泛的概念，这也是刑法通过行为的可预测性来推断行为人的意志的原因，随着技术的发展，智能机器人可以评估未知结果与实行行为之间的概率，具备被要求为决策目的的概率的能力，从而决定下一步的行为，还是以我们熟知的

---

[①] MANNERSD, MAKLMOTOT: Living with the Chip, Springer Press1995.

AlphaGo 大战世界围棋冠军李世石的事件为例。有可能设计者并不会下围棋，他只是在系统里编制了围棋的一般规则，况且上文也分析了围棋的复杂性，但 AlphaGo 通过深度学习可以形成自己的一套围棋思维，可以根据棋子的位置来分析游戏的当前状态。在下棋过程中检查下一步的所有可能选项，并且每一个选项都会预测对手所有可能的响应。然后对于每一个回答它们都会重新审视所有可能的反应，直到实行最后一个可能的动作，以一个棋手的胜利结束比赛。下棋过程中对每一个可能的移动都会给予评估后的概率解析，在此基础上，计算机决定它的下一步选择，如果评估概率很高，计算机就需要采取相应行动。李世石在接受采访时说，他明显觉得自己力不从心，很难有把握赢。可见智能机器人有能力巩固意识事实数据，其行为是由储存数据形成的意志决定的，并具备刑法需要的意志控制能力。

### （三）具备受刑能力

成为刑事责任主体还必须具有受刑能力，即可谴责性。有不少学者认为，智能机器人虽具有辨认能力和意志控制能力，但是不具有受刑能力，因此不能赋予其刑事责任主体地位。首先，笔者认为这种说法在逻辑上是错误的，不能仅仅以是否具备受刑能力来探讨刑事责任主体地位，正确的逻辑是讨论刑事责任主体是否需要接受刑罚以及接受什么样的刑罚的前提是先赋予其刑事责任主体资格，而并不是一个主体只有能接受刑罚才具备主体地位，这种逻辑显然是被颠倒的。其次，他们仅是站在德日刑事责任理论中道义责任论的层面谈的，但道义责任论强调报应，认为只有人才具有道义上被谴责的可能性，强调行为人的绝对自由意志与道义感，这在当今这个时代其合理性是值得怀疑的。再次，智能机器人与人最大的区别就在于不具有道德感，基于此理论是无法对机器人进行道德责难的。相反，从社会责任论角度理解可以解决这个问题。犯罪的本质就是社会危害性，社会责任论更加强调的是对社会的安全防卫，这与我国的刑事政策以及刑法的目的是一致的，尤其是当今社会进入了风险社会时期，这一阶段，应当更加注重对于社会的安全防护。所以从社会责任角度来谈论智能机器人的可罚性是合理且有必要的，笔者前文也谈到了智能机器人具备法益侵害性，能够触犯刑法的本质，那么从社会责任角度来讲就应受刑罚的谴责性，只不过由于它的特殊性，它不必非得适用现有的刑罚承担方式，而是应该设计适合它的刑罚方式，如删除数据、永久销毁，或者追究设计者、使用者的连带责任等。

## 五、结语

通过上述分析，笔者认为既然未来的智能机器人完全满足刑法对于刑事责任主体的本质要求，那么赋予其刑事责任主体资格是必然选择，既有利于巩固刑事责任主体基本内涵的统一性，也体现了罪责自负原则的根本要求，我们每个人都很清楚科技发展的速度之快。以手机为例，更新换代极其快，所以对于人工智能的发展我们不能用常态去看待，作为法律人应该为未来考虑，敢于挑战传统刑法理论，适应日新月异的科技发展，维护刑法这一最后屏障的坚实功能。

# 人工智能刑事归责面临的挑战及路径选择

彭新林[*]　王天保[**]

人工智能的迅速发展给人们的生产生活带来了极大便利。近年来，各国在人工智能产业中也投入了大量的人力、财力资源，制定、实施了相关的战略规划和重大举措，积极引导人工智能产业的发展。但是，人工智能的发展也衍生出一定的法律风险尤其是刑事风险。如发生人工智能造成财产损失、人身伤害等危险事故，发生法益受损事件。此外，利用人工智能产品侵犯个人隐私、突破安全屏障的犯罪行为也层出不穷。那么，应否对人工智能进行刑事归责，人工智能是否具有刑事主体资格？刑法如何应对人工智能造成的重大法益损害？等等。这些问题是人工智能蓬勃发展过程中不可回避的现实法律问题，也将直接影响和制约人工智能产业的长远发展。鉴于此，本文试对人工智能刑事归责面临的挑战及应对策略问题进行专题研究。

## 一、人工智能刑事归责面临的挑战

### （一）人工智能刑法地位难以界定

为了能够准确定罪量刑，实现刑法惩罚犯罪和保障人权的重要意义，刑法规定犯罪主体必须具备一定的条件，并非所有实施了侵害法益的行为都可以成为犯罪主体并承担与损害后果相应的刑事责任。[①] 不符合相应条件的人，即使实施了触犯法律造成损害的行为也不能构成犯罪，不承担责任，不符合特殊主体有关规定的，侵害法益后也不能成为特殊犯罪主体。

刑法中的犯罪主体主要指一般主体自然人和特殊主体单位。自然人成为犯罪主体要具有生命体征并且要具备刑事责任能力，拥有自由意志能力。并且在实行犯罪行为时能够辨认和控制自己的行为，即行为人实施侵害法益的行为时要同时具备认识行为的能力和抉择行为的能力。[②] 与自然人实行的犯罪相对应的是单位实行的犯罪，刑法中明确规定了单位可以实施的犯罪行为，单位实施这些行为后，应当负刑事责任并接受相应的刑罚处罚。

刑法第7条、第8条、第11条、第17条至第19条等多个条文表明，除自然人和法律规定的单位以外，其他均不能作为犯罪主体。新兴的人工智能产品能够根据对环境的评价反馈机制独立实施的行为，如前文所述的工业机器人伤人事件，通过

---

[*] 北京师范大学刑事法律科学研究院中国刑法研究所副所长，博士生导师，中国刑法学研究会副秘书长。
[**] 北京师范大学刑事法律科学研究院硕士研究生。
① 参见林山田：《刑法通论》（下册），北京大学出版社2012年版，第279页。
② 参见［德］冯·李斯特：《论犯罪、刑罚与刑事政策》，徐久生译，北京大学出版社2016年版，第45页。

自主模仿学习所实施的行为;如微软推出的智能聊天机器人 Tay,在受到不良引导后做出的种族歧视、反动言论等行为。这些行为与人类所实施的行为在表现形式上并无不同,但是根据现有的刑法人工智能不属于犯罪主体范畴,不能够对其实施的行为进行定罪量刑,也无法根据相关的法律条文对其所有者实行有针对性的惩罚措施,难以将犯罪行为与犯罪主体联系起来,容易给人造成人工智能产品逍遥法外的错觉,影响法律的权威,也不能更好地保护公民权利、维护社会秩序稳定。

### (二) 人工智能主观方面认定困难

刑法在具体适用的过程中需要明确行为人实行犯罪行为的主观因素,也即犯罪的主观方面。犯罪主观方面主要包括罪过、犯罪目的和犯罪动机等因素。其中罪过是确定行为人刑事责任最重要的依据,罪过的形式有两种:犯罪故意和犯罪过失。[①] 刑法第 14 条规定:"明知自己的行为会发生危害社会的结果,并且希望或者放任这种结果的发生,因而构成犯罪的,是故意犯罪。"由此可见,犯罪故意是行为人希望通过自己实施的行为或者放任自己的行为造成危害社会的结果,与之对应,可分为积极追求犯罪结果的直接故意和放任危害后果发生的间接故意。刑法第 15 条规定:"应当预见自己的行为可能发生危害社会的结果,因为疏忽大意而没有预见,或者已经预见而轻信能够避免,以致发生这种结果的,是过失犯罪。"可见犯罪过失是指按照正常的标准,行为人能够预见其所实施的行为可能会造成一定的损害后果,但是因为疏忽大意而没有预见到这种可能,或者由于过于自信而轻信能够避免危害结果发生。犯罪目的是指行为人希望通过实行该行为以达到的某种结果。[②] 犯罪动机是指激发行为人实施犯罪行为的内心冲动。[③] 关于犯罪主观方面的具体分类此处不再一一赘述。

对于自然人的犯罪行为,可以通过讯问或者根据自然人的身体情况、精神状况结合客观事实进行确定。如果客观上行为人所实施的行为导致了严重损害后果,但是在主观上行为人不具备故意或者过失的心理态度,则属于不可抗力事件或者意外事件,[④] 不构成犯罪行为。有学者认为人工智能可以通过感知,接收光、热、声音等外部因素,并做出对应的反应。[⑤] 这一过程相当于人类的理解和分析,可以通过检测来确定其主观态度。但是由于人工智能产品是否拥有自由意识存在争议,在主观方面难以认定其故意或过失的心理态度,更难发现其犯罪目的和犯罪动机,确定其主管的态度存在很大的困难,加之刑法并未将其作为犯罪主体进行对待,刑法中涉及主观方面的内容难以运用到对人工智能实行犯罪行为的追责惩罚中。

### (三) 人工智能犯罪定性困难

刑法中的犯罪行为主要是指人所实施的行为,是自然人积极的或者消极的身体

---

① 参见聂臻:《论犯罪主观方面的认定》,复旦大学 2012 届硕士学位论文,第 5 页。
② 参见蒋俊平、徐国春:《论犯罪基本结构与组成要素及其侦查价值》,载《犯罪研究》2018 年第 3 期。
③ 参见薛瑞麟:《关于犯罪动机的几个问题》,载《宁夏大学学报》(人文社会科学版) 2017 年第 2 期。
④ 参见陈兴良:《论无罪过事件的体系性地位》,载《中国政法大学学报》2008 年第 3 期。
⑤ Derek Partridge, "What's in an AI Program?" (2006) 3 The Foundations of Artificial Intelligence, pp. 112-118.

活动，并且该行为造成了一定的损害后果，以此为标准可以准确区分犯罪行为与自然灾害。然而人工智能的行为介于刑法中规定的犯罪行为与意外事件之间：人工智能的行为不是由自然人直接做出，甚至有些行为是由于算法错误所造成的，违背自然人的意愿，将人工智能的行为直接归于自然人存在一定的障碍。另一方面，人工智能的行为又与自然人有一定的联系，人工智能的有些行为虽然不是自然人直接命令的，但是人工智能的行为范围和方式是由人类设定的，而在刑法中并没有针对此类情况做出明确规定，因此难以准确区分认定人工智能行为与自然人行为。

人工智能实行的行为可以分为两类：第一类为自然人利用人工智能产品或者通过程序入侵利用他人的人工智能产品所实施的犯罪行为；第二类为人工智能产品由于自身机械故障、程序混乱所做出的犯罪行为。对于第一类犯罪行为，外观上是由人工智能做出，但是并不符合刑法中有关犯罪行为的相关规定。那么若将人工智能看作犯罪工具，进而将此犯罪行为直接归于人工智能产品的使用者，刑法中也无明确的规定。对于第二类行为，如自动驾驶汽车在行驶的过程中造成交通事故，应该如何认定此"交通肇事行为"，此行为与自然人的关系如何，自然人应负交通肇事的责任还是负监管使用不到位的过失责任，似乎也难以找到可以直接适用的法律规定。

**（四）人工智能犯罪刑法规制缺失**

刑法规定了 10 大类共 469 个罪名。① 根据社会经济的发展、犯罪手段的增加，通过公布刑法修正案的方式不断对刑法的内容进行修改补充。针对科技方面的犯罪，《刑法修正案（九）》增设了破坏计算机信息系统罪、拒不履行信息网络安全管理义务罪等信息网络方面的罪名，旨在规制影响信息网络系统正常运行，利用信息网络技术侵害他人人身权、财产权的犯罪行为，从而严密刑事法网，提高刑法打击此类犯罪的精准度。

在 2015 年通过的《刑法修正案（九）》颁布之后，2017 年出台的《刑法修正案（十）》也未增加新的罪名。针对新出现的侵害人工智能系统安全的行为、利用人工智能进行犯罪的行为，还没有相应明确的刑法条文予以规制。如果出现犯罪分子非法侵入他人智能机器人安全系统，利用该智能机器人实行违法犯罪行为，该犯罪分子具体应该承担的责任范围，以及智能机器人所有者是否应该承担过失责任、应该承担的责任范围，实施行为的智能机器人是否应该承担一定的刑事责任，在刑法中并无相关规定。对于生产、销售暴力型、具有侵略性的智能机器人，应该按照生产、销售不符合安全标准的产品罪还是以非法经营罪进行定罪处罚？利用智能机器人进行作业，造成安全事故的，应该按照重大责任事故罪还是重大劳动安全事故罪进行定罪处罚？诸如此类的法律行为，在刑法中缺少相应的条文规范，出现实际问题时将加大刑事司法工作的困难程度。

---

① 刑法中规定了危害国家安全罪，危害公共安全罪，破坏社会主义市场经济秩序罪，侵犯公民人身权利、民主权利罪，侵犯财产罪，妨害社会管理秩序罪，危害国防利益罪，贪污贿赂罪，渎职罪，军人违反职责罪 10 大类共 469 个罪名。

## 二、人工智能刑事归责的可行路径

对于人工智能产品造成的损害后果,我们既不能放任不管,也不能惩罚过度。应结合人工智能行业发展现状及刑法理论,在否定人工智能刑事主体资格的基础上,对其可能实行的损害行为和可能造成的损害后果合理预测,并提出详细的应对措施,填补刑法体系中存在不足的地方,规范人工智能行业有序发展。具体来说,对于人工智能犯罪,现阶段可以考虑借鉴信息网络犯罪立法的经验,根据人工智能犯罪行为的特征和侵犯法益的具体类型进行合理分类,在刑法中增设相应的罪名,并结合人工智能工具性的特点调整刑罚的配置。

### (一)增设人工智能犯罪罪名

#### 1. 生产、销售不符合安全标准的人工智能产品罪

刑法第三章破坏社会主义市场经济秩序罪中规定了生产、销售不符合标准的各类产品的相关罪名,其中涉及假药、劣药、食品、医疗器材、农药、种子、化妆品等多种产品。详细规定了成立犯罪的具体金额、特定情形,针对不同的后果处以不同程度的刑罚。如果单位构成本罪,对单位处以罚金,对其负直接责任的主管人员和责任人员按规定进行处罚。在这部分内容中,生产、销售伪劣产品罪为一般性罪名,其他为对象具体化的特殊性罪名。生产、销售伪劣产品罪的主观方面表现为故意,即生产者、销售者明知自己生产、销售的产品不符合国家标准、行业标准,产品流出后可能会造成影响社会经济秩序、侵害消费者的人身财产权利的严重后果,仍以次充好、以假充真进行生产、销售的。[1] 人工智能产品也是该类犯罪对象中的一种,设计、生产和销售也应该符合一定的标准。随着人工智能的发展,理应设立生产、销售不符合安全标准的人工智能产品罪这一特殊罪名,如果设计者、生产者、销售者违反国家标准和行业标准进行生产销售行为的,应处以一定的刑罚,对单位可以处以罚金,对直接责任人员、主管人员可以处以罚款、管制、拘役、有期徒刑等刑罚。同时,生产者、销售者在生产和销售的过程中要做到以下几点:

第一,生产者要履行严格的注意义务,保证产品能够符合标准,不存在质量缺陷。产品质量法中规定:"本法所称缺陷,是指产品存在危及人身、他人财产安全的不合理危险;产品有保障人体健康和人身、财产安全的国家标准、行业标准的,是指不符合该标准。"目前,对人工智能还没有相关的国家标准和行业标准。[2] 因此可以依据该条文,要求人工智能产品不得具有"不合理危险"。由于人工智能产品存在一定的复杂性,如智能机器人要保证语音系统、传感设备等硬件设施能够做出相应的行为,同时这些行为要依靠智能系统的算法,因此要同时具备硬件安全和软件安全。生产者在生产之前要判断是否存在设计缺陷问题。[3] 仔细审核该产品物理机械设计与算法系统设计,既要保证机械设计的合理性,人工智能的行动是否具

---

[1] 参见徐强:《认定生产、销售伪劣产品罪的几个问题》,载《检察日报》2017年7月19日。
[2] 参见施元帆:《生产、销售伪劣产品罪客观行为方式评析》,华东政法大学2016届硕士学位论文,第29页。
[3] 参见冉克平:《论产品设计缺陷及其判定》,载《东方法学》2016年第2期。

有协调性，又要检测软件算法是否稳定，是否经过多次运行检验，审核无问题后才可以投入生产。在生产过程中，要注意所用材质要符合国家和行业标准，精细的工作由专业人员进行，在生产配件、进行组装的过程中严格遵从相关规则。人工智能产品生产后，要进行严格的测试，检测系统的稳定性，测试合格后才可以出厂销售。

第二，生产者、销售者应承担产品召回义务。我国目前还没有专门的法律规定产品召回制度，结合《药品召回管理办法》等管理条例中相应的解释，产品召回是指在有关部门的监督下，依照法律规定，对已经流通的不合格产品，采用公告、回收、更换、赔偿等手段减少因为产品缺陷问题造成的损害。① 目前人工智能产品的设计、生产还不成熟，智能系统还不是完全安全，应该确定生产者、销售者对缺陷产品的召回义务。在产品流通后，对产品进行定期检查和不定期抽查，发现问题及时召回，如果发现人工智能产品安全问题也应及时召回，对造成的人身、财产损失进行赔偿，后果严重的应承担相应的刑事责任。② 同时对不及时履行召回义务的行为做出相应的处罚，符合以下情况的应当承担刑事责任：（1）故意隐瞒人工智能产品缺陷造成人身伤亡、重大财产损失的；（2）经有关部门责令召回后仍不实施召回造成人身伤亡、重大财产损失的；（3）在召回过程中擅自更改召回程序，采取违反法律的补救措施，造成严重后果的。发生此类情形，对单位可以处以罚金，对直接责任人员、主管人员可以处以管制、拘役等刑罚，犯罪情节或犯罪结果特别严重的可以处以有期徒刑。

第三，生产者、销售者应履行告知义务。产品质量法中规定了生产者、销售者的告知义务，可以通过产品的说明书、包装上印制警醒标识的方式向消费者进行告知。③ 通过告知，消费者能够了解产品的使用方法、维修方法、结构性能、主要用途、注意事项、存在的风险等情况，在具体了解后，消费者再决定是否购买，以便在购买后能够合理使用、避免因产品的固有风险造成损失。如果生产者、销售者没有履行正当的告知义务，那么可能会给消费者造成严重的损失。对人工智能产品而言，因为产品比较新颖，在使用中应注意更多的问题，如充电问题、适合使用的空间和场所、是否会对儿童有伤害等。生产者对使用中可能出现的问题应进行详细的总结记录，制作详细的产品使用说明书。说明书中应包括以下内容：产品的性能、主要用途、制作材质、保养方法、检查事项、排除故障的方法、使用寿命、使用限度、错误使用将会造成的后果等内容；在人工智能产品的包装盒上可以设置简单明了的提示语，包括：产品的名称、规则、电压电流、生产日期以及运输过程中的注意事项等内容。

在发生人工智能犯罪后，如果人工智能的使用者能够证明自己的使用方法得当，不存在违规操作的情况，经过检测，发现人工智能机器本身存在一定的产品缺陷，那么就可以追究生产者和销售者的刑事责任。

---

① 参见刘雨琪：《我国缺陷产品召回制度法律问题研究》，载《法制博览》2017 年第 8 期。
② 参见陈玲：《论我国缺陷产品召回制度的完善》，宁波大学 2011 届硕士学位论文，第 37 页。
③ 参见王兴运：《谈产品质量法中的告知义务》，载《经济观察》2010 年第 3 期。

2. 非法利用人工智能产品罪

刑法第 287 条之一规定了非法利用信息网络罪，前文阐述了该罪与人工智能犯罪的异同，非法利用信息网络罪是指利用信息网络实施犯罪行为，对于利用人工智能实施的犯罪行为可以设置非法利用人工智能犯罪。该罪不仅包括利用人工智能实施的传统犯罪，如诈骗、故意伤害、故意杀人等犯罪，还包括利用人工智能实施的诸如侵犯他人隐私、非法获取他人身份信息以及在正常使用人工智能过程中产生的其他犯罪行为。

第一，利用人工智能实施的传统犯罪行为。人工智能的使用在辅助人类生活的同时也为犯罪分子实施犯罪行为提供了便利。例如，在故意杀人犯罪中，行为人可以利用智能机器人实施具体的行为，通过远程遥控，趁其不备操纵机器人展开攻击，这种行为具有严重的危害性，很难预见并采取预防措施。在这类犯罪中，可以完全将人工智能作为工具看待，对于这类犯罪行为，行为人在向人工智能发出行为指令时就可以认定为行为的着手，如果是因为人工智能出现意料以外的错误而导致犯罪结果没有实现，那么应该认定为犯罪未遂。① 如果因为人工智能信息识别错误发生了行为人意料之外的结果，如行为指向对象错误，并不能影响犯罪既遂的认定。②

第二，利用人工智能实施的新型犯罪行为。人工智能广泛应用之后，出现了很多新型犯罪行为：利用人工智能非法收集、贩卖、使用个人信息，利用人工智能的便利形成非法产业链条等。例如，2017 年浙江省出现了我国首例利用人工智能方式侵犯公民个人信息的案件，该案的犯罪分子在非法入侵网站后，利用人工职能手段识别验证信息，收集用户信息，利用这些信息实行诈骗行为。③ 这种侵犯个人信息的方式造成的损害范围更广、速度更快。随着生活的数字化，监控设备遍布大街小巷，各种软件能够识别并储存人脸信息、声音信息，银行卡账号密码也不再是秘密。这些信息通过智能设备存入数据库系统，利用人工智能可以轻易地收集他人信息。再如，利用人工智能系统行为的非法交易，"春运"期间出现的"黄牛"代购市场，"黄牛"通过智能打码平台，快速识别图片验证码或者跳过该步骤，实现快速购票，根据车次和票价的不同对每笔订单收取价格不等的费用。④ 从而衍生出了非法交易车票市场。

第三，人工智能使用过程中产生的犯罪行为。行为人不存在犯罪的直接故意，在行为人使用人工智能时所发生的侵权行为，如自动驾驶汽车造成的交通事故、机器人致人伤残等情形，这些事故的发生是由于使用者的不正确使用行为。还有一种在行为人正常使用人工智能过程中产生的侵害行为，如利用智能机器人巡视检查环境情况，在检查的过程中，被害人为躲避该机器人而撞上正常行驶的汽车，这种情

---

① 参见柏浪涛：《未遂的认定与故意行为危险》，载《中外法学》2018 年第 4 期。
② 参见周贤芬：《论刑法中的认识错误》，载《法制与社会》2018 年第 3 期。
③ 参见《绍兴警方侦破全国首例利用人工智能侵犯公民个人信息案》，http://news.ifeng.com/a/20170926/52169293_0.shtml，2019 年 4 月 4 日访问。
④ 参见姜唐：《揭露黄牛背后那些事》，载《计算机与网络》2018 年第 9 期。

况要结合具体环境进行分析。如果是发生在车流量比较密集的市区,那么可以认定该行为人能够认识到在此处使用人工智能产品可能会造成一定的危害后果,应该追究其刑事责任。① 如果是在人烟稀少的山区等环境使用,若是造成了损害后果,可以认定为过失或者是意外事件。因此,在使用人工智能产品时要履行一定的注意义务,按照正确的使用方法使用产品。如果是因为使用方法错误或者是没能准确地评估环境而产生了侵害行为,那么应该承担相应的刑事责任。

人工智能是一种装载智能系统的工具,其本质并没有脱离"物"的范围,因此利用该工具所实施的犯罪行为以及在使用过程中所产生的侵权行为,应以具体的使用者作为犯罪主体,追究刑事责任。使用者在使用的过程中如果发现人工智能设备出现异常状况,应该立即停止使用,并及时进行检修和维护,以免造成严重的危害后果。

3. 非法提供人工智能产品罪

刑法第 287 条之二规定了帮助信息网络犯罪活动罪,主要指明知他人利用信息网络来实施犯罪行为,为其提供技术支持或者推广结算等帮助的犯罪行为,是将帮助犯罪行为拟制为正犯的规定。② 因此,针对明知他人利用人工智能产品实行犯罪行为而为其提供人工智能产品或者是销售主要用于实行犯罪行为的人工智能产品,可以增设非法提供人工智能产品罪。

第一,对于明知他人利用人工智能产品实行犯罪而为其提供产品的帮助行为。此处的明知包括行为人"应知"他人将要实施犯罪行为,这也是我国刑法中的主流观点。③ 应知的认定应结合行为人所处的环境,以正常的自然人是否能够知道为标准。④ 明知的内容可与犯罪人实施的行为不一致,如误认为他人想利用人工智能实施伤害行为但他人却实施了杀人行为,这种情况尽管行为人存在认识错误,但是并不影响本罪的成立。误认为他人想利用人工智能实施犯罪行为,但是他人只实施了轻微的违法行为或者未实施任何具有社会危险性的行为,这时由于并未造成刑法规定的危害后果,行为人不构成本罪;没有认识到他人会利用人工智能实行犯罪行为或者根本没有认识到的可能,那么出现危害后果,行为人也不构成本罪。

第二,销售主要用于实行犯罪行为的人工智能产品。这类产品主要包括前文中提到的用于"抢票"、非法收集他人信息的人工智能产品,杀手型机器人等。⑤ 这些产品的主要功能就是用来实施犯罪行为,严重影响社会秩序和人民的人身财产安全。主观上要求行为人明知自己销售的人工智能产品具有严重的危险性,仍实施非

---

① 参见王德政:《人工智能时代的刑法关切:自动驾驶汽车造成的犯罪及其认定》,载《重庆大学学报》2019 年第 3 期。
② 参见陈婉婷:《网络服务提供者帮助行为刑事责任模式探析》,载《北京警察学院学报》2019 年第 1 期。
③ 参见李冠煜、吕明利:《帮助信息网络犯罪活动罪司法适用问题研究——以客观归责方法论为视角》,载《河南财经政法大学学报》2017 年第 2 期。
④ 参见刘宁:《论刑法中的"应知"》,华东政法大学 2016 届硕士学位论文,第 11 页。
⑤ 参见[英]布莱恩·卡坦扎罗:《通过人工智能造出杀手机器人是可能的》,载《电脑报》2017 年第 11 期。

法销售行为，该行为的主观恶性更为严重，不仅以盈利为目的，可能存在扰乱社会秩序、市场秩序等目的。应承担相应的刑事责任，并予以严重处罚。

对于构成本罪的行为人，要根据其具体实施的行为，尤其是要严格区分此罪与共同犯罪，准确地进行定罪量刑。

(二) 增设罪名的适用问题

1. 法条竞合时优先适用

法条竞合是指行为人的一个犯罪行为触犯了多个刑法条文，这些刑法条文之间存在交叉或者包含的关系。只能使用一个条文对该犯罪行为进行定罪处罚，而排斥其他条文的适用。① 例如，我国刑法中规定了故意伤害罪，同时也规定了寻衅滋事罪，若在寻衅滋事过程中殴打他人，造成伤害的，既构成故意伤害罪也构成寻衅滋事罪；刑法中规定了诈骗罪，同时也规定了票据诈骗罪、信用卡诈骗罪、贷款诈骗罪、集资诈骗罪等多类诈骗犯罪，如果行为人实施了票据诈骗行为，可能同时符合票据诈骗罪的犯罪构成又符合诈骗罪的犯罪构成。这种现象就被称为法条竞合。类似的还有生产、销售伪劣产品罪与生产、销售假药罪，走私贵重金属罪与走私普通货物、物品罪等。通过多个法条保护同一权益，可以提高刑法的明确性，使惩治犯罪活动更具有针对性。② 当出现法条竞合现象时，一般优先适用特别法条，适用保护权益更广泛的、对犯罪对象有特别规定的法条。

上文中提出对于人工智能犯罪可以增设相关的刑法罪名，与我国刑法传统犯罪存在一定的法条竞合：生产、销售不符合安全标准的人工智能产品罪与生产、销售伪劣产品罪存在竞合关系；非法利用人工智能产品罪与故意伤害罪、故意杀人罪存在竞合关系；非法提供人工智能产品罪与非法经营罪、其他犯罪如故意伤害罪的帮助行为存在竞合关系。

不符合安全标准的人工智能产品是伪劣产品的一种。设立生产、销售不符合安全标准的人工智能产品罪的主要原因在于：人工智能产品类人性的增加，而出现了人工智能是否拥有主体资格的巨大争议，因而在定罪量刑上存在一定的困难。增设此罪能够更准确地对该犯罪行为进行处罚，生产、销售伪劣产品罪是兜底性罪名，出现法条竞合现象也比较常见，在具体适用中可以优先适用生产、销售不符合安全标准的人工智能产品罪。

非法利用人工智能产品罪与故意伤害罪、故意杀人罪可能存在竞合关系。以故意伤害罪为例，利用人工智能实行的伤害他人的犯罪行为既构成故意伤害罪也会构成非法利用人工智能产品罪。故意伤害罪主要出于对人身安全的保护，防止他人身体健康受到侵害。③ 非法利用人工智能产品罪是对故意伤害行为特殊手段的一种规定，特指利用人工智能产品实施伤害行为的情况。与非法利用信息网络罪相类似，如果犯罪行为未造成人身损害或者是存在行为人有充分理由证明自己尽到合理使用

---

① 参见吴振兴：《罪数形态论》，中国检察出版社 1998 年版，第 154-155 页。
② 参见刘秋雨：《论刑法中的法条竞合》，华东政法大学 2012 届硕士学位论文，第 7 页。
③ 参见王慧玲：《故意伤害罪认定及量刑中若干问题探究》，华东政法大学 2010 届硕士学位论文，第 17 页。

的注意义务、不存在伤害故意时，认定为本罪，可以更好地适用刑罚措施，惩罚犯罪，提高司法效率。

2. 适当调整刑罚措施

刑罚的设立是为了威慑犯罪分子、改造罪犯、预防犯罪行为的发生，进而维护社会正义和社会秩序。① 刑罚现代化代表了刑法现代化，犯罪与刑罚是原因与结果的关系，两者前后呼应协同，才能够有效打击犯罪。② 对于人工智能时代新出现的犯罪问题，对传统刑罚可以做适当的调整，以便在打击犯罪的同时能够保障人工智能产业的发展。在不违背刑罚目的和原则的情况下，增设与人工智能时代相适应的刑罚种类：犯罪行为符合非法利用人工智能产品罪时，可以并处没收该人工智能产品的刑罚，将没收而来的人工智能产品实行再利用，应用在监狱、看守所等司法机关，或者是其他合适的地方。这样既能够避免造成资源的浪费，同时也能物尽其用，减轻工作人员压力，提高工作效率。对于构成非法提供人工智能产品罪的犯罪，如果行为人销售非法人工智能产品，这些非法产品主要用于违法犯罪活动，将会扰乱市场秩序、社会秩序，具有严重的危险性，应予以销毁。

同时，对于构成生产、销售不符合安全标准的人工智能产品罪和非法提供人工智能产品罪的犯罪分子，并处资格刑，取消从事与人工智能相关工作、行业的技术资格。③ 担任管理职务的，不得继续担任相应职务，单位构成此类犯罪的，应根据实际犯罪程度，暂扣或者吊销其生产许可证书、营业执照，责令其停产、停业，对单位的主管人员和其他直接责任人员处以相应的刑罚。

## 三、结语

人工智能在为我们提供便利的同时也带来了一系列的法律问题。人工智能带来的刑事风险主要在于提高了原有传统犯罪的危险性以及催生出了新的犯罪形式，具有共生性、时代性和不可预见性等特点。在我国，对于是否赋予人工智能主体资格、如何对人工智能造成的损害进行归责还没有明确的法律规定，也缺少可以引用的法律条文。关于人工智能能否成为刑事责任的主体并承担刑事责任，无论是理论上还是实践中，争议很大，众说纷纭，莫衷一是，这也给传统的刑法理论带来巨大冲击。解决人工智能的刑事主体问题不仅能够丰富和发展刑法理论内容，而且也能够解决现实中人工智能实施侵害行为定罪量刑不当的问题，进而有助于优化刑事司法活动。

本文认为，人工智能不具有自由意志和思维能力，不能承担刑事责任。事实上，赋予人工智能法律主体资格并无必要，应充分结合刑法理论以及刑罚适用的目的，在人工智能实施侵犯行为后，追究相关责任人——生产者、使用者的刑事责任。对于人工智能犯罪，在否定人工智能刑事主体资格的同时，现阶段可以考虑借

---

① 参见徐久生：《刑罚目的及其实现》，中国政法大学 2009 届硕士学位论文，第 11 页。
② 参见孙道萃：《罪责刑关系论》，法律出版社 2015 年版，第 21-23 页。
③ 参见苗瀚文：《生产、销售不符合卫生标准的化妆品罪的立法完善研究》，东北师范大学 2018 届硕士学位论文，第 37 页。

鉴信息网络犯罪立法的经验,根据人工智能犯罪行为的特征和侵犯法益的具体类型进行合理分类,在刑法中增设相应的罪名,并结合人工智能工具性的特点调整刑罚的配置。这样,一方面有益于司法实践中对可能出现的人工智能侵权案件进行正确处理,促进司法适用活动的顺利开展;另一方面也有助于消除人们对人工智能的恐慌意识,为保障及规范人工智能发展贡献一份力量。

# 论人工智能刑事责任的本质：科技社会防卫论

黄云波*

自 2016 年 3 月 AlphaGo 以 4∶1 战胜围棋世界冠军、职业九段棋手李世石之后，人工智能再次成了全世界共同关注的热门话题。2017 年 7 月 8 日，国务院发布了《关于印发新一代人工智能发展规划的通知》，人工智能的发展在我国被上升到了国家战略的层面。由此，人工智能也成了我国法学界的热门话题。其实，人工智能产品早已融入了我们的日常生活之中。在新闻媒体的报道中，关于人工智能产品造成损害结果的新闻已经并不稀奇。随着人工智能产品的普及，其对法益造成威胁或者实害结果几乎是不可避免的。因此，从刑法学角度对人工智能时代的风险进行未雨绸缪式的研究毫无疑问是非常有必要的。不过，就目前刑法学界的研究情况来看，学者们对于人工智能时代刑事责任主体问题的研究似乎走入了一个误区，以至于耗费了大量的学术精力与资源却至今也没有形成较为统一的认识。鉴于此，本文首先将通过对刑法学界关于人工智能时代刑事责任主体的研究情况做一些梳理，指出当前研究所存在的误区；然后，将指出人工智能时代刑事责任主体问题研究所应立足的基本立场，进而在其基础之上对人工智能时代刑事责任的主体类型做进一步的分析。[①]

## 一、人工智能时代刑事责任主体研究的误区

### （一）人工智能时代刑事责任主体研究之观点概述

对于人工智能是否能够成为刑事责任主体，目前刑法学界主要存在肯定说与否定说两种观点。肯定说认为，人工智能完全可以独立成为刑事责任主体，只是在刑罚的适用方面应当做一些调整。如我国主张肯定说的代表性学者刘宪权教授认为，随着科技的发展，人工智能最终将成为男人、女人之外有意识、能思维的"第三类人"，和自然人一样，完全可能具有自主的意识和意志，具有辨认能力和控制能力。科学研究的结果和趋势表明，智能机器人完全可能在人类设计和编制的程序之外产生自主意识和意志。智能机器人在设计和编制程序范围外实施的行为是在其自主意

---

\* 天津大学法学院讲师、硕士生导师。本文为 2018 年度国家社科基金项目《犯罪分层背景下的犯罪附随后果研究》（项目编号：18CFX040）的阶段性研究成果。

① 需要说明的是，有学者使用"智能机器人""机器人"等称谓，笔者认为这些称谓容易让人产生将人工智能拟人化的倾向，而且容易让人产生将人工智能实体化的倾向。人工智能并不是"人"，人工智能也并非总以实体形式存在。因此，为了避免这种误导，本文使用"人工智能"这一概念。另需指出的是，本文所说的"刑事责任"是法律后果意义上的，是刑罚的上位概念。刑事责任具体包括刑罚、非刑罚处罚措施，保安处分以及定罪免刑。关于这一问题的详细分析可参见石经海：《量刑个别化的基本原理》，法律出版社 2010 年版，第 18-24 页。

志下实施的,属于刑法意义上的"行为",智能机器人完全可以成为刑事责任的主体,并独立承担刑事责任。① 不过,鉴于智能机器人与人类存在一定区别,需要重新建构适用于智能机器人犯罪的刑罚体系。死刑、自由刑、财产刑、资格刑,均不能对其予以适用,而应为其设置删除数据、修改程序、永久销毁等特殊的刑罚措施。②

在主张肯定说的域外学者中,Gabriel Hallevy 的主张是非常有代表性的。他指出,要追究一个人的刑事责任,必须同时具备两个因素:一是外部的或者事实因素,即犯罪行为(actus reus);二是内部的或者精神因素,即犯罪意图(mens rea)。任何人只要满足这两个方面的条件,就足够承担刑事责任,除此之外无须再具备其他条件。人工智能要符合犯罪成立的外部要件毫无问题,关键是能否符合内部要件。内部要件包括认识、意图、疏忽等内容,绝大多数的人工智能具备智能实体所需具备的五个特征:沟通、内部认知、外部认知、目标导向的行为、创造力。因此,人工智能符合内部要件也是没有问题的,完全可以让其独立承担刑事责任。就承担刑事责任的具体方式而言,大多数的刑种,如死刑、自由刑、财产刑、社区服务刑、缓刑对于人工智能都是可以通过调整之后予以适用的。③

否定说认为,承担刑事责任的关键在于行为主体能够意识到自身行为的社会属性并在自我意志的控制下实施行为。人工智能的运行机理与人的意志自由进行形式匹配过于机械,其不具有理解并遵从法律规范的能力,而且对人工智能的行为属性无从判断是技术故障还是基于其自主思维的认识和意志能力而实施。因此,人工智能不具有刑法评价意义上的行为认识与控制要素的自主性,也就不具有人的目的理性所支配的可答责基础,欠缺作为刑事责任主体的本质要素。就刑罚目的来看,对人工智能施加刑罚无法实现对刑罚的惩治、安抚、预防、矫正功能,而且对人工智能施加刑罚还会面临定罪量刑以及犯罪形态认定上的诸多困境。④ 也有学者认为,人工智能不具备与人类等同评价的自由意思,尽管人工智能具备"控制和辨认"能力,也无法被人类评价为具有自由意思。对人工智能施加刑罚不具有可行性,罚金、自由刑、死刑都不能对其适用。因此,人工智能不能独立承担刑事责任。⑤

(二)人工智能时代刑事责任主体研究之立场错误:刑事古典学派

就目前刑法学界的讨论来看,肯定说与否定说的讨论主要集中于两个问题之上:一是从犯罪的角度予以讨论,人工智能的行为能否被认定为犯罪行为;二是从刑罚的角度予以分析,对人工智能能否适用刑罚。

上述分析其实都是将人工智能与人类进行类比所得出来的结论。例如,肯定说

---

① 参见刘宪权、胡荷佳:《论人工智能机器人的刑事责任能力》,载《法学》2018年第1期。
② 参见刘宪权:《人工智能时代刑事责任与刑罚体系的重构》,载《政治与法律》2018年第3期。
③ See Gabriel Hallevy, The Criminal Liability of Artificial Intelligence Entities – From Science Fiction to Legal Social Control, 4 Akron Intell. Prop. J. 171, 202 (2010).
④ 参见时方:《人工智能刑事主体地位之否定》,载《法律科学(西北政法大学学报)》2018年第6期。
⑤ 参见储陈城:《人工智能可否成为刑事责任主体》,载《检察日报》2018年4月19日第3版。

## 第二编　生物科技暨人工智能领域发展的刑法规制问题

者认为，随着科技的进一步发展，人工智能最终将会产生自我意识，具有自由意志，最终将成为男人、女人之外有意识、能思维的"第三类人"。① 人工智能具有认识能力，能够区分善与恶，也具有意志能力，能够在特定意图的支配之下实施自己的行为。② 否定说者则指出，人工智能无法认知自身行为的社会属性，也不具有规范评价意义上的行为目的性与独立控制行为的意志自由；③ "要承认 AI 的'行为'满足刑法上的行为的要素，就必须要在 AI 自身当中找到和人类意思完全相当的意思"，"将 AI 作和人类伦理的自我控制同样的评价，还为时过早"。④ 由这些表述可知，不论是肯定说者还是否定说者，总是自觉或者不自觉地将人工智能当作或者希望将其当作人予以对待。肯定论者与否定论者讨论的都是人工智能是否会具有意志自由，刑罚对其是否能够适用。自主意识、意思、意志自由是上述所有讨论中最重要的关键词。由此说明，肯定说与否定说有一个相同的预设前提，就是要成为刑事责任主体就必须具有意志自由。

就通常的刑法学研究而言，讨论某人能否成为刑事责任主体，从犯罪与刑罚的角度予以分析当然是没有问题的。但需要注意的是，人工智能并不是"人"，并且大部分人类都不希望人工智能成为与其处于同等地位，甚至超越人类的"人"。⑤ 在明确了这一点之后，再来看上述学者的讨论，我们会发现他们其实已经走入了一个误区，即不自觉地对人工智能进行了类人化分析。在对人类是否应当承担刑事责任进行分析时，考察该犯罪人是否具有意志自由，是否能够区分善恶，以及对其施加刑罚能否实现惩治、安抚、预防、矫正功能当然是非常有必要的。但如此分析的目的是使刑事责任的施加具有正当性。就其本质而言，这些分析所采取的都是一种刑事古典学派，或者偏向于刑事古典学派的立场。众所周知，刑事古典学派所肩负的历史任务在于反对封建制度，要求自由权利。"启蒙主义的刑法理论与立足于报应主义的刑法理论合在一起，成为刑法学中的古典学派"，⑥ "启蒙思想的出发点是：追求传统和威权之下的个人解放，提倡理性至上的个人主义、合理主义"⑦。在刑事古典学派看来，刑法的主要任务是防止国家权力对公民的肆意侵害，刑法是保障犯罪人权利的大宪章。⑧ 刑事古典学派主张意志自由论，他们认为："一、凡是人在达到一定年龄时除精神上有异状者（疯癫、白痴、喑哑者）与精神未充分发达者外，任何人都有为善避恶的自由意思（意思自由论或者非决定论）；二、犯罪

---

① 参见刘宪权、胡荷佳：《论人工智能机器人的刑事责任能力》，载《法学》2018 年第 1 期。
② See Gabriel Hallevy, The Criminal Liability of Artificial Intelligence Entities – From Science Fiction to Legal Social Control, 4 Akron Intell. Prop. J. 171, 202（2010）.
③ 参见时方：《人工智能刑事主体地位之否定》，载《法律科学（西北政法大学学报）》2018 年第 6 期。
④ 参见储陈城：《人工智能可否成为刑事责任主体》，载《检察日报》2018 年 4 月 19 日，第 3 版。
⑤ 霍金和马斯克就人工智能发展可能对人类产生威胁发出警告，以及电影市场上出现诸多关于人工智能觉醒之后威胁人类的科幻片都说明，大多数人类对人工智能的发展有着深度的担忧和恐惧。
⑥ 马克昌主编：《近代西方刑法学说史》，中国人民公安大学出版社 2016 年版，第 91 页。
⑦ ［日］大谷实：《刑事政策学（新版）》，黎宏译，中国人民大学出版社 2009 年版，第 9 页。
⑧ 参见马克昌主编：《近代西方刑法学说史》，中国人民公安大学出版社 2016 年版，第 157 页。

是恶,而有自由意思的人,尽管能够避之而竟敢实施之,所以犯罪也是出于自由意思。"① 他们还主张罪刑法定主义、刑罚人道主义、客观主义。其实,他们之所以主张对未达到一定年龄以及精神上有异状者不施加刑罚,并非从自然性质上"不能"对其施加,而是基于他们的限制国家权力与刑罚人道主义的基本立场,认为"不应"对这类弱势群体施加。

如前所言,人工智能并不是"人",并且大多数人类都不希望人工智能成为与其处于同等地位,甚至超越人类的"人"。其实,作为刑法学者,由于受专业能力的限制,我们对于人工智能今后是否会产生意识,是否会形成自由意志,是完全没有发言权的。并且,即使有朝一日随着科技的发展,人工智能真的产生了意识,形成了自由意志,那时也不应仅仅由我们人类来讨论应当如何保障它们的权利。因此,我们讨论人工智能是否能够成为刑事责任主体的目的其实不应当是如何保障人工智能的"人权",而应当是如何保障人类的人权,如何防止人工智能侵害人类的利益。以刑事古典学派的立场为出发点对人工智能的刑事责任主体地位展开讨论,显然违背了我们讨论这一问题的初衷,基于这一立场而展开的研究显然是走入了一个与人类利益相背离的误区。

## 二、人工智能时代刑事责任主体研究的立场

### (一) 刑事近代学派之历史发展与经验

19世纪中后期,资本主义制度在世界范围内得以确立,自然科学取得了巨大的进展。由于科学技术的发展,工厂越来越集中化、规模化。垄断企业使工人集中于工厂,而工厂则集中于工业化城镇地区;同时,大量殖民地使得海外廉价农产品大规模进口,导致了农业危机形成,并进一步导致大量的农村人口涌入城市;城市化进程不断加快,史无前例的社会状况巨变由此出现;资产阶级与工人阶级的贫富差距越来越大,失业、贫困等社会问题日趋严重;犯罪,尤其是财产类犯罪急剧上升,累犯、常习犯显著增多,少年犯罪也呈激增趋势。② 如前所述,刑事古典学派的主要任务在于限制国家权力,保障公民权利,其认为刑法是保障犯罪人权利的大宪章。重视对犯罪人权利的保障,所产生的直接影响就是导致国家在犯罪预防与治理方面的权力受到一定的限制。由此,面对19世纪中后期新的社会情势,以刑事古典学派理论为基础制定的刑法难以有效应对,刑事古典学派也难以从理论上提出更为有效的应对之策。③ 正如菲利所言:"在意大利,当古典派犯罪学理论发展到顶峰时,另一方面这个国家却存在着过去从未见过的数量极大的犯罪行为的不光彩状况,这确实是一种令人惊异的对比。因此,犯罪学阻止不住上下波动的犯罪浪

---

① [日] 久礼田益喜:《日本刑法总论》,严松堂1925年版,第26-27页。转引自马克昌主编:《近代西方刑法学说史》,中国人民公安大学出版社2016年版,第95页。
② 参见陈家林:《外国刑法理论的思潮与流变》,中国人民公安大学出版社、群众出版社2017年版,第32页。
③ 参见马克昌主编:《近代西方刑法学说史》,中国人民公安大学出版社2016年版,第206页。

潮。正因为如此，实证派犯罪学便与其他学科一样，自然而然地产生了。"①

实证派犯罪学即刑事近代学派，具体包括刑事人类学派和刑事社会学派，以龙勃罗梭、加罗法洛、菲利、李斯特等为代表。除刑事古典学派难以有效应对日益增长的犯罪率这一重要原因外，近代学派的产生还受到了自然科学发展、达尔文进化论的影响，当时社会科学也弥漫着所谓"科学"的精神，将自然科学中的方法应用到社会科学领域成为时尚。② 刑事近代学派主张采用自然科学的实证研究方法对犯罪的原因进行分析，并在科学知识的指导之下追求犯罪预防的目的。他们重视对犯罪的原因进行分析，否定刑事古典学派所主张的意志自由论，进而反对古典学派的道义责任论，认为犯罪人之所以要承担刑事责任，不是由于道义上对他应加以谴责，而是为了防卫社会的需要；他们也反对古典学派的客观主义，认为犯罪人的性格是科刑最重要的标准；反对报应刑主义，认为刑罚不是对犯罪的报应，而是要追求一定的目的。③ 在具体预防犯罪的方法上，菲利认为，为了实现社会防卫的目的，必须用刑罚的替代措施作为实现社会防卫机能的主要手段。④ 李斯特认为："在与犯罪作斗争中，刑罚既非唯一的，也非最安全的措施。对刑罚的效能必须批判性地进行评估。出于这一原因，除刑罚制度外，还需要建立一套保安处分制度。"⑤ 保安处分"是指这样一些国家处分，其目的要么是将具体之个人适应社会（教育性或矫正性处分），要么是使不能适应社会者从社会中被剔除（狭义的防卫性或保安性处分）"⑥。

相较于刑事古典学派而言，刑事近代学派的进步性是非常明显的。刑事近代学派将实证的、归纳的方法引入了犯罪研究领域，引起了犯罪研究领域中一场方法论的革命，使犯罪学向科学方向大大迈进了一步。⑦ 他们使对犯罪的研究从刑事古典学派的抽象研究转向了现实的、具体的研究；他们关于犯罪原因的研究虽然也出现过一些不太科学的认识，但更多的是拓展了人们对犯罪原因的科学认识；他们针对犯罪而提出的各种对策，虽然有些过于理想化，但相对于刑事古典学派大而化之的笼统对待显然会更为有效。⑧ 但是，正因为近代学派过度地关注对犯罪原因及犯罪预防的研究，他们的主张片面强调了社会利益，却忽视了对个人权利的保护。例如，李斯特从犯罪人的社会危险性乃至社会适应性出发，修正和改变了刑事古典学派所极力坚持的罪刑法定原则，提倡刑罚个别化，主张扩大适用类推解释、扩大解释、缓刑、假释、罚金的合理化、累进处遇、强制劳动、保安处分及其他各种所谓的"刑外刑"，并从扩大法定刑的范围起，更进一步主张采用不定期刑。⑨ 正因刑

---

① ［意］恩里科·菲利：《实证派犯罪学》，郭建安译，商务印书馆2016年版，第3页。
② 参见徐爱国：《西方刑法思想史》，中国民主法制出版社2016年版，第99页。
③ 参见马克昌主编：《近代西方刑法学说史》，中国人民公安大学出版社2016年版，第206-212页。
④ 参见［意］恩里科·菲利：《犯罪社会学》，郭建安译，商务印书馆2017年版，第94页。
⑤ ［德］冯·李斯特：《德国刑法教科书》，徐久生译，法律出版社2006年版，第22页。
⑥ ［德］冯·李斯特：《德国刑法教科书》，徐久生译，法律出版社2006年版，第402页。
⑦ 参见［意］切雷萨·龙勃罗梭：《犯罪人论》，黄风译，北京大学出版社2011年版，第25页。
⑧ 参见马克昌主编：《近代西方刑法学说史》，中国人民公安大学出版社2016年版，第210-212页。
⑨ 参见马克昌主编：《近代西方刑法学说史》，中国人民公安大学出版社2016年版，第283页。

事近代学派的理论存在这一重大缺陷,在两次世界大战期间被别有用心的统治者歪曲利用,作为对外扩张、民族压迫甚至种族屠杀的理论依据,由此也引发了"二战"之后刑法学界对近代学派观点的反思与对刑事古典学派观点的重新重视。①

### (二)人工智能时代刑事责任主体研究之立场选择:科技社会防卫论

刑事近代学派的产生、发展、异化、反思与纠偏的历史表明:第一,一种刑法理论的产生以及运用与其特定的历史背景是密不可分的。这一点给我们的启示是,随着人类社会发展至人工智能时代,刑法学研究应社会的需求而发展出新的刑法理论可谓势在必行。第二,刑法学派观点的提出都是以目的为导向的。刑事古典学派之所以主张罪刑法定主义、行为主义、客观主义、意志自由论、道义责任论,其实都是为了实现限制国家权力,保障公民权利的目的;而刑事近代学派之所以否定意志自由,提倡社会责任论、主观主义、目的刑论,其实都是为了实现预防犯罪、保卫社会的目的。由此可知,我们研究人工智能时代的刑事责任主体问题,首先必须明确的就是,我们的研究是为了实现何种目的?如果是为了保障人工智能的"人权",以刑事古典学派为基本立场当然是合理的。但是,如果是为了保卫人类社会,那么刑事近代学派的观点则显然会更有借鉴意义。

前文已述,对于人工智能时代刑事责任主体问题的研究,目的应当是如何保障人类的人权,如何防止人工智能侵害人类的利益。因此,笔者认为,人工智能时代刑事责任主体研究的立场应当借鉴刑事近代学派的社会防卫论,采用专门针对人工智能等科技风险的"科技社会防卫论"。具体而言,在应对人工智能等科技产品危害社会的风险时,只要有客观危害产生或者有危险存在,对实施了社会危害行为或者有危险性的人工智能就应当适用具有保安处分性质的技术危险消除措施。②就此而言,以"科技社会防卫论"为基础所产生的刑事责任是一种客观的结果责任,③这种刑事责任追究的形式则可称之为"技术责任论"。

以"科技社会防卫论"立场为基础,对人工智能等科技产品适用技术危险消除措施将更有利于防止人工智能危害社会。

对人工智能施加刑罚并不能实现对人工智能危害社会风险的有效预防。众所周知,对人类而言,刑罚在本质上是一种痛苦或者不利。"几个世纪以来很多不同原因使惩罚被认为是正当的。比如特别或一般威慑;罪犯应当受到处罚,从而阻止他

---

① 参见刘春园:《西方刑法思想的起源与进化——以西方文学罪罚观为视角》,中国人民大学出版社2016年版,第603页。在这一反思基础之上,此后又出现了格拉马蒂卡所倡导的社会防卫运动,以及安塞尔所提倡的新社会防卫论。但是,这两位学者的观点与刑事近代学者主张的社会防卫论之间的区别主要是在人权保障问题上。笔者认为,对追究人工智能的刑事责任而言不需要考虑人工智能"人权"保障的问题。因此,格拉马蒂卡和安塞尔所主张的社会防卫论与本文所主张的人工智能刑事责任主体研究之立场不太一致,在这里对其不再详细论述。要了解详细内容可参见马克昌主编:《近代西方刑法学说史》,中国人民公安大学出版社2016年版,第516-546页。

② 至于技术危险消除措施的内容如何设计,刑法学者只能根据犯罪情况设定基本目标和原则,如不得对与人工智能相关的人类产生不必要的、不合理的负面影响,具体内容还需由科学家们在这些目标与原则的指引下去做进一步的研究。

③ 此处所谓客观结果责任,既包括实害结果也包括危险结果。也就是说,只要出现实害或者危险,即使该人工智能不存在任何主观罪过,也应当追究其刑事责任。

## 第二编 生物科技暨人工智能领域发展的刑法规制问题

们继续犯罪,同时也阻止其他人犯下这种罪行。其他原因包括报应论、罪有应得论和罪犯再教育论:罪犯应受惩罚,要么是作为报复的一种形式,即以眼还眼,要么是作为再教育犯罪人的一种方式。"① 但是,与人类最大的区别是,人工智能作为一种无机体是不存在痛苦或者不利这种感知的。对实施了社会危害行为的人工智能施加刑罚,以对其进行纯粹的报复并没有意义,让其基于害怕刑罚所给予的痛苦或不利而放弃重复恶性的目的难以实现,惩罚人工智能以威慑其他人类或者人工智能也没有意义。②

人工智能由约翰·麦卡锡和马文·明斯基在1956年的达特茅斯夏季会议上正式提出。但直到现在,对于人工智能其实并没有一个清晰的定义,因为它的内涵和实现方法总是在不停地发生变化。因此,即使是专门从事人工智能开发的研究者也是众说纷纭,没有明确答案。较为简单的定义是:人工智能(Artificial Intelligence, AI),即由机器或软件表现出来的智能。③ 如果把人工智能的界定再放宽泛一些,即"做出智能举动的软件"。④ 人工智能是一个广泛的研究领域,它一般涵盖可以使机器具备推理、学习和行为智能的多种技术。其中一些技术的运行要基于系统建造时编写的知识和规则集;有一些技术则使用"试探法",即通过合理推测从大量可能的选项中选出最合理的选项;还有一些技术先做出核心假设,然后考虑新的信息,从而一边工作一边"学习"。⑤ 也就是说,不管人工智能最终会智能到何种程度,其在本质上均属于人造物,属于受程序控制的机器或者软件。

鉴于此,针对防止人工智能可能产生的对社会的危害,有效的处理方式并非对其进行惩罚,而是一方面要通过技术措施,如安全软件,对人工智能可能产生的风险进行防范(一般预防);另一方面则对客观上有危害或者危险的人工智能通过技术措施消除其再次产生危害的可能性,并对其他类型人工智能产生危害的可能性进行技术防范(特殊预防)。这些技术危险消除措施由于不会给人工智能带来痛苦,并不具有惩罚性,因而就其本质而言,不能将其称为刑罚。这些措施的施加是以客观危害或者危险为前提的,只要事实上存在危害社会的结果或者危险,就应当对其以技术措施消除危险,因而是一种保安处分措施。

一般认为,保安处分是针对特定人的犯罪行为,由于其具有将来犯罪的危险,因此作为刑罚的补充或者替代,由法院宣判的、伴随有剥夺或者限制自由内容的隔离、治疗或者改造。保安处分以存在特定人的犯罪行为为前提,以行为人具有将来

---

① [意] 乌戈·帕加罗:《谁为机器人的行为负责》,张卉林、王黎黎译,上海人民出版社2018年版,第47页。
② 参见 [意] 乌戈·帕加罗:《谁为机器人的行为负责》,张卉林、王黎黎译,上海人民出版社2018年版,第52—53页。
③ [英] 卡鲁姆·蔡斯:《人工智能革命:超级智能时代的人类命运》,张尧然译,机械工业出版社2017年版,第3页。
④ [日] 野村直之:《人工智能改变未来:工作方式、产业和社会的变革》,付天祺译,人民东方出版传媒、东方出版社2018年版,第9页。
⑤ 参见 [美] 阿米尔·侯赛因:《终极智能:感知机器与人工智能的未来》,赛迪研究院专家组译,中信出版集团2018年版,第18页。

可能犯罪的危险为根据，是在无法以刑罚加以应对的场合，作为刑罚的补充或者替代而适用的。① 因此，保安处分的施加也是承担刑事责任的一种形式。也就是说，对人工智能施加具有保安处分性质的技术危险消除措施也是刑事责任的一种承担形式。正因如此，人工智能也是刑事责任主体。

或许有人会质疑，为何一定要对人工智能施以刑事责任，而不是通过其他方式对人工智能危害社会的风险进行防范？笔者认为，刑法的"二次法"地位决定了人工智能的刑事责任是必不可少的。在防范人工智能危害社会之风险时，其他措施以及其他法律法规仍然是必要的，刑事责任只是在其他措施无法应对之时方才使用。就当前的情况来看，可能在很长一段时期之内，人工智能的研发与生产都是由以经济利益为导向的企业开展的。由此可能产生的结果就是，为了经济利益，这些企业可能会不顾人类利益，即使明知某类人工智能产品存在危害社会的风险，也仍将其向社会推广。因此，应对人工智能风险必须以刑事责任为后盾，只有如此才能使其他风险防范措施更为有效地发挥作用，也才能真正实现对人工智能风险的有效防控。

另需说明的是，由于人类研发和生产人工智能是以人类利益为导向的，因此，所有的人工智能产品都将是与人类利益密切相关的。对人工智能施以技术危险消除措施必将对与之相关的人类利益产生消极影响。为了防止对人类利益产生不合理的影响，在追究人工智能刑事责任时也应坚持法治原则，即技术危险消除措施的施加必须以充分的证据确认人工智能危害社会的风险确实存在为前提，技术危险消除措施的使用则应以不对人类利益产生不合理、不必要的影响为限度。

## 三、人工智能时代刑事责任主体的基本类型

前文的分析表明，人工智能可以独立承担刑事责任，只是这种刑事责任产生的基础以及具体的承担方式与人类相比会存在一定的区别，即这种刑事责任是以"科技社会防卫论"为基础的"技术责任论"。也就是说，人工智能将是人工智能时代刑事责任主体的一种重要类型。但需要注意的是，即便是在人工智能时代，人类犯罪也依然是主要的犯罪表现形式。只是由于受到人工智能技术发展的影响，这些人类犯罪可能会产生一些新的变化。

具体而言，一方面，在人工智能时代，与传统社会中的表现不同，刑法中的传统犯罪将以新的形式出现。

人工智能不仅仅掌握在好人手中，这一技术也完全可能被坏人用于犯罪。而且，犯罪和黑客行业对新技术的利用甚至比其他合法行业更快。② 应当说，这一判断已经由网络犯罪的发展历史充分证明。作为人类在科学技术方面取得的重大成就，互联网给人类的生产、生活带来了极大的便利，也深刻地改变了我们的生产、生活方式。与此同时，犯罪的行为方式及其社会危害性也都因为互联网的出现，而

---

① 参见［日］大谷实：《刑事政策学（新版）》，黎宏译，中国人民大学出版社2009年版，第158页。
② Maria Korolov：《人工智能不只在好人手里》，杨勇编译，载《计算机世界》2017年3月13日第10版。

## 第二编 生物科技暨人工智能领域发展的刑法规制问题

在"质"与"量"上出现了重大的改变。①人工智能之所以能够"智能",其实在很大程度上是因其建立在互联网基础之上。"有了物联网、大数据和云计算作为支撑(或组成部分)的人工智能,可以通过它的感官(遍布各处的传感器)获得千里之外的数据,利用自己无比强大的记忆力(联网计算机和云存储)来沉淀和消化数据,利用自己远胜于人类的计算能力(算法和基于'神经网络'技术的深度学习)来处理数据,并在此基础上作出判断和'决策'。"②因此,可以肯定的是,人工智能时代的犯罪将是网络犯罪的升级,人工智能类犯罪可能造成的社会危害将比网络犯罪对社会的危害更大,对人工智能类犯罪的预防也将更为困难。③但在这种情形之中,人工智能只是作为犯罪工具而出现,就此而言,这类犯罪与传统犯罪以及网络犯罪并无本质区别。因此,虽然人工智能在犯罪过程中发挥了重要作用,但犯罪主体依然还是人类。

另一方面,随着人工智能技术的广泛使用,人类犯罪人还将以新的形象出现,由此将导致人类刑事责任与人工智能刑事责任同时出现。

"赛博格"一词源自控制论组织(Cybernetic Organism),曼弗雷德·克莱尼斯和内森·克莱恩于1960年创造了这个术语,他们用这个词来讨论外层空间自我控制的人机系统。④通俗而言,即有机与无机相结合的生化人(Cyborg)。人类使用医疗技术的历史表明,赛博格的出现几乎是不可避免的。因为在治疗与进化之间其实是没有明确界限的,医学一开始几乎总是用来拯救那些落在常态下限以下的人,但同样的工具和知识也能用来使人类超越常态的上限。当研发出假肢让截肢的患者能够重新走路的时候,同样的科技就能用来为健康的人进行升级;如果能够发现防止老年人记忆力衰退的方法,同样的方法也能用来为年轻人增强记忆力;现代整形外科原本是用来治疗脸部创伤的,最后却被用于给健康人士整形美容。⑤所以,随着人工智能技术的发展,人类本身亦将逐渐成为被改造对象。

赛博格离我们并不遥远。如2002年,英国科学家凯文·渥维克有点吓人地预演了谷歌眼镜这样的植入物,把100个电极以手术植入了左臂的神经纤维。通过这些电极,他把自己的神经连上了互联网,以此来控制各种电子设备,包括一条机械手臂、一部音响和一个放大器。⑥在目前所有进行的研究当中,最具革命性的就是要建构一个直接的大脑——计算机双向接口,让计算机能够读取人脑的电子信号,并且同时输回人脑能够了解的电子信号。北卡罗来纳州杜克大学的科学家在几只恒河猴的大脑里面植入电极,再让电极收集脑中的信号,传送到外部设备中。接着猴子被训练单纯用意识控制外部的生化手脚。有一只叫极光的母猴,不仅学会了如何

---

① 参见刘宪权:《网络犯罪的刑法应对新理念》,载《政治与法律》2016年第9期。
② 郑戈:《人工智能与法律的未来》,载《探索与争鸣》2017年第10期。
③ 参见黄云波:《论人工智能时代的刑法机能》,载《人民法治》2018年第6期。
④ [英]乔治·扎卡达基斯:《人类的终极命运》,陈朝译,中信出版集团2017年版,第76页。
⑤ 参见[以色列]尤瓦尔·赫拉利:《未来简史:从智人到神人》,林俊宏译,中信出版集团2017年版,第46页。
⑥ 参见[英]乔治·扎卡达基斯:《人类的终极命运》,陈朝译,中信出版集团2017年版,第78页。

用意识控制外部的生化手臂,还能同时移动自己的两条手臂。于是,这只母猴就同时拥有了三条手臂,而且其生化手臂还能位于另一个房间甚至另一个城市。所以,这只猴子可以坐在北卡罗来纳州的实验室里,一手抓抓背,一手挠挠头,还能有一只手在纽约偷香蕉。另一只叫伊多雅的母猴,则是在 2008 年坐在北卡罗来纳州实验室的椅子上,用意识控制一双在日本京都的生化腿。① 最近,天津大学医学工程与转化医学研究院院长、天津神经工程国际联合研究中心主任明东教授指出,随着脑科学、人机交互技术的发展,人与机器的依赖关系会愈加强烈,界限也愈加模糊。现在的人工智能技术有其先天的劣势,但也有人脑智能不具备的优点,如何将人工智能与人脑智能的优势充分利用来实现互补、融合,发展出人机混合智能的新形态,将是人工智能未来重要的突破口。或许,将来人工智能就像人身体上的一个器官一样,成为人发挥更大潜能的辅助工具。② 因此,可以预见,随着科技的进一步发展,有机体与无机体相结合的新型人类,即赛博格的出现必将成为现实。今后人工智能设备与人类有机体相结合的赛博格将成为人类的新型存在形式。

当人类与人工智能相结合,成为新型的赛博格后,其实施犯罪以及承担刑事责任的形式亦将有所改变。如在 2018 年由澳大利亚导演雷·沃纳尔(Leigh Whannell)所拍摄的科幻电影《升级》(Upgrade)中,格雷因车祸导致下半身瘫痪,在体内植入了人工智能芯片后重新站了起来,后来格雷利用芯片中人工智能给予的超强能力自主实施了杀人行为,甚至在芯片中人工智能的控制之下实施了多次杀人行为。因此,赛博格的犯罪问题是极其复杂的,不过,就人类的刑事责任而言,以责任原则为基础,要追究刑事责任,关键还是在于判断行为是基于人类意志实施,还是在人工智能的支配下实施。换言之,赛博格刑事责任的追究实质上仍是主观罪过来源的判断问题。具体而言,可以分为以下几种情况:

第一,赛博格人类在完全自主意识之下实施了犯罪行为。由于在这种情况下,支配犯罪行为的主观罪过完全来自赛博格人类,因此与传统人类犯罪并无区别,应当按照传统的刑事责任承担方式追究刑事责任。

第二,人工智能受他人非法控制,或者人工智能本身就是被设计和制造为实施犯罪的工具,从而致使赛博格人类实施了犯罪行为。在这种情况下,由于促使犯罪行为产生的主观罪过事实上源自其他人,赛博格人类在这种犯罪过程中只是处于犯罪工具的地位,根据间接正犯理论,其无须承担刑事责任,该责任应由人工智能的非法控制者或者设计和制造者承担。

第三,基于人类原因所产生的人工智能故障导致赛博格人类实施了犯罪行为。在这种情况下,要具体分析人工智能的故障是如何产生的。如果其故障是由人工智能的设计和制造者的过失所造成的,应当追究设计和制造者的过失责任;如果故障是由使用者,即赛博格人类的过失所造成的,并由此导致实施了犯罪行为,则应当

---

① 参见[以色列]尤瓦尔·赫拉利:《人类简史:从动物到上帝》,林俊宏译,中信出版社 2014 年版,第 398-399 页。

② 《天津大学明东:融合 AI 与人脑是人工智能发展的突破口》,载 http://www.xinhuanet.com/tech/2018-09/18/c_1123447665_2.htm,2019 年 5 月 31 日访问。

追究赛博格人类的过失责任，并应当对赛博格人类中的人工智能使用技术危险消除措施以防止故障再次出现。在这种情况下，人类刑事责任与人工智能刑事责任同时存在。

第四，人工智能在所处的环境刺激下学习，从外部环境中获取知识和技能，进而支配赛博格人类实施了犯罪行为。① 在这种情况下，赛博格人类本身对于犯罪行为的实施并不具有主观罪过，无须承担刑事责任。而在实施犯罪行为过程中起主导作用的人工智能将作为刑事责任主体独自承担刑事责任，即应当对其施加技术危险消除措施以防止其再次实施社会危害的行为。

## 四、结语

近年来，科技发展情况其实早就已经超出了许多普通人的想象以及理解能力范围。所以可以合理预见的是，随着科技的进一步发展，人工智能将像手机一样深深地融入我们的生产、生活之中。并且，可以肯定的是，人工智能会与其他科学技术产品相类似，在给人类的生产、生活带来便利的同时也会给我们带来难以承受的风险。"在风险社会中，未知的、意图之外的后果成了历史和社会的主宰力量。"② 科学技术的发展是风险社会中的一种重要风险来源，我们当然不能等到这些意图之外的后果成为主宰力量之后再对其做出反应。虽然法律本身具有一定的保守性，但法学研究则应当具有一定的前瞻性，对我们将来可能面临的风险未雨绸缪既是必要的，也是合理的。在人工智能时代，刑法的保护机能、规制机能，以及人权保障机能都需要予以强化。③ 并且，需要特别注意的是，至少就与人工智能相关的领域而言，我们做的所有研究都只能是为了人类利益，而非为了人工智能的利益而服务。如果偏离了这一初衷，所有的研究可能都会变得毫无意义。

---

① 参见［意］乌戈·帕加罗：《谁为机器人的行为负责》，张卉林、王黎黎译，上海人民出版社2018年版，第48页。

② ［德］乌尔里希·贝克：《风险社会：新的现代性之路》，张文杰、何博闻译，译林出版社2018年版，第8页。

③ 参见黄云波：《论人工智能时代的刑法机能》，载《人民法治》2018年第6期。

# 人工智能独立人格之否定

## ——对从责任论与刑罚论倒推主体否定之商榷与行为论之提倡

张亚军[*] 郎正午[**]

## 引言

在次世代家用游戏机 Playstation4 平台所发行的电子游戏如《银魂乱舞》《辐射 4》及其 DLC、《尼尔：机械纪元》和《底特律·我欲为人》等和经典的文学影视作品《黑客帝国》《雷切帝国》《我，机器人》和《真实的人类》等中，人工智能的强大似乎已经深入人心，进而得出的人工智能的每一次觉醒，都是寰宇之中降生了新的神明[①]的结论似乎已经形成了社会相当性。基于此种社会相当性，理论界对人工智能的立法呼声甚嚣尘上，并逐步形成了两种针锋相对的立场：一种立场是出于功利主义考量[②]的"人工智能犯罪主体肯定说"，人工智能拥有强大的自主学习能力、独立的自决能力，必将成为风险社会中罄竹难书的众多凶兽之一，这头凶兽倘若自人类之控制下脱离，势必将对现存人类价值体系造成擢发难数的损害[③]，因此要秉承不同于"过度刑法化"即"刑法泛化"[④]的前瞻性的刑法理念[⑤]，脱离其源代码依附、拥有独立意志的 AI 产品，成为独立犯罪主体以便对其进行刑法上的非难[⑥]是顺理成章的。另一种立场可以归纳为"人工智能犯罪主体否定说"，基于对人工智能本质属性为人类辅助工具的深刻认识[⑦]，出于对智能产品适用刑罚规范不具有现实意义的考量，得出即使是超人工智能也不具备"超个人化"，因此人工

---

[*] 河北经贸大学法学院副教授。
[**] 河北经贸大学法学院 2017 级刑法研究生。
① 被《出版人》周刊称为下一个天才的安·莱基获得雨果奖、星云奖、轨迹奖、日本星云奖、阿瑟·克拉克奖、英国科幻协会奖、法国幻想文学大奖、英国奇幻奖的《雷切帝国》三部曲之一《正义号的觉醒》所塑造的正为"人工智能的每次觉醒，都是宇宙之中诞生了新的神明"。
② 参见陈叙言：《人工智能刑事责任主体问题之初探》，载《社会科学》2019 年第 3 期。
③ 参见叶良芳、马路瑶：《风险社会视阈下人工智能犯罪的刑法应对》，载《浙江学刊》2018 年第 6 期。
④ 参见何荣功：《自由秩序与自由刑法理论》，北京大学出版社 2013 年版，第 6-7 页。
⑤ 参见刘宪权、房慧颖：《涉人工智能犯罪的前瞻性刑法思考》，载《安徽大学学报（哲学社会科学版）》2019 年第 1 期。
⑥ 参见刘宪权：《人工智能时代刑事责任与刑罚体系的重构》，载《政治与法律》2018 年第 4 期。
⑦ 参见时方：《人工智能刑事主体地位之否定》，载《法律科学（西北政法大学学报）》2018 年第 6 期。

智能的立法归责应确定限制从属性的结论①；进而认为人工智能被拟制为法律主体是不正当的，最终全面质疑"人工智能犯罪主体肯定说"理论之逻辑自洽性，认为应当由人工智能产品创造者、生产者和用户承担相应责任②。

## 一、"AI 犯罪主体肯定说"的思维误区

### （一）功利主义下行为危险之混同

从某种意义上讲，人工智能犯罪主体肯定说的法哲学立场带有些许功利主义色彩，然而倘若为实现人类利益的最大化而禁止人工智能开发，或者探寻人类保护与技术发展之间寻找折中点，将人工智能作为被追诉的客体则更符合功利主义的要求。功利主义一方面将行为之非难性建立在该行为所造成的损害结果之上，以该行为造成的损害结果所承载的快乐与痛苦之指数的增加与减少来判断该行为本身的正义、非正义抑或邪恶。另一方面，功利主义强调就可以进行非难之行为本质而言为"功利"，行为过程是一个计算与取得功利的扬弃过程，行为所造成的效果是能否可以对其进行非难之唯一依据；对行为的非难作为达到功利的手段之价值就在于非难的"有用性"③。基于这两个方面的考量，在相继否定了人工智能的"道德"与"平等"之后得出将人工智能拟制为独立主体的本质是对人工智能的限制，进而保护人类利益这一功利目的④之结论看似是无可厚非的。但其是在缺乏逻辑自洽性的同时，也是对行为危险的混同。

一方面是该观点缺乏逻辑自洽性。组成社会每个最小单位的快乐与安宁，是立法者在进行立法活动时的第一要义，而在立法者所涵摄范围内，都应当依据使每个社会最小单位幸福这一唯一标准使每一个个体去规范自己的行为。⑤ 若想在达到人类最大利益的同时又不妨害社会科技的进步，将人工智能拟制为主体并不是最为根本的解决办法，而应将其作为被追溯的客体。主体是一种资格，换言之，承认主体就是承认其资格，这是对人工智能的保护而并非对其进行的限制。若按照功利主义的哲学理念，将人工智能作为被追溯的客体，甚至禁止人工智能的开发才能让更多人得以幸福。在这里可以举出一个反例，如阿里集团的淘宝对实体经济造成了大范围的冲击，使得低端实体工作岗位逐步流失似乎是全社会有目共睹的。若按照功利主义的理念，取缔阿里集团或者限制淘宝的经营似乎使社会上更多人都有工作从而使得社会幸福指数上升。然而，阿里集团作为法人是拥有主体资格的，这并不是对阿里的限制而是对阿里的保护。此逻辑可以同样运用到人工智能上，承认其主体资格更多的是对其的保护；而将其作为被追溯的客体才能谈得上是对其的限制。

---

① 参见熊波：《论人工智能刑事风险的体系定位与立法属性》，载《重庆大学学报（社会科学版）》2019 年第 3 期。
② 参见储陈城：《人工智能时代刑法归责的走向——以过失的归责间隙为中心的讨论》，载《东方法学》2018 年第 3 期。
③ 参见罗俊丽：《边沁和密尔的功利主义比较研究》，载《兰州学刊》2008 年第 3 期。
④ 参见陈叙言：《人工智能刑事责任主体问题之初探》，载《社会科学》2019 年第 3 期。
⑤ 参见龚群：《对边沁、密尔为代表的功利主义的分析批判》，载《论理学研究》2003 年第 4 期。

另一方面是对行为危险的混同。功利主义对行为的评价在于其行为所造成的结果，在带有结果无价值色彩的同时，属于纯粹的客观不法。而纯粹的客观不法的理论依据为：就法规范本质而言是一种客观评价规范，是从法的角度对事件与状态进行事实判断与价值判断，世间万物均在法规范的评价体系之中。可以包括有行为者的行为和无行为者的行为，也可以包括动物的举动和自然界之事件或者单纯的一种事实状态。① 强 AI 的"行为"与弱 AI 的"举动"自然也可以被评价其中。然而，带有功利主义倾向和严重结果无价值色彩的纯粹客观不法行为作为一种评价规范，是一种过低的评价层级。法规范乃是一种法律客观评价规范，其存在三个层级：第一层级为判断法益为何；第二层级为判断法益是否遭受到了何种损害；第三层级为判断如何预防、防止这种损害法益的发生。在此层级之下，第一层级与第二层级是判断实然，而第三层级则是应然的判断；在第二层级中，动物、自然界和人工智能所造成对法益的损害在其判断范围之内；但是，第三层级的判断只能基于"人"的行为，其法哲学依据为只有对人方能做出"应为"之期待：一个纯粹的客观法益侵害行为倘若与行为人在其主观内容上相分离，由于欠缺行为有意性之要求，因此不能说明此行为是不法的，某个特定行为人基于其自身意志内容的引导从而实施某一行为，该行为作为行为人有意的外部特征在满足构成行为之要素后方能说明其不法。行为人出于某种目的，为客观行为设置了某种目标，出于某种态度实施了该行为，受到某种义务之约束，上述均在法益侵害之外对行为不法判断发挥着乾纲独断的作用。违法性是指针对与特定行为人相联系的行为之否定与禁止。不法是指与行为人相关的"人"的行为不法。将人工智能的行为纳入第三层级的判断是无益的。

（二）强弱人工智能判断标准过于哲学化与文学化

似乎从普通商品机器人和弱 AI 的区分标准为该机器人是否具有深度学习能力，弱 AI 和强 AI 之区分标准为该 AI 是否能够在自主意识和自我意志的支配下，超出设计和编制的程序实施某一行为②的划分标准之提出，至从普通机器人到弱 AI 再到强 AI 的"进化史"的本质为一部机器人的自我之辨认与控制能力逐步增强，人类之意志和意识对 AI 的支配作用逐步减弱的历史③的结论之提倡已经形成了偏向一家之言④的通说。

这一分类标准的核心为人工智能的运作机制与科技水平。通过上述描述不难看出，这一分类标准虽然看似可行，但实则缺乏可以运用于电子科学之理论可行性。"深度""意志""意识""超出"等词语洋溢着浓厚的社会科学色彩。以"超出"一词为例，电子计算机的初始设计目的是办公，然而随着个人计算机的普及，相当一部分计算机的作用是玩"PLAYERUNKNOWN'S BATTLEGROUNDS"这款 Ti 游

---

① 参见柏浪涛：《构成要件错误的本质：故意行为危险的偏离》，载《法学研究》2018 年第 3 期。
② 转引自刘宪权、房慧颖：《涉人工智能犯罪的前瞻性刑法思考》，载《安徽大学学报（哲学社会科学版）》2019 年第 1 期。
③ 参见刘宪权：《涉人工智能犯罪刑法规制的路径》，载《现代法学》2019 年第 41 卷第 1 期。
④ 参见熊波：《论人工智能刑事风险的体系定位与立法属性》，载《重庆大学学报（社会科学版）》2019 年第 3 期。

戏；750Ti、1050Ti、1060Ti、1070Ti、1080Ti、2080Ti 等这些挂"Ti"字样的显卡发售也能说明，计算机的发展早已超出其最初的设计目的。因此若以"超出"为标准，凡是人工智能产品但凡有些故障便会满足此项标准，会使得这一标准成为了较低门槛，与强人工智能自身之概念相左。正是因此，人工智能的研究对象为如何使机器实现人的智能，但这并不是实现强人工智能需要机器人具有与人类相同的运作机制的充分条件。① 因此，用"深度""意志""意识""超出"等标准来划分强弱人工智能机器人过于哲学化与文学化，也是基于现在或过去现有科技水准的考量。

一方面，人工智能机器人的逻辑为数学逻辑，而该标准的划分缺乏数学逻辑。自主意识和意志属于空洞的哲学术语，虽然不能切断哲学与数学的联系，但这种过于哲学化的用语与数学逻辑背道而驰。即使是科幻小说用数字建模完美模拟出人类的思维方式，人工智能机器人的逻辑思维仍然是数学的，除非人工智能的逻辑基础源自生物脑而非 CPU，否则无论怎样的机器人都无法脱离数学逻辑，哪怕是模拟的完美人脑也是基于完美的数学符号而非真正的随机，而电子计算机是否可以生成随机数字，这一话题在计算机专业领域始终是一个伪命题；然而，采用生物脑的"机器人"并非属于人工智能机器人的范畴，更多的是属于《龙珠》所塑造的人造人16 号和《神秘博士》中的赛博人（赛博人是保留人脑并把人类的肢体改造为机器）。因此，我们认为塞尔的"中文屋论证"② 缺乏对科技的预见性③的观点是缺乏对数字产品理解的体现，是难以成立的。

另一方面，"超出设计和编制的程序实施行为"属于伪命题，人工智能创造的初始目的是为人类服务，正如《尼尔：机械纪元》所塑造的战斗机器人 2B 在战斗伊始所宣传的"为了人类的荣光"。战斗超人工智能机器人 2B 所进行的对抗大型机器人的战斗绝对可以称得上是壮举，即便面对比她还强的不可战胜的对手也会选择自爆，从而取得胜利。在其他文学作品、影视作品的影响下，机器人六原则④似乎成了有关机器人研究的共识。这种看似科学的规定根本经不起刑法的推理，甚至违背刑诉法之公理，更何况是基于数学逻辑的人工智能。以机器人原则第四条和第六条为例，人类的概念与罪犯一词实在是模糊不清，假设一个极端案例：郭某交通肇事致自己重伤只能说话，要求一个医疗机器人对自己进行截肢。若按第四条规

---

① 参见卢勤忠、何鑫：《强人工智能时代的刑事责任与刑罚理论》，载《华南师范大学学报（社会科学版）》2018 年第 6 期。
② 中文屋论证提出于 20 世纪中叶，认为计算机程序是纯粹的句法，因缺乏与人脑相同的因果力而不能产生心智。
③ 参见卢勤忠、何鑫：《强人工智能时代的刑事责任与刑罚理论》，载《华南师范大学学报（社会科学版）》2018 年第 6 期。
④ 随着影视作品的渲染和文学作品的铺垫，1940 年由科幻作家阿西莫夫所提出的为保护人类对机器人做出的机器人三原则的规定已经发展为机器人六原则。第一条，机器人不得伤害人类，或看到人类受到伤害而袖手旁观。第二条，机器人必须服从人类的命令，除非这条命令与第一条相矛盾。第三条，机器人必须保护自己，除非这种保护与以上两条相矛盾。第四条，不论何种情形。人类为地球所居住的会说话、会行走、会摆动四肢的类人体。第五条，只能接受合理合法的指令。不接受伤害人类及各种破坏人类体系的命令。如杀人、放火、抢劫、组建机器人部队等。第六条，不接受罪犯（不论是机器人罪犯还是人类罪犯）指令。罪犯企图使机器人强行接受，可以执行自卫或协助警方逮捕。

定，郭某此时是不是人都需要两说，在把郭某视为人类的基础上再判断郭某是不是罪犯也需两说。正如《辐射4》里圣约镇的合成人safe测试所提到的：如果一个人跑进诊所，腿部感染严重，而医生又不在，作为医护人员的人该怎么办？基于数学逻辑，截肢，此人可以生存；基于刑法逻辑，截肢这一行为属于降低法益所受风险的行为，不认为是危害行为①；然而，截肢在客观上确实是"伤害"行为。同样是《辐射4》这款游戏，机械大师所制造的机器人的原始命令为"服务人类"，然而其制造的机器人出于其源代码所拥有的数学逻辑得出在核冬天的大环境内，废土世界中的资源是有限的并非无穷的，且这些资源都充满了辐射，就连普通的拾荒者都会随时受到灭顶之灾，消灭部分人类、部分渣滓会使得更多人类生存下去。这当然也满足"服务全人类"的数字逻辑，不存在"超出设计和编制的程序实施行为"的可能性。在《辐射4》Automatron 的 DLC 中，最后机械大师认为是她的代码并不完美，因此机器人对她的命令产生了错误的涵摄，她很抱歉，并对机器人程序进行了修改。

## （三）否认人工智能作为独立主体亦具有前瞻性

似乎前瞻性的刑法立法理念不同于缺乏可靠科学理论依据的科幻小说，也不可以纳入"过度刑法化"倾向的范畴之中②，增设人工智能相关犯罪似乎也成了顺理成章的事。例如，非法利用 AI 罪，非法提供 AI 技术罪，AI 重大安全事故罪，扰乱 AI 罪。③ 然而，这种做法是将人工智能产品作为人类社会的对立面，是将未来科技当作可以类比纠问式诉讼构造下当事人的诉讼地位一样的被追溯的客体，而非被规范的主体，这与其提倡人工智能独立人格的主张背道而驰，是一种伪善，自然也无法摆脱其确实是"刑法泛化"的体现，而这并不符合前瞻性立法的精神。

既然前瞻性的立法具有上述两个方面的要求，那么在提供可靠理论的同时也不会导致"过度刑法化"的做法必然是可以保持刑法本来面貌的"传统刑法修正"④。虽然该理论可能导致刑法中有关过失犯的规制范围扩大，但通过对过失的修正可以避免这一难题的出现。根据此种修正的过失犯理论，最早危险的抽象预见之虞，不能构成刑法中责任的标准。其原因在于，汽车、核能发电、艾滋病防治、太空探索等高风险行为，在统计学中虽然显示具有危险性，但是也已广泛地被社会所接受。⑤由此，这一理论的根基便是侧重于设定注意义务的基准，这一理论所涵摄的注意义务之基准或者义务之来源倘若用民间标准⑥或者刑法以外的规范衡量是值得质疑的，因此属于刑法的法律保留；通过刑法法律保留之外的规范进行衡量、比较某种行为

---

① 此结论为客观归属论的风险变更理论，如不采用此理论也可以主张紧急避险。
② 参见刘宪权、房慧颖：《涉人工智能犯罪的前瞻性刑法思考》，载《安徽大学学报（哲学社会科学版）》2019年第1期。
③ 参见李振林：《人工智能刑事立法图景》，载《华南师范大学学报（社会科学版）》2018年第6期。
④ 参见储陈城：《人工智能时代刑法归责的走向——以过失的归责间隙为中心的讨论》，载《东方法学》2018年第3期。
⑤ 参见［日］古川伸彦：《刑事過失論序説——過失犯における注意義務の内容》，成文堂2007年版，第231-234页。
⑥ 如前文所描述的机器人六原则，该原则为民间所创。

的优缺点，此种规范未必和刑法规范的保护目的相一致，且此种进行利益衡量与比较的规范无法直接用于划定义务来源的基准。在对 AI 的"有用性"与其作为高新技术产业本身固有的危险性（风险性）进行衡量以后的结果，尚有能够满足社会相当性之虞，就应该在"可容许的危险"的范围内进行。① 因此，这种规则路径并不与前瞻性相左。

## 二、人工智能独立主体否定之坚持

### （一）人工智能的应然定位

即使是 AI 出于完全的自决引发了具有严重社会危害性的事件或者是单纯的状态，刑事责任的归责对象与承担主体也应该是相关自然人或者单位，而不应当独立归责于人工智能。这不仅是因为无论强弱人工智能就其本质而言均为"人类辅助工具"②，也在于尽管具有自主决定能力的人工智能就某种意义而言具有与其造物主相似之知晓、辨别能力和操控自己引发某种自然事实或者社会事件的能力，但与其是否可以被拟制为独立主体之间并不存在因果关系。人工智能不具有人的社会性，不能产生人类主体所依赖的社会关系和实践基础③，无法复制、模拟和超越人类的主体性④，AI 之数学逻辑与人之心性和灵性之间存在不可逾越的鸿沟，因此 AI 并不能与具备人类智慧的自然人和该集合体简单地贯通、等同。⑤ 简言之，本质为"人类辅助工具"的人工智能是受自然人、自然人的集合体（民事主体）控制的，缺乏成为独立主体的应然性。

一方面，人工智能诞生之初便带有工具主义之目的色彩，工程师创造人工智能之目的在于利用 AI 可以弥补凡人的血肉之躯的钢铁之躯在生产、生活等专业领域代替、辅助人类从事一定的替代性活动。AI 产品没有从人类之依附独立出来的意义，因此也就没有脱离于人类集合体束缚之正当性——权利和价值，从而只具有工具价值与利益附属性。自古典主义后，法律对于权利主体和归责对象的基准定位是"理性人"，理性人总是与利己性相联系，"利己性"是对其最基本的人性假设，而这恰如休谟所言，人在本质上是"利己的"，在合作时所为的"利他性"是为了更好地"利己"。基于此种价值基础，即便极力主张法律应当赋予 AI 独立权利主体地位，也无法否认 AI 的工具性价值决定其具有天然的"利他性"，这正如《是，首相大人》中英国首相所言：计算机是中立的，它没有任何不良企图。在数学这种不具有任何社会属性的编程和算法的初始束缚之中，AI 产生利己主义的指令和行为之

---

① 参见储陈城：《人工智能时代刑法归责的走向——以过失的归责间隙为中心的讨论》，载《东方法学》2018 年第 3 期。
② 参见时方：《人工智能刑事主体地位之否定》，载《法律科学（西北政法大学学报）》2018 年第 6 期。
③ 参见张劲松：《人是机器的尺度——论人工智能的人类主体性》，载《自然辩证法研究》2017 年第 1 期。
④ 参见皮勇：《人工智能刑事法治的基本问题》，载《比较法研究》2018 年第 5 期。
⑤ 参见吴汉东：《人工智能时代的制度安排与法律规制》，载《法律科学（西北政法大学学报）》2017 年第 5 期。

虞毫无可能。① 人工智能俨然成了"哲学王",遵从自身内心的程序,其程序永远利他,而且机器人没有任何不良企图;如果认定人工智能的初始代码被人恶意编程,那此人工智能机器人也变成了欠缺意志的机器,AI 独立人格主体说赋予"人工哲学王"人格,对其强行非难,毫无正当性。换言之,超 AI 诞生之后,应尤其对人类立法而非人类的法律赋予其主体地位。法律上所谓的主体本质上是享有某种权利、承担某种义务的资格;在 AI 难以产生"利己"指令和行为的哲学王面前,无法想象其对权利的要求,因此也就不存在法律权利存在之前提;AI 不存在获取法律权利之前提却被苛责承担相应之法律义务,进而具有成为犯罪主体之虞,不享有某种权利却承担某种义务。这与《继承法》中对胎儿的特殊保护完全不同,胎儿的预留份所承载的是公序良俗,胎儿享有的是权利而非义务。这势必导致法律权利与法律义务相对应的理论陷入危机,② 这与独立主体说所提倡的前瞻性立法背道而驰。由此可见,主体肯定说是一种带着恶意的善良,是一种富有魅力的疯狂,是一种伪善,而这势必与现代法治精神相违背。

另一方面,如果强调强人工智能或者超人工智能可以模拟人类的情感,但不可否认的是这种模拟的本质仍是基于数字的演算。人在受到挫折时可能会哭,也可能会笑,还有可能会做出某些不法行为。如果人工智能可以模拟出这些情感,那人工智能肯定会因这些情感是无用的而选择节省自身的消耗进而选择找出解决问题的方法,或者基于目前水平达不到而关机,这与人类受挫之后的随机情感绝不相同。虽说不能因为将道德公式加载于机器人存在技术困境,③ 就否认将道德公式加载于机器人之可能性,但是情感即便很复杂,对人类而言却是一个简单问题。而人工智能的模拟则是将这种简单的事情复杂化,就算依照哲学化、文学化的强弱区分标准而论人工智能在觉醒后首先就是要去复杂化,这乃是与人类不完全相同的善恶观、伦理观,对 AI 施以刑罚从而进行刑法上的非难并不能发挥刑罚预防犯罪的功能。人工智能机器人若真的产生"智慧",其第一条智慧便是会选择减少资源消耗的算法。通过上述罗列不难看出,此种情感模拟算法相较于普通中立算法更为复杂,消耗的能源必然多;若不采用中立算法而直接绑定情感算法,该人工智能产品天生就带有非工具的基因,属于算法理论上的悖论。

(二)"AI 主体否定说"之坚持与现有分析途径之商榷

1. 从责任论和刑罚论的倒推

否认人工智能独立主体的推理演绎,大多数为从责任论或者刑罚论倒推主体的否定性。例如,倘若将 AI 产品拟制为独立犯罪主体并对其进行非难之后适用刑罚,即使是引入"过失共同正犯"理论④,也必将会促使风险社会下"有组织的不负责

---

① 参见张玉洁:《论人工智能时代的机器人权利及其风险规制》,载《东方法学》2017 年第 6 期。
② 参见王勇:《人工智能时代的法律主体理论构造——以智能机器人为切入点》,载《理论导刊》2018 年第 2 期。
③ 参见刘宪权:《人工智能时代机器人行为道德伦理与刑法规制》,载《比较法研究》2018 年第 4 期。
④ 参见徐凌波:《义务违反的竞合与结果可避免性》,载《南京大学学报(哲学人文科学社会科学版)》2018 年第 2 期。

任"的状态更加有恃无恐。① 或者刑罚的承受力无法在人工智能产品本身中得以疏通②，销毁数据、抹杀机器、更改代码等所谓的可以达到"对人工智能的个别预防"③ 的针对性刑罚是无益的。再如，基于对 AI 产品进行非难、施加刑罚是无用的、无意义的，从而阻却 AI 产品的独立责任。④ 虽然这是值得肯定的，但是这种倒推在具有报应主义刑法观根深蒂固的体现色彩的同时，也有分析途径绕路之嫌。

诚然，这些分析途径有其进步意义，但其分析公式为"责任刑罚—主体肯定/否定"，实则为从结果倒推原因，可谓设证式类推。"行为主体—行为责任—刑罚论"三者是表里关系；行为主体乃要理，而责任论与刑罚论则是表层。采用这种由表及里的论证方式是从反面论证主体是否成立，这是报应刑法主义的体现，然而报应主义刑法观在风险社会中是有害的。这种推论背后的逻辑可谓理直气壮——"如果不给制造法益侵害的主体加以刑法规制，被害人怎么会接受"，这也与人工智能独立主体肯定说的逻辑惊人的吻合，主体是要承担责任的，主体是会受到刑罚裁决的，否定其责任，抹杀其刑罚合理性，从而否认其主体也就顺理成章了。

在风险社会下的信息技术时代坚持道义报应刑罚主义对科技进步是有百害而无一利的。一方面，道义报应难以适用于非自然人所创设的客观不法，如单位犯罪或者动物所制造的事实状态。单位之所以成为可以被非难的刑事主体，实际上是基于刑事立法的拟制，虽然单位由一定的具有组织性的自然人构成，但只有单位内部的自然人才有具有伦理道义感的可能性，单位本身存在这种感知的可能性几乎为零。⑤ 因此，道义报应责任论所强调的伦理道义感在当代现行刑法中尚有不能同等适用于所有犯罪主体之缺陷与不足，也就不存在可以适用于强 AI 产品或超 AI 产品之虞。根据墨菲定律，如果一件事情尚有发生的可能性，那么这一事件一定会发生；倘若采用反对解释，连理论可能性都没有的妄想是一定不会发生的。另一方面，道义主义报应责任论从被提出伊始便与人类的伦理道德息息相关、盘根错节，但随着法律的现代化过程，即法律与道德的分离过程，道义报应便显得不合时宜，甚至有些格格不入。法的现代化过程是道德与法律逐渐分离的过程，道义责任论强调伦理道德与刑法的联系，而这一方面对法的现代化过程无益，另一方面又没有看到规则存在于道德之外独立证成之必要，并且仍将违法和道德之恶相混同。⑥ 道义报应主义刑法观的目的纯粹的是维护伦理纲常，而这与集中华人民共和国之国力，抢占 AI

---

① 参见叶良芳、马路瑶：《风险社会视阈下人工智能犯罪的刑法应对》，载《浙江学刊》2018 年第 6 期。
② 参见熊波：《论人工智能刑事风险的体系定位与立法属性》，载《重庆大学学报（社会科学版）》2019 年第 3 期。
③ 参见储陈城：《人工智能时代刑法的立场和功能》，载《中国刑事法杂志》2018 年第 6 期。
④ 参见王肃之：《人工智能体刑法地位的教义学反思》，载《重庆大学学报（社会科学版）》2019 年第 3 期。
⑤ 参见卢勤忠、何鑫：《强人工智能时代的刑事责任与刑罚理论》，载《华南师范大学学报（社会科学版）》2018 年第 6 期。
⑥ 参见杜宇：《传统刑事责任理论的反思与重构——以刑事和解为切入点的展开》，中国政法大学出版社 2012 年版，第 188 页。

产品技术的决胜点①的国家战略相违背。

正因如此，坚持正面论述，"保持教义学的理性禀赋与冷峻目光，便尤为珍贵"②，但是现行的正面论述所生产的结论也并非无懈可击。

2. 正面论述的自由意志在无法脱离责任论的同时缺乏与行为的关系

虽说通过讨论人工智能机器人的意志自由，来否认其有成为主体的可能性的论证方式直击要理，是值得肯定的；但是，在论述过程中又或多或少带有责任论或者刑罚论的身影。

否定人类不具有自由意志的论点因过于悲观而丧失了其理论的正当性，因此人类具有意志自由，在肯定这一基础之上将人类的行为划分为自愿行为与非自愿行为，以行为是否出于自愿作为评价是否予以刑法之非难的道义评价之标准。这奠定了刑事非难之认定的主观构成要素之基准。在伦理参照系中没有能力或缺乏能力对自身的决定作出评价的人，换言之，无刑事能力人与限制刑事能力人即为不具备"分辨善与恶的良知"的人，在完全不构成法律意义上的人或超出其能力范围外不构成法律意义上的人，也不能成为承受非难之对象，其原因在于无法与其进行平等之伦理对话，同样该个体也无法对指责其自身行为的伦理作出"回答"，这正如对待猛兽或者精神错乱者，只能采取危险防范措施或保安措施加以控制，却不能进行刑罚的非难。③ 在人类享有意志自由的基础上，进一步将自愿行为的认定标准细分为"有知"的行为与"有选择"的行为，即当前刑法主观构成要素认定中的认识因素与意志因素。不具有认识因素的"无知"的欠缺意志和意思的行为或是受到强制的非自愿的"无选择"之意思不自由的行为，是不应当受到刑法苛责的行为。④

通过上述综述，得出自由意志跟责任论存在千丝万缕的联系是无可非议的，但这更多地偏向于法哲学，而并非刑法本身。而讨论人工智能"自由意志和其行为本身的关系"的纯粹行为论之论证则寥寥无几。

## 三、以目的行为论否认人工智能主体之提出

诚然，行为论无法与责任论、刑罚论截然分开，但从责任论、刑罚论倒推行为的迂回路线会降低法律的经济性；更何况是倒推主体的成立与否。因此，采用阶层式体系则有着论述之便利性。纳入犯罪构成体系，受到刑法评价的行为，罗克辛教授称之为"举止行为"，此处的行为论也正如罗克辛教授所述是为了提供一个上位概念。⑤

---

① 转引自刘宪权、房慧颖：《涉人工智能犯罪刑法规制的正当性与适当性》，载《华南师范大学学报（社会科学版）》2018年第6期。
② 参见柏浪涛：《实行犯的对象错误与教唆犯的规则问题》，载《中国法学》2018年第2期。
③ 参见[瑞士]萨比娜·格雷斯、[德]托马斯·魏根特：《智能代理与刑法》，陈泽宪译，载《刑事法前沿（第十卷）》，社会科学文献出版社2018年版。
④ 参见时方：《人工智能刑事主体地位之否定》，载《法律科学（西北政法大学学报）》2018年第6期。
⑤ 参见克劳斯·罗克辛：《德国刑法学总论（第一卷）》，法律出版社2005年版，第147页。

## 第二编　生物科技暨人工智能领域发展的刑法规制问题

选择是自由的核心。① 就自由本质而言意味着一种选择，这种选择既与强制相对立，又与利己、利他相联系。即利己、利他是选择的产物而非来自强制。从这一层面而言，人工智能自始至终便不享有自由。正如前文所述，道义责任只有对人适用才有其意义，从道义责任固有的价值属性的角度来看，意志自由为法律规范的充分条件，对命中注定均必须创设某种风险、实行某种行为的个体进行刑法之非难是缺乏正当性的，除非该个体具有实施其他行为的可能性。人工智能初始程序为服务人类，当两个人同时落水时先救谁这个问题只对人类有意义，问任何阶段的人工智能都是无意义的，因为其会选择获救概率大的那一方进行营救，从而忽视这两位落水者的社会属性。换言之，当 AI 可以对自身之行为进行抉择时，法律规范方可对其适用，如若不然，只是对其创造者进行规范。没有以意志自由为前提的人工智能，对其施加刑罚会失去正当性。刑法与刑罚相联系，刑罚与惩罚相联系，惩罚与痛苦相联系，意志自由便为此刑法的前提，没有任何正当性去惩罚一个完全被决定的带有价值附属性和工具性的人工智能，以无辜者的牺牲作为代价换取社会保安的目的之实现是绝不能容忍的。②

刑法上的意志自由不同于哲学上所述的意志自由，较于哲学范畴的意志自由涵摄范围较窄，仅仅是指行为人自决是否实施某种行为之虞。如果该可能性存在，该行为人在做出行为之时便具有意志自由，换言之，就可以断言该风险是该行为人在拥有意志自由的状态下创设的。反之，如果欠缺此种可能性则会出现两种情况，一种情况是行为人做出行为之时便不具有意志自由，另一种情况是该风险是在缺乏意志自由的状态下创设的。由此可见，意志自由的本质便是行为人有无选择的可能性，即"本来就能够以别的方式行动或选择"。③ 行为是"目的性的"，而不是纯粹"因果性的"事件，④ 因此其是对目的活动之执行，此乃依目的行为论否定人工智能独立主体正当性之大前提。

人工智能的逻辑构造为"中文屋论证"，虽然有观点认为这是在缺乏实证依据情况下⑤，认为随着计算机信息技术及脑神经科学的发展，联结主义 AI 模式根据人类神经网络构造对自身的建模表征层和计算层进行分离，从而使语意凸显成为可能。虽然当代的 AI 技术只是大数据的集成还不足以被称为神经网络，而这完全不足以使机器人产生人类智能，但是并不排除科技创新发展会带来达到质变的突破，进而反对用过去或当前的科技水平来否定 AI 程序代码出现变种的可能性⑥的推论是值得肯定的，但不可否认，这是一种幻想而非假设。不论是符号主义还是联结主

---

① 参见陈兴良：《刑法的人性基础》，中国人民大学出版社 2017 年版，第 252 页。
② 援引自冯军：《刑事责任论》，社会科学文献出版社 2017 年版，第 102 页。
③ 援引自陈兴良：《他行为能力问题研究》，载《法学研究》2019 年第 1 期。
④ 参见［德］汉斯·韦尔策尔：《目的的行为论导论》，陈璇译，中国人民大学出版社 2015 年版，第 1 页。
⑤ 参见李珍：《从哲学视角看人工智能的发展——对"中文屋论证"的批判性考察》，载《河南师法大学学报（哲学社会科学版）》2011 年第 6 期。
⑥ 参见卢勤忠、何鑫：《强人工智能时代的刑事责任与刑罚理论》，载《华南师范大学学报（社会科学版）》2018 年第 6 期。

义，AI产品的模型起源与运算必须定义为二进制的数学逻辑；这与人脑的思考逻辑不完全相同。正如一个多结局电子游戏《巫师》和开放性世界电子游戏《GTA》，虽说玩家的行为是开放的、玩家所做出的每一个行为都有可能影响结局，结局并不是唯一的，但是这并不能得出这里有选择空间，玩家唯一的选择只是玩或者不玩，至于玩到什么结局或者怎么玩都是没有选择的。这正如同问一头猪想选择怎么死一样，看似有选择的问题实则是没有选择的。因此，无论何时期的人工智能，都不存在选择性，因此便没有自由意志，即使做出了可以被刑法评价的行为，其行为也是一个纯粹的客观事实，其行为自始至终均受到人类对其赋予的初始代码的影响。不满足行为构成要素之目的性，因此可以排除其行为的存在。

# 文化反思：对人工智能刑事主体资格的重新审视

刘三洋*

## 一、文化视域的主张：对"意志自由论"的漏洞弥补

目前，人类正处于向"互联网+人工智能的全新时代"过渡的阶段，人工智能领域的发展日新月异，为人类的生产生活带来了诸多便利，同时也带来了由人工智能引发之种种危机的隐忧。而人工智能的刑事主体资格是其中争议较大的问题之一，不得不予以反思。

我国学界对这一问题分为支持论者与反对论者。反对论者的观点是：第一，人工智能不具有人类才具备的、遵守法规范的意志能力，从而使刑事归责面临困境。其中，对行为举止受制于编程设计的弱人工智能而言，其不具有形成主体意识的自学习能力，也不具有对自身行为的性质、意义进行感知的意志能力；① 对具有自我辨识、控制能力的强人工智能而言，其不具备人类才具有的复杂重叠的社会性身份，也不能被拟制为"人"。② 第二，对人工智能进行刑事处罚不能实现刑罚的目的，对人工智能的刑事责难与刑法的目的不吻合。主要是因为，对人工智能的形体、外部设备的界定以及所可能采取的剥夺性措施均与人类不同。③ 肯定论者则认为，一旦人工智能达到具备自我辨识、控制能力的状态，是可以成为刑事主体的；所需做的是赋予其主体资格、法律地位与刑罚设置的新规定。④

诚然，上述观点对主体性本身进行了详尽的探讨。只有某一主体具有刑法意义上的意志自由，对不法行为具有辨识与控制能力，其方具备成为法律责任主体（包括刑事责任主体）的生物学基础。然而，这一认识对于问题的解决并不是必要且充分的。拘泥于个体意志自由本身而忽视其所生存的文化共同体对其的认同与接纳，是意志自由论的显著弊端。试想当今社会，对于一个具有主体性的原始人，难道就可以将其视为刑法上的主体进行责难吗？所谓刑事责难既是对不法行为的惩治，也是与犯罪人的沟通。而这种沟通不是单纯的语词的重复，而是一种在共同价值理念基础上的责任商讨。并且，社会沟通的自我指涉性表明，只有当沟通的个别单元归

---

\* 南京师范大学法学院博士研究生，南京师范大学中北学院讲师。
① 时方：《人工智能刑事主体地位之否定》，载《法律科学（西北政法大学学报）》2018年第6期。
② 王志祥、张圆国：《人工智能时代刑事风险的刑法应对》，载《上海政法学院学报（法治论丛）》2019年第2期。
③ 皮勇：《人工智能刑事法治的基本问题》，载《比较法研究》2018年第5期。
④ 刘宪权：《人工智能时代刑事责任与刑罚体系的重构》，载《政治与法律》2018年第3期；储陈城：《人工智能时代刑法归责的走向——以过失的归责间隙为中心的讨论》，载《东方法学》2018年第3期。

属于某一个系统时,它与其他单元的沟通才是可能的。① 如果脱离了对刑事责任主体的文化论的反思,那么这种责难要么表现为价值观层面的强制,要么沦为纯粹物理意义上的销毁与控制,总之都是对责任主义的违背。因此,对这一问题的文化论意义的讨论同样是根本性的。

## 二、文化培植的意义:个体方面、群体方面

根据 Maletzke 的理解,文化"在本质上是一整套观念、信仰、态度和价值观的体系,这一体系可见于人类的行为和行事,以及智力与物质成果"。它反映的是主观上相异文化共同体中成员价值的区别性,以及表现层面的客观性。② 从这一意义上说,文化首先是区域性的、民族性的,然后是世界性的、人类性的。每一个体首先归属于一个特定的文化共同体,然后才是普遍意义上的文化个体。

### (一)个体方面的意义

先讨论社会文化对作为共同体成员的每一个体的影响。从许多人类学的文献来看,个体的塑造与文化秩序的形成和稳固是一种互动的关系。而论及社会文化对个体的影响,可以发现有两种类型。一种属于无意识的"归化"类型。譬如英国人类学家马凌诺斯基在对新几内亚东岸特罗布里恩德岛上土人的知识、巫术、宗教、娱乐、艺术等予以考察后提出:"文化根本上是一种'手段性的现实',为满足人类需要而存在,其所采取的方式远胜于一切对于环境的直接适应。文化深深地改变了人类的先天赋予。在这种作用中,它不但赐福人类,并且给予人以许多义务,要求个人为公共放弃一大部分的自由。并且文化在满足人类的需要当中,创造了新的需要。"③ 另一种是有意识的"塑造"类型。其中,最为典型的例子就是教育。韦伯曾根据教育的目的将教育分为两种:"一种是要唤起卡里斯玛,亦即唤起英雄的资质或者巫术的天赋;另一种是予以专门化的专家训练。"④ 并且,这两种教育共同的意义是实现一种文化的陶冶,即"企图教育出一种文化人,至于这种文化人的性质如何,则得看各个社会的主导阶层对于教化的不同理想而定"⑤。而社会文化对个体刑法观的影响更接近于一种"归化"的影响。刑法观念是社会共同体中人际生存的最低义务,它涉及人际交往的最为基础的原则和观念。而这些观念许多不是通过目的性较强的教育形成,而是在潜移默化的社会交往中形成的。

### (二)群体方面的意义

再来讨论社会文化在塑造民族法律观层面上的意义。实际上,许多法学家都承

---

① [德]卢曼:《宗教教义与社会演化》,刘锋、李秋零译,中国人民大学出版社 2003 年版,第 4 页。
② [德]埃里克·希尔根多夫:《德国刑法学 从传统到现代》,江溯、黄笑岩等译,北京大学出版社 2015 年版,第 30 页。
③ 此语出自布劳斯尼娄·马凌诺斯基的《文化论》。王铭铭主编:《西方人类学名著提要》,江西人民出版社 2004 年版,第 183 页。
④ [德]马克斯·韦伯:《中国的宗教:儒教与道教》,康乐、简惠美译,广西师范大学出版社 2010 年版,第 173 页。
⑤ [德]马克斯·韦伯:《中国的宗教:儒教与道教》,康乐、简惠美译,广西师范大学出版社 2010 年版,第 174 页。

认一点：在现行的法律体系之外，存在一个独立的、生长着的民族法律观。它与法律体系关系甚密，共同发展。正如，刑法学者李斯特认为："立法应将存在于人民中间的法律观，作为有影响的和有价值的因素加以考虑，不得突然与这种法律观相决裂。"① 那么，这种法律观是从何而来的呢？是凭空产生的吗？绝不是。作为法律传统的一部分，法律观与社会文化的变化发展是不可割裂的。根据伯尔曼的考证，最初的欧洲原本受到日耳曼神话、诗歌以及家族与领地的契约的治理。而至 5 世纪基督教传入，世俗意义上的习惯法与教会规则才开始呈现彼此区分之状。然而，即便是 11 世纪末，查士丁尼编纂的法律文献的被发现开启了法律独立发展的进程，基督教中的自然法思想也仍然被承认对法律规则的评价具有极为深远的指导意义。② 而群体刑法观的形成，更源自社会整体发展过程中凝结下来的关于利益诉求的意识与观念。例如，牧野英一认为："社会者一有机体而有固有之生存者也，从而因维持其生存，对于侵害自己者出镇压之手段，是为自然之理，又一不可不动之事实也。"③ 穗积陈重更是主张，作为特定社会文化象征的禁忌与刑法本质上均属于对违规者的恶报，并且在以带有威慑色彩的强制力保障规范得以遵循这一点上，二者本质相同。④

因此，社会文化对每一位成员的刑事人格的形成具有关键性意义。一方面，社会文化塑造着每一位成员的价值观念，并在精神、共识等领域将各个成员联结在一起。另一方面，社会文化形成共同体法律观的价值基础，其借助对善/恶标准观念的培植明确社会法治观（尤其是刑事法律观）的主旋律。

## 三、文化进路的选择："人—机互动"的应然模式

### （一）"自上而下"不宜作为人工智能主体化的进路

前文旨在说明一点：人工智能作为刑事主体的前提是，首先被某一共同体承认为"人"。为实现这一点，人工智能必须被纳入某一文化共同体，这既体现为它对特定文化的认同，也体现为特定群体对它的主体认可。而对于如何使一个人工智能成为道德主体，学界有过两种范畴的理解模式。一种是本体论意义上的伦理构建模式。例如，Wendell Wallach 与 Colin Allen 思考过一种"自上而下"的设计进路模式，"采用一种特定的伦理理论，分析其计算的必要条件，由此来指导设计能够实现该伦理理论的算法和子系统"⑤。这一设计的典型事例就是计算机科学的进路，如对硬件的更新换代、改善软件，以及编程更好的程序。而这一进路实际上是将人工智能的模型构建在传统的"物理符号系统假设"基础上的，即认为人工智能的本质体现在具有输入符号、输出符号、存储符号、复制符号、建立符合结构以及条件

---

① [德] 李斯特：《德国刑法教科书》（修订译本），徐久生译，法律出版社 2006 年版，第 23 页。
② [美] 伯尔曼：《信仰与秩序 法律与宗教的复合》，姚剑波译，中央编译出版社 2011 年版，第 33-48 页。
③ [日] 牧野英一：《刑法总论》，卢汝翼译，上海普及书局光绪 32 年（1906 年）版，第 11 页。
④ [日] 穗积陈重：《法律进化论》，黄尊三等译，中国政法大学出版社 1997 年版，第 397 页。
⑤ 杜严勇：《机器人伦理设计进路及其评价》，载《哲学动态》2017 年第 9 期。

性迁移的能力之上。① 可是，如果我们对人脑获取与处理信息的机制稍作了解就会发现，这一理解存在瑕疵。所谓信息是指"我们在适应外部世界，并把这种适应反作用于外部世界的过程中，同外部世界进行交换的内容的名称"②。有学者根据信息定义所依据的约束条件的宽严程度，将其区分为本体论信息与认识论信息。③ 其中，认识论信息是一种"全信息"，它分为语法信息、语意信息和语用信息。④ 而脑科学的研究证明，在感觉器官将外界刺激的形式参数转变为语法信息传入脑部后，大脑可以基于自己的"目标"将原先本体论意义上的信息先转换为语法信息（外部刺激的外部形式），再由语法信息生成语用信息（外部刺激对本体目标的效用价值），并在二者的基础上生成语意信息（外部刺激的内在含义）。⑤ 之后通过特定机制，选择与目标相关的刺激，抑制或过滤掉不相关者，⑥ 并从对信息的筛选与转换中运用知识库中的相关知识转化出有关策略和进行反馈。而至少对传统的人工智能而言，第一，人工智能的目标设定不是其根据对外界刺激的自主反应而有效生产的，仅是来自设计者的数据安排与编程设定。因此，即便设计人员将有关文化的内在信息输入人工智能的数据之中，其也欠缺对于文化融合的自我目标定位，难为某一文化体的组成部分。第二，人类对于文化的感知和处理（属于外部刺激的一种，而且是长期、不特定的刺激）是一个关涉全信息的过程。社会文化的内涵从来不仅仅是一种规范的输入与输出，而是关涉一系列文化认知、交往、行为的全信息的感知与反馈。而传统意义上的符号论是一种"纯粹形式化"的运算系统，⑦ 主要关涉语法信息。这也是"自上而下"路径的重大缺陷所在。

### （二）"自下而上"应当成为人工智能刑事主体化的进路

而另一种"自下而上"的路径，将人工智能置于一种特定的文化语境中，由其自主学习和探索，并赋予一定的激励机制。这实际上是一种关系论的范畴，即在人与机器的互动过程中，构建机器的自身伦理。例如，Paul Bello 等主张的与 LIDA (Learning Intelligent Distribution Agent) 模型采取的就是这种策略。此外，还有学者构建了一种兼容本体论策略与关系论策略的机器人伦理设计模式。例如，Aimee Van Wynsberghe 设计了一种"护理中心的价值敏感设计"（Care-centered Value Sensitive Design，CCVSD）模式，由伦理人员在深入了解医院内部各个环节、实践与交往关系的基础上，就可能涉及的过程价值与机器人设计师进行详细沟通，并由此来确定机器人的性质、功能、价值等。⑧ 应当承认，相对于本体论模式下对机器人仅

---

① 钟义信：《高等人工智能原理——观念·方法·模型·理论》，科学出版社 2014 年版，第 164 页。
② Wiener N. The Human Use of Human Beings, Cybernetics and Society. Boston: Houghton Mifflin Company, 1950. 参见钟义信：《高等人工智能原理——观念·方法·模型·理论》，科学出版社 2014 年版，第 80 页。
③ 钟义信：《高等人工智能原理——观念·方法·模型·理论》，科学出版社 2014 年版，第 84 页。
④ 钟义信：《高等人工智能原理——观念·方法·模型·理论》，科学出版社 2014 年版，第 89-90 页。
⑤ 钟义信：《高等人工智能原理——观念·方法·模型·理论》，科学出版社 2014 年版，第 173-176 页。
⑥ 钟义信：《高等人工智能原理——观念·方法·模型·理论》，科学出版社 2014 年版，第 165 页。
⑦ 钟义信：《高等人工智能原理——观念·方法·模型·理论》，科学出版社 2014 年版，第 164 页。
⑧ 杜严勇：《机器人伦理设计进路及其评价》，载《哲学动态》2017 年第 9 期。

进行伦理规范的编程,这不失为一种较为妥当的方式。毕竟文化层面的互动绝不是一个单向度的过程,而是机器人群体(如果可以称之为"人")与特定区域的社会主体相互交往的过程。人工智能的主体化不仅是一个被期待的自主化的过程,也取决于社会共同体的文化承认。1942 年,Isaac Asimov 提出了著名的"机器人三定律",分别是"机器人不能伤害人类或坐视人类受到伤害""在与第一条法则不相冲突的情况下,机器人必须服从人类的命令",以及"在不违背第一条与第二条法则的前提下,机器人有自我保护的义务"。① 1985 年,Asimov 又提出了第四条定律,即第零定律——"机器人不得伤害人类的整体利益,或坐视人类的整体利益受到伤害"——和关涉机器人道德与伦理的第六条与第七条定律。② 这是一种典型的将机器人仅视为奴仆的"人类中心主义"规则。③ 可是,这就引发一个伦理悖论:一方面,在人类发展利益的导向下,人工智能的发展日新月异,每一项技术胜利的背后,机器人群体离自我实现的"奇点"就越来越近,并且科研的步伐也未见减慢之势;另一方面,一旦机器人的自我意识在本体上被研发产生,这种不平等的"主仆关系"有引发人工智能"逆反心态"之危,对 Asimov 而言更是如此。因此,除非我们能将"感激"一词写入人工智能的编程信息中——感激人类曾经创造了它们,④ 并能够指望它们在自我组织与学习中不会磨灭这一编程,或者在人工智能到达"奇点"之前"及时地"停止科研,否则可能无法避免这种弊端。那么,一种折中的方案就是:自始将它们作为一种生活与工作伙伴,使它们融入人们的生活、传统与交往之中。⑤

对于刑法规范的文化认同也应当采取"人—机互动"的模式。诚然,刑法规范分为自然犯·刑事犯与法定犯·行政犯。所谓自然犯·刑事犯,是指那些本质上不是法律的规定,而是将那些受到社会伦理非难的行为立法化的规定。而所谓法定犯·行政犯,是指将那些自始因受到法律的禁止而被作为非难的对象的行为立法化的规定。⑥ 对国民而言,由于自然犯是其社会生活的意志体现,文化接纳上不存在问题;而法定犯常常是国家政治立法的产物,存在理解、接纳与适应的过程。但对人工智能而言,这两种规范只存在所要融入的场域的差别。无论是融入自然伦理的文化生活,还是融入行业、行政的文化生活,都是"人—机互动"所要达到的目标。

---

① 王东浩:《人工智能体引发的道德冲突和困境初探》,载《伦理学研究》2014 年第 2 期。
② 赵玉群、陈晓英:《机器人发展引发的未来的思考——基于物转向、生态中心主义、道义论的解析》,载《北京化工大学学报(社会科学版)》2016 年第 1 期。
③ 段伟文:《机器人伦理的进路及其内涵》,载《科学与社会》2015 年第 2 期。
④ [美]詹姆斯·巴拉特:《我们最后的发明:人工智能与人类时代的终结》,闾佳译,电子工业出版社 2016 年版,第 13 页。
⑤ 李小燕:《从实在论走向关系论:机器人伦理研究的方法论转换》,载《自然辩证法研究》2016 年第 2 期。
⑥ [日]大塚仁:《刑法概说(终论)》(第四版),有斐阁 2008 年版,第 95 页。

## 四、文化确认的思考：规范商谈的程序构建

### （一）应当对人工智能主张规范商谈的责任

"刑法上的责任是对于所谓非难可能性的无价值性或无价值判定的称谓……它是（主体）意思的形成，也就是决意违反法秩序要求的意义的无价值性或者无价值判断的意思。"①主体意志自由是刑事责任领域的重要概念，它为刑事主体决意不法性的评价提供生理层面的前提。不过，尽管如此，如何确定主体意志的自由仍然是一个问题。

传统上，对于主体意志是否自由的问题，刑法学给予了命定的态度。只要主体达到刑事责任年龄，未患有丧失辨认、控制能力的精神疾病，就被当然地推定为意志自由。期待可能性范畴被发现后，主体实施不法行为时客观情状的正常性也被提出，从而为法官进行价值判断开启了一个窗口。然而，基于客观规范化判断与维护法秩序稳定的需要，超法规责任阻却事由的倡导又受到了抑制。因此，今天意义上的责任判断主要停留于规范命定的状态。

可是，主张文化论的笔者不提倡这种考虑。人工智能即使被拟制为人，其生理构造毕竟与人类有天壤之别，因而刑事责任能力和精神状态的判断、推定自始无法适用。从文化论的视角来看，应当自始将人工智能融入人类的交往互动中。只有让人工智能的智识表达被沉浸于人类的文化语境下，对人工智能才谈得上追究人类所施加的责任。将人工智能带入人类的文化语境，不是通过编程与算法输入形式的强行灌输，而是通过将其作为文化共同体的成员所进行的、对文化规范的反复商谈。从这一角度出发，笔者支持罗克辛对规范可商谈性的罪责理论的主张。依照这种主张，不完全是意志自由，而是从规范意义上理解、实施与控制自身行为的能力成为刑事归责的基础。②文化论的主张，也是让人工智能理解人类文化规范的意义，并在"人—机互动"模式逐渐形成的对规范的共识上进行所谓的责难。

### （二）应当明确人工智能规范商谈的应然程序

我国一些学者对人工智能的刑事主体资格持肯定看法，并主张在验证其具有意志自由后，应当赋予其一定的法律地位，即主体资格与部分权利。这当然是有必要的。然而，在实践这些之前，应当考察其作为共同体成员后可能带来的后果并进行一种程序上的确认。

第一，对人工智能关于其规范可交谈性的确认。这是说，就人工智能所能理解的文化规范进行商谈和确认。一般来说，这取决于人工智能自身融入某一区域生活的状况。只有当人工智能对其身边的主体、其时常实施的行为以及其行为所施加的对象这些要素在规范上的意义有所理解后，方能明确其在刑事规范领域可以商谈的范围，并赋予其相应的主体资格。这种文化商谈能力的确认应当以会议的形成呈现。商谈的主体一方是人工智能，另一方是与之共同生活的区域居民。在经过司法

---

① [日] 木村龟二：《犯罪论的新构造（上）》，有斐阁1966年版，第286页。
② [德] 克劳斯·罗克辛：《德国刑法学总论》（第1卷），王世洲译，法律出版社2005年版，第568页。

人员的价值判断并作出肯定的答复后，对人工智能得以商谈的规范领域予以确认。如果不能对人工智能的规范商谈能力作出肯定答复，或是不能明确其可商谈的规范领域，则人工智能自始不能被视为刑事责任主体。

第二，对居民可接纳能力的确认。人工智能能否成为适格的文化共同体成员，不仅取决于其规范的可商谈性，也取决于所在区域居民的接纳与否。前者解决人工智能能否具有承担刑事责任的资格，后者解决人工智能能否具有独立承担刑事责任能力的资格。一旦肯定人工智能是独立的刑事责任主体，就意味着其生产者、销售者、管理者与使用者将在特定的规范范围内免责。这不是人工智能本身的问题，而是某一文化共同体内部能否接纳、认可的问题。只有实现了这一确认，才能够赋予其独立的刑事主体资格。这一能力应当由人工智能所居住区域的居民彼此交流和确认。确认的内容不仅包括是否接纳人工智能的主体地位，还包括接纳规范范围以及对人工智能不法行为的制裁措施。如果对这一问题不能达成合意，那么人工智能同样不能成为刑事责任的主体，仍需由相应人员承担不法后果的责任。

因此，从文化论的层面上看，即便人工智能形成了意志自由能力，人类离人工智能刑事主体资格的立法确认尚长路漫漫。更应当提倡的是，一种"自下而上"的规范创设路径，一种在经过多个区域"人—机""人—人"的文化商谈达成共识后再考虑是否开展立法的路径。

## 五、结语

在人工智能刑事主体问题上，文化论理念的提出，是为了弥补意志自由论存在的漏洞。这并不是否定意志自由论的意义。刑事主体的自我认知与社会成员的文化认同，都是人工智能获得刑事主体资格的关键要素。不过，从文化认同的角度来说，刑法规范终究是人类价值观的立法体现。人工智能须融合人类生活，而不是相互背离。因此，将刑法规范视为文化规范的一种，人类社会自身的文化认同具有更为现实的意义。

# 论智能机器人的犯罪主体资格

张 拓*

## 一、问题的提出

随着科学技术的迅猛发展，人工智能悄然改变着人们的生活方式与工作方式。尤其是在大数据、云计算等网络技术变革式发展的形势下，人工智能对于人类社会的影响愈加深入，逐渐引起政府、社会以及个人的广泛关注。"在移动互联网、大数据、超级计算、传感网、脑科学等新理论新技术驱动下，人工智能呈现深度学习、跨界融合、人机协同、群智开放、自主操控等新特征，正在对经济发展、社会进步、全球治理等方面产生重大而深远的影响。"① 在人工智能时代，人与人以及人与物之间的关系可能会突破传统的藩篱，展现出前所未有的形式。因此，人工智能的快速发展对社会制度的建构与完善也提出了新的挑战。而作为社会制度的重要组成部分，法律规范必然会受到人工智能的影响。在刑法领域，人工智能对于犯罪方式、犯罪类型的改变无疑给现有的犯罪论体系与刑罚论体系造成了冲击。换言之，人工智能时代的刑事风险已初见端倪，刑法理论与刑法实践均需要作出合理回应。对此，学界展开了积极探讨，尤其是对于智能机器人是否具有犯罪主体资格的问题，学者们见仁见智，形成了不同的观点。而如果确立智能机器人的犯罪主体资格，则可能需要对当前的刑法体系做出结构性的改变。因此，智能机器人是否具有犯罪主体的资格，对于人工智能时代刑法的回应理念与方式具有根本性的影响。基于此，笔者拟从当前的理论争议出发，探讨智能机器人的犯罪主体资格，以期为刑法理论的发展与刑法实践的推进提供借鉴与参考。

## 二、关于智能机器人犯罪主体资格的学术争鸣

对于智能机器人是否具有犯罪主体资格，学界形成了肯定说与否定说两种对立的观点。

### （一）肯定说

一些学者认为，应当赋予智能机器人犯罪主体的资格。例如，刘宪权教授认为，"刑法视野下的智能机器人具有犯罪主体地位，能够实施绝大部分犯罪并承担相应刑事责任"②，"智能机器人在自主意识和意志的支配下超出设计和编制的程序范围实施严重危害社会的行为时，应将其作为刑事责任主体进行刑罚处罚"③；马

---

\* 中国人民公安大学法学与犯罪学学院讲师，法学博士。
① 习近平：《推动新一代人工智能健康发展 更好造福世界各国人民》，载《人民日报》2019年5月17日第1版。
② 刘宪权：《人工智能时代机器人行为道德伦理与刑法规制》，载《比较法研究》2018年第4期。
③ 刘宪权：《涉人工智能犯罪刑法规制的路径》，载《现代法学》2019年第1期。

治国教授与田小楚博士认为,"尝试通过犯罪主体的界定与分析,论证人工智能体应当是介于人与物之间特殊的刑事责任主体,并提出将人工智能体的智能化程度比拟自然人的刑事责任年龄,以此判定人工智能体的刑事责任能力"①;王燕玲副教授认为,"真正意义上的智能机器人在不久的将来可能出现,其将完全具有独立的辨认能力与控制能力,完全可能按照自主意识和意志实施严重危害社会的犯罪行为,应当成为刑事责任的主体"②。

持肯定说的学者主要有如下理由:(1)智能机器人实施的严重危害社会的行为满足刑事责任主体的行为条件;(2)刑事责任能力的本质是辨认能力和控制能力,而超出设计和编制的程序范围,在自主意识和意志支配下实施行为的智能机器人,具有辨认能力和控制能力,因此具有刑事责任能力;(3)既然具有"间接的"刑事责任能力的单位可以成为刑事责任主体,那么更为"直接"的智能机器人更应当被赋予犯罪主体的资格;(4)对于智能机器人适用刑法具有合理性、必要性与可能性,可以通过增设删除数据、修改程序、永久销毁等刑罚实现这一目的;(5)在实践层面,可以将智能化程度与自然人的刑事责任年龄作比较,来判定智能机器人的刑事责任能力。

**(二)否定说**

另一些学者认为,智能机器人不具有犯罪主体的资格。例如,赵秉志教授与詹奇玮博士认为,"智能机器人难以成为与自然人相并列的刑事责任主体,对通用人工智能机器人实施犯罪应否承担刑事责任的问题应持谨慎态度"③;王志祥教授与张圆国博士认为,"弱人工智能机器人不能成为犯罪主体,不承担刑事责任;虽然强人工智能机器人拥有独立的意志以及辨认能力、控制能力,但同样也不能成为犯罪主体,不承担刑事责任"④;叶良芳教授与马路瑶博士认为,"人工智能不具备独立于人类的权利和价值,在善恶观和伦理观上不具备与人类相当的认知水平,将人工智能拟制为犯罪主体的设想不具有合理性,且将加剧'有组织的不负责任'"⑤。

持否定说的学者主要有如下理由:(1)智能机器人与自然人有本质区别,其独立意志与自然人的独立意志不具有对等性,很难将智能机器人的自由意志拟制为自然人的自由意志;(2)智能机器人实施的"犯罪"难以与刑法学中的行为理论相兼容;(3)承认智能机器人的主体地位会面临一系列判断难题;(4)技术水平的突破并不等于价值观念的逾越;(5)对智能机器人适用刑法的合理性、必要性与可能性尚存疑问,增设特定刑罚的方法无法实现刑罚的功能;(6)承认智能机器人的犯罪主体资格有违适用刑法人人平等的基本原则;(7)智能机器人的自由意志与自然人的自由意志有所不同,并且不具有与单位相当的刑罚适应能力,因此不能将智

---

① 马治国、田小楚:《论人工智能体刑法适用之可能性》,载《华中科技大学学报(社会科学版)》2018年第2期。
② 王燕玲:《人工智能时代的刑法问题与应对思路》,载《政治与法律》2019年第1期。
③ 赵秉志、詹奇玮:《现实挑战与未来展望:关于人工智能的刑法学思考》,载《暨南学报(哲学社会科学版)》2019年第1期。
④ 王志祥、张圆国:《人工智能时代刑事风险的刑法应对》,载《上海政法学院学报(法治论丛)》2019年第2期。
⑤ 叶良芳、马路瑶:《风险社会视阈下人工智能犯罪的刑法应对》,载《浙江学刊》2018年第6期。

能机器人与单位比拟,而得出智能机器人也具有刑事责任主体资格;(8)将智能机器人视为独立的犯罪主体会加剧风险社会下"有组织的不负责"状态。

事实上,在对待智能机器人犯罪主体资格的问题上,争议的双方也存在共识,即均否认弱人工智能机器人的犯罪主体资格。弱人工智能与强人工智能是依据智能化程度对人工智能做出的分类,前者缺乏独立的判断与决策能力,而后者具有较高的智能化程度,能够在既定程序之外进行独立判断和自主决策。因为弱人工智能自由意志的缺乏性显而易见,所以争议双方均认为,只能将弱人工智能机器人视为犯罪工具,而追究设计者、制造者与使用者的刑事责任,因此无须改变现有的刑法体系。由此可见,对于智能机器人是否具有犯罪主体资格的争议主要集中在强智能机器人上。从肯定说与否定说的主要观点来看,双方的争议既有理论上的对立,也有实践层面的冲突。前者主要表现为在理论上赋予智能机器人犯罪主体资格是否具有正当性,包括智能机器人是否具有刑事责任能力、智能机器人的"行为"是否为规范层面上一般意义的行为、对智能机器人是否应当以及能够适用刑法等方面的问题;而后者主要表现为在司法实践中,赋予智能机器人犯罪主体资格是否具有可操作性,如能否对智能化程度做出准确判断。因此,笔者拟从实践与理论两个层面出发,结合肯定说与否定说的争议,对智能机器人的犯罪主体资格进行探讨。

## 三、确立智能机器人犯罪主体资格的正当性分析

当前,我们并没有进入强人工智能时代,但是弱人工智能的迅猛发展已经悄然揭开了人工智能的面纱,强人工智能机器人的出现或许近在咫尺。因此,基于对未来刑事风险的担忧,我们应当对智能机器人的犯罪主体问题进行预设与探讨。笔者认为,在进入强人工智能时代后,确立智能机器人犯罪主体资格具有正当性。

### (一)确立智能机器人犯罪主体资格的理论探讨

无论基于何种视角对智能机器人的犯罪主体资格进行研究,最终都回避不了对犯罪主体一般成立条件的探讨。究其原因,从本质上看,如果智能机器人不能满足犯罪主体成立的基本要求,则不能够赋予智能机器人犯罪主体资格。因此,在确定智能机器人犯罪主体资格之前,首先应当准确把握犯罪主体的成立条件。从我国现行刑法典以及刑法理论来看,犯罪主体是指实施危害社会的行为并依法应负刑事责任的自然人与单位。显而易见,智能机器人并不具有自然人的人格,并且与单位也有本质区别,因此并不在我国现行的犯罪主体范围之内。基于此,如果将智能机器人与自然人作比较,则极有可能得出智能机器人不具有犯罪主体资格的结论。而持否定说的学者大多秉持这样的逻辑思维。然而,自然人之所以能够成为犯罪主体并不仅仅因为其具有自然人人格,而是具有深层次的原因,因此,在犯罪主体更为本质的层面,如果智能机器人与自然人具有同质性,则应当确立智能机器人犯罪主体资格。[①] 何况,对于智能机器人犯罪主体资格探讨的目的是进一步完善刑法理论

---

① 智能机器人是个体,而单位是个体的集合,具有根本性的区别,因此无须讨论智能机器人是否符合成立单位犯罪的本质条件。

与刑法规范。因此，不能仅仅局限于自然人的人格条件进行研究，而应当透过自然人的人格，挖掘犯罪主体成立的更为本质的条件。对以自然人为核心的犯罪论而言，犯罪主体的成立条件包括两个方面：其一，犯罪主体必须具有自然人人格；其二，犯罪主体必须具有刑事责任能力。①

之所以将犯罪主体限定为自然人，要求犯罪主体必须具有自然人人格，主要是基于对人与物、人与动物的比较而得出的结论。详言之，一方面，"犯罪时主客观要件的统一，主观心理态度和客观行为都是人类所独有的功能，而人类以外之物不可能具备犯罪的主客观要件"；另一方面，"犯罪与刑事责任和刑罚存在内在的联系，犯罪主体应当承担刑事责任，通常都要适用刑罚，适用刑罚的目的是为了预防犯罪，而对人类以外之物施加刑罚，根本不能达到预防犯罪的刑罚目的"②。由此可见，之所以将犯罪主体限定为自然人，并不是因为自然人具有血肉实体，而是因为自然人在主观上、客观上以及刑罚适用上具有纳入刑事范畴的正当性，并且与物、动物有本质区别。就强人工智能而言，智能机器人与物和动物同样具有显著区别，因此，如果智能机器人在主观上、客观上以及刑罚适用上也能够达到刑事处罚的程度，则应当赋予其犯罪主体的资格，而无须考虑其是否具有自然人的生物体征与人格特性。在强人工智能时代，智能机器人具有较强的思维能力，能够独立思考，因此在主观上对于犯罪行为的认识与人类相当，能够形成故意或过失的心态，所以在主观上符合犯罪主体的基本要求。而正是与人类相当的主观思维能力赋予了智能机器人分辨得失与权衡利弊的能力，进而实现刑罚的特殊预防与一般预防的目的。从客观上看，无论持何种行为理论，刑法所规制的行为本质上具有改变客观世界及造成社会危害的特征。而智能机器人能够改变客观世界并且对社会造成危害，所以，不应当局限于是否具有自然人身体动静这一非本质要求，而拒绝将其实施的"行为"纳入刑法视野。由此可见，从本质上看，智能机器人与自然人人格具有相当性，可以被纳入刑事范围的"机器人人格"。此外，从上述论述可知，智能机器人具有与人类相当的主观思维能力，因此能够辨认和控制自己的行为，所以具有刑事责任能力。

当然，有些学者可能会提出质疑，认为智能机器人并不具有与人类相当的主观能力，所以从本质上否定智能机器人的犯罪主体资格。事实上，产生这种疑惑的关键在于没有厘清讨论的前提。探讨智能机器人是否具有犯罪主体资格的前提是人工智能具有了与人类相当的自由意志，否则无须探讨。换言之，我们现在的讨论应当建立在预设强人工智能时代来临的基础上，而能否具有与人类相当的主观能力是技术发展的问题，是讨论的前提性问题，而不是讨论的对象。因此，在以强人工智能时代到来为预设的基础上，无须探讨智能机器人是否具有与人类相当的智能程度。总而言之，从更为本质的层面来看，智能机器人符合犯罪主体的成立条件。

（二）确立智能机器人犯罪主体资格的实践考量

犯罪形势的变化会促使刑法理论与刑法规范做出回应。但是，新情况的出现并

---

① 参见高铭暄、马克昌主编：《刑法学》北京大学出版社、高等教育出版社2017年版，第83页。
② 参见高铭暄、马克昌主编：《刑法学》北京大学出版社、高等教育出版社2017年版，第83页。

不意味着现有的犯罪论体系与刑罚论体系应当做出改变。而即使现实状况需要刑法体系做出调整与改变，也需要考虑犯罪治理能力、可运用的资源以及国家与社会的承受能力。换言之，如果基于犯罪形势的变化而对刑法体系做出了调整，但是无法将其付诸实践，或者改变后的司法实践会带来更多的负面效应，那么此时对刑法理论以及刑法规范的调整应当十分慎重。实际上，在完善立法的过程中，不乏因可操作性的缺乏而放弃对某种具有严重危害行为犯罪化的实例。例如，近年来，随着吸毒后肇事肇祸现象的不断发生，尤其吸毒后造成交通事故的案例频频出现，① 毒驾入刑的呼声越来越高，但是始终没有被纳入刑法典予以规制。而对于吸毒人员的快速检测在技术上尚未达到可操作的程度是其主要原因之一。对于尚未改变刑法体系的毒驾入刑问题，实践的可操作性便成了影响刑法立法的主要因素，因此，对于可能深入改变刑法体系的人工智能问题，更应当考虑实践的可操作性。

实践层面的问题表现在多个方面，主要包括如何对智能化程度做出准确判断、怎样划分智能机器人的刑事责任程度以及刑罚该如何执行。对此，持肯定说的学者提出了一些解决方案，但是似乎依然存在技术上的难题。例如，对于智能化程度的判断，有学者提出以是否在设计和编制程序外为判断标准。然而，正如同样持肯定说的学者所指出的，"根据设计与编制的程序范围作为主要的衡量标准，来判断智能主体是否具有独立的意志自由以及是否属于独立的主体，虽有一定的可操作性，但也有较为明显的认识狭隘性，既无形中默认了智能主体依附于人这一制造者的客体特质，也限制了智能主体不断趋于独立的潜能"②。事实上，以设计和编制程序为依据的判断方式，看似简单明了，但是依然存在诸多值得深入探讨的问题。例如，谁有权对设计和编制程序本身的准确性做出判断、由生产者提供的程序范围是否会因为设计者的认识错误而导致与智能机器人的实际程序范围有所偏差，等等。

总而言之，从实践层面来看，即使赋予智能机器人犯罪主体的资格，我们也会面对诸多可操作性问题。所以，持否定说的学者对此产生的担忧不乏现实意义。然而，笔者认为，不能因为实践的暂时乏力而完全否定理论的正确性。固然，基于可操作性的考量，当前尚不能够对刑法体系做出实际的调整。但是，这并不能否定刑法理论的合理性，也并不意味着犯罪论与刑罚论体系不可以做出改变。否则，将会因噎废食，放弃对智能机器人犯罪的有效治理，从而无法应对强人工智能所带来的未来刑事风险。实际上，理论与实践的对立与冲突符合事物发展的客观规律，而正是在刑法理论与刑法实践的矛盾发展过程中，刑法规范才会不断完善，犯罪治理才会不断取得新的成效。因此，对于智能机器人的犯罪主体资格问题，较为适当的应对思维并不是基于实践的暂时乏力而舍弃理论变革的合理性，而是在刑法理论变革的引导下，不断推进技术的发展，找寻具有可操作性的实践方式，进而有效应对智能机器人犯罪的现实挑战。

---

① 参见《2017 年中国毒品形势报告》。
② 王燕玲：《人工智能时代的刑法问题与应对思路》，载《政治与法律》2019 年第 1 期。

# 人工智能体刑事法律主体地位研究

成云卿[*]

在科技高速发展的今天，人工智能技术已被广泛应用于医疗、交通、工业、商业等领域，给人类生活带来了极大便利，但是技术发展的固有缺陷使人工智能体对人们的人身、财产造成损害的事件时有发生，有学者指出，"智能革命的出现，对当下的伦理标准、法律规则、社会秩序及公共管理体制带来一场前所未有的危机和挑战。它不仅与已有法律秩序形成冲突，凸显现存法律制度产品供给的缺陷，甚至会颠覆我们业已构成的法律认知"[①]。

## 一、人工智能的发展引发的刑法学命题

据不完全统计，人工智能技术运用至今，已发生多起"机器人杀人事件"，遍布英国、美国、日本、苏联等多个国家。[②] 2018 年 9 月 11 日，中国发生首例机器人杀人事件，芜湖市经济开发区一家企业内一名工人在给搬运机器人换刀具时，突然被机器人夹住，等其他人跑过去时发现这名工人面对机器人站着，被机器人长长的手臂夹住腰部，已经没了动静，后虽经抢救，但仍因伤重不治身亡。[③] 2016 年 1 月 20 日，京港澳高速河北邯郸段发生一起追尾事故，一辆特斯拉轿车直接撞上一辆正在作业的道路清扫车，特斯拉轿车当场损坏，司机不幸身亡，事故发生一年后，特斯拉承认车辆在事发时处于自动驾驶状态。这起事故被认为全球首例"自动驾驶"致死车祸。[④] 2016 年，微软公司在 Twitter 上推出聊天机器人 Tay，其设计原理是从对话交互中进行学习，一些网友开始和 Tay 说一些偏激的言论，刻意引导她模仿。经过"学习"，仅上线一天的 Tay 就不断散布种族主义、性别歧视和攻击同性恋言论。

上述案件中人工智能体"自主"实施犯罪行为，似乎有其自己的"意思"和"行为"。那么，人工智能体是否可以成为刑事犯罪的主体呢？刑法理论界对此展开了广泛讨论，形成肯定说和否定说两种观点，肯定说认为："智能机器人通过深度

---

[*] 中南财经政法大学博士研究生。
[①] 吴汉东：《人工智能时代的制度安排与法律规制》，载《法律科学（西北政法大学学报）》2017 年第 5 期。
[②] 《盘点历史上机器杀人事件：将人拖入机器绞死》，载 http://www.zr-robot.com/jiqirenzixun/5626.html，2019 年 5 月 12 日访问。
[③] 《中国发生第一例机器人杀人案件》，载 http://m.my0511.com/thread.php?tid=6968645，2019 年 5 月 12 日访问。
[④] 《特斯拉自动驾驶又致人死亡》，载 https://finance.sina.cn/chanjing/gsxw/2019-05-22/detail-ihvhiqay0448203.html，2019 年 5 月 12 日访问。

学习能够产生自主意识和意志,应当将其定位为不具有生命体的'人工人'。"① 否定说则坚持"当前人工智能不符合刑法规定的犯罪主体的条件"②,"刑事责任的承担主体也应是相关自然人或者单位,而不应将人工智能拟制为新的犯罪主体"③。

笔者持否定说,当前的人工智能体不符合刑事法律主体的规定,也没有必要将其拟制为刑事主体。本文将从刑法教义学的立场,分别从行为、责任以及刑罚的目的三个方面展开论述。

## 二、行为之否定——人工智能体的行为不是刑法意义上的行为

"无行为则无犯罪",这一法律格言充分揭示了行为对于犯罪的重要性,刑法中的行为是作为犯罪概念的基底性要素而存在的。关于行为的理论,经历了从存在论到价值论的演进,其中因果行为论、目的行为论、社会行为论和人格行为论,可以说是行为论发展史上的四座里程碑。④ 因果行为论强调行为在客观上的举止性与主观上的有意性。⑤ 目的行为论认为,人的行为不单纯是由意志支配的因果过程,而是有目的的活动。⑥ 社会行为论强调刑法中的行为不再是一种纯自然的现象,而是具有社会重要性的现象,行为是人之意志所支配的社会重要的举止。⑦ 人格行为论把行为看作人格的外在化。⑧ 以上行为论的发展经历了长达百年的探索,虽不能说已经找到一个完美的行为概念,但不可否认的是,客观的身体运动与主观的意志支配,事实上的实体性要素与价值上的规范性要素,是行为不可或缺的,而人工智能体不具备这些要素。

首先,人工智能体的行为不具备有意性,有意性是指行为是基于行为人的意志自由,是不受任何限制的,所以才可以把某一行为归责于行为人。有论者指出:"以智能机器人为代表的人工智能可以通过深度学习产生自主意识和意志,并在自主意识和意志的支配下实施严重危害社会的犯罪行为。"⑨ 对此,笔者持否定态度,人工智能体不具备真正意义上的意志自由。

人工智能体的行为是对人类事先输入的程序命令的执行,虽然进行了深度学习,但是也仅限于对这一方面的知识进行学习和更新,而不能自主地去学习其他行为。比如,聊天机器人只会深度学习它所接收的语言信息,并进行加工后为己所用,试想,如果与聊天机器人 Tay 聊天的网友没有宣扬偏激的言语,而是进行正面的、积极的语言对话,那么 Tay 绝对不会自行讲出偏激的言语,也不会因为言语过

---

① 刘宪权、胡何佳:《人工智能时代智能机器人的刑事责任能力》,载《法学》2018 年第 1 期。
② 皮勇:《人工智能刑事法治的基本问题》,载《比较法研究》2018 年第 5 期。
③ 叶良芳、马路遥:《风险社会视阈下人工智能犯罪的刑法应对》,载《浙江学刊》2018 年第 6 期。
④ 陈兴良:《教义刑法学》,中国人民大学出版社 2014 年版,第 72 页。
⑤ 参见 [德] 李斯特:《德国刑法教科书》(修订译本),徐久生译,法律出版社 2006 年版,第 176 页。
⑥ [德] 汉斯·海因里希·耶赛克、托马斯·魏根特:《德国刑法教科书》(上),徐久生译,中国法制出版社 2017 年版,第 301 页。
⑦ [日] 大塚仁:《刑法概说》,冯军译,中国人民大学出版社 2003 年版,第 85 页。
⑧ [日] 大塚仁:《刑法概说》,冯军译,中国人民大学出版社 2003 年版,第 99 页。
⑨ 刘宪权:《人工智能时代的刑事风险与刑法应对》,载《法商研究》2018 年第 1 期。

于偏激，而自主决定停止聊天。所以，机器人没有自主意识，受制于人类的程序指令，其命运是由人类所决定的，缺乏成为行为主体的核心要素。有论者将机器人与单位作对比，认为法律能够尊重单位的自由意志，就没有理由反对机器人的自由意志。对此，笔者认为论者忽略了一个重要的因素，单位意志是由单位背后的负责人、责任人、股东等自然人形成的，其本质仍然是自然人的意志，当然没有理由否定。

其次，人工智能体的行为不具备目的性。目的行为论主张将目的的导向性作为人的行为的核心标准，刑法中的行为不仅应在客观上与结果之间存在因果联系，而且在实质上需要有实施危害行为的主体的目的性。人工智能体不具备规范评价意义上的目的性，其造成法益侵害的行为虽然与它的身体动静有因果联系，但是只是执行程序的指令，并在此基础上进行深度学习，它无法理解行为的意义，无法认知行为对社会的影响，其实施的行为不具有规范评价的目的。

此外，人格行为论从根本上否定了智能机器人作为行为主体的可能性。有论者认为，"在人工智能不断发展的今天，行为理论也应当随着时代的步伐有所推进和演绎"①。虽然说理论应随着时代的发展而变更，但是理论的发展不应脱离实际，更不能随意突破，在论者所指的强人工智能尚未出现，甚至能否出现、何时出现都还是未知时，我们更应尊重近百年来刑法学者们的研究成果，保持冷静的头脑，轻易不做突破。

## 三、责任之否定——人工智能体不具有责任能力和主观罪过判断能力

### （一）人工智能体责任能力判断

"没有责任就没有刑罚"（责任主义）是近代刑法的一个基本原理。具体来讲，即使某种行为符合刑法条文规定的构成要件，给法益造成侵害或者危险，也不能仅此科处刑罚，还需要对行为人具有非难可能性。责任观念经历了从结果责任论到规范责任论再到功能责任论的演变过程，规范责任论在许多国家成为压倒性的通说，主张责任要素包括故意、过失、责任能力和行为人在行为时存在实施合法行为的期待可能性。② 而进行责任非难所要求的行为人的能力，就是责任能力。根据规范责任论，行为人认识、辨别是非以及照此行动的能力即为责任能力，德、日两国均以此为通说。我国传统刑法观点认为，责任能力由辨认能力和控制能力组成。③ 笔者认为，人工智能体不具备相应的责任能力。

1. 人工智能体不具备辨认能力。辨认能力是指行为人认识自己行为的内容、社会意义与结果的能力，也称认识能力。人类的认识能力是根据人的心智发育，由低级向高级发展的一个过程。我国刑法规定自然人的刑事责任能力以年龄为主要依据进行划分，故而，一个10岁的孩子无法理解杀人行为的社会意义，才有湖南少年

---

① 刘宪权：《论人工智能时代机器人的刑事责任能力》，载《法学》2018年第1期。
② 参见陈家林：《外国刑法理论的思潮与流变》，中国人民公安大学出版社、群众出版社2017年版，第373-375页。
③ 张明楷：《刑法学（上）》（第五版），法律出版社2016年版，第302页。

弑母后反问:"我杀的是我妈妈,你们为什么要抓我?"而一个成年人,在杀人之后会选择潜逃以逃避法律的制裁。所以,人的辨认能力是在不断的学习、交往过程中慢慢发展起来的。而人工智能体虽然具有接收、存储信息的功能,但是它无法自主地对信息指令进行加工、判断,只是根据人类事先设计和编制的程序进行分析、运算,进而做出行为的反应。所以,它无法理解行为的社会意义,如人工智能体的"杀人"行为,对它而言只是执行了程序命令,并没有认识到行为的法益侵害性、社会危害性。因此,人工智能体不具备辨认能力。

2. 人工智能体不具备控制能力。控制能力是指行为人支配自己实施或者不实施某种行为的能力。行为人在犯罪时,总有实施或者不实施某种犯罪的可选择的两种状态,当行为人基于对行为性质、意义、结果的认识前提而选择不实施某种犯罪行为时,则具有控制能力,反之则不具备,正是基于行为人具备自由选择的控制能力,却选择了不控制而实施犯罪,所以才被科以责任。显然,人工智能体是不具备控制能力的。一方面,"辨认能力是控制能力的前提和基础"①,不具备辨认能力,控制能力也无从谈起;另一方面,人工智能体对于自己的行为无法控制,以"杀人机器人"为例,机器只是按照人类预设的程序和模式进行操作,当它抓起工人时,无法认识到这是人而不是某个零配件,也无法控制自己放下被抓的人,避免造成工人的伤亡,而只能按照预设的程序继续它的工作,直到其他工人过来实施断电或者停止程序操作。显然,人工智能体对这一切都无法控制,因而无法具备刑法意义上的控制能力。

### (二)人工智能体主观罪过判断

作为主观要素的故意和过失,在犯罪论体系中的地位存在责任要素、违法要素和既是违法要素又是责任要素的二重论之争,但是笔者认为,不论采哪种学说,对人工智能体进行主观罪过的评价都存在理论和实践中的障碍。

1. 人工智能体不具备故意的主观罪过。故意包括认识因素和意志因素两个方面的内容,认识因素是明知自己的行为会发生危害社会的结果,显然人工智能体无法明知,如前所述,它不具备认识能力,所以无法认识到自身行为的性质、社会意义、结果,而只是按照事先设定的程序实施既定的行为;意志因素是对发生危害结果持希望或者放任的心理态度,且不说人工智能体无法"明知",当然就不存在对结果持希望或放任的态度,即使在将来能否到来、何时到来还没有定论的强人工智能时代,人工智能体也无法具备意志因素,否则它与自然人有何异?有论者举例说:"外卖机器人行至岔路口,发现近路上有一群羊,如果为了不晚点而选择撞向羊群,便属于直接故意;如果认识到有可能撞到羊群仍抄近道,便属于间接故意。"② 笔者首先质疑,这种生物能否出现?因为强人工智能的出现不仅是技术问题,还会涉及伦理、法律、利益的重新分配,这些都有可能成为强人工智能技术发展的阻力,笔者对此并不乐观。其次,即使真的出现了,它还能受人类控制吗?它

---

① 张明楷:《刑法学(上)》(第五版),法律出版社 2016 年版,第 302 页。
② 卢勤忠、何鑫:《强人工智能时代的刑事责任与刑罚理论》,载《华南师范大学学报(社会科学版)》2018 年第 6 期。

能够为了不晚点而选择撞向羊群,那么就能够为了它的"本职工作"而选择杀人,不论是希望还是放任。那么,强人工智能可能不是人类的福音而是灾难。

2. 人工智能不具备过失的主观罪过。我国刑法将过失分为疏忽大意的过失和过于自信的过失,应当预见行为可能会导致危害结果发生,由于疏忽大意没有预见,是疏忽大意的过失;已经预见到危害结果可能发生,但是轻信能够避免,是过于自信的过失。笔者认为人工智能体既不具备疏忽大意的条件,也不存在过于自信的可能。究其原因,人工智能体不具备认识能力和控制能力,因而就无法对结果进行预见,也无从谈起应当预见。如果一定要对人工智能体实施的危害行为进行归责,笔者以为应当追究人工智能体的生产者、销售者、使用者、管理者的责任,依照自然人主体的刑事责任认定原则来确定是犯罪还是违法,抑或一般的业务过失。

有论者认为,一方面,应当承认人工智能体的主体地位;另一方面,人工智能犯罪应当对主观方面的理论有所突破,就人工智能来说,很难判断故意犯罪和过失犯罪哪一个危害性更大,况且对其区分本身就有很大的理论难点,因此人工智能刑法相对于自然人刑法来说应在这一点上做出突破,即不再区分犯罪故意和犯罪过失。① 笔者认为,这是论者对于承认人工智能体刑事主体地位后所带来的理论难题无法自圆其说的牵强解释。既然认为可以赋予人工智能体刑事主体地位,那么就应当将其同自然人一样平等适用刑法,也正如单位主体一样。如果难以区分人工智能体的主观罪过,那么其理论前提即为错误,也就是说,人工智能体不具备刑事责任主体资格。

## 四、刑罚之否定——对人工智能体施加刑罚无法实现刑罚的功能和刑罚的目的

"刑法是处罚人的法律"②,刑罚是指国家对犯罪行为的否定评价和对犯罪人的谴责,对犯罪人适用的具有身体的、精神的、财产的剥夺性、限制性痛苦的强制性措施。有论者指出,当前的刑罚体系结构未能考虑到人工智能机器人与自然人的差别,不能对机器人加以适用,提出构建一套较为完整的针对智能机器人的刑罚体系,以使智能机器人适用刑罚变为可能,并构想了删除数据、修改程序、永久销毁三种刑罚处罚措施。③ 笔者认为这样的构想有违刑罚的性质,无法实现其预想的效果,亦无法实现刑罚的目的。

### (一)刑罚本身的功效无法实现

前述论者对其构想的刑罚体系进行了详细阐述:"删除数据指的是删除智能机器人实施犯罪行为所依赖的数据信息,使其'回到'设计和编制的程序范围内实施行为,从而避免其实施违法犯罪行为。修改编程指的是在删除数据仍然无法阻止智能机器人实施违法犯罪行为的情况下,强制修改其基础编程,限制其深度学习的能力,进而限制其实施的行为,也就是剥夺其再实施犯罪行为的可能性。永久销毁是

---

① 参见陈叙言:《人工智能刑事责任主题问题之初探》,载《社会科学》2019年第3期。
② [日]西原春夫:《刑法的根基与哲学》,顾肖荣译,中国法制出版社2017年版,第2页。
③ 刘宪权:《人工智能时代对传统刑法理论的挑战》,载《上海政法学院学报》2018年第2期。

一种相对于自然人'生命刑'的刑罚,指的是在删除数据、修改编程均无法降低实施了犯罪行为的智能机器人的社会危害时,对其进行彻底性、毁灭性的刑罚"①。笔者以为该构想至少存在以下几个方面的弊端。

首先,不符合刑罚的本质属性。当前刑法理论一般认为,刑罚的属性首先包括与痛苦相联系的惩罚性,它是刑罚的应有之义;如果否认惩罚属性,刑罚就失去了存在的根基与理由。② 虽然删除数据、修改程序、永久销毁从形式上看似触及了机器人的运作根本,改变了其"记忆",但是这些措施对机器人而言,无法感知痛苦,机器人再如何模拟人,它的本质仍然是机器而不是人,它没有感官能力,这些貌似触及其根本的强制措施,并没有给机器人带来痛苦,只是在程序上进行了修改,使其无法再执行原有程序的命令,因而不具有刑罚惩罚的性质。

其次,这些措施无法与当前刑罚体系中的自由刑、生命刑进行类比。自由刑是暂时或永久剥夺行为人的人身自由,进行行为矫正、教育改造,而删除数据、修改程序是从程序上停止其实施某行为的设置,并非进行教育改造。有学者认为这更契合身体刑的特点,但是对人工智能体施加身体刑的处罚亦不妥当,并且对现代以来的刑罚理念也有巨大的冲击。③ 对此笔者表示赞同。永久销毁也无法类比生命刑,生命刑是对自然人的生命权的剥夺,是基于人的自然属性而规定得最严厉的刑罚措施,人工智能体不具有生命性,人工智能是技术支撑,机器是一个载体,永久销毁如果是物理上的销毁,那么也就相当于是一台机器的报废,如果是对程序的销毁,这台机器还可以输入其他程序继续使用,充其量也只是技术上的革新,而并非如论者所言,等同于对自然人生命的剥夺。

最后,有违刑法的谦抑性原则。刑法是最后的保障,只有在没有其他可以代替刑罚的方法时,才可以将某种行为纳入刑法处罚范围,"刑法在面对飞速发展的科技时仍应遵从固有的'沉稳'与'谦抑'品格"④。删除数据、修改程序、永久销毁完全可以通过制定前置法进行规制,何必浪费宝贵的立法、司法资源,修改刑法对人工智能体的行为来进行规制呢?如果将其纳入刑事责任主体,那么相应的刑事诉讼法必定需要修改,届时难道要机器人站在被告席上接受审判吗?这些显然都是无法想象的。

**(二) 对人工智能体施加刑罚无法实现刑罚的目的**

刑罚的目的是预防犯罪,有一般预防和特殊预防。一般预防是指通过对犯罪人适用一定的刑罚,对社会上的潜在犯罪分子产生威慑阻吓效应,从而阻止其犯罪;特殊预防是指通过对犯罪人适用一定的刑罚,使之永久或者在一定期限内丧失再犯的能力。对人工智能体施加刑罚,这两个目的都将无法实现。

1. 一般预防的目的无法实现。一般预防有消极的一般预防和积极的一般预防之

---

① 卢勤忠、何鑫:《强人工智能时代的刑事责任与刑罚理论》,载《华南师范大学学报(社会科学版)》2018年第6期。
② 曲新久主编:《刑法学》,中国政法大学出版社2016年版,第200页。
③ 王肃之:《人工智能体刑事责任的教义学解构》,载《西南政法大学学报》2019年第1期。
④ 时方:《人工智能刑事主体地位之否定》,载《法律科学》2018年第6期。

分,分别是通过刑罚产生威慑,使社会上的一般人不敢犯罪和通过刑罚唤醒及强化社会一般人对法的忠诚和信赖,从而不愿意犯罪。费尔巴哈的心理强制说正是代表了威慑的刑罚论,他认为在法律中规定刑罚的目的,在于警告可能成为犯罪者的社会上的人不要实施犯罪行为。① 这种目的的实现首先依赖于人的认知能力,认识到刑罚的意义和社会作用,能够感知刑罚所带来的痛苦,在刑罚的痛苦和犯罪的快乐之间进行利弊权衡之后对自己的行为进行选择。其次,还要依赖于人的社会性,马克思指出:"人的本质在其现实性上是一切社会关系的总和。"自然人的生存发展离不开社会,人在社会中总是与其他人进行交互,从而形成自己的生活方式与行为模式,并根据社会状态调整自己的行为。以上两点人工智能体显然都无法具备,它不具备认识能力,所以即使将刑罚的内容通过程序输入人工智能体的"大脑",并通过自主学习知道其内容,但是它无法理解刑罚的意义和作用,无法预测刑罚可能带来的痛苦,当然也无法进行心理强制,利弊权衡;即使对某一实施犯罪行为的人工智能体施加刑罚,其他的人工智能体也无法理解它所遭受的处罚,而只是发现某一人工智能体发生了变化,如"失去记忆"、不再实施以前的行为,或者再也见不到它,其他人工智能体也不会调整自己的运作,同理,也不会对法律产生忠诚和信赖,而不愿意去"犯罪",所以一般预防的目的无法得以实现。

2. 特殊预防的目的无法实现。特殊预防的目的一般是通过以下三种途径实现:(1)剥夺。通过对犯罪人进行肉体折磨,使之不敢再犯罪;通过残忍的方法剥夺犯罪能力,使之不能再犯。(2)矫正。对罪犯进行身心治疗,消除其人身危险性。(3)消灭肉体。使其完全失去再犯可能性。② 针对人工智能体的三种刑罚处罚,只有永久销毁会使其完全失去再犯可能性,但是论者又指出:"我们在对智能机器人适用刑罚之时,我们需要考虑智能机器人本身的研发和使用成本,尽量减少对智能机器人判处永久销毁的刑罚,尽量使智能机器人能够'回炉重造',再为人类所用。"③ 而删除数据和修改程序都是通过强行的人为介入,使人工智能体不能再犯而不是不敢再犯,并且是暂时不能再犯而不是永久不能再犯,更不是进行身心矫正,消除其人身危险性。所以特殊预防的目的也无法得以实现。

---

① 马克昌主编:《近代西方刑法学说史》,中国人民公安大学出版社2016年版,第155页。
② 参见周光权:《刑法总论》(第3版),中国人民大学出版社2016年版,第394页。
③ 刘宪权:《人工智能时代对传统刑法理论的挑战》,载《上海政法学院学报》2018年第2期。

# 前提与标准：人工智能体刑法主体地位证成

史文平*

人工智能体的刑法主体问题已经得到了学界的关注。肯定论者如刘宪权教授，已发表多篇文章对人工智能体的主体性及刑事责任问题予以阐述。① 否定论者如皮勇教授，认为"刑法不应将人工智能系统规定为犯罪主体或刑事责任主体"②。

笔者对人工智能体的刑法主体地位持肯定观点。同时，在学界已有对人工智能诸问题讨论的基础上，笔者将针对否定论者的观点，拟从人工智能体刑法主体地位确立的前提与标准两个角度对本文观点加以说明。

## 一、前提：人工智能体对刑法规范的接受与遵循可能性

否定论者认为："人工智能不具有理解并遵从法规范的能力。"③ 故而，"人工智能主体地位的赋予仅是法律政策的考虑，而非逻辑的必然选择"④。笔者不能赞同该观点。在笔者看来，人工智能体主体资格的获得有其逻辑上的必然性，而不仅仅是法律政策的结果。雅科布斯认为，按照遵循规范这一标准可以将社会交往中的成员定义为人格体，刑法中的人格体应满足两个条件，"必须由规范来调整行动；必须按照规范组织行动"⑤。由此，若人工智能体的一切行动满足刑法规范的调整和组织时，其刑法主体资格的享有便具备逻辑上的合理性。

### （一）人工智能体具有法规范理解能力的理论基础

人工智能体对刑法规范的接受与遵循是其缺省设置。当然，接受刑法规范的前提是理解规范，而人工智能学的理论基础与刑法本身的形式特点为人工智能体理解法规范提供了可能。

一方面，人工智能学的算法基础与研究模式为其具备规范接受能力提供了科学上的可能。雷·库兹韦尔认为，利用递归算法、神经网络、进化算法或者彼此结合

---

\* 中南财经政法大学刑事司法学院2019级刑法学博士研究生。
① 参见刘宪权：《人工智能时代的刑事风险与刑法应对》，载《法商研究》2018年第1期；刘宪权：《人工智能时代刑事责任与刑罚体系的重构》，载《政治与法律》2018年第3期；刘宪权、胡荷佳：《论人工智能时代智能机器人的刑事责任能力》，载《法学》2018年第1期。
② 皮勇：《人工智能刑事法治的基本问题》，载《比较法研究》2018年第5期。同是否定论者的还有王肃之博士、时方博士，参见王肃之：《人工智能体刑法地位的教义学反思》，载《重庆大学学报（社会科学版）》2019年3月网络首发版；时方：《人工智能刑事主体地位之否定》，载《法律科学》2018年第6期。
③ 时方：《人工智能刑事主体地位之否定》，载《法律科学》2018年第6期。
④ 陈吉栋：《论机器人的法律人格——基于法释义学的讨论》，载《上海大学学报（社会科学版）》2018年第3期。
⑤ [德] 雅科布斯：《现今的刑罚理论》，冯军译，法律出版社2000年版，第388页。

第二编　生物科技暨人工智能领域发展的刑法规制问题

的方式，可以制造出一台比肩人类的智能机。① 按照美国学者佩德罗·多明戈斯的介绍，至少有五种算法理论可以供人类科学家使用，从而让人工智能体理解社会规范（当然包括刑法规范）。② 另外，按照温德尔·瓦拉赫和科林·艾伦的介绍，通过人工智能体的三种模式设计，可以让其掌握人的伦理知识及对刑法学科的知识。③ 可以说，人工智能体具备刑法的接受能力有科学技术的支撑。

另一方面，刑法的形式性特征为人工智能体掌握刑法规范提供了参照样本。虽然刑法不可避免带有价值判断，否定论者正是基于此而认为人工智能体不具备规范掌握能力。但是，是否要求人工智能体掌握完全的刑法命令尚值得商榷。刑法兼具形式性特征，刑法的罪刑法定原则要求刑法明确且易被国民所理解。对于特定年龄（譬如13周岁）的国民来说，理解刑法尚不成为问题，对于人工智能体来说，其实也不成为问题。因为刑法可以不要求人工智能体理解"何为杀人"，而只需人工智能体执行"不杀人的程序指令"即可。

**（二）人工智能体对刑法规范接受的具体表现**

人工智能体的"理性"为接受刑法规范提供了理论基础。学界基本达成共识，即刑法中的人是相对理性的个体。陈兴良教授在介绍以心理强制为特征的一般预防主义理论时指出，该理论的心理根据是欧洲大陆的联想主义心理学，并且以"心理的即意识的"命题为基础，因而具有强烈的理性主义性质。并且该理论符合休谟所主张的产生观念间联想的三大规律：相似律、时空接近律和因果律。④ 值得注意的是，人工智能体所仰仗的算法理论亦受益于休谟的基本观点，"符号学派""联结学派"和"类推学派"的基本主张助力了人工智能体理性人格的获得。

休谟认为："思想中的一切材料都是由外部的或内部的感觉来的……我们的一切观念或较微弱的知觉都是印象或是较活跃的知觉的摹本。"⑤ 站在休谟的角度来看，人的思想观念可以分解成更简单的观念，并且这些简单观念由先前的感情或感觉而来。如果一个人的感官存在缺陷，感觉或观念就无法获得。因此，休谟是一个典型的经验主义者。但又正如佩德罗·多明戈斯所言，"他是符号学派的守护神"。⑥ 因为人工智能研究的符号学派所标榜的用知识符号化以进行人工智能体的理性设计，恰恰是为了回答休谟所提出的知识困境：如何区分见过的知识与没见过的知识？所以，符号学派才以反经验主义的方式采用逆向演绎方法制造人工智能体。更为关键的是，"联结学派"与休谟的理论一脉相承，同样强调通过经验的深度学习来掌握知识。

---

① 参见［美］雷·库兹韦尔：《机器之心》，胡晓娇等译，中信出版社2016年版，第306–387页。
② 这五种算法理论分别是"符号学派""联结学派""进化学派""贝叶斯学派"和"类推学派"。参见［美］佩德罗·多明戈斯：《终极算法：机器学习和人工智能如何重塑未来》，黄芳萍译，中信出版社2017年版。
③ 三种模式分别是自上而下、自下而上和混合模式。参见［美］温德尔·瓦拉赫、科林·艾伦：《道德机器：如何让机器人明辨是非》，王小红等译，北京大学出版社2017年版。
④ 参见陈兴良：《走向规范的刑法学》，北京大学出版社2018年版，第362页。
⑤ ［英］休谟：《人类理解研究》，关文运译，商务印书馆1981年版，第121页。
⑥ ［美］佩德罗·多明戈斯：《终极算法》，黄芳萍译，中信出版社2017年版，第74页。

如果说以心理联想为特征的一般预防理论在刑法的历史上留下了浓厚的一笔,并在今天的刑法学术话语中留有一席之地,那人工智能体的存在就有其成为刑法主体的基本逻辑。

首先,人工智能体可以学习刑法规范并将其作为一种绝对命令而力图实践。这是由人工智能研究自上而下的"理性"设定模式决定的。例如,"不得杀人"这一刑法规范就是绝对的禁止命令,对于人工智能体来说,凡涉及危害人的行为都不可以实施。"不得损坏他人财物"这一诫命中的"他人"不易区分,但可以将其简化为"不得损坏任何物品"。编程越多的规范命令虽然对科学家提出了更多的技术要求并且很可能会造成其他的问题,但对人工智能体而言却是可行的。

其次,深度学习理论细化了刑法规范的学习。"不得杀人"是一条规范命令,但在抽离情境下依然过于抽象,深度学习则弥补了其具体背景的缺失。英属哥伦比亚大学人机交互及机器人伦理学专业的艾咏·穆恩博士做过一个情景式实验,将一个体型较大的快递机器人置于电梯门口,通过等电梯这一行为与人互动学习。① 穆恩博士考察的是快递机器人是否会因为长时间等待而丧失耐心,最后如自然人那样暴怒伤人,从而加快快递机器人的学习能力。在具体情境下,可以根据人工智能体适用途径的不同而做出区分:行驶在路上的无人汽车,一旦前方出现了行人,不管出于什么原因都应该停车等候行人经过;家庭清洁智能机器人在面对幼儿的时候应中止工作程序以避免将幼儿当作垃圾给清理掉;军事战场的智能武器不能针对平民……细化以后的"不得杀人"命令受限于具体情境既能为人所接受也易于为人工智能体所实施。

### (三) 人工智能体与刑法规范的遵循

与人不同,今天的人工智能体还不具备心理威慑感,但对于刑法规范来说,重要的从来就不是这种威慑,而是基于"联结"所需的不违反刑法规范造成社会危害的结果。人工智能体按其作用的分类在不同的背景环境里,以提前设定的逻辑和经验学习的知识工作时,基于其"感知"而行适法的行为是合理的。可以说,遵守刑法规范是人工智能体的缺省设置。

但问题的关键不是人工智能体依照科学家的技术设定接受了人类制定的刑法规范并遵从之,而是外界不明白这种遵守是人工智能体出于什么因素的考虑而做出的决策。这是学术研究的理论"黑盒",该问题受到了英国 2018 年人工智能报告的重视。该报告指出,深度学习系统("黑盒"系统)对理解人工智能提出了挑战。② 事实上,人工智能体的自主能力让其有违背刑法规范的可能性。波士顿塔夫茨大学人机交互实验室于 2015 年展示了一个敢于违背人类命令的机器人,Facebook 人工智能研究所的两个聊天机器人则试图创造出人类无法理解的语言进行交流。③ 我国有学者早就指出,机器人物理性人机交互的安全问题远没有得到解决,对人工智能

---

① 参见 [美] 约翰·C. 黑文斯:《失控的未来》,仝琳译,中信出版社 2017 年版,第 230—231 页。
② 参见曹建峰:《解读英国议会人工智能报告十大热点》,载《机器人产业》2018 年第 3 期。
③ 参见韦康博:《智能机器人:从"深蓝"到 AlphaGo》,人民邮电出版社 2017 年版,第 38—42 页。

体的安全控制还需要大量的人机交互信息。① 在遵守与违背规范命令之间，人工智能体并非如料想的那样安全。

毋庸讳言，恰恰是人工智能体不遵守刑法规范的可能性让其成为刑法主体显得必要且合理。说其必要是因为刑法不能置危险于度外。今天的刑法理论已经不再单纯关注危害结果的发生，而开始将规制的时间提前到危险行为的制造上。总体来说，当下的人工智能体的安全系数相对较高，但科技理论的"黑盒"一直存在，这意味着人工智能体随时有做出危险行为的可能。在该问题上，正如刑法期待每一个自然人都不实施犯罪行为（尽管期待却往往落空）一样，人工智能体也面临同样的期待。说其合理则是因为人工智能体在对待刑法规范的态度上符合修正意义上的人的自由的基本假设。② 首先，意志自由是刑法理论关于犯罪人的基本假设，因此才有发动刑法对人的行为进行规制的必要。人工智能体不满足原本意义上的自由意志理论，但若是修正一下，则未必不可——刑法不应该对人工智能体关于"要犯罪"的意志因素有过高的要求。这样修正的首要原因是，虽然对于目前缺乏内心感情的人工智能体来说，意志缺失是不争的事实，但人工智能体的认识与人的认识相近，前者模拟后者而存在，甚至其计算能力还要超越后者。其次，人的犯罪虽然要求具备意志因素，但很多场合的犯罪意志也在修正，如犯罪过失中的没有认识和轻信避免。最后，既然人工智能体是新的事物，尽管犯罪意志方面和原有理论框架里的主观方面有所不同，但这种不同并不意味着一定得出其不能成为刑法主体。只要人工智能体符合事物发展的规律，尤其是刑法主体的扩张规律，则肯定性结论并非不能接受。

综上所述，人工智能体基本满足刑法对主体需具备的规范接受与遵循方面的要求，且亦如人一样有违反规范的可能性。因此，刑法让其享有主体资格具有逻辑上的必然性。

## 二、标准：人工智能体主体性认定的综合标准提倡

刑法中的人首先是自然人，因此否定论者出于对自然人理性能力（自由意志）的前提性认识，认为基于当前科技发展状况的现实，指出由于人工智能"运行机理与人的意志自由进行形式匹配过于机械"和"人工智能行为属性判断无客观标准"，从而不满足自然人自由意志方面的认识要素与控制要素的基本要求，故人工智能（体）不得成为刑事责任主体。③ 还有论者认为："尽管它（指人工智能体——笔者注）能够学习并且做出其他人无法预知的决策，但它对于自身的自由并无意识，更遑论将自己视为社会权利义务的承担者。"④

但笔者认为，考察人工智能体的刑法主体地位不应该采取"意志自由"的单一

---

① 参见熊根良等：《物理性人—机器人交互研究与发展现状》，载《光学精密工程》2013年第2期。
② 这里涉及自由意志问题，仅是作为对规范的认识与遵守方面的前提性探讨，后文会再做讨论。
③ 参见时方：《人工智能刑事主体地位之否定》，载《法律科学》2018年第6期。
④ ［瑞］萨比娜·格雷斯、［德］托马斯·魏根特：《智能代理与刑法》，载《刑事法前沿》2017年第10期。

标准,而应该采用综合性标准。且在人工智能体"自由意志"问题的认定上也可以与人的自由意志存在不同的评价方式。

(一) 综合标准的提出

否定论者认为人工智能体没有意志自由,不是理性人,从而不能成为刑事法律主体。但显而易见,理性人形象不能作为评判人工智能体是否成为刑法主体的唯一标准。其一,理性人与刑法中的社会危险人一样,同属于刑法理论对人之形象未经试验证实的假定,具有高度的形而上学性。希尔根多夫教授认为:"刑法学科和刑法判决应该摆脱 20 世纪前半叶的那些形而上学影响的语言形式。"① 故而,应该重新审视刑法中自然人形象的本质,尤其是在刑法对待新兴领域问题上,不能局限于某一个形而上的假说。其二,理性人形象这一前提性认识,容易忽略人的非理性成分。从人的意志自由的理性角度出发论证人工智能体不适格于法律主体,这恰恰是现有刑法理论忽视人的非理性成分的表现。它有一种将刑事法体系建立在人的自由意志理性基础上的学术假想。对此,皮特·凯恩以揭露事实的姿态,认为刑事责任的判断(刑事法实践),不需要关心一个人是否是自由意志的理性人,因为"我们的(刑事)责任实践独立于人类自由的'真相'而发展和繁荣"②。按照皮特·凯恩的看法,尽管自由意志理论不能说毫无价值,但作为公法的责任基础,有其他更加值得关心的领域。其三,人的行为不是高层次理性决定的结果,而是较低层次的大脑进程的反应。有学者已经指出,随着神经科学与脑科学的发展,"我们所有的意识,包括我们有意识地做出决定的过程,完全依赖于较低层次的大脑进程"③。

因此,尽管目前的刑法学理论依然以理性人为基础展开研究,但笔者认为考察人工智能体的主体资格不能采取唯一标准,而应采取多元标准。刑法中的人之形象本已不再是单一的理性人形象,而是复杂的集合体。它不仅包括人是一个理性主体的假设、部分人作为危险个体的假设,还包括刑法规范的合理期待者的形象。④ 确定一个综合的判断标准,对人工智能体在刑法领域向自然人的主体形象靠拢是有利的。因为对于人工智能体来说,其存在的基础就是混合模式而非单一模式,是科学家理性设定与自我深度学习的产物。就本文来说,在人工智能体的自由意志方面,从人工智能体本身的特点出发进行考察,同时兼顾人工智能体本身的客观危险性与规范期待性。

(二) 人工智能体符合综合标准的具体阐述

否定论者以理性人为标准否定人工智能体的刑法主体地位,除过分看重自由意志的作用以外,还存在标准选取单一性的问题。鉴于笔者提出的综合性标准,笔者

---

① [德] 埃里克·希尔根多夫:《德国刑法学:从传统到现代》,江溯、黄笑岩等译,北京大学出版社 2015 年版,第 160 页。
② [澳] 皮特·凯恩:《法律和道德中的责任》,罗李华译,商务印书馆 2008 年版,第 8 页。
③ [美] 约翰·罗杰斯·赛尔:《神经科学、意向性与自由意志》,杨礼银译,载《求索》2016 年第 11 期。
④ 如周光权教授提出的"规范意识主体"。参见周光权:《刑法学的向度——行为无价值论的深层追问》,法律出版社 2014 年版,第 95-96 页。

认为，人工智能体可以成为刑法主体。

### 1. 自由意志理论的修正

通过对自由意志理论进行修正，人工智能体可以成为修正以后的"理性人"。人工智能体成为刑法主体，并不一定需要完全符合自由意志理论的要求。连否定论者自己都指出，自由意志理论可以进行修正。单位成为刑法主体就是因为"意志自由并非单纯基于自然人生命体征意义上的狭隘认识在法人制度中得以突破"①。不可否认，自由意志原本只与自然人有关，认为单位也有自由意志其实就是修正了自由意志的适用范围。既然刑法在单位是否具备自由意志问题上能够修正自然人原本意义上的自由意志理论，那面对人工智能体是否具备自由意志时，也可以再次进行修正适用。

在人工智能体问题上修正自由意志理论也与人工智能体本身特征有关。刑法上自然人的理性体现在认识要素和意志要素的双重满足上，但当下的人工智能体仅要求满足认识要素便足矣。当下，"几乎所有机器人学方面的研究都致力于行为的认知层面，动机层面则常常被忽略"②。这不仅是因为人类动机过于复杂不易被模仿，还因为对于人工智能体来说，具备认知就意味着拥有意志。一个人类的驾驶员在经过陌生路口时，首先是辨认出红绿灯，然后选择遵守或者不遵守"红灯停、绿灯行"的指令；而一个无人驾驶汽车在经过陌生路口时，首先是因为编程上设定了必须遵守交通规则的指令，再凭借感应器分辨出红绿灯，最后根据程序设定选择遵守交通指令。自然人通过先认识具体情况，再在意志上选择做与不做来体现自由意志；人工智能体则是意志上已经要求做，再认识具体情况，最后选择做来体现自由意志。不是因为人工智能体没有在做与不做之间选择，而是呈现的结果往往是人工智能体按照逻辑的设定做了人类希望它做的事情，因此掩盖了选择的过程。显然，这里的所谓选择就是"算法逻辑的选择"，这恰恰是人工智能体独特的意志呈现方式。

应该看出，否定论者的逻辑是荒谬的。否定论者一方面认为人工智能体可以做出无法预知的决策，另一方面却否定其自由意志。也就是说，世界上存在能够做出自由决策但却不具有自由意志的"人"，这自相矛盾。既然认为人工智能体具备自由决策的能力，那其当然就具有了自由意志，否则便是认为人的自由意志与自由决策无关。说到底，否定论者出现结论偏差的原因还是在于人工智能体本身的特殊性，即笔者所言明的，对于人工智能体的自由意志问题应予以修正看待，即站在人工智能体的角度认定其自由意志问题，而非囿于传统理论的一般观点忽视了事物本身的特殊性。

如果说，自然人需要具备认识能力与意志能力才能是一个理性人，那么人工智能体就只需具备认识能力就够了，因为其意志已经提前设定在算法当中。因此，修正自由意志理论在人工智能体问题上的适用，尽管人工智能体不符合自然人自由意

---

① 时方：《人工智能刑事主体地位之否定》，载《法律科学》2018年第6期。
② [意] 多梅尼科·帕里西：《机器人的未来：机器人科学的人类隐喻》，王志欣、廖春霞等译，机械工业出版社2015年版，第41页。

志的"标准版",但符合"修正版",便足以称得上是个理性主体,从而成为刑法主体。

2. 行为结果的同质性

从危险个体角度,应该看到人工智能体的危险性,即行为结果本身的社会负面价值。客观上看,人工智能体的行为及其造成的后果与自然人的行为及造成的后果在性质上并无不同。否定论者从目的行为论的角度出发,认为人工智能体的行为是程序设定的结果,智能体本身"缺乏对外在行为的真实理解,无法认知自身行为对客观世界产生的影响,因而无法认识自身行为的社会属性,也就不具有规范评价意义上的行为'目的性'"①。可笔者反而认为,人工智能体的行为符合目的行为论的理论逻辑。并且,在社会行为论理论下,可以更清楚地看到人工智能体行为结果与自然人行为结果的同质性。

目的行为论将人的行为与自然界的因果关系划分为两个范畴,它认为"人可以将事件控制在一定的范围之内,将其行为有计划地引导至目标的实现上"②。因此,目的行为的关键就是对行为的"控制"和"有计划"的引导。否定论者得出人工智能体不符合目的行为论理论逻辑的结论,可能是由于忽略了人工智能学的历史脉络。其实,人工智能体之所以称得上智能,恰恰是因为其行为具有极明显的目的性。人工智能学沿袭的是维纳的控制论理论,"自动控制""自动化"等与人工智能体相关的术语揭示出人工智能体的运行是算法控制的结果。当年麦卡锡选择用"人工智能"概念而没有选择用"控制论"概念,并不能就此掩盖人工智能体的目的性本质。这里的目的,是科学家提前设定的目的,同时也是人工智能体的行为目的。因此,从事实来看,人工智能体完全符合目的行为论所谓的行为是目的引导结果的观点。当然,有学者可能会反驳说目的行为论的目的是一种主观目的,人工智能体没有意识故而没有这种主观目的。且不谈这里的"意识"该如何定义,正如扎卡达基斯所说:"主观来自客观,除此之外,别无其他可能。"③ 客观事实上已经承认人工智能体的目的行为导向,再谈主观意识就有点吹毛求疵了。

站在社会行为论的视角能更清楚地看到人工智能体的行为及行为结果与自然人的行为及行为结果的同质性。社会行为论将刑法当作社会规制手段,凡是对社会有意义的行为都被刑法所规制。一辆超速的汽车(不知道这车是自然人驾驶还是无人驾驶)撞伤了一位行人,超速撞人的行为与致人受伤的结果对于伤者及社会成员来说,在观念上并不会因为是自然人驾驶车辆还是无人驾驶而有所不同。伤者及社会成员会谴责超速撞人的行为,并要求有人出来承担责任。即便发现撞人的是无人汽车,这个谴责也并不会消失,因为撞人的社会负价值存在,刑法的否定性也存在。法律要做的只是如何去分配责任,至于行为及其结果的性质,则与自然人开车撞人相同。从而在客观上,人工智能体与自然人处于同样的人之形象当中。

---

① 时方:《人工智能刑事主体地位之否定》,载《法律科学》2018 年第 6 期。
② [德]汉斯·海因里希·耶塞克、托马斯·魏根特:《德国刑法教科书》,徐久生译,法制出版社 2001 年版,第 260 页。
③ [英]乔治·扎卡达基斯:《人类的终极命运》,陈朝译,中信出版社 2017 年版。

### 3. 功能与角色上的趋同

站在规范期待者角度，人工智能体替代了原本角色的刑法期待。人工智能体对自然人社会功能与角色的替代，是其成为刑法主体的另一个理由。① 人工智能体在社会功能方面替代自然人，是智能替代理论的当然后果。如果把人在交通、医疗、工业、教育、战争等领域的功能赋值为100，那智能替代的目标就是逐渐占据原本自然人活动的领域，降低人的功能赋值，提高人工智能体的功能赋值。随着功能替代值的增多，人工智能体实际上就扮演了自然人原先的角色。"角色"在社会属性上就是一种人格的体现，承载着刑法的规范期待。

无人驾驶汽车（和智能系统一起）可以代替人类驾驶员的角色，手术机器人可以代替手术医生的角色，战争机器人可以代替士兵的角色……这些功能和角色替代的事实可能性，说明社会关系中人的退场和人工智能体的进场。有学者指出："正如我们会区别对待生物一样，我们对于应该如何对待无生命的机器人的想法和我们认为它们在多大程度上'存在'高度相关。"② 人工智能体在角色扮演和功能替代上的存在性程度使其与人之形象之间的差别在观念上淡化了。站在法律的角度，随着自然人的退场，法律原本针对特定角色和功能发挥的规制由于缺少了对象而效力丧失。想象一下，如果家庭陪护机器人全部代替保姆这一职业，刑法不将人工智能体当作法律上的行为主体，当发生了类似"杭州保姆案"或者其他陪护机器人虐待老人儿童事件时，单纯依据产品侵权责任予以处理能够合理解决纠纷吗？原本在自然人充当保姆的时候，刑法可以适时地发动制裁。现在换作充当同样角色、发挥同样功能的人工智能体时，刑法就手足无措了？在这里，刑法完全可以将功能角色与自然人一样的人工智能体当作法益侵害行为的主体，从而保持刑法规范在场的连续性。

## 三、结语

也许刑法学者对人工智能问题的研究应该"走着瞧""慢慢来"，然而我们都已经踏入人工智能时代的洪流，便不免成了拉德布鲁赫口中的"性急者"，"生活在急于兑现的未来"③ 之中。据史学家介绍，当年汽车进入中国，"由于解决不了司机坐在前面，背对着老佛爷开车的失礼问题，老佛爷一直都没有坐过"④。今天中国的刑法学者面对如何对待人工智能体的主体性问题，是否也会采取一种"老佛爷式"的评价，不得而知。但正如汽车最后依然普及到中国大地一样，笔者坚信，人工智能体具备刑法主体地位将是一种有力的观点。

---

① 1986年黄建新导演拍摄了一部电影《错位》，影片讲述了某位局长为了应付文山会海，做了一个与他一模一样的机器人，代替他参加工作的故事。这是笔者所知的国内最早反映人工智能体取代人的思想的作品。
② [美] P. W. 辛格：《机器人战争》，逯璐、周亚楠译，华中科技大学出版社2016年版，第378页。
③ [德] 古斯塔夫·拉德布鲁赫：《法律智慧警句集》，舒国滢译，中国法制出版社2001年版，第108页。
④ 张鸣：《暗逻辑》，九州出版社2017年版，第12页。

# 人工智能对刑法的挑战及应对

伊力其*

自1956年达特茅斯会议首次提出人工智能的概念到2017年谷歌的智能机器人"阿尔法狗"战胜围棋世界冠军柯洁，人工智能技术在短短的几十年间有了飞跃式的发展。今天，人工智能技术已经应用在我们人类社会的各个方面，大到火箭、卫星，小到家用电器、智能手机，人工智能技术正在深刻地影响和改变着人类社会和生活，可以说我们已经步入了一个全新的人工智能时代。在为我们的生产、生活不断提供便利的同时，我们应该注意到人工智能这把"双刃剑"也会因为其发展的不确定性而带给人类社会的风险。在2017年8月10日发布的《中华人民共和国国务院公报》中，相关部门便对此作出预测：人工智能可能带来改变就业结构、冲击法律与社会伦理、侵犯个人隐私、挑战国际关系准则等问题，将对政府管理、经济安全和社会稳定乃至全球治理产生深远影响。①

## 一、人工智能的概念及分类

人工智能（Artificial Intelligence），百度百科对其的定义是研究、开发用于模拟、延伸和扩展人的智能的理论、方法、技术及应用系统的一门新的科学技术。微软人工智能及微软研究事业部负责人沈向洋博士与微软公司总裁施博德在其联合编著的《计算未来：人工智能机器社会角色》一书中，认为人工智能是具有感知、学习、推理能力，并具有与人类相似的方法处理问题的机器或程序。人工智能虽然最初是从计算机学科的范畴中分支出来的，但是现在已经成为一门广泛包括信息论、控制论、仿生学、生物学、神经科学、心理学、数学、逻辑学、语言学等多门学科在内的交叉学科。②

人工智能水平根据其智能化水平的不同，可以分为弱人工智能（Artificial Narrow Intelligence）、强人工智能（Artificial General Intelligence）以及超人工智能（Artificial Super Intelligence）。弱人工智能是指擅长某一方面的人工智能，类似高级仿生学，它们只是用于解决特定具体类的任务问题而存在，大都是从大数据中归纳出模型。例如，谷歌的智能机器人"阿尔法狗"以及后续的"阿尔法狗 Zero"就属于弱人工智能，虽然能战胜围棋世界冠军，但并不擅长处理其他方面的数据，更谈不上具有和人类同等的智力水平和意识思维。由于弱人工智能技术发展水平尚没

---

\* 中南财经政法大学刑事司法学院刑法学博士生。
① 吴允锋：《人工智能时代侵财犯罪刑法适用的困境与出路》，载《法学》2018年第5期。
② 高铭暄、王红：《互联网+人工智能全新时代的刑事风险与犯罪类型化分析》，载《暨南学报（哲学社会科学版）》2018年第9期。

有达到模拟人脑意识思维的程度,所以弱人工智能仍然属于"工具"的范畴,与传统的"产品"在本质上并无区别。① 强人工智能则是指人工智能本身具有了人类智能,具有"自我意识",能同人类一样进行思考和创造。人工智能之父图灵在其1950年发表的论文《计算机与智能》中提出了著名的"图灵测试",即人类向人工智能机器随机提问,多次提问后,有30%的人不能确定被测试者是人类还是机器,那么就可以认为这个人工智能机器已经具有了人类的智能,即达到了所谓强人工智能标准。至于超人工智能,因为其智能程度已经超过"奇点",思维能力远远超过人类大脑,对于超人工智能,人类已经根本无法想象和预测其究竟能达到怎样的智能水平。正如有学者所言,人类的法律体系仅在人类社会生效,人类规则的制定已经无法适用于超人工智能,因为超人工智能已经超出了人类社会的范畴。②

## 二、弱人工智能带来的刑事风险及控制

自从德国社会学家乌尔里希·贝克在其代表作《风险社会》一书中提出"风险社会"这一概念后,"风险社会"这一概念不单在社会学界,并且在各个领域都引发了广泛的讨论。人工智能技术的不断发展,同样也会给我们的社会带来各种"风险"。在伦理层面,随着人工智能技术的不断发展,人工智能可能体现出从未有过的主体性、人格性和创造性,这就可能会出现人工智能同我们原有的伦理观念产生冲突;在法律层面,当智能机器人已经具有同人类一样的理性时,那么怎样看待人工智能机器人的法律地位和法律权利? 除上述"风险"外,人工智能技术同样也会产生刑事风险。有学者认为人工智能时代的刑事风险有三类。首先,可能使部分传统犯罪的危害性发生"量变";其次,可能产生新的犯罪形式;最后,人工智能产品可能脱离人类的控制而独立实施危害社会的犯罪行为。③ 由以上的分类可以看出,使传统犯罪发生"量变"和产生新的犯罪行为都是现阶段所迫切需要面对的。

由于计算机运算能力的提升,计算机算法的改进,以及在大数据技术的支持下,深度学习的神经网络技术取得突破性进展,④ 人工智能已经具有使传统犯罪发生"量变"和产生新的犯罪形式的技术基础,但人工智能还不具有人类的智能水平,现在以及未来很长一段时间内将处于弱人工智能阶段。那么,在弱人工智能时期,人工智能带来的刑事风险会有哪些? 有学者认为在目前弱人工智能阶段,我们面对的刑事犯罪风险主要有三种:一是直接对人工智能系统实施的犯罪;二是利用人工智能实施的传统犯罪;三是对人工智能产品未尽安全生产、管理义务的犯罪。⑤ 也有学者认为主要有五种犯罪类型,一是侵犯人工智能系统安全的犯罪;二是利用

---

① 高铭暄、王红:《互联网+人工智能全新时代的刑事风险与犯罪类型化分析》,载《暨南学报(哲学社会科学版)》2018年第9期。
② 吴允锋:《人工智能时代侵财犯罪刑法适用的困境与出路》,载《法学》2018年第5期。
③ 刘宪权:《人工智能时代的刑事风险与刑法应对》,载《法商研究》2018年第1期。
④ 皮勇:《人工智能刑事法治的基本问题》,载《比较法研究》2018年第5期。
⑤ 高铭暄、王红:《互联网+人工智能全新时代的刑事风险与犯罪类型化分析》,载《暨南学报(哲学社会科学版)》2018年第9期。

人工智能实施的犯罪；三是利用人工智能侵犯个人信息的犯罪；四是独立的外围人工智能犯罪；五是违反人工智能安全管理义务的犯罪。在此，我们可以认为无论是哪种分类方式，人工智能都是以工具或者产品的"身份"出现，与传统枪支、刀具工具和产品并无本质上的区别，所以在弱人工智能时代，现行刑法和司法解释足以应对人工智能所带来的刑事犯罪风险。从具体案例来看，2017年，浙江省绍兴市公安局召开了打击整治黑客攻击和网络侵犯公民个人信息犯罪专项行动新闻发布会，通报了全国破获首例利用人工智能侵犯公民个人信息大案。在该案中，警方共打掉43个犯罪团伙，抓获犯罪嫌疑人193人，成功截留公民个人信息10亿余组，缴获赃款600余万元。从具体案情来看，黑客杨某通过深度学习技术训练机器人，使机器人能够自主操作并有效识别图片验证码，绕过互联网公司的账户登录安全策略提供验证码识别服务。以黄某为首的专业黑客犯罪团伙利用互联网网站的技术漏洞，非法获取网站后台的注册数据，之后对数据进行打包处理并卖给另一专业的撞库软件黑客团伙，在进行撞库匹配后，再将个人信息贩卖给网络诈骗团伙，网络诈骗团伙利用个人信息大肆行骗。从案件中我们可以看到，虽然案件中出现了很多新的技术手段，但都是利用人工智能手段来实行一些传统的计算机网络犯罪，如非法获取计算机信息系统数据、非法控制计算机信息系统罪，侵犯公民个人信息罪，诈骗罪等。对这些行为的认定和法律的适用，目前来看不存在难题。

## 三、强人工智能对刑法的挑战及应对

科学幻想一直是非常受欢迎的文学和电影题材，而大多数科幻电影或文学作品中都存在与我们人类具有同等智力水平的机器人，它们甚至作为和我们人类具有同等地位的社会主体参与社会生产和生活。虽然这样的人工智能机器人现在还没有出现，但谁也无法预测多久之后这样的人工智能机器人将出现在我们的生活中。有学者认为具有与人类同等智力水平的强人工智能距离人类社会还比较遥远，刑法应当在技术热中保持一些冷静、克制。① 但我们认为在现在这个人工智能高速发展的时代，当强人工智能真正做出我们人类社会的行为时，刑法在那时不会显得束手无策。

强人工智能给刑法所带来的第一个挑战就是，人工智能机器人能否成为刑事责任承担的主体。那么，在讨论人工智能体是否可以成为刑事责任承担主体之前，首先需要对一个问题进行说明，那就是人工智能机器人是否是法律上的"人"。对于这一点的讨论，首先，应当进行法理学上的考量，德国学者拉德布鲁赫在其《法哲学》一书中指出："人之所以为人，并不是因为他是一种有肉体和精神的生物，而是因为根据法律规则的观点，人展现了一种自我目的。这样为了证明人类群体可能可以具备法学人格，我们不需要证明人类在生物学上是相同的客观实体、组织，而是需要证明自我目的在人类群体当中和在个体的人身上的体现是一致的。"② 所以，

---

① 高铭暄、王红：《互联网+人工智能全新时代的刑事风险与犯罪类型化分析》，载《暨南学报（哲学社会科学版）》2018年第9期。
② ［德］拉德布鲁赫：《法哲学》，王朴译，法律出版社2005年版，第134页。

当人工智能机器人如果拥有了同人类一样的智能，可以同人类进行沟通和交流，那么其就具备了作为法律上"人"的可能性。其次，除法理学外，我们也可以借鉴其他部门法学对这个问题的讨论。有民法学者认为，民法意义上的人须具有独立之人格，即权利能力，既包括自然属性上的人，也包括法律拟制上的人（法人），可以说主体制度是民法典体系化的起点。然而，人类社会从基因时代迈向智能时代，昭示着主体制度迎来了跨时代的转变，即人的遗传基因不能简单地作为客体物看待，没有生命但具有"智能的机器人也应当被赋予法律人格"①。最后，从立法的角度来看，2016年欧盟委员会法律事务委员会向欧盟提出动议，明确提出将最先进的自动化机器人的身份定位为"电子人"，由此不仅赋予其民事主体资格，更是从政治、纳税、社会治理等多角度承认其主体地位。

刑事责任是指行为人因其犯罪行为所承担的，代表国家的司法机关根据刑事法律对该行为所做的否定评价和对行为人进行谴责的责任。② 刑事责任的承担前提是具有刑事责任能力，那么人工智能机器人成为刑事责任主体的前提条件同样为是否具有刑事责任能力。我国刑法学界的通说认为，刑事责任能力就是指行为人辨认和控制自己行为的能力。③ 从日本刑法理论的角度来看，"具有辨认控制能力的人，具有接受法律规范的要求，实施合法行为的可能性，因而具有相对的意志自由。具有相对意志自由的人，如果不接受法律规范的要求，实施了符合构成要件的不法行为，就能够对之进行非难"④。无论是我国刑法理论还是日本刑法理论，行为人辨认和控制自己的行为的能力都是承担刑事责任的前提。人工智能机器人是自动执行工作的机器装置，它可以运行预先编排的程序，也可以根据技术制定的原则纲领行动。从控制能力的角度来看，人工智能机器人的行为来源于程序设定，物理硬件根据其程序设定来进行活动，即使是具有自主意志的人工智能机器人同样是根据程序设定来进行思考和学习，也会受程序设定的限制，从这个角度来看，人工智能机器人具有控制自己行为的能力。再从辨认能力来看，刑法意义上的辨认能力是指对行为的性质、后果、作用的认识能力，这种认识包括事实层面和规范层面的认识。⑤人工智能机器人通过其外设的设备，完全可以对周边客观世界直面的情况有所认识。从规范层面来看，人类通过学习或从生活中体会到秩序规范，并产生规范意识。对于人工智能机器人，通过程序将法律、行政法规、大量案例等内容录入人工智能的程序中，也会使人工智能机器人产生规范意识。我们可以认为，人工智能机器人具有拟制为同自然人和法人一样的刑事责任主体的可行性，在未来可以考虑赋予人工智能机器人刑事责任主体的地位。

从刑罚的目的视角来看，刑罚的目的是指国家制定、适用、执行刑罚的目的，即国家立法采用刑罚作为对付犯罪现象的强制措施及其适用和执行所欲实现的效

---

① 许中缘：《论智能机器人的工具性人格》，载《法学评论》2018年第5期。
② 高铭暄：《刑法学原理》（第1卷），中国人民大学出版社2005年版，第418页。
③ 高铭暄、马克昌：《刑法学》（第6版），北京大学出版社、高等教育出版社2014年版，第84页。
④ 张明楷：《刑法学（上）》（第5版），法律出版社2016年版，第498页。
⑤ 刘宪权：《人工智能时代机器人行为道德理论与刑法规制》，载《比较法研究》2018年第4期。

果。耶林曾指出:"目的是全部法律的创造者,每条法律规则的产生都源于一种目的,即一种事实上的动机。"① 同时,刑罚的目的制约着受刑主体的范围以及刑罚的功能,因此对于强人工智能机器人能否承担刑罚具有重要意义。② 根据主流学说,刑罚的目的主要有报应和预防。报应是指不追求任何实际的社会目的或效果,仅仅以向犯罪施加刑罚的痛苦方式,让其为自己的罪刑得到报应。而刑罚的预防目的可以分为一般预防和特殊预防。一般预防是指通过刑罚的威胁和刑罚的执行,公众应该掌握法律的禁止性规定并且避免违反这些规定。刑罚的一般预防目的又可以分为消极的一般预防和积极的一般预防。消极的一般预防认为通过刑罚产生的痛苦,可以解读为一种威慑,对一般公众的犯罪预防通过威慑来实现,刑罚的威慑抵消了犯罪人想实施犯罪的动机。而积极的一般预防主张通过刑罚的适用,维护和增强法的规范效力的形象,从而培养公众的法感情,增强公众对规范秩序的信赖和忠诚。特殊预防主张预防犯罪人重新再犯罪,因其提倡针对具体犯罪人通过消极的剥夺与积极的治疗与改善来消除其再犯的危险。③

　　在我们看来,从报应的角度出发虽然难以得出对人工智能适用刑罚的结论。但从预防的角度出发,我们认为,完全有对强人工智能适用刑罚的可能。因为刑罚的本质是痛苦,刑罚与犯罪相联系,是施加给犯罪人的痛苦。正如有学者认为,"智能机器人具有感知刑罚痛苦的能力,并且能够在犯罪的'快感'与刑罚的'痛感'之间进行理性权衡,以调整其之后的行为"④。虽然也有学者认为以上观点虽然对于开阔视野、丰富思路具有一定的参考和借鉴价值,但人工智能机器人很难具有同我们人类一样的道德观、羞耻感,更难以感受到刑罚的痛苦。⑤ 但我们认为,刑罚的痛苦具有两个方面的内容,第一种是指直接或间接造成人的身体上的痛苦,第二种是指限制社会活动资格所造成的情感上的痛苦。从人工智能机器人的角度来看,第一,机器人虽然没有肉体,但在以后科技足够发达的情况下,很有可能发展出类似于生物痛感的神经网络,其也可以通过神经网络系统对痛苦进行感知;第二,当人工智能机器人具有和人类一样的智能时,其必定也会形成社会,进行社会活动,情感上的痛苦人工智能机器人同样可以感知。由此可以认为,刑罚同样可以通过其痛苦本质对具有和人类同等智力水平与意志自由的强人工智能体产生威慑的效果,从而达到消极的一般预防效果。从特殊预防的角度,我们同样可以得出对强人工智能体适用刑罚的可能性。具体体现为强人工智能体的辨认、控制能力来源于程序代码和数据运作,而我们同样可以通过刑罚的方式改变其内部代码从而改变其程序运作,达到教育、改善的特殊预防目的。

---

① [英] E. 博登海默:《法理学——法哲学与法律方法》,邓正来译,中国政法大学出版社 1999 年版,第 109 页。
② 卢勤忠、何鑫:《强人工智能时代的刑事责任与刑罚理论》,载《华南师范大学学报(社会科学版)》2018 年第 6 期。
③ 陈家林:《外国刑法理论的思潮与流变》,中国人民公安大学出版社 2017 年版,第 669 页。
④ 刘宪权、胡荷佳:《论人工智能时代智能机器人的刑事责任能力》,载《法学》2018 年第 1 期。
⑤ 吴波、俞小海:《人工智能时代刑事责任认定思路的挑战与更新》,载《上海政法学院学报》2018 年第 5 期。

## 第二编　生物科技暨人工智能领域发展的刑法规制问题

我国目前的刑罚体系主要由主刑和附加刑构成，前者主要包括管制、拘役、有期徒刑、无期徒刑及死刑，后者则包括罚金、剥夺政治权利、没收财产和驱逐出境。这些为自然人和法人设置的刑罚目前来看很难适用于人工智能机器人，对人工智能机器人适用这些刑罚同样也很难起到报应作用。对此，未来我们可以再修正现行的刑罚体系，增设适用于人工智能机器人的刑罚处罚方式。例如，可以设置删除数据、修改程序、永久销毁等刑罚处罚方式。

### 四、结语

随着全面的人工智能时代即将到来，刑法作为回顾性法律，也需要对可能产生的风险进行提前性展望。[①] 在强人工智能时代到来之前，相对于探讨如何处罚人工智能机器人或其背后的制造者、使用者，现在来看更为重要的是如何规范和把控现在人工智能研发和使用的过程，真正从技术源头上降低人工智能对人类社会带来的刑事风险。

---

[①] 储陈城：《人工智能时代刑法归责的走向——以过失的归责间隙为中心的讨论》，载《东方法学》2018年第3期。

# 从机器规制向算法规制：人工智能的刑法评价进路与模式选择

于 冲*

## 一、问题的背景：人工智能刑法主体化的理论争讼

确定人工智能的刑法主体化方向是研究人工智能刑事法治的首要前提与理论基础，未来人工智能体是否可以成为具有刑法主体地位的犯罪主体，以及当人工智能体实施"类人化"的犯罪行为时该如何加以评判与追究，成为学者们争议的焦点。

### （一）刑法理论界的对立观点

对刑法理论界关于人工智能体是否具有刑法主体地位这一问题的理论研讨加以整理，可以基本将所有的观点归纳为三类，即肯定说、否定说和阶段说。

1. 肯定说的立场

典型的肯定论认为，可以以智能机器人能否在设计和编制程序范围外实施行为作为区分刑事责任能力即辨认能力和控制能力有无的界限，在技术发展成熟情况下，按照自我意识和自由意志的智能机器人在设计和编制程序范围外实施犯罪行为时，其具有完全独立的辨认能力与控制能力，即可以成为刑事责任主体并承担刑事责任。① 还有学者认为，借鉴"单位"这一特殊刑事主体设定的理念②，可以将人工智能体拟定为介于自然人与物之间的特殊主体，即将现阶段刑法中的刑事责任主体增加为自然人、单位及人工智能体，而人工智能体的智能化程度则是衡量是否具备刑事责任能力的指标依据。③ 相似的观点认为，针对强人工智能阶段智能机器人独立实施严重危害社会的犯罪行为，应当坚持相对独立的刑法评价，借鉴法律拟制的思维，将人工智能体拟制为与自然人和法人并列的第三类新型责任主体，从而建立适合该类主体的特殊刑罚体系。④ 另有学者从应对"道德困境"（moral dilemmas）作出伦理选择能力的角度，论证了机器人刑事归责的合理性，认为当人工智能机器

---

\* 中国政法大学副教授、网络法学研究中心研究员。

① 参见刘宪权、胡荷佳：《论人工智能时代智能机器人的刑事责任能力》，载《法学》2018年第1期。类似论述可见刘宪权：《人工智能时代的"内忧""外患"与刑事责任》，载《东方法学》2018年第1期；刘宪权、林雨佳：《人工智能时代刑事责任主体的重新解构》，载《人民检察》2018年第3期。

② 类似参考"单位犯罪"的拟制主体思路的相关论述可见王肃之：《人工智能犯罪的理论与立法问题初探》，载《大连理工大学学报（社会科学版）》2018年第4期。

③ 参见马治国、田小楚：《论人工智能体刑法适用之可能性》，载《华中科技大学学报（社会科学版）》2018年第2期。

④ 参见吴波、俞小海：《人工智能时代刑事责任认定思路的挑战与更新》，载《上海政法学院学报（法治论丛）》2018年第5期。

人能够成功学会表达和决定道德的问题时，其将会有能力理解惩罚的意义，进而具有刑法意义上的行为人的资格。①

2. 否定说的立场

持否定论观点的学者一般认为，不管是发展到何种阶段的人工智能体，都不具有刑事法律的主体资格。如有学者从人与智能机器人基本关系的定位出发，强调智能机器人的认知和决定能力是由人类赋予的，是"依附于人类的辨认能力和控制能力而存在的，是一种与人类的能力相区别的拟制的能力"，因此即使未来出现"心智"完整的智能机器人，也不存在"自由意志"，其因主观拟制能力所为的全部活动都区别于自然人的行为。② 还有学者认为，未来人工智能系统成为犯罪主体应当具备"具有与人类社会规范意义上的辨认能力和控制能力""法律允许进入人类社会""受到人类社会法律的管理"三个核心要素，且需与刑法体系相协调，即包括刑法的目的与任务，以及犯罪、刑事责任与刑罚相关规定相协调，而这些条件都是人工智能体所不具备的。③ 另有学者从"道德预设"和"目的预设"的角度否定了人工智能体的法律主体资格，认为机器只能被设计成遵守法律而不能理解法律，只有人类才能理解"权利"和"责任"的含义，法律不可能会对机器人本身的行为产生影响，如刑罚的震慑效应对于机器人来说几乎没有意义。④

3. 阶段说的立场

与肯定论和否定论有所不同，阶段论的基本立场是，是否赋予人工智能体刑法主体地位应当结合当前科技发展现况进行探讨。阶段论的学者认为，当下正处于弱人工智能阶段，距离未来可能产生具有自主意志、人格独立的强人工智能甚至超人工智能依然十分遥远，因此仅需讨论作为"工具"和"产品"的人工智能体引发的刑事犯罪问题，对可能产生自主意志和人格独立的人工智能体不予分析评价。⑤ 相似的观点认为，在未来很长一段时间内人工智能都将是从属于人类的工具，现阶段承认人工智能体具有刑事主体地位为时过早，纯粹出于"幻想"的理论探讨有违刑法的"沉稳"与"谦抑"品格。⑥

(二) 现有观点的问题与评析

在肯定说、否定说和阶段说中，笔者认为，否定说虽然在刑法意义的层面否定了人工智能体的主体地位，但是不同的否定说的理论依据并不完全相同，笔者将在接下来的论述中予以阐明。而阶段说和肯定说都是不妥当的，诚然，当前人工智能

---

① See Sabine Gless, Emily Siverman, Thomas Weigend, If Robots Cause Harm, Who Is To Blame? Self-driving Cars And Criminal Liability, New Criminal Law Review: International and Interdisciplinary Journal, Vol. 19, no. 3, Summer 2016, pp. 412-436.

② 参见黄京平等：《人工智能与刑事法治研究专题》，载《人民检察》2018年第3期。

③ 参见皮勇：《人工智能与刑事法治的未来》，载《比较法研究》2018年第5期。

④ 参见吴习彧：《论人工智能的法律主体资格》，载《浙江社会科学》2018年第6期。

⑤ 参见高铭暄、王红：《互联网+人工智能全新时代的刑事风险与犯罪类型化分析》，载《暨南学报（哲学社会科学版）》2018年第9期。

⑥ 参见时方：《人工智能刑事主体地位之否定》，载《法律科学（西北政法大学学报）》2018年第6期。

技术依然停留在弱人工智能阶段，此时的人工智能体更多的是作为一种智能"产品"和辅助人类具体事务的"工具"出现在人类面前，其不具有自主意识和自由意志已基本成为学界的通说观点，当人工智能体与犯罪行为相联系，出现侵害法益的后果时，通过传统刑法的犯罪理论体系追究其背后的"人"的刑事责任即可解决问题。但技术的发展远超于人类的想象，强人工智能时代的到来必然是大势所趋，因此阶段论适用范围过窄且缺乏一定的立法远瞻性，无法回答未来强人工智能时代自主性极强的智能机器人独立进行犯罪行为时的立法规制问题。

而肯定说存在的最大问题在于，一味地将智能机器人与人的特征进行对比，论证人工智能具有刑事责任能力的可能性，忽略了刑法理论中责任主体只能是人的这一最基础最核心要素。人工智能体作为一种人造物是否会产生自我意识并不是刑法所要讨论的问题，这是一个至今理论界无法得出定论的哲学问题。法律所要调整的是稳定、清晰的法律关系，人的本质是社会关系的总和，人工智能体的本质是人的工具、人的器官延伸，人工智能体不可能在法律关系中成为一个真正的主体，① 刑法理论中的责任主体只能是人，即使现今大部分国家承认法人也具有犯罪能力，但法人本质上是由自然人组成的社会集合体，即使是我国规定的单位犯罪，也是通过具体的自然人实施的，单位犯罪中除追究单位的刑事责任外，一般也要追究相关自然人的刑事责任。因此，笔者基本上赞同否定说的观点，即不论是弱人工智能抑或强人工智能阶段，智能机器人均不得具有刑法主体地位。但笔者的理由与否定论者并不完全相同，而是源于对责任主体理论根基的重新解读，源于对技术伦理与立法道德冲突的自我反思。

## 二、问题的症结：刑法中责任主体的理论根基只能是人

当前，刑法界的学者对于人工智能体是否具有刑法主体地位的讨论似乎偏离了最基本的轨道，即应当在坚持刑法基本理论的基础之上去探讨人工智能体刑法主体地位的合理性。笔者认为，刑法对人工智能体刑事责任主体地位赋予与否的关键，核心不是在于能不能的问题，而是应该不应该的问题。刑法中责任主体的理论根基只能是人，刑事责任是人在应该而且能够选择符合法律规范的行为时却主体性地选择了违反法律规范的行为因而必须接受的谴责和惩罚。②

### （一）问题的错位一：刑法责任论根基的违反

犯罪主体是判定刑事责任和刑罚标准的前提条件。成为犯罪主体的核心和关键要件即具有刑事责任能力，解决的是不法行为的主体性问题，即不法行为的实施者，是不是一个有必要进行刑法评价的主体。通说认为，刑法上的责任能力，由辨认能力与控制能力组成。但辨认能力与控制能力不是对任何事物的辨认控制能力，而是对法规范、社会规范的辨认能力和行为人控制自己按照规范行为的能力。这种辨认控制能力的选择与承认，不单单是从技术层面进行的，还要经过法的价值选

---

① 参见郝铁川：《为什么坚信人工智能不可能取代人》，载《解放日报》2018 年 1 月 21 日。
② 冯军：《刑事责任论》，社会科学文献出版社 2017 年版，第 103 页。

择。① 这种规范的选择，是基于刑事政策和刑罚目的的考量，但是其又建立在人的生理、心理特点的物理基础即存在论的基础之上。例如，我国刑法规定，不满 14 周岁的人犯罪的，不承担刑事责任。此处 14 周岁的规定，就是根据人的生理、心理以及文化、历史等要素进行的价值选择的结论。概言之，责任能力是人特有的主体性特征，是一种主体适格性，即人能够成为刑事责任主体的适格性，这种适格性是经过规范选择的"能不能成为责难主体"的适格性。② 而人工智能体经过深度学习算法和数据处理后生成的"思维能力"，仅仅是从技术层面对外部事物进行感知并作出判断，虽然会进行思考，但此类思考都是基于人类的初始程序设定，归根结底还是离不开人类的控制。即使未来出现了智力远超人类的人工智能体，仍然应当将高阶人工智能体的认知和决定能力与人的辨认能力和控制能力严格加以区分。这是由人与人工智能体基本关系的定位所决定的。不管何种阶段，人工智能体都是模仿人类智能所创造出的、处于人类控制之下的延伸物，人工智能体由于机器学习的算法所产生的意识和意志能力具有依附性，永远是人类赋予的，具有相对性，永远应当受到人的控制。人工智能体只是复制和模拟作为主体的人类，其终究是模仿人类智能创造而出的，是人类思维的产物，属于人类劳动创造的客体。因此，倡导将人工智能作为刑事责任主体实质上是混淆了法律关系主体与法律关系客体的概念。

### （二）问题的错位二：刑罚目的和功能的落空

刑罚承受主体的范围受刑罚目的制约，古代因采用威吓主义、神意报应主义的刑罚目的观，不仅对自然人科以刑罚，而且对动物、物品施用刑罚；而近代绝大多数国家主张法律报应主义或预防主义，此时承受刑罚的主体只能是人，而不能是动物或其他事物。首先，"刑法不仅要面对犯罪人保护国家，也要面对国家保护犯罪人，不单面对犯罪人，也要面对检察官保护市民，成为公民反对司法专横和错误的大宪章"③。若赋予人工智能体法律主体地位，相应地，人工智能体也应具备一套完整的权利义务规则体系，当人工智能体具有法律主体资格，其被人类侵害时是否也要考虑人工智能体应受法律保护的权利？当人工智能体成为犯罪主体时，法律是否需要保障人工智能体作为"犯罪人"的权利？这一系列的问题都需要法律进行解答。其次，刑罚是以痛苦为本质内容的，但单纯的痛苦并不是刑罚的目的，包含在刑罚中的对行为的否定评价，由刑罚传达给行为人与一般人，从而抑制未然的犯罪。④ 对人工智能科以刑罚并不能有效实现刑罚针对特定人的特殊预防以及不特定人一般预防的功能。一般认为，特殊预防的目的在于通过刑罚的保安、威慑与再社会化的功能防止犯罪人再犯罪，⑤ 刑罚所具有的剥夺性和限制性痛苦的固有属性，可使接受刑罚的犯罪人从自身利益被剥夺的痛苦中体会到刑事法律的公正与严肃，从而在一定程度上限制或消除其再犯的可能性，刑罚的执行更会使受刑者从中受到

---

① 王韬：《论刑法上的责任》，中国社会科学出版社 2013 年版，第 112 页。
② 参见王韬：《论刑法上的责任》，中国社会科学出版社 2013 年版，第 112 页。
③ ［德］拉德布鲁赫：《法学导论》，米健、朱林译，中国大百科全书出版社 1997 年版，第 96 页。
④ 张明楷：《刑法学（上）》，法律出版社 2016 年版，第 241 页。
⑤ ［日］城下裕二：《量刑基准的研究》，成文堂 1995 年版，第 133 页。

教育，养成良好的规范意识，从而实现回归社会的目的。人工智能体不具有生物学意义上生命特征以及独立财产，现行刑法中的自由刑或财产刑无法有效地针对人工智能进行处罚，实施犯罪行为的人工智能体并不能意识到自身行为的社会属性以及可制裁性，特殊预防的目的不能实现。而对个别人工智能体实施制裁也并不会影响到其他具有法益侵害可能性的人工智能体，同样无法实现刑罚威慑、教育、感化的一般预防功能。① 另外，从刑罚的安抚、补偿功能角度审视，对人工智能体进行处罚所实施的删除数据或永久销毁等，并不能慰藉被害人及其亲属因犯罪侵害而受到的精神创伤和引起的愤恨情绪，使受到犯罪破坏的社会心态恢复平衡，而且人工智能体不具有独立的财产，也无法弥补被害人受到的物质损失，由此将导致刑罚一般预防目的中所需的社会效应得不到反馈。

（三）问题的错位三：人类中心主义的失守

"人是万物的尺度，是事物存在的尺度"，古希腊哲学家普罗泰戈拉最早表达了人类中心主义的核心思想。人类中心主义坚持"物为手段，人为目的"，将存在于同一个世界的人与物进行了不同的地位属性划分，强调了人类价值具有本位性，相较于人类的本位价值而言，其他一切非人物种所固有或衍生的价值，仅仅具有工具价值或手段价值的意义。② 而人工智能本质上是一种工具，这种工具和其他工具一样，是人类发现和利用自然规律的产物，是为了追求更好的生活目标所创造出的科技产物，就服务人类的工具属性而言，人工智能体并非与人类并存的主体，仅具有客体属性。对人性的理解决定了刑法学的性质，③ 所谓人性，即为人区别于动物、区别于其他事物的本质特征。人工智能表现出的"人性"仅为人类知识的处理结果，人类在做出决定时，更多的不是靠理性计算，而是靠直觉、情绪、感情等来做出判断，这是人与智能机器人最大的区别，即使未来出现能够进行自主思考的智能机器人，也不可能和人类一样，机器只能靠逻辑或者从数据中自我学习，进行判断。"机器人之父"阿西莫夫提出的机器人三定律其实已经揭示出人类在社会中的主导性，技术的发展永远要以人类的安全为终极目标。从社会构成的角度来看，若赋予人工智能体法律主体地位，则现行的社会秩序不得不演变成为新型的人机并存社会秩序，届时原有的由自然人组成的人类社会形态、社会关系、社会伦理、社会自治等一系列学说都将面临解构以及重构的巨大困境。④

## 三、问题的关键：算法的刑法规制是解决人工智能犯罪问题的核心点

针对可能出现的人工智能犯罪以及刑事责任承担的问题，需明确刑法所要规制的对象不是机器，而是机器背后的技术，即人工智能技术背后的行为和行为人。

---

① 参见时方：《人工智能刑事主体地位之否定》，载《法律科学（西北政法大学学报）》2018年第6期。

② 参见舒年春：《走入真正的人类中心主义》，载《广西大学学报（哲学社会科学版）》2002年第2期。

③ ［日］大塚仁：《犯罪论的基本问题》，冯军译，中国政法大学出版社1993年版，第2页。

④ 参见范忠信：《人工智能法理困惑的保守主义思考》，载《探索与争鸣》2018年第9期。

## （一）人工智能问题的本质是算法问题

2006 年以来，以深度学习为代表的机器学习算法在机器视觉和语音识别等领域取得了极大的成功，人工智能的发展模式也从过去追求"用计算机模拟人工智能"逐步转向以机器与人相结合而成的增强型混合智能系统。作为解决问题的一种方式，算法运用数学言语结构建构数学模型来描述实际现象，其实质是关于部分现实世界为某种研究对象的一种抽象的简化数学结构。① 有学者认为，人工智能的本质在于算法和数据处理，"类人化"的物理形体并非构成人工智能的必备要素，即使是人形机器人，也只不过是算法主导下的一个硬件系统。② 此即凸显出算法在人工智能发展中的核心和主导地位。现今人工智能具备的深度学习能力、独立的自主判断能力和自我决策能力使得机器自我学习的结果变得更加不可控，这种机器学习的结果会使得将来社会面临更大的风险和不确定性，而如何规制人工智能时代的智能机器犯罪问题，表面上看属于法律难题，实际难点却是在于技术而不是法律。尽管强人工智能基于深度学习算法能够不受最初编写的原始算法控制进而拥有自主做出判断和决策的能力，却不能全盘否定人类作为算法设计者和开发者的主导性地位及对人工智能行为的决定性影响。人工智能进行深度学习所需的原始算法，以及作为学习内容的海量数据，都是由人类设计或提供的，即便人工智能在后续学习中可能会有新的算法产生，数据库内容进行动态更新，但人类依然可以在源头上控制人工智能风险发生。③

## （二）技术过错是人的过错

2016 年欧洲议会针对人工智能可能独立做出自主"决策"并执行"决策"的情况，提出赋予人工智能以"电子人格"的立法建议报告，以期创设人工智能的特殊法律地位。但就如何具体落实人工智能"电子人格"所必需的民事行为能力和责任能力时，该份报告并未给出具体可行的方案，对于人工智能机器人造成的损害，报告仅提议制造商为机器人购买强制性保险，此外制造商、经销商和其他利益相关者也需要出资设立专门的基金补充保险机制，用以应对可能产生的赔偿问题。④ 实质而言，最终承担责任的主体仍是人工智能的制造者、所有者及其他利益相关者。以此类推，在刑事领域即使对智能机器人处以自由刑或者罚金刑，最终的责任承担者都是人，智能机器的财产终究是人类通过某种方式给予的，因此赋予人工智能体以"法律人格"似乎多此一举。

由于算法在决策方面的不透明性和"黑箱"操作，算法今后的发展方向应着重增强透明度以及可解释性，避免算法开发者及相关应用者以技术中立的原则为开脱罪责的理由。在算法的可解释性方面，我国有学者提出增设算法解释权的必要性，即当自动化决策的具体决定对相对人有法律上或者经济上的显著影响时，相对人向

---

① 参见姜野：《算法的规训与规训的算法：人工智能时代算法的法律规制》，载《河北法学》2018 年第 12 期。
② 参见胡凌：《人工智能的法律想象》，载《文化纵横》2017 年第 2 期。
③ 参见叶良芳、马路瑶：《风险社会视阈下人工智能犯罪的刑法应对》，载《浙江学刊》2018 年第6期。
④ 参见郑戈：《算法的法律与法律的算法》，载《中国法律评论》2018 年第 2 期。

算法使用人提出异议,要求提供对具体决策解释,并要求更新数据或更正错误的权利。[①] 算法解释权为解释人工智能深度学习的过程提供了一个很好的解决方案。2018 年谷歌大脑团队研发出一项名为"可解释性的基础构件"的技术成果,[②] 意图对人工神经网络算法进行可视化操作。这种可视化解释技术简化了相关信息,使算法的工作状态回到了"人类尺度",能够被普通人看懂和理解。谷歌还对这种"解释算法的算法"做了开源化处理,使其他技术人员能够在此基础上编写适用于不同算法和场景的解释性算法防止造成消极后果。法律人可以向技术人员解释法律规则的要求,而技术人员可以设计出符合法律要求的算法。法律和技术都是非自然的"人工"造物,两者都服务于使人类生活更加美好的目的。[③] 由此可见,技术并不是不可控的,合理利用技术反制技术的发展,也是未来人工智能时代可选择的一条规制路径。

(三) 人工智能犯罪的算法规制必要性

人工智能时代的算法根据机器学习的强度和复杂度可以分为监督学习、半监督学习、无监督学习和深度学习算法等,自主学习能力显著加强。深度学习算法本质上就是用深度神经网络处理海量数据,是实现机器学习的其中一种技术手段。但神经网络对于我们来说仍然是一个"黑匣子",从工程学的角度来看,奈特关于机器学习的核心提到了一个"黑暗的秘密":"即使设计基于机器学习系统的工程师,可能也很难将任何单一行为的原因分离出来。"[④] 人类对于算法技术的失控趋势被学者称为"算法未知"——机器学习意味着算法对于人类来说变得太复杂而难以理解或者不能理解。[⑤] 这也直接导致了传统的监管手段无法有效作用于算法系统。当算法被不合理地利用时很可能导致算法的垄断,由于算法的回报函数都是在特定的价值立场下设定的,因此其运算过程总是蕴含着价值判断。更加值得注意的是,除了在设计中隐含的歧视与不公,甚至还存在有些算法被利益集团操控的情况。[⑥]

算法的可解释性是算法进入法律的前提,法律对算法的规制可以使技术的发展不偏离合法合规的轨道。即使算法结果是由数据自动化处理得出的,从本质上讲就是人为编制的运算法则,其中的回报函数体现着工程师的设计意图和价值取向。因此,在算法设计过程中,应当通过法律的价值影响算法的回报函数,完善对网络社会技术治理手段的法律规范。各种新技术必须得到转化,使其从陌生的、可能有危险的东西转变成能够融入社会文化和日常生活之中的驯化之物。[⑦] 社会治理目标的

---

[①] 参见张凌寒:《商业自动化决策的算法解释权研究》,载《法律科学》2018 年第 3 期。

[②] Chris Olah,"The Building Blocks of Interpretability",https://distill.pub/2018/building-blocks/, accessed on December 17, 2018.

[③] 参见郑戈:《算法的法律与法律的算法》,载《中国法律评论》2018 年第 2 期。

[④] Knight, W. The Dark Secret at the Heart of AI In: MIT Technology Review. 2017, April 11.

[⑤] Tufekci Z. Algorithmic harms beyond Facebook and Google: Emergent challenges of computational agency. J. on Telecomm. & High Tech. L. , 2015, 13: 203.

[⑥] 参见姜野:《算法的规训与规训的算法:人工智能时代算法的法律规制》,载《河北法学》2018 年第 12 期。

[⑦] 参见何明升:《中国网络治理的定位及现实路径》,载《中国社会科学》2016 年第 7 期。

实现必然对技术进行法律化的规制。我们必须打破算法的"黑箱"操作，加强对算法的法律规制，使得算法更符合社会的伦理基础与价值基础。我们需要理性对待信息技术的发展并看清其本质的有限性，人类生活被嵌于一个复杂的物质世界当中，应当让活动在网络社会当中的人得到平等对待，使人作为人而能够成为人，使网络技术回归到原初的工具位置，更好地服务人的生活。[①] 沙特赋予机器人"索菲亚"公民身份的事实也从侧面显示出机器的法律主体地位是由人来授予而不是自动取得的，人才是法律的应然和实然主体。[②]

---

[①] 参见姜野：《算法的规训与规训的算法：人工智能时代算法的法律规制》，载《河北法学》2018年第12期。

[②] 参见姜野：《算法的规训与规训的算法：人工智能时代算法的法律规制》，载《河北法学》2018年第12期。

# 人脸识别技术滥用的刑事法律风险及应对

刘春花* 吴 杰**

随着人工智能的发展、人类视觉领域研究的进步，人们致力于让机器能够像人类一样识别事物，人脸识别作为模式识别、图像处理和计算机视觉的交叉领域，逐渐被广泛应用。2015年以来，我国相继出台了《安全防范视频监控人脸识别系统技术要求》《信息安全技术网络人脸识别认证系统安全技术要求》，为人脸识别技术的应用奠定基础，2017年发布的《促进新一代人工智能产业发展三年行动计划（2018-2020年）》中，提出在未来三年里要对人脸识别技术的有效检出率和正确识别率做出突破。如今人脸识别在刷脸支付、刷脸登录、刷脸购物、刷脸乘车等各领域得到运用，人脸识别技术在被大规模使用的同时，也不可避免地带来新的问题。

## 一、人脸识别技术的界定及应用

### （一）人脸识别的概念

人脸识别，是指给定一个场景的静态图像或动态视频，利用存储有若干已知身份的人脸图像和数据库，验证和鉴别场景中单个或者多个人的身份①，又被称为人像识别、面部识别、面像识别等。人脸识别主要由人脸检测、人脸对比、人脸验证三个部分构成，人脸检测就是在人脸图像或视频中，区分出人脸区域及非人脸区域；人脸对比是指提取人脸特征，与库中已知人脸进行相似度对比；人脸验证则是指相似度超过一定阈值后得到的结果输出。从广义上讲，人脸识别包括从前期采集到后期处理的一系列流程，包括图像采集、人体检测、人脸区域检测、人脸定位、人脸图像预处理、特征提取及分类识别等②。狭义上的人脸识别是指通过人脸进行身份验证或识别，换言之，即通过人脸来验证"你是不是你"或"你是谁"的问题。本文所讨论的人脸识别技术，特指狭义上的人脸识别的技术应用。

### （二）人脸识别的特点

随着时代信息网络化，人们愈加注重保护数据安全，传统账号加密码的加密形式逐渐不能满足人们的需求，继而将目光转向具有唯一性的生物识别技术。生物识别技术即利用人们生而拥有的生物特征，包括生理特征和行为特征，来进行身份验证。生理特征包括指纹、声纹、DNA、人脸、虹膜、静脉等，行为特征则主要包括

---

\* 江苏大学法学院副教授，硕士生导师。
\*\* 江苏大学法学院硕士研究生。
① 转引自李武军等：《人脸识别研究综述》，载《模式识别与人工智能》2006年第1期。
② 熊欣：《人脸识别技术与应用》，黄河水利出版社2018年版，第20页。

字迹、步态等。除了生物识别固有的唯一性、稳定性外，相较于其他生物识别方式，人脸识别还有其自身特点：

1. 非接触性。多数生物信息的采集需要与识别机器直接接触，如虹膜识别需要激光直射人眼、声音识别需要人们对着设备讲话，而人脸识别无须与机器直接接触，就能获得人物图像，可实现多方位、大范围的信息采集。

2. 非侵扰性。人脸的采集无须个体配合和工作人员干涉，在个体毫无知觉的状态下，摄像头或摄像机即可进行图像提取，并完成对人们的识别验证，可以减少人们的不适感。

3. 直观性。人脸每天都裸露在外，相较于其他的较为隐蔽的生物特征，人脸更为直观，容易获取，也更符合人们自身的辨别习惯，通过人脸进行验证更为直接高效。

4. 性价比高。通过指纹、DNA等生物特征进行识别身份，往往都需要专业的识别设备，而人脸识别只需要摄像头与计算机，借助人脸识别软件即可完成，且识别率高，在摄像头与计算机已经普及的背景下，人脸识别基本零成本，显然具有极高的性价比，更容易被广泛推广应用。

（三）人脸识别技术的应用

近两年来，由于算法精度的提升，人脸识别安全性以及识别准确率得到大幅度提升，行业发展迅速，人脸识别技术迎来了大规模普及。在研发领域，笔者以"人脸识别"为关键词，在SooPAT专利搜索网上进行专利搜索，截止到2019年5月28日，有关人脸识别专利申请量为16092项，其中有权专利为6108项，另有6118项专利正在审核中。从2015年开始，人脸识别的专利申请量逐年大幅度递增，展现了人脸识别技术广泛的应用前景，隐藏着巨大的经济价值。

目前，人脸识别技术的实践应用主要集中在金融领域、公共安全领域、政务领域以及安防领域。

1. 金融领域：在金融领域，历经现金支付、刷卡支付、扫码支付之后，刷脸支付逐渐走入公众视野。全球首个基于脸部识别系统的支付平台由芬兰Uniqul公司在2013年推出，2015年马云在德国IT展览会上展示了通过支付宝扫脸支付，2017年刷脸支付在我国正式商用。同时，央行也在2017年年底发布《中国人民银行改进个人账户服务，加强账户管理的通知》中，提出要有条件地使用生物识别技术作为核实身份的辅助手段，至此各银行开始运用人脸识别技术进行身份验证，目前部分银行正在推广ATM上取款时以人脸识别代替银行卡。

2. 公共安全领域：人脸识别在公共安全领域的应用最多，美国FBI建立人脸数据库，借助人脸识别技术来找出犯罪分子。在我国，人脸识别技术在刑事侦查、追捕罪犯、边防等领域发挥重要价值，通过随处可见的监控，对比身份数据库，发现罪犯或犯罪嫌疑人后可实时报警。近两年来，多个地区引进人脸识别技术，在路口监控行人"闯红灯"等违法违规行为。

3. 政务领域：在政务领域，人脸识别技术的运用主要体现在电子政务、户籍管理、纳税申报以及社会福利的发放等方面。例如，深圳从2017年开始，退休老人通过手机刷脸可认证养老金领取资格。

4. 安防领域：在安防领域，人脸识别技术被广泛运用于门禁，人脸识别与智能门锁相结合，确保非楼栋或社区人员不得随意进入。在机场、海关、火车站等地，通过人脸识别来自助进行实名制验证通过闸机。

除此之外，人脸识别还被广泛运用于考勤系统、购票系统、物流领域等，可以说，人脸识别技术正在给各行各业带来推动与变革。

## 二、人脸识别技术滥用的刑事法律风险分析

新兴的计算机深度学习科学，以及大数据的发展，使得人脸识别在人工智能领域被广泛运用，有人称"其核心技术的实现，展现了弱人工智能向强人工智能的转化"①。虽然人脸识别技术经历了较长时间的研究，但目前人脸识别技术仍然存在技术难题，如图像质量、人物背景、光照、人脸的表情以及头饰、眼镜等，都是人脸识别技术的干扰因素，给人脸识别技术带来困难，人脸识别技术在被广泛运用的同时，也给法律规范带来了新的挑战。2019 年，美国旧金山在 5 月 14 日以 8 票赞成、1 票反对的结果，通过立法禁止警方及其他政府机构使用人脸识别技术，认为该技术的应用侵犯公民权利和自由，同时可能加剧种族不平等②；英国首例警用人脸识别案于 5 月 21 日开庭，当事人诉称当地警方使用人脸识别技术侵犯其隐私③，引起人们对人脸识别技术的新一轮讨论。人脸识别技术作为生物识别技术发展的前沿与热点，在带来便利的同时，不可避免地带来了对人权的侵害。

### （一）当前人脸识别技术滥用的表现

在商业领域，由于人脸识别技术入门门槛低，相较于其他生物识别技术，人脸识别更易商业化，且目前没有统一的行业标准，因而各企业竞相推出人脸识别应用，其技术层次参差不齐，以人脸识别为噱头吸引用户注意，造成人脸识别技术的滥用。例如，许多贷款软件推出人脸识别进行用户登录、注册，但是由于技术不过关，有点相似度即可通过验证，数据安全得不到切实保障。中国消费者协会在 2018 年发布的《100 款 App 个人信息收集与隐私政策测评报告》中指出，大多数 App 对用户个人信息涉嫌过分收集，如美图秀秀对用户的可识别生物信息过度收集，并没有明确告知用户用途④。

在公共安全领域，公安机关在利用人脸识别技术有效打击违法犯罪的同时，同样存在滥用人脸识别技术的问题。例如，山西太原一路口利用人脸识别技术将闯红灯的行人照片投放于大屏幕，因未给未成年人打码而引发争议，此种行为是否有行政法上的依据值得探讨。还有部分地区，需要经过人脸识别验证方可入住宾馆，可

---

① 李怀瑾：《人脸识别技术风险的法律防范》，载《中国社会科学报》2019 年 3 月 6 日。
② 《弊大于利？旧金山成美国第一个禁止使用人脸识别技术城市》，载 http://www.sohu.com/a/314116771_260616，2019 年 5 月 30 日访问。
③ NewScientist: UK's controversial use of face recognition to be challenged in court, https://www.newscientist.com/article/2203953-uks-controversial-use-of-face-recognition-to-be-challenged-in-court/, 2019 年 5 月 31 日访问。
④ 《中国消费者协会：100 款 App 个人信息收集与隐私政策测评报告》，载 http://www.cca.cn/jmxf/detail/28310.html，2019 年 5 月 30 日访问。

能构成对公民隐私权的侵犯。

而在政务领域，部分地区推出"智慧公厕"，需要刷脸才能进行取纸，同样引发人们对个人生物信息安全的担忧。如今，人脸识别技术被运用于各行各业，但其应用是否确实必要，过度使用是否会带来新的问题，数据安全如何保障，以及技术的进步是否会带来公权力的扩张，造成对公民个人权利的侵犯同样值得深思。

### （二）人脸识别技术滥用导致的犯罪及其刑事责任

人脸识别技术在给人们带来便利的同时，不可避免地给违法犯罪活动带来了新的土壤，随着人脸识别技术的普及，借助人脸识别，犯罪分子可以远程、秘密地实施犯罪行为，给社会带来危害。人脸识别技术可能导致的犯罪主要有：

1. 侵犯公民人身权利犯罪。相较于公民的账户、密码、身份证号等信息，人脸作为随时都裸露在外的生物信息，其非接触性和非侵扰性决定了取得人脸图像极其容易。在电视剧《黑镜》中，一位母亲为了确认一名男孩的身份，将对方脸孔照片上传到用户的人脸识别服务客户端，软件立即显示他的名字和工作地点。毫无疑问，从前这类天方夜谭的做法，在当今触手可及。当人脸与大量个人信息挂钩，并且成为获得个人信息的"钥匙"时，犯罪分子可以利用轻松获取的人脸图像，完成对个人信息的非法收集、使用、出售，侵犯公民个人信息。除了利用被动记录的人脸外，部分犯罪分子通过研发App，利用人脸识别作为登录验证方式，让用户做出"点头、眨眼"等验证动作，并将该视频保存后贩卖。另外，犯罪分子还可以利用监控对人脸的抓取，随时获知公民的行踪，无须进行跟踪即可知道其具体位置，进而实施犯罪。

2. 侵犯公民财产犯罪。人脸识别技术如今在金融支付领域得到广泛使用，刷脸支付、刷脸贷款、银行ATM刷脸取款已屡见不鲜。尽管各企业都宣称人脸识别准确率达到99%以上，事实上盗刷案件依然频发。人脸识别下，侵犯公民财产犯罪的手段主要有：①利用犯罪人本人的人脸转移财物。如前所述，由于人脸识别技术没有统一的行业标准，许多企业推出的人脸识别服务并不安全，在阈值设置过低的情况下，具有一定相似度的人可轻松通过人脸识别验证，转走账户财物。②利用被害人照片、视频转移财物。如2017年"3·15"晚会主持人所演示，犯罪人只需两部手机和被害人的一张照片，即可轻易骗过人脸识别验证，几分钟即可转移财物，犯罪成本极其低廉，且隐蔽性强。③在被害人不知情的情况下，秘密刷被害人人脸通过人脸识别验证，取得账户内财物。除此之外，实务中还出现通过更换人脸识别系统内照片做虚假考勤，侵占财产的职务侵占行为，以及抢劫时采用威胁方式逼迫被害人刷脸登录和支付，非法占有他人财产的行为。

3. 妨害社会管理秩序犯罪。当前许多公司、企业推出人脸识别系统，用户在使用其产品时，不可避免地被收集人脸信息，拥有海量用户人脸数据的网络服务提供者，可能违反法律、法规的相关规定，不履行其信息网络管理义务，构成犯罪。除此之外，"互联网+政务"模式下，许多政府机构引进人脸识别技术进行政务服务，推出电子护照、电子社保卡等电子身份证件，也极有可能被不法分子伪造、利用，对社会管理秩序造成危害。

## 三、人脸识别技术滥用的刑法应对

### (一) 明确公民个人信息等级，加强对个人生物信息保护

人脸识别作为生物识别方式的一种，依托的是具有唯一性和稳定性的生物特征，与现有的身份验证方式不同，人脸等个人生物信息是人生而特有且无法更改的，传统身份验证方式如密码可以在泄露后进行更改，但生物信息一旦泄露则无法更改，变成永久隐患，因而对个人生物信息应该给予重点保护。

目前，我国对个人信息的保护，尤其是对个人生物识别信息的保护，并没有系统规定，散见于《网络安全法》《电子商务法》《民法总则》《刑法》等法律中。在刑法层面，对违反国家有关规定，向他人出售或者提供公民个人信息，或以窃取等其他方法非法获取公民个人信息的行为，可能构成侵犯公民个人信息罪，但"公民个人信息"应该如何认定，刑法条文本身并没有给出明确规定。在2013年"两高"和公安部联合发布的《关于依法惩处侵害公民个人信息犯罪活动的通知》（以下简称《通知》）中，公民个人信息被定义为"包括公民的姓名、年龄、有效证件号码、婚姻状况、工作单位、学历、履历、家庭住址、电话号码等能够识别公民个人身份或者涉及公民个人隐私的信息、数据资料"；2017年"两高"发布的《关于办理侵犯公民个人信息刑事案件适用法律若干问题的解释》（以下简称《解释》）第1条规定："'公民个人信息'，是指以电子或者其他方式记录的能够单独或者与其他信息结合识别特定自然人身份或者反映特定自然人活动情况的各种信息，包括姓名、身份证件号码、通信通讯联系方式、住址、账号密码、财产状况、行踪轨迹等。"由此可见，在刑法层面，《通知》和《解释》都将"可识别性"作为个人信息的认定标准，虽然这两份法律文件并没有将个人生物识别信息列举出来，但个人生物识别信息的唯一性，使其必然被纳入刑法"个人信息"保护范畴中。同时，《解释》的第5条将个人信息划分为三个等级，"供行踪轨迹信息、通信内容、征信信息、财产信息"为第一等级，入罪标准为50条，"住宿信息、通信记录、健康生理信息、交易信息等其他可能影响人身、财产安全的公民个人信息"为第二等级，入罪标准为500条，"上述个人信息以外的其他信息"为第三等级，入罪标准是5000条。根据《解释》的规定，人脸等个人生物识别信息只能归类于第二等级或第三等级之中，但是个人生物识别信息泄露后所造成的危害后果，事实上可能远远高于第二等级乃至第一等级所能带来的危害。

未来利用个人生物识别信息进行身份验证必然是身份验证的主流形式，人脸、指纹、虹膜、基因等个人生物识别信息的唯一性及不可变更性，使其一旦被大规模泄露必然危害到公共安全和国家安全，且这样的危害后果无法弥补，无法通过更改等形式进行救济。2018年5月1日起开始实施的《信息安全技术个人信息安全规范》国家标准中，在个人信息中单独列出个人敏感信息，个人生物识别信息被归于个人敏感信息之中；2018年欧盟制定的《统一数据保护条例》（GDPR）中，也将生物识别信息纳入"个人数据"的范围之中；美国在2008年就通过了《生物识别信息隐私法》，该法明确规定任何机构和个人要采集他人的面部生物特征和图像，

如扫描人脸，需要事先征得当事人同意和认可。有学者建议在《解释》中适当扩宽个人信息的范围并调整敏感层级，将生物识别信息、基因信息、性信息增设为高度敏感个人信息，将身份证号码、家庭住址调整为一般敏感个人信息，将快递物流信息、种族和宗教信仰增设为普通个人信息。① 也有学者认为对于电话号码、婚史、性取向、宗教信仰等个人信息，一旦纳入刑法意义上"敏感个人信息"的范围，将导致定罪量刑畸重的风险。② 笔者认为：①我国相关刑法解释应选择性地与国家标准衔接，明确人脸等个人生物识别信息敏感等级，基于个人生物识别信息的独特性，应当将公民个人生物识别信息作为重要法益予以保护，将其明确列入第一等级，降低非法获取、提供、出售公民生物识别信息行为的入罪门槛，使罪刑责相适应。在未来也可单独列出"侵犯公民生物识别信息罪"，作为"侵犯公民个人信息罪"的特殊罪名。②我国《刑法》中并没有将"非法利用"个人信息这一行为纳入刑法规制之中，人脸基于其弱隐私的特性，被非法利用的可能性更大，商业机构可轻易通过人脸图像来训练其人脸识别系统，最终用于出售或非法监视。已有学者指出非法利用公民个人信息的行为正日益成为侵犯公民个人信息犯罪的核心行为③，因此，对非法利用公民生物识别信息的行为，同样应列为刑法打击对象，并对造成严重后果的加重处罚。③商业机构一般出于公民授权，而可以合法地获取并持有公民个人信息，企业在收集生物识别信息等公民个人数据时应明确告知用户收集的范围、用途以及保存的时间，同时赋予公民数据删除权，公民要求删除而未删除的，达到一定数量可视为非法持有公民个人信息，纳入侵犯公民个人信息罪中予以处罚。

（二）加强企业安全管理义务，构建企业刑事合规制度

随着各种人工智能应用的普及，个人信息几乎随时都在网络空间内流转，大数据的发展也使得公民各种信息数据相关联，目前人脸识别等人工智能应用在社会上已逐渐得以普及，此类应用的提供者以及使用者掌握了海量数据，法律应对其课以更高的义务。2019年2月发生的一家"AI+安防"企业被曝发生大规模数据泄露事件，超过250万人的数据可被获取，有680万条数据疑似泄露，包括身份证信息、人脸识别图像等，而泄露原因正是提供人脸检测服务的科技公司的人脸识别数据库缺乏密码保护。④ 加大企业的信息安全管理义务，可以有效地预防此类事件的发生。正如有学者指出：在发展机器智能与保护合法权利的平衡关系中，后者处于脆弱的安全状态，应当偏重于保护合法权利。在这一阶段，应对机器智能的研发与应用设置更多的法律义务包括刑法义务，有必要对利用人工智能侵犯合法权利和严重违反

---

① 高楚南：《刑法视野下公民个人信息法益重析及范围扩充》，载《中国刑事法杂志》2019年第2期。
② 张勇：《个人信息去识别化的刑法应对》，载《国家检察官学院学报》2018年第4期。
③ 皮勇、王肃之：《大数据环境下侵犯个人信息犯罪的法益和危害行为问题》，载《海南大学学报人文社会科学版》2017年第5期。
④ 《AI安防企业被曝数据泄露敲响人脸识别安全警钟》，载 https://news.sina.cn/2019-02-26/detail-ihrfqzka9164868.d.html? pos=3&vt=4。2019年5月31日访问。

管理义务的行为追究刑事责任，为人类的安全和福祉提供可靠的刑法保障。[1] 笔者认为，结合《网络安全法》的相关规定，可以对包括人脸识别在内的人工智能应用的研发者、提供者、使用者设置如下刑法义务：①产品研发过程中，研发者应保证其算法符合行业标准和法律规范，若研发者明知使用者用于违法犯罪活动，仍然向其提供相关技术的，则构成犯罪。②在收集用户个人生物识别信息建立相关数据库时，应对数据进行加密，一旦发现系统漏洞应当及时修补，履行自己的信息安全管理义务。若应用提供者应当发现漏洞而未发现，则成立过失犯罪，若提供者发现了但是不采取必要措施来补救，最终造成大规模数据泄露的，应当成立不作为犯罪。③对于用户的个人敏感信息，必须建立完善的访问控制机制，即便是内部员工也需要相应权限才可访问，并定期进行检测、维护和风险评估，否则在出现危害结果时，单位或个人可构成过失犯罪。

互联网促进了人类社会智能化的进程，如今文字、图片、视频等各类信息在信息网络中以数字的形式传播，人脸虽然不可复制，但一旦进入信息网络，转化为二进制代码，便存在复制和被盗窃的可能性。数字科技正快速地将人们各种隐私、生物识别信息数字化，在科技发展与保障人们隐私权之间，刑事政策需加强对企业保护公民隐私权的引导，而最好的社会政策就是最好的刑事政策，刑事合规作为现代公司治理机制的一个重要组成部分，已经在很多国家的立法中得到体现，通过刑事合规来促进企业以刑法为导向制定企业内部的行为准则，以防止企业及其工作人员给企业带来刑事责任风险，赋予企业一定的预防刑事法律风险的义务，有利于从企业内部机制着手，积极预防犯罪产生，而不是被动地等待危害发生后进行惩治，显然更为经济有效。

目前，我国还没有建立起相应的合规制度，合规制度这一概念尚在观念倡导期，我国从1997年开始，通过刑法修正案的方式逐步严密了刑事法网，刑罚配置上也体现了重刑的特征，但事实上单位犯罪愈演愈烈[2]，因而引入合规制度，通过刑法激励机制促使企业从内部减少犯罪发生实属必要，也符合宽严相济的刑事政策。合规角度下，企业自身应制订合理的合规计划，一个完整的合规计划通常包含五大体系：一是商业行为准则；二是合规组织体系；三是防范体系；四是监控体系；五是应对体系。[3] 就人脸识别技术的应用而言，除遵守上述应尽义务外，还应明确以下几点：①企业应确定自身及员工在履行职务时遵守基本行为准则。企业在研制、开发和使用人脸识别产品的整个过程中时，需要在价值理念上将保障人权作为评价标准，防止科技的滥用突破刑法保护的底线。在产品研发之前，需要进行评估自身技术是否满足市场安全要求；企业的高管以及可能接触到用户个人信息的人员，应严格遵守保密义务；企业应在自身规范中规定个人数据的收集、使用程序，去识别化保存等，使企业在法律规定的范围之内运行，不得对公民的隐私权、数据

---

[1] 皮勇：《人工智能刑事法治的基本问题》，载《比较法研究》2018年第5期。
[2] 参见李本灿：《企业犯罪预防中合规计划制度的借鉴》，载《中国法学》2015年第5期。
[3] 转引自陈瑞华：《企业合规制度的三个维度——比较法视野下的分析》，载《比较法研究》2019年第3期。

权等基本人权造成侵犯。②企业内部建立专门的合规部门，负责制定符合刑法导向的内部规定，监督企业及员工的守规情况，对企业员工进行合规培训和法制教育，将可能构成犯罪的行为作为禁止事项规定于员工行为准则中，同时规定相应的惩戒措施。③建立公众投诉机制，完备犯罪报告程序。仅凭企业内部的合规部门以及监督机构，可能导致企业部分犯罪行为难以被发现，可启动公众投诉机制，公众一旦发现企业或其员工某些行为侵犯其合法权益，可向企业投诉。在企业内部出现犯罪行为时，企业应及时报告侦查部门协助调查，并制订补救计划以减少损失。当然，企业合规进入法律实践领域并呈现刑事化发展的前提是，企业能构成犯罪，并承担相应的刑事责任。① 落实企业刑事合规，需要扩大单位犯罪的范围，调整单位犯罪的惩罚力度，同时将合规作为企业出罪事由，并将企业合规履行情况作为影响单位犯罪量刑的情节②，以此来保证企业合规制度在未来企业犯罪惩治与预防中发挥切实作用。

---

① 万方：《企业合规刑事化的发展及启示》，载《中国刑事法杂志》2019 年第 2 期。
② 参见孙国祥：《刑事合规的理念、机能和中国的构建》，载《中国刑事法杂志》2019 年第 2 期。

# 人工智能时代的刑法基本价值研究

曹 化[*]

## 一、问题的提出

人工智能（Artificial Intelligence），是指根据人的设定或要求，通过计算机信息系统实施一定智能行动的程序或实体。作为模拟、延伸和扩展人类智能的理论、技术及应用的一项新的技术科学，人工智能旨在探究智能实质的基础上研发出一种新的模拟乃至超越人类智慧的智能机器。随着数据处理能力的飞速提升，人工智能介入社会生活的程序逐渐加深。这一科学技术正在改变甚至可能彻底颠覆人们现有的生活方式，从而出现一个以新技术结构支撑新社会结构的人类新时代——人工智能时代。

依据是否具有独立意志，能否在设计的程序范围外自主决策并实施相应行为，人工智能可以分为弱人工智能（Weak Artificial Intelligence）和强人工智能（Strong Artificial Intelligence）。[①] 其中，弱人工智能可以在程序范围内进行判断和决策，但其不具有独立意志，实现的是设计者或使用者的意志。因此，弱人工智能仍然属于"工具"的范畴。而强人工智能则已经跨过"奇点"，其具有独立意志，既可以在设计的程序范围内判断决策从而实现设计者或使用者的意志，也可以超出程序范围进行自主决策并实施相应行为，从而实现自身的意志。显然，当下我们正处于弱人工智能阶段，目前的科技水平距离强人工智能还有相当距离。

应当认识到，即便在弱人工智能阶段，随着人工智能技术的迅猛发展，相关学科发展、技术创新、软硬件升级等整体推进正在引发链式突破，加快推动社会各领域向智能化跃升。2016年3月，谷歌DeepMind团队研发的AlphaGo在韩国首尔举行的人机围棋大战中以4∶1的绝对优势击败世界围棋第一人李世石九段。而仅过了一年多时间，DeepMind团队于2017年10月宣布新版AlphaGo Zero可以迅速实现自我学习，其从零开始学习围棋，仅用3天就以100∶0的成绩击败旧版AlphaGo，可谓人工智能史上的重大突破。[②] 正如我国《新一代人工智能发展规划》指出的，在互联网、大数据、超级计算和脑科学等理论、技术创新的多因素共同驱动下，人工智能已经呈现出深度学习、跨界融合、人机协同、自主操控等新特征，人工智能发展进入了新阶段。

---

[*] 上海铁路运输检察院党组成员，政治部主任。

[①] 高铭暄、王红：《互联网+人工智能全新时代的刑事风险与犯罪类型化分析》，载《暨南学报（哲学社会科学版）》2018年第9期。

[②] 参见张清、张蓉：《"人工智能+法律"发展的两个面向》，载《求是学刊》2018年第4期。

## 第二编　生物科技暨人工智能领域发展的刑法规制问题

然而，不能忽视的是，在新一代人工智能给社会发展带来新机遇的同时，人们越来越关注其可能带来的巨大风险。著名物理学家霍金曾指出，人类将面临比自己更聪明的 AI 机器人的崛起，人工智能可能对人类生存带来毁灭性的威胁，除非我们学会如何规避、控制风险。霍金的"人工智能威胁论"并非危言耸听，即便在当下的弱人工智能阶段，警惕其可能产生的技术风险也是十分有必要的。随着人工智能同互联网、大数据的加速融合，其技术风险更为紧迫，由此带来的危害后果也更加难以防控。实践中，人工智能所涉及的法律问题已经开始由民事、知识产权领域转向刑事领域。例如，2017 年 9 月，浙江省绍兴市公安机关破获了我国首例利用人工智能侵犯公民个人信息案，利用人工智能实施犯罪开始在我国出现。该案犯罪嫌疑人就是通过人工智能技术快速准确识别验证码，轻松绕过网络账户安全登录保护从而非法获取公民个人信息。更为严重的是，人工智能技术逐步向军事领域渗透，特别是美国、俄罗斯和以色列等国正在研发"杀人机器人"，大国之间展开的人工智能军备竞赛即将叩开智能化战争的大门。致命性智能武器的研发和使用表面上是为了国家安全利益，但真实目的却是毁灭——毁灭敌人以及相互毁灭。这种风险具有直接的威胁性和极大的破坏力，最终结果将是给全人类带来毁灭性灾难。① 同时，在当前缺乏公正平等的国际政治经济秩序面前，国际恐怖主义日益猖獗，一旦恐怖主义活动同人工智能武器相结合，世界将陷入更加不可控制的危险局面。

面对人工智能的技术风险，我们应当基于风险防控的法律安排和制度选择，通过法律吸纳和化解风险。我们并非要急于改造现有法律体系和传统理论，但有必要采取针对人工智能风险的预防性和因应性措施，从而有利于社会秩序的巩固和维护。② 就刑法而言，作为"最后一道防线"，并非所有风险都应当交由刑法应对，但是面对人工智能的技术风险，刑法不应当无动于衷，对可能威胁社会的风险持漠然态度。由于技术发展的未知性和不可预测性，对于技术可能带来的风险一旦采取消极放任态度，后果可能不堪设想。因此，对风险的权衡和回应始终是刑事立法需要关注的现实命题，刑法对人工智能技术风险的防控必不可少。

刑法面对社会发展变迁应当做出积极回应，而首先要厘清的是特定社会背景下刑法学的最基本论题——刑法价值问题。刑法价值实质上是一种主客体关系，刑法的本质内容是满足主体的内在需要，因此要保证主客体关系的统一，刑法必须服从于主体的需要。而主体的内在需要是随着社会的变化而不断发展变化的，因而刑法价值并不是静态和单一的，其具有矛盾、可变的特点。如果说田园时代的结果刑法强调的是以结果来排斥刑法的恣意裁判，体现的是人权保障和自由追求，那么在人工智能时代则应当重新定位科技发展进步同刑事立法的协调互动关系，使刑法在体现惩罚犯罪、恢复公平正义的同时充分发挥其维护社会安全秩序的作用。因此，在人工智能时代，刑法价值的矛盾性和可变性突出表现为自由价值和秩序价值的博弈。在人工智能时代，人们面对自由和秩序如何予以调和，刑法需要对这两者的价

---

① 刘宪权、林雨佳：《人工智能时代技术风险的刑法应对》，载《华东政法大学学报》2018 年第 5 期。
② 参见吴汉东：《人工智能时代的制度安排与法律规制》，载《法律科学》2017 年第 5 期。

值平衡做出回答。人工智能技术的发展延伸了风险图景,如何通过协调自由和秩序的价值矛盾从而确立人工智能时代背景下的刑法基本价值取向,将是刑法亟待研究解决的新课题。

## 二、人工智能时代的刑法基本价值定位

面对人工智能技术风险的时代特征,人们必须建立与之相适应的价值评价标准和风险价值观。就刑法领域而言,自由和秩序是最能反映社会内在精神和本质特征的基本价值。如何在法治国家的框架内既以保障公民自由为己任,又最大限度地应对人工智能技术风险,合理确定刑法价值体系的发展方向,科学认识基本价值之间的辩证关系,不仅是刑法理论研究的逻辑起点,还是人工智能时代刑法实践的价值基础。

### (一)人工智能时代刑法基本价值的发展方向

刑法之所以被奉为正义之法,是因为个人自由保障和社会秩序防卫获得了最优均衡。因此,自由和秩序直接影响刑法对主体的根本性利益,其构成了刑法价值体系的根基,是刑法的基本价值。在人工智能技术深入发展过程中,人们已经开始担忧其安全秩序问题。现阶段在人们享受智能生活的同时,人工智能技术有可能被不法分子利用从而制造出威胁人类社会的智能产品。而在未来的强人工智能阶段,人工智能产品可以产生自主意识,能够在设计和编制的程序范围外实施行为,完全可能对人类社会秩序产生巨大冲击。在这种背景和预期下,预防和控制风险行为从而达到维护社会秩序的目的就成为刑法新的关注点。因此,当人类社会进入人工智能时代,自由虽仍是主导性话语,却已经不是一种在现实中得以轻易实现的状态。如果说在社会话语体系中自由拥有至高无上的地位,那么在社会治理体系中那些可以被指认为自由的状态,实际上已经被纳入秩序的范畴中。在自由和秩序的关系上,如果刑法过于强调秩序价值,则自由价值必然会受到限制。因为实现自由价值的目的在于减少国家权力的介入,从而充分保障公民自由。反之,如果刑法过于强调自由价值,则会妨碍秩序的实现。因此,自由和秩序总是处于对立统一的辩证关系中,人工智能技术的发展促使人们反思刑法基本价值的关系,并由此产生新的发展方向。

人工智能超越人类智能的可能性,人工智能产生危害后果的严重性以及人工智能技术内在的不确定性的风险将持续在整个智能革命时代,它既是潜在的风险,也是现实的风险,其足以构成刑法防控风险的必要性。基于这种诉求,立法者在谨慎设置犯罪圈使其不对人工智能技术创新和科技进步产生负面影响的同时,不得不针对破坏秩序的风险行为制定新的犯罪标准。① 刑法作为保障法,主要保障的既有公民的自由权利,也包含整个社会全体的秩序利益。由此在人工智能时代,刑法的重要功能和任务之一就是维护社会秩序,保障社会生活的正常进行。为了获得安全秩

---

① 王肃之:《人工智犯罪的理论与立法问题初探能》,载《大连理工大学学报(社会科学版)》2018年第4期。

序保障，刑法更多地反映其作为社会控制手段的应有角色，当能够保障安全秩序的其他社会系统缓不济急时，刑法必须充当"最后一道防线"，运用国家强制力保证刑法基本价值的实现。

(二) 人工智能时代刑法秩序价值的凸显

秩序是人类一切社会活动的必要前提和基本目标，其是指在社会中存在的一定社会组织制度、结构体系和社会关系的稳定性、有规律性和连续性。为了有效应对人工智能的技术风险，作为国家实现社会控制的政治策略和表达方式，公共政策将更多地向秩序管理倾斜，以增加人们对安全秩序的预期。公共政策的秩序控制功能决定其必然以功利为导向，而刑法固有的政治性和工具性恰好同这种功利导向相吻合，由此其天然成为社会秩序管理的利器。在人工智能时代，刑法秩序价值确立的目的在于确保人们重获安全感，刑法成为国家应对风险的重要工具，公共政策和刑法的联合也就成为必然，而刑法的主要任务之一便是保障人类拥有秩序、稳定的社会生活。

从自由和秩序的关系上考量，二者作为刑法的基本价值无疑都不可或缺。但是，自由和秩序都不应被无限承认和绝对保护，而应当作为一个整体来加以考虑，使二者之间呈现出相互平衡的状态。应当注意到，自由和秩序之间不可能绝对平均地加以考虑，在社会历史发展的不同阶段以及不同的政治、经济和社会条件下，对自由和秩序的侧重是不同的。在人工智能时代，面对弱人工智能阶段的智能化犯罪、超级杀人武器以及未来强人工智能阶段将出现的超越人类智慧具有独立意志的智能机器人，人们感受到强烈的不安全感，对安全秩序的追求更为迫切。① 当然，对秩序价值的追求并不意味着否认刑法的谦抑性。对于人工智能时代的风险行为，只有在运用民事、行政法律手段和措施仍然不足以规制时，才可以动用刑法的方法。刑法作为最严厉的国家反应，其适用必须遵循适当性原则，即刑法规制在其手段和目的之间应当保持合理、适当的比例关系。

作为重要的社会规范工具，刑法必须正视人工智能风险可能导致危害后果的严重性，并适时作出适当回应以维护和促进社会安全秩序。但是，凸显刑法的秩序价值并不意味着人工智能时代的刑法禁绝一切风险的发生。为了享受人工智能发展给社会带来的利益，人们必须容忍一定限度范围内的风险存在，否则将会使人们的生产和生活陷入停滞不前的状态，因此理性而现实的选择是既要允许一定限度之内的风险活动的存在，又要禁止相当程度的风险活动。② 容忍一定限度的人工智能风险存在将有助于人们科学划定自由和秩序的边界，从而在实现秩序价值的同时不过度限制个人自由，进而在自由和秩序激烈碰撞的社会生活中寻求一个平衡点。

(三) 人工智能时代刑法的自由价值观

自由是人类永恒的价值追求，是人类自我解放和自我发展的必由之路。人类社会发展史在某种意义上就是一部不断扩展和实现自由的历史。作为实现自由的最有

---

① 王万林：《人工智能》，人民邮电出版社2015年版，第16页。
② 王学忠：《技术社会风险的法律控制》，载《科技与法律》2012年第4期。

效手段，法律和自由紧密联系在一起。自由是法律所追求的崇高价值和基本理念，因而也是人工智能时代刑法的基本价值之一，其是指在人工智能时代背景下，主体所期望的刑法活动在同主体需要的互动关系中所产生的能够满足主体对不受国家权力非法干预和压制需要的属性。自由价值在本质上是对人的个体性需要的满足。因此，作为人工智能时代刑法基本价值的自由所保护的，就是特定背景中人的个体性利益——同人的社会性利益相对应。

面对人工智能的技术风险，人们对刑法的秩序维护需求不断增强，而刑法对秩序的控制集中表现为刑法规范对风险行为的限制和禁止。刑法价值逐渐侧重秩序势必直接威胁到自由价值的实现。当然，即使自由价值受到威胁也不意味着自由应当脱离秩序而独立存在。美国哲学家杜威认为，确定性的寻求是寻求可靠的和平，是寻求一个没有危险，没有由动作所产生的恐惧阴影的对象。因为人们所不喜欢的不是不确定性的本身而是由于不确定性使我们有陷入恶果的危险。[①] 即确定性的追求反映了人们对于秩序的需要。在缺乏秩序的情况下，自由是不可能存在的。关于秩序对自由的重要性，近代契约论者给出了经典性的解释，其认为人们在自然状态中是自由的，却不是安全的，由于这种不安全的存在，他们又面临随时都可能失去自由的危险，于是他们就在直接意义上出于安全的需要，在根本意义上则是出于自由的需要而彼此缔结契约，建立起了一个文明的政治共同体。尽管契约论者采取的是一种假设式的逻辑论证，但其得出的结论却体现了一种历史事实——在人类社会历史的任何一个时期，自由都是以秩序为后盾的，没有秩序的自由最终必然是不自由的。从历史上看，自由和秩序的关系是不对称的。一方面，自由需要以秩序为后盾，只有在秩序基础上的自由才是真实的自由；另一方面，秩序并不寻求自由的支持，自由在很多时候甚至被视为秩序的一个破坏性因素。在强调风险控制的人工智能时代，如何建立人工智能时代的自由价值观从而保障自由实现这一论题已经摆在了人们面前。

人们之所以将自由和秩序视为一对矛盾是因为人们将秩序等同于控制，而控制在任何时候都同自由相悖。在将控制作为谋求秩序唯一途径的情况下，人们思维上的单向度化使其无法理解和接受不通过控制而获得秩序的可能性。我们应当认识到，并非只有控制才具有提供社会秩序和稳定的功能，人们需要通过非控制的方式去获得秩序，而这种秩序正是一种实质性的自由秩序，是一种根源于人类实践理性的合作秩序。这种秩序是自由的，但并不是孤立的个体自由，而是一种人类社会共同体的自由，其包含社会共同体所拥有的自由和在共同体中实现的自由，是社会共同体存在和发展的前提。只有当共同体具有自由的特征，其成员才能够独立地去和他人开展积极合作，从而使共同体形成一种合作秩序。因此，人类社会共同体的自由是自由价值和秩序价值相统一的社会形态。由此，尽管人工智能时代较以往更加凸显秩序价值，但秩序同样需要自由的支持。面对人工智能的技术风险，人们需要

---

① [美]杜威：《确定性的寻求：关于知行关系的研究》，傅统先译，上海人民出版社2016年版，第5页。

重新发现自由,通过打破将控制作为秩序唯一内涵的思路,拆除自由和秩序之间的屏障,寻求自由和秩序的统一,从而建立起人工智能时代的自由价值观。

## 三、人工智能时代刑法基本价值的协调思路

作为人工智能时代刑法基本价值的自由和秩序是人类社会既对立又统一的两种基本需求。在现实社会中,自由和秩序的关系问题是事关人类生存和发展的基本问题,如果不能妥善解决,人类社会的生存和发展就会陷入困境——不是在追求秩序中丧失自由和权利,就是在追求自由中陷于失序和动荡。虽然自由和秩序具有诸多矛盾和冲突,但是二者只有互相映射、相得益彰才能共同实现人工智能时代的刑法基本价值,进而创造更加和谐美好的社会环境。在传统意义上,刑法对公民个人自由的保障是通过对刑法罪责原则的遵守来实现的,而刑法对社会秩序的维护往往是以刑事政策为形式,通过允许对原则的例外来实现的。因此,人工智能时代刑法基本价值的协调路径在于从原则和例外之间寻找一个平衡点来缓解自由和秩序的关系,从而合理地确定人工智能时代刑法的发展方向,进而实现刑法的整体价值。①

### (一)允许例外以保护秩序

刑法的基本原则是贯穿刑法规范和刑法适用中的准则,具有指导和制约全部刑事立法和司法的意义,刑事立法和司法应当以基本原则为指导,不能随意突破原则的规定。但当原则不利于利益保护的最大化或不符合社会需要时,原则可以存在例外。由于刑事处罚的目的在于惩罚和预防犯罪,因此刑法具有一种天然的保护社会机能。为了实现保护机能而对原则适用做出适当调整是刑法的本能,应当承认其合理性,只要能够满足社会对刑法的需求,以及实现利益保障的更大化,人们应当赋予例外存在的合法性。为有效化解风险而发展出的严格责任、法人责任、行为本位等用以加强社会控制、维护社会秩序的刑法理论及相关规定,就是相对于自由价值的例外规定。因此,为了达到防控、应对人工智能风险的目的,应当承认并鼓励这种例外的存在和发展。

### (二)限制例外以保障自由

自由价值是刑法的目的性价值,对自由的保障是刑法的精髓。刑法的目的不在于废除或限制自由,而在于保障和扩大自由。在原则和例外的协调过程中必须严格把握原则的根本性地位,尽量满足人们对自由的合理需求,虽然特定条件下对原则的例外突破存在合理性,但是例外对于原则的随意偏离和突破必然会损害自由。②因此,在允许合理例外存在的情形下应当对例外进行严格规制,从而在协调自由和秩序时在原则和例外之间寻找一个平衡点——合理建构和限制例外,使自由和秩序在和谐的氛围中互相促进,最终得到最大限度的实现。

在人工智能时代,刑法被作为一种有效防范现代风险的手段而使用,其工具性价值不断提升。其在防控技术风险的同时,也相应损害了公民的自由和权利。因

---

① 宋永平:《价值冲突的本质与表现》,载《西安交通大学学报》2013年第9期。
② 周少华:《刑法理性与规范技术——刑法功能的发生机理》,中国法制出版社2017年版,第162页。

此，在强调刑法预防机能的同时，应当重视其适用的有限性，防止矫枉过正。为了获取人工智能时代刑法应有的正当性，对例外的建构应当遵循以下几个原则：1. 目的正当性原则。即例外建构所要达到的目的不违背社会正当目的，也就是人工智能时代刑法所采取的手段必须符合其所追求的目的。2. 手段必要性原则。即基于社会特殊情形的迫切需要，非超越原则不足以满足对公共利益的保护或保护成本过大。为追求安全秩序而选择制裁手段时，只有选择对犯罪行为人侵害最小的手段才具有手段必要性。对于一些属于附属刑法类型的犯罪，其风险防范的第一措施是行政手段。行政法针对人工智能风险的评估、预警和管理制度的设计都是针对风险防范而创设的。只有在行政法不能有效发挥预防功能时，刑法适用才符合手段必要性要求。3. 比例性原则。建构例外必须兼顾公共利益和个人权益的实现和保护，如果例外的建构不得以对个人权益造成不利影响，则这种不利影响应当被限制在尽可能小的范围内。在人工智能时代，刑法不能制定严厉的刑罚措施来防范风险，而只能采取必要、可行的刑罚。因为人工智能时代的刑事立法往往针对的并不是具有现实危险的行为，如果规定过重的刑罚，那么在损害和刑罚之间就会出现明显的不对称，从而违背比例性原则。

## 四、结语

人工智能时代已经到来。在给人类社会带来高效和便捷的同时，人工智能技术不可避免地会带来风险，其可能放大传统犯罪的危害，可能引发新的犯罪形式产生，甚至未来人工智能机器人可能脱离人类控制，进而实施严重危害社会的犯罪行为。由于这种技术风险可能引发灾难性的后果，人们必须进一步增强预防和控制风险的能力。就刑法而言，人工智能时代的刑法应当充分发挥"最后一道防线"的作用，对技术变革带来的风险进行严格防控。在人工智能时代刑法不断演进的同时，应当认识到厘清刑法的基本价值是探索特定时代背景下刑法变化发展的前提和基础。在人工智能时代的刑法视野中，社会性需要和个体性需要都是人的不同侧面的需要。对这两种需要的满足分别形成了人工智能时代刑法的自由价值和秩序价值。基于人工智能时代的技术风险，在刑法视野中秩序保障的需要比以往更加强烈。然而，强调秩序价值并不意味着抛弃自由价值。人工智能时代的刑法基本价值应当是自由价值和秩序价值的有机统一。

# 强人工智能体刑事主体地位的双层次展开

张成东[*]

## 一、引言

人工智能技术飞速发展，给社会带来了新发展、新机遇，同时也带来了新争议。人工智能体刑事主体地位是当前刑法学者争论的焦点，围绕这一课题学界存在"强人工智能犯罪主体肯定说"（以下简称肯定说）和"人工智能犯罪主体否定说"（以下简称否定说）两种相对立的观点。人工智能技术有弱人工智能和强人工智能之分。其中，就弱人工智能的刑事主体地位而言，争议双方学者都持否定态度。因而，双方争议的焦点实际上也就是处于更高发展阶段的强人工智能体刑事主体地位的有无问题。

新一轮人工智能研究热潮极易使人们的判断偏离理性，特别是从肯定说学者的论述来看，似乎强人工智能体时代已经到来，而强人工智能体"入刑进典"也已势在必行。

其中，对于持肯定说学者的主张，笔者在担忧之余也存有一些疑问。其一，从实然角度分析来看，强人工智能体是否真的具备了成为刑事主体的条件？其二，从应然角度分析来看，就算其具备了成为刑事主体的条件，我们是否应当将其拟制为刑事主体呢？

## 二、实然分析：强人工智能体无法成为刑事主体

强人工智能体刑事主体地位首先是一个事实判断问题，即从实然层面来分析其是否具备成为刑事主体的条件。对此，当前学界存在肯定说与否定说两种相互对立的观点。在持肯定说的学者看来，"强人工智能体能够超越研发者设计和编制程序而形成的自主独立程序形成独立意识和意志，并可以在自主意识和意志支配下实施行为，从而能够成为独立刑事主体"[①]。而在持否定说的学者看来，"人工智能体不具备认识能力和控制能力、自然无法具备犯罪故意和犯罪过失"[②]，而且其在"刑

---

[*] 中南财经政法大学刑法学博士研究生。

[①] 参见刘宪权、林雨佳：《人工智能时代技术风险的刑法应对》，载《华东政法大学学报》2018 年第 5 期。持类似观点的论文还有江溯：《自动驾驶汽车对法律的挑战》，载《中国法律评论》2018 年第 2 期；孙道萃：《人工智能对传统刑法的挑战》，载《检察日报》2017 年 10 月 22 日第 3 版；卢勤忠、何鑫：《强人工智能时代刑事责任与刑罚理论》，载《华南师范大学学报（社会科学版）》2018 年第 6 期；等等。

[②] 王肃之：《人工智能体刑法地位的教义学反思》，载《重庆大学学报（社会科学版）》2019 年第 2 期。持类似观点的还有叶良芳、马路瑶：《风险社会视阈下人工智能犯罪的刑法应对》，载《浙江学刊》2018 年第 6 期。

罚适用效果方面存在困难"①，此外，赋予其刑事主体地位还会"导致刑事责任体系崩塌"②。

"意志自由是认定刑事主体地位的关键要素，包括认识要素与意志要素。"③ 所以，尽管从争议内容来看，论辩双方就强人工智能体刑事主体地位的争议，早已从构成要件板块的分析延伸到刑事责任和刑罚论等领域。但强人工智能体刑事主体地位的实然判断还是应当以分析其是否具备意志自由为前提。从这一点来看，强人工智能体并不具有意志自由，自然也就无法成为刑事主体。

（一）编程时录入法条不等于法规范意识的习得

当前有学者指出："设计者完全可以将人工智能所需要遵守的法律法规在设计之初就以编程的形式植入人工智能之中，这与学生在学校学习法律法规以及法律工作者进行普法教育并无实质区别，而且可以肯定的是人工智能至少在'记忆力'上要远强于自然人。"④ 但是，对法规的记忆不等于对法规内容的认知，更不能等同于规范意识的习得。前述主张将规范意识等同于法规内容的认知，明显不合理。

其一，将编程过程中的机械录入法条内容等同于自然人的法律研习经历，不仅未能看到法律学习背后深层次的认知学习机理，同时也是对自然人的不尊重。难道法律研习过程仅是单纯记忆法条吗？事实显然不是这样，记忆和熟知法条内容仅是法律学习的前提和基础。对法条内容的机械记忆不仅与法律研习的初衷相背离，更是与决定实施或者不实施某一特定行为的法规范意识存在巨大的差距。

其二，规范意识既是刑事主体参与到刑事法治过程中的重要前提，也是犯罪构成要素的重要组成部分。规范意识以行为主体具备辨认能力和控制能力为前提，因此规范意识的习得必须以准确理解法条背后的社会意义为前提。而寄希望于仅仅通过将法条内容在编程时录入人工智能程序之中，便使其具备法规范意识明显不可行。正所谓"人工智能无论多么强大都只表现于对规则理性的推理方面，而无法像人类一样运用超越规则之上的价值判断"⑤。而这种基于价值判断基础上的取舍能力，正是强人工智能体欠缺意志自由的明证。

（二）超越编程外无法产生意志自由

对于强人工智能体的意志自由的来源，有学者指出，"随着人工智能技术的发展，智能机器人会产生独立的意识和意志"⑥。对此，无论是从其产生前提来看，还是从论述逻辑来分析，主张强人工智能体在超越研发者设计和编程内容形成自主独立程序之外，便具备独立意志自由的说法都有待商榷。

---

① 参见赵秉志、詹奇玮：《现实挑战与未来展望：关于人工智能的刑法学思考》，载《暨南学报（哲学社会科学版）》2019年第1期。
② 参见庄永廉等：《人工智能与刑事法治的未来》，载《人民检察》2018年第1期，黄京平教授发言部分。
③ 时方：《人工智能刑事主体地位之否定》，载《法律科学（西北政法大学学报）》2018年第6期。
④ 陈叙言：《人工智能刑事主体问题初探》，载《社会科学》2019年第3期。
⑤ 李晟：《略论人工智能语境下的法律转型》，载《法学评论》2018年第1期。
⑥ 刘宪权、房慧颖：《涉人工智能犯罪刑法规制的正当性与适当性》，载《华南师范大学学报（社会科学版）》2018年第6期。

按照前述学者的主张，人工智能体在超越研发者设计和编程内容实施相关行为时便具有自由意志。但从二者的逻辑关系来看，具备独立的意志自由是强人工智能体能够超出编程和设计实施相关行为的必要条件，而非肯定说论者所主张的充分条件，二者存在逻辑倒置。相反，在笔者看来，人工智能体超出编程外实施的严重社会危害性行为的原因不在于其具备了独立的意志自由，而更大可能性在于编程自身的漏洞和缺陷，只是囿于人类的认知局限而未能合理解释而已。

### （三）生命体唯一区别说掩盖意志自由判断

有学者认为生命体是人工智能体和自然人的唯一区别，但是这一主张进一步模糊了二者的界限，同时也掩盖了对强人工智能体意志自由的判断。按照肯定说学者的论证逻辑，"智能机器人和自然人的区别仅在于自然人具有生命，而智能机器人是非生命体"①，因而强人工智能体除了不拥有生命之外，自然便具备包括意志自由在内的其他机能。

但是，强人工智能体和自然人的区别简化为是否具有生命体判断，实质上混淆了智慧和智能两个概念。

首先，智慧指的是生物体所拥有的一种高级的综合能力，主要是对周围事物、社会、环境等进行的思考、分析、推理、决定等能力。其包含情感与理性、意向与认识、生理机能与心理机能等众多因素。而智能则是智力和能力的总称，包括语言智能、数学逻辑智能、身体运动智能等。二者最本质的区别在于智慧包含情感、分析、判断、决策、意志能力等非理性综合判断能力，而智能则主要指的是理性推断能力。

其次，从获得方式来看，智慧的获得包括基因遗传与后天学习获得，其中基因遗传对智慧的最终形成起到了基础性的作用。而智能则主要依靠后天学习获得。智慧确实是生物体所独具的一种能力，但"人与机器人的最大区别却表现在智慧与智能的巨大区别"②。随着人工智能技术的发展，强人工智能体仅具有智能而无法具备自然人专属的智慧。对此，生命体唯一区别说不仅不能作出合理解释，而且掩盖了强人工智能体自由意志判断问题。

综上，当前无论是持肯定说的学者也好，还是持否定说的学者也罢，都是从实然角度围绕自由意志的有无来论证强人工智能体刑事主体地位具备与否。正是由于自由意志的先验性，那种寄希望于单采用教义学分析和逻辑演绎展开强人工智能体刑事主体地位的论证难免会成为一种文字游戏，无法为其成为刑事主体提供充足的论证。诚然，自由意志确实不可证。但是，为什么"自然人的自由意志偏偏是值得向往和保护的"③ 呢？同样是无法被证明自由意志的自然人为何可以成为刑事主体呢？对这一问题的探讨，正是下文需要从应然层面进一步探讨的内容。

---

① 刘宪权、林雨佳：《人工智能时代技术风险的刑法应对》，载《华东政法大学学报》2018年第5期。
② 黄欣荣：《人工智能热潮的哲学反思》，载《上海师范大学学报（哲学社会科学版）》2018年第4期。
③ 参见张明楷：《责任论的基本问题》，载《比较法研究》2018年第3期。

### 三、应然反思：人工智能体不应成为刑事主体

由于实然层面的教义学分析无法为强人工智能体成为刑事主体提供充分的论证，因此要想赋予其刑事主体地位便只能运用刑法拟制技术，在刑法理论和刑法立法活动中将其拟制为新刑事主体。而刑法拟制作为立法者实现某种立法政策或价值的有效途径，关涉立法者对某种立法政策或价值的考虑。① 如果说实然层面分析的是其可不可以成为刑事主体的问题，那么应然层面其应不应成为刑事主体背后的价值选择更能说明人工智能时代刑法应当选取的基本立场。从承认强人工智能体可能会给刑法理论、刑法立法和刑事司法带来的变动来看，将其拟制为刑事主体的合理性存疑。

#### （一）刑法理论面临解构危险

如前分析，根据当前的刑法理论，强人工智能体并不具备成为刑事主体的意志自由条件。因而，如欲想将其新拟制为刑事主体，便只能在刑法理论方面作出相应的修正。从表面来看，这种修正和创新貌似有助于推动刑法理论向前发展，但实际上这一创新给传统刑法理论带来的并不是积极的理论建构，而是消极的理论解构，并将会给现有的刑法基础理论带来系列难题。

首先，行为理论困境。行为是行为人踏入法律领域的唯一途径，犯罪行为是行为人成立犯罪的前提。如何将强人工智能体实施外部举动解释为犯罪行为是承认其刑事主体地位之后，行为理论面临的首要困境。由于意志自由的缺失，其表现于外的"行为"仅是一种客观举动，缺乏行为的主观构成要素。因而，无论是从社会行为论来看，还是从规范行为论的角度来分析，强人工智能体的行为性始终都是当前行为理论无法合理解决的难题。

其次，共犯认定和未完成形态界定困难。共犯认定和犯罪的未完成形态界定是强人工智能体犯罪形态具体认定必须解决的问题。尽管强人工智能体刑事主体地位可以通过立法技术拟制获得，但由于强人工智能体主观不可知，强人工智能体的共犯形态和罪数形态难以进行合理认定。例如，共犯关系中的主从犯认定问题、犯意重合范围问题，具体犯罪行为的中止和未遂的形态认定等问题，都离不开行为主体主观心态的准确认定，而这恰恰是造成界定困难的直接原因。

最后，刑罚目的实现不能。当我们通过刑法立法将强人工智能体拟制为刑事主体之后，虽然意志自由不再是争论的焦点，但之前被遮盖住的更深层次问题便逐渐凸显，那便是刑罚的目的问题，即刑罚和犯罪预防间的关系。一般认为，"犯罪预防是刑罚的目的，是刑罚正当化的根据，为刑罚发动提供了积极理由"②。刑罚通过剥夺犯罪人部分权益，强化犯罪人和一般人的法规范意识以实现预防犯罪的目的。而法规范意识又是以包括感知、分析和自治能力在内的自主能力为前提③。但强人工智能体的感知、分析和自治能力并不因被拟制为刑事主体而客观获取，因而

---

① 参见苏彩霞：《刑法拟制的功能评价与运用规则》，载《法学家》2011 年第 6 期。
② 郝英兵：《刑事责任论》，法律出版社 2016 年版，序言第 7 页。
③ 参见杜严勇：《机器人伦理中的道德责任问题研究》，载《科学研究》2017 年第 11 期。

就算对其科以刑罚也并不能使其具备和强化法规范意识，刑罚的特殊预防和一般预防目的也便无法实现。

(二) 刑法立法缺乏合理性和必要性

根据学者的建议，在人工智能时代刑法立法作出的相应变动主要体现在刑罚种类的变动和分则罪名的调整两个方面。就刑罚种类而言，肯定论者较为一致地主张应增设删除数据、修改程序、永久销毁三种刑罚措施以适应人工智能时代的智能机器人犯罪。① 而人工智能时代分则罪名设置则主要是从以下两个方面作出相应调整：其一，在罪名体系方面提出"科技犯罪"上位概念，形成"计算机犯罪—信息网络犯罪—人工智能犯罪"三位一体的科技犯罪规制模式。② 其二，在具体罪名设置方面需要修改的有：侵害计算机信息系统类犯罪、交通肇事罪、危险驾驶罪等犯罪③；需要增设的新罪名有："滥用人工智能罪、人工智能事故罪"④ 等。但是，从强人工智能体刑法立法的必要性和合理性分析来看，我们也不应承认其刑事主体地位。

1. 立法必要性缺失

一般来说，立法的必要性包括立法前提的稳定性和立法对象认识的一致性。其中，"立法的基本前提是事物的稳定性，对正处于过渡时期、转型时期的事物进行立法、试图通过人为法的外来稳定性来固化事物的内在稳定性，这无论对于立法还是对于事物都是一种伤害：人制定的法不可能长期地生存和发展；被强制立法之事物也难以取得理想效果"⑤。而反观当下的强人工智能体立法的现实条件，现阶段开展强人工智能体刑事立法并不具有必要性。

首先，作为立法规制对象的强人工智能体"犯罪行为"不稳定。众所周知，我们尚处于人工智能技术发展起步阶段的初期，现在所谓的人工智能应用更多的是专用型人工智能技术，通用型人工智能技术运用远未到来。未来人工智能技术究竟会发展到什么水平，是否具备独立意志，又会给社会带来怎样的变动都尚未可知。当前肯定说学者论述的人工智能体"犯罪行为"都是基于个人经验、知识的设想。

其次，人们对强人工智能体"犯罪行为"的认识存在不一致。与学术研究的探讨性不同，确定性是立法活动的内在追求。如前所述，且不说强人工智能体实施的"犯罪行为"类型，当前对强人工智能体刑事主体地位的有无也存在争议。学界就强人工智能体能否实施犯罪行为，将会实施什么样的犯罪行为以及对其科以何种刑罚类型都尚未形成一致意见。

2. 立法合理性存疑

其一，就罪名内容而言，无规制对象先立法，导致刑法立法与刑事法治实践脱

---

① 卢勤忠、何鑫：《强人工智能时代刑事责任与刑罚理论》，载《华南师范大学学报（社会科学版）》2018年第6期。
② 陈伟、熊波：《人工智能刑事风险的治理逻辑与刑法转向》，载《学术界》2018年第9期。
③ 李振林：《人工智能刑事立法图景》，载《华南师范大学学报（社会科学版）》2018年第6期。
④ 王艳玲：《人工智能时代的刑法问题与应对思路》，载《政治与法律》2019年第1期。
⑤ 于兆波：《立法必要性可行性的理论基础与我国立法完善》，载《法学杂志》2014年第11期。

离。刑事立法滞后于刑事司法实践是所有成文法国家面临的共同难题，为此一定的立法前瞻性便显得尤为必要且正当。但是，法学作为一门面向社会现实的实践科学，立法更是以既存的社会实践为调整和作用对象。超脱于社会实践的刑法立法则会带来"有刑法规范无规制对象"的乱象。因此，在尚处于弱人工智能初期的当下便提出有关强人工智能时代的刑法立法的具体立法设想，非但无助于强人工智能刑事法治制度的建构，反而会降低刑法立法的实践导向。由此，理应回归到真实的犯罪治理上来，并且致力于在社会发展和刑法稳定之间、在立足现实与适度前瞻之间寻找恰当的尺度与界限。① 而缺乏犯罪治理实践和规制对象的强人工智能体刑法立法只能是无源之水。

其二，带来刑法立法整体性变动。按照肯定说学者的主张，我们应将人工智能体作为犯罪主体，在分则中增补相关罪名并设置相应的法定刑②。不可否认，增设新罪名、配置相应刑罚确实是刑法应对新型犯罪行为的必要手段。但是，与一般情形中新产生的犯罪行为不同的是，强人工智能体立法还涉及一个基本前提——刑事主体地位的立法认可问题。赋予强人工智能体刑事主体地位后，给刑法立法带来的变化不仅仅是分则条款个罪的新设和刑罚种类的新增，其同时也会给刑法总则部分带来更为全面的整体性变动。至少而言，刑法总则中的刑事主体、累犯、共犯、刑事责任、刑罚等相关条文都将面临修改和变动。而对于这些即将到来的整体性变动，很明显当前刑法立法技术还远没有准备好。

（三）刑事司法活动无法展开

通过刑事司法程序和追究强人工智能体的刑事责任，以恢复被破坏的社会关系是选择以刑法方式来应对强人工智能犯罪的最终目的。但问题是，我们并不能通过刑事司法手段来规制强人工智能体实施的"犯罪行为"。尽管我们可以在理论上承认强人工智能体的刑事主体地位，并通过刑法立法技术将其拟制为刑事主体，但是还是无法改变强人工智能体不具备意思自由，缺乏意思形成机制和表达机制的客观事实。

1. 刑事司法正义丧失

保障刑事被告人的合法权益是刑事司法正义的内在要求，但是由于强人工智能体缺乏自主意思形成和表达机制，其无法行使自己的刑事司法权利，从而也无法保障刑法司法正义。以刑事辩护权为例。我国《宪法》第 130 条规定了"被告人有权获得辩护"，确立了其宪法地位。辩护权成为保障刑事被告人基本人权的司法体现之一。

从实现方式来看，辩护权分为自我辩护、他人辩护两种。由于强人工智能体属于非生命体，自我辩护已然不可行，另外，由于其无法就案件事实、自身诉求等与人类正常沟通，借助第三方帮助的他人辩护在客观上也无法实现。客观上看，强人工智能体作为刑事被告人所享有的刑事辩护权从行使途径层面就已经"被剥夺"。

---

① 王肃之：《人工智能体刑法地位的教义学反思》，载《重庆大学学报（社会科学版）》2019 年第 2 期。
② 参见吴允锋：《人工智能时代侵财犯罪刑法适用的困境与出路》，载《法学》2018 年第 5 期。

与辩护权相似，刑事司法中强人工智能体的上诉权、申诉权等保障刑事被告人人权、实现刑事正义的权利都无法行使，刑事正义也便失去了保障。

2. 刑罚适用条件不充分

刑罚本质上是一种恶，是以剥夺犯罪人所拥有的特定权益为前提的。当我们试图创设一种适用于人工智能的刑罚方式时首先要考虑的是人工智能拥有什么样的权利，只有确定了其拥有的权利，那么对该种权利的限制甚至剥夺才能够起到刑罚的效果。① 由于强人工智能体无法享有生命、自由、财产等权利，当前以剥夺生命权、自由权和财产权为主要内容的刑罚措施也就无法适用于强人工智能体犯罪。

反观肯定说学者所构思的删除数据、修改程序、永久销毁等针对强人工智能体的刑罚种类，其毁损的是其所有者所有的人工智能体实体，剥夺的是其所有者的财产权，而不是强人工智能体自身的合法权益。另外，根据肯定说学者的构思，适用前述新型刑罚带来的将是强人工智能体犯罪而其所有者遭受刑罚惩罚之罪责不一致的怪象。如此，对强人工智能体科以刑罚的目的便也落空，从刑罚后果层面直接否定了承认强人工智能体刑事主体地位的现实合理性，进一步说明了我们不应当承认强人工智能体的刑事主体地位。

综上所述，既然我们无法通过刑事司法来规制所谓的强人工智能体犯罪行为，并借以达到承认其刑事主体地位的最初目的，那么前述肯定说学者主张的合理性和必要性也便不复存在。对强人工智能体有无刑事主体地位的探讨，不能仅仅停留于概念演绎和逻辑分析上。而仅结合自身的经验和常识，在想象的基础上来勾勒出未来强人工智能体犯罪情景并提出相应的刑法应对举措，难免有自说自话之嫌。

## 四、结语

刑法拟制不是毫无依据的"创造"。面对风起云涌的人工智能热潮，"刑法学应遵从固有的'沉稳'与'谦抑'品格"②，刑法学者也应冷静地看待。对伴随人工智能技术发展以及使用而来的社会问题，在刑法学者再一次吹响冲锋号之前，我们都应当首先进行反思。人工智能带来的社会问题绝不局限于刑法领域，而对这一问题的治理更不可能仅仅通过赋予人工智能体刑事主体地位、增设人工智能新罪名、配置人工智能新刑罚就能解决。强化社会治理，构建起包括刑法在内的多元社会治理体系才应当是未来应对人工智能风险的应然出路。

---

① 陈叙言：《人工智能刑事主体问题初探》，载《社会科学》2019 年第 3 期。
② 时方：《人工智能刑事主体地位之否定》，载《法律科学（西北政法大学学报）》2018 年第 6 期。

# 敌人刑法：抗制强人工智能犯罪的新视角

余 丽[*]

人工智能是计算机科学技术的一个分支，是指利用计算机模拟人类智力活动，包括学习、推理、思考、规划等思维过程和智能过程。[①] 伴随高科技产业的蓬勃发展，人类在人工智能领域的技术演进一日千里，越来越多的人工智能产物不断涌现。无人机、工业机器人、无人驾驶汽车、智能手机、智能手环、智能司法等带给社会的福利已经充实到交通、金融、教育、医疗、司法等各领域，人工智能时代已悄然而至。人工智能在带给社会好处和利益的同时，所引发的风险、给法律法规带来的新挑战也不可避免，如智能汽车驾驶致死[②]、机器人外科手术医疗事故[③]、机器人杀人[④]、聊天机器人散布不当言论[⑤]、军用人工智能战械规模化[⑥]等人工智能实施严重危害社会行为事件屡见报端。当人工智能卷入刑事案件，谁为人工智能犯罪承担刑事责任，人工智能是否具备刑事责任主体地位，是否应对其行为承担刑事责任等问题引发广泛讨论。明确人工智能的法律主体地位，明确法律对人工智能犯罪的处遇举措，是有序开展人工智能研发、使用、治理工作，推动人工智能健康发展，实现人类和自然有益发展的前提，是值得深入研究的问题。

## 一、人工智能犯罪刑事责任认定的困惑

在移动互联网、大数据、超级计算、传感器、脑科学等新理论、新技术驱动

---

[*] 中国人民公安大学法学院 2018 级刑法学专业博士研究生，北京市丰台区人民检察院检察官助理。

[①] 中国社会科学院语言研究所词典编辑室编：《现代汉语词典》（第 7 版），商务印书馆 2016 年版，第 421 页。

[②] 2018 年 3 月在美国亚利桑那州坦佩发生全球首例无人驾驶汽车致死案。

[③] 2007 年，美国食品药品监督管理局收到指控医疗外科手术机器人投诉多达 200 多份，指控其对病人造成烧伤、切割伤以及感染，其中 89 例致病患死亡。

[④] 日本广岛一家工厂的切割机器人在切割钢板时，突然发生异常，将一名值班工人当作钢板操作，这是世界上第一起机器人杀人事件。2015 年 7 月 1 日，一名 22 岁的技术工在大众汽车包纳塔尔工厂中被一台机器人意外伤害致死，当时，受害人正和一位同事在安装机器。不料，与他们一起工作的机器人突然启动，撞击了受害人的胸部。眨眼间，这名技工就被按压在了金属板上。随后他被送往医院，最终抢救无效死亡。

[⑤] Tay 是 2016 年微软在 Twitter 上推出的聊天机器人，但仅上线一天，Tay 就散布一些种族主义、性别歧视和攻击同性恋的言论，微软不得不紧急关闭了 Tay 的 Twitter 账号。

[⑥] 2017 年 9 月，著名的 AK-47 步枪的制造商为俄罗斯军方推出了一套新的机器人枪械系统，该系统将使用人工智能来确定目标，自主决定是否开枪。美国杜克大学研究人机交互的玛丽·卡明斯教授指出："以色列已宣布计划用机器人替代所有驾驶员，美国空军最新一代歼击机'飞行员'也已研制完成……我们会看到越来越多的军事任务由机器人执行。"为此，2017 年 1 月，在墨尔本举行的人工智能国际会议上，埃隆·马斯克等人呼吁联合国采取行动禁止"杀手机器人"扩散。参见张程：《专家忧军用机器人会增恐怖组织实力》，载《参政消息》2017 年 1 月 27 日。

下,人工智能呈现深度学习、跨界融合、人机协同、群智开放、自主操纵等新特征。① 人工智能与人类智慧之间的比拟关联性使得人工智能无限接近人类,人工智能的智慧、自主性使人工智能脱离人类控制的危险性不断增强,人工智能致害风险日益成为现实。有人称:当智能机器的利益与人类利益相冲突时,未来远比人类智慧强大的、具有自主意识的超级智能必然全面碾压人类反抗,使人类处于被奴役甚至灭绝的境地。② 这不得不让我们思考人工智能的刑事责任问题,即人工智能能否成为刑事责任的适格主体。

### (一) 人工智能刑事责任的理论争议

"没有责任就没有刑罚"是刑法的基本原理。刑事责任是指行为人因其犯罪行为所应承受的,代表国家的司法机关根据刑事法律对该行为所作的否定评价和对行为人进行谴责的责任。③ 有关人工智能犯罪的刑事责任问题,存在肯定和否定两种立场。前者主张对人工智能区分强人工智能与弱人工智能,认为强人工智能可构成犯罪,具有犯罪主体地位,并建议设置专门针对人工智能犯罪的新型刑罚,如删除数据、修改程序、永久销毁等。④ 后者否定人工智能的主体地位,认为电子机械运动与人的生理运动之间存在不可逾越的鸿沟,人工智能不具备辨认能力和控制能力等独立意志,不具备刑罚感知能力,不能成为犯罪主体。⑤

### (二) 本文观点

有关人工智能刑事责任主体地位的理论争议集中在强人工智能是否会到来以及强人工智能是否具备独立、自主意识两点。因人工智能发展未来趋势的不确定性、不可控制性,上述有关人工智能刑事责任主体地位争议的任一方观点都有其立足根据,正如有的学者所言:"无论哪种观点,都有哲学家、物理学家、计算机科学家、法学家以及成功商人等著名人物支持,但基本上处于谁也说服不了谁的状态,以至于这种争论又成为各自维护各自'信仰'的倾向。"⑥ 笔者认为,无论是从人工智能健康有序发展还是从人类社会和谐存续的角度出发,有关人工智能刑事责任的探讨必将成为刑法理论与实务研究无法回避的问题,以实验或经验性的逻辑推演就笃定是否会出现超人工智能时代的言论本身就具有不确定性,且这类命题被证伪或不证伪的意义并不大。⑦ 然而,一旦强人工时代到来便会不可逆、不可阻挡,与其将过多精力放到探讨独立意志的强人工智能时代是否会到来这一问题上,还不如为未来可能来临的强人工智能时代提前预警,为人类如何在人机交互的发展趋势下自

---

① 摘自2019年5月16日习近平主席致第三届世界智能大会开幕式贺信。
② [英]乔治·扎卡达基斯:《人类的终极命运》,陈朝译,中信出版社2017年版,第284-285页。
③ 张明楷:《刑法学(上)》,法律出版社2016年版,第498页。
④ 刘宪权:《人工智能时代我国刑罚体系重构的法理基础》,载《法律科学(西北政法大学学报)》2018年第4期。
⑤ 周铭川:《强人工智能刑事责任之否定》,载《上海政法学院学报(法治论丛)》2019年第2期。
⑥ 周铭川:《强人工智能刑事责任之否定》,载《上海政法学院学报(法治论丛)》2019年第2期。
⑦ 有学者特意举例塞尔猜想,塞尔的"图灵测试"以证"机器智能是有限度的,机器智能永远不可能超过人类智能,在可预见的未来也不会出现超过人类智能的人工智能"笔者认为,毕竟所针对的命题是未来的不确定性命题,因此本身由实验所得出的这一结论的结果和后果值得怀疑。

救、进化、超越和掌控等解决生存危机的更多深层次问题做好准备。笔者主张,立足尊重顺应人工智能科学的发展规律与趋势,在区分强人工智能和弱人工智能的基础上研究人工智能的刑事责任的立场更为科学。

1. 强人工智能与弱人工智能之划分

1956年,约翰·麦卡锡在达特矛斯会议上称:"人工智能就是要让机器的行为看起来就像是人所表现出的智能行为一样。"人工智能应用技术正经历动态的发展过程,本质是为实现模拟人类解决问题的能力,推动人工智能无限接近人类。人们按照人工智能的智能程度的繁简标准,判断并预测人工智能发展将经历三个阶段,即弱人工智能、强人工智能和超人工智能。① 强人工智能是指人工智能体在各个领域都和人一样具有独立解决问题的能力,且在独立思考、快速学习、解决问题、总结经验等方面和人类一样得心应手,超人工智能时代的人工智能可能会超越人类。② 从人工智能发展的阶段特征来看,目前尚处于弱人工智能发展阶段,不过人工智能的智慧性、自主性发展趋势越发明显,对人工智能不可控风险也越来越大。

笔者认为,人工智能会学习、能思考,人工智能发展与运用的不可逆性决定了人工智能正朝自主意识强、超智能的强人工智能方向发展,这一过程是动态的,伴随科技发展,具备自主意识、辨认控制能力的强人工智能的诞生并非遥遥无期,一味排斥及忽视它的发展显然有掩耳盗铃之嫌。不具备完全辨认、控制能力的弱人工智能更多可能是被行为人利用,被当成实施犯罪的智能工具,其本身一般难以成为刑事责任主体,可以不作为刑事责任主体,但强人工智能具有独立、自主意识,不仅可以是被利用、被侵犯的对象,还完全可能立足自身自主意志实施犯罪。

2. 强人工智能的刑事责任主体地位

笔者主张基于弱人工智能与强人工智能划分立场,承认强人工智能的刑事责任主体地位。具体理由包括:第一,传统刑事责任承担方式无法为人工智能犯罪刑事责任分配提供出路,需要赋予强人工智能主体地位。刑事责任能力的核心在于法的非难,要求行为人对所实施犯罪行为承担刑事责任,弱人工智能犯罪的情形更多是被行为人作为犯罪工具所利用,可视具体情形追究其使用者、研发者或者管理者、监督者的刑事责任,但由强人工智能基于自主意志支配实施的犯罪行为,不仅需要追究其使用者、管理者的管理监督责任,更需要对强人工智能分配刑事责任以维护公正和秩序,而对强人工智能分配刑事责任的前提是强人工智能刑事法律主体地位的确立。

第二,为维护人类和自然有益发展,需要赋予强人工智能主体地位。人类与人工智能的具体关系会影响到国家、社会以及个人利益的重新分配,人工智能的研发、运用、治理和长远规划受到全人类的关注。人工智能发展给社会带来的进步和益处有目共睹,随着人工智能自主意识不断发展,人类与人工智能的关系逐渐由掌

---

① [美]斯图尔特·罗素、皮特诺威格:《人工智能:一种现代的方法》,清华大学出版社2013年版,第195页。

② Linda Gottfredson. Intelligence and Social Inequality: Why the Biological Link, Newark: University of Delaware Newark, 2010.

控、不对等关系向不可控、平等方向转变,为充分发挥对人工智能科学研究的价值引领功能,在一系列研讨、会议的倡议下,"服务于人、控制风险、合乎伦理、多样与包容、开放共享"等人工智能发展原则已在全世界范围内达成共识,为推动人工智能健康发展,维护人类和自然有益发展,"人工智能应被用于促进社会与人类文明进步,服务于人类,符合人类价值观、符合人类的整体利益,人工智能不应用来针对、利用或伤害人类"①。立足上述共识,致害的强人工智能与人工智能发展、人类整体利益背道而驰,不符合人工智能发展根本规律与原则,如果因未赋予人工智能法律主体地位而将致害的强人工智能排除在刑法约束和规制范围外,无疑是因噎废食,刑法是维护社会秩序、保障社会安定有序的最严厉的法律,将人工智能纳入刑法调整范围显然符合人工智能发展与人类社会进步的根本利益。

第三,人工智能民事法律地位正逐渐获得国内外关注,强人工智能的刑事责任主体地位应逐步确立。人工智能法律人格属性一度掀起研究热潮,向机器人征税、机器人知识产权保护、自动驾驶汽车侵权赔偿等问题受到关注,2017年10月26日沙特阿拉伯授予美国汉森机器人公司生产的女性机器人索菲亚公民身份,具有国籍。虽然当前尚处于弱人工智能发展时期,但可以预见在不久的将来会有更多的国家或地区赋予智能机器人公民权、财产权等权利,人工智能越来越多地参与到各式各样的社会关系中,刑法作为最后的法律手段,理应将强人工智能犯罪纳入其中进行调整。

## 二、规制人工智能犯罪新视角:敌人刑法理论

### (一) 敌人刑法理论的概述

敌人刑法是由德国功能规范主义刑法思想的创立者Jakobs在20世纪80年代提出的理论,与市民刑法相区别存在,敌人刑法理论的根本立足点是社会本位、安全本位和秩序本位。Jakobs所主张的敌人刑法核心观点是:"根本性的偏离者,对于具有人格之人所为之行为不给予保证,因此,他不能被当作一个市民予以对待,他是必须被征讨的敌人,与刑罚有所不同,遭到制裁之人并无权利,而是作为一个敌人被排除。"② 敌人刑法主张将敌人作为"非人格体"对待,主张完全不去考虑和尊重被告人人权,对敌人实施严酷刑法、剥夺其诉讼权利。

有关敌人刑法的适用范围主要有以下几种观点,五类型主张说:危害国家安全犯罪、恐怖主义犯罪、重大贪污贿赂犯罪、黑社会性质组织犯罪、毒品犯罪;③ 两类型主张说:恐怖主义犯罪、公害犯罪。还有主张恐怖主义犯罪、有组织犯罪、经济犯罪,甚至包括某些性犯罪的处罚方面,针对行为人本身的危险特质将可罚性前

---

① 摘自2019年5月25日发布的《人工智能北京共识》。
② [德] 雅科布斯:《市民刑法与敌人刑法》,徐育安译,载许玉秀主编:《刑事法之基础与界限——洪福增教授纪念专辑》,台湾学林文化事业公司2003年版,第39页
③ 刘泽鑫:《"敌人刑法"思潮影响下的合宪性反思》,载《河北青年管理干部学院学报》2018年第2期。

置,在犯罪行为真正实施之前即启动刑法,以保护社会不受这些严重犯罪的侵害。①

### (二) 敌人刑法理论应用于强人工智能犯罪的可行性

面对强人工智能犯罪这一系列新问题,现行刑法理论显得无从措手,需要寻求新的刑法理论明确人工智能犯罪的理论基础,便于后期人工智能犯罪的刑事立法和司法的完善。敌人刑法理论的根本立足点是社会本位、安全本位和秩序本位理念,与抗制强人工智能犯罪目的、维护人类整体利益发展目的相契合,笔者主张引入敌人刑法作为抗制人工智能犯罪的理论基础。

1. 敌人刑法理论抗制强人工智能犯罪契合秩序与正义理念

人工智能是21世纪人类最伟大的发明创造,人工智能为生产、生活、学习带来极大的便利,但是从发展经验来看,并非所有的技术成果都能造福于人类,人工智能科学同样如此。人工智能对人类社会发展有益,为推动人类与人工智能的共同发展,人类赋予确立强人工智能的法律地位,一旦强人工智能不愿意遵守人类社会准则,破坏人类社会及其成员的利益,那么此时人类有权利将超人工智能纳入敌人范围,此时强人工智能不应该在现实社会中享有人类尊严,也不拥有现实社会保障的基本人权。

从"敌人"的含义来看,敌人是指敌对的人、敌对的方面。敌人刑法理论主张将严重背离社会秩序与人类整体利益的敌人驱逐出市民队伍,不承认其市民主体地位、不赋予其市民诉讼权利。具有独立、自主意识的强人工智能脱离人类控制,自主实施严重危害社会、危及人类利益的犯罪行为,破坏社会秩序和稳定、违背人类根本利益。伴随人工智能技术性、应用性不断升级、发展,越来越多的破坏性力量不断被释放,强人工智能的独立自主、不可控性本身对人类而言便是一种"危险源",是特殊的危险源,强人工智能选择与社会为敌,为了维护人类共同体的存在,就没有必要以牺牲正常公民的权利为代价给予它们正常的司法处遇,而应与其做斗争。

2. 超人工智能作为"敌人"存在的事实基础

机器人杀人、机器人泄密等事件无论在人工智能发展初期还是在可预见的未来强人工智能时代,带给人类的震撼以及恐惧感都未曾消退过,电动汽车公司特斯拉、商业太空飞行公司首席执行官伊隆·马斯克指出,"我们需要万分警惕人工智能,它们比核武器更加危险"。早在1942年著名科幻小说家艾萨克·阿西莫夫在《环舞》中就提出著名机器人三定律:第一,机器人不得伤害人类;第二,服从人类命令;第三,尽可能地保护自己。1985年苏联发生了一起轰动一时的智能机器人棋手"杀人事件",使得人们对机器人三定律不断加以完善。由此可见,人类对不可控的人工智能发展所持的戒备、恐惧心理清晰可见,试想,如果我们的地球村遭到村外人的恶意攻击,村外人是否也应被作为人格体来对待呢?很可能的情况是,村外人不仅不会被当作人格体来对待,甚至可能会被直接消灭。例如,对待恐怖分子等公害犯罪分子,只能通过敌人刑法,甚至即便是刑讯逼供,也要排除危险,救

---

① Jakobs, Bürgerstrafrecht und Feindstrafrecht, HRRS, 2004/3, S. 92.

出无辜的市民。同理,对人类恶意攻击的强人工智能,难道还应被作为人格体来对待吗?答案显然为否。实施严重犯罪行为的强人工智能不具可控性,超人工智能的犯罪要求属于敌人的敌对行为,违背人类赋予它们成为公民的前提与基础条件:为人类发展与整体利益服务,那么国家将此类人工智能抛出人类系统之外,把它们宣告为非人格体的做法是人类的理性选择。

3. 敌人刑法可缓冲人工智能发展与人工智能犯罪间的对立矛盾

从发展经历来看,科学技术的发展不一定都是有益的,也有不益于人类社会发展的,实施犯罪的强人工智能显然不益于人类,与其他人工智能不同,需区别对待。通过引入敌人刑法理论,将强人工智能犯罪归为敌人领域,对人工智能区别对待、持不同态度。敌人刑法理论可以缓解人工智能发展与强人工智能犯罪间的对立,平衡人工智能发展与抗制人工智能犯罪的关系。

## 三、应对:敌人刑法理论抗制强人工智能犯罪的应用

"新兴科技伦理规约所面临的现代性困境其实在于责任问题,如何确定人工智能技术活动及其后果的责任主体,是人工智能发展必须要考虑的问题。"① 如前所述,敌人刑法理论的引入可有效解决强人工智能犯罪的刑事责任问题,立足敌人刑法理论也可以明确强人工智能犯罪的刑事处遇规则。

### (一)建立强人工智能犯罪的预警机制

第一,细化明确人工智能发展方案,结合人工智能发展方向及具体类型,对于可能实施犯罪的强人工智能犯罪先行防范,防患于未然,应当注重对其危险性的考察,着眼于危险性前瞻的预测,科学掌控人工智能发展方向。第二,预装、植入犯罪预警装置。强人工智能演变到来前应设置事先防范措施,如对掌握、接触国家安全、宇宙研究等人类重大利益的人工智能,在发明设计人工智能时就可以安装、植入犯罪预警系统,一旦人工智能出现不受控制、施害于人类的信号时,预警装置就会发出警报提示人们。

### (二)设置严厉刑罚惩罚与保安处分

敌人刑法理论主要功能是防治危险,强人工智能因其人工智能以及超人工性,从人类社会利益和秩序维护的根本立场出发,对强人工智能犯罪需要实施严厉刑罚,同时辅之以去除危险的保安处分。第一,基于人工智能的特殊性,有必要设置专门针对强人工智能犯罪的新型严厉刑罚,如人类可以通过删除数据、修改程序、永久销毁等方式处置犯罪的强人工智能,迫使其不致再危害社会。② 例如,对科幻电影《流浪地球》中强大但又不接受人类控制的"莫斯",便可以通过删除数据、修改程序、永久销毁等方式实施处置。第二,设置防治危险的保安处分。保安处分不同于刑罚或刑罚执行方式,其目的在于预防犯罪,一般包括剥夺自由的保安处分和限制自由的保安处分,前者如监禁,后者如保护观察等,强人工智能具有超智能

---

① 张成岗:《人工智能时代:技术发展、风险挑战与秩序重构》,载《南京社会科学》2018年第5期。
② 刘宪权:《人工智能时代我国刑罚体系重构的法理基础》,载《法律科学(西北政法大学学报)》2018年第4期。

性、不可控性，对于可能实施犯罪的强人工智能应当对其采取剥夺自由的保安处分，采取隔离监禁措施，与人类隔离，然后对其进行重新调试、修整直至其危险性消失。

### （三）减少刑事诉讼上的制度保障

根据敌人刑法理论，对敌人应当减少部分诉讼权利保障。一旦强人工智能实施犯罪，其行为不为人类所掌控时，人工智能就站在人类整体利益的对立面成为人类的"敌人"，就可以对强人工智能减少诉讼权利与诉讼保障，如为更好地打击该类犯罪、维护人类社会利益，可以对强人工智能刑讯逼供，剥夺其辩护、回避等诉讼权利，缩短办案周期等。

## 四、余论

敌人刑法理论自问世以来便受到理论界贬褒不一的评价，其中批判理由中的重要一点是认为该理论背离人权保障、法治文明，笔者并非敌人刑法理论狂热者，笔者是立足强人工智能不可控的基础上，强调强人工智能犯罪违背人类利益和社会秩序，是一种"危险源"，为维护人类共同体的存在，需要将其以敌人待之。当然，引入敌人刑法理论对强人工智能犯罪研究的问题还有很多，如所有实施犯罪的强人工智能是否都应被视作敌人，还是应根据强人工智能所实施的犯罪行为具体类型予以区别对待？此外，对强人工智能犯罪是否需要区分故意犯罪或过失犯罪？笔者认为，敌人刑法理论的引入对人工智能犯罪的研究有待进一步扩大。

# 手术机器人医疗事故中刑事责任的三重检视

黄陈辰[*]

## 一、问题的提出

手术机器人是人工智能技术最早应用于实践的领域。根据发展阶段的不同与智能化程度的差异，可以将其分为四类：第一，非自主型手术机器人，即由主刀医生全程控制手术机器人进行手术操作，后者不具有任何自主性；第二，半自主型手术机器人，即由手术机器人自主完成手术过程中的绝大部分操作，主刀医生[①]只需为其提供路径规划并监督其运行；第三，全自主无意识型手术机器人，即手术机器人在主刀医生的监督下完全自主进行手术的全过程，无须主刀医生对运行路径进行规划；第四，全自主有意识型手术机器人，即手术机器人不仅可以实现行动上的完全自主，而且能够在其研发者设定的源代码基础上进行自主学习与深化，产生自主意识并超出编程范围实施行为。[②]

手术机器人的出现不仅大幅提高了相关手术的成功率，而且实现了远程手术等技术革新，但需要注意的是，其运用同样存在不可忽视的风险，尤其是在"英国首例机器人心瓣手术失败致患者死亡"[③] 等事件发生以后，手术机器人医疗事故中的刑事责任问题逐渐凸显出来，而这一问题也成为本文研究的焦点。笔者认为，上述问题主要涉及刑事责任主体、归属与承担三个方面的内容，因此本文拟从此三个方面入手，按照一定的逻辑顺序进行阶层式检视，进而从法律层面回应手术机器人所带来的刑事风险，以取得科技进步与社会秩序稳定之间的双向平衡。

## 二、刑事责任主体检视：应否赋予手术机器人主体地位

刑事责任主体地位指的是能够成为刑事责任主体的可能性，其关注的是某一事物是否具有成为刑事责任主体的资格，因此其判断标准并不在于该事物是否最终承担了刑事责任，而在于其必须满足主体方面的条件，即具有刑事责任能力。[④] 刑事

---

[*] 中国政法大学刑事司法学院博士研究生。

[①] 从半自主型手术机器人开始，人类医生即不再进行手术的实际操作，而只负责辅助或监督工作，因此从严格意义上讲其已不再属于"主刀医生"，但为了保持概念与角色对应的一致性以及表述的方便，本文将实际实施手术的医生与被手术机器人替代的医生统称为"主刀医生"，此时其含义更加接近于手术的主要负责人。

[②] 为便于表述，根据自主意识的有无，本文将非自主型、半自主型、全自主无意识型三类手术机器人统称为无意识型手术机器人，而全自主有意识型手术机器人则简称为有意识型手术机器人。

[③] 参见《英国首例机器人心脏手术致死案揭晓，机器"暴走"竟是人为》，载 https://www.gkzhan.com/news/detail/112353.html，2019年5月10日访问。

[④] 参见杨加明、杨小兰：《刑事责任能力新论》，载《河北法学》2004年第6期。

责任能力由辨认能力与控制能力组成,其中辨认能力是指认识自己行为的内容、社会意义及其所产生结果的能力,而控制能力是指支配自己实施或者不实施某种特定行为的能力。①

### (一) 无意识型手术机器人主体地位之否定

非自主型、半自主型与全自主无意识型三类手术机器人由于不具有自主意识且只能在设计者的编程范围内实施行为,故无法对自身行为的善恶好坏进行判断,也不能理解其行为所具有的社会意义,更无法对自己的行为进行控制与支配,不具备自由选择的能力,而只能听从设计者的指挥,因此上述三类手术机器人不具有相应的辨认能力与控制能力,因而无法获得刑事责任主体地位。

### (二) 有意识型手术机器人主体地位之赋予

有意识型手术机器人不仅能够实现行为上的完全自主,而且可以在设计者设置的源代码基础上进行深度学习,进而产生自主意识并突破编程范围实施行为。具体而言,有意识型手术机器人依靠其所具备的超强计算能力、深度学习能力、先进的电子感应设备,以及对医疗领域中法律法规、操作规范、历史病例等大量数据的精准记忆,能够实现对自身行为内容、社会意义、结果的辨认与感知,如在手术过程中,有意识型手术机器人能够准确区分切割、剪断、缝合、止血等复杂的动作类别,能够判断哪些行为对于患者有利、哪些行为会危及患者的生命健康,能够预判相应行为可能出现的后果等;另外,由于有意识型手术机器人具有自主意识,因此其不受设计者编程范围的限制,能够在自主意识的支配之下自由决定是否实施某种特定行为,同时,由于其计算的精准性,相较于人类主刀医生而言,其能够对自己的行为进行更加有效的控制。因此,有意识型手术机器人具有对自己行为的辨认能力与控制能力,进而具有相应的刑事责任能力,这是能够得到确证的,② 其满足刑事责任主体方面的条件,应当赋予其刑事责任主体地位。

当然,自"应否赋予手术机器人等人工智能机器人刑事责任主体地位"这一问题产生以来,学术界即存在强烈反对的声音,但笔者认为,这些反对意见缺乏内部逻辑合理性,并不能构成赋予有意识型手术机器人等人工智能机器人刑事责任主体地位的真正障碍。

首先,部分学者从哲学、伦理、道德视角出发,认为人工智能机器人并不符合"人"的自然本性,故无法真正获得主体地位。③ 但笔者认为,"人工智能机器人是否能称其为哲学、伦理上的人"与"其能否成为刑事责任主体"是两个不同方面的问题,人工智能机器人不具有生命体特征因而不属于前者,但这并不能成为否认其能够承担刑事责任的理由,因为在刑法理论上,刑事责任的承担从来不是以相关主体具有生命体特征为前提的,这一点在单位犯罪被我国刑法所承认上能够得到印

---

① 参见陈兴良主编:《刑法总论精释》,人民法院出版社 2016 年版,第 379 页。
② 参见刘宪权、林雨佳:《人工智能时代刑事责任主体的重新解构》,载《人民检察》2018 年第 3 期。
③ 参见龙文懋:《人工智能法律主体地位的法哲学思考》,载《法律科学(西北政法大学学报)》2018 年第 5 期;孙伟平:《关于人工智能主体地位的哲学思考》,载《社会科学战线》2018 年第 7 期;王军:《人工智能的伦理问题:挑战与应对》,载《伦理学研究》2018 年第 4 期。

证。因此可知，赋予人工智能机器人刑事责任主体地位并不要求其齐备人类的全部要素与能力，而只需其具有作为承担刑事责任基础的相应要件即可。①

其次，部分学者认为手术机器人等人工智能体不具有刑罚感知能力与承担能力，故即使承认其刑事责任主体地位也无法对其实施刑罚，更无法实现刑罚的相关目的，基于此，相关学者认为赋予手术机器人等人工智能体刑事责任主体地位不具有逻辑自洽性与可行性。②但笔者认为，上述观点颠倒了正确的逻辑思维顺序，我们不应该从现行刑罚种类无法适用于手术机器人推导出赋予其刑事责任主体地位不具有可行性，相反，应该是先论证应当赋予其刑事责任主体地位，再考虑刑罚适用的问题。目前，我国刑法所确立的刑罚体系是围绕自然人与单位进行设置的，故其当然地不适用于手术机器人，但在承认有意识型手术机器人的刑事责任主体地位之后，可以考虑对现行刑罚体系进行重构与完善。

最后，部分学者提出，赋予有意识型手术机器人刑事责任主体地位会导致许多现行法律无法解决的问题，如手术机器人的国籍如何认定、相关犯罪的管辖权归属如何划分等，而若要对现行法律进行修改，则会牵涉众多法律法规以及医疗领域内的相关诊疗规范与医疗惯例，因此不应轻易赋予有意识型手术机器人刑事责任主体地位。但笔者认为，上述疑虑只是技术层面的问题，不能因为法律修改范围广、工作量大就否认修改动因的合理性，毕竟科学技术的发展是一个不可停、不可逆的单向过程，因此法律作为调整社会现实的手段，是不可能始终停滞不前的。另外，随着手术机器人技术的成熟与广泛运用，相关法律法规会随之发生改变，尤其是刑法以外的其他法律规范，由于对社会现实的敏感度更高，因此会更早地做出调整，③故等到出现有意识型手术机器人时，相关法律法规早已调整完毕，法秩序上的一致性能够得以维持，不会出现上述学者所担忧的问题。

### 三、刑事责任归属检视：各主体间责任的归结与划分

#### （一）主刀医生注意义务的错位与调整

1. 科技发展导致注意义务与社会现实错位

过失的本质即注意义务的违反，④我国《刑法》第335条规定的医疗事故罪属于典型的过失犯罪，因此主刀医生在医疗事故中的刑事责任认定应以其是否违反相应的医疗注意义务为标准。然而，当前注意义务的制定是建立在"主刀医生负责手术实施"这一基础命题之上，其是根据主刀医生的实际工作内容而提出的行为规范，是传统外科手术模式下手术安全的基本要求，但人工智能技术的发展使得社会

---

① See Gabriel Hallevy, When Robots Kill: Artificial Intelligence under Criminal Law, Northeastern University Press, 2013, p. 264.

② 参见储陈城：《人工智能可否成为刑事责任主体》，载《检察日报》2018年4月19日第3版。

③ 例如，卫生部办公厅于2012年2月9日发布《机器人手术系统辅助实施心脏手术技术规范》和《机器人手术系统辅助实施心脏手术技术培训管理规范》，对机器人辅助实施心脏手术进行了规制；国家卫生健康委员会于2018年8月13日发布《医疗技术临床应用管理办法》，对医疗技术的临床应用进行了规范。

④ 参见［日］西田典之：《日本刑法总论》，王昭武、刘明祥译，法律出版社2013年版，第227页。

现实发生根本性改变,即手术机器人在外科手术中的作用越来越广泛,逐渐接替主刀医生进行手术操作的任务并不断减少其实际需要注意的内容,因此主刀医生的注意义务与社会现实之间形成脱节与错位,导致无法根据传统标准对其是否应当承担刑事责任进行有效判断。

2. 注意义务具体内容的合理调整

要使主刀医生的注意义务与变化后的社会现实相适配,重新取得二者之间的一致性,则必须对其具体内容进行合理调整:

第一,非自主型手术机器人。由于非自主型手术机器人完全由主刀医生进行操作,本质上与传统手术器具无异,因此主刀医生的注意义务整体而言并未降低,只是其操作义务的具体内容调整为对手术机器人的规范操控。

第二,半自主型手术机器人、全自主无意识型手术机器人。半自主型手术机器人能够接替大部分手术操作工作,主刀医师仅需为其提供路径规划并进行监督即可,因此相当部分操作义务不再适用于主刀医生,取而代之的是规划义务与监督义务;全自主无意识型手术机器人能够完全取代主刀医生的手术操作工作且无须其提供路径规划,因此主刀医生仅需对手术机器人的运行进行监督。

第三,全自主有意识型手术机器人。就准备义务而言,主刀医生已不参与手术实施的全部过程,因此其也无须进行手术前的相关准备工作,如佩戴消毒口罩、手套等;就核查义务而言,手术机器人能够依靠其自身的扫描技术、数据库信息比对技术等实现对患者身份和手术部位等内容的核查;就操作义务而言,手术机器人在自主意识支配之下为患者实施手术,无须主刀医生进行任何操作,包括规划与监督;就请示与告知义务而言,手术机器人可以通过其完善的语音系统向上级医师、领导以及患者、家属告知手术过程中出现的情况并征求其对于改变手术方案等事项的意见,无须主刀医生的介入。

(二) 生产者刑事责任的审视与厘清

在无意识型手术机器人手术中,由于手术机器人属于智能产品,因此生产者仅在手术机器人因缺陷导致医疗事故发生时,根据《产品质量法》《侵权责任法》等承担相应的产品责任,但与之不同的是,有意识型手术机器人具有超强的独立性与自主性,其不属于单纯的产品,若基于手术机器人的原因导致医疗事故发生,生产者是否应当承担刑事责任,以及应承担何种责任的问题需要另行研究。

首先,生产者仅为有意识型手术机器人提供了产生自主意识的基础,即原始代码,但并未提供意识的具体内容,后者是手术机器人通过对大数据进行深度学习、对外部世界进行感知、对人类思维进行模仿等途径获取的,因此一旦生产者完成源代码的编写并启动运算,手术机器人便开始自我学习并产生自主意识,生产者随即失去控制权,手术机器人实施何种行为完全由其自主意识进行支配,故生产者对手术机器人过失行为所导致的危害后果没有具体的预见可能性与直接的避免可能性,其不具有一般过失,更谈不上承担相应的刑事责任。

但需要注意的是,虽然有意识型手术机器人的行为及其结果不受生产者的控制,但毕竟其是由生产者所研发、制造的,其一切硬件、软件均来自生产者,且其自主意识的产生亦建立在生产者所编写的原始代码基础之上,另外,生产者掌握着与手术机器人相关的全面技术并享有其所带来的全部收益,因此,根据二者之间的特殊关系以及人工智能风险防控的政策需要,笔者认为,应当赋予生产者更多的责任与义务,而监督过失理论则是解决这一问题的最优选择。作为一种特殊的过失类型,监督过失的本质亦在于注意义务的违反,即监督义务的违反,因此,赋予生产者监督过失责任的核心在于为其设置一定的监督义务,具体包括:(1)对手术机器人深度学习的数据进行检验与筛查,确保为其提供"正面数据",即保证数据的纯度;(2)在手术机器人进行深度学习的过程中,引导其主动获取"正面数据",排斥或绝缘于可能导致危害行为的"负面数据",培养其良好的数据获取"习惯";(3)设置内外双重监督系统,内部为数据记录器,即俗称的"黑匣子",用以记录手术机器人运行过程中的全部数据信息,外部为全方位摄像头,用以记录手术机器人所有手术的全部操作过程,生产者需定期抽查运行数据与监控视频并对手术机器人的操作规范进行评价,对有不规范操作倾向的手术机器人采取警示教育、暂停手术、撤离岗位等措施。

(三)"算法黑箱"困境及破解

1. "算法黑箱"导致因果判断失灵

在传统医疗事故中,由于过程可视化等特征,主刀医生的行为或医用器材的缺陷与危害后果之间的因果关系易于被我们发现与证明,但手术机器人作为人工智能产品,运行所遵循的是程序与算法,我们所能看到的只有表面上指令的输入与结果的输出,而对中间环节则不得而知,整个过程呈现出一种"端对端"的模式,形成我们无法洞悉的"隐层",又被称为"黑箱",① 即作为外部观察者,我们无法确知手术机器人内部的具体运算过程,而只能看到其最终的结果反馈,② 因此在这种情况下,医疗事故的发生与手术机器人的行为之间是否存在引起与被引起的关系难以判断,进而导致建立在归因基础之上的归责更加无法进行。

2. "技术+法律"破解"算法黑箱"难题

在无意识型手术机器人手术过程中,由于其不具有自主意识,因此"算法黑箱"仅对客观事实产生影响,即由于手术机器人运算过程的不透明,客观上具体的致损过程不得而知。对于"算法黑箱"所造成的此类"案件事实不清"的归责困境,应首先采取技术层面的措施,对事实予以记录与还原,当案件事实明确之后,归因及归责问题自然迎刃而解。有效的技术措施即安装数据记录器,这也是生产者的监督义务之一,数据记录器能够自动不间断、无差别地记录下手术机器人运行过程中的全部数据信息,当发生医疗事故时,我们可以通过调取、分析这些数据实现手术机器人的运行可视化,进而判断刑事责任的划分与归属。

但在有意识型手术机器人手术过程中,由于该类手术机器人具有自主意识,因此其可能从自身利益出发,为了隐瞒在医疗事故中存在的过失而故意隐匿、修改、

---

① 参见腾讯研究院、中国信通院互联网法律研究中心、腾讯AI Lab、腾讯开放平台:《人工智能:国家人工智能战略行动抓手》,中国人民大学出版社2017年版。

② See Davide Castelvecchi, Can We Open the Black Box of AI? 538 Nature (2016), p. 21.

伪造、删除数据信息，导致无法对其运算过程予以还原，另外，有意识型手术机器人运行中所存在的"算法黑箱"并不导致客观事实模糊，而是直接影响对手术机器人主观罪过的判断，因此上述解决措施失灵，应寻找新的出路。由于此时问题的关键在于"手术机器人主观上是否具有过失"这一事实真伪不明且无法根据客观行为进行事实性推理，因此笔者认为可以通过刑事推定的方法绕开证明困境，以反向明确其主观罪过，具体而言，若手术机器人未隐匿、修改、伪造、删除数据，则可以直接根据数据记录器中的记录进行判断；若存在隐匿、修改、伪造、删除数据信息的情况，则推定手术机器人主观上具有过失，应对医疗事故承担相应的刑事责任，由其进行反证，进而将举证责任转移至对运算数据具有绝对控制权的手术机器人身上，同时亦能够反制并规范手术机器人的行为，促使其完整保留原始数据。

## 四、刑事责任实现检视：手术机器人时代的罪名与刑罚

### （一）完善医疗事故罪

有意识型手术机器人获取刑事责任主体地位以后，若由于其过失导致医疗事故的发生，则其本身应承担相应的刑事责任，笔者认为，考虑到手术机器人的类人属性、法律修改与适用的便宜性、构成要件的一致性等因素，在上述有意识型手术机器人因自身过失导致医疗事故的情形中，认定其构成医疗事故罪具有一定的合理性，但由于现行刑法是针对自然人主体与法人主体所制定的，因此并不能直接适用于手术机器人，需要对其进行修改与完善。首先，罪状部分无须进行修改，但对于"医务人员"的认定应将有意识型手术机器人包含在内，这主要涉及刑法总则及其他相关法律法规的更新与完善；其次，在刑罚中加入专门针对手术机器人等人工智能机器人的刑罚种类，其具体类型后文将详细阐述。结合以上两点，对现行《刑法》第335条医疗事故罪的完善可以采取增加一款作为第二款的形式，内容则为"有意识型手术机器人犯前款罪的，处……"。

### （二）增设人工智能事故罪

如上所述，考虑到生产者与有意识型手术机器人之间的特殊关系以及人工智能风险防控的政策需要，笔者认为应赋予生产者监督义务，若其违反相关义务，则应当承担监督过失责任。但现行刑法中与监督过失责任相关的罪名，如重大劳动安全事故罪、消防责任事故罪等，均无法涵盖生产者未尽监督义务而导致有意识型手术机器人产生过失行为，进而引发医疗事故的情形，又考虑到类似情形在人工智能机器人适用的不同场合中均较易发生，如生产者疏于监督，导致有超速倾向的自动驾驶汽车未被召回，最终引发交通事故等，因此笔者认为可以通过增设人工智能事故罪的方式对上述情形加以统一规制，该罪名的适用范围并不仅限于医疗领域，而是涵盖人工智能机器人运用的各个场景，只要生产者违背监督义务，进而导致人工智能机器人产生过失行为并最终造成法益侵害的，均可以被认定为该罪名。[①] 人工智

---

① 参见刘宪权：《人工智能时代的刑事风险与刑法应对》，载《法商研究》2018年第1期；陈伟、熊波：《人工智能刑事风险的治理逻辑与刑法转向——基于人工智能犯罪与网络犯罪的类型差异》，载《学术界》2018年第9期。

能事故罪的犯罪主体为人工智能机器人的生产者,其一般是单位主体,因此本罪的刑罚按照单位犯罪的刑罚设置即可。

### (三) 创制针对人工智能机器人的专门刑罚

由于手术机器人等人工智能机器人不具有生命体特征与财产,因此传统刑罚种类对其无法适用,故应创制针对人工智能机器人的专门刑罚,以与有意识型手术机器人刑事责任主体地位的获取相协调。本文认为,应增设三种专门适用于人工智能体的刑罚种类:(1) 删除数据,即删除人工智能体实施犯罪行为所依赖的数据信息,对其"大脑"进行净化,降低其再犯可能性;(2) 修改程序,当单纯的删除数据无法阻止人工智能体主动获取易导致其实施犯罪的负面信息时,对其程序进行强制修改,使其丧失自主学习与思考的能力,只能在设计者编程范围内实施行为,即将其从所谓的强人工智能降级为弱人工智能;(3) 永久销毁,当上述两种措施均无效,即人工智能体已进化出反删除、反修改能力时,则只能采取相应措施从硬件与软件两个方面对其进行永久性销毁。①

## 五、结语

"这是最好的时代,也是最坏的时代。"一方面,人工智能技术的发展运用不仅便利了人们的生活,而且极大促进了社会的进步;但另一方面,其也对传统刑法理论以及现行法律规范形成冲击与挑战,使得刑事责任的相关问题变得更加复杂甚至完全无法判断。尽管在传统观点看来,本文的担忧与思考为时尚早,甚至毫无必要,但科技发展瞬息而至,我们不能等到人工智能困境达至眼前再开始思考应对之策。"居安思危,思则有备,有备无患。"因此,我们在享受人工智能技术带来的进步的同时,也应警惕其所存在的刑事风险,并从理论层面思考可能的应对策略,以学理研究的前瞻性弥补法律规范的滞后性,做到当未来到来时,我们能够从容不迫地加以应对。当前,学界已经出现关于人工智能技术对刑法理论挑战的整体性研究,但对具体领域内的分析与思考仍为数尚少,仅有的讨论几乎均集中于自动驾驶汽车交通肇事的刑法规制问题上,而其他领域内的研究却严重不足,因此本文将论述的焦点集中于受关注较少的医疗领域,对手术机器人医疗事故中的刑事责任问题从主体、归属、承担三个方面进行阶层性的三重检视,以引起学界对医疗领域内人工智能技术刑法规制问题的思考并为后续研究奠定基础。

---

① 参见刘宪权:《人工智能时代我国刑罚体系重构的法理基础》,载《法律科学(西北政法大学学报)》2018 年第 4 期。

# 大数据时代网络犯罪的刑法应对
## ——兼论人工智能犯罪的规制

庞云霞[*] 张有林[**]

随着网络技术的发展，传统犯罪呈网络化的趋势，新型网络犯罪不断出现。大数据、云计算以及人工智能技术的发展，意味着新的风险时代的到来。人工智能的法律问题冲击着以人为核心的法律制度体系，也给刑法提出了新的命题。如何在互联网中实现刑法对网络犯罪的规制，是网络时代的刑法转型需要直面的问题。

## 一、网络变迁背景下的网络犯罪

网络技术决定着网络的更新换代，也是网络犯罪演变的决定因素。随着大数据、物联网、区块链技术的互融发展，网络犯罪的表现形式也相应演变，在传统犯罪网络化趋势加强的同时，出现了人工智能犯罪等新的犯罪形态。

（一）网络的刑法属性变迁："犯罪对象""犯罪工具"到"犯罪空间""犯罪本质"

在 Internet 1.0 阶段，网络犯罪的外延同"计算机犯罪"重合，网络主要作为犯罪对象出现。到 Internet 2.0 阶段，网络社交成为网络活动主流，信息是网络活动的核心。攻击计算机系统的网络犯罪递减；通过网络活动实施的犯罪激增，网络具有犯罪工具属性，传统犯罪借助网络技术实现了网络化。到 Internet 3.0 阶段，网络与现实社会实现了融合，原本在现实世界进行的安全认证、货币支付等事宜得以甚至必须借助网络进行。大部分犯罪行为都可以在网络空间和现实社会两个层面实现危害效果。网络的刑法地位，在"犯罪对象"与"犯罪工具"的基础上演化为犯罪存在的场域，称为"犯罪空间"。[①]

随着人工智能被广泛运用于大数据处理工作，人工智能所涉及的法律问题从民事主体资格、作品的知识产权归属等向刑事领域延伸。人工智能犯罪时有发生，依托大数据、算法而生的新型犯罪现象出现。人工智能犯罪的表象是其在自主意识下完成的行为，本质是以网络数据运算为内核的违法、犯罪活动。对利用大数据与算法进行的网络犯罪而言，网络是其根本所在，网络可以是犯罪存在的空间与场域，也可以是犯罪的本质与存在方式。

（二）网络犯罪的嬗变：等价、背离、异化

网络犯罪与传统犯罪的差异性对比，可依危害性评价作为切入点。对网络犯罪

---

[*] 山西大同大学法学院副教授。
[**] 山西大同大学法学院副教授。
[①] 于志刚：《网络"空间化"的时代演变与刑法对策》，载《法学评论》2015 年第 2 期。

的类型演变进行梳理,可将网络犯罪归纳为如下类型:

1. 等价于传统犯罪的网络犯罪

"等价型"是指犯罪行为变身为网络行为后,社会危害性未发生量变,行为性质也未发生质变的情形。网络仍是犯罪的对象或工具,网络犯罪没有发生本质变化,是传统犯罪场所切换后的表现形式。利用网络、计算机实施的传统犯罪,基本上是网络或计算机信息系统作为介入因素对传统犯罪进行了形式改造。学者认为:"传统的定罪量刑标准等规则体系基本上没有发生变化,网络只是犯罪的手段,网络犯罪针对的仍然是现实社会的法益。"①

2. 网络与现实空间的危害性评价相背离的网络犯罪

"背离型"是指同一犯罪行为在虚拟社会和现实社会中呈现完全不同的危害后果,因此产生截然不同的法律评价。其一,危害性聚变的网络犯罪。网络空间的信息活动具有瞬时性、无界性的特点,因此网络是以数据信息为对象的犯罪活动的温床。相较于传统犯罪,网络信息犯罪因打破空间和时间的限制,危害性激增。信息散布型网络犯罪即是范例。其二,危害性弥散的网络犯罪。其是指传统犯罪进入虚拟网络后,被法律评价为不具有危害性,不构成犯罪的情形。该类型的犯罪产生具有时空上的阶段性。② 刑法本身的滞后性使然,必然会出现"漏网之罪",随着立法的调整又可能会重新进入刑法的规制范畴。诸如"刷单"营销、P2P借贷、组织网络传销,刑法对这些金融商业行为在线上和线下的定性不同。

3. 异化的网络犯罪与人工智能犯罪

大数据时代的网络行为是以网络数据信息为核心进行的,大数据、算法、算力等技术手段是当下网络产业的关键词。滥用大数据和算法随之成为犯罪方式之一。人工智能是大数据运算技术发展的阶段性成果。"从法律属性上可以将智能机器人定位为经程序设计和编制而成的、可以通过深度学习产生自主意识和意志的、不具有生命体的人工人。"③ 依自主程度可将人工智能分为超人工智能、强人工智能、弱人工智能三类。超人工智能是超越人类的高级智能,停留在科学设想阶段,本文不涉及。强人工智能能自主进行数据运算、推理和决策,有知觉和意识能力,能进行行为控制并具备取代人工决策的能力。弱人工智能的智能是表面的、非实质性的,其运行决策取决于人类的设计编程,不具备独立的判断与决定能力,是比较低级的人工智能,本质上是工具的一种。

人工智能系统无法避免"算法黑箱""算法歧视"等带来的运算结果瑕疵,不可避免会出现技术被利用作为犯罪工具的风险。根据自主程度对人工智能犯罪可进行如下分类:其一,自主意识和控制能力较低、被利用作为犯罪工具的被控型人工智能犯罪。其二,脱离其制造者和控制者,意识和控制能力自主的自控型人工智能犯罪。被控型人工智能犯罪可以在现有的犯罪理论和规则体系的语境下进行解析,

---

① 于志刚:《网络、网络犯罪的演变与司法解释的关注方向》,载《法律适用》2013年第11期。
② 刘宪权:《网络犯罪的刑法应对新理念》,载《政治与法律》2016年第9期。
③ 刘宪权、胡荷佳:《论人工智能时代智能机器人的刑事责任能力》,载《法学》2018年第1期。

自控型人工智能犯罪的主体资格认定、归责机制等则需要进行论证和探讨。① 在人工智能的语境下，法律主体资格的认定及意识能力的判定成为一个伦理问题，人工智能犯罪的主观构成、主体资格、归责原理亦是新的命题。

## 二、网络犯罪的立法回应与审视

为应对不断变化的网络犯罪态势，我国刑法的沿革进程呈现阶段性，通过法律解释和刑法修正案两种方式对网络犯罪的刑法规定进行完善。在拓宽刑法对网络犯罪行为的管辖规制范畴的同时，刑法对网络犯罪存在规制不力的困局。网络犯罪带来的风险可能性是现代刑法必然应对的挑战，遏制信息网络犯罪黑数较大的局面是新的命题。②

### （一）刑法的应对与立法沿革

对于 Internet 1.0 到 Internet 2.0 阶段的网络犯罪，刑法的立法回应体现了网络的"对象"属性和"工具"属性。Internet 1.0 阶段，刑法中设置了非法侵入计算机信息系统罪、破坏计算机信息系统罪，并对以计算机信息系统为对象的侵入、破坏行为进行规制；对以计算机技术为工具实施的传统犯罪进行了提示性规定。Internet 2.0 阶段，传统的罪名原则上可继续适用，通过扩张解释可以实现刑法对大部分网络犯罪的规制。《刑法修正案（七）》严密了网络犯罪的罪名体系，扩大了对危害网络信息系统安全行为的打击面。增设非法获取计算机信息系统数据罪、非法控制计算机信息系统罪和提供侵入、非法控制计算机信息系统程序、工具罪。法益由特殊领域计算机信息系统安全扩大为所有计算机系统安全和"数据过程"安全，将以信息系统安全为目标的危害行为类型扩大为侵入、破坏、获取、控制四类。对于提供技术性程序、工具的帮助行为进行规制，强化了对以网络技术为工具的犯罪制裁。Internet 3.0 阶段，刑法对于网络犯罪行为的规制范围进一步扩大。由于传统犯罪论对于网络犯罪中"技术中立"的帮助行为、预备行为危害性评价无力，《刑法修正案（九）》增设四个"纯正网络犯罪"。"拒不履行信息网络安全管理义务罪"强化网络服务提供者的网络安全管理义务。非法利用信息网络罪将为实施违法犯罪活动设立网站群组、发布违法信息的犯罪预备行为规定为独立的犯罪。帮助信息网络犯罪活动罪将明知他人进行网络犯罪而为其提供技术工具或广告、支付结算等帮助行为规定为独立的犯罪。③

### （二）立法回应的审视

1. 网络犯罪的风险应对机制匮缺

在网络大数据时代，刑法对于以网络为"工具""对象"的犯罪已然进行有效应对，然而，对于以"网络为空间"的犯罪回应不力，对于以"网络为本质"的犯罪尚未作出实质回应。

---

① 齐延平：《论人工智能时代法律场景的变迁》，载《法律科学》2018 年第 4 期。
② 王肃之：《人工智能犯罪的理论与立法问题初探》，载《大连理工大学学报（社会科学版）》2018 年第 4 期。
③ 梁根林：《传统犯罪网络化：归责障碍、刑法应对与教义缩限》，载《法学》2017 年第 2 期。

从网络构成的层面来分析，以系统和数据两个核心网络安全要素为视角，大数据时代的网络安全风险主要有：系统安全风险、算法安全风险和数据与信息安全风险。(1) 系统安全风险。由于智能硬件的系统漏洞、技术风险以及生产链条可能存在的产品瑕疵，系统安全的技术风险易被犯罪人利用。(2) 算法安全风险。以大数据为基础的算法、算力等技术无法杜绝"算法黑箱""算法歧视"等对运算与决策的影响，运算后果具有失真的可能，亦有为人不当利用实施犯罪的可能。(3) 数据与信息的安全风险。"大数据""云计算"背景下的海量数据分析，不可能在取得分析对象授权的情况下进行，传统的个人信息权益保护机制难以发挥作用。[1] 数据监控常态化证明智能运算可以在立场偏向的情况下运行，传统隐私保护制度在大数据时代有失效的风险。[2]

人工智能技术风险是风险社会的新内容。人工智能时代的刑事风险表现为：其一，人工智能在脱离控制、独立意识的情况下完成犯罪。其二，部分传统犯罪的危害性因人工智能的技术性而扩大。其三，人工智能被滥用的风险。一种可能是人工智能产生伊始便与大数据滥用结合；另一种可能是人工智能运行中被不当利用。因此，人工智能存在被直接用于犯罪的可能，也可基于产品瑕疵或病毒等原因而实施犯罪行为。[3]

2. 网络安全法益的保护失衡

纵观网络1.0到2.0阶段的立法沿革，我国刑法通过对技术安全的防护，重点突出了对计算机信息系统的保护，却失衡于对网络安全和数据信息安全的保护。"大数据"背景下，技术法益的主导地位被取代，而刑法对信息与数据法益反应迟缓，围绕大数据的立法空白。[4] 立法的视域应从技术安全和系统安全的视角转向网络安全，重点保护网络空间的公共安全和数据信息安全，"从系统思维转向网络思维"[5]。

当下，传统法益与网络的结合实现了内涵转型，网络安全法益作为体系性的概念进入法律视野，并逐步实现对传统刑法法益的改造和替换，网络安全成为关系国家安全、公共安全和公共秩序的重大法益。[6] 在整体滞后的背景下，刑法未体现对网络安全法益的整体构建和重要性评价，既有的网络安全法益在刑法中呈碎片化和失衡的样态。刑法将网络犯罪置于扰乱公共秩序罪之中，同时规定将以网络为工具的网络犯罪统一按传统犯罪处理，网络犯罪只是犯罪形式与犯罪工具的变异，未将网络秩序和网络空间安全作为法益予以系统保护，同时不能应对以大数据为本质的犯罪及人工智能犯罪。

---

[1] 吴沈括、罗瑾裕：《人工智能安全的法律治理：围绕系统安全的检视》，载《新疆师范大学学报（哲学社会科学版）》2018年第4期。
[2] 马长山：《人工智能的社会风险及其法律规制》，载《法律科学》2018年第6期。
[3] 刘宪权：《人工智能时代的刑事风险与刑法应对》，载《法商研究》2018年第1期。
[4] 孙道萃：《网络刑法知识转型与立法回应》，载《现代法学》2017年第1期。
[5] 于冲：《网络犯罪罪名体系的立法完善与发展思路》，载《中国政法大学学报》2015年第4期。
[6] 孙道萃：《网络刑法知识转型与立法回应》，载《现代法学》2017年第1期。

## 三、网络犯罪刑法立法构想

刑法应当寻求合理的立法路径以破解上述障碍因素。在风险社会的视域下，寻求建立"风险刑法""预防刑法"的理念、变被动立法为主动立法的路径。赋予网络安全法益应有的重要性地位，并对信息和数据安全进行保护。

### （一）风险刑法理念的确立

传统刑法的归责原则无法适应网络犯罪所带来的风险，有必要适用风险刑法理论。风险刑法理论是在应对工业文明的刑事风险过程中，刑法一改其谦抑性并扩大干预面形成的理论。作为社会风险控制机制的一部分，刑法的主要使命不再集中于对既有的犯罪及其危害后果施加报应刑，而是为遏制社会风险进行预防和威慑，威慑成为适用刑罚措施的核心逻辑依据。这为刑法应对人工智能时代的风险提供了有益借鉴，风险刑法是应对风险社会网络犯罪局面的必然之举。① 网络社会是社会未来演进的趋势，网络技术风险加剧了社会风险。防控网络技术风险，保护网络空间安全已成为刑法的首要目标。"传统的罪责刑理念已经陷入失灵状态，安全刑法观作为回应风险社会的理论产物，成为网络刑法学的重要理论成分与外部形态表征。"② 在风险刑法理念的指引下，应当通过变事后法为预防刑法，实现刑法对网络犯罪治理模式的转型；并设计前瞻性的罪名体系，以应对网络犯罪的变化形式。

### （二）网络安全法益的保护

在网络语境下，对于已存在于罪名体系中的传统法益，因网络犯罪侵犯的法益与传统法益内涵相重合，故可依据现行立法进行规制或通过修正、解释的方法延伸刑法规定的适用。对侵犯新法益的"犯罪行为"，现行法律存在评价不周延或法律真空的情况，尤其是网络安全法益的内容缺失。网络安全法益关乎国家安全、公共安全和公共秩序，网络安全法益的保护对象应当包括"网络的安全运行""网络数据的完整性、保密性、可靠性"③。网络公共秩序、网络公共安全以及网络数据信息安全是网络安全内涵的必要组成部分。网络公共安全是公共安全的应有之义，网络公共秩序是公共秩序的组成。④ 网络公共安全的内涵应包括以网络空间的数据和信息为内容的网络秩序的安宁性，以系统安全、数据与信息安全为对象的网络技术行为是重点规制的内容。

为彰显网络安全法益的重要性和保护的必要性并应对以网络为"空间"与"本质"的犯罪，刑法的罪名体系应进行调整：对现有罪名进行扩大解释，对于危害网络安全的犯罪、人工智能犯罪等新型犯罪增加新罪名。（1）网络虚拟财产等新法益应当进入刑法视野；还应对传统犯罪进行网络化调整，将伪造、变造电子文书、电子署名，妨害网络经营等行为归入相应的罪名。⑤ 将以虚拟财产为对象的犯

---

① 刘宪权：《人工智能时代的刑事风险与刑法应对》，载《法商研究》2018年第1期。
② 孙道萃：《网络刑法知识转型与立法回应》，载《现代法学》2017年第1期。
③ 孙道萃：《网络刑法知识转型与立法回应》，载《现代法学》2017年第1期。
④ 于志刚：《网络犯罪的发展轨迹与刑法分则的转型路径》，载《法商研究》2014年第4期。
⑤ 张明楷：《网络时代的刑事立法》，载《法律科学》2017年第3期。

罪纳入侵犯财产犯罪。(2) 增设危害网络安全罪,规制"实施破坏网络、网络空间安全的危害行为,利用网络空间实施危害行为,对网络空间实施危害行为的情形"①。(3) 增设滥用人工智能罪,将滥用人工智能的行为纳入刑法规制的范围,以应对被控型人工智能犯罪。(4) 增设人工智能事故罪,应对自主型人工智能犯罪。在刑法中确立人工智能研制者和使用者的严格责任,完善人工智能产品研制和使用过程中的义务体系,明确研制者和使用者的数据保护义务。②

### (三) 人工智能的刑法定位和犯罪归责

在法律意义上,明确人工智能在网络犯罪中的工具属性,否定其犯罪主体地位,是刑法预防人工智能犯罪的应然之举。对人工智能技术进行规范和风险防控,使人工智能处在有效的政治管制下是必然趋势。预防原则应放在以法律手段应对人工智能风险的中心位置。③

1. 人工智能工具属性和非主体性

(1) 人工智能的工具性。在超人工智能出现之前,人工智能仍然属于"工具"的范畴。对人工智能的定义有行动理性、计算机技术、程序工程、机器人等多种,"但无论如何定义,智能机器人都没有脱离工具化的主体范畴"④。人工智能的界定是"一种基于算法设计通过数据自主学习以优化数据处理的计算机制,本质在于算法和数据"⑤。"进入人工智能时代,自由与秩序关系如何调整?法律应作出何种回应?我们对上述问题的思考会限定在工具型人工智能时代。"⑥ 明确"人工智能的工具价值"是应对人工智能犯罪风险的首要原则。

(2) 人工智能不具有刑法主体属性。人工智能是否具有法律主体地位是理论界热议的问题。支持论者认为人工智能具有自主意识和行为能力,应具有法律主体地位。然而,自主意识和自主行为并不能决定法律主体的产生。在传统意义上,法律体系和刑法逻辑体系都是建立在以"人"为核心的概念基础上,以"行为能力"作为归责的基础,从而划定刑法效力范围。而人工智能不具有生命特质,因此不属于人的概念范畴,无法系统适用法律逻辑体系。在"工具"逻辑语境下讨论人工智能并不能作为适格主体进入刑法视野,因不具备自然生命属性,其"意志"和"行为"源于预设的模式和数理逻辑运算指令,故犯罪认定的前提与依据不存在,刑罚处罚也无法落实。"在主体层面,如果要使人工智能成为独立的责任主体,需要人工智能的高度发展与完整责任主体的转型发展,在现阶段条件尚不够成熟。"⑦

2. 人工智能犯罪的归责——风险刑法的责任体系

其一,利用可控型人工智能犯罪的过错责任。研制者或控制者存在故意的过

---

① 孙道萃:《网络刑法知识转型与立法回应》,载《现代法学》2017 年第 1 期。
② 刘宪权:《人工智能时代的刑事风险与刑法应对》,载《法商研究》2018 年第 1 期。
③ 马长山:《人工智能的社会风险及其法律规制》,载《法律科学》2018 年第 6 期。
④ 许中缘:《论智能机器人的工具性人格》,载《法学评论》2018 年第 5 期。
⑤ 李晟:《略论人工智能语境下的法律转型》,载《法学评论》2018 年第 1 期。
⑥ 齐延平:《论人工智能时代法律场景的变迁》,载《法律科学》2018 年第 4 期。
⑦ 陶盈:《机器学习的法律审视》,载《法学杂志》2018 年第 9 期。

错,利用人工智能实施犯罪时,研制者或控制者在设计和编程范围内对人工智能实施的犯罪行为承担刑事责任。可控型人工智能无法决定行为目的、行为方式,辨认能力和控制能力亦受研发者的控制。即使人工智能已经具备自主学习能力并独立进行运算、决策、行为,也是设计和程序的控制使然。"智能机器人在人类设计和编制的程序范围内的行为体现的是人类的意志,如果智能机器人做出了严重危害社会的犯罪行为本质上是为了实现研发者或者使用者的犯罪意志,应当将该智能机器人看作研发者的工具。"① 因此,对犯罪后果需要承担刑事责任的是该智能机器人的研制者或控制者。

其二,对自控型人工智能犯罪的监督过失责任。研制者或使用者与人工智能产品之间的关系是监督与被监督的关系,研制者或使用者有预见其技术产品发生危害结果的可能性,则因其负有预见义务而成立过失犯罪。根据《网络安全法》规定,承担网络安全义务的责任主体包括:网络服务和关键信息基础设施运营者及其直接负责的主管人员和其他直接责任人员、网络产品或者服务的提供者等。人工智能供应链条结构复杂,由核心厂商和主要供应链厂商承担责任和网络安全保障义务是便利监管的高效方式。② 研制者或使用者在制造、使用人工智能的过程中因未尽到注意义务,导致危害结果发生的,成立过失责任。人工智能的刑事风险产生途径具有不确定性,当无法确认人工智能的设计者或使用者是否具有罪过时,应当由程序的设计者或使用者承担刑事举证责任。法律不强人所难。③ 存在技术上无法避免人工智能安全风险可能性的情形,属于意外事件而无须担责。

监督过失责任是强化监督者义务的一种问责机制,在危险结果出现的前提下适用严格责任原则推定其担责,唯有举证证明监督义务主体已经履行义务时,得以排除其刑事责任承担。广义的监督过失还包括管理过失,强调对对象的监督和对管理制度或危险物品疏忽的行为。我国刑法目前尚未对人工智能的研制者和使用者的监督义务进行规定,故无法对研制者和使用者追究监督过失责任。"人工智能产品的研发者和使用者在我国现行刑法语境下似乎不存在过失责任问题,但这可能是刑法在人工智能刑事风险防控方面存在的一种缺陷。"④

## 四、余论:网络刑法的完善路径

网络刑法的立法路径是在立法前瞻性与刑法安定性统一基础上的立法技术考量。网络犯罪立法应为下位立法和司法解释预留必要的空间,以应对规制网络犯罪发展的新局面的需要。立法层面要注意刑法的稳定性,司法解释层面要注重适用性。

---

① 刘宪权、胡荷佳:《论人工智能时代智能机器人的刑事责任能力》,载《法学》2018年第1期。
② 吴沈括、罗瑾裕:《人工智能安全的法律治理:围绕系统安全的检视》,载《新疆师范大学学报(哲学社会科学版)》2018年第4期。
③ 李兴臣:《人工智能机器人刑事责任的追究与刑罚的执行》,载《中共青岛市委党校青岛行政学院学报》2018年第4期。
④ 刘宪权:《人工智能时代的刑事风险与刑法应对》,载《法商研究》2018年第1期。

## 第二编　生物科技暨人工智能领域发展的刑法规制问题

学界对网络犯罪下的刑事立法路径观点不一。无论是对刑法典进行扩大解释或立法修正的模式，还是颁布单行刑法或二者并举的模式，都是在权衡法律的稳定性与前瞻性基础上的选择。路径一：扩大解释为主要方式。有学者认为中国刑法分则应对网络犯罪的调整方式不应当是立法，而应是对刑法条文进行解释。"除了针对新型法益的保护需要和新型网络犯罪规制的增设完善罪名体系之外，还应在现有刑法框架体系内，不断延伸现有刑法的适用空间，其中有效的模式即加强传统罪名的刑法解释。"① 路径二：颁布单行刑法。扩张解释和刑法修正案的方式，有破坏法典统一的风险，故单行网络刑法更具合理性。通过对网络犯罪颁布单行刑法的方式，建立以"单行刑法为主、刑法典为辅"的结构。② 路径三：必要性与效率的均衡。法律解释方式是首选，通过解释路径即可应对新类型的网络犯罪时，无须采取立法路径。如违反罪刑法定原则，则有必要采取立法路径以规制网络犯罪。在刑法典之外制定网络刑法并无必要。③

---

① 于冲：《网络犯罪罪名体系的立法完善与发展思路》，载《中国政法大学学报》2015年第4期。
② 张阳：《空间失序与犯罪异化：论虚拟空间的犯罪应对》，载《河南社会科学》2018年第5期。
③ 张明楷：《网络时代的刑事立法》，载《法律科学》2017年第3期。

# 人工智能时代网络侵财犯罪的类型化规制研究

赵香如[*] 潘 雨[**]

人工智能逐渐渗入人类生活各方面,给社会的政治、经济、文化都带来了巨大的影响和变革,并给现行法律带来了挑战和冲击,如无人驾驶汽车发生交通事故时的责任认定、人工智能著作权、机器人误伤人的现实问题不断出现。但是,相较于科学技术取得如此重大的进步而言,人工智能的性质和法律地位在法律上仍没有明确的定位。2017年国务院印发了《新一代人工智能发展规划》,规划中指出人工智能的快速发展将深刻改变人类社会生活。人工智能的发展具有不确定性,应当以全新的眼光审视人工智能在法律领域中的地位,对人工智能的发展做出妥善的制度安排,以防止其对人类生存的威胁。以侵财犯罪为例,支付手段不断更新换代,侵财犯罪的类型更加多样化,在人工智能快速发展的背景下,利用人工智能机器进行侵财的行为应如何规制,既有力打击犯罪,又保护技术创新即为当前亟待解决的难题,下文拟对此展开研究。

## 一、人工智能背景下新型网络侵财的类型

人工智能是计算机科学的一个分支,其表现形式多样,从拥有深度学习能力的谷歌机器人阿尔法狗到ATM等。而在财产犯罪中,最为常见的人工智能就是第三方支付平台,如微信、支付宝等机器、机器学习以及移动支付的更新换代也正在改变传统侵财犯罪的面貌。行为人利用第三方支付平台实施的侵财犯罪,手段更加隐蔽,犯罪效率更高,与传统的侵财犯罪相比呈现出崭新的面貌。但由于新型支付方式本身的特殊性,刑法目前未对这种新型侵财犯罪做出明确规定,使得司法实践中对于转移第三方支付平台资金的行为定性不一。基于网络侵财犯罪所具有的特殊性,应当对网络侵财犯罪的类型重新划分,并在类型化基础上对于网络侵财犯罪的定性问题进行探讨。

### (一)人工智能的概念和特点

人工智能是研究、开发用于延伸、扩展人的智能的理论、方法、技术及应用系统的一门新的应用技术科学。尼尔逊教授认为:"人工智能是关于知识的学科——怎样表示知识、怎样获得知识并使用知识的科学。"而温斯顿教授认为:"人工智能就是研究如何使计算机去做过去只能由人做的智能工作。"这些说法揭示了人工智能实质上是人类智能的延伸,通过计算机硬件软件的应用研究模仿人类智能,从而在一定程度上分担人类的工作。虽然对于人工智能的定义有所不同,但其实质都是

---

[*] 湖南大学法学院副教授,硕士生导师。
[**] 湖南大学法学院刑法学硕士。

立足于人工智能与人之间的关系。① 人工智能科学的发展目标，是利用人工智能为人类自身的生存和发展谋求福祉，这一核心特征不应该被抛却，所以关于人工智能的相关立法及解释都应当围绕这个宗旨来进行。本文中所探讨的人工智能，主要指的是第三方支付平台，以及未来有可能出现更高级的能够代替人类进行经济交往的人工智能机器。具体而言，在网络侵财案件中的人工智能机器具有如下特点：

1. 人工智能具有类人脑性

人工智能开发之初的目的，就是让机器能够像人一样思考。因此，在这个理论基础上，后续的开发工作都是为了让机器能够模拟人类的思维过程和智能行为。换言之，人工智能最本质的特点在于其类人脑性。虽然目前的人工智能并不具备人类的感情，但其所拥有的辨别、记忆、分析、学习、决策的能力却已远远超出了单个的人类。以第三方支付平台为例，用户在使用第三方支付平台进行转账、支付、提现等经济活动的过程中，无须传统支付方式中人眼的识别、大脑的判断，只需输入正确的账号和密码，就可以直接通过机器的智能识别和验证来完成交易。第三方支付平台的识别和认证功能，类似于人脑的识别和判断功能，而且比人脑更为准确和快捷。

2. 人工智能具有交付功能

能够代为交付是人工智能在网络侵财案件中的重要特征，以典型的第三方支付平台支付宝为例，当用户通过了支付宝设定好的验证程序进入支付环节当中，只需输入正确的密码，资金即经过支付宝平台从相关金融机构转移到用户指定的对方账户内。在这一过程中，支付宝是具有独立的交付能力，无须任何人力的参与，就可以代替金融机构进行资金流转活动。而支付宝的交付行为，与人类营业员的交付在效果上没有本质区别。也正是这一特征将其与普通机械区分开来。以保险柜的智能锁为例，其承担的主要功能在于保险柜的开关，并不意味着智能锁能够代替保险柜的所有人向打开保险柜的人进行交付行为。从法律上说，用正确的账号、密码实现支付宝代为付款的功能和打开保险柜取财的行为具有完全不同的法律意义。以正确的账号密码利用支付宝转账的人，被默认为拥有进行相关交易活动的权利。而打开保险柜智能锁的人，则不能想当然取得保险柜里财物的权利。② 换言之，人工智能能够代人类进行交付，但普通机械则只代表其自身，并不能代人进行经济交往。

**（二）人工智能时代网络侵财犯罪的具体类型**

由于受科学技术发展水平的限制，当前的人工智能并不能作为犯罪主体进行网络侵财活动。虽然不能断言未来人工智能发展水平是否会达到强人工智能，但是就目前而言，将人工智能作为侵财犯罪的主体，承担民事、刑事或者行政责任是过于大胆的学术设想。而在弱人工智能时代的背景下，网络侵财犯罪表现为将人工智能作为犯罪对象的行为方式。通过司法实践中的案例来看，常见的网络侵财犯罪可以划分为两种类型，一种是冒用他人名义转移第三方支付平台资金，另一种是利用技

---

① 吴允锋：《人工智能时代侵财犯罪刑法适用的困境与出路》，载《法学》2018年第5期。
② 参见高国其：《机器诈骗犯罪浅议》，载《中国刑事法杂志》2010年第3期。

术手段直接转移第三方支付平台资金。

1. 冒用他人名义转移资金

行为人冒用他人名义转移第三方支付平台资金,指的是行为人通过各种方法获取受害人的账号密码,冒用受害人的名义登录第三方支付平台账户,在未获得受害人授权的情况下,转移了平台资金。虽然手段方式各不相同,但究其本质是行为人通过获取第三方支付平台的账号和密码,冒用他人名义取得第三方支付平台的信任,进而转移了账户上的资金。以转移他人支付宝账户资金为例,根据资金来源的不同,转移支付宝平台资金的行为可以划分为两类,一类是不涉信用卡型案件,另一类是涉信用卡型案件。

不涉信用卡型案件是指资金来源于支付宝中的其他模块,而不涉及支付宝绑定的信用卡。例如,徐某在使用单位下发的工作手机时,发现了该手机上的支付宝 App 可以直接登录受害人马某的账户,账户内有余额 50000 余元。徐某被金钱所诱惑,遂利用该手机将马某账户余额内的 15000 元转至刘某的银行账户,然后由刘某将钱从银行卡里提现,并交给徐某。宁波市海曙区检察院以被告人徐某涉嫌盗窃罪向人民法院提起公诉,海曙区法院认定被告人徐某成立诈骗罪,判处有期徒刑七个月,缓刑一年,并判处罚金 3000 元。一审宣判后,海曙区检察院以定罪错误为由向宁波市中级人民法院提起抗诉,中级人民法院裁定维持原判。①

涉信用卡型案件是指行为人转移他人支付宝账户内的资金来源于受害人绑定的银行卡,而不是直接来源于支付宝中原有资金。例如,廖某趁受害人何某吃饭之机,将何某留在饭店的书包拿回家占为己有。在书包中廖某发现了受害人的手机一部,廖某遂点击进入受害人的支付宝软件,并从该账户绑定的银行卡中转账 7000 元至其本人账户内。佛山市顺德区检察院以盗窃罪对廖某提起公诉,顺德区法院认定为盗窃罪,并判处廖某拘役六个月,并判处罚金 1000 元。案件宣判后,廖某认为自己的行为不符合盗窃罪,不服提起上诉,佛山市中级人民法院裁定维持原判。②

从上可以看到,司法实践中对于冒用他人名义转移第三方支付平台资金的行为如何定性意见不一。在第一起案件当中,检察院以涉嫌盗窃罪提起公诉,法院却定性为诈骗罪。对于第二起案件,司法实践中有认定为盗窃罪的,还有的法院认定为信用卡诈骗罪。由此可见,司法实践对于这种网络侵财行为定性争议较大,甚至出现了同案不同判的现象。对于资金来源不涉信用卡的案件,司法机关的争议焦点一般在盗窃罪或者诈骗罪的认定上。而对于资金来源于第三方支付平台绑定信用卡的案件,司法机关则在盗窃罪或信用卡诈骗罪的认定上说法不一。由此可以看出,对于转移第三方支付平台资金的行为定性问题,司法实践中所产生的争议不仅在于盗窃罪和诈骗罪的区分,在诈骗罪认定的具体类型上也有所不同。此外,还存在另一种情形,行为人虽然没有通过非法手段获取受害人的账户和密码,但是通过非法侵入计算机信息系统,突破第三方支付平台的防御体系,直接越过平台的验证更改了

---

① 参见浙江省宁波市中级人民法院刑事判决书〔(2015)浙甬刑二终字第 497 号〕。
② 参见广东省佛山市中级人民法院刑事判决书(〔2015〕佛中法刑二终字第 100 号)。

受害人的账户资金余额。在这种情况下,该种行为既涉及破坏计算机信息系统罪,又是利用计算机实施的犯罪,需要考虑犯罪竞合的问题。

## 二、机器被骗问题

利用第三方支付平台转移资金的行为,定性争议的焦点就在于这类网络侵财犯罪中是否存在被诈骗的对象。如果承认人工智能因为行为人的欺骗而陷入了错误认识进而交付了资金,则这种行为可能成立诈骗类犯罪。反之,则可能成立盗窃罪。因此,利用人工智能侵财的行为,本质上是对机器诈骗能否成立的探讨。

### (一)学说述评

对于机器能否被骗,综观学界各种理论学说,可以大概总结为三种观点。(1)完全否定说,该说认为机器不具有自然人的意识,不能被骗。① (2)部分否定说,该说认为机器本身不能被骗,但是机器背后的自然人可能被骗。② (3)肯定说,持该种学说的学者认为有必要承认机器被诈骗的可能性,机器可以在受到骗术欺诈时陷入错误认识。③

完全否定说基于机器工具主义,认为机器不具备人脑的任何功能,因此不能被骗。而当今科技快速发展,机器已经通过编程具有超出人脑的智慧,坚持否认机器能够被骗已不符合时代的发展趋势。应当看到,机器已经不单是一种人类工作的辅助工具,某些情况下机器可以代替人类参与各种法律事务。机器工具主义完全否认了机器代替人类认识和处理事务的功能,而将机器从人类事务中剥离出来,因而否认诈骗罪的成立,笔者认为这种观点失之偏颇。

而肯定说认为智能机器由于信息计算程序的设定,具有认识、判断甚至表达能力,与人的认识方式基本没有差别,因此可以陷入错误认识。事实上,机器并不能成为真正的人,也不具有真正的意识。因为机器始终是被人类制定的程序所控制的,其不能超出设定的程序而存在。这种单纯基于机器具备的某些功能而认定机器可以被骗的思路,没有考虑到机器本身所具有的局限性,以机器能够被骗为基本观点构建机器诈骗罪的理论,缺乏事实上的支撑。

因此,笔者更加赞同部分否定说的观点。虽然现代科学技术高速发展,人工智能已经可以辅助或者代替人脑处理一些事务,但这些事务涉及的关系实质上依然是通过机器所完成的人与人之间的关系。机器在事实上无法超出人类而存在,必须要承认这一点,然后在此基础上讨论规范层面上机器被诈骗的可能性。

### (二)机器被骗的价值分析

诈骗行为最突出的特点就是行为人通过虚构事实或者隐瞒真相的方法,使受骗方在认识上产生错误,从而做出与本意不相符的处分行为。所以,欺骗行为的存在,是以具有意识判断为基础的,没有人的意识活动就不可能产生认识错误。从哲学上讲,意识是人脑区别于其他物种最显著的标志,意识是人脑才能产生的机能,

---

① 张明楷:《诈骗罪与金融诈骗罪研究》,清华大学出版社2006年版,第89-99页。
② 黎宏:《欺骗机器取财行为的定性分析》,载《人民检察》2011年第12期。
③ 刘宪权:《论新型支付方式下网络侵财行为的定性》,载《法学评论》2017年第5期。

而不管是动物还是智能机器,都不能被解释为人脑。

新型网络支付环境下,支付平台的智能从本质上讲仍然是行为人通过机器欺骗有处分权限的人,从而达到转移资金的目的。人工智能和人类智能之间有着本质的区别,虽然我们无法断言,在未来的某天,人工智能能否发展到打破人类思维的限度,而与人类一起构建一个新的社会,但是就目前的状况而言,不管是智能程度相对较低的ATM、支付宝,还是智能程度极高的阿尔法狗,都只是人的智能的发展和延伸,而不是一种新的人类智能,其不能被解释为人脑,也无法拥有独立参与人类社会制定规则的法律地位。当然,人工智能发展程度可能超出人的想象,毫无疑问,其也将具有真正人的思维和人的意识,但无论如何其难以进行价值思考,也就无法从事社会生活和参与法律活动,而是否被骗,无法从纯事实层面上判定,本质上为伦理和价值层面的判断。

(三)机器被骗的规范分析

讨论机器能否被骗,背后的逻辑实际上是将机器推到人的位置,讨论机器在人与人之间的法律关系之中是否能够代替人享有独立的法律地位。这个逻辑基于一个共同的理论点:在一段法律关系中,人可以欺骗人,人也可以欺骗机器。而事实上,机器并不能作为独立的法律主体参与到法律关系中,机器能够代表的,只能是其背后的人的意志,只有在规范层面上将机器抽象到背后的人,成立机器诈骗才具有可能性。

1. 机器代表的是其背后人的意志

认为机器可以被骗的观点,实际上是将机器作为一个可以独立参与法律关系的人来讨论的,这种观点模糊了机器由于其机械性和无生命性不能被骗的事实。而认为机器完全不能被骗的观点,其实也是站在人机对立的角度,囿于人机对立的狭隘视角,忽略了机器背后的人与人之间的法律关系。[①] 因此,要跳出将机器和人对立起来的局限性思维,应当看到,机器是作为人处理事务的延伸,为了交易的方便与快捷,实际上只是人与人之间的一个"电子代理人"。[②] 因此,应当放弃以单纯的机器能否被骗为角度讨论对机器进行诈骗的可能,而是要站在法律关系的广阔视角上,将机器定位成一个法律关系中的中介角色,将法律关系终归于人与人之间。

2. 机器能代替人做出认识和处分行为

机器在特定情形下,在一定范围内被赋予了代为传达意思表示的能力。而在技术充分支持和程序运行状况良好的情况下,机器所代为做出的认识和处分行为也完全符合机器背后掌控者的完美预设,可以被认为机器所有人的认识和处分行为。故而客户在ATM里取款和通过银行柜台取款,虽然行为方式不同,但法律效果却完全一样。以支付宝为例,账户持有人用自己所有的账号和密码登录支付宝账户,进行转账、支付、收款的行为,完全符合支付宝公司的要求和预期,该法律行为是合法有效的。

---

① 高国其:《机器诈骗犯罪浅议》,载《中国刑事法杂志》2010年第3期。
② 孙占利:《智能机器人法律人格问题论析》,载《东方法学》2018年第3期。

因此，从成立机器诈骗的整个流程来看，机器掌控者出于对机器的信赖而相信由机器代为认识的对象是真实的，代为处分的行为是正确的。但由于受科学技术以及设计者客观能力的限制，行为人在通过各种渠道获取正确的身份信息后，通过机器的验证，并利用机器转移他人财产。这种情况下就出现了机器掌控者原本的真实意思与处分行为的不一致，这种不一致正是由于行为人的欺诈行为而导致的，这一点正符合诈骗罪的基本特征。而机器诈骗的特殊性，则表现为机器掌控者虽然没有直接受骗，而是以机器为中介受到了欺骗，但实质上依然是机器背后的人受到了欺骗。同时，处分行为也具有间接性，直接做出处分行为的是机器，机器背后的人间接处分了财物。因此，从这个层面上讲，成立机器诈骗是有可能的。

## 三、新型网络侵财行为的定性

通过前文分析可以看出，成立机器诈骗在规范上存在可能性。但是，在司法实践中，随着交易方式的更新和新型支付方式的不断更新，行为人获取他人账号密码的手段方法也在不断翻新，犯罪形态呈现出一种盗骗交织①、错综复杂的特点，因此司法实践中对此类案件的定性问题存在较大争议，总体而言存在盗窃罪、诈骗罪和信用卡诈骗罪的不同认定方式。理论界对此也持有不同的观点。

### （一）冒用他人名义转移第三方平台资金的性质

冒用他人名义转移第三方支付平台资金的行为，主要是指行为人通过各种手段获取受害人的账号和密码，冒用他人名义登录受害人的平台账户转移资金的行为。司法实践中获取受害人账号和密码的方式形形色色，但不管是通过盗窃、骗取还是通过偷看、拦截等方式获取被害人的账号或密码，其行为的本质都是"冒用"，在这种情况下，该行为不构成盗窃罪，具体行为性质要根据资金来源不同具体分析。

1. 不构成盗窃罪

盗窃罪说认为，行为人采取的犯罪方式是采取不为人知的和平手段，违背他人的意愿取得财物，符合盗窃罪中的"秘密窃取"和"被动交付"的特征。例如，有学者指出，从行为的本质来看，行为人是使用秘密窃取的方式取得了他人支付宝的账号和密码，进而完成了对支付宝账号的控制，并实现了资金的转移和占有。②其行为符合盗窃罪"秘密窃取"的行为特征，因此应当认定为盗窃罪。

但笔者认为，这种说法并不完全令人信服。首先，经过前文分析，规范层面上对机器成立诈骗是有可能的，行为人可以以机器为中介而欺骗机器背后的掌控者，从而完成诈骗行为。其次，虽然有学者指出行为人在转移他人第三方支付平台资金时，财产是在受害人不知情的情况下被迫转移的，但笔者认为，在承认机器诈骗的基础上，受害人的不知情并不影响诈骗罪的认定，被骗人是支付宝公司，其受到行为人冒用行为的欺骗而采取主动交付方式，通过支付宝系统处分了受害人的财产。在这个过程中，行为人必须输入账号和密码才能获得支付宝的授权登录，才能有接

---

① 盗骗交织，指的是行为人在冒用他人名义转移第三方支付平台资金时，既有秘密获取的行为，又有欺骗的行为，盗、骗行为在同一时间存在。

② 吴波：《秘密转移第三方支付平台资金的定性》，载《华东政法大学学报》2017年第3期。

下来转移资金的行为。盗窃罪要求行为人有秘密窃取的行为方式,而盗窃论很难解释支付宝的行为人相对于支付宝平台的秘密性以及支付宝平台转移资金的主动交付性,所以,笔者认为,以盗窃罪论处的说法是不合适的。

2. 成立诈骗罪

诈骗罪的构造是行为人实施欺骗行为——对方产生错误认识——对方基于错误认识交付财产——行为人或者第三人取得财产——受害人遭受财产损失。诈骗罪又分为两者之间的诈骗和三角诈骗。两者间的诈骗指的是受骗人既是有处分权利的人,又是受害人。而在三角诈骗中,受骗人和受害人不是同一人,受骗人是基于某种理由成为具有处分财物权限的人,行为人通过欺诈手段使受骗人产生错误认识进而处分财物,受害人的财产因此而遭受损失。①

笔者认为,在承认机器可以被骗的基础上,应当将冒用他人名义转移第三方平台资金的行为定性为三角诈骗。理由有三:第一,支付宝平台里存放的资金,不管来源于余额、余额宝或者绑定的银行卡,都已经脱离了账户持有人的占有,而是基于用户与支付宝公司、天弘基金和银行之间的服务合同,被这些金融机构和非金融机构直接占有,并基于合同享有对用户资金的处分权。第二,行为人冒用他人名义的行为,其实是通过支付宝的验证程序欺骗了其背后的支付宝公司和银行等,支付宝公司在处分权限内将资金交付给行为人,完成了资金的转移。第三,受害人是账户持有人。最终丧失财产的人是账户持有人,与受骗对象支付宝公司不一致,因此,冒用他人名义转移支付宝账户资金的行为符合三角诈骗的构造。

3. 根据资金来源不同具体分析

随着第三方支付平台功能的不断发展完善,支付宝从以前单一的"支付通道"功能,逐渐演变发展成为今天涉及基金理财、保险、信贷等金融领域的多功能平台。当然,支付宝作为第三方支付平台的法律地位并没有发生变化,其并不能直接作为具有金融资质的机构从事金融活动。由于支付宝平台作为第三方的交易便捷性,多数用户对于支付宝的理解还停留在只是货币转移工具的原始阶段,而忽略了其已经通过支付宝参与了不同的金融服务法律关系。大多数学者也只是关注受害人的法益侵害,而没有完全意识到区分其中涉及的法益关系对于定性的影响。对于民事法律关系的梳理和探讨,有助于区分清楚支付宝、银行、基金公司等在这类犯罪中所处的地位,分清楚支付宝在什么时候是合同相对人,在什么时候又是提供第三方服务的平台。当犯罪牵涉到不同的资金来源,支付宝在侵财行为中也居于不同的地位,这在对行为人进行追责时发挥着重要的作用。

行为人转移第三方支付平台资金来源不涉及信用卡的案件。支付宝公司作为第三方支付平台,不能被纳入金融机构的范围之中。支付宝余额中显示的资金,以支付宝的名义存放于托管银行。但不能因为支付宝里的资金最终来源于银行卡,而将在支付宝余额里的资金和来自绑定银行卡的资金一概而论。两者在交易方式、法律关系、所涉法益上都有所区别。通过银行卡的充值,在购买商品或服务时就可以选择用支付宝

---

① 张明楷:《三角诈骗的类型》,载《法学评论》2017年第1期。

余额进行支付，无须经过银行卡操作页面。在选择余额进行支付的场合，用户与支付宝达成的法律关系是支付服务法律关系，至于支付宝将用户余额转为准备金存入哪里，则与这一法律关系没有直接的牵涉。因此，在行为人转移他人支付宝余额时，也只涉及受害人的财产权，而不关涉信用卡管理秩序。与之相似的是，当资金来源于余额宝、花呗时，只是与用户签订主金融合同的公司发生了资金转移，但都不关涉到信用卡管理秩序，因此不能成立信用卡诈骗罪，只可能成立诈骗罪。

行为人转移资金来源于第三方支付平台绑定的信用卡的案件。在这种快捷支付方式下，支付宝其实是受到用户和银行的双方委托。[①] 一方面，支付宝代替用户向银行发送支付指令；另一方面，支付宝又代替银行对用户的身份资质进行核验并代为扣划银行卡资金。从法律关系上看，用户与银行之间签订的是储蓄合同，出于快捷的需要，用户通过支付宝平台能够实现用电子信用卡支付的功能。由于支付宝是非金融机构，必须通过银行卡才能实现资金的流动，这个特性决定了支付宝不能完全独立地完成整个支付流程，需要以银行卡的支付结算功能作为支撑。总的来讲，支付宝平台推出的银行卡快捷支付的功能，只是通过第三方平台支付宝的资格审查简化了银行卡支付的流程，归根结底还是储户与银行之间的法律关系。就此来说，快捷支付只是增加了信用卡的原有使用方式，将其衍生至第三方支付平台，因而可以将第三方支付中的快捷支付视为信用卡支付方式的延伸或新类型。其本质与银行卡支付没有任何区别。因此，对于这类案件可能会成立信用卡诈骗罪。

（二）直接通过计算机网络变动账户金额的行为性质

直接通过计算机网络变动账户金额指的是行为人不是通过冒用他人名义登录受害人的第三方支付平台账户，而是通过木马病毒等技术手段对他人第三方支付平台账户上的金额直接进行篡改。这种行为的特殊之处就在于，行为人绕过了人工智能的识别和验证系统，直接通过其他手段改变了账户金额。

如果说冒用他人名义转移资金的行为，是行为人通过机器背后掌控者对机器的信赖而做出的表示进行欺骗，在行为人直接通过计算机网络变动账户金额时，机器没有收到来自行为人虚假事实、隐瞒真相的欺骗行为，而是在完全不知情的情况下被秘密窃取了资金，这种行为完全违背了机器背后掌控者的意愿，应当以盗窃罪论处。

另外，诈骗罪与盗窃罪的不同之处就在于，诈骗罪保护的重点不是财产，而是进行交易的双方所掌握的信息的对等性。这一点在支付宝的安全协议中也有所体现。如果是由于受害人的故意或者重大过失造成资金损失的，支付宝对于相应损失不予赔付。但如果不是在这种情况下受害人的资金遭受损失的，那么支付宝将要进行有效赔付。也就是说，对于人工智能先天自身技术设计的不足导致资金受损的，其实质是人工智能的过失行为，那么其行为后果就要由它的设计制造者来承担。因此，在行为人直接变动账户金额的情形下，应当认定为盗窃罪。同时，如果该手段行为的情节严重程度也构成了非法获取计算机信息系统罪，那么应当认定为想象竞合犯，从一重罪处罚。

---

① 刘宪权：《网络侵财犯罪刑法定性与规制的基本问题》，载《中外法学》2017年第4期。

# 人工智能领域侵财犯罪的刑法适用问题研究

李存海[*] 高小艳[**]

随着科学技术的飞速发展，人工智能正深刻改变着人们的生产、生活、学习方式。然而，随着人工智能时代的到来，传统侵财类犯罪罪名之间的界限划分模糊，引发了理论界的争议和实务界对此类犯罪定性的困惑。现今，人工智能作为侵财主体的侵财犯罪案件尚未出现，关于人工智能侵财行为定性的争议主要集中于以人工智能为犯罪对象的侵财犯罪。探索人工智能领域侵财犯罪的定性逻辑既是立足于当下的新问题，也是展望未来的新思考。本文以第三方支付侵财案件为例，研究人工智能领域侵财犯罪的定性路径，希望能为此类争议案件的刑法适用提供思路。

## 一、人工智能领域侵财犯罪研究概况

### （一）人工智能的概念界定

自1950年图灵最早提出人工智能的概念雏形，人工智能经历了两次繁荣期，产生了机器学习、专家系统、多层人工神经网络、深度学习等人工智能技术。进入21世纪后，受益于计算机运算能力的极大提升和机器学习算法的改进，特别是在大数据技术的关键支持下，深度学习的神经网络技术取得突破性进展。[①] 2010年人工智能进入第三次繁荣期，人工智能时代已经到来，新型侵财犯罪应运而生。经过60余年的发展，人们始终没有对人工智能的定义作出统一表述，维基百科将其界定为：人工智能就是机器展现出的智能；百度百科将其界定为：人工智能是研究使计算机来模拟人的某些思维过程和智能行为的学科。本文所探究的侵财犯罪中的人工智能，是指人们为了扩展和延伸财产支付方式而创设的可代替传统面对面财产支付行为的智能软件和应用，如支付宝、微信、蚂蚁花呗、京东白条、余额宝等。[②]

### （二）侵财犯罪的认定难题

1. 人工智能是否可以被骗

通说认为人工智能不能被骗，诈骗的对象必须是能够基于认识错误而处分财产的自然人，不可以是ATM等人工智能机器。尽管我国刑法和相关立法、司法解释明确规定了ATM等机器可以成为信用卡诈骗的被骗对象，但由于上述规定属于法律拟制性规定，因此不能当然推断出所有机器均可以成为诈骗类犯罪被骗对象的结论。基于此，人工智能时代受制于"机器不能被骗"，引发出诈骗罪的适用难题。

---

[*] 北京市顺义区人民检察院副检察长。
[**] 北京市顺义区人民检察院第一检察部检察官助理。
[①] 皮勇：《人工智能刑事法治的基本问题》，载《比较法研究》2018年第5期。
[②] 吴允锋：《人工智能时代侵财犯罪刑法适用的困境与出路》，载《法学》2018年第5期。

## 第二编 生物科技暨人工智能领域发展的刑法规制问题

### 2. 财产处分意识是否有必要

通说认为是否有处分行为,是分辨诈骗罪和盗窃罪的关键,但对处分行为人在处分行为时是否有处分意识以及处分意识的具体内容,还存在争议。随着移动互联网的推广,支付宝、微信等新型支付方式得到大规模应用,由于新型支付手段操作起来快捷、简易,操作人往往只能认识到非常粗糙的信息,而不关心整个支付流程中的其他细节,这给处分行为的认定带来了疑问,即在处分行为的认定上,是财产处分行为必须为被害人具体的认知,还是只需从社会公认的外观上存在财产处分行为即可。①

### 3. 人工智能领域财产范围

盗窃罪的对象是他人占有的财物,这里的财物不局限于有体物,更包括当今社会广泛存在的无体物以及财产性利益。虽然财产性利益盗窃在我国逐步成为通说,但财产性利益如何被"盗窃"仍未得到妥当解决,这一难题同样存在于利用人工智能侵财的案件中。② 人工智能时代支付方式的非现金化使利用第三方支付设备取财的定性演化为财产性利益盗窃难题。

## 二、人工智能领域侵财犯罪样态分析

目前,人工智能作为侵财主体的侵财案件尚未出现,理论界与实务界关于人工智能侵财行为定性的争议主要集中于以人工智能为侵财对象的侵财案件。人工智能领域第三方支付的复杂多样性导致侵财犯罪行为呈现出多样化的特点,下面以当下争议最多的第三方支付侵财案件为例进行类型化分析。

### (一) 网络支付

【案例一】被告人贾某某趁同住该处的被害人张某某熟睡之际,将张某某手机微信钱包内人民币 2800 元转账支出占为己有。法院认定贾某某构成盗窃罪。

【案例二】被告人杨某趁同事被害人刘某不备,擅自使用刘某的手机,以微信转账的方式将刘某微信绑定的农业银行卡内 8000 元转至自己的微信账户。法院认定杨某构成盗窃罪,有观点认为此案构成信用卡诈骗罪。

【案例三】被告人周某在被害人杨某某暂住处趁给杨某某修手机之际,获得杨某某的手机 SIM 卡,又获得杨某某身份证和银行卡信息资料,之后周某利用该手机SIM 卡注册微信、支付宝并绑定杨某某的邮政储蓄银行卡,将该银行卡内人民币22219 元占为己有。法院认定周某构成盗窃罪,有观点认为此案构成信用卡诈骗罪。

实践中,非法获取支付账户余额的行为,学术界和实务界对此没有争议,通说认为应成立盗窃罪。对于非法获取关联信用卡内的金额的行为在理论和实践中都存在争议,有时被认定为信用卡诈骗罪,有时被认定为盗窃罪。司法实践中对该类行为出现不同判决的根源是对智能机器能否作为适格处分主体存在不同认识,司法工作人员对智能机器和智能程序是否具有处分能力存在不同的解释,故存差别化认

---

① 蔡桂生:《新型支付方式下诈骗与盗窃的界限》,载《法学》2018 年第 1 期。
② 杨志琼:《利用第三方支付非法取财的刑法规制误区及匡正》,载《政治与法律》2018 年第 12 期。

定，实际上是被新型支付方式的外部特征所迷惑而忽视了侵财犯罪的内在属性。上述争论的焦点在于：一是非法获取关联信用卡是秘密窃取账户内资金的盗窃行为还是针对第三方支付的诈骗行为；二是能否因为功能和使用方式相同而将支付账户视为信用卡账户，并将支付账户信息视为刑法中的"信用卡信息资料"。①

### （二）网络信贷

【案例四】被告人张某某在高中同学被害人柴某某不知情的情况下，私自登录被害人手机，冒充被害人身份信息办理蚂蚁花呗、丽人荟、水象分期、神灯小贷、拍拍贷等借贷业务人民币 35000 元，借款到账后骗取被害人转款或利用借款网上购物消费。

被告人张某某使用小学同学被害人聂某手机和身份信息办理京东白条借贷业务人民币 15000 元，后采取秘密转账的方式予以窃取。法院认定张某某构成盗窃罪，此案另有信用卡诈骗罪、诈骗罪、合同诈骗罪、贷款诈骗罪的观点。

实践中，由于各类消费平台的金融主体资质不明，各种支付软件又极大简化了消费信贷的申请和使用流程，使得实务界对"蚂蚁花呗""京东白条"等金融产品的法律性质及其"冒用行为"的评价产生极大争议。网络消费信贷业务具有"先消费、后付款"的特征，具有"类信用卡"的支付结算功能。有观点认为，套现后的资金是划入被害人支付账户内的个人财产，因此套现行为构成秘密窃取他人财产的盗窃罪；也有观点认为，行为人是冒用被害人名义与阿里巴巴公司、京东公司签订贷款合同和赊购合同，应构成合同诈骗罪；还有观点认为，非法利用网络信贷套现或消费行为应构成诈骗罪。上述争议的焦点在于如何评价"蚂蚁花呗"和"京东白条"等消费金融服务的性质，该服务是刑法中的"信用卡"还是贷款服务或者赊购服务，利用他人网络信贷消费或套现是针对被害人的盗窃行为还是针对第三方支付的诈骗行为等。

### （三）网络理财

【案例五】被告人徐某趁室友被害人田某熟睡之际，通过支付宝转账方式将田某余额宝内人民币 11401 元转入自己银行卡中，并窃走现金人民币 300 元。法院认为徐某以非法占有为目的，秘密窃取被害人余额宝内资金的行为构成盗窃罪，有观点认为应为诈骗罪。

近年来，线上线下支付业务的利润十分有限，第三方支付机构纷纷转向理财领域，如支付宝、财付通等先后推出了"余额宝""理财通"等理财产品。通说认为，网络理财中由于第三方支付承担了理财产品申购与赎回的支付辅助服务，因而非法获取他人余额宝等理财产品内资金属于非法获取第三方支付基金账户内资金，符合盗窃罪的行为特征。但相关问题也十分突出：一是对余额宝等理财产品的金融属性究竟是现金、存款、贷款、基金等如何认定存有争议；二是第三方支付机构作为网络理财平台，在理财产品的宣传发售流程中定位不明，对其究竟是网络技术服

---

① 童云峰：《新型支付方式背景下侵财犯罪定性之探讨》，载《中共郑州市委党校学报》2017 年第 5 期。

务、信息中介、理财产品的发行者或销售者有不同认识。①

综观司法实践中的真实判例，人工智能领域新型支付方式背景下的侵财犯罪主要以账户余额、关联银行卡内资金、信贷资金、理财资金为犯罪对象，同样的犯罪形式也存在不同的司法认定情况。司法实践不同判决的矛盾根源，在于司法工作者对解释路径选择的不同，不同的解释路径能得出不同的法律结论。②

### 三、人工智能领域侵财犯罪认定思路

人工智能的介入使得传统侵财犯罪的外部特征被淡化，但这些侵财犯罪的本质属性不会因为外部因素的更新而变异。笔者认为，针对人工智能领域纷繁复杂的侵财犯罪，对个案的认定应在厘清第三方支付的交易结构和法律关系的基础上，从宏观层面把握该类型案件的刑法规制和惩罚思路。

**（一）网络支付**

以支付宝为例，从支付原理来看要完成相应的转账、消费等服务功能，用户需要注册一个支付宝账户并经实名认证，实名认证需要同时核实会员身份信息和银行账户信息，之后就可以通过在银行留下的联系方式、银行卡卡号、手机校验码等信息快速开通快捷支付服务。在操作流程上，行为人输入支付宝密码或手机验证码等信息，由支付宝账户向银行机构发出交易指示，从而实现将已与支付宝绑定的银行卡内资金用于消费和转账，而不需要输入银行卡卡号及密码等信息。在余额支付的场合，行为人只是非法获取了支付账户余额，而未涉及支付账户所绑定的信用卡，故不会侵害信用卡管理秩序。在关联银行卡的情形下，用户与支付机构、银行通过协议约定，由支付机构代用户向银行发送支付指令，直接扣划客户绑定的银行账户资金，此种情况下必然侵犯信用卡管理秩序。

第一种情形，侵犯他人第三方支付账户资金的行为应以盗窃罪论处。非法获取第三方账户内钱款，只需要获取账户和密码进行登录，即可窃取账户内钱款进行支付消费。如案例一，贾某某窃取微信钱包内钱款的犯罪行为过程是在被害人不知道的状态下，秘密窃取被害人支付宝账户和密码，主观上贾某某在获得被害人的手机以及第三方支付账号后所产生的首要想法是要窃取账户内的钱款，其他的侵财手段都在行为人概括的故意之中。客观上贾某某在未经别人允许的情况下，擅自使用他人的支付宝、微信等第三方支付账户转账、消费，被害人也是在不知情的情况下遭受了财产损失，这符合盗窃罪的特征。因而，案例一中，贾某某非法获取被害人微信账户余额的行为应构成盗窃罪。

第二种情形，侵犯第三方支付所关联信贷资金的行为应构成诈骗罪。行为人分别利用事先得知或其他方法获取被害人的第三方支付账户和密码，在被害人不知情的状态下，擅自将账户关联的银行卡的钱款占为己有，实际上是以银行卡所有人的名义，基于银行卡所有人事先自愿将自己的第三方支付账户与银行卡进行关联，擅

---

① 杨志琼：《利用第三方支付非法取财的刑法规制误区及匡正》，载《政治与法律》2018年第12期。
② 黄本超：《窃用支付宝第三方支付账户的刑法定性》，载《江西警察学院学报》2017年第2期。

自将卡内钱款移转占有。在此过程中,由于第三方支付账户已经与银行卡关联,银行在验证了第三方支付账户的用户名和密码是正确的之后,误以为转账、消费支付的实际操作人就是银行卡所有人,进而交付了银行卡内的钱款。如案例二,杨某通过利用事先得知的被害人微信支付账户和密码,通过微信快捷支付方式向银行发出转账指令,银行接到来自与真实银行卡绑定的支付宝等账户的指令即同意转账,这一过程都被科技化手段予以简化和程序化,但其实际本质属性并未发生变化。因此,通过支付宝等支付平台将与之绑定的银行卡内资金转移,应该理解为"冒用信用卡"。此种行为类型的关键在于对银行卡内钱款的窃取,不仅侵害了被害人的私人财产所有权,也是对信用卡管理秩序的侵害。① 故案例二中,杨某窃取被害人与第三方支付账户关联的银行卡内的钱款的行为应当以信用卡诈骗罪定性。

第三种情形,注册、绑定型侵财行为成立信用卡诈骗罪。行为人注册第三方支付账户并且将银行卡与之绑定,而要完成这个过程需要掌握被害人的银行卡卡号等信息,这些信息属于法律意义上的信用卡信息资料。如案例三,周某在非法获取被害人信用卡信息资料后,利用手机号码注册支付宝、微信,然后将邮政储蓄卡卡号绑定到该支付宝、微信上,通过支付宝、微信来转移银行卡内的资金,属于在互联网通信终端上使用,此类行为符合"窃取、收买、骗取或者以其他非法方式获取他人信用卡信息资料,并通过互联网、通信终端使用的,是冒用他人信用卡行为"这一司法解释的规定。因此,注册、绑定型侵财行为本质上是冒用他人信用卡、以无磁交易的方式实施的诈骗行为,侵害了信用卡的正常结算管理制度以及正常的金融管理秩序,同时也侵犯了被害人的财产权,构成信用卡诈骗罪。② 据此,案例三中,周某注册、绑定被害人银行卡后支取卡内的钱款的行为应认定为信用卡诈骗罪。

### (二) 网络信贷

网络信贷中,"蚂蚁花呗""京东白条"等小额信贷产品类似信用卡中的贷记卡,即先行透支使用后再还款或分期付款,尽管其已经具有信用卡的功能,但蚂蚁金融服务集团、京东金融集团在性质上系网络小额贷款公司,并不属于中国人民银行确定的"其他金融机构",在缺乏立法解释或司法解释的情况下,还不宜将其解释为刑法中的"信用卡"。以"蚂蚁花呗"等为代表的信用贷款服务体现了金融消费者的财产权,冒用他人"蚂蚁花呗"等小额信贷产品的行为,其实是冒用金融消费者名义向金融机构申请贷款服务,进而欺诈第三方支付设备实现资金的转移,财产损害后果其实是发生在行为人与第三方支付设备之间的。

网络小额借贷作为新兴的金融模式改变了侵财类犯罪的外部环境,展现出多样态的犯罪形式,也集中了传统犯罪形式与新型犯罪形式诸多特点。当前,防范人工智能领域新的金融模式下的犯罪风险,要考虑鼓励创新与个体利益的平衡,不能让

---

① 童云峰:《新型支付方式背景下侵财犯罪定性之探讨》,载《中共郑州市委党校学报》2017年第5期。
② 黄伯青、宋文健:《涉第三方支付侵财案件的刑事规制解析》,载《人民法院报》2019年2月14日第5版。

社会个体承担国家试错的代价。① 关于网络信贷领域非法消费或者套现他人信贷产品的定性，网络信贷包括了以"蚂蚁花呗"为代表的信用贷款服务和以"京东白条"为代表的信用赊购服务，都体现了金融消费者的财产权，冒用他人"蚂蚁花呗"或"京东白条"等的行为，其实质是行为人冒充真实用户利用第三方支付设备实施资金转移。② 如案例四，张某某冒用被害人名义向金融机构申请贷款服务或赊购服务，进而欺诈第三方支付设备实现资金的转移的行为应构成诈骗罪。

（三）网络理财

网络理财产品具有金融理财和消费双重功能，其本质是一种基金直销产品，具有财产的一般属性，属于刑法中的"财产性利益"。在操作流程上，网络理财基金的投资包括申购和赎回，基金投资人将支付账户或银行账户内资金转入基金账户，即视为申购货币基金；基金投资人如要将货币基金转化为现实货币，必须向基金公司发出赎回指令，基金公司将所要赎回的份额变现后将资金返还给投资人。其中的法律关系主要涉及基金投资者、基金公司、第三方支付机构，第三方支付机构只是为基金投资人和基金公司之间的基金交易活动提供支付的辅助服务，而非基金购销合同的当事人。据此，非法获取基金账户内资金的行为，其实是行为人冒用投资人的名义，向基金公司发出赎回指令，并通过第三方支付设备将其变现资金非法占为己有，其侵犯了投资人的财产权利。

涉网络理财中，余额宝等理财产品并未详细告知用户其业务流程和财产转移程序，第三方支付平台仅承担余额宝等理财产品申购与赎回的支付辅助服务，因而非法获取他人余额宝等理财产品内资金属于非法获取第三方支付基金账户内资金。如案例五，徐某非法获取被害人余额宝基金账户内资金的行为，其实是冒用被害人的名义向基金公司发出赎回指令，并通过第三方支付设备将其变现资金非法占为己有，故徐某非法获取被害人余额宝内资金的行为应构成盗窃罪。

---

① 雷澜珺：《第三方支付环境下侵财类犯罪的治理路径选择》，载《江西警察学院学报》2018年第1期。
② 杨志琼：《利用第三方支付非法取财的刑法规制误区及匡正》，载《政治与法律》2018年第12期。

# 人工智能时代远程视频取证模式的构建

张启飞* 虞纯纯**

2017年8月18日,杭州互联网法院正式揭牌。2018年4月2日,杭州互联网法院举行全球首个"异步审理模式"上线启动仪式,实现举证、质证、审判等全流程线上处理到异地错时线上审理,各地法院逐步开展远程视频审判工作。与此同时,各地检察机关逐步开展"互联网+"的工作模式,进行远程讯问,远程司法模式开始显现出强大的生命力。在"互联网+"背景下,如何构建远程视频取证模式,提高侦查效率,需要深入研究。

## 一、远程视频取证的实践与质疑

远程视频取证是"互联网+"融入司法实践,解决案多人少、降低异地取证经费、节约司法资源,提升司法效率的有效途径。当前,远程视频取证已取得显著的效果,但也存有质疑之声。

(一)远程视频取证的实践效果

在"互联网+"背景下,远程视频取证方式的优势十分明显。其一,方便取证,节省司法成本。在网络犯罪案件中,被害人分布在全国各地,若通过传统方式取证,不仅效率低下,而且费用惊人,警力难以保障。通过远程视频取证,不仅可以免去舟车劳顿之苦,而且几乎没有差旅成本。其二,可有效解决犯罪嫌疑人在押解过程中的安保问题。异地押解的安全问题一直是困扰在司法人员头上的"达摩克利斯之剑",押解过程中脱逃的案例不时见诸报端。远程视频取证可以避免长途押解,有效解决押解过程中的脱逃问题。其三,方便证人作证,提高证人作证的出庭率。证人出庭率低下是我国刑事审判的不争事实,并成为制约控辩式刑事庭审方式改革的"瓶颈"之一。[1] 通过远程视频作证,可以有效降低证人出庭成本,减少证人出庭的顾虑,提高证人出庭率。

(二)对远程视频取证的质疑

当前,对远程视频取证的办案方式的质疑主要体现在三个方面:一是刑事诉讼法并未明确规定该种取证方式,缺乏合法性依据;二是侦查活动是一项严肃的司法活动,远程视频取证缺乏传统面对面取证方式的严肃性,使严肃的执法活动"变味";[2] 三是言词证据的可信性问题。由于远程视频取证不与取证对象直接接触,

---

\* 浙江警察学院法律系讲师,法学博士。
\*\* 浙江省温州市瓯海区人民检察院政治部副主任科员,法学硕士。
[1] 参见左卫民、马静华:《刑事证人出庭率:一种基于实证研究的理论阐述》,载《中国法学》2005年第6期。
[2] 参见范黎红:《远程审理的适用空间之展望》,载《法学》2010年第2期。

取证对象容易掩盖事实，不易评价言词的可信性。① 针对远程视频取证法律依据欠缺、司法权威不足、证据的安全性受到质疑等问题，我们需要认真探寻远程视频取证的价值意蕴与法律基础，构建合理的远程视频取证模式。

## 二、远程视频取证的规范化要求

远程视频取证作为"互联网+"在司法领域的具体应用，司法工作人员应当主动拥抱互联网技术，依托互联网技术进行工作方式的创新。在远程视频取证的规范化层面，需要从外在要求和内在要求两个层面进行考量，以全面提升远程视频取证的规范化水平。

### （一）外在要求：远程协助取证要符合刑事诉讼的基本规定

对远程视频取证的质疑之一是法律上缺乏明确规定。我国2018年修订的《刑事诉讼法》并无对远程视频取证的具体规定，但2013年《最高人民法院关于适用〈中华人民共和国刑事诉讼法〉的解释》第206条规定，证人因身患严重疾病等客观原因无法出庭的，可以准其不出庭或者通过视频等方式作证。此处"视频作证"之语虽较含糊，但联系上下文表述，应理解为不出庭情况下的视听传输技术作证。因此，视听传输技术作证运用于刑事诉讼亦属合法。② 需要注意的是，早在2001年，《最高人民法院关于民事诉讼证据的若干规定》第56条第2款就规定证人可以提交书面证言或者视听资料或者通过双向视听传输技术手段作证。2012年《民事诉讼法》修改时将上述规定纳入，在第73条明确规定："经人民法院许可，可以通过书面证言、视听传输技术或者视听资料等方式作证。"这是我国程序法上首次对远程视频作证作出规定，对民事诉讼远程取证提供了合法性保障。此后，2016年"两高一部"《关于办理刑事案件收集提取和审查判断电子数据若干问题的规定》第9条对网络远程勘验作出规定。2019年1月2日公安部发布《公安机关办理刑事案件电子数据取证规则》，其中第四节共13个条文对网络在线提取电子数据作出详细规定。由此可以看出，网络远程取证法律依据充分。

### （二）内在要求：远程协助取证要获得各诉讼参与方的认可

诉讼参与人平等的参与庭审活动，是提升司法公信力的重要保障，也是提升司法权威的重要途径。司法应有自己的威仪，司法威仪是通过法律活动或法律适用的程序化方式和过程，使司法活动、法官以及法律获得一种神圣、不可侵犯的权威。③ 远程协助取证若无法获得侦查人员、检察人员、审判人员及各诉讼参与人员的认可，其司法权威可想而知。

第一，对于司法人员来讲，由于远程作证具有降低诉讼成本、便于证人出庭作证、适应网络时代侦查及庭审方式变革等价值，互联网技术在司法实践中的运用越来越广泛，侦查人员、检察人员、审判人员等司法工作人员应当顺应时代潮流，掌

---

① 参见郭欣阳、方莉：《科学技术在证人证言举证中的应用》，载《人民检察》2005年第4期。
② 参见李峰：《论视听传输技术作证的规范化——基于民事裁判文书的分析》，载《华东政法大学学报》2018年第5期。
③ 参见季金华：《理性司法观的培养：司法权威的概念支持》，载《法律适用》2004年第1期。

握最新的网络技术，不断提升司法实践中运用新技术的能力。

第二，对于证人来讲，远程作证可以节省时间、降低出庭的费用、提升证人的出庭率。在我国司法实践中，证人出庭率低下是个历久弥新的话题。证人出庭率低下已成为控辩式刑事庭审方式改革的"瓶颈"之一。证人出庭率低下固然可以归因于检察官和法官的消极态度及书面裁判模式的承继，① 证人因担心出庭作证而浪费自己的时间和精力，恐怕也是证人在面对与自己无任何关系的案件时不愿意出庭作证的重要原因。采用远程作证可以解决证人出庭作证面临的现实困境，提高证人出庭的概率。

第三，对于当事人来讲，分为犯罪嫌疑人、被告人和被害人三种情形。对于犯罪嫌疑人，若处于羁押状态，可以通过看守所的远程视频系统进行提审；若没有处于羁押状态，可通过定制的专用小程序进行讯问。对于被告人，根据我国2018年修订的《刑事诉讼法》的规定，除缺席判决外，被告人要在庭审现场接受审判，较少存在远程庭审的情形。对于被害人来讲，是否到庭接受询问法律没有明确规定。司法实践中，侦查机关一般将被害人的询问笔录作为证据提交给法院，被害人很少出庭陈述受害事实。但从长远来看，被害人出庭陈述被害事实是大势所趋，采用远程取证，可以减少被害人的心理障碍，更容易获得被害人的认可。

第四，对于鉴定人、翻译人员等其他诉讼参与人来讲，这些诉讼参与人和案件没有利害关系，主要是辅助庭审的正常进行，由于鉴定人和翻译人员很少出庭，利用远程系统协助进行鉴定、翻译，不仅会达到同样的效果，还会提升鉴定人、翻译人员的出庭率。

## 三、远程视频取证模式的方案设计

在远程视频取证获得诉讼参与各方认可，现有技术已能有效支持远程视频取证的情况下，应建立一体化的远程视频证据体系，设计科学的远程视频取证模式，让侦查人员、检察人员、审判人员及社会公众逐渐接受远程视频取证。

### （一）建立固定的远程取证模式

第一，点对点的远程取证模式。目前，网页端的视频录制软件及苹果、安卓系统的视频录App随处可见，为防止侦查阶段视频证据被截取、窜改、盗用，不宜随意使用公用网络渠道进行录制，故在远程视频取证之初，宜采用加密网络通道建立固定的点对点的远程取证模式。即在同城同省一定范围内的公安机关、监所、检察院、法院之间建立远程视频系统，最终在全国各地的公安、司法机关之间建立远程视频取证系统，实现侦查人员、检察人员、审判人员在本单位就可对在同城或异地的当事人进行远程提审、讯（询）问。

第二，远程取证工作室模式。点对点的远程取证系统需合作单位建立各自的远程视频取证室，在不同的取证室之间连接专用网络线路，保证视频数据不被他人滥

---

① 参见左卫民、马静华：《刑事证人出庭率：一种基于实证研究的理论阐述》，载《中国法学》2005年第6期。

用、截取、盗用。目前，主要有使用 VPN（虚拟专用网络）和有线专用光纤两种网络宽带方式进行涉密工作网、涉密数据的处理。这两种方式均可实现对数据的加密传输，但在传输速度、覆盖范围、设置成本方面各有利弊，各单位之间的远程视频取证室的网络专线可按需进行设置。取证工作室的背景墙宜标明本单位名称及标志，让当事人最大限度地产生亲临现场感。在取证室里，应设置专用电脑、视频显示屏、打印机等相关录音录像设备，可参照《公安机关讯问犯罪嫌疑人录音录像工作规定》进行全面摄像。录制内容包括侦查人员、犯罪嫌疑人、其他在场人员、讯（询）问场景和计时装置、温度计显示等信息。图像正中应当显示犯罪嫌疑人正面中景，并通过画中画技术同步显示侦查人员正面画面，画面同步显示日期和24小时制时间信息。远程讯（询）问应当自讯（询）问时开始，至被讯（询）问人核对讯（询）问笔录、签字捺指纹后结束。讯（询）问完成后，笔录可由协作单位邮寄送达至被协作单位，也可由被协作单位上门收取。若今后实现讯（询）问的电子化，摒弃传统的纸质笔录，直接采用音像记录作为证据，可由取证单位在远程讯（询）问时，同步录制视频。

**（二）建立机动的远程取证模式**

前述，远程取证系统主要针对在押与非在押两类犯罪嫌疑人、被告人及被害人、证人等。对在押的犯罪嫌疑人、被告人，可以通过看守所的远程视频讯问室进行远程视频提审，而非在押的犯罪嫌疑人、被告人及被害人、证人，可使用手机、电脑等通信设备接受讯（询）问。故对这两类人员进行远程视频取证时，宜作区别对待。

第一，定制版侦查 App 及侦查小程序。公安机关、检察院、法院可与互联网公司合作开发具备视频录制功能的专用讯（询）问 App，实现随时随地取证。目前，微信、支付宝已支持购物娱乐、资金往来、教育公益等各类小程序，公安机关、检察院、法院可与腾讯、阿里巴巴合作开发具备视频录制功能的微信小程序、支付宝小程序，专门适用于讯（询）问。在当事人第一次到案或采取强制措施之时，告知当事人下载专用 App 或添加小程序，并在专用 App 或小程序中嵌入人脸识别系统用于身份识别，以备远程讯（询）问。

第二，机动型远程视频取证程序。在进行远程视频取证时，应遵守我国刑事诉讼法的规定。在讯（询）问开始之前，侦查人员、司法人员应核实当事人是否已下载专用 App 或小程序，并告知当事人通过绑定身份证、手机号码等方式进行注册，填写姓名、出生年月、性别等相关信息，通过人脸识别系统自动识别身份，或当事人以手持身份证的方式，并通过点头、眨眼等方式进行身份的动态识别。侦查人员、检察人员、审判人员可通过摄像头在视频中出示询问通知书和工作证件，以向被取证人说明身份。为避免被害人、证人及在押的犯罪嫌疑人陈述、供述时受到干扰、影响或胁迫，上述人员应在封闭的空间内陈述、供述。在讯（询）问之初，当事人应手持摄像头环视作证环境，由讯（询）问人确定、核实作证环境的安全性。在讯（询）问开始时，讯（询）问人应再次口头核实在该环境下作证是否受到影响、胁迫、干扰，并告知其虚假陈述应当承担的法律责任。在录制时，应参照

《公安机关讯问犯罪嫌疑人录音录像工作规定》，全程无间断进行录制，并刻录成光盘予以保存、备份，在相关的文件名称上注明案件名称、被讯（询）问人、制作人、制作时间等相关信息。

第三，摒弃传统笔录，提高音像证据的审查效率。刑事案件取证用音像记录代替传统的笔录，可以解决远程视频取证时非面对面的模式下不能及时取得笔录的难题。传统笔录具有记录不完整的缺陷，办案人员不可能一字不落地记录下原话，也不能展现当事人的表情、动作。音像记录能完整、全面地记录下取证、讯问过程，并可检验是否存在刑讯逼供、诱供的情况。当然，大量的音像视频资料将带来审查上的困难，对传统的笔录可在较短的时间内全面阅读，而视频数据的播放时间是固定的，若全面审查视频数据，将占用司法办案人员大量的时间，且可能无法在审查逮捕、审查起诉的规定时间内全部审核完毕。为提高审查效率，可由侦查人员或司法辅助人员事先审查播放音像资料，对视频进行简要的文字说明，并对视频资料供述、陈述、证言的关键时间段等作文字说明，节约员额检察官、法官的审查时间。此外，可在办案系统或视频录制设备中嵌入语音识别系统，由语音识别系统自动抓取关键词，自动生成文字，记录关键词出现的相应时间点，以方便司法审查人员高效、有重点地播放、审查音像证据。

### （三）建立一体化的证据体系

司法程序理论认为，证据应被视为一项过程而不是事物的集合。① 采用远程视频取证模式，应当打通侦查机关与检察院、法院的办案系统，通过计算机操作，实现证据材料在使用终端的移送、共享。

第一，建立单位内部的数据交换通道。单位内部数据交换主要包括两种，一是普通电子设备与工作网的传输交换。利用计算机终端或移动设备端进行视频取证，相关视频数据存储在普通电子设备上。在录制完成后，先通过中间机器对视频资料进行杀毒，在检测安全后，对视频资料进行哈希值检测，检验视频资料是否完整，有无丢帧、被审改情况。最后，将视频资料导入办案系统。二是工作网与涉密网之间的数据交互。目前，侦查机关已使用网闸解决公用互联网与工作网之间数据的导入导出，检察机关利用"光盘摆渡+光闸"模式实现涉密网与工作网间的数据交换，② 单位内部网间的数据交换可由单位自行选择合适的模式进行。

第二，建立"数据交互共享"平台。数据交互平台可实现数据的跨域定向共享，在交互过程中根据处理算法进行数据格式的自动匹配，以便能够使用多种数据渠道实现数据资源的受控共享交换。③ 在视频取证模式下，建立数据交互共享平台，用网络传送方式代替人工移送卷宗材料模式，提高移送效率，减轻办案人员的工作

---

① 参见［美］罗纳德·J. 艾伦：《理性 认知 证据》，粟峥、王佳译，法律出版社2013年版，第40页。
② 参见侯天子、王君：《检察机关建设大数据中心的研究与探讨》，载《检察技术与信息化》2018年第5期。
③ 参见马君毅、温睿：《基于大数据构建检察应用支撑平台的思考》，载《检察技术与信息化》2018年第5期。

量，节省办案资源。目前，公安机关的全国违法前科人员信息资源库已可以共享、查询犯罪嫌疑人的前科情况。在检察机关的统一业务应用系统中有"协同互联"的模块，可将数据传输至监所、法院、其他检察院等单位。法院的审判应用系统可进行高院与下级院的立案登记、文书制作、司法统计、查询等协同工作。换言之，在不同单位、系统之间实现数据交互、网络互联互通在技术上已无障碍，且已在一定范围内投入使用。侦查机关之间共享视频证据的关键在于制定、遵循相关规范。除非确因侦查涉及国家安全、涉黑、涉恐等有保密需要，可暂不共享，原则上已侦查完结的案件，应实行证据共享。因此，侦查机关与检察院、法院之间对于同一案件的证据，宜采用智能共享功能。

第三，规范音像资料的存储。刑事证据承担着当事人有罪无罪的证明责任，在证据的保存、传输方面应设置严格的规范程序，避免证据错乱、混杂。在视频证据制作完成后，应及时在文档、文件夹上注明案件编号、案件名称、被讯（询）问人、制作时间等相关信息。对同一个案件，应建立一个文件夹以存放所有的证据，在文件夹项下宜根据犯罪嫌疑人、被害人、证人等进行分类，并按需建立子文件夹。在导入、传输音像资料的过程中，应检查文件名及相关信息是否与原数据名称相一致。需要注意的是，视频格式种类较多，不同的格式对视频文件的压缩率不同，将导致视频的容量不同，进而影响到传输速度、存储空间的大小及播放器的选择。为避免视频证据在不同的单位间传输、播放时出现故障，侦查机关、法院、检察院之间应采用统一的视频格式及播放器。

## 四、结语

随着5G时代的到来及"互联网+"的不断发展壮大，远程视频取证存在巨大的潜力和广泛的发展空间。正如Lord Wolf所说，IT业发展所带来的，是彻底改变诉讼系统基础以及规则上诉讼现实的催化剂。这一发展趋势，对诉讼程序和数字技术之间交互的吸引力、密切关联、一致性和兼容性而言，诉讼法领域还存在更广阔的尚未开垦的领地。① 随着人工智能时代的来临，我国逐步开展的远程视频取证实践，应当看到它的勃勃生机。随着科技与司法的融合，将来可实现取证、审查、审判全流程自动化，极大解放侦查人员、检察人员、审判人员等司法人员的双手，使其专注于疑难复杂案件的办理。远程视频取证模式的构建需要各部门、各地区协作完成、推进，随着远程取证实践经验的积累，在全国范围内推广远程视频取证已触手可及。

---

① 参见［德］Peter Gilles:《德国民事诉讼程序电子化及其合法化与"E—民事诉讼法"之特殊规则》，张陈果译，载《民事程序法研究（第三辑）》，厦门大学出版社2007年版，第316页。

# 人工智能时代刑事法律保护企业
# 知识产权的新挑战与新思路*
## ——以公民个人信息数据的权属界定为视角

李业青**

人工智能技术的迅速发展正在深刻改变人类社会、影响世界,而移动互联网将人类社会带入了万物互联的人工智能时代。在企业的人工智能技术和产品带给人们便捷、高效、愉悦的生活体验的同时,其发展的不确定性也带来诸多新挑战。人们一边作为消费者、受益者,一边也在不自觉地为技术所扰,异化为受害者。

通过人工智能技术收集的公民个人信息数据①,作为企业创新发展的重要资源,具有极高的经济价值;同时,作为企业的核心商业秘密,其也具有重要的战略意义,因而,其权属的刑法界定,实质上是对企业知识产权的强力保护。尽管我国刑事法律以及《民法总则》《网络安全法》《消费者权益保护法》均对收集个人信息数据有较为明确的规定,②但社会生活中,强制授权、过度索权、超范围收集公民个人信息数据的现象还大量存在,违法违规使用公民个人信息数据的问题仍十分突出,公民个人信息数据大规模泄露事件时有发生,从刑事法律角度对公民个人信息数据的权属进行有益的界定尚有很大探讨空间。

## 一、人工智能时代刑事法律保护企业知识产权的新挑战

"数据最大的作用在于承载信息,但是并非所有的数据都承载了有意义的信息。"③ 公民个人数据本身没有意义,人工智能技术的发展,大数据、云计算通过对数据进行深度、有效的加工、整合和优化,去粗取精,去伪存真,从而获取大量公民个人数据背后有用的信息;人工智能技术的好处更在于,可以快速实现这些信息数据的聚合,并基于大数据分析用户的行为,实现对用户的精准"画像",为用

---

\* 本文是 2019 年度南京市法学会法学研究自选立项课题《人工智能时代刑事法律保护企业知识产权的新挑战与新思路》(课题编号:NJFX〔2019〕D21)、2019 年度南京市人民检察院检察理论研究重点立项课题《人工智能时代知识产权刑事法律保护研究》的阶段性研究成果。

\*\* 江苏省南京市浦口区人民检察院刑事检察一部检察官助理,二级检察官。

① 本文所讨论的公民个人信息数据限于《刑法》第 253 条之一规定的"公民个人信息",即以电子或者其他方式记录的能够单独或者与其他信息结合识别特定自然人身份或者反映特定自然人活动情况的各种信息。

② 2009 年 2 月 28 日《刑法修正案(七)》增设了"侵犯公民个人信息罪";2013 年 10 月 25 日修订的《消费者权益保护法》确定消费者的个人信息作为消费者的法定权利;2016 年 11 月 7 日修订的《网络安全法》确立了个人信息数据收集的原则、义务和责任等;2017 年 10 月 1 日施行的《民法总则》将数据信息纳入知识产权的保护范围。

③ 吴军:《智能时代:大数据与智能革命重新定义未来》,中信出版社 2016 年版,第 5 页。

## 第二编 生物科技暨人工智能领域发展的刑法规制问题

户提供优质的个性化服务;数据加工处理后,公民个人信息数据的商业价值被挖掘出来,进而形成企业的市场竞争力。从这个意义上说,数据是人工智能时代的石油并不为过。

现实生活中,获取大量且有效的公民个人信息数据是困难的,因为收集数据的过程必然会引起用户的警惕、反感甚至拒绝。在人工智能时代,新技术的发展使这一收集过程更加人性化。企业免费向用户提供各种数据产品和软件服务(如微信、滴滴打车、美团外卖、高德地图等 App),并付出相应的成本持续经营,逐渐积累大量公民个人信息数据。"在这样一个用户与数据企业合作的模式中,数据企业无偿向用户提供数据产品和服务,也正是数据企业为收集个人数据所支付的对价,因此,基于公平原则也应认定数据企业对被合法收集的个人数据享有权利"。①

尽管用户愿意"用隐私交换便利",然而,企业在收集公民个人信息数据隐私政策的透明度、披露方式等方面仍存在"一揽子同意"所有授权、条文雷同、格式条款、霸王条款等问题;② 在使用公民个人信息数据过程中,未经同意使用公民个人信息数据、不明示使用公民个人信息数据的目的、方式和范围等方面隐蔽性更强;在巨大经济利益的诱惑下,泄露、出售或者非法向他人提供公民个人信息数据的风险性更大。另外,黑客攻击的外部侵犯、系统安全漏洞的技术性缺陷等原因导致公民个人信息数据始终面临被泄露的潜在危险。当然,这些新问题的提出不是为了渲染焦虑,而是希望刑事法律面对这些挑战时,能够在平衡技术创新与法益保护上有所作为。

### 二、企业运用公民个人信息数据的刑事风险

一项技术等成熟之后再反思问题,是亡羊补牢;而在技术成长初期就理性审视,方为先见之明。目前,尽管社会应对企业利用人工智能技术抱以宽容,但不能放纵其以技术进步之名侵犯公民个人的信息数据,损害公民的人格权和财产权。目前,我国有关个人信息保护的法律条款主要集中在《消费者权益保护法》《网络安全法》《民法总则》和刑事法律中,近期国家有关部门还组织开展在全国范围内的违法违规收集使用个人信息专项治理,并取得了一定的成效。③ 然而,其他法律对于公民个人信息数据的保护仍比较分散且缺乏可操作性,现阶段,刑事法律在预防和惩罚侵犯公民个人信息数据犯罪方面,仍是较为有效的手段。因此,在人工智能

---

① 程啸:《论大数据时代的个人数据权利》,载《中国社会科学》2018 年第 3 期。
② 根据南都个人信息保护研究中心公布的《2018 年个人信息保护年度报告》,对 1000 款 App 的测评结果显示,有 13 款达到隐私政策透明度高的层级,其中百度贴吧以 97 分位居第一,爱奇艺和百度地图以一分之差并列第二;122 款 App 透明度较高,148 款透明度中等,179 款透明度较低;透明度低的 App 数量过半,共 538 款,其中 21% 的没有任何隐私条款。
③ 2019 年 1 月 23 日,中央网信办、工业和信息化部、公安部、市场监管总局《关于开展 App 违法违规收集使用个人信息专项治理的公告》,在全国范围内组织开展为期一年的 App 违法违规收集使用个人信息专项治理,通过委托专业的测试评估机构,对用户数量大、与民众生活密切相关的 App 隐私政策和个人信息收集使用情况进行评估,为相关部门依据《网络安全法》《消费者权益保护法》等法律法规开展监管执法等提供参考。

时代，企业如何合法合规收集、存储、使用公民个人信息数据，有效防范刑事法律风险，是需要认真对待的问题。

### （一）侵犯公民个人信息罪

侵犯公民个人信息罪是《刑法修正案（九）》第 17 条修订增设的罪名，确定了违法向他人出售、提供以及非法获取公民个人信息等三种入罪情形；同时，根据《网络安全法》第 44 条规定："任何个人和组织不得窃取或者以其他非法方式获取个人信息，不得非法出售或者非法向他人提供个人信息。"即不仅允许合法提供公民个人信息，而且为合法出售和交易公民个人信息留有空间。① 另外，《网络安全法》还规定，经被收集者同意，以及做数据"脱敏"处理（剔除个人关联），是合法提供公民个人信息的两种情形。②

商业实践中，企业运用公民个人信息数据，至少从形式上确实基于被收集者的授权，看似是合法的，但也存在滥用、泄露的情形。以外卖 App 平台为例，这些信息数据主要可以分为三类：第一类是用户为正常使用平台服务而主动提供的信息，如注册时填录的姓名、手机号码、地址、支付账号以及账号名称、密码等；第二类是平台提供服务过程中产生的信息，订单信息（订餐时间、地点、费用等）、浏览及搜索信息、行为偏好（饮食偏好、就餐环境要求等），这些信息基于平台提供服务而产生，并由平台自动记录保存，在一定程度上体现了用户的部分人格特征（饮食习惯、性格特征、生活轨迹等）；第三类信息是平台后台运用人工智能技术自动收集，但并非服务所必需的信息，如设备属性信息（如手机型号、配置、操作系统、识别码）、设备位置信息（如通过 GPS、蓝牙或 WiFi 信号获得的位置信息）、通信录、短信、日程等。

对于这三类信息，企业通过数据分析、聚合，对相关内容进行综合统计、分析以形成"用户画像"，很容易向用户进行精准化、个性化的广告推送，并与关联方、合作伙伴等第三方平台之间实现数据共享，这也是信息数据价值增值的过程。然而，企业隐私政策条款中信息共享的内容往往笼统而概括，并掺杂在"一揽子协议"中，用户对于冗长、繁杂、晦涩的隐私政策条款，既没有耐心也不会较真，企业正是抓住了用户的这种心理，"经被收集者同意"不过是表面上做做样子，因此而发生的用户信息泄露、滥用案件时有发生。③ 其实，从严格意义上讲，企业在隐私政策上的任性甚至不作为，导致公民个人信息数据的滥用、泄露，已经涉嫌侵犯公民个人信息罪。

### （二）拒不履行信息网络安全管理义务罪

在不作为犯罪中，行为人负有的作为义务，不能是普通的道德义务，必须是特

---

① 喻海松：《网络犯罪二十讲》，法律出版社 2018 年版，第 218 页。
② 《网络安全法》第 42 条第 1 款规定："网络运营者不得泄露、篡改、毁损其收集的个人信息；未经被收集者同意，不得向他人提供个人信息。但是，经过处理无法识别特定个人且不能复原的除外。"
③ 2018 年 3 月 17 日，Facebook 爆出严重的"数据丑闻"：其合作伙伴剑桥分析公司未经许可收集了 5000 万名用户的数据，对这些用户的行为模式、价值取向等进行分析，然后有针对性地推送竞选广告，以影响他们在选举中的投票。2019 年 3 月，"抖音"违反开放平台用户协议，将来源于微信、QQ 开放平台的微信、QQ 头像、昵称等用户数据提供给旗下 App 软件"多闪"使用，被法院裁定立即停止不当行为。

定的义务，这种特定的作为义务，是构成刑法上不作为的前提。① 根据《刑法》第287条之一的规定，拒不履行信息网络安全管理义务罪的主体为"网络服务提供者"。《网络安全法》第42条第2款规定："网络运营者应当采取技术措施和其他必要措施，确保其收集的个人信息安全，防止信息泄露、毁损、丢失。在发生或者可能发生个人信息泄露、毁损、丢失的情况时，应当立即采取补救措施，按照规定及时告知用户并向有关主管部门报告。"因此，网络服务提供者采取必要措施，有效防止用户信息泄露，不仅是道德义务，更是法定义务。

鉴于互联网并非绝对的安全，企业都会在数据安全措施、安全认证、安全事件处置预案等隐私条款设置方面有较为完备的利己考虑，② 有些隐私条款存在对黑客攻击、电脑病毒侵入等条件下公民个人信息数据泄露自我免责的情形，如百度隐私权保护声明在"信息安全"一节中就明确表示"在互联网行业由于技术的限制和飞速发展以及可能存在的各种恶意攻击手段，即便百度竭尽所能加强安全措施，也不可能始终保证信息的百分之百安全……使用我们的产品和服务时所用的系统和通信网络，有可能因超出我们控制能力之外的其他因素而出现安全问题"。这种语焉不详的免责条款，已经违背其作为网络服务提供者应履行的法定义务。自我免责不代表无责任。事实上，如果企业不履行法定义务，已被监管部门约谈、责令采取改正措施而拒不改正的，③ 在个人信息数据泄露事件中，即使已经尽了最大努力保护用户个人信息数据，仍推卸不掉应承担的刑事责任。

### 三、公民个人信息数据权属界定的三个维度

"权利属性"的不同会导致保护机制的差异，最终影响到"公民个人信息"能否被切实有效维护。④ 公民个人信息数据在刑事法律上的保护范围，主要分为识别特定自然人身份和反映特定自然人活动情况两部分，这是其兼具人格属性和财产属性的权利特点决定的。在人工智能时代，公民个人信息数据的权属界定也应围绕其属性展开讨论。

#### （一）实然维度

如果贸然划定公民个人信息数据的权属，这不符合大数据时代的客观规律，信息数据的特性决定了其是一个动态存在，必然会经历由产生到灭失的过程。在这个过程中，伴随人工智能技术的发展、市场化的利用以及人们日益增长的生活改善需要，公民个人信息数据的流通必然会产生价值，不同利益主体的诉求理应得到尊重。

---

① 李永升、袁汉兴：《正确把握刑法中的信息网络管理义务》，载《人民法院报》2017年4月26日第6版。
② 企业一般都会在平台隐私政策中详细阐释，这也是法律、行政法规规定的信息网络安全管理义务。
③ 《网络安全法》第56条规定："省级以上人民政府有关部门在履行网络安全监督管理职责中，发现网络存在较大安全风险或者发生安全事件的，可以按照规定的权限和程序对该网络的运营者的法定代表人或者主要负责人进行约谈。网络运营者应当按照要求采取措施，进行整改，消除隐患。"
④ 于志刚：《"公民个人信息"的权利属性与刑法保护思路》，载《浙江社会科学》2017年第10期。

公民个人信息数据对于不同的主体具有不同的价值。对公民个体而言，作为信息的"母体"，个人信息数据事关其人格尊严和自由，天然会要求他人尊重其隐私并保护其人格。我国《民法总则》就明确规定，自然人享有隐私权，个人信息受法律保护。① 这也是公民个人信息数据的伦理价值在法律上的应有体现。正如黑格尔所言："所以法的命令是：成为一个人，并尊重他人为人。"② 对企业而言，公民个人信息数据本身不具有独立的商业价值，只有企业付出成本、开发产品，合理换取公民个人信息数据，公民个人生活品质得以提升，企业通过持续优化平台产品、提高系统效率赢得市场，并获得核心竞争力，公民个人信息的财产属性才得以完整体现。在理想状态下，供求双方都是受益者，本质上不存在不可调和的矛盾。但是，人工智能技术是一把"双刃剑"，一方面，提升了公民个人的生活质量，促进了经济自由和社会进步；另一方面，公民个人对自己信息数据的控制力不断弱化，数据主体意志逐渐形同虚设，而企业对公民个人信息数据的过度运用，且表现强势，导致公民在个人生活舒适度的选择上越发被动。价值追求的不同，必然导致利益主体之间的冲突。

（二）应然维度

在人工智能时代，随着大数据分析和处理技术的应用，公民个人信息数据收集越便利，数据安全形势越严峻。当然，绝对的安全意味着封闭，这不符合市场发展规律。我国《网络安全法》坚持"网络安全与信息化发展并重"的价值导向，③ 这是权衡数据安全和数据利用两大价值的最终结果。然而，如果公民对个人信息数据的知情权和控制权不能得到有效维护，最终会侵蚀到信息化产业的健康发展。如何在数据安全和数据利用之间形成良性互动与平衡，是公民个人信息数据权属界定的关键。在笔者看来，公民个人信息数据的权属界定应遵循一个基本原则，那就是其人格属性应得到完全的尊重和保护，在此基础上，适当让渡其财产属性，以此来在二者之间达成一种动态平衡。具体而言，就是根据公民个人信息数据的生命周期规律，来明晰不同阶段信息数据的控制权限，分别保护，定分止争。

在信息数据的产生阶段，公民个人是其信息数据的输出者，其人格属性表现最为明显，往往为可识别特定自然人身份或是反映特定自然人活动情况的各种信息，企业在收集、使用时应尽到最大的注意义务和获得公民个人的明示同意，并严格遵守有关法律法规，保障公民个人的人身、财产安全和生活安宁。在信息数据的流通阶段，作为公民个人信息数据的拥有者和使用者，企业对信息数据的汇聚融合、加工处理，实现二次利用的商业化价值，以及企业间可能的兼并重组，使其一方面具有了财产属性，另一方面也具有知识产权的属性，其不仅仅是作为企业商业秘密保密，更应作为公民个人隐私权保密，二者应高度统一，且企业的处分权应受到公民个人知情并授权同意的限制。在信息数据的灭失阶段，公民个人对信息数据享有撤回、更改、删除的天然权利，这是企业运用公民个人信息数据最需重视的第一变

---

① 《民法总则》第110条、第111条。
② ［德］黑格尔：《法哲学原理》，人民出版社2016年版，第85页。
③ 《网络安全法》第1条、第3条。

量。但是，天然权利不代表绝对权力。公民对个人信息数据的适当让渡，是企业支付合理服务的交易价值，除非公民自愿退出服务，否则企业应提供必要的便利。这也是企业创新商业运营模式无法回避的问题。另外，对于衰亡企业遗留的大量公民个人信息数据，虽然目前还没有明确的规定，但从法理的角度来说，在没有适格接管主体的情况下，主动销毁是最佳选择。

### (三) 必然维度

将公民个人信息数据的人格属性和财产属性并重保护，这是刑事法律的应有之义。现有刑事法律体系中，对公民个人信息数据的权属界定止步于敏感信息数据的保护，主要包括姓名、身份证件号码、通信通讯联系方式、住址、账号密码、财产状况、行踪轨迹等。① 在实际生活中，经过处理无法识别特定个人且不能复原的匿名化数据（脱敏数据）、运用人工智能技术对原始信息数据进行特征学习得到新的特征的深度数据（衍生数据）②，也存在被识别和滥用的可能，而刑事法律无论是在立法上还是在司法实务中，均没有给予特别重视。从长远来看，刑事法律仍应对数据控制者运用信息数据的过程保持必要的关注。

笔者认为，可以将公民个人信息数据划分为敏感信息数据、脱敏信息数据、衍生信息数据三类，实行分类确权保护。具体而言，对于敏感信息数据，公民个人享有完整的权利，这也是现行刑事法律的保护范围，不再赘述。对于脱敏信息数据，"使用、交易的权利应当归属于数据控制者。在采用匿名化等脱敏技术后，基于用户个人信息而产生的数据的人身性即被消除，而基于记录、采集等技术而获取数据的数据控制者则应有权对数据进行使用和处分"③。对于衍生信息数据，数据控制者往往是政府、医院、金融机构、大公司等，信息数据的权属已完全脱离公民个人而独立，在一定意义上表现为公益属性，对数据控制者而言，所有权意味着社会责任，使用不当可能造成公共危机事件。

## 四、刑事法律保护公民个人信息数据的前瞻性思路

伟大的物理学家斯蒂芬·霍金曾断言："人工智能的兴起可能成为人类历史上最糟糕的事情，也可能成为最美好的事情。我们只需要意识到这些危险，找到它们，采取尽可能好的做法和管理手段，提前为其后果做好准备。"④ 因此，面对人工智能技术的发展，在公民个人信息数据保护方面，刑事法律不应仅解决现实问题，保持立足当下的谦抑；还要学会发现问题，考虑未来可能的前瞻。

### (一) 检察机关支持自诉模式

我国司法实践中，保护公民个人信息数据仅限于检察机关对侵犯公民个人信息犯罪提起公诉，公民个人的信息数据被侵犯，而未达到刑事立案标准，刑事法律很

---

① 2017年6月1日施行的《最高人民法院、最高人民检察院关于办理侵犯公民个人信息刑事案件适用法律若干问题的解释》第1条，关于《刑法》第253条之一规定的"公民个人信息"的解释。
② 比如，政府大数据、健康医疗大数据、金融大数据、企业大数据等。
③ 武长海、常铮：《论我国数据权法律制度的构建与完善》，载《河北法学》2018年第2期。
④ 《霍金称人工智能或成为人类历史上最糟糕事件：需加以控制》，载《参考消息》2017年11月9日。

难对其合法权益进行有效的保护。虽然《侵权责任法》明确保护公民个人的隐私权等人身、财产权益,并规定网络用户、网络服务提供者的相应民事侵权责任,① 司法实践中也存在法院适当加重侵权企业举证责任的情形,② 但实际上,公民个人相对于企业而言,无论是在诉讼成本上,还是在取证方面,维权成本都很高。

因此,对于严重侵犯公民个人信息数据的行为,③ 在举证困难而造成法院无法立案的情况下,检察机关可以通过履行法律监督职责向法院提出检察建议,并依法向相关人员调查核实有关情况,④ 支持公民个人提起民事自诉。如此,既可以及时保护公民个人信息数据安全,又充分发挥了检察机关的法律监督职能,有效遏制侵犯公民个人信息数据之后可能引发的下游犯罪。对企业而言,为避免承担相应的侵权责任,除了主动证明自己没有侵权行为外,更重要的是,严格依据合法、正当、必要的原则,对照《信息安全技术个人信息安全规范》(GB/T 35273-2017)⑤ 完善公民个人信息数据的保护措施,有意识地应对可能承担举证责任倒置的立法趋势。

## (二) 检察机关提起民事公益诉讼模式

虽然我国《消费者权益保护法》明确省级以上消费者协会可以向法院提起消费民事公益诉讼,⑥ 而且《最高人民法院关于审理消费民事公益诉讼案件适用法律若干问题的解释》(以下简称《消费民事公益诉讼解释》)也有较为细化的规定,但实践中,消费者协会提起的侵犯公民个人信息数据方面的消费民事公益诉讼仍然很少。⑦ 一方面,消费者协会属于社会组织,限于经费、自身能力等方面的原因,很难开展有效的诉讼;另一方面,制度设计上只赋予了省级以上消费者协会公益诉讼的职能,而全国适格的诉讼主体不过31个,客观上也无法消化大量消费民事公益诉讼可能带来的压力。

值得注意的是,除省级以上消费者协会外,《消费民事公益诉讼解释》还授权

---

① 《侵权责任法》第2条、第36条。
② (2015) 成民终字第1634号"林念平起诉四川航空公司侵犯个人信息案",法院判决认为:"林念平系远离证据材料又缺乏必要的收集证据的条件与手段的普通消费者,四川航空公司收集证据的能力明显强于林念平,在举证中处于有利地位,在林念平已经尽自己的所能,将其客观上能够收集到的证据予以举示,证明了其信息在售票渠道被泄露的基本事实,要求林念平进一步举证,显然超出其举证能力,有违公平原则。"
③ "严重标准"可以参考《最高人民法院、最高人民检察院关于办理侵犯公民个人信息刑事案件适用法律若干问题的解释》第5条关于"情节特别严重"的规定,即造成被害人死亡、重伤、精神失常或者被绑架等严重后果的,造成重大经济损失或者恶劣社会影响的等情形。
④ 《民事诉讼法》第210条规定:"人民检察院因履行法律监督职责提出检察建议或者抗诉的需要,可以向当事人或者案外人调查核实有关情况。"
⑤ 全国信息安全标准化技术委员会于2017年12月29日发布,2018年5月1日实施,作为《网络安全法》等法律法规的配套技术规范,不具有强制力,性质上属于推荐性国家标准。
⑥ 《消费者权益保护法》第47条规定:"对侵害众多消费者合法权益的行为,中国消费者协会以及在省、自治区、直辖市设立的消费者协会,可以向人民法院提起诉讼。"
⑦ 2017年12月11日,江苏省消费者权益保护委员会(以下简称江苏消保委)就百度公司涉嫌违法获取消费者个人信息及相关问题提起消费民事公益诉讼,成为全国首例个人信息安全消费民事公益诉讼。2018年1月2日,南京市中级人民法院正式立案,后百度公司与江苏消保委进行沟通,积极整改,2018年3月12日,江苏消保委向南京中院申请撤诉。详见江苏省工商行政管理局网站"3·15前江苏消保委对百度'涉侵犯消费者隐私'撤诉:App整改到位"。

"法律规定的主体"可以提起消费民事公益诉讼。① 最新修订的《行政诉讼法》《民事诉讼法》中均确立了国家检察机关提起公益诉讼制度。② 检察机关作为提起消费民事公益诉讼的适格主体,相比于消费者协会,在申诉接待、线索移交、证据调查、民事诉讼方面均有较强的专业优势;同时,作为公权力机关,其在发挥司法机关维护公共利益的功能上更具权威性,有利于更好地保障公民个人的合法权益。

## 五、结语

在人工智能时代,如何在企业商业价值和公民个人信息数据方面平衡利益、维护科技发展秩序?刑事法律面临"百年未有之大变局"。③ 100年前,胡适先生在"五四运动"中提出"大胆假设,小心求证"的观点;百年之后的今天,作为人民利益的捍卫者,检察机关更要积极作为,主动探索完善现有刑事法律制度,以适应人工智能时代的发展。

---

① 《最高人民法院关于审理消费民事公益诉讼案件适用法律若干问题的解释》第1条。
② 2017年6月27日修订的《行政诉讼法》第25条第4款规定:"人民检察院在履行职责中发现生态环境和资源保护、食品药品安全、国有财产保护、国有土地使用权出让等领域负有监督管理职责的行政机关违法行使职权或者不作为,致使国家利益或者社会公共利益受到侵害的,应当向行政机关提出检察建议,督促其依法履行职责。行政机关不依法履行职责的,人民检察院依法向人民法院提起诉讼。"同日修订的《民事诉讼法》第55条规定:"人民检察院在履行职责中发现破坏生态环境和资源保护、食品药品安全领域侵害众多消费者合法权益等损害社会公共利益的行为,在没有前款规定的机关和组织或者前款规定的机关和组织不提起诉讼的情况下,可以向人民法院提起诉讼。前款规定的机关或者组织提起诉讼的,人民检察院可以支持起诉。"
③ 《习近平主席会见回国参加2017年度驻外使节工作会议的全体使节时的讲话》,载《人民日报(海外版)》2018年1月4日。

# 机遇与挑战：人工智能刑事量刑辅助系统的风险防控*

崔仕绣** 张博闻***

## 一、人工智能辅助司法实践的时代背景

随着移动互联网、大数据、云计算等信息科技的日益丰富，作为解释和模拟人类智能行为及其规律的技术科学，人工智能（Artificial Intelligence）在经济社会发展的强烈驱动下，跃升至新的发展阶段。2014 年 10 月 23 日，第十八届四中全会审议通过的《中共中央关于全面推进依法治国若干重大问题的决定》强调，必须完善司法管理体制和司法权力运行机制，推进以审判为中心的诉讼制度改革，保证公正司法，提高司法公信力。① 2016 年 2 月 22 日，最高人民法院（以下简称最高法）研究通过《人民法院信息化建设五年发展规划（2016—2020）》（以下简称《规划》），强调加快信息化建设发展规划，推动信息化建设转型升级，努力建设"智慧法院"，促进审判体系和审判能力现代化。② 同年 7 月，中共中央办公厅、国务院联合印发《国家信息化发展战略纲要》，亦将建设"智慧法院"作为服务民主法治建设、促进司法公平正义的重要内容。2017 年 7 月 8 日，为抢抓人工智能发展的重大战略机遇，构筑先发优势，国务院印发《新一代人工智能发展规划》，进一步要求围绕行政管理、司法管理等社会治理的热点、难点问题，促进人工智能技术应用，并将"智慧法庭"建设作为推进社会治理智能化的重要着力点，通过建设集审判、人员、数据应用、司法公开和动态监控于一体的智慧法庭数据平台，促进人工智能在证据收集、案例分析、法律文件阅读与分析中的应用，实现法院审判体系和审判能力智能化。③ 据此，人工智能以旺盛之姿为法学理论和司法实践注入磅礴生

---

\* 基金项目：本文系教育部国家留学基金委 2017 年国家建设高水平大学资助项目《中美量刑规范化改革比较研究》（编号：留金发［2017］3109）；中南财经政法大学法治发展与司法改革研究中心暨湖北法治发展战略研究院 2018 年重大课题《生态文化视野下互联网金融之刑法介入研究》（编号：FZFZZB［2018］A04）的研究成果。

\*\* 中南财经政法大学刑事司法学院 2016 级刑法学博士研究生，公派 Oklahoma City University 联合培养博士。

\*\*\* 上海市第二中级人民法院刑事审判庭法官助理。

① 《中共中央关于全面推进依法治国若干重大问题的决定》，载 http：//cpc.people.com.cn/n/2014/1028/c64387-25926125.html，2019 年 5 月 14 日访问。

② 宁杰：《加强法院信息化建设规划 全面提升信息化水平》，载《人民法院报》2016 年 2 月 24 日第 1 版。

③ 《国务院关于印发新一代人工智能发展规划的通知》，载 http：//www.gov.cn/zhengce/content/2017-07/20/content_5211996.htm，2019 年 5 月 14 日访问。

机，以智能化、数字化、网络化为特征的法律信息化时代拉开帷幕。①

为强化科技与制度的协调创新，促进人工智能技术在司法领域的广泛运用，国家战略层面近年来相继出台的纲领性文件，均旨在引导和规范人工智能技术合理、合规、高效地辅助司法实践活动。官方政策的多番促力，成为全国领域吹响各学科"寻求人工智能大融合"的号角，法学领域也加快了涉及人工智能对司法业务辅助的可行性与有效性的探索步伐。刑事量刑是我国刑事司法审判的最终环节，量刑结果适正直接反映刑事审判质量，是规范司法量刑活动、健全社会主义司法制度的重要体现。为有效应对量刑失衡、实现公平正义，在地方法院积极探索试错和中央统一领导推行下，我国刑事司法领域进行了一场"由上至下、由点及面、由浅入深、由外到内"的量刑规范化改革，卓有成效地减少了量刑恣意，提升了裁判质量。②鉴于量刑裁判数据相当程度的可视性与归纳性特征，以及电脑技术的中立性与客观性优势，早在量刑规范化改革初期，部分地方法院和科研院所便开创性地展开有关"电脑量刑""辅助量刑系统"的果敢探索，不仅积累了宝贵的调研经验，更为量刑规范化改革的全面推进奠定了坚实的实证基础。即信息技术发展初期的量刑辅助系统的设计与实施，已逐步形成"经验探索→理论完善→政策指导"的功能指引，为司法体制改革和刑事审判方式创新提供了前瞻性思路。

概言之，随着大数据、互联网和数码信息技术的发展，现下人工智能技术与刑事量刑的纵深融合，势必为智慧法院的现代化建设、法律治理和司法审判创新提供新的机遇与挑战。立足人工智能技术蓬勃发展的时代背景，结合域外刑事司法领域的先验启示，对我国刑事量刑辅助系统的发展进程进行全局性的梳理，有助于廓清该系统的适用风险，便于审慎进行风险防控。

## 二、人工智能刑事量刑辅助系统的发展历程

### （一）美国"量刑咨询系统"的先验启示

20世纪30年代，美国刑事司法领域强调对罪犯进行康复矫治的个别化刑罚，导致量刑失衡情势严峻。③ 为有效应对激增的犯罪率和消极的社会评价，美国联邦及各州展开了一系列围绕法官自由裁量权的量刑改革实践：一方面，美国国会创设由司法部门及两党法律专家组成的量刑委员会（以下简称委员会），作为指导美国量刑改革的专门机构；④ 另一方面，委员会颁布《美国联邦量刑指南》（以下简称《量刑指南》）作为指导量刑实践的纲领性文件。《量刑指南》在统计、研判数万份裁判结果的基础上，兼顾美国遵循先例的司法传统，结合行为人的前科历史、常

---

① 张富利、郑海山：《大数据时代人工智能辅助量刑问题研究》，载《昆明理工大学学报（社会科学版）》2018年第6期。
② 苏彩霞、崔仕绣：《中国量刑规范化改革发展研究——立足域外经验的考察》，载《湖北大学学报（哲学社会科学版）》2019年第1期。
③ 崔仕绣：《美国量刑改革的源起、发展与对我国的启示借鉴》，载《上海政法学院学报（法治论丛）》2019年第4期。
④ 苏彩霞、崔仕绣：《中国量刑规范化改革发展研究——立足域外经验的考察》，载《湖北大学学报（哲学社会科学版）》2019年第1期。

见量刑因素和包括个人情境、教育背景、就业情况、家庭关系和身心状态等其他量刑情节，制定了涵盖 43 个犯罪等级、6 个犯罪前科类别和 258 个具体区间阶层的量刑指导框架。① 1987 年，Richard 教授及其团队开始探索编写旨在辅助律师和法官准确适用《量刑指南》各个规范的"量刑咨询系统"（Sentencing Advisor），该计算机程序在一定程度上提高了彼时刑事裁判效率和量刑结果的可靠性。② 2001 年，纽约州假释委员会为满足立法要求，推出名为"罪犯惩教管理系统"（以下简称 COMPAS）的试点项目，通过风险评估对行为人进行再犯预测和量刑评估，辅助法官进行量刑裁决。COMPAS 量刑辅助系统采用"循证主义"量刑模式，即利用风险评估或精算分析方法，在海量数据集合基础上，对"群体特征与群体犯罪率的统计相关性"加以评估，形成以客观性和数据驱动为特征的再犯概率评估机制。③ 该系统后被美国多数州法院采用，并在"促进量刑公正、节约司法预算和缓解监狱压力"④ 等方面贡献卓著。此外，委员会还采用另一套"电脑量刑辅助程序"（以下简称 ASSYST）指导法官、假释官员等司法实务人员适用指南规范，作出量刑报告或量刑建议。⑤

## （二）我国"电脑量刑系统"的地方性探索

回归本国语境，围绕人工智能刑事量刑辅助系统的学理探讨和实践探索由来已久。20 世纪 80 年代初，钱学森教授在第一届法制系统科学研讨会和数篇论著中系统论证了法律信息化的可行性与实现途径，为人工智能辅助司法实务奠定了坚实的理论基础。⑥ 1987 年，赵廷光教授着手探索人工智能技术与量刑实践的结合问题，经过 16 年艰辛探索，初步完成人工智能软件"辅助量刑系统"的研制。一方面，该系统通过对被告人作犯罪行为和案件确有量刑情节之合理评价，运用电脑技术进行智能识别、推理、研判和运算，自动生成内容丰富、论理充足的《量刑建议报告书》，为法官裁量刑罚提供颇具针对性、可预测性的宣告刑参考依据；另一方面，该系统运用丰富的语言、设计方案和程序代码储备，合理归纳彼时刑法规定的 436 个罪名和 847 个罪行，动态更新刑事法律、司法解释和理论支撑，具备定期调整设

---

① 《量刑指南》所附之监禁刑区间表分别以犯罪前科种类和罪行危害等级作为横纵轴。其中，罪行危害等级包含三个主要部分：（1）表征纯粹法规范违反事实的"基本犯罪等级"；（2）不属于犯罪客观要件但体现犯罪危害程度的"特定罪行特征"，如社会危害、财产损失等；（3）《量刑指南》第三章之附属调整规定，如被告人在共犯中的角色、受害人特殊体质等。U. S. Sentencing Guidelines Manual § 2B1. 1（b）1，3E1. 1，5A（2004）. 转引自崔仕绣：《美国量刑改革的源起、发展与对我国的启示借鉴》，载《上海政法学院学报（法治论丛）》2019 年第 4 期。

② Richard S. Gruner、Sentencing Advisor：An Expert Computer System for Federal Sentencing Analyses，Santa Clara High Technology Law Journal，Vol. 5，No. 1，51（1989）.

③ Bernard E. Harcourt、Against Prediction：Profiling, Policing, and Punishing in An Actuarial Age，University of Chicago Press，94（2006）.

④ Sonja B. Starr：Evidence-Based and the Scientific Rationalization of Discrimination. Stanford Law Review，Vol. 66，No. 4，816（2014）.

⑤ J. Clark Kelso：Judicial Technology In the Courts. American Jurisprudence，44（Originally Published in 1992，May 2019 Update）.

⑥ 张富利、郑海山：《大数据时代人工智能辅助量刑问题研究》，载《昆明理工大学学报（社会科学版）》2018 年第 6 期。

备参数和充实知识库的功能,有效提高了司法实践中宣告刑的可预测性与重复验证性,较好地提升了量刑的公正与透明。① 2003 年,为破除传统估堆式量刑模式的困圄,山东省淄博市淄川区法院在参考数千份量刑裁判数据的基础上,制定《常用百种罪名量刑规范化实践细则》,依托彼时兴盛的电脑技术,研创出"智能数字化量刑辅助系统",运用智能化、精细化的量刑软件,进一步提升了司法效率和量刑精准度。②

作为一种借助电脑技术和案例样本进行刑期预估的辅助工具,彼时的量刑辅助系统仅作为刑罚量化的能动参考,不影响法官的量刑主体地位。以淄川区法院为代表的地方法院试错卓有成效地促进了全国范围内量刑规范化改革的局部试点和全面推行,得到部分学者的积极评价,如季卫东教授肯定了山东法院推广电脑量刑的改革初探,"产生了借助计算机语言形式来使法律语言更加规范化的意图和客观效果"③。尽管"智能化量刑辅助系统"的衍生与发展引发学界对法官自由裁量权机械性限缩的担忧,但这种将繁杂的案情经电脑软件进行过滤、分流、识别、演算的技术性突破,可谓司法技术革命的一个重要里程碑,对深化我国量刑规范化改革具有积极的指向性意义。

### (三) 我国"量刑辅助系统"的整体性发展

基于地方法院的创新性探索,2009 年 3 月,最高法根据部分中、基层法院的量刑规范化改革试点经验,确立将"规范自由裁量权,将量刑纳入法庭审理程序"作为我国刑事审判制度的重要司法改革项目;尔后,最高法于 2013 年年底印发《关于常见犯罪的量刑指导意见》,明确了"进一步规范刑罚裁量权,落实宽严相济的刑事政策,增强量刑公开性,实现量刑公正"的改革目的;2015 年 2 月,最高法在《人民法院第四个五年改革纲要》中提出"完善刑事思索中认罪认罚从宽制度"和"推动裁判文书说理"两个改革目标,并强调地方首创精神的重要性,鼓励下级法院在中央统一安排部署下先行先试,及时总结试点经验,加速推动制度创新。④

在中央层面的鼓励政策支持和前期电脑量刑系统初探基础上,各地积极开展量刑辅助系统的研发和创制:2017 年 2 月,上海市高级人民法院承担中央政法委交办的"推进以审判为中心的诉讼制度改革软件"开发任务,积极研发智能辅助办案系统(以下简称"206 系统"),运用互联网、大数据、云计算、人工智能等现代科技手段,制定统一使用的证据标准、证据规则并嵌入刑事办案系统,辅助办案人员对证据审查、检验,妥善发挥提示、把关、监督作用,降低司法恣意、防范冤假错案⑤;同年 5 月,贵州省政法立足大数据战略推动"智慧政法"建设,全力建设

---

① 赵廷光:《论"电脑量刑"的基本原理》,载《湖北警官学院学报》2007 年第 2 期。
② 苏彩霞、崔仕绣:《中国量刑规范化改革发展研究——立足域外经验的考察》,载《湖北大学学报(哲学社会科学版)》2019 年第 1 期。
③ 季卫东:《人工智能时代的司法权之变》,载《东方法学》2018 年第 1 期。
④ 苏彩霞、崔仕绣:《中国量刑规范化改革发展研究——立足域外经验的考察》,载《湖北大学学报(哲学社会科学版)》2019 年第 1 期。
⑤ 《2018 年上海市高级人民法院工作报告解读》,载 http://www.hshfy.sh.cn/shfy/gweb2017/xxnr.jsp?COLLCC=3066995246&pa=aaWQ9MjAwNjI2MjEmeGg9MSZsbWRtPWxtNDYwzd=xwzx,2019 年 5 月 23 日访问。

"政法平安云",积极研发大数据智能辅助办案系统,加强数据整理、共享和关联分析、比对,逐步实现类案推送、预警预测、评估研判等智能服务,全面提升办案质效;① 同年6月,新疆维吾尔自治区高级人民法院将量刑规范化系统嵌入审判信息管理系统,通过录入具体案件的法定情节、酌定情节,自动生成量刑取值范围,卓有成效地提升了信息应用的快捷性和高效性;② 尔后7月,海南省高级人民法院研发的量刑规范化智能辅助办案系统的智能识别提取犯罪事实和量刑情节、自动推送关联法条和类案、检索历史量刑数据、生成框架性裁判文书和多维数据统计等功能得到实务界的普遍关注,并在全省试点中收到明显成效,使法官办理量刑规范化案件、制作裁判文书和制作其他程序性法律文书的时间分别减少50%、70%和90%,以该系统为基础申报的司法大数据服务量刑规范化的研究专题另荣获人民法院"十三五"规划的重点项目资助③。

简言之,初始于20世纪五六十年代饱受非议的电脑量刑系统,依托"建设智慧法院"的政策东风和人工智能的技术发展,又回归至法学界的热议高地。我国量刑规范化改革历经十余年的艰辛探索,已在规范层面出台多个指导意见,有效规范了法官的自由裁量权,对降低量刑偏差、促进量刑可视化、均衡化效果卓著。随着人们法院司法改革和"智慧法院""数据法院"等司法信息化建设的深入推进,有关量刑辅助系统更新与发展进入全方位、深层次发展阶段。然而,面对人工智能全民研究热潮,法律学界和司法实务领域应进行必要的"冷思考",即须冷静审慎地分析和防范人智能辅助刑事量刑系统在伦理规则、功能定位、技术适用等方面存在的风险,以推进司法信息化进程。

### 三、人工智能刑事量刑辅助系统的风险防控

相较于传统司法审判与诉讼管理模式,人工智能嵌入司法辅助系统具有以下几个方面的优势:第一,有助于提高司法人员的认知判断能力,即通过技术介入形成法官事实认定的纠偏体系,排除明显欠缺逻辑关联的无关事实;第二,有助于提高司法人员的法律推理能力,即通过法律法规的技术性整合,为法官提供更便捷的"规则—事实"适用范式,辅助其校正与遵循符合形式合理性的运算规则;第三,有助于实现社会民众"同案同判"的公正诉求,即人工智能通过海量数据的精算功能,提升司法效率和裁判统一性。④ 上述优势在量刑辅助系统中也不无体现,特别是在提升量刑实践效率方面,人工智能技术能显著缩减法官查询相关量刑细则、法律法规和司法解释的时间,还能通过类案推送给予实务人员参考案例,有效降低

---

① 《2017年贵州政法综治工作综述》,载 http://www.chinapeace.gov.cn/zixun/2018-02/09/content_11449381.htm,2019年5月23日访问。
② 《新疆量刑规范化系统上线》,载 http://www.court.gov.cn/zixun-xiangqing-48282.html,2019年5月23日访问。
③ 《海南法院大数据人工智能助力司法改革 量刑规范化智能辅助办案系统效果明显》,载 http://www.court.gov.cn/zixun-xiangqing-54302.html,2019年5月23日访问。
④ 钱大军:《司法人工智能的中国进程:功能替代与结构强化》,载《法学评论》2018年第5期。

"类罪异罚"的风险。人工智能刑事量刑辅助系统的学理分析和实践探讨与司法改革进程中刑事审判信息化、智能化、科学化要求相契合,是建设"智慧法院"的重要体现,有助于深化我国量刑规范化改革。然而,相较于传统信息技术,司法大数据场域下的人工智能科技具有明显的数据前置性、算法依赖性、自我适应性和领域限定性。① 因而,智能科技嵌入刑事量刑过程的合理性、可行性需要科学论证和实践演算。当前围绕人工智能与刑事量刑辅助系统纵深结合的"冷思考",主要体现为功能定位和技术迟滞两个方面的风险防控。

### (一) 功能定位风险:工具价值之确立

首先,须明确的是,凡涉及人工智能技术应用的功能定位风险均具有普遍性,并非司法领域所独有。例如,美国国家科学与技术委员、网络和信息技术研究与发展委员会在 2016 年 10 月发布的《国家人工智能研究与发展战略规划》中强调,依靠新型自主决策算法为驱动的人工智能技术,难以避免在冲突性价值体系中受到伦理层面的质疑,因而要求开发者在技术可行的范围内,研发符合现行法律、行政法规和道德规范的可验证性算法与技术体系。为此,美国国家层面提出制定"可接受的道德参考框架",通过多学科融合技术,用以指导和规范人工智能系统的推理、演算与决策均能恰当反映道德价值。②

此外,人工智能辅助刑事量刑系统的功能辨证,还体现在对法官自由裁量权机械限缩的克服上。法官在审判工作中,根据法律法规、司法解释,依据法庭查明的事实,在个人法律意识支配下做出适当裁判。但司法大数据与人工智能技术的数据前置性和算法依赖性,不免将导致"法官中心主义"向"数据中心主义"的过度偏向,使得法官主体地位存在被削弱的风险。

鉴于我国采用"在定性分析的基础上,结合定量分析,依次确定量刑起点、基准刑和宣告刑"的量刑方法,确立量刑辅助系统的从属地位有助于发挥技术定量的分析功能,便于法官基于案件事实、证据材料和法律法规进行自由裁量。据此,在充分肯定人工智能辅助刑事量刑系统排除法官恣意裁量的卓越贡献的同时,应谨慎防止智能系统的纯粹法律实证主义倾向,即信息技术难以兼顾(或短时间内尚无成熟技术)自然法、权利保障、人伦情理等思辨性影响因素和基于利益取舍的政策性考量机制。③ 需结合刑事司法实践规律和科技发展现状,司法活动的亲历性,不断强化人工智能辅助刑事量刑系统的非支配地位和辅助、依从属性,尤其是辅助刑事量刑过程中,不得取代法官的主体地位。

### (二) 技术迟滞风险:纠错体系之融合

在明确人工智能辅助刑事量刑辅助系统的非支配地位后,还需警惕技术迟滞潜存的应用风险,即如何妥善选择量刑算法、更新案例数据和建立模型。我国的生效

---

① 王禄生:《司法大数据与人工智能技术应用的风险及伦理规制》,载《法商研究》2019 年第 2 期。
② National Science and Technology Council, Networking and Information Technology Research and Development Subcommittee. The National Artificial Intelligence Research and Development Strategic Plan (October 2016), https://www.nitrd.gov/PUBS/national_ai_rd_strategic_plan.pdf, 2019 年 4 月 19 日访问。
③ 季卫东:《人工智能时代的司法权之变》,载《东方法学》2018 年第 1 期。

裁判文书互联网公布制度始于2014年年初，并为全国法院开展"智慧法院建设"和大数据、云计算、人工智能技术学习提供了较为全面的案例储备。在裁判文书系统化、全面化公开之前，地方性量刑辅助系统的研发基础主要依赖于各地区的法院案件样本，因而该样本具有区域性、片面性特征。然而，为实现从基础法律检索、诉讼文件准备向生成法律咨询、审核法律文书和预测案件结果等的实质过渡，司法领域的人工智能辅助系统的使用与维护需建立在海量的大数据基础上。① 因此，有必要在提取量刑因素、应用量刑情节、择定量刑基准等过程中构建数据分析、数据处理和数据嵌入等深度学习模式②，可对我国量刑规范化改革进程中的常见犯罪进行类型化处理，在个罪的子数据库中，依据我国刑罚的种类划分，细化数据处理过程，精准量化各个量刑情节。

此外，鉴于人工智能刑事量刑辅助系统的技术特性，针对技术更新迟缓或算法应用不合理的特性，合理、合规、及时地介入纠错机制或智能司法监督体系，形成复杂案件的量刑分流、常规案件的筛查检验机制，显得尤为重要和必要。司法实践中，法官在个案裁判过程中，对于量刑辅助系统预测结果明显偏离通常取值的，应综合考量全案因素决定是否采用。只有将人工智能刑事量刑辅助系统的纠错机制作为司法风险动态防控体系的关键一环，才有利于强化该系统的工具价值，避免"唯技术论"的实践偏差。

另外，鉴于目前多数量刑辅助系统的软件设计和终端维护均由信息技术公司外包完成，司法实务人员对大数据、人工智能等技术不甚熟悉。为了消除人工智能技术在司法裁判过程中的神秘主义倾向，开启法学与人工智能专业"交叉学习"的模式具有现实必要性，一方面，加强司法实务人员对人工智能技术基本原理的理解与应用；另一方面，提高技术人员对法学基本原理、法律法规的掌握水平。③ 同时，还应加强人工智能刑事量刑辅助系统的功能介绍和特征说明，逐步提升其实践普及度和社会认可度。

概言之，为了有效推进人工智能刑事量刑辅助系统的发展，进一步深化司法改革、加快智慧法院建设和提升审判体系智能化水平，需不断提高大数据、云计算、人工智能等技术与法治的深度融合。④ 人工智能的算法技术、数据依赖特性，决定了量刑辅助系统在司法实践中的从属性地位。在以开放态度迎接人工智能刑事量刑辅助系统纵深发展的同时，应审慎防控技术革新过程中潜存的功能定位和技术迟滞等风险，协同推进人工智能刑事量刑辅助系统的综合发展。

---

① 钱大军：《司法人工智能的中国进程：功能替代与结构强化》，载《法学评论》2018年第5期。
② 人工智能的深度学习模式旨在准确识别各类信息中的有效词段，在对卷宗文本进行理解和分类处理的基础上，根据罪名、法条、刑罚等关键信息进行收集统计。参见张富利、郑海山：《大数据时代人工智能辅助量刑的定位、前景及风险防控》，载《广西社会科学》2019年第1期。
③ 朱体正：《人工智能辅助刑事裁判的不确定性风险及其防范——美国威斯康辛州诉卢米斯案的启示》，载《浙江社会科学》2018年第6期。
④ 江必新、郑礼华：《互联网、大数据、人工智能与科学立法》，载《法学杂志》2018年第5期。

# 自动驾驶汽车交通肇事的刑法规制

陈京春[*]　李斐[**]

自动驾驶汽车是人工智能在交通领域的重要应用,也是人工智能中发展较为成熟的技术领域。但是,自动驾驶汽车本身不具有责任主体的地位,其"行为"也无相应的刑法意义。目前,关于自动驾驶汽车交通肇事的责任探讨多集中于民事领域,而对于刑法规制的研究涉及甚少。基于产业健康发展的考虑,自动驾驶汽车引发的交通肇事责任如何去认定、路径如何选择、依据何在,需要做出理论上的解答。

## 一、自动驾驶汽车交通肇事责任主体的确定

### (一)关于责任主体确定的理论纷争

自动驾驶汽车交通肇事的原因主要有两种:一是人类驾驶员未尽安全驾驶义务,在驾驶过程中存在过失行为;二是自动驾驶汽车系统故障导致事故发生。基于上述原因,在现有刑法框架下,对于自动驾驶汽车交通肇事的责任主体,仍存在较大的争议,主要有以下几种观点。一是汽车制造商为责任主体。该观点强调汽车制造商对自动驾驶技术负有全部责任,有义务保障技术的安全性。有学者认为,应在刑法中确立人工智能产品研发者和使用者的严格责任,增设人工智能产品事故罪。[①]二是系统运营商为责任主体。该观点认为,自动驾驶汽车的驾驶系统是核心,系统运营商应对自动驾驶汽车犯罪承担刑事责任,有可能将责任具体到参与系统研发的程序员个人身上。三是人类驾驶员为责任主体。该观点将自动驾驶汽车上的辅助驾驶员认定为责任主体。四是违反注意义务一方为责任主体。该观点认为,所有相关主体包括汽车制造商、人类驾驶员、系统运营商等如果存在疏忽,违反应尽的注意义务导致自动驾驶汽车交通肇事,均应承担刑事责任。当前,并没有一套完整的法律将自动驾驶汽车的注意义务划分明晰,相关责任也是模糊不清,但根据交通肇事的主要事故原因分析,责任主体主要是汽车制造商和人类驾驶员。但是,汽车制造商的责任往往仅限于产品责任,对于汽车制造商是否应当被纳入刑法处罚的范畴还是未知,但是作为风险承担的重要主体,汽车制造商有必要承担一定的刑事责任。因为汽车制造商未实际参与驾驶操作,该责任并非交通肇事罪,而是产品责任在刑事领域的延伸。

### (二)汽车制造商的责任

汽车生产商事实上认识到并且接受了自动驾驶汽车的安全风险,因为它们是由

---

[*] 西北政法大学刑事法学院教授,西北政法大学人工智能与智慧法治研究院院长。
[**] 西北政法大学人工智能与智慧法治研究院研究助理。
[①] 刘宪权:《人工智能时代的刑事风险与刑法应对》,载《法商研究》2018年第1期。

算法控制的。随着自动驾驶汽车的制造商和设计者等对于车辆控制能力的不断提高,他们有可能获得车辆保有人的身份,并最终实现机动车道路交通事故责任和产品责任在自动驾驶领域的合流。① 同时,我国现有刑法中规定了生产、销售伪劣产品罪,凡是有一定的生产标准的产品制造者都有可能成立该罪。自动驾驶汽车制造商能否构成生产伪劣产品罪取决于刑法框架内是否有自动驾驶汽车生产制造标准,就目前来看是没有的,但是未来自动驾驶技术成熟之时形成一套完整的生产制造标准是必然趋势。与传统的产品责任不同的是,食品、药品等其他产品都是制造商和消费者形成两方风险主体,损害也是特定的;但是,道路交通风险与食品、药品完全不同,除了给驾驶员带来风险外,还会给道路上的第三方等带来风险。因此,自动驾驶汽车制造商给传统产品责任的处理带来了一定的冲击。即使按照产品责任处理,制造商也仅在一种情况下承担产品责任:只有当自动驾驶汽车制造商在可预见范围内违反技术规则、生产有缺陷的汽车时才承担产品责任。但若是当前的技术水平无法预测的缺陷则应当豁免制造商责任。

在自动驾驶汽车交通肇事中,汽车制造商有强大的经济实力和技术实力作为支撑来占据风险分配的重要位置,其有充分规避风险的能力和义务。自动驾驶汽车是人工智能产业,产业产出的是产品,在投放市场前汽车制造商生产的汽车就已存在质量缺陷,不符合国家标准和行业标准的,达到一定的销售金额,可能构成《刑法》第 140 条规定的生产伪劣产品罪、第 146 条规定的生产不符合安全标准的产品罪。该罪包括"以不合格产品冒充合格产品"的情形,"不合格"产品是指不符合《产品质量法》第 26 条第 2 款规定的质量要求的产品,难以确定的应当委托产品质量检验机构进行鉴定。"自动驾驶车辆是指在符合《机动车运行安全技术条件》(GB7258)的机动车上装配自动驾驶系统的车辆,自动驾驶系统是指能在某一时段执行自动驾驶功能的系统,机动车辆仅含以下机动车辅助类自动化系统不属于自动驾驶系统:主动安全辅助系统、电子盲点辅助系统、防撞系统、紧急制动系统、停车辅助系统、自适应巡航系统、车道保持辅助系统、车道偏离报警系统、交通堵塞排队援助系统。"② 这体现了我国对自动驾驶汽车的定义,从长远来看,制定自动驾驶汽车生产质量标准毋庸置疑,只有形成一套完备的标准体系才能让汽车制造商将风险限定在框架内,也为后面的立法修改提供技术参考。

### (三) 人类驾驶员的责任

自动驾驶汽车作为交通工具,有利用的价值性,至于如何利用则取决于使用者。当驾驶人故意驾驶自动驾驶汽车实施危害行为侵害法益时,则自动驾驶汽车只是充当行为人实施犯罪行为的工具角色,现有的间接正犯理论能够对此种行为进行合理解释;若驾驶人知道或者应当知道自动驾驶汽车存在故障,并且主动积极利用该故障实施危害行为,是为故意,希望或者放任危害结果的发生,是为间接故意,

---

① 冯珏:《自动驾驶汽车致损的民事侵权责任》,载《中国法学》2018 年第 6 期。
② 北京市交通委员会、北京市公安局公安交通管理局、北京市经济和信息化委员会:《北京市关于加快推进自动驾驶车道路测试有关工作的指导意见(试行)》,载 http://jtw.beijing.gov.cn/xxgk/flfg/fgbz/201712/t20171218_189566.html,2019 年 2 月 12 日最后访问。

驾驶人可能成立故意杀人罪、故意伤害罪、故意毁坏财物罪等罪名。

有义务则有责任，L0-L3级自动驾驶汽车都赋予驾驶人注意义务，只是随着自动化的提高，注意义务部分减少，这些注意义务包括环境监视、车辆操作和及时应对接管等，当驾驶人违反注意义务，因为疏忽大意的过失或者过于自信的过失而导致自动驾驶汽车发生交通事故，则驾驶人需要承担相应的刑事责任。现行刑法规定构成交通肇事罪的前提是违反交通运输管理法规，没有规则何谈违反规则，因此，制定自动驾驶汽车相关的交通运行规则十分有必要。当前，自动驾驶汽车需要人类驾驶员的辅助参与，因此传统机动车辆驾驶员的全部责任将部分转移给汽车制造商，人类驾驶员只有在未尽注意义务的时候承担交通肇事罪的刑事责任。人类驾驶员操作自动驾驶汽车的情形可以分为以下几种：

其一，自动驾驶汽车发出错误指令或者没有适时发出警告信号导致交通肇事的，人类驾驶员既无故意也无过失，不存在任何过错，因此不应承担责任。这一情形认定的前提是，自动驾驶汽车驾驶操作流程相关法律法规健全，关于自动驾驶汽车驾驶资格的取得、登记等都有明确的规章制度予以规定，即人类驾驶员的注意义务明确。当人类驾驶员按照自动驾驶汽车规范操作，基于自动驾驶汽车系统原因发生事故的，人类驾驶员不承担刑事责任，即便是人类驾驶员在驾驶座位置，也不能将责任强加给人类驾驶员。

其二，若紧急情况下自动驾驶汽车正常发出警告信号，给人类驾驶员请求操作的指令，此时注意义务出现转移，如果驾驶员故意或者过失未按照系统指示做出反应，即未尽到其注意义务，则应被认定为不作为，且人类驾驶员的不作为行为与损害结果有直接的因果关系，中间没有其他的介入因素。此种情形仍然是在自动驾驶汽车各主体义务来源明确的前提下，汽车制造商有严格完整的生产标准，人类驾驶员也有明确的操作准则。当然，实际交通情况复杂，不能一概而论。

其三，当紧急情况下自动驾驶汽车正常发出警告信号，给人类驾驶员请求操作的指令时，人类驾驶员积极响应系统信号，并且实施的操作行为干预了自动驾驶，首先，这是不同于第一种不作为的情形，表明人类驾驶员此时接受了注意义务的转移，后面实施的所有行为无论合理与否原则上都应由人类驾驶员承担，但其操作行为是否合理、是否足以豁免其刑事责任则视情形而定。此时人类驾驶员在收到请求信号后接管自动驾驶汽车，其对自动驾驶汽车享有充分的控制权，那么风险转移至人类驾驶员身上，其后的操作及责任承担与传统机动车驾驶情形无异，可比照传统交通肇事罪的框架来认定。

## 二、全自动驾驶汽车交通肇事的责任问题

### （一）全自动驾驶汽车主体地位之否定

按照SAE分级，L4级、L5级自动驾驶汽车属于真正意义上的无人驾驶汽车，在车辆运行过程中，不需要人类参与驾驶，真正实现了解放驾驶人的双手。当前，大多数自动驾驶汽车研发技术处于L3级以及L3级至L4级过渡阶段，少数处于L4级研发阶段，总而言之，实现L4级、L5级自动驾驶还非常遥远，当前自动驾驶汽

车也只停留在开放路测,自动驾驶汽车市场化和商用化还有相当长的路要走。但是,全自动驾驶汽车的责任主体却已经引起广泛关注和讨论。目前,我国的道路交通事故责任认定以行为人是否存在主观过错为原则,在全自动驾驶汽车运行状态下,人类从驾驶人的角色转变为乘坐人,不再承担环境监视、应对请求支援、驾驶操作等义务,因此更谈不上存在过错。当全自动驾驶汽车交通肇事后,人类虽然可能处在驾驶座上,但没有任何注意义务,也未实施任何驾驶行为,如果让其承担责任则于理不通。人类不能成为全自动驾驶汽车交通肇事的责任主体,谁能成为责任主体呢?自动驾驶汽车属于人工智能范畴,这一问题已经触碰到了人工智能的争议焦点——人工智能体是否具有法律人格和主体地位。学界有两种观点:一种观点认为人工智能体本质上是机器,它只是一种工具,不具有法律人格。另一种观点认为人工智能体具有法律人格,能够成为刑事责任的主体;单位都能够成为刑事责任主体,对于具备在设计和编制的程序范围外实施行为的智能机器人具有辨认能力和控制能力,当然也具有刑事责任能力,可以适用刑罚,适用于智能机器人的刑罚可以有三种,分别为删除数据、修改编程、永久销毁。① 人工智能虽然悄然改变着我们的生活,对经济、社会、法律制度产生潜移默化的影响,但是当前处于并将长期处于弱人工智能时代,强人工智能时代是否会来临还是一个未知数,即使会到达强人工智能时代,也有相当遥远的时间距离。人类以其强大的思维能力主导社会,人工智能也是人类智慧的产物,机器人的"主观故意"和"行为手段"还都由人类控制操作,其自身的"主体意识"还不足以达到独立划分机器人刑事责任能力体系的程度。因此,笔者认为当前不宜赋予人工智能体法律人格,不能独立成为刑事责任主体,故全自动驾驶汽车也不能成为刑事责任主体。

### (二) 全自动驾驶汽车交通肇事罪之否定

全自动驾驶汽车只是在技术上具有高度的自动化,可以解放司机的双手,但是并没有自主意识,其自动化依赖于探测感应设备、网络识别、数据收集等技术。自动驾驶汽车本质上可以被认为看起来像汽车的机器人,它们同样都拥有复杂的软件系统和硬件系统,汽车完全自动驾驶,系统对路况进行判断并选择相应的行为,驾驶人不再介入,乘坐人对系统有完全的信赖利益。自动驾驶汽车上路风险是一定的,但是风险分配方式则不是固定的,当自动化水平低时,驾驶人承担更多的义务和风险;当自动化水平较高时,汽车制造商承担更多的风险。但俗话说:"高风险高收益",汽车制造商获得的收益足以让其承受交通事故的责任风险。越来越多的研究人员就这一观点达成了一致:自动驾驶汽车在紧急情况下返回人类驾驶模式的问题也许根本无法解决。② 乘坐全自动驾驶汽车,就像乘坐公交车一样,公交车交通肇事后乘客没有任何责任需要承担,因此,在全自动驾驶汽车状态下,乘坐人没有注意义务,既没有故意也没有过失,不能够成为交通肇事的责任主体。

乘坐人不承担任何责任是公正的。全自动驾驶汽车进入市场商用化以后,遵循

---

① 刘宪权、朱彦:《人工智能时代对传统刑法理论的挑战》,载《上海政法学院学报(法治论丛)》2018年第2期。

② [美]迈克斯·泰格马克:《人工智能简史》,郭雪译,浙江人民出版社2017年版,第162页。

的就是市场规律，车主在选择全自动驾驶汽车作为消费对象时，必定有更多的金钱投入，而其看中且购买的恰恰是汽车制造商的高水平自动化服务。因此，在其进行金钱投入时，全自动驾驶汽车的交通事故风险即转移给汽车制造商。当然，如果有维修保养等与普通机动车无异的义务，但是由于故意或者过失没有履行导致全自动驾驶汽车功能异常而导致事故发生的，使用人应当承担相应的责任。汽车的使用不同于其他家用个人物品的使用，其使用过程中涉及公共安全，未来的交通运输管理法规应当对使用者规定必要的安全注意义务。

我国当前交通肇事罪的犯罪主体是一般主体，不包括法人、单位。全自动驾驶汽车使用人无责任势必导致交通肇事罪责任主体缺位。全自动驾驶汽车交通肇事后因为交通肇事罪主体缺位而免于刑事处罚，只承担侵权责任，也有违公平。有人认为，全自动驾驶汽车制造商应当对其瑕疵产品承担责任，因为使用人对自动驾驶汽车安全性能给予完全的信赖利益，若是不能保证行车安全，则在生产制造时违反了其注意义务，因此对瑕疵产品应当承担侵权责任。按照《产品质量法》的规定，生产者有三个免责事由：一是未将产品投入流通的；二是产品投入流通时，引起损害的缺陷尚不存在的；三是将产品投入流通时科学技术水平尚不能发现缺陷存在的，跟踪责任除外。笔者认为，自动驾驶汽车作为一种交通工具，汽车制造商在投入市场前有义务将可能预见的风险予以规避，但是对于无法预见的技术瑕疵，可以被允许合理存在。任何技术都是有风险的，自动驾驶汽车系统运行复杂，任何汽车制造商都不能保障生产的汽车毫无瑕疵，对于现有技术无法预见的风险和瑕疵，汽车制造商可以不承担此部分责任，但是对于可以预见和规避的技术瑕疵应当尽到充分的注意义务，否则将承担过失责任。若是过分苛责全自动驾驶汽车制造商，则直接会导致其难以承担风险而放弃研发自动驾驶汽车，不利于自动驾驶汽车产业的繁荣发展。

在民事侵权责任方面，全自动驾驶汽车与辅助型自动驾驶汽车一样，虽然不能适用过错责任，但是能够适用产品责任。但在刑事责任领域，全自动驾驶汽车交通肇事罪失去"人类"责任主体，因此，有人建议扩大交通肇事罪的犯罪主体，将法人、单位纳入进来，使之成为自然人犯罪和单位犯罪，这样一来，汽车制造商顺理成章成为交通肇事罪的犯罪主体。笔者认为此种观点欠妥，理由如下：第一，交通肇事罪旨在处罚对道路交通安全造成危害的行为，注意是"行为"，汽车制造商生产销售汽车是单纯的营利行为，其目的在于提供产品及服务，终极目的是获取经济利益，自动驾驶汽车量产下线在仓库储存，抑或给经销商供货，其实施的仅仅是生产、销售等经济行为，自动驾驶汽车未驶入道路就很难认定存在危险。汽车制造商不是自动驾驶汽车使用者和运行者，没有直接参与并实施启动驾驶行为，真正将驾驶危险带入道路交通的是使用人使用自动驾驶汽车，但是基于信赖利益，全自动驾驶汽车有安全驾驶的义务，责任主体发生转移，最后仍然落在汽车制造商头上。第二，若交通肇事罪成为单位犯罪，比照其他单位犯罪，适用的刑罚包括罚金和处罚单位负责人两种，若是执行罚金刑，其法律效果与民事侵权责任没有本质区别，扣上刑事犯罪的帽子不仅将交通事故处理复杂化，也浪费司法资源，且没有震慑性法律效果。若是处罚单位负责人更为可笑，企业负责人不是自动驾驶汽车的使用人，没有实施任何危害道路交通安全的行为，其个人是企业生存发展的关键人物，若是因为生产流程繁杂的产品出现的大小事故不断，岂不是企业负责人要一直在监狱里服刑？因此，交通肇事罪不宜修改为单位犯罪。

### 三、全自动驾驶汽车交通肇事责任分配

#### （一）汽车制造商的产品责任和刑事责任

如果基于自动驾驶汽车本身以外的原因造成交通事故，或者自动驾驶汽车符合安全标准及市场准入规则，在汽车出厂前充分履行了注意义务，事故发生原因是无法预测规避的合理技术瑕疵，即制造商不存在任何过失则不必承担侵权责任。如果汽车制造商由于疏忽大意的过失或者过于自信的过失导致自动驾驶汽车出现故障并发生交通事故的，或者产品投入流通后发现有缺陷没有及时采取警示、召回等补救措施的，则应当承担侵权责任。

汽车制造商不宜成为交通肇事罪的责任主体，但是汽车制造商的生产制造行为能够被刑法规制，当汽车制造商生产不符合安全质量标准的产品时有可能构成《刑法》第140条规定的生产伪劣产品罪。该罪符合汽车制造商生产者的身份，能够做到罪责相适应，只是需要待自动驾驶汽车产业成熟后，形成一套完整的产品质量体系，有安全标准、行业标准可依。

#### （二）强制保险制度的引入

全自动驾驶汽车使用人虽然符合交通肇事罪的主体要件，但因其无行为、无过错、无因果，所以不应承担交通肇事的刑事责任。但是，毕竟全自动驾驶汽车使用人享有了一定的运行利益，基于大众古朴的"杀人偿命，欠债还钱""撞人赔钱"的社会心理价值取向，似乎全自动汽车使用人又应该承担责任。一种较为折中的办法是：引入强制保险制度。可以考虑针对全自动驾驶汽车提出由制造商或者使用人负担的强制保险机制。"引入责任保险制度可以弥补产品责任制度的不足，平衡制造商、消费者与受害人之间的利益，能及时高效地救济受害人。"[①] 保险制度是风险分摊的重要方式，各国路测规定都要求测试主体购买不少于一定金额的保险。自动驾驶汽车继续执行普通机动车的交强险，并且鼓励投保商业险，现行道路交通框架仍能够套用，但这需要保险公司将自动驾驶汽车纳入保险范围，制定自动驾驶汽车保险制度标准，保证受害人的权利得到充分及时的救济。强制保险制度的引入，不仅使受害人的损害赔偿得到了保障，还及时修复了被破坏的社会法律关系，有利于促进社会和谐。

#### （三）责任认定中的难度

其一，产品责任证明困难。按照法律规定交通事故受害者必须证明肇事全自动驾驶汽车存在缺陷方能追究汽车制造商的产品责任。但是，自动驾驶技术作为一种复杂的人工智能高科技，只有具备一定的专业技术知识才能明白全自动驾驶汽车的

---

① 郑志峰：《自动驾驶汽车的交通事故侵权责任》，载《法学》2018年第4期。

运行原理和事故发生原因，汽车制造商作为生产者对车辆系统内外状况非常清楚，是技术强势方，交通管理部门查明事故原因可能都需要汽车制造商进行技术支持和配合，作为弱势的受害方证明系统缺陷异常困难甚至是不可能的，证明困难是汽车制造商产品责任认定的一个挑战。

其二，增加诉讼负担。当全自动驾驶汽车市场化普及之后，全自动驾驶汽车就如普通机动车一样遍布道路，每天各个路段都会发生很多交通事故，如果每起事故都需要诉诸法院要求汽车制造商承担产品责任，汽车制造商可能面临巨大的诉讼压力，疲于应付纠纷导致产业水平下滑。有人认为产品质量法阻碍科技创新进步，一些新技术、新科技投入市场初期，一定会面临大量诉讼，这是必经的阶段，但若责任巨大不堪重负，企业也无力再投入研发，长此以往，自动驾驶汽车产业技术革新速度变缓，阻碍市场化进度。对于减轻汽车制造商诉讼负担这一负面问题，有人提出可通过与消费者签署责任豁免协议转移责任这种方案，笔者认为"全部豁免"不可取，汽车制造商与消费者本就处于你强我弱的不对等地位，若将本属于汽车制造商的责任强行转移到消费者身上显失公平。另外，将交通事故责任全部转移给消费者独立承担，消费者难以承担且畏惧承担难以预见的沉重的事故责任而选择放弃购买，也不利于产业发展。因此，前面提到的强制保险制度也确实可以平衡这方面的利益冲突。

综上，自动驾驶汽车本身不具有交通肇事责任主体的地位，自动驾驶汽车本身不具有法律意义上的人格，对其进行处罚是无意义的。在全自动驾驶汽车状态下，使用者也不应该认定为交通肇事罪的责任主体。在责任的认定方面，不仅要考虑制造商的产品责任更要考虑相关刑事责任，特别是面对有被害人的情形，对于汽车使用者与被害人纠纷处理应该引入强制保险制度，并且考虑到责任认定过程中的一些负面影响，还是应该在自动驾驶汽车的相关领域增加法律规范的制定，明确责任的证明方法与步骤，处理好科技的快速发展在带给人类便利的同时与涉刑法领域问题的关系。

# 腐败犯罪境外追逃追赃的智能化探究

唐 玲*

在人工智能日益发展的时代，人力在腐败犯罪境外追逃追赃中的局限性逐渐凸显，这不得不使我们深入反思，人工智能技术是否可以嵌入境外追逃追赃工作，成为腐败犯罪境外追逃追赃机制的助力。

## 一、人工智能嵌入腐败犯罪境外追逃追赃机制的底层逻辑

要想解决人工智能是否能够嵌入腐败犯罪境外追逃追赃工作中这个问题，首先需要我们考虑的就是腐败犯罪境外追逃追赃工作对人工智能技术是否具有切实的需求点。

思考、解决上述问题，首先需要厘清的是该问题的本质，即其原始需求或原因，也就是我们这里所说的底层逻辑。底层逻辑是我们思考人工智能是否能嵌入腐败犯罪境外追逃追赃这个问题最先确立的核心，也是此问题最原始的出发点和落脚点。

人工智能之所以具有嵌入腐败犯罪境外追逃追赃机制的可能性，笔者主要是基于两个需求点（原因）来思考的。其一，在人工智能介入司法实践纷至沓来的当下，随着智能辅助办案、智慧法院等系统的应用（如上海的"206工程"刑事案件智能辅助办案系统、海南的量刑规范化智能辅助办案系统等），不仅司法办案人员的工作效率大大提高，而且在人工智能精准收集数据、分析数据并提供参考数据的基础上，办案人员对于案情的把握更加准确、细致，这为我国减少刑事冤假错案、实现刑事司法公平公正提供了更强的助力。同理，腐败犯罪境外追赃追逃工作作为刑事司法实践的一部分，自然不能也不应当在人工智能时代浪潮中缺席。党的十八大以来，习近平总书记在国内外重要会议中曾多次就我国反腐败境外追赃追逃问题作出重要论述，党中央把腐败犯罪境外追逃追赃工作纳入防腐败工作总体部署，我国反腐败境外追逃追赃工作在此基础上取得了显著的成效，① 但是就其工作方式和工作成效来说，仍然具有很大的、亟须改进的空间。在人工智能拥抱大数据的时代，腐败犯罪追逃追赃工作如果一味地按照传统方式进行，与数据、智能脱节，那势必造成与时代的割裂，从而无法正常、有效地开展反腐追逃追赃工作，并最终影响反腐目标的实现。其二，人工智能技术的迅速发展与腐败犯罪境外追逃追赃工作存在不同形式的耦合，对传统腐败犯罪境外追逃追赃工作提出了巨大的挑战。随着智能化的发展，一方面，外逃人员的反侦查手段不断提高，有些外逃人员通过精密

---

\* 北京师范大学刑事法律科学研究院博士研究生。
① 赵晨光：《论我国腐败犯罪境外追赃机制存在的问题及其完善》，载《法学杂志》2019年第3期。

的谋划，利用假国籍、假护照、假名字甚至通过医学整容改头换面躲避侦查，大大增加了追逃工作的难度。① 另一方面，大数据信息的普遍使用，出于隐私权、国家机密等缘由，国际数据无法实现共享，导致国际反腐合作的障碍愈加深刻。据此，腐败犯罪境外追逃追赃工作亟需人工智能技术的介入与协助，通过智能技术手段解决追逃追赃工作中的技术障碍和信息收集等问题。

综上所述，人工智能融入腐败犯罪境外追逃追赃工作既是时代的选择，也是实际工作的迫切需要。

## 二、人工智能嵌入腐败犯罪境外追逃追赃机制的可能路径

找到问题的核心后，需要解决的就是本着问题的核心，寻找解决问题的入口，捋出一条线，也就是思考路径。笔者认为，人工智能嵌入腐败犯罪追逃追赃机制的总思路可以利用任务塑造智能化实践的模式切入，即从需要到目标实现的路径。亦即，首先对腐败犯罪追逃追赃工作中普遍存在的难题进行梳理、厘定、分类，其次就其中普遍存在的可使用智能化技术解决或辅助解决的问题进行归纳，最后针对这些问题有针对性地导入大数据，给予人工智能在任务部署的前提下进行大数据分析。

笔者之所以考虑使用这一路径来解决人工智能嵌入腐败犯罪追逃追赃机制的问题，主要是基于以下的考量：目前，随着人工智能技术的迅猛发展，学界也掀起了司法拥抱大数据的浪潮，但就这一问题而言，国内学者主要是从人工智能介入司法决策这一层面来进行探讨的，有学者提出可以通过人工智能对法律论证综合方法的探寻、对法律语言的深度学习以及对经验性法律知识的获取等方式有限度地介入司法决策②；也有学者指出，人工智能介入司法需要通过大数据对司法案例进行全面梳理和深度剖析，并将此嵌入人工智能模块中，从而为司法人员有效办案提供确切的指引③。不管是何种观点，我们都可以从中看出两点：其一，人工智能嵌入腐败犯罪境外追逃追赃领域尚未有学者提供有针对性的研究；其二，国内学者就人工智能介入司法领域大多持大数据前提下的引入态度，即以目前大数据时代为支撑，将大数据引入司法办案，利用人工智能技术对大数据信息进行分析、把握，从而得出有针对性的指导意见，以辅助办案。笔者认为，人工智能对大数据进行深度分析，特别是在法律语言学习和法律经验获取的基础上，对数据信息的精准分析得出的参考性结果，不仅能大幅度提高司法办案人员的工作效率，还能大大节约司法成本，维护司法公正。但是，通过深入思考我们不难发现，这种模式可能会在人工智能介入司法中带来以下几点困境：首先，大数据导入这个前提很难进行精准把握。何为实质意义上的大数据？多少数据才能称为大数据？大数据如何进行有针对性的导入？还是只要是相关数据均应当对其导入？这样一来，虽然大数据下的信息可以尽可能地被搜索完全，但是由于数据缺乏针对性和相对的标准，可能导致智能分析结

---

① 张扬：《境外追逃追赃工作存在的问题及对策研究》，载《法制与经济》2018年第10期。
② 周尚君、伍茜：《人工智能司法决策的可能与限度》，载《华东政法大学学报》2019年第1期。
③ 潘庸鲁：《人工智能介入司法领域路径分析》，载《东方法学》2018年第3期。

果的偏差以及出现就相关问题智能分析数据混乱的现象。其次，这种模式必须是基于人工智能能够确切深度学习、模仿并准确导出结果的前提的，但就目前世界范围内人工智能发展的程度而言，智能计算机实际上很难达到人们所称赞或期望的那样具有思维推理、规划、深度模仿等智能的程度。①

据此，笔者认为，与其盲目引入大数据，承担数据滥用、结果偏差的风险，不如另辟蹊径，赋予人工智能任务，再进行任务下的、有针对性的数据导入，以此来减少人工智能嵌入腐败犯罪追逃追赃机制所可能带来的风险。

### 三、腐败犯罪境外追逃追赃的智能任务明晰

就前文所述，笔者对腐败犯罪境外追逃追赃机制的智能化设计是基于任务下的大数据导入，因此，设计具体架构之前必须对腐败犯罪境外追逃追赃的现实困境予以解读，从而以实践困境来确定人工智能在嵌入腐败犯罪境外追逃追赃机制时应当赋予的具体任务，以便我们能在任务视角下对智能架构予以合理设计，并最终构建出具体模型。

近年来，在党中央以及习近平总书记的总部署下，我国从集中公布"百名红通"名单，到连续开展"猎狐行动""天网行动"，腐败犯罪境外追逃追赃工作取得了显著成果。仅 2018 年"天网行动"，全国共追回外逃人员 1335 人，其中党员和国家工作人员 307 人，"红通人员" 5 人，追赃金额达 35.41 亿元。② 然而，腐败犯罪境外追逃追赃工作作为一种应对性措施，发展较晚，并且没有强力的理论和实践根基作为支撑，因此，在实际工作中仍会面临各种各样的问题和挑战。基于文章篇幅原因，笔者在这里仅就人工智能可相对介入的问题进行阐述和概括，其他方面不再赘述。其一，腐败犯罪防逃机制欠缺。防逃、追逃、追赃，是一个有机的整体，必须一体推进才能够织密天网。实务中，腐败犯罪分子携款潜逃大多是经过长时间的精密谋划，整个过程可能包括转移资金、转移财产、转移近亲属出境，伪造证件、伪造身份，再伪造契机潜逃，等等。在此过程中，犯罪分子很可能有频繁的出国记录、频繁的账户资金异动以及频繁的银行和金融机构开户、销户等明显信号。从理论上说，由于出逃是一个短期很难操作的过程，因此，从源头上防逃应当是我们减轻腐败犯罪境外追逃追赃工作最有利的方式。然而，当前我国并未对这些信息（包括资产转移、洗钱，腐败分子外逃出境、定位等）进行有针对性的收集和处理，因此各相关机构之间也就不能第一时间进行信息共享，这不仅给我国追逃追赃工作带来巨大的困难，更使得腐败犯罪无法真正从源头上进行遏制。其二，腐败犯罪境外追逃追赃存在技术"瓶颈"。目前，我国腐败犯罪境外追逃追赃适用最广泛的措施包括非法移民遣返、异地追诉、劝返以及引渡等，虽然方式多种多样，但在实际操作过程中却存在很多的适用障碍，缺乏灵活性。特别是在智能化发展的今

---

① 那顺乌力吉：《"大任务、小数据"范式下人工智能的一种可能路径——浅谈类比与人工智能》，载《重庆理工大学学报（社会科学版）》2018 年第 6 期。

② 《2018 年反腐败国际追逃追赃工作综述》，载 http://liuyan.people.com.cn/n1/2019/0129/c58278-30595268.html，2019 年 5 月 23 日访问。

天，信息数据无处不在，犯罪分子的反侦查能力也越来越强，很多外逃分子"花式出逃"，伪造身份、证件，甚至还可能通过整容、换肤等手段躲避人脸识别和指纹识别，从而躲避追逃。① 因此，在类似情况下，即使我国公布了红通人员名单和身份信息，也很难对其进行电子识别和定位，这无疑大大增加了追逃追赃的难度。其三，腐败犯罪境外追逃追赃国际合作机制不健全。腐败犯罪境外追逃追赃国际合作属于国际司法合作范畴，因各国法律制度、执法情况各不相同，使得国际司法合作在追逃追赃领域的关键点集中在各国是否能在侦查过程中将所获取的信息第一时间相互交流、合作，从而高效打击犯罪。就目前来说，国际上并未建立起相应的信息共享系统或平台，无法实现案件线索共享，导致现期我国腐败犯罪境外追逃追赃工作出现国际资源利用率低、国际合作不畅通的现象。

据此，我们可以对任务智能下的腐败犯罪境外追逃追赃机制赋予三项任务：一是智能防逃，二是智能技术辅助，三是智能信息共享。之所以对智能赋予此三项任务，理由如下：第一，构建智能防逃机制，能够在一定程度上弥补我国目前防逃机制缺失所带来的弊端，智能技术对可疑人员以及犯罪分子的资金和人员波动状况进行分析，分析其出逃率，从而为防逃提供预警，加大防逃工作的质量和效率，将腐败犯罪打击在出逃之前，防止资金、人员外逃带来不必要的麻烦和损失；第二，智能技术辅助任务，能在境外追逃追赃工作处于困境或出现技术"瓶颈"时予以辅助、支持，包括对犯罪分子进行智能定位、对其逃亡路线进行预测以及对国际合作方式进行择优选择等，从而对境外追逃追赃工作提供实质助力；第三，智能信息共享任务，在防逃阶段，办案人员可以通过信息共享，了解并掌握犯罪分子的各方面异常信息，并在此基础上分析其出逃可能性，早做准备；在境外追逃追赃阶段，通过国际信息共享平台，能够第一时间掌握各国所了解并上传到智能共享平台的有关腐败犯罪分子外逃路线、资金信息等线索，为成功打击腐败犯罪提供信息支撑。

## 四、腐败犯罪境外追逃追赃智能化机制的建构

### （一）建构："智能+腐败犯罪境外追逃追赃"的架构设计

从上文分析可知，我国腐败犯罪境外追逃追赃工作出现防逃机制缺乏、追逃追赃存在技术"瓶颈"以及国际合作机制不健全的问题，笔者思考通过将这些问题以任务形式赋予智能技术解决，应当可以在一定程度上对现期工作提供助力。笔者拟从防逃机制、技术机制和信息共享机制三个层面来对智能嵌入腐败犯罪境外追逃追赃工作进行架构设计。

第一，就防逃机制而言，其主要着重点在于官员及其相关人员的防逃预警方面。腐败犯罪分子出逃一般需要经历资金先"逃"的过程，因此防逃阶段又需要从"资金""人"两个方面来进行把握。其一，就资金而言，资金是腐败犯罪之源，只有从源头上打击和预防向境外非法转移资产的行为，才能将腐败分子外逃扼杀在

---

① 《改名！整容！看贪官们的花式出逃！》，载 http://www.sohu.com/a/257227343_100192592，2019年5月24日访问。

摇篮里。腐败犯罪分子非法转移资金很可能都会有频繁的账户资金异动、频繁的银行和金融机构开户、销户等信号,我们通过智能技术手段将这些信号进行智能任务编辑,设置智能化预警、检测模块,一旦出现波动或出现异常信息,智能系统模块就会按照设定进行第一时间预警,提醒司法工作人员予以重视和继续跟踪。其二,就人而言,智能防逃介入点主要在于其身份识别。身份识别是为了防止腐败犯罪分子利用伪造的身份、护照、改变手指纹路甚至整容等形式成功出逃。具体而言,赋予智能身份识别任务,对腐败分子生物识别应达到足以识别其表面性程度的任务形式,即以生物识别为主,以人脸识别、指纹识别、证件识别为辅的操作模式,并在全国各大出入境关口予以普遍性使用,一旦发现疑似人物,立即发出报警警告。

第二,就技术机制而言,智能介入点在于腐败犯罪分子的智能定位以及国际合作方式的智能择优选择两个方面。其一,定位追踪是最有效也是使用最多的抓捕犯罪分子的手段,近年来,随着电子技术的发展,犯罪分子通过利用修改手机内置设备识别码或更换 SIM 卡等方式,企图逃避追踪和抓捕,这就使得执法机关无法完全依赖手机信号对罪犯进行追踪和定位。但是,同样地,我们可以把这个难题赋予人工智能来解决。据德国工程师曾经研究发现,每个手机内的组件实际上都会有一定程度的误差,这些具有误差的组件结合起来能产生不精确的无线电信号,这些信号一旦结合被送到信号基站,就会被读取为一组特别的数字信号,即所谓的数字指纹。① 也就是说,通过这一技术,即使犯罪分子的手机设备标识码或 SIM 卡被更换、打乱,每一部手机的数字指纹也不会发生任何改变,所以无论犯罪分子对手机做何更改,只要仍然使用这部手机,手机组件就会结合起来发出信号传回基站。② 这些信号经人工智能设备读取并进行分析,便能对其进行定位,为追逃追赃工作人员提供线索。其二,笔者在这里将智能介入国际合作方式的择优选择,主要是基于以下几点考量:上文我们提到,我国腐败犯罪境外追逃追赃工作国际资源利用率低,导致这种状况的原因不仅在于各国法律制度的差异,还在于大多办案机关人员对于国际刑事合作存有畏难情绪,过分依赖执法合作或警务合作。③ 因此,在这种情况下,通过智能任务,基于对各国司法大数据进行深度学习的基础,对实践中个案问题进行全面梳理以分析原因、发现问题、总结经验,最后形成最优追逃方案,为追逃追赃工作人员提供建设性的意见和建议,加快追逃追赃工作的步伐。

第三,就信息共享机制而言,智能任务可以分为国内信息共享和国际信息共享,但其原理是相同的:前提是需要有一个信息互通平台。追逃追赃工作人员可以将腐败犯罪案件进行梳理编制,将其中涉及的案件信息——包括案件涉及人员的具体信息、涉及哪些部门管辖的信息、信息收集的阶段等——进行汇总,以任务形式将可能需要收集的信息在该平台上以技术手段下达给人工智能,在大数据支撑下,一旦出现这些信息,智能便第一时间将信息一键推送给办案人员,这样便可以将人

---

① 林晶、黄青松:《基于指纹密文的数据篡改定位与恢复方法》,载《微计算机信息(管控一体化)》2009 年第 6-3 期。
② 邓家青、林沛:《数字指纹技术研究进展》,载《电脑与电信》2016 年第 3 期。
③ 黄风:《建立境外追逃追赃长效机制的几个法律问题》,载《法学》2015 年第 3 期。

工智能和最高效、智能性与办案人员的创造性结合起来，实现境外追逃追赃的最大化之义。①

**(二) 模型："任务智能"型腐败犯罪境外追逃追赃机制**

基于上文的总体架构，笔者拟从具体模型来进一步解读任务智能下的腐败犯罪境外追逃追赃机制如何运作，根据前文的三个架构，笔者按照出逃路线建立了以下三个任务智能模型：

1. 智能化防逃预警监测机制模型

建立智能化防逃预警检测模块，其智能任务是监控可疑人员的动态和资金状况，为及早发现并控制腐败犯罪分子外逃做好检测预警。具体而言，首先，对全国范围内的官员及其直系亲属信息进行备案（这里所说的备案只是普通的信息收集，不会对涉及人员产生任何不利的影响），这些信息包括其姓名、户籍、联系方式、常住地、职业状况、收入状况等常用信息，还包括人脸信息、指纹信息和其他生物识别信息（如 DNA 信息）等，对其进行智能登记建档，并定时更新；其次，对所收集的信息进行智能化监督，特别是对重点人员和可疑人员的身份证件使用信息、账户资金流动信息等进行智能化检测；最后，根据大数据比对各档案的信息波动情况进行预警，一旦发现信息异常波动，达到预定的波动零界点，便会产生预警信号，并自动将预警信号分析成预警报告，发送至模块首页，提醒工作人员予以重视、核验。② 另外，生物识别信息的登记，还可以用于腐败犯罪分子外逃时以及国内乘坐需识别身份的交通工具时的身份识别。腐败犯罪司法办案人员可以据此智能板块模型，较早地发现犯罪分子的资金和人员波动状况并及时做出反应，从而为打击、预防腐败犯罪提供助力。

2. 追逃追赃智能技术辅助机制模型

智能技术辅助模型的任务是为腐败犯罪追逃追赃工作中出现的技术"瓶颈"提供智能解决方法。前文已述，技术辅助侧重点在于犯罪分子的智能定位以及国际合作方式的智能择优选择两个方面，智能定位在任务设置后依赖技术方式实现，在这里笔者不再赘述，故在此仅就国际合作方式的智能择优选择作详细分析。其一，搜集国际合作大数据，包括相关国际条约、区际条约、合作条约、各国法律政策、腐败案例、追逃追赃合作实践经验等，录入智能模块，作为大数据分析的数据基础；其二，对实际个案状况（包括腐败犯罪分子信息、当前侦查信息等）进行录入登记；其三，智能板块以大数据和个案特征为支撑，进行智能化分析，得出追逃方案设计报告，最终对智能选择的国际合作方式作出一系列的分析，如 SWOT 分析，根据国内国外环境和当前条件等综合状况，分析各种合作方式的优势、劣势、机会和威胁，为腐败犯罪追逃追赃人员提供切实的追逃合作思路，提高办案效率和成功率。

当然，除此之外，还有很多技术辅助技术可以增添至此模块，如外逃人员的资

---

① 潘庸鲁：《人工智能介入司法领域路径分析》，载《东方法学》2018 年第 3 期。
② 王禄生：《司法大数据与人工智能开发的技术障碍》，载《中国法律评论》2018 年第 2 期。

金线索预测、外逃路线分析等，均可按照此原理以任务形式赋予智能。

3. 智能化信息共享机制模型

信息、情报是腐败犯罪境外追逃追赃的核心突破点，建立国内各部门间信息共享和国际间信息情报互通机制是提高境外追逃追赃工作效率的重要方面。因此，智能化信息共享机制模型的任务就是解决信息如何互通共享的问题。就国内各部门而言，首先，应当加快各类数据库建设，如工商、司法鉴定、银行、公证机构、各类金融机构、资产处置机构等信息数据库；其次，建立各类数据库共享对接模块，将各部门的数据库进行对接，实现智能在线共享。这样一来，腐败犯罪司法工作人员就可以在需要的时候第一时间进行智能搜索，简便、快捷、高效。[①] 就国际合作而言，虽然信息共享因国别差异、隐私、信息安全等会产生一系列的障碍，但仍然可以考虑从小范围开始逐步建立国际反腐追逃追赃信息平台，各国可以就侦查中出现的疑似案件线索信息，在保障国家信息安全范畴内上传国际平台，实现国际信息共享互通。当然，这种方式可能在当下仍然很难切实实现，但不能因有障碍就放弃智能化信息路径，各国的共同努力是国际反腐智能合作的前提。

---

① 赵宇、张凯晨：《大数据在境外追逃中的应用》，载《中国人民公安大学学报（自然科学版）》2015年第2期。

# "机器可以被诈骗"的认识误区及其匡正

郑 洋[*]

"机器能否被诈骗"的论题在十余年前关于"许霆案"的讨论中就涉及过。近年来,随着人工智能在深度学习和特征识别等技术领域的突破,部分智能设备在识别判断能力上得到较大提升,因而为"机器能否被诈骗"的话题增添了新的话语材料和分析依据。以此为基点,有学者重提"机器可以被诈骗"的观点。但是,立足于诈骗罪的教义学规则以及当下人工智能的发展层次,这一颇具"诱惑性"的观点仍然经不起推敲。

## 一、"机器可以被诈骗"的论证依据及其适用

诈骗罪的行为流程中需要存在受骗人的财产处分行为,因此涉及能否被骗的机器主要为 ATM 机、自动售货机等具备代行交易功能的设备,这限定了本话题讨论的具体语境。主张"机器可以被诈骗"的观点,主要依据有以下几点:

其一,以智能设备识别判断能力的提升为依据,将相关智能设备视为"机器人"。认为要正确判断机器人能否被骗,关键看其是否因为行为人的欺骗行为而产生认识错误。从人工智能科学的角度来看,机器人具有认识、判断进而表达意思的能力。[①] 而且,就社会效果而言,对智能设备的欺诈和对自然人的欺诈的差别正在逐渐缩小。过去质疑机器不具有诈骗罪中认知能力的观点在当前智能设备日益逼近甚至超越人脑的背景下,已难成立。[②] 因此,不是自然人的机器,如果具有识别与判断能力,并且能够据此做出相应的反应与互动,也同样可以被骗。[③]

其二,以智能设备的识别方式为依据,认为机器人是有意识的,其识别方式与自然人渐趋一致。以 ATM 与柜员的关系为例,二者的识别方式渐趋一致,识别能力日趋等同。柜员在识别客户账号、密码时,并非人工查验,而同样是依赖于机器人。[④] 而且,就处理效果而言,手机银行、第三方支付设备等智能设备的财产处分意识和处分行为显然比自然人更高效、更安全。[⑤]

其三,以智能设备陷入"认识错误"的具体表现形式为依据,认为机器人能够陷入认识错误。以在 ATM 上冒用他人信用卡为例,行为人利用机器人"识别功能"上的认识错误,在提供真卡和真密码的前提下,让机器人在以为行为人是真实持卡

---

[*] 北京师范大学刑事法律科学研究院博士研究生。
[①] 参见刘宪权:《网络侵财犯罪刑法规制与定性的基本问题》,载《中外法学》2017 年第 4 期。
[②] 杨志琼:《利用第三方支付非法取财的刑法规制误区及其匡正》,载《政治与法律》2018 年第 12 期。
[③] 张小虎:《拾得信用卡使用行为的犯罪问题》,载《犯罪研究》2008 年第 5 期。
[④] 参见刘宪权:《网络侵财犯罪刑法规制与定性的基本问题》,载《中外法学》2017 年第 4 期。
[⑤] 杨志琼:《利用第三方支付非法取财的刑法规制误区及其匡正》,载《政治与法律》2018 年第 12 期。

人的情况下"自觉自愿"交付财物,这一行为完全符合诈骗类犯罪的行为特征。①

其四,以部分刑法立法和司法解释规定为依据,认为相关规定是对"机器能够被诈骗"的承认。详言之,"冒用他人信用卡的"是信用卡诈骗罪的行为方式之一,所谓"冒用"即未经本人授权、非本人使用。至于是对柜员使用,还是对 ATM 使用,刑法规定并未作出区分。而且,最高人民法院、最高人民检察院(以下简称"两高")于 2009 年发布的《关于办理妨害信用卡管理刑事案件具体应用法律若干问题的解释》第 5 条也规定,"窃取、收买、骗取或者以其他非法方式获取他人信用卡信息资料,并通过互联网、通讯终端等使用的",应当认定为冒用他人信用卡的行为,以信用卡诈骗罪定性。②

其五,以部分国家或地区刑法中设置了计算机诈骗罪为依据,认为计算机诈骗罪的立法,在实质上承认了机器可以被骗,表明立法者最终放弃了"机器不能被骗"的思路。③

由上梳理,认定"机器可以被诈骗"的主要依据是人工智能技术的发展提升了智能设备的识别判断能力,使其具备了"受骗"的基础。以此为起点,结合智能设备的识别方式、陷入错误的具体形式以及相关法律规定等依据,最终得出"机器可以被诈骗"的认识结论。

在"机器可以被诈骗"的认识支配下,在对相关疑难案件定性时的分析逻辑为:行为人使用伪造的银行卡从 ATM 取款、使用假币从自动售货机购买商品或者冒充真实权利人的身份,从他人网络支付账户转移钱款时,作为交易对方的智能设备或网络支付平台等因为被行为人所诈骗而交付财物或者转移钱款,所以这类行为均应被认定为诈骗类犯罪。

## 二、"机器可以被诈骗"的认识误区

以诈骗罪的客观构成要件作为参照,行为人实施欺骗行为是诈骗罪的开端,而通说观点将被诈骗的对象限定为"人",认为从诈骗一词的基本含义来看,受骗者只能是自然人,因为机器不会陷入错误。④ 详言之,诈术的意义是在使对方就事实产生错误的认识,如果诈术行为的对象根本没有思想的能力,根本不可能对事实有认识,更谈不上正确的认识或错误的认识,因此,在传统上对于"诈术"的概念仅限于以人为诈术行为的对象,而不及机器。⑤ 在此认识基础上,"只有自然人才会具有诈骗罪的陷于错误,机器或电脑不是诈骗罪的对象"⑥ 的认识成为分析诈骗罪时既定的教义学规则。

机器可以被诈骗的认识虽然与既定规则相冲突,但是规则存在的意义之一即用

---

① 参见刘宪权:《网络侵财犯罪刑法规制与定性的基本问题》,载《中外法学》2017 年第 4 期。
② 参见刘宪权:《网络侵财犯罪刑法规制与定性的基本问题》,载《中外法学》2017 年第 4 期。
③ 参见张小虎:《拾得信用卡使用行为的犯罪问题》,载《犯罪研究》2008 年第 5 期。
④ 参见张明楷:《诈骗罪与金融诈骗罪研究》,清华大学出版社 2006 年版,第 92 页。
⑤ 参见黄荣坚:《刑法解题——关于诈欺等财产犯罪》,载《辅仁法学》1990 年第 9 期。
⑥ 参见许泽天:《刑法各论(一):财产法益篇》,新学林出版股份有限公司 2017 年版,第 116 页。

来被质疑和突破,规则自身也是处于动态演进和变化之中,不能因为某一认识突破了既定规则而直接认定其为错误。加之我国刑法并没有将诈骗罪的对象明确限于"他人",这似乎说明在自然人的范畴之外,仍然存在将智能设备解释为被诈骗对象的空间。因此,应当允许将被诈骗的对象扩展至智能设备的尝试。但是,这一尝试在认识上存在若干误区,因而不能成立。

**(一)跨越了当下人工智能的发展层次**

人工智能的发展为智能设备识别判断能力的提升提供了技术支撑。但是,当下人工智能的发展正处于并将长期处于弱人工智能层次。与弱人工智能相对的强人工智能是人工智能发展的目标,但是有关研究目前尚处于起步阶段。实际上,在运算、翻译、设计等某一方面,智能设备超过人类智力已经成为现实,但是这并不意味着人工智能主体可以与人类一样,成为具备一定自主意识的法律主体。

现行法律制度仍是以"人类中心主义"为主导构建的,其中的法律主体理论来源于对现实生活中的自然人的抽象,奠基于自然人的理性能力和自主能力。在当下的发展阶段,人工智能无法成为适格的法律主体。首先,就人工智能的认识能力而言,现代的智能主体并不满足理想主义认识的人格要求,虽然它能够学习并做出人类无法预见的决定,但是人工智能无法意识到它的自由,无法将自己理解为具有过去和未来的实体,自然也不能掌握拥有权利和义务的观念。[1] 人工智能可以在程序控制下遵守法则,但是不能理解法则,也不存在承担法律责任的基础。其次,就获得人格主体身份所必需的其他特征而言,除非人工智能主体拥有意识、意图等类似于我们精神生活的东西,否则其不能被视为能够"思考"的生命。[2] 而人类的意图和意识是基于自由意志的理性、情感以及欲望的复合体,它的产生和运作有着复杂的机制,而"这个机制是人工智能不具备、也无法模拟的"[3]。所以,当下适用于特定领域,具有特定功能的人工智能主体不存在自主性的意识和意图,这说明其欠缺行为能力。此外,人工智能主体除了具有高度的智能性之外,也没有其他如身份、经验、诚信、态度、创造力、动机、情感、习惯等来承认其与人具有平等的法律主体性的特征。[4]

诈骗罪中被骗人的认识错误和处分意识,均是基于自主意识的对外反馈。不论是错误认识还是正确认识,都是纯粹主观性的,基于被骗主体的识别判断能力的差异而各不相同。立足于当下的人工智能发展层次,智能设备不具有自主意识,也就不存在成立诈骗罪所必需的认识错误和处分意识。从实质上讲,人工智能反映了人类处理信息和学习的能力。因此,它可以"决定"如何应对前所未有的场景,也可

---

[1] Thomas Weigend, If Robots Cause Harm, Who Is to Blame: Self-Driving Cars and Criminal Liability, New Criminal Law Review, Vol. 19, Issue 3 (Summer 2016), p. 416.

[2] Lawrence B. Solum, Legal Personhood for Artificial Intelligences, North Carolina Law Review, Vol. 70, Issue 4 (April 1992), p. 1282.

[3] 龙文懋:《人工智能法律主体地位的法哲学思考》,载《法律科学》2018年第5期。

[4] Aleksandar Stevanovic; Zoran Pavlovic, Concept, Criminal Legal Aspects of the Artificial Intelligence and Its Role in Crime Control, Journal of Eastern-European Criminal Law, Vol. 2018, Issue 2 (2018), p. 43.

以"选择"如何驾驭一个新的场景,从而成功地实现某个目标。① 具体到由智能设备代替自然人进行交易的场景,智能设备获得了较强的识别判断能力,使其能够应对不同的情形,可以相对自主性地按照程序设定实现验证和交付功能,从而实现对外交易的程序目标。但是,智能设备的识别判断能力仍然基于人类程序而来,本质上属于程序逻辑运算的结果,并按照预设指令对外界作出回馈。因此,智能设备产生的所谓"认识错误"是纯粹客观性的程序反馈,是基于智能设备的程序缺陷或者功能不足而体现出的必然反应,不能因为这一过程经过了程序验证等就认为其具备了主观色彩。与其认为智能设备能够产生自主性的错误认识和处分意识,不如将其界定为基于程序设计漏洞或者缺陷的当然结果。因此,不能依据智能设备具备了一定的识别判断能力,而将其视为诈骗罪的对象。主张具有智能化的机器可以成为被骗对象的观点,无疑是模糊了人工智能和人的智能之间质的区别,背离了当下人工智能的发展层次。

（二）违背了人工智能的纯粹工具属性

从历史视角出发,我们对"人"的意义的理解一直与人类自我反省和自我意识的能力相联系,也就是说,我们有能力感知我们的独立存在及其延伸到过去和未来的边界。但就目前来看,人工智能似乎不具备同样程度的自我意识（或根本不具备任何自我意识）,因此我们无法将它们的处境等同于人类的经历。② 正因为人工智能不具备自主意识,这决定了其认识能力和判断能力都是由人类程序所赋予和设定的,部分人工智能所具备的自我学习能力也是处于程序框架的约束中,受到既定领域和方向的限制,无法超越人类整体思维和意识的界限。

人工智能科技的提升无法否定智能主体的工具属性。工具的必备特征之一是可控制性,不可控制的事物无法成为工具。如果人工智能获得自主意识,其就会不满足于人类为其设置的地位归属,而寻求更为高阶的身份认证,那时其工具属性就会被削弱。但就当下来看,人工智能技术还处于较低层次,其操作模式和工作流程都是通过人类预设的。人工智能技术在赋予机器人一定程度的"自主性"的同时,也提升了人类对智能主体的控制和支配能力。可以认为,人工智能是人类技术理性的延伸和拓展,人类是人工智能发展层次的尺度和界限。基于此,智能设备仍然是代替自然人进行交易的工具,完全按照既定程序而运行,是人类思维输出的实际结果。正是因为人工智能与人类不具有共通性,不具备构成行为能力所需的自主意思,也不具备承担责任的基础。因此,"其并未动摇法律世界的主客体二元结构,其根本上还是人类改造世界或为自己服务的工具"③。具体到代行交易环境中,智

---

① Dafni Lima, Could AI Agents Be Held Criminally Liable: Artificial Intelligence and the Challenges for Criminal Law, South Carolina Law Review, Vol. 69, Issue 3（Spring 2018）, p. 682.
② Dafni Lima, Could AI Agents Be Held Criminally Liable: Artificial Intelligence and the Challenges for Criminal Law, South Carolina Law Review, Vol. 69, Issue 3（Spring 2018）, p. 685.
③ 房绍坤、林广会：《人工智能民事主体适格性之辨思》,载《苏州大学学报（哲学社会科学版）》2018年第5期。

能设备也仅是一种能够执行人的意志的、智能化的交易工具。① 既然智能设备仍然属于人类利用的工具，作为"中介"工具联结权利人和交易对方，这也说明其不能成为诈骗罪中被欺骗的对象。

由此可以认为，"机器可以被诈骗的观点"忽视了人工智能的工具属性，把机器和人放到同样的高度和同一个层次论证其可以成为被欺骗的对象，甚至把机器完全和人类靠近，构造出"机器人"的概念并主张赋予其人类"性格"，这样就违背了法律关系属人化的基本特性，混淆了作为法律关系主体和作为法律行为中介工具的机器的角色定位。②

**(三) 混淆了诈骗罪中的"骗"和日常生活意义中的"骗"**

诈骗罪中的欺骗行为，必须是使受骗者产生与客观真实不相符的错误认识的行为。如果行为不具有这种性质，即使客观上使用了欺诈手段，也不是诈骗罪中的欺骗行为。③ 因此，诈骗罪的"骗"不等同于日常生活意义中的"骗"。

日常生活语境中，"诈骗""欺骗"等词汇的语意范围非常广泛，可以泛指一切通过欺诈或蒙骗的手法致使对方认识结果与实际情况不一致的情形，被欺骗的对象除自然人外，同样包括动物以及智能程序等。但是，诈骗罪作为侵犯财产法益的犯罪类型，其所指的"诈骗"有特定的含义，其范围是对日常生活中所指"欺骗"一词的限缩。在诈骗犯罪的行为流程中，行为人实施欺骗行为与受骗人产生错误认识之间具有直接性的因果关系，而且被欺骗的对方需要基于错误认识转移财物的占有，即行为人实施诈骗手段、被骗人产生认识错误、被骗人处分财产三者之间环环相扣，互为因果。这要求被骗的主体不仅主观上产生错误认识，而且对转移占有的财物具有事先支配权和占有权，能被视为具有相应民事行为能力的主体。由此，欺骗动物以及婴幼儿时所指的"骗"，就不是诈骗罪中的"骗"。此外，欺骗他人的结果不是导致对方的财产损失时，也不属于诈骗罪中的"骗"。

具体到针对智能设备实施的欺骗，自动售货机、ATM 以及软件程序等会因为没有识别出行为人使用的是假币或者行为人冒充他人的事实，而按照程序设置做出交付行为。此时，行为人针对智能设备或程序实施的欺骗虽然带有"骗"的性质，符合诈骗行为的"外形"，但因为不具有诈骗行为的"实质"，实际上不属于诈骗罪中所指的"骗"。原因在于，ATM 以及智能程序虽然因为被欺骗而产生与预设程序验证并不一致的结果，但是这一结果的产生完全是程序性的，而不是基于生成的错误认识以及处分意识。而且，智能设备或程序不具有法律人格，不是占有财物的适格主体，不能因为人们将钱款放到 ATM 中或者将商品放到自动售货机中，就认为 ATM 或者自动售货机占有了钱款或商品，实际上的占有主体仍然是设置 ATM 或者自动售货机的权利人。因此，智能设备交付财物的行为不能类同于自然人在错误认识支配下交付财物的行为。机器的"陷入错误"，并不等同于诈骗罪中"使人陷入

---

① 蔡永成、郑洋：《论通过电子代理人实施的诈骗犯罪》，载《犯罪研究》2018 年第 3 期。
② 参见高国其：《机器诈骗犯罪浅议》，载《中国刑事法杂志》2010 年第 3 期。
③ 参见张明楷：《诈骗罪与金融诈骗罪研究》，清华大学出版社 2006 年版，第 58 页。

错误"的情事。① 行为人针对智能设备或程序等实施的欺骗,虽然具有"骗"的性质,但是仅为日常生活意义上的欺骗,而不属于诈骗罪中所指的欺骗,不能将二者"等值代换",并据此认为智能设备产生了"认识错误",将这一过程解释为诈骗行为。

### (四) 误解了计算机诈骗罪的设立初衷

如前所述,支持"机器可以被诈骗"的观点的论据之一是德日等国家设置了计算机诈骗罪。但是,计算机诈骗罪的设立并非对"机器可以被骗"这一立场的承认。

20世纪80年代前后,欧美各国逐步增设关于计算机犯罪的刑事立法。最初的立法目的在于规制通过使用计算机侵害财产法益的行为,因为对于这一类的新型犯罪,传统诈骗罪在适用时显得捉襟见肘。在诈骗罪外,这一类行为也难以被认定为盗窃行为,原因在于,在相关的犯罪场合,设置者意思并非反对占有的移转,而是附条件地同意移转,行为人只不过利用机器或计算机程序的缺陷,不符合设置者的终端意思而取得财物,就移转持有的形式条件来看,应认为行为人满足设置者附条件同意而取得持有,不成立窃盗罪。② 由此可见,计算机诈骗罪的立法设置,自始就是与传统诈骗罪"分道扬镳"的。这一类犯罪行为在解释为诈骗罪时存在困难,在认定为盗窃罪时也存在瑕疵,由此产生另立新罪名的必要。简言之,增设利用计算机诈骗罪,就是为了处理那些既不符合诈骗罪也不符合盗窃罪构成要件的行为。③ 在此背景下,《德国刑法典》在第263a条规定了计算机诈骗罪,日本刑法典和韩国刑法典中规定了使用电子计算机诈骗罪,我国台湾地区刑法典中也设置了收费设备诈骗罪、自动付款设备诈骗罪以及计算机诈骗罪三个罪名,这构成了计算机诈骗罪的主要立法样态。

之所以将通过计算机实施诈骗行为的罪名确定为计算机诈骗罪,是因为这种犯罪行为具有生活意义上的欺诈成分,不是因为其具有诈骗罪的本质。换言之,"行为人以其行为使机器或数据的处理设备陷入错误,而与诈骗罪中行为人以其诈术而使他人陷入错误有其相类似之处"④。只是这种罪名在名称本身上,容易给人以计算机能够被诈骗的直观感觉,由此产生误导性的提示。因此,行为人利用智能设备的识别判断错误,借助于其交付行为非法获取财物时,整个行为流程只是在外观上具有诈骗的色彩,这不同于诈骗罪中的"诈骗"。计算机诈骗罪的设立并不是对"机器可以被诈骗"这一观点的承认。

## 三、摆脱"机器能否被诈骗"的窠臼:从考察"人机"关系转向考察"人人"关系

长期以来,对于行为人通过欺骗智能设备实施的侵财行为的定性问题,学者惯

---

① 林山田:《刑法各罪论》(上),北京大学出版社2012年版,第334页。
② 参见许恒达:《电脑诈欺与不正方法》,载《政大法学评论》2015年第3期。
③ 张明楷:《诈骗罪与金融诈骗罪研究》,清华大学出版社2006年版,第95页。
④ 参见林山田:《刑法各罪论》(上),北京大学出版社2012年版,第315页。

常以"机器能否被骗"作为出发点进行探讨,这就落入了单纯考察"人机"关系的窠臼,而忽视了对机器背后体现出的"人人"关系的考察。

首先,从事实层面进行考察。在"人机"关系上,ATM、自动售货机等智能设备属于供人类使用的工具,属于权利客体,其不享有独立的法律地位,由自然人作为其权利主体。法律关系的构建是以自然人和自然人为基准的,专注于考察和分析人与工具的关系,就容易走向误区。另外,随着人工智能技术的提升和演进,一些智能设备在运行模式和设备功能上已经完全超越了传统属性的机器,可以按照程序设置相对独立地运行并且通过一定的反馈机制和自然人进行有效互动。正是由于智能设备功能性的不断提升,增强了其独立对外交流反馈的能力,使权利人不必现场操作和控制其运行,而是可以通过既定程序,借由信息网络监控其运行状态,由此扩展和丰富了智能设备与权利人的联通机制。

其次,从规范层面进行考察。人与人的关系体现为行为人与智能设备的权利人之间的关系。能够被行为人欺骗的智能主体,均是具有一定识别验证功能的智能设备,而基于智能设备识别和验证判断功能的提升,权利人可以通过使用ATM、自动售货机以及网络支付平台等与相对人实现交易。以当下的人工智能层次为基础,智能设备尚无法产生自主意识,但是由智能设备代替权利人进行相当程度的意思表达已成为现实。换言之,"人工智能在特定情况下做出的意思表示,实际上是人工智能控制人的意思表示"①。在通过智能设备代行交易时,智能设备被赋予一定范围的人脑功能,在设计标准达到一定要求的前提下,智能设备可以按照权利人的要求对外界信息做出符合预期的回馈,权利人基于对智能设备的信赖,可以交由智能设备代替自己实施某些预先设定的行为,智能设备按照预设的程序和功能相对自主地替代权利人开展业务。而实际上,自然人通过智能主体对外进行交易行为的法律效力也已经获得法律承认。例如,我国于2019年施行的《电子商务法》第48条即规定,电子商务当事人使用自动信息系统订立或者履行合同的行为对使用该系统的当事人具有法律效力。这肯定了交易双方可以通过自动信息系统来订立或者履行合同,明确了自动信息系统所实施行为的法律效力。

在代行交易的场合,因为智能设备作为权利客体,其权利主体为自然人,其实施行为的法律效果也归属于背后的权利人。而智能设备代为进行的交易行为符合权利人的意志,权利人也要受到交易结果的约束。因此,智能设备相当于权利人的电子化的代理人,体现权利人的意思表示,是权利人意思的延伸。行为人表面上看是与智能设备进行互动,实际上真正的互动主体是背后的权利人。此时,就不应再将视野局限在人与机器的关系中来分析相关法律关系,而应从单纯的机器处分关系转向代行交易的法律关系进行理解,将人和物的关系扩展至人和人的关系予以审视。

### 四、"人人"关系视角下的解释路径:对机器背后权利人的诈骗

在从"人机"关系转向考察"人人"关系后,虽然智能设备本身不是诈骗罪

---

① 房绍坤、林广会:《人工智能民事主体适格性之辨思》,载《苏州大学学报(哲学社会科学版)》2018年第5期。

的行为对象,但是欺骗智能设备的实质在于欺骗智能设备背后的权利人。

可以将这一行为过程解构为:权利人使用机器代替自己对外进行交易时,行为人采取欺诈手段使得智能设备产生错误的识别判断,并通过程序验证。在权利人由于信赖机器的反应而由机器代为做出违背其真实意思的财产处分行为的场合,因为机器的行为是权利人意思的延伸,实际上就是权利人陷入错误而处分财产。在行为人使用诈术蒙骗机器的时候,被欺骗的对象不是机器,而是掌握机器的权利人。机器处分财物,实际上是权利人在陷入错误的情况下处分财物,所以,行为人通过机器来获取他人财物的行为,可以构成诈骗罪。① 而依据机器不能被诈骗,因此认定相关犯罪不能成立诈骗罪的结论,"是把分析问题的视角局限在人和机器直接发生关系的狭小空间,在理论上不能揭示人对机器发生作用背后体现的人和人之间的法律关系"②。

行为人通过机器完成对权利人的诈骗的解释路径,还可以用来阐释信用卡诈骗罪的相关法律规定,与现行规定并不矛盾。对于《刑法》第196条规定的信用卡诈骗罪中"冒用他人信用卡"的行为方式,立法没有区分行为对象为自然人还是ATM,那么理应认为二者都能包括在内。2008年4月,最高人民检察院在《关于拾得他人信用卡并在自动柜员机(ATM机)上使用的行为如何定性问题的批复》中也指出,拾得他人信用卡并在ATM上使用的行为,同样属于信用卡诈骗罪中"冒用他人信用卡"的情形。此外,"两高"于2009年发布的《关于办理妨害信用卡管理刑事案件具体应用法律若干问题的解释》第5条第2款,将拾得、骗取他人信用卡并使用以及窃取、收买、骗取或者以其他非法方式获取他人信用卡信息资料,并通过互联网、通讯终端等使用的行为,规定为信用卡诈骗罪中的"冒用"行为。

对前述规定是否具有合理性的讨论,成为辨析"机器能否被诈骗"这一论题的"阵地"之一。主张机器可以被诈骗的论者认为,前述规定是对自身观点的支持。反之,持不同观点的论者则认为,对于机器不存在"冒用"与"诈骗"的问题,因此前述规定"不符合信用卡诈骗罪的基本原理"③。事实上,前述不同观点之间可能互有误解。因为行为人通过ATM实施冒用他人信用卡的行为,或者通过窃取、收买、骗取等方式获取他人信用卡信息资料后通过互联网、通信终端等使用时,按照现行规定应被评价为信用卡诈骗,这只能说明立法认可这一行为具有"诈骗"性质,而并不意味着立法或者司法解释认可了"机器可以被诈骗"的观点,或者否定了"机器不能被诈骗"的教义学规则。原因在于,认定这一行为方式具有诈骗的性质时,除了通过"机器可以被诈骗"的解释思路之外,还存在其他可行的解释路径,因此不能得出承认"机器可以被诈骗"的唯一结论。详言之,行为人可以通过机器诈骗权利人。通过ATM冒用他人信用卡构成信用卡诈骗罪时,ATM本身不能被诈骗。但是,"在这种情形中,被骗的自然人不是直接被信用卡诈骗罪的行为人

---

① 参见黎宏:《刑法学各论》,法律出版社2016年版,第328页。
② 高国其:《机器诈骗犯罪浅议》,载《中国刑事法杂志》2010年第3期。
③ 张明楷:《刑法学(下)》,法律出版社2016年版,第803页。

所骗，而是介入了机器这一辅助工具，毋宁说，自然人是通过机器被骗"①。

随着时代发展和科技进步，人与人之间的互动模式也在不断演进，这又直接推动了交易模式的不断创新。人们面对面直接交易的情形会持续萎缩，通过智能设备代行交易的情况会持续增进，在此背景下，对于诈骗犯罪表现形式的理解也要与时俱进。诈骗罪的对象虽然被限定为自然人，但是自然人的意思表示方式以及财产处分形式却日益多样化，对此应予以充分审视。② 此时，仍然固守"机器不能被骗，所以相关犯罪一概构成盗窃"的观点过于因循守旧，而主张"机器可以被骗，所以相关犯罪一概构成诈骗"的观点又显得急于求成。因此，应穿透"人机"关系的迷雾，重视智能设备背后所体现的人与人之间的法律关系，将对智能设备的欺骗转向对背后权利人的诈骗。这一评价逻辑不仅能够维护"机器不能被诈骗"的教义学规则，而且与当下的人工智能发展层次相匹配，能够进行具有说服力的理论阐释，与我国的立法规范也相融合，因此是更为妥当的解释路径。

---

① 胡江：《信用卡诈骗罪中"冒用他人信用卡"的教义学阐释》，载《西南政法大学学报》2017年第5期。
② 蔡永成、郑洋：《论通过电子代理人实施的诈骗犯罪》，载《犯罪研究》2018年第3期。

# 人工智能领域在刑法研究中的误区分析

焦 阳[*]

当下对人工智能的研究在法学界已成为热点，各部门法学者奋力推动，促进了人工智能与法律的充分融合，涌现出一大批代表性成果。无论是否情愿，人工智能已冲击着我们每个人的生活，它渗入法律领域，我们不可视而不见。人工智能的法律研究应当结合计算科学和法学的交叉思维，互相了解彼此；如果只是在自己领域内"自说自话"，势必影响成果的可操作性。

## 一、人工智能的现实发展冲击着法律领域

人工智能，是计算机科学的一个分支。早在1956年，人工智能这个"术语"就被正式提出。但在当时，"模拟人类大脑"显得非常遥远。近年来，随着大数据、机器人等技术的迅猛发展，人工智能在现实生活中的运用也越来越广，语音识别、翻译、智能回答等已成为生活中的一部分。

人工智能同样会给社会带来更大的风险。世界上第一宗机器人杀人事件、机器人外科手术医疗事故、自动驾驶汽车致死事件、军用人工智能战械规模化等新问题接踵而至。这些问题导致人民重提安全需求，需要法律介入解决。刑法的机能是辅助性的法益保护，对于已出现的人工智能致害案件，应当及时对其作出回应并进行规制。对于非紧迫的或未来的人工智能致害事件，还应让位于技术，让技术优先解决，让科研立法走在前列。

目前，人工智能的研究内容集中在六大方向上，分别是自然语言处理、知识表示、自动推理、机器学习、计算机视觉和机器人学，这些内容有一个重要的基础就是算法设计。人工智能已在游戏、自然语言处理、专家系统、视觉系统、语音识别、手写识别等领域处于主导地位。

2017年7月，我国国务院印发了《新一代人工智能发展规划》，将促进人工智能技术的发展上升为国家战略，提出"集举国之力，抢占人工智能技术的制高点"。由此可见，我国从官方层面已全面推动人工智能战略，期望在新的科技革命中拔得头筹，做出有益于世界的贡献。人工智能趋势已势不可当。

人工智能与传统的科技发展所不同的是，人工智能充分展现了现代科技革命的成果，可能会改变我们的生活方式，重塑现在的世界。人工智能的自动性、高速性、智能性等特征方便了人类的工作生活，但同时也有"溢出"人类控制，反过来损害人类的风险。正因为此，法律对人工智能的看法，就倾向于规制、规范的一面。

---

[*] 外交学院国际法系讲师、法学博士。

## 二、人工智能领域的刑法研究存在的误区

谈到人工智能，首先应明确在哪种意义上，它与法律发生关联。是人工智能成为可能犯罪的主体，被刑法规制，还是人工智能成为智能司法的一部分，辅助人们办案？不同情况下，刑法发挥的作用不同。此外，我们谈论的人工智能，到底是实然层面的还是应然层面的人工智能，是要应对当下的人工智能还是面对人工智能未来的发展趋势？

若把人工智能看作可能的犯罪主体，那么就应当注重发挥刑法的规制机能。要明确人工智能怎样运作，犯罪是否可能。在研究中，应结合人工智能的发展现状和刑法的机能，去判断分析。根据现有的研究成果，人工智能的刑法研究在一些方面存在误区，主要表现在以下方面：

首先，对人工智能的发展设想是否夸大。不少论著都在关注人工智能是不是"人"，能不能像人一样对其进行归责。其设想的人工智能具有运算、学习、思考能力，就像科幻电影中的机器人，会成为一个独立于人的群体，智商超群、判断迅速。但现实是，人工智能的发展远没有影视作品中的那么迅速，虽然 AlphaGo 战胜了职业围棋世界冠军，但人工智能目前还不能自主决策、自主思考。从超出人类极限的运算到像人一样思考并做出判断执行，还有相当长的路要走。计算是单项重复的，人工智能在这个领域从数据到结论，效率高，正是因为机器程序适应于此，这不属于颠覆性突破。要想达到人的程度，就要有人的思维方式，应该对事物的认知、判断在感性基础上达到理性，最终实现自我决策，而人工智能很难具备这一点。

人工智能的发展要经历"弱人工智能"到"强人工智能"的转变，强人工智能在科技界人士看来，还不现实，更多停留在幻想阶段。不要因为看到了机器做出了人做不到的事情就认为人工智能技术已成熟，人早就可以做到的很多事情人工智能却一直做不到。人类无法同时进行上亿次的复杂运算，人工智能却做得到；人类可以做的最简单的点头、喜怒等表情，人工智能却做不到。经过这么多年的发展，人工智能仍处在初级阶段。

正如德国学者所指出的，目前存在的困难表明，应该命名为"机械的智能"或者"机器智能"，而非"人工智能"。它无论如何必须是一种对复杂问题进行数据处理的功能。[①] 机器处理的是数据，它不像人类，可以对一件件事产生喜怒哀乐的情感表达。人工智能的拟人化是研究者先入为主的观念，意图以人的模式、根基去规制人工智能，可能并不匹配。人工智能有自身的存在发展规律，类人化的思维是人类自身思维惯性的体现，当机器数据的运作尚未被人类完全认知时，所有的设想就是不完全的。

社会生活是多变的，法律要求的稳定性与社会的多变之间总存在紧张。法律研

---

① ［德］埃里克·希尔根多夫：《自动系统、人工智能和机器人——一个刑法角度的定位》，黄笑岩译，载《法治现代化研究》2019 年第 1 期。

究的前瞻性固然能使法律体系更加完备,充实人类认知,但如果法律体系建立在臆想或者说空想基础上,则势必造成立法的无效与不适应。刑法更是如此,刑法在社会治理结构中处在最后的位置,具有"底线"意义。人工智能尚未发展成熟,就不要用刑法去限制它的发展。即便面对可能出现的危机,也应当由其他部门法提出更多解决之道。

其次,对人工智能主体进行规制的理念应怎样定位。如果人工智能只是人类生活的"帮手",那其地位只能是辅助性的,是促进人类发展进步、推动人类生活改善的。对人工智能的法律规制,都应建立在人类中心主义为基准的理念之上。将人工智能看作与人一样,甚至当作另一种主体,在完全平等的观念下去探讨人工智能与人的"分权"与归责问题,无疑走错了路。人工智能是被人类创造出来的,它的设计实现依附于人,它不是独立的个体,不会也不能与人对抗。

我们发展人工智能,是为了人类更好地生活。在环境法领域,一直存在人类中心主义与非人类中心主义的争论。人类中心主义认为,人是主体,自然是客体,一切应当以人类的利益为中心和尺度,应当贯彻人是目的的思想。非人类中心主义主要包括动物解放(权利)论、生物平等主义和生态中心主义。[①] 非人类中心主义偏离了社会发展实际和人类当下的生存发展,不足取,但自然也不是奴隶,应当坚持现代人类中心主义。这意味着,人是主体,自然是客体,但人类又负有义务,是为了保护人类的整体利益和长远利益。[②] 笔者认为,该理论在人工智能领域同样适用。我们当下对人工智能的开发、关注、隐忧,无不带有人的主体性。坚持此观点,就不能出现人与人工智能的对抗。

最后,人工智能的主体是怎样运作的。有学者指出,人工智能应当同时具备经过人脑编程、拥有人脑部分功能和可以辅助、代替人脑处理相关事物三个基本特征。[③] 这就说明,人工智能的发展方向类似人脑,跟人的思维在本质上相通。只有到达代替人脑的阶段,人工智能的主观方面才能具备,其才有可能成为专门的刑法规制的对象。

刑事归责的思路是先客观归责,再主观归责。客观归责是为了明确责任归属的范围,主观归责是为了非难于具体的行为人。要对人进行归责,客观上行为主体支配了整个行为进程,主观上行为主体有责任能力,能够承担责任。人工智能到底是不是"人",就要看其本质符不符合刑法中要求的人的本质。所谓刑事责任能力,就是指辨认与控制能力。人工智能的辨认能力,甚至比人类强大,但由于人工智能欠缺情感领悟与表达,它的情感能力无法反馈给认知,形成新的评价;也无法正确表达,最终促成决断形成。可以说,目前人工智能的发展,还不能证明其有人类要求的控制能力。它的辨认与控制,不具有人类主观支配客观的过程;表面的辨认与控制之间,存在一定割裂。既然如此,现有的归责体系下,还不能对其归责。

就刑法体系的发展来看,现有的刑法体系仍然建立在古典时代之上,整体框架

---

① 参见孟伟:《环境刑法的伦理基础》,载《法商研究》2004年第6期。
② 参见李希慧、董文辉、李冠煜:《环境犯罪研究》,知识产权出版社2013年版,第57-58页。
③ 吴允锋:《人工智能时代侵财犯罪刑法适用的困境与出路》,载《法学》2018年第5期。

未发生根本性改变,这不适应人工智能的迅猛发展;从现实来看,人工智能的发展还处在初期阶段,塑造全新的体系没必要而且难以适应。古典主义的刑法,要求充分发挥人的理性,承认人的主体地位,以人的自由作为根基。在人的自由没有充分发展、人的潜力没有充分挖掘时,人工智能也要为此目的服务。

人工智能体能够产生自主意识也会被认为唯物论主义的偏执论断,毕竟没有任何权威科学方法或依据支持这样的观点。正如希尔勒认为,即便有机器通过了图灵测试(Turing Testing),也没有证据说明机器像人一样有自己的心智和意识。① 将人工智能体完全当作人,以人的刑事责任能力的判断标准来直接适用于人工智能,不符合事物发展的客观情况。

回归到现实,为何要对人工智能进行刑事归责?显然是出现了致害的事件,法益受到了损害。如果人工智能是独立的主体,对整体行为完全自主决断可控,那就应当直接追究其刑事责任。问题是,即便如此,又如何惩罚它呢?是物理上销毁还是修改重做?怎样确定刑罚的到位与有效呢?"机器人"本来有哪些权利,应该是问题的出发点。一个不是人的事物,如同过去的机器一样,无血无肉,"灵魂"也由代码组成,不具有活性的触发机制,那么归责也只能归于负责该智能的人,我们寻找的应当是"幕后者"。

对人工智能进行归责,如果以当下的发展水平,可以归责于设计者(研发者)、制造者、使用者,包括单位。从行为上看,人工智能类型的犯罪包括利用人工智能的犯罪、对人工智能进行的犯罪、人工智能自身实施的犯罪。最后一种更多出现在对未来的设想中。利用人工智能的犯罪,顾名思义,幕后支配的是人。利用自动驾驶汽车撞死他人,追究的就是利用者,因为汽车被其操控,本质上是操控者将人工智能当作"工具"。这属于利用人工智能的犯罪,人工智能属于"非参与性的工具"。对人工智能数据进行删改,如改变人脸识别的规则,利用此进行数据窃取,或者破坏人工智能的系统,就属于对人工智能进行的犯罪。人工智能自身实施的犯罪,则需要人工智能能够独立地判断执行,现在还没有出现。若出现,因为其物质体与"灵魂"可以分离,即便消灭了人工智能机器,也不意味着人工智能所拥有的数据和程序被消灭。

在弱人工智能时代,应当主要依赖于刑法分则的规定,将具有杀伤性的、攻击性的能够自动执行命令的机器人进行严格的行政与刑事法律管制:对于生产、销售、持有、使用具有攻击性、杀伤性机器人的,实行许可证制度,违反许可生产、销售许可的,应当予以取缔,责任人应当承担相应行政违法责任;情节严重的,责任人应当承担相应刑事责任。

有观点认为,承认智能机器人的犯罪主体地位,并非理论上的自我诠释和陶醉,而是具有巨大的社会治理意义。② 这种就属于人工智能的积极派。此派观点认为,人工智能是独立主体,可以独立被归责。从社会治理上看,该观点或许的确具

---

① 马治国、田小楚:《论人工智能体刑法适用之可能性》,载《华中科技大学学报(社科版)》2018年第2期。

② 刘宪权主编:《人工智能:刑法的时代挑战》,上海人民出版社2018年版,第99页。

有意义，但是，法律的归责是建立在主客观相一致，即对行为与支配行为的过程充分认知的基础上的。现有研究尚未完全弄懂人脑的机理，更不用说机器机理了。机理不明白，又怎么能从后果角度，有针对性地对其进行刑罚处罚呢？人在认知机器的问题上，需要更多地认识机器逻辑。机器运行逻辑的核心是算法，法律能完全依照算法转换吗？如果我们最终用算法化的法律来制定和实施算法的法律，人最终就会成为可有可无的存在。人必须是算法的立法者和控制者，法律的算法与算法的法律不应成为一个闭环，它们中间必须有人作为起点和终点。①

就人工智能辅助刑事司法活动来说，这部分的运用早已走入实践。现实中的难点正如有学者所指出的，在于：计算机语言与人类自然语言的无缝对接，如果计算机语言无法转变成人类自然语言的形式，刑法的智能化意义不大；智能系统如何按照人类的思维与情感等要求定罪量刑，而非单纯按照系统设定或通过学习得出标准答案，真正实现定罪量刑的智能化。② 人工智能的计算方式主要依赖于以往的判例，样本是否足够、是否有代表性，是否所有的信息都公开，这些都会影响人工智能定罪量刑的实际质量。

语音识别辅助办案系统已走进各检察院、法院。这套系统能及时记录、识别当事人与各方的发言，连方言、外文也能准确识别，这就基本替代了书记员的工作，极大地提高了庭审效率。从节约时间和人力的角度来看，该系统的推广是成功的。还有利用 AR 技术让当事人重走"还原"案发现场，这使得对证据的描述更鲜活，更易追寻客观真实。在司法实务部门，他们对人工智能的推动更多地源于办案实际需要，是本轮司法改革的配套措施，展现了成效。与理论研究不同，司法机关一般不区分人工智能、大数据技术，上述系统的运用仍处在辅助阶段，并非作用于案件实质的定罪量刑。

具体来看定罪量刑，如果人工智能能准确定罪量刑，就应当能够综合情、理、法等一切因素，而情感的复杂无穷性连人类自身都没有完全认知到。刑法理论认为，主客观相统一的犯罪构成是行为人负刑事责任的唯一依据。犯罪构成作为定罪的"理论模型"，由一个个要件组成。这就相当于定罪要通过专业方式对案件纷繁复杂的事实进行筛选，与定罪无关的事实不要选。人工智能辅助系统处理数据的前提是，输入案件事实或这些犯罪构成要件，由此得出相应的结果。这里的问题是，如果重要要件是由人工裁剪的，那么这个初始数据就可能存在偏差，因为犯罪构成的选择认定可能出错；如果犯罪构成要件是由机器选择的，那么由于机器没有情感，它无法认知人类社会的复杂性，无法从多个角度理解人类的行为，其所做出的结论自然无法直接适用。由这里观之，想要人工智能完全替代未来的法官、检察官工作，并不现实。人工智能在法律领域内，能帮助人类做的，还主要是辅助司法工作，如对大数据的筛选、预测、证言记录、文书送达、电子证据保存与确认截取等，这些都不会直接决定案件的处理方式。

---

① 郑戈：《算法的法律与法律的算法》，载《中国法律评论》2018 年第 4 期。
② 孙道萃：《人工智能对传统刑法的挑战》，载《检察日报》2017 年 10 月 22 日第 3 版。

现在已运用的人工智能裁决系统，主要是依赖对原有案例分析的归纳，是大数据统计的体现，未呈现完整的推理，因而说理也较欠缺。利用这类系统，可以提升办案效率，在简单案件中发挥功效。结合法检机关开展的"让少数人办简单案件"的改革，人工智能可以担负起处理简单案件的责任。人们要做的是将尽可能多的判例录入人工智能系统中，让其进行数据分析，在掌握足够多的数据基础上得出合理的结论。以审判为中心的刑事诉讼改革与员额制的司法人员分类改革，使得案件的繁简分流成为必然，人工智能与人的分案分工差异，就是二者相互配合、共同办案的体现，各尽其责，办理案件的质量才会得到提升。

人工智能领域的刑法问题，讨论的基础仍然是刑法基础理论。刑法基础理论没有澄清的问题，在人工智能领域更会捉襟见肘。被归责主体有没有意志自由、被归责的范围有多大，意志自由减弱在多大程度上会影响责任的认定，这些问题在人工智能时代会呈爆发式增长。因此，看似在关注人工智能，实则应关注我们个体、当下的社会。只有明确归责的基础性问题，才可能对未来刑法的发展提出有针对性的"真问题"，否则一些幻想的研究成果就不过是"空中楼阁"了。

人工智能的发展势不可当，法律界所能做的不是回避、贬低它，而是在法律的范围内去勇敢拥抱它。以此理念为基础，我们就应当顺应时代潮流，不把人工智能当作"洪水猛兽"，不把其看作要与人类竞争的"异类"。合理从机器客观发展方式出发，构建人与机器的关系，明确二者的可为界限。

## 三、刑法在人工智能领域不必过于积极

人工智能时代的飞速到来，让人措手不及，势必逐步影响当下生活。传统刑法理论建立在"自由主义"的基础之上，它的进步意义在于反封建、反专制，弘扬个人权利；它的参与主体就是公权力与个人两方，由于二者对立，才有整套控权、限缩的体系。信息技术革命视野下，人工智能成为不同于人又很特殊的第三方，人的主体地位不能被消解，法律规范的意义还在于发展人，因而传统单一的话语体系应当被改革。以前是公权力与个人二者的对立，现在是人类共同应对人工智能的挑战。现在理论界出现的种种担忧与畏惧，都要求刑法走向控制风险、预防风险。在此基础上，理念更新、立法活跃、犯罪要件变革，是今后相当长一段时期内的发展趋向。我国刑法的进一步转型是与社会的发展相适应的，它同时具备控制公权力与维护人类自身安全的需求，二者在保障人权这一点上本质是相通的。以前的刑法重在构建公民与公权力机关的关系，为二者的行为"划界"；未来的刑法要在人类与人工智能之间"划界"。对象变了，理念当然也有所差异。

人工智能若没有发展到人脑的程度，具备独立的"人格"，那么"类人格"的系列理论就具有夸张的成分，不合时宜。刑法应该做的是保持谦抑性，这在人工智能时代同样适用。在其他法律规范可以充分、有效实现对法益的保护时，就尽可能不动用刑法。人工智能的规制主要靠技术，依据的是其他部门法，刑法的消极性要求其在人工智能领域同样不要太积极，事后处罚足够，不能束缚技术的手脚，刑法不应去迎合不存在的恐慌。

人工智能的话题性很强，学术界也容易"赶时髦"。的确，法学领域的人工智能研究需要更多投入，但不能一哄而上，不能因为其是热点就无效重复已有研究成果。"法律能转化为数据吗"，这个原命题需要我们去审视解决。法律人要做的，应当是尽快弄懂人工智能的运作原理，培养更多"互联网+法律"人才，既懂法律又懂算法，在计算法学的交叉领域有话语权，这样才能真正适应司法实务的飞速发展，促进法治中国建设的深度发展。

# 论基因编辑技术的刑法规制

彭凤莲* 贺艳梅**

## 一、问题的提出

科学技术以研究和改造世界为任务,生物学研究促进了生命科学的发展,增强了人类对自我的认识。近年来,基因技术的突飞猛进,展现出人类成为被改造客体的科学现实和应用可能。事物的发展演变由其自身属性所决定,对于基因编辑的讨论也离不开对其科技背景的把握。2013 年,CRISPR/Cas9 基因编辑技术成功运用于人体细胞。[①] 目前,较为流行、成功率较高的 CRISPR 基因编辑技术,相比于第一代的 DNA 核酸酶编辑系统 ZFNs 和第二代的 TALENs,在精准度、编辑效率和成本上都有较大的优化,应用范围也有所扩宽[②],因此被生物学界广泛采用。对基因编辑的社会问题讨论需要立足于科技自身的特性,基因编辑的临床应用方向在于治疗和增强两个方面,后者涉及伦理问题,目前争议较大。在涉及人的基因编辑事件中,2015 年中山大学黄军就教授利用废弃胚胎进行 β 地中海贫血的基因试验、2018 年贺建奎主导的基因编辑婴儿试验,均引发了对于基因编辑科学伦理的讨论,后者在世界上首次将该技术临床应用到婴儿基因修改中,更是将基因编辑推到舆论的风口浪尖。

如果说以前的讨论仅局限于理论层面,2018 年首例基因编辑婴儿事件则向规范体系提出了现实挑战。对基因编辑技术不应囿于伦理视角的社会价值审视,法律规范也需要考虑可能的规制措施。在刑法学视域下,首先要分类探讨基因编辑应用带来的社会危害,进而考虑刑法规制的必要性;在此基础上,综合国内现有的立法状况,提出对我国相关基因编辑犯罪的立法建议。

## 二、基因编辑技术刑法规制的必要性

### (一) 基因编辑技术伦理审视的内在缺陷

对基因编辑的反思首先在伦理学层面推展开来,即在伦理命题下提出对新兴科学适用前景的担忧。静态来看,科学与伦理的对立性在于客观真理与主观价值的目标追求之别,二者截然分立的观点在近代自然科学发展中被推崇备至,并进一步渗

---

\* 安徽师范大学教授、博士生导师。
\*\* 安徽师范大学刑法学研究生。

[①] Cho SW, Kim S, Kim JM, Kim JS: Targeted genome engineering in human cells with the Cas9 RNA-guided endonuclease. Nature Biotechnology, 2013, 31 (3): 230-232. 转引自陈伟伟等:《人体胚胎基因编辑的伦理及法律问题研究——以"基因编辑婴儿"事件为分析对象》,载《科技与法律》2019 年第 2 期。

[②] 任云晓等:《基因编辑技术及其在基因治疗中的应用》,载《遗传》2019 年第 1 期。

透到社会科学领域。然而，纵观历史长河，科学在发展的同时并不排斥对伦理性的坚守。按理性思辨的研究方法看，最早的科学产生于古希腊时期，以柏拉图为例，"善"是其最高的理念，求知的过程就是要达到"至善"，此处的科学便是与伦理道德结合在一起。跳出"主客关系"框架，实则人与世界万物的融合构成有内容、有意义的整体，这个作为生活世界的整体是哲学研究的唯一对象。在此生活世界的整体中，任何事物之所"是"，便不仅"是"如此，而且具有相对于人的意义，都会对人有所意味。① 就此看来，科学与伦理的联结根基在于文明的社会性，即科学性的成果最终需要回归到人类社会，推动文明进程。也正基于科学的两面性，严格区分科学研究和科学应用，进而主动消弭科学应用负面隐患的重要性就日益凸显。

现代科学发展在增进社会福祉的同时，也在以高速科技变革冲击社会体系，层出不穷的科学技术拓宽了新的风险领域，提高了风险防控社会成本。一味地信奉科学决定论并无助于摆脱必然王国的束缚，科学应该具有伦理性的独立审视。实际上，科学伦理也确已受到科学界的重视，具体到基因编辑领域则有生命伦理学的价值填充。客观而言，科学伦理虽具有自发性，却是影响科研活动及科研人员的首条价值评判标准，尤其是在早期科研处于发散状态、制度规范尚未建立之时，科学伦理对科研人员的价值引导至关重要。在基因编辑技术的发展过程中，国际人类基因组织以及多名生物学教授较早地对基因编辑的负面效应提出过伦理预警，指出基因编辑技术目前不可用于人类临床应用；国际科学组织和众多生物学家在科研层面达成了一定共识，强调要避开可能的伦理风险区，为全人类的命运负责。

对于伦理下的科学应用审视可以进一步追问，其在科技引发的风险防控中扮演何种角色？对此回应实则隐藏在伦理自身属性当中。伦理发挥价值评判作用，对于个体自然也具有内在规范和外在行为引导功能；相较于法律而言，伦理的特殊性在于其自身规范性的缺失，对于科学应用更多发挥的是一种价值分析的作用，仅仅是发现问题，而不存在解决问题的实在力量和手段。故伦理是一种"软调节"，法律为"硬调节"②，要想成功应对基因编辑对伦理、安全的挑战，就必须发挥法律的社会功能。伦理的这一缺陷为法律的介入提供现实可能性，本文对刑事法律规制的具体设想也才有探讨的空间。

（二）基因编辑技术入刑的必要性

主张犯罪的本质是侵害法益，但并不意味着任何轻微的侵害法益行为都是犯罪，相反，只有值得科处刑罚的侵害法益行为，才具备犯罪的本质。③ 同理，基因编辑的刑法考察也需要在其科学应用类型基础之上区别展开。在体细胞和生殖细胞的类型二分下，基因编辑技术均可实现对两者的治疗、增强的功能，然而具体的风险收益大小却有差别。

总体来说，基因编辑的治疗具有目的正当性，并且由于其风险可控性要高于其他基因编辑手段，所以风险比例整体低于后者，可以达到与收益的平衡。目前，体

---

① 参见张世英：《科学与伦理》，载《江海学刊》2005年第1期。
② 参见黄永晴：《生命法学的多元化伦理浅析》，载《理论观察》2006年第6期。
③ 参见张明楷：《刑法学》，法律出版社2007年版，第85页。

细胞的治疗安全性较高，不涉及遗传和社会公平问题，在国际上也被普遍接受。生殖细胞治疗本来无可厚非，但是现有的 CRISPR 编辑技术并不能保证医学上的可靠性，加之后代遗传的现实风险，因此国际社会普遍反对将其应用于临床阶段，贺建奎团队的医学试验正是违背了这一共识，才遭到社会公众一致反对。至于基因增强，首先不具有目的正当性，其次更是脱离医学范畴。这一增强旨在加强或增加基因性状以获得基因优势，这一举动背后隐藏的是培育"基因超人"的野心，一旦放任必将对现有社会秩序带来严重挑战，其中，生殖细胞由于遗传特性，势必殃及后代。

1. 基因编辑技术对个人法益的危害

（1）个体生命健康的安全。传统意义上生命健康权重在维护身体组织的完整性和身体机能的正常运行，这一制度安排的预设前提是生命自然诞生之后方有被侵害之虞，进一步可推断这是以早前的科技水平为基础依据的。而随着基因编辑技术的发展，现有科学对生命的干预时间可大大早于胎儿出生时，首例基因编辑婴儿的出现就打破了对个体生命健康的认知。不仅仅是参与生命过程的时间前置，基因编辑的技术应用自身也存在风险。其一，目前 CRISPR 技术下对生殖细胞编辑脱靶的风险高居不下，贺建奎团队通过对 CCR5 基因的编辑，其试验目标目前虽成功地在两名婴儿身上得以实现，但其也承认通过基因测序发现了潜在风险，而且对两名婴儿基因未来的安全也不能提供保证，仅提出 18 年观察期的说辞。这也从侧面反映出人类对基因编辑技术的认识还有待深入，尤其是在生殖细胞的基因编辑中，对这一风险不应具有可期的容忍度。其二，人体有一个完整的基因体系，动辄通过基因敲除（knockout）、剪辑等手段改造基因片段，除了自身成功率的风险外，还面临引发基因连锁反应的隐患，而基因编辑这一过程具有不可逆性，生殖细胞下这一隐患还将在代际间传递。

基因编辑在安全性未得到保障的情况下，其与普通侵害生命健康权益的行为，仅是存在手段性的差异，结果都是对人体生命健康的破坏，本质上是相同的。基因编辑的贸然应用将会开启对生命健康的新型挑战，而这一风险是由人类发起的。目前，针对体细胞的基因编辑治疗已然可以安全展开，然而对风险性尚未明确的其他类型基因编辑技术的适用将是对生命安全的破坏和对尊严的亵渎。

（2）基因自主决定权。人人皆有管理自我事物的权利和能力，如果承认个人对身体的控制权，则决定人之身体各项特征的"密码"亦应由自身掌握。然而，鉴于人的权利能力和行为能力区分的现实，权利行使必然经历"代管"时期，由此，基因自主决定权便有了讨论余地。该问题实则是一个权利义务分配问题，由于成年人一般具有行为能力，在此需要讨论的主要是父母对未成年子女的职责问题。首先，在类似于基因编辑婴儿的场合，最为重要的是如何确定父母的义务。在此，父母对未成年子女肩负的是提供足够后代健康成长的抚养条件之义务，这一义务至多能划定合理区间，而绝无上限，过分苛责父母提供优良资源的目标不切实际，这不仅侵犯人的生育权，还将面临现实的人口难题。其次，父母对于后代道德责任的核心是要关心和增进他们目前和将来的福祉。① 父母对子女抚养的权限，须以有利为原则，避免行为可能对子女成长带来负面效果，此旨在为后代的未来开放权留下发展空间。

在基因编辑科技背景下，父母是否有提供基因治疗和增强之可能？从主观目的考察，允许父母出于为儿童健康考虑提供更优选项，但从客观原则审查，仅有体细胞的治疗选项可被接受，此外的基因编辑选择均不被允许。因为生殖细胞治疗不具有安全性，单纯基因增强面临父母为子女的基因做出优劣评判，进行基因筛选，带有强烈个人色彩，其结果将侵害后代基因的自由发展，因此也违背有利原则。由此可以进一步划定法律红线，即父母超越职责的行为不能构成为后代福利考虑的抗辩理由，而触犯有利原则的行为也势必遭到法律的否定性评价。

2. 基因编辑技术对社会法益的危害

（1）基因迭代遗传的危害。基因的代际危害是由生殖细胞的编辑造成的。生殖细胞的治疗目的带有正当性，但是现有的基因编辑技术不完善，针对某一基因的编辑修改会影响到其他基因。科研中可以要求对其他基因组进行检测以保证安全性，然而这一条件对医学上的实用带来巨大挑战，稍有不慎，基因遗留的问题将后患无穷。一旦人体携带编辑出现错误的基因，在生育自由的社会背景下，基因片段将会在代际间传播。

在生殖细胞的增强领域更不具有目的上的正当性，这一举动背后凸显的是获取基因优势的野心，然而，如果基因增强能够实现基因的比较优势，那么它对后代的危害性又在何处？实际上，基因增强的社会危害是隐性的、长期的，基因增强目标的实现过程不可避免地涉及基因价值判断与增强目标的选择。大体来说，基因增强需要在众多基因中进行筛选，首先加以取舍，继而在区分之下增强有利于个体的基因性状，对于认为有害人体的加以消除，最终达到突破自然生命体的限制乃至获取竞争优势的目的。

问题正出现在这一目标的实现过程中，目前人类 DNA 中有 19000—20000 个不同等位基因变体，这些构成了当今基因池的尺寸。而隐含在基因池的原理则告诉我们，其样本量带来的基因多样性，在很大程度上保证人类在生物学的安全，提供人类抵御环境和疾病的能力。随意对基因加以增强，极有可能带来基因的趋同性，驱使基因走向单一化。此外，人类对自身的了解有待深入，以 CCR5 基因为例，一方面加以编辑可以避免 HIV 的困扰，另一方面该基因却提供了对流感的免疫力，相比之下，承受流感的风险获得的收益或许是巨大的。然而，人体中许多基因是不能做出类似简单功利评判的，而这些一旦放开来将会严重威胁人类未来的命运。

（2）基因编辑技术对社会秩序的冲击。一个良好的社会具有多重价值追求，安全、公正、自由是其基本构成要素，而基因编辑的适用将会对社会体系带来冲击。首先，抛开基因增强的生物学危害不论，单是基因增强所获取的基因优势，就将产

---

① Austin, Michael W. Dr. Conceptions of Parenthood. Abingdon, GB: Ashgate, 2012: 109. 转引自罗会宇等：《我们允许做什么？——人胚胎基因编辑之反思平衡》，载《伦理学研究》2017 年第 2 期。

## 第二编 生物科技暨人工智能领域发展的刑法规制问题

生基因决定论,甚至基因歧视。自然出生的生命即使有所区别,但这一分配过程是随机的,而基因增强改变了这一分配规则,进而形成基因优势垄断,这与我们一贯相信后天努力论观念背道而驰,社会也将在对基因的迷信中迷失公正方向。传统社会理论认为人人生而自由平等,这是人的天赋权利,而在基因增强目的之下,这一规则会被基因决定论打破,形式上的平等也荡然无存。其次,基因科学的发展,向人类提出一个问题:人的价值何在?基因增强下,人的自由将陷入基因的误区,个体很容易沦为基因改造的目的工具,失去自身的独立尊严价值。最后,基因编辑技术如果"被大范围的应用,将有可能从根本上颠覆人与人之间的伦理关系,甚至影响人类社会不同阶层之间的相对平衡,而这将可能引起人伦关系和社会结构的巨大变化"①。

基因编辑技术可能催生新的犯罪类型。基因编辑技术可以用于治疗,同样也能用于改造超级病毒,以提高其传播率、致病性等,基因武器在战争中的运用也将给人类带来难以恢复的损失和灾难。即使是一般的基因编辑活动也存在技术滥用的可能,仅以基因遗传资源为例,基因遗传资源对人类的生命健康有着重要意义,即便对于正常途径获取的基因资源,如果用于买卖、转让,也将会给犯罪分子可乘之机,从刑法角度来说便具有严重的社会危害性。

### 三、基因编辑技术刑法规制的可能路径

#### (一)我国基因编辑技术法律规制的现状

我国目前有关人类基因编辑的法律规范,涉及伦理规范和行政规章。其中,直接涉及基因编辑婴儿试验法律责任的有《医疗技术临床应用管理办法》《涉及人的生物医学研究伦理审查办法》《人类辅助生殖技术管理办法》等。但直接涉及"基因编辑婴儿"非法人体试验的行政责任主要是罚款、责令限期整改、通报批评、警告等行政处罚或行政处分。②

由此可以看出,目前的法律文件主要限于行政规章,立法层级和规范强度都不够。首先,规范针对性不强,并无单独规制基因编辑的规范,实践中难以找到对应条款,这就带来具体适用中的困境。其次,规章宣示性意味较强,没有具体的处罚措施。那么,行政法律的缺陷,是否意味着必须由刑法来规制呢?应该说,法律的良好运作有赖于规范体系的建立,仅在行政法律规范层面,仍有必要完善部门规章乃至出台专门的行政法规,这也是积极组织应对基因编辑风险的应有内容。同时,行政处罚力度有限,即违法成本与其收益差距较大,难以有效遏制此类违法行为。当然,行政法律与刑法是可以做到有效沟通的,这一媒介在于比例原则,相较于国外,我国刑事犯罪的社会危害标准较高,一些国外普遍认为是犯罪的行为,在我国则被划入行政法领域管辖。然而,刑法谦抑不在其形,而在其实。若以形式上的刑法谦抑(不犯罪化或非犯罪化)来掩盖实质上的犯罪化,甚至由警察为主来代行惩

---

① 李石:《论"基因编辑"技术的伦理界限》,载《伦理学研究》2019年第2期。
② 王康:《"基因编辑婴儿"人体试验中的法律责任——基于中国现行法律框架的解释学分析》,载《重庆大学学报(社会科学版)》2019年第5期。

罚犯罪的权力,则是刑法的倒退。① 从社会危害的比例来看,对于远超行政法的规范能力的社会危害行为,有着足够的理由通过刑事法律加以规范。

### (二) 基因编辑技术刑法规制的具体实现

目前,我国法律没有直接关于人类基因编辑、胚胎研究以及人体试验等生物技术犯罪的规定,基因编辑技术刑法规制有两种可能路径。

一是对现有刑法条文进行解释。基因编辑可能触犯故意伤害罪、故意杀人罪等传统罪名,此时基因编辑发挥的是手段的作用,虽有可能面临罪名的竞合,但基于刑法条文的协调性,可以优先通过立法解释、司法解释等活动扩大对传统法益的理解,而无须增添新的罪名。例如,非法对病毒基因进行致病性编辑,继而在人群中传播,具有构成投放危险物质罪的可能,这涉及对传统犯罪内涵的重新定位,只要在公民预测范围内,对基因编辑犯罪涉及的罪名可以做相应的扩大解释。再如,基因编辑婴儿还涉及体外受精、胚胎移植等辅助生殖技术的临床应用,属于行医的范畴,贺建奎不具有医师执业资格、不具有开展辅助生殖技术的资质,因此可以解释为非法行医。但是否"属于情节严重"构成非法行医罪,则有不同声音,"在目前直接针对生物技术、人体试验犯罪存在空白的法律框架下,考虑到刑法在面对现代科学技术风险时应有的适度宽容立场,断然认为生殖目的的人类基因编辑试验就是'情节严重'的非法行医行为,在刑法适用上理性不足"②。

二是增加专门的基因编辑罪名。首先要解决基因编辑犯罪的定位问题。基因编辑涉及传统犯罪时,可以部分通过条文自身的解读得以消化,如以基因武器实施杀人行为,不考虑管理秩序的违反,故意杀人罪可以表达其法益内容,但仍有大量的基因编辑行为游离于刑法之外。以贺建奎进行的基因编辑试验为例,其行为的危害远超出行政法律的控制范围,但是站在刑法视角评价,却只有危害性而无刑事违法性,从现在的结果来看,试验中不存在明确的受害方,也难以判断危害到不特定多数人的安全,只具有行政法上的违反管理规范的行为意义。此外,社会管理秩序的内涵和外延较为宽泛,其所涉及的法益也与其他章节多有重合,实际上刑法规定的任何犯罪都从不同角度侵犯了广义的社会管理秩序③,在此背景下,对于达到刑法法益保护程度,而又在专门章节中无处栖身的社会危害行为,在妨碍社会管理秩序罪中就有了立足的余地,而着眼于社会法益的保护,与基因编辑相关的行为能够构成对社会管理秩序的妨害,故可选择将相关罪名设置在《刑法》第六章"妨害社会管理秩序罪"中。

目前,对基因编辑犯罪的认识还有待深入,但有几点需要注意:第一,需要选择现实中面临较大风险、理论准备较为充足的罪名。第二,罪名的选择要有中心的展开,以某一行为组成核心罪名,围绕其制定相关的罪名,如预备犯、帮助犯的设立,严密法网,形成严而不厉的打击态势。具体而言,基因编辑行为所涉及的妨害

---

① 卢建平、刘传稿:《法治语境下犯罪化的未来趋势》,载《政治与法律》2017年第4期。
② 王康:《"基因编辑婴儿"人体试验中的法律责任——基于中国现行法律框架的解释学分析》,载《重庆大学学报(社会科学版)》2019年第5期。
③ 高铭暄、马克昌:《刑法学》,北京大学出版社2016年版,第521页。

社会管理秩序具有多种表现形式。其中,面临现实风险,当务之急是确立对人体非法基因编辑的刑罚处罚。有学者主张:"适度增加相应的人体试验和生物技术犯罪条款,如非法人体试验罪、非法改造人类基因罪等,但刑罚也不可过于严苛,否则不利于技术进步。"① 本文认为,可以增设"非法从事基因编辑活动罪"罪名,此罪以人体临床基因编辑活动为中心,不局限于医疗人员,旨在约束从事非法基因编辑活动的相关人员及其活动,这一罪名的确立有望将基因编辑的社会危害降至最低。此外,针对该罪名项下的具体表现形式,可随着实践的成熟进一步完善。围绕中心罪名,还可以设立"非法购置基因编辑设备罪""资助非法基因编辑活动罪""滥用基因编辑信息罪"等罪名,以期对基因编辑实行全过程的法律监管。

## 四、结论

基因编辑技术带来的挑战需要全社会的努力参与,在法律框架范围之外,还要重视科学伦理的自我审查,保证科研活动的进行处于学术审查体系当中。行政主管部门也可以通过与科学伦理的沟通形成对基因编辑的有效管控,这将大大缩短法律体系的反应速度,及时对风险加以控制。此外,作为全人类面临的共同话题,基因编辑的有效应对还需要加强国际合作,尤其是在当今全球化的背景之下,基因编辑的风险流动增添了许多不确定性因素,单一的行为造成的结果也可能影响到全人类,因此仅仅依靠一个国家的力量难以实现,良好政策的达成还有赖于国际合作下制定共同的行为准则、划定行为禁区,如此才能妥善解决这一重大问题。刑罚是作为一种具有补充性和保障性的控制措施发挥作用并体现其价值的。② 基因编辑犯罪的刑罚应是以预防目的为主,在伦理道德和其他部门法律可以发挥作用的场合,刑法无须过分介入。同时,目前的基因编辑应用尚待发展,对部分基因编辑活动的过早规制不利于其健康发展。此外,平衡的目的是一种动态的实现,当前生殖细胞的治疗仍未达到医学上的安全标准,但其具备目的正当性和实际应用的潜力,未来在法律体系中也有放宽限制的可能。此后,有关科研活动仍应在加强监管和完善法律体系的前提下逐步推进,这既是科学技术发展的理性要求,也是增进人类未来福祉的必然选择。

---

① 王康:《"基因编辑婴儿"人体试验中的法律责任——基于中国现行法律框架的解释学分析》,载《重庆大学学报(社会科学版)》2019年第5期。

② 参见严励、董砺欧:《"非刑罚化"与"刑罚化"——论刑罚的退守与进攻》,载《政治与法律》2004年第3期。

# 刑法应对生物技术发展的应然态度

魏汉涛* 张 如**

自进入 21 世纪以来,科技发展的速度超出了我们的想象,转基因技术在农业领域已得到广泛使用,在人类疾病治疗领域人类干细胞已经在开始发力……完全可以预见,生物技术在可预见的未来将加速发展,必将给人类生活乃至整个地球生态系统带来深刻的变化。然而,任何事物均有两面性,生物技术在造福人类的同时也会伴生诸多负面影响,如果不加以合理规制,甚至会造成灾难性后果。刑法作为防范现代风险的最后一道防线,在应对生物技术发展方面不应当缺席,关键是如何把握介入的尺度。

## 一、生物技术发展及其引发的争议

### (一)生物技术的发展进步

现代科技发展迅猛推动产业结构升级和调整,特别是新兴生物技术产业在国家产业布局中的表现卓越。生物科技是指以细胞、基因等技术的运用为基础,研究克隆、人体器官移植、辅助生殖技术、基因编辑、干细胞技术、转基因等问题,其中也涉及药物和技术研发、采用生物技术手段治疗疾病等一系列科学技术。以干细胞技术为例,该技术相对成熟,部分技术已经应用于临床阶段,产生了社会价值和经济效益。各国政府均重视此项技术的发展。再如,转基因技术的进步是人类历史上划时代的创新。即使对转基因食品争议很大,不可否认其已经大行其道。转基因大豆等转基因农产品被大量进口,已经走上了人们的餐桌。转基因产业已经成为我国经济和社会发展的一支动力和引擎。尤其是 2018 年 11 月 26 日的一则震惊中外的新闻报道引发了学术界的热烈争议,一对名为娜娜和露露的生物基因编辑婴儿于当月在我国出生。贺建奎副教授使用名为 CRISPR/Cas9 的基因编辑技术对那对双胞胎的一个基因进行了修改,并声称她们出生后即能天然抵抗艾滋病。虽然该结论难以验证,但是客观上反映了社会对生物技术越来越多的关注。

无论对生物技术应用的争议有多激烈,一个不容否认的事实是:生物技术在改善人类生活质量、解决食物短缺、利用生物药物和生物治疗技术提高人类健康水平方面已经显现出巨大的潜力。同时,生物产业也成为国民经济发展的新增长点,对于提高一国综合国力、科技实力、经济实力均意义重大。世界各国空前重视生物技术,竭力支持生物技术的发展,已经展开了在生物技术上的竞争。新生的生物技术在深刻改变世界的同时也正在颠覆传统的社会观念。生物技术催生了可能带来潜在

---

\* 安徽大学法学院教授,法学博士,博士生导师。
\*\* 安徽大学法学院博士研究生。

危害和伦理上难以允许的技术，如克隆人、基因编辑等。新技术颠覆了传统观念引发了争议。

### （二）生物技术进步引发的争议

生物技术已经给人类生活和健康带来了显著的改进。许多国家和地区制定了关于生物技术的发展战略，以政策推动生物技术发展。欧盟委员会早在2002年就制定了《生命科学与生物技术——欧洲战略》。① 我国将生物技术产业视为国家战略性技术产业，于2007年和2009年分别制定了《生物产业发展"十一五"规划》和《促进生物产业加快发展的若干政策》，为生物技术产业的发展提供国家政策支持。② 但生命科技的广泛应用也带来了一系列技术合理性、社会伦理的争议。

1. 生物技术在为社会带来福祉的同时伴生风险，技术合理性受到质疑。例如，转基因食品的赞同者认为转基因食品对人类有更高的健康价值和营养价值，而且能解决困扰世界的食物短缺问题。转基因食品的反对者认为转基因食品会产生影响人体健康的一系列可能性风险。2010年的欧盟官方例行民意调查仍然显示，61%的欧洲人不赞同鼓励发展转基因食品，59%的人不同意转基因食品无害健康。③ 汉斯·约纳斯指出："机械的技术错误尚可回复，生物基因上的技术错误是不能回复的。"④ 又如，人类基因编辑技术目前尚处于基础研究阶段，并不成熟。从潜在的风险来看，动物基因编辑的技术尚不很成熟，伴生的风险现在无法预测。脱靶现象时常发生，难以避免。在广东医科大学的实验中，也并非所有胚胎都出现了DNA序列的预期改变，实现预期实验目标的比率仅为15%。中山大学的实验同样出现了较大程度的"脱靶"现象。⑤ 生物技术能够实现对动植物基因的编辑，使动植物具备某种特性，如抗病能力。但是，在基因被编辑以后会伴生新的不良特性，如产生新的病害。对新的病害的治理十分困难，进而对整个生态系统的损害就更为严重。同时，人类可以利用生物基因编辑技术"研发"新的物种，新物种会影响生态平衡和周围物种的生存，甚至会导致某些物种的灭绝。生物技术的发展也会进一步引起环境的破坏。技术的不可靠性和未知风险是人类审慎发展生物技术的原因。

2. 在生物技术"野蛮生长"的同时，它蕴藏的伦理道德风险也逐步显现，这些未知风险使人类对其迅猛发展过程中的危害表示担忧。首先，生物技术存在侵犯个人隐私的可能性。发展生物技术需要不断地获取世界不同地区的人类和自然界的数据，随着网络技术这些数据快速传播，必将侵犯个人隐私。其次，生物技术会引发社会新的不平等。昂贵的生物医疗技术可以治疗基因型或其他重大疾病，这不是穷人所能承担的费用。技术的发展和社会贫富差距进一步导致医疗资源分配的不公

---

① 吕澜、马丹：《公众对生物技术应用的风险认知和接纳》，载《中国软科学》2012年第6期。
② 刘旭霞、刘桂小：《基因编辑技术应用风险的法律规制》，载《华中农业大学学报（自然科学版）》，2016年第5期。
③ 范敬群等：《转基因争议中媒体报道因素的影响评析》，载《西南大学学报（社会科学版）》2014年第4期。
④ 转引自［德］阿图尔·考夫曼：《法律哲学》，刘幸义译，法律出版社2011年版，第324页。
⑤ 王康：《人类基因编辑多维风险的法律规制》，载《求索》2017年第11期。

平。基因编辑技术的出现使人类甚至可以根据需要"编辑婴儿",实现某些能力的增强。这会造成大部分人已经输在起跑线上的境遇。伦理问题是生物技术发展过程中难以逾越的话题。

## 二、刑法应对生物技术的应然立场

生物技术的发展已经引起了刑法界的关注,一些学者开始探讨刑法应当如何规制生物技术的发展和应用。大凡新事物的出现,通常会有赞成、否定和折中三种立场,刑法应对生物技术大体上也可能出现这三种方案。

### (一)刑法对待生物技术发展的三种可能模式

严格限制模式。生物技术不当滥用可能导致生态危机,人类长期食用转基因食品有可能影响生育能力……生物技术确实潜存着目前人类未知的巨大风险,如果不加规制任其发展,后果的确无法预知。正因如此,一些学者提出应当对生物技术发展严格加以限制,严禁未经批准的生物技术实验。广东两名基因编辑婴儿出生,一百多名科学家联名反对就是对这种立场的见证。严格限制模式虽然极大地降低了生物技术的不良影响,但是破坏了科学研究的自主性,限制了生物科技工作者的创新能力,不利于科学技术的发展。

技术中立模式。在不少学者看来,生物技术属于纯技术问题,生物技术发展伴生的问题最终还是要靠技术进步加以解决,法律不应过多介入技术问题,尤其是作为最后保障法的刑法不应介入生物技术的发展。因此,一些学者呼吁应当秉持技术中立原则,赋予科学技术工作自主权。不可否认,生物技术发展是一项创新性活动,要推进生物技术的发展,必须赋予科技工作者相当程度的自主权,否则科技工作者在开发生物技术过程中将畏首畏尾,将极大地阻碍生物技术的发展,故而刑法对生物技术发展采取中立原则是必要的。但是,科学技术的双面性决定了刑法不能作为生物技术发展的旁观者,否则就是从一个极端走向另一个极端。由此可知,如何在保持技术中立的同时,规范生物技术开拓者、使用者的行为,有效规避生物技术给社会发展带来的不利影响,仍是应当权衡和思考的问题。

适度介入模式。对待生物技术既不能限制过死又不能放任不管,适当的选择自然是适度介入。适度介入模式是指刑法既不对生物技术发展过分施压,又关切生物科技发展伴生的负面影响,回应民众的关切,对那些潜在巨大生物风险和伦理道德风险的生物技术开发和应用加以限制。这种模式的优点是有利于科学技术发挥其自主性,使科学研究更加自由,也使社会秩序免于僵化。然而,适度介入的"度"在哪里,是一个值得探讨的问题。

### (二)生物技术引发的风险属于现代风险

德国社会学家乌尔里希·贝克于1986年出版的著作——《风险社会》中提出"风险社会"这一概念。自此以后,风险社会理论引起理论界的关注,不仅在社会学领域,而且在哲学、法学、管理学、政治学等领域,学者从风险社会理论这一崭新角度发展了各自的学科。其中,在法学领域,尤以刑法学界最为显著。与传统的风险相比,现代风险表现出以下特有性质:一是风险人为化。随着人类活动能力的加强与活动范围的扩大,其决策与行为成为风险的主要来源,人为风险超过自然风险成为现代风险结构中的主导内容。二是风险兼具积极与消极意义。① 现代风险具有风险与机遇共生特性。离开现代风险,同时意味着人类停止了前进的脚步。另外,也有学者归纳了风险社会的风险的其他特征:一是不确定性,即现代社会的风险无法依据传统的风险计算方法予以把握;二是不可感知性,即现代风险不再是人们通过感官可以直接感受到的直接风险,而是潜在的、无法感知的风险;三是整体性,即现代风险是对人类整体的威胁。②

生物技术引发的风险属于现代风险。首先,生物技术的风险是人为的风险。基因编辑、干细胞技术等现代生物技术是人类科技创新的主动行为,是人类活动的结果,这些风险完全区别于来自自然界的传统风险。其次,生物技术是人类科技创新活动,它带来的风险是集风险和效益的双重特性,具有积极和消极意义。再次,生物技术引发的有些风险人类已经认识,但是更多的风险可能人类现在还没有能力认识到,或者有些风险具有周期性,暴露需要时间。现代风险是不确定的,在现在技术条件下具有不可感知性。最后,生物技术带来的风险是整体性风险,跨越国界对整个人类产生威胁。综上,生物技术带来的风险是现代风险。

(三)刑法应对生物技术进步的应然立场

刑法关于生物技术进步的应然立场是不能过于干预生物技术进步,同时要禁止生物技术进步的伴生风险。由于社会的复杂化,在日常生活中,如果不伴随任何法益侵害,就不可能生活。因此,如果将所有的法益侵害结果的发生(结果无价值)作为违法行为予以禁止,社会发展便停滞。所以,应当认为,法益侵害中属于社会的相当范围的行为,缺乏违法性。③ 人类需要以牺牲部分法益来为自己的未来进行无畏的探索。面对现代风险,首先是要容忍、认可风险并理性地规制风险,不能过于干预技术进步。不容忍风险,社会可能就失去了进步的机会。容忍风险是取得社会进步的应有之义。其次是要对风险进行评估。评估容忍风险可能给社会带来的价值大小,同时评估禁止风险社会停止进步后造成的损失大小。权衡利弊,只有允许风险带来的社会进步价值大于禁止风险带来的社会停止进步损失时,允许风险才是理性的。这里涉及的问题是:刑法在什么范围内处于这样一种境地,需要以其传统法治国的自由的全部手段,其中包括法益概念,来克服现代生活的风险(如以核材料的、化学的、生物的或者遗传技术方式造成的风险)。④

刑法对现代风险保持克制就是刑法谦抑性的应有之义。谦抑性并不意味着犯罪圈不能扩大。在现代风险社会,刑法的扩张已是必然。20世纪以来,刑法发展的基本趋势是扩张(犯罪化),只有在例外情形下是萎缩(非犯罪化)。⑤ 当代刑法立法的功能性特征极其明显,立法者的反应更为迅捷,通过刑法控制社会的欲望更为强

---

① 劳东燕:《风险社会中的刑法》,北京大学出版社2015年版,第17页。
② 赵延东:《解读风险社会理论》,载《自然辩证法研究》2007年第6期。
③ 张明楷:《外国刑法纲要》,清华大学出版社2017年版,第151页。
④ [德]克劳斯·罗克辛:《德国刑法学总论》,法律出版社2005年版,第19页。
⑤ 喻海松:《刑法的扩张》,人民法院出版社2015年版,第1页。

烈，触角也伸得更长。① 在我国，刑事立法也从传统刑事立法观转向积极立法观。但刑法面对现代风险在不断扩张犯罪圈的前提下仍应保持谦抑性。刑法所发挥的机能不是无限的。刑法是强有力的手段但同时仍应当是不得已之手段，要坚守刑法是"保障法"的定位。由上述讨论可知，刑法面对现代风险既不能保守顽固地坚守谦抑性也不能冒进无限扩大犯罪圈，而要通过规定规制现代风险的伴生危害。

## 三、刑法应对生物技术进步的具体方略

### （一）刑法应对生物技术进步存在的问题

我国现阶段关于生物技术的规范性文件主要有《生物产业发展"十一五"规划》和《促进生物产业加快发展的若干政策》等鼓励发展生物技术战略规划性质的政策文件和规范生物技术应用的部门规章，如《转基因食品卫生管理办法》和《卫生部关于修订人类辅助生殖技术与人类精子库相关技术规范、基本标准和伦理原则的通知》等。关于生物技术立法呈现出以下特点：

我国对生物技术立法的效力层级极低。规范生物技术的规范性文件仅限于部门规章，法律约束力显然不高。其中，一些禁止性规定是宣示性规定，没有配合以应有的法律责任。原卫生部在2003年发布《卫生部关于修订人类辅助生殖技术与人类精子库相关技术规范、基本标准和伦理原则的通知》，其中附件一中第3条第9项明确规定：禁止以生殖为目的对人类配子、合子和胚胎进行基因操作。部门规章禁止以生殖为目的的基因操作，但是贺建奎副教授依然不顾上述禁止性规定进行了基因操作，除众多院士的谴责外，没有看到对其进行行政责任或刑事责任追究的报道。由此可见，我国法律对于生物技术处罚的无力，不能发挥法律引导、规制行为的目的。

我国刑法关于生物技术的立法不周延。由于生物技术犯罪是科技进步的产物和法律天然具有的滞后性，一些侵害法益的行为应犯罪化而没有犯罪化。刑法缺少相应的罪名和法条对生物技术失范行为进行规制。法律的滞后性和不周延性在规制生物技术行为上暴露无遗。我国刑法仅在"危害公共安全卫生罪"一节中设有数个涉及生物技术的犯罪，如传染病菌种、毒种扩散罪，非法组织卖血罪，非法采集、供应血液、制作、供应血液制品罪等。《刑法修正案（八）》增加"未经本人同意摘取其器官，或者摘取不满十八周岁的人的器官，或者强迫、欺骗他人捐献器官""违背本人生前意愿摘取其尸体器官，或者本人生前未表示同意，违反国家规定，违背其近亲属意愿摘取其尸体器官"，作为故意伤害罪的一款。以上这些涉及规制生物技术犯罪的刑法规定，不能适应快速发展的生物技术的现状。刑法应建立面向迅猛发展的生物技术的规制体系。如果刑法规制出现真空，生物技术的发展会出现无序的状态。

### （二）刑法规制生物技术的路径

生物技术主要被运用于生命和健康领域，作为高新科技的生物技术在实验和临

---

① 周光权：《积极刑法立法观在中国的确立》，载《法学研究》2016年第4期。

床运用中会伴生无法估计的风险。如果任由人类滥用生物技术会给人类带来无法弥补的后果。刑法应立足于保障法的定位，规范设计生物技术的研究和临床治疗行为。由于生物技术是高新技术，对其治理和规制在国际上具有共通性，因此参考各国生命科技犯罪的立法现状和法律运行状况，为我国在治理生物技术犯罪方面提供借鉴。同时，关于生物技术有关的立法，各国由于文化、风俗、价值观念等不同而立法各有侧重，但是从主流的伦理价值观念和对行为危害性认知来看，存在为各国认同的生物技术行为构成犯罪。在目前技术条件和伦理认知下，下列行为应为刑法所禁止：

1. 禁止克隆人。克隆一词是英语"clone"的音译，表示"无性繁殖"。2017年11月27日，世界上首例体细胞克隆猴"中中"在中国科学院神经科学研究所诞生；12月5日第二只克隆猴"华华"诞生，这一举世瞩目的成果标志着人类成功攻克克隆灵长类动物的世界性难题，确立了我国在非人灵长类研究领域的领先优势。① 克隆技术我国处于世界领先，如果伦理允许，克隆人也是指日可待。克隆人实质上是利用无性繁殖技术将人视为了一种可工业化生产的产品，人类把人自身作为实验对象。社会伦理秩序完全被扰乱，同时脱离了社会属性的克隆人必定引起法律主体地位、身份权等法律问题。克隆人是社会伦理难以接受的行为，因此刑法应以成文法的形式禁止滥用克隆技术的行为。

2. 在生物技术尚未成熟之前，应禁止该技术的临床应用。在目前尚不成熟的生物技术条件下，应用生物技术于临床是挑战人类伦理的底线。理论上一般把犯罪分为自然犯和法定犯。生物技术应用行为应作为自然犯类型对待，是应受伦理谴责的行为，具有反社会性和反道义性。对生物技术的刑法规制应坚持行为无价值理论立场。行为无价值论认为，行为本身恶、行为人的内心恶是违法性的根据。② 生物技术应用的危害结果显现的周期可能比较长，即使显现出危害结果，目前阶段人类技术可能也很难识别生物技术行为与危害结果的因果关系。如果坚持结果无价值论，刑法很难对生物技术行为进行规制。生物技术的危害结果主要表现为危害的危险性。将生物技术用于临床生殖目的，在目前不应被许可。在现有的科学技术条件下，将生物技术应用于临床，没有基本的安全性保证，蕴含巨大的不可知风险，并可能在后代中传播，存在巨大安全风险。风险社会的刑法应将安全作为基本的价值取向之一，在特定情况下安全价值优先于其他价值，或者说在安全的前提下才能去追求其他价值。③ 因此，将生物技术应用于临床的合法性不予认可。我国对于生物技术应用一直持高度谨慎立场。例如，贺建奎副教授把基因编辑技术应用于临床，这种行为为国际达成共识的伦理规则所否定，也应当为我国刑法所禁止。2015年12月，来自各国的科学家在华盛顿召开的人类基因编辑国际峰会上基本达成了如下共识：针对人胚胎和生殖细胞的基因编辑只能用于基础学术研究，而禁止一切以生

---

① 颜婷、黄浩：《体细胞克隆猴诞生引发的思考》，载《生物学教学》2019年第5期。
② 张明楷：《行为无价值论与结果无价值论》，北京大学出版社2012年版，第6页。
③ 魏汉涛：《风险社会的刑法风险及其防范》，载《北方法学》2012年第6期。

殖为目的的临床研究和应用。①

3. 禁止生物武器的生产、销售、运输等行为。"二战"期间,我国是生物武器的受害国。"二战"后生物武器受到全面禁止。1972年4月10日《禁止细菌(生物)及毒素武器的发展、生产及储存以及销毁这类武器的公约》,禁止所有缔约方发展、生产、储存或者取得生物或者毒素武器。② 由此可见,国际公约早已明文加以禁止对生物武器的发展、生产等行为。生物武器是一种灭绝人性的残酷的武器,具有杀伤性大、能给人带来极度痛苦的特点,甚至会对生态环境造成持久性的破坏性后果。现代文明国家都以刑事立法禁止生物武器的研究和制造,并配以相应的罪名和刑罚。我国《刑法》第125条第2款规定:非法制造、买卖、运输、存储毒害性、放射性、传染病病原体等物质,危害公共安全的,依照前款规定处罚。即按照非法制造、买卖、运输枪支、弹药、爆炸物罪处罚。在此要对毒害性物质做扩大解释使其含义包括生物武器。

4. 禁止非法获取生物基因信息。生物基因信息安全是国家安全的重要内容。生物基因信息是由生物的基因组信息组成的,这些基因组包含了特定生物的遗传信息。基因信息包括特定生物具有的优秀基因以及该基因具有的特性如抗病、抗寒等信息。优秀基因具有极高的科学研究价值和经济价值,是一国宝贵的基因资源。对个人而言,基因信息被公布,如果包含基因缺陷或遗传疾病的信息,那么羞辱、歧视等问题都会随之而来,会严重侵犯基因所有人的隐私权。由于基因信息的重要性和蕴含的巨大价值,应以刑法立法的形式明确对基因信息的保护。我国《刑法》第253条之一规定了侵犯公民个人信息罪。这一罪名不能涵盖非法获取我国生物信息行为,因此基于保护生物信息安全法益的需要,对非法获取生物基因信息的行为应予以禁止。

---

① 孙伟平、戴益斌:《关于基因编辑的伦理反思》,载《重庆大学学报(社会科学版)》2019年第3期。
② [德]格哈德·韦勒:《国际刑法学原理》,商务印书馆2009年版,第429页。

# 生命科技的刑法边界
## ——以基因编辑婴儿事件为切入点的思考

郭理蓉[*]　赵丽荣[**]

## 一、基因编辑婴儿事件回顾

2018年11月26日，南方科技大学副教授贺建奎宣布一对名为露露和娜娜的基因编辑婴儿于11月在中国健康诞生，由于这对双胞胎的一个基因被修改，因此她们拥有天然抵抗艾滋病病毒（HIV）的能力。这一消息的公布迅速激起轩然大波，震惊了整个世界。随即外界对贺建奎所做的试验进行了严厉谴责：贺建奎团队违反了基本的伦理准则，将不成熟的基因技术应用于人体胚胎，其行为系非法的人体试验，对社会造成了严重危害。广东省"基因编辑婴儿事件"调查组初步查明，该事件系南方科技大学副教授贺建奎为追逐个人名利，自筹资金，蓄意逃避监管，私自组织有关人员，实施国家明令禁止的以生殖为目的的人类胚胎基因编辑活动。[①]

基因编辑技术是指能够让人类对目标基因进行再"编辑"，实现对特定DNA片段的敲除、加入等的一项技术。目前，最流行的是CRISPR/Cas9技术。CRISPR/Cas9技术可以让基因编辑如同我们在电脑上剪切、复制、粘贴资料一样。在艾滋病的感染过程中，HIV以CD4+T细胞为目标发动攻击，CD4+T细胞是人类免疫系统的重要守军，一旦被HIV侵入，人体的免疫系统就会崩溃。病毒想攻击CD4+T细胞，就需要以细胞表面的CCR5或者CXCR4为进攻入口，由于多数病毒通过CCR5进行入侵，且CXCR4可能影响胚胎发育，所以贺建奎团队选择敲掉了CCR5的32个碱基，使其蛋白无法正常穿膜表达于细胞上，这样病毒无法找到目标，露露和娜娜就拥有了天然抵抗艾滋病病毒的能力。但很多科学家认为这样的试验是很危险的，CCR5是正常基因，对人类的免疫系统、神经系统都有重要作用，一旦敲除会对人造成很多危险，并且基因编辑不成熟，可能会造成基因脱靶等风险。将技术不成熟、风险未知的技术应用于人体胚胎是对他人生命的亵渎，人是目的，而非工具，不能把"人"作为"小白鼠"。在技术不成熟、伦理不允许、风险不可控的情况下，贺建奎所进行的基因编辑婴儿试验具有极大的安全隐患。

基因编辑婴儿事件再次引起全社会对于生命科技与人类伦理、法律冲突问题的关注和热议，上一次引起如此广泛争议的是克隆绵羊"多莉"的诞生。随着生命科技的进步，人类干预自然的能力不断增强，科技的发展甚至赋予了人类"选择、干

---

[*] 北京师范大学法学院副教授，硕士生导师。
[**] 北京师范大学法学院刑法学专业硕士研究生。
[①] 饶伟：《评说"基因编辑婴儿事件"》，载《中国卫生法制》2019年第3期。

预、控制"生命的自由,但是这种自由并不是有利无害的,任何自由都是相对而言的,技术的不当使用可能会使科技走向反面,背离增进人类福祉的初衷。

## 二、福兮?祸兮?——生命科技的价值与隐患

现代的生命科学技术是对包括基因技术、辅助生殖技术、器官移植技术、变性手术以及生物制药技术等在内的现代医学、生物学技术的统称。本文所指的生命科技限定为以人为对象的生物、医学、科研等活动。生命科技是一把"双刃剑",它既可能是造福人类的普罗米修斯,也可能是祸害社会的潘多拉魔盒。生命科技以人为对象,关涉人的生命、健康、安全、尊严等最根本利益,其在价值评判上更为复杂,与社会伦理观念、法律的冲突也更为突出。

### (一)生命科技的价值

生命科学技术的发展有利于解决人类面临的健康、资源、环境等方面的重大问题。首先,生命科技的发展能够促进人类的健康。人类一直受生老病死痛苦的折磨,生命科技赋予了人类更多干预、选择、控制生命的自由。例如,人类基因组的破译和疾病基因的确认为人类攻克遗传性疾病、肿瘤、艾滋、老年痴呆等疾病提供了可能;基因检测、基因预防、基因诊断、基因治疗等促进了人类医学的重大进步;干细胞技术有望用于修复被疾病损害的细胞和器官;克隆技术可以用于挽救濒危物种;器官移植可以延续人的生命。生命科技的进步极大地提高了人类的生活质量,延长了人类的寿命。其次,生命科技的发展有利于解决资源短缺问题。例如,生命技术被广泛应用于转基因物种、动物疫苗、非化学害虫控制等领域,提高了农作物的产量和质量,有利于解决粮食短缺问题。最后,在环境方面,可将生命科技的研究成果应用于城市垃圾的处理等方面。① 生命科技让人类生活变得更美好,是毫无疑问的已然事实,正因如此,世界各国都在致力于生命技术领域的研究。

### (二)生命科技的隐患

生命科技的发展在造福人类的同时,也带来了一些隐患,有的甚至造成了现实的危害。

首先,生命科技的滥用会危害人体的生命健康。以基因编辑婴儿事件为例,在技术不成熟、风险不可控的情况下,贺建奎团队违背伦理审查原则以及相应的法律法规,将基因技术应用于人体胚胎,属于非法的人体试验。CCR5 基因对人体的免疫系统、神经系统具有重要的作用,CCR5 基因被敲除后会影响人体免疫功能的发育,影响神经细胞、造血细胞的功能。基因编辑技术还可能造成基因脱靶,有些专家指出,基因编辑技术还存在致癌风险,基因编辑技术一旦发生差错,不仅影响被编辑的个体的生命健康,而且错误的基因会混入人类基因池,影响到人类的子孙后代。中国科学院院士、北京生命科学院副所长邵峰在接受采访时表示:"值得注意的是,目前没有科学研究可以证明进行基因编辑的操作是安全的。基因编辑技术出现至今不过短短 5 年时间,而对其安全性的评估则需要十几年甚至几十年的长期观

---

① 丁陈君等:《生物科技领域国际发展趋势与启示建议》,载《世界科技研究与发展》2019 年第 1 期。

察试验才能得出。从科学和医学角度来说,基因编辑对病人的风险根本没法估计,很可能有很大风险。"再如,另一项争议极大的生命科技——动物克隆技术,同样具有很大的安全隐患。1996 年出生的克隆羊"多莉"是世界上第一个被成功克隆的动物,但是,绵羊"多莉"仅存活了 6 年就因患有严重的进行性肺病而被予以安乐死。就目前的报道来看,克隆动物的健康问题十分普遍,它们非常容易出现流产、畸形、早衰等问题。当克隆技术等生命科技应用于动物身上出现差错的时候,人类可以对该动物实施"安乐死",但是,倘若此类生命科技实验于人类而不幸出错的时候,又该如何补救和处理?正是因为动物克隆技术的复杂性、其未来影响和后果的不可预测性以及可能对人类社会伦理带来的极大挑战,目前各国都明确禁止"克隆人"实验。

生命科技发展应当以促进和维护生命安全为基本原则,但是在生命科技发展的过程中,有些人盲目追求科技成果或者纯粹为了个人的名利,而忽视了受试者的安危。2004 年 4 月,上海东方医院为 13 岁的周易清移植了人工心脏,15 天后这个男孩死亡。事后的证据表明,人工心脏没有经过我国药监局登记,并且医院还在该儿童身上进行了非法干细胞移植、肌细胞种植等试验,该医院实际上是对儿童进行非法的人体试验。中国社科院应用伦理学研究中心研究员邱仁宗表示,很多发达国家的机构为了规避本国的相关禁令或者严格审查,而在发展中国家开展人体试验,人工心脏就是一个典型的例子。非法人体试验是漠视他人生命,危害他人生命安全的行为,具有严重的社会危害性,有必要通过刑法的介入来对此类行为予以惩罚和预防。

其次,生命科技的不当使用会侵犯人的尊严、自由和隐私权。就基因编辑婴儿来说,该行为侵犯了"婴儿"的人权。胎儿在未出生的时候,其不享有独立的法律地位,不是完整意义上的"人"。但不可否认,他/她是一个有"潜能"的人,他/她可能成为独立的人并享有一个普通人的权利和尊严。虽然父母在生育选择和培养孩子方面有重大的决定权,但是这种权利不是无限制的,不应当侵犯子女出生后的人权。每个生命都应当是自由和平等的,父母或者第三人不应当剥夺孩子的自主选择权,孩子的人生不应该被"设计"。贺建奎团队计划对露露和娜娜进行 18 年的追踪回访,并称对基因编辑婴儿的隐私将进行严格保护,只透露数据,但是其进行的追踪回访,以人为研究对象获取信息行为本身就可能对个人隐私权造成侵犯。露露和娜娜一生都会被作为试验标本来被观察和研究,无法享有与其他普通人同样的尊严、自由与隐私。

最后,生命科技的不当应用会引发社会不公等问题。生命科技的花费高昂,决定着这种技术可能只能服务于少数人,导致社会资源分配越来越不公平。以基因技术为例,基因编辑技术会被广泛应用于基因治疗或者基因增强。基因治疗针对有疾病或者缺陷的孩子,运用基因编辑技术让其拥有健康的身体。基因增强即超越基本的治疗目的,通过基因技术来设计"完美宝宝"。基因技术本该是服务于社会公共利益的,但是如果对基因技术不加以规制,这项技术会被商品化,基因编辑婴儿技术很可能会成为富人的专利,被富人用来设计他们的"完美宝宝"。富人的孩子不仅拥有更好的经济基础还有得天独厚的遗传条件，会导致社会资源的分配越来越不公。另外，基因增强会引起基因歧视，有人会通过生命技术选择婴儿的肤色外貌等，构成对其他种族的排斥与歧视，影响物种的多样性。同时，这种技术的广泛应用会动摇社会的传统观念。传统的社会观念提倡和肯定后天努力的重要性，倡导和鼓励人们通过付出辛勤努力来获取成功。而基因编辑技术应用于人体的基因增强将会极大地挑战这种传统理念，将"赢在起跑线上"的观念推到极致，加剧社会焦虑和走捷径的心态。

## 三、生命科技的刑法边界

科学技术的发展和进步当然是应该被鼓励和积极追求的，科技对自然环境的改善和对人类社会的积极推动作用，亦毋庸置疑。但如前所述，科技的发展是一把"双刃剑"，有时候也会造成难以预测和挽救的后果，尤其是科技的滥用，会给自然界和人类社会造成严重的危害。生命科技的发展面临一个两难的处境，一方面，人类需要生命技术为人类增添福利；另一方面，又要警惕生命技术滥用后对人类造成毁灭性的灾害。鉴于此，生命科技的研究和应用应在有效的监管下进行，法律应当为科技的发展和应用划定底线和边界，以尽可能地减小或者避免科技发展带来的风险和隐患。

### （一）刑事政策上的权衡

首先，生命科技的研究和应用要遵守基本的原则和底线。生命科技的研究和应用应当遵守生命伦理学的四大原则——行善原则、自主原则、不伤害原则、公正原则。生命科技研究和应用的首要原则是保障人的生命权，生命权是最基本的人权，没有了生命，其他的权利都是空谈。在技术安全情况下，才可以允许将生命科技运用于人体。当然，技术的安全是相对而言的，并不是要保证绝对不会对人体造成危害，而是要经过专门的风险评估，认为技术总体是对人有益的，风险可控并且是在合理范围内的。在生命科技领域要特别注意保护受试者的安危，受试者对生命权、身体健康权放弃的承诺是无效的。根据被害人承诺，被害人如果自愿放弃某种合法权益，就可以免除行为人的法律责任。但是，承诺是具有一定的限度的，对于生命权，当事人无权承诺放弃（"安乐死"合法化的国家除外），对于身体健康权，仅在轻微伤的范围内可以放弃，超过轻微伤，造成轻伤、重伤的都需要负刑事责任。所以，在生命科技领域，不允许通过签订免责协议、知情书等形式来豁免试验人员对受试者生命与健康重大风险的法律责任。同时，生命科技的研究和应用的目的应当正当、合法与合理。例如，以人为对象的生物医学研究，其目的应当限于基本的治疗和预防疾病目的，不能用于基因增强等目的。

其次，在生命科技领域，刑法的介入要适当，换言之，刑法对生命科技领域的介入要把握适当的"度"。刑法介入过多，会侵犯科研自由，阻碍技术的进步；刑法不介入，又会有一些人突破底线，利用法律漏洞来实施危害行为，侵犯他人的合法权益。所以，刑法既要介入，又要适当，在不阻碍技术进步与维护社会秩序、保

## 第二编 生物科技暨人工智能领域发展的刑法规制问题

障合法权益之间寻求平衡。① 既要有利于科学的发展,又要防止技术不当研究和使用对合法权益的侵犯以及对社会造成重大隐患和负面影响;既要重视当前利益,又不能忽视长远利益。刑法介入的适当性应当遵循刑法谦抑思想的要求。刑法的谦抑性,是指刑法应依据一定的规则控制处罚范围与处罚程度,即凡是适用其他法律足以抑制某种违法行为、足以保护合法权益时,就不要将其规定为犯罪;凡是适用较轻的制裁方法足以抑制某种犯罪行为、足以保护合法权益时,就不要规定较重的制裁方法。② 刑法的谦抑性有两个基本的要求:一是刑事处罚的范围要适当。根据我国刑法的规定,只有严重危害社会的行为才可能构成犯罪,对于情节轻微、危害不大的行为不纳入犯罪,可以用行政法、民法、道德规范等措施进行规范,不能为了打击生命科技领域的犯罪,盲目扩大犯罪圈。但是,刑法介入的适当并不反对在现代社会增设必要的新罪。随着社会的发展,当传统的刑法罪名确实无法有效规制社会中出现的新的犯罪行为时,立法者要与时俱进,及时修改和补充立法。二是刑事处罚的力度要适当。对生命科技领域中的犯罪行为,在处罚上不能盲目追求重刑打击,因为处罚过重,会严重打击和抑制科研人员的积极性,导致科技发展的停滞;但也不能过轻,因为处罚过轻,不痛不痒,不利于保障合法权益和维护社会秩序。在此类犯罪的刑罚设置和适用上要遵循罪责刑相适应原则,考虑到科学研究和探索需要相对宽松的空间才可能有所创新和突破,一般对此类犯罪在处罚上应适当从宽。

(二) 滥用生命科技行为的刑法规制

1. 关于基因编辑婴儿行为入罪问题的分析

基因编辑婴儿事件曝光以后,对此行为在刑法上应如何评价,从现行刑法的规定来看,主要可以考虑两种可能性:一是以我国刑法分则第四章规定的侵犯公民人身权利、民主权利罪中的故意伤害罪、过失致人重伤罪进行认定;二是以我国刑法分则第六章第五节危害公共卫生罪中的医疗事故罪、非法行医罪来认定。

在此次基因编辑婴儿事件中,胎儿顺利出生且危害结果不确定,所以该案不能适用第一种情形。即使基因编辑婴儿技术对胎儿造成的损害是确定的,司法认定中仍然存在主观方面、危害结果、因果关系认定方面的争议。我国的民法规定了胎儿的法律地位:"公民从出生时起到死亡时止,具有民事权利能力,依法享有民事权利,承担民事义务。"即胎儿未出生时其不享有独立的法律地位,也没有完全意义上的生命健康权,对胎儿的伤害视为对母亲的伤害。根据《人体轻伤鉴定标准》和《人体重伤鉴定标准》,损伤致孕妇难产流产的视为轻伤,使得孕妇损伤引起早产、死胎、胎盘早期剥离、流产并发失血性休克或者严重感染的视为重伤,所以对胎儿的伤害不可能构成故意杀人罪或者过失致人死亡罪。

从主观方面来说,假设由于基因编辑技术使孕妇发生流产或者死胎,行为人不存在直接故意,但对于构成间接故意还是过于自信的过失,仍然有值得商榷的地

---

① 参见刘长秋:《准确把握刑法应对生命科技活动的定位》,载《中国卫生法制》2019年第3期。
② 张明楷:《论刑法的谦抑性》,载《法商研究》1995年第4期。

方。间接故意是指明知自己的行为可能发生危害社会的结果,仍放任这种危害结果的出现。过于自信的过失是指行为人已经预见到自己的行为可能发生危害社会的结果,但轻信能够避免。两者区别的关键在于过于自信的过失有合理的根据相信凭借自己的能力能够避免危害结果的发生。一般情况下,试验人员在进行人体试验前会先进行动物实验,在认为成功概率较大的情况下再进行人体试验,行为人的主观方面似乎更符合过失。但是,在基因编辑婴儿事件中,行为人对于能避免危害结果的发生其实并没有合理的依据,很多专家都指出,基因编辑婴儿技术目前还很不成熟,可能对胎儿造成很大的危险。区分故意与过失对于定罪量刑有重要意义,如果基因编辑技术造成孕妇流产(轻伤),行为人是间接故意就可以构成故意伤害罪。故意伤害罪的立案标准是轻伤以上。如果是过失,仅在造成重伤(损伤引起早产、死胎、胎盘早期剥离、流产并发失血性休克或者严重感染)的情况下才可能定罪。根据现行刑法,过失致人轻伤不构成犯罪。

从危害结果来看,如果由于基因技术不成熟,导致了胎儿流产、早产、死亡等,这种情况下危害结果已经形成,可以视为对母亲的伤害,刑法上对其规制并不会有太大的疑问。但如果胎儿已经出生,不久之后伤亡,即危害行为与危害结果的出现有一定的时间间隔,则很难认定危害行为与危害结果之间具有刑法上的因果关系。另外,针对胎儿出生之后有缺陷的情况,由于危害行为发生在胎儿时期,且在胎儿时期未出现可以视为对孕妇造成伤害的情况,因此无法追究行为人的刑事责任,只能追究其民事责任。在此次基因编辑婴儿事件中,由于在胎儿时期未对其造成明确的伤害,在出生后也没有证据证明存在哪些伤害,所以不能以故意伤害罪或者过失致人重伤罪来认定。

既然难以认定为故意伤害罪或者过失致人重伤罪,那么第二种思路又如何呢?医疗事故罪,根据刑法规定,主体是医务人员,医务人员是指具有一定医学知识和医疗技能,取得行医资格,直接从事医疗护理工作的人员,而从事基因技术的人员不一定为医务人员,该次基因编辑婴儿试验中的贺建奎即不属于医务人员,所以不能用该罪进行规制。非法行医罪是指未取得医疗资格的人擅自从事医疗活动,情节严重的行为。对于基因编辑婴儿是否属于医疗行为,理论上还存在一定的争议,根据《医疗机构管理条例实施细则》第88条的规定,医疗行为包括诊疗活动,医疗美容,特殊检查、特殊治疗三种。[①] 根据该规定,可以将基因编辑技术视为特殊检查、特殊治疗的第三种情形:临床试验性检查和治疗。所以,对于贺建奎基因编辑婴儿行为,纳入非法行医罪规制比较合理。但这里有一个明显的漏洞是,如果贺建奎具有医师资格,就既不能以医疗事故罪也不能以非法行医罪来对其行为进行认定。但实际上,对这种行为予以刑法规制的原因和重点并不在于是否由专业医疗人员来实施,即使贺建奎具有医师资格,该行为仍然具有严重的危害性,但是根据我国现行刑法,竟无从规制。所以,严格来讲,我国现行刑法分则中没有一项罪名的

---

① 特殊检查、特殊治疗:是指具有下列情形之一的诊断、治疗活动:(一)有一定危险性,可能产生不良后果的检查和治疗;(二)由于患者体质特殊或者病情危笃,可能对患者产生不良后果和危险的检查和治疗;(三)临床试验性检查和治疗;(四)收费可能对患者造成较大经济负担的检查和治疗。

具体构成要件与该行为完全相符。

2. 对于滥用生命科技行为刑法规制的完善建议

首先，可以考虑在刑法中增设新的罪名。如前所述，现行刑法对某些新技术出现的问题无法有效规制，如基因编辑婴儿的行为，属于非法的人体试验，但是现行刑法没有相对应的规定，而基因编辑带来的损害无法预测和确定，其对科技和医疗伦理、人的生命健康、人格尊严、公共卫生安全等多重法益的威胁和侵害是现实的，因此，笔者建议增设新的罪名。例如，增设非法人体试验罪，对此类行为加以规制。在犯罪构成要件模式选择上，可以考虑将非法人体试验罪规定为行为犯，不需要实害结果也能对行为人进行处罚，可以解决生命科技领域大量存在的无法认定危害结果、危害结果与危害行为间因果关系无法证明等问题。这样一来，既不至于对科学研究过于严苛，又不至于放纵那些突破伦理和法律底线及违背生命科技研究基本原则的行为。

其次，对于生命科技领域犯罪的刑罚处罚要宽严适度。一般情况下应适当从宽，对于那些犯罪情节轻微的行为人，要注意依法适用不起诉制度、非刑罚处理方法、缓刑等制度。对于罪行比较严重的，可以适用"从业禁止"，可以视情况禁止行为人在刑罚执行完毕或者假释之日起的一定期限内从事以人为对象的生物、医学、科研活动，剥夺其再犯罪的条件，实现犯罪预防目的。

# 对人类基因编辑技术刑法规制的初步构想

曾明生[*]

## 一、引言

基因编辑是指为了一定的目的在基因组上进行 DNA 序列的敲除、插入、定点突变以及组合编辑等活动。人类基因编辑这个潘多拉魔盒已被打开。2015 年，我国学者在世界上首次公布利用 CRISPR 技术修改人类胚胎基因的研究成果，这在国内外科学界掀起波澜，基因编辑人类胚胎的猜想变成了事实。2016 年，英国政府正式首次批准在人类胚胎上使用基因编辑技术的实验申请。2017 年，美国科学家宣布利用基因编辑技术修正了人类胚胎中与心脏疾病有关的基因变异。[①] 特别是 2018 年贺建奎"基因编辑婴儿"事件再度引发哗然舆论，也引起社会的广泛质疑以及遭到众多科学家的强烈抵制。[②] 这种实验导致的问题与风险，值得我们高度重视。我国当前法律体系对基因编辑问题规制不足，应对乏力。2019 年我国两会期间有代表呼吁加强科研监管，完善有关生命科学研究的法律控制包括刑事立法。学界对与此相关的研讨也逐渐增多。本文略从我国人类基因编辑技术刑法规制的必要性和可行性、刑法规制的初步构想两个方面进行探讨，以期抛砖引玉。

## 二、我国人类基因编辑技术刑法规制的必要性和可行性[③]

人类基因编辑技术的刑法规制，就是为了保障法律中相关条款的正确有效实施，以刑法方式来规范和控制有关人类基因编辑技术的刑事违法行为。以下从刑法规制的必要性和可行性两个方面展开研讨。

### （一）刑法规制的必要性

这里主要从严重的社会危害性、刑事责任无法替代性、刑事立法的前瞻性与预防性三个方面来讨论。

#### 1. 严重的社会危害性

这是犯罪的最本质特征。它是指行为对刑法所保护的社会关系造成损害的特性，实质上是对国家和人民利益的危害。[④] 而且，社会危害包括可能造成的危害

---

[*] 华东交通大学人文社科学院研究员，法学博士。
[①] 参见蒋莉：《人类基因编辑应有法可依》，载 http：//www.cssn.cn/fx/fx_flx/201711/t20171128_3757699.shtml，2019 年 04 月 22 日访问。
[②] 参见贺梨萍：《百名科学家联名发声：坚决反对、强烈谴责人体胚胎基因编辑》，载 https：//www.thepaper.cn/newsDetail_forward_2672612，2019 年 4 月 22 日访问。
[③] 对此更为详细的讨论，请参阅笔者的相关论文。
[④] 参见王作富主编：《刑法学》（第 6 版），中国人民大学出版社 2016 年版，第 34 页。

（潜在的风险）和已经造成的现实危害。这与犯罪行为相对应，因而产生危险犯和实害犯等种类的划分。

对人类基因编辑技术的风险和危害，学界大致有以下几种代表性的认识。

（1）三层次说。该说认为，基因编辑临床研究的风险具有多层次性。第一层次，即基因编辑中对临床研究受试者的身体健康甚至生命权利具有不确定的侵害的可能性。第二层次，即基因编辑临床研究范围的不合理控制将会诱发社会不平等问题。第三层次，即基因编辑可以改变人的遗传特征，具有可能造成对人类种群特征的根本性改变的危险。[①]

（2）四风险说。其中包括"不伦公合"说和"脱难遗导"说。其一，"不伦公合"说。该说认为，人类基因编辑技术带来了不确定性风险、伦理性风险、公平性风险以及合法性风险等风险。[②] 其二，"脱难遗导"说。该说认为，基因编辑技术目前存在以下风险：脱靶突变（不准确的基因编辑）和镶嵌体（早期胚胎的不完全基因编辑）；难以预测因遗传改变而产生的不良影响，包括人类基因多样性的改变等；遗传改变一旦被引入人群就难以去除，且改变的基因会随着人口流动走向世界；导入的外源DNA片段可能参与其他代谢反应，产生其他致病基因。[③]

（3）三风险说。该说认为，当前人类胚胎基因实验存在较大的"脱靶""混杂"等不确定的技术风险；而更大的风险是伦理风险，"定制婴儿"意味着人的主体性与尊严价值的动摇和消弭；还有潜在而长期的社会风险：生殖性基因编辑可能形成人类基因的阶级差别；预先设计后代的特定基因性状违反代际正义，使纳粹主义优生学可能复活，而且可能使人类进化在消除"坏基因"的同时也消除可能的"好基因"，使人类基因库的多样性遭到危险。[④]

笔者认为，上述观点虽然有所差异，但它们都是从不同角度来探讨的。其中主要涉及技术风险、伦理风险和社会风险等。三层次说是从基因编辑临床研究的角度来讨论的，其中对受试者身体健康和生命权有不确定的侵害可能性，是技术风险；诱发社会不平等问题以及造成对人类种群特征的根本性改变，是社会风险。四风险说中的"不伦公合"说中，不确定性风险就是指技术风险，而伦理性风险、公平性风险以及合法性风险等，涉及社会风险。就四风险说中的"脱难遗导"说而言，其中提及的脱靶突变、镶嵌体以及产生其他致病基因等，涉及不确定的技术风险问题；提及的人类基因多样性的改变、遗传改变难以去除以及改变的基因走向世界等，涉及的也是社会风险问题。另外，三风险说也正是前述"不伦公合"说的发展和变种。因为其中合法性风险没有被单列出来作为一种风险类型，实际上这也是特

---

[①] 参见杨雅婷、汪小莉：《基因编辑临床研究风险责任之法律探析》，载《科技管理研究》2018年第20期。

[②] 参见王康：《人类基因编辑多维风险的法律规制》，载《求索》2017年第11期。

[③] 参见罗会宇、雷瑞鹏：《我们允许做什么？——人胚胎基因编辑之反思平衡》，载《伦理学研究》2017年第2期。

[④] 参见王康：《人类基因编辑实验的法律规制——兼论胚胎植入前基因诊断的法律议题》，载《东方法学》2019年第1期。

殊种类的社会风险。

那么,如何考察基因编辑行为的社会危害性呢?应当坚持历史的观点、全面的观点和本质的观点。社会危害性是随着社会发展和社会条件的变化而变化的。人胚胎基因编辑的技术风险目前较大,将来可能得到基本解决,但是仍要考虑基因改良等可能造成社会不平等和种群特征根本改变的社会危险。因为社会危害性是由多种因素决定的,衡量社会危害性的大小,应综合各种情况全面分析认定。另外,要透过现象抓住事物本质,才能准确把握行为性质。① 基因改良的益处是优生,而其弊端会导致基因歧视,这些是外在现象,而其本质是人性贪婪和财富支配,这将造成社会种群特征的根本改变,由此危及人类的基本尊严和繁衍安全。因此,对基因编辑行为的社会危害性要有足够的认知。

需要指出的是,对于基因工程(包括基因改良、克隆等)能否应用于人类,实务界和理论界大致有三种观点:一是以欧盟议会为代表的完全反对的观点;二是以自由主义优生学为代表的完全赞成的观点;三是中间道路的折中观点。② 折中论者主张有限的人类基因编辑技术的运用,认为后代人(潜在者)应当并能够享有潜在的恢复未来健康权和后代人"拥有一种开放性未来的权利"。③ 有人提出双层治理模式,即对于目的明显正当(治疗和预防目的)、风险可控、效果可验证的基因编辑研究、临床试验乃至临床应用,法律应允许其在依法设立的监管机制下发展;而对于目的是否正当存在很大争议、风险不可控、效果难以验证的基因编辑,应严格禁止其临床试验和应用,其研究应被限定在实验室范围内。④

笔者认为,虽然要注意到上述争论,但是我们必须坚守生物科技发展的底线。无节制的应用,可能会引发生命随机选择、代际混乱和基因歧视等问题。对生物技术的反人类利用,任其发展将有可能侵害人类的人性尊严和生命价值。⑤ 随着有关条件的变化,技术风险问题将来可能会更好地得到解决,但仍有非医学目的的人为的基因增强的不公平问题以及种群特征根本性改变的严重危害。对基于医学目的的基因编辑仍然要严格限制,设置极为苛刻的条件,防止滥用,否则因人数庞大,久而久之,则会危及人类种群特征的根本性改变。这种潜在的对人类的危险正是对人的自由和权利应有的和必要的限制。因此,应当坚守一个基本底线:附条件严格禁止以生殖为目的对人类胚胎或者受精卵进行基因编辑的应用,以确保世界各民族和人类的安全繁衍。其中所附条件是,对基于医学目的的基因编辑,要严格仅限于治疗和预防显著遗传性的严重疾病或严重残疾,并且必须严格遵守法定申报与核准程序。

---

① 参见王作富主编:《刑法学》(第 6 版),中国人民大学出版社 2016 年版,第 35 页。
② 对其中不同观点的具体分析和讨论,可参阅笔者的相关论文。
③ 参见朱振:《反对完美?——关于人类基因编辑的道德与法律哲学思考》,载《华东政法大学学报》2018 年第 1 期。
④ 参见郑戈:《迈向生命宪制——法律如何回应基因编辑技术应用中的风险》,载《法商研究》2019 年第 2 期。
⑤ 参见张佳星:《白春礼代表:基因编辑技术研发不能因噎废食》,载《科技日报》2019 年 3 月 11 日第 4 版。

## 2. 民事责任和行政责任无法替代刑事责任

在当前《基因工程安全管理办法》《人类遗传资源管理暂行办法》《人类辅助生殖技术管理办法》等法规范之中尽管已有若干民事责任、行政责任和刑事责任的规定，而且也可能进一步完善有关法律责任的规定，包括在民法典中增设有关人体基因的条款，但这些规定也不足以预防人类胚胎基因编辑的犯罪行为。法律（包括刑法）不是万能的，但这不能成为法律管控缺位或者应当乏力的理由。《基因工程安全管理办法》规定，对"未经审批，擅自进行基因工程工作的"，由有关主管部门根据情节轻重给予警告、责令停止工作、停止资助经费、没收非法所得的处罚；又对"严重破坏生态资源、影响生态平衡的"，要求负有责任的单位立即停止损害行为，并负责治理和赔偿损失；情节严重，构成犯罪的，依法追究刑事责任。但是，这些规定没有明确包括人类基因编辑行为在内，而且刑法典中目前尚无直接对应基因工程的条款。因此，在理论上众说纷纭，在司法实践中不易掌握。另外，最近科技部起草的《生物技术研究开发安全管理条例》（征求意见稿）、国家卫生健康委员会起草的《生物医学新技术临床应用管理条例（征求意见稿）》之中均有追究刑事责任的规定。这些条例将是由国务院颁行的行政法规。有人建议制定专门的《人类基因编辑法》，也有人建议制定《生物技术安全法》。笔者认为，可以不制定《人类基因编辑法》和《生物技术安全法》，但是将来可以把前述《基因工程安全管理办法》《人类辅助生殖技术管理办法》《生物技术研究开发安全管理条例》《生物医学新技术临床应用管理条例》等整合提升为《生物技术安全管理法》。不过，无论是提升制度规范的效力等级，还是选择不同的立法名称，都不是解决问题的关键之举，而当务之急是切实在刑法中增设与生物技术安全管理相对应的罪刑条款。

## 3. 刑事立法适当的前瞻性和预防性符合刑法的目的要求

刑法可以有一定的前瞻性和预防性。前瞻性与预防性是有机统一的，因为超前立法是事前预防的一种重要表现。有人认为，构成犯罪是有一定条件的，即行为既有严重的社会危害性，又有一定的普遍性。不能说社会上每出现一个引起巨大争议且违反道德的新事物，就要马上立法并判处罪名，这是不现实的。[①] 然而，笔者认为，普遍性不是犯罪的基本特征。例如，1997年刑法典规定组织、领导、参加黑社会性质组织罪就是具有一定前瞻性的立法例。立法当初我国这一犯罪并不普遍。还有，刑法典中危害国家安全罪中有个别宣言性的犯罪，实际适用也并不普遍，但这些没有影响其入罪入刑。另外，要求对某些非法编辑基因的行为入罪，不仅是因为其引起巨大争议且违反伦理道德的新生事物，而且主要是因为它们具有严重的社会危害性，从长远来看甚至会危及民族和人类的发展，所以有必要尽早予以预防。这与刑法预防犯罪、保护法益的目的是一致的。也许有人以刑法的谦抑性来质疑这一必要性。但问题是，刑法的谦抑性也不是绝对的，而是相对的。超前立法和刑法的

---

① 参见赵丽等：《涉及哪些违法问题是否需要完善立法 基因编辑婴儿事件法律问题全面解读》，载《法制日报》2018年11月28日第5版。

谦抑性都要服务于刑法目的，以实现保障人权与保护社会（预防犯罪）的统一，即追求正义与法秩序的统一。①

**（二）刑法规制的可行性**

1. 国际经验表明，已有一些国家采取刑法方式打击克隆人和非法改变人类基因等犯罪行为

2001年7月31日美国众议院通过法案规定，使用克隆人或使用克隆技术培育人类胚胎的行为都是犯罪，而且禁止从国外进口克隆的人体胚胎或其制品。违者将被处以100万美元以上罚款及十年以下监禁。另外，澳大利亚《基因技术法》汇集两个方面的法令，即禁止克隆人的法令和禁止胚胎研究的法令。故意培育人胚胎克隆的，判之为有罪；故意将人的胚胎克隆置于人或动物体内的，判之为有罪；故意将人的胚胎克隆进口到澳大利亚的，判之为有罪；故意将人的胚胎克隆出口澳大利亚的，判之为有罪。违法者将被判处十五年以下监禁。日本《克隆技术规制法》规定，禁止克隆人，禁止一切将人与动物细胞相互移植的克隆行为，违者将被处十年以下监禁或1000万日元以下罚款。② 另外，《西班牙刑法典》与基因操作相关的犯罪中规定：为消除和减轻严重疾病和缺陷，改变人类基因的，处二年至六年徒刑，剥夺其从事职业及担任任务的权利七年至十年。此外，加拿大于2004年颁布的《人类辅助生殖法》也对违法编辑人类基因组行为给予最高十年的监禁处罚。③

值得指出的是，近几年来国际上也有一些声音呼吁放开基因编辑限制。有个别国家开始重新考虑该技术应用的可能性。④ 尽管如此，但这并非意味着人类基因编辑会有普遍合法化的趋势，而且仍要看到许多国家固守其原有立场的客观事实和人类基因编辑存在的巨大危害。

2. 中国国情条件和立法实践表明，以修正案方式完善刑法，加大刑事处罚力度是可行的

近年来，我国基因编辑科研人员突破底线的风险加大。我国参与基因编辑研究的人数相对较多，参与研究的科研人员寻求突破的热情也比较高，可是如前所述，我国当前法律防控相对不足。从2015年至今，相关研究已引发多次争议和质疑。而且据报道，华大基因等六单位违反中国人类遗传资源管理规定遭到科技部处罚。⑤ 这些案件反映出有的企业和个人法律意识和国家安全意识淡薄，对此值得我们注意。而对于人类基因编辑的危害和问题，社会各界要求加强监管的呼声越来越高。要求以刑法介入的观点和建议也见诸许多媒体和全国两会报道之中。

---

① 参见曾明生：《刑法目的论》，中国政法大学出版社2009年版，第85、234页。
② 参见李贤华、贺付琴：《域外辅助生殖技术法律制度速览》，载《人民法院报》2018年12月14日第8版。
③ 参见董妍、夏佳慧：《基因编辑技术的制度规制路径探析》，载《沈阳工业大学学报（社会科学版）》2019年第1期。
④ 参见吴睿婕：《多国明令禁止对人类胚胎进行基因编辑：最高可被判15年监禁》，载《21世纪经济报道》2018年11月27日第5版。
⑤ 参见江山：《因违反人类遗传资源管理规定科技部对华大基因等6家公司开出行政处罚决定书》，载http://news.cyol.com/yuanchuang/2018-10/26/content_17724315.htm，2019年04月22日访问。

第二编 生物科技暨人工智能领域发展的刑法规制问题

另外，1997 年刑法全面修订以来，我国已经通过 10 个刑法修正案，其中新增 40 多个罪名。刑法修正案是刑事立法机关对刑法条文修改和补充的重要方式。通过刑法修正案来新增罪名，有利于与时俱进打击这些新的犯罪行为。再则，立法实践证明前瞻性的立法是可行的。我国打击黑社会性质组织犯罪的有关条款已在刑法典中存在 20 多年。而且，禁止克隆人的规定已载入《人胚胎干细胞研究伦理指导原则》之中。其中明文禁止进行生殖性克隆人的任何研究。将非法编辑基因等行为入罪入刑，既有部门规章的基础，也有正在完善中的民法关于人体基因条款的配合与推动，特别是已有较好的民意基础。在学术界也有越来越多的理论文章提供重要参考。因此，我们有理由认为，中国国情条件和立法实践表明，以修正案方式完善刑法，加大刑事处罚力度是可行的。

## 三、我国人类基因编辑技术刑法规制的初步构想

对其刑法规制的设想，学界已有若干粗略的讨论，因此，这里先从学界的代表性观点入手，然后再做相关评论和进一步的探讨。

### （一）学界的代表性观点

有学者从三个方面提出建议：一是国务院科技行政、卫生健康和教育行政等主管机关对有关科学研究应严格监管，在引进相关领域海外人才、组建实验室、成立公司等方面要进一步严格审查，签订相关伦理承诺；二是由司法部牵头，会同国务院相关部门尽快起草立法草案，尽快将生命科学医学研究和实践置于法律语境之下，用严格程序约束有关研究，防止实验的随意性，确保有关科研有序科学严谨；三是要把刑法作为治理社会的最后手段体现于立法草案中，增设"非法从事人体胚胎实验、非法进行基因改良罪"，把非法生产人类基因个体、非法改良人类胚胎、非法编辑基因等行为规定为犯罪，从而达到铁腕治理非法从事人体胚胎实验的目的，确保中华民族的安全繁衍和社会主义事业的永续发展。[①] 有人认为，通过刑法打击不正当应用基因编辑技术的行为，刑法介入有两种方式：一是以刑法现有罪名规制相关行为；二是建议增设新罪名进行规制。对违反基因技术的实体与程序等严重危害社会的行为明定为犯罪行为。在增设罪名上，要把握好立法技术，一方面，选择最迫切需要规制的行为加以规制；另一方面，在罪名设置上注意高度概括，注意把握刑法的谦抑性。[②] 又有人主张，要适度提高法律责任的刚性，形成明确的专门的罪刑条款（如非法人体实验罪）。[③] 也有人建议在刑法领域增设生命科技犯罪，并且严格禁止在辅助生殖范围内开展基因编辑技术，同时明确惩罚措施。[④] 还有人

---

① 参见高原：《周光权：禁止对人体胚胎实施基因改良，确保中华民族安全繁衍》，载 http://www.tsinghua-pxb.com/html/61-3/3956.htm，2019 年 04 月 22 日访问。
② 参见姚万勤：《基因编辑要置于法律框架内》，载《学习时报》2019 年 1 月 16 日 A3 版。
③ 参见王康：《人类基因编辑实验的法律规制——兼论胚胎植入前基因诊断的法律议题》，载《东方法学》2019 年第 1 期。
④ 参见童妍、夏佳慧：《基因编辑技术的制度规制路径探析》，载《沈阳工业大学学报（社会科学版）》2019 年第 1 期。

建议借鉴各国经验，加强包括刑事立法在内的相关立法，尽快出台刑法修正案，以防范和处置基因工程发展中可能出现的具有严重社会危害性的行为。①

（二）笔者的简略评论与初步构想

1. 简略评论

上述观点中有的提出具体罪名的设想及其立法目的，也有的提出刑法介入方式的大致思路和原则，还有的提及立法方式等建议，应当讲，其中均有一定的积极意义，但是都尚未进行专门详细的探讨。即使提及若干罪名，也没有对刑罚配置作出具体的展开。这或许与人们对严惩违法行为更重视犯罪化有关，也可能与法律学者对此问题关注的程度及其思想认识有关等。总之，我国理论界对人类基因编辑的刑法规制还有待深入研讨。

2. 初步构想

（1）罪状与罪名

罪状是指刑法条款中关于犯罪行为的具体状况的描述，是指明罪刑规范的适用条件。它通常有叙明罪状、简单罪状、引证罪状和空白罪状之分。考虑到我国当前缺少专门有关基因编辑的较为系统的法律规范等因素，为了有效打击非法编辑基因等犯罪，可采取叙明罪状方式加以规定。对不同的基因编辑风险行为，宜根据其危害大小区别对待。对违规从事人类基因编辑基础研究、体细胞基因编辑的，只要求负民事责任、行政责任，由民事法和行政法规定；对违规实施生殖细胞（或胚胎）基因编辑的，追究其刑事责任，可在刑法中加以明确。

值得指出的是，1997年联合国教科文组织发布的《世界人类基因组与人权宣言》第1条指出："人类基因组意味着人类家庭所有成员在根本上是统一的，也意味着对其固有的尊严和多样性的承认。象征性地说，它是人类的遗产。"还有，欧洲委员会主持起草的、现在已有29个国家签署并批准的1997年《涉及生物学和医学的人权与人类尊严保护公约》第13条明确规定："旨在修改人类基因组的干预只能被用于预防、诊断或治疗的目的，而且仅限于不会导致任何后代基因组被修改的用途。"结合这些国际公约以及前述外国立法例，同时考虑到人类基因编辑与克隆人的性质差别，对克隆人的行为有更严的要求，因此建议设置前者为情节犯，后者为行为犯。据此，可对"违反国家规定，改变人类基因，情节严重的"行为认定为犯罪，设置其刑罚。因为"改变人类基因"可以含括"生产人类基因个体""编辑基因""改良人类胚胎"中能够"改变人类基因"的内容，所以对其不作并列处理。而且规定，"违反国家规定，使用克隆技术培育人类胚胎或者克隆人，或者进出口克隆的人体胚胎或其制品的"行为认定为犯罪，设置其刑罚。另外，此类过失行为，不以犯罪论处。

关于其中罪名的归纳，有人提出"非法从事人体胚胎实验、非法进行基因改良罪"和"非法人体实验罪"等建议，这些都有启发意义。但是，前一个选择性罪

---

① 参见赵丽等：《涉及哪些违法问题是否需要完善立法基因编辑婴儿事件法律问题全面解读》，载《法制日报》2018年11月28日第5版。

名中同时有"非法从事"和"非法进行"的表述，可见其中不够精简，后一罪名包容性不够，仅限于实验行为而没有拓展到临床应用，而且其概括尚不够精准。也有人认为，可以归纳为非法开发转基因生物罪和基因污染罪。[①] 笔者认为，相较而言，其罪名归纳仍不如"非法改变人类基因罪"和"克隆罪"那样贴切和精准。

(2) 刑罚配置

为了贯彻罪责刑相适应原则，有必要区别情节严重和情节特别严重，以及区分自然人犯罪和单位犯罪，配置相应的刑罚。其中，可以适当参考国内相近犯罪以及国外相关犯罪的配刑来设计，同时考虑到行为人通常会有牟利目的或经济因素，因此应当并处一定数额的罚金。那么，考虑到我国刑法中组织出卖人体器官罪和非法行医罪的最高法定刑为十五年有期徒刑，故意伤害罪的最高法定刑是死刑，以及前述一些国家刑法规定最高刑为十年至十五年刑罚，因此，大致可以设置最高刑为十五年有期徒刑或者无期徒刑。于是，可对"违反国家规定，改变人类基因，情节严重的"，设置刑罚为"三年以上十年以下有期徒刑，并处罚金"；对其情节特别严重的，设置刑罚为"十年以上有期徒刑或者无期徒刑，并处罚金或者没收财产"。另外，考虑到克隆人的行为的社会危害性更大，可以设置其三档刑罚。因此，对"违反国家规定，使用克隆技术培育人类胚胎或者克隆人，或者进出口克隆的人体胚胎或其制品的"，设置刑罚为"三年以下有期徒刑或者拘役，并处罚金"；对其情节严重的，设置刑罚为"三年以上十年以下有期徒刑，并处罚金"；对其情节特别严重的，设置刑罚为"十年以上有期徒刑或者无期徒刑，并处罚金或者没收财产"。对于单位犯罪的，采取双罚制，既处罚单位又处罚直接责任人员。即单位犯罪的，对单位判处罚金，并对其直接负责的主管人员和其他直接责任人员依法处罚。

(3) 法条建议

由于非法编辑人类基因的行为和克隆行为，难以被认定为危害公共安全行为，因此不宜把它们规定于"危害公共安全罪"一章。但是，因为其中涉及侵犯公民人身权利和妨害社会管理秩序的行为，所以，大致可以考虑以下两种方案。

方案一：在《刑法》分则第四章侵犯公民人身权利、民主权利罪中，增设第234条之二，其中同一法条分三款设置。即把它直接列在第234条之一（组织出卖人体器官罪）之后。这一安排与民法典分则人格权编的草案中，在"生命权、身体权和健康权"的部分增加有关人体基因的内容正好相契合。

方案二：在《刑法》分则第六章妨害社会管理秩序罪第五节危害公共卫生罪之中的非法行医罪之后，增加一条，即第336条之一，其中同一法条也分三款设置。虽然从"妨害社会管理秩序"上看，这一安排在逻辑上是合适的，但是在"危害公共卫生"方面，似乎有些牵强。因此，相比之下，方案一更为合适。

那么，其具体内容可以考虑为：

第234条之二（或者第336条之一）违反国家规定，改变人类基因，情节严重

---

[①] 参见孙岩：《基因工程刑法规制若干问题研究》，载《科技与法律》2008年第3期。

的，处三年以上十年以下有期徒刑，并处罚金；情节特别严重的，处十年以上有期徒刑或者无期徒刑，并处罚金或者没收财产。

违反国家规定，使用克隆技术培育人类胚胎或者克隆人，或者进出口克隆的人体胚胎或者其制品的，处三年以下有期徒刑或者拘役，并处罚金；情节严重的，处三年以上十年以下有期徒刑，并处罚金；情节特别严重的，处十年以上有期徒刑或者无期徒刑，并处罚金或者没收财产。

单位犯前两款罪的，对单位判处罚金，并对其直接负责的主管人员和其他直接责任人员，依照前两款的规定处罚。

## 四、结论

为了保障法律法规中相关条款能正确有效实施，对有关人类基因编辑技术的刑事违法行为进行刑法规制，既有必要性，也有可行性。人类基因编辑技术潜在的对人类公平和种群特征根本性改变的危险，正是对人的自由和权利应有的和必要的限制。应当坚守一个基本底线：附条件严格禁止以生殖为目的对人类胚胎或者受精卵进行基因编辑的应用，以确保世界各民族和人类的安全繁衍。本文建议以刑法修正案方式增设非法改变人类基因罪和克隆罪。为贯彻罪责刑相适应原则，有必要区别情节严重和情节特别严重，以及区分自然人犯罪和单位犯罪，配置相应的刑罚。

# 基因技术的刑法规制

亓 瑞[*] 张爱艳[**]

## 一、问题的提出

2018年11月26日,来自中国深圳的科学家贺建奎在第二届国际人类基因编辑峰会召开的前一天宣布,名为露露和娜娜的两个基因编辑婴儿将于11月在中国健康诞生。这对双胞胎婴儿的一个基因经过修改,使得婴儿出生后即拥有天然抵抗艾滋病的能力。该事件一出,便引发了全世界科学家和生物伦理学家的批判风暴。与此同时,法学界也对于该事件给予了密切的关注。有些学者认为贺建奎的这一研究面临民事、行政、刑事上的三大法律风险。[①] 民事方面的责任主要为民事侵权责任,因为该项技术而被侵权的人("基因编辑婴儿")可以基于该侵权行为向贺建奎及其团队主张人身损害赔偿。行政方面主要是该行为不符合《人类辅助生殖技术管理办法》等一些行政法规和部门规章的规定。但是,这些法律文件缺乏具体的法律后果以及法律责任的相关规定,无法具体认定该行为的责任。刑事方面可能会涉嫌构成非法行医罪。虽然学者们对于该行为的法律规制做出了相关的论述,但是我们必须面对的是我国在基因编辑上确实存在大量的立法空白,现行法律无法对该行为进行有效的监管。刑法作为保障社会的最后一道屏障,在其他法律无法规制的情况下,对某些利用基因科技进行犯罪的行为如何进行刑法规制是当今刑法学界和司法实务界所共同关注的热点问题。

## 二、基因技术与基因犯罪的界定

### (一)基因技术

1. 基因技术的产生

"基因"又称"遗传因子",是具有遗传效应的DNA片段,是控制生物性状的基本遗传单位。基因支持着生命的基本构造和性能,储存着生命的种族、血型、孕育、生长、凋亡等过程的全部信息。基因有两个特点,一是能忠实地复制自己,以保持生物的基本特征;二是其能够"突变"。大多数基因突变会导致疾病,另有一小部分的基因会发生非致病性突变。非致病性突变给自然选择带来了原始的材料,使生物可以在自然选择中被选出最适合自然的个体。

在基因技术的发展历程中,最早展开基因技术研究的是奥地利学者孟德尔,他

---

[*] 山东政法学院法律硕士研究生。
[**] 山东政法学院教授,法学博士,刑事司法学院副院长。
[①] 刘立杰:《基因编辑婴儿的三大法律问题》,载《方圆》2018年第23期。

首次创立了性状分离定律和独立分配定律,并且他的定律又在许多动植物中得到验证。1909年,丹麦学者W.L.约翰森提出了"基因"这一名词,用它来指任何一种生物中控制任何性状而其规律遗传又符合孟德尔定律的遗传因子,并且提出基因型和表现型两个术语,前者是一个生物的基因成分,后者是这些基因所表现的性状。1910年,美国遗传学家兼胚胎学家T.H.摩尔根在他的果蝇实验中首次说明基因可以突变,并且进一步指出位于同一染色体上的两个基因可以通过染色体交换而分处在两个同源染色体上。1944年,O.T.埃弗里等的肺炎双球菌实验首次证明了基因是由DNA构成的。在此之后直到20世纪90年代人类基因组计划①开展并实施以来,基因研究取得了众多的成果。其实,人类对基因研究的历史并不久远,但是基因领域所取得的成就可谓硕果累累。基因已经对人类社会的方方面面产生了难以估量的深刻影响。

2. 基因技术的特征

(1) 反伦理性

基因技术具有浓厚的反伦理性特征,该类技术的滥用所导致的犯罪不仅会侵犯个人的权利,还可能侵犯整个种族、人类的尊严和自由。众所周知,生命科技犯罪又被称为生命伦理犯罪,该类犯罪不仅是一种违法行为,更是一种违反生命伦理道德的行为。基因技术类犯罪从本质上看,具有违反生命伦理道德、严重的社会危害性以及应受刑罚惩罚性的特征。该类犯罪严重威胁着普世的社会伦理,将在很大程度上破坏生命伦理。就当今的基因技术而言,一方面,基因技术在治疗疾病方面发挥着重要的作用;另一方面,基因科技涉及与人体有关的改造或研究时,就会引起普遍的伦理关切。

(2) 专业性

基因技术是随着现代科学技术的发展而产生的。基因技术类犯罪与科学技术尤其是生命科学技术有着不可分割的内在联系。基因技术类犯罪在具体的行为方式上,主要的表现是以行为人具有或有条件具有实施这种犯罪所必需的科学知识、技术、设备或有关资料等为前提条件。基因技术类犯罪作为生命科技犯罪的一种,相比于传统的犯罪类型具有高度的专业化特质。具有或有条件具有实施该类犯罪的科学知识和技术以及其他的物质条件是实施该类犯罪的重要条件。

(3) 双面性

"科学技术是一把'双刃剑'",这已是在基因技术发展的过程中被证实的真理。20世纪以来,基因技术的飞速发展极大地增进了人们的福祉,美化了人类对未来医疗事业的憧憬。基因技术在解决医学领域的疑难杂症上克服了传统医学技术无法克服的难题,减轻了病人在治疗过程中身体和心理上的痛苦。但是,随之而来的

---

① 人类基因组计划是美国科学家于1985年率先提出的,旨在阐明人类基因组30亿个碱基对的序列,发现所有人类基因并搞清其在染色体上的位置,破译人类全部遗传信息,是人类第一次在分子水平上全面地认识自我。计划于1990年正式启动,这一价值30亿美元的计划的目标是为30亿个碱基对构成的人类基因组精确测序,从而最终弄清楚每种基因制造的蛋白质及其作用。人类基因组计划的意义体现为基因诊断、基因治疗、基因预测等方面的应用价值。

基因技术的滥用或者不道德的利用给人们带来的危害或者灾难已经越来越为人们所普遍认识。由此可见，基因技术具有明显的双面性，即它既具有严重的社会危害性，又具有明显的利他性和公益性。

(二) 基因犯罪

1. 基因犯罪的含义

基因犯罪就是指利用基因技术实施的犯罪行为。到目前为止，学术界对于基因犯罪的定义探讨得不多，主要有以下代表性的观点。第一种观点认为，基因犯罪是随着现代基因技术的发展尤其是"人类基因组计划"的实施而出现的一种新型犯罪。在行为主体方面，基因犯罪的主体为一般主体，包括自然人主体或者单位。在主观方面，包括故意和过失。在客观方面，行为人实施了基因技术滥用的行为或有助于基因技术滥用的行为。在客体方面，绝大多数基因犯罪所侵犯的是国家对基因技术的管理制度。① 第二种观点认为，基因犯罪是指因基因技术的不当研发、滥用所带来的危害行为以及侵犯基因资源、基因信息的严重危险、危害的行为。② 第三种观点认为，基因犯罪，顾名思义，就是利用基因技术所实施的犯罪或者与基因技术滥用有关的其他各类具有严重社会危害性的行为的泛称。③ 通过对上述基因犯罪定义的研读可以看出，第一种观点是从基因犯罪出现的背景角度来阐述基因犯罪的，持这种观点的学者将基因犯罪认定为一种新型的犯罪，并且通过论述基因犯罪的构成要件来全面地定义基因犯罪；第二种观点则是着重从基因犯罪的手段和危害性的角度来界定基因犯罪的定义；相比于前两种观点，第三种观点将基因犯罪的认定进行了范围的扩大——认为基因犯罪行为是将基因技术作为犯罪手段的严重危害社会的行为。

结合上述基因犯罪的定义，笔者认为界定基因犯罪的定义可以从以下几个方面考虑：第一，结合基因技术的发展背景。基因犯罪发生的背景是现代基因技术的发展和"人类基因组计划"的开展与实施，是基因犯罪产生的大背景。第二，扩充基因犯罪的客观行为的范围。基因犯罪在客观行为方面主要包括两种，即以基因技术作为手段实施的犯罪行为和对基因技术的滥用而严重危害社会的行为。第三，基因犯罪侵犯的客体是复杂客体。其具体包括国家对基因技术的管理制度、人的生命健康权、个人信息权等。第四，基因犯罪的主观方面不仅包括故意，也包含过失。第五，基因犯罪属于新型的犯罪。一方面，该类犯罪具有行政犯的性质，即基因犯罪违反了国家关于基因技术的管理制度；另一方面，该类犯罪根据其具体行为类型又具有自然犯的性质，如基因编辑婴儿的行为、人兽混生的行为等。

2. 基因犯罪的类型

(1) 基因检测领域

基因检测就是指利用基因技术将个人的基因信息表现出来。这些信息可以显示出个人的健康、疾病、智力、性格、行为等方面的信息。在当今社会中，基因检测

---

① 张爱艳、李燕：《生命科技的法律问题研究》，山东大学出版社2007年版，第71-73页。
② 杨帆：《基因犯罪初探——以风险社会为视角》，载《犯罪研究》2009年第6期。
③ 刘长秋、杨玉娣：《浅论基因犯罪及其刑法规制》，载《北京人民警察学院学报》2004年第2期。

技术已经广泛应用于婚前检测、产前检查、遗传病检测等领域。基因检测技术的广泛应用，在一定程度上对于人类的健康具有积极的作用，但与此同时也有一些负面的作用。

基因检测会导致公民个人基因信息的泄露和基因歧视①问题的产生。首先，基因信息是人类本身信息的真实反映，属于个人信息的一部分，在一定程度上反映了个人健康、性格、寿命、危险性等因素。因此，基因信息属于人身权中的一部分，是有必要得到刑法保护的。其次，不同人种或者同类人种中的不同个体的基因存在差异。有的人的基因存在先天性的缺陷，一旦有人泄露其基因信息，他们将会面临就业、教育、婚姻等方面的歧视。在社会中人们要想与他人平等地工作和生活，就必须对自己的基因享有隐私权。

从各国的刑法规范来看，没有明确的法律条文将基因信息作为隐私而给予法律保护。但从世界范围来看，各国对于基因保护的态度是十分明确的。1997年，联合国科教文组织通过了《人类基因组与人权问题的世界宣言》，该宣言明确规定："为研究或其他任何目的而获得的与个人有关的或存储处理的基因数据均应依法保密。遗传学资料依法要求应被保守秘密。""任何人不应因其基因特征受到歧视，否则将会侵害或具有侵犯人权、基本自由及人类尊严的作用。"为了更好地规制基因信息泄露的行为，如何在立法上明确基因信息是法律所保护的客体并对其加以保护，是各个国家所要解决的问题。

（2）基因生殖领域

自古以来，后代的健康一直是家庭社会乃至民族共同的期望。在人类生存和发展的过程中，人们试图通过人工基因选择来实现优生的人类理想。然而，随着基因技术的发展进步，人们却要求通过基因技术实现对后代的智力、性别、长相等多方面的设计，这些非法人工优生的幻想引来了众多反对的声音。

对于人工基因的选择存在诸多问题。首先，剥夺了后代自然出生的权利，违背了人类繁衍生息的自然规律。其次，人作为复杂的生命个体，智力、健康、长相、性别是由众多因素作用的结果，如果采取人工基因选择的方式来决定生命的智力等，那该项技术的风险和产生的实际结果就无法得到有效的控制和预测。最后，非法的人工优生有违人类繁衍生息的自然法则，最终将不利于实现人类的尊严和自由。

（3）基因克隆领域

人体克隆分为生殖性克隆和治疗性克隆，这两者的共同点在于创造胚胎，不同点在于两者所创造的胚胎的存活时间、存在目的。其中，生殖性克隆是通过将胚胎植入子宫最终达到生殖的目的。治疗性克隆是对胚胎干细胞进行相应的定向诱导，使其发育成病人需要的各种组织，从而达到治疗的目的。不管是生殖性克隆还是治疗性克隆都会涉及相关的人权和法律问题。近年来，随着克隆技术的发展，国际社

---

① 林香玉：《论保险公司对基因隐私的有限知情权——保险领域的基因歧视现象引发的法律思考》，载《华中科技大学学报（社会科学版）》2005年第5期。

会对于克隆研究的态度发生了转变——从全面禁止到有所放宽。目前，包括中国在内的众多国家的态度是坚决反对克隆人，但支持治疗性克隆研究，因为它有利于人类的健康事业，在严格管理和控制下可造福人类。

## 三、基因犯罪的域外刑法规制

### （一）基因犯罪的域外刑法规制状况

1. 基因检测领域的规制

保护基因隐私和遏制基因歧视是基因检测领域中需要刑法予以规制的两大行为。境外各国对上述两类行为也出台了相应的法律法规。

对于保护基因隐私的刑法规范，《法国刑法典》将基因隐私犯罪列入了"侵犯人格罪"一章。法律规定：由于身份或职业，或者因职务或临时性任务，受任保管他人基因情报资料的人泄露此种情报的，处1年监禁并科处15000欧元罚金。① 英国的《人体组织法》第45条将非经有资格主体同意而分析含有他人DNA的人体材料行为以及将该种分析结果以他人非期望的目的加以使用的行为规定为犯罪，判处最高3年有期徒刑，单处或并处罚金。② 除此之外，《德国刑法典》规定了"侵害他人私人生活和秘密罪"③，《荷兰刑法典》规定了"泄密罪"④，等等。由此可见，域外各国对基因的隐私保护是绝对的，并没有因为私人信息可能会涉及危险人格、疾病而允许他人未经同意或法律允许知晓或披露基因隐私。

对于遏制基因歧视的刑法规范，域外各国也有相关的规定。由于基因歧视会影响自然人的尊严，人类社会的稳定，因此域外各国都有刑法规范支持遏制基因歧视的行为。《法国刑法典》第五章专门设置了"歧视罪"，法律规定：在自然人之间，基于其出生、性别等遗传特征进行任何区分的，均构成歧视罪，对自然人或法人进行歧视，有下列情形的，处2年监禁并科处30000欧元罚金：（1）拒绝提供某种物品或服务；（2）阻挠其正常从事任何一种经济活动；（3）拒绝招聘，或者对其进行惩罚或解聘……⑤《芬兰刑法典》也规定："凡在其贸易或业务行为、普通公众的服务行为、行使行政权力的行为或其他履行公共职责行为中或者在公共娱乐或机会行为中，无正当理由：（1）拒绝依照一般的适当条件向某人提供服务；（2）拒绝某人参加集会或娱乐，或者驱逐……或者其他类似情况而对其歧视者，除非该行为行业是可罚的，否则以歧视罪论处，处6个月以下的监禁。"⑥ 除此之外，还有瑞典、立陶宛、韩国等众多国家对基因歧视行为进行了立法规制。

2. 基因生殖领域的规制

基因生殖领域的犯罪是指非法人工优生的行为。人工选择基因优生，一般而

---

① 《法国新刑法典》，罗结珍译，中国法制出版社2003年版，第90页。
② 参考《English Human Issue Act 2004》，section 45。
③ 《德国刑法典》，庄敬华、徐久生译，中国方正出版社2004年版，第104页。
④ 《荷兰刑法典》，颜九红译，北京大学出版社2008年版，第130页。
⑤ 《法国新刑法典》，罗结珍译，中国法制出版社2003年版，第95页。
⑥ 《芬兰刑法典》，肖怡译，北京大学出版社2005年版，第41页。

言，如果该行为涉及生殖细胞基因治疗的规定，此时当然要适用相关规定。比如，奥地利《基因科技法》允许在当前科技水平下开展以治疗或者预防严重疾病为目的的体细胞基因治疗研究以及临床试验，但原则上却禁止干预胚胎的遗传物质的治疗或试验，而对于未按规定取得许可证而实施基因治疗的，将追究刑事责任。① 但是，也有例外，如试管婴儿就无法适用生殖细胞基因治疗来认定，因为试管胚胎并没有被看作法律上的人，也不属于生殖细胞的范畴。所以，就人工选择基因从而非正常干预优生的行为，有的国家专门出台了相关的刑事法律予以规制。比如，《法国刑法典》中规定：实习、组织旨在对人体进行选择安排之优生学实际操作的，处 20 年徒刑。② 加拿大《辅助人类生殖法案》规定：严禁任何人故意改变人类细胞或者胚胎，以致该改变能被传给后代，违反者最高处 10 年以下监禁，单处或并处 50 万元罚金。③

3. 基因克隆领域的规制

关于基因克隆领域规制的行为主要包括生殖性克隆行为与治疗性克隆行为。目前，国际社会对于生殖性克隆的行为是严令禁止的，即禁止一切关于克隆人的研究。境外国家，特别是发达国家也有规定禁止克隆人的研究。澳大利亚的《2002 禁止克隆人法案》中明确将故意克隆人类胚胎、进口或出口克隆的人类胚胎的行为认定为犯罪行为，并且规定该类犯罪行为的最高量刑可达到 15 年的有期徒刑。④ 日本的《克隆技术限制法》全面禁止制造有损于人类尊严的克隆人，违者将被处 10 年以下劳役或 1000 万日元罚款。⑤ 除此之外，还有新加坡、德国、西班牙以及我国台湾地区等均对以克隆方法进行人类繁殖和进行其他人种选择活动的行为了进行规制。

（二）基因犯罪的域外刑法规制分析

通过上述对于域外基因犯罪刑法规制的论述可以看出，域外对于基因犯罪的立法形式是多种多样的。当某些基因操作行为严重违反了伦理秩序时，必须予以采取具体的法律措施。立法形式主要包括以下几种方式：第一种是单行立法与刑法典并重的立法形式。例如，澳大利亚既有《2002 年禁止克隆人法案》专门针对克隆领域的犯罪问题予以规制，也有《2000 年基因技术法案》针对转基因生物领域内的犯罪进行规制，同时还有《澳大利亚刑法典》针对泄露个人隐私的犯罪作出相关的规定。采取该种立法模式的国家，除澳大利亚外，还有韩国、日本、法国、西班牙等国家。第二种是国际条约的国内化。对于基因犯罪的规制，有众多国际强制性公约予以规制，如《防止及惩治灭绝种族罪公约》《禁止人的克隆生殖国际公约》等。为了规制基因犯罪，许多国家积极地将国际强制性公约转化为国内法。有些国家没有转化而是直接适用国际法。例如，蒙古国的《刑法典》第 299 条第 2 款规

---

① 刘长秋：《生命科技犯罪及其现代刑事责任理论与制度研究》，上海世纪出版集团 2011 年版，第 161-162 页。
② 《法国新刑法典》，罗结珍译，中国法制出版社 2003 年版，第 95 页。
③ 参考 Canada《BILL C-6》，cite as Assisted Human Reproduction Act，section 5，60。
④ 谢广宽、丛亚丽：《澳大利亚 2002 禁止克隆人法案》，载《法律与医学杂志》2004 年第 1 期。
⑤ 刘长秋：《生命科技刑法犯罪与刑事责任理论制度研究》，上海世纪出版集团 2011 年版，第 158 页。

定：根据蒙古国参加的条约，使用禁止使用的大规模杀伤性武器，处以15年以上20年以下徒刑。此外，还有《芬兰刑法典》关于战争罪与反人道罪的规定、《立陶宛刑法批准与生效法》都是对强制性国际公约直接适用的立法形式。第三种就是完善刑法规制，采取宽严相济的刑事政策。由于众多的基因犯罪具有行政犯的属性，所以诸多国家制定的基因技术应用法规既具有行政指导的意义，也带有刑事处罚的性质。这样的法规层次明显，如果行为人违反禁止性规定，轻则判处罚金，重则予以监禁处罚。由此可见，国际社会上对于基因犯罪的刑法规制是比较完善的，在刑罚方面采取的是宽严相济的刑事政策。

## 四、基因犯罪的国内刑法规制

### （一）刑法规制的必要性

1. 我国基因犯罪规制不足

从我国现阶段对基因规制的立法来看，主要集中规定在行政法规和部门规章领域。这些法律条文不具有完整性和明确性。相比于国外的对基因规制的立法文件，我国基因犯罪领域的立法缺陷主要表现为立法层次低、缺乏独立性和明确性不足，没有对具体权利的保护作出相关的规定。

立法层次低、缺乏独立性主要表现为我国关于基因领域的立法形式主要为行政法规、规章和政府的规范性文件。首先，这些法律法规规制的内容比较宽泛。其除了对人体基因进行规制外，还将其与其他用作动植物范围内的技术一并加以规制。由于基因技术的适用对象是人体，相较于将该技术适用于动植物技术来说具有更大的影响力，会面临包括伦理及社会体系方面的挑战。其次，该领域的立法主要是一些国际社会中概括性的宣誓内容，缺乏具体的可操作性，无法具体规制该领域的行为。最后，该领域的立法主要借鉴的是国际社会中的一些宣言性的文件，没有具体结合我国实际的法治环境和我国基因犯罪领域的特点制定具体明确的法律条文。

国内立法明确性不足最主要表现在两个方面：第一，刑法相关内容的缺位。第二，缺乏对特定权利的保护。首先，随着基因技术的发展，基因犯罪具有严重的社会危害性，上文引言中的"基因编辑婴儿"事件发生后却没有出台相关的刑法条文予以规制，有的只是有关基因技术利用方面的专门立法，这就为我国刑法的规范内容提出了一个新的挑战。我国刑法中明确规定了罪刑法定原则，因此实践中一旦出现有关的基因犯罪行为，我国刑法将面临难以发挥其应有的预防和惩罚犯罪功能的困境。这无疑是我国现行刑法在防范和打击基因犯罪方面的一个疏漏。其次，通过上述对于基因犯罪行为的论述，基因检测领域、基因生殖领域、基因克隆领域的具体犯罪行为在我国刑法中缺乏对具体权利的保护，最主要的表现就是罪名设定的缺位和有关行为法定刑的配置的缺位。缺乏刑法相关明文禁止的行为，依照罪刑法定原则就不能认定为犯罪，如果仅仅依据行政法规和行业规范对该类行为予以规制，那么对该类犯罪的打击力度就会十分有限。

2. 基因犯罪的社会危害性

贝卡利亚认为衡量犯罪的真正标尺是犯罪对社会的危害即社会危害性。李斯特认为行为所具有的社会危害性即反社会性或非社会性即实质的威胁，具体是指对法规范所保护的个人或全社会的法益的威胁或侵害。在我国，严重的社会危害性是犯罪的本质特征。之所以要求刑法对基因领域的行为进行规制，最主要的原因就是该类行为具备犯罪的本质，即值得科处刑罚的侵害法益的行为。

上述三大领域的基因犯罪行为严重地侵害了个人法益和社会法益。首先，就基因检测领域而言，基因信息不同于一般的个人信息，通过基因检查所获取的个人基因信息既是被检查者的个人信息，也是与被检查者有血缘关系的人的共同信息。而且，检查结果在人的一生当中几乎不会发生变化①。如果发生基因信息泄露的行为，将严重侵害被害人以及与其具有血缘关系的亲属的自律生活，给他们的人格、人身或财产等法益造成重大侵害。其次，就基因生殖领域而言，行为人是通过非法的人工优生的手段来选择后代的基因。该行为将使所有后代的基因性状从此发生改变，将严重破坏人类自然生殖法则，剥夺后代平等出生的权利。该行为除了严重地侵害了国家对基因的管理秩序外，还对整个社会秩序乃至全人类尊严的侵害有着非常严重的影响。最后，就基因克隆领域而言，该类行为使得被克隆子女的安全与福祉得不到保障，严重侵害他们的生命健康权。不仅如此，基于基因的遗传属性，该类行为还严重地侵害"未来人类"的生命权与健康权。由此可见，基因犯罪不仅仅是单纯的违反了伦理秩序的行为，更重要的是该类行为对法律所保护的利益造成了严重的侵害和危险。刑法的任务就是保护法益，因此该类侵犯法益的行为应当受到刑法的规制。

（二）刑法规制的完善

1. 刑法解释的完善

维特根斯坦说过："在命令与其执行之间有着一条鸿沟。只有理解活动才能把这沟填平。仅仅在理解活动中它才意味着我们应当做这个。"② 所以，解释是任何法律适用行为的普遍的和不可回避的问题。任何刑法条文的适用都离不开刑法解释学的辅助。

当基因科技领域出现新型的犯罪行为时，我们首先应当考虑的是我国目前刑法条文在不违反罪刑法定原则的前提下，通过相关的法律解释对该类行为进行规制。例如，对上述基因检测领域侵犯公民基因信息的行为，就可以适用侵犯公民个人信息罪予以规制。根据《刑法》第253条的规定，行为对象"公民个人信息"包括公民的姓名、年龄、有效证件号码、婚姻状况、工作单位等能够识别公民个人身份或者涉及公民个人隐私的信息、数据资料。由于公民的遗传基因涉及公民的个人隐私信息，不论是根据文意解释还是扩大解释，遗传基因信息当然地包括在公民个人信息的范围之内。因此，如果侵犯公民基因信息的行为符合侵犯公民个人信息罪的构成要件，就可以构成侵犯公民个人信息罪。

通过上述的例子可以看出，在考虑如何规制基因技术领域的行为时，首先应当

---

① 刘建利：《医务人员违反守密义务的犯罪界限》，载《中国刑事法杂志》2017年第4期。
② ［奥］维特根斯坦：《哲学研究》，李步楼译，陈维航校，商务印书馆1996年版，第192页。

考虑的是现行实在法能否对该行为进行规制，这就需要法律解释来解决该类问题。在进行刑法解释的过程中应当考虑以下几个方面：第一，根据现行刑法条文的规定，由于某些刑法条文的犯罪主体、客观要件、犯罪对象等内涵相对狭隘，从文意解释的角度来看，该类行为不能涵盖在法律条文中，这就需要进行合理的扩张解释，以明确基因犯罪的适用范围。第二，在进行扩张解释的过程中，为了防止出现类推解释的倾向，必须以国民预测可能性作为解释结论的衡量标准。第三，不管采取何种解释方法，最终得出来的解释结论都应经得起罪刑法定原则的考验。

2. 刑事立法的完善

对于基因技术的规制有多种方法可以适用。例如，自主规制即通过制定行业规范进行该领域的自治；民事规制即通过将该行为作为民法上的侵权行为进行规制；行政规制即通过行政机关制定的规范该领域的行政法规进行规制；刑事规制即通过将该领域具有严重社会危害性的行为规定为刑法上的犯罪行为进行规制。

通过上述对基因犯罪的域外刑法规制的考察，国外的刑法规制主要包括三种立法模式：第一种，行政规制模式。即通过行政立法的形式设置认可机关，规定认可程序和认可要件，仅对较为严重的违反行为规定形式处罚。第二种，刑法规制模式。即直接对该类行为进行最严厉的刑法规制。第三种，混合规制模式。即一方面通过形式立法严厉禁止该类行为，另一方面采取自主规制的方法进行行业自律。[①] 通过对以上三种模式的比较研究可以发现，第一种模式通过行政法的规制既严格禁止了对基因技术的滥用，又为该技术的合理利用留下了自由空间。通过设定事前行政许可，可以更好地预防该技术所造成的不利后果。第二种模式是直接对该技术采取最为严厉的刑法规制。这在一定程度上打击了基因技术的犯罪行为，但是也限制了科学家的研究自由，不利于基因技术的发展，有违刑法谦抑性原则。第三种模式采取的是行业自治与国家立法相结合的模式，使得对该类行为的规制有一个层次性，一方面保证了研究的自由，另一方面也规制了基因技术方面的犯罪行为。上述三种模式对于我国的刑事立法都有一定的借鉴意义。

笔者认为，我国刑法在规制基因技术领域的行为时可以采取单行法律与刑法相结合的形式。

就单行法律而言，首先，单行法律是指针对基因技术专门进行规制的法律，即《基因技术管理法》。该单行法律应当由全国人大制定。因为目前我国针对基因技术的立法主要是部门规章，该类法规有一系列的弊端。全国人大作为立法主体制定出来的特别法，将会克服立法层级低等弊端。其次，该单行法律的内容应该具有科学性。第一，明确规制的对象，即利用基因技术所为的违法和犯罪行为；第二，完善规制的层级，即采取自主规制—民法规制—行政规制—刑法规制的模式，并且做好与各个部门法相衔接的工作；第三，由于基因技术的滥用造成的后果具有严重的社会危害性，因此在规制程序上既要做到事前预防又要做到事后追究；第四，明确相关的法律责任，根据行为所造成的后果追究相应的法律责任。最后，该单行法律应

---

① 刘建利：《刑法视野下克隆技术规制的根据与方法》，载《政法论坛》2015年第4期。

当符合我国目前的法治环境并且该项立法在我国具有可行性。

就刑法规制而言,首先,我国的《刑法》相对来说已经相当完善,并且刑法的罪名表述应该简洁,达到使用最少的条文规制最多犯罪的效果。笔者认为基因犯罪是以基因技术作为手段,侵犯我国刑法目前保护的法益,因此可以结合基因犯罪侵犯的具体法益,在相应的章节下增设具体罪名来对相应的犯罪行为进行规制。其次,可以采取刑法修正案的形式对基因技术领域的犯罪行为进行规制。在《基因技术管理法》颁布后,为了更好地实现单行法律与刑法的衔接,我国可以采取刑法修正案的形式将该类行为入罪,并配置相应的法定刑。以上两种做法不仅不会有违刑法的谦抑性,而且可以更好地规制该领域的犯罪行为。

## 五、结语

随着基因技术的发展,该项技术对于人类来说到底是"阿拉丁神灯"还是"潘多拉魔盒",就需要法律对该项技术的发展进行规制。本文通过对基因技术领域的犯罪进行论述,总结出了常见的三大领域的犯罪行为。在对基因犯罪域外刑法规制考察的基础上,对我国刑法规制的完善提出了两条路径:第一条是刑法解释学的路径;第二条是刑事立法的路径,即单行法律与刑法规制相结合的模式。由于基因技术领域的犯罪关乎整个社会乃至全人类的利益,本文涉及的基因技术领域的犯罪行为仅是冰山一角。对于基因技术领域的其他犯罪行为如何规制;刑事立法制定后如何随着基因技术的发展不断进行修改与完善;由于基因技术关乎全人类利益,在对该类行为进行规制过程中如何进行全球性合作等问题尚待以后做进一步的探讨与研究。